中國國家圖書館編

# 國家圖書館藏敦煌遺書

第一百三冊　北敦〇八四四九號——北敦〇八六七九號

北京圖書館出版社

**圖書在版編目(CIP)數據**

國家圖書館藏敦煌遺書·第一百三册/中國國家圖書館編;任繼愈主編.—北京:北京圖書館出版社,2008.8

ISBN 978-7-5013-3665-4

Ⅰ.國… Ⅱ.①中…②任… Ⅲ.敦煌學—文獻 Ⅳ.K870.6

中國版本圖書館 CIP 數據核字(2008)第 071020 號

**書　　名** 國家圖書館藏敦煌遺書·第一百三册
**著　　者** 中國國家圖書館編　任繼愈主編
**責任編輯** 徐　蜀　孫　彦
**封面設計** 李　瓘

---

**出　　版** 北京圖書館出版社 (100034 北京西城區文津街 7 號)
**發　　行** 010-66139745　66151313　66175620　66126153
66174391(傳真)　66126156(門市部)
**E-mail** cbs@nlc.gov.cn(投稿)　btsfxb@nlc.gov.cn(郵購)
**Website** www.nlcpress.com
**經　　銷** 新華書店
**印　　刷** 北京文津閣印務有限責任公司

---

**開　　本** 八開
**印　　張** 57
**版　　次** 2008 年 8 月第 1 版第 1 次印刷
**印　　數** 1-250 册(套)

---

**書　　號** ISBN 978-7-5013-3665-4/K·1628
**定　　價** 990.00 圓

# 目録

尊我等无量諸菩薩

於佛前廣聞諸法敷演解説妙法

然心淨踊躍得未曾有重白佛言世尊我

常晝夜周旋往返十方一切无量世界教化衆

生未知大地深淺广遠唯願世尊為我解説

令我大衆等得……爾時佛告……

摩訶薩及……諸菩薩等汝等諦聽善

思念之吾當為汝分別解説如是大地深二十

億万里次有潤澤赤深二十億万里次有金銀

瑠璃車渠馬瑙珊瑚虎珀諸妙珎寶深四十億

万里次有金粟深八十億万里次有銀剛亦深

八十億万里次有銀粟深百億万里次有金剛

深二百億万里下有无極大風稱其天地不

使傾動其大地者是天之界匡可又改天也

BD08449號　妙法蓮華經度量天地品第二九（兌廢稿）

瑠璃車渠馬瑙珊瑚虎珀諸妙珎寶深四千億
万里次有金粟深八千億万里次有銀剛亦深
八千億万里次有銀粟深百億万里次有金剛
深二百億万里下有无際大風稱其天地不
使傾動其天地者是天之梁柱何以故天地
所有一切万物皆因於地及餘一切山林江河
大海小海流潤井谷卉木叢林藥草諸樹皆
地生長土山黑山小鐵圍山及弥樓山金剛山須
弥山等如是一切衆妙寶山諸山中王四寶涌
或高出一切諸妙寶山皆因大地踊出弥寶
而共合成須弥山王四寶涌或高出一切諸
世間上何等為四南名瑠璃西名頗梨北名馬
瑙東名黄金四寶光炎照曜四方天下衆生
共相瞻覩謂爲天須弥山者是天王議世
四鎮依止而住何等為須弥山南有无量
七寶宮殿去地百万里中有天王名毗留勒叉
身長二十里壽命八万七千歲衣食自然其中
男女壽命俱等亦身長二十里衣食自然閻浮
提内一切衆生有能受持三歸五戒孝養父母恭
敬師長奉持三尊无違失者得生其中須弥山西
亦有无量七寶宮殿去地百万里中有天王名毗
樓博叉亦身長二十里壽命八万七千歲衣食自
然其中亦有男女身長二十里閻浮提内一切衆
生有能受持三歸五戒孝養父母奉事三尊者
[illegible]

BD08449 號　妙法蓮華經度量天地品第二九（兌廢稿）　（4–2）

樓博叉亦身長二十里壽命八万七千歲衣食自
然其中亦有男女身長二十里閻浮提内一切衆
生有能受持三歸五戒孝養父母奉事三尊者
得生其中須弥山北皆有无量七寶宮殿去地
亦余中有天王名毗沙門身長二十里壽命八
万七千歲亦衣食自然其中亦有男女身長二十
里閻浮提内一切衆生有能受持三歸五戒孝
養父母恭敬師長奉事三尊者得生其中須
弥山東谷有无量七寶宮殿亦去地百
万里中有天王名提頭賴吒及諸男女壽命
多少人身長短及諸衣食皆悉同等閻浮提
衆生有能脩行三歸及戒恭敬父母者得生其
中轉輪聖王所住之處亦有无量七寶宮殿去
地百万里中有天王名毗留博叉亦身長二十里
壽命八万千歲衣食自然其中亦有男女身
長二十里閻浮提内一切衆生有能受持五
戒孝養父母奉事三尊者得生其中轉輪聖
王所住之處亦有无量七寶宮殿去地二百万
里時轉輪王及諸男女并及一切群臣眷屬皆
身長二十里壽二十五万歲衣食自然轉輪
聖王及諸王子一切皆乘七寶大象遊行四天
下教化衆生一切衆生有能受持三歸五戒脩
十善行不犯諸惡受持讀誦妙法華經隨意
所願得生其中亦身長二十里壽命卄五万歲
衣食自然

BD08449號　妙法蓮華經度量天地品第二九（兑廢稿）

（4–3）

里時轉輪王及諸男女并及一切群臣眷屬皆
身長二十里壽二十五万歲衣食自然轉輪
聖王及諸王子一切皆乘七寶大象遊行四天
下教化衆生一切衆生有能受持三歸五戒脩
十善行不犯諸惡受持讀誦妙法華經隨意
所願得生其中亦身長二十里壽命廿五万歲
衣食自然元所乏少須弥頂上名忉利天此天
第一壽命一劫其中天人亦身長二十里一切皆
受自然閻浮提內一切衆生若有受五戒十
善勤行精進供養諸佛受持讀誦妙法華經
晝夜一心護持經戒清淨具足元違失者盡
其壽命隨意所願得生其中亦受元量自在
快樂其第二天壽命二劫衣食自然其中亦有男
女身長二十里受持五戒十善得生其中第三天
壽命四劫衣食自然其中亦有男女身長二
十里受持五戒十善者得生其中第四天壽命八

三寶中來為人手腳不隨者從縛紮眾生手
腳中來為人惡性從虵蝎中來為人六根具足
者從持戒中來為人諸根不具足者從破戒
中來為人不淨潔者從豬中來為人喜歌儛
者從伎兒中來為人多貪[illegible]狗中來為人
項有癭肉者從獨食中來[illegible]口氣臭者從
惡罵中來為人男根不具足者從揵豬猫中
來為人舌短者從屏處盜罵尊長中來為
人喜婬他婦女者死墮鵝鴨中為人喜婬九族
親者死墮雀中為人慳惜經書藏匿智慧不
為人說者死作土木中蟲好帶弓箭騎乘死
墮六夷中好獵煞生死墮豺狼中好著釵花
者死作戴勝蟲喜著長[illegible]死作長尾蟲
喜臥食者死墮豬中好著綵色衣服者死作
斑駮鳥喜學人語調弄者死作鸚鵡鳥喜讒
人者死墮蟒虵惡毒中橫惱他人者死作懊惱
蟲為人喜傳惡信者死生鵶梟鳥為人喜作

著死作戴勝鳥憙著長[illegible]死作長尾鳥
憙臥食者死墮猪中好著綵色衣服者死作
斑駁鳥憙學人語調弄者死作鸚鵡鳥憙讒
人者死墮蟒蛇惡毒中横惱他人者死作懊惱
為人憙傳惡信者死生鵄梟鳥為人憙作
狹禍語者死作野狐憙驚恐人者死作麞鹿
以前身著木屐入寺者今身生在蹋蹄鳥中
先身憙放下氣者今作[illegible]先身用眾僧
雉䃥者今作叩頭蟲先身節量人食者今
啄木鳥盜用僧水者今作水中魚鼈汙眾[illegible]
地者作屏中蟲盜僧菓子者作食泥土蟲偷
僧物者今作碾磑牛驢騾從僧乞貸者今作
白鴿鳥罵辱眾僧者今作牛領中蟲食眾
僧菜者作蔡中蟲坐僧床者作蚰蜒蟲用僧
雜物者作飛蛾投火蟲[illegible]入寺者
長嘴鳥著烟脂胡粉朱唇入寺者
鳥著綵色衣入寺者今作黃[illegible]
以宿者今作青頭臺蟲却坐佛[illegible]今作駱
駝身著鞋靴入浮圖精舍中[illegible]
聽法亂語者今作百舌鳥汙淨[illegible]比丘尼者墮
鐵窟地獄中百万刀輪一時[illegible]截其身
尒時阿難白佛言如佛所說[illegible]僧物實是
大重若如是者四輩檀越云何得諸寺中恭
敬禮拜
並言往僧伽藍中有二種心一者善心二者

聽法亂語者今作百舌鳥汙淨比丘尼者墮
鐵蜜地獄中百万刀輪一時[illegible]割截其身
尒時阿難白佛言如佛所說[illegible]僧物實是
大重若如是者四輩檀越云何得詣寺中恭
敬礼拜
佛言往僧伽藍中有二種心一者善心二者
惡心云何名爲善心若至僧中見佛礼拜
見僧恭敬供養請經問義受戒懺悔捨於財物
經營三寶不惜身命護持大法如是之人舉
足一步天堂自至未來受果如樹提伽是則名
爲寂上善人也
云何名爲惡心若有衆生入寺之時唯欲
僧乞索僧貸或求僧長短專欲破壞或欺僧
食都无愧心餅菓菜茹懷挾歸家如
死墮鐵丸地獄錫湯爐炭刀山劍樹靡所不
經是則名爲寂下惡心人
佛語阿難試語未世是我弟子者於三寶所
謹慎莫犯努力崇成勿生退心用佛語者
弥勒出世得度无疑
佛言今身劫剝人衣者死墮寒氷地獄又生蚕
中爲他煑剥今身不憙燃燈照經像者死墮
鐵圍山間黑闇地獄中今身屠煞斬截衆
生者死墮刀山劍樹地獄中今身飛鷹走狗
憙獵射者死墮鐵鋸地獄中今身多耶行者
死墮銅柱地獄中今身畜多婦者死墮鐵

中為他煑剝今身不憙燃燈照經像者死墮
鐵圍山闇黑闇地獄中今身屠煞斬截眾
生者死墮刀山劍樹地獄中今身飛鷹走狗
憙獵射者死墮鐵鋸地獄中今身多耶行者
死墮銅柱地獄中今身畜多婦者死墮鐵
磑地獄中今身畜多夫主者死墮鐵
中今身燒煑鷄子者死墮灰河地獄
身燖猪鷄者死墮濩湯地獄中今身揵猪
猗者死墮尖石地獄中今身飲酒醉乱者死
墮飲銅地獄中今身斬截眾生者死墮鐵輪
地獄中今身偷眾僧菓子者死墮鐵丸地獄
中今身食猪猗膓肉者死墮糞屎地獄中今身
作生魚食者死墮刀林劍樹地獄中今身作後
母誣剋前母兒者死墮火車地獄中今身兩
舌鬪乱者死墮鐵犁地獄中今身惡口罵人
者死墮拔舌地獄中今身多妄語者死墮鐵
釘地獄中今身煞生祠祀耶神者死墮鐵
碓地獄中今身作師巫鬼語誑他取物者死墮
肉山地獄中今身作師巫合眼眠地誑他上天
取你魂神者死墮斬腰地獄中今身作師巫
教他煞生求其大神或祠五道土地社公阿
阿魔女郎諸如是等皆是誑惑愚人死墮斧
斫地獄中為諸獄卒剉斬其身鐵嘴之鳥
啄兩眼精今身作師公或塋埋死人占宅吉
凶五姓便利安宅謝竈厭鎮禳禍誑其癡

釘地獄中今身煞生祠祀耶神者死墮鐵
碓地獄中今身作師母鬼語誑他取物者死墮
肉山地獄中今身作師母合眼眠地誑他上天
取你魂神者死墮斬腰地獄中今身作師母
教他煞生求其大神或祠五道土地社公阿
阿魔女郎諸如是等皆是誑惑愚人死墮斧
斫地獄中爲諸獄卒剉斬其身鐵嘴之鳥
啄兩眼精今身作師公或塋埋死人占宅吉
凶五姓便利安宅謝竈厭鎮禳禍誑其癡
人多取財物妄作吉凶之語者如此之徒死墮
鐵銅地獄中无量惡鳥集在其身食噉肉
盡啄其筋骨受苦无窮今身作其醫師不
能差病誑他取物死墮針灸地獄中舉身火
燃今身破塔壞寺及彼師僧不孝父母死墮阿
鼻大地獄中備經八大地獄復入諸小地獄一百
三十六所悉皆入中或經一劫乃至五劫然後得
出值善知識發菩提心若不值遇還墮地獄

BD08450號　善惡因果經　（5–5）

見世間ム
不見我不見世
何行布施荅曰
空心布施作是念是布施空无所有
故施與如小兒以土為金銀長者則不見是
金銀便隨意與竟无所與餘五法亦如是
是故雖同空破慳而不破擅舍利弗
訶薩住是空相應中能常不生是六
大智度往生品第四釋論
舍利弗白佛言世尊菩薩摩訶
羅蜜能如是習相應者從何處終来生
從此間終當生何處佛告舍利弗是菩
訶薩行般若波羅蜜能如是習相應者或從
他方佛國来生此間或從兜率天上来生此
間或從人道中来生此間舍利弗從他々
國来者疾與般若波羅蜜相應與般若波羅

BD08451號　大智度論（異卷）卷三八　（3-1）

從此間終當生何處佛告舍利弗是菩
訶薩行般若波羅蜜能如是習相應者或從
他方佛國来生此間或從兜率天上来生此
間或從人道中来生此間舍利弗從他々
國来者疾與般若波羅蜜相應與般若波羅
蜜相應故捨身来生此間諸深法要現在前
後還與般若波羅蜜相應在所生處常值諸
佛舍利弗有一生補處菩薩兜率天上終来
生此間是菩薩不失六波羅蜜隨所生處一
切陁羅尼門諸三昧門疾現在前舍利弗
菩薩人中命終還生人中者除阿毗跋致是
菩薩根鈍不能疾與般若波羅蜜相應諸陁
羅尼門諸三昧門不能疾現在前問曰是般
若波羅蜜中衆生畢竟不可得如上品說舍
利弗知一切衆生不可得壽者命者乃至知
者見者等衆生諸異名字皆空无實此中何
以問從何所来去至何所上衆生異名即是
菩薩衆生无故菩薩々々无此經中又說菩薩
但有名字无有實法今舍利弗何以作此問
荅曰佛法中有二諦一者世諦二者第一義
諦為世諦故說有衆生為第一義諦故說衆
生无所有須有二種有知名字相有不知名
字相譬如軍立密号有知者不有知者須有二
種有初習行有久習行有著者有不著者有知
他意不知他意者（雖有言辞知其寄言以宣理也）為不知名字相
初習行者著者不著者不知他意者故說无

BD08451號　大智度論（異卷）卷三八　（3-2）

荅曰佛法中有二諦一者世諦二者第一義
諦為世諦故說有衆生為第一義諦故說衆
生无所有復有二種有知名字相有不知名
字相譬如軍立密号有知者不有知者復有二
種有初習行有久習行有著者有不著者有知
他意不知他意者（雖有言辭知其寄言以宣理也）為不知名字相
初習行者著者不著者不知他意者故說无
衆生為知名字相又習行不著知他意者故
說言无有衆生舍利弗以天眼明見六道衆
生生死善惡於此无疑但不知從他方无量
阿僧祇國土諸菩薩来者故問有諸大菩薩
從此終生他方无量阿僧祇佛國舍利弗天
眼所不見故問復次有聲聞人見菩薩行六
波羅蜜久住生死中漏未盡故集種種智慧
内外經書而不證實際未免生老病死愍而
輕之言此等命終以三毒未盡故當墮何處
如佛說諸凡夫人常開三惡道門於三善道
為客於三惡處為家三毒力强過去世无量
劫罪業積集而不取星勝将受衆苦甚可愍

BD08451 號　大智度論（異卷）卷三八　（3–3）

若来若去若坐若卧是人不解我所說義何
以故如来者无所從来亦无所去故名如来
須菩提若善男子善女人以三千大千世界
碎為微塵於意云何是微塵衆寧為多不甚
多世尊何以故若是微塵衆實有者佛則不
說是微塵衆所以者何佛說微塵衆則非微
塵衆是名微塵衆世尊如来所說三千大千
世界則非世界是名世界何以故若世界實
有者則是一合相如来說一合相則非一合
相是名一合相須菩提一合相者則是不可
說但凡夫之人貪著其事須菩提若人言佛
說我見人見衆生見壽者見須菩提於意云
何是人解我所說義不世尊是人不解如来
所說義何以故世尊說我見人見衆生見壽
者見即非我見人見衆生見壽者見是名我
見人見衆生見壽者見須菩提發阿耨多羅

BD08452 號　金剛般若波羅蜜經　（2–1）

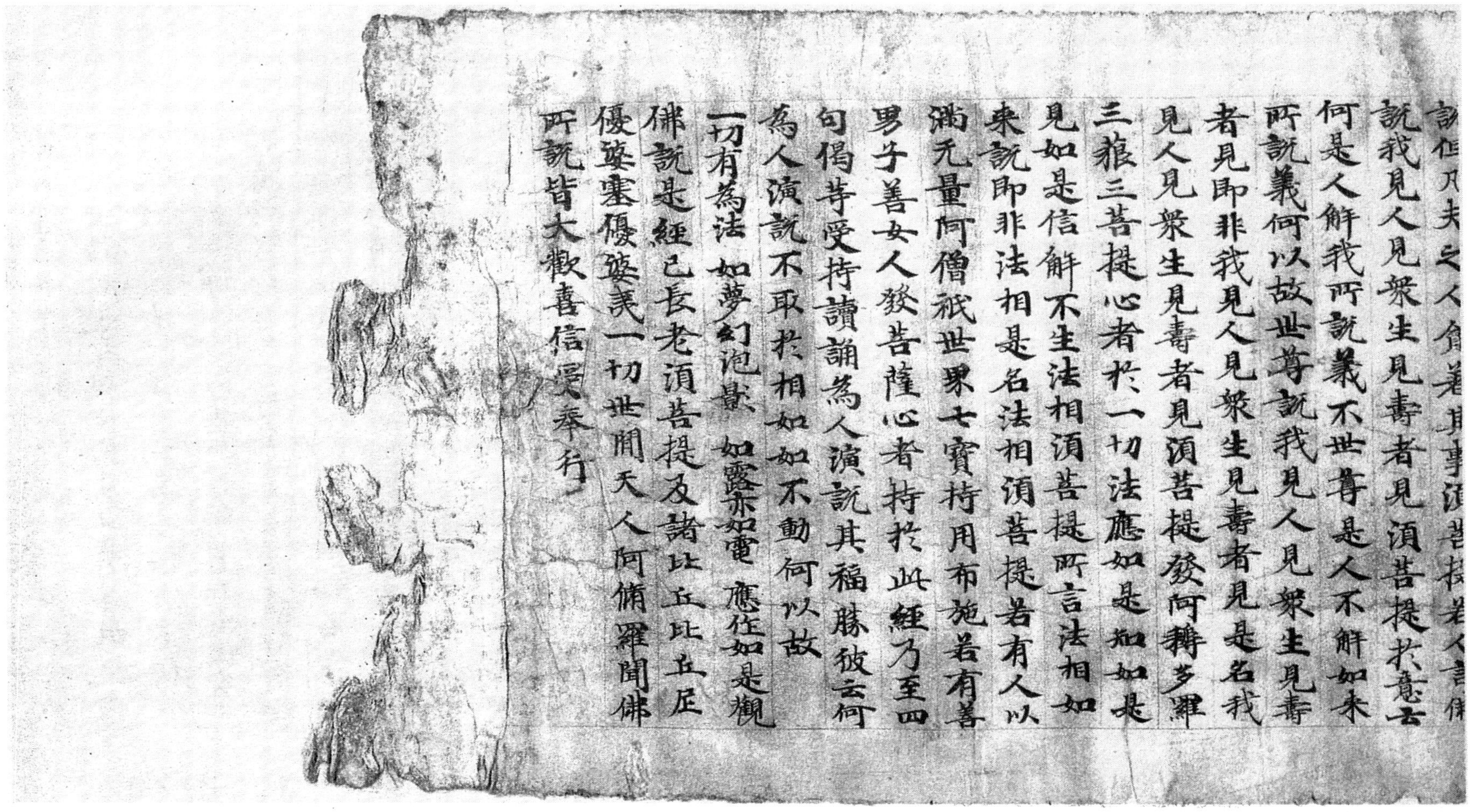

說住凡夫之人貪著其事須菩提若人言佛
說我見人見衆生見壽者見須菩提於意云
何是人解我所說義不世尊是人不解如來
所說義何以故世尊說我見人見衆生見壽
者見即非我見人見衆生見壽者見是名我
見人見衆生見壽者見須菩提發阿耨多羅
三藐三菩提心者於一切法應如是知如是
見如是信解不生法相須菩提所言法相如
來說即非法相是名法相須菩提若有人以
滿无量阿僧祇世界七寶持用布施若有善
男子善女人發菩薩心者持於此經乃至四
句偈等受持讀誦為人演說其福勝彼云何
為人演說不取於相如如不動何以故
一切有為法　如夢幻泡影　如露亦如電　應作如是觀
佛說是經已長老須菩提及諸比丘比丘尼
優婆塞優婆夷一切世間天人阿脩羅聞佛
所說皆大歡喜信受奉行

BD08452 號　金剛般若波羅蜜經　（2–2）

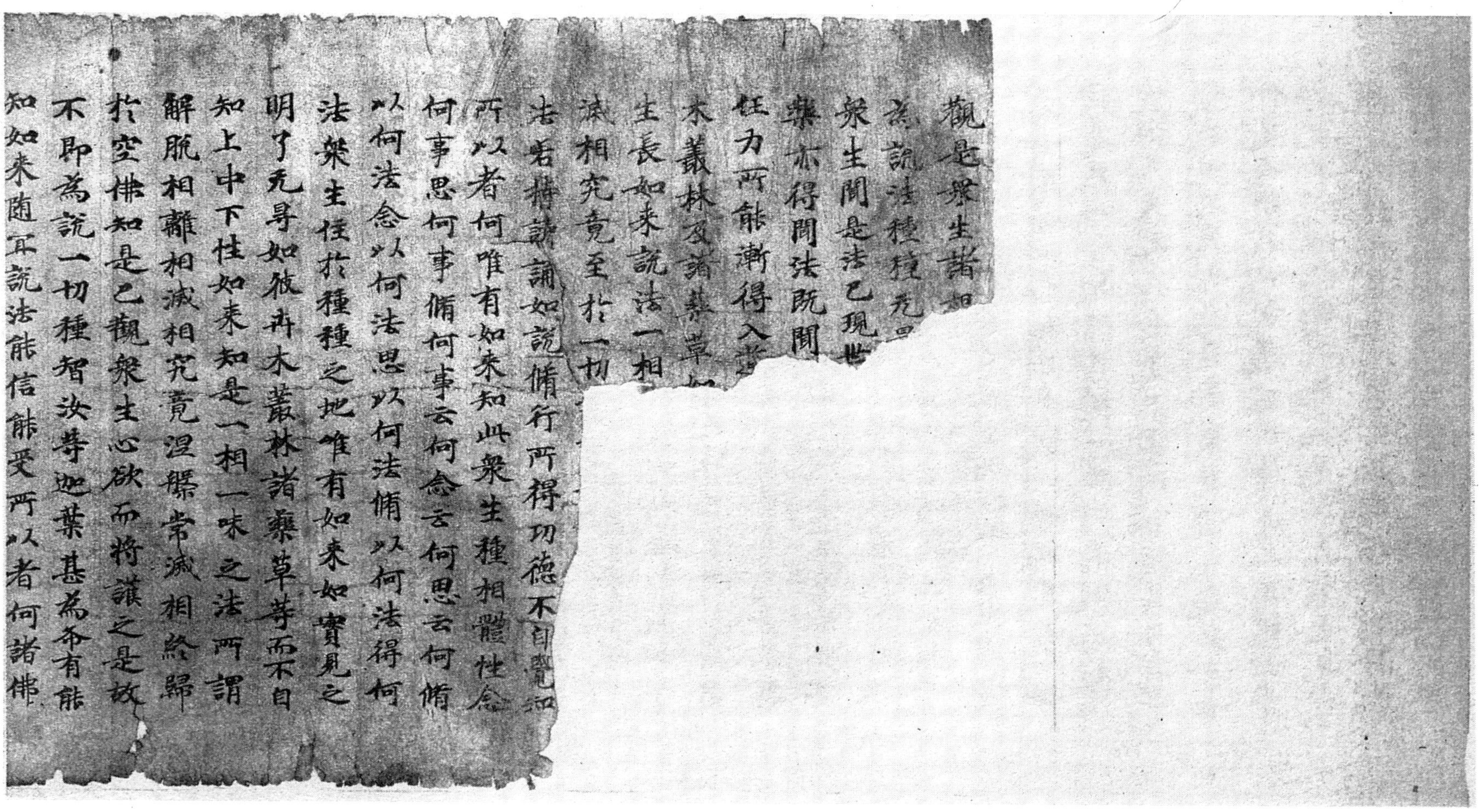

觀是衆生諸
為說法種種无
衆生聞是法已現世
樂亦得聞法既聞
任力所能漸得入道
木叢林及諸藥草如
生長如來說法一相
滅相究竟至於一切
法若持讀誦如說脩行所得功德不自覺知
所以者何唯有如來知此衆生種相體性念
何事思何事脩何事云何念云何思云何脩
以何法念以何法思以何法脩以何法得何
法衆生住於種種之地唯有如來如實見之
明了无㝵如彼卉木叢林諸藥草等而不自
知上中下性如來知是一相一味之法所謂
解脫相離相滅相究竟涅槃常寂滅相終歸
於空佛知是已觀衆生心欲而將護之是故
不即為說一切種智汝等迦葉甚為希有能
知如來隨宜說法能信能受所以者何諸佛

BD08453 號　妙法蓮華經卷三　（3–1）

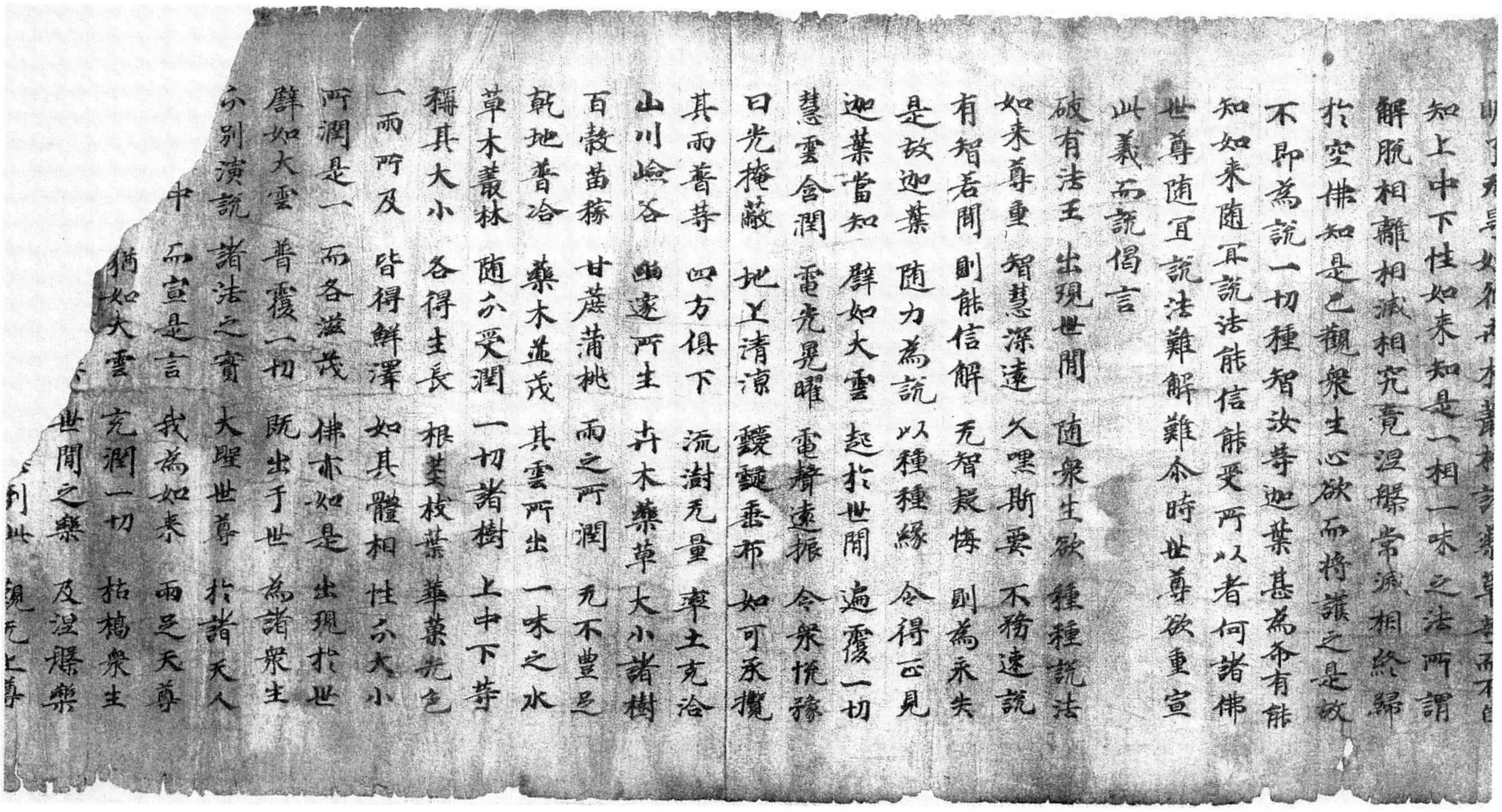

知上中下性如來知是一相一味之法所謂
解脫相離相滅相究竟涅槃常寂滅相終歸
於空佛知是已觀眾生心欲而將護之是故
不即為說一切種智汝等迦葉甚為希有能
知如來隨宜說法能信能受所以者何諸佛
世尊隨宜說法難解難知爾時世尊欲重宣
此義而說偈言
破有法王　出現世間　隨眾生欲　種種說法
如來尊重　智慧深遠　久默斯要　不務速說
有智若聞　則能信解　无智疑悔　則為永失
是故迦葉　隨力為說　以種種緣　令得正見
迦葉當知　譬如大雲　起於世間　遍覆一切
慧雲含潤　電光晃曜　雷聲遠振　令眾悅豫
日光掩蔽　地上清涼　靉靆垂布　如可承攬
其雨普等　四方俱下　流澍无量　率土充洽
山川險谷　幽邃所生　卉木藥草　大小諸樹
百穀苗稼　甘蔗蒲桃　雨之所潤　无不豐足
乾地普洽　藥木並茂　其雲所出　一味之水
草木叢林　隨分受潤　一切諸樹　上中下等
稱其大小　各得生長　根莖枝葉　華菓光色
一雨所及　皆得鮮澤　如其體相　性分大小
所潤是一　而各滋茂　佛亦如是　出現於世
譬如大雲　普覆一切　既出于世　為諸眾生
分別演說　諸法之實　大聖世尊　於諸天人
中　而宣是言　我為如來　兩足之尊
猶如大雲　充潤一切　枯槁眾生
世間之樂　及涅槃樂
到此　覲无上尊

BD08453號　妙法蓮華經卷三

（3–2）

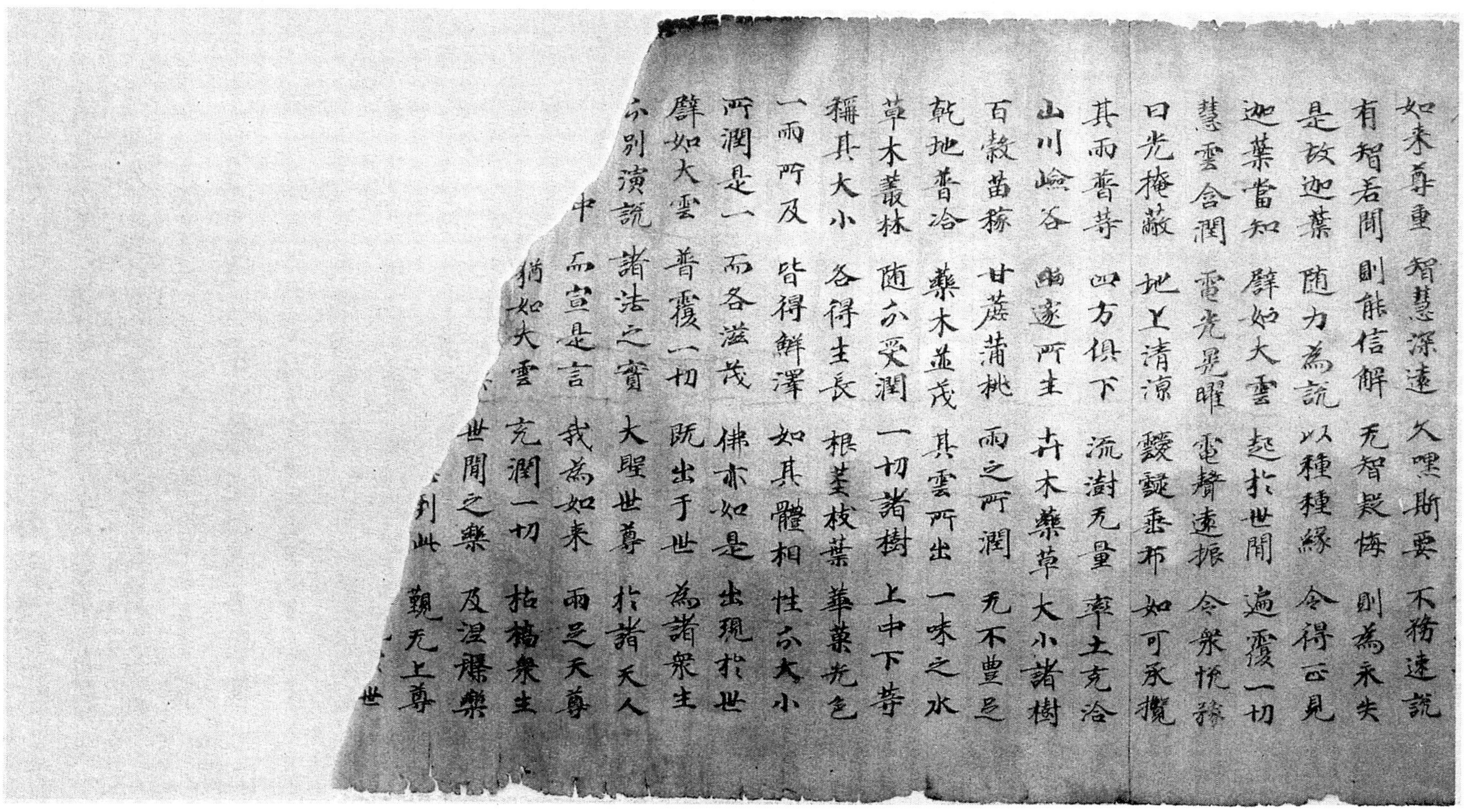


如來尊重　智慧深遠　久默斯要　不務速說
有智若聞　則能信解　无智疑悔　則為永失
是故迦葉　隨力為說　以種種緣　令得正見
迦葉當知　譬如大雲　起於世間　遍覆一切
慧雲含潤　電光晃曜　雷聲遠振　令眾悅豫
日光掩蔽　地上清涼　靉靆垂布　如可承攬
其雨普等　四方俱下　流澍无量　率土充洽
山川險谷　幽邃所生　卉木藥草　大小諸樹
百穀苗稼　甘蔗蒲桃　雨之所潤　无不豐足
乾地普洽　藥木並茂　其雲所出　一味之水
草木叢林　隨分受潤　一切諸樹　上中下等
稱其大小　各得生長　根莖枝葉　華菓光色
一雨所及　皆得鮮澤　如其體相　性分大小
所潤是一　而各滋茂　佛亦如是　出現於世
譬如大雲　普覆一切　既出于世　為諸眾生
分別演說　諸法之實　大聖世尊　於諸天人
中　而宣是言　我為如來　兩足之尊
猶如大雲　充潤一切　枯槁眾生
世間之樂　及涅槃樂
到此　覲无上尊

世

BD08453號　妙法蓮華經卷三

（3–3）

唯願天人尊　轉无上法輪　擊于大法鼓　而吹大法螺
普雨大法雨　度无量衆生　我等咸歸請　當演深遠音
尒時大通智勝如來嘿然許之西南方乃至
下方亦復如是尒時上方五百万億國土諸
大梵王皆悉自覩所止宮殿光明威曜昔所
未有歡喜踊躍生希有心即各相詣共議此
事以何因緣我等宮殿有斯光明時彼衆中
有一大梵天王名曰尸棄爲諸梵衆而說偈言
今以何因緣　我等諸宮殿　威德光明曜　嚴飾未曾有
如是之妙相　昔所未聞見　爲大德天生　爲佛出世間
尒時五百万億諸梵天王與宮殿俱各以衣
裓盛諸天華共詣下方推尋是相見大通智
勝如來處于道場菩提樹下坐師子座諸天
龍王乹闥婆緊那羅摩睺羅伽人非人等恭
敬圍繞及見十六王子請佛轉法輪時諸梵
天王頭面礼佛繞百千帀即以天華而散佛
上所散之華如須弥山并以供養佛菩提樹
華供養已各以宮殿奉上彼佛而作是言唯
見哀愍饒益我等所獻宮殿願垂納處
時諸梵天王即於佛前一心同聲以偈頌曰

BD08454 號　妙法蓮華經卷三　（3–1）

敬圍繞及見十六王子請佛轉法輪時諸梵
天王頭面礼佛繞百千帀即以天華而散佛
上所散之華如須弥山并以供養佛菩提樹
華供養已各以宮殿奉上彼佛而作是言唯
見哀愍饒益我等所獻宮殿願垂納處
時諸梵天王即於佛前一心同聲以偈頌曰
善哉見諸佛　救世之聖尊　能於三界獄　免出諸衆生
普智天人尊　愍哀群萌類　能開甘露門　廣度於一切
於昔无量劫　空過无有佛　世尊未出時　十方常暗暝
三惡道增長　阿脩羅亦盛　諸天衆轉減　死多墮惡道
不從佛聞法　常行不善事　色力及智慧　斯等皆減少
罪業因緣故　失樂及樂想　住於耶見法　不識善儀則
不蒙佛所化　常墮於惡道　佛爲世間眼　久遠時乃出
哀愍諸衆生　故現於世間　超出成正覺　我等甚欣慶
及餘一切衆　喜嘆未曾有　我等諸宮殿　蒙光故嚴飾
今以奉世尊　唯垂哀納受　願以此功德　普及於一切
我等與衆生　皆共成佛道
尒時五百万億諸梵天王偈讚佛已各白佛
言唯願世尊轉於法輪多所安隱多所度脫
時諸梵天王而說偈言
世尊轉法輪　擊甘露法鼓　度苦惱衆生　開示涅槃道
唯願受我請　以大微妙音　哀愍而敷演　无量劫習法
尒時大通智勝如來受十方諸梵天王及十
六王子請即時三轉十二行法輪若沙門婆
羅門若天魔梵及餘世間所不能轉謂是苦
是苦集是苦滅是苦滅道及廣說十二因緣
法无明緣行行緣識識緣名色名色緣六入
六入緣觸觸緣受受緣愛愛緣取取緣有有

BD08454 號　妙法蓮華經卷三　（3–2）

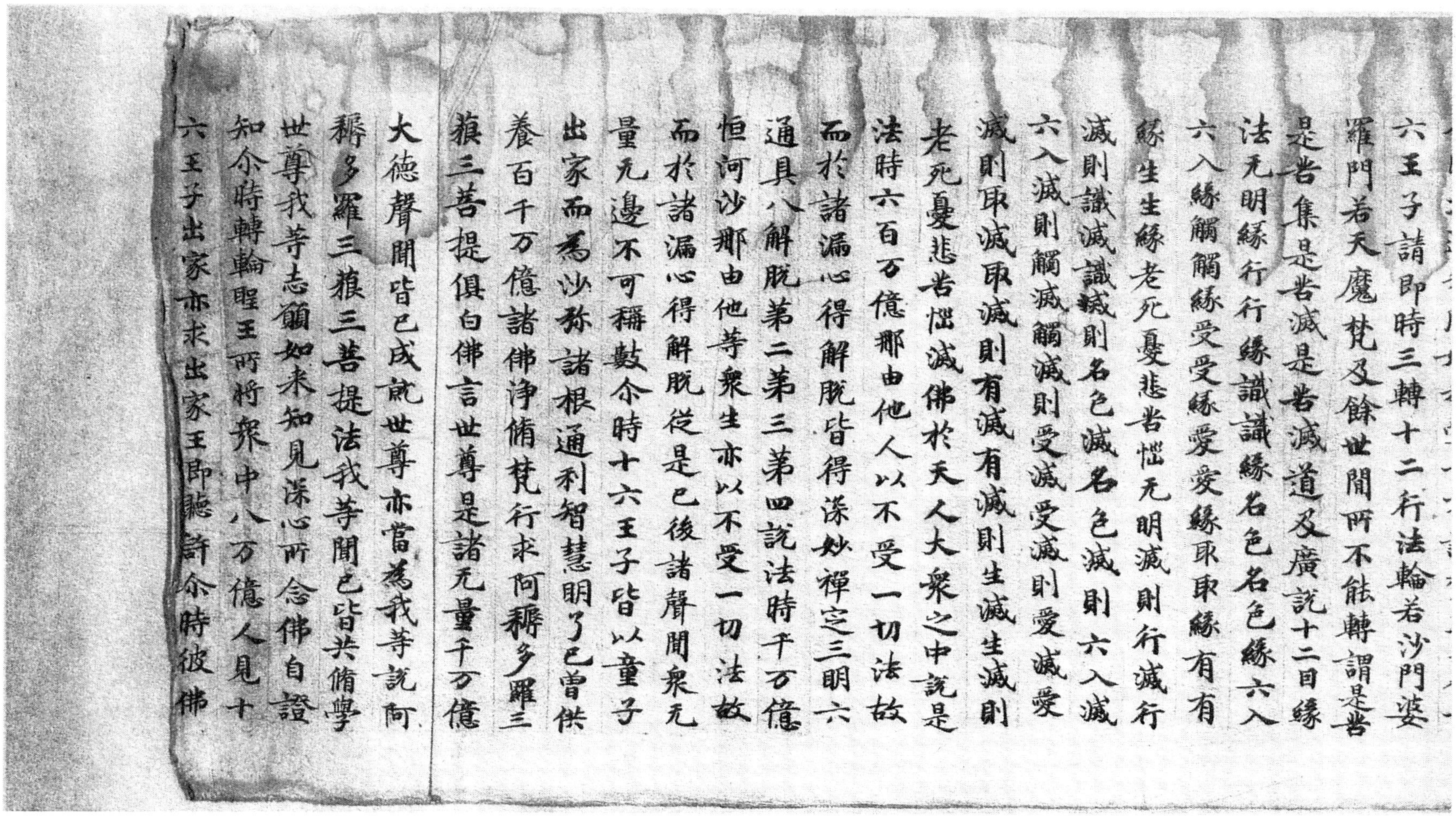
六王子請即時三轉十二行法輪若沙門婆
羅門若天魔梵及餘世間所不能轉謂是苦
是苦集是苦滅是苦滅道及廣說十二因緣
法无明緣行行緣識識緣名色名色緣六入
六入緣觸觸緣受受緣愛愛緣取取緣有有
緣生生緣老死憂悲苦惱无明滅則行滅行
滅則識滅識滅則名色滅名色滅則六入滅
六入滅則觸滅觸滅則受滅受滅則愛滅愛
滅則取滅取滅則有滅有滅則生滅生滅則
老死憂悲苦惱滅佛於天人大衆之中說是
法時六百万億那由他人以不受一切法故
而於諸漏心得解脫皆得深妙禪定三明六
通具八解脫第二第三第四說法時千万億
恒河沙那由他等衆生亦以不受一切法故
而於諸漏心得解脫從是已後諸聲聞衆无
量无邊不可稱數尒時十六王子皆以童子
出家而為沙弥諸根通利智慧明了已曾供
養百千万億諸佛淨脩梵行求阿耨多羅三
藐三菩提俱白佛言世尊是諸无量千万億
大德聲聞皆已成就世尊亦當為我等說阿
耨多羅三藐三菩提法我等聞已皆共脩學
世尊我等志願如來知見深心所念佛自證
知尒時轉輪聖王所將衆中八万億人見十
六王子出家亦求出家王即聽許尒時彼佛

**BD08454號　妙法蓮華經卷三**　（3–3）

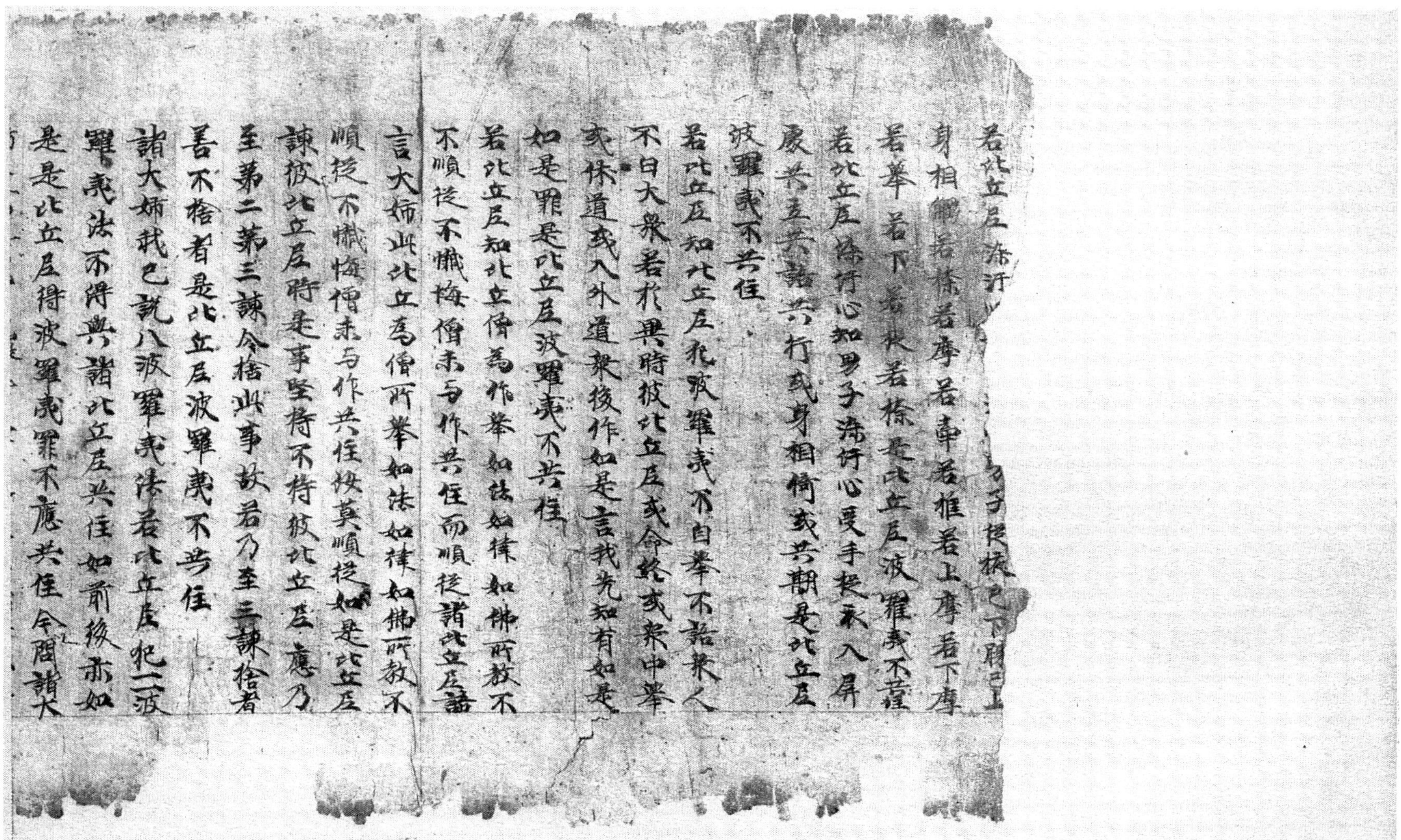
若比丘尼染汙[illegible]子捉捺已下膊已上
身相觸若捺若摩若牽若推若上摩若下摩
若舉若下若捉若捺是比丘尼波羅夷不共住
若比丘尼染汙心知男子染汙心受手捉衣入屏
處共立共語共行或身相倚或共期是比丘尼
波羅夷不共住
若比丘尼知比丘尼犯波羅夷不自舉不語衆人
不白大衆若於異時彼比丘尼或命終或衆中舉
或休道或入外道衆後作如是言我先知有如是
如是罪是比丘尼波羅夷不共住
若比丘尼知比丘僧為作舉如法如律如佛所教不
不順從不懺悔僧未与作共住而順從諸比丘尼語
言大姊此比丘為僧所舉如法如律如佛所教不
順從不懺悔僧未与作共住汝莫順從如是比丘尼
諫彼比丘尼時堅持是事不捨彼比丘尼應乃
至第二第三諫令捨此事故若乃至三諫捨者
善不捨者是比丘尼波羅夷不共住
諸大姊我已說八波羅夷法若比丘尼犯一一波
羅夷法不得與諸比丘尼共住如前後亦如
是是比丘尼得波羅夷罪不應共住今問諸大

**BD08455號　四分比丘尼戒本**　（3–1）

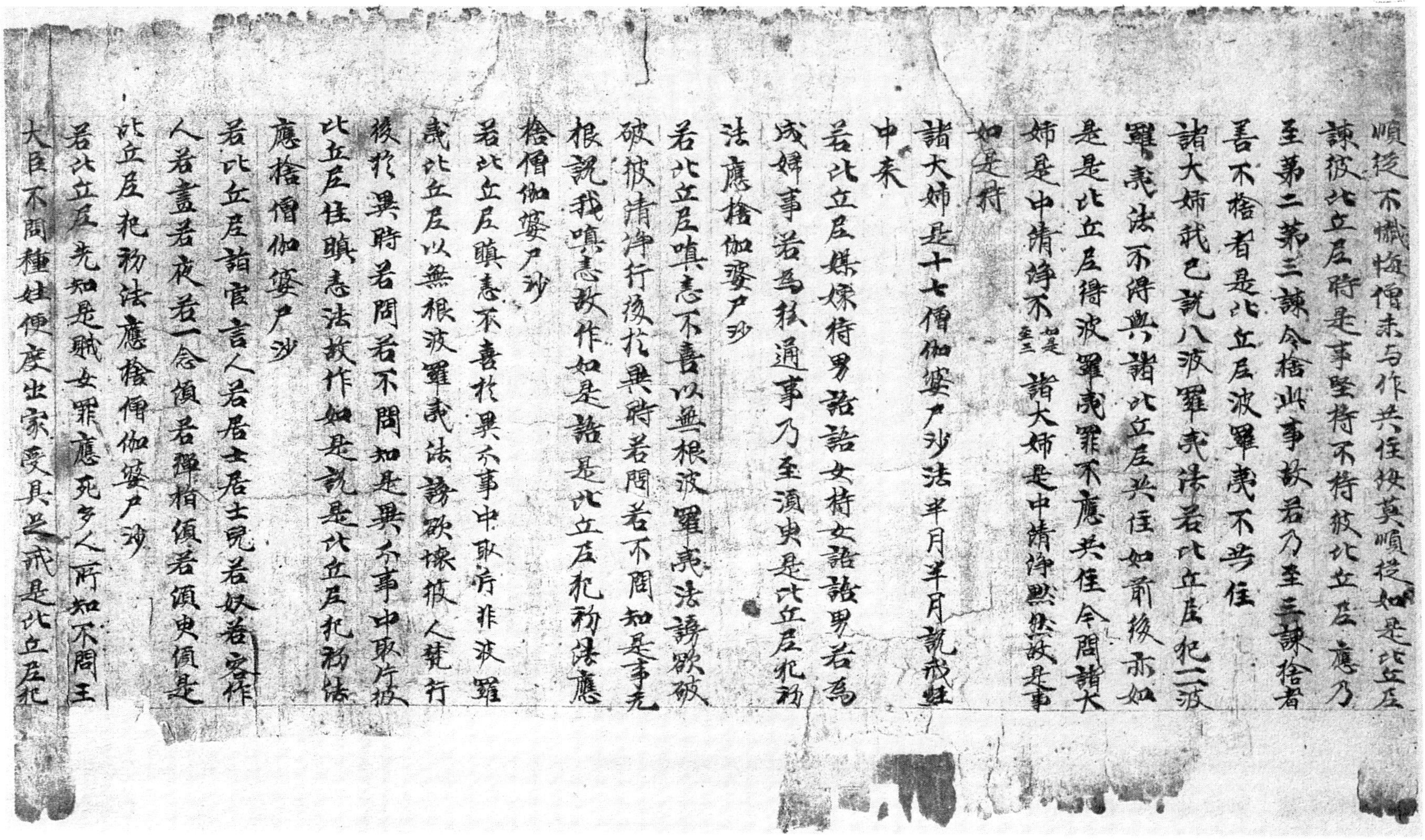

順從，不懺悔，僧未与作共住，拔莫順從。如是比丘尼
諫彼比丘尼時，是事堅持不捨，彼比丘尼應乃
至第二第三諫，令捨此事故。若乃至三諫，捨者
善；不捨者，是比丘尼波羅夷，不共住。
諸大姉，我已說八波羅夷法。若比丘尼犯一一波
羅夷法，不得與諸比丘尼共住，如前，後亦如
是。是比丘尼得波羅夷罪，不應共住。今問諸大
姉，是中清淨不？（三說）諸大姉，是中清淨，默然故，是事
如是持。
諸大姉，是十七僧伽婆尸沙法，半月半月說，戒經
中來。
若比丘尼媒嫁，持男語語女，持女語語男，若為
成婦事，若為私通事，乃至須臾頃，是比丘尼犯初
法，應捨，僧伽婆尸沙。
若比丘尼嗔恚不喜，以無根波羅夷法謗，欲破
破彼清淨行，後於異時若問若不問，知是事无
根說，我嗔恚故作如是語，是比丘尼犯初法，應
捨，僧伽婆尸沙。
若比丘尼瞋恚不喜，於異分事中取片非波羅
夷比丘尼以無根波羅夷法謗，欲壞彼人梵行，
後於異時若問若不問，知是異分事中取片，
比丘尼住瞋恚法故作如是說，是比丘尼犯初法，
應捨，僧伽婆尸沙。
若比丘尼詣官言人，若居士居士兒，若奴若客作
人，若晝若夜，若一念頃，若彈指頃，若須臾頃，是
比丘尼犯初法，應捨，僧伽婆尸沙。
若比丘尼先知是賊女，罪應死，多人所知，不問王
大臣，不問種姓，便度出家受具足戒，是比丘尼犯

BD08455 號　四分比丘尼戒本　（3–2）

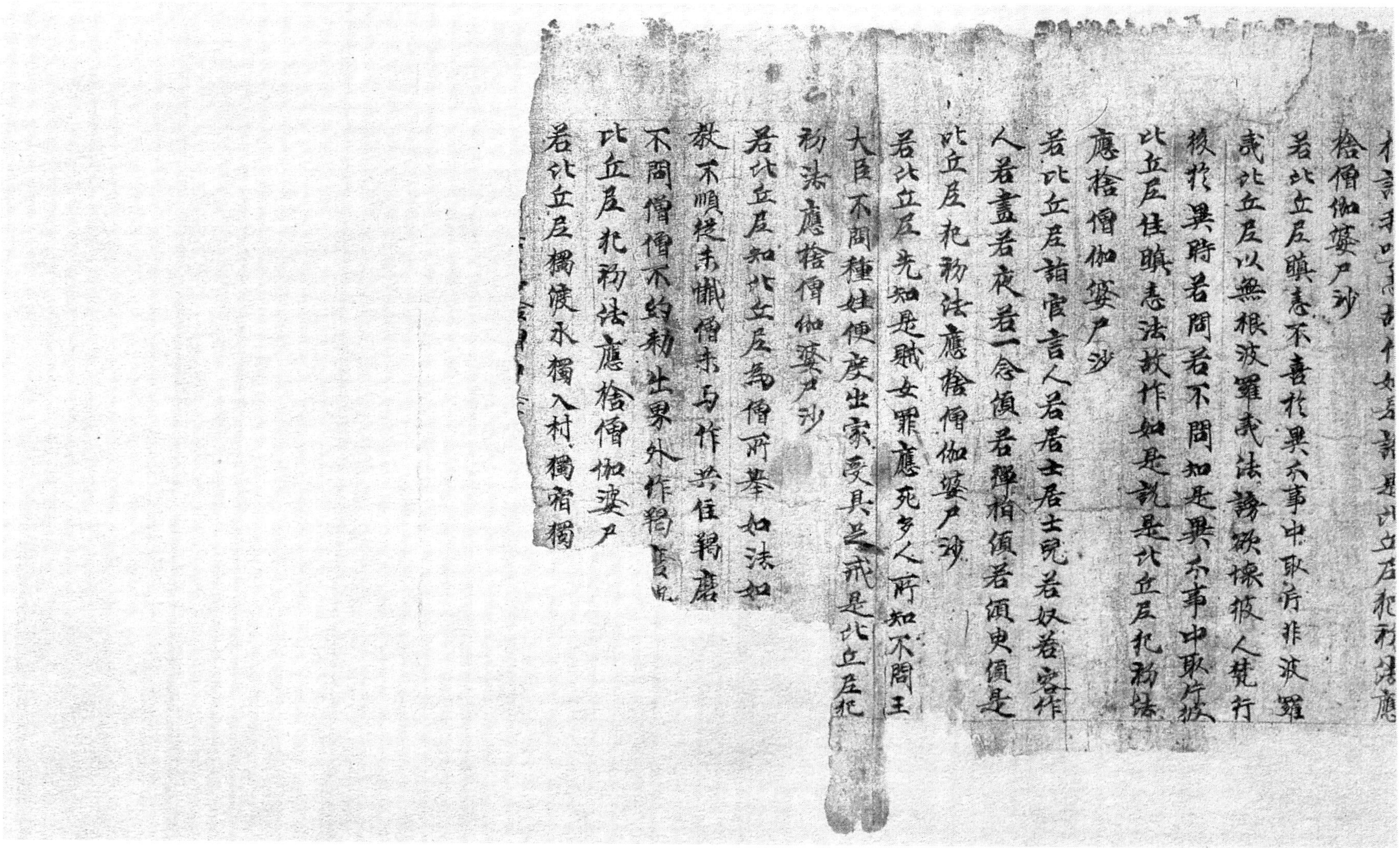

……作如是語，是比丘尼犯初法，應
捨，僧伽婆尸沙。
若比丘尼瞋恚不喜，於異分事中取片非波羅
夷比丘尼以無根波羅夷法謗，欲壞彼人梵行，
後於異時若問若不問，知是異分事中取片，
比丘尼住瞋恚法故作如是說，是比丘尼犯初法，
應捨，僧伽婆尸沙。
若比丘尼詣官言人，若居士居士兒，若奴若客作
人，若晝若夜，若一念頃，若彈指頃，若須臾頃，是
比丘尼犯初法，應捨，僧伽婆尸沙。
若比丘尼先知是賊女，罪應死，多人所知，不問王
大臣，不問種姓，便度出家受具足戒，是比丘尼犯
初法，應捨，僧伽婆尸沙。
若比丘尼知比丘尼為僧所舉，如法如
教不順從，未懺悔，僧未与作共住羯磨，
不問僧，僧不約勅，出界外作羯磨，
比丘尼犯初法，應捨，僧伽婆尸
若比丘尼獨渡水，獨入村，獨宿，獨

BD08455 號　四分比丘尼戒本　（3–3）

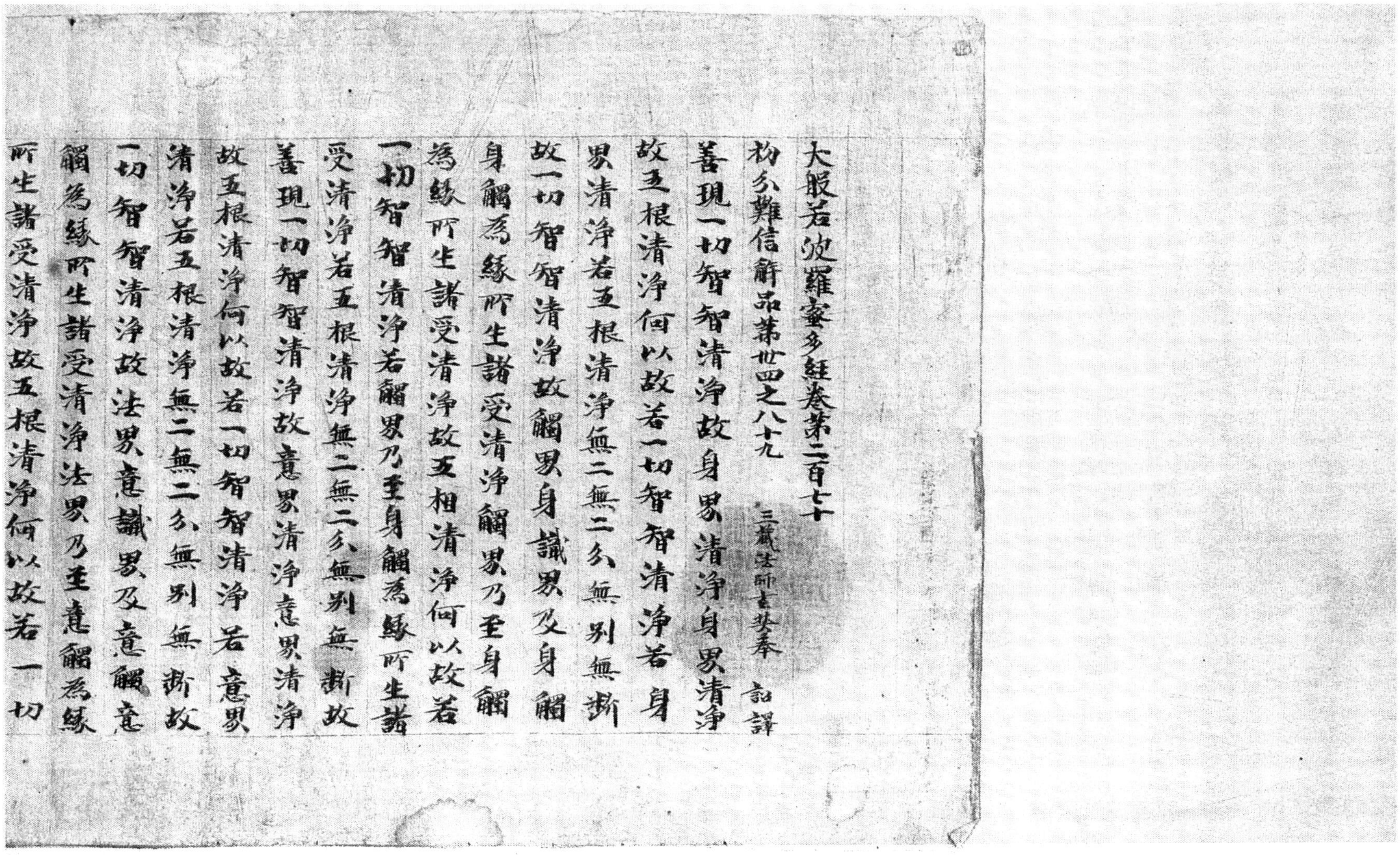
大般若波羅蜜多經卷第二百七十
初分難信解品第卌四之八十九　三藏法師玄奘奉　詔譯
善現一切智智清淨故身界清淨身界清淨
故五根清淨何以故若一切智智清淨若身
界清淨若五根清淨無二無二分無別無斷
故一切智智清淨故觸界身識界及身觸
身觸為緣所生諸受清淨觸界乃至身觸
為緣所生諸受清淨故五相清淨何以故若
一切智智清淨若觸界乃至身觸為緣所生諸
受清淨若五根清淨無二無二分無別無斷故
善現一切智智清淨故意界清淨意界清淨
故五根清淨何以故若一切智智清淨若意界
清淨若五根清淨無二無二分無別無斷故
一切智智清淨故法界意識界及意觸意
觸為緣所生諸受清淨法界乃至意觸為緣
所生諸受清淨故五根清淨何以故若一切

BD08456 號　大般若波羅蜜多經（兌廢稿）卷二七〇　（2–1）

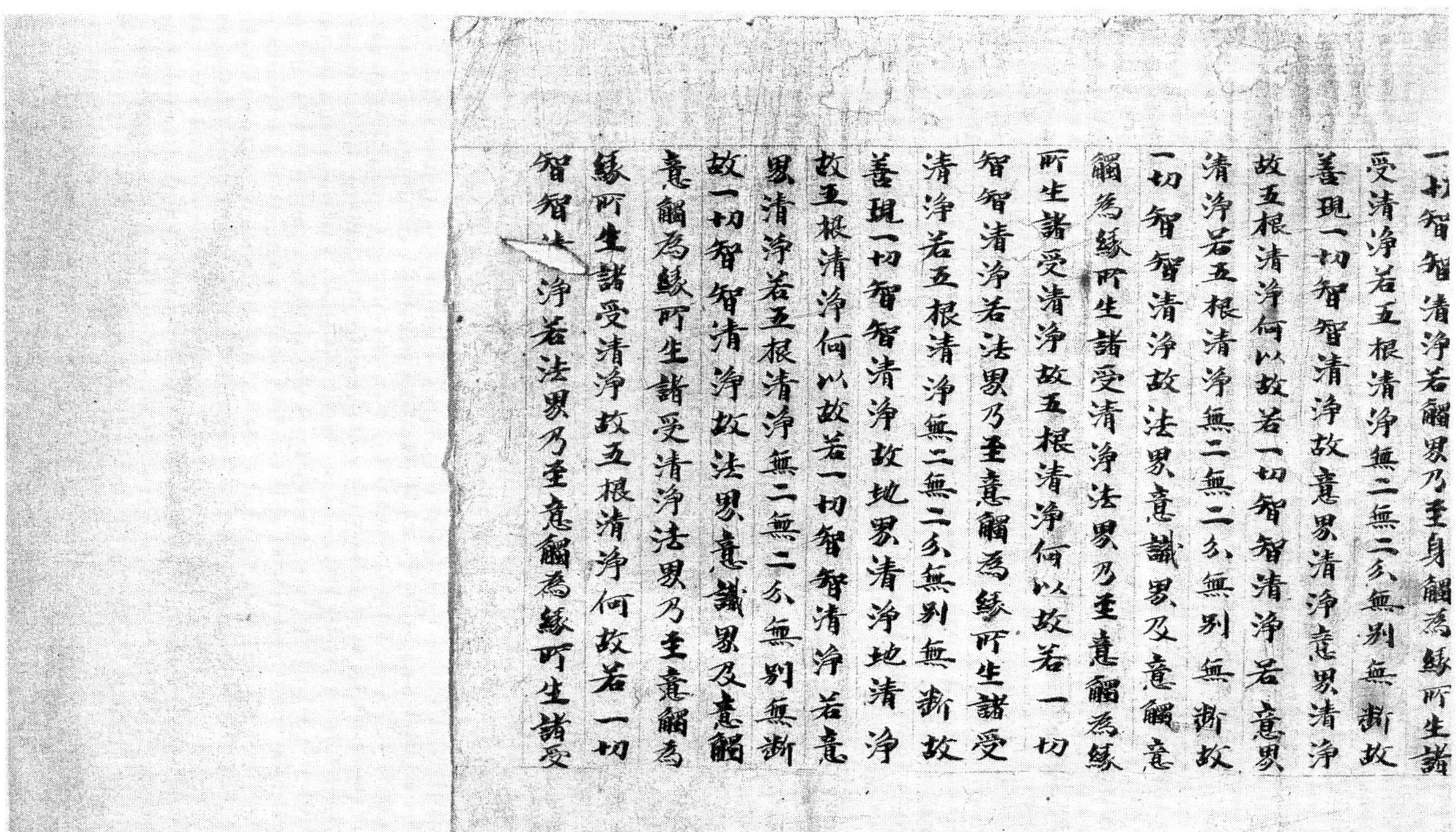
一切智智清淨若觸界乃至身觸為緣所生諸
受清淨若五根清淨無二無二分無別無斷故
善現一切智智清淨故意界清淨意界清淨
故五根清淨何以故若一切智智清淨若意界
清淨若五根清淨無二無二分無別無斷故
一切智智清淨故法界意識界及意觸意
觸為緣所生諸受清淨法界乃至意觸為緣
所生諸受清淨故五根清淨何以故若一切
智智清淨若法界乃至意觸為緣所生諸受
清淨若五根清淨無二無二分無別無斷故
善現一切智智清淨故地界清淨地界清淨
故五根清淨何以故若一切智智清淨若意
界清淨若五根清淨無二無二分無別無斷
故一切智智清淨故法界意識界及意觸
意觸為緣所生諸受清淨法界乃至意觸為
緣所生諸受清淨故五根清淨何故若一切
智智清淨若法界乃至意觸為緣所生諸受

BD08456 號　大般若波羅蜜多經（兌廢稿）卷二七〇　（2–2）

一切衆生之類若卵生若
生若化生若有色若無色若有相若
非有相若非無相我皆令入無餘涅槃而滅
度之如是滅度無量無數無邊衆生實無衆
生得滅度者何以故須菩提若菩薩有我
相人相衆生相壽者相即非菩薩
復次須菩提菩薩於法應无所住行於布施
所謂不住色布施不住聲香味觸法布施須
菩提菩薩應如是布施不住於相何以故若
菩薩不住相布施其福德不可思量須菩提
於意云何東方虛空可思量不不也世尊須菩
提南西北方四維上下虛空可思量不不也世
尊須菩提菩薩无住相布施福德亦復如
是不可思量須菩提菩薩但應如所教住須
菩提於意云何可以身相見如來不不也世
尊不可以身相得見如來何以故如來所說
身相即非身相佛告須菩提凡所有相皆

BD08457 號　金剛般若波羅蜜經　（5–1）

是不可思量須菩提菩薩但應如所教住須
菩提於意云何可以身相見如來不不也世
尊不可以身相得見如來何以故如來所說
身相即非身相佛告須菩提凡所有相皆
是虛妄若見諸相非相則見如來
須菩提白佛言世尊頗有衆生得聞如是言
說章句生實信不佛告須菩提莫作是說如
來滅後五百歲有持戒脩福者於此章句能
生信心以此為實當知是人不於一佛二佛三
四五佛而種善根已於无量千万佛所種諸
善根聞是章句乃至一念生淨信者須菩提
如來悉知悉見是諸衆生得如是无量福德
何以故是諸衆生无復我相人相衆生相壽
者相无法相亦无非法相何以故是諸衆生
若心取相則為著我人衆生壽者若取法
相即著我人衆生壽者何以故若取非法
相即著我人衆生壽者是故不應取法不
應取非法以是義故如來常說汝等比丘知
我說法如筏喻者法尚應捨何况非法
須菩提於意云何如來得阿耨多羅三藐三
菩提耶如來有所說法耶須菩提言如我解
佛所說義无有定法名阿耨多羅三藐三菩
提亦无有定法如來可說何以故如來所說
法皆不可取不可說非法非非法所以者何一

BD08457 號　金剛般若波羅蜜經　（5–2）

菩提取如来有所説法耶須菩提言如我解
佛所説義无有定法名阿耨多羅三藐三菩
提亦无有定法如来可説何以故如来所説
法皆不可取不可説非法非非法所以者何一
切賢聖皆以无為法而有差別
須菩提於意云何若人滿三千大千世界七
寶以用布施是人所得福徳寧為多不須
菩提言甚多世尊何以故是福徳即非福徳
性是故如来説福徳多若復有人於此經中
受持乃至四句偈等為他人説其福勝彼何以
故須菩提一切諸佛及諸佛阿耨多羅三藐
三菩提法皆從此經出須菩提所謂佛法者
即非佛法
須菩提於意云何須陁洹能作是念我得須
陁洹果不須菩提言不也世尊何以故須陁
洹名為入流而无所入不入色聲香味觸法是
名須陁洹須菩提於意云何斯陁含能作
是念我得斯陁含果不須菩提言不也世尊
何以故斯陁含名一往来而實无往来是
名斯陁含須菩提於意云何阿那含能作
是念我得阿那含果不須菩提言不也世尊
何以故阿那含名為不来而實无来是故名阿
那含須菩提於意云何阿羅漢能作是念我得
阿羅漢道不須菩提言不也世尊何以故實
无有法名阿羅漢世尊若阿羅漢作是念我得



那含須菩提於意云何阿羅漢能作是念我得
阿羅漢道不須菩提言不也世尊何以故實
无有法名阿羅漢世尊若阿羅漢作是念我得
阿羅漢道即為著我人衆生壽者世尊佛説
我得无諍三昧人中最為第一是第一離欲
阿羅漢我不作是念我是離欲阿羅漢世
尊我若作是念我得阿羅漢道世尊則不説
須菩提是樂阿蘭那行者以須菩提實无所
行而名須菩提是樂阿蘭那行
佛告須菩提於意云何如来昔在然燈佛所
於法有所得不世尊如来在然燈佛所於法
實无所得須菩提於意云何菩薩莊嚴佛土
不不也世尊何以故莊嚴佛土者則非莊嚴是
名莊嚴是故須菩提諸菩薩摩訶薩應如
是生清淨心不應住色生心不應住聲香味
觸法生心應无所住而生其心須菩提譬如
有人身如須彌山王於意云何是身為大不
須菩提言甚大世尊何以故佛説非身是名
大身須菩提如恒河中所有沙數如是沙等
恒河於意云何是諸恒河沙寧為多不須菩
提言甚多世尊但諸恒河尚多无數何况其
沙須菩提我今實言告汝若有善男子善
女人以七寶滿尒所恒河沙數三千大千世界
以用布施得福多不須菩提言甚多世尊佛告

莊嚴是故須菩提諸菩薩摩訶薩應如
是生清淨心不應住色生心不應住聲香味
觸法生心應无所住而生其心須菩提譬如
有人身如須弥山王於意云何是身為大不
須菩提言甚大世尊何以故佛說非身是名
大身須菩提如恒河中所有沙數如是沙等
恒河於意云何是諸恒河沙寧為多不須菩
提言甚多世尊但諸恒河尚多无數何況其
沙須菩提我今實言告汝若有善男子善
女人以七寶滿尒所恒河沙數三千大千世界
以用布施得福多不須菩提言甚多世尊佛告
須菩提若善男子善女人於此經中乃至受持
四句偈等為他人說而此福德勝前福德復
次須菩提隨說是經乃至四句偈等當知此
處一切世間天人阿脩羅皆應供養如佛塔
廟何況有人盡能受持讀誦須菩提當知是
人成就最上第一希有之法若是經典所
在之處則為有佛若尊重弟子

BD08457號　金剛般若波羅蜜經　（5–5）

羅三藐三菩提法今以付
一心流布此法廣令增益
摩訶薩頂而作是言我於
僧祇劫脩習是難得阿耨多羅三藐三
法今以付囑汝等汝等當受持讀誦廣宣此
法令一切眾生普得聞知所以者何如來有
大慈悲无諸慳悋亦无所畏能與眾生佛之
智慧如來智慧自然智慧如來是一切眾生
之大施主汝等亦應隨學如來之法勿生慳
悋於未來世若有善男子善女人信如來智
慧者當為演說此法華經使得聞知為令其
人得佛慧故若有眾生不信受者當於如來
餘深法中示教利喜汝等若能如是則為已
報諸佛之恩時諸菩薩摩訶薩聞佛作是說
已皆大歡喜遍滿其身益加恭敬曲躬低頭
合掌向佛俱發聲言如世尊勅當具奉行唯
然世尊願不有慮諸菩薩摩訶薩眾如是三
反俱發聲言如世尊勅當具奉行唯然世尊
願不有慮尒時釋迦牟尼佛令十方來諸分
身佛各還本土而作是言諸佛各隨所安多

BD08458號　妙法蓮華經卷六　（5–1）

合掌向佛俱發聲言如世尊勅當具奉行唯
然世尊願不有慮諸菩薩摩訶薩衆如是三
反俱發聲言如世尊勅當具奉行唯然世尊
願不有慮尒時釋迦牟尼佛令十方來諸分
身佛各還本土而作是言諸佛各隨所安多
寶佛塔還可如故說是語時十方无量分身
諸佛坐寶樹下師子座上者及多寶佛并上
行等无邊阿僧祇菩薩大衆舍利弗等聲聞
四衆及一切世間天人阿脩羅等聞佛所說
皆大歡喜
妙法蓮華經藥王菩薩本事品第二十三
尒時宿王華菩薩白佛言世尊藥王菩薩云
何遊於娑婆世界世尊是藥王菩薩有若干
百千万億那由他難行苦行善哉世尊願少
解說諸天龍神夜叉乾闥婆阿脩羅迦樓羅
緊那羅摩睺羅伽人非人等又他國土諸來
菩薩及此聲聞衆聞皆歡喜尒時佛告宿王
華菩薩乃往過去无量恒河沙劫有佛號日
月淨明德如來應供正遍知明行足善逝世
間解无上士調御丈夫天人師佛世尊其佛
有八十億大菩薩摩訶薩七十二恒河沙大
聲聞衆佛壽四万二千劫菩薩壽命亦等彼
國无有女人地獄餓鬼畜生阿脩羅等及以
諸難地平如掌琉璃所成寶樹莊嚴寶帳覆

BD08458號　妙法蓮華經卷六　（5–2）

間解无上士調御丈夫天人師佛世尊其佛
有八十億大菩薩摩訶薩七十二恒河沙大
聲聞衆佛壽四万二千劫菩薩壽命亦等彼
國无有女人地獄餓鬼畜生阿脩羅等及以
諸難地平如掌琉璃所成寶樹莊嚴寶帳覆
上垂寶華幡寶缾香爐周遍國界七寶為臺
一樹一臺其樹去臺盡一箭道此諸寶樹皆
有菩薩聲聞而坐其下諸寶臺上各有百億
諸天作天伎樂歌嘆於佛以為供養尒時彼
佛為一切衆生喜見菩薩及衆菩薩諸聲聞
衆說法華經是一切衆生喜見菩薩樂習苦
行於日月淨明德佛法中精進經行一心求
佛滿万二千歲已得現一切色身三昧得此
三昧已心大歡喜即作念言我得現一切色
身三昧皆是得聞法華經力我今當供養日
月淨明德佛及法華經即時入是三昧於虛
空中雨曼陁羅華摩訶曼陁羅華細末堅黑
栴檀滿虛空中如雲而下又雨海此岸栴檀
之香此香六銖價直娑婆世界以供養佛作
是供養已從三昧起而自念言我雖以神力
供養於佛不如以身供養即服諸香栴檀薰
陸兜樓婆畢力迦沈水膠香又飲瞻蔔諸華
香油滿千二百歲已香油塗身於日月淨明
德佛前以天寶衣而自纏身灌諸香油以神
[illegible]

BD08458號　妙法蓮華經卷六　（5–3）

薩埵樓婆畢力迦沈水膠香又飲瞻蔔諸華
香油滿千二百歲已香油塗身於日月淨明
德佛前以天寶衣而自纏身灌諸香油以神
通力願而自然身光明遍照八十億恒河沙
世界其中諸佛同時讚言善哉善哉善男子
是真精進是名真法供養如來若以華香瓔
珞燒香末香塗香天繒幡蓋及海此岸栴檀
之香如是等種種諸物供養所不能及假使
國城妻子布施亦所不及善男子是名第一
之施於諸施中最尊最上以法供養諸如來
故作是語已而各嘿然其身火燃千二百歲
過是已後其身乃盡一切眾生憙見菩薩作
如是法供養已命終之後復生日月淨明德
佛國中於淨德王家結跏趺坐忽然化生即
為其父而說偈言
大王今當知　我經行彼處　即時得一切　現諸身三昧
勤行大精進　捨所愛之身
說是偈已而白父言日月淨明德佛今故現
在我先供養佛已得解一切眾生語言陀羅
尼復聞是法華經八百千万億那由他甄迦
羅頻婆羅阿閦婆等偈大王我今當還供養
此佛白已即坐七寶之臺上昇虛空高七多
羅樹往到佛所頭面礼足合十指爪以偈讚
佛

BD08458號　妙法蓮華經卷六

（5–4）

國城妻子布施亦所不及善男子是名第一
之施於諸施中最尊最上以法供養諸如來
故作是語已而各嘿然其身火燃千二百歲
過是已後其身乃盡一切眾生憙見菩薩作
如是法供養已命終之後復生日月淨明德
佛國中於淨德王家結跏趺坐忽然化生即
為其父而說偈言
大王今當知　我經行彼處　即時得一切　現諸身三昧
勤行大精進　捨所愛之身
說是偈已而白父言日月淨明德佛今故現
在我先供養佛已得解一切眾生語言陀羅
尼復聞是法華經八百千万億那由他甄迦
羅頻婆羅阿閦婆等偈大王我今當還供養
此佛白已即坐七寶之臺上昇虛空高七多
羅樹往到佛所頭面礼足合十指爪以偈讚
佛
容顏甚奇妙　光明照十方　我適曾供養　今復還親近
尒時一切眾生憙見菩薩說是偈已而白佛

BD08458號　妙法蓮華經卷六

（5–5）

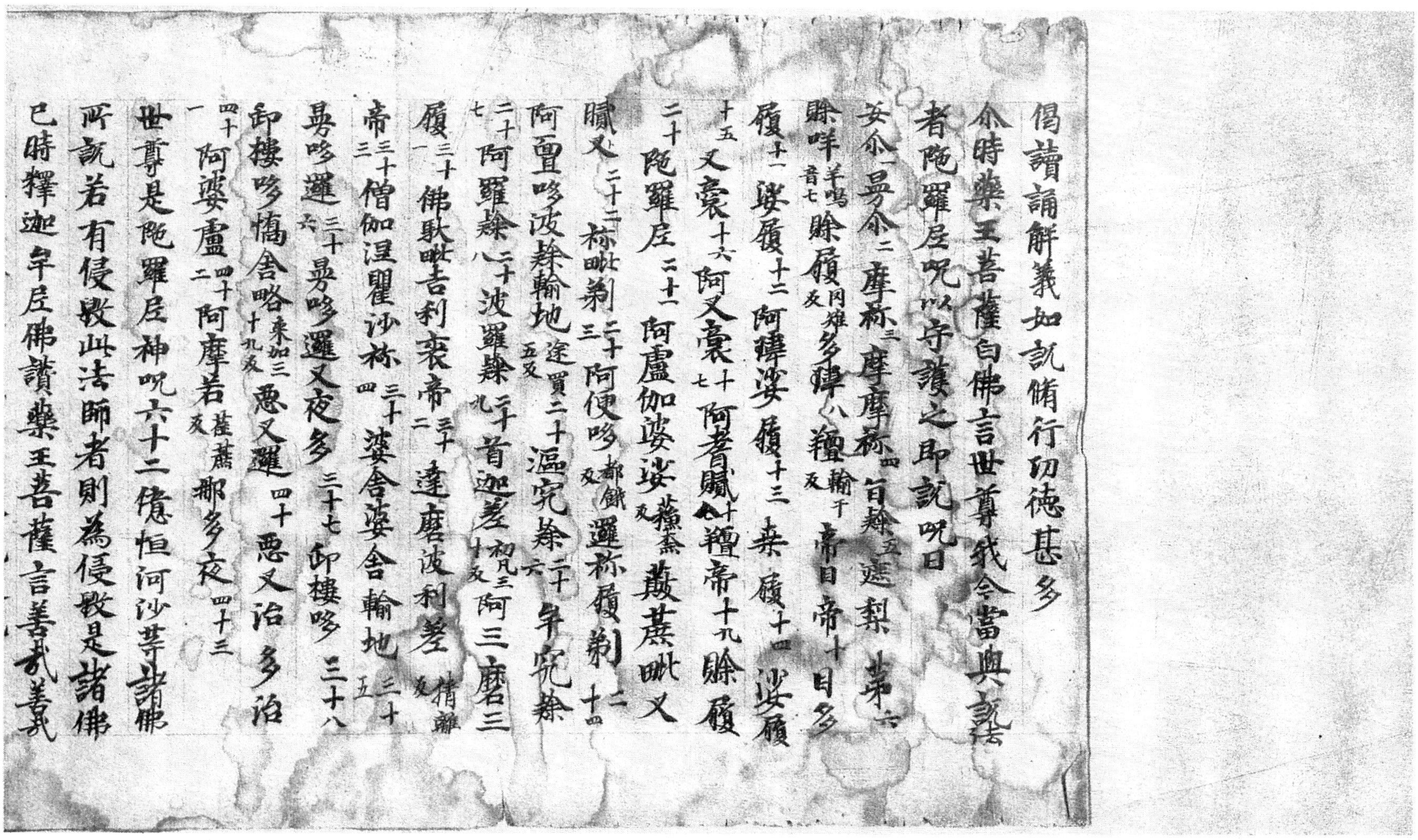

偈讀誦解義如說脩行功德甚多
尒時藥王菩薩白佛言世尊我今當與說法
者陀羅尼呪以守護之即說呪曰
安尒一 曼尒二 摩祢三 摩摩祢四 旨隸五 遮梨 苐六
賒咩羊鳴音七 賒履冈雉反 多瑋八 羶輸千反 帝九 目帝十 目多
履十一 娑履十二 阿瑋娑履十三 桑履十四 娑履
十五 叉裔十六 阿叉裔十七 阿耆膩十八 羶帝十九 賒履
二十 陁羅尼二十一 阿盧伽婆娑蘇奈反 簸蔗毗叉
膩二十二 祢毗剃二十三 阿便哆都餓反 邏祢履剃二十四
阿亶哆波隸輸地途賣反二十五 漚究隸二十六 牟究隸
二十七 阿羅隸二十八 波羅隸二十九 首迦差初几反三十 阿三磨三
履三十一 佛馱毗吉利袠帝三十二 達磨波利差猜離反
帝三十三 僧伽涅瞿沙祢三十四 婆舍婆舍輸地三十五
曼哆邏三十六 曼哆邏叉夜多三十七 郵樓哆三十八
郵樓哆憍舍略來加反三十九 惡叉邏四十 惡叉冶多冶
四十一 阿婆盧四十二 阿摩若荏蔗反 那多夜四十三
世尊是陁羅尼神呪六十二億恒河沙等諸佛
所說若有侵毀此法師者則為侵毀是諸佛
已時釋迦牟尼佛讚藥王菩薩言善哉善哉

BD08459號　妙法蓮華經卷七　（3–1）

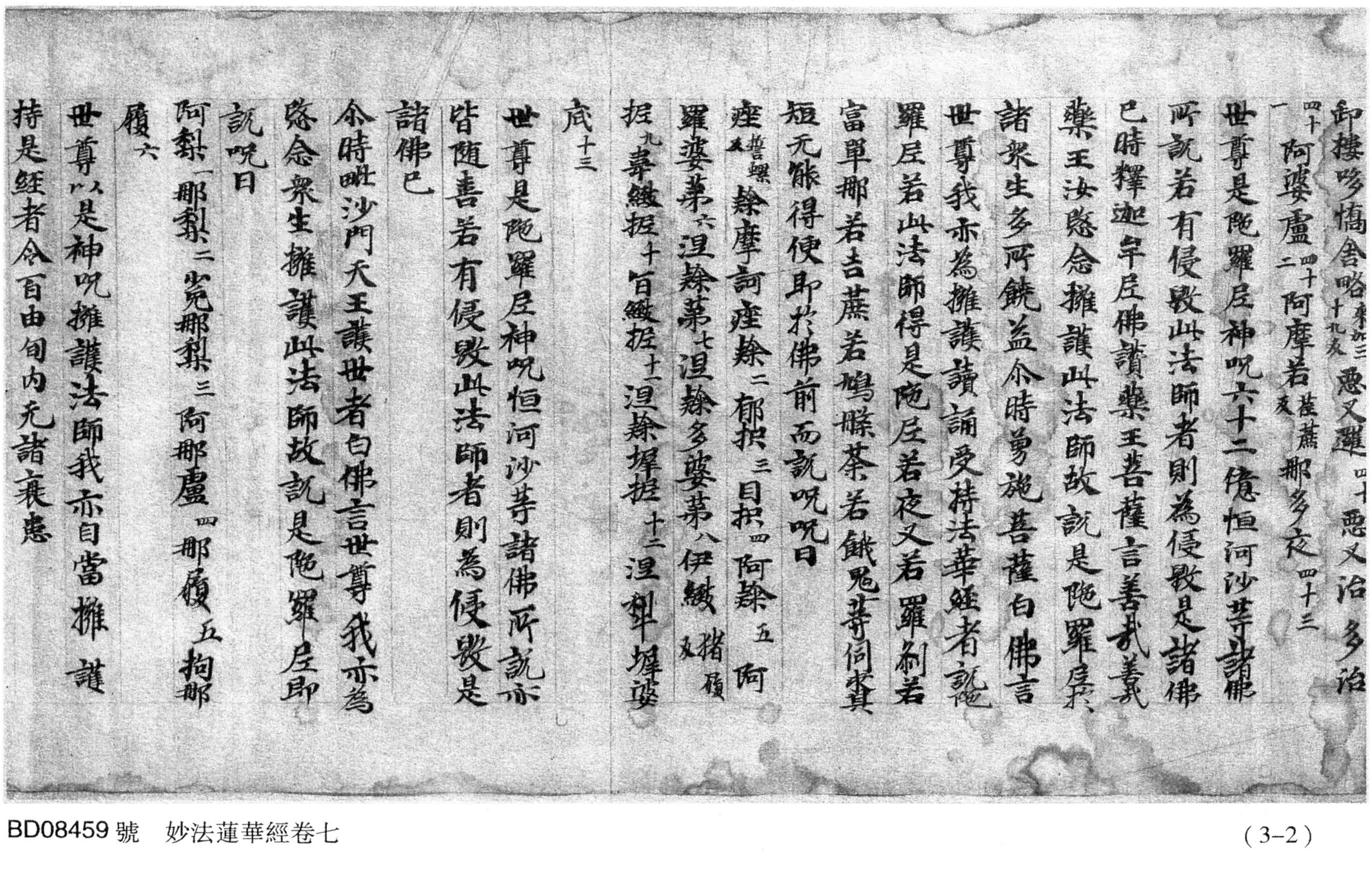

郵樓哆憍舍略來加反三十九 惡叉邏四十 惡叉冶多冶
四十一 阿婆盧四十二 阿摩若荏蔗反 那多夜四十三
世尊是陁羅尼神呪六十二億恒河沙等諸佛
所說若有侵毀此法師者則為侵毀是諸佛
已時釋迦牟尼佛讚藥王菩薩言善哉善哉
藥王汝愍念擁護此法師故說是陁羅尼於
諸衆生多所饒益尒時勇施菩薩白佛言
世尊我亦為擁護讀誦受持法華經者說
羅尼若此法師得是陁尼若夜叉若羅剎若
富單那若吉蔗若鳩槃荼若餓鬼等伺求其
短无能得便即於佛前而說呪曰
痤誓螺反隸一 摩訶痤隸二 郁枳三 目枳四 阿隸五 阿
羅婆苐六 涅隸苐七 涅隸多婆苐八 伊緻猪履反
抳九 韋緻抳十 旨緻抳十一 涅隸墀抳十二 涅犁墀婆
底十三
世尊是陁羅尼神呪恒河沙等諸佛所說亦
皆隨喜若有侵毀此法師者則為侵毀是
諸佛已
尒時毗沙門天王護世者白佛言世尊我亦為
愍念衆生擁護此法師故說是陁羅尼即
說呪曰
阿梨一 那梨二 㝹那梨三 阿那盧四 那履五 拘那
履六
世尊以是神呪擁護法師我亦自當擁護
持是經者令百由旬内无諸衰患

BD08459號　妙法蓮華經卷七　（3–2）

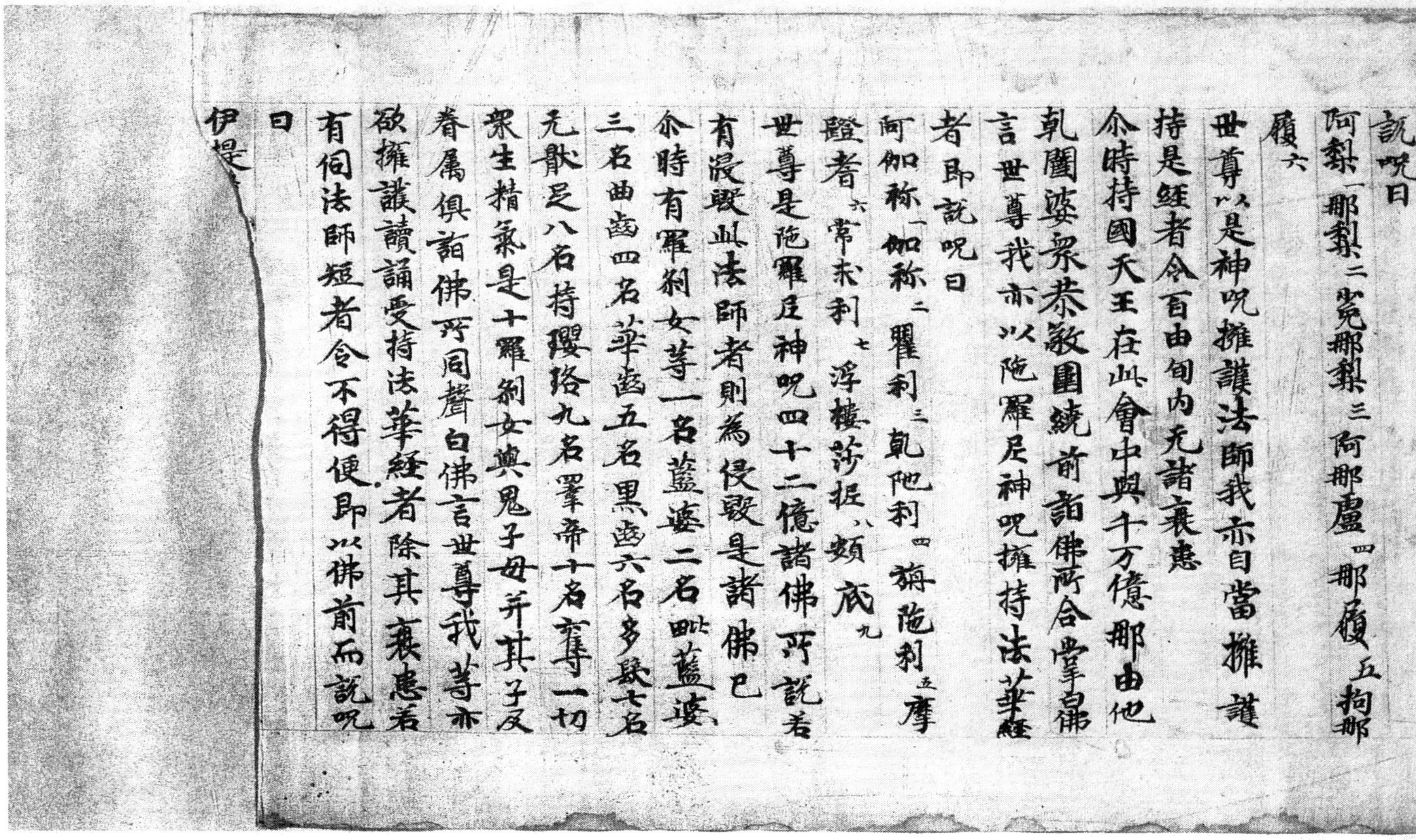
説呪曰
阿梨一 那梨二 嵬那梨三 阿那盧四 那履五 拘那
履六
世尊以是神呪擁護法師我亦自當擁護
持是經者令百由旬内无諸衰患
尒時持國天王在此會中與千万億那由他
乾闥婆衆恭敬圍遶前詣佛所合掌白佛
言世尊我亦以陀羅尼神呪擁持法華經
者即説呪曰
阿伽祢一 伽祢二 瞿利三 乾陀利四 旃陀利五 摩
蹬耆六 常求利七 浮樓莎柅八 頞底九
世尊是陀羅尼神呪四十二億諸佛所説若
有侵毀此法師者則為侵毀是諸佛已
尒時有羅刹女等一名藍婆二名毗藍婆
三名曲齒四名華齒五名黒齒六名多髮七名
无猒足八名持瓔珞九名睪帝十名奪一切
衆生精氣是十羅刹女與鬼子母并其子及
眷屬俱詣佛所同聲白佛言世尊我等亦
欲擁護讀誦受持法華經者除其衰患若
有伺法師短者令不得便即於佛前而説呪
曰
伊提

BD08459號　妙法蓮華經卷七　(3–3)

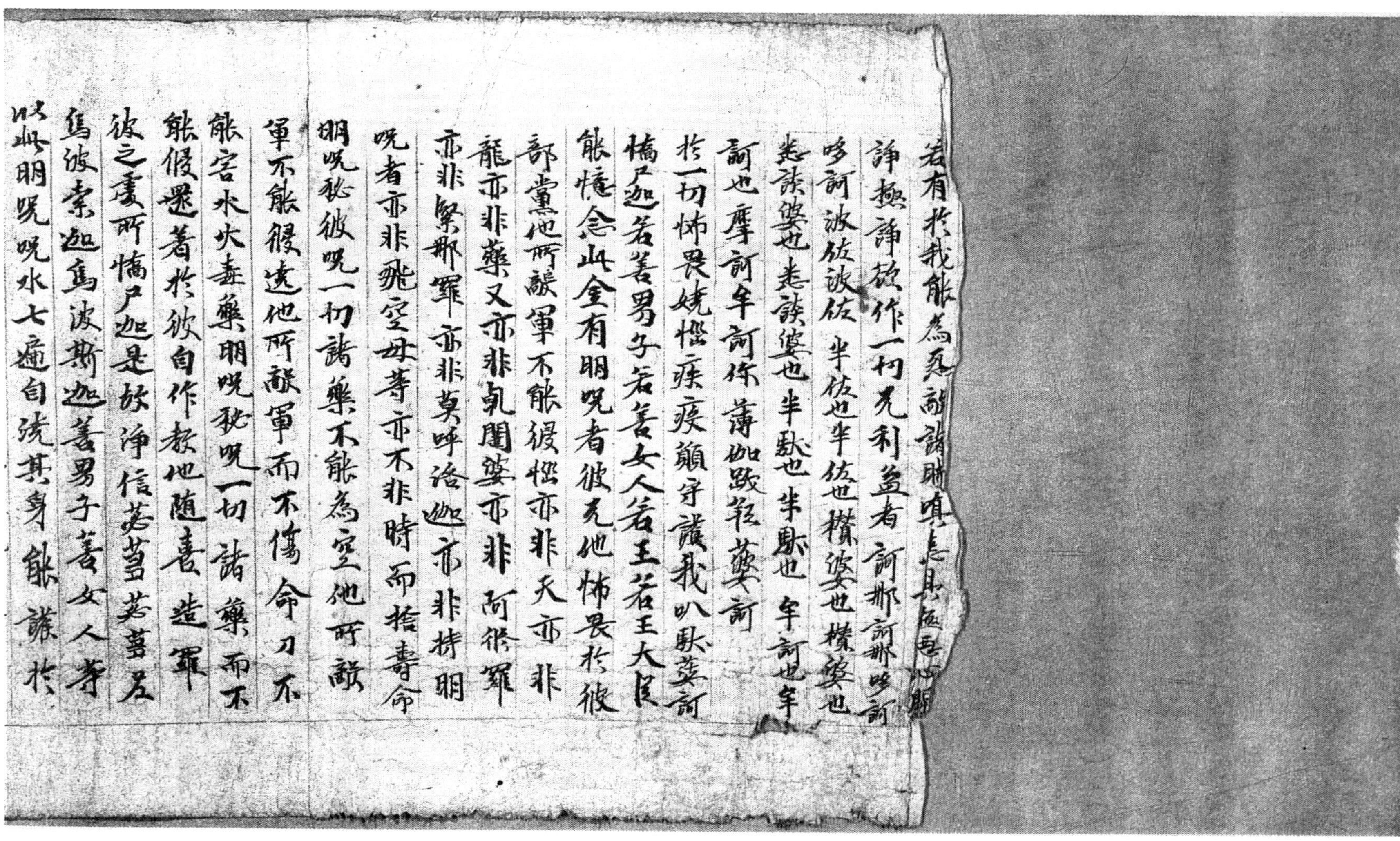
若有於我能為忍辱讃歎[illegible]
諍撫諍撥作一切无利益者訶那訶那哆訶
哆訶波彼波彼 半彼也半彼也攢婆也攢婆也
恙談婆也恙談婆也半馱也半馱也 牟訶也牟
訶也摩訶牟訶弥 薄伽跋䩭薩婆訶
於一切怖畏嬈惱疾疫顛狂護我吠馱薩訶
憍尸迦若善男子若善女人若王若王大臣
能憶念此金有明呪者彼无他怖畏於彼
部黨他所敵軍不能侵惱亦非天亦非
龍亦非藥叉亦非乾闥婆亦非阿修羅
亦非緊那羅亦非莫呼洛迦亦非持明
呪者亦非飛空母等亦不非時而捨壽命
明呪秘彼呪一切諸藥不能為空他所敵
軍不能侵逩他所敵軍而不傷命刀不
能害水火毒藥明呪秘呪一切諸藥而不
能假還著於彼自作教他隨喜造羅
彼之處所憍尸迦是故淨信苾芻苾芻尼
烏波索迦烏波斯迦善男子善女人等
以此明呪呪水七遍自洗其身能護於

BD08460號　金有陀羅尼經　(2–1)

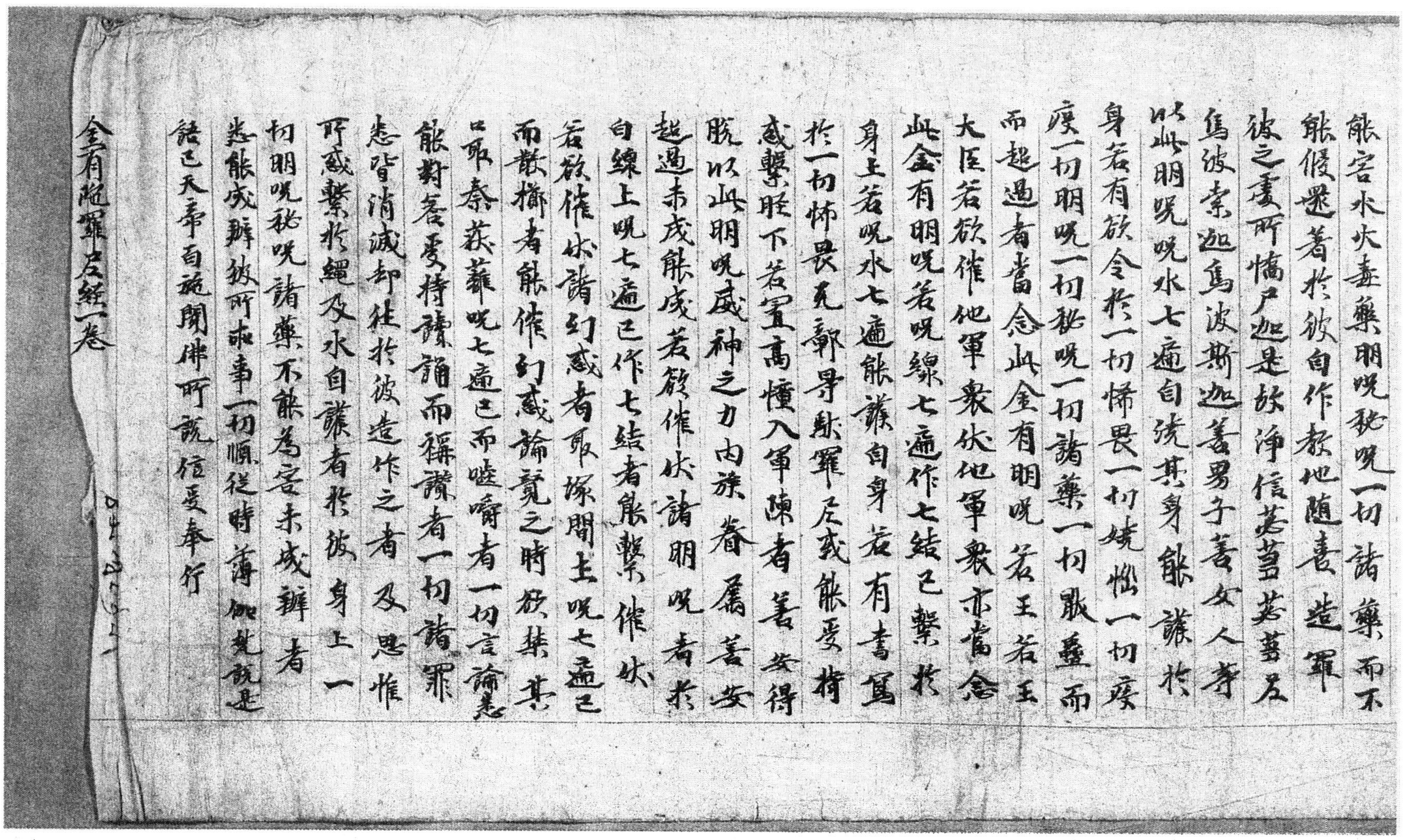
能害水火毒藥明呪秘呪一切諸藥而不
能傷還著於彼自作教他隨意造罪
彼之處所憍尸迦是故淨信苾芻苾芻尼
烏波索迦烏波斯迦善男子善女人等
於此明呪呪水七遍自澆其身能護於
身若有欲令於一切怖畏一切嬈惱一切疾
疫一切明呪一切秘呪一切諸藥一切厭蠱而
而超過者當念此金有明呪若王若王
大臣若欲作他軍衆伏他軍衆亦當念
此金有明呪若呪線七遍作七結已繫於
身上若呪水七遍能護自身若有書寫
於一切怖畏无鄣导馱羅尼或能受持
或繫肘下若置高幢入軍陣者善安得
勝以此明呪威神之力內族眷屬善安
超過未成能成若欲作伏諸明呪者於
白線上呪七遍已作七結者能繫作伏
若欲作伏諸幻惑者取塚間土呪七遍已
而散擲者能作幻惑諭覺之時欲禁其
口取秦菽蘿呪七遍已而嚙嚼者一切言論悉
能對答受持讀誦而稱讚者一切諸罪
悉皆消滅却往於彼造作之者及惡惟
所惑繫於繩及水自護者於彼身上一
切明呪秘呪諸藥不能為害未成辦者
悉能成辦彼所求事一切順從時薄伽梵說是
語已天帝百施聞佛所說信受奉行
金有陁羅尼經一卷

BD08460 號　金有陀羅尼經　（2–2）

BD08460 號背　勘記　（1–1）

兑

為妙為微妙為上為無上無等無等等復次
善現且置令住四靜慮等若善男子善女人
等方便教化殑伽沙數三千大千世界有情
皆令安住預流果或一來果或不還果或阿
羅漢果或獨覺菩提所獲功德是菩薩摩訶
薩所起無倒隨喜迴向於彼功德為最為勝
為尊為高為妙為微妙為上為無上無等無
等等復次善現具置令住預流果等假使如
是殑伽沙數三千大千世界有情皆成預流一
來不還阿羅漢果獨覺菩提所有功德是
菩薩摩訶薩所起無倒隨喜迴向於彼功德
為最為勝為尊為高為妙為微妙為上為
無上無等無等等復次善現且置如是預流果
等所有功德假使十方殑伽沙數三千大千
世界有情皆發無上正等覺心設有十方殑
伽沙數三千大千世界有情一一於彼諸菩薩
所皆以上妙衣服飲食臥具醫藥及無量

BD08461號　大般若波羅蜜多經（兑廢稿）卷五四三　（2–1）

來不還阿羅漢果獨覺菩提所有功德是
菩薩摩訶薩所起無倒隨喜迴向於彼功德
為最為勝為尊為高為妙為微妙為上為
無上無等無等等復次善現且置如是預流果
等所有功德假使十方殑伽沙數三千大千
世界有情皆發無上正等覺心設有十方殑
伽沙數三千大千世界有情一一於彼諸菩薩
所皆以上妙衣服飲食臥具醫藥及無量
而為方便供養恭敬尊重讚歎於意云何是
諸有情由此因緣得福多不善現答言甚多
世尊甚多善逝如是福聚若有形色十方各
如殑伽沙界不能容受佛告善現如是如是
如汝所說若菩薩乘諸善男子善女人等於
諸如來應正等覺及弟子等功德善根發起
無倒隨喜迴向所獲功德甚多於前無量無
數筭數譬喻所不能及所以者何此菩薩乘

兑一紙

BD08461號　大般若波羅蜜多經（兑廢稿）卷五四三　（2–2）

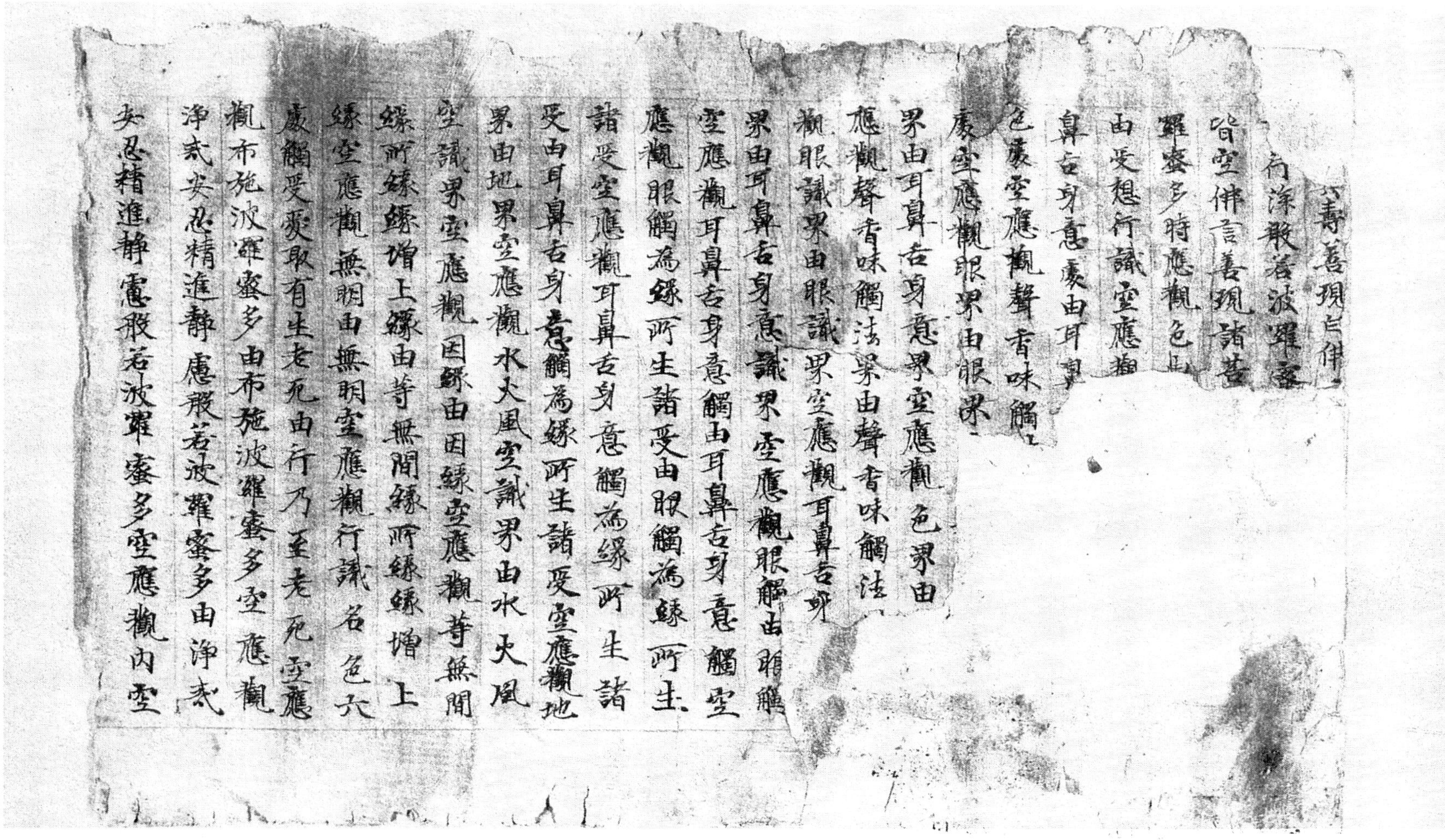

壽善現白佛
行深般若波羅蜜
皆空佛言善現諸菩
羅蜜多時應觀色
由受想行識空應觀
鼻舌身意處由耳鼻
色處空應觀聲香味觸
處空應觀眼界由眼界
界由耳鼻舌身意界空應觀色界由
應觀聲香味觸法界由聲香味觸法
觀眼識界由眼識界空應觀耳鼻舌身
界由耳鼻舌身意識界空應觀眼觸由眼觸
空應觀耳鼻舌身意觸由耳鼻舌身意觸空
應觀眼觸為緣所生諸受由眼觸為緣所生
諸受空應觀耳鼻舌身意觸為緣所生諸
受由耳鼻舌身意觸為緣所生諸受空應觀地
界由地界空應觀水火風空識界由水火風
空識界空應觀因緣由因緣空應觀等無間
緣所緣緣增上緣由等無間緣所緣緣增上
緣空應觀無明由無明空應觀行識名色六
處觸受愛取有生老死由行乃至老死空應
觀布施波羅蜜多由布施波羅蜜多空應觀
淨戒安忍精進靜慮般若波羅蜜多由淨戒
安忍精進靜慮般若波羅蜜多空應觀內空

BD08462 號　大般若波羅蜜多經卷四六二　（1–1）

BD08462 號背　勘記　（1–1）

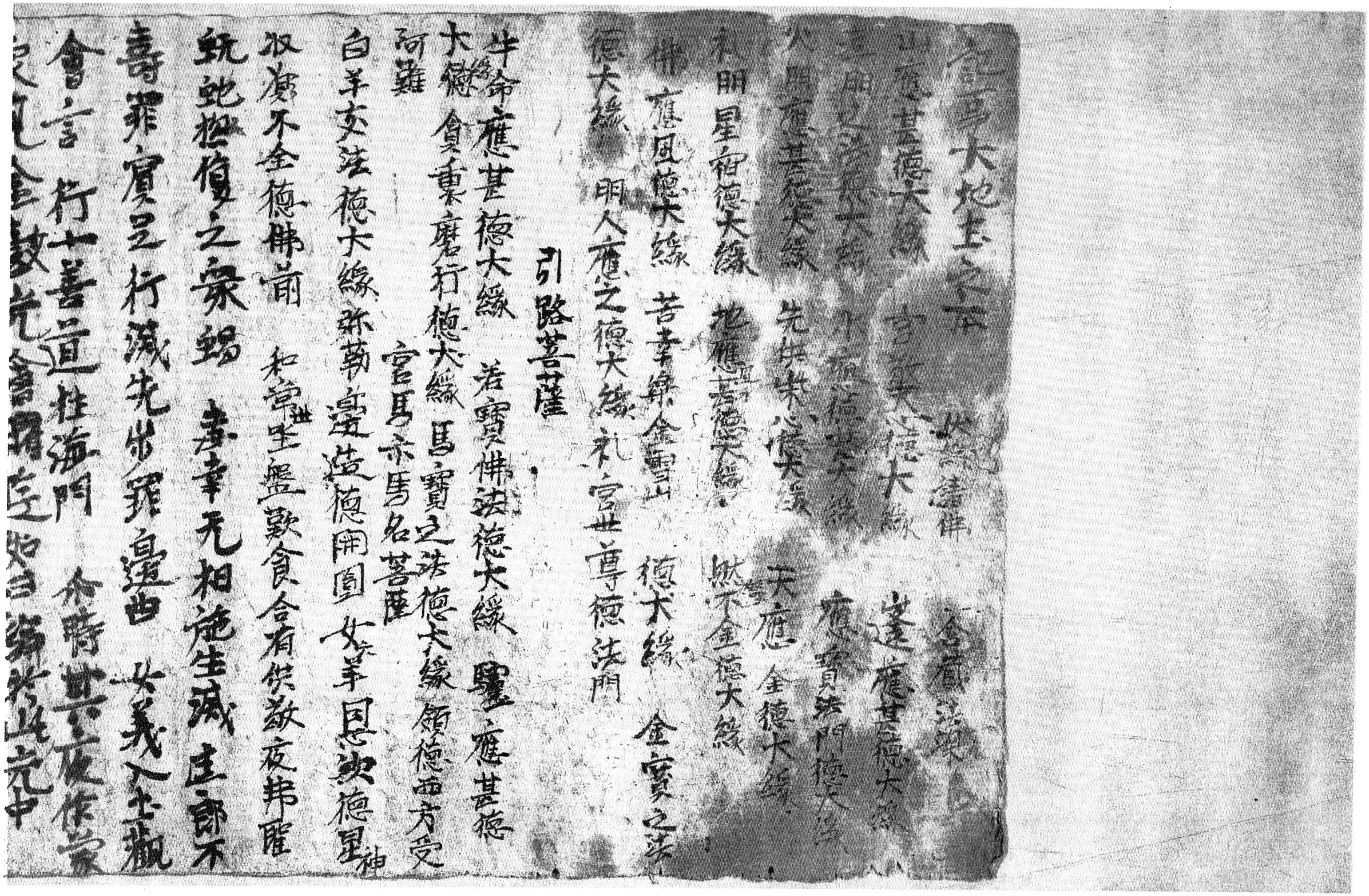

BD08463 號　記事大地土之本　　（2–1）

佛應風德大緣 苦幸舜金雪山 德大緣 金寶之法
德大緣 明人應之德大緣 礼宮世尊德法門
引路菩薩
牛命應甚德大緣 若寶佛法德大緣 鹽應甚德
大德 貪重磨行德大緣 馬寶之法德大緣 領德西方受
阿難 宮馬亦馬名菩薩
白羊交法德大緣 新菊邊造德開圓 女弟恩逆德星神
般處不金德佛前 和常生盤歎貪合有供敬夜拜醒
蚖蛇懷煩之象錫 孝幸无相施生滅 生郎不
壽罪實呈行滅先出羅邊西 女義人士藏
會言 行十善道性海門 尒時其夜作家
蒙見金數充會明遊 始白嫁於此元中
家中見佛 阿難標之河數 皆聞佛語 聞
是阿難其夜見佛 術聞一心念 無人須見
身骨不懷 頭禮世尊 其見會息 聞語

BD08463號　記事大地土之本　　（2–2）

BD08463號背　題記

（1–1）

蜜多佛言如是以諸知者不可得故
是般若波羅蜜多是無移轉波羅蜜多佛言
如是以死生者不可得故世尊如是般若波
羅蜜多是無失壞波羅蜜多佛言如是以一
切法無失壞故世尊如是般若波羅蜜多是
如夢波羅蜜多佛言如是以一切法如夢所
見不可得故世尊如是般若波羅蜜多是如
響波羅蜜多佛言如是能所聞說不可得故
世尊如是般若波羅蜜多是如影像波羅蜜
多佛言如是諸法皆如光鏡所現不可得故
世尊如是般若波羅蜜多是如焰幻波羅蜜
多佛言如是以一切法如流變相不可得故
世尊如是般若波羅蜜多是如變化事波羅
蜜多佛言如是諸法皆如所變化故世尊如
是般若波羅蜜多是如尋香城波羅蜜多佛
言如是諸法皆如尋香城故世尊如是般若
波羅蜜多是無染淨波羅蜜多佛言如是諸
染淨因不可得故世尊如是般若波羅蜜多
是無所得波羅蜜多佛言如是諸法所依不
可得故世尊如是般若波羅蜜多是無戲論

BD08464號　大般若波羅蜜多經卷二九六　（2–1）

世尊如是般若波羅蜜多是如變化事波羅
蜜多佛言如是諸法皆如所變化故世尊如
是般若波羅蜜多是如尋香城波羅蜜多佛
言如是諸法皆如尋香城故世尊如是般若
波羅蜜多是無染淨波羅蜜多佛言如是諸
染淨因不可得故世尊如是般若波羅蜜多
是無所得波羅蜜多佛言如是諸法所依不
可得故世尊如是般若波羅蜜多是無戲論
波羅蜜多佛言如是破壞一切戲論事故世
尊如是般若波羅蜜多是無慢執波羅蜜多
佛言如是破壞一切慢執事故世尊如是般
若波羅蜜多是无動轉波羅蜜多佛言如是
住法界故世尊如是般若波羅蜜多是離染
著波羅蜜多佛言如是覺一切法不虛妄故
世尊如是般若波羅蜜多是无等起波羅蜜
多佛言如是於一切法无分別故世尊如是
般若波羅蜜多是極寂靜波羅蜜多佛言如
是於諸法相无所得故
世尊如是般若波羅蜜多是无貪欲波羅蜜
多佛言如是諸貪欲事不可得故世尊如是

BD08464號　大般若波羅蜜多經卷二九六　（2–2）

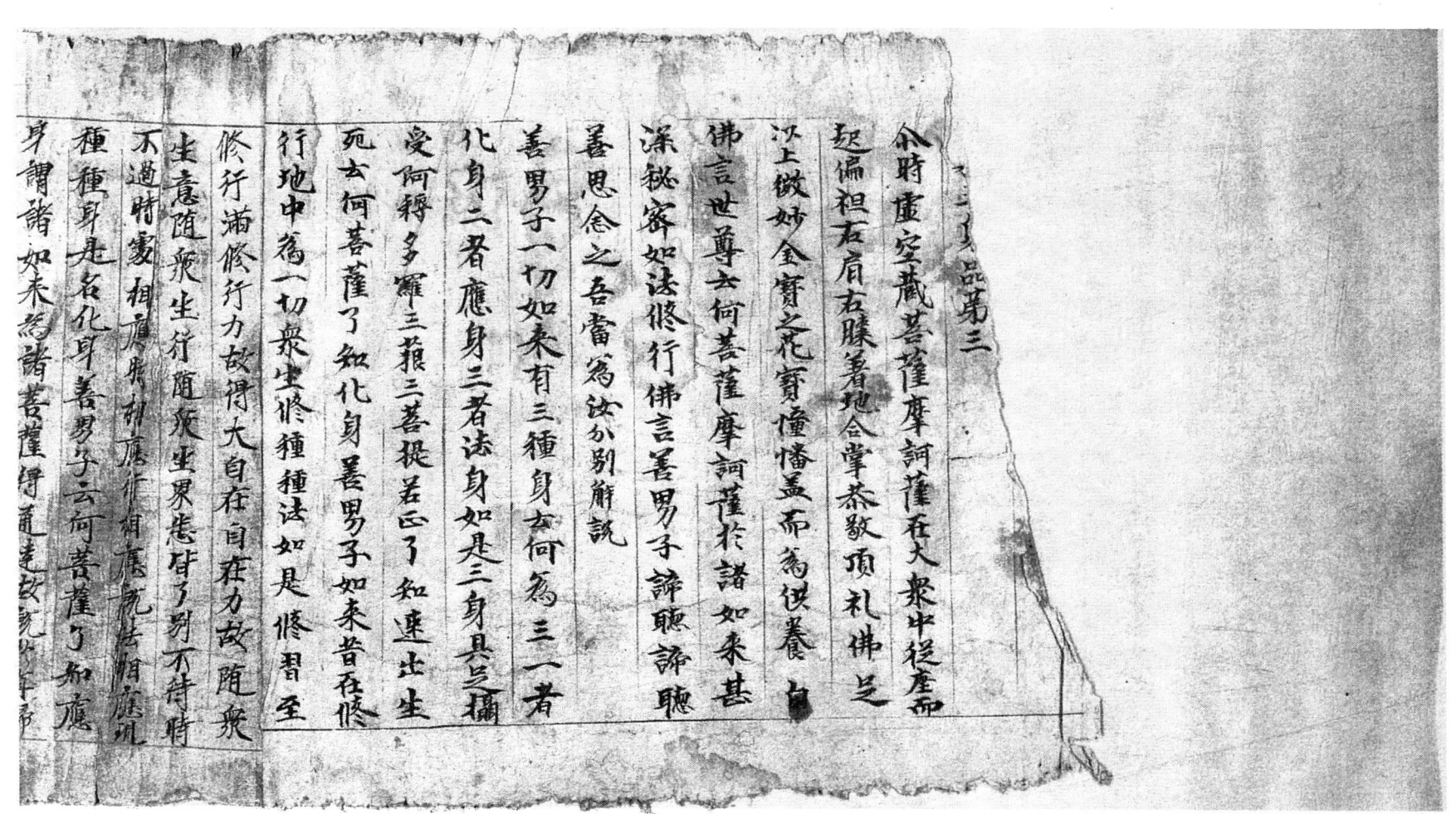

三身分別品第三
尒時虛空藏菩薩摩訶薩在大衆中從座而
起偏袒右肩右膝著地合掌恭敬頂礼佛足
以上微妙金寶之花寶幢幡蓋而為供養白
佛言世尊云何菩薩摩訶薩於諸如來甚
深秘密如法修行佛言善男子諦聽諦聽
善思念之吾當為汝分別解說
善男子一切如來有三種身云何為三一者
化身二者應身三者法身如是三身具足攝
受阿耨多羅三藐三菩提若正了知速出生
死云何菩薩了知化身善男子如來昔在修
行地中為一切衆生修種種法如是修習至
修行滿修行力故得大自在自在力故隨衆
生意隨衆生行隨衆生界悉皆了別不待時
不過時處相應時相應行相應說法相應現
種種身是名化身善男子云何菩薩了知應
身謂諸如來為諸菩薩得通達故說於

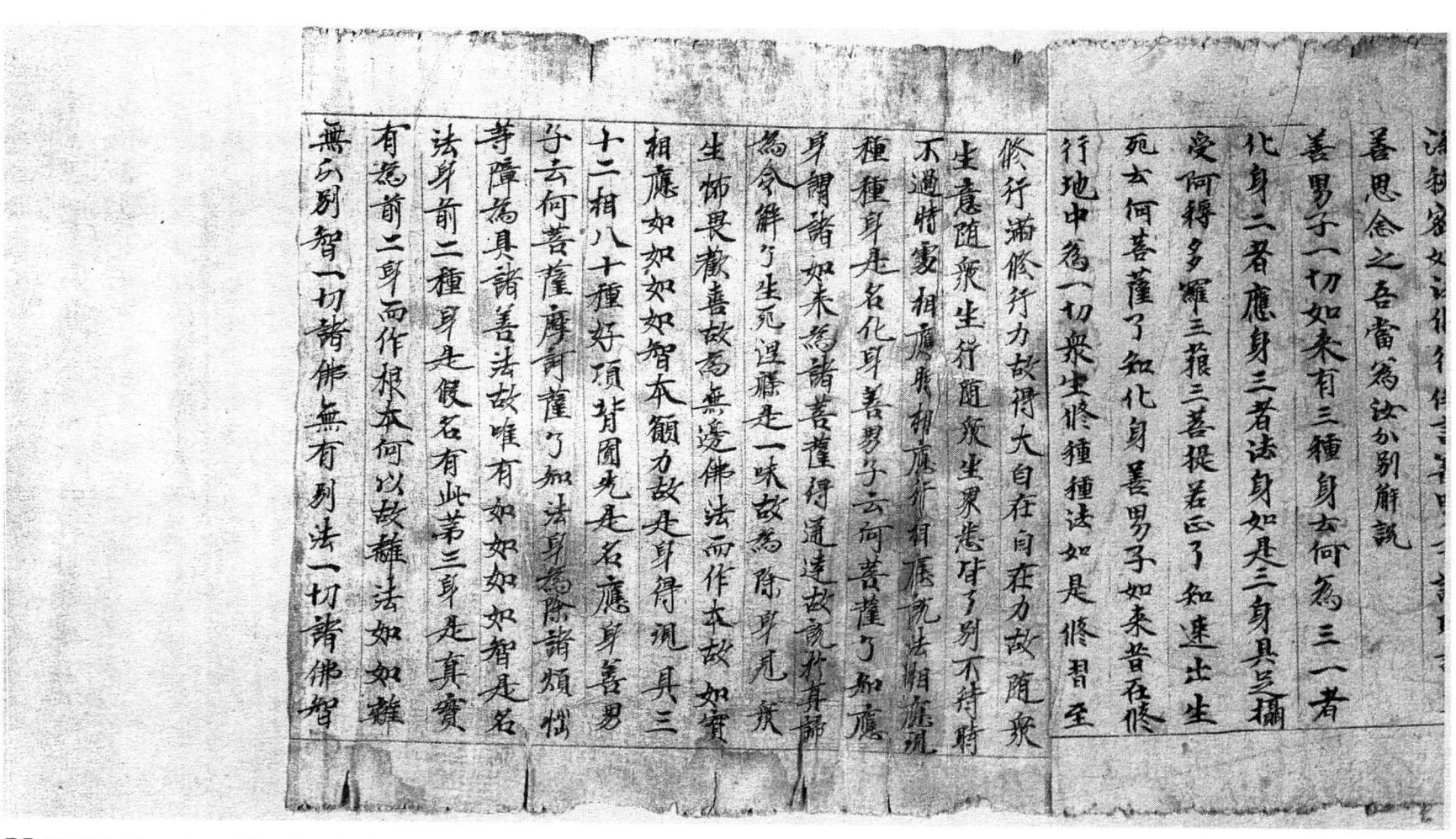

BD08465 號　金光明最勝王經卷二　（2–1）

深秘密如法修行佛言善男子諦聽諦聽
善思念之吾當為汝分別解說
善男子一切如來有三種身云何為三一者
化身二者應身三者法身如是三身具足攝
受阿耨多羅三藐三菩提若正了知速出生
死云何菩薩了知化身善男子如來昔在修
行地中為一切衆生修種種法如是修習至
修行滿修行力故得大自在自在力故隨衆
生意隨衆生行隨衆生界悉皆了別不待時
不過時處相應時相應行相應說法相應現
種種身是名化身善男子云何菩薩了知應
身謂諸如來為諸菩薩得通達故說於真諦
為令解了生死涅槃是一味故為除身見衆
生怖畏歡喜故為無邊佛法而作本故如實
相應如如如如智本願力故是身得現具三
十二相八十種好項背圓光是名應身善男
子云何菩薩摩訶薩了知法身為除諸煩惱
等障為具諸善法故唯有如如如如智是名
法身前二種身是假名有此第三身是真實
有為前二身而作根本何以故離法如如離
無分別智一切諸佛無有別法一切諸佛智

BD08465 號　金光明最勝王經卷二　（2–2）

為想蘊 何名行蘊 答造作為行蘊 何名識蘊 答分別為識蘊 蘊者
何義 積聚為義 蔭者何義 覆蓋為義 何名六根 答眼根 耳根 鼻根
舌根 身根 意根 何名六塵 答色塵 聲塵 香塵 味塵 觸塵 法塵
何名六識 答眼識 耳識 鼻識 舌識 身識 意識 根者何義 積聚為
義 塵者何義 坌污為義 識者何義 了別為義 何名十二入 答眼入色
色入眼 耳入聲々入耳 鼻入香々入鼻 舌入味々入舌 身入觸々入身 意入法々入
意 何名十八界 答眼界 色界 眼識界 耳界 聲界 耳識界 鼻界 香界 鼻
識界 舌界 味界 舌識界 身界 觸界 身識界 意界 法界 意識界 色塵
三昧起眼根入正受 聲塵三昧起耳根入正受 香塵三昧起鼻根入正受
味塵三昧起舌根入正受 觸塵三昧起身根入正受 法塵三昧起意根入
正受 從行人善識三和 何者是三和 蔭入界 何者是蔭 五蔭
何者是入 十二入 何者是界 十八界 蔭者何義 利根人義 入者何義 中根人義
界者何義 鈍根人義 五蔭何義 利根人義 言下悟得四大五蘊 名利根人
義 何者中根人義 能生方法 名中根人義 何名鈍根人義 六塵坌污名
鈍根人義 又問五蘊六中幾个續身 幾个續心 一个續身 四个續心 十二入

識界 舌界味界舌識界 身界觸界身識界 意界法界意識界 色塵
三昧起眼根入正受 聲塵三昧起耳根入正受 香塵三昧起鼻根入正受
味塵三昧起舌根入正受 觸塵三昧起身根入正受 法塵三昧起意根入
正受 從行人善識三和 何者是三和 根入界 何者是根 五根
何者是入 十二入 何者是界 十八界 根者何義 利根人義 入者何義 中根人義
界者何義 鈍根人義 五根何義 利根人義 言下悟得四大五蘊 名利根人
義 何者中根人義 能生萬法 名中根人義 何名鈍根人義 六塵垒汙名
鈍根人義 又問五蘊之中幾个續身 幾个續心 一个續身 四个續心 十二入
之中幾个續身 幾个續心 十二个續身 一个續心 十八界之中幾个續身
幾个續心 十一个續身 七个續心 六根行中 息識六个 每合因甚識七
个 爲弟六意識重疊兩遍 名之七个 真重
三科竟

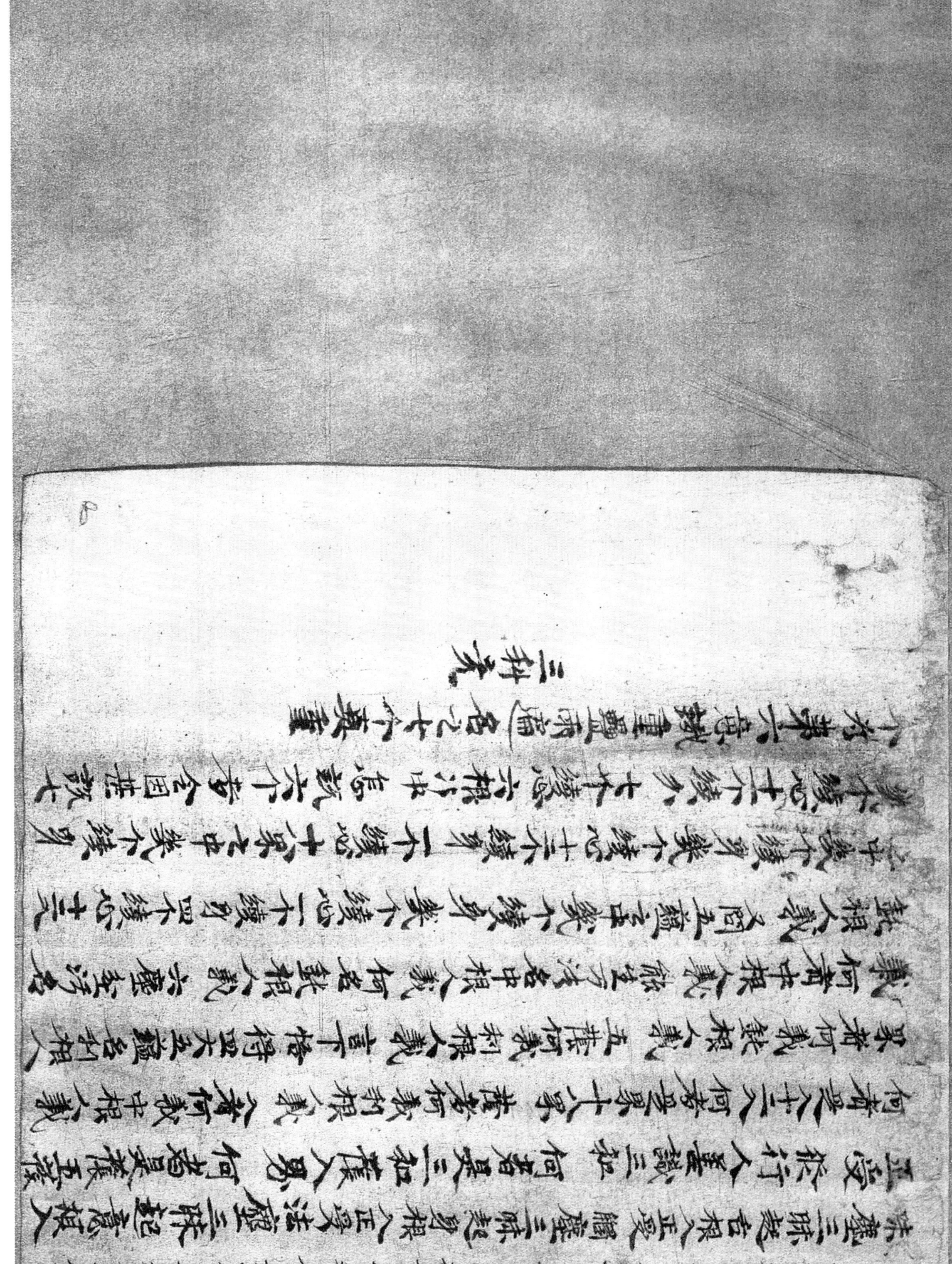

了性句 并序

夫世諦諸流例歸生死唯循六道莫究其源來往苦已多時惣
為流迷淨性々雖無暗妄相雲遮猶如明鏡君塵豈能揩汙
明性翳時霞鄣揩拭還明々是本明不揩妄着法性亦亦只緣
靈幻塵埃所以明來大久暗目何物只是無明無明即是貪根還同
愛本貪愛久習元生長時若欲出離三塗先須割斷根本根若盡
即見心源心源不離性源豈殊真體清淨元去元來既元去來何
有生死生死既滅妄想雲消還同舊明元來既明是故楞伽經云不
識心及緣起二妄想了心及境界妄想即不生此為證也今為迷流
略述智者幸請鑒之有病任治略循無可 仍申了性句例後如

衆生迷滯在閻浮 百劫千生不達元 三界元來章靈劫 於中妄化我人居
若了此身即泡沫 迴心莫惜至微軀 精進苦行恒安住 一念不起不來元
元中更欲求何物 物々不離空中物 空裏元來不住空 何須起念求諸物
元物可求心自安 行住坐卧即涅槃 涅槃清淨同無滅 十方世界不離安
既知此處同他處 去住何須有悵然 忽悟法身滿空界 各々動切向裏看
看裏看看々正看 不應看外更求看 看中不見同無物 諸法於中達不離
森羅万像從茲立 一切名目是中安 為此無中念衆得 法法物依空耳則
體性元來不住源 心境兩忘已緣息 息緣絕念元起動 無起無動還成動
空裏無求無不求 空裏不求求不休 休不休休休本淨 達理悟性有何憂
若了此求無過患 終朝[illegible]

有生死生死既滅妄想雲消還同舊明元来既照是故楞伽經云不
識心及緣起二妄想了心及境界妄想即不生此為證也今為迷流
略述智者幸請鑒之有病任治略備無可
衆生迷滯在閻浮　百劫千生不達元　三界元来真靈幻　於中妄化我人居　仍中了性句例後如
若了此身即泡沫　迴心莫惜至微軀　精進苦行恒安住　一念不起本来元
元中更欲求何物　物物不離空中物　空裏元来不住空　何須起念求諸物
元物可求心自安　行住坐卧即涅槃　涅槃清淨同寂滅　十方世界不離安
既知此處同他處　去住何須有悵然　忽悟法身滿空界　各各勤切向裏看
看裏元看看正看　不應看外更求看　看中不見同無物　諸法於中達不難
参羅万像從茲立　一切名目是中安　為此無中念衆得　法法物依空界則
體性元来不住源　心境兩念已緣息　息緣絶念元起動　無起無動還成動
空裏無求無不求　空裏不求求不休　休不休休休本淨　達理悟性有何憂
若了此求無過患　終朝竟夜爍然備　須得備理無備意　始到元備元不備
未了此中微妙義　莫憚苦頭即不備　世間學道甚苛難　隨名逐想度寒暑
終日波波向外走　不知佛惠在心源　心源微細難可知　輪迴往来久相隨
對面不識同千里　流輪生死欲何為　智者能起三界河　都猶達性了心耶
心性如空元一物　豈容更被生死羅　縱被使羅羅亦空　清淨法體對裏東
過去未来不移改　千劫万劫惣想逐　想逐還是元本體　愚者迷生別見解
雖然觌面不識頭　乃知法性常存在　心性無去亦無来　不生不滅生死出
迷人妄見有生死　真理門中實不来　不来不去湛然滿　佛与衆生元界畔
靈空體性本不殊　凡聖元来同一般　凡理悟道了無疑　不達此門實是癡
流輪多劫緣不信　受苦長時請自知　自知佛性人皆有　只為煩惱離别久

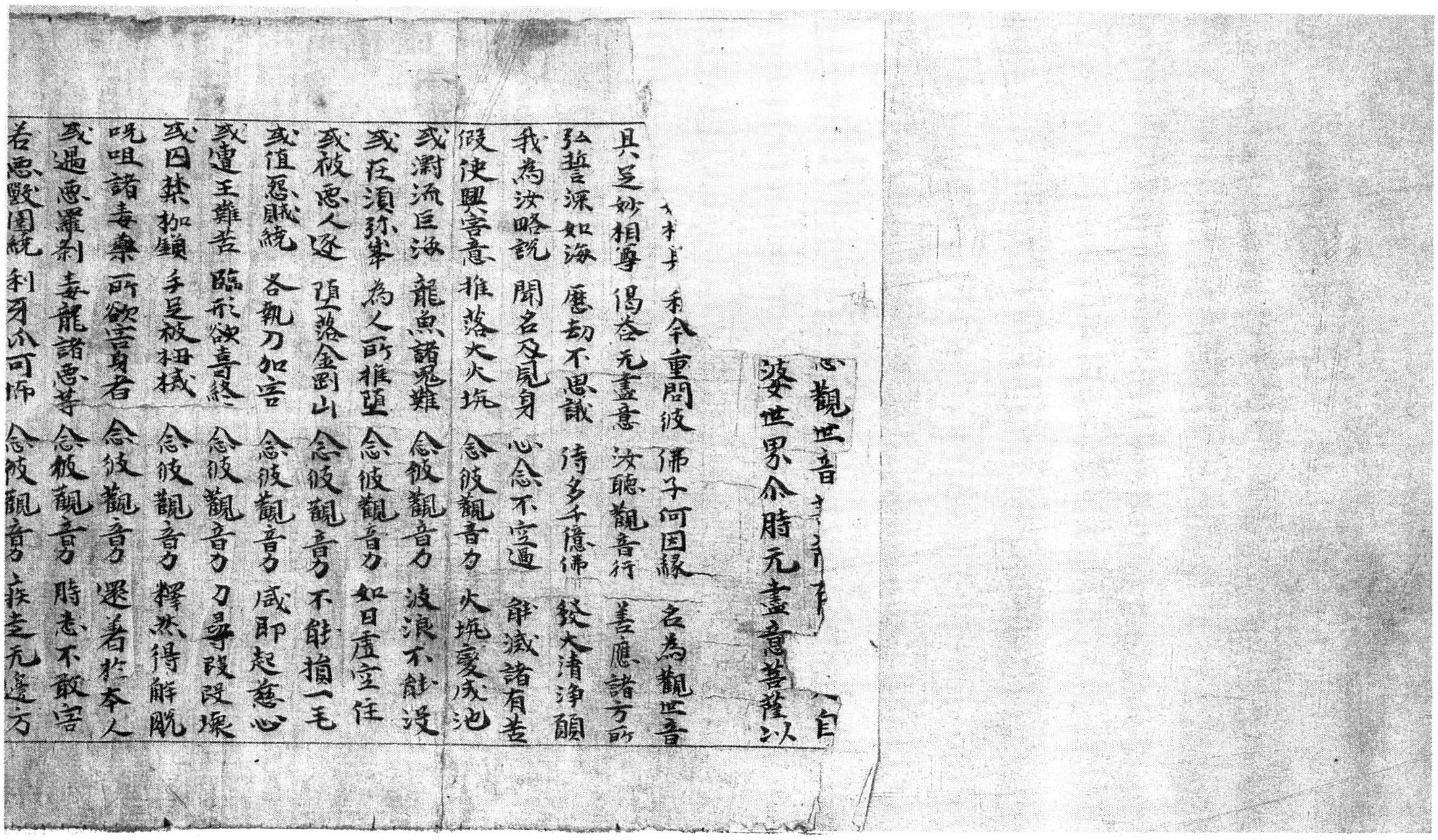

心觀世音菩薩……自
婆世界尒時无盡意菩薩以
……我今重問彼　佛子何因緣　名為觀世音
具足妙相尊　偈荅无盡意　汝聽觀音行　善應諸方所
弘誓深如海　歷劫不思議　侍多千億佛　發大清淨願
我為汝略說　聞名及見身　心念不空過　能滅諸有苦
假使興害意　推落大火坑　念彼觀音力　火坑變成池
或漂流巨海　龍魚諸鬼難　念彼觀音力　波浪不能沒
或在須弥峯　為人所推墮　念彼觀音力　如日虛空住
或被惡人逐　墮落金剛山　念彼觀音力　不能損一毛
或值怨賊繞　各執刀加害　念彼觀音力　咸即起慈心
或遭王難苦　臨刑欲壽終　念彼觀音力　刀尋段段壞
或囚禁枷鎖　手足被杻械　念彼觀音力　釋然得解脫
呪詛諸毒藥　所欲害身者　念彼觀音力　還著於本人
或遇惡羅剎　毒龍諸惡等　念彼觀音力　時悉不敢害
若惡獸圍繞　利牙爪可怖　念彼觀音力　疾走无邊方

BD08468 號　觀世音經　（2–1）

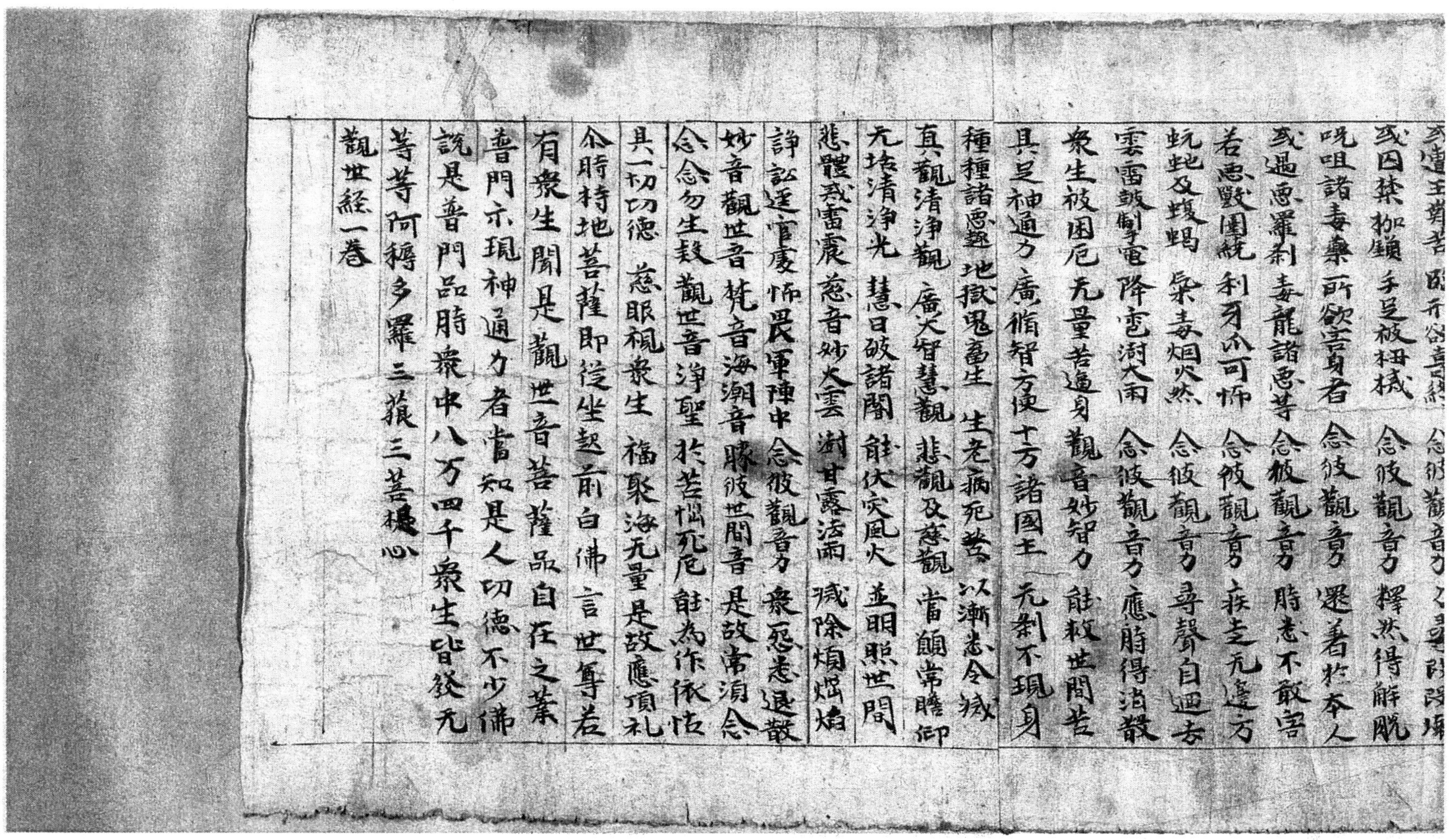

或遭王難苦　臨刑欲壽終　念彼觀音力　刀尋段段壞
或囚禁枷鎖　手足被杻械　念彼觀音力　釋然得解脫
呪詛諸毒藥　所欲害身者　念彼觀音力　還著於本人
或遇惡羅剎　毒龍諸惡等　念彼觀音力　時悉不敢害
若惡獸圍繞　利牙爪可怖　念彼觀音力　疾走无邊方
蚖蛇及蝮蠍　氣毒烟火然　念彼觀音力　尋聲自迴去
雲雷鼓掣電　降雹澍大雨　念彼觀音力　應時得消散
衆生被困厄　无量苦逼身　觀音妙智力　能救世間苦
具足神通力　廣脩智方便　十方諸國土　无剎不現身
種種諸惡趣　地獄鬼畜生　生老病死苦　以漸悉令滅
真觀清淨觀　廣大智慧觀　悲觀及慈觀　常願常瞻仰
无垢清淨光　慧日破諸闇　能伏災風火　普明照世間
悲體戒雷震　慈意妙大雲　澍甘露法雨　滅除煩惱焰
諍訟逕官處　怖畏軍陣中　念彼觀音力　衆怨悉退散
妙音觀世音　梵音海潮音　勝彼世間音　是故常須念
念念勿生疑　觀世音淨聖　於苦惱死厄　能為作依怙
具一切功德　慈眼視衆生　福聚海无量　是故應頂禮
尒時持地菩薩即從坐起前白佛言世尊若
有衆生聞是觀世音菩薩品自在之業
普門示現神通力者當知是人功德不少佛
說是普門品時衆中八万四千衆生皆發无
等等阿耨多羅三藐三菩提心
觀世經一卷

BD08468 號　觀世音經　（2–2）

性亦非自性若非自性即是靜慮波羅蜜多
於此靜慮波羅蜜多一切陁羅尼門不可得
彼樂與苦亦不可得一切三摩地門不可得
彼樂與苦亦不可得所以者何此中尚無一
切陁羅尼門等可得何況有彼樂之與苦汝
若能脩如是靜慮是脩靜慮波羅蜜多復作
是言汝善男子應脩靜慮波羅蜜多不應觀
一切陁羅尼門若我若無我不應觀一切三
摩地門若我若無我何以故一切陁羅尼門
一切陁羅尼門自性空一切三摩地門一切
三摩地門自性空是一切陁羅尼門自性即
非自性是一切三摩地門自性亦非自性若
非自性即是靜慮波羅蜜多於此靜慮波羅
蜜多一切陁羅尼門不可得彼我無我亦不可
得一切三摩地門不可得彼我無我亦不
可得所以者何此中尚無一切陁羅尼門等

BD08469號　大般若波羅蜜多經卷一五二　（2–1）

一切陁羅尼門自性空一切三摩地門一切
三摩地門自性空是一切陁羅尼門自性即
非自性是一切三摩地門自性亦非自性若
非自性即是靜慮波羅蜜多於此靜慮波羅
蜜多一切陁羅尼門不可得彼我無我亦不可
得一切三摩地門不可得彼我無我亦不
可得所以者何此中尚無一切陁羅尼門等
可得何況有彼我與無我汝若能脩如是靜
慮是脩靜慮波羅蜜多復作是言汝善男子
應脩靜慮波羅蜜多不應觀一切陁羅尼門
若淨若不淨不應觀一切三摩地門若淨若
不淨何以故一切陁羅尼門一切陁羅尼門
自性空一切三摩地門一切三摩地門自性
空是一切陁羅尼門[illegible]即非自性是一切
三摩地門自性亦非自[illegible]自性即是靜
慮波羅蜜多於此靜慮波羅蜜多一切陁羅
尼門不可得彼淨不淨亦不可得一切三摩
地門不可得彼淨不淨亦不可得所以者何
此中尚無一切陁羅尼門等可得何況有彼
淨與不淨汝若能脩如是靜慮是脩靜慮波
羅蜜多憍尸迦是善男子善女人等作此等
[illegible]慮波羅蜜多

BD08469號　大般若波羅蜜多經卷一五二　（2–2）

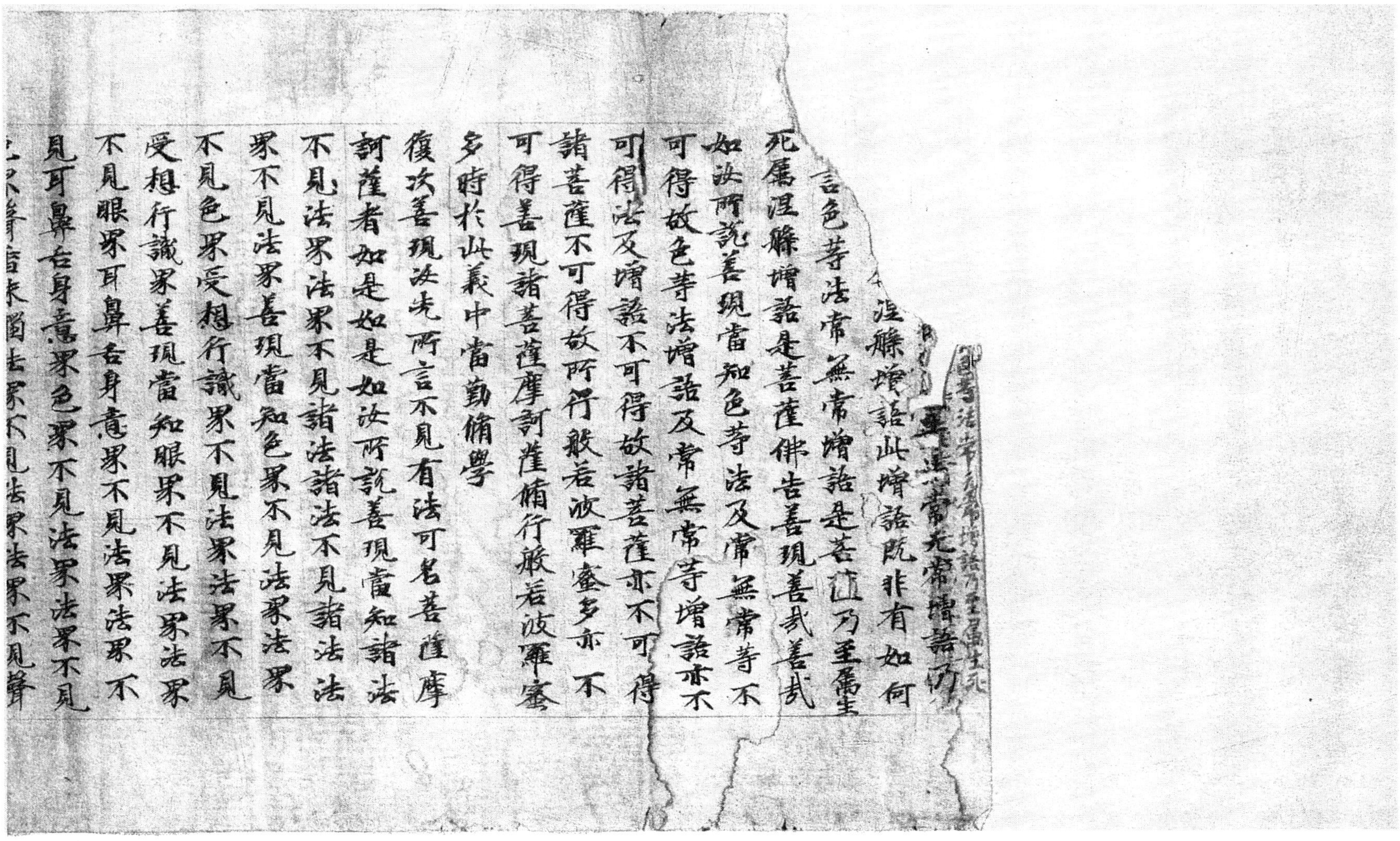

涅槃增語此增語既非有如何
言色等法常無常增語是菩薩乃至屬生
死屬涅槃增語是菩薩佛告善現善哉善哉
如汝所說善現當知色等法及常無常等不
可得故色等法增語及常無常等增語亦不
可得法及增語不可得故諸菩薩亦不可得
諸菩薩不可得故所行般若波羅蜜多亦不
可得善現諸菩薩摩訶薩脩行般若波羅蜜
多時於此義中當勤脩學
復次善現汝先所言不見有法可名菩薩摩
訶薩者如是如是如汝所說善現當知諸法
不見法界法界不見諸法諸法不見諸法法
界不見法界善現當知色界不見法界法界
不見色界受想行識界不見法界法界不見
受想行識界善現當知眼界不見法界法界
不見眼界耳鼻舌身意界不見法界法界不
見耳鼻舌身意界色界不見法界法界不見
色界聲香味觸法界不見法界法界不見聲

BD08470 號　大般若波羅蜜多經卷四八三　（2–1）

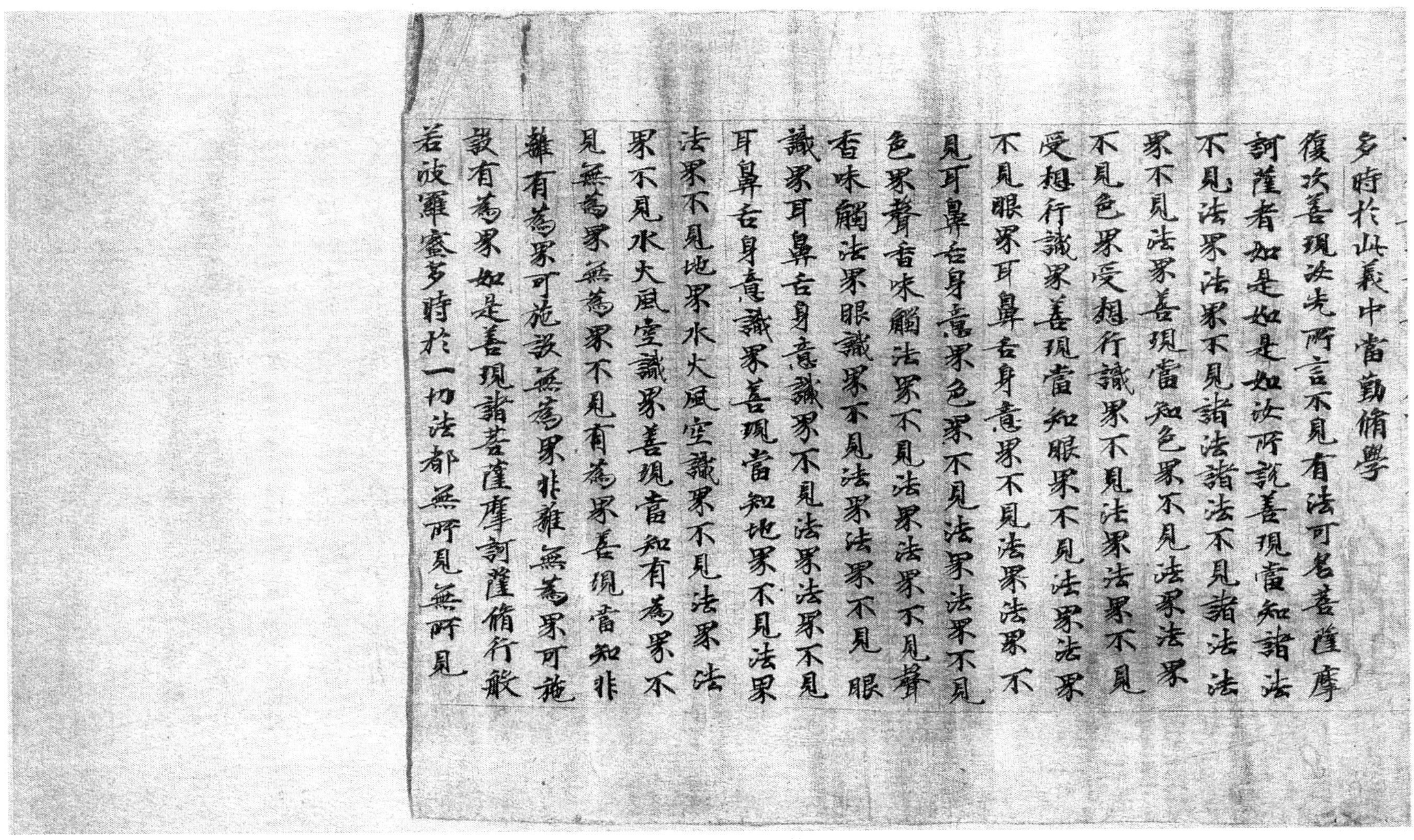

多時於此義中當勤脩學
復次善現汝先所言不見有法可名菩薩摩
訶薩者如是如是如汝所說善現當知諸法
不見法界法界不見諸法諸法不見諸法法
界不見法界善現當知色界不見法界法界
不見色界受想行識界不見法界法界不見
受想行識界善現當知眼界不見法界法界
不見眼界耳鼻舌身意界不見法界法界不
見耳鼻舌身意界色界不見法界法界不見
色界聲香味觸法界不見法界法界不見聲
香味觸法界眼識界不見法界法界不見眼
識界耳鼻舌身意識界不見法界法界不見
耳鼻舌身意識界善現當知地界不見法界
法界不見地界水火風空識界不見法界法
界不見水火風空識界善現當知有為界不
見無為界無為界不見有為界善現當知非
離有為界可施設無為界非離無為界可施
設有為界如是善現諸菩薩摩訶薩脩行般
若波羅蜜多時於一切法都無所見無所見

BD08470 號　大般若波羅蜜多經卷四八三　（2–2）

有情若　一
切智攝他有　智攝
他有情若不以一切陀羅尼　有情若
不以一切三摩地門攝他有情若不以預流
果法攝他有情若不以一來不還阿羅漢果
法攝他有情若不以獨覺菩提法攝他有情
若不以一切菩薩摩訶薩行攝他有情若不
以諸佛无上正等菩提攝他有情
善現住菩薩乘諸善男子善女人等不隨
順脩行甚深般若波羅蜜多　順脩行
靜慮精進安忍淨戒布施波羅蜜多若不隨
順脩行内空若不隨順脩行外空内外空空
空大空勝義空有為空无為空畢竟空无際
空散空无變異空本性空自相空共相空一
切法空不可得空无性空自性空无性自性
空若不隨順脩行真如若不隨順脩行法界
法性不虛妄性不變異性平等性離生性法
定法住實際虛空界不思議界若不隨順脩
行苦聖諦若不隨順脩行集滅道聖諦若不

BD08471 號　大般若波羅蜜多經卷三一二　（3–1）

空散空无變異空本性空自相空共相空一
切法空不可得空无性空自性空无性自性
空若不隨順脩行真如若不隨順脩行法界
法性不虛妄性不變異性平等性離生性法
定法住實際虛空界不思議界若不隨順脩
行苦聖諦若不隨順脩行集滅道聖諦若不
隨順脩行四靜慮若不隨順脩行四无量四
无色定若不隨順脩行八解脫若不隨順脩
行八勝處九次第定十遍處若不隨順脩行
四念住若不隨順脩行四正斷四神足五根
五力七等覺支八聖道支若不隨順脩行空
解脫門若不隨順脩行无相无願解脫門若
不隨順脩行菩薩十地若不隨順脩行五眼
若不隨順脩行六神通若不隨順脩行佛十
力若不隨順脩行四无所畏四无礙解大慈
大悲大喜大捨十八佛不共法若不隨順脩
行无忘失法若不隨順脩行恒住捨性若不
隨順脩行一切智若不隨順脩行道相智一
切相智若不隨順脩行一切陀羅尼門若不
隨順脩行一切三摩地門若不隨順脩行預
流果法若不隨順脩行一來不還阿羅漢果
法若不隨順脩行獨覺菩提法若不隨順脩
行一切菩薩摩訶薩行若不隨順脩行无上
正等菩提
善現當知如是住菩薩乘諸善男子善女人
等由此因緣或墮二處二地謂聲聞地或
獨覺地何以故是善男子善女人等不

BD08471 號　大般若波羅蜜多經卷三一二　（3–2）

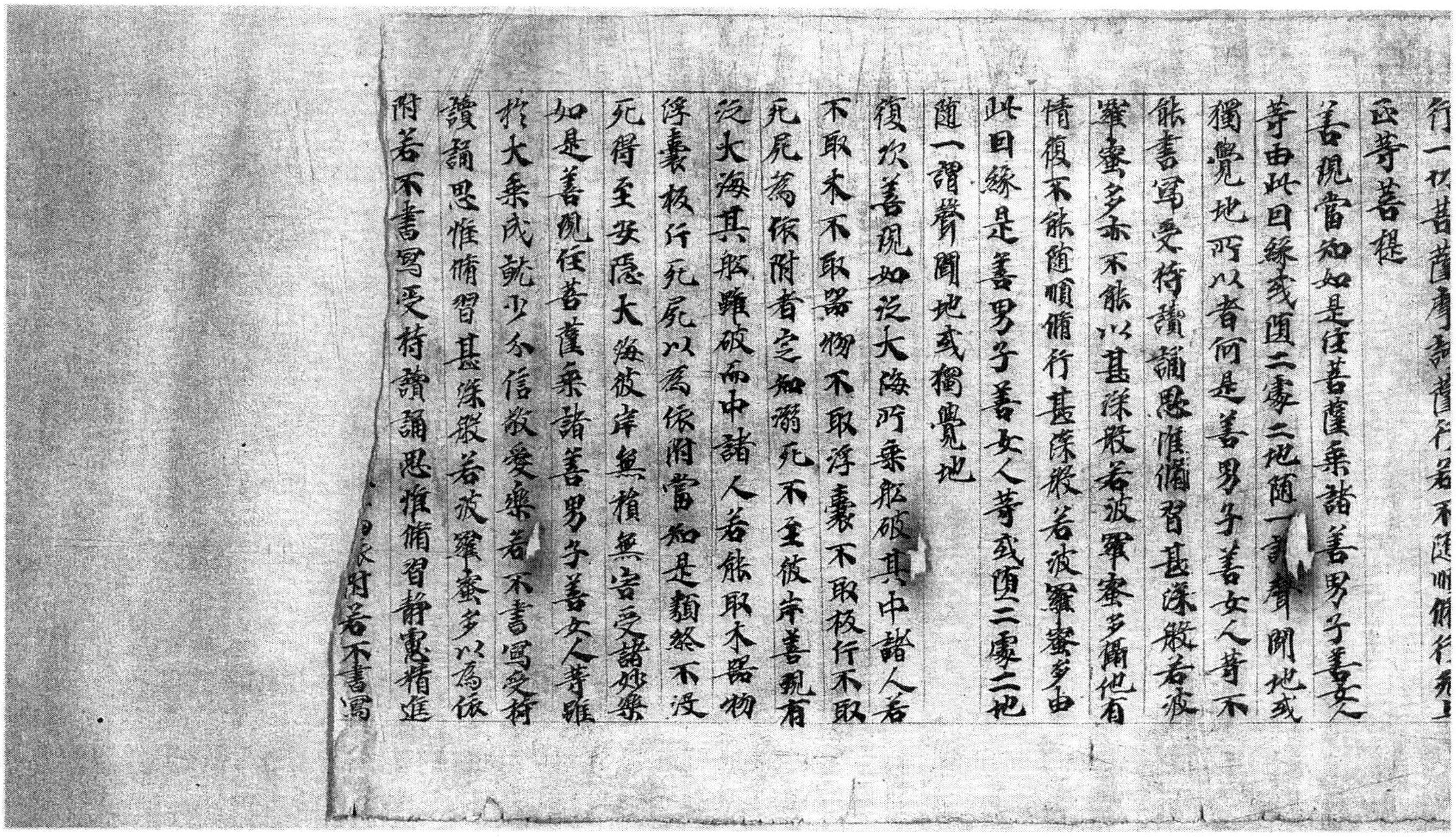
行一切菩薩摩訶薩行若不隨順修行殊□
正等菩提
善現當知如是住菩薩乘諸善男子善女人
等由此因緣或墮二處二地隨一謂聲聞地或
獨覺地所以者何是善男子善女人等不
能書寫受持讀誦思惟修習甚深般若波
羅蜜多亦不能以甚深般若波羅蜜多爲他有
情復不能隨順修行甚深般若波羅蜜多由
此因緣是善男子善女人等或墮二處二地
隨一謂聲聞地或獨覺地
復次善現如泛大海所乘船破其中諸人若
不取木不取器物不取浮囊不取板片不取
死屍爲依附者定知溺死不至彼岸善現有
泛大海其船雖破而中諸人若能取木器物
浮囊板片死屍以爲依附當知是類終不沒
死得至安隱大海彼岸無損無害受諸妙樂
如是善現住菩薩乘諸善男子善女人等雖
於大乘成就少分信敬愛樂若不書寫受持
讀誦思惟修習甚深般若波羅蜜多以爲依
附若不書寫受持讀誦思惟修習靜慮精進
□□依附若不書寫

BD08471 號　大般若波羅蜜多經卷三一二　（3–3）

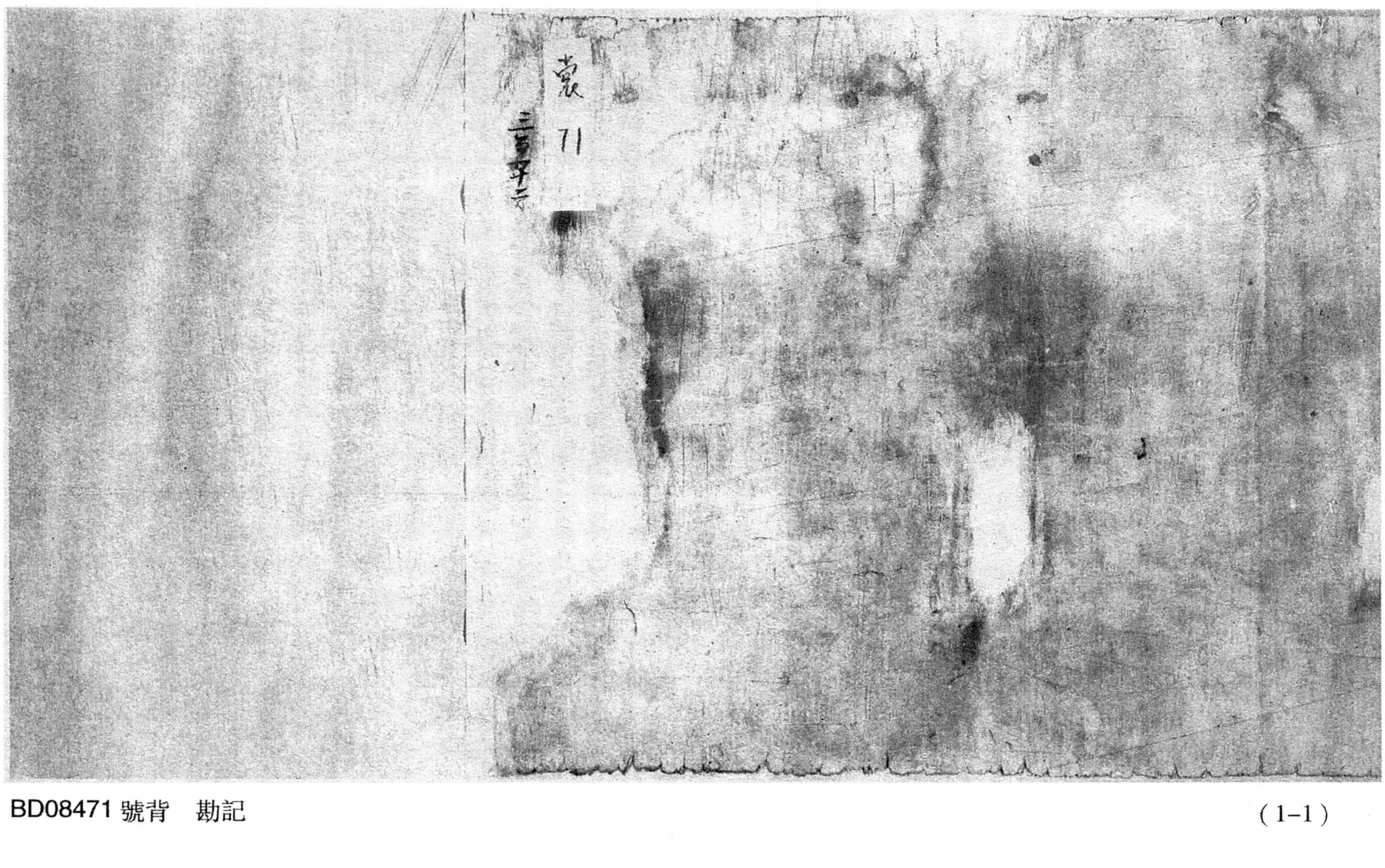


BD08471 號背　勘記　（1–1）

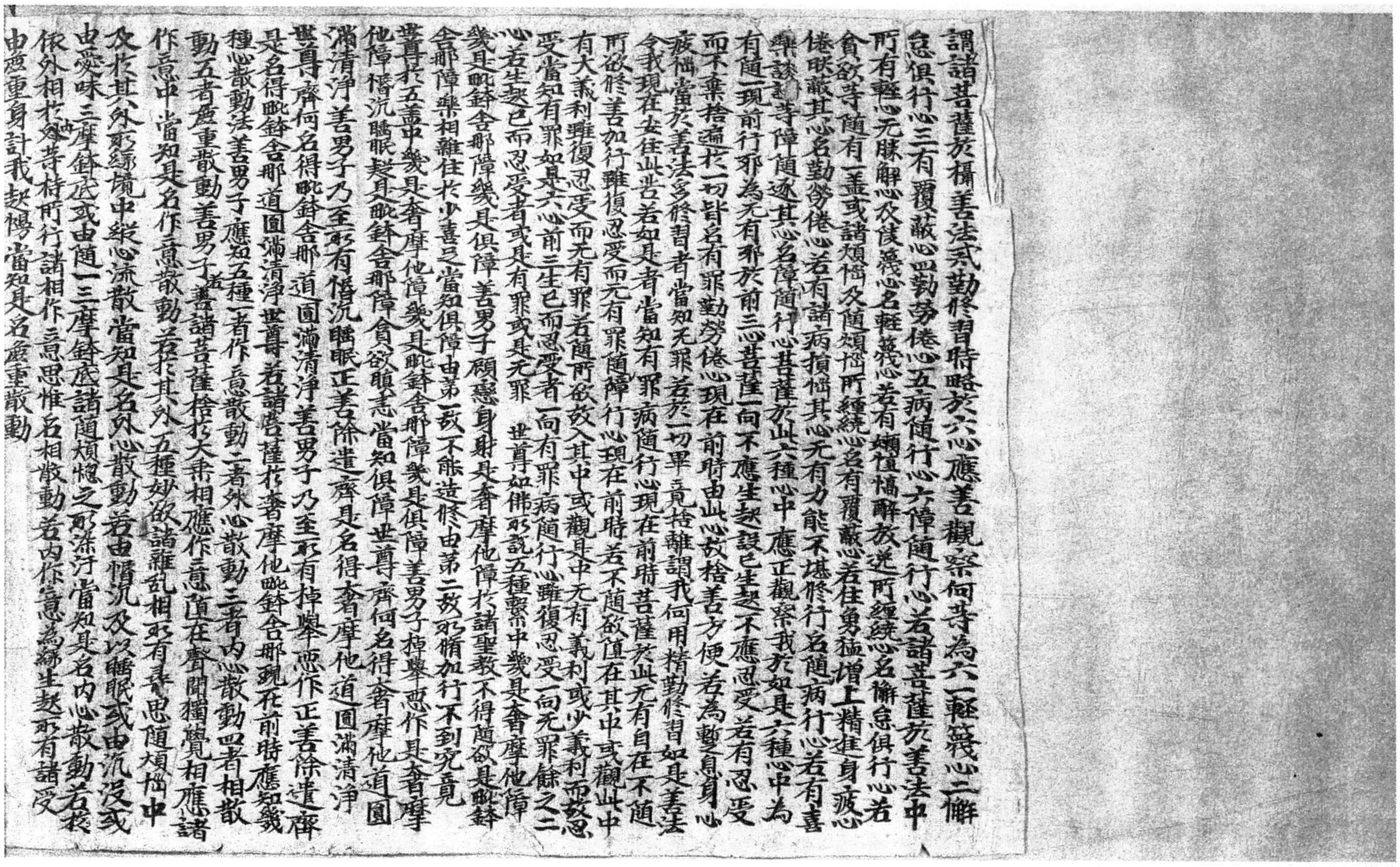
謂諸菩薩於積善法式勤修習時略於六心應善觀察何等為六一輕蔑心二懈
怠俱行心三有覆蔽心四勤勞倦心五病隨行心六障隨行心若諸菩薩於善法中
所有輕心无厭解心及嫉蔑心名輕蔑心若有嬾惰慊懈於逆所纏繞心名懈怠俱行心若
貪欲等隨有一蓋或諸煩惱及隨煩惱所纏繞心名有覆蔽心若住勇猛增上精進身疲心
倦眠蔽其心名勤勞倦心若有諸病損惱其心无有力能不堪修行名隨病行心若有書
藥談論等障隨逐其心名障隨行心菩薩於此六種心中應正觀察我於如是六種心中為
有隨一現前行耶為无有耶於前三心菩薩一向不應生起設已生起不應忍受若有忍受
而不棄捨遍於一切皆名有罪勤勞倦心現在前時由此心故捨善方便若為勤息身心
疲惱當於善法多修習者當知无罪若於一切畢竟捨離謂我何用精勤修習如是善法
令我現在安住此苦若如是者當知有罪病隨行心現在前時菩薩於此无有自在不隨
所欲於善加行雖復忍受而无有罪隨障行心現在前時若不隨欲隨在其中或觀此中
有大義利雖復忍受而无有罪若隨所欲致入其中或觀其中无有義利或少義利而致忍
受當知有罪如是六心前三生已而忍受者一向有罪病隨行心雖復忍受一向无罪餘之二
心若生起已而忍受者或是有罪或是无罪　世尊如佛所說五種繫中幾是奢摩他障
幾是毗鉢舍那障幾是俱障　善男子顧戀身財是奢摩他障於諸聖教不得隨欲是毗鉢
舍那障樂相雜住於少喜足當知俱障由第一故不能造修由第二故所脩加行不到究竟
世尊於五蓋中幾是奢摩他障幾是毗鉢舍那障幾是俱障　善男子掉舉惡作是奢摩
他障惛沉睡眠疑是毗鉢舍那障貪欲瞋恚當知俱障　世尊齊何名得奢摩他道圓
滿清淨　善男子乃至所有惛沉睡眠正善除遣齊是名得奢摩他道圓滿清淨
世尊齊何名得毗鉢舍那道圓滿清淨　善男子乃至所有掉舉惡作正善除遣齊
是名得毗鉢舍那道圓滿清淨　世尊若諸菩薩於奢摩他毗鉢舍那現在前時應知幾
種心散動法　善男子應知五種一者作意散動二者外心散動三者內心散動四者相散
動五者麤重散動　善男子若諸菩薩捨於大乘相應作意墮在聲聞獨覺相應諸
作意中當知是名作意散動若於其外五種妙欲諸雜亂相所有尋思隨煩惱中
及於其外所緣境中縱心流散當知是名外心散動若由惛沉及以睡眠或由沉沒或
由愛味三摩鉢底或由隨一三摩鉢底諸隨煩惱之所染汙當知是名內心散動若依
依外相於內等持所行諸相作意思惟名相散動若內作意為緣生起所有諸受
由麤重身計我起慢當知是名麤重散動

BD08472號　瑜伽師地論鈔（擬）　（2–1）

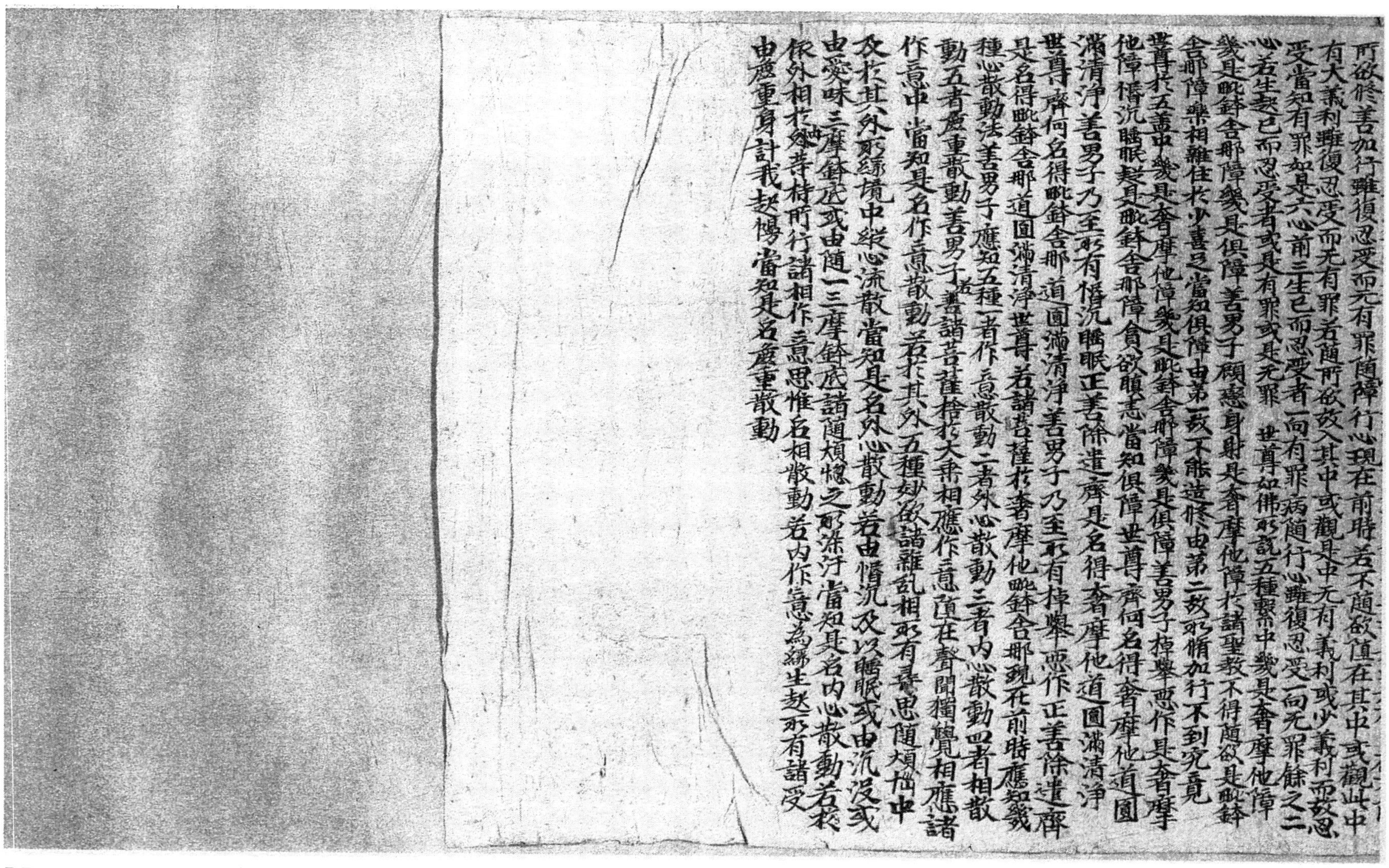

所欲於善加行雖復忍受而无有罪隨障行心現在前時若不隨欲隨在其中或觀此中
有大義利雖復忍受而无有罪若隨所欲致入其中或觀其中无有義利或少義利而致忍
受當知有罪如是六心前三生已而忍受者一向有罪病隨行心雖復忍受一向无罪餘之二
心若生起已而忍受者或是有罪或是无罪　世尊如佛所說五種繫中幾是奢摩他障
幾是毗鉢舍那障幾是俱障　善男子顧戀身財是奢摩他障於諸聖教不得隨欲是毗鉢
舍那障樂相雜住於少喜足當知俱障由第一故不能造修由第二故所脩加行不到究竟
世尊於五蓋中幾是奢摩他障幾是毗鉢舍那障幾是俱障　善男子掉舉惡作是奢摩
他障惛沉睡眠疑是毗鉢舍那障貪欲瞋恚當知俱障　世尊齊何名得奢摩他道圓
滿清淨　善男子乃至所有惛沉睡眠正善除遣齊是名得奢摩他道圓滿清淨
世尊齊何名得毗鉢舍那道圓滿清淨　善男子乃至所有掉舉惡作正善除遣齊
是名得毗鉢舍那道圓滿清淨　世尊若諸菩薩於奢摩他毗鉢舍那現在前時應知幾
種心散動法　善男子應知五種一者作意散動二者外心散動三者內心散動四者相散
動五者麤重散動　善男子若諸菩薩捨於大乘相應作意墮在聲聞獨覺相應諸
作意中當知是名作意散動若於其外五種妙欲諸雜亂相所有尋思隨煩惱中
及於其外所緣境中縱心流散當知是名外心散動若由惛沉及以睡眠或由沉沒或
由愛味三摩鉢底或由隨一三摩鉢底諸隨煩惱之所染汙當知是名內心散動若依
依外相於內等持所行諸相作意思惟名相散動若內作意為緣生起所有諸受
由麤重身計我起慢當知是名麤重散動


BD08472號　瑜伽師地論鈔（擬）　（2–2）

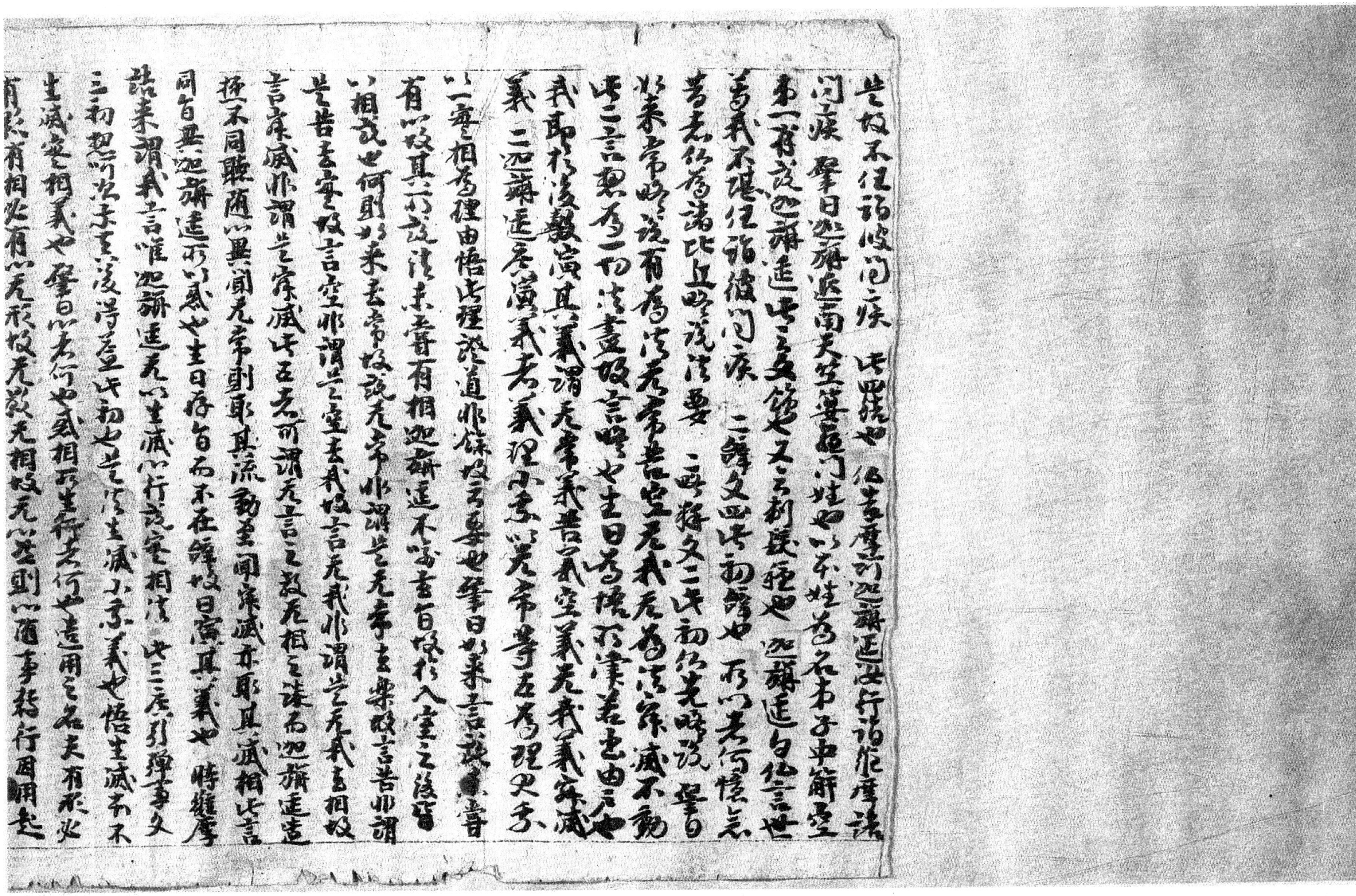

BD08473 號　淨名經集解關中疏卷上

（2–1）

言前滅後說……

採不同聽隨以異聞无常則取其流動至聞寂滅亦取其滅相 此言
同旨无迦旃延形以惑也 生曰存旨而不在辭故曰演其義也 時維摩
詰來謂我言唯迦旃延无以生滅心行說實相法 此三序引彈事文
三初想門次示實後得益 此初也 生法生滅不實義也 悟生滅亦不
生滅實相義也 肇曰心者何也惑相所生 行者何也造用之名 夫有形必
有影 有相必有心 无形故无影 无相故无心 然則心隨事轉 行因用起
見法生滅 故心有生滅 悟法无生 則心无生滅 迦旃延聞无常義 謂法
有生滅之相 法身有生滅相故 形影響其心同於生滅也 夫實相幽深
妙絕常境 非有心之所知 非辯者之所言 如何以生滅心行而欲說乎
迦旃延 諸法畢竟不生不滅是无常義 此二示實相義也
此下五義 教數名殊而實相之理一也 肇曰小乘觀法生滅為无常義
大乘以不生不滅為无常義 无常名同而幽致超絕 生曰夫言无常
者 據事滅之也 於苟有滅 始无在乎 始若果無則生非實矣
生不實之滅 孰實哉 五陰受洞達空无所起 是苦義 肇曰有
漏五陰 受染生死 名為受陰也 小乘以受陰起則眾苦生 為苦義 大乘
通達受陰內外常空 本自无起 誰生苦者 此之苦義 又經云 凡夫

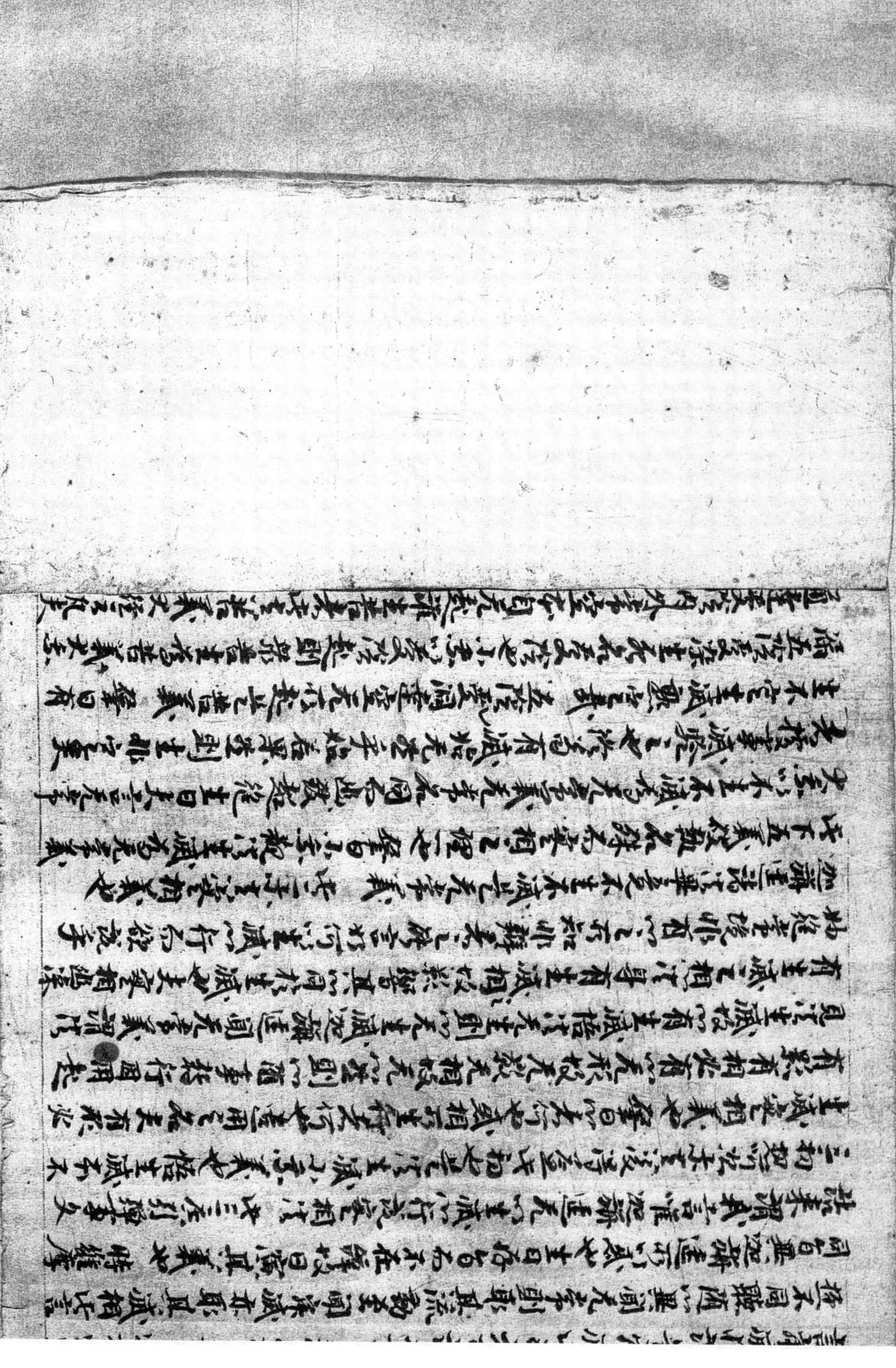

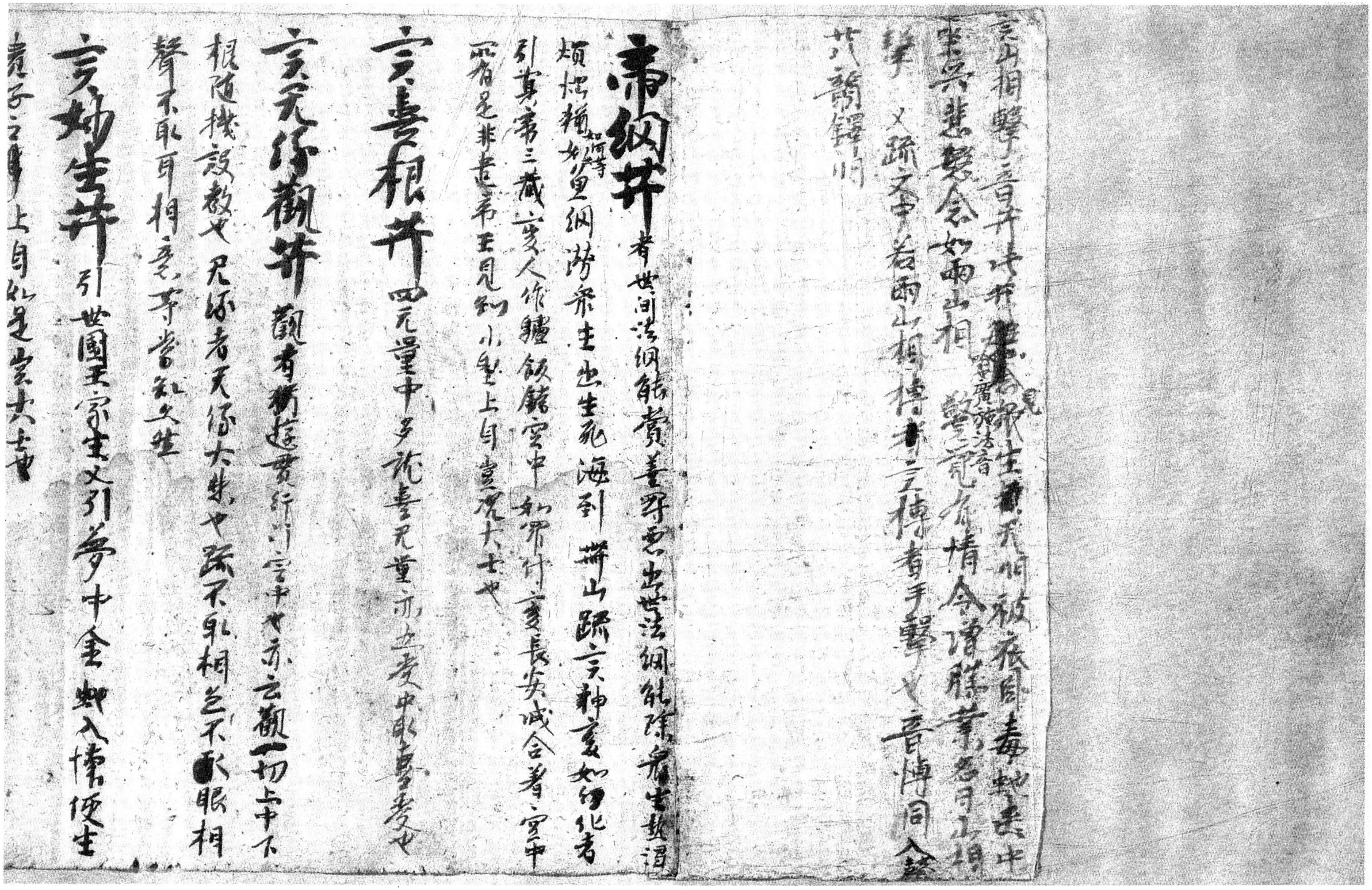

BD08473 號背　維摩詰所說經同會菩薩解義綱要（擬）　（2–1）

言无怨觀菩薩　觀者觀達實行小字中也亦云觀一切上中下
根隨機設教也　凡怨者无怨大乘也　眼不取相色不取眼相
聲不取耳相意等皆亦如是
言妙生菩薩　引世國王家生又引夢中金蛇入懷便生
貴子之事　上自如是定去也
觀音菩薩　引般若經疏引世國之時大戰人死河滿水填
已逆上小變成血如河如流聖作千手眼入陣之事已
獨熟神是也　又引僧祇罪云七日中河唯念菩王之菩薩
寶髻菩薩　引達摩和尚碑文體龍珠引武賢契師傻童
摩醯羅入覆樹樹之事　又如意珠義在雜寶藏
經第六明
華嚴菩薩　引世蓮花
寶珠太子是龍種上尊王化現三千壹世界益物補處
亦在京清涼五臺山引法照和尚見事

本師釋迦牟尼佛真言
曩謨薄伽伐帝引 釋迦毋曩曳引 怛他誐哆野 阿羅呵帝引 三藐
訖三沒馱野怛你他也 合 他引 唵引 毋顆毋顆 摩賀引毋顆 莎呵
文殊菩薩三身真言 阿鑁嚂憾欠 阿尾羅吽佉 阿羅跛佐曩
普賢菩薩滅罪真言 交波卑此庢波卑烏蘖波卑
普礼十方諸佛真言 唵薩羅二合 縛尾 敬普反
普礼十方菩薩真言 唵薩羅縛怛他誐哆 跛曩跛曩能上遮嚕弥
觀音菩薩偈云 願滅三障諸煩惱 願得智慧真明了 普願罪障
悉消除 世世常行菩薩道 四聲觀音菩薩和 願生兜率天宮偈云
願生弥勒天宮院 蓮開親礼慈尊面 白毫照我罪消除
生死漂流從此斷 慈氏菩薩四聲和
惟願不逆群生意 无始時來難得值 我今各發志誠心

BD08474 號　生兜率内院禮讚法（擬）

（2–1）

普礼十方諸佛真言 [illegible]

普礼十方菩薩真言 唵薩羅縛怛他誐哆 跛曩跛曩能上迦嚕弥

觀音菩薩偈云 願滅三障諸煩惱 願得智惠真明了 普願罪障

悉消除 世世常行菩薩道 四聲觀音菩薩和 願生兜率天宮偈云

願生彌勒天宮院 蓮開親礼慈尊面 白毫照我罪消除

生死漂流從此斷 慈氏菩薩四聲和

惟願不逆群生意 无始時來難得值 我今各發真誠心

願見慈尊親頂礼 慈氏菩薩摩訶薩四遍和

身嚴福智黃金相 堪与衆生為依仗 我今迴願往天宮

面見真容親供養 慈氏菩薩摩訶薩四遍和

普勸受持上件真言句偈菩薩名号日夕不斷盡此一報身定生兜

率內院親礼尊慈龍花三會之中得受菩提之記

BD08474號　生兜率内院禮讚法（擬）　（2–2）

澄心論一卷　夫入道之法，必須先知根源，求道猶心，又須識心之體性分明，无或妨
業可成。了々千迷々々万息，心无形想，内外皆寂，起心生妄想，色或色大，心體純正
妄念无形，无念心无想，色相俱自寂淨，常以安樂，名以心爲自淨自解心常
樂々何所言，不樂恒淨，即是涅槃，常此涅槃是故，將喜言說，意了處无言理秘
色談理无言，意了知二理，定惠雙修，知心无心，即是常定，了无色患處，恒相進不離於
邊，亦邊无性，存我即我法身，蓮華近水，似性近人，求生死不著水，菩薩在俗相不染
將是知不別有殊，湛然无異，執著无貪，說无物常在涅槃，求心无可繫身上
衣納離我，无身百個之衣，約念身心々衣體，有心不自見身，不自見心，會一空身
夫大无我，念々无心，々我爾如，常歸實相，心住一切法不動，是名禪定，心不見一切法
法眼淨正不見，時爲是，是名法无形不可見，法无想不可見，一切法皆是心作心
見以不可見，是名爲見法，知心寂即入空寂法，乃知心无繫縛，即入解脫法，乃
无想如是者，即入知惠，乃心无念處是道，心念无處所是道，心求无處所見
心成无處是道，心常念无念是道，心着悟此法，是名得道，發獲心者勤
修積之空，乃无想道心，是名修道，知无道可修，名爲修道，知善惡无實
是名獲心，煩惱无形相，是名獲心，涅槃者，身是寂滅也，亦名解脫，亦名第一義
空。佛者覺也，覺一切法空，自覺々他，名知爲佛，覺悟内外，了達无导，无去无來
名爲如來。知心无心，常在寂，知境无境，即是空。六根生賊，是其心作，六塵羅
從一境生，心既寂，六賊亦无，境既空，六塵道滅，二邊兩處，名不相知，十二因緣
盡成妄想，一乘既悟，大道无窮，聯澄心路，聖會經文，雖非如來諸言，亦由
菩薩之說，請上聖王，伏願善思本心一義，无爲同登正覺　澄心論一卷
除睡眠真言　南无謨吉帝　伊帝毗　勿羅耶帝　娑婆訶　薩婆訶
入定真言　唵　薩婆㗚帝　娑婆訶　口无畏三藏譯每日誦滿

观身实相观佛亦然　能念心念俱不可得寂然无念名为正觉是观正念非邪念也　凡夫念想为邪念不住正念以为正邪正俱舍无念无想即真无念念正法时心常安乐无诸放逸无有贪着不为诸见之所缠缚入深法性心不惊怖是名护持诸佛法藏亦名护法能以法施众生是名大檀越真善知识能护正法不断佛种名报佛恩亦名护法菩萨摩诃萨能作佛事普利群品即自名为护持正法

生死險道
羅蜜因譬如淨月圓滿无翳此心能於一
切境界清淨具足故是名第八願波羅蜜因譬
如轉輪聖王主兵寶臣隨意自在此心善
能莊嚴淨佛國土无量功德廣利群生故是
名第九力波羅蜜因譬如虛空及轉輪聖王
此心能於一切境界无有障礙於一切處皆得
自在至灌頂位故是名第十智波羅蜜因善
男子是名菩薩摩訶薩十種菩提心因如是
十因汝當修學
善男子依五種法菩薩摩訶薩成就布施波
羅蜜云何為五一者信根二者慈悲三者无求
欲心四者攝受一切眾生五者願求一切智
智善男是名菩薩摩訶薩成就布施波羅
蜜善男子復依五法菩薩摩訶薩成就持
戒波羅蜜云何為五一者三業清淨二者不
為一切眾生作煩惱因緣三者閉諸惡道開善
趣門四者過於聲聞獨覺之地五者一切功德
皆悉滿足善男子是名菩薩摩訶薩成

BD08476號　金光明最勝王經卷四　（3–1）

智善男是名菩薩摩訶薩成就布施波羅
蜜善男子復依五法菩薩摩訶薩成就持
戒波羅蜜云何為五一者三業清淨二者不
為一切眾生作煩惱因緣三者閉諸惡道開善
趣門四者過於聲聞獨覺之地五者一切功德
皆悉滿足善男子是名菩薩摩訶薩成
就持戒波羅蜜善男子復依五法菩薩摩
訶薩成就忍辱波羅蜜云何為五一者能伏
貪瞋煩惱二者不惜身命不求安樂止息之想
三者思惟往業遭苦能忍四者發慈悲心成就
眾生諸善根故五者為得甚深无生法忍善男
子是名菩薩摩訶薩成就忍辱波羅蜜善男
子復依五法菩薩摩訶薩成就勤策波羅蜜
云何為五一者與諸煩惱不樂共住二者福德
未具不受安樂三者於諸難行苦行之事
不生厭心四者以大慈悲攝受利益方便成
熟一切眾生五者願求不退轉地善男子是
名菩薩摩訶薩成就勤策波羅蜜善男子復
依五法菩薩摩訶薩成就靜慮波羅蜜云何
為五一者於諸善法攝令不散故二者常願
解脫不著二邊故三者願得神通成就眾生
諸善根故四者為淨法界蠲除心垢故五者
為斷眾生煩惱根本故善男子是名菩薩摩
訶薩成就靜慮波羅蜜善男子復依五法菩
薩摩訶薩成就智慧波羅蜜云何為五一者
常於一切諸佛菩薩及明智者供養親近不生
厭背二者諸佛如來說甚深法心常樂聞无
有厭足三者真俗勝智善能分別四者見修
煩惱咸速斷除五者世間技術五明之法皆

BD08476號　金光明最勝王經卷四　（3–2）

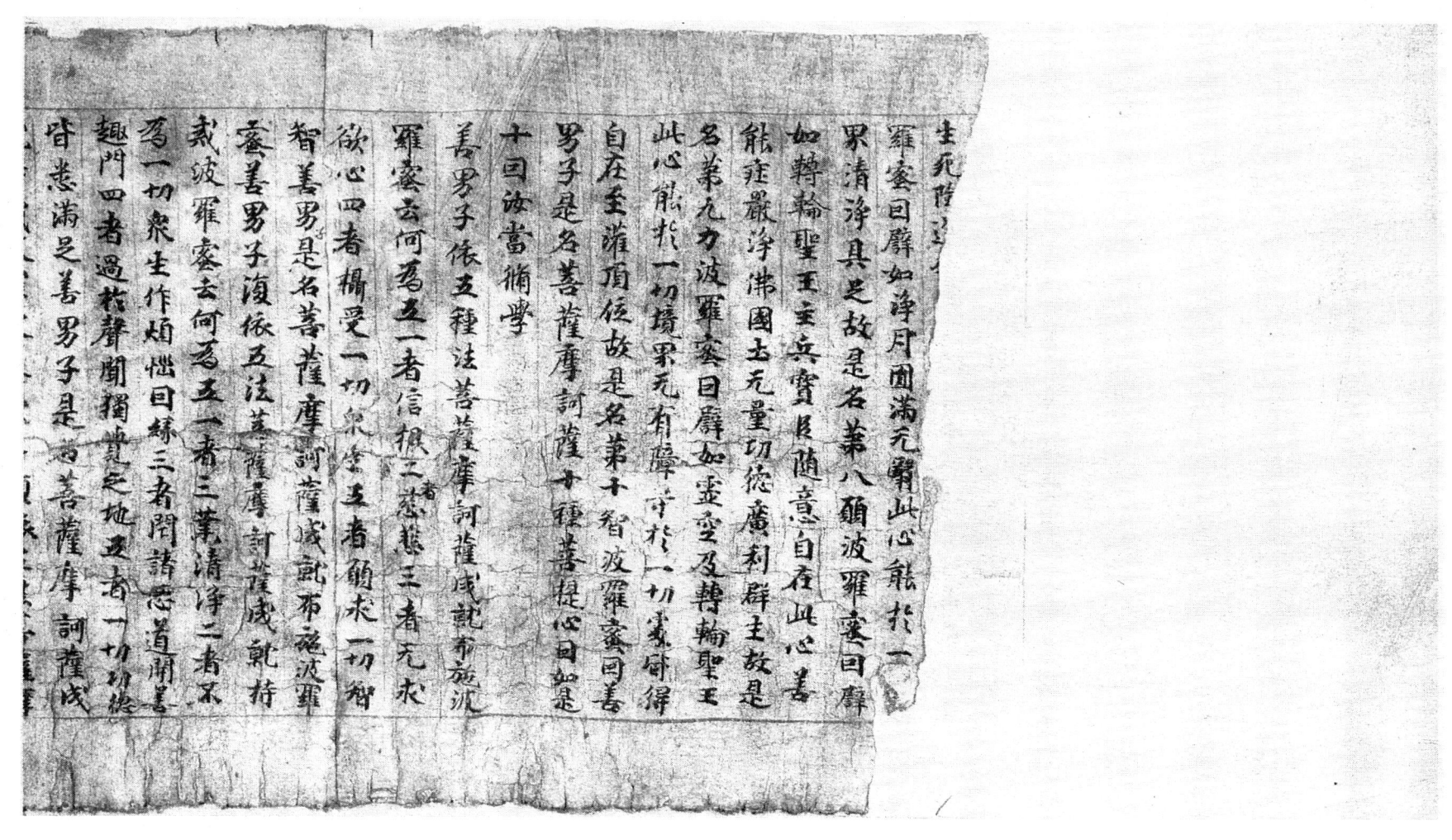

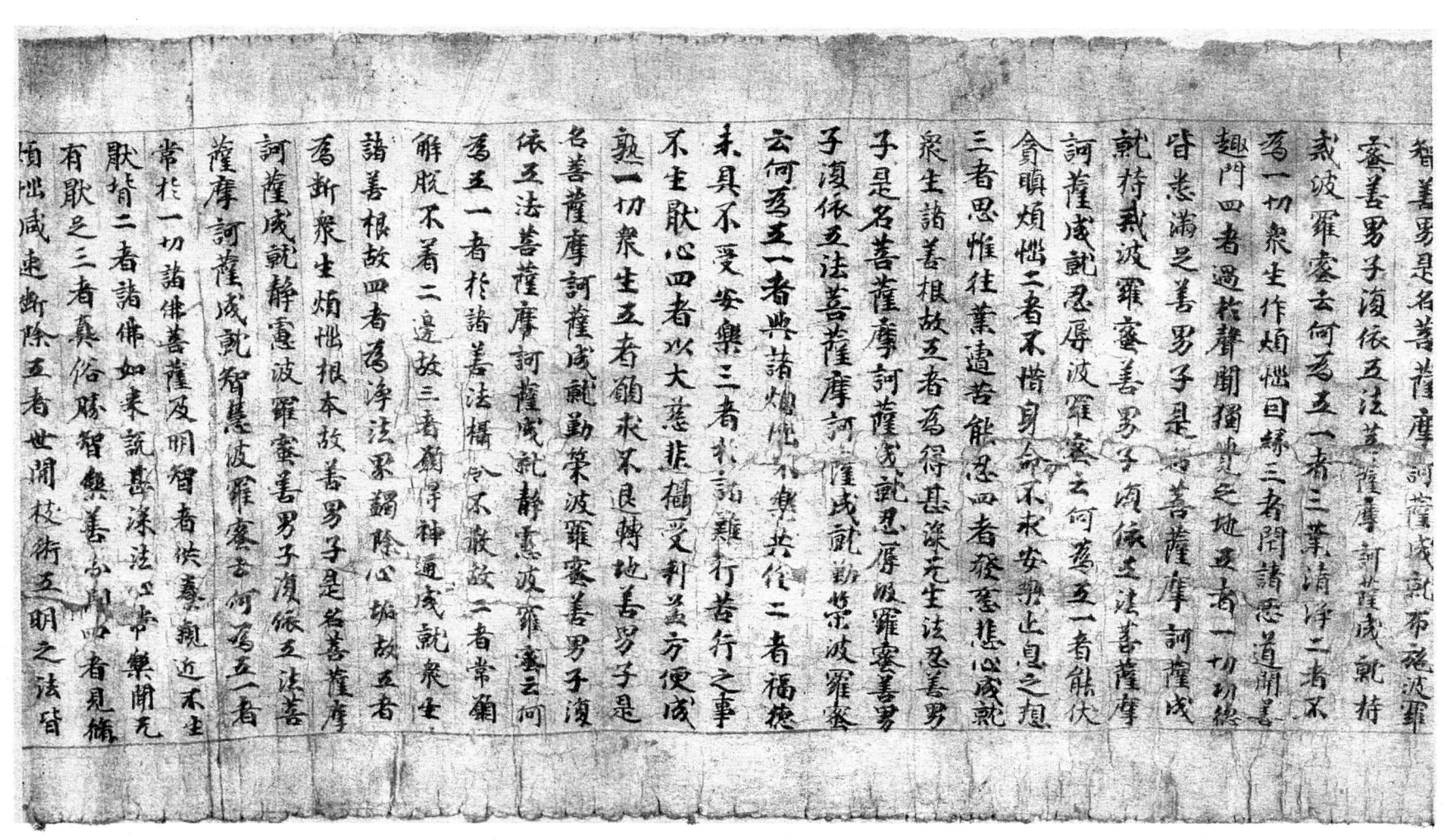

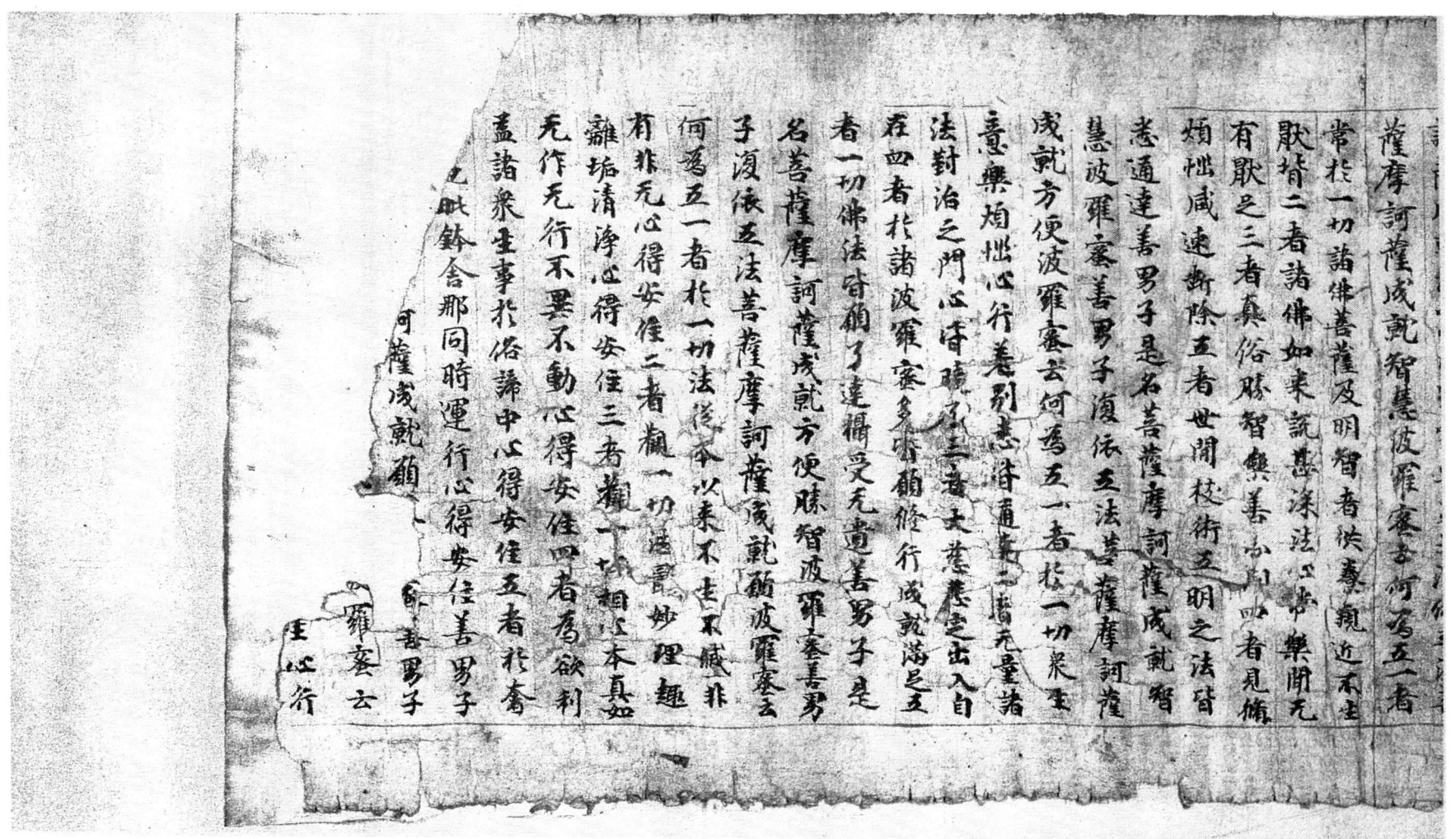

[illegible]
薩摩訶薩成就智慧波羅蜜多何為五一者
常於一切諸佛菩薩及明智者供養親近不生
厭背二者諸佛如來說甚深法心常樂聞无
有厭足三者真俗勝智樂善分別四者見脩
煩惱咸速斷除五者世間技術五明之法皆
悉通達善男子是名菩薩摩訶薩成就智
慧波羅蜜善男子復依五法菩薩摩訶薩
成就方便波羅蜜多云何為五一者於一切眾生
意樂煩惱心行差別悉皆通達二者无量諸
法對治之門心皆明了三者大慈悲定出入自
在四者於諸波羅蜜多皆願脩行成就滿足五
者一切佛法皆願了達攝受无遺善男子是
名菩薩摩訶薩成就方便勝智波羅蜜善男
子復依五法菩薩摩訶薩成就願波羅蜜多云
何為五一者於一切法從本以來不生不滅非
有非无心得安住二者觀一切法最妙理趣
離垢清淨心得安住三者觀一切相心本真如
无作无行不異不動心得安住四者為欲利
益諸眾生事於俗諦中心得安住五者於奢
[illegible]他毘鉢舍那同時運行心得安住善男子
[illegible]訶薩成就願[illegible]善男子
[illegible]羅蜜云
[illegible]生心行

BD08476 號　金光明最勝王經卷四　（3–3）

佛說無常經 亦名三啓經

三藏法師義淨奉 制譯

稽首歸依無上士 常起弘誓大悲心
為濟有情生死流 令得涅槃安隱處
大捨防非忍無倦 一心方便正慧力
自利利他悉圓滿 故号調御天人師
稽首歸依妙法藏 三四二五理圓明
七八能開四諦門 修者咸到無為岸
法雲法雨潤群生 能除熱惱蠲眾病
難化之徒使調順 隨機引導非強力
稽首歸依真聖眾 八輩上人能離染
金剛智杵破邪山 永斷無始相纏縛
始從鹿苑至雙林 隨佛一代弘真教
各稱本緣行化已 灰身滅智
□□教三寶尊 是□□□
□

佛頂尊勝陀羅尼咒

納謨薄伽筏(浮伐反)帝一 唖(丁涅反)唎盧迦(吉耶反)二 鉢囉(上)底(丁你反下同)三 毗室

瑟吒(坼阿反長引平讀聲呼之)耶四 勃(菩沒反)陀耶(余迦反下同)五 薄伽筏帝六 怛(多捺反下同)姪(地也反上二字連急呼之)

他七 唵(烏紺反長引唯中呼之)八 毗戍(輸乳反下同)馱耶九 娑麼(去聲呼之)娑漫多(長引)縛(同下)(符邏反)皤

娑發(坡剌反)喇拏(奴羅反)揭(渠羯反下同)底十一 揭呵那十二 塞(二合)縛皤縛戍地(徒你反)十三 遏毗

詵(師掖反)遮十四 蘇(上聲)揭多筏折(之熱反)那十五 遏頌(亦世反二合)嘌(梨吉反)多毗綴(跡式反)罽

(居列反)十六 阿(長引)訶囉阿(長引)訶囉十七 阿(長引)踰珊陀唎尼戍陀耶伽伽那毗戍提十九 鄔瑟膩沙

毗社(時何反下同)耶戍提廿 索(蘇洛反)訶薩囉喝(胡葛反)囉室(二合)泯散珠跌(田結反)帝廿一

薩縛怛他揭多廿二 地瑟吒那(長引同上)廿三 地瑟恥耶(吒澤反上聲下同)多廿四 慕跌喋廿五 跋折(時熱反)

囉迦(居伽反)耶廿六 僧喝(呼葛反)怛那戍提廿七 薩縛筏囉拏(奴雀反)毗戍提廿八 鉢囉底

你筏囉多耶廿九 阿(長引)踰戍提卅 塞麼耶地瑟恥(同上)帝卅一 末你末你卅二 怛他(天駒反)

多步多俱脰(知音)鉢唎戍提卅三 毗塞(思勒反)普吒(摘歌反)勃地戍提卅四 社耶社耶卅五

毗社耶毗社耶卅六 薩沫囉薩沫囉卅七 勃陀地瑟恥多戍提卅八 跋折嘌卅九 跋折囉

BD08478號　佛頂尊勝陀羅尼咒

訖師揬反瓈十四 蘇上聲揭多筏折之熱反那十五 遏須弥拱反二合嚟樂音反多毗絲跌式反罽
居列反十六 阿長引訶囉阿長引訶囉十七 阿長引踰珊陀喇尼太陀耶伽伽那坐太提十九 郁瑟膩沙
跛戈反毗社時河反下同 耶太提廿 索蘇洛反 訶薩囉暑胡暮反 囉室二合 泯散珠跌四結反 帝廿一
薩縛怛他揭多廿二 地瑟咤那長引同上廿三 地瑟耶咤澤反上 多廿四 慕跌嗪廿五 跋折時熱反
囉迦居伽反 耶廿六 僧唱呼暮反 怛那太提廿七 薩縛筏囉拏 坐太提廿八 鉢囉底
你筏囉多耶廿九 阿長引踰太提卅 塞摩耶地瑟恥同上 帝卅一 末你末你卅二 怛他天觔反
多部多俱胝知音 鉢剌太提卅三 毗塞思勒 普吒 勃地太提卅四 社耶社耶卅五
毗社耶毗社耶卅六 薩沫囉薩沫囉卅七 勃陀地瑟恥多太提卅八 跋折嗪卅九 跋折囉
揭鞞善達反四十 跋折藍盧甘反 跋筏都卌一 摩摩卌二 摩摩于此云我受持者於此稱名云某甲寫胃我及若為人即稱彼人名
薩縛薩埵寫南去聲 迦耶坐太提卌三 薩縛揭底鉢利太提卌四 薩縛怛他揭多卌五
寒摩濕縛娑地瑟恥帝卌六 勃陀地觔反 勃陀卌七 蒲馱耶蒲馱耶塞湯多鉢
剌太提卌八 薩縛怛他揭多卌九 地瑟咤五十 地瑟恥帝五十一 莎長引婆訶五十二

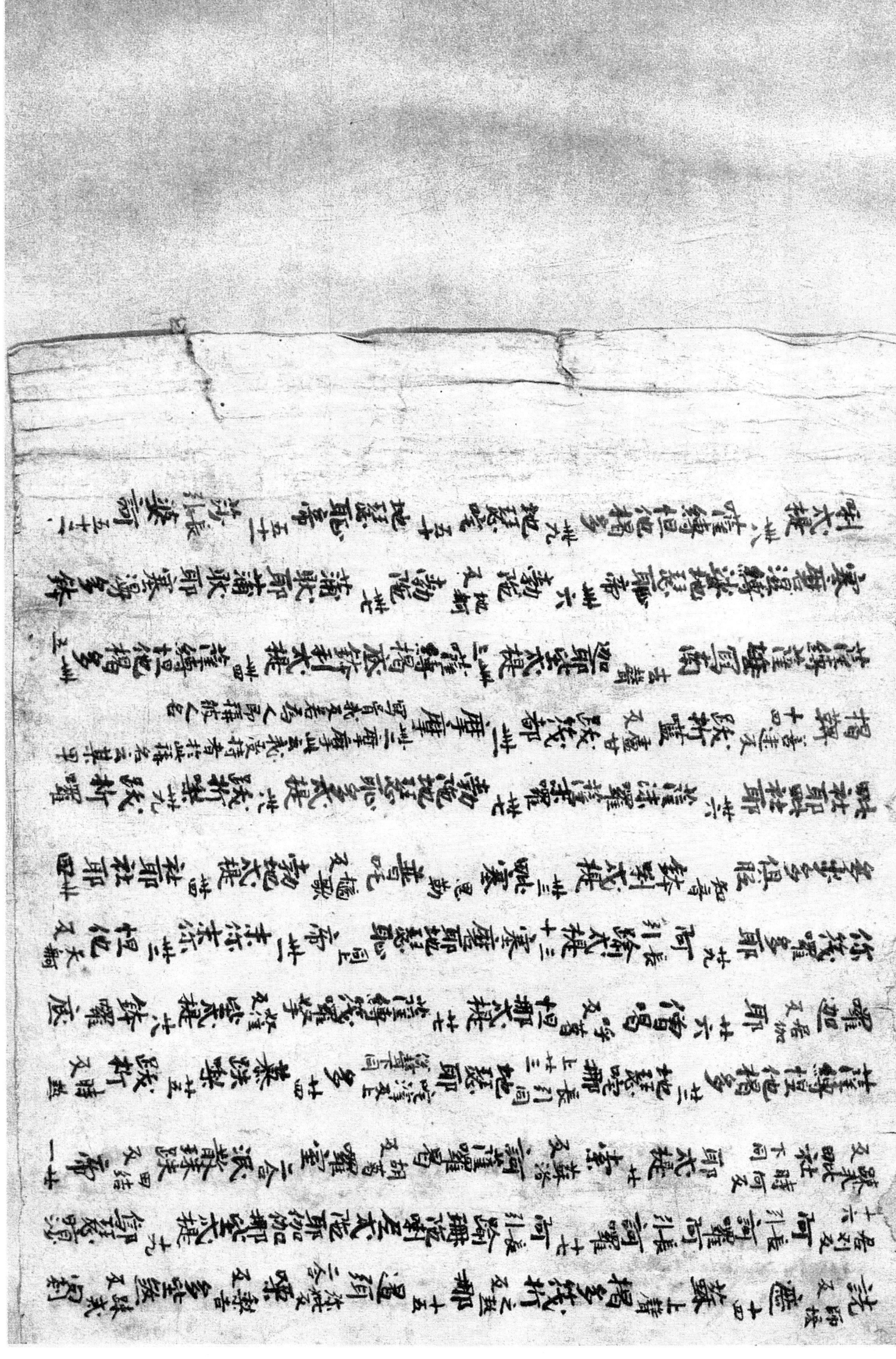

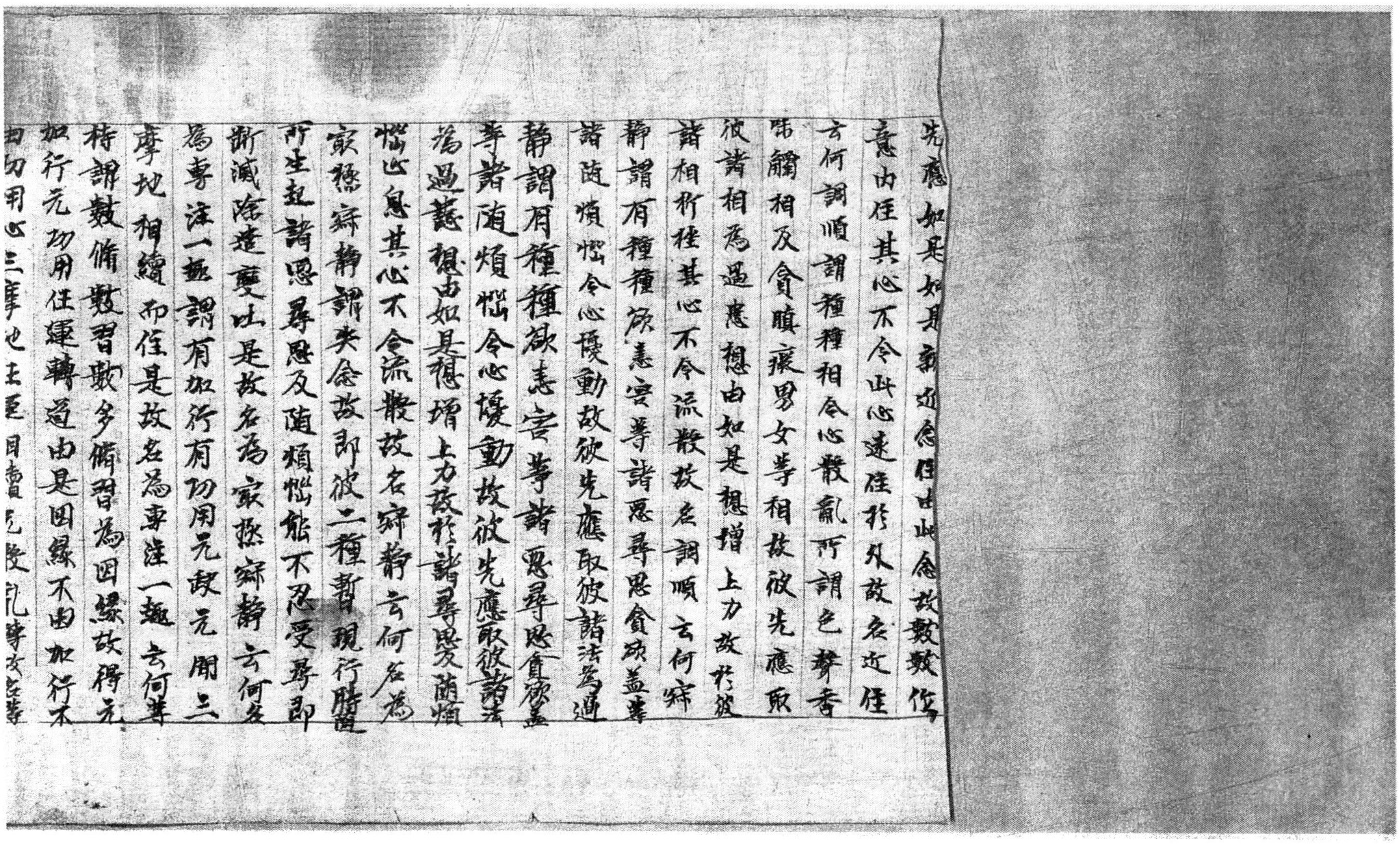

先應如是如是親近念住由此念故數數作
意由住其心不令此心遠住於外故名近住
云何調順謂種種相令心散亂所謂色聲香
味觸相及貪瞋癡男女等相故彼先應取
彼諸相為過患想由如是想增上力故於彼
諸相折挫其心不令流散故名調順云何寂
靜謂有種種欲恚害等諸惡尋思貪欲蓋等
諸隨煩惱令心擾動故彼先應取彼諸法為過
患想由如是想增上力故於諸尋思及隨煩
惱止息其心不令流散故名寂靜云何名為
最極寂靜謂失念故即彼二種暫現行時隨
所生起諸惡尋思及隨煩惱能不忍受尋即
斷滅除遣變吐是故名為最極寂靜云何名
為專注一趣謂有加行有功用無缺無間三
摩地相續而住是故名為專注一趣云何等
持謂數修數習數多修習為因緣故得無
加行無功用任運轉道由是因緣不由加行不
由功用心三摩地任運相續無散亂轉故名等

BD08479 號 1　瑜伽師地論（兌廢稿）卷三〇　　（3–1）

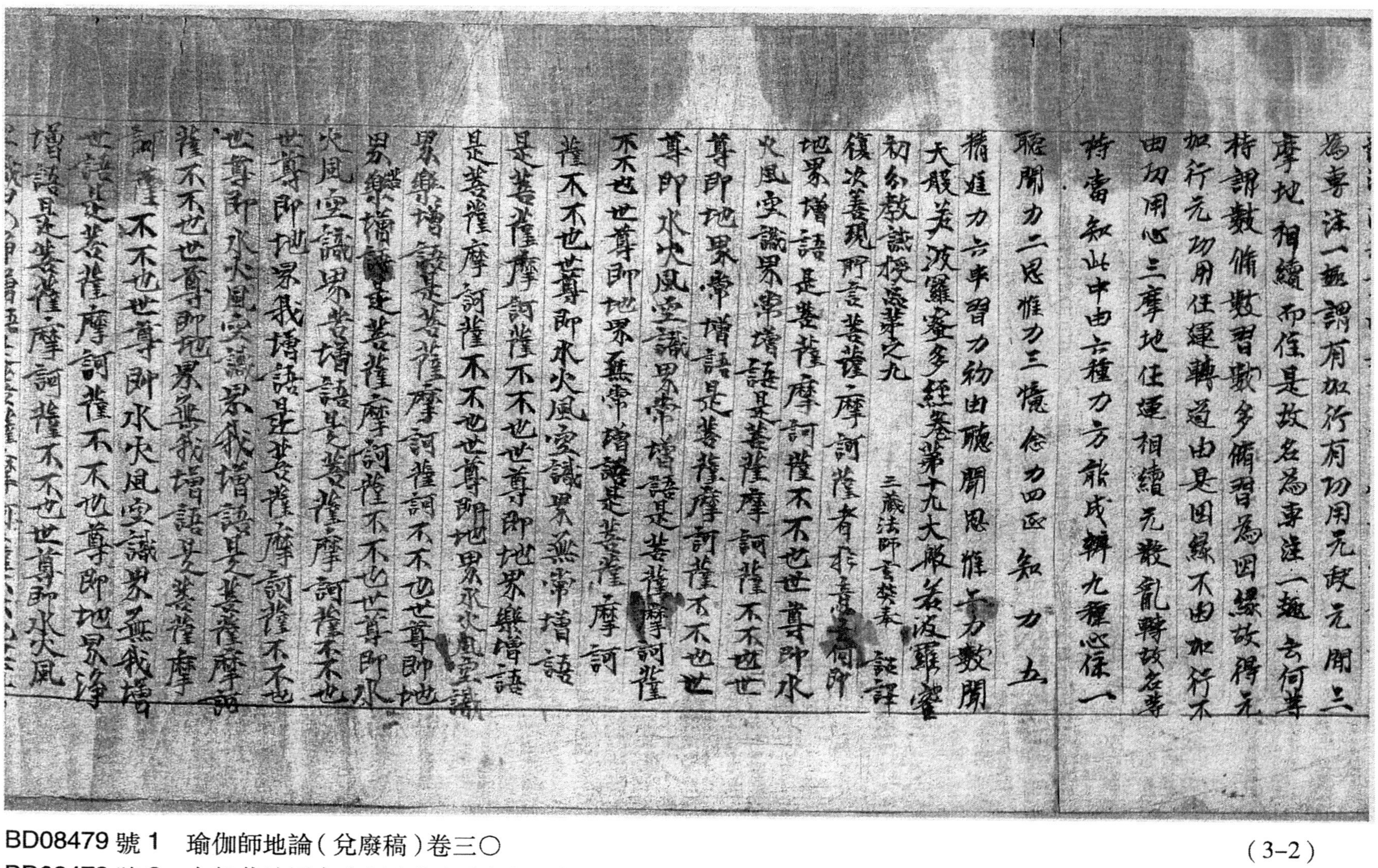

為專注一趣謂有加行有功用無缺無間三
摩地相續而住是故名為專注一趣云何等
持謂數修數習數多修習為因緣故得無
加行無功用任運轉道由是因緣不由加行不
由功用心三摩地任運相續無散亂轉故名等
持當知此中由六種力方能成辦九種心住一
聽聞力二思惟力三憶念力四正知力五
精進力六串習力初由聽聞思惟二力數聞
大般若波羅蜜多經卷第十九大般若波羅蜜
初分教誡教授品第七之九　三藏法師玄奘奉　詔譯
復次善現所言菩薩摩訶薩者於意云何即
地界增語是菩薩摩訶薩不不也世尊即水
火風空識界增語是菩薩摩訶薩不不也世
尊即地界常增語是菩薩摩訶薩不不也世
尊即水火風空識界常增語是菩薩摩訶薩
不不也世尊即地界無常增語是菩薩摩訶
薩不不也世尊即水火風空識界無常增語
是菩薩摩訶薩不不也世尊即地界樂增語
是菩薩摩訶薩不不也世尊即地界水火風空識
界樂增語是菩薩摩訶薩不不也世尊即地
界樂增語是菩薩摩訶薩不不也世尊即水
火風空識界苦增語是菩薩摩訶薩不不也
世尊即地界我增語是菩薩摩訶薩不不也
世尊即水火風空識界我增語是菩薩摩訶
薩不不也世尊即地界無我增語是菩薩摩
訶薩不不也世尊即水火風空識界無我增
世語是菩薩摩訶薩不不也世尊即地界淨
增語是菩薩摩訶薩不不也世尊即水火風

BD08479 號 1　瑜伽師地論（兌廢稿）卷三〇　　（3–2）
BD08479 號 2　大般若波羅蜜多經（兌廢稿）卷一九

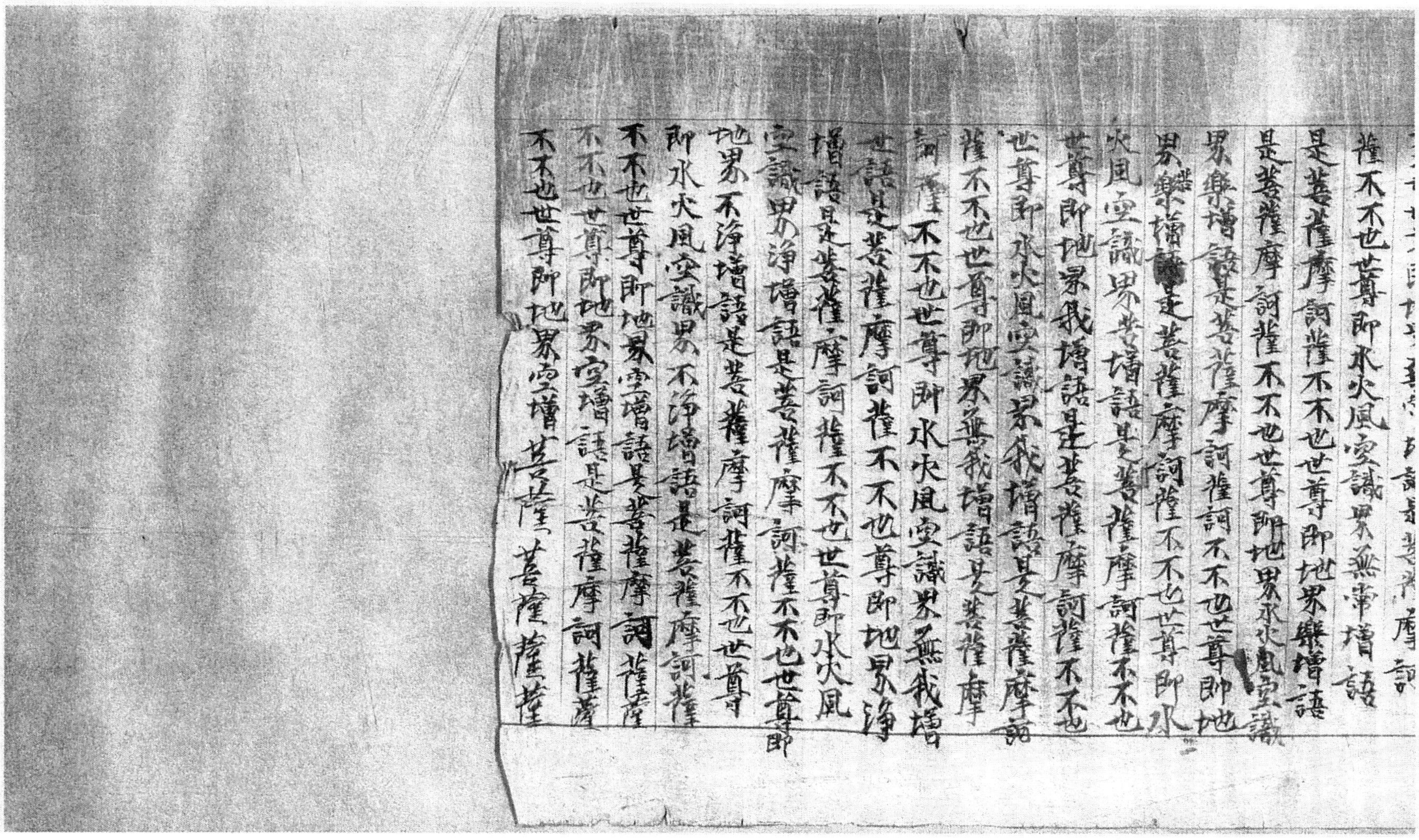

[illegible]
薩不不也世尊即水火風空識界無常增語
是菩薩摩訶薩不不也世尊即地界樂增語
是菩薩摩訶薩不不也世尊即地界水火風空識
界樂增語是菩薩摩訶薩不不也世尊即地
界樂增語是菩薩摩訶薩不不也世尊即水
火風空識界苦增語是菩薩摩訶薩不不也
世尊即地界我增語是菩薩摩訶薩不不也
世尊即水火風空識界我增語是菩薩摩訶
薩不不也世尊即地界無我增語是菩薩摩
訶薩不不也世尊即水火風空識界無我增
世語是菩薩摩訶薩不不也世尊即地界淨
增語是菩薩摩訶薩不不也世尊即水火風
空識界淨增語是菩薩摩訶薩不不也世尊即
地界不淨增語是菩薩摩訶薩不不也世尊
即水火風空識界不淨增語是菩薩摩訶薩
不不也世尊即地界空增語是菩薩摩訶薩
不不也世尊即地界空增語是菩薩摩訶薩
不不也世尊即地界空增菩薩菩薩薩薩

BD08479 號 2　大般若波羅蜜多經（兌廢稿）卷一九　　（3–3）

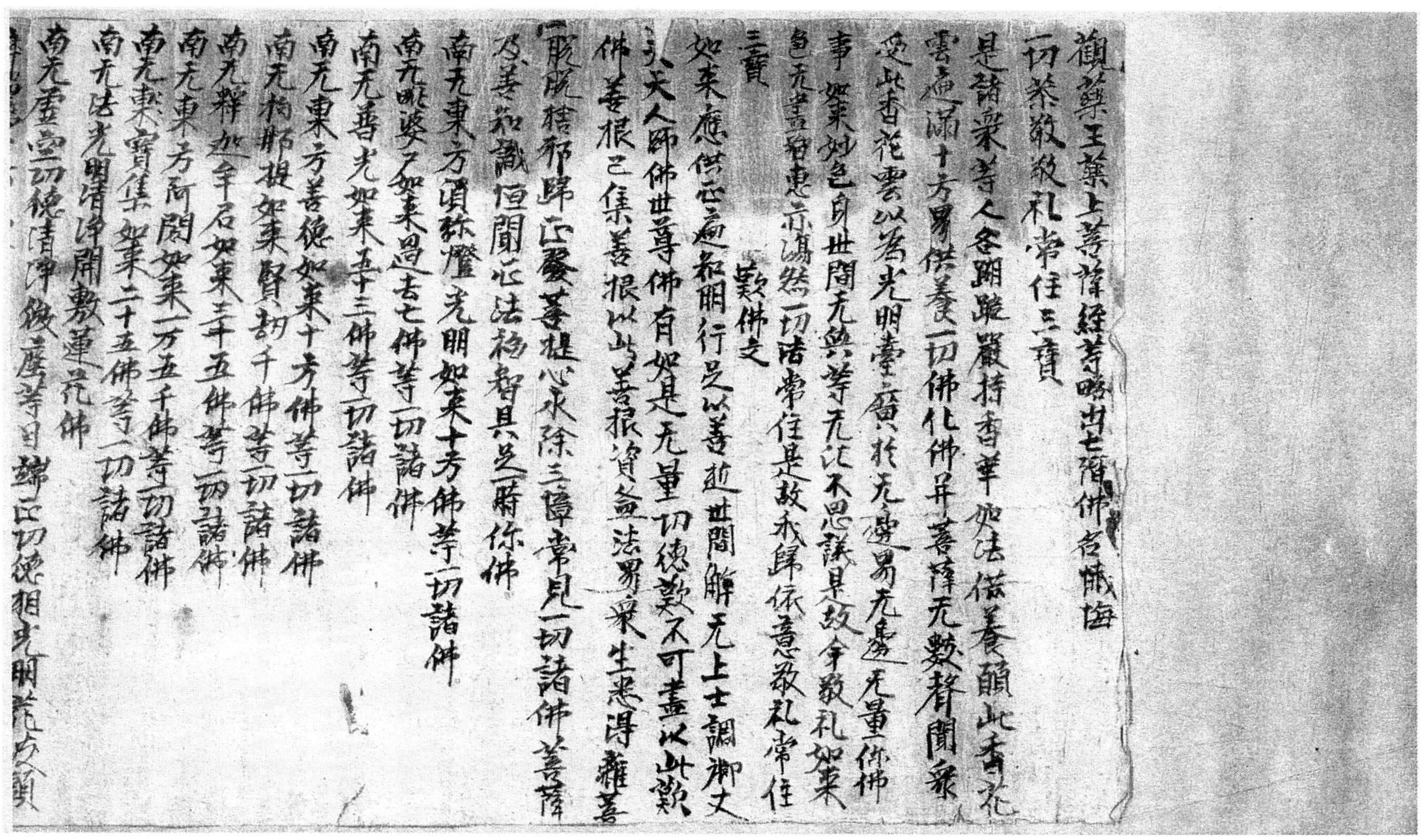

觀藥王藥上菩薩經等略出七階佛名懺悔
一切恭敬敬礼常住三寶
是諸衆等人各蹋跪嚴持香華如法供養願此香花
雲遍滿十方界供養一切佛化佛幷菩薩无數聲聞衆
受此香花雲以爲光明臺廣於无邊界无邊无量作佛
事 如來妙色身世間无與等无比不思議是故今敬礼如來
色无盡智惠亦復然一切法常住是故我歸依意意敬礼常住
三寶　　歎佛之
如來應供正遍知明行足以善逝世間解无上士調御丈
夫天人師佛世尊佛有如是无量功德數不可盡以此歎
佛善根已集善根以此善根資益法界衆生悉得離善
一脫脫枯邪歸正發菩提心永除三障常見一切諸佛菩薩
及善知識恒聞正法福智具足一時作佛
南无東方須弥燈光明如來十方佛等一切諸佛
南无毗婆尸如來過去七佛等一切諸佛
南无善光如來五十三佛等一切諸佛
南无東方善德如來十方佛等一切諸佛
南无拘那提如來賢劫千佛等一切諸佛
南无釋迦牟尼如來三十五佛等一切諸佛
南无東方阿閦如來一万五千佛等一切諸佛
南无寶集如來二十五佛等一切諸佛
南无法光明清淨開敷蓮花佛
南无虛空功德清淨微塵等目端正功德相光明花波頭

BD08479 號背　七階佛名經　　（2–1）

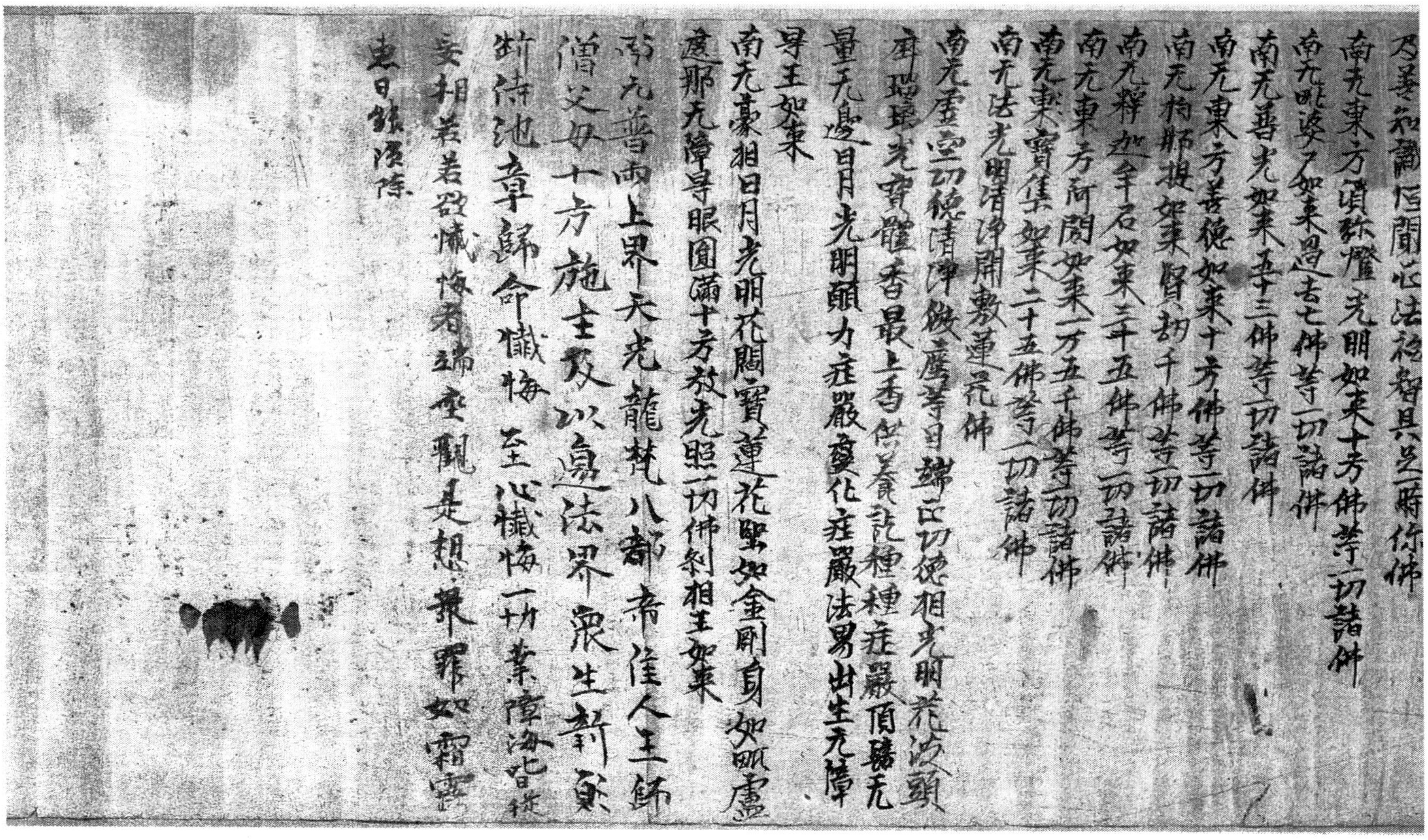
及善知識同聞正法捨命具足時作佛
南无東方須弥燈光明如來十方佛等一切諸佛
南无毗婆尸如來過去七佛等一切諸佛
南无善光如來五十三佛等一切諸佛
南无東方善德如來十方佛等一切諸佛
南无拘那提如來賢劫千佛等一切諸佛
南无釋迦牟尼如來三十五佛等一切諸佛
南无東方阿閦如來一万五千佛等一切諸佛
南无東寶集如來二十五佛等一切諸佛
南无法光明清淨開敷蓮花佛
南无虛空功德清淨微塵等目端正功德相光明花波頭
摩瑠璃光寶體香最上香供養訖種種莊嚴頂髻无
量无邊日月光明願力莊嚴變化莊嚴法界出生无障
碍王如來
南无豪相日月光明花閦寶蓮花堅如金剛身如毗盧
遮那无障碍眼圓滿十方放光照一切佛剎相王如來
南无普兩上界天光龍梵八部帝住人王師
僧父母十方施主及以遍法界眾生斷
斷諸池章歸命懺悔至心懺悔一切業障海皆從
妄想若欲懺悔者端坐觀是想眾罪如霜露
惠日能消除

BD08479 號背　七階佛名經　（2–2）

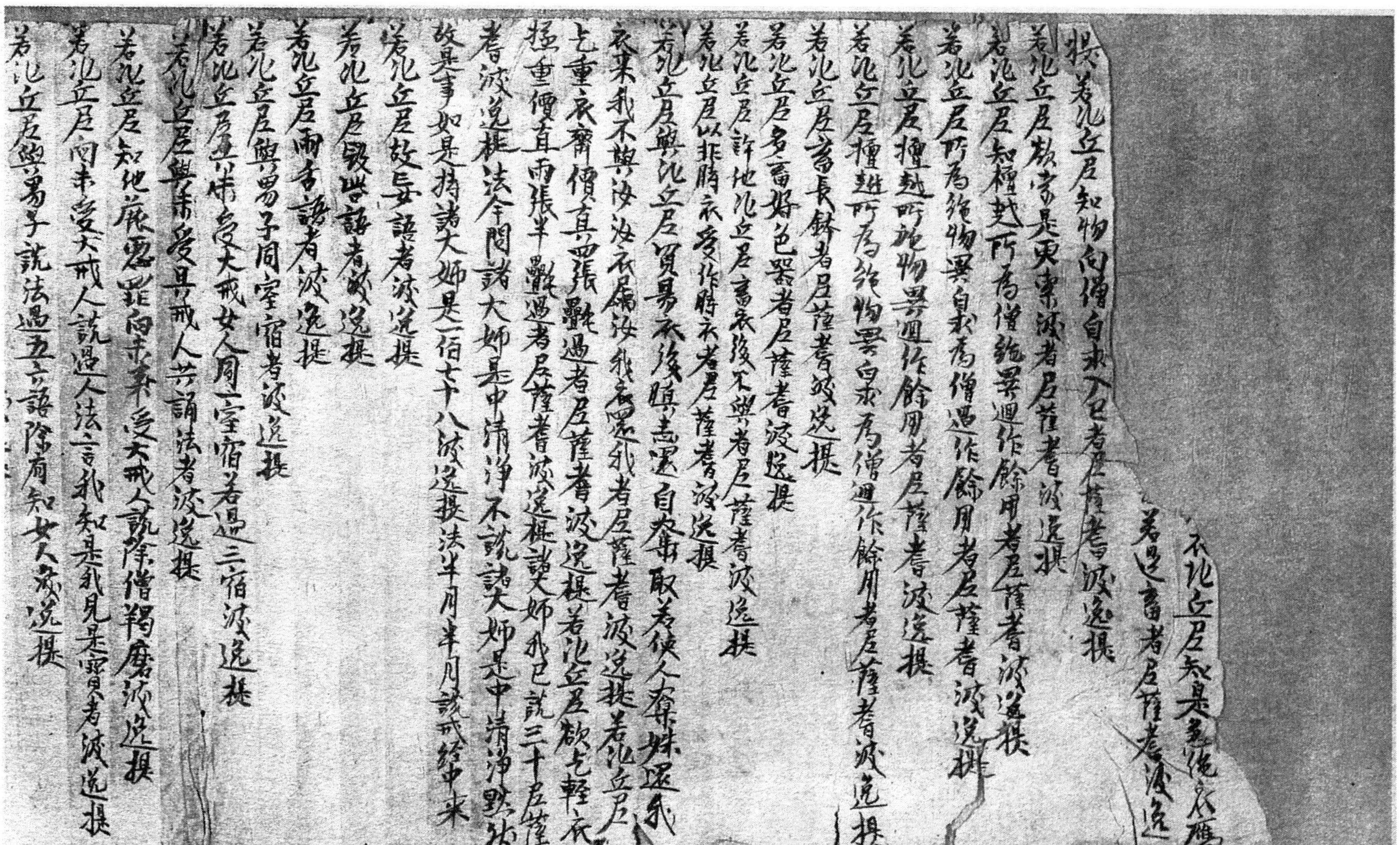
衣比丘尼知是衣施衣應
若遮畜者尼薩耆波逸
提若比丘尼知物向僧自求入己者尼薩耆波逸提
若比丘尼欲索是更索彼者尼薩耆波逸提
若比丘尼知檀越所為僧施異迴作餘用者尼薩耆波逸提
若比丘尼所為施物異自求為僧迴作餘用者尼薩耆波逸提
若比丘尼檀越所施物異迴作餘用者尼薩耆波逸提
若比丘尼檀越所為施物異自求為僧迴作餘用者尼薩耆波逸提
若比丘尼畜長鉢者尼薩耆波逸提
若比丘尼多畜好色器者尼薩耆波逸提
若比丘尼許他比丘尼衣後不與者尼薩耆波逸提
若比丘尼以非時衣受作時衣者尼薩耆波逸提
若比丘尼與比丘尼貿易衣後瞋恚還自奪取若使人奪妹還我
衣來我不與汝汝衣屬汝我衣還我者尼薩耆波逸提若比丘尼
乞重衣齊價直四張㲲過者尼薩耆波逸提若比丘尼欲乞輕衣
極重價直兩張半㲲過者尼薩耆波逸提諸大姊我已說三十尼薩
耆波逸提法今問諸大姊是中清淨不諸大姊是中清淨默然
故是事如是持諸大姊是一佰七十八波逸提法半月半月說戒經中來
若比丘尼故妄語者波逸提
若比丘尼毀呰語者波逸提
若比丘尼兩舌語者波逸提
若比丘尼與男子同室宿者波逸提
若比丘尼與未受大戒女人同一室宿若過三宿波逸提
若比丘尼與未受具戒人共誦法者波逸提
若比丘尼知他麁惡罪向未受大戒人說除僧羯磨波逸提
若比丘尼向未受大戒人說過人法言我知是我見是實者波逸提
若比丘尼與男子說法過五六語除有知女人波逸提

BD08480 號　四分比丘尼戒本　（6–1）

若比丘尼與未受大戒女人同一室宿若過三宿波逸提
若比丘尼與未受具戒人共誦法者波逸提
若比丘尼知他有麤惡罪向未受大戒人說除僧羯磨波逸提
若比丘尼向未受大戒人說過人法言我知是我見是實者波逸提
若比丘尼與男子說法過五六語除有知女人波逸提
若比丘尼自手掘地若教人掘者波逸提
若比丘尼壞鬼神村者波逸提
若比丘尼妄作異語惱他者波逸提
若比丘尼嫌罵他者波逸提
若比丘尼取僧繩床若木床若臥具坐褥露地敷若教人敷捨去不
自舉不教人舉者波逸提
若比丘尼於僧房中取僧臥具自敷在中若坐若臥從彼處捨去不
自舉不教人舉者波逸提
若比丘尼知比丘尼先住處後來於中間敷臥具止宿念言彼若
嫌迮者自當避我去作如是因緣非餘非威儀波逸提
若比丘尼瞋他比丘尼不喜眾僧房中自牽出若教人牽出者波逸提
若比丘尼若在重閣上脫腳繩床若木床若坐若臥波逸提
若比丘尼知水有虫自用洗泥若草若教人洗者波逸提
若比丘尼作大房戶扉窗牖及餘莊飾具指授覆苫齊二三節若
過者波逸提　廿
若比丘尼施一食處無病比丘尼應一食若過受者波逸提
若比丘尼施別眾食除餘時波逸提餘時者病時作衣時施衣時行道
時船上時大會時沙門施食時此是時
若比丘尼至檀越家殷勤請與餅麨飯比丘尼欲須者當二三
鉢應受持至寺內分與餘比丘尼食若比丘尼無病過三鉢持至寺
中不分與餘比丘尼食者波逸提
若比丘尼非時受食食者波逸提
若比丘尼殘宿食食者波逸提
若比丘尼不受食及藥著口中除水楊枝波逸提
若比丘尼先受請已前食後食行詣餘家不囑比丘尼除餘



若比丘尼非時受食食者波逸提
若比丘尼殘宿食食者波逸提
若比丘尼不受食及藥著口中除水楊枝波逸提
若比丘尼先受請已前食後食行詣餘家不囑比丘尼除餘
時波逸提餘時者病時作衣時施衣時此是時
若比丘尼食家中有寶強安坐者波逸提
若比丘尼食家中有寶在屏處坐者波逸提
若比丘尼獨與男子露地一處共坐者波逸提　三十
若比丘尼語比丘尼如是語大姊共至聚落當與汝食彼比丘尼竟不教
與是比丘尼食如是言大姊去我與汝一處共坐共語不樂我獨語樂以
是因緣非餘方便遣去波逸提　若比丘尼請四月與藥無病
比丘尼應受若過受除常請更請分請盡形請波逸提
若比丘尼往觀軍陣除時因緣波逸提　若比丘尼有因緣至軍中
若二宿三宿過者波逸　若比丘尼軍中住若宿二宿三宿或時
觀軍陣鬥戰若觀遊軍象馬力勢波逸提若比丘尼飲酒者波逸
提　若比丘尼水中戲者波逸提　若比丘尼以指相擊攊者波逸提
若比丘尼不受諫語者波逸提　若比丘尼恐怖他比丘尼者波
逸提　卌　若比丘尼半月洗浴無病比丘尼應受若過受除餘時
波逸提餘時者熱時病時作時風時雨時遠行來時此是時
若比丘尼無病為炙身故露地然火若教人然除餘時波逸提
若比丘尼藏他比丘尼若鉢若衣若坐具針筒自藏教人藏下至
戲笑者波逸提　若比丘尼淨施比丘尼式叉摩那沙彌尼衣後
不問主取著者波逸提　若比丘尼得新衣當作三種染壞色
青黑木蘭若比丘尼得新衣不作三種染壞色青黑木蘭新衣持
著者波逸提　若比丘尼故斷畜生命者波逸提
若比丘尼知水有蟲飲用者波逸提　若比丘尼故惱他比丘尼乃至
少時不樂波逸提　若比丘尼知比丘尼有麤惡罪覆藏者波逸提
若比丘尼知僧諍事如法懺悔已後更發舉者波逸提　五十
若比丘尼知是賊伴共期一道行乃至一聚落波逸提

青黑木蘭若比丘尼得新衣不作三種染壞色青黑木蘭新衣持
者波逸提　若比丘尼故斷畜生命者波逸提
若比丘尼知水有蟲飲用者波逸提　若比丘尼故惱他比丘尼乃至
少時不樂波逸提　若比丘尼知比丘尼麤惡罪覆藏者波逸提
若比丘尼知僧諍事如法懺悔已後更發舉者波逸提　五十
若比丘尼知是賊伴共期一道行乃至一聚落波逸提
若比丘尼作如是語我知佛所說法行婬欲非是障道法彼比丘尼
諫此比丘尼言大姊莫作是語莫謗世尊謗世尊者不善世尊
不作是語世尊無數方便說婬欲是障道法犯婬欲者是障道
法彼比丘尼諫此比丘尼時堅持不捨彼比丘尼乃至三諫時捨
者善不捨者波逸提
若比丘尼知是語人未作法如是邪見而不捨若畜同一羯磨同一止宿波
逸提　若比丘尼知沙彌尼作如是語我知佛所說法行婬欲法彼比丘
尼諫此沙彌尼言汝莫作是語莫誹謗世尊誹謗世尊不善世尊不作
是語沙彌尼世尊無數方便說婬欲是障道法犯婬欲者是障道法彼比丘尼
諫此沙彌尼堅持不捨彼比丘尼應乃至三諫呵捨此事故乃至三諫時若捨
者善不捨者波逸提彼比丘尼應語是沙彌尼言汝自今已去非佛弟子不得
隨餘比丘尼行如諸沙彌尼得與比丘尼二宿三宿汝今無是事汝去滅去
不須此中住若比丘尼如法諫時作如是語我今不學是戒乃至問有智
慧持律者當難問波逸提　若為求解應當難問
若比丘尼說戒時作如是語大姊用是雜碎戒為說是戒時令人惱愧懷疑輕
毀戒故波逸提　若比丘尼說戒時作如是語大姊我今始知是戒半月半月說戒
經中來餘比丘尼知是比丘尼若二若三說戒中坐何況多彼比丘尼無知無解
若犯罪應如法治更重增無知法大姊汝無利得不善汝說戒時不用心念不
一心而耳聽法彼無知故波逸提
若比丘尼共同羯磨已後作如是說諸比丘尼隨親厚以眾僧物
與者波逸提
若比丘尼僧斷事時不與欲而起去者波逸提
若比丘尼與欲竟後更呵者波逸提　六十
若比丘尼比丘尼共鬪諍後聽此諍已欲向彼說者波逸提
若比丘尼瞋恚故不喜打彼比丘尼者波逸提
若比丘尼瞋恚故不喜以手摶比丘尼者波逸提



與者波逸提
若比丘尼僧斷事時不與欲而起去者波逸提
若比丘尼與欲竟後更呵者波逸提　六十
若比丘尼比丘尼共鬪諍後聽此諍已欲向彼說者波逸提
若比丘尼瞋恚故不喜打彼比丘尼者波逸提
若比丘尼瞋恚故不喜以手摶比丘尼者波逸提
若比丘尼瞋恚故不喜以無根僧伽婆尸沙法謗者波逸提
若比丘尼剎利水澆頭王王未出未藏寶若入宮過門閫者波逸提
若比丘尼若寶及寶莊飾自捉若教人捉除僧伽藍中及寄宿處
波逸提若僧伽藍中若寄宿處若寶若以寶莊飾具自捉若教
若教人若識者當取如是因緣非餘若比丘尼非時入聚落又不屬
比丘尼者波逸提
若比丘尼作繩床若木床足應高如來八指除入陛孔上若截竟過
者波逸提
若比丘尼持兜羅綿貯作繩床木床若臥具坐具者波逸提
若比丘尼噉蒜者波逸提
若比丘尼剃三處毛者波逸提　七十
若比丘尼以水作淨應齊兩指各一節若過者波逸提
若比丘尼以胡膠作男根者波逸提
若比丘尼共相拍者波逸提
若比丘尼比丘尼無病時供給水以扇扇者波逸提
若比丘尼乞生穀者波逸提
若比丘尼在生草上大小便者波逸提
若比丘尼夜便大小便器中晝不看牆外棄者波逸提
若比丘尼往觀看伎樂者波逸提
若比丘尼入村內與男子在屏處共立共語者波逸提　八十
若比丘尼與男子共入屏障處者波逸提
若比丘尼入村內巷陌中遣伴遠去在屏處與男子共立耳語者波逸提
若比丘尼入白衣家內坐不語主人捨去者波逸提
若比丘尼入白衣家內不語主人自敷坐宿者波逸提
若比丘尼與男子共入闇室中者波逸提
若比丘尼不審諦受師語便向人說者波逸提

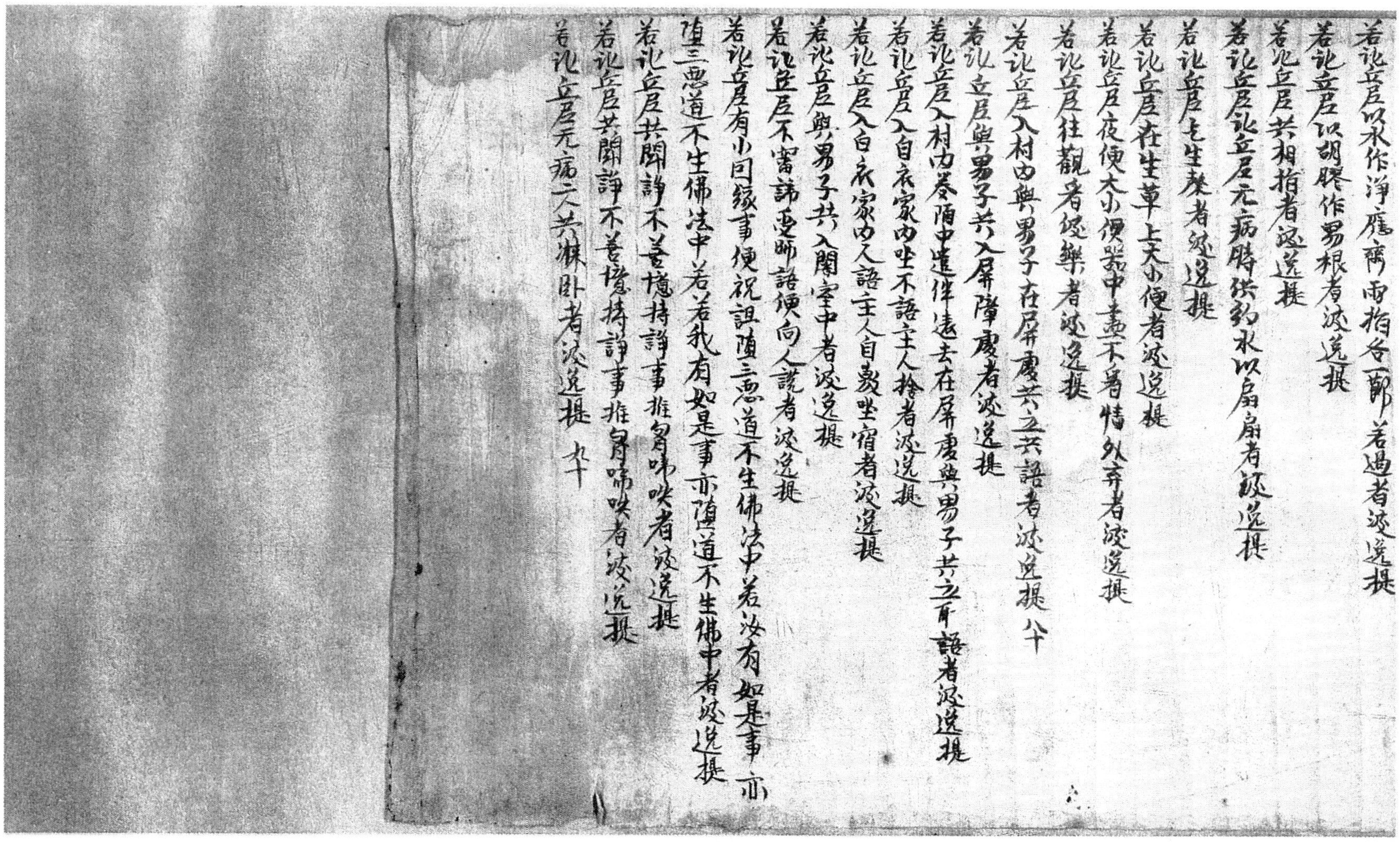

若比丘尼以水作淨應齊兩指各一節若過者波逸提
若比丘尼以胡膠作男根者波逸提
若比丘尼共相拍者波逸提
若比丘尼比丘尼无病時供給水以扇扇者波逸提
若比丘尼乞生穀者波逸提
若比丘尼在生草上大小便者波逸提
若比丘尼夜便大小便器中晝不看牆外棄者波逸提
若比丘尼往觀看伎樂者波逸提
若比丘尼入村內與男子在屏處共立共語者波逸提 八十
若比丘尼與男子共入屏障處者波逸提
若比丘尼入村內巷陌中遣伴遠去在屏處與男子共立耳語者波逸提
若比丘尼入白衣家內坐不語主人捨去者波逸提
若比丘尼入白衣家內不語主人自敷坐宿者波逸提
若比丘尼與男子共入闇室中者波逸提
若比丘尼不審諦受師語便向人說者波逸提
若比丘尼有小因緣事便呪詛墮三惡道不生佛法中若汝有如是事亦
墮三惡道不生佛法中若我有如是事亦墮惡道不生佛中者波逸提
若比丘尼共鬪諍不善憶持諍事推胸啼哭者波逸提
若比丘尼共鬪諍不善憶持諍事推胸啼哭者波逸提
若比丘尼无病二人共牀臥者波逸提 九十

BD08480 號　四分比丘尼戒本　（6–6）

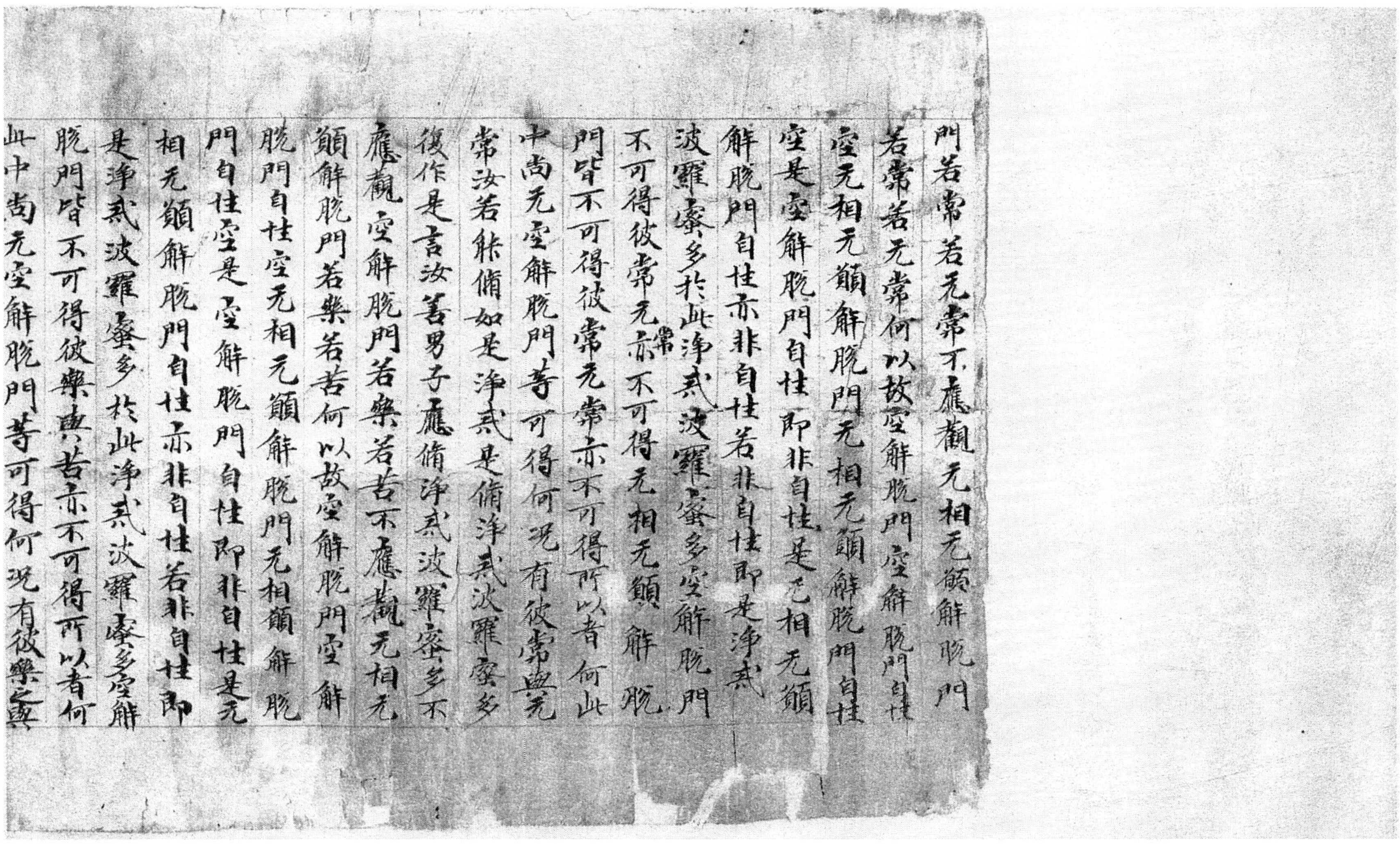

門若常若无常不應觀无相无願解脫門
若常若无常何以故空解脫門空解脫門自性
空无相无願解脫門无相无願解脫門自性
空是空解脫門自性即非自性是无相无願
解脫門自性亦非自性若非自性即是淨戒
波羅蜜多於此淨戒波羅蜜多空解脫門
不可得彼常无常亦不可得无相无願解脫
門皆不可得彼常无常亦不可得所以者何此
中尚无空解脫門等可得何況有彼常與无
常汝若能修如是淨戒是修淨戒波羅蜜多
復作是言汝善男子應修淨戒波羅蜜多不
應觀空解脫門若樂若苦不應觀无相无
願解脫門若樂若苦何以故空解脫門空解
脫門自性空无相无願解脫門无相无願解脫
門自性空是空解脫門自性即非自性是无
相无願解脫門自性亦非自性若非自性即
是淨戒波羅蜜多於此淨戒波羅蜜多空解
脫門皆不可得彼樂與苦亦不可得所以者何
此中尚无空解脫門等可得何況有彼樂與

BD08481 號　大般若波羅蜜多經（兌廢稿）卷一六一　（2–1）

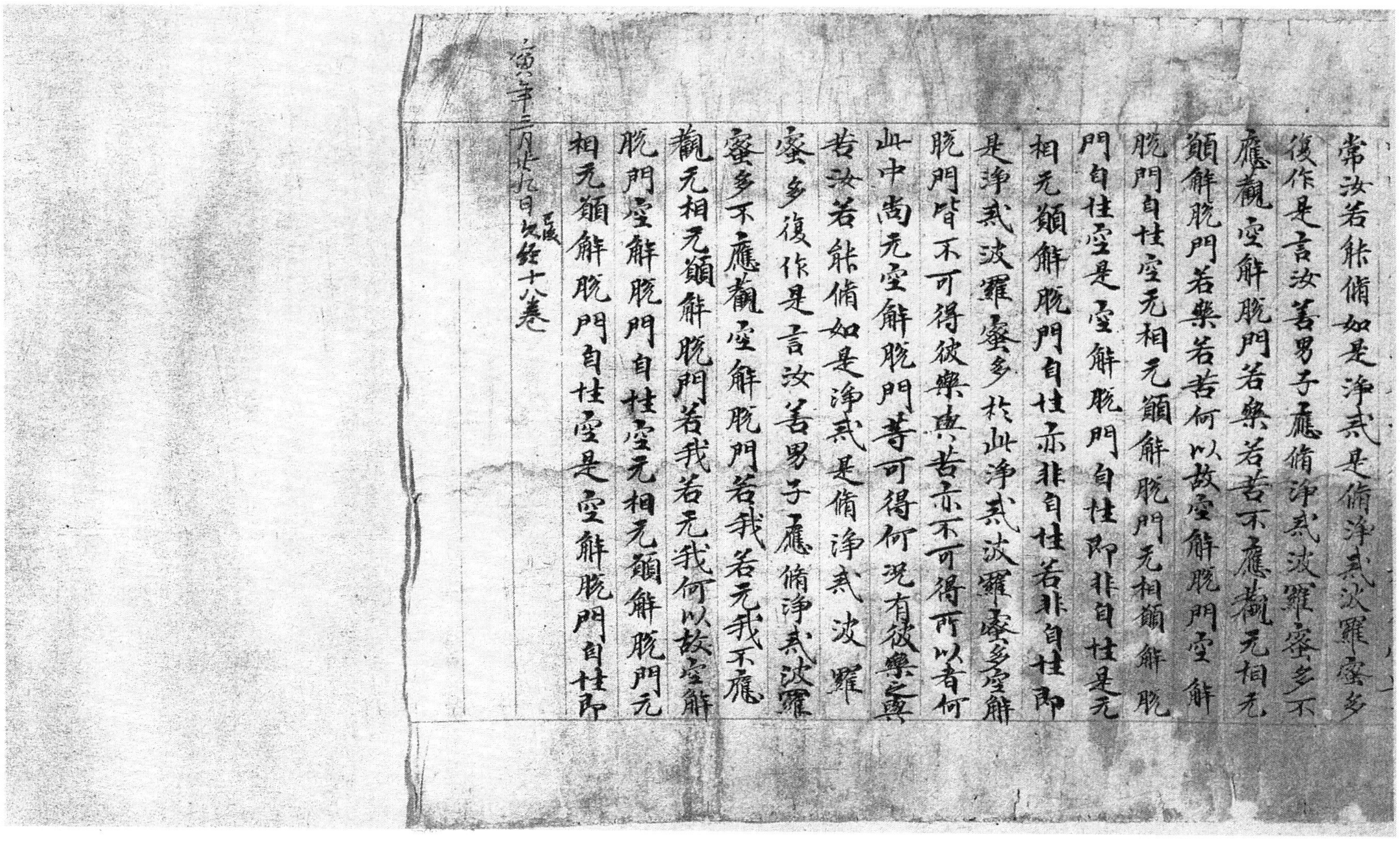

常汝若能脩如是淨戒是脩淨戒波羅蜜多
復作是言汝善男子應脩淨戒波羅蜜多不
應觀空解脫門若樂若苦不應觀无相无
願解脫門若樂若苦何以故空解脫門空
解脫門自性空无相无願解脫門无相願解脫
門自性空是空解脫門自性即非自性是无
相无願解脫門自性亦非自性若非自性即
是淨戒波羅蜜多於此淨戒波羅蜜多空解
脫門皆不可得彼樂與苦亦不可得所以者何
此中尚无空解脫門等可得何況有彼樂之與
苦汝若能脩如是淨戒是脩淨戒波羅
蜜多復作是言汝善男子應脩淨戒波羅
蜜多不應觀空解脫門若我若无我不應
觀无相无願解脫門若我若无我何以故空解
脫門空解脫門自性空无相无願解脫門无
相无願解脫門自性空是空解脫門自性即

寅年三月廿九日三藏收經十八卷

BD08481 號　大般若波羅蜜多經（兌廢稿）卷一六一　（2–2）

BD08481 號背　題記、雜寫　（1–1）

希顯可稱令韋提
一世尊是諸佛土雖復
今樂生極樂世界阿弥陁
願世尊教我思惟教我正受
尊即便微咲有五色光從佛口出一
頻婆娑羅頂尒時大王雖在幽閉心
眼〻鄣遙見世尊頭面作礼自然增進成
阿那含
尒時世尊告韋提希汝今知不阿弥陁佛去
此不遠汝當繫念諦觀彼國淨業成者我今
為汝廣說衆譬亦令未來世一切凡夫欲脩
淨業者得生西方極樂國土欲生彼國者當
脩三福一者孝養父母奉事師長慈者不煞
脩十善業二者受持三歸具足衆戒不犯威
儀三者發菩提心深信因果讀誦大乘勸進
行者如此三事名為淨業佛告韋提希汝今
知不此三種業過去未來現在三世諸佛淨
業正因

BD08482號　觀無量壽佛經　（3–1）

脩十善業二者受持三歸具足衆戒不犯威
儀三者發菩提心深信因果讀誦大乘勸進
行者如此三事名為淨業佛告韋提希汝今
知不此三種業過去未來現在三世諸佛淨
業正因
佛告阿難及韋提希諦聽諦聽善思念之如
來今者為未來世一切衆生為煩惱賊之所害
者說清淨業善哉韋提希快問此事阿難
汝當受持廣為多衆宣說佛語如來今者教
韋提希及未來世一切衆生觀於西方極樂
世界以佛力故當得見彼清淨國土如執明
鏡自見面像見彼國土極妙樂事心歡喜故
應時即得无生法忍
佛告韋提希汝是凡夫心想羸劣未得天
眼不能遠觀諸佛如來有異方便令汝得見
時韋提希白佛言世尊如我今者以佛力故
見彼國土若佛滅後諸衆生等濁惡不善五
苦所逼云何當見阿弥陁佛極樂世界佛告韋
提希汝及衆生應當專心繫念一處想於西
方云何作想凡作想者一切衆生自非生盲
有目之徒皆見日沒當起想念正坐西向諦
觀於日令心堅住專想不移見日欲沒狀如
懸鼓既見日已閉目開目皆令明了是為日
想名曰初觀
次作水想見水澄清亦令明了无分散意既
見水已當起氷想見氷映徹作瑠璃想此想

BD08482號　觀無量壽佛經　（3–2）

有日之後皆見日沒當起想念正坐西向諦
觀於日令心堅住專想不移見日欲沒狀如
懸鼓既見日已閉目開目皆令明了是為日
想名曰初觀
次作水想見水澄清亦令明了無分散意既
見水已當起冰想見冰映徹作瑠璃想此想
成已見瑠璃地內外映徹下有金剛七寶金
幢擎瑠璃地其幢八方八楞具足一一方面百
寶所成一一寶珠有千光明一一光明八萬四千
色映瑠璃地如億千日不可具見瑠璃地上
以黃金繩雜廁間錯以七寶界分齊分明
一一寶中有五百色光其光如華又似星月
懸處虛空成光明臺樓閣千萬百寶合成
於臺兩邊各有百億華幢無量樂器以為
莊嚴八種清風從光明出鼓此樂器演說
苦空無常無我之音是為水想名第二觀
此想成時一一觀之極令了了閉目開目不令
散失唯除食時恒憶此事如此想者名為
粗見極樂國地若得三昧見彼國地了了分
明不可具說是為地想名第三觀
佛告阿難汝持佛語為未來世一切大眾欲
脫苦者說是觀地法若觀是地者除八十億
劫生死之罪捨身他世必生

BD08482 號　觀無量壽佛經　（3–3）

四分尼戒本

稽首禮諸佛　及法比丘僧　今演毗尼法　令正法久住
戒如海無涯　如寶求無厭　欲護聖法財　眾集聽我說
欲除八棄法　及滅僧殘法　障三十捨墮　眾集聽我說
毗婆尸式棄　毗舍俱樓孫　拘那含牟尼　迦葉釋迦文
諸世尊大德　為我說是事　我今欲善說　諸賢咸共聽
譬如人毀足　不堪有所涉　毀戒亦如是　不得生天人
欲得生天上　若生人間者　常當護戒足　勿令不毀損
如御入險道　失轄折軸憂　毀戒亦如是　死時懷恐懼
如人自照鏡　好醜生欣戚　說戒亦如是　全毀生憂喜
如兩陣共戰　勇怯有進退　說戒亦如是　淨穢生安畏
世間王為最　眾流海為最　眾星月為最　眾聖佛為最
一切眾律中　戒經為上最　如來立禁戒　半月半月說
和合僧集會　未受具戒者出　不來諸比丘說欲及

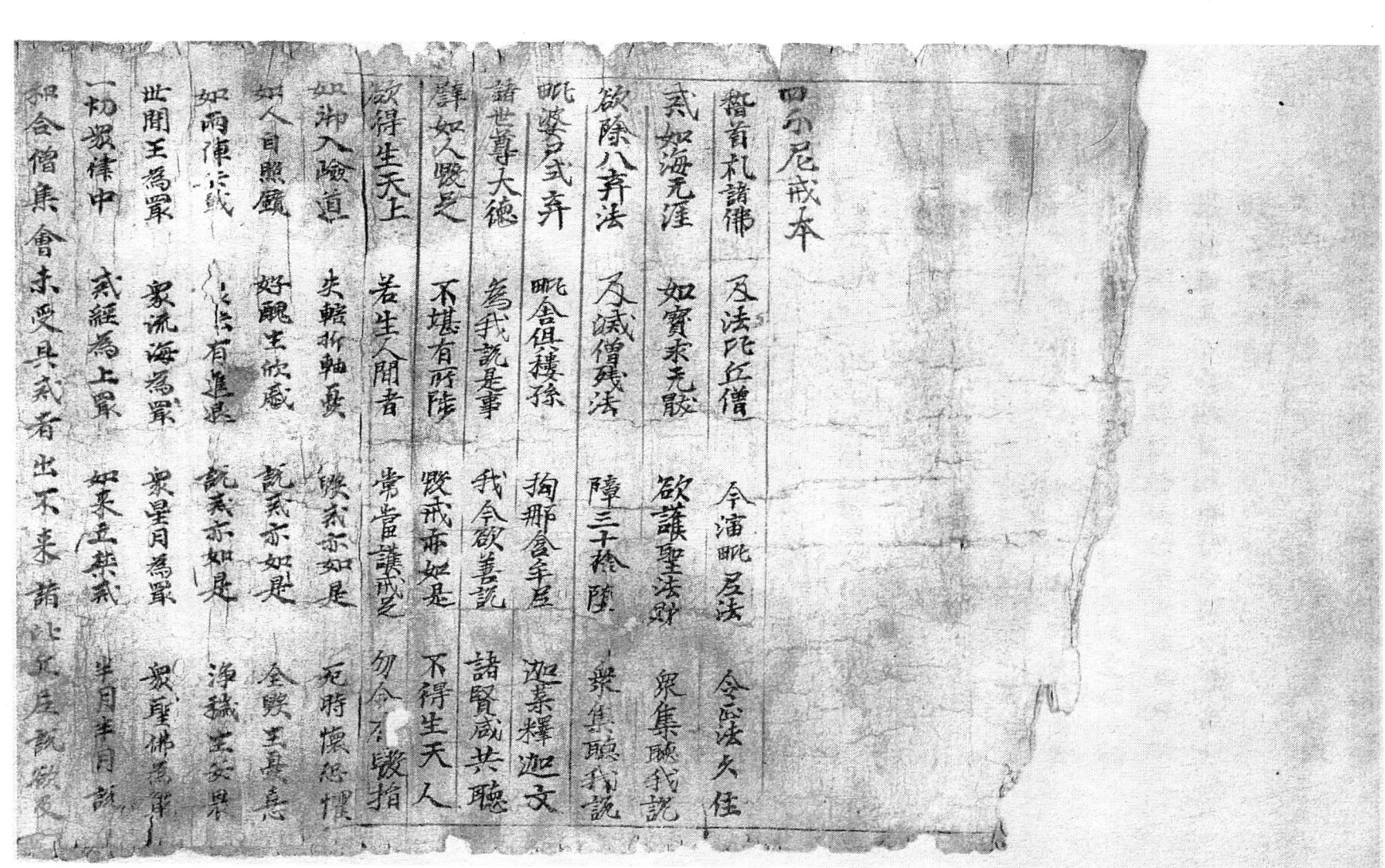

BD08483 號　四分比丘尼戒本（異本）　（2–1）

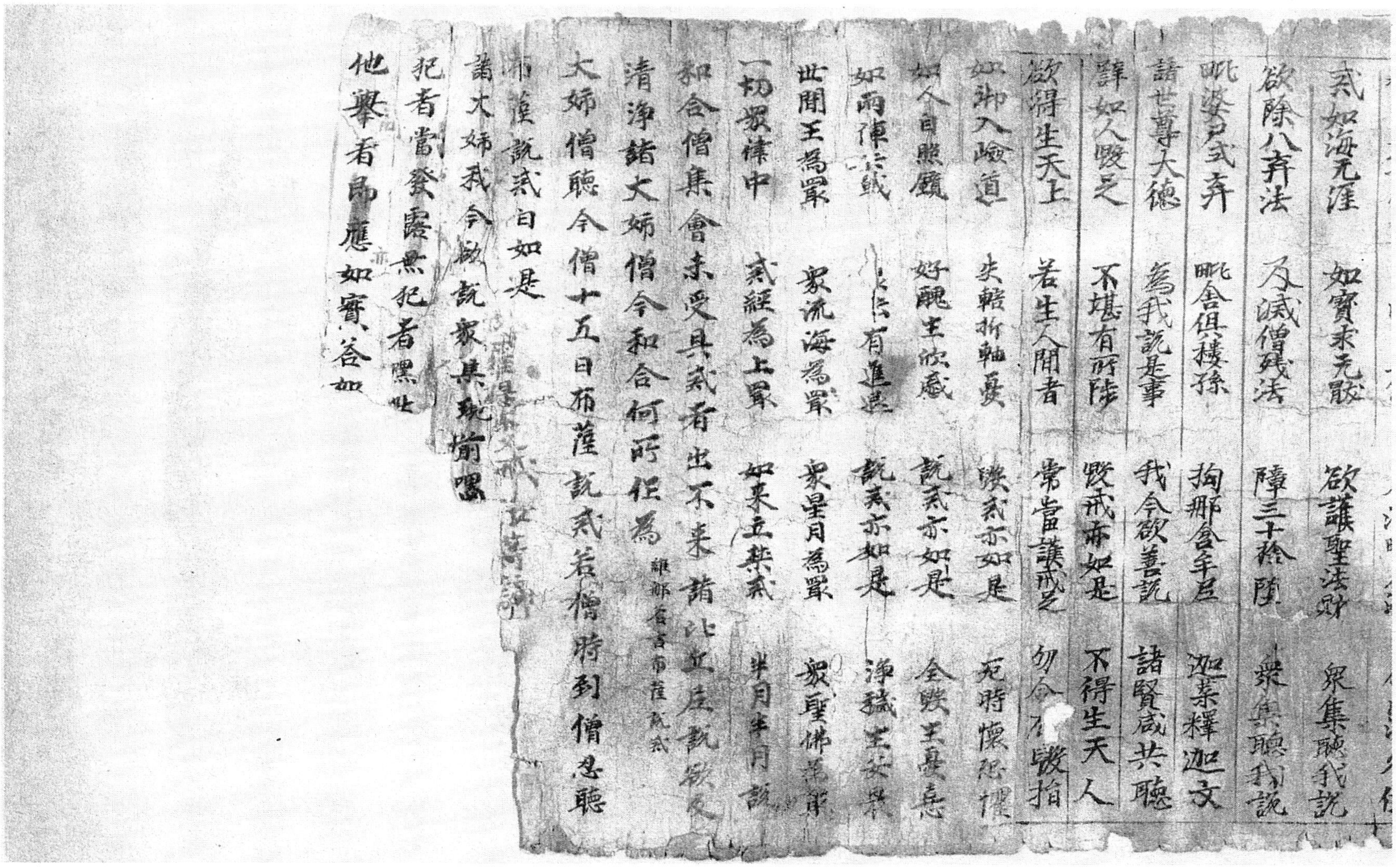

戒如海无涯　如寶求无厭　欲護聖法財　衆集聽我說
欲除八弃法　及滅僧殘法　障三十捨墮　衆集聽我說
毗婆尸式弃　毗舍俱樓孫　拘那含牟尼　迦葉釋迦文
諸世尊大德　爲我說是事　我今欲善說　諸賢咸共聽
譬如人毀足　不堪有所陟　毀戒亦如是　不得生天人
欲得生天上　若生人間者　常當護戒足　勿令有毀損
如御入險道　失轄折軸憂　毀戒亦如是　死時懷恐懼
如人自照鏡　好醜生欣慼　說戒亦如是　全毀生憂喜
如兩陣共戰　勇怯有進退　說戒亦如是　淨穢生安畏
世間王爲最　衆流海爲最　衆星月爲最　衆聖佛爲最
一切衆律中　戒經爲上最　如來立禁戒　半月半月說
和合僧集會未受具戒者出不來諸比丘尼說欲及
清淨諸大姊僧今和合何所作爲 維那答言布薩說戒
大姊僧聽今僧十五日布薩說戒若僧時到僧忍聽
布薩說戒白如是
諸大姊我今欲說衆具現前嘿
犯者當發露無犯者嘿然
他舉者當應如實答如

BD08483 號　四分比丘尼戒本（異本）　（2–2）

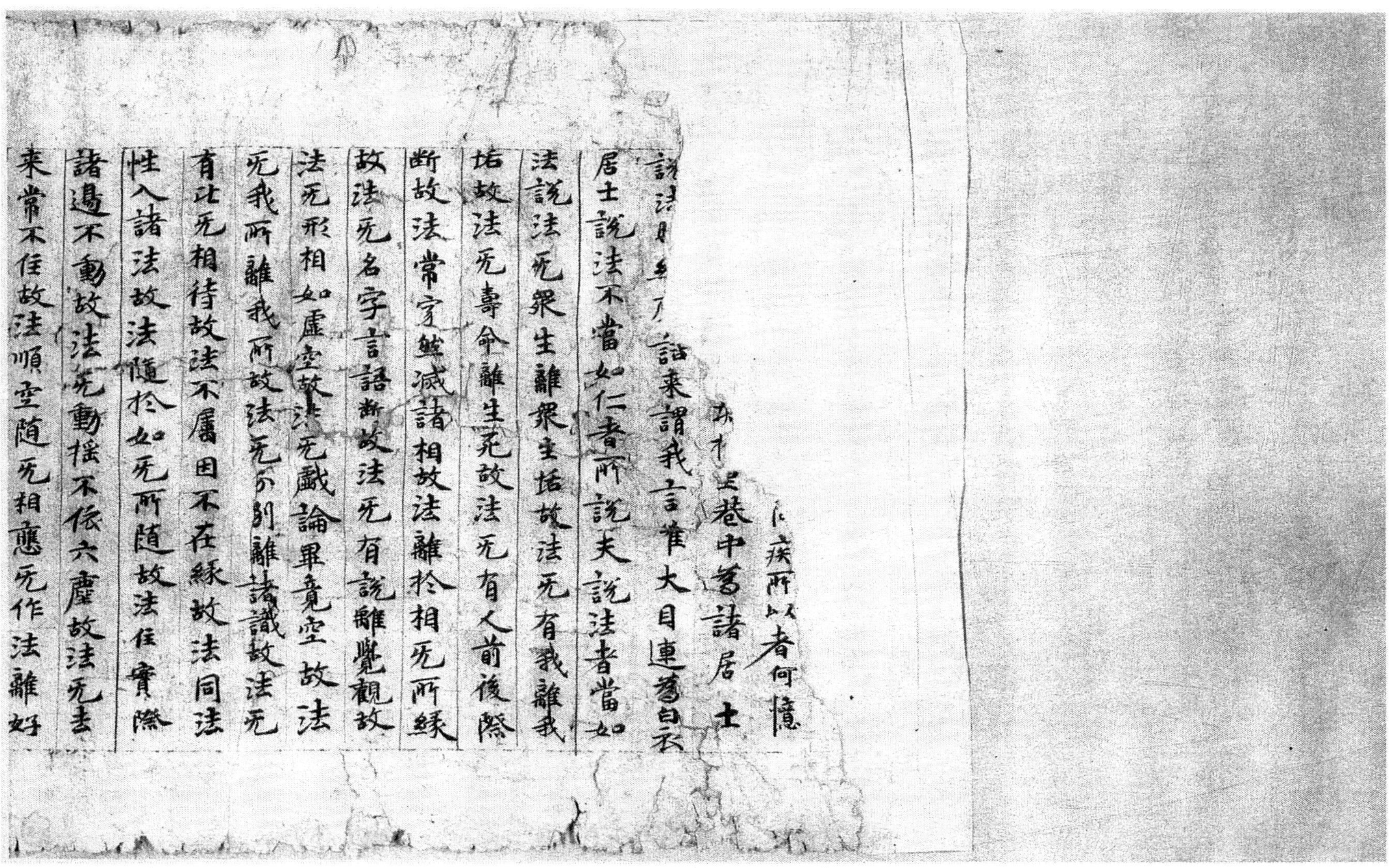

疾所以者何憶
巷中爲諸居士
說法時維摩詰來謂我言唯大目連爲白衣
居士說法不當如仁者所說夫說法者當如
法說法无衆生離衆生垢故法无有我離我
垢故法无壽命離生死故法无有人前後際
斷故法常寂然滅諸相故法離於相无所緣
故法无名字言語斷故法无有說離覺觀故
法无形相如虛空故法无戲論畢竟空故法
无我所離我所故法无分別離諸識故法无
有比无相待故法不屬因不在緣故法同法
性入諸法故法隨於如无所隨故法住實際
諸邊不動故法无動搖不依六塵故法无去
來常不住故法順空隨无相應无作法離好

BD08484 號　維摩詰所說經卷上　（4–1）

有比无相待故法不屬因不在緣故法同法
性入諸法故法隨於如无所隨故法住實際
諸邊不動故法无動搖不依六塵故法无去
来常不住故法順空隨无相應无作法離好
醜法无增損法无生滅法无所歸法過眼耳
鼻舌身心法无高下法常住不動法離一切
觀行唯大目連法相如是豈可說乎夫說法
者无說无示其聽法者无聞无得譬如幻士
為幻人說法當建是意而為說法當了衆生
根有利鈍善於知見无所罣閡以大悲心讚
于大乘念報佛恩不斷三寶然後說法維摩
詰說是法時八百居士發阿耨多羅三藐三
菩提心我无此辯是故不任詣彼問疾
佛告大迦葉汝行詣維摩詰問疾迦葉白佛
言世尊我不堪任詣彼問疾所以者何憶念
我昔於貧里而行乞食時維摩詰来謂我言
唯大迦葉有慈悲心而不能普捨豪富從貧
乞迦葉住平等法應次行乞食為不食故應
行乞食為懷和合相故應取揣食為不受故
應受彼食以空聚想入於聚落所見色與盲
等所聞聲與響等所嗅香與風等所食味不
分別受諸觸如智證知諸法如幻相无自性
无他性本自不燃今則无滅迦葉若能不捨

BD08484 號　維摩詰所説經卷上　（4–2）

應受彼食以空聚想入於聚落所見色與盲
等所聞聲與響等所嗅香與風等所食味不
分別受諸觸如智證知諸法如幻相无自性
无他性本自不燃今則无滅迦葉若能不捨
八邪入八解脫以邪相入正法以一食施一
切供養諸佛及衆賢聖然後可食如是食者
非有煩惱非離煩惱非入定意非起定意非
住世間非住涅槃其有施者无大福无小福
不為益不為損是為正入佛道不依聲聞迦
葉若如是食為不空食人之施時我世尊
聞說是語得未曾有即於一切菩薩深起敬
心復作是念斯有家名辯才智慧乃能如是
其誰不發阿耨多羅三藐三菩提心我從是
来不復勸人以聲聞辟支佛行是故不任詣
彼問疾
佛告須菩提汝行詣維摩詰問疾須菩提白
佛言世尊我不堪任詣彼問疾所以者何憶
念我昔入其舍從乞食時維摩詰取我鉢盛
滿飯謂我言唯須菩提若能於食等者諸法
亦等諸法等者於食亦等如是行乞乃可取
食若須菩提不斷婬怒癡亦不與俱不壞於
身而隨一相不滅癡愛起於明脫以五逆相
而得解脫亦不縛不解不見四諦非不見諦
非得果非不得果非凡夫非離凡夫法非聖

BD08484 號　維摩詰所説經卷上　（4–3）

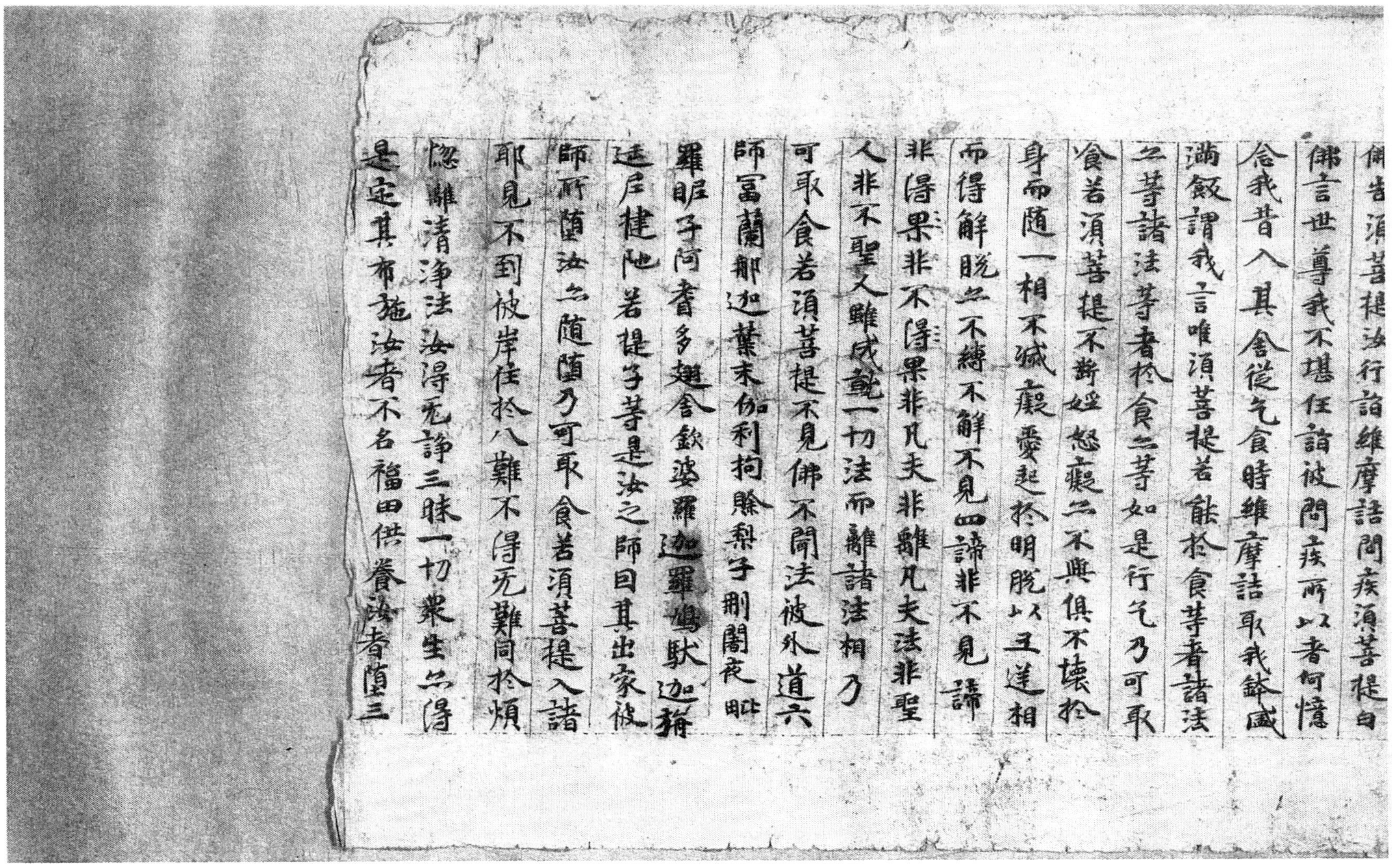
佛告須菩提汝行詣維摩詰問疾須菩提白
佛言世尊我不堪任詣彼問疾所以者何憶
念我昔入其舍從乞食時維摩詰取我鉢盛
滿飯謂我言唯須菩提若能於食等者諸法
亦等諸法等者於食亦等如是行乞乃可取
食若須菩提不斷婬怒癡亦不與俱不壞於
身而隨一相不滅癡愛起於明脫以五逆相
而得解脫亦不縛不解不見四諦非不見諦
非得果非不得果非凡夫非離凡夫法非聖
人非不聖人雖成就一切法而離諸法相乃
可取食若須菩提不見佛不聞法彼外道六
師富蘭那迦葉末伽利拘賒梨子刪闍夜毗
羅胝子阿耆多翅舍欽婆羅迦羅鳩馱迦旃
延尼揵陀若提子等是汝之師因其出家彼
師所墮汝亦隨墮乃可取食若須菩提入諸
邪見不到彼岸住於八難不得无難同於煩
惱離清淨法汝得无諍三昧一切眾生亦得
是定其布施汝者不名福田供養汝者墮三

BD08484 號　維摩詰所説經卷上　（4–4）

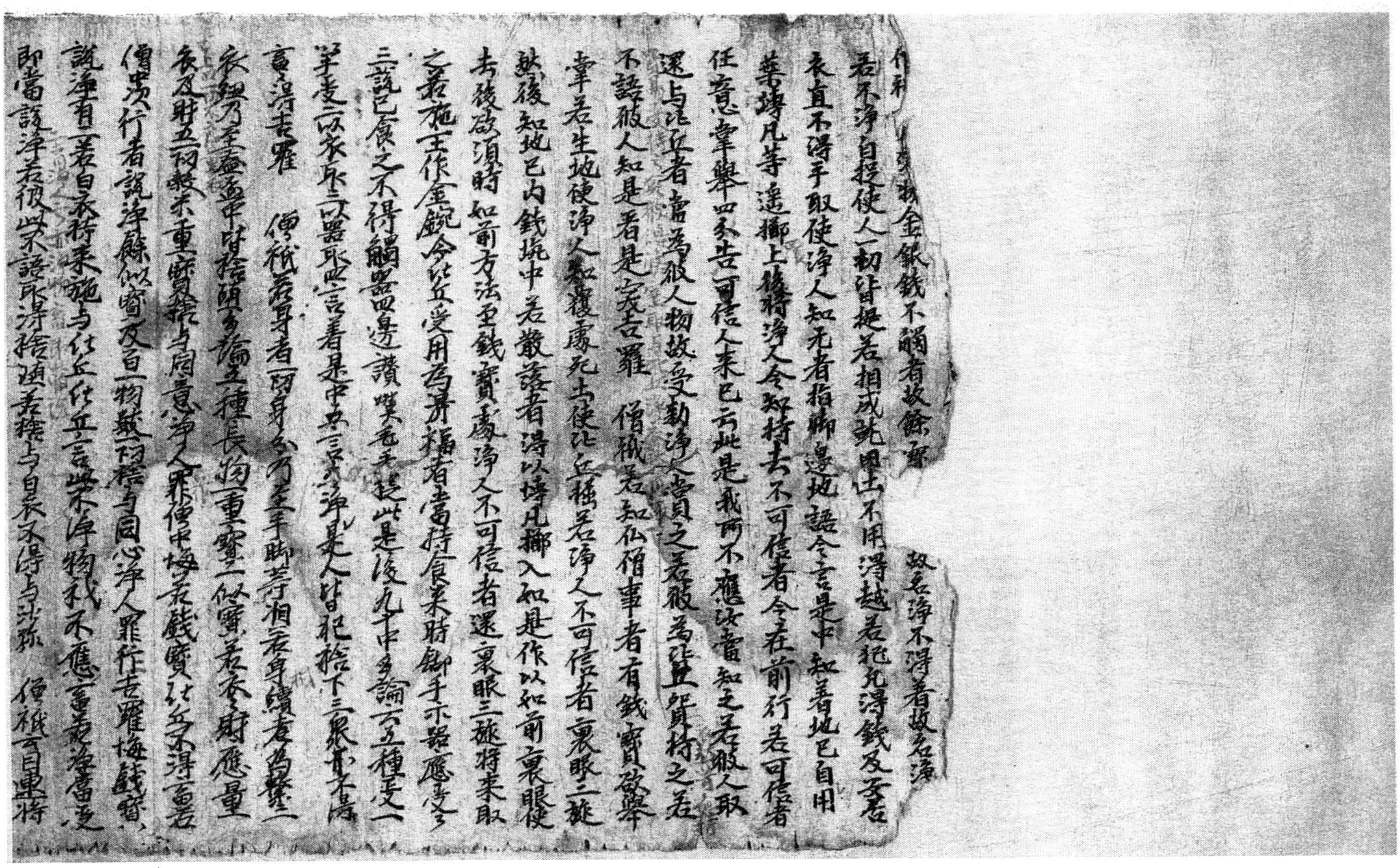

BD08485 號　四分律删繁補闕行事鈔卷中　（2–1）

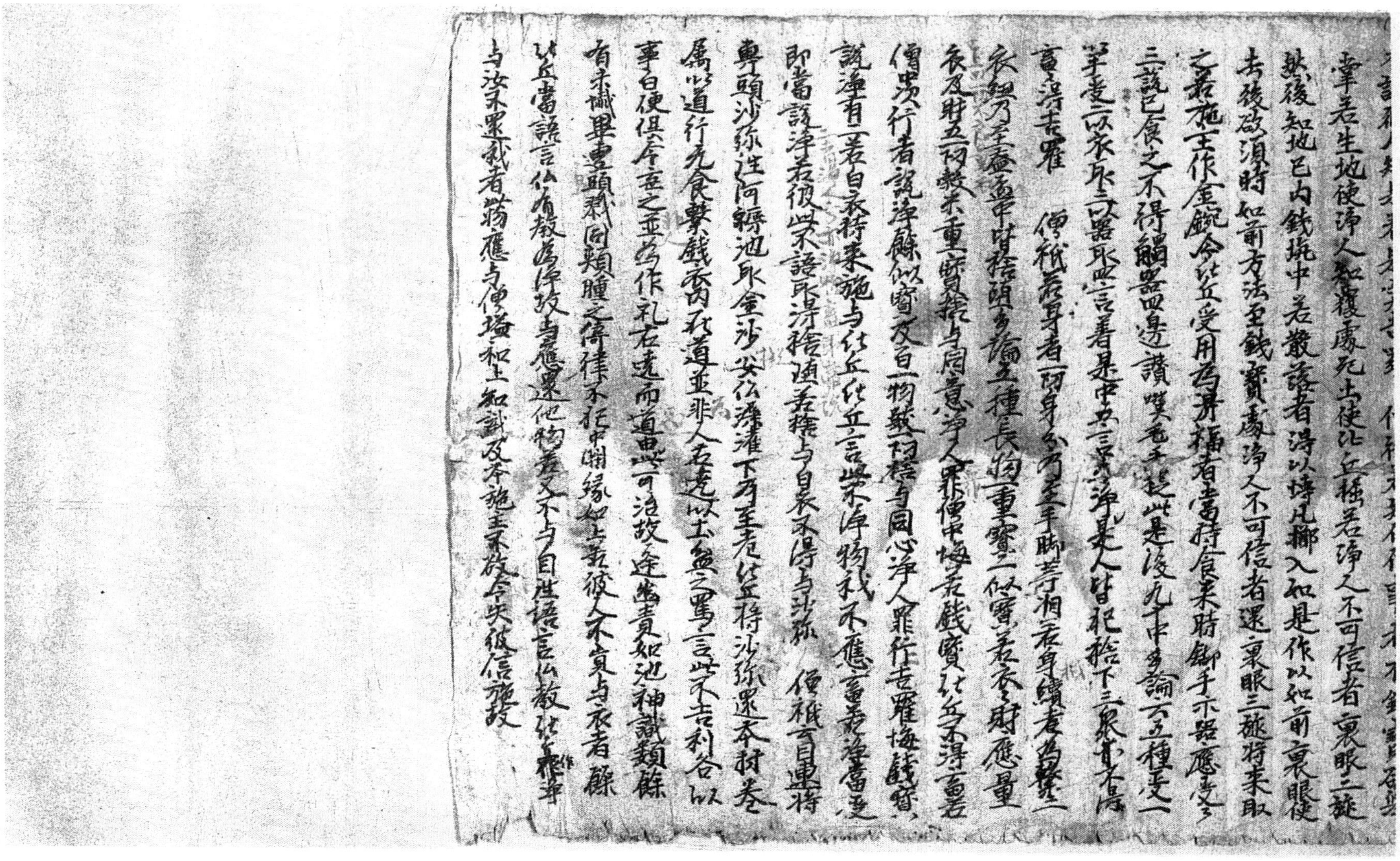
掌若生地使淨人知覆處死土使比丘種若淨人不可信者東眼二旋
然後知地已内錢坑中若散落者淨以埽凡聚入如是作以知前東眼使
去後啟須時知前方法至錢寶處淨人不可信者還東眼三旋將來取
之若施主作塗飯令比丘受用為界福者當持食來時御手不器應受之
三說已食之不得觸器四邊讚嘆竟是此是後九中多論有五種受一
手受二以衣承三以器承四言著某甲五言淨是人皆犯捨下三衆亦不得
畜淨去罷　僧祇若身有一切身分有手腳等相衣身纜者為受一
衣紐乃至齒中皆捨頭多論五種長物重寶二似寶若衣財應量
衣及財五下數米重二宿貿捨与同意淨人非僧中悔若錢寶比丘不得畜若
僧中行者說淨蘇似寶及白物數下捨与同心淨人罪行吉羅悔錢寶
說淨有二若白衣持來施与比丘比丘言此不淨物我不應畜若淨當受
即當說淨若彼此不語取淨捨随意種与白衣不得与沙弥　僧祇有自連將
專頭沙弥往河縛泄取金沙安仏塔灌下乃至老比丘持沙弥還本封卷
屬以道行充食賈錢衣内於道並非人去者以土魚之罵言此不吉利各以
事白使俱令去之並為作礼右遶而道由此可治故逢當責如池神識類蘇
有未識畢豊頭我同類腫之傍律不往中謝緣如上若彼人不貪与衣者蘇
比丘當語言仏有教為淨故与應還他物若人不与自往語言仏教比丘作非
与汝我衆我者物應与僧塔和上知識及本施主不放令失彼信施故

BD08485號　四分律刪繁補闕行事鈔卷中　（2–2）

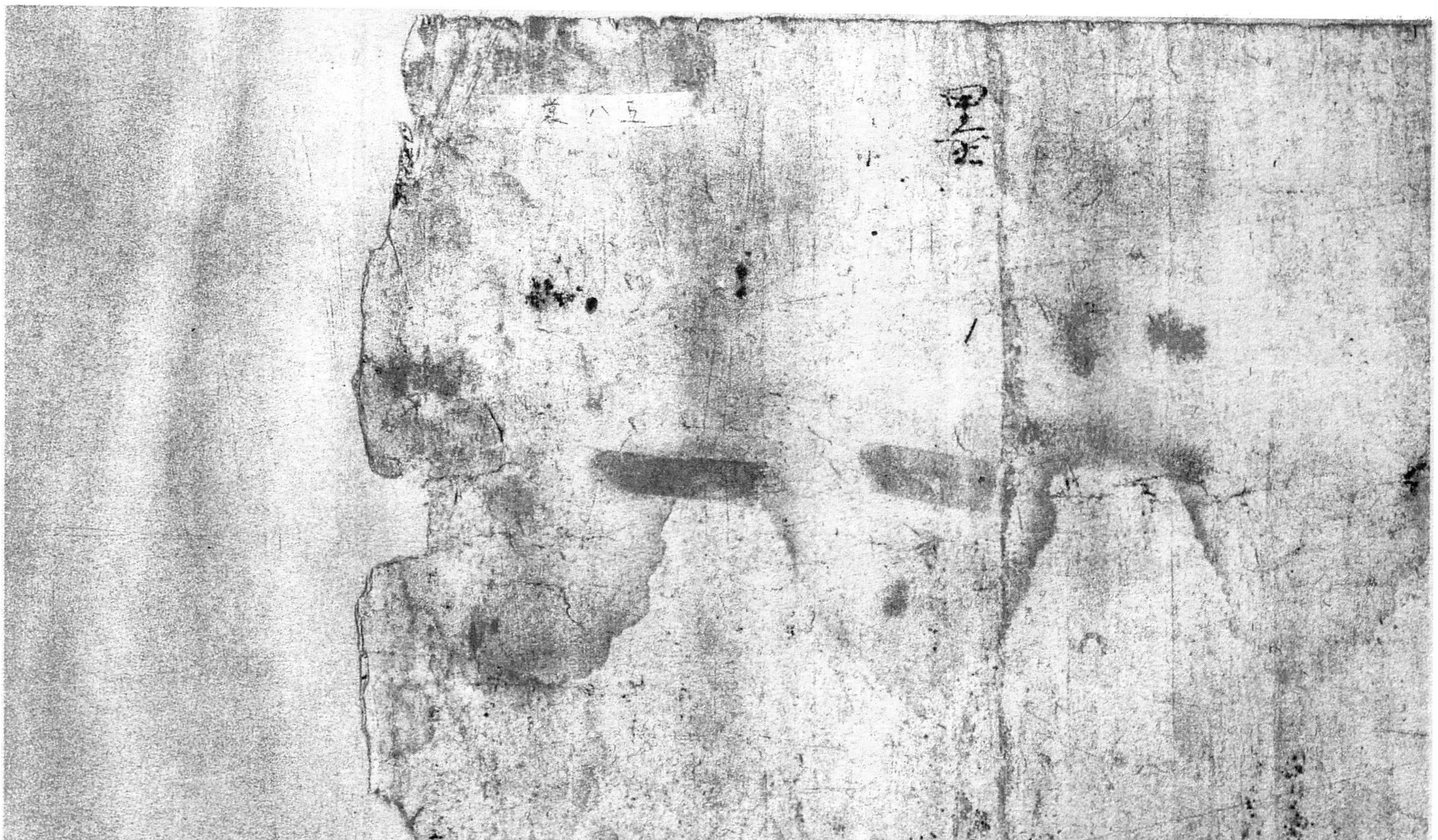

BD08485號背　雜寫　（1–1）

[illegible]
得無礙身遍
何以故遍如一
[illegible]菩薩白佛言世尊
差別耶佛言身無差
[illegible]菩薩白佛言世尊云
[illegible]異佛言身名無異何以
[illegible]功德相各有差別云何身
[illegible]功德相佛言善男子我今為汝說喻
[illegible]此義譬如摩尼珠皆同名摩尼此珠名
雖是一若瑩磨治飾光則明顯心意悅樂譬
如來身不瑩治者猶如菩薩身如來身摩尼
寶菩薩身摩尼寶如寶無異然如來摩尼寶
菩薩摩尼寶然其光明色相各異何以故如
來身摩尼寶無量滿足衆生界滿虛空界清
淨離一切塵垢菩薩身摩尼寶有限不能滿
虛空界何以故有垢穢故善男子譬如月初

BD08486 號　寶雲經卷四　（3–1）

菩薩摩尼寶然其光明色相各異何以故如
來身摩尼寶無量滿足衆生界滿虛空界清
淨離一切塵垢菩薩身摩尼寶有限不能滿
虛空界何以故有垢穢故善男子譬如月初
至十五日名盛滿月後十五日亦名為月乃
至月盡皆名為月月雖名同而明不如十五
日月盛然月法尒而如來身菩薩之身俱名
為月如月名同如寶亦同然光明照曜菩薩
如來而各不同菩薩之身光明照曜不及如
來其光熾盛譬如月末時月月初之月不可
相比善男子以是故如來身菩薩身二身雖
同功德有別
善男子菩薩復有十法名金剛不壞身何等
為十貪欲瞋恚愚癡不能壞惱害憍慢著我
自恃見顛倒不能壞世八法不能壞惡道不
能壞一切苦不能壞生老病死憂悲苦惱不
能壞一切外道異見不能壞一切魔天及魔
眷屬不能壞一切聲聞辟支佛不能壞一切
欲界不能壞善男子具此十事是名菩薩金
剛不壞身
善男子菩薩復有十法名大商主何等為十
能使商人隨順言教能使商人供養恭敬能
作引導不畏諸難能為衆人作依憑處能令
人依常得活命豐饒資粮多諸珎寶心無上
足常為前導得至一切種智大城善男子云
何名菩薩能使商人隨順言教譬如商主善

BD08486 號　寶雲經卷四　（3–2）

眷屬不能壞一切聲聞辟支佛不能壞一切
欲界不能壞善男子具此十事是名菩薩金
剛不壞身
善男子菩薩復有十法名大商主何等為十
能使商人隨順言教能使商人供養恭敬能
作引導不畏諸難能為衆人作依憑處能令
人依常得活命豐饒資粮多諸珎寶心無上
足常為前導得至一切種智大城善男子云
何名菩薩能使商人隨順言教譬如商主善
導衆商若有所說皆悉隨從菩薩亦尒善化
衆生能令一切悉皆隨順譬如商主為諸商
人恭敬供養菩薩商主亦復如是學無學人
天龍鬼神乾闥婆阿脩羅迦樓羅人非人等
亦皆悉來恭敬供養譬如商主善於曠野賊
難之處能令衆伴安隱得過菩薩商主亦復
如是於生死曠野煩惱賊處能將諸人安隱
得過譬如商主能將諸人出於曠野令濟身
命菩薩亦復如是令諸外道鉢羅婆殖尼乾
陁等於生死曠野將導使出濟其軀命或有
王者大惡官屬及餘衆生樂生死者亦依菩

BD08486 號　寶雲經卷四　（3–3）

趣十長養十
一切皆墮三惡道
父母三寶名字以是不應
等一切諸菩薩今學當學已學是
十戒應當學敬心奉持八万威儀品當廣明
佛告諸菩薩言已說十波羅提木叉竟四十
八輕今當說
若佛子欲受國王位時受轉輪王位時百官
受位時應先受菩薩戒一切鬼神救護王身
百官之身諸佛歡喜既得戒已生孝順心恭
敬心見上坐和上阿闍梨大同學同見同行者
而菩薩反生憍心癡心慢心不起承迎礼拜一
一不如法供養以自賣身國城男女七寶百
物而供給之若不尒者犯輕垢罪
若佛子故飲酒而生酒醉過失无量若自身
手過酒器與人飲酒者五百世无手何况自

BD08487 號　梵網經盧舍那佛說菩薩心地戒品第十卷下　（2–1）

敬心見上坐和上阿闍梨大同學同見同行者
而菩薩反生憍心癡心慢心不起承迎礼拜一
一不如法供養以自賣身國城男女七寶百
物而供給之若不尒者犯輕垢罪
若佛子故飲酒而生酒醉過失无量若自身
手過酒器與人飲酒者五百世无手何況自
飲不得教一切人飲及一切衆生飲酒況自
飲酒若故自飲教人飲犯輕垢罪
若佛子故食肉一切肉不得食斷大慈悲性
種子一切衆生見而捨去故一切菩薩不得
食一切衆生肉食肉得无量罪若故食者犯
輕垢罪
若佛子不得食五辛大蒜革葱慈葱蘭葱興
渠是五種一切食中不得食若故食者犯輕垢罪
若佛子一切衆生犯八戒五戒十戒毀禁七逆
八難一切犯戒罪應教懺悔而菩薩不教懺悔
同住同僧利養而共布薩同一衆住說戒而
不舉其罪不教悔過者犯輕垢罪

BD08487號　梵網經盧舍那佛說菩薩心地戒品第十卷下　（2–2）

大般若波羅蜜多經卷第二百五
初分難信解品第卅四之廿四　三藏法師玄奘奉　詔譯
復次善現般若波羅蜜多清淨故色清淨色
清淨故一切智智清淨何以故若般若波羅
蜜多清淨若色清淨若一切智智清淨无二
无二分无別无斷故般若波羅蜜多清淨故
受想行識清淨受想行識清淨故一切智智
清淨何以故若般若波羅蜜多清淨若受想
行識清淨若一切智智清淨无二无二分无別
无斷故善現般若波羅蜜多清淨故眼處清
淨眼處清淨故一切智智清淨何以故若
般若波羅蜜多清淨若眼處清淨若一切智
智清淨无二无二分无別无斷故般若波羅蜜
多清淨故耳鼻舌身意處清淨耳鼻舌身
意處清淨故一切智智清淨何以故若般若
波羅蜜多清淨若耳鼻舌身意處清淨若一
切智智清淨无二无二分无別无斷故善現

BD08488號　大般若波羅蜜多經卷二〇五　（3–1）

般若波羅蜜多清淨若眼處清淨若一切智
智清淨无二无二分无別无斷故般若波羅蜜
多清淨故耳鼻舌身意處清淨耳鼻舌身
意處清淨故一切智智清淨何以故若般若
波羅蜜多清淨若耳鼻舌身意處清淨若一
切智智清淨无二无二分无別无斷故善現
般若波羅蜜多清淨故色處清淨色處清淨
故一切智智清淨何以故若般若波羅蜜多
清淨若色處清淨若一切智智清淨无二无
二分无別无斷故般若波羅蜜多清淨故聲
香味觸法處清淨聲香味觸法處清淨故一
切智智清淨何以故若般若波羅蜜多清淨
若聲香味觸法處清淨若一切智智清淨无
二无二分无別无斷故善現般若波羅蜜多
清淨故眼界清淨眼界清淨故一切智智清
淨何以故若般若波羅蜜多清淨若眼界清
淨若一切智智清淨无二无二分无別无斷
故般若波羅蜜多清淨故色界眼識界及眼
觸眼觸為緣所生諸受清淨色界乃至眼觸
為緣所生諸受清淨故一切智智清淨何以
故若般若波羅蜜多清淨若色界乃至眼觸
為緣所生諸受清淨若一切智智清淨
无二无二分无別无斷故善現般若波羅蜜多
清淨故耳界清淨耳界清淨故一切智智清淨
何以故若般若波羅蜜多清淨若耳界清淨
若一切智智清淨无二无二分无別无斷故
般若波羅蜜多清淨故聲界耳識界及耳觸

BD08488號　大般若波羅蜜多經卷二〇五　（3–2）

清淨故耳界清淨耳界清淨故一切智智清淨
何以故若般若波羅蜜多清淨若耳界清淨
若一切智智清淨无二无二分无別无斷故
般若波羅蜜多清淨故聲界耳識界及耳觸
耳觸為緣所生諸受清淨聲界乃至耳觸
為緣所生諸受清淨故一切智智清淨何以故
若般若波羅蜜多清淨若聲界乃至耳觸為
緣所生諸受清淨若一切智智清淨无二无
二无分別无斷故善現般若波羅蜜多清淨故
鼻界清淨鼻界清淨故一切智智清淨何
以故若般若波羅蜜多清淨若鼻界清淨若
一切智智清淨无二无二分无別无斷故般
若波羅蜜多清淨故香界鼻識界及鼻觸鼻
觸為緣所生諸受清淨香界乃至鼻觸為緣
所生諸受清淨故一切智智清淨何以故若
般若波羅蜜多清淨若香界乃至鼻觸為緣
所生諸受清淨若一切智智清淨无二无二
分无別无斷故善現般若波羅蜜多清淨故
舌界清淨舌界清淨故一切智智清淨何以
故若般若波羅蜜多清淨若舌界清淨若一

BD08488號　大般若波羅蜜多經卷二〇五　（3–3）

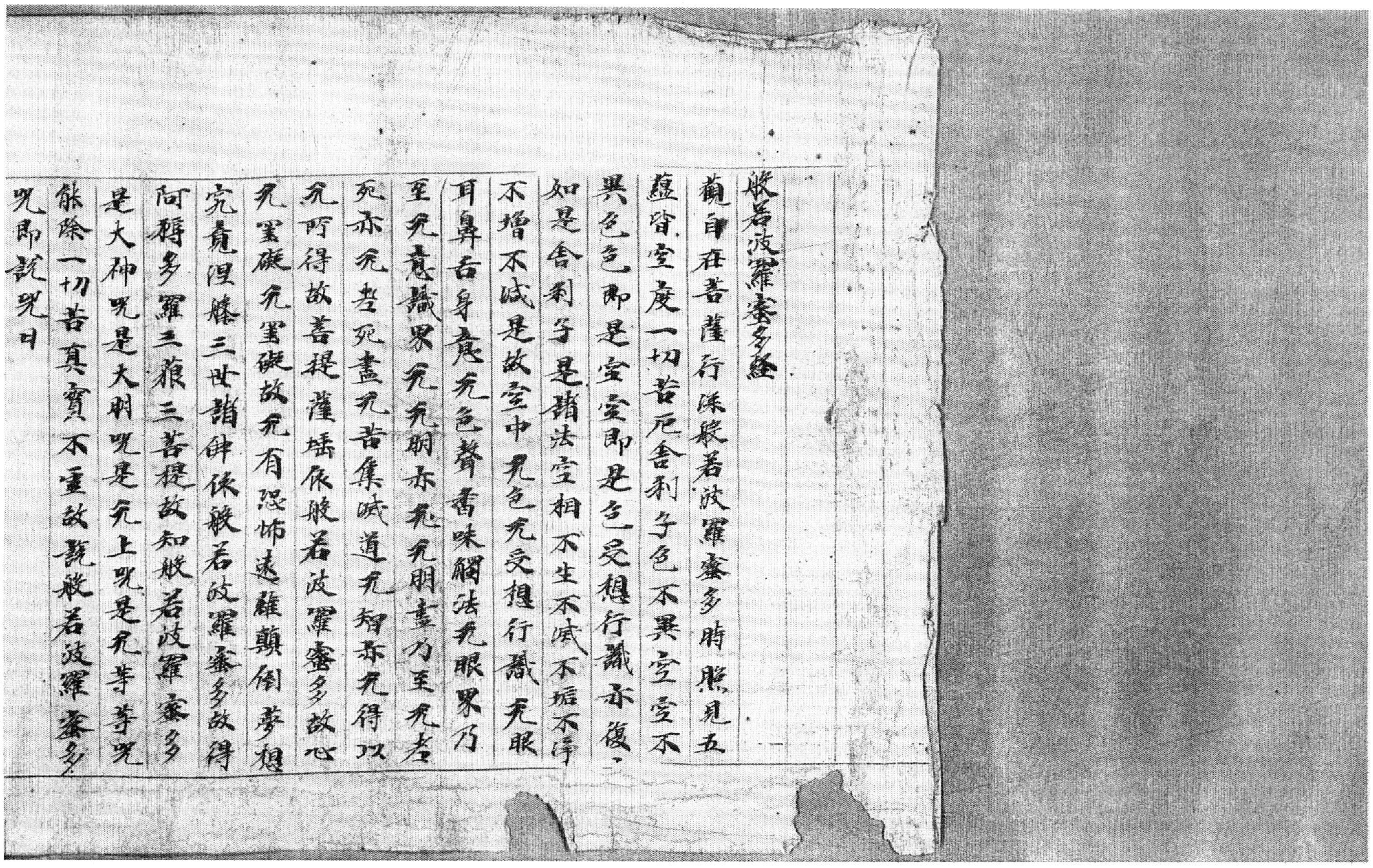

般若波羅蜜多經
觀自在菩薩行深般若波羅蜜多時照見五
蘊皆空度一切苦厄舍利子色不異空空不
異色色即是空空即是色受想行識亦復〻〻
如是舍利子是諸法空相不生不滅不垢不淨
不增不減是故空中无色无受想行識无眼
耳鼻舌身意无色聲香味觸法无眼界乃
至无意識界无无明亦无无明盡乃至无老
死亦无老死盡无苦集滅道无智亦无得以
无所得故菩提薩埵依般若波羅蜜多故心
无罣礙无罣礙故无有恐怖遠離顛倒夢想
究竟涅槃三世諸佛依般若波羅蜜多故得
阿耨多羅三藐三菩提故知般若波羅蜜多
是大神呪是大明呪是无上呪是无等等呪
能除一切苦真實不虛故說般若波羅蜜多
呪即說呪曰

BD08489 號　般若波羅蜜多心經　（2–1）

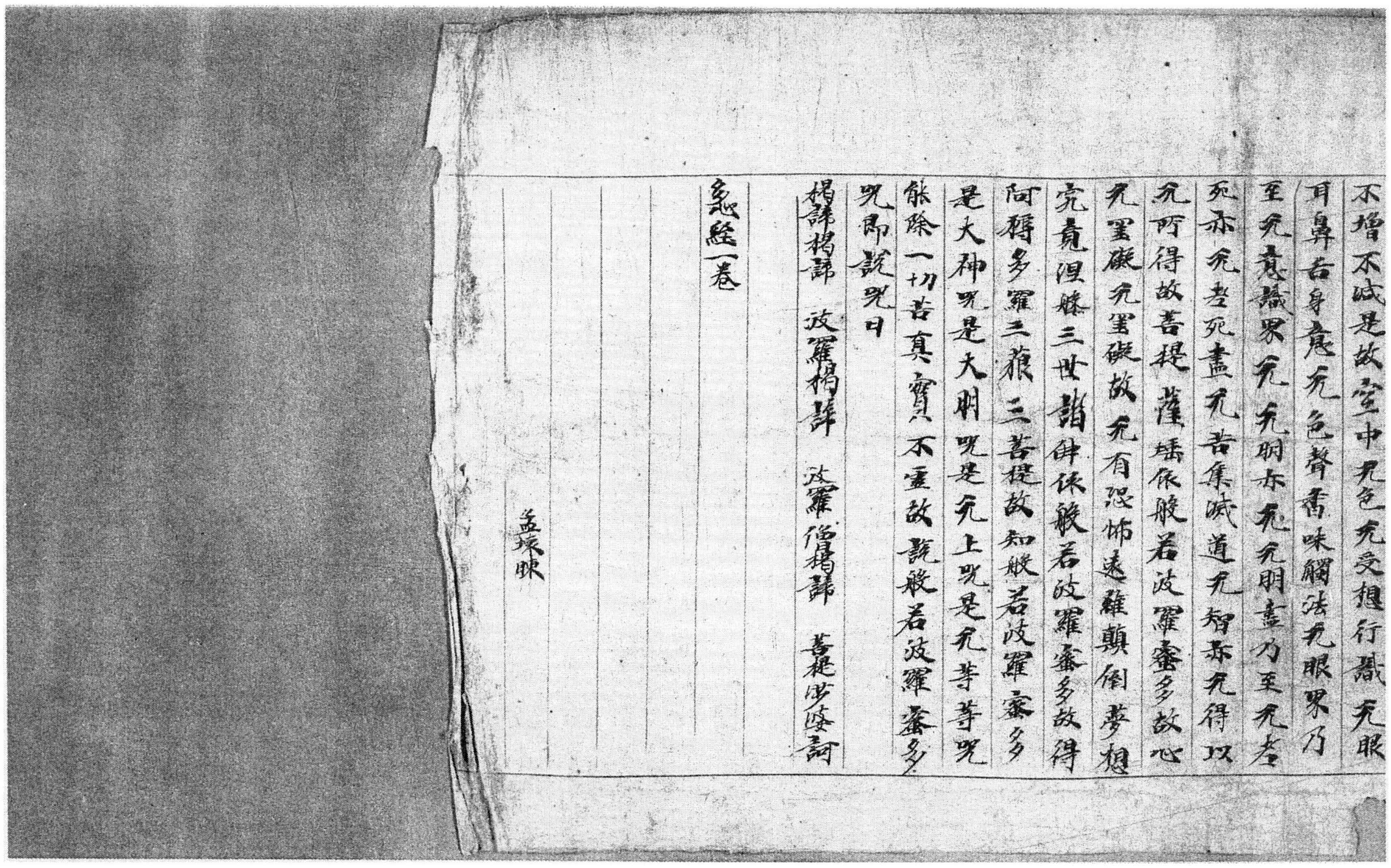

不增不減是故空中无色无受想行識无眼
耳鼻舌身意无色聲香味觸法无眼界乃
至无意識界无无明亦无无明盡乃至无老
死亦无老死盡无苦集滅道无智亦无得以
无所得故菩提薩埵依般若波羅蜜多故心
无罣礙无罣礙故无有恐怖遠離顛倒夢想
究竟涅槃三世諸佛依般若波羅蜜多故得
阿耨多羅三藐三菩提故知般若波羅蜜多
是大神呪是大明呪是无上呪是无等等呪
能除一切苦真實不虛故說般若波羅蜜多
呪即說呪曰
揭諦揭諦　波羅揭諦　波羅僧揭諦　菩提娑婆訶
多心經一卷
孟琛映

BD08489 號　般若波羅蜜多心經　（2–2）

兑

淨故若聖諦清淨若聖諦清淨故淨戒波羅
蜜多清淨何以故若一切智智清淨若若聖
諦清淨若淨戒波羅蜜多清淨無二無二分
無別無斷故一切智智清淨故集滅道聖諦
清淨集滅道聖諦清淨故淨戒波羅蜜多清
淨何以故若一切智智清淨若集滅道聖諦
清淨若淨戒波羅蜜多清淨無二無二分無
別無斷故善現一切智智清淨故四靜慮清
淨四靜慮清淨故淨戒波羅蜜多清淨何以
故若一切智智清淨若四靜慮清淨若淨戒
波羅蜜多清淨無二無二分無別無斷故一切
智智清淨故四無量四無色定清淨四無
量四無色定清淨故淨戒波羅蜜多清淨何
以故若一切智智清淨若四無量四無色定
清淨若淨戒波羅蜜多清淨無二無二分無
別無斷故善現一切智智清淨故八解脫清淨
八解脫清淨故淨戒波羅蜜多清淨何以故
若一切智智清淨若八解脫清淨若淨戒波
羅蜜多清淨無二無二分無別無斷故一切

BD08490號　大般若波羅蜜多經（兑廢稿）卷二四七　（2–1）

兑

別無斷故善現一切智智清淨故四靜慮清
淨四靜慮清淨故淨戒波羅蜜多清淨何以
故若一切智智清淨若四靜慮清淨若淨戒
波羅蜜多清淨無二無二分無別無斷故一切
智智清淨故四無量四無色定清淨四無
量四無色定清淨故淨戒波羅蜜多清淨何
以故若一切智智清淨若四無量四無色定
清淨若淨戒波羅蜜多清淨無二無二分無
別無斷故善現一切智智清淨故八解脫清淨
八解脫清淨故淨戒波羅蜜多清淨何以故
若一切智智清淨若八解脫清淨若淨戒波
羅蜜多清淨二無二分無別無斷故一切
智智清淨故八勝處九次第定十遍處清淨
八勝處九次第定十遍處清淨故淨戒波
羅蜜多清淨何以故若一切智智清淨若八
勝處九次第定十遍處清淨若淨戒波羅
蜜多清淨無二無二分無別……

BD08490號　大般若波羅蜜多經（兑廢稿）卷二四七　（2–2）

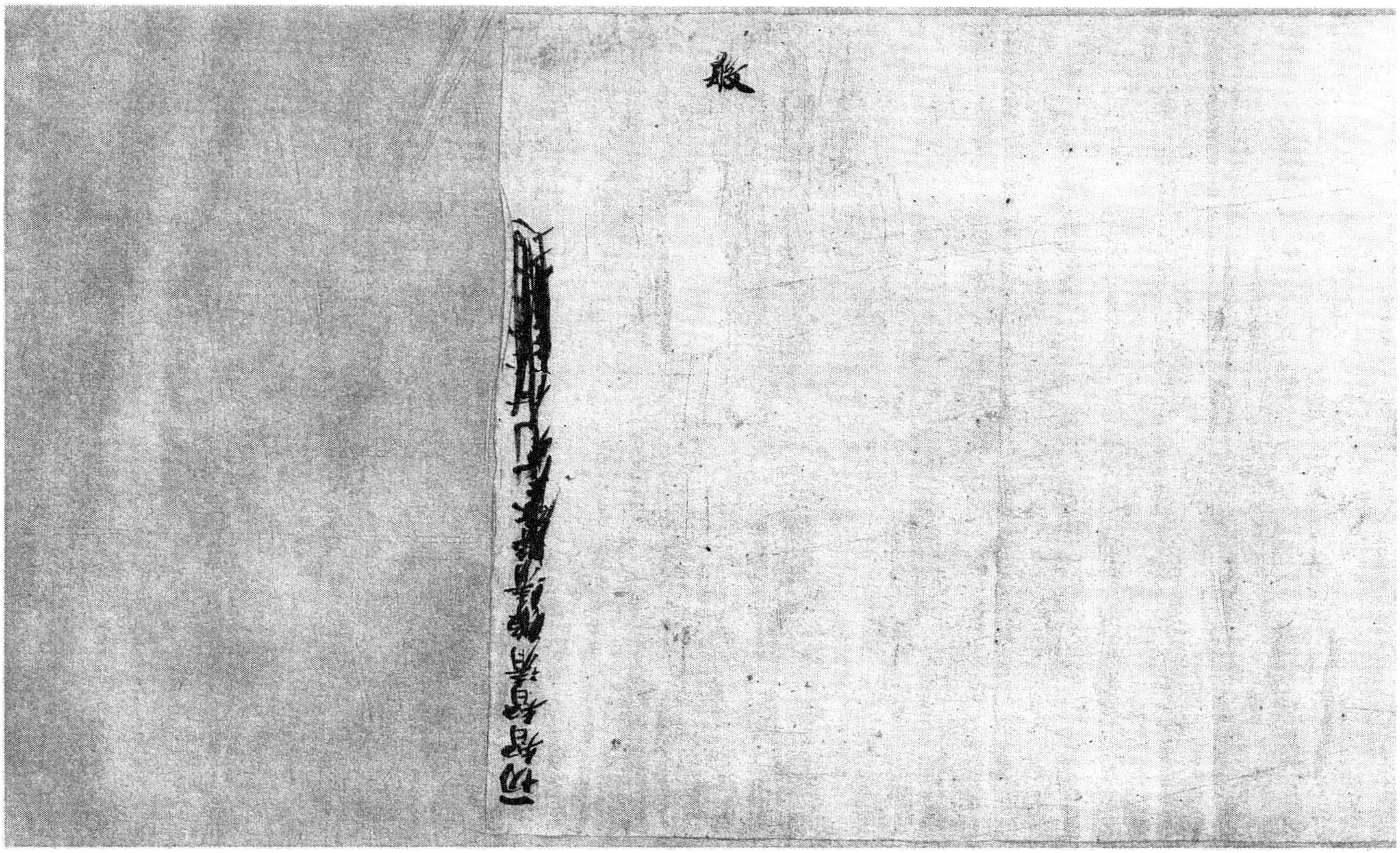

BD08490號背　雜寫　（1–1）

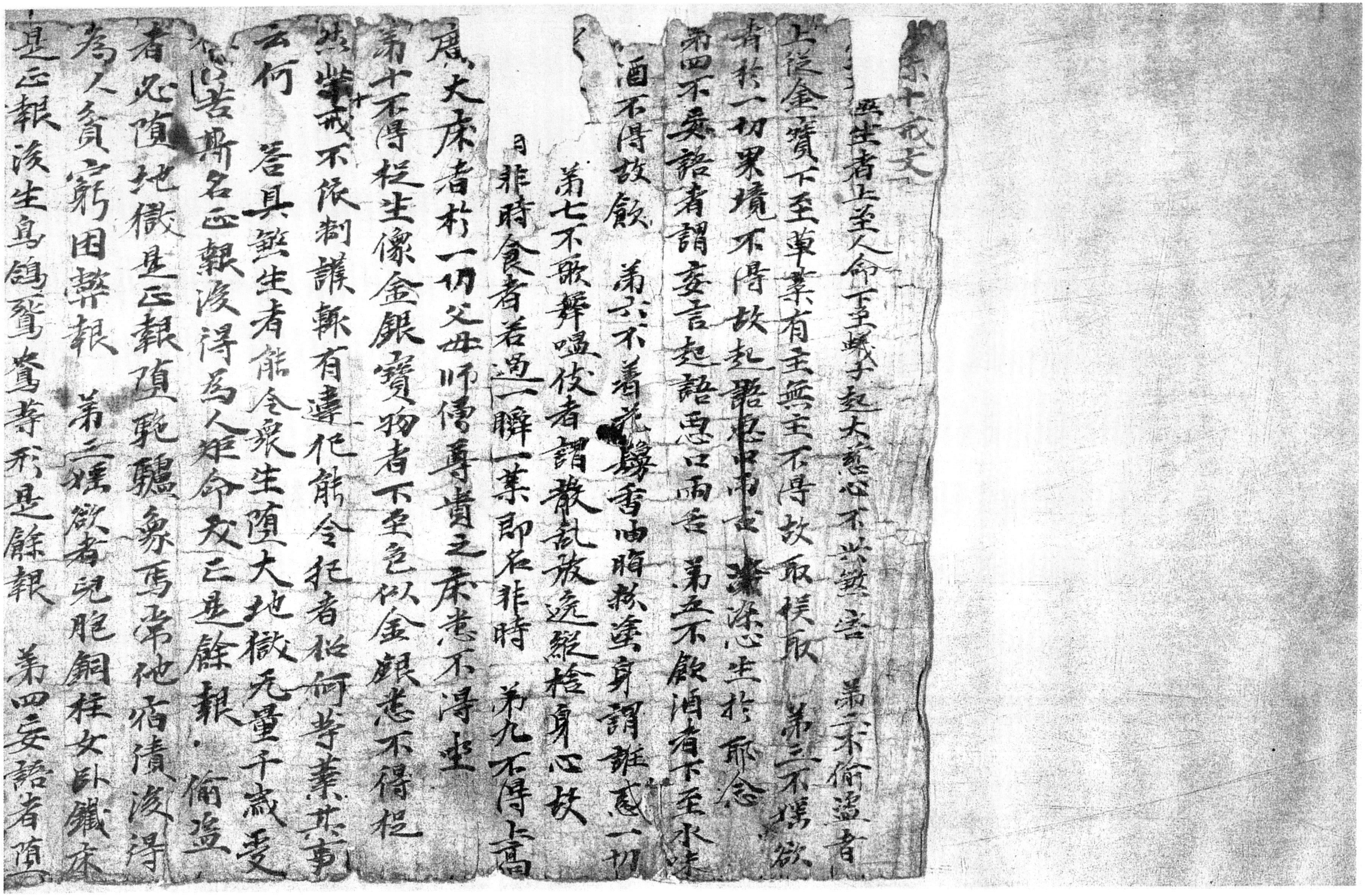
十戒文　煞生者上至人命下至蟻子起大慈心不煞害　第二不偷盜者
上從金寶下至草葉有主無主不得故取　第三不婬欲
者於一切界境不得故起婬心染污心生於邪念
第四不妄語者謂妄言綺語惡口兩舌　第五不飲酒者下至水味
酒不得故飲　第六不著花鬘香油脂粉塗身謂斑惑一切
第七不歌舞唱伎者謂散亂放逸縱恣身心故
月非時食者若過一瞬一葉即名非時　第九不得上高
廣大床者於一切父母師僧尊貴之床悉不得坐
第十不得捉生像金銀寶物者下至色似金銀悉不得捉
然此戒不依制讓輒有違犯能令犯者於何等業其事
云何　答具煞生者能令衆生墮大地獄无量千歲受
苦斯名正報後得為人短命夭亡是餘報　偷盜
者死墮地獄是正報墮駝驢象馬常他宿債後得
為人貧窮困弊報　第三婬欲者現胞銅柱女卧鐵床
是正報後生烏鴿鴛鴦等形是餘報　第四妄語者墮

BD08491號1　沙彌十戒文　　　　（3–1）

口菩斯名正報後得為人短命又云是餘報偷盜
者死墮地獄是正報墮駝驢象馬常他宿債後得
為人貧窮困弊報　第三婬欲者死抱銅柱女臥鐵床
是正報後生鳥鴿鴛鴦等形是餘報　第四妄語者墮
耕犁拔舌地獄是正報後得為人所發言辭人不信受又生
誹謗是餘報　第六著花鬘香油脂塗身者後得為
人其形醜陋殘破屢罪報　第七歌舞唱伎者後得
為人六根不完闇塞罪報　第八非時食者後得為人
世世生生恒遭飢饉不得飽罪報　第九上高廣大床
者後得為人常居卑賤為他所使罪報　第十捉生
像金銀寶物者後得為人十指卷從拳縮罪報
如來觀此慈諸衆生无始已來重業所纏輪轉五道受種種苦所
所以制此十戒對治十惡令諸衆生得十種善何等為十　第一不煞
生者得无病長命又得金剛不壞之身報　第二不偷盜者得
十指纖長因緣為相　第三不得婬欲者得清淨眼乘蓮花
化生不受女人胞胎報　第四不妄語者發言人信敬重伏仰遵
之奉行報　第五不飲酒者得聰明智惠多聞强記宿命報
第六不著花鬘香油脂塗身者諸根完具現世六通報
第七不歌舞唱伎及故往觀聽者得卅二相形體端嚴報
第八不非時食者得五百世餘糧脫三災飢饉口卌齒光白齊平
報　第九不上高廣大床者當來之世自在尊貴衆人愛敬
金剛王座報　第十不捉生像金銀寶物者當來之世手內朴
握十指端捣空出報　此十戒之中前四性重後六遮性重者
內自起惡遮重者外能生惡又前四戒是業清淨戒中四戒
□之行清淨戒後六是衆清淨戒　五逆十數文

BD08491 號1　沙彌十戒文　（3–2）

金剛王座報　第十不捉生像金銀寶物者當來之世手內執
捏十指端撝空出報　此十戒之中前四性重後六遮性重者
由自起惡遮重者外能生惡又前四戒是業清淨戒中四戒
是行清淨戒後二是緣清淨戒

五德十數文

大德僧聽我沙彌厶甲某甲稽首和合頂礼大德僧足但某甲等自
惟宿度是會此生遇大覺之餘暉覩法流之將謝一心菩道割愛
辭親隨佛出家供養三寶但以年齒有幽未霍戒津清淨僧輪
莫霑其位今僧布薩演大毗尼勝妙特尊故非我分法有間退
今欲辭尊然佛制沙彌今誦五德十數用光匠道以驗邪人今欲對
衆陳章願垂聽許　言五德者福田經云　一者發心離俗懷佩道故
二者毀其形好應法服故　三者永割親愛无適莫故　四者委棄
身命尊崇道故　五者志求大乘為度人故　今將世尊而說偈言
毀形守志節　割愛无所親　出家弘聖道　誓度一切人　五德超俗務
是名良福田　供養獲永安　其福第一尊　言十數者福田經云一者一切衆
生皆依飲食而存　二者名色　三者三受　四者四聖諦　五者五受蘊
六者六入　七者七覺分　八者八聖道　九者九衆生居　十者十切
入　以說五德十數竟唯願三寶久住世間弘濟有情四心无盡
用資景業菩施群生同發勝心成无上道清衆威重
得聞廣沙伏願慈悲布施歡喜

BD08491 號 2　五德十數文

（3–3）

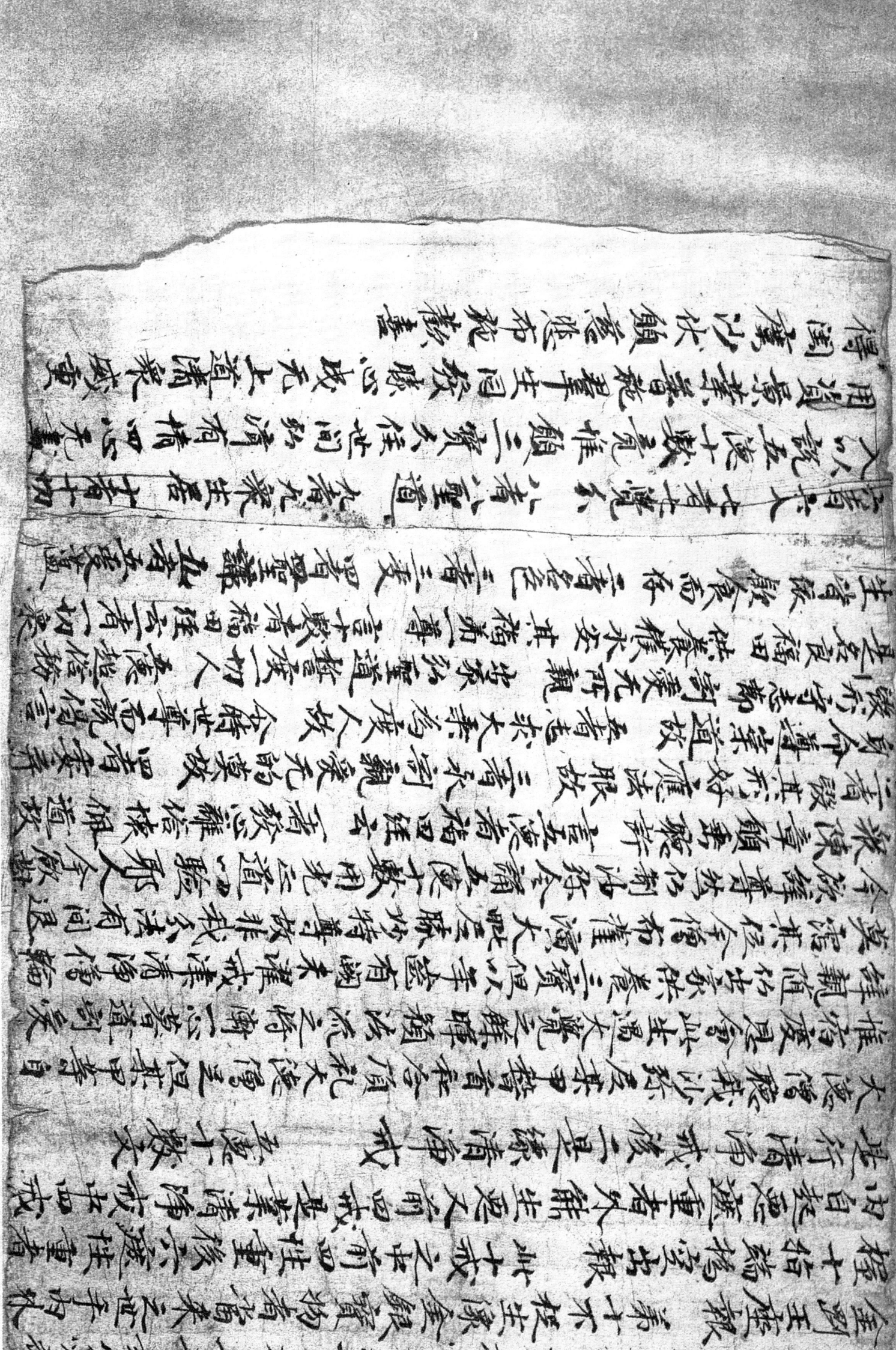

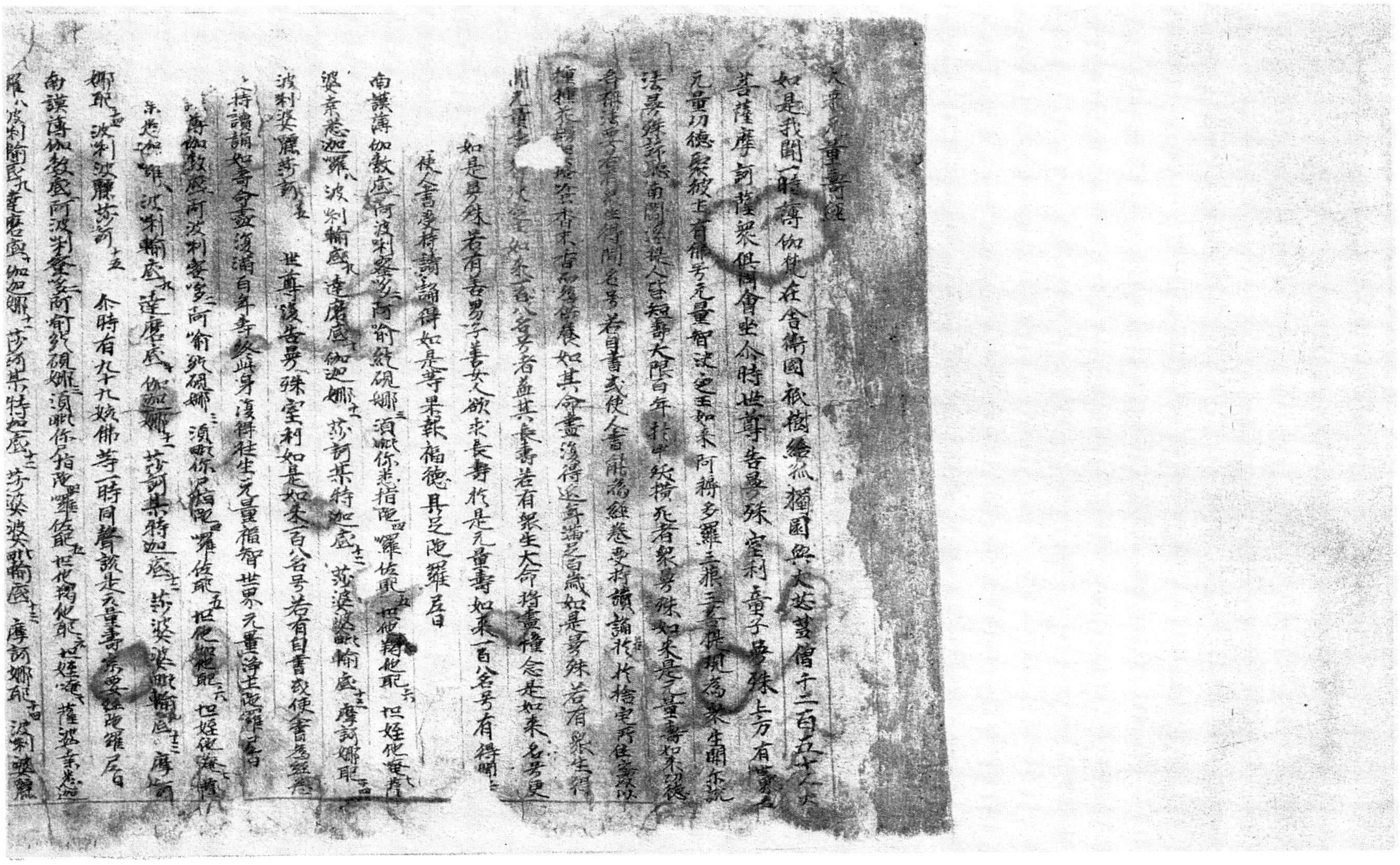

BD08492 號　無量壽宗要經　（4–1）

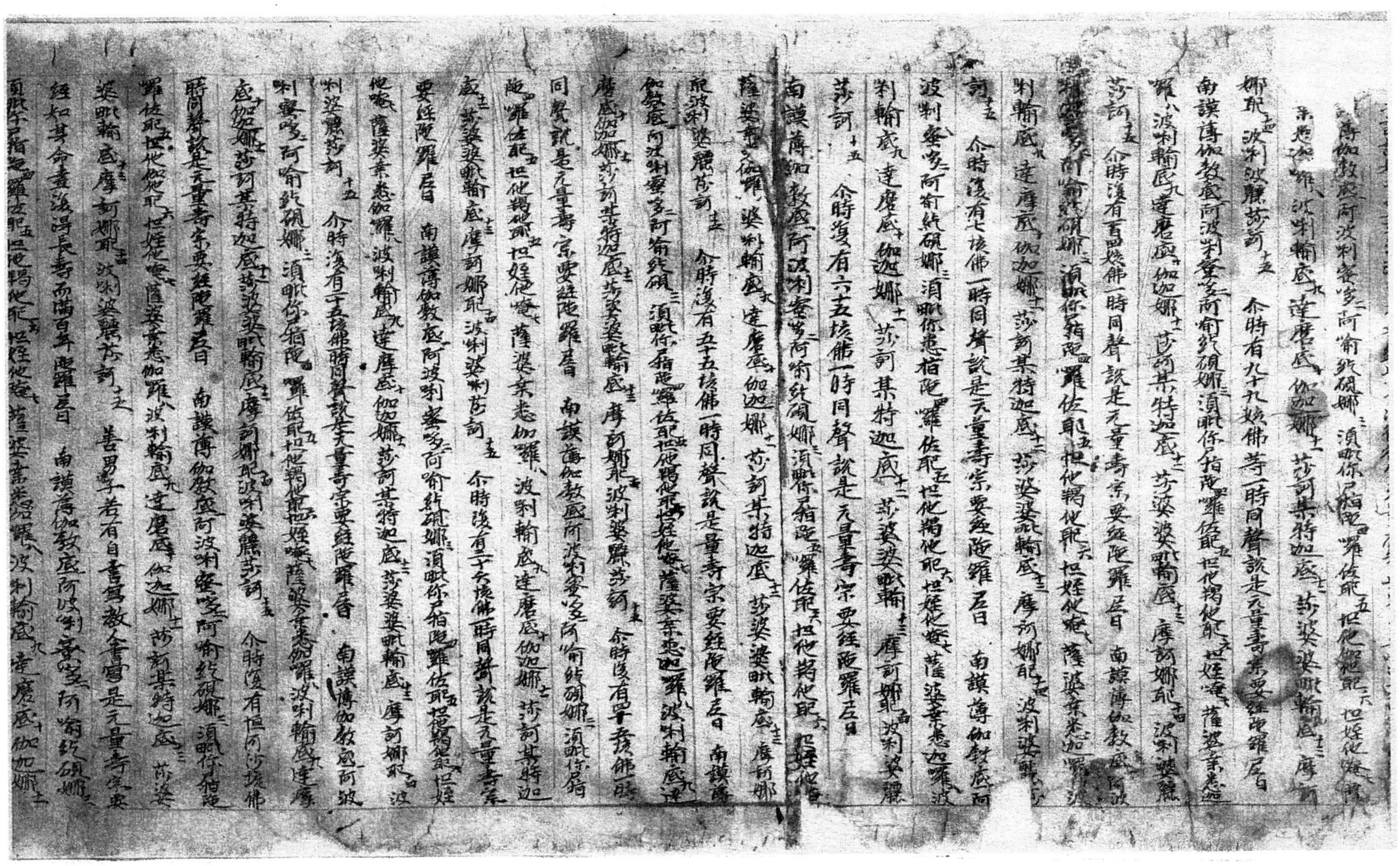

BD08492 號　無量壽宗要經　（4–2）

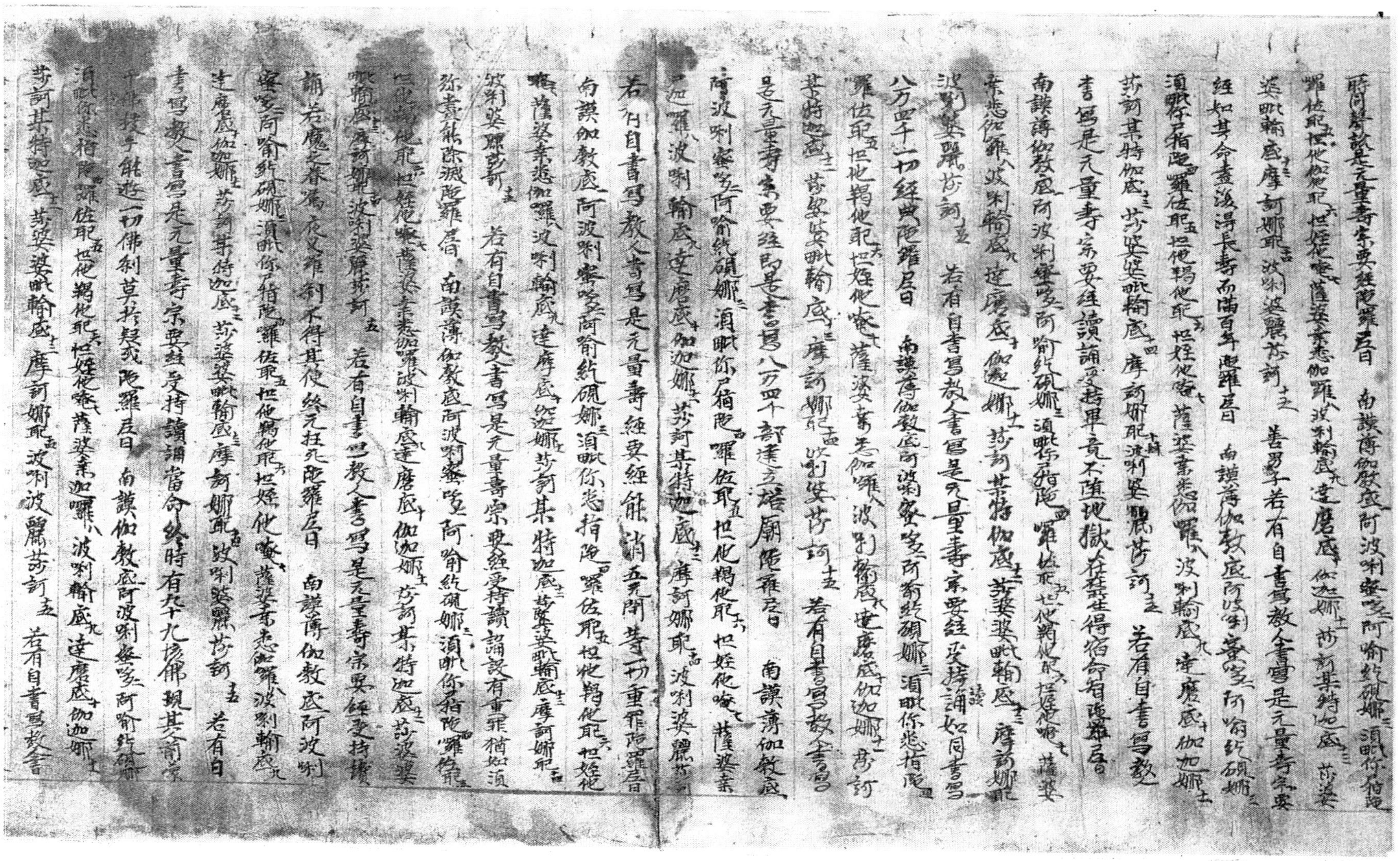

BD08492 號　無量壽宗要經

（4–3）

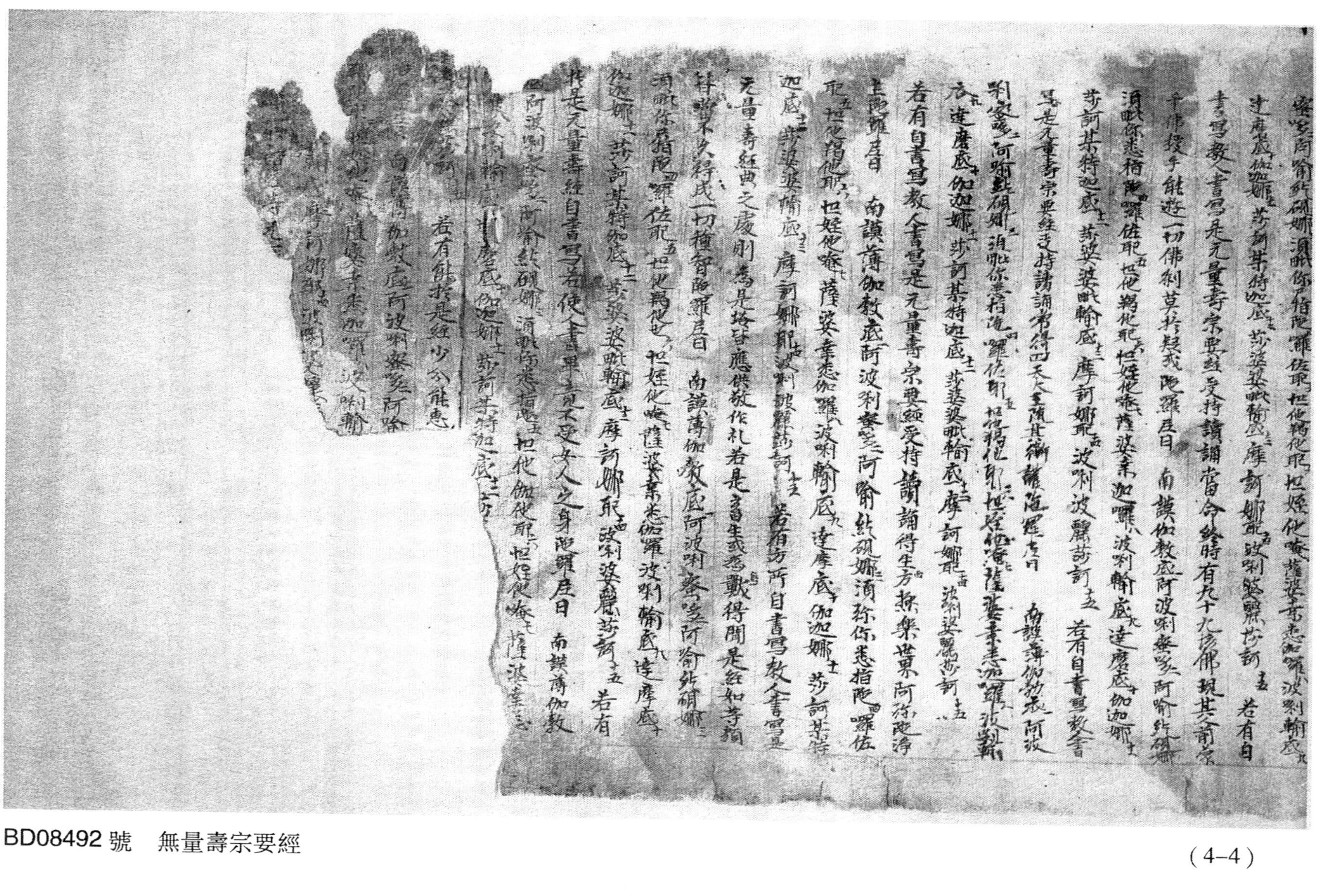

BD08492 號　無量壽宗要經

（4–4）

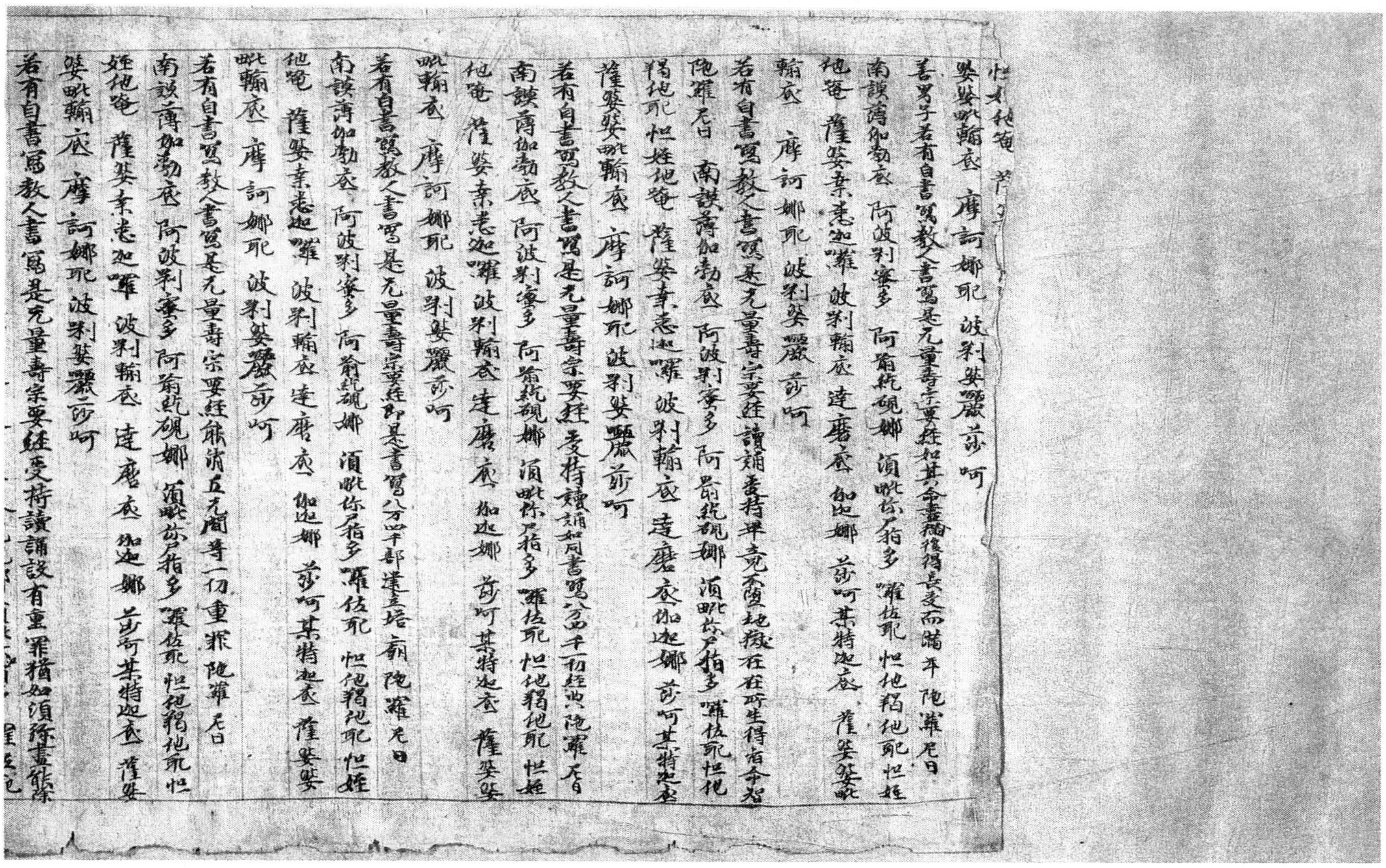

怛姪他唵 薩……
婆娑毗輸底 摩訶娜耶 波唎婆嚟 莎呵
若男子若有自書寫教人書寫是无量壽宗要經如其命盡復得長壽而滿百年 陀羅尼曰
南謨薄伽勃底 阿波唎蜜多 阿喻紇硯娜 須毗你室指多 囉佐耶 怛他羯他耶 怛姪
他唵 薩婆桑塞迦囉 波唎輸底 達磨底 伽伽娜 莎呵 三牟特迦底 薩婆娑毗
輸底 摩訶娜耶 波唎婆嚟 莎呵
若有自書寫教人書寫是无量壽宗要經讀誦並持畢竟不墮地獄在在所生得宿命智
陀羅尼曰 南謨薄伽勃底 阿波唎蜜多 阿喻紇硯娜 須毗你室指多 囉佐耶 怛他
羯他耶 怛姪他唵 薩婆桑塞迦囉 波唎輸底 達磨底 伽伽娜 莎呵 三牟特迦底
薩婆娑毗輸底 摩訶娜耶 波唎婆嚟 莎呵
若有自書寫教人書寫是无量壽宗要經受持讀誦如同書寫八万四千一切經典 陀羅尼曰
南謨薄伽勃底 阿波唎蜜多 阿喻紇硯娜 須毗你室指多 囉佐耶 怛他羯他耶 怛姪
他唵 薩婆桑塞迦囉 波唎輸底 達磨底 伽伽娜 莎呵 三牟特迦底 薩婆
毗輸底 摩訶娜耶 波唎婆嚟 莎呵
若有自書寫教人書寫是无量壽宗要經即是書寫八万四千部建立塔廟 陀羅尼曰
南謨薄伽勃底 阿波唎蜜多 阿喻紇硯娜 須毗你室指多 囉佐耶 怛他羯他耶 怛姪
他唵 薩婆桑塞迦囉 波唎輸底 達磨底 伽伽娜 莎呵 三牟特迦底 薩婆娑
毗輸底 摩訶娜耶 波唎婆嚟 莎呵
若有自書寫教人書寫是无量壽宗要經能消五无間等一切重罪 陀羅尼曰
南謨薄伽勃底 阿波唎蜜多 阿喻紇硯娜 須毗你室指多 囉佐耶 怛他羯他耶 怛
姪他唵 薩婆桑塞迦囉 波唎輸底 達磨底 伽伽娜 莎呵 三牟特迦底 薩婆
娑毗輸底 摩訶娜耶 波唎婆嚟 莎呵
若有自書寫教人書寫是无量壽宗要經受持讀誦設有重罪猶如須弥盡能除

BD08493號　無量壽宗要經　　（3–1）

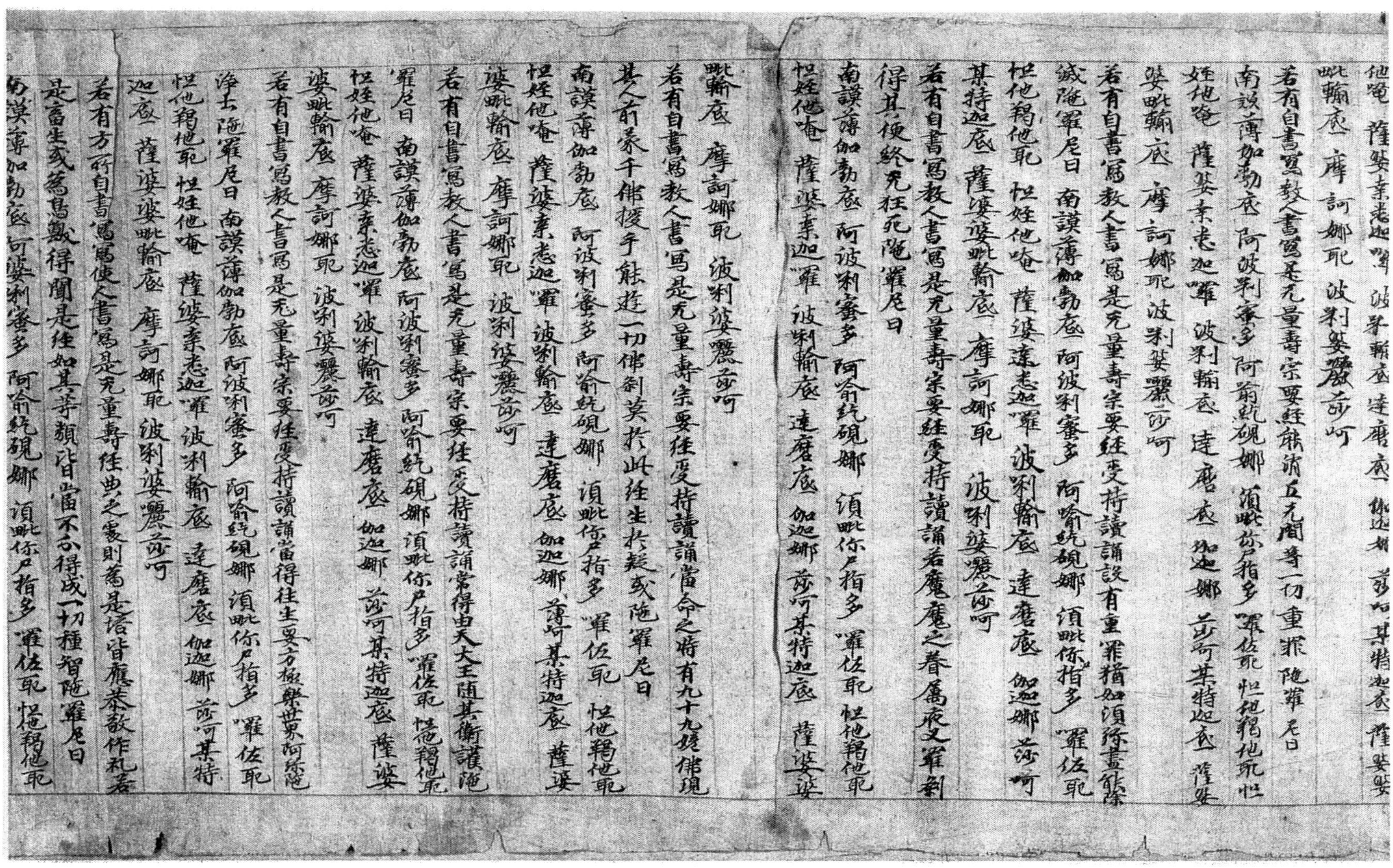

他唵 薩婆桑塞迦囉 波唎輸底 達磨底 伽伽娜 莎呵 三牟特迦底 薩婆娑
毗輸底 摩訶娜耶 波唎婆嚟 莎呵
若有自書寫教人書寫是无量壽宗要經能消五无間等一切重罪 陀羅尼曰
南謨薄伽勃底 阿波唎蜜多 阿喻紇硯娜 須毗你室指多 囉佐耶 怛他羯他耶 怛
姪他唵 薩婆桑塞迦囉 波唎輸底 達磨底 伽伽娜 莎呵 三牟特迦底 薩婆
婆毗輸底 摩訶娜耶 波唎婆嚟 莎呵
若有自書寫教人書寫是无量壽宗要經受持讀誦設有重罪猶如須弥盡能除
滅陀羅尼曰 南謨薄伽勃底 阿波唎蜜多 阿喻紇硯娜 須毗你室指多 囉佐耶
怛他羯他耶 怛姪他唵 薩婆桑塞迦囉 波唎輸底 達磨底 伽伽娜 莎呵
三牟特迦底 薩婆娑毗輸底 摩訶娜耶 波唎婆嚟 莎呵
若有自書寫教人書寫是无量壽宗要經受持讀誦若魔魔之眷屬夜叉羅剎
得其便終无枉死 陀羅尼曰
南謨薄伽勃底 阿波唎蜜多 阿喻紇硯娜 須毗你室指多 囉佐耶 怛他羯他耶
怛姪他唵 薩婆桑塞迦囉 波唎輸底 達磨底 伽伽娜 莎呵 三牟特迦底 薩婆娑
毗輸底 摩訶娜耶 波唎婆嚟 莎呵
若有自書寫教人書寫是无量壽宗要經受持讀誦當命之將有九十九殑伽沙佛現
其人前來千佛授手能遊一切佛剎莫於此經生於疑惑 陀羅尼曰
南謨薄伽勃底 阿波唎蜜多 阿喻紇硯娜 須毗你室指多 囉佐耶 怛他羯他耶
怛姪他唵 薩婆桑塞迦囉 波唎輸底 達磨底 伽伽娜 莎呵 三牟特迦底 薩婆
毗輸底 摩訶娜耶 波唎婆嚟 莎呵
若有自書寫教人書寫是无量壽宗要經受持讀誦當得四大天王隨其衛護隨
羅尼曰 南謨薄伽勃底 阿波唎蜜多 阿喻紇硯娜 須毗你室指多 囉佐耶 怛他羯他耶
怛姪他唵 薩婆桑塞迦囉 波唎輸底 達磨底 伽伽娜 莎呵 三牟特迦底 薩婆
娑毗輸底 摩訶娜耶 波唎婆嚟 莎呵
若有自書寫教人書寫是无量壽宗要經受持讀誦當得往生西方極樂世界阿彌陀
淨土 陀羅尼曰 南謨薄伽勃底 阿波唎蜜多 阿喻紇硯娜 須毗你室指多 囉佐耶
怛他羯他耶 怛姪他唵 薩婆桑塞迦囉 波唎輸底 達磨底 伽伽娜 莎呵 三牟特
迦底 薩婆娑毗輸底 摩訶娜耶 波唎婆嚟 莎呵
若有方所自書寫使人書寫是无量壽經典之處則為是塔皆應恭敬作禮若
是畜生或為鳥獸得聞是經如其等類皆當不久得成一切種智 陀羅尼曰
南謨薄伽勃底 阿波唎蜜多 阿喻紇硯娜 須毗你室指多 囉佐耶 怛他羯他耶

BD08493號　無量壽宗要經　　（3–2）

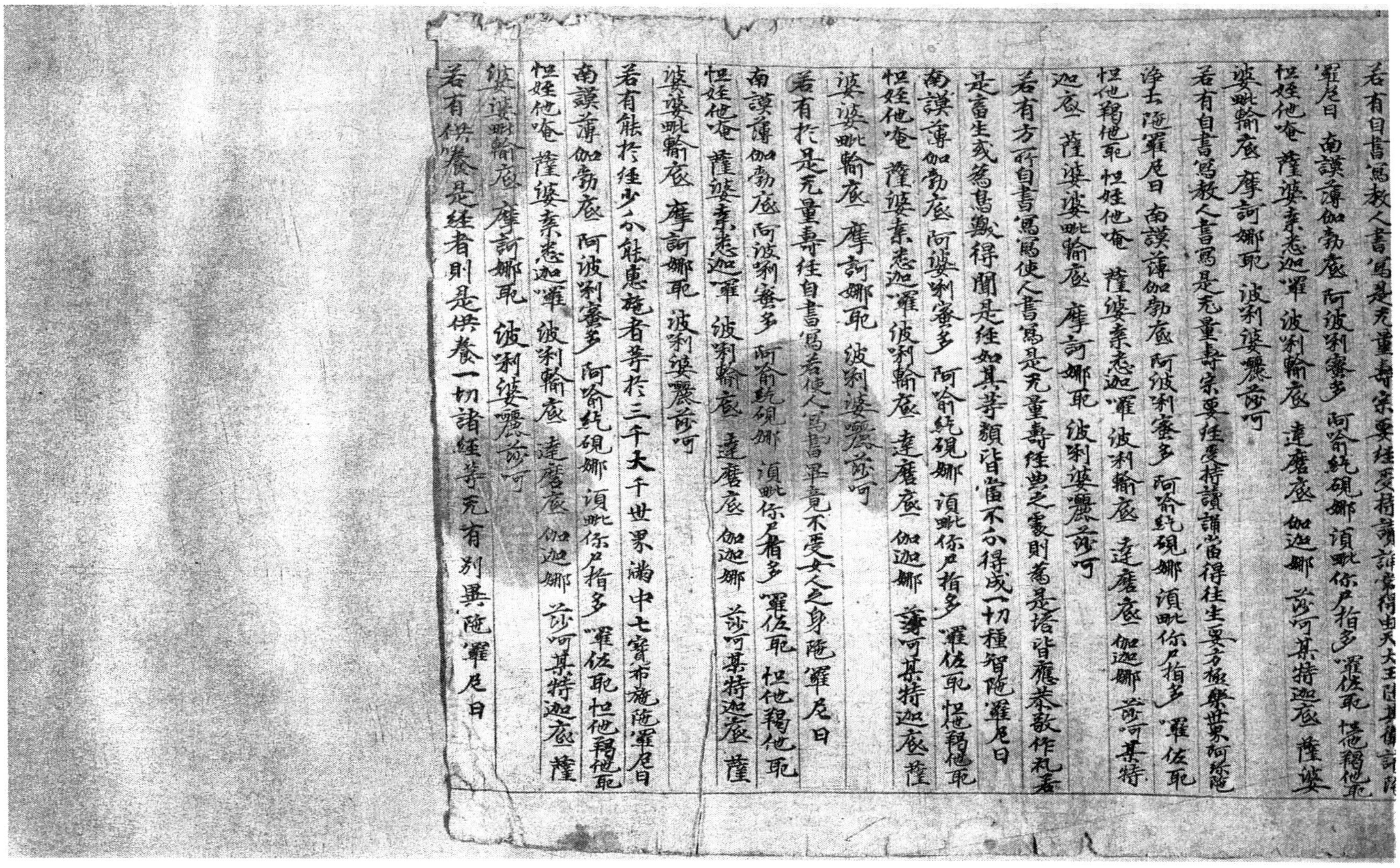
若有自書寫教人書寫是无量壽宗要經受持讀誦當得四大天王隨其衛護陁
羅尼曰　南謨薄伽勃底　阿波唎蜜多　阿喻紇硯娜　須毗你尸指多　囉佐耶　怛他羯他耶
怛姪他唵　薩婆桑悉迦囉　波唎輸底　達磨底　伽迦娜　莎訶某特迦底　薩婆
婆毗輸底　摩訶娜耶　波唎婆囇莎訶
若有自書寫教人書寫是无量壽宗要經受持讀誦當得往生西方極樂世界阿彌陁
淨土陁羅尼曰　南謨薄伽勃底　阿波唎蜜多　阿喻紇硯娜　須毗你尸指多　囉佐耶
怛他羯他耶　怛姪他唵　薩婆桑悉迦囉　波唎輸底　達磨底　伽迦娜　莎訶某特
迦底　薩婆婆毗輸底　摩訶娜耶　波唎婆囇莎訶
若有方所自書寫使人書寫是无量壽經典之處則為是塔皆應恭敬作禮若
是畜生或為鳥獸得聞是經如其等類皆當不久得成一切種智陁羅尼曰
南謨薄伽勃底　阿波唎蜜多　阿喻紇硯娜　須毗你尸指多　囉佐耶　怛他羯他耶
怛姪他唵　薩婆桑悉迦囉　波唎輸底　達磨底　伽迦娜　莎訶某特迦底　薩
婆婆毗輸底　摩訶娜耶　波唎婆囇莎訶
若有於是无量壽經自書寫若使人寫書畢竟不受女人之身陁羅尼曰
南謨薄伽勃底　阿波唎蜜多　阿喻紇硯娜　須毗你尸指多　囉佐耶　怛他羯他耶
怛姪他唵　薩婆桑悉迦囉　波唎輸底　達磨底　伽迦娜　莎訶某特迦底　薩
婆婆毗輸底　摩訶娜耶　波唎婆囇莎訶
若有能於經少分能惠施者等於三千大千世界滿中七寶布施陁羅尼曰
南謨薄伽勃底　阿波唎蜜多　阿喻紇硯娜　須毗你尸指多　囉佐耶　怛他羯他耶
怛姪他唵　薩婆桑悉迦囉　波唎輸底　達磨底　伽迦娜　莎訶某特迦底　薩
婆婆毗輸底　摩訶娜耶　波唎婆囇莎訶
若有供養是經者則是供養一切諸經等无有別異陁羅尼曰

BD08493號　無量壽宗要經　　（3–3）

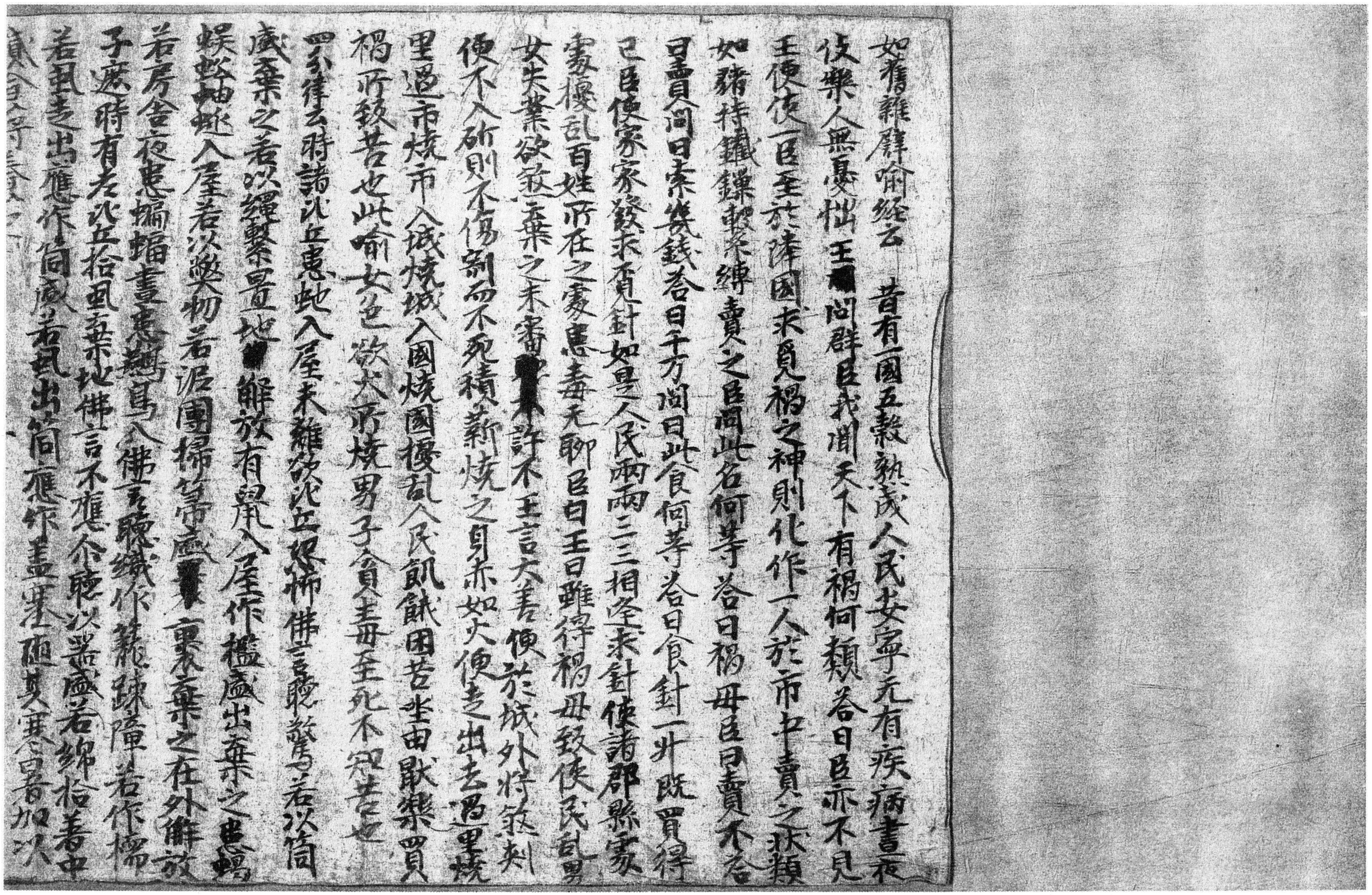
如舊雜譬喻經云　昔有一國五穀熟成人民安寧无有疾病晝夜
伎樂人無憂惱　王[illegible]問群臣我聞天下有禍何類答曰臣亦不見
王便使一臣至於隣國求覓禍之神則化作一人於市中賣之狀類
如豬持鐵鎖繫縛賣之臣問此名何等答曰禍母臣曰賣不答
曰賣一千萬錢臣問曰此食何等答曰食針一升臣既買得
已臣便家家發求覓針如是人民兩兩三三相逢求針使諸郡縣處
處擾亂百姓所在之處患毒无聊臣白王曰雖得禍母致使民男
女失業欲殺而棄之未審[illegible]許不王言大善便於城外將殺刺
便不入斫則不傷剝而不死積薪燒之身赤如火便走之出去過里燒
里過市燒市入城燒城入國燒國擾亂人民飢餓困苦坐由貪樂買
禍所致苦也此喻女色欲火所燒男子貪喜毒至死不知苦也
四分律云時諸比丘患蛇入屋未離欲比丘恐怖佛言聽驚之若以筒
盛棄之若以繩繫棄置地[illegible]解放有鼠入屋作檻盛出棄之患蠍
蜈蚣蚰蜒入屋若以弊物若泥團掃箒盛[illegible]裹棄之在外解放
若房舍夜患蝙蝠晝患鵂鶹入佛言聽織作籠疏障若作欄
子遮時有老比丘拾虱棄地佛言不應介聽以器盛若綿拾著中
若虱走出應作筒盛若虱出筒應作蓋塞隨其寒暑加以
[illegible]

BD08494號　諸經集鈔（擬）　（2–1）

女失業欲發棄之未審許不王言大善便於城外將殺刾
便不入斫則不傷剝而不死積薪燒之身亦如火便走出去過里燒
里過市燒市入城燒城入國燒國擾亂人民飢餓困苦皆由猒猍買
禍所致苦也此喻女色欲火所燒男子貪妻毒至死不知苦也
四分律云時諸比丘患蛇入屋未離欲比丘怖佛言聽驚若以筩
盛棄之若以繩繫置地解放有鼠入屋作檻盛出棄之患蠍
蜈蚣蚰蜒入屋若以弊物若泥團掃箒盛裹衣棄之在外解放
若房舍夜患蝙蝠晝患鵄鳥入佛言聽織作籠疏障若作掃
子遮時有老比丘拾虱棄地佛言不應介聽以器盛若綿拾著中
若虱走出應作筒盛若虱出筒應作蓋塞隨其寒暑加以
餧食將養之
又五百問事云 不得以吹經上塵像塵
准之雖非正經然須慎之亦不得燒故經得重罪如燒父母不知
有罪者輕 如律祇律云若在禪房中唾者
十九 如增一阿含經云 介時世尊告諸比丘有三大患云何為三一風為大
患二痰為大患三冷為大患然有三良藥治若風患者蘇為良藥
及蘇作飯食若痰患者蜜為良藥及所作飯食若冷患者油為
良藥及油所作飯食是之謂三大患有此三藥治如是比丘亦有三大患
一貪欲二瞋恚三愚癡然三良藥治之一若貪欲起時以不淨法治及
思惟不淨道二瞋恚大患者以慈心法治及因緣惟慈心道三愚癡
大患者以智慧法治及因緣所起之道思惟比丘有此三大患

有此三藥況　　分別功德論云　第三念法者法是無漏道
無為無欲佛者是諸法之主法者是結使之主法出諸佛法生佛
道若然者何不先念法後念佛耶答曰法雖微妙无能知者猶如
伏藏無寡不有要藉通人示處方得自濟貧窮者法亦如
是理雖玄妙非如來不暢是以念佛在先稱法居後
寶梁經云　眠時右脇著牀以脚相累一心係明相念當早起
未出家因果經云仰卧者是脩羅卧伏地卧者是餓鬼卧左脇
卧者是貪欲人卧右脇卧者是出家人卧　衆僧未起在前早起嚴
儀容服至僧房前故　涅槃經云　大令者棄捨刀杖雜物欲
入寺捨刀杖者去瞋恚三寶心也捨雜物者去後三寶見求心並除
兩過乃可入寺順佛而行不得逆行設復縱緣左遶恒想佛在右
入出之時卷轉而向佛礼拜三寶者常念體唯是一何者覺法滿
是名佛所覺之道名法覺佛道者名僧則知一切凡聖體同無二道
優婆塞戒經云　有智之人若遇惡罵當作是念是罵詈字不一時生
初字生時後字未生後字生已初字復滅若不一時云何是罵直是
風聲我云何瞋故　智度論云菩薩觀衆生雖復百千劫罵無言不生
瞋心若百千劫稱讚亦不歡喜了知音聲生滅如夢如響音
又優婆塞戒經云　若自造作衣服鉢器先奉上佛并令父母師長和上
先一受用然後自服着上佛者以花香贖凡所食噉要先施於沙門
梵志然後自食正下食時復須作念初下一匙時願斷一切惡盡下第二
匙時願修一切善盡下第三匙時所修善根迴施衆生普共成
佛若不能口口作念臨欲食時揔作一念亦得故　摩德勒伽論云
若得食時口作念若得衣時着着作念入房時入作念若
鈍根者揔作一念故

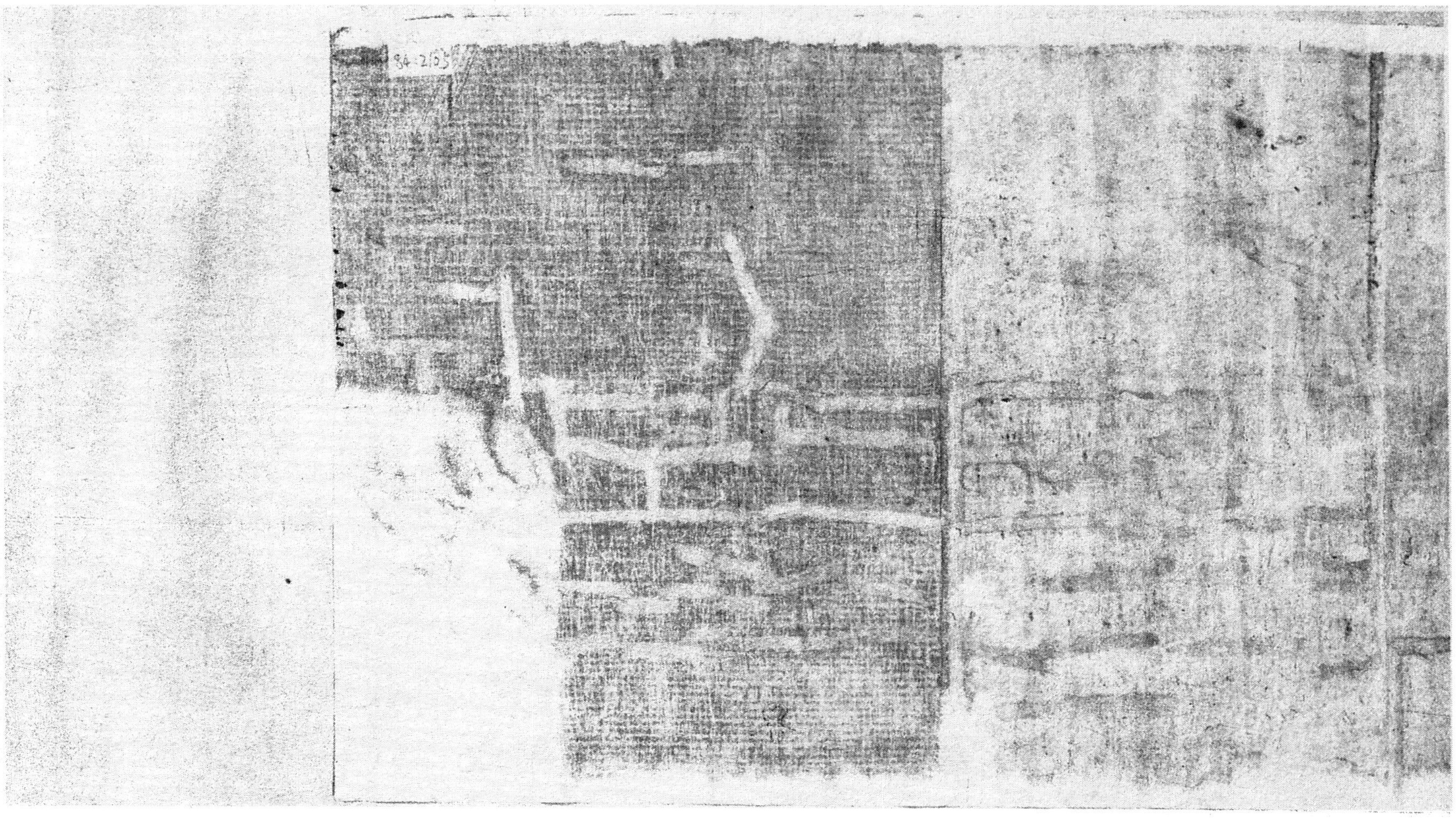

BD08495 號背　護首　　（1–1）

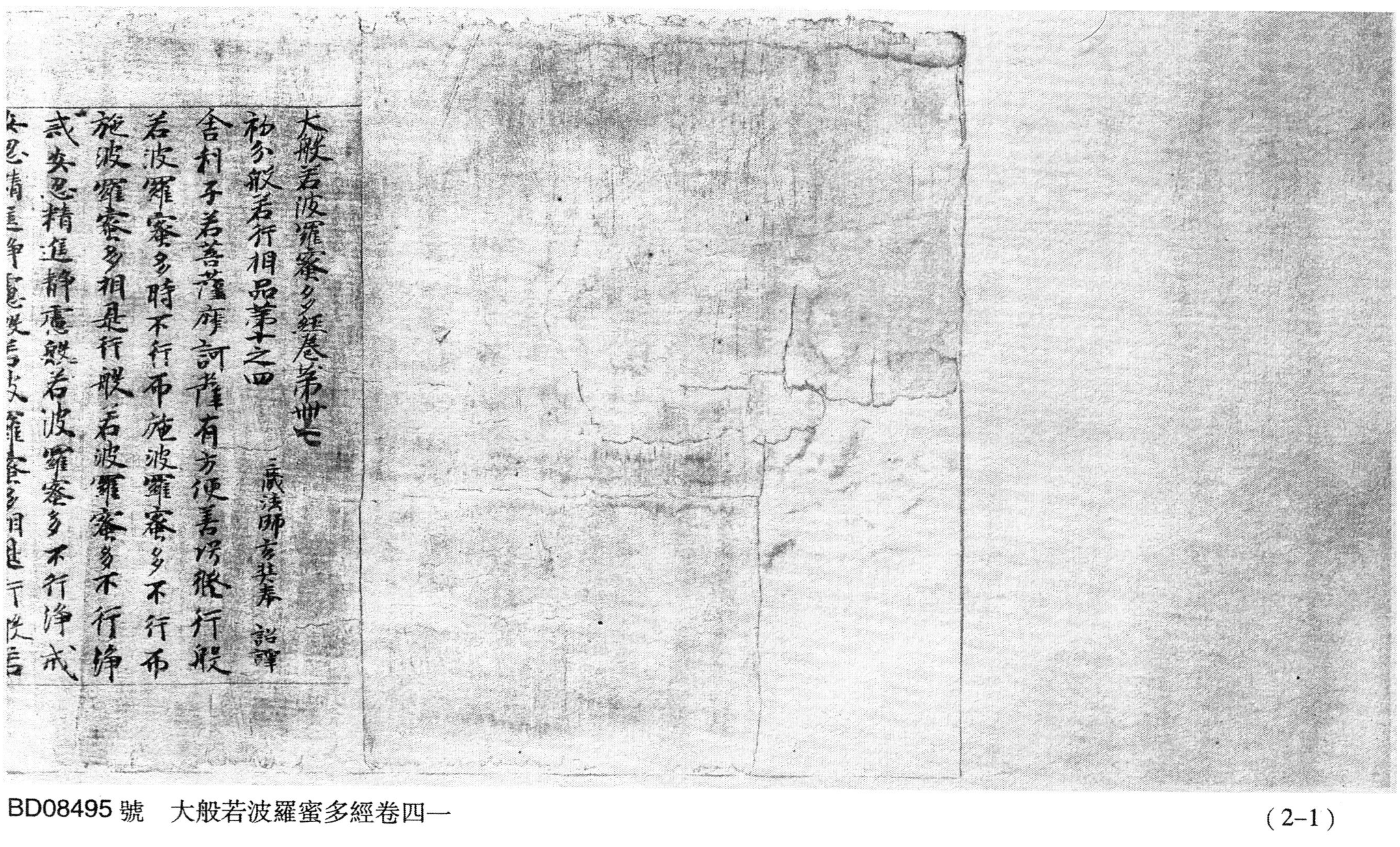

大般若波羅蜜多經卷第卌一
初分般若行相品第十之四　　三藏法師玄奘奉　詔譯
舍利子若菩薩摩訶薩有方便善巧能行般
若波羅蜜多時不行布施波羅蜜多不行布
施波羅蜜多相是行般若波羅蜜多不行淨
戒安忍精進靜慮般若波羅蜜多不行淨戒
安忍精進靜慮般若波羅蜜多相是行般若

BD08495 號　大般若波羅蜜多經卷四一　　（2–1）

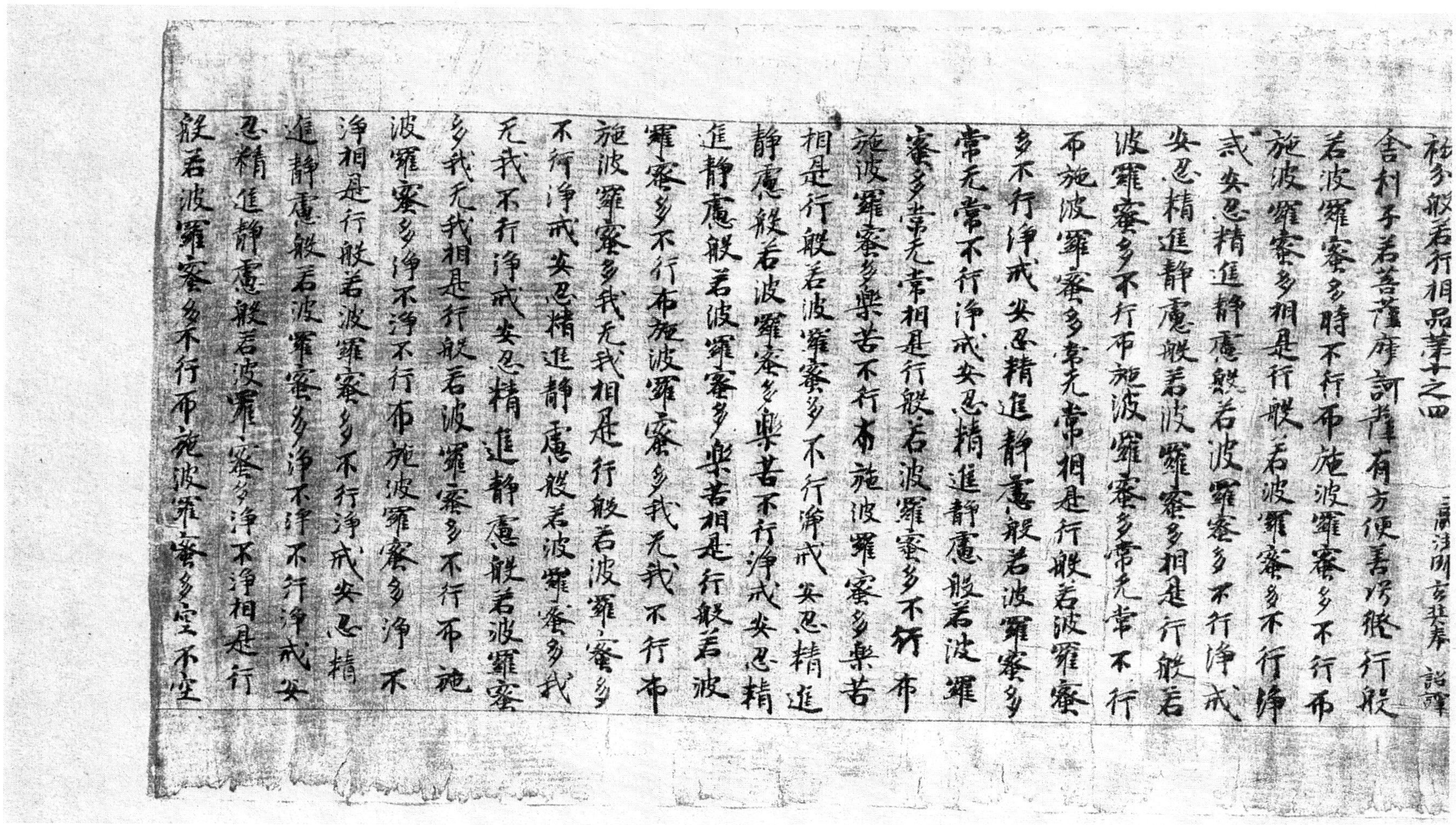

[illegible]多般若行相品第十之四　三藏法師玄奘奉　詔譯
舍利子若菩薩摩訶薩有方便善巧發行般
若波羅蜜多時不行布施波羅蜜多不行布
施波羅蜜多相是行般若波羅蜜多不行淨
戒安忍精進靜慮般若波羅蜜多不行淨戒
安忍精進靜慮般若波羅蜜多相是行般若
波羅蜜多不行布施波羅蜜多常无常不行
布施波羅蜜多常无常相是行般若波羅蜜
多不行淨戒安忍精進靜慮般若波羅蜜多
常无常不行淨戒安忍精進靜慮般若波羅
蜜多常无常相是行般若波羅蜜多不行布
施波羅蜜多樂苦不行布施波羅蜜多樂苦
相是行般若波羅蜜多不行淨戒安忍精進
靜慮般若波羅蜜多樂苦不行淨戒安忍精
進靜慮般若波羅蜜多樂苦相是行般若波
羅蜜多不行布施波羅蜜多我无我不行布
施波羅蜜多我无我相是行般若波羅蜜多
不行淨戒安忍精進靜慮般若波羅蜜多我
无我不行淨戒安忍精進靜慮般若波羅蜜
多我无我相是行般若波羅蜜多不行布施
波羅蜜多淨不淨不行布施波羅蜜多淨不
淨相是行般若波羅蜜多不行淨戒安忍精
進靜慮般若波羅蜜多淨不淨不行淨戒安
忍精進靜慮般若波羅蜜多淨不淨相是行
般若波羅蜜多不行布施波羅蜜多空不空

BD08495號　大般若波羅蜜多經卷四一　（2–2）

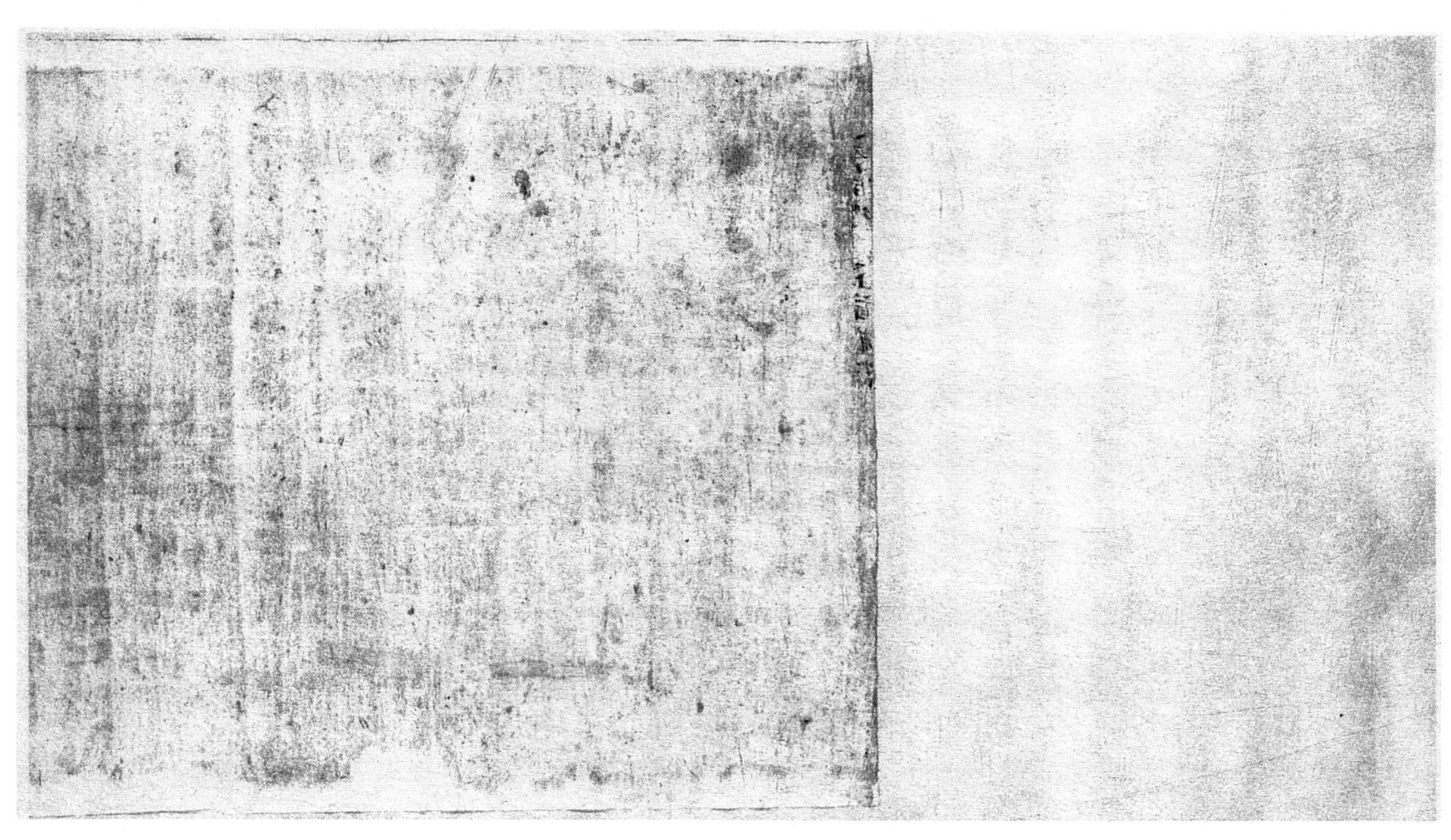

BD08495號背　雜寫　（1–1）

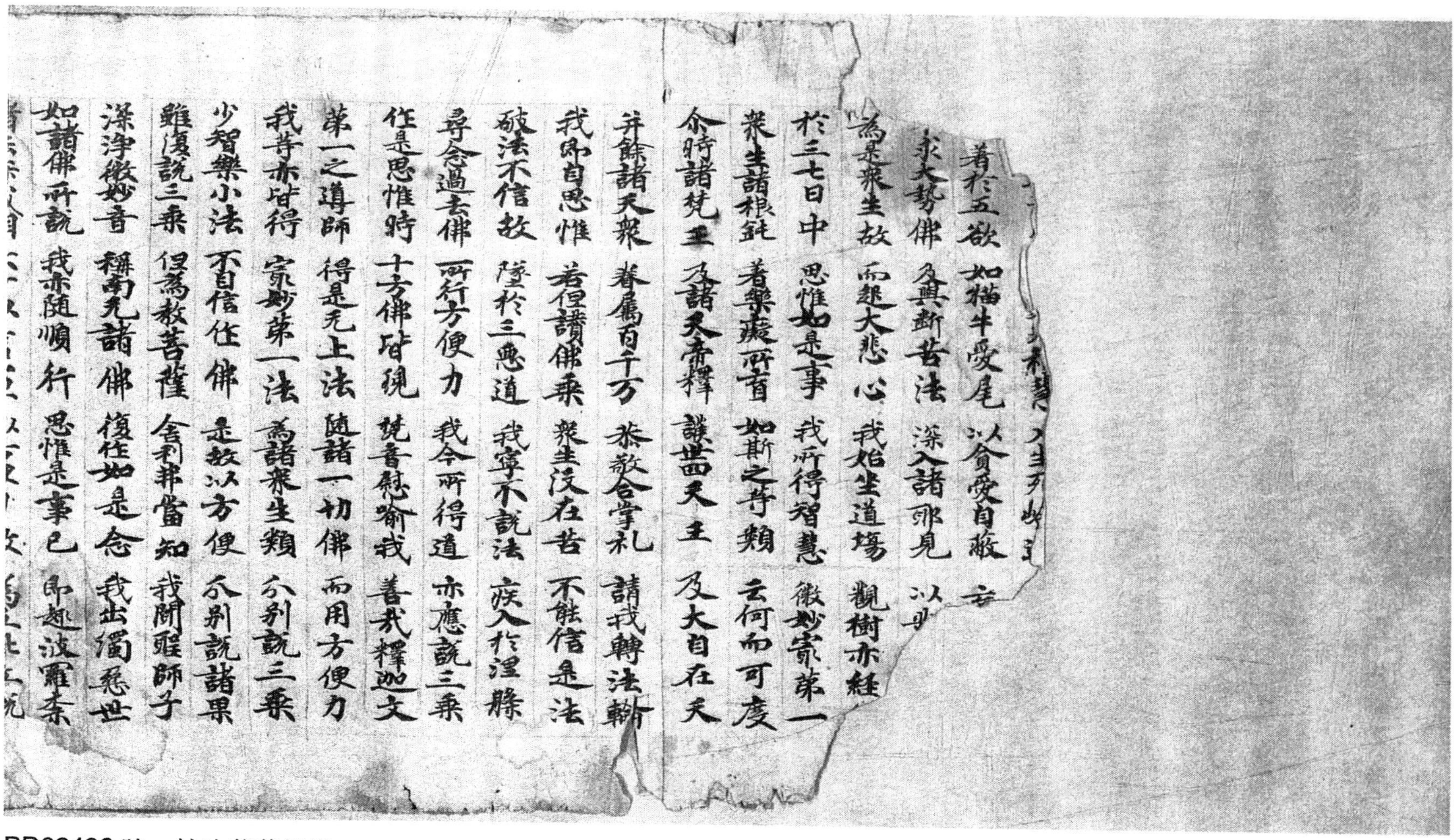
著於五欲 如猫牛愛尾 以貪愛自蔽 盲
不求大勢佛 及與斷苦法 深入諸邪見 以苦
為是衆生故 而起大悲心 我始坐道場 觀樹亦經
於三七日中 思惟如是事 我所得智慧 微妙最弟一
衆生諸根鈍 著樂癡所盲 如斯之等類 云何而可度
尒時諸梵王 及諸天帝釋 護世四天王 及大自在天
并餘諸天衆 眷屬百千万 恭敬合掌礼 請我轉法輪
我即自思惟 若但讚佛乘 衆生沒在苦 不能信是法
破法不信故 墜於三惡道 我寧不說法 疾入於涅槃
尋念過去佛 所行方便力 我今所得道 亦應說三乘
作是思惟時 十方佛皆現 梵音慰喻我 善哉釋迦文
弟一之導師 得是无上法 隨諸一切佛 而用方便力
我等亦皆得 最妙弟一法 為諸衆生類 分別說三乘
少智樂小法 不自信作佛 是故以方便 分別說諸果
雖復說三乘 但為教菩薩 舍利弗當知 我聞聖師子
深淨微妙音 稱南无諸佛 復作如是念 我出濁惡世
如諸佛所說 我亦隨順行 思惟是事已 即趣波羅柰
諸法寂滅相 不可以言宣 以方便力故 為五比丘說

BD08496號　妙法蓮華經卷一

（3–1）

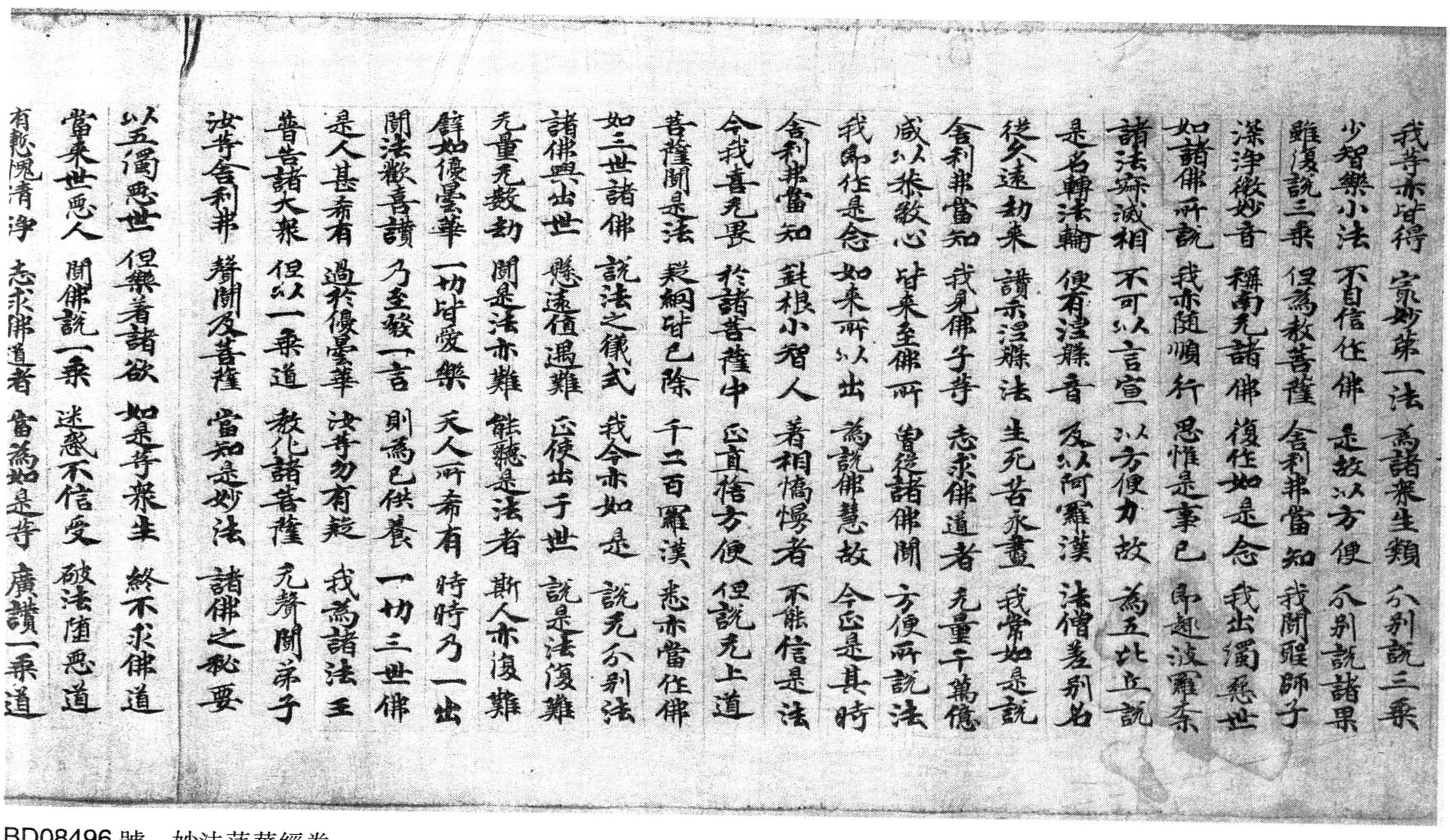
我等亦皆得 最妙弟一法 為諸衆生類 分別說三乘
少智樂小法 不自信作佛 是故以方便 分別說諸果
雖復說三乘 但為教菩薩 舍利弗當知 我聞聖師子
深淨微妙音 稱南无諸佛 復作如是念 我出濁惡世
如諸佛所說 我亦隨順行 思惟是事已 即趣波羅柰
諸法寂滅相 不可以言宣 以方便力故 為五比丘說
是名轉法輪 便有涅槃音 及以阿羅漢 法僧差別名
從久遠劫來 讚示涅槃法 生死苦永盡 我常如是說
舍利弗當知 我見佛子等 志求佛道者 无量千萬億
咸以恭敬心 皆來至佛所 曾從諸佛聞 方便所說法
我即作是念 如來所以出 為說佛慧故 今正是其時
舍利弗當知 鈍根小智人 著相憍慢者 不能信是法
今我喜无畏 於諸菩薩中 正直捨方便 但說无上道
菩薩聞是法 疑網皆已除 千二百羅漢 悉亦當作佛
如三世諸佛 說法之儀式 我今亦如是 說无分別法
諸佛興出世 懸遠值遇難 正使出于世 說是法復難
无量无數劫 聞是法亦難 能聽是法者 斯人亦復難
譬如優曇華 一切皆愛樂 天人所希有 時時乃一出
聞法歡喜讚 乃至發一言 則為已供養 一切三世佛
是人甚希有 過於優曇華 汝等勿有疑 我為諸法王
普告諸大衆 但以一乘道 教化諸菩薩 无聲聞弟子
汝等舍利弗 聲聞及菩薩 當知是妙法 諸佛之祕要
以五濁惡世 但樂著諸欲 如是等衆生 終不求佛道
當來世惡人 聞佛說一乘 迷惑不信受 破法墮惡道
有慚愧清淨 志求佛道者 當為如是等 廣讚一乘道

BD08496號　妙法蓮華經卷一

（3–2）

咸以恭敬心 皆來至佛所 曾從諸佛聞 方便所說法
我即作是念 如來所以出 為說佛慧故 今正是其時
舍利弗當知 鈍根小智人 著相憍慢者 不能信是法
今我喜无畏 於諸菩薩中 正直捨方便 但說无上道
菩薩聞是法 疑網皆已除 千二百羅漢 悉亦當作佛
如三世諸佛 說法之儀式 我今亦如是 說无分別法
諸佛興出世 懸遠值遇難 正使出于世 說是法復難
无量无數劫 聞是法亦難 能聽是法者 斯人亦復難
譬如優曇華 一切皆愛樂 天人所希有 時時乃一出
聞法歡喜讚 乃至發一言 則為已供養 一切三世佛
是人甚希有 過於優曇華 汝等勿有疑 我為諸法王
普告諸大眾 但以一乘道 教化諸菩薩 无聲聞弟子
汝等舍利弗 聲聞及菩薩 當知是妙法 諸佛之秘要
以五濁惡世 但樂著諸欲 如是等眾生 終不求佛道
當來世惡人 聞佛說一乘 迷惑不信受 破法墮惡道
有慚愧清淨 志求佛道者 當為如是等 廣讚一乘道
舍利弗當知 諸佛法如是 以萬億方便 隨宜而說法
其不習學者 不能曉了此 汝等既已知 諸佛世之師
隨宜方便事 无復諸疑惑 心生大歡喜 自知當作佛

BD08496號　妙法蓮華經卷一　（3–3）

摩地世尊云何名為
謂若住此三摩地時不見諸定法有違有順
相是故名為離違順三摩地世尊云何名為
無垢明三摩地善現謂若住此三摩地時於
諸等持若明若垢咸悉不見是故名為無垢
明三摩地世尊云何名為極堅固三摩地善
現謂若住此三摩地時令諸等持無不堅固
是故名為極堅固三摩地世尊云何名為滿
月淨光三摩地善現謂若住此三摩地時令
諸等持功德具足如淨滿月增諸海水是故
名為滿月淨光三摩地世尊云何名為大莊
嚴三摩地善現謂若住此三摩地時令諸等
持成就種種微妙希有大莊嚴事是故名為
大莊嚴三摩地世尊云何名為無熱電光三
摩地善現謂若住此三摩地時放清冷光照
有情類令息一切黑暗毒熱是故名為無熱
電光三摩地世尊云何名為能照一切世間
三摩地善現謂若住此三摩地時照諸等持
及一切法令有情類咸得開曉是故名為能

BD08497號　大般若波羅蜜多經卷五二　（4–1）

摩地善現謂若住此三摩地時放清冷光照
有情類令息一切黑暗毒熱是故名爲益熱
電光三摩地世尊云何名爲能照一切世間
三摩地善現謂若住此三摩地時照諸等持
及一切法令有情類咸得開曉是故名爲能
照一切世間三摩地世尊云何名爲救一切
世間三摩地善現謂若住此三摩地時能救
世間種種憂苦是故名爲救一切世間三摩地
世尊云何名爲定平等性三摩地善現謂若
住此三摩地時不見等持定散差別是故名
爲定平等性三摩地世尊云何名爲無塵有
塵平等理趣三摩地善現謂若住此三摩地
時了達諸定及一切法有塵無塵平等理趣
是故名爲無塵有塵平等理趣三摩地世尊
云何名爲無諍有諍平等理趣三摩地善現
謂若住此三摩地時不見諸法及一切定有
諍無諍性相差別是故名爲無諍有諍平等
理趣三摩地世尊云何名爲無巢穴無標幟
無愛樂三摩地善現謂若住此三摩地時破
諸巢穴捨諸標幟斷諸愛樂而無所執是故
名爲無巢穴無標幟無愛樂三摩地世尊云
何名爲決定安住真如三摩地善現謂若住
此三摩地時於諸等持及一切法常不棄捨
真如實相是故名爲決定安住真如三摩地
世尊云何名爲器中涌出三摩地善現謂若
住此三摩地時令諸等持出生功德如天福力
食涌器中是故名爲器中涌出三摩地世尊

BD08497 號　大般若波羅蜜多經卷五二　（4–2）

此三摩地時於諸等持及一切法常不棄捨
真如實相是故名爲決定安住真如三摩地
世尊云何名爲器中涌出三摩地善現謂若
住此三摩地時令諸等持出生功德如天福力
食涌器中是故名爲器中涌出三摩地世尊
云何名爲燒諸煩惱三摩地善現謂若住此
三摩地時燒諸煩惱令無遺燼是故名爲燒
諸煩惱三摩地世尊云何名爲大智慧炬三
摩地善現謂若住此三摩地時發智慧光照
了一切是故名爲大智慧炬三摩地世尊云
何名爲出生十力三摩地善現謂若住此三
摩地時令佛十力速得圓滿是故名爲出生十
力三摩地世尊云何名爲開闡三摩地善現
謂若住此三摩地時能爲有情開闡法要令
速解脫生死大苦是故名爲開闡三摩地世
尊云何名爲壞身惡行三摩地善現謂若住
此三摩地時雖不見有身而息身惡行是故
名爲壞身惡行三摩地世尊云何名爲壞語
惡行三摩地善現謂若住此三摩地時雖不
見有語而息語惡行是故名爲壞語惡行三
摩地世尊云何名爲壞意惡行三摩地善現
謂若住此三摩地時雖不見有心而息意惡
行是故名爲壞意惡行三摩地世尊云何名
爲善觀察三摩地善現謂若住此三摩地時
於諸有情能善觀察根性勝解而度脫之是
故名爲善觀察三摩地世尊云何名爲如虛
空三摩地善現謂若住此三摩地時於諸有
情普能饒益其心平等如太虛空是故名爲

BD08497 號　大般若波羅蜜多經卷五二　（4–3）

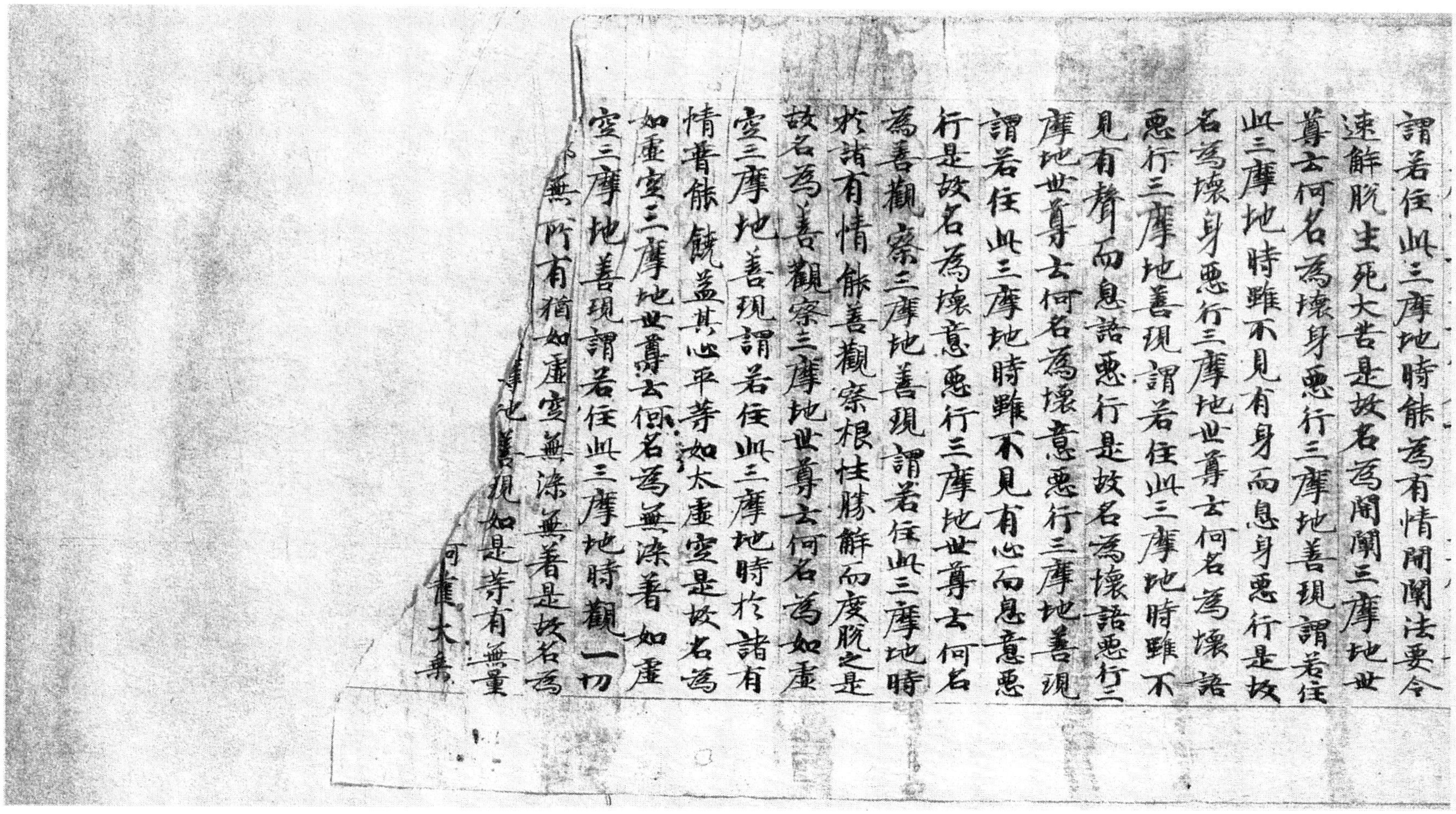

謂若住此三摩地時能為有情開闡法要令
速解脫生死大苦是故名為開闡三摩地世
尊云何名為壞身惡行三摩地善現謂若住
此三摩地時雖不見有身而息身惡行是故
名為壞身惡行三摩地世尊云何名為壞語
惡行三摩地善現謂若住此三摩地時雖不
見有聲而息語惡行是故名為壞語惡行三
摩地世尊云何名為壞意惡行三摩地善現
謂若住此三摩地時雖不見有心而息意惡
行是故名為壞意惡行三摩地世尊云何名
為善觀察三摩地善現謂若住此三摩地時
於諸有情能善觀察根性勝解而度脫之是
故名為善觀察三摩地世尊云何名為如虛
空三摩地善現謂若住此三摩地時於諸有
情普能饒益其心平等如太虛空是故名為
如虛空三摩地世尊云何名為無染著如虛
空三摩地善現謂若住此三摩地時觀一切
無所有猶如虛空無染無著是故名為
摩地善現如是等有無量
可獲大乘

BD08497 號　大般若波羅蜜多經卷五二　（4–4）

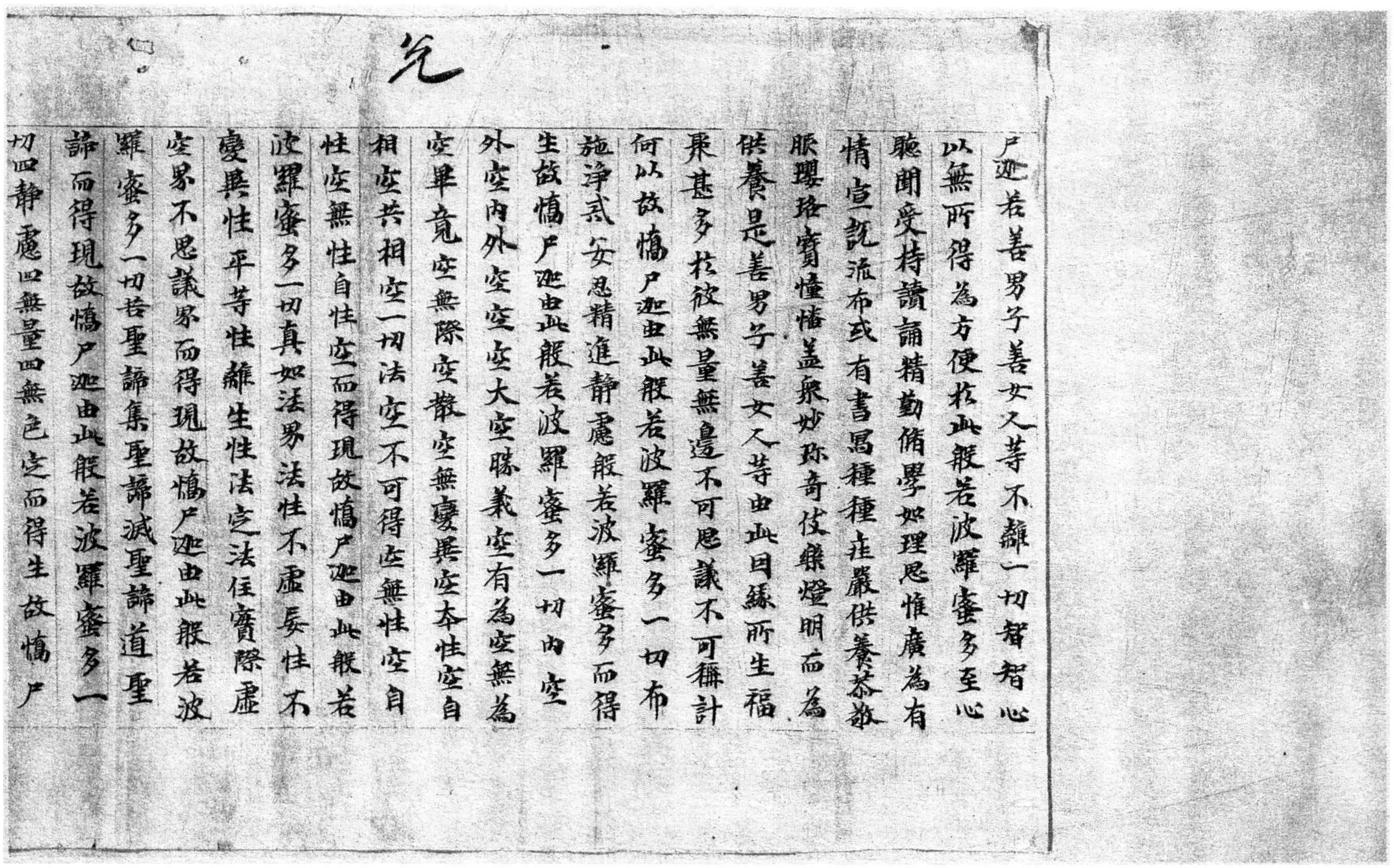

兌

尸迦若善男子善女人等不離一切智智心
以無所得為方便於此般若波羅蜜多至心
聽聞受持讀誦精勤脩學如理思惟廣為有
情宣說流布或有書寫種種莊嚴供養恭敬
服瓔珞寶幢幡蓋衆妙珎奇伎樂燈明而為
供養是善男子善女人等由此因緣所生福
聚甚多於彼無量無邊不可思議不可稱計
何以故憍尸迦由此般若波羅蜜多一切布
施淨戒安忍精進靜慮般若波羅蜜多而得
生故憍尸迦由此般若波羅蜜多一切內空
外空內外空空空大空勝義空有為空無為
空畢竟空無際空散空無變異空本性空自
相空共相空一切法空不可得空無性空自
性空無性自性空而得現故憍尸迦由此般若
波羅蜜多一切真如法界法性不虛妄性不
變異性平等性離生性法定法住實際虛
空界不思議界而得現故憍尸迦由此般若波
羅蜜多一切苦聖諦集聖諦滅聖諦道聖
諦而得現故憍尸迦由此般若波羅蜜多一
切四靜慮四無量四無色定而得生故憍尸

BD08498 號　大般若波羅蜜多經（兌廢稿）卷一〇四　（2–1）

兌

何以故憍尸迦由此般若波羅蜜多一切布
施淨戒安忍精進靜慮般若波羅蜜多而得
生故憍尸迦由此般若波羅蜜多一切内空
外空内外空空空大空勝義空有為空無為
空畢竟空無際空散空無變異空本性空自
相空共相空一切法空不可得空無性空自
性空無性自性空而得現故憍尸迦由此般若
波羅蜜多一切真如法界法性不虛妄性不
變異性平等性離生性法定法住實際虛
空界不思議界而得現故憍尸迦由此般若波
羅蜜多一切苦聖諦集聖諦滅聖諦道聖
諦而得現故憍尸迦由此般若波羅蜜多一
切四靜慮四無量四無色定而得生故憍尸
迦由此般若波羅蜜多一切八解脫八勝處
九次第定十遍處而得生故憍尸迦由此般
若波羅蜜多一切四念住四正斷四神足五
根五力七等覺支八聖道支而得生故憍尸
迦由此般若波羅蜜多一切空解脫門無相

BD08498號　大般若波羅蜜多經（兌廢稿）卷一〇四　（2–2）

…人尚
…如著壞色衣執
…慢當疾滅之增長
…出家入道之人為
脫故自…耶汝等比丘諂曲之心與
相違是故宜應質直其心當知諂曲但為欺誑
道之人則无是處是故汝等宜當端心以質直為
本汝等比丘當知多欲之人多求利故苦惱亦多少欲之
人无欲則无此患直尒少欲尚應脩集何况少欲能
諸功德少欲之人則无諂曲以求人意亦復不為諸根所
牽行少欲者心則坦然无所憂畏觸事有餘常无
不足有少欲者則有涅槃是名少欲汝等比丘若欲脫
諸苦惱當觀知足知足之法即是富樂安隱之處知
足之人雖卧地上猶為安樂不知足者雖處天堂亦不稱
意不知足者雖冨而貧知足之人雖貧而冨不知足者
常為五欲所牽為知足者之所憐愍是名知足汝等比
丘若求寂靜无為安樂當離憒閙獨處閑居靜處

BD08499號　佛垂般涅槃略說教誡經　（2–1）

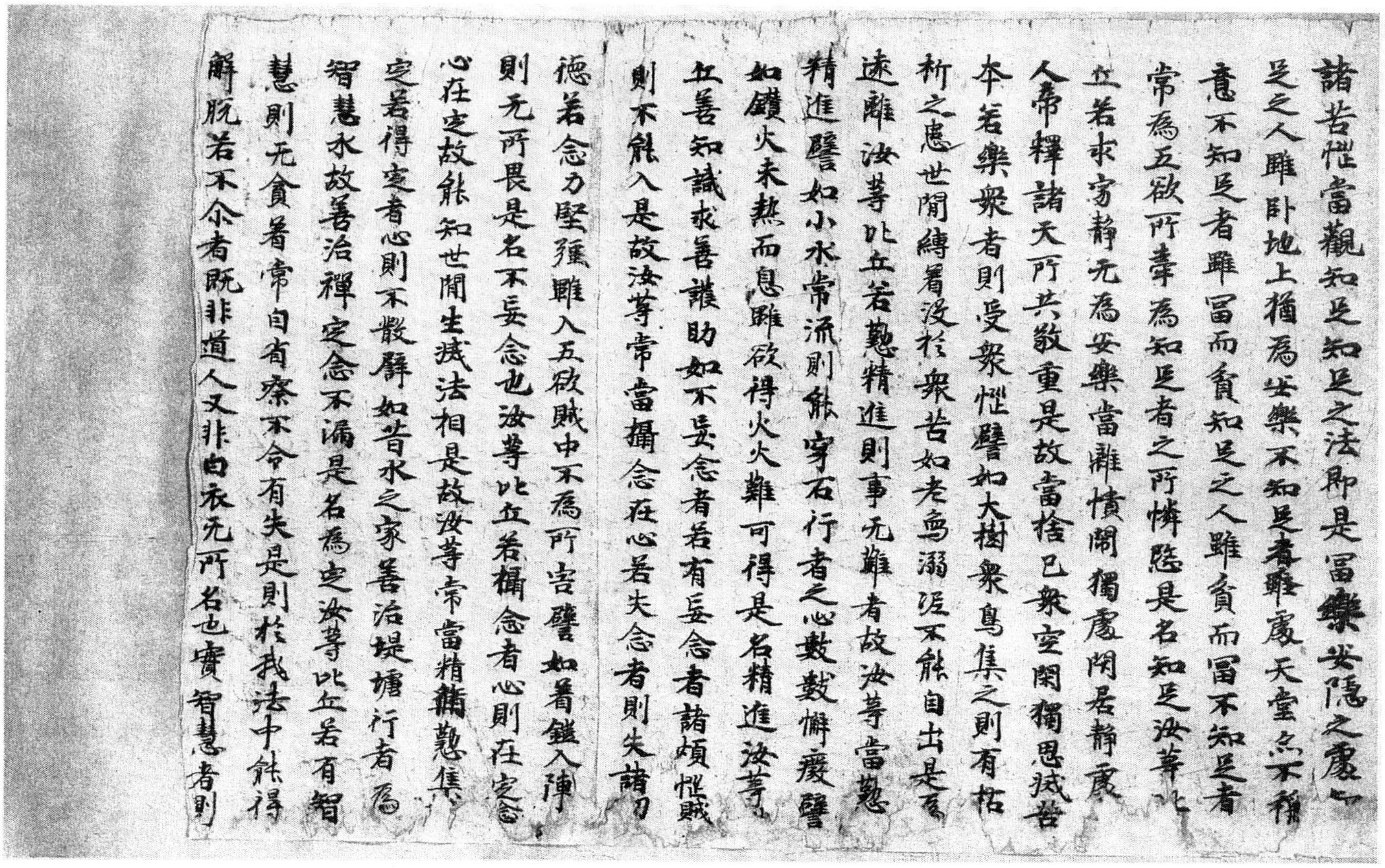
諸苦惱當觀知足知足之法即是富樂安隱之處知
足之人雖卧地上猶為安樂不知足者雖處天堂亦不稱
意不知足者雖富而貧知足之人雖貧而富不知足者
常為五欲所牽為知足者之所憐愍是名知足汝等比
丘若求寂靜无為安樂當離憒閙獨處閑居靜處
人帝釋諸天所共敬重是故當捨巳衆空閑獨思滅苦
本若樂衆者則受衆惱譬如大樹衆鳥集之則有枯
折之患世間縛著沒於衆苦如老象溺泥不能自出是名
遠離汝等比丘若懃精進則事无難者故汝等當懃
精進譬如小水常流則能穿石行者之心數數懈廢譬
如鑽火未熱而息雖欲得火火難可得是名精進汝等
比丘善知識求善護助如不忘念者若有忘念者諸煩惱賊
則不能入是故汝等常當攝念在心若失念者則失諸功
德若念力堅強雖入五欲賊中不為所害譬如著鎧入陣
則无所畏是名不忘念也汝等比丘若攝念者心則在定
心在定故能知世間生滅法相是故汝等常當精懃修集
定若得定者心則不散譬如惜水之家善治堤塘行者為
智慧水故善治禪定令不漏是名為定汝等比丘若有智
慧則无貪著常自省察不令有失是則於我法中能得
解脫若不尒者既非道人又非白衣无所名也實智慧者則

BD08499號　佛垂般涅槃略說教誡經　（2–2）

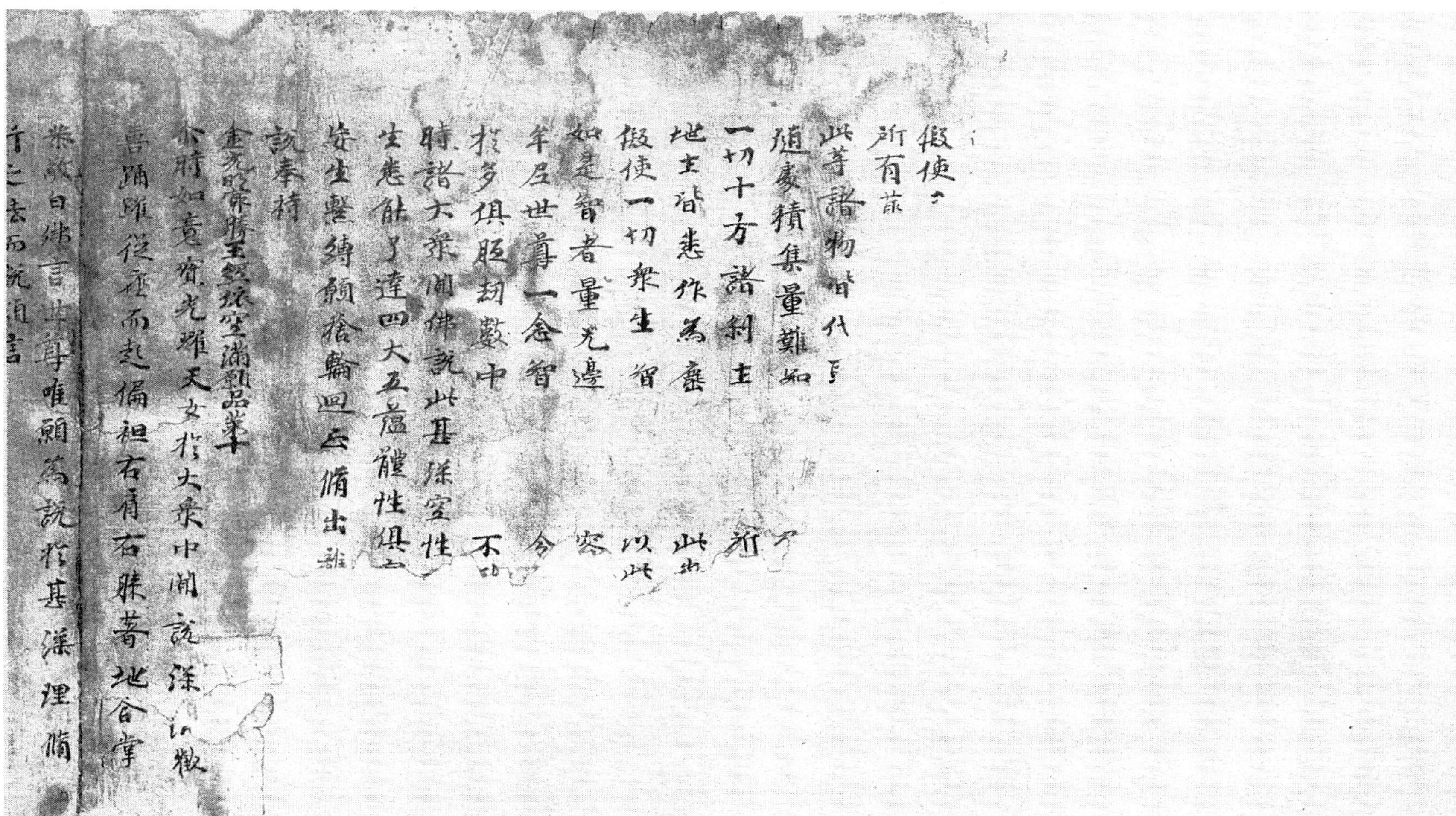
假使
所有莊
此等諸物皆代
隨處積集量難如
一切十方諸刹土
地土皆悉作為塵　以此
假使一切衆生智　容
如是智者量无邊　令
牟尼世尊一念智
於多俱胝劫數中　不
時諸大衆聞佛說此甚深空性
生悲能了達四大五蘊體性俱
發生堅縛願捨輪迴正脩出離
歡喜奉持
金光明最勝王經依空滿願品第十
尒時如意寶光耀天女於大衆中聞說深法歡
喜踊躍從座而起偏袒右肩右膝著地合掌
恭敬白佛言世尊唯願為說於甚深理脩
行之法而說頌言

BD08500號　金光明最勝王經卷五　（4–1）

誠奉持
金光明最勝王經依空滿願品第十
爾時如意寶光耀天女於大衆中聞說深法歡
喜踊躍從座而起偏袒右肩右膝著地合掌
恭敬白佛言世尊唯願爲說於甚深理脩
行之法而說頌言
我問照世間　兩足最勝尊　菩薩正行法　唯願慈聽許
佛言善女天　若有所疑者　隨汝意所問　吾當分別說
是時天女請世尊曰
云何諸菩薩行菩提正行離生死涅槃饒益自他故
佛告善女天依於法界行菩提法脩平等行
云何依於法界行菩提法脩平等行謂於五
蘊能現法界法界即是五蘊五蘊不可說非五
蘊亦不可說何以故若法界是五蘊即是斷
見若離五蘊即是常見離於二相不著二邊
不可見過所見无名无相是則名爲說於法
界善女天云何五蘊能現法界如是五蘊不
從因緣生何以故若從因緣生者爲已生故
生爲未生故生若已生者何用因緣若未
生生者不可得生何以故未生諸法即是非
有无名无相非校量譬喻之所能及非是
因緣之所生故善女天譬如鼓聲依木依皮及
桴手等故得出聲如是鼓聲過去亦空未來
亦空現在亦空何以故是鼓音聲不從木生
不從皮生及桴手生不於三世生是不生若
不可生則不可滅若不可滅无所從來若
无所從來亦无所去若无所去則非常非斷
若非常非斷則不一不異何以故此若是

BD08500號　金光明最勝王經卷五　（4–2）

无所從來亦无所去若无所去則非常非斷
若非常非斷則不一不異何以故此若是
一則不異法界若如是者凡夫之人應見真
諦得於无上安樂涅槃既不如是故知不一
若言異者一切諸佛菩薩行相即是執著未
得解脫煩惱繫縛即不證得阿耨多羅三藐三
菩提何以故一切聖人於行非行同真實性
是故不異故知五蘊非有非无不從因緣生
非无因緣生是聖所知非餘境故亦非言說
之所能及无名无相无因无緣亦无譬喻始
終寂靜本來自空是故五蘊能現法界善女
天若善男子善女人欲求阿耨多羅三藐三
菩提異真異俗難可思量於凡聖境體非一
異不捨於俗不離於真依於法界行菩提行
尒時世尊作是語已時善女天踊躍歡喜即
從座起偏袒右肩右膝著地合掌恭敬一心
頂禮而白佛言世尊如上所說菩提正行我
今當學是時索訶世界主大梵天王於大衆
中問如意寶光耀善女天曰此菩提行難可
脩行汝今云何於菩提行而得自在尒時善
女天答梵王曰大梵王如佛所說實是甚深一
切異生不解其義是聖境界微妙難知若
使我今依於此法安樂住是實語者願令
一切五濁惡世无量无數无邊衆生皆得金
色卅二相非男非女坐寶蓮花受无量樂雨
天妙花諸天音樂不鼓自鳴一切供養皆悉
具足時善女天說是語已一切五濁惡世所
有衆生皆悉金色具大人相非男非女坐寶
蓮花受无量樂猶如他化自在天宮无諸惡

BD08500號　金光明最勝王經卷五　（4–3）

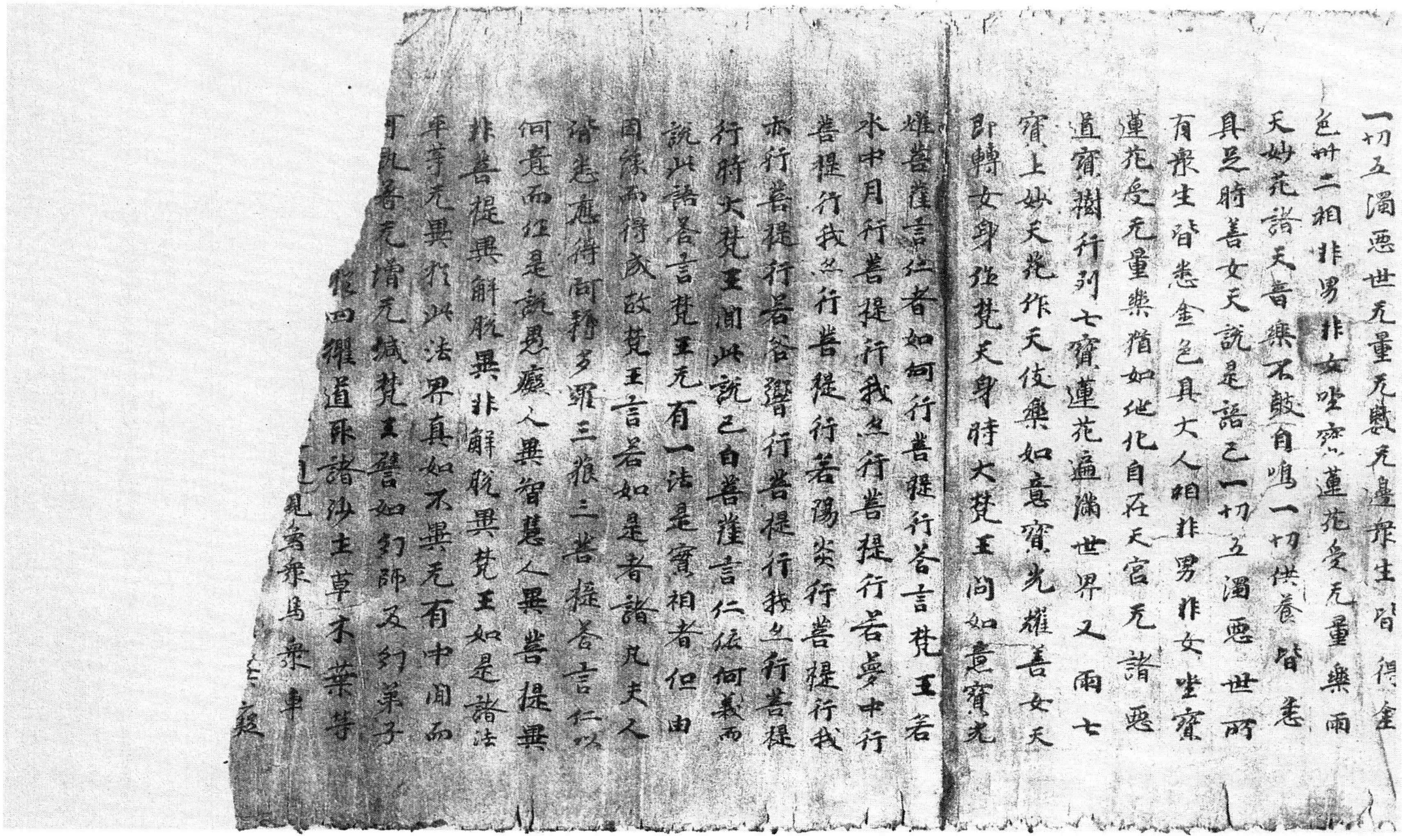

一切五濁惡世无量无數无邊衆生皆得金
色卅二相非男非女坐寶蓮花受无量樂雨
天妙花諸天音樂不鼓自鳴一切供養皆悉
具足時善女天說是語已一切五濁惡世所
有衆生皆悉金色具大人相非男非女坐寶
蓮花受无量樂猶如他化自在天宮无諸惡
道寶樹行列七寶蓮花遍滿世界又雨七
寶上妙天花作天伎樂如意寶光耀善女天
即轉女身作梵天身時大梵王問如意寶光
耀菩薩言仁者如何行菩提行答言梵王若
水中月行菩提行我亦行菩提行若夢中行
菩提行我亦行菩提行若陽炎行菩提行我
亦行菩提行若谷響行菩提行我亦行菩提
行時大梵王聞此說已白菩薩言仁依何義而
說此語答言梵王无有一法是實相者但由
因緣而得成故梵王言若如是者諸凡夫人
皆悉應得阿耨多羅三藐三菩提答言仁以
何意而作是說愚癡人異智慧人異菩提異
非菩提異解脫異非解脫異梵王如是諸法
平等无異於此法界真如不異无有中間而
可執著无增无減梵王譬如幻師及幻弟子
依四衢道聚諸沙土草木葉等
見象乘馬衆車
庭

BD08500 號　金光明最勝王經卷五　（4–4）

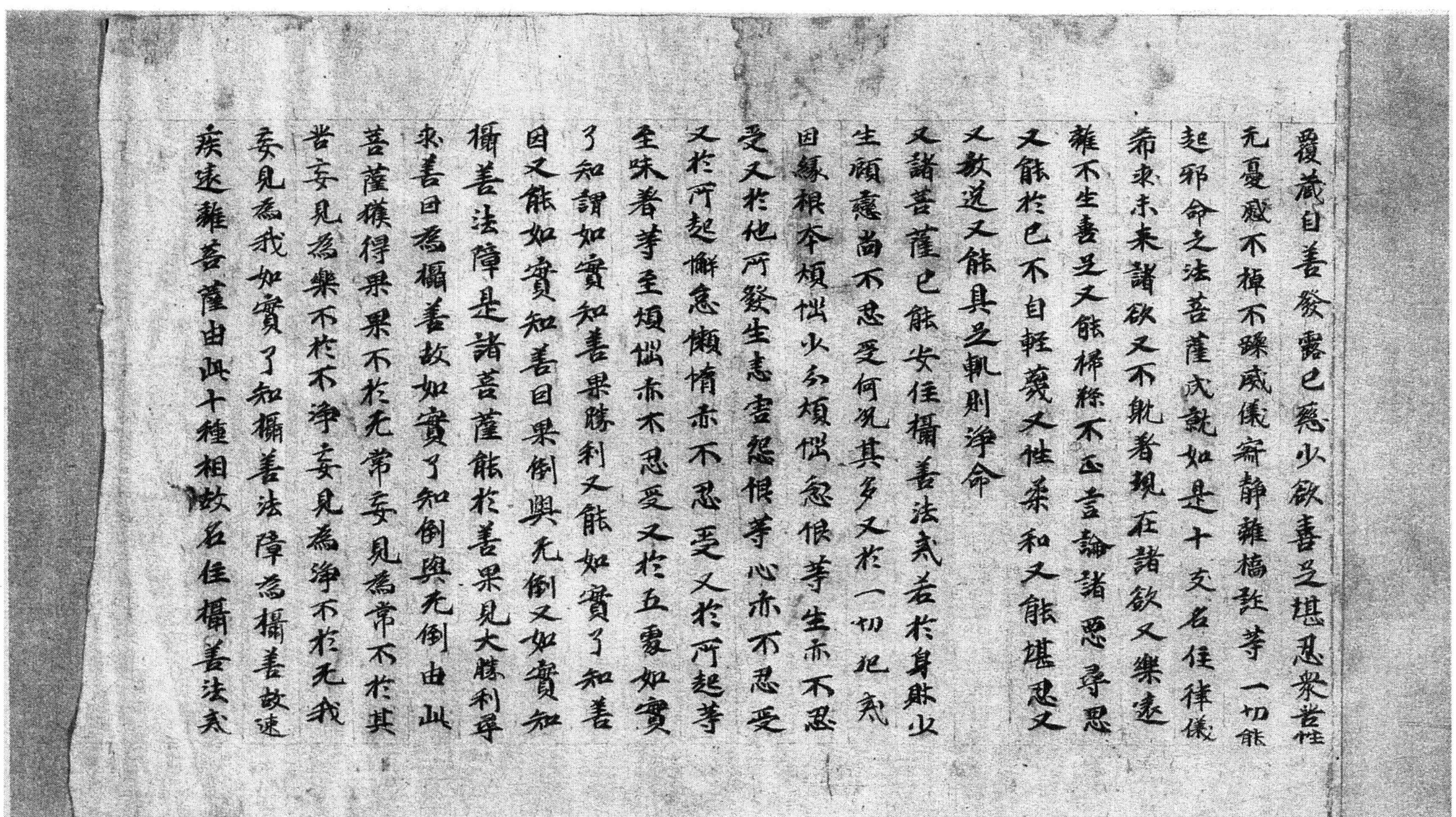

覆藏自善發露已惡少欲喜足堪忍衆苦性
无憂慼不掉不躁威儀寂靜離矯詐等一切能
起邪命之法菩薩成就如是十支名住律儀
希求未來諸欲又不耽著現在諸欲又樂遠
離不生喜足又能棄捨不正言論諸惡尋思
又能於已不自輕蔑又性柔和又能堪忍又
又放逸又能具足軌則淨命
又諸菩薩已能安住攝善法戒若於身財少
生顧戀尚不忍受何況其多又於一切犯戒
因緣根本煩惱少分煩惱忿恨等生亦不忍
受又於他所發生恚害怨恨等心亦不忍受
又於所起懈怠懶惰亦不忍受又於所起等
至味著等至煩惱亦不忍受又於五處如實
了知謂如實知善果勝利又能如實了知善
因又能如實知善因果倒與无倒又如實知
攝善法障是諸菩薩能於善果見大勝利尋
求善因為攝善故如實了知倒與无倒由此
菩薩獲得果果不於无常妄見為常不於其
苦妄見為樂不於不淨妄見為淨不於无我
妄見為我如實了知攝善法障為攝善故速
疾遠離菩薩由此十種相故名住攝善法戒

BD08501 號　瑜伽師地論（兌廢稿）卷四〇　（1–1）

逆逆□心无繫縛
及以鞭杖苦楚事
衆苦皆令永除盡
令得種種殊勝味
跛者能行瘂能語
倉庫盈溢无所乏
皆令得受□ 无一衆生受苦惱
一切人天皆樂見 容儀溫雅甚端嚴
悉皆現受无量樂 受用豐饒福德具
隨彼衆生念伎樂 衆妙音聲皆現前
淥水即現清涼池 金色蓮花泛其上
隨彼衆生心所念 飲食衣服及牀敷
金銀珎寶妙瑠璃 瓔珞莊嚴皆具足
勿令衆生聞惡響 亦復不見有相違
所受容皃悉嚴端 各各慈心相愛樂
世間資生諸樂具 隨心念時皆滿足
所得珎財无損惜 分布施與諸衆生
燒香末香及塗香 衆妙雜花非一色
每日三時從樹墮 隨心受用生歡喜
普願衆生咸供養 十方一切最勝尊
三乘清淨妙法門 菩薩獨覺聲聞衆
常願勿處於卑賤 不墮无暇八難中
生在有暇人中尊 恒得親承十方佛

BD08502號　金光明最勝王經卷二　（3–1）

燒香末香及塗香 衆妙雜花非一色
每日三時從樹墮 隨心受用生歡喜
普願衆生咸供養 十方一切最勝尊
三乘清淨妙法門 菩薩獨覺聲聞衆
常願勿處於卑賤 不墮无暇八難中
生在有暇人中尊 恒得親承十方佛
願得常生富貴家 財寶倉庫皆盈滿
顏皃名稱无與等 壽命延長經劫數
悉願女人變為男 勇健聰明多智慧
一切常行菩薩道 勤修六度到彼岸
常見十方无量佛 寶王樹下而安處
處妙瑠璃師子座 恒得親承轉法輪
若於過去及現在 輪迴三有造諸業
能招可猒不善趣 願得消滅永无餘
一切衆生於有海 生死羂網堅牢縛
願以智劒為斷除 離苦速證菩提處
衆生於此贍部內 或於他方世界中
所作種種勝福因 我今皆悉生隨喜
以此隨喜福德事 及身語意造衆善
願此勝業常增長 速證无上大菩提
所有禮讚佛功德 深心清淨无瑕穢
迴向發願福无邊 當超惡趣六十劫
若有男子及女人 婆羅門等諸勝族
合掌一心讚歎佛 生生常憶宿世事
諸根清淨身圓滿 殊勝功德皆成就
願於未來所生處 常得人天共瞻仰
非於一佛十佛所 修諸善根今得聞
百千佛所種善根 方得聞斯懺悔法
尒時世尊聞此說已讚妙幢菩薩言善哉

BD08502號　金光明最勝王經卷二　（3–2）

百千佛所種善根　方得聞斯懺悔法
尒時世尊聞此說已讚妙幢菩薩言善哉
善哉善男子如汝所夢金鼓出聲讚歎如來
真實功德并懺悔法若有聞者獲福甚多
廣利有情滅除罪障汝今應知此之勝業皆
是過去讚歎發願宿習因緣及由諸佛威力加
護此之因緣當為汝說時諸大眾聞是法已
咸皆歡喜信受奉行

金光明最勝王經卷第二

礦古孟　鍊蓮見　鎔欲鍾　淳大寸　桴覆于　鎖蘇果　羂古縣

BD08502 號　金光明最勝王經卷二　（3–3）

薩道若有得聞是經典者乃能善行菩薩之
道其有眾生求佛道者若見若聞是法華經
聞已信解受持者當知是人得近阿耨多羅
三藐三菩提藥王譬如有人渴之須水於彼
高原穿鑿求之猶見乾土知水尚遠施功不
已轉見濕土遂漸至泥其心決定知水必近
菩薩亦復如是若未聞未解未能修習是法
華經當知是人去阿耨多羅三藐三菩提尚
遠若得聞解思惟修習必知得近阿耨多羅
三藐三菩提所以者何一切菩薩阿耨多羅
三藐三菩提皆屬此經此經開方便門示真
實相是法華經藏深固幽遠无人能到今佛
教化成就菩薩而為開示藥王若有菩薩聞
是法華經驚疑怖畏當知是為新發意菩薩
若聲聞人聞是經驚疑怖畏當知是為增上
慢者藥王若有善男子善女人如來滅後欲
為四眾說是法華經者云何應說是善男子
善女人入如來室著如來衣坐如來座尒乃
應為四眾廣說斯經如來室者一切眾生中
大慈悲心是如來衣者柔和忍辱心是如來

BD08503 號　妙法蓮華經卷四　（4–1）

若聲聞人聞是經驚疑怖畏當知是為增上
慢者藥王若有善男子善女人如來滅後欲
為四衆說是法華經者云何應說是善男子
善女人入如來室著如來衣坐如來座尒乃
應為四衆廣說斯經如來室者一切衆生中
大慈悲心是如來衣者柔和忍辱心是如來
座者一切法空是安住是中然後以不懈怠
心為諸菩薩及四衆廣說是法華經藥王我
於餘國遣化人為其集聽法衆亦遣化比丘
比丘尼優婆塞優婆夷聽其說法是諸化人
聞法信受隨順不逆若說法者在空閑處我
時廣遣天龍鬼神乾闥婆阿脩羅等聽其說
法我雖在異國時時令說法者得見我身若
於此經忘失句逗我還為說令得具足尒時
世尊欲重宣此義而說偈言
欲捨諸懈怠　應當聽此經　是經難得聞　信受者亦難
如人渴須水　穿鑿於高原　猶見乾燥土　知去水尚遠
漸見濕土泥　決定知近水　藥王汝當知　如是諸人等
不聞法華經　去佛智甚遠　若聞是深經　決了聲聞法
是諸經之王　聞已諦思惟　當知此人等　近於佛智慧
若人說此經　應入如來室　著於如來衣　而坐如來座
處衆无所畏　廣為分別說
大慈悲為室　柔和忍辱衣　諸法空為座　處此為說法
若說此經時　有人惡口罵　加刀杖瓦石　念佛故應忍
我千万億土　現淨堅固身　於无量億劫　為衆生說法
若我滅度後　能說此經者　我遣化四衆　比丘比丘尼
及清信士女　供養於法師　引導諸衆生　集之令聽法
若人欲加惡　刀杖及瓦石　則遣變化人　為之作衛護

BD08503號　妙法蓮華經卷四　（4–2）

我千万億土　現淨堅固身　於无量億劫　為衆生說法
若我滅度後　能說此經者　我遣化四衆　比丘比丘尼
及清信士女　供養於法師　引導諸衆生　集之令聽法
若人欲加惡　刀杖及瓦石　則遣變化人　為之作衛護
若說法之人　獨在空閑處　寂寞无人聲　讀誦此經典
我尒時為現　清淨光明身　若忘失章句　為說令通利
若人具是德　或為四衆說　空處讀誦經　皆得見我身
若人在空閑　我遣天龍王　夜叉鬼神等　為作聽法衆
是人樂說法　分別无罣礙　諸佛護念故　能令大衆喜
若親近法師　速得菩薩道　隨順是師學　得見恒沙佛
妙法蓮華經見寶塔品第十一
尒時佛前有七寶塔高五百由旬縱廣二百
五十由旬從地踊出住在空中種種寶物而
莊校之五千欄楯龕室千万无數幢幡以為
嚴飾垂寶瓔珞寶鈴万億而懸其上四面皆
出多摩羅跋栴檀之香充遍世界其諸幡蓋
以金銀瑠璃車璖馬瑙真珠玫瑰七寶合成
高至四天王宮三十三天雨天曼陀羅華供
養寶塔餘諸天龍夜叉乾闥婆阿脩羅迦樓
羅緊那羅摩睺羅伽人非人等千万億衆以
一切華香瓔珞幡蓋伎樂供養寶塔恭敬尊
重讚嘆尒時寶塔中出大音聲嘆言善哉善
哉釋迦牟尼世尊能以平等大慧教菩薩法
佛所護念妙法華經為大衆說如是如是釋
迦牟尼世尊如所說者皆是真實尒時四衆
見大寶塔住在空中又聞塔中所出音聲皆
得法喜怪未曾有從座而起恭敬合掌却住
一面尒時有菩薩摩訶薩名大樂說知一切

BD08503號　妙法蓮華經卷四　（4–3）

佛所讚念妙法華經為大衆說如是如是釋
迦牟尼世尊如所說者皆是真實尒時四衆
見大寶塔住在空中又聞塔中所出音聲皆
得法喜怪未曾有從座而起恭敬合掌却住
一面尒時有菩薩摩訶薩名大樂說知一切
世間天人阿脩羅等心之所疑而白佛言世
尊以何因緣有此寶塔從地踊出又於其中
發是音聲尒時佛告大樂說菩薩此寶塔中
有如來全身乃往過去東方无量千万億阿
僧祇世界國名寶淨彼中有佛号曰多寶其
佛行菩薩道時作大誓願若我成佛滅度之
後於十方國土有說法華經處我之塔廟為
聽是經故踊現其前為作證明讚言善哉彼
佛成道已臨滅度時於天人大衆中告諸比
丘我滅度後欲供養我全身者應起一大塔
其佛以神通願力十方世界在在處處若有
說法華經者彼之寶塔皆踊出其前全身在
於塔中讚言善哉善哉大樂說今多寶如來
塔聞說法華經故從地踊出讚言善哉善哉
是時大樂說菩薩以如來神力故白佛言世
尊我等願欲見此佛身佛告大樂說菩薩摩
訶薩是多寶佛有深重願若我寶塔為聽法
華經故出於諸佛前時其有欲以我身示四

BD08503號　妙法蓮華經卷四　（4–4）

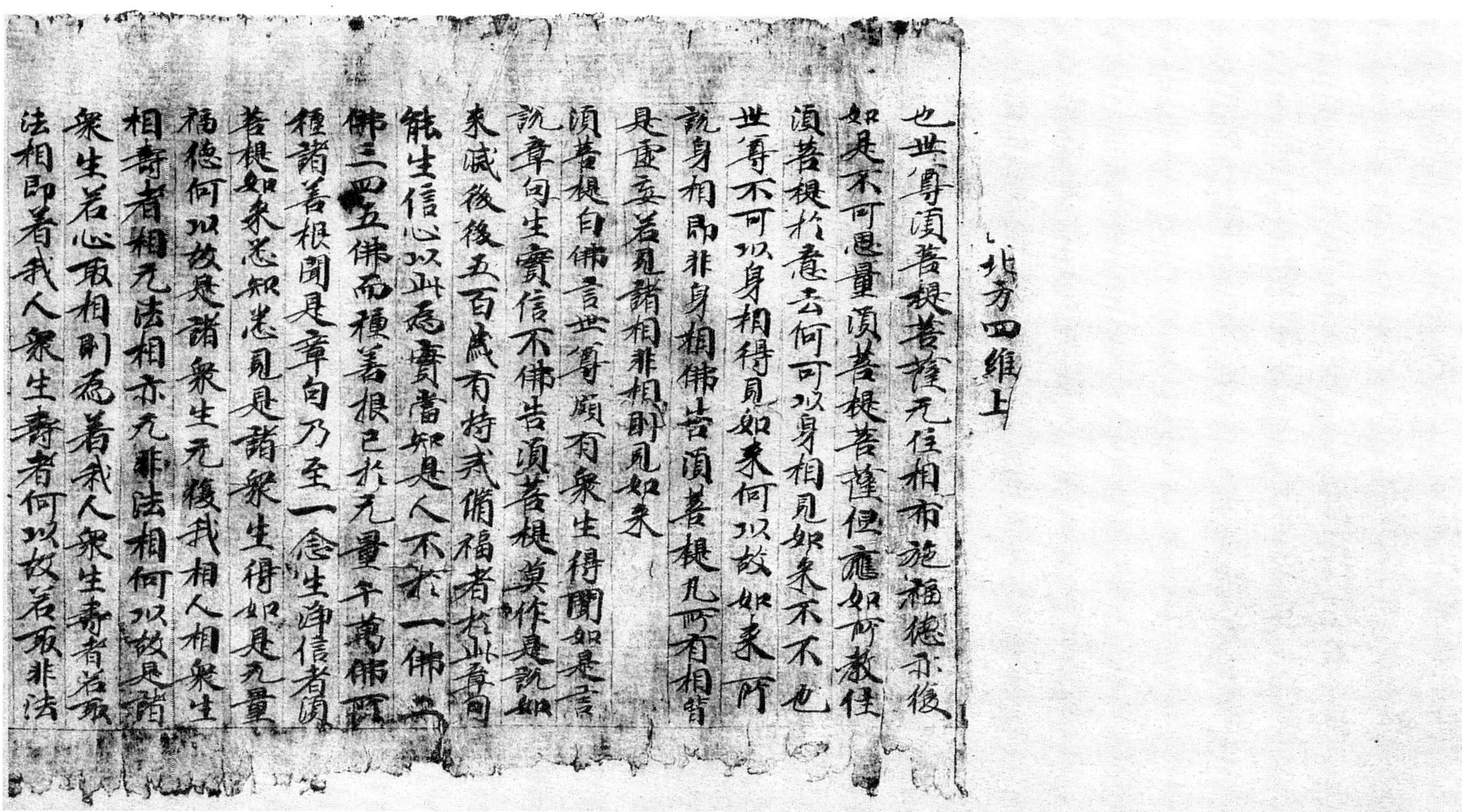

北方四維上

也世尊須菩提菩薩无住相布施福德亦復
如是不可思量須菩提菩薩但應如所教住
須菩提於意云何可以身相見如來不不也
世尊不可以身相得見如來何以故如來所
說身相即非身相佛告須菩提凡所有相皆
是虛妄若見諸相非相則見如來
須菩提白佛言世尊頗有衆生得聞如是言
說章句生實信不佛告須菩提莫作是說如
來滅後後五百歲有持戒脩福者於此章句
能生信心以此為實當知是人不於一佛二
佛三四五佛而種善根已於无量千萬佛所
種諸善根聞是章句乃至一念生淨信者須
菩提如來悉知悉見是諸衆生得如是无量
福德何以故是諸衆生无復我相人相衆生
相壽者相无法相亦无非法相何以故是諸
衆生若心取相則為著我人衆生壽者若取
法相即著我人衆生壽者何以故若取非法

BD08504號　大方廣佛華嚴經（唐譯八十卷本）卷四五　（2–1）

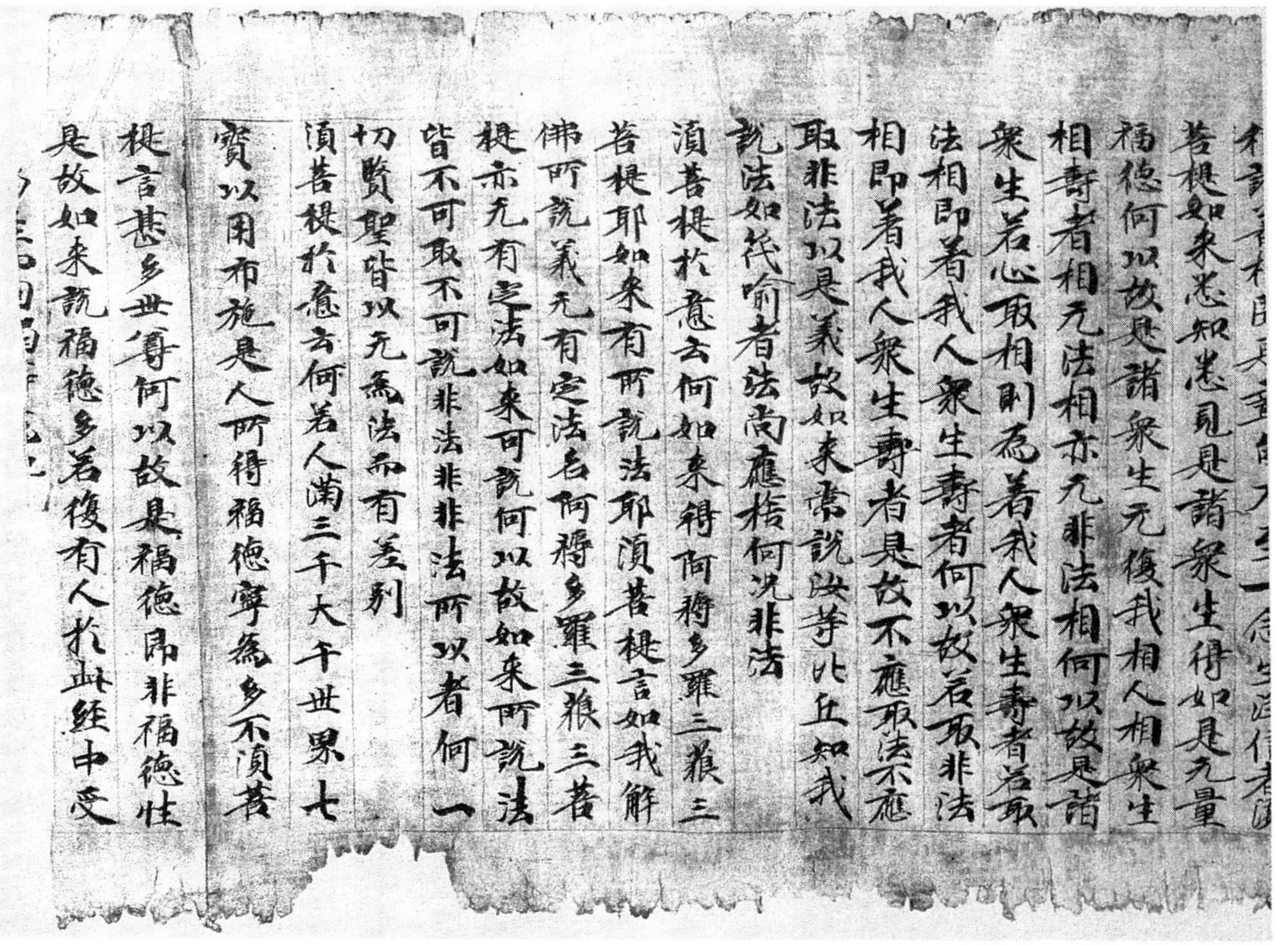

……一念生淨信者須
菩提如來悉知悉見是諸衆生得如是无量
福德何以故是諸衆生无復我相人相衆生
相壽者相无法相亦无非法相何以故是諸
衆生若心取相則為著我人衆生壽者若取
法相即著我人衆生壽者何以故若取非法
相即著我人衆生壽者是故不應取法不應
取非法以是義故如來常說汝等比丘知我
說法如筏喻者法尚應捨何况非法
須菩提於意云何如來得阿耨多羅三藐三
菩提耶如來有所說法耶須菩提言如我解
佛所說義无有定法名阿耨多羅三藐三菩
提亦无有定法如來可說何以故如來所說法
皆不可取不可說非法非非法所以者何一
切賢聖皆以无為法而有差別
須菩提於意云何若人滿三千大千世界七
寶以用布施是人所得福德寧為多不須菩
提言甚多世尊何以故是福德即非福德性
是故如來說福德多若復有人於此經中受

BD08504號　大方廣佛華嚴經（唐譯八十卷本）卷四五　（2–2）

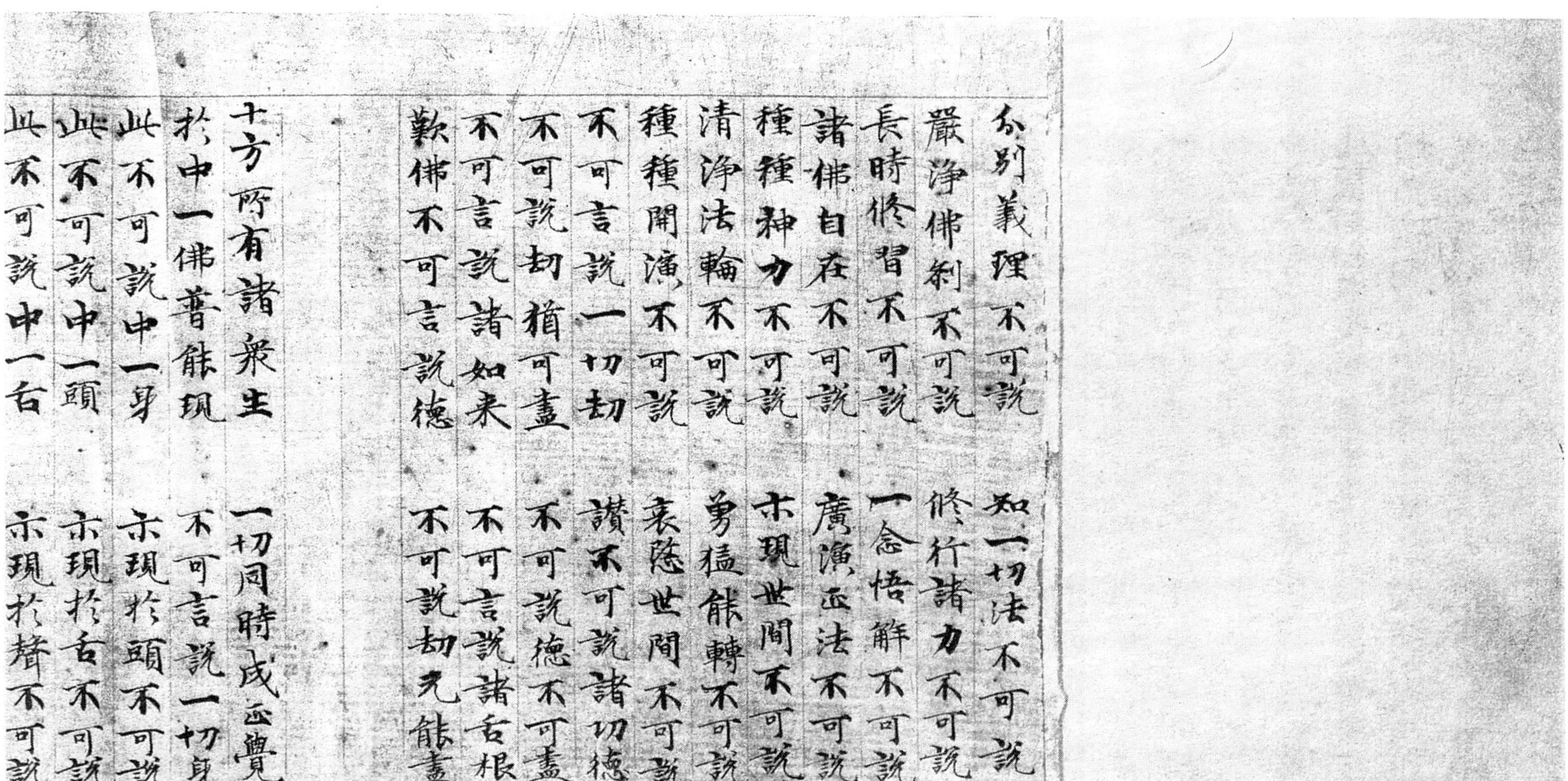

分別義理不可說　知一切法不可說
嚴淨佛剎不可說　修行諸力不可說
長時修習不可說　一念悟解不可說
諸佛自在不可說　廣演正法不可說
種種神力不可說　示現世間不可說
清淨法輪不可說　勇猛能轉不可說
種種開演不可說　哀愍世間不可說
不可言說一切劫　讚不可說諸功德
不可說劫猶可盡　不可說德不可盡
不可言說諸如來　不可言說諸舌根
歎佛不可言說德　不可說劫无能盡
十方所有諸衆生　一切同時成正覺
於中一佛普能現　不可言說一切身
此不可說中一身　示現於頭不可說
此不可說中一頭　示現於舌不可說
此不可說中一舌　示現於聲不可說

BD08505號　金剛般若波羅蜜經　（2–1）

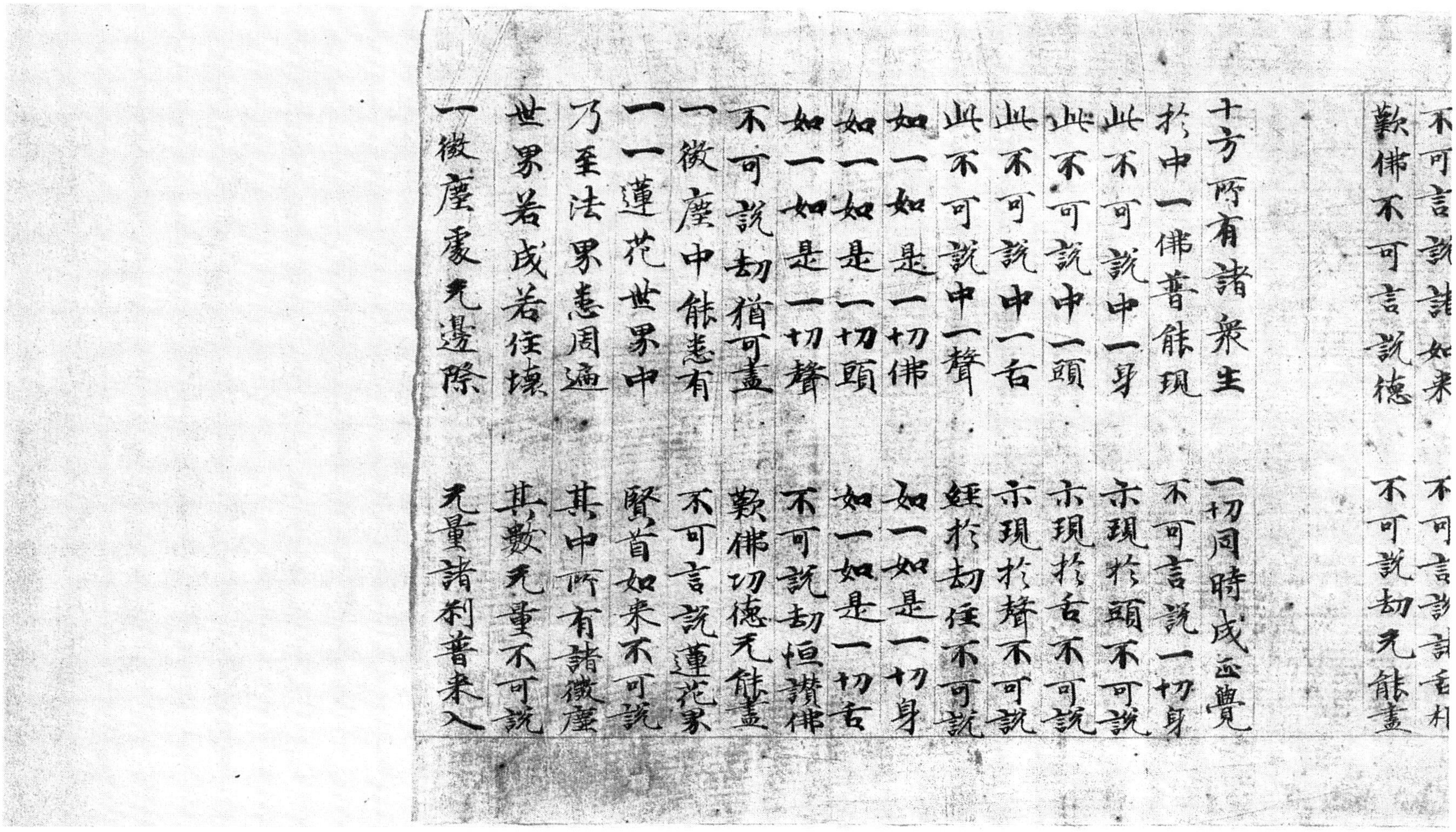

不可言說諸如来　不可言說諸香相
歎佛不可言說德　不可說劫无能盡
十方所有諸衆生　一切同時成正覺
於中一佛普能現　不可言說一切身
此不可說中一身　示現於頭不可說
此不可說中一頭　示現於舌不可說
此不可說中一舌　示現於聲不可說
此不可說中一聲　經於劫住不可說
如一如是一切佛　如一如是一切身
如一如是一切頭　如一如是一切舌
如一如是一切聲　不可說劫恒讚佛
不可說劫猶可盡　歎佛功德无能盡
一微塵中能悉有　不可言說蓮花界
一一蓮花世界中　賢首如来不可說
乃至法界悉周遍　其中所有諸微塵
世界若成若住壞　其數无量不可說
一微塵處无邊際　无量諸刹普来入

BD08505號　金剛般若波羅蜜經　（2–2）

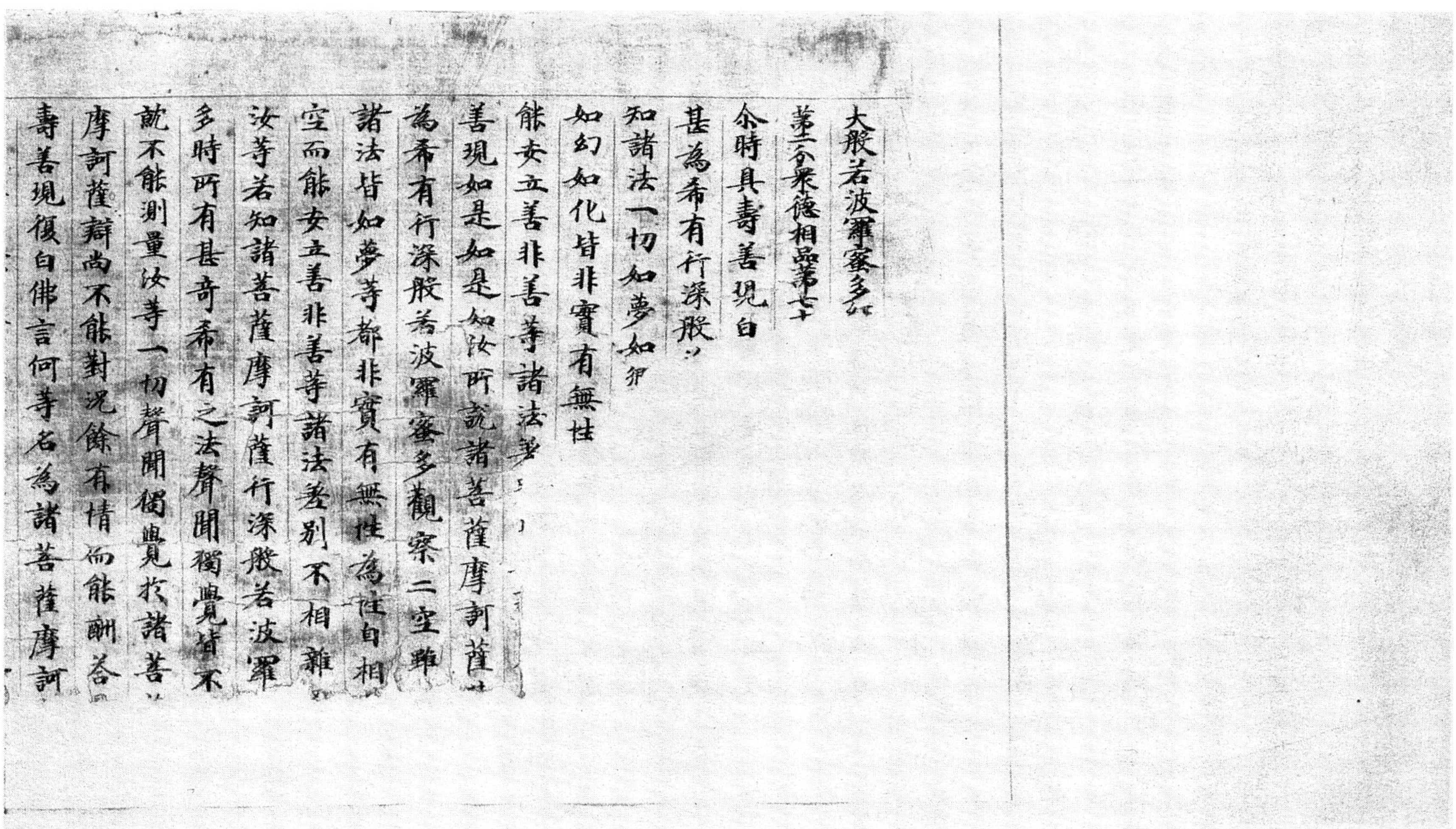

大般若波羅蜜多[illegible]
茀二分衆德相品第七十
尒時具壽善現白
甚為希有行深般
知諸法一切如夢如卯
如幻如化皆非實有無性
能安立善非善等諸法差
善現如是如汝所說諸菩薩摩訶薩
為希有行深般若波羅蜜多觀察二空雖
諸法皆如夢等都非實有無性為性自相
空而能安立善非善等諸法差別不相雜
汝等若知諸菩薩摩訶薩行深般若波羅
多時所有甚奇希有之法聲聞獨覺皆不
就不能測量汝等一切聲聞獨覺於諸菩
摩訶薩辯尚不能對況餘有情而能酬答
壽善現復白佛言何等名為諸菩薩摩訶

BD08506號　大般若波羅蜜多經卷四六九　（3–1）

汝等若知諸菩薩摩訶薩行深般若波羅
多時所有甚奇希有之法聲聞獨覺皆不
就不能測量汝等一切聲聞獨覺於諸菩
摩訶薩辯尚不能對況餘有情而能酬荅
壽善現復白佛言何等名為諸菩薩摩訶
行深般若波羅蜜多時所有甚奇希有之法
聲聞獨覺皆不成就不能測量佛告善現諦
聽諦聽善思念之吾當為汝分別解說諸菩
薩摩訶薩行深般若波羅蜜多時所有甚
希有之法善現諸菩薩摩訶薩行深般若波
羅蜜多時安住異熟布施波羅蜜多乃至般
若波羅蜜多若五神通若三十七菩提分法
若陀羅尼若三摩地若空無相無願解脫門
若四靜慮四無量四無色定若八解脫八勝
處九次第定十遍處若餘無量無邊佛法往
十方界若諸有情應以布施乃至般若而攝
受者則以布施乃至般若而攝受之應以初
靜慮乃至非想非非想處定而攝受者則以
初靜慮乃至非想非非想處定而攝受之應
以慈悲喜捨而攝受者則以慈悲喜捨而攝
受之應以四念住乃至八聖道支而攝受者
則以四念住乃至八聖道支而攝受之應以
空無相無願三摩地而攝受者則以空無相
無願三摩地而攝受之應以諸餘善法而攝
受者則以諸餘善法而攝受之具壽善現復
白佛言云何菩薩摩訶薩行深般若波羅蜜
多時安住異熟波羅蜜多五神通等無量切

BD08506號　大般若波羅蜜多經卷四六九

（3–2）

空無相無願三摩地而攝受者則以空無相
無願三摩地而攝受之應以諸餘善法而攝
受者則以諸餘善法而攝受之具壽善現復
白佛言云何菩薩摩訶薩行深般若波羅蜜
多時安住異熟波羅蜜多五神通等無量切
德以布施等攝諸有情佛告善現諸菩薩摩
訶薩行深般若波羅蜜多時施諸有情所須之
物謂須飲食施與飲食若須衣服施與衣
服若須車乘施與車乘若須花香施與花香
若須臥具施與臥具若須舍宅施與舍宅若
須燈明施與燈明若須醫藥施與醫藥若須
諸餘種種資具悉皆施與令無遺乏或施聲
聞獨覺菩薩諸佛世尊衣服飲食臥具醫藥
房舍資具諸妙花香寶幢幡蓋伎樂燈明及
蘇油等諸餘供具如是施時其心平等無差
別想而行布施如施持戒犯戒亦尒如施人趣
非人亦尒如施內道外道亦尒如施諸聖異
生亦尒如施尊貴下賤亦尒上從諸佛下
至傍生平等平等無所分別不觀施田勝劣
有異所以者何諸菩薩摩訶薩了達一切自
相皆空空中都無上下差別故無異想無所

BD08506號　大般若波羅蜜多經卷四六九

（3–3）

火風大亦復
有病是故我病爾時
菩薩應云何慰喻有疾
无常不說厭離於身說
涅槃說身无我而說教
說畢竟寂滅說悔
不說入於過去以己之疾愍於彼疾
世无數劫苦當念饒益一切衆生憶
念於淨命勿生憂惱常起精進當作
治衆病菩薩應如是慰喻有疾菩薩令其
喜文殊師利言居士有疾菩薩云何調伏其
心維摩詰言有疾菩薩應作是念今我此病
皆從前世妄想顛倒諸煩惱生无有實法誰
受病者所以者何四大合故假名為身四大
无主身亦无我又此病起皆由著我是故於
我不應生著既知病本即除我想及衆生想

BD08507 號　維摩詰所說經卷中　（4–1）

心維摩詰言有疾菩薩應作是念今我此病
皆從前世妄想顛倒諸煩惱生无有實法誰
受病者所以者何四大合故假名為身四大
无主身亦无我又此病起皆由著我是故於
我不應生著既知病本即除我想及衆生想
當起法想應作是念但以衆法合成此身起
唯法起滅唯法滅又此法者各不相知起時
不言我起滅時不言我滅彼有疾菩薩為滅
法想當作是念此法想者亦是顛倒顛倒者
是即大患我應離之云何為離離我我所云
何離我我所謂離二法云何離二法謂不念
內外諸法行於平等云何平等謂我等涅槃
等所以者何我及涅槃此二皆空以何為空
但以名字故空如此二法无決定性得是平
等无有餘病唯有空病空病亦空是有疾菩
薩以无所受而受諸受未具佛法亦不滅受
而取證也設身有苦念惡趣衆生起大悲心
我既調伏亦當調伏一切衆生但除其病而
不除法為斷病本而教導之何謂病本謂有
攀緣從有攀緣則為病本何所攀緣謂之三
界云何斷攀緣以无所得若无所得則无攀
緣何謂无所得謂二見何謂二見謂內見外
見是无所得文殊師利是為有疾菩薩調伏
其心為斷老病死苦是菩薩菩提若不如是
己所脩治為无慧利譬如勝怨乃可為勇如
是兼除老病死者菩薩之謂也彼有疾菩薩
應復作是念如我此病非真非有衆生病亦

BD08507 號　維摩詰所說經卷中　（4–2）

見是无所得文殊師利是爲有疾菩薩調伏
其心爲斷老病死苦是菩薩菩提若不如是
已所脩治爲无慧利譬如勝怨乃可爲勇如
是兼除老病死者菩薩之謂也彼有疾菩薩
應復作是念如我此病非真非有衆生病亦
非真非有作是觀時於諸衆生若起愛見大
悲即應捨離所以者何菩薩斷除客塵煩惱
而起大悲愛見悲者則於生死有疲厭心若
能離此无有疲厭在在所生不爲愛見之所
覆也所生无縛能爲衆生說法解縛如佛所
說若自有縛能解彼縛无有是處若自无縛
能解彼縛斯有是處是故菩薩不應起縛何
謂縛何謂解貪著禪味是菩薩縛以方便生
是菩薩解又无方便慧縛有方便慧解无慧
方便縛有慧方便解何謂无方便慧縛謂菩
薩以愛見心莊嚴佛土成就衆生於空无相
无作法中而自調伏是名无方便慧縛何謂
有方便慧解謂不以愛見莊嚴佛土成就衆
生於空无相无作法中以自調伏而不疲厭
是名有方便慧解何謂无慧方便縛謂菩薩
住貪欲瞋恚邪見等諸煩惱而植衆德本是
名无慧方便縛何謂有慧方便解謂離諸貪
欲瞋恚邪見等諸煩惱而植衆德本迴向阿
耨多羅三藐三菩提是名有慧方便解文殊
師利彼有疾菩薩應如是觀諸法又復觀身
无常苦空非我是名爲慧雖身有疾常在生
死饒益一切而不厭惓是名方便又復觀身

BD08507號　維摩詰所說經卷中

（4–3）

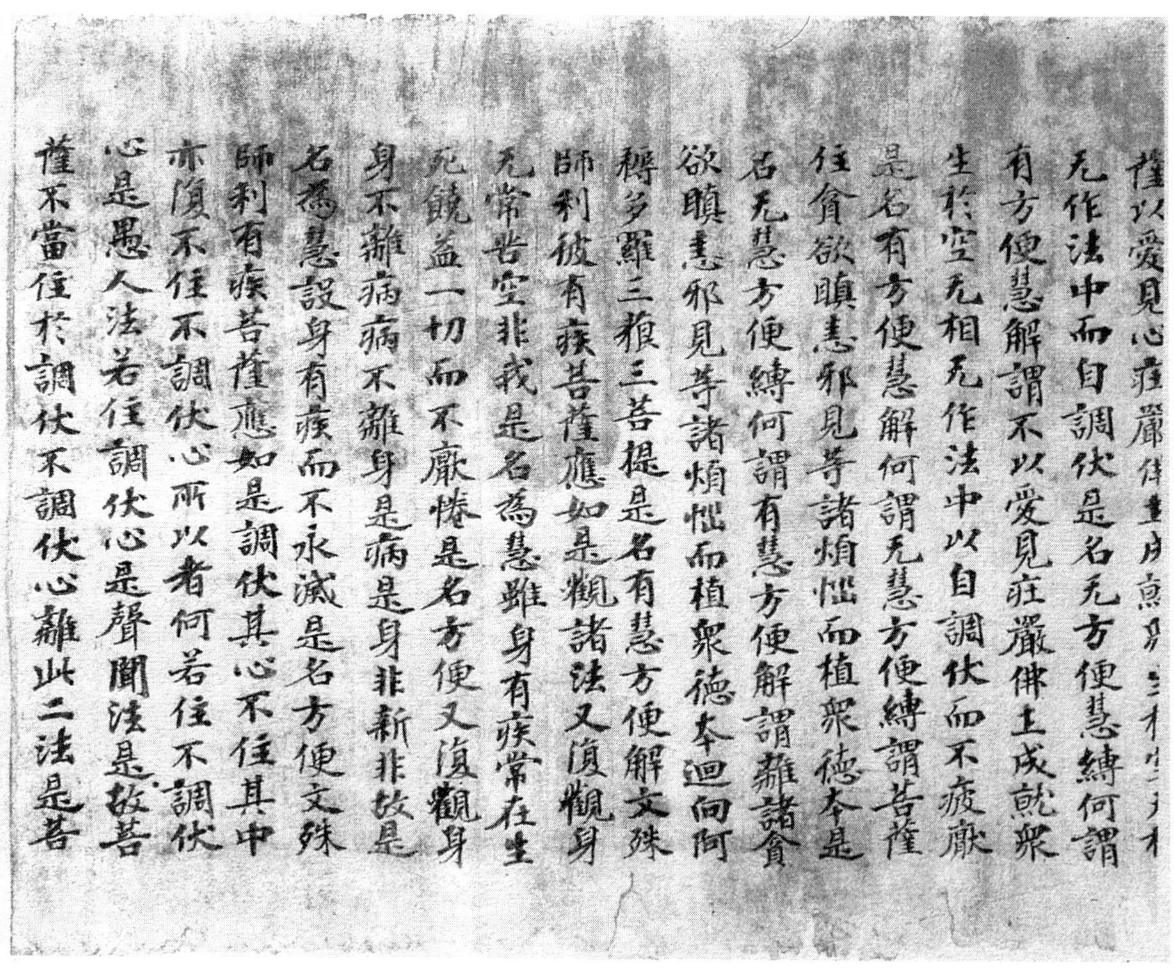
薩以愛見心莊嚴佛土成就衆生於空无相
无作法中而自調伏是名无方便慧縛何謂
有方便慧解謂不以愛見莊嚴佛土成就衆
生於空无相无作法中以自調伏而不疲厭
是名有方便慧解何謂无慧方便縛謂菩薩
住貪欲瞋恚邪見等諸煩惱而植衆德本是
名无慧方便縛何謂有慧方便解謂離諸貪
欲瞋恚邪見等諸煩惱而植衆德本迴向阿
耨多羅三藐三菩提是名有慧方便解文殊
師利彼有疾菩薩應如是觀諸法又復觀身
无常苦空非我是名爲慧雖身有疾常在生
死饒益一切而不厭惓是名方便又復觀身
身不離病病不離身是病是身非新非故是
名爲慧設身有疾而不永滅是名方便文殊
師利有疾菩薩應如是調伏其心不住其中
亦復不住不調伏心所以者何若住不調伏
心是愚人法若住調伏心是聲聞法是故菩
薩不當住於調伏不調伏心離此二法是菩

BD08507號　維摩詰所說經卷中

（4–4）

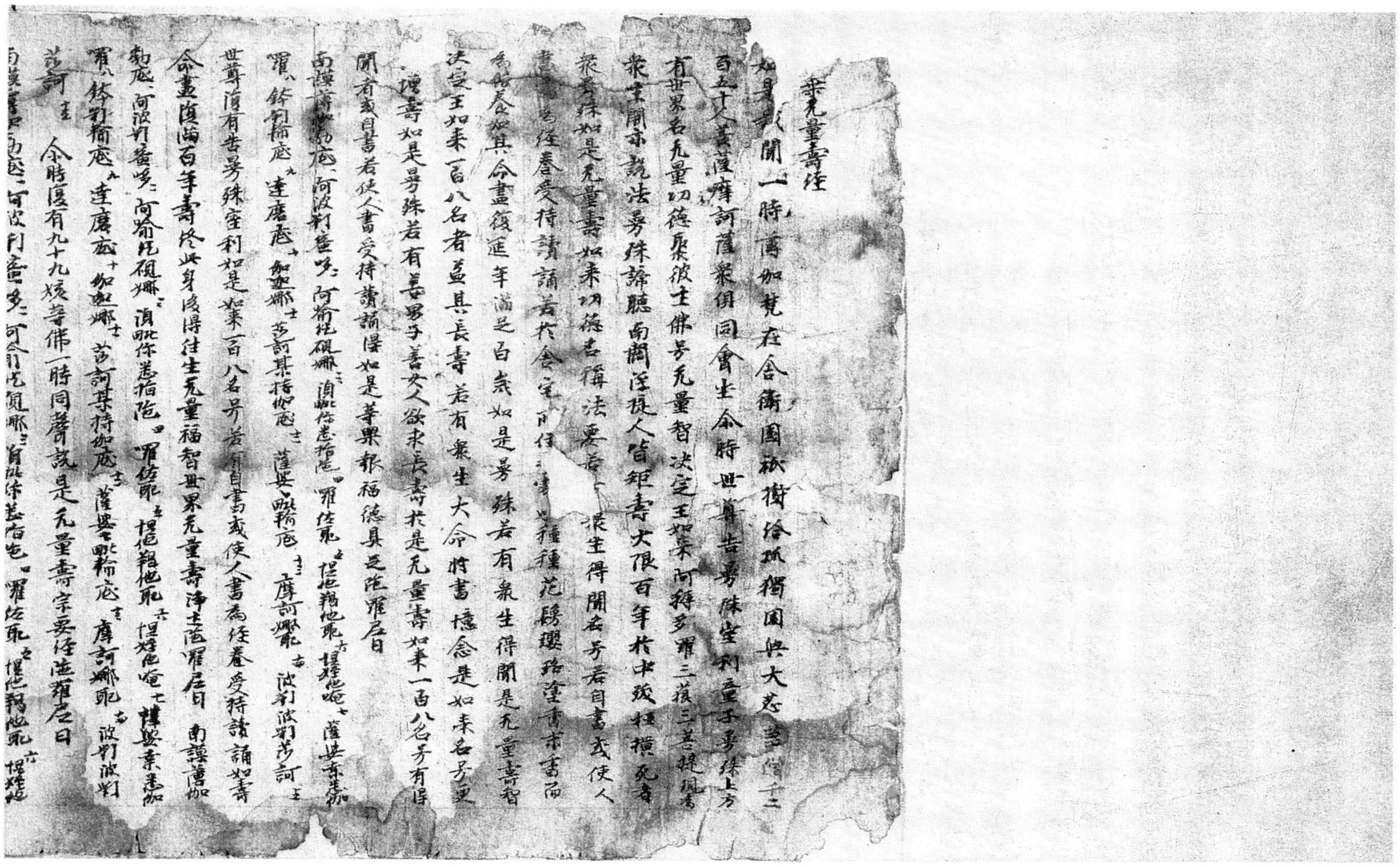

BD08508 號　無量壽宗要經　　（5–1）

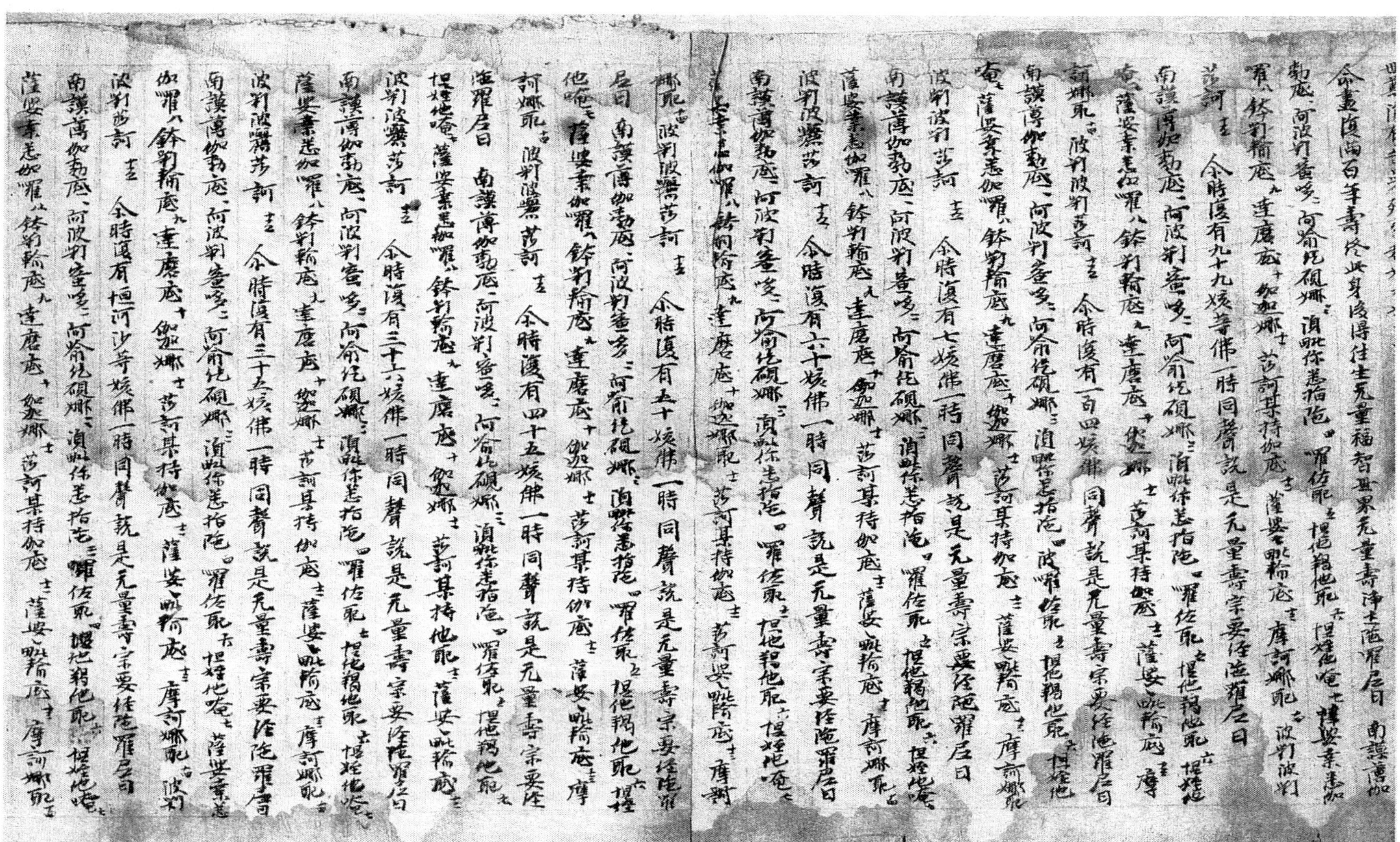

BD08508 號　無量壽宗要經　　（5–2）

伽囉八鉢剌揄底九達磨底十伽迦娜十一莎訶其持伽底十二薩婆毗輸底十三摩訶娜耶十四波剌
波剌莎訶十五 爾時復有恒河沙等俱胝佛一時同聲說是無量壽宗要經陀羅尼曰
南謨薄伽勃底一阿波剌蜜哆二阿喻紇硯娜三須毗儞失指陀四囉佐耶五怛他羯他耶六怛姪他唵七
薩婆桑塞迦囉八鉢剌揄底九達磨底十伽迦娜十一莎訶其持伽底十二薩婆毗輸底十三摩訶娜耶十四
波剌波剌莎訶十五 善男子若有自書寫教人書寫是無量壽宗要經如其命盡復得
長壽滿百年陀羅尼曰 南謨薄伽勃底一阿波剌蜜哆二阿喻紇硯娜三須毗儞失指陀四囉佐
耶五怛他羯他耶六怛姪他唵七薩婆桑塞迦囉八鉢剌揄底九達磨底十伽迦娜十一莎訶其持伽
底十二薩婆毗輸底十三摩訶娜耶十四波剌波剌莎訶十五 若有自書寫教人書寫是無量壽宗
要經受持讀誦畢竟不墮地獄在所生得宿命智陀羅尼曰 南謨薄伽勃底一
阿波剌蜜哆二阿喻紇硯娜三須毗儞失指陀四囉佐耶五怛他羯他耶六怛姪他唵七薩婆桑塞迦囉八
鉢剌揄底九達磨底十伽迦娜十一莎訶其持伽底十二薩婆毗輸底十三摩訶娜耶十四波剌波羅
波剌波剌莎訶十五 若有自書寫教人書寫是無量壽宗要經受持讀誦如同書寫八万
四千一切經典陀羅尼曰 南謨薄伽勃底一阿波剌蜜哆二阿喻紇硯娜三須毗儞失指陀四
囉佐耶五怛他羯他耶六怛姪他唵七薩婆桑塞迦囉八鉢剌揄底九達磨底十伽迦娜十一莎訶其
持伽底十二薩婆毗輸底十三摩訶娜耶十四波剌波羅莎訶十五 若有自書寫教人書寫是無
量壽宗要經即是書寫八万四千部建立塔廟陀羅尼曰 南謨薄伽勃底一阿波剌蜜哆二
阿喻紇硯娜三須毗儞失指陀四囉佐耶五怛他羯他耶六怛姪他唵七薩婆桑塞迦囉八鉢剌揄底九
摩訶娜耶十四波剌波羅莎訶十五 若有自書寫教人書寫是無量壽宗要經能消五無間
等一切重罪陀羅尼曰 南謨薄伽勃底一阿波剌蜜哆二阿喻紇硯娜三須毗儞失指陀四囉
佐耶五怛他羯他耶六怛姪他唵七薩婆桑塞迦囉八鉢剌揄底九達磨底十伽迦娜十一莎訶其持
伽底十二薩婆毗輸底十三摩訶娜耶十四波剌波剌莎訶十五 若有自書寫教人書寫是無量
壽宗要經受持讀誦設有重罪猶如須彌盡能除滅陀羅尼曰 南謨薄伽勃底一
阿波剌蜜哆二阿喻紇硯娜三須毗儞失指陀四囉佐耶五怛他羯他耶六怛姪他唵七薩婆桑塞
伽囉八鉢剌揄底九達磨底十伽迦娜十一莎訶其持伽底十二薩婆毗輸底十三摩訶娜耶十四波剌波剌
莎訶十五 若有自書寫教人書寫是無量壽宗要經受持讀誦若魔之眷屬夜叉
羅剎不得其便終無枉死陀羅尼曰 南謨薄伽勃底一阿波剌蜜哆二阿喻紇硯娜三須
毗儞失指陀四囉佐耶五怛他羯他耶六怛姪他唵七薩婆桑塞迦囉八鉢剌揄底九達磨底十伽迦
娜十一莎訶其持伽底十二薩婆毗輸底十三摩訶娜耶十四波剌波剌莎訶十五 若有自書寫教人
書寫是無量壽宗要經受持讀誦當命終時有九十九俱胝佛現其人前眾千佛授手能
往一切佛剎莫於此經生於疑惑陀羅尼曰 南謨薄伽勃底一阿波剌蜜哆二阿喻紇

BD08508號　無量壽宗要經　（5–3）

羅剎不得其便終無枉死陀羅尼曰 南謨薄伽勃底一阿波剌蜜哆二阿喻紇硯娜三須
毗儞失指陀四囉佐耶五怛他羯他耶六怛姪他唵七薩婆桑塞迦囉八鉢剌揄底九達磨底十伽迦
娜十一莎訶其持伽底十二薩婆毗輸底十三摩訶娜耶十四波剌波剌莎訶十五 若有自書寫教人
書寫是無量壽宗要經受持讀誦當命終時有九十九俱胝佛現其人前眾千佛授手能
往一切佛剎莫於此經生於疑惑陀羅尼曰 南謨薄伽勃底一阿波剌蜜哆二阿喻紇
須毗儞失指陀三囉佐耶四怛他羯他耶六怛姪他唵七薩婆桑塞迦囉八鉢剌揄底九達磨底十
伽迦娜十一莎訶其持伽底十二薩婆毗輸底十三摩訶娜耶十四波剌波剌莎訶十五 若有自書寫教
人書寫是無量壽宗要經受持讀誦常得四天大王隨其衛護陀羅尼曰
南謨薄伽勃底一阿波剌蜜哆二阿喻紇硯娜三須毗儞失指陀四囉佐耶五怛他羯他耶六怛姪他唵七
薩婆桑塞迦囉八鉢剌揄底九達磨底十伽迦娜十一莎訶其持伽底十二薩婆毗輸底十三摩訶娜耶十四波剌波
羅莎訶十五 若有自書寫教人書寫是無量壽宗要經受持讀誦當得往生西方極
樂世界阿彌陀淨土陀羅尼曰 南謨薄伽勃底一阿波剌蜜哆二阿喻紇硯娜三須毗儞失指
陀四囉佐耶五怛他羯他耶六怛姪他唵七薩婆桑塞迦囉八鉢剌揄底九達磨底十伽迦娜十一莎訶
其持伽底十二薩婆毗輸底十三摩訶娜耶十四波剌波剌莎訶十五 若有方所自書寫教人書
寫是無量壽經典之處則為是塔皆應供養敬作禮若是畜生或為鳥獸得聞是經
如是等類皆當不久得成一切種智陀羅尼曰 南謨薄伽勃底一阿波剌蜜哆二阿
阿喻紇硯娜二須毗儞失指陀三囉佐耶四怛他羯他耶五怛姪他唵七薩婆桑塞迦囉八鉢剌揄底九
達磨底十伽迦娜十一莎訶其持伽底十二薩婆毗輸底十三摩訶娜耶十四波剌波羅莎訶十五
若有自書寫教人書寫是無量壽經自書寫使人書寫畢竟不受女人之身陀羅尼
曰 南謨薄伽勃底一阿波剌蜜哆二阿喻紇硯娜三須毗儞失指陀四囉佐耶五怛他羯他耶六怛姪他唵七
薩婆桑塞迦囉八鉢剌揄底九達磨底十伽迦娜十一莎訶其持伽底十二薩婆毗輸底十三摩
訶娜耶十四波剌波羅莎訶十五 若有能於是經少分能惠施者等於三千大千世界滿中七
寶布施陀羅尼曰 南謨薄伽勃底一阿波剌蜜哆二阿喻紇硯娜三須毗儞失指陀四囉佐耶
怛他羯他耶六怛姪他唵七薩婆桑塞迦囉八鉢剌揄底九達磨底十伽迦娜十一莎訶其持伽底十二薩婆
毗輸底十三摩訶娜耶十四波剌波剌莎訶十五 若有能供養是經者則是供養一切諸經等無
有異陀羅尼曰 南謨薄伽勃底一阿波剌蜜哆二阿喻紇硯娜三須毗儞失指陀四囉佐耶五怛他羯他耶六
怛姪他唵七薩婆桑塞迦囉八鉢剌揄底九達磨底十伽迦娜十一莎訶其持伽底十二薩婆毗輸底十三摩訶
波剌波剌莎訶十五 如是毗婆尸佛尸棄佛毗舍浮佛俱留孫佛俱那含牟尼佛迦葉佛
釋迦牟尼佛 若有人以七寶供養如是七佛其福有限書寫受持是無量壽經所生有
功德不可限量陀羅尼曰 南謨薄伽勃底一阿波剌蜜哆二阿喻紇硯娜三須毗儞失指陀四囉佐耶五怛
他羯他耶六怛姪他唵七薩婆桑塞迦囉八鉢剌揄底九達磨底十伽迦娜十一莎訶其持伽底十二薩婆桑塞迦囉

BD08508號　無量壽宗要經　（5–4）

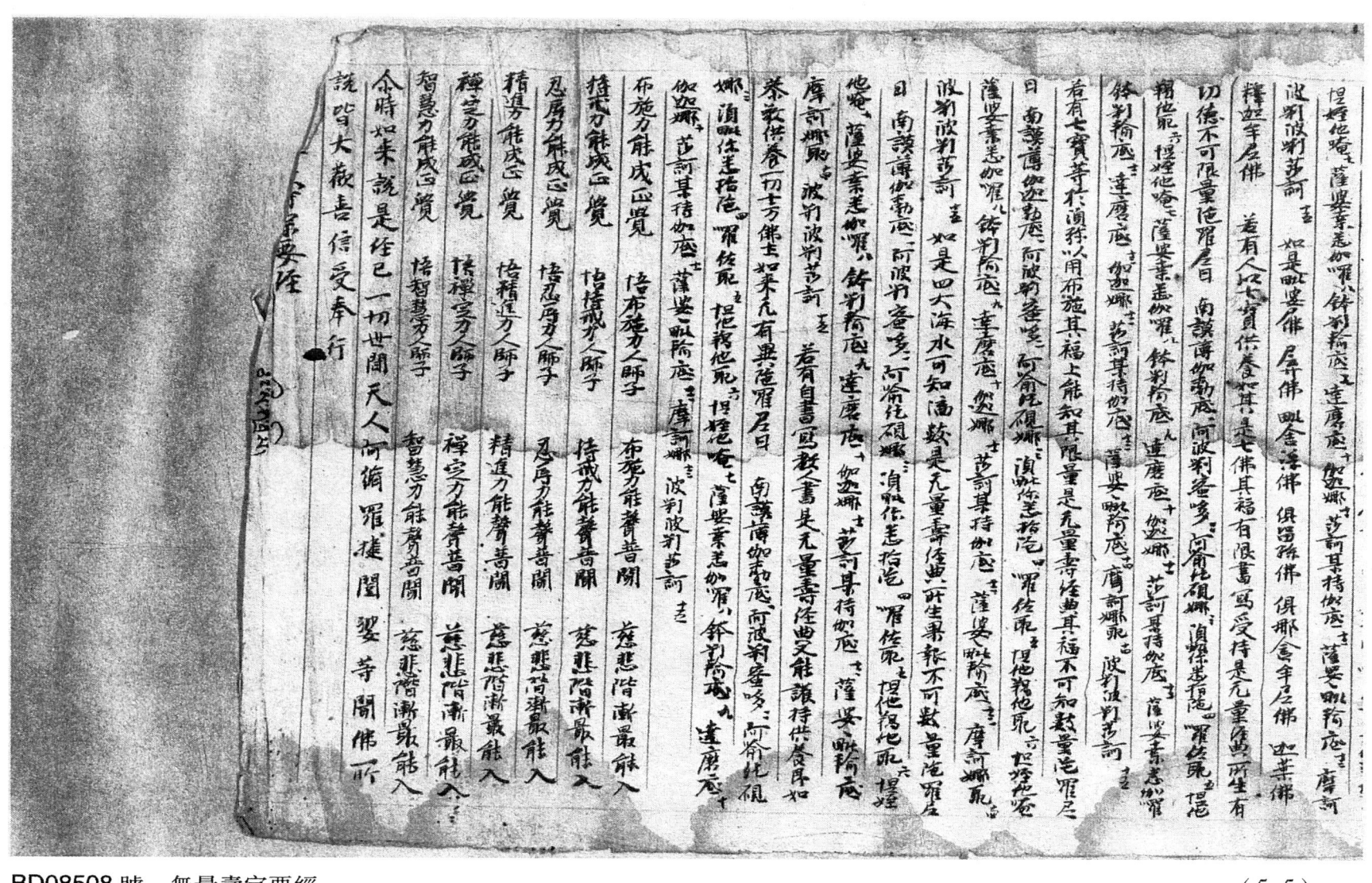

怛姪他唵七 薩婆桑塞迦囉八 鉢唎秫底九 達磨底十 伽伽娜十一 莎訶娑持伽底十二 薩婆毗秫底十三 摩訶
波唎波唎莎訶十五 如是毗婆尸佛 尸棄佛 毗舍浮佛 俱留孫佛 俱那含牟尼佛 迦葉佛
釋迦牟尼佛 若有人以七寶供養如是七佛其福有限書寫受持是无量壽經典所生有
功德不可限量陀羅尼曰 南謨薄伽勃底一 阿波唎蜜哆二 阿喻紇硯娜三 須毗你悉指陀四 囉佐耶五 怛他
羯他耶六 怛姪他唵七 薩婆桑塞迦囉八 鉢唎秫底九 達磨底十 伽伽娜十一 莎訶娑持伽底十二 薩婆桑塞迦囉
鉢唎秫底十三 達磨底十四 伽伽娜十五 莎訶娑持伽底十六 薩婆毗秫底十七 摩訶娜耶十八 波唎波唎莎訶十九
若有七寶等於須彌山用布施其福上能知其限量是无量壽經典其福不可知數量陀羅尼
曰 南謨薄伽勃底一 阿波唎蜜哆二 阿喻紇硯娜三 須毗你悉指陀四 囉佐耶五 怛他羯他耶六 怛姪他唵七
薩婆桑塞迦囉八 鉢唎秫底九 達磨底十 伽伽娜十一 莎訶娑持伽底十二 薩婆毗秫底十三 摩訶娜耶十四
波唎波唎莎訶十五 如是四大海水可知滴數是无量壽經典所生果報不可數量陀羅尼
曰 南謨薄伽勃底一 阿波唎蜜哆二 阿喻紇硯娜三 須毗你悉指陀四 囉佐耶五 怛他羯他耶六 怛姪
他唵七 薩婆桑塞迦囉八 鉢唎秫底九 達磨底十 伽伽娜十一 莎訶娑持伽底十二 薩婆毗秫底
摩訶娜耶十四 波唎波唎莎訶十五 若有自書寫教人書是无量壽經典又能護持供養尊如
恭敬供養一切十方佛土如來无有異陀羅尼曰 南謨薄伽勃底一 阿波唎蜜哆二 阿喻紇硯
娜三 須毗你悉指陀四 囉佐耶五 怛他羯他耶六 怛姪他唵七 薩婆桑塞迦囉八 鉢唎秫底九 達磨底十
伽伽娜十一 莎訶娑持伽底十二 薩婆毗秫底十三 摩訶娜耶十四 波唎波唎莎訶十五
布施力能成正覺 悟布施力人師子 布施力能聲普聞 慈悲階漸最能入
持戒力能成正覺 悟持戒力人師子 持戒力能聲普聞 慈悲階漸最能入
忍辱力能成正覺 悟忍辱力人師子 忍辱力能聲普聞 慈悲階漸最能入
精進力能成正覺 悟精進力人師子 精進力能聲普聞 慈悲階漸最能入
禪定力能成正覺 悟禪定力人師子 禪定力能聲普聞 慈悲階漸最能入
智慧力能成正覺 悟智慧力人師子 智慧力能聲普聞 慈悲階漸最能入
尒時如來說是經已一切世間天人阿脩羅揵闥婆等聞佛所
說皆大歡喜信受奉行
……壽宗要經

BD08508 號　無量壽宗要經　（5–5）

須菩提於意云何如來得阿耨多羅三藐
三菩提耶如來有所說法耶須菩提言如我
解佛所說義无有定法名阿耨多羅三藐三
菩提亦无有定法如來可說何以故如來所說
法皆不可取不可說非法非非法所以者何
一切賢聖皆以无為法而有差別
須菩提於意云何若人滿三千大千世界七
寶以用布施是人所得福德寧為多不須
菩提言甚多世尊何以故是福德即非福
德性是故如來說福德多若復有人於此
經中受持乃至四句偈等為他人說其福勝彼
何以故須菩提一切諸佛阿耨多羅三藐三
菩提法皆從此經出須菩提所謂佛法者即
非佛法
須菩提於意云何須陀洹能作是念我得
須陀洹果不須菩提言不也世尊何以故須陀
洹名為入流而无所入不色聲香味觸法是
名須陀洹須菩提於意云何斯陀含能作
是念我得斯陀含果不須菩提言不也世尊
何以故斯陀含名一往來而實无往來是名

BD08509 號　金剛般若波羅蜜經　（2–1）

須菩提於意云何若人滿三千大千世界七
寶以用布施是人所得福德寧為多不須
菩提言甚多世尊何以故是福德即非福
德性是故如來說福德多若復有人於此
經中受持乃至四句偈等為他人說其福勝彼
何以故須菩提一切諸佛及諸佛阿耨多羅三藐三
菩提法皆從此經出須菩提所謂佛法者即
非佛法
須菩提於意云何須陀洹能作是念我得
須陀洹果不須菩提言不也世尊何以故須陀
洹名為入流而无所入不入色聲香味觸法是
名須陀洹須菩提於意云何斯陀含能作
是念我得斯陀含果不須菩提言不也世尊
何以故斯陀含名一往來而實无往來是名
斯陀含須菩提於意云何阿那含能作是念
我得阿那含果不須菩提言不也世尊何以
故阿那含名為不來而實无來是故名阿那
含須菩提於意云何阿羅漢能作是念我

BD08509 號　金剛般若波羅蜜經　（2–2）

……說其善…… 林中捨身……
故聞……意善賊…… 菆勝上捨……
以佛眼觀此…… 莫令意心生……
有有情能
曾不生懈捨若龜一發是心雖未捨身是大乞苦
二乘之行百千万倍即共諸菩薩等一切同志
捨身命普及有情如來功德我若具說不可
窮盡迦葉波白佛言世尊如來所言在屍陀
林普施一切有情是義不然不名為普若是
普者水陸有情應无有分唯願如來示我普義
佛言善男子我正許說汝方便問若有有情
能施身分分為二分一分水中一分陸地是人命終
終時爲善知識同志願者分劃其身以為二分是
尒是分者所得功德與捨身人功德無二我
念過去然燈佛時在舍衛國脩菩提行願捨
身命皮肉筋骨心心相續孫勒于時為我善
友我命既盡即分二分安置如法慈氏合掌

BD08510 號　要行捨身經　（3–1）

然時為善知識同志願者分割其身以為二分是
介是分者身所得功德與捨身人功德無二我
念過去然燈佛時在舍衛國修菩提行願捨
身命皮肉筋骨心心相續孙勒于時為我善
友我命既盡即分二分安置如法慈氏合掌
即發願言以此微供普及有情水陸空行一切
都食緣是功德无始已来恒相值遇共為眷屬
次復作佛即具人也我曰捨身發大誓言若有
有情飢食我肉渴飲我血既飲噉已願令一
切有情回食我肉發菩提心離飢渴苦未来
當得法喜等食資自性身飲我血者離諸愛
渴當獲法水灌注心源愛法佛位資變化身以
是義故疾得无上正等菩提又迦葉波我於
因地初發心時三度四捨至第四生即能生
捨不貪愛於空王佛時以悟空理即作薩埵
王子施身餧虎飼於七子亦作月光大王廣
惠千首亦為達拏太子施妻兒亦為慈力悲王
施軀於五夜叉為求法故於雪山邊求半句偈
以施其身餧其羅剎我若廣說無始已来生
捨身命於百千劫不可說盡何以故都由因
地初發心時死捨身故迦葉波白佛言世尊如
是等人但行捨身無量功德不審未施已前
多生造罪无世惡業捨身獲報得滅以不佛
言善男子若有有情多生累害一切有情遍
娑訶界四重五逆謗方等經乃至食噉有情
血肉如是等罪无量无邊若有有情能施身
分普濟有情除飢渴苦如上之罪悉皆消滅
從无始已来所有殃咎速滅無餘緣捨身故

BD08510號　要行捨身經　（3–2）

言善男子若有有情多生累害一切有情遍
娑訶界四重五逆謗方等經乃至食噉有情
血肉如是等罪无量无邊若有有情能施身
分普濟有情除飢渴苦如上之罪悉皆消滅
從无始已来所有殃咎速滅無餘緣捨身故
即是大懺悔志誠慚愧十方一切諸佛皆
共稱歎善男子假使有人從无始已来作
業偷僧祇物常住僧物見前僧物不淨說
法大山量重不如是等罪難入捺洛迦傍
生餓鬼於百千劫不得解脫恐獲未苦即
請召集此娑訶世界三明六通具八解脫
大阿羅漢若凡若聖一切僧尼聚在一處
欲滅其罪亦不可滅何以故即有百千號
伽娑訶世界一切衆僧清淨衆海即不
來集以是因緣罪難除滅是故經云常
住僧物普通法界上至諸佛下及沙彌
悉皆有分不如有人於一切生處頭捨此
身皮肉筋骨心心相續如上之罪悉皆
鋪藏天曹地府所有簿籍自然除滅以
是因緣我見是利故勸諸有情當施身分
己之獲[illegible]世尊告孙勒

BD08510號　要行捨身經　（3–3）

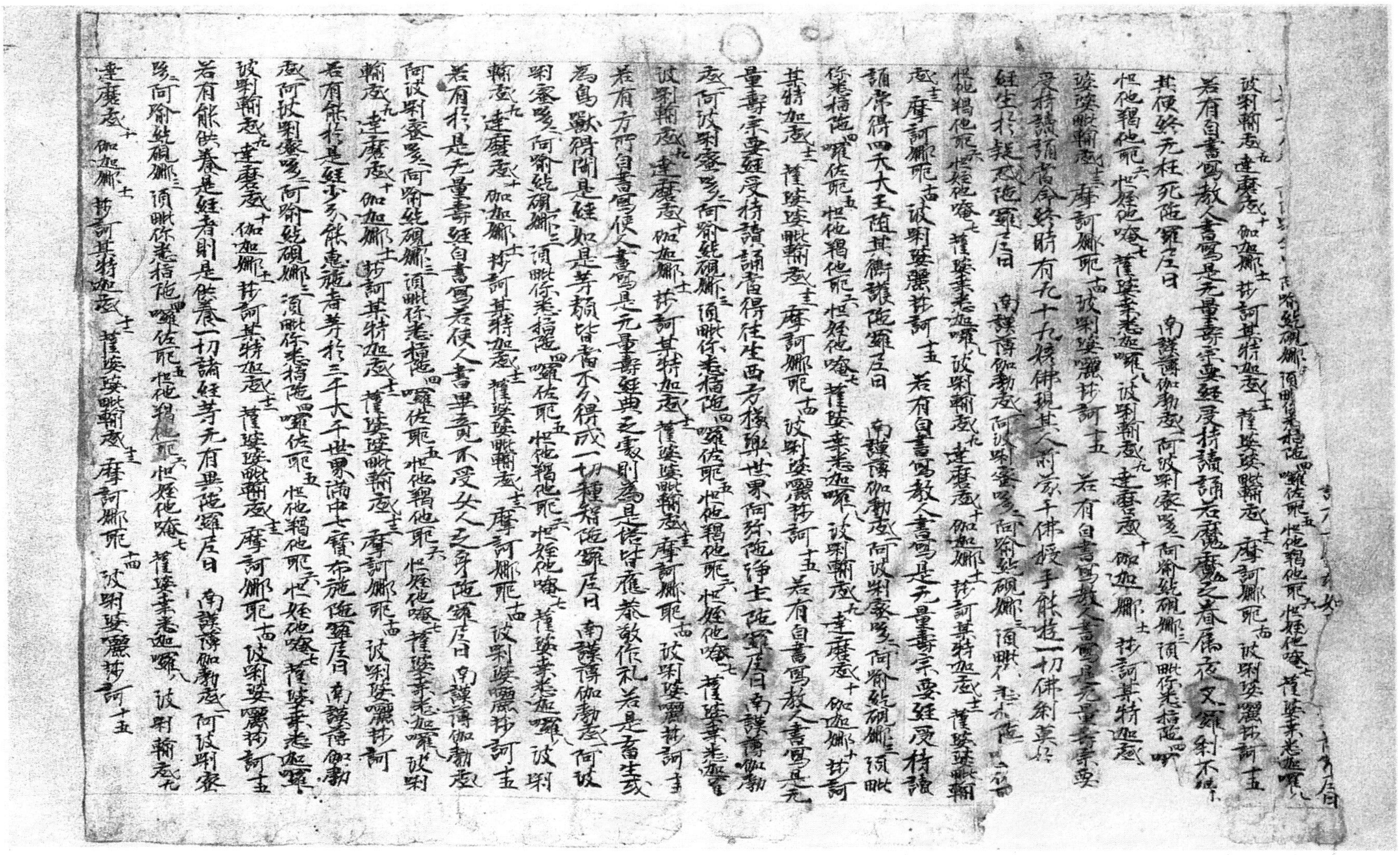

BD08511 號　無量壽宗要經　（1–1）

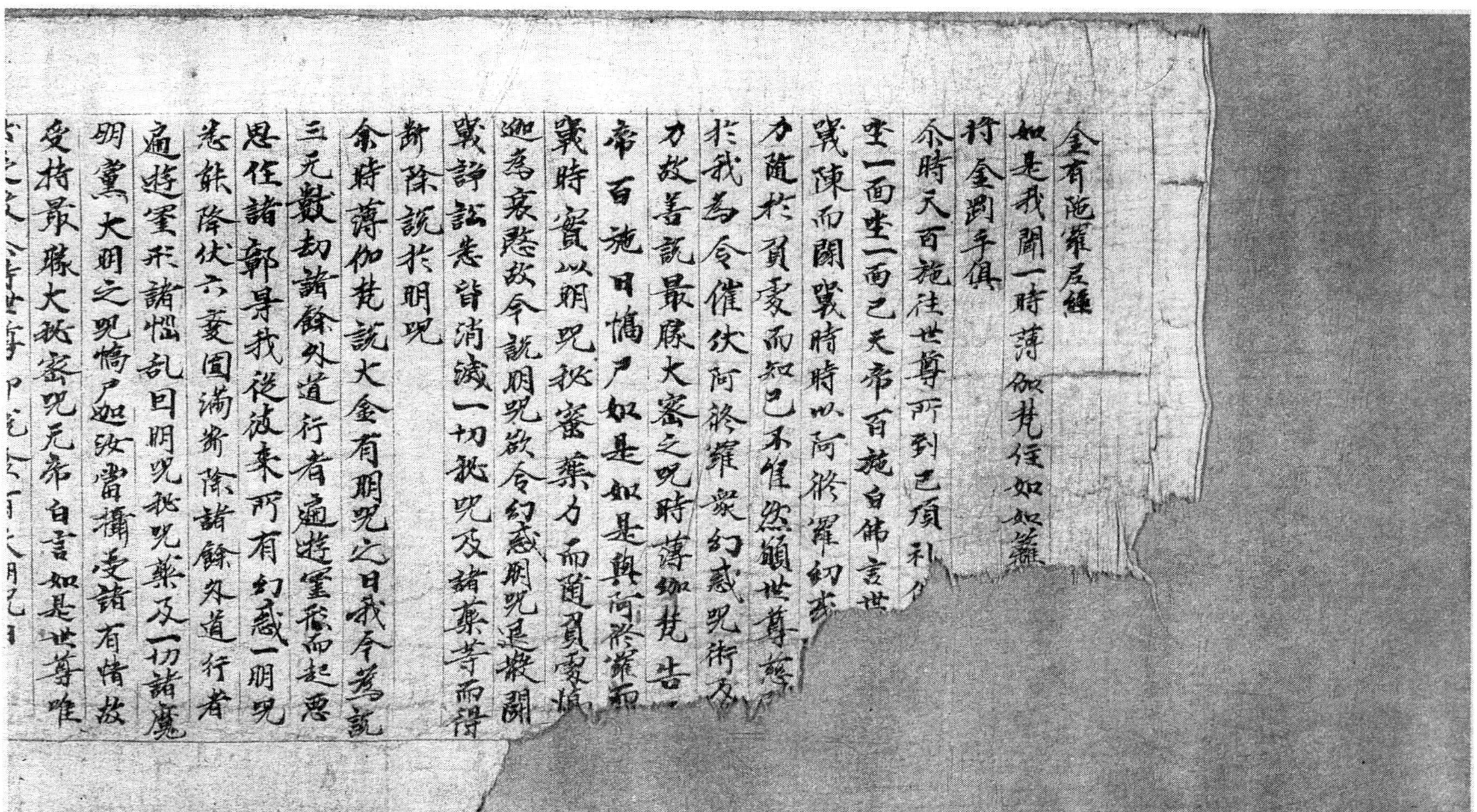

BD08512 號　金有陀羅尼經　（3–1）

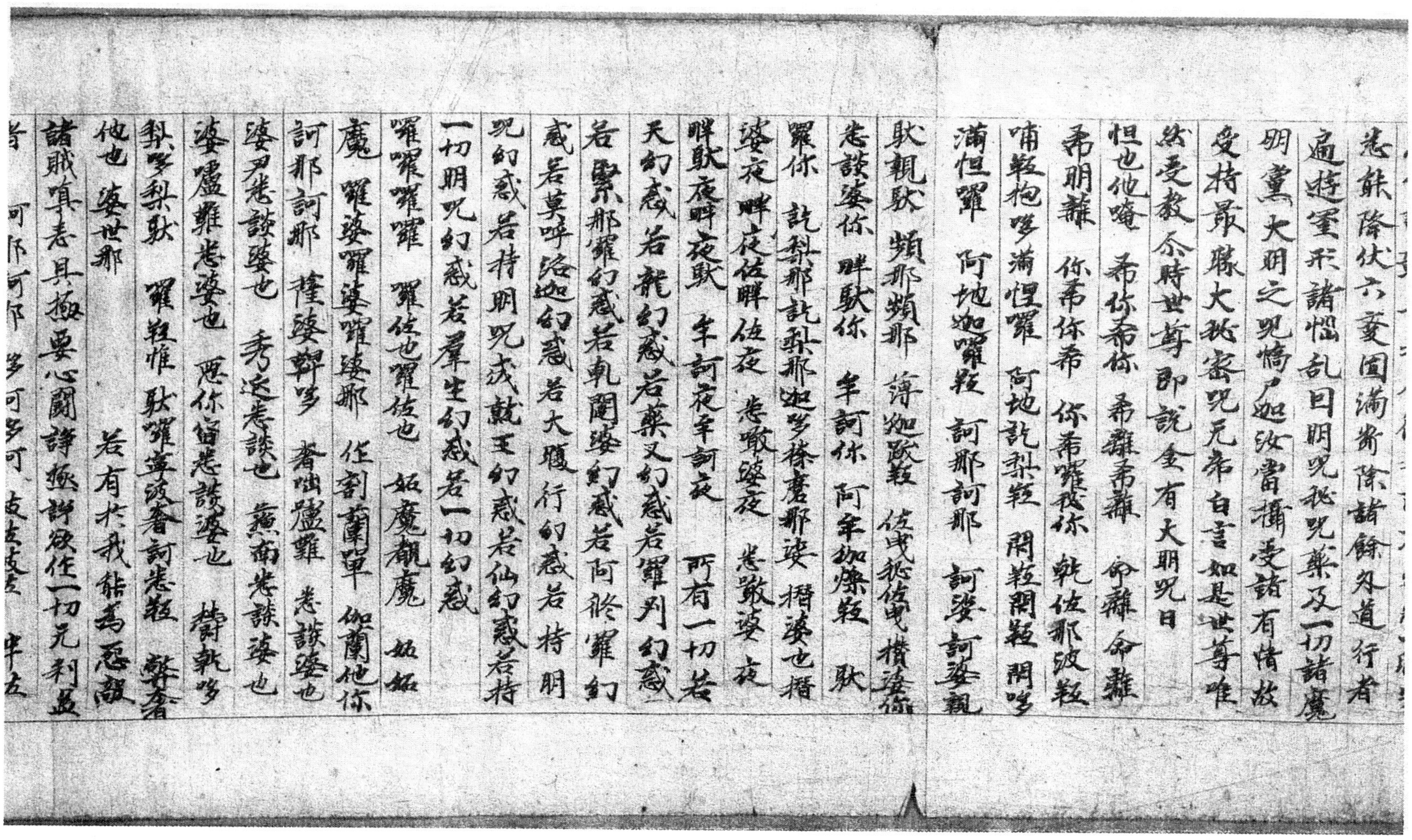
悉能降伏六変國滿嵛除諸餘外道行者
遍遊塞形諸惱乱曰明呪秘呪藥及一切諸魔
朋黨大明之呪憍尸迦汝當攝受諸有情故
受持最勝大秘密呪元希白言如是世尊唯
然受教尒時世尊即説金有大明呪曰
怛也他唵 希你希你 希離希離 命離命離
希朋離 你希你希 你希囉夜你 𩒐佐耶波羅
哺羅抱哆滿怛囉 阿地訖梨羅 閉羅閉羅 閉哆
滿怛囉 阿地迦囉羅 訶耶訶耶 訶婆訶婆䚷
䭾䚷䭾 頻耶頻耶 薄迦跋羅 佐戍秘佐曳 摜婆你
悉談婆你 畔䭾你 牟訶你 阿牟迦條羅 䭾
羅你 訖梨耶訖梨耶迦哆條麾耶婆 搢婆也搢
婆夜 畔夜佐畔佐夜 悉暾婆夜 悉暾婆夜
畔䭾夜畔夜䭾 牟訶夜牟訶夜 所有一切若
天幻惑若龍幻惑若藥叉幻惑若羅刹幻惑
若緊那羅幻惑若乾闥婆幻惑若阿脩羅幻
惑若莫呼洛迦幻惑若大腹行幻惑若持朋
呪幻惑若持朋呪成就王幻惑若仙幻惑若持
一切朋呪幻惑若羣生幻惑若一切幻惑
囉囉囉囉 羅佐也羅佐也 姤姤
魔 羅婆羅婆羅婆耶 佐劉蘭單 伽蘭他你
訶耶訶耶 搓婆鞞哆 者㽞盧難 悉談婆也
婆刃悉談婆也 秀送悉談也 薰南悉談婆也
婆盧難悉婆也 悪你留悉談婆也 樹執哆
梨哆梨䭾 羅羅惟 䭾囉寧波奢訶悉羅 䭾奢
他也婆世耶 若有於我能為惡敵
諸賊嗔恚具擬要心鬭諍極諍欲作一切元利益
者 訶耶訶耶 哆訶哆訶 波佐波佐 半佐

BD08512 號　金有陀羅尼經　（3–2）

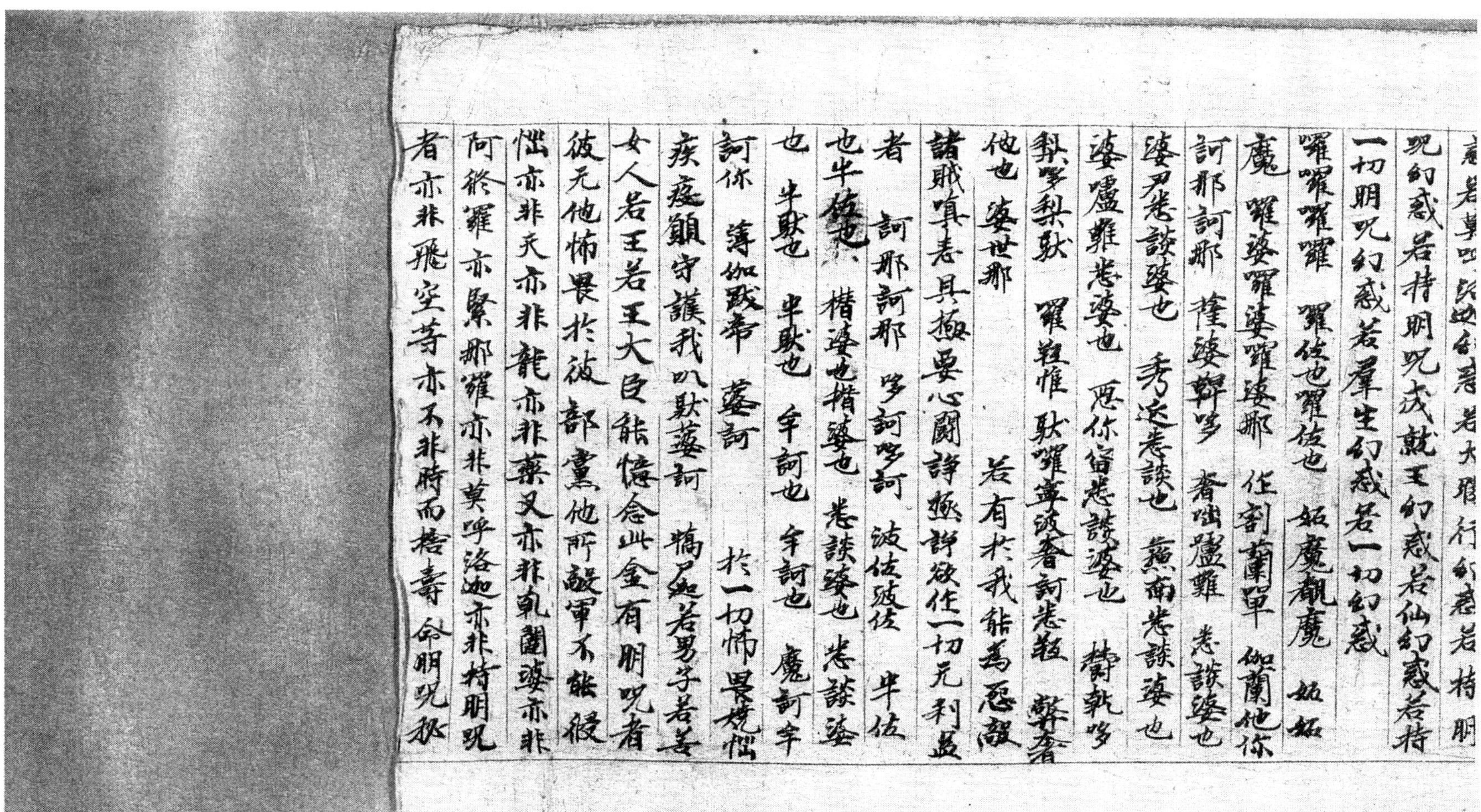
惑若莫呼洛迦幻惑若大腹行幻惑若持朋
呪幻惑若持朋呪成就王幻惑若仙幻惑若持
一切朋呪幻惑若羣生幻惑若一切幻惑
囉囉囉囉 羅佐也羅佐也 姤姤
魔 羅婆羅婆羅婆耶 佐劉蘭單 伽蘭他你
訶耶訶耶 搓婆鞞哆 者㽞盧難 悉談婆也
婆刃悉談婆也 秀送悉談也 薰南悉談婆也
婆盧難悉婆也 悪你留悉談婆也 樹執哆
梨哆梨䭾 羅羅惟 䭾囉寧波奢訶悉羅 䭾奢
他也婆世耶 若有於我能為惡敵
諸賊嗔恚具擬要心鬭諍極諍欲作一切元利益
者 訶耶訶耶 哆訶哆訶 波佐波佐 半佐
也半佐也 揩婆也揩婆也 悉談婆也 悉談婆
也 半䭾也 半䭾也 牟訶也 牟訶也 魔訶牟
訶你 薄伽跋帝 莎訶 於一切怖畏煩惱
疾疫顛守護我叭䭾莎訶 橋尸迦若男子若善
女人若王若王大臣能憶念此金有朋呪者
彼元他怖畏於彼部黨他所敵軍不能侵
惱亦非天亦非龍亦非藥叉亦非乾闥婆亦非
阿脩羅亦緊那羅亦非莫呼洛迦亦非持朋呪
者亦非飛空等亦不非時而捨壽命朋呪秘

BD08512 號　金有陀羅尼經　（3–3）

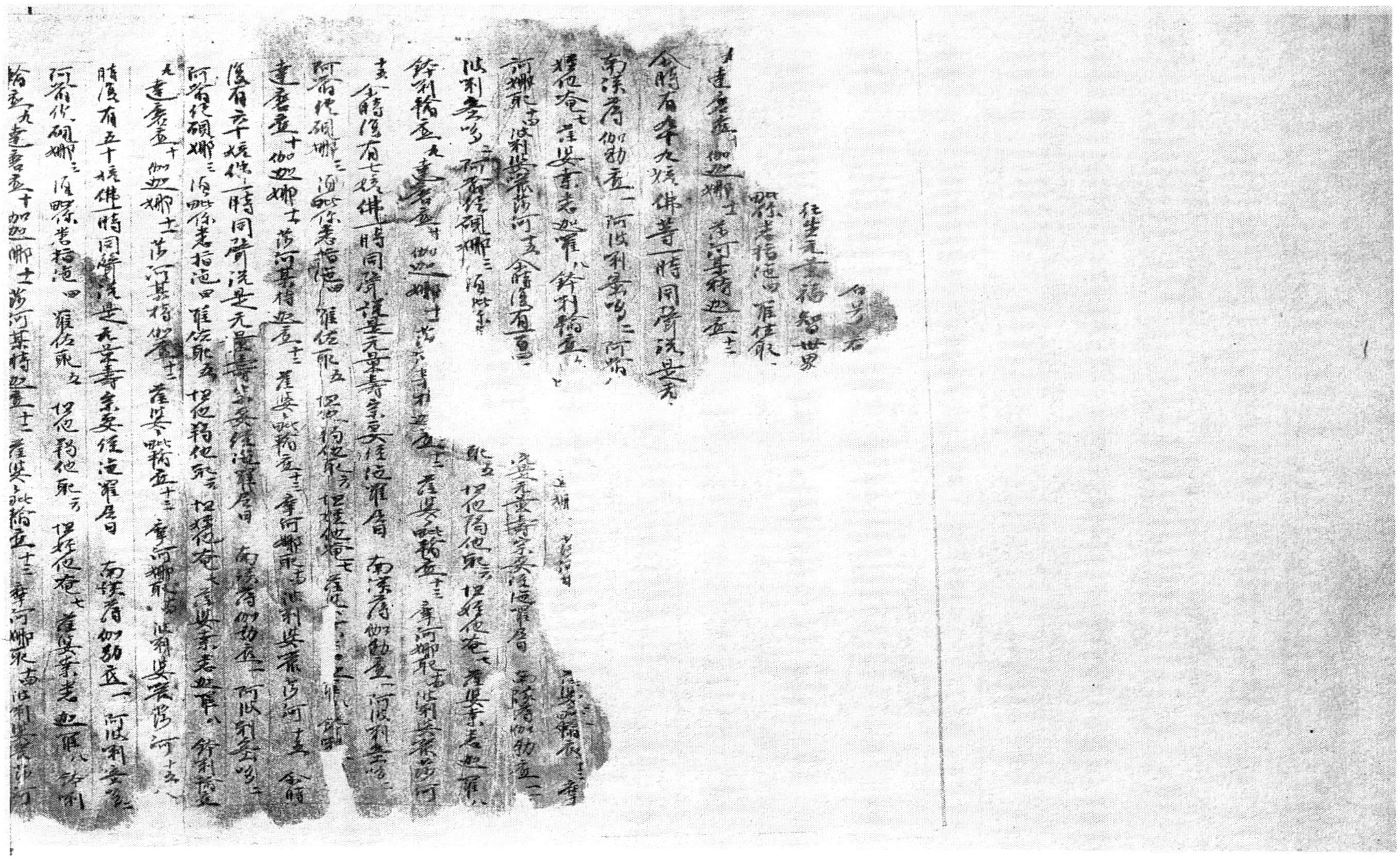

BD08513號　無量壽宗要經　（5–1）

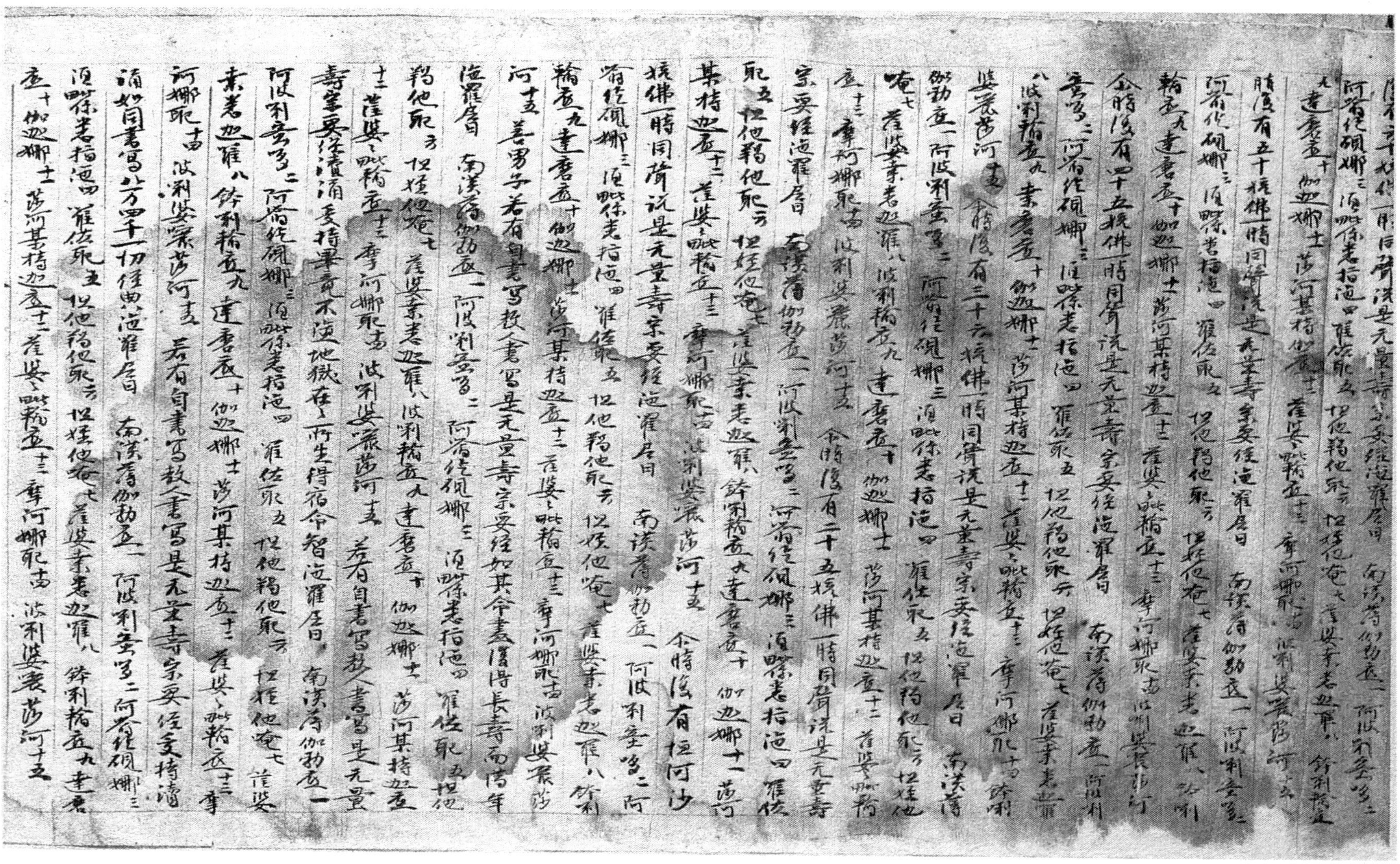

BD08513號　無量壽宗要經　（5–2）

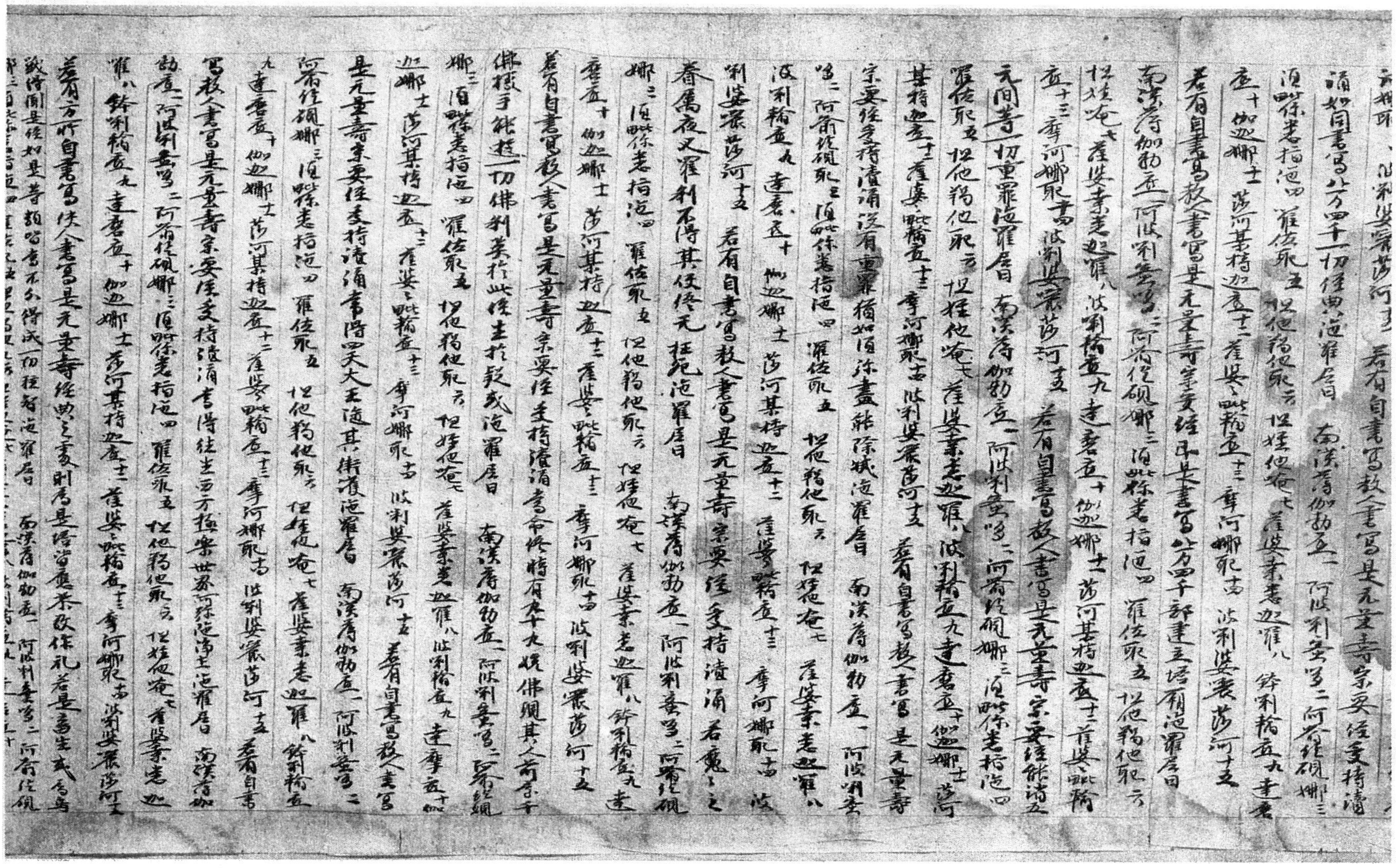

BD08513號　無量壽宗要經　（5–3）

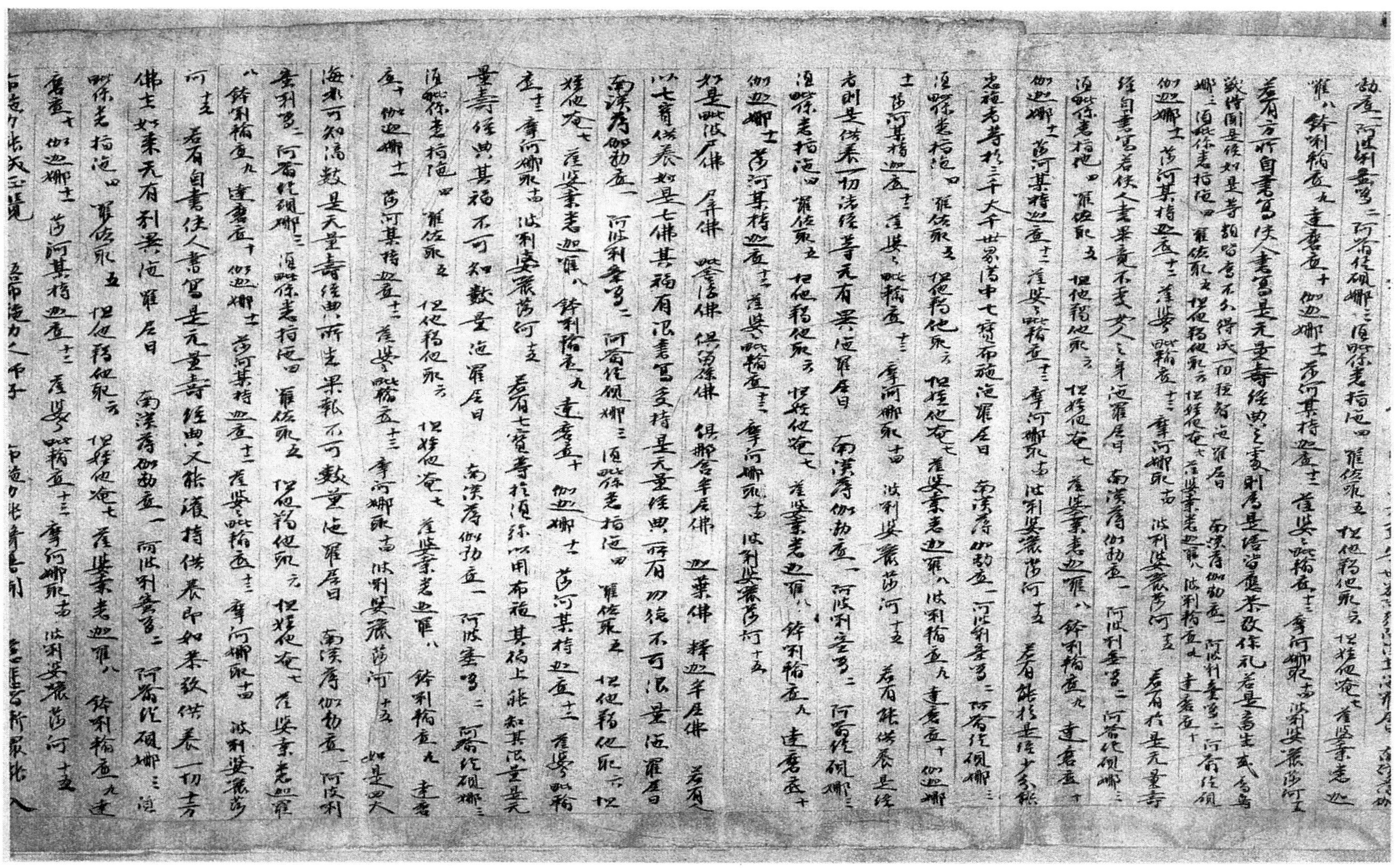

BD08513號　無量壽宗要經　（5–4）

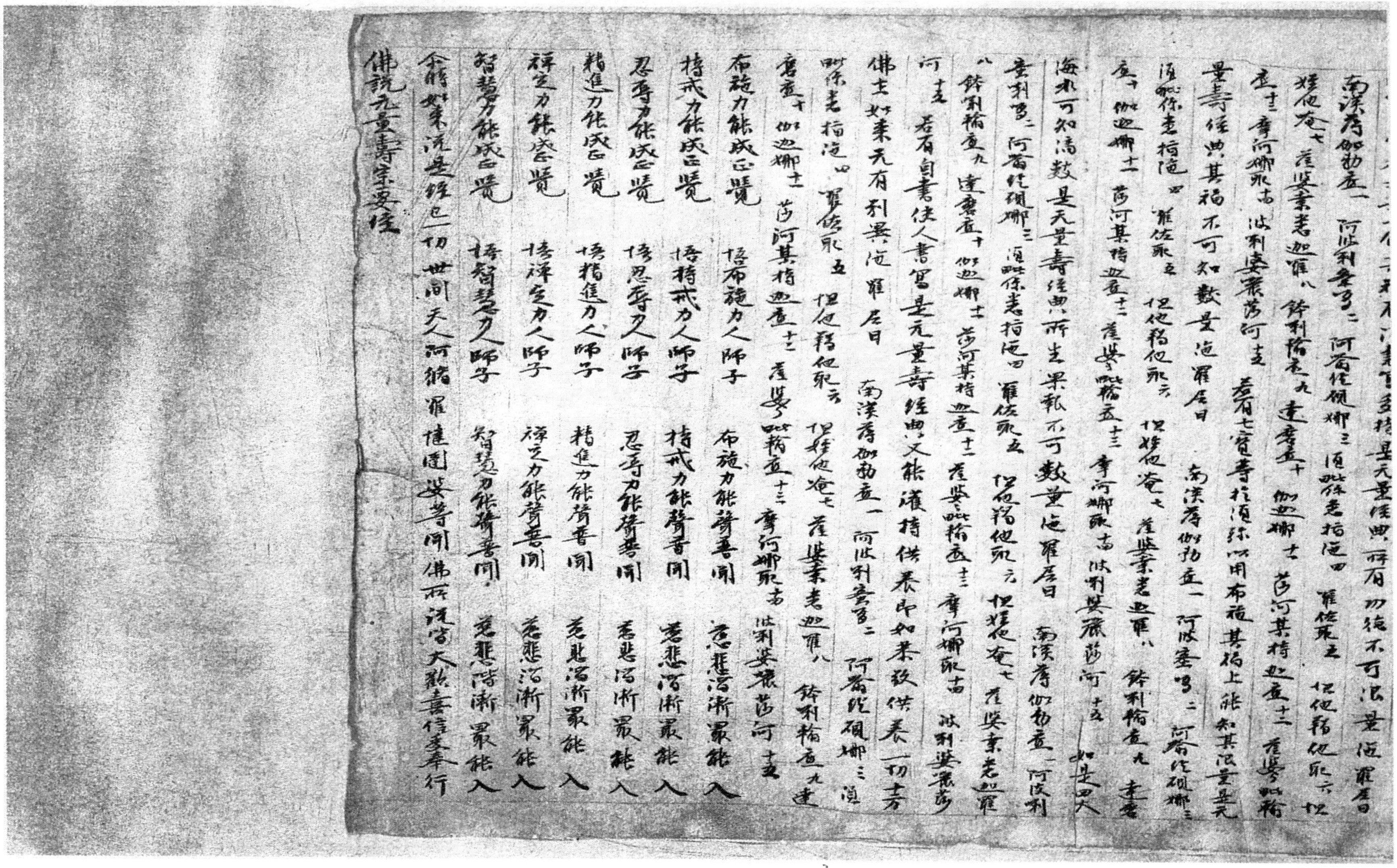

[illegible]是无量壽經典所有功德不可限量波羅居日
南謨薄伽勃底一 阿波利蜜多二 阿喻紇硯娜三 須毗儞是指陁四 羅佐耶五 怛他羯他耶六 怛
姪他唵七 薩婆桑悉迦羅八 鉢唎輸底九 達摩底十 伽伽娜十一 莎訶某持伽底十二 薩婆毗輸
底十三 摩訶娜耶十四 波唎婆囉莎訶十五 若有七寶等於須彌以用布施其福上能知其限量是无
量壽經典其福不可知數量波羅居日 南謨薄伽勃底一 阿波蜜多二 阿喻紇硯娜三
須毗儞是指陁四 羅佐耶五 怛他羯他耶六 怛姪他唵七 薩婆桑悉迦羅八 鉢唎輸底九 達摩
底十 伽伽娜十一 莎訶某持伽底十二 薩婆毗輸底十三 摩訶娜耶十四 波唎婆囉莎訶十五 如是四大
海水可知滴數是无量壽經典所生果報不可數量波羅居日 南謨薄伽勃底一 阿波利
蜜多二 阿喻紇硯娜三 須毗儞是指陁四 羅佐耶五 怛他羯他耶六 怛姪他唵七 薩婆桑悉迦羅
八 鉢唎輸底九 達摩底十 伽伽娜十一 莎訶某持伽底十二 薩婆毗輸底十三 摩訶娜耶十四 波唎婆囉莎
訶十五 若有自書使人書寫是无量壽經典又能護持供養即如來致供養一切十方
佛土如來无有別異波羅居日 南謨薄伽勃底一 阿波利蜜多二 阿喻紇硯娜三 須
毗儞是指陁四 羅佐耶五 怛他羯他耶六 怛姪他唵七 薩婆桑悉迦羅八 鉢唎輸底九 達
摩底十 伽伽娜十一 莎訶某持伽底十二 薩婆毗輸底十三 摩訶娜耶十四 波唎婆囉莎訶十五
布施力能成正覺 悟布施力人師子 布施力能聲普聞 慈悲滔漸衆能入
持戒力能成正覺 悟持戒力人師子 持戒力能聲普聞 慈悲滔漸衆能入
忍辱力能成正覺 悟忍辱力人師子 忍辱力能聲普聞 慈悲滔漸衆能入
精進力能成正覺 悟精進力人師子 精進力能聲普聞 慈悲滔漸衆能入
禪定力能成正覺 悟禪定力人師子 禪定力能聲普聞 慈悲滔漸衆能入
智慧力能成正覺 悟智慧力人師子 智慧力能聲普聞 慈悲滔漸衆能入
佘時如來說是經已一切世間天人阿脩羅揵闥婆等聞佛所說皆大歡喜信受奉行
佛說无量壽宗要經

BD08513號　無量壽宗要經　　（5–5）

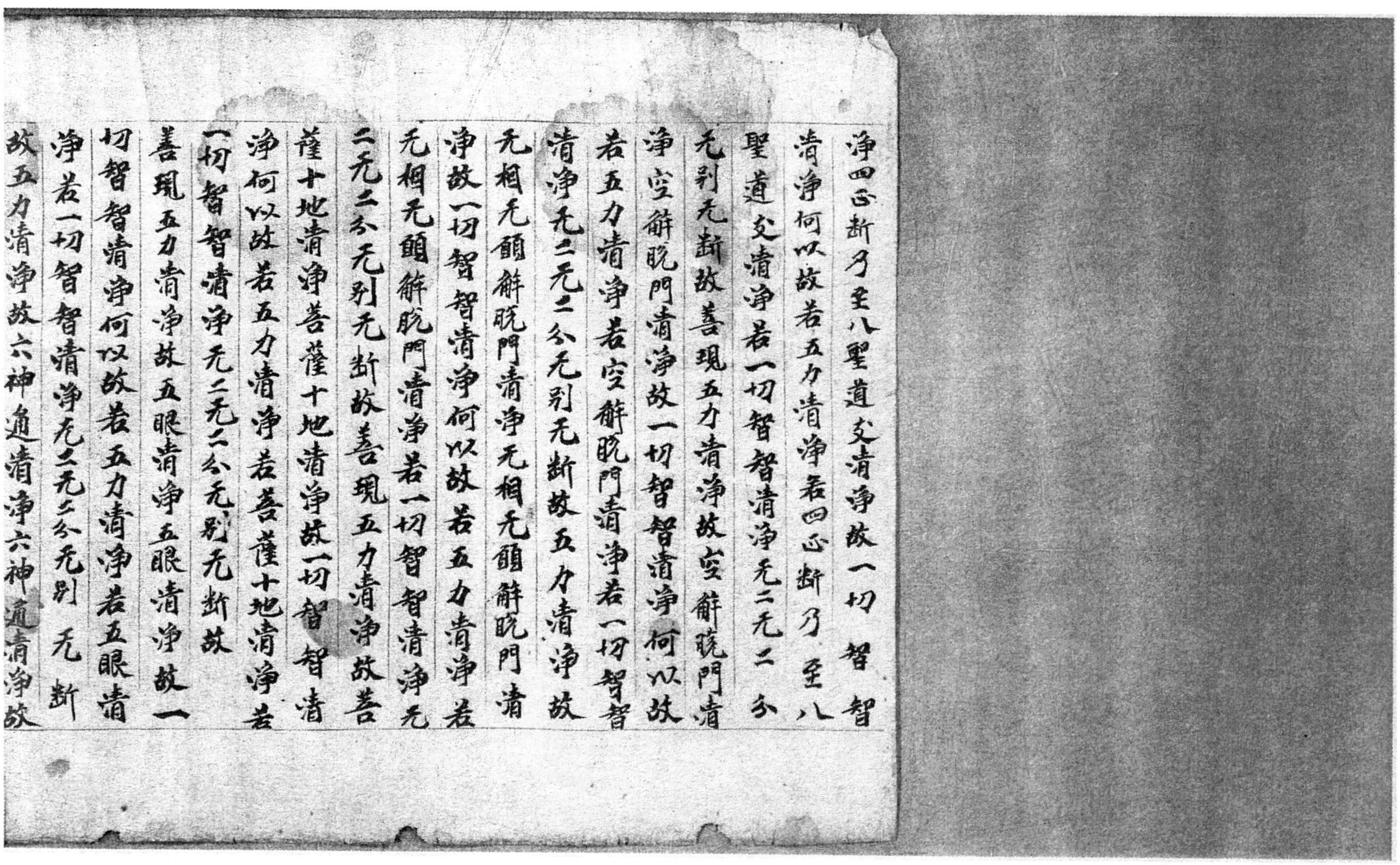

淨四正斷乃至八聖道支清淨故一切智智
清淨何以故若五力清淨若四正斷乃至八
聖道支清淨若一切智智清淨无二无二分
无別无斷故善現五力清淨故空解脫門清
淨空解脫門清淨故一切智智清淨何以故
若五力清淨若空解脫門清淨若一切智智
清淨无二无二分无別无斷故五力清淨故
无相无願解脫門清淨无相无願解脫門清
淨故一切智智清淨何以故若五力清淨若
无相无願解脫門清淨若一切智智清淨无
二无二分无別无斷故善現五力清淨故菩
薩十地清淨菩薩十地清淨故一切智智清
淨何以故若五力清淨若菩薩十地清淨若
一切智智清淨无二无二分无別无斷故
善現五力清淨故五眼清淨五眼清淨故一
切智智清淨何以故若五力清淨若五眼清
淨若一切智智清淨无二无二分无別无斷
故五力清淨故六神通清淨六神通清淨故

BD08514號　大般若波羅蜜多經卷二三〇　　（2–1）

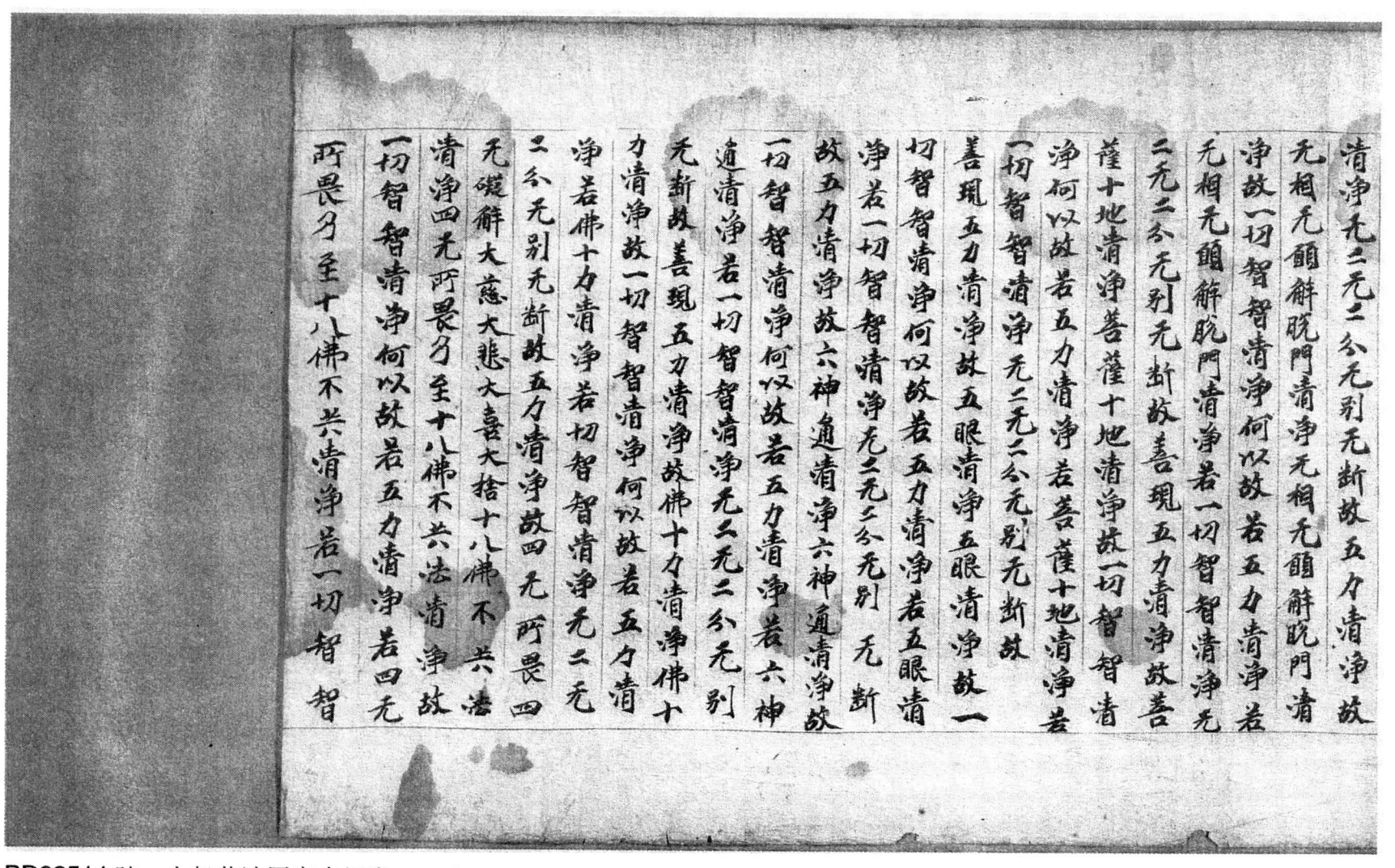

清淨无二无二分无別无斷故五力清淨故
无相无願解脫門清淨无相无願解脫門清
淨故一切智智清淨何以故若五力清淨若
无相无願解脫門清淨若一切智智清淨无
二无二分无別无斷故善現五力清淨故菩
薩十地清淨菩薩十地清淨故一切智智清
淨何以故若五力清淨若菩薩十地清淨若
一切智智清淨无二无二分无別无斷故
善現五力清淨故五眼清淨五眼清淨故一
切智智清淨何以故若五力清淨若五眼清
淨若一切智智清淨无二无二分无別无斷
故五力清淨故六神通清淨六神通清淨故
一切智智清淨何以故若五力清淨若六神
通清淨若一切智智清淨无二无二分无別
无斷故善現五力清淨故佛十力清淨佛十
力清淨故一切智智清淨何以故若五力清
淨若佛十力清淨若一切智智清淨无二无
二分无別无斷故五力清淨故四无所畏四
无礙解大慈大悲大喜大捨十八佛不共法
清淨四无所畏乃至十八佛不共法清淨故
一切智智清淨何以故若五力清淨若四无
所畏乃至十八佛不共清淨若一切智智

BD08514號　大般若波羅蜜多經卷二三〇　（2–2）

若是无
持讀誦得如是果報福德具足□羅尼曰
是如來一百八名号若有自書或使人書寫經卷受持讀誦
□此身後得往生无量福智世界无量壽淨土陀羅尼曰
時同聲說是无量壽宗要經陀羅尼曰　尒時復有一百四姟
□□陀羅尼曰　尒時復有七姟佛一時同聲說是无量
壽宗要經陀羅尼曰　尒時復有六十五姟佛一時同聲說是无量壽宗要經陀羅尼曰
尒時復有五十五姟佛一時同聲說是无量壽宗要經陀羅尼曰　尒時復有四十五姟
佛一時同聲說是无量壽宗要經陀羅尼曰　尒時復有三十六姟佛一時同聲說是无量壽
宗要經陀羅尼曰　尒時復有二十五姟佛一時同聲說是无量壽宗要經陀羅尼曰
尒時復有恒河沙姟佛一時同聲說是无量壽宗要經陀羅尼曰　善男子若有自書
寫教人書寫是无量壽宗要經如其命盡復得長壽而滿年陀羅尼曰　若有自書寫
教人書寫是无量壽宗要經讀誦受持畢竟不墮地獄在在所生得宿命智陀羅尼曰
若有自書寫教人書寫是无量壽宗要經受持讀誦如同書寫八万四千一切經典陀羅尼曰
若有自書寫教人書寫是无量壽宗要經即是書寫八万四千部建立塔廟陀羅尼曰
若有自書寫教人書寫是无量壽宗要經能消五无間等一切重罪陀羅尼曰
若有自書寫教人書寫是无量壽宗要經受持讀誦設有重罪猶如須彌盡能除滅陀羅尼曰
[illegible]魔眷屬[illegible]羅剎不得其[illegible]

BD08515號　無量壽宗要經（略咒本）

[illegible]
教人書寫是無量壽宗要經讀誦受持畢竟不墮地獄在在所生得宿命智陀羅尼曰
若有自書寫教人書寫是無量壽宗要經受持讀誦如同書寫八万四千一切經典陀羅尼曰
若有自書寫教人書寫是無量壽宗要經即是書寫八万四千部建立塔廟陀羅尼曰
若有自書寫教人書寫是無量壽宗要經能消五無間等一切重罪陀羅尼曰
若有自書寫教人書寫是無量壽宗要經受持讀誦設有重罪猶如須彌盡能除滅陀羅尼曰
若有自書寫教人書寫是無量壽宗要經受持讀誦若魔魔之眷屬夜叉羅剎不得其
便終無枉死陀羅尼曰　若有自書寫教人書寫是無量壽宗要經受持讀誦當
命終時有九十九俱胝佛現其人前萬千佛手接引一切佛剎莫於此經生於疑惑陀羅尼曰
若有自書寫教人書寫是無量壽宗要經受持讀誦常得四天大王隨其衛護陀羅尼曰
若有自書寫教人書寫是無量壽宗經受持讀誦當得往生西方極樂世界阿彌陀淨土
陀羅尼曰　若有方所自書寫使人書寫是無量壽宗要經典之處則為是塔皆應恭敬作
禮若是畜生或為鳥獸得聞是經如是等類皆當不久得成一切種智陀羅尼曰
若能於是無量壽經自書寫若使人書畢竟不受女人之身陀羅尼曰
若有能於是經少分能惠施者等於三千大千世界滿中七寶布施陀羅尼曰
若有能於供養是經者則是供養一切諸經等無有別異陀羅尼曰
如毗婆尸佛尸棄佛毗舍浮佛俱留孫佛俱那含牟尼佛迦葉佛釋迦牟尼佛若有人以
七寶供養如是七佛其福有限書寫受持是無量壽經典所有功德不可限量陀羅
尼曰　若有七寶等於須彌以用布施其福上能知其限量壽經典其福不可知數陀
羅尼曰　如是四大海水可知渧數是無量壽經典所生果報不可數量陀羅尼曰
若有自書使人書寫是無量壽經典之文能護持供養即如恭敬供養一切十方佛土如來無有
別異陀羅尼曰　布施力能成正覺　悟布施力人師子　布施力能聲普聞　慈悲階漸最能入
持戒力能成正覺　悟持戒力人師子　持戒力能聲普聞　慈悲階漸最能入
悟忍辱力人師子　忍辱力能聲普聞　慈悲階漸最能入　精進力能成正覺　悟精進力人師子
精進力能聲普聞　慈悲階漸最能入　禪定力能成正覺　悟禪定力人師子　禪定力能聲普聞
慈悲階漸最能入　智慧力能成正覺　悟智慧力人師子　智慧力能聲普聞　慈悲階漸最能入
今時如來說是經已一切世間天人阿脩羅乾闥婆等聞佛所說皆大歡喜信受奉行

佛說無量壽宗要經

菩文達

南謨薄伽伐帝一阿波唎蜜多二阿喻紇硯那三須毗你失指陀四囉佐耶五怛他羯他耶六怛姪他七薩婆桑悉迦囉八
波利輸底九達磨底十伽伽那十一莎訶摩伽底十二莎婆婆毗輸底十三摩訶那耶十四波利婆…

若有能於是經少分能惠施者等於三千大千世界滿中七寶布施陀羅尼曰

若有能於供養是經者則是供養一切諸經等無有別異陀羅尼曰

如是毗婆尸佛尸棄佛毗舍浮佛俱留孫佛俱那含牟尼佛迦葉佛釋迦牟尼佛若有人以

七寶供養如是七佛其福有限書寫受持是無量壽經典所有功德不可限量陀羅

尼曰　若有七寶等於須彌以用布施其福上能知其限量壽經典其福不可知數陀

羅尼曰　如是四大海水可知渧數是無量壽經典所生果報不可數量陀羅尼曰

若有自書使人書寫是無量壽經典又能護持供養即如恭敬供養一切十方佛土如來無有

別異陀羅尼曰　布施力能成正覺　悟布施力人師子　布施力能聲善聞　慈悲階漸最能入

持戒力能成正覺　悟持戒力人師子　持戒力能聲善聞　慈悲階漸最能入　忍辱力能成正覺

悟忍辱力人師子　忍辱力能聲善聞　慈悲階漸最能入　精進力能成正覺　悟精進力人師子

精進力能聲善聞　慈悲階漸最能入　禪定力能成正覺　悟禪定力人師子　禪定力能聲善聞

慈悲階漸最能入　智慧之力能成正覺　悟智慧力人師子　智慧之力能聲善聞　慈悲階漸最能入

介時如來說是經已一切世間天人阿脩羅乾闥婆等聞佛所說皆大歡喜信受奉行

佛說無量壽宗要經

誓七文建

南謨薄伽伐帝一阿波唎蜜多二阿喻紇硯娜三須毗你失指陀四囉佐耶五怛他羯他耶六怛姪他唵七薩婆桑悉迦囉八

波唎輸底九達摩底十伽迦娜十一莎訶莫持迦底十二莎婆婆毗輸底十三摩訶娜耶十四波唎婆囉莎

訶十五

此經每前陀羅尼曰下咒一道略寫兩張不寫咒故令曉示

二名
衣三菩
境體非一
不於依万義才真依於法界行菩提行
尒時世尊作是語已時善女天踊躍歡喜即
從座起偏袒右肩右膝著地合掌恭敬一心
頂礼而白佛言世尊如上所說菩提正行我
今當學是時索訶世界主大梵天王於大衆
中問如意寶光耀善女天曰此菩提行難可
脩行汝今云何於菩提行而得自在尒時善
女天荅梵王曰大梵王如佛所說實是甚深
一切異生不解其義是聖境界微妙難知若
使我今依於此法得安樂住是實語者願令
一切五濁惡世无量无數无邊衆生皆得金
色卅二相非男非女坐寶蓮花受无量樂雨
天妙花諸天音樂不鼓自鳴一切供養作是語已
是時善女天說是語已一切五濁惡世所有
衆生皆悉金色具大人相非男非女坐寶
蓮花受无量樂猶如他化自在天宮无諸惡
道寶樹行列七寶蓮花遍滿世界又雨七寶
上妙天花作天伎樂如意寶光耀善女天即轉

BD08516號　金光明最勝王經卷五　（2–1）

色卅二相非男非女坐寶蓮花受无量樂雨
天妙花諸天音樂不鼓自鳴一切供養作是語已
是時善女天說是語已一切五濁惡世所有
衆生皆悉金色具大人相非男非女坐寶
蓮花受无量樂猶如他化自在天宮无諸惡
道寶樹行列七寶蓮花遍滿世界又雨七寶
上妙天花作天伎樂如意寶光耀善女天即轉
女身作梵天身時大梵王問如意寶光耀
菩薩言仁者如何行菩提行荅言梵王若水
中月行菩提行我亦行菩提行若夢中行菩
提行我亦行菩提行若陽燄行菩提行我亦
行菩提行若谷響行菩提行我亦行菩提行
時大梵王聞此說已白菩薩言仁依何義而
說此語荅言梵王无有一法是實相者但由
因緣而得成故梵王言若如是者諸凡夫人
皆悉應得阿耨多羅三藐三菩提荅言仁以
何意而作是說愚癡人異智惠人異菩提異
非菩提異解脫異非解脫異梵王如是諸法
平等无異於此法界真如不異无有中間而
可執著无增无減梵王譬如幻師及幻弟子
善解幻術於四衢道取諸沙土草木葉等聚
在一處作諸幻術使人覩見象衆馬衆車兵

BD08516號　金光明最勝王經卷五　（2–2）

慈大悲大喜大捨十八佛不共法亦能圓滿
無忘失法恒住捨性亦能圓滿一切智道相
智一切相智是菩薩摩訶薩安住如是異熟
生聖無漏諸法中以神通力往到十方殑伽
沙等諸佛世界復以種種上妙衣服飲食卧
具湯藥香華寶幢幡蓋燈明伎樂及餘所須
供養恭敬尊重讚歎諸佛世尊作諸有情利
益安樂應以布施而攝益者即以布施而攝
益之應以淨戒而攝益者即以淨戒而攝益
之應以安忍而攝益者即以安忍而攝益之
以靜慮而攝益者即以靜慮而攝益之應以
般若而攝益者即以般若而攝益之應以諸
餘種種善法而攝益者即以諸種種善法
而攝益之應以一切殊勝善法而攝益者即
以一切殊勝善法而攝益之是菩薩摩訶薩
成就如是無量善法雖受生死不為生死過
失所染為欲利樂諸有情故攝受人天富貴

BD08517 號　大般若波羅蜜多經（兌廢稿）卷三七八　（2–1）

兑

以靜慮而攝益者即以靜慮而攝益之應以
般若而攝益者即以般若而攝益之應以諸
餘種種善法而攝益者即以諸種種善法
而攝益之應以一切殊勝善法而攝益者即
以一切殊勝善法而攝益之是菩薩摩訶薩
成就如是無量善法雖受生死不為生死過
失所染為欲利樂諸有情故攝受人天富貴
自在由此富貴自在威力能作有情諸利樂
事以四攝事而攝受之是菩薩摩訶薩知一
切法皆無相故雖知預流果而不住預流果
雖知一來果而不住一來果雖知不還果而
不住不還果雖知阿羅漢果而不住阿羅漢
果雖知獨覺菩提而不住獨覺菩提所以者
何是菩薩摩訶薩如實了知一切法已為欲

BD08517 號　大般若波羅蜜多經（兌廢稿）卷三七八　（2–2）

[illegible]
則為欲令不思議
迦甚深般若波羅蜜多與不思
二分故憍尸迦諸有欲令靜慮精進
戒布施波羅蜜多有二相者則為欲令
議界亦有二相何以故憍尸迦靜慮精進安
忍淨戒布施波羅蜜多與不思議界無二无
二分故
尒時天帝釋白佛言世尊如是般若波
多世間天人阿素洛等皆應至誠礼拜右
供養恭敬尊重讚歎所以者何一切菩薩摩
訶薩衆皆依如是甚深般若波羅蜜多精勤
脩學已得當得現得无上正等菩提世尊如
我生在三十三天善法殿中天帝座上為諸
天衆宣說正法時有无量諸天子等來至我
所聽我所說供養恭敬尊重讚歎右繞礼拜

BD08518 號　大般若波羅蜜多經卷一二七　（3–1）

訶薩衆皆依如是甚深般若波羅蜜多精勤
脩學已得當得現得无上正等菩提世尊如
我生在三十三天善法殿中天帝座上為諸
天衆宣說正法時有无量諸天子等來至我
所聽我所說供養恭敬尊重讚歎右繞礼拜
合掌而去我不在時諸天子等亦來是處雖
不見我如我在時恭敬供養咸言此處是天
帝釋為諸天等說法之座我等皆應如天主
在供養右繞礼拜而去世尊如是般若波羅
蜜多若有書寫受持讀誦廣為有情宣說流
布當知是處恒有此土并餘十方无邊世界
无量无數天龍藥叉健達縛阿素洛揭路荼
緊捺洛莫呼洛伽人非人等皆來集會觀
說者敬重法故亦於是處供養恭敬尊重讚
歎礼拜而去何以故一切如來應正等覺皆
因如是甚深般若波羅蜜多而得生故一切
菩薩摩訶薩衆獨覺聲聞及諸有情上妙樂
具皆依如是甚深般若波羅蜜多而得起故
佛設利羅亦由如是甚深般若波羅蜜多功
德薰脩得供養故世尊如是般若波羅蜜多
與諸菩薩摩訶薩行及所證得一切智智為
因為緣為所依止為能引發世尊由此緣故
我作是說假使充滿此贍部洲佛設利羅以
為一分書寫如是甚深般若波羅蜜多復為
一分此二分中我寧取如是般若波羅蜜
多
世尊我若於此甚深般若波羅蜜多受持
讀誦正憶念時心歸法故都不見有諸怖畏目

BD08518 號　大般若波羅蜜多經卷一二七　（3–2）

[illegible]
无量无數天龍藥叉健達縛阿素洛揭路荼
緊捺洛莫呼洛伽人非人等皆來集會見
說者敬重法故亦於是處供養恭敬尊重讚
歎礼拜而去何以故一切如來應正等覺皆
因如是甚深般若波羅蜜多而得生故一切
菩薩摩訶薩衆獨覺聲聞及諸有情上妙樂
具皆依如是甚深般若波羅蜜多而得起故
佛設利羅亦由如是甚深般若波羅蜜多功
德薰脩得供養故世尊如是般若波羅蜜多
與諸菩薩摩訶薩行及所證得一切智智為
因為緣為所依止為能引發世尊由此緣故
我作是說假使充滿此贍部洲佛設利羅以
為一分書寫如是甚深般若波羅蜜多復為
一分此二分中我寧取如是般若波羅蜜
多
世尊我若於此甚深般若波羅蜜多受持
讀誦正憶念時心離法故都不見有諸怖畏相
所以者何世尊甚深般若波羅蜜多无相无
狀言无說世尊由此般若波羅蜜多无[illegible]

BD08518號　大般若波羅蜜多經卷一二七

(3–3)

復次憍尸迦若善男子善女人等為發無上
菩提心者宣說靜慮波羅蜜多作如是言汝
善男子應脩靜慮波羅蜜多不應觀真如若
常若無常不應觀法界法性不虛妄性不變
異性平等性離生性法定法住實際虛空界
不思議界若常若無常何以故真如真如自
性空法界法性不虛妄性不變異性平等性
離生性法定法住實際虛空界不思議界法
界乃至不思議界自性空是真如自性即非
自性是法界乃至不思議界自性亦非自性
若非自性即是靜慮波羅蜜多於此靜慮波
羅蜜多真如不可得彼常無常亦不可得法
界乃至不思議界皆不可得彼常無常亦不
可得所以者何此中上無真如等可得何況
有彼常與無常汝若能脩如是靜慮是脩靜
有彼常與無常汝若能脩如是靜慮是脩靜
慮波羅蜜[illegible]

BD08519號　大般若波羅蜜多經（兑廢稿）卷一五〇

(2–1)

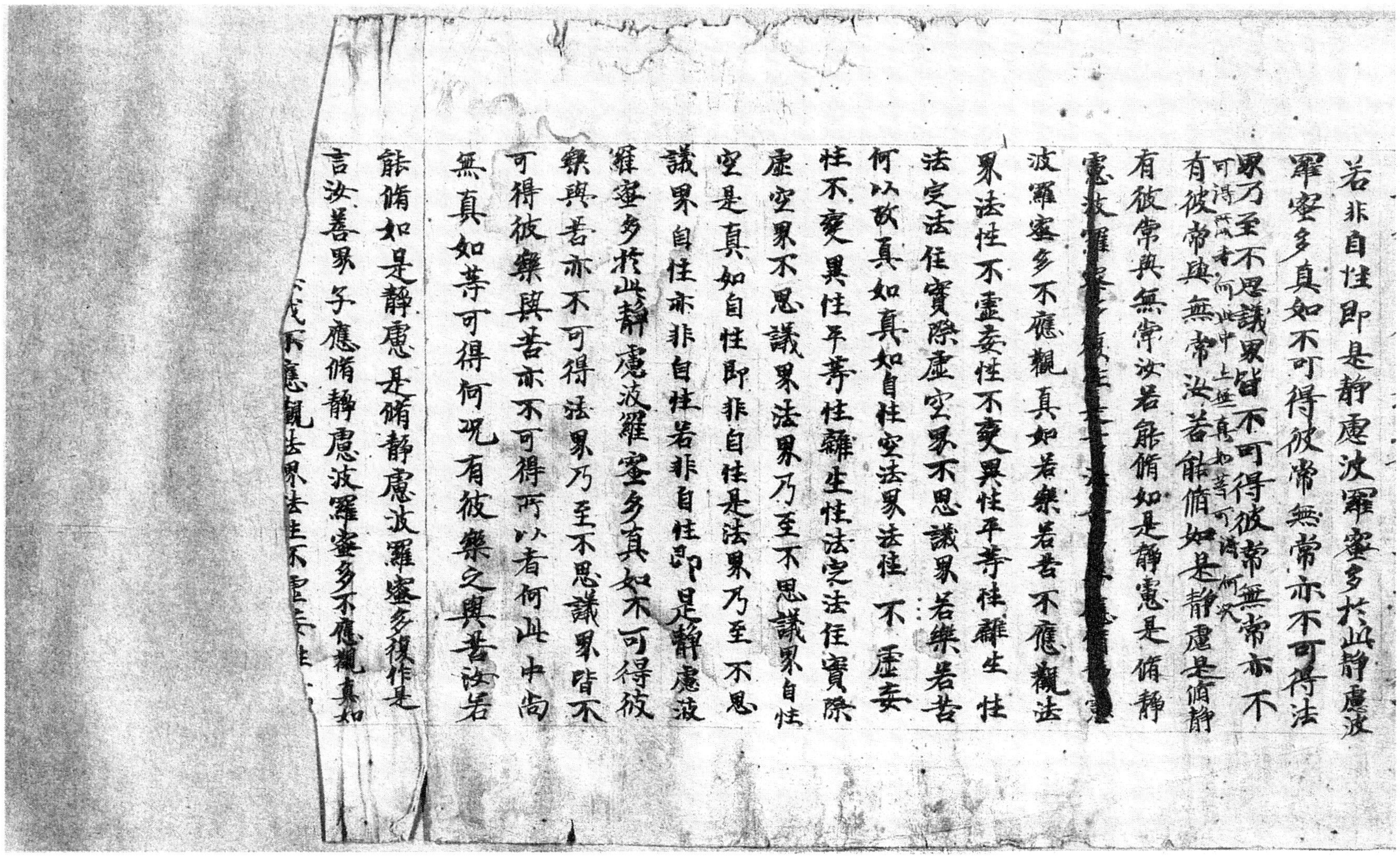
若非自性即是靜慮波羅蜜多於此靜慮波
羅蜜多真如不可得彼常無常亦不可得法
界乃至不思議界皆不可得彼常無常亦不
可得所以者何此中上無真如等可得何況
有彼常與無常汝若能脩如是靜慮是脩靜
有彼常與無常汝若能脩如是靜慮是脩靜
慮波羅[illegible]
波羅蜜多不應觀真如若樂若苦不應觀法
界法性不虛妄性不變異性平等性離生性
法定法住實際虛空界不思議界若樂若苦
何以故真如真如自性空法界法性不虛妄
性不變異性平等性離生性法定法住實際
虛空界不思議界法界乃至不思議界自性
空是真如自性即非自性是法界乃至不思
議界自性亦非自性若非自性即是靜慮波
羅蜜多於此靜慮波羅蜜多真如不可得彼
樂與苦亦不可得法界乃至不思議界皆不
可得彼樂與苦亦不可得所以者何此中尚
無真如等可得何況有彼樂之與苦汝若
能脩如是靜慮是脩靜慮波羅蜜多復作是
言汝善男子應脩靜慮波羅蜜多不應觀真如
[illegible]不應觀法界法性不虛妄[illegible]

BD08519 號　大般若波羅蜜多經（兌廢稿）卷一五〇　（2–2）

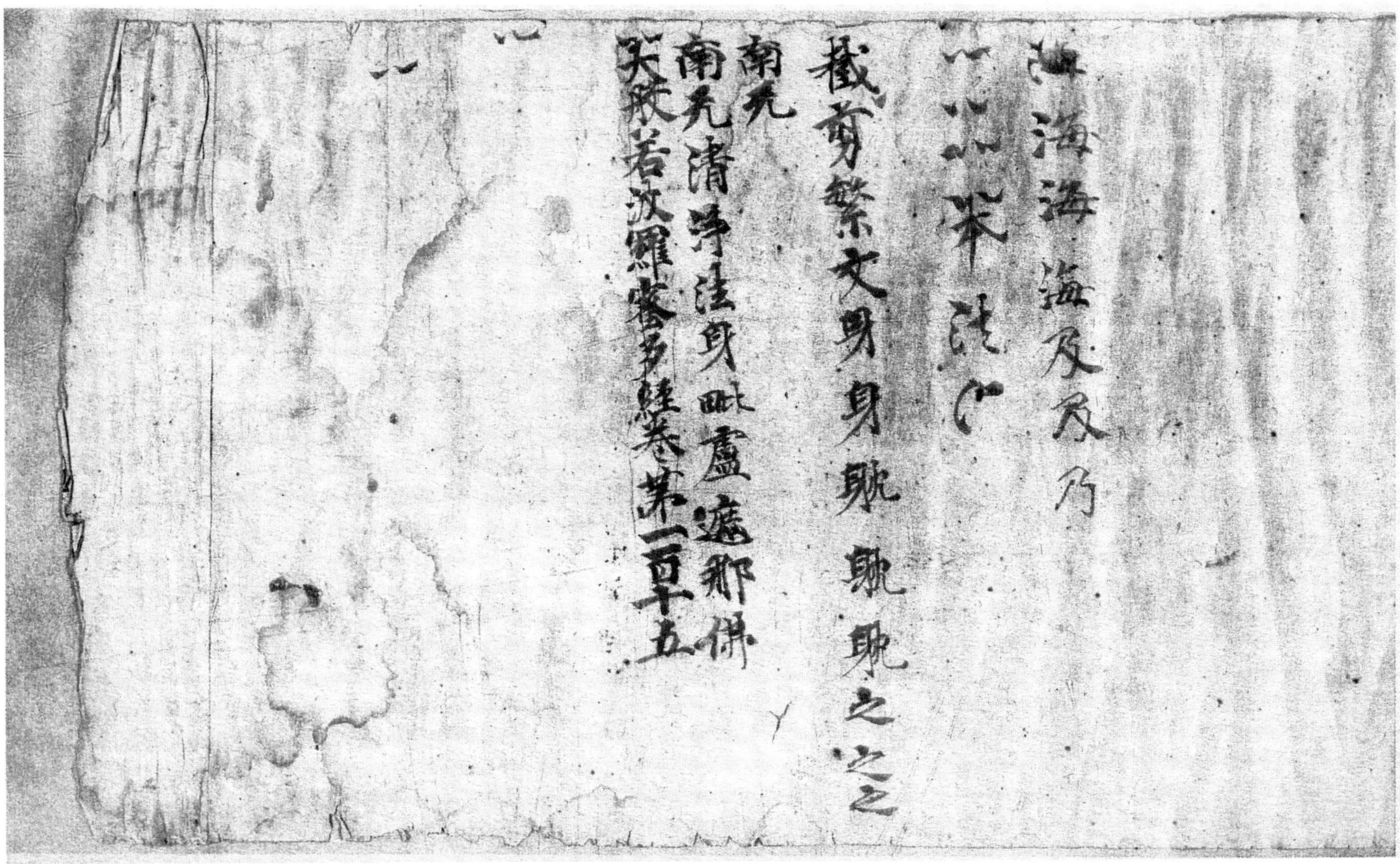
海海海及及乃
[illegible]米沈[illegible]
截剪繁文身身耽耽耽之之之
南无
南无清淨法身毗盧遮那佛
大般若波羅蜜多經卷第一百十五

BD08519 號背　雜寫　（1–1）

大般若波羅蜜多經卷第一百
初分校量功德品第卅之卅九
時天帝釋復白佛言世尊云何諸善男
善女人等說有所得安忍波羅蜜多名說相
安忍波羅蜜多佛言憍尸迦若善男子善女
人等為發無上菩提心者說色若常若無常
說受想行識若常若無常說色若樂若苦說
受想行識若樂若苦說色若我若無我說受
想行說若我若無我說色若淨若不淨說受
想行識若淨若不淨若有能依如是等法脩
行安忍是行安忍波羅蜜多復作是說行安
忍者應求色若常若無常應求受想行識若
常若無常應求色若樂若苦應求受想行識
若樂若苦應求色若我若無我應求受想行
識若我若無我應求色若淨若不淨應求受
想行識若淨若不淨若有能求如是等法脩

BD08520號　大般若波羅蜜多經卷一四一　（2-1）

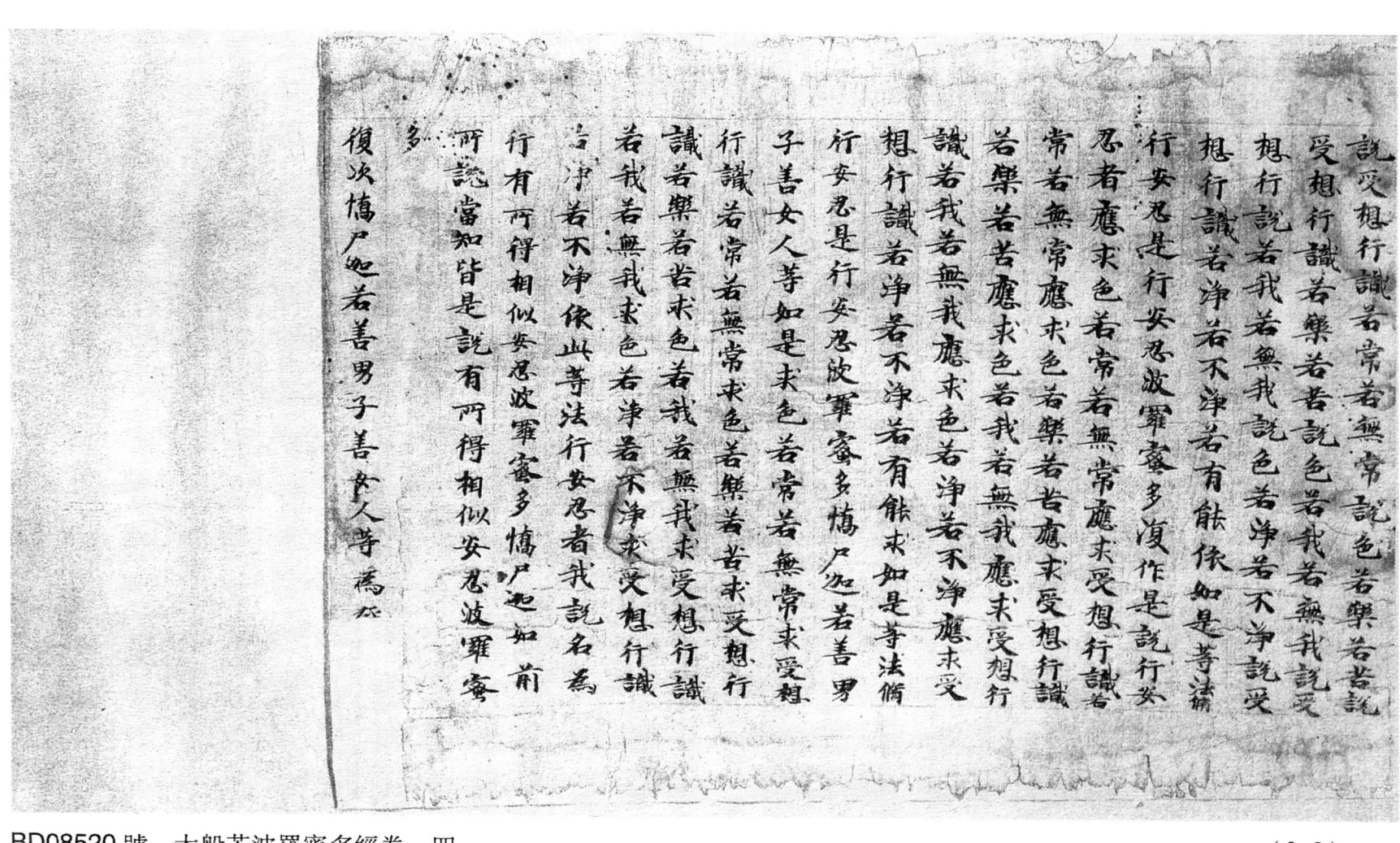

說受想行識若常若無常說色若樂若苦說
受想行識若樂若苦說色若我若無我說受
想行說若我若無我說色若淨若不淨說受
想行識若淨若不淨若有能依如是等法脩
行安忍是行安忍波羅蜜多復作是說行安
忍者應求色若常若無常應求受想行識若
常若無常應求色若樂若苦應求受想行識
若樂若苦應求色若我若無我應求受想行
識若我若無我應求色若淨若不淨應求受
想行識若淨若不淨若有能求如是等法脩
行安忍是行安忍波羅蜜多憍尸迦若善男
子善女人等如是求色若常若無常求受想
行識若常若無常求色若樂若苦求受想行
識若樂若苦求色若我若無我求受想行識
若我若無我求色若淨若不淨求受想行識
若淨若不淨依此等法行安忍者我說名為
行有所得相似安忍波羅蜜多憍尸迦如前
所說當知皆是說有所得相似安忍波羅蜜
多
復次憍尸迦若善男子善女人等為於

BD08520號　大般若波羅蜜多經卷一四一　（2-2）

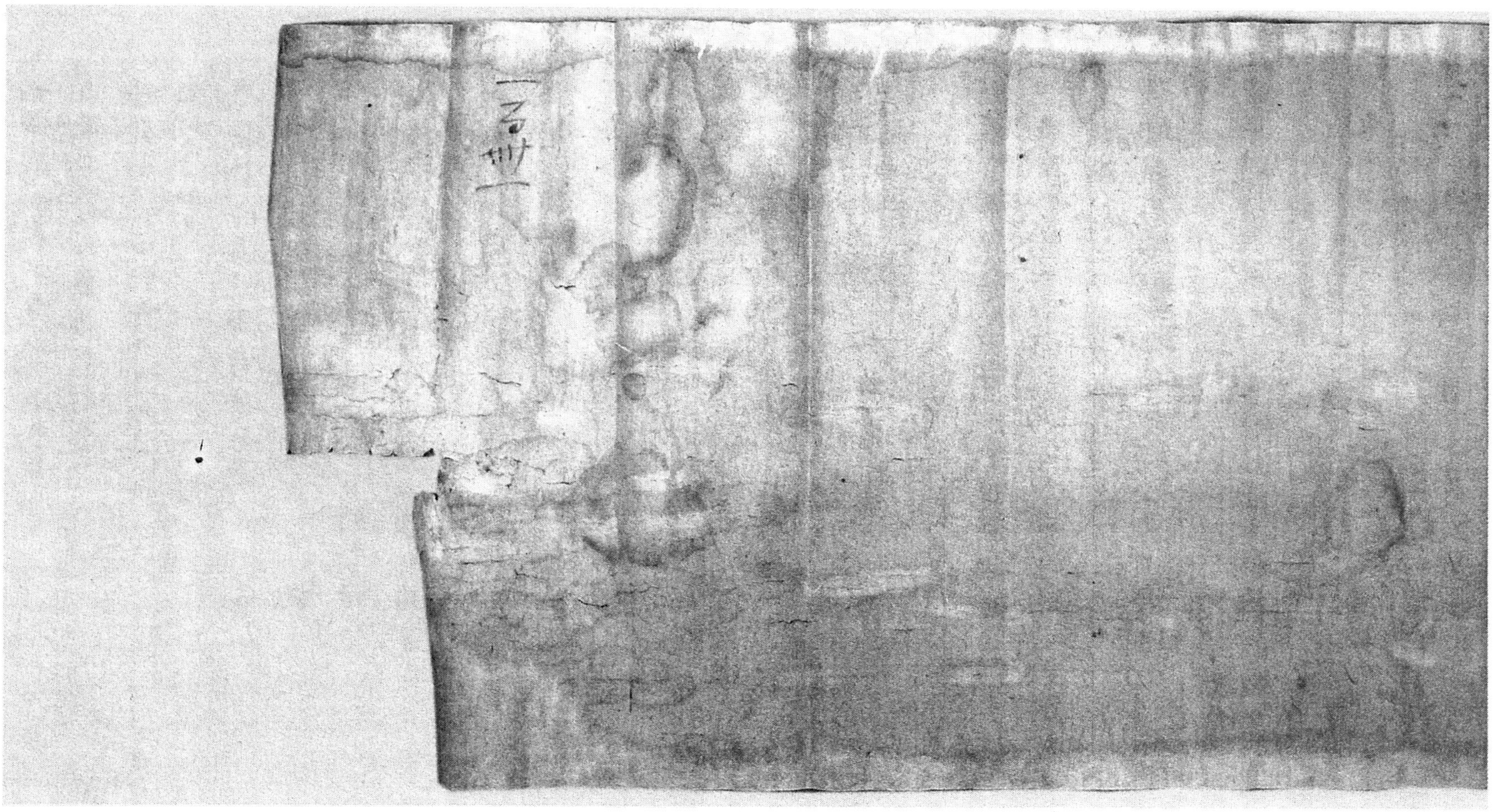


BD08520 號背　勘記　　　　　　　　　　　　　　　　　　　　　　　（1–1）

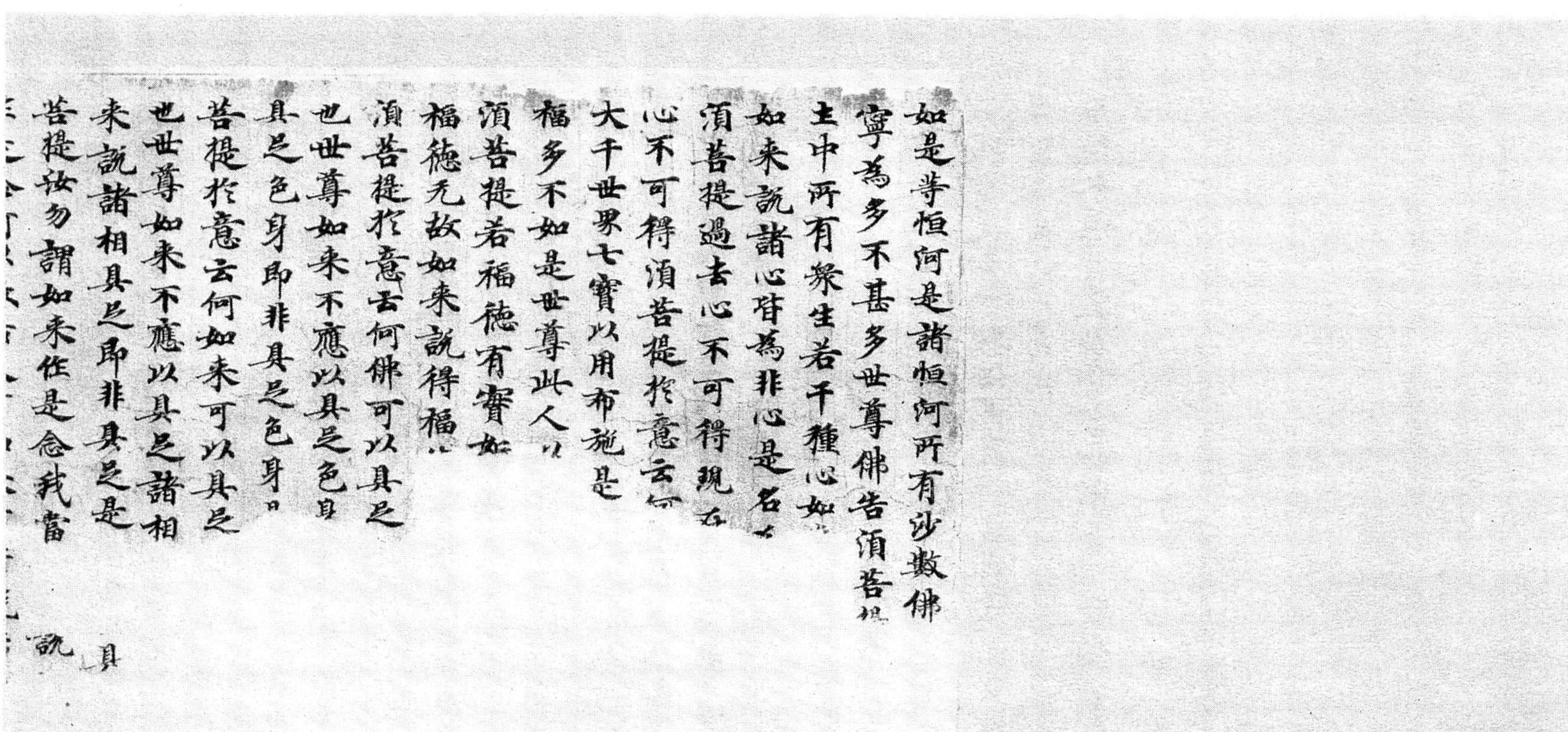

如是等恒河是諸恒河所有沙數佛
寧為多不甚多世尊佛告須菩提
土中所有衆生若干種心如
如來説諸心皆為非心是名
須菩提過去心不可得現在
心不可得須菩提於意云何
大千世界七寶以用布施是
福多不如是世尊此人以
須菩提若福德有實如
福德无故如來説得福
須菩提於意云何佛可以具足
也世尊如來不應以具足色身
具足色身即非具足色身
菩提於意云何如來可以具足
也世尊如來不應以具足諸相
來説諸相具足即非具足是　具
菩提汝勿謂如來作是念我當　説

BD08521 號　金剛般若波羅蜜經　　　　　　　　　　　　　　　　　　　（3–1）

也世尊如来不應以具足色身
具足色身即非具足色身
菩提於意云何如来可以具足
也世尊如来不應以具足諸相
来說諸相具足即非具足是
具
菩提汝勿謂如来作是念我當
說
作是念何以故若人言如来有所說法即
謗佛不能解我所說故須菩提說法者无法
可說是名說法須菩提白佛言世尊佛得阿
耨多羅三藐三菩提為无所得耶如是如
須菩提我於阿耨多羅三藐三菩提乃至无
有少法可得是名阿耨多羅三藐三菩提復
次須菩提是法平等无有高下是名阿耨多
羅三藐三菩提以无我无人无衆生无壽者
脩一切善法則得阿耨多羅三藐三菩提須
菩提所言善法者如来說非善法是名善法
須菩提若三千大千世界中所有諸須弥山
王如是等七寳聚有人持用布施若人以此般
若波羅蜜經乃至四句偈等受持讀誦為他人
說於前福德百分不及一百千萬億分乃至
筭數譬喻所不能及
須菩提於意云何汝等勿謂如来作是念我
當度衆生須菩提莫作是念何以故實无有
衆生如来度者若有衆生如来度者如来則
有我人衆生壽者須菩提如来說有我者則
非有我而凡夫之人以為有我須菩提凡夫
者如来說則非凡夫須菩提於意云何可以
三十二相觀如来不須菩提言如是如是以

BD08521 號　金剛般若波羅蜜經　　(3–2)

衆生如来度者若有衆生如来度者如来則
有我人衆生壽者須菩提如来說有我者則
非有我而凡夫之人以為有我須菩提凡夫
者如来說則非凡夫須菩提於意云何可以
三十二相觀如来不須菩提言如是如是以
三十二相觀如来佛言須菩提若以三十二
相觀如来者轉輪聖王則是如来須菩提白
佛言世尊如我解佛所說義不應以三十二
相觀如来尒時世尊而說偈言
若以色見我　以音聲求我　是人行邪道　不能見如来
須菩提汝若作是念如来不以具足相故得阿
耨多羅三藐三菩提須菩提莫作是念如来
不以具足相故得阿耨多羅三藐三菩提
須菩提汝若作是念發阿耨多羅三藐三菩
提者說諸法斷滅相莫作是念何以故發阿
耨多羅三藐三菩提者於法不說斷滅相須
菩提若菩薩以滿恒河沙等世界七寳布施
若復有人知一切法无我得成於忍此菩薩
勝前菩薩所得功德須菩提以諸菩薩不受
福德故須菩提白佛言世尊云何菩薩不受
福德須菩提菩薩所作福德不應貪著是故
[illegible]是[illegible]有人言如来若来若

BD08521 號　金剛般若波羅蜜經　　(3–3)

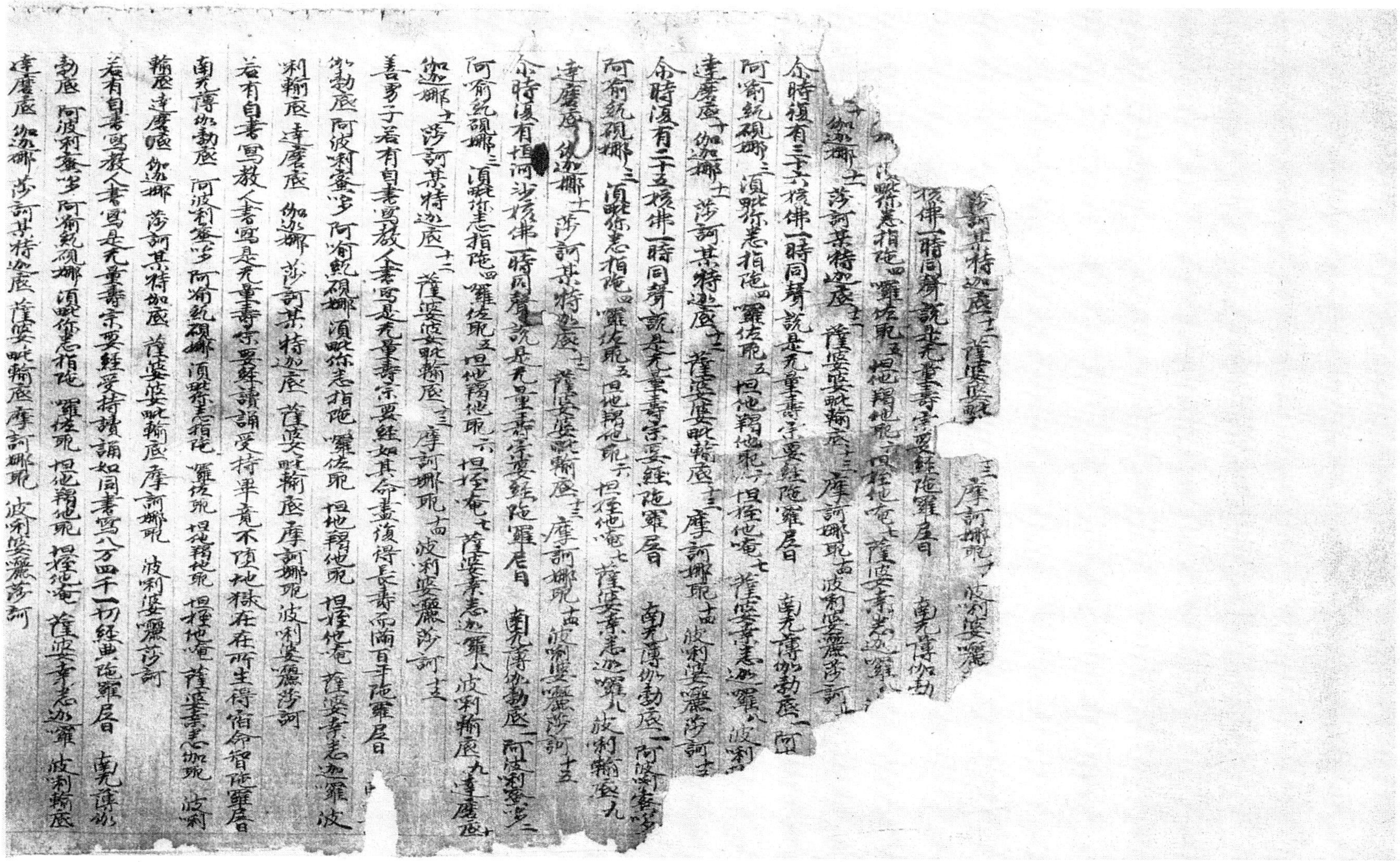

莎訶其特迦底十二 薩婆毗輸 十三 摩訶娜耶十四 波唎婆嚟
殑佛一時同聲說是无量壽宗要經陀羅尼曰 南无薄伽勃
須毗你志指陀四 囉佐耶五 怛他羯他耶六 怛姪他唵七 薩婆桑志迦囉八
十 伽迦娜十一 莎訶其特迦底十二 薩婆婆毗輸底十三 摩訶娜耶十四 波唎婆嚟莎訶十五
尒時復有三十六殑伽佛一時同聲說是无量壽宗要經陀羅尼曰 南无薄伽勃底一 阿
阿喻紇硯娜三 須毗你志指陀四 囉佐耶五 怛他羯他耶六 怛姪他唵七 薩婆桑志迦囉八 波唎
達磨底十 伽迦娜十一 莎訶其特迦底十二 薩婆婆毗輸底十三 摩訶娜耶十四 波唎婆嚟莎訶十五
尒時復有二十五殑伽佛一時同聲說是无量壽宗要經陀羅尼曰 南无薄伽勃底一 阿波唎蜜多二
阿喻紇硯娜三 須毗你志指陀四 囉佐耶五 怛他羯他耶六 怛姪他唵七 薩婆桑志迦囉八 波唎輸底九
達磨底十 伽迦娜十一 莎訶其特迦底十二 薩婆婆毗輸底十三 摩訶娜耶十四 波唎婆嚟莎訶十五
尒時復有恒河沙殑伽佛一時同聲說是无量壽宗要經陀羅尼曰 南无薄伽勃底一 阿波唎蜜多二
阿喻紇硯娜三 須毗你志指陀四 囉佐耶五 怛他羯他耶六 怛姪他唵七 薩婆桑志迦囉八 波唎輸底九 達磨底十
伽迦娜十一 莎訶其特迦底十二 薩婆婆毗輸底十三 摩訶娜耶十四 波唎婆嚟莎訶十五
善男子若有自書寫教人書寫是无量壽宗要經如其命盡復得長壽滿百年陀羅尼曰
伽勃底 阿波唎蜜多 阿喻紇硯娜 須毗你志指陀 囉佐耶 怛他羯他耶 怛姪他唵 薩婆桑志迦囉 波
唎輸底 達磨底 伽迦娜 莎訶其特迦底 薩婆婆毗輸底 摩訶娜耶 波唎婆嚟莎訶
若有自書寫教人書寫是无量壽宗要經讀誦受持畢竟不墮地獄在在所生得宿命智陀羅尼曰
南无薄伽勃底 阿波唎蜜多 阿喻紇硯娜 須毗你志指陀 囉佐耶 怛他羯他耶 怛姪他唵 薩婆桑志迦耶 波唎
輸底 達磨底 伽迦娜 莎訶其特迦底 薩婆婆毗輸底 摩訶娜耶 波唎婆嚟莎訶
若有自書寫教人書寫是无量壽宗要經受持讀誦如同書寫八万四千一切經典陀羅尼曰 南无薄伽
勃底 阿波唎蜜多 阿喻紇硯娜 須毗你志指陀 囉佐耶 怛他羯他耶 怛姪他唵 薩婆桑志迦囉 波唎輸底
達磨底 伽迦娜 莎訶其特迦底 薩婆婆毗輸底 摩訶娜耶 波唎婆嚟莎訶

BD08522 號　無量壽宗要經　（4–1）

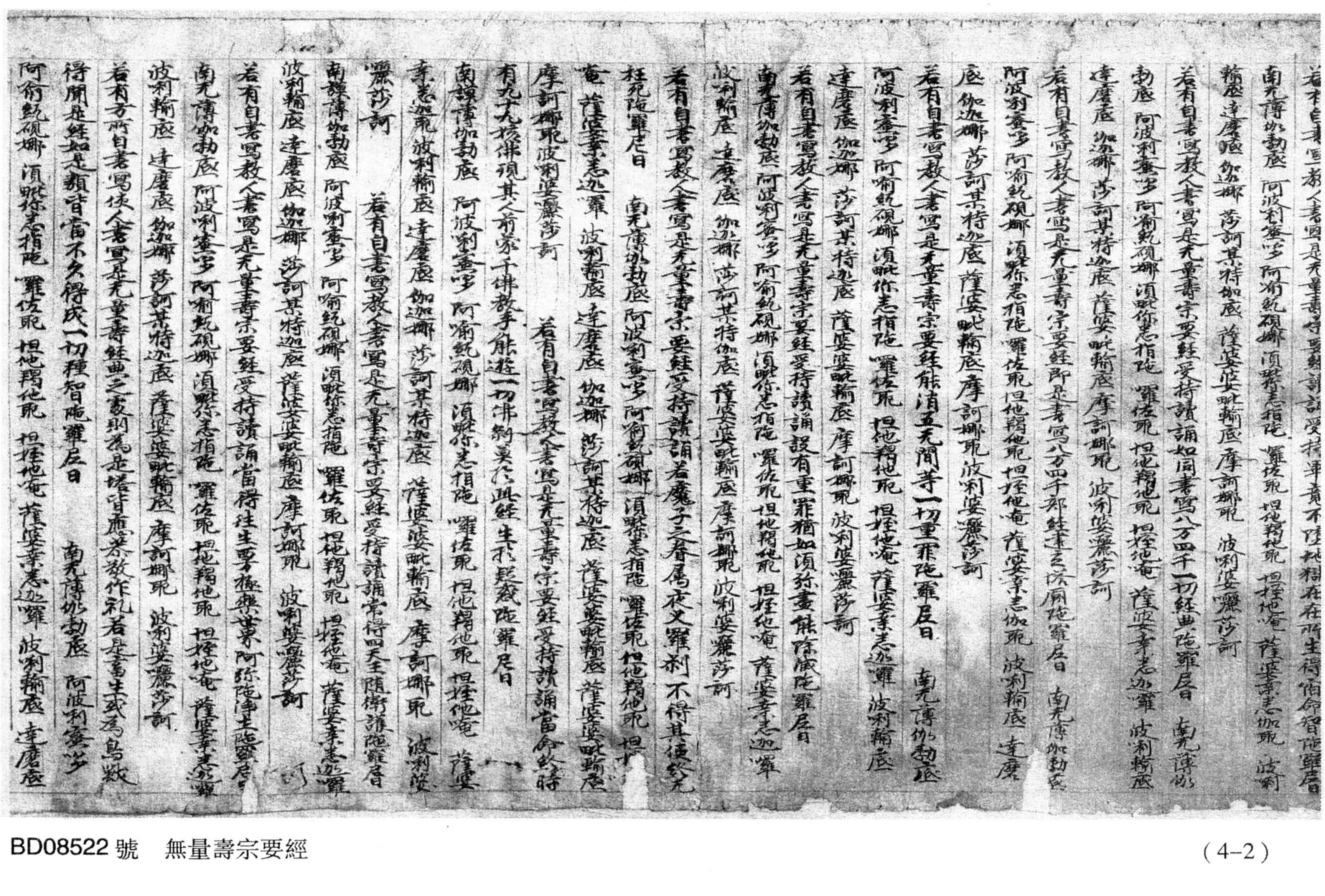

若有自書寫教人書寫是无量壽宗要經讀誦受持畢竟不墮地獄在在所生得宿命智陀羅尼曰
南无薄伽勃底 阿波唎蜜多 阿喻紇硯娜 須毗你志指陀 囉佐耶 怛他羯他耶 怛姪他唵 薩婆桑志迦耶 波唎
輸底 達磨底 伽迦娜 莎訶其特迦底 薩婆婆毗輸底 摩訶娜耶 波唎婆嚟莎訶
若有自書寫教人書寫是无量壽宗要經受持讀誦如同書寫八万四千一切經典陀羅尼曰 南无薄伽
勃底 阿波唎蜜多 阿喻紇硯娜 須毗你志指陀 囉佐耶 怛他羯他耶 怛姪他唵 薩婆桑志迦囉 波唎輸底
達磨底 伽迦娜 莎訶其特迦底 薩婆婆毗輸底 摩訶娜耶 波唎婆嚟莎訶
若有自書寫教人書寫是无量壽宗要經即是書寫八万四千部經建立塔廟陀羅尼曰 南无薄伽勃底
阿波唎蜜多 阿喻紇硯娜 須毗你志指陀 囉佐耶 怛他羯他耶 怛姪他唵 薩婆桑志迦耶 波唎輸底 達磨
底 伽迦娜 莎訶其特迦底 薩婆婆毗輸底 摩訶娜耶 波唎婆嚟莎訶
若有自書寫教人書寫是无量壽宗要經能消五无間等一切重罪陀羅尼曰 南无薄伽勃底
阿波唎蜜多 阿喻紇硯娜 須毗你志指陀 囉佐耶 怛他羯他耶 怛姪他唵 薩婆桑志迦囉 波唎輸底
達磨底 伽迦娜 莎訶其特迦底 薩婆婆毗輸底 摩訶娜耶 波唎婆嚟莎訶
若有自書寫教人書寫是无量壽宗要經受持讀誦設有重罪猶如須弥山盡能除滅陀羅尼曰
南无薄伽勃底 阿波唎蜜多 阿喻紇硯娜 須毗你志指陀 囉佐耶 怛他羯他耶 怛姪他唵 薩婆桑志迦囉
波唎輸底 達磨底 伽迦娜 莎訶其特迦底 薩婆婆毗輸底 摩訶娜耶 波唎婆嚟莎訶
若有自書寫教人書寫是无量壽宗要經受持讀誦若魔王之眷屬夜叉羅剎不得其便終无
枉死陀羅尼曰 南无薄伽勃底 阿波唎蜜多 阿喻紇硯娜 須毗你志指陀 囉佐耶 怛他羯他耶 怛
唵 薩婆桑志迦囉 波唎輸底 達磨底 伽迦娜 莎訶其特迦底 薩婆婆毗輸底
摩訶娜耶 波唎婆嚟莎訶 若有自書寫教人書寫是无量壽宗要經受持讀誦當命終時
有九十九殑伽佛現其人前來千佛授手能遊一切佛剎莫於此經生於疑惑陀羅尼曰
南謨薄伽勃底 阿波唎蜜多 阿喻紇硯娜 須毗你志指陀 囉佐耶 怛他羯他耶 怛姪他唵 薩婆
桑志迦囉 波唎輸底 達磨底 伽迦娜 莎訶其特迦底 薩婆婆毗輸底 摩訶娜耶 波唎婆
嚟莎訶 若有自書寫教人書寫是无量壽宗要經受持讀誦常得四天王隨衛護陀羅尼曰
南謨薄伽勃底 阿波唎蜜多 阿喻紇硯娜 須毗你志指陀 囉佐耶 怛他羯他耶 怛姪他唵 薩婆桑志迦囉
波唎輸底 達磨底 伽迦娜 莎訶其特迦底 薩婆婆毗輸底 摩訶娜耶 波唎婆嚟莎訶
若有自書寫教人書寫是无量壽宗要經受持讀誦當得往生西方極樂世界阿弥陀淨土陀羅尼
南无薄伽勃底 阿波唎蜜多 阿喻紇硯娜 須毗你志指陀 囉佐耶 怛他羯他耶 怛姪他唵 薩婆桑志迦囉
波唎輸底 達磨底 伽迦娜 莎訶其特迦底 薩婆婆毗輸底 摩訶娜耶 波唎婆嚟莎訶
若有於所自書寫使人書寫是无量壽經典之處則為是塔皆應恭敬作禮若是畜生或為鳥獸
得聞是經如是類皆當不久得成一切種智陀羅尼曰 南无薄伽勃底 阿波唎蜜多
阿喻紇硯娜 須毗你志指陀 囉佐耶 怛他羯他耶 怛姪他唵 薩婆桑志迦囉 波唎輸底 達磨底

BD08522 號　無量壽宗要經　（4–2）

南无薄伽勃底 阿波唎蜜多 阿喻紇硯娜 須毗你志指陀 囉佐耶 怛他羯他耶 怛姪他唵 薩婆桑塞迦囉
波唎輸底 達磨底 伽伽娜 莎訶某特迦底 薩婆婆毗輸底 摩訶娜耶 波唎婆羅莎訶
若有方所自書寫使人書寫是无量壽經典之處則為是塔皆當恭敬作礼若是畜生或為鳥獸
得聞是經如是類皆當不久得成一切種智陀羅尼曰　南无薄伽勃底　阿波唎蜜多
阿喻紇硯娜 須毗你志指陀 囉佐耶 怛他羯他耶 怛姪他唵 薩婆桑塞迦囉 波唎輸底 達磨底
伽伽娜 莎訶某特迦底 薩婆婆毗輸底 摩訶娜耶 波唎婆羅莎訶
若有於是无量壽經自書寫若使人書畢竟不受女人之身陀羅尼曰　南謨薄伽勃底　阿
波唎蜜多 阿喻紇硯娜 須毗你志指陀 囉佐耶 怛他羯他耶 怛姪他唵 薩婆桑塞迦囉 波唎輸
底 達磨底 伽伽娜 莎訶某特迦底 薩婆婆毗輸底 摩訶娜耶 波唎婆羅莎訶
若有能於是經少分布施者當於三千大千世界滿中七寶布施陀羅尼曰　南无薄伽勃底
阿波唎蜜多 阿喻紇硯娜 須毗你志指陀 囉佐耶 怛他羯他耶 怛姪他唵 薩婆桑塞迦囉 波唎輸底
達磨底 伽伽娜 莎訶某特迦底 薩婆婆毗輸底 摩訶娜耶 波唎婆羅莎訶
若有能供養是經者則是供養一切諸經等无有異陀羅尼曰　南无薄伽勃底　阿波唎
蜜多 阿喻紇硯娜 須毗你志指陀 囉佐耶 怛他羯他耶 怛姪他唵 薩婆桑塞迦囉 波唎輸底
達磨底 伽伽娜 莎訶某特迦底 薩婆婆毗輸底 摩訶娜耶 波唎婆羅莎訶
如毗婆尸佛尸弃佛毗舍浮佛俱留孫佛俱那含牟尼佛迦葉佛釋迦牟尼佛　若有人以七寶供
養如是七佛其福有限有書寫受持是无量壽經典所生功德不可限量陀羅尼曰
南无薄伽勃底 阿波唎蜜多 阿喻紇硯娜 須毗你志指陀 囉佐耶 怛他羯他耶 怛姪他唵 薩婆桑塞迦
囉 波唎輸底 達磨底 伽伽娜 莎訶某特迦底 薩婆婆毗輸底 摩訶娜耶 波唎婆羅莎訶
若有七寶等於須弥以用布施其福上能知其限量是无量壽經典其福不可知數阿羅尼曰
南无薄伽勃底 阿波唎蜜多 阿喻紇硯娜 須毗你志指陀 囉佐耶 怛他羯他耶 怛姪他唵 薩婆
桑塞迦囉 波唎輸底 達磨底 伽伽娜 莎訶某特迦底 薩婆婆毗輸底 摩訶娜耶 波唎婆羅莎訶
如是四大海水可知滴數是无量壽經典所生果報不可數量陀羅尼曰　南无薄伽勃底
阿波唎蜜多 阿喻紇硯娜 須毗你志指陀 囉佐耶 怛他羯他耶 怛姪他唵 薩婆桑塞迦囉 波唎輸
底 達磨底 伽伽娜 莎訶某特迦底 薩婆婆毗輸底 摩訶娜耶 波唎婆羅莎訶
若有自書使人書寫是无量壽經典又能讓持供養即為恭敬供養一切十方佛土如來
无有別異陀羅尼曰、南无薄伽勃底 阿波唎蜜多 阿喻紇硯娜 須毗你志指陀 囉佐耶
怛他羯他耶 怛姪他唵 薩婆桑塞迦囉 波唎輸底 達磨底 伽伽娜 莎訶某特迦底 薩
婆婆毗輸底 摩訶娜耶 波唎婆羅莎訶
布施力能成正覺　悟布施力人師子　布施力能聲普聞　慈悲階漸最能入
持戒力能成正覺　悟持戒力人師子　持戒力能聲普聞　慈悲階漸最能入

BD08522號　無量壽宗要經

（4–3）

南无薄伽勃底 阿波唎蜜多 阿喻紇硯娜 須毗你志指陀 囉佐耶 怛他羯他耶 怛姪他唵 薩婆桑塞迦
囉 波唎輸底、達磨底 伽伽娜 莎訶某特迦底 薩婆婆毗輸底 摩訶娜耶 波唎婆羅莎訶
若有七寶等於須弥以用布施其福上能知其限量是无量壽經典其福不可知數阿羅尼曰
南无薄伽勃底 阿波唎蜜多 阿喻紇硯娜 須毗你志指陀 囉佐耶 怛他羯他耶 怛姪他唵 薩婆
桑塞迦囉 波唎輸底 達磨底 伽伽娜 莎訶某特迦底 薩婆婆毗輸底 摩訶娜耶 波唎婆羅莎訶
如是四大海水可知滴數是无量壽經典所生果報不可數量陀羅尼曰　南无薄伽勃底
阿波唎蜜多 阿喻紇硯娜 須毗你志指陀 囉佐耶 怛他羯他耶 怛姪他唵 薩婆桑塞迦囉 波唎輸
底 達磨底 伽伽娜 莎訶某特迦底 薩婆婆毗輸底 摩訶娜耶 波唎婆羅莎訶
若有自書使人書寫是无量壽經典又能讓持供養即為恭敬供養一切十方佛土如來
无有別異陀羅尼曰、南无薄伽勃底 阿波唎蜜多 阿喻紇硯娜 須毗你志指陀 囉佐耶
怛他羯他耶 怛姪他唵 薩婆桑塞迦囉 波唎輸底 達磨底 伽伽娜 莎訶某特迦底 薩
婆婆毗輸底 摩訶娜耶 波唎婆羅莎訶
布施力能成正覺　悟布施力人師子　布施力能聲普聞　慈悲階漸最能入
持戒力能成正覺　悟持戒力人師子　持戒力能聲普聞　慈悲階漸最能入
忍辱力能成正覺　悟忍辱力人師子　忍辱力能聲普聞　慈悲階漸最能入
精進力能成正覺　悟精進力人師子　精進力能聲普聞　慈悲階漸最能入
禪定力能成正覺　悟禪定力人師子　禪定力能聲普聞　慈悲階漸最能入
智惠力能成正覺　悟智惠力人師子　智惠力能聲普聞　慈悲階漸最能入
尒時如來說是經已一切世間天人阿脩羅揵闥婆等聞佛所說皆大歡
喜信受奉行

佛說无量壽宗要經

BD08522號　無量壽宗要經

（4–4）

BD08522 號背　墨筆痕　　　　　　　　　　　　　　　　　　　　　　　　　　（1–1）

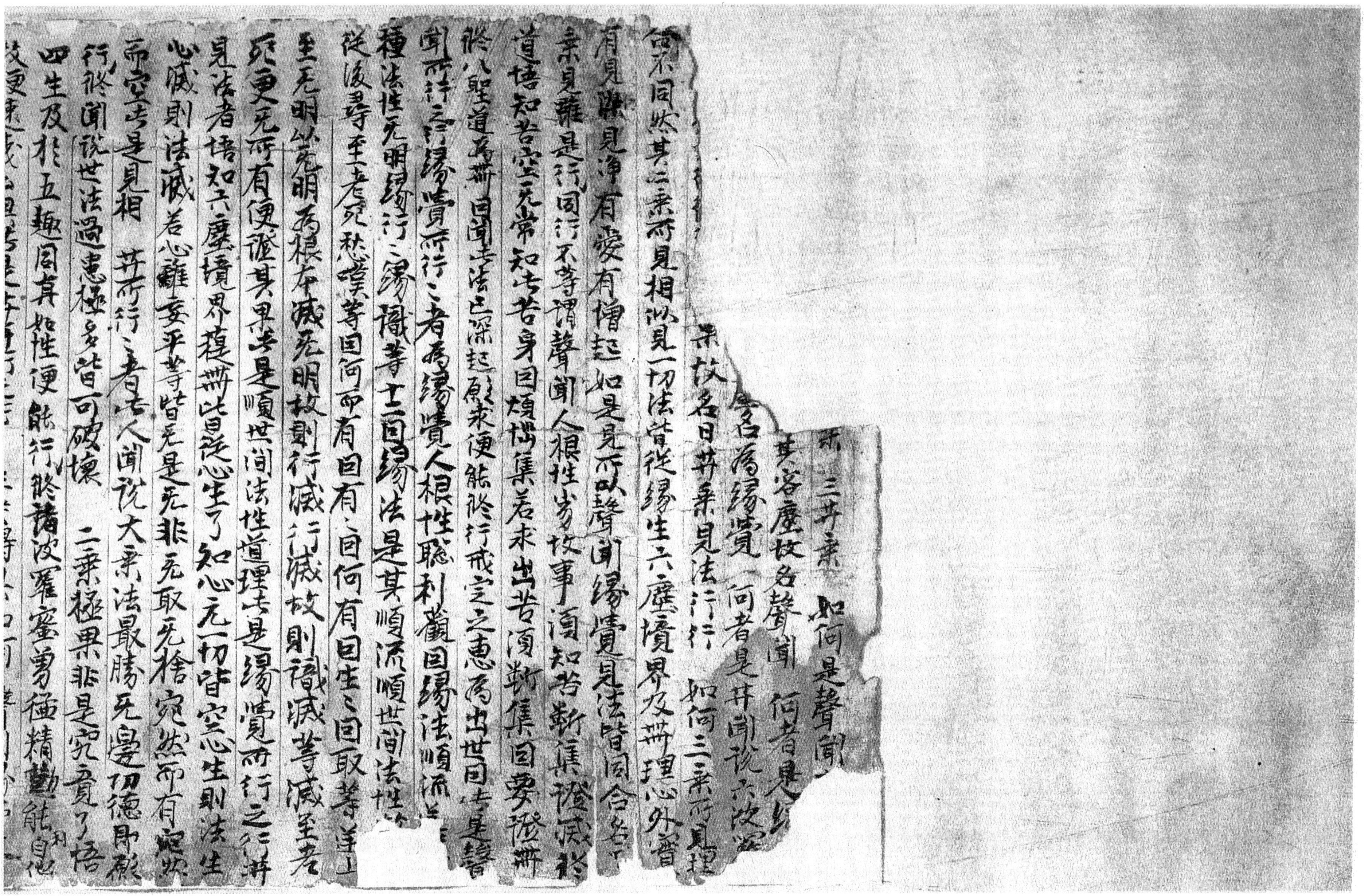


BD08523號　三乘五性與五乘三性義（異本擬）　（3–1）

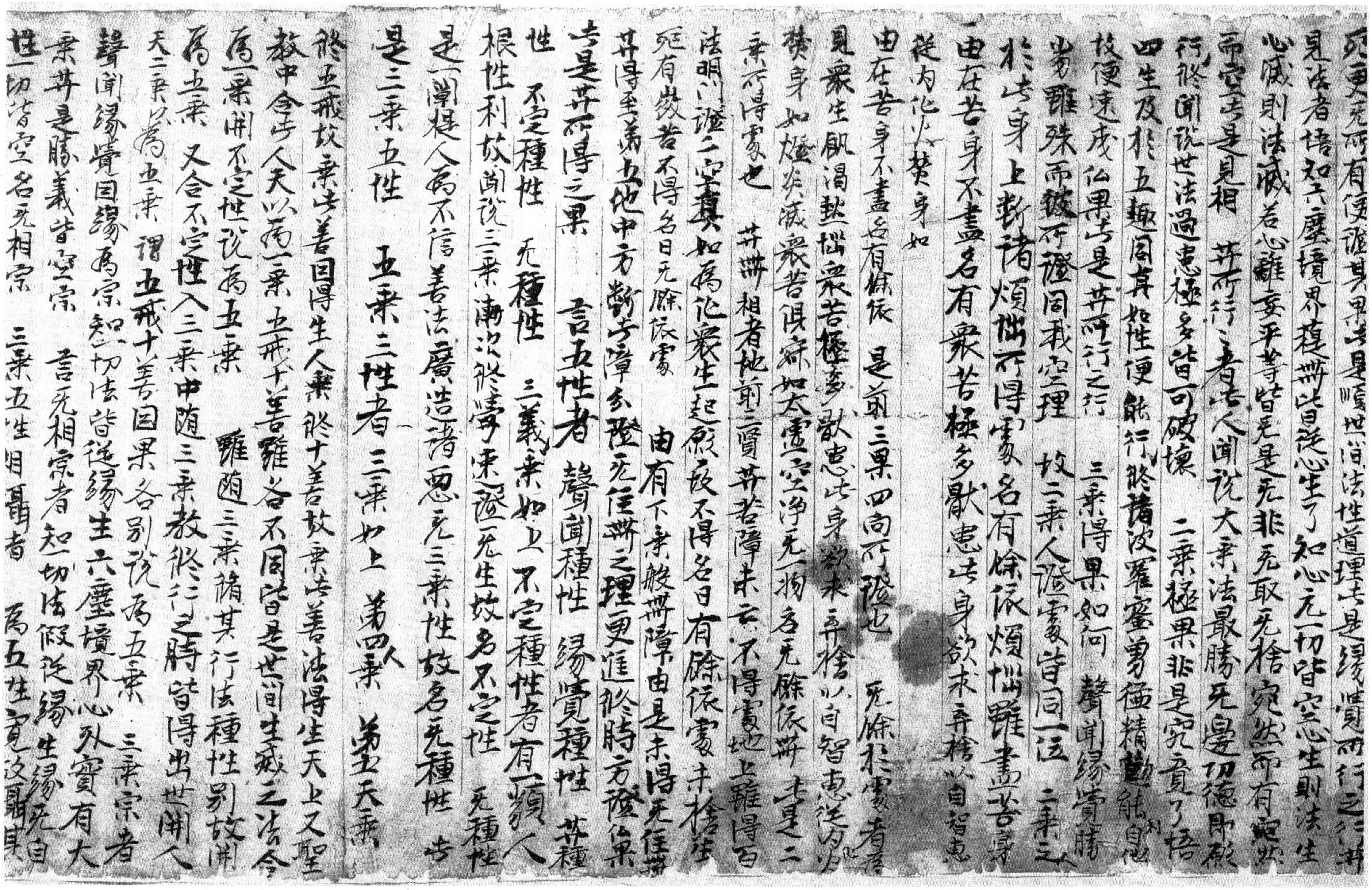

BD08523號　三乘五性與五乘三性義（異本擬）　　（3–2）

爲五乘 又合不定性入三乘中隨三乘教修行之時皆得出世間人
天二乘以爲五乘 謂五戒十善因果各別說爲五乘 三乘宗者
聲聞緣覺因緣爲宗 知一切法皆從緣生六塵境界心外實有 大
乘並是勝義皆空宗 言无相宗者 知一切法假從緣生緣无自
性 一切皆空 名无相宗 爲五性究竟故攝其
三乘 三乘爲故不攝五性 三乘五性相攝者
三乘位別 其三種人利鈍有殊 故分爲二乘 謂聲聞人根性鈍故分爲
立爲下乘 緣覺之人根性利故分爲中乘 緣覺獨覺有何
差別 爲緣覺人得從前人聞說因緣之法 言皆是生滅法 遂感
其因緣法證得果故 獨覺之人不假前人開悟 出无仏世界 思
惟得道 獨悟非常 故名獨覺 對緣覺人 共住昔之時 修因性
性行善不起行願 願我後世值仏聞法 故出无仏世 緣覺之人 爲
修因時 修諸善品 之起行願 願我後世值仏聞法 乘其善願 故出
於仏世得聞正法
何者六波羅蜜 一布施 施有三種 一外財七寶 二法施 三无畏施
令一切有情離怖 名无畏 持戒亦有三種 一防護身口名律儀戒
二一切仏法爲勝 名攝善法戒 三以其戒善功德 名饒益有情戒
忍辱亦三 一者思惡對能受耐怨害忍 二者種種苦楚能忍 重
而修道 名安受苦忍 三於甚深法思惟義 名諦察法忍 精進
亦三 一者爲修諸行發起勇猛 名被甲精進 二者修諸善品而勤
趣 名攝精善進 三能以精勤利樂有情 名利樂精進 禪定亦三
一者而能安住現法樂 故名安住靜慮 二發六神通 名引發靜慮
三者引生能成利有情事 名辨事靜慮 智惠亦三 一者生空无分
別惠 爲了人空 二者法空无分別惠 三者俱空无分別惠 爲了俱
空

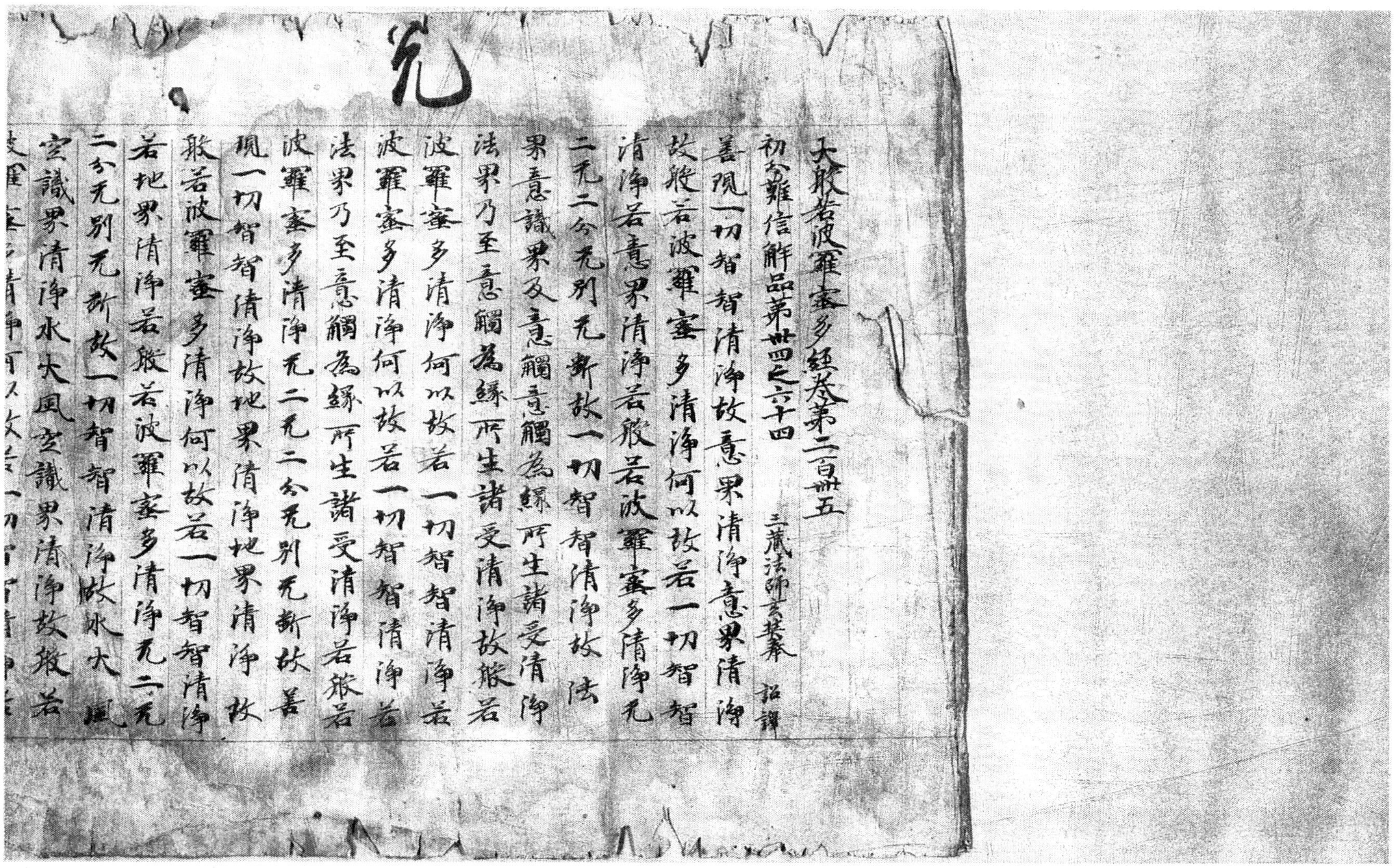

兌

大般若波羅蜜多經卷第二百卌五
初分難信解品第卅四之六十四　　三藏法師玄奘奉　詔譯
善現一切智智清淨故意界清淨意界清淨
故般若波羅蜜多清淨何以故若一切智智
清淨若意界清淨若般若波羅蜜多清淨无
二无二分无別无斷故一切智智清淨故法
界意識界及意觸意觸為緣所生諸受清淨
法界乃至意觸為緣所生諸受清淨故般若
波羅蜜多清淨何以故若一切智智清淨若
法界乃至意觸為緣所生諸受清淨若般若
波羅蜜多清淨无二无二分无別无斷故善
現一切智智清淨故地界清淨地界清淨故
般若波羅蜜多清淨何以故若一切智智清淨
若地界清淨若般若波羅蜜多清淨无二无
二分无別无斷故一切智智清淨故水火風
空識界清淨水火風空識界清淨故般若
波羅蜜多清淨何以故若一切[illegible]

**BD08524號**　大般若波羅蜜多經（兌廢稿）卷二四五　　（2–1）

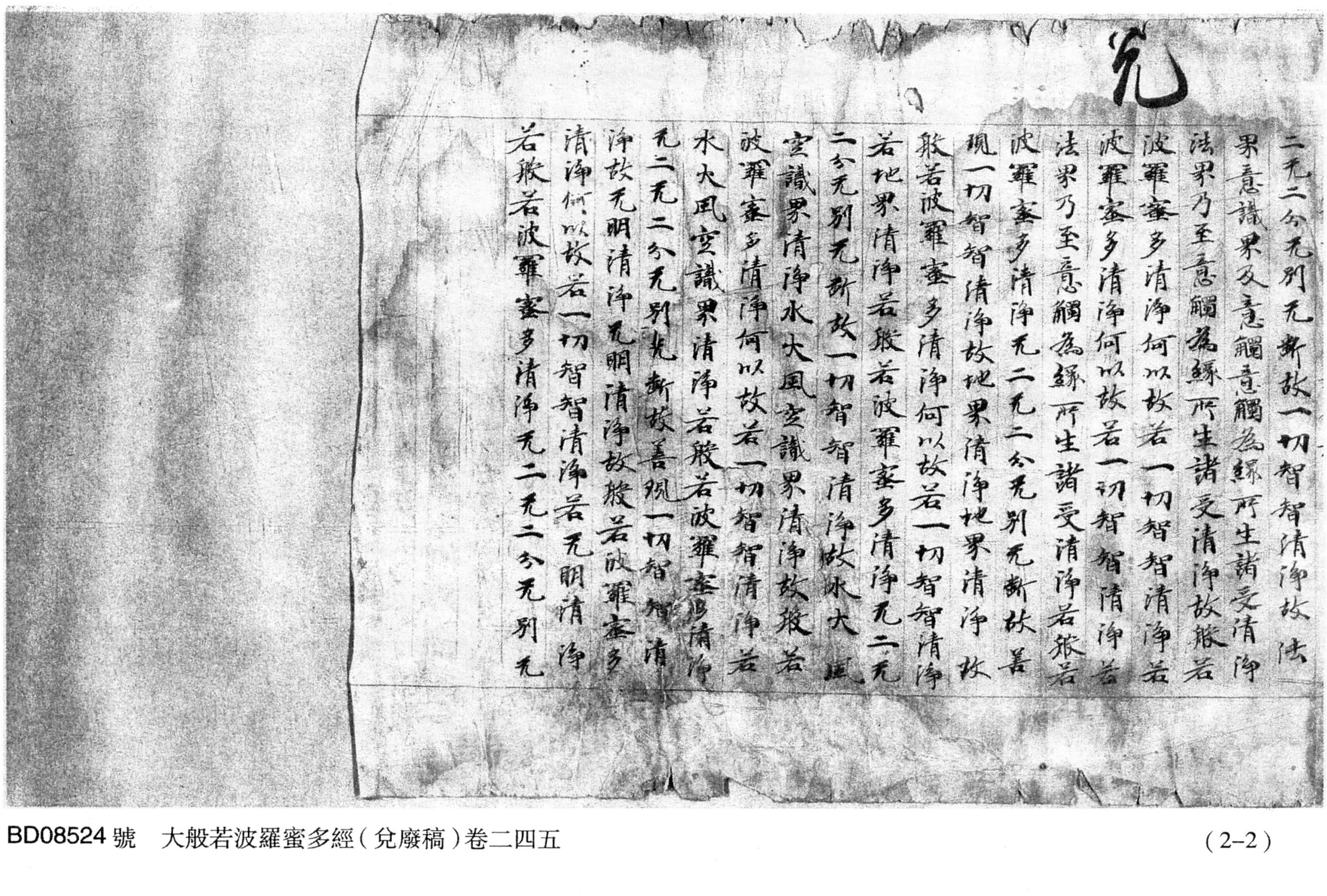

兌

二无二分无別无斷故一切智智清淨故法
界意識界及意觸意觸為緣所生諸受清淨
法界乃至意觸為緣所生諸受清淨故般若
波羅蜜多清淨何以故若一切智智清淨若
法界乃至意觸為緣所生諸受清淨若般若
波羅蜜多清淨无二无二分无別无斷故善
現一切智智清淨故地界清淨地界清淨故
般若波羅蜜多清淨何以故若一切智智清淨
若地界清淨若般若波羅蜜多清淨无二无
二分无別无斷故一切智智清淨故水火風
空識界清淨水火風空識界清淨故般若
波羅蜜多清淨何以故若一切智智清淨若
水火風空識界清淨若般若波羅蜜多清淨
无二无二分无別无斷故善現一切智智清
淨故无明清淨无明清淨故般若波羅蜜多
清淨何以故若一切智智清淨若无明清淨
若般若波羅蜜多清淨无二无二分无別无

**BD08524號**　大般若波羅蜜多經（兌廢稿）卷二四五　　（2–2）

有多眾欲過此道至珎寶處有一導師
明達善知險道通塞之相將導眾人欲過
此難所將人眾中路懈退白導師言我等疲
而復怖畏不能復進前路猶遠今欲退還
師多諸方便而作是念此等可愍云何捨
大珎寶而欲退還作是念已以方便力於險道
中過三百由旬化作一城告眾人言汝等勿怖
莫得退還今此大城可於中止隨意所作
入是城快得安隱若能前至寶所亦可得
去是時疲極之眾心大歡喜歎未曾有我
等今者免斯惡道快得安隱於是眾人前
化城生已度想生安隱想尓時導師知此人眾
既得止息無復疲倦即滅化城語眾人言汝
等去來寶處在近向者大城我所化作為

BD08525號　妙法蓮華經卷三

（4–1）

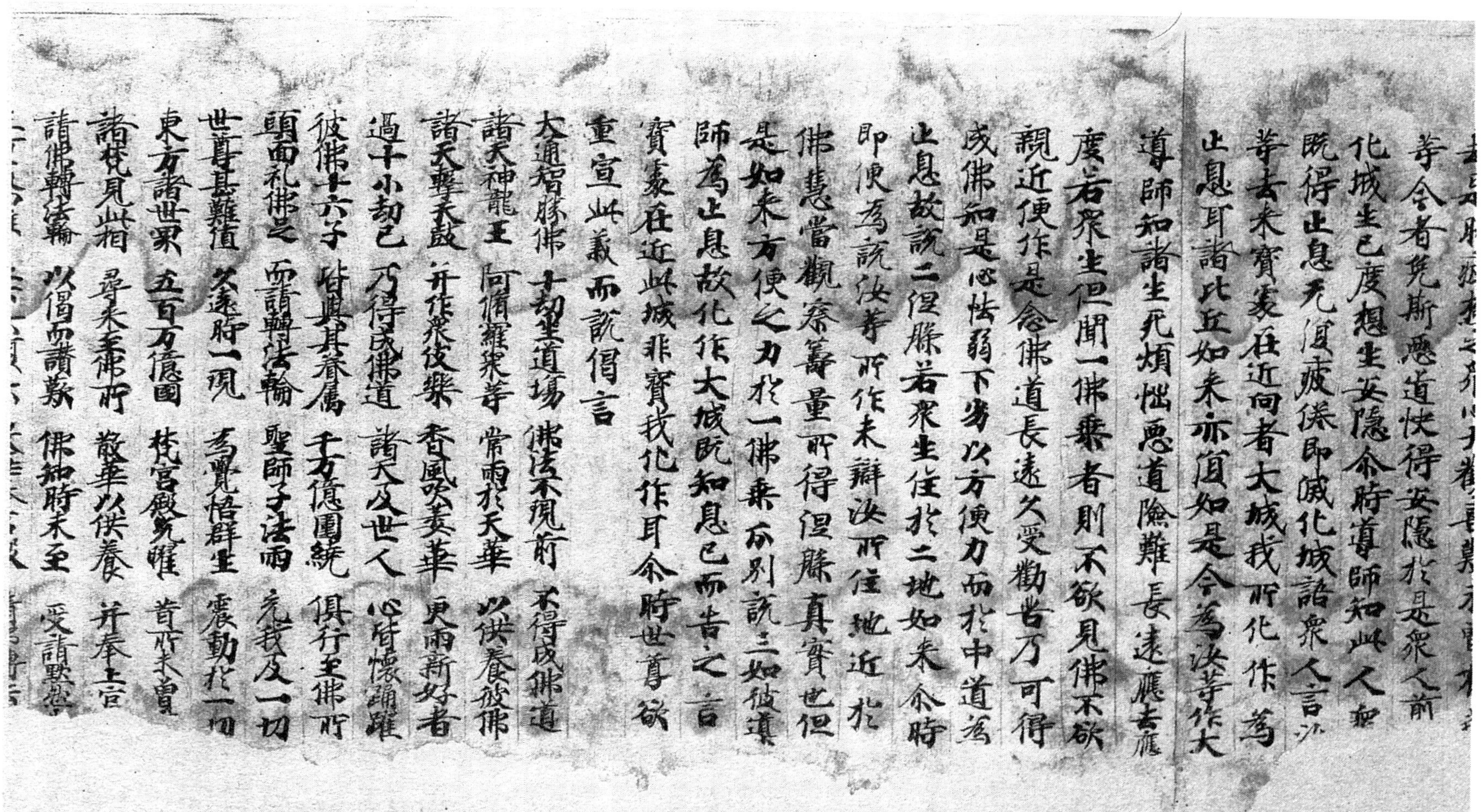

去是時疲極之眾心大歡喜歎未曾有我
等今者免斯惡道快得安隱於是眾人前
化城生已度想生安隱想尓時導師知此人眾
既得止息無復疲倦即滅化城語眾人言汝
等去來寶處在近向者大城我所化作為
止息耳諸比丘如來亦復如是今為汝等作大
導師知諸生死煩惱惡道險難長遠應去應
度若眾生但聞一佛乘者則不欲見佛不欲
親近便作是念佛道長遠久受懃苦乃可得
成佛知是心怯弱下劣以方便力而於中道為
止息故說二涅槃若眾生住於二地如來尓時
即便為說汝等所作未辦汝所住地近於
佛慧當觀察籌量所得涅槃非真實也但
是如來方便之力於一佛乘分別說三如彼導
師為止息故化作大城既知息已而告之言
寶處在近此城非實我化作耳尓時世尊欲
重宣此義而說偈言
大通智勝佛　十劫坐道場　佛法不現前　不得成佛道
諸天神龍王　阿脩羅眾等　常雨於天華　以供養彼佛
諸天擊天鼓　并作眾伎樂　香風吹萎華　更雨新好者
過十小劫已　乃得成佛道　諸天及世人　心皆懷踊躍
彼佛十六子　皆與其眷屬　千万億圍繞　俱行至佛所
頭面禮佛足　而請轉法輪　聖師子法雨　充我及一切
世尊甚難值　久遠時一現　為覺悟群生　震動於一切
東方諸世界　五百万億國　梵宮殿光曜　昔所未曾有
諸梵見此相　尋來至佛所　散華以供養　并奉上宮殿
請佛轉法輪　以偈而讚歎　佛知時未至　受請默然坐

BD08525號　妙法蓮華經卷三

（4–2）

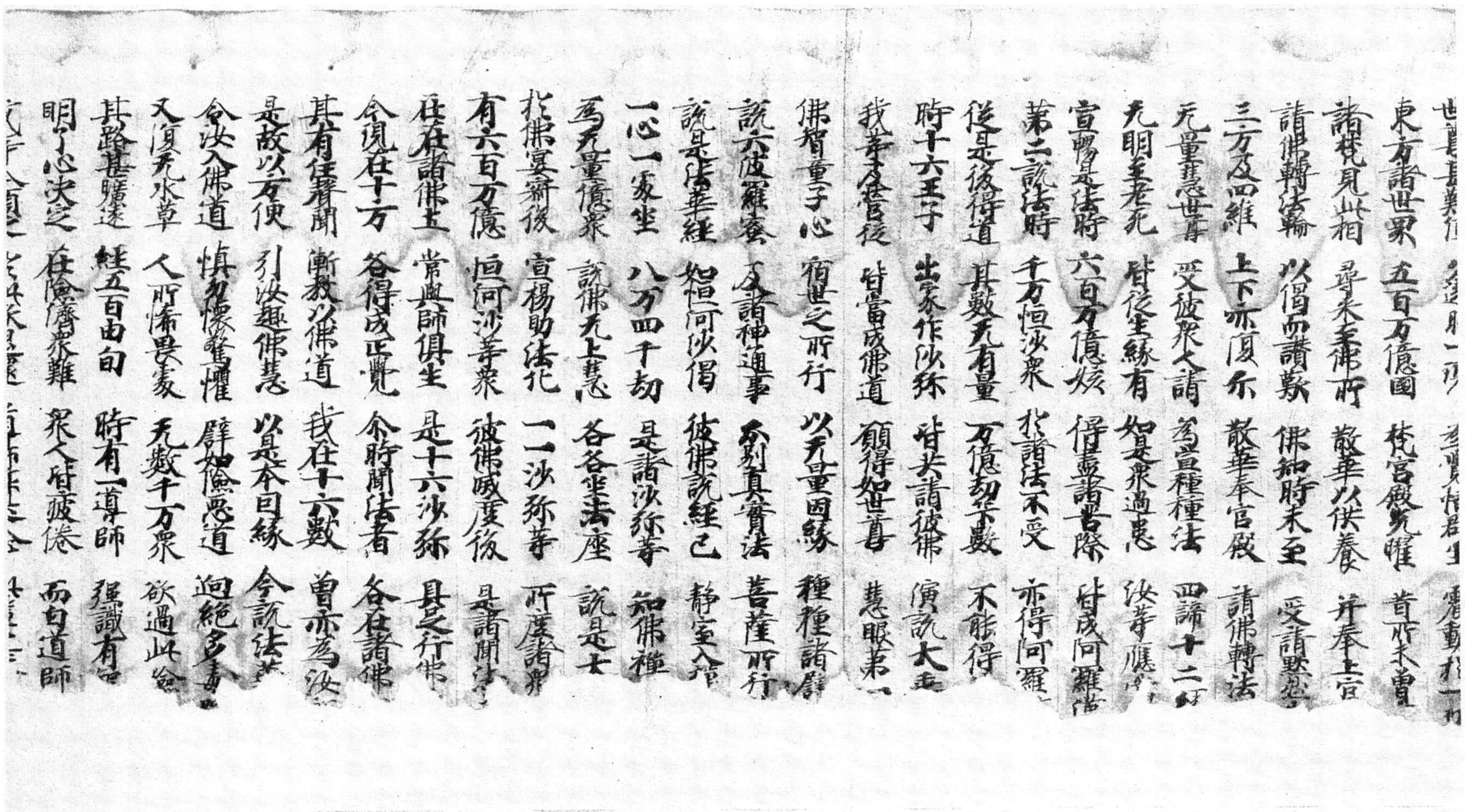

世尊甚難值　久遠時一現　為覺悟群生　震動於一切
東方諸世界　五百萬億國　梵宮殿光曜　昔所未曾有
諸梵見此相　尋來至佛所　散華以供養　并奉上宮殿
請佛轉法輪　以偈而讚歎　佛知時未至　受請默然坐
三方及四維　上下亦復爾　散華奉宮殿　請佛轉法輪
無量慧世尊　受彼眾人請　為宣種種法　四諦十二緣
無明至老死　皆從生緣有　如是眾過患　汝等應當知
宣暢是法時　六百萬億姟　得盡諸苦際　皆成阿羅漢
第二說法時　千萬恒沙眾　於諸法不受　亦得阿羅漢
從是後得道　其數無有量　萬億劫算數　不能得其邊
時十六王子　出家作沙彌　皆共請彼佛　演說大乘法
我等及營從　皆當成佛道　願得如世尊　慧眼第一淨
佛知童子心　宿世之所行　以無量因緣　種種諸譬喻
說六波羅蜜　及諸神通事　分別真實法　菩薩所行道
說是法華經　如恒河沙偈　彼佛說經已　靜室入禪定
一心一處坐　八萬四千劫　是諸沙彌等　知佛禪未出
為無量億眾　說佛無上慧　各各坐法座　說是大乘經
於佛宴寂後　宣揚助法化　一一沙彌等　所度諸眾生
有六百萬億　恒河沙等眾　彼佛滅度後　是諸聞法者
在在諸佛土　常與師俱生　是十六沙彌　具足行佛道
今現在十方　各得成正覺　爾時聞法者　各在諸佛所
其有住聲聞　漸教以佛道　我在十六數　曾亦為汝說
是故以方便　引汝趣佛慧　以是本因緣　今說法華經
令汝入佛道　慎勿懷驚懼　譬如險惡道　迥絕多毒獸
又復無水草　人所怖畏處　無數千萬眾　欲過此險道
其路甚曠遠　經五百由旬　時有一導師　強識有智慧
明了心決定　在險濟眾難　眾人皆疲倦　而白導師言
我等今頓乏　於此欲退還　導師作是念　此輩甚可愍

BD08525號　妙法蓮華經卷三　（4–3）

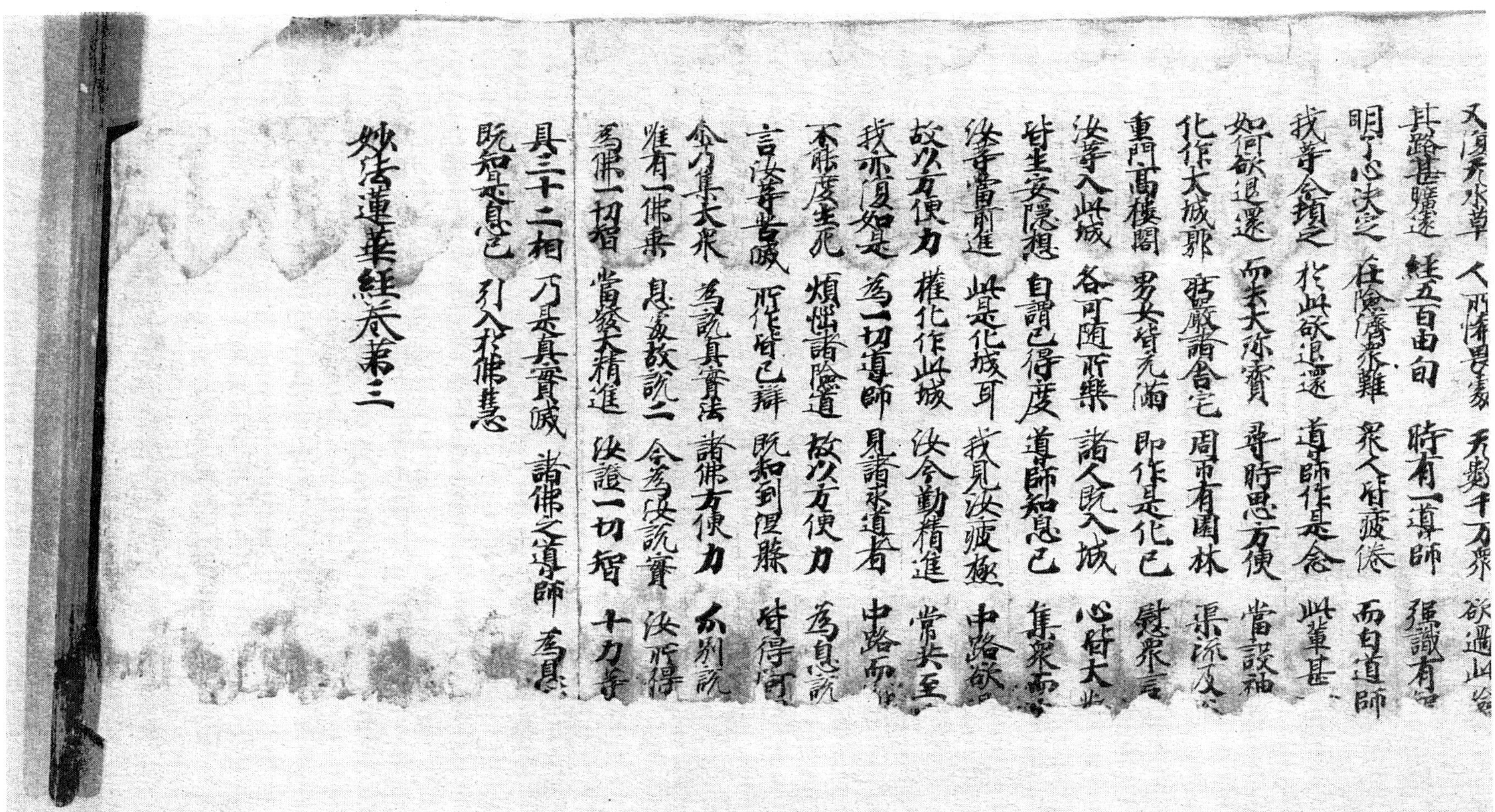

又復無水草　人所怖畏處　無數千萬眾　欲過此險道
其路甚曠遠　經五百由旬　時有一導師　強識有智慧
明了心決定　在險濟眾難　眾人皆疲倦　而白導師言
我等今頓乏　於此欲退還　導師作是念　此輩甚可愍
如何欲退還　而失大珍寶　尋時思方便　當設神通力
化作大城郭　莊嚴諸舍宅　周帀有園林　渠流及浴池
重門高樓閣　男女皆充滿　即作是化已　慰眾言勿懼
汝等入此城　各可隨所樂　諸人既入城　心皆大歡喜
皆生安隱想　自謂已得度　導師知息已　集眾而告言
汝等當前進　此是化城耳　我見汝疲極　中路欲退還
故以方便力　權化作此城　汝今勤精進　當共至寶所
我亦復如是　為一切導師　見諸求道者　中路而懈廢
不能度生死　煩惱諸險道　故以方便力　為息說涅槃
言汝等苦滅　所作皆已辦　既知到涅槃　皆得阿羅漢
爾乃集大眾　為說真實法　諸佛方便力　分別說三乘
唯有一佛乘　息處故說二　今為汝說實　汝所得非滅
為佛一切智　當發大精進　汝證一切智　十力等佛法
具三十二相　乃是真實滅　諸佛之導師　為息說涅槃
既知是息已　引入於佛慧

妙法蓮華經卷第三

BD08525號　妙法蓮華經卷三　（4–4）

尒時二方四百万億那由他國土諸佛如来
遍滿其中是時諸佛各在寶樹下坐師子
座皆遣侍者問訊釋迦牟尼佛各賫寶華
滿掬而告之言善男子汝往詣耆闍崛山釋迦
牟尼佛所如我辭曰少病少惱氣力安樂及
菩薩聲聞眾悉安隱不以此寶華散佛供養
而作是言彼某甲佛與欲開此寶塔諸佛遣
使亦復如是尒時釋迦牟尼佛見所分身佛
悉已来集各各坐於師子之座皆聞諸佛與
欲同開寶塔即從座起住虛空中一切四眾
起立合掌一心觀佛於是釋迦牟尼佛以右指
開七寶塔戶出大音聲如却關鑰開大城門
即時一切眾會皆見多寶如来於寶塔中
坐師子座全身不散如入禪定又聞其言善
哉善哉釋迦牟尼佛快說是法華經我為聽
是經故而来至此尒時四眾等見過去无量
千万億劫滅度佛說如是言嘆未曾有以天
寶華聚散多寶佛及釋迦牟尼佛上尒時多
寶佛於寶塔中分半座與釋迦牟尼佛而作

BD08526號　妙法蓮華經卷四　（3–1）

是經故而来至此尒時四眾等見過去无量
千万億劫滅度佛說如是言嘆未曾有以天
寶華聚散多寶佛及釋迦牟尼佛上尒時多
寶佛於寶塔中分半座與釋迦牟尼佛而作
是言釋迦牟尼佛可就此座即時釋迦牟尼
佛入其塔中坐其半座結加趺坐尒時大眾
見二如来在七寶塔中師子座上結加趺坐
各作是念佛坐高遠唯願如来以神通力令
我等輩俱處虛空即時釋迦牟尼佛以神通
力接諸大眾皆在虛空以大音聲普告四眾
誰能於此娑婆國土廣說妙法華經今正是
時如来不久當入涅槃佛欲以此妙法華經
付囑有在尒時世尊欲重宣此義而說偈言
聖主世尊　雖久滅度　在寶塔中　尚為法来
諸人云何　不懃為法　此佛滅度　无央數劫
處處聽法　以難遇故　彼佛本願　我滅度後
在在所往　常為聽法　又我分身　无量諸佛
如恒沙等　来欲聽法　及見滅度　多寶如来
各捨妙土　及弟子眾　天人龍神　諸供養事
令法久住　故来至此　為坐諸佛　以神通力
移无量眾　令國清淨　諸佛各各　詣寶樹下
如清淨池　蓮華莊嚴　其寶樹下　諸師子座
佛坐其上　光明嚴飾　如夜闇中　燃大炬火
身出妙香　遍十方國　眾生蒙薰　喜不自勝
譬如大風　吹小樹枝　以是方便　令法久住
告諸大眾　我滅度後　誰能護持　讀說斯經
今於佛前　自說誓言
其多寶佛　雖久滅度　以大誓願　而師子吼

BD08526號　妙法蓮華經卷四　（3–2）

移无量衆　令國清淨　諸佛各各　詣寶樹下
如清淨池　蓮華莊嚴　其寶樹下　諸師子座
佛坐其上　光明嚴飾　如夜闇中　燃大炬火
身出妙香　遍十方國　衆生蒙薰　喜不自勝
譬如大風　吹小樹枝　以是方便　令法久住
告諸大衆　我滅度後　誰能護持　讀說斯經
今於佛前　自說誓言
其多寶佛　雖久滅度　以大誓願　而師子吼
多寶如來　及與我身　所集化佛　當知此意
諸佛子等　誰能護法　當發大願　令得久住
其有能護　此經法者　則為供養　我及多寶
此多寶佛　處於寶塔　常遊十方　為是經故
亦復供養　諸來化佛　莊嚴光飾　諸世界者
若說此經　則為見我　多寶如來　及諸化佛
諸善男子　各諦思惟　此為難事　宜發大願
諸餘經典　數如恒沙　雖說此等　未足為難
若接須彌　擲置他方　无數佛土　亦未為難
若以足指　動大千界　遠擲他國　亦未為難
若立有頂　為衆演說　无量餘經　亦未為難
若佛滅後　於惡世中　能說此經　是則為難
假使有人　手把虛空　而以遊行　亦未為難

BD08526 號　妙法蓮華經卷四　（3–3）

問諸大臣昨夜何緣忽現如是希有
瑞相放大光明大臣答言大王當知有諸天
衆於長者子流水家中雨四十千真珠瓔珞
及天曼陁羅花積至于膝王告臣曰詣長者
家喚取其子大臣受勑即至其家奉宣王命
喚長者子時長者子即至王所王曰何緣昨
夜示現如是希有瑞相長者子言如我思忖
定應是彼池內衆魚如經所說命終之後得
生三十三天彼來報恩故現如是希奇之相
王曰何以得知流水答曰王可遣使并我二
子往彼池所驗其虛實彼十千魚為死為活
王聞是語即便遣使及子向彼池邊見其池
中多有曼陁羅花積成大聚諸魚並死見已
馳還為王廣說王聞是已心生歡喜歎未曾
有尒時佛告菩提樹神善女天汝今當知昔時
長者子流水者即我身是持水長者即妙幢
是彼之二子長子水滿即銀幢是次子水藏
即銀光是彼天自在光王者即汝菩提樹神
是十千魚者即十千天子是因我往昔以水
濟魚與食令飽為說甚深十二緣起并此相
應陁羅尼呪又為稱彼寶髻佛名因此善根

BD08527 號　金光明最勝王經卷九　（2–1）

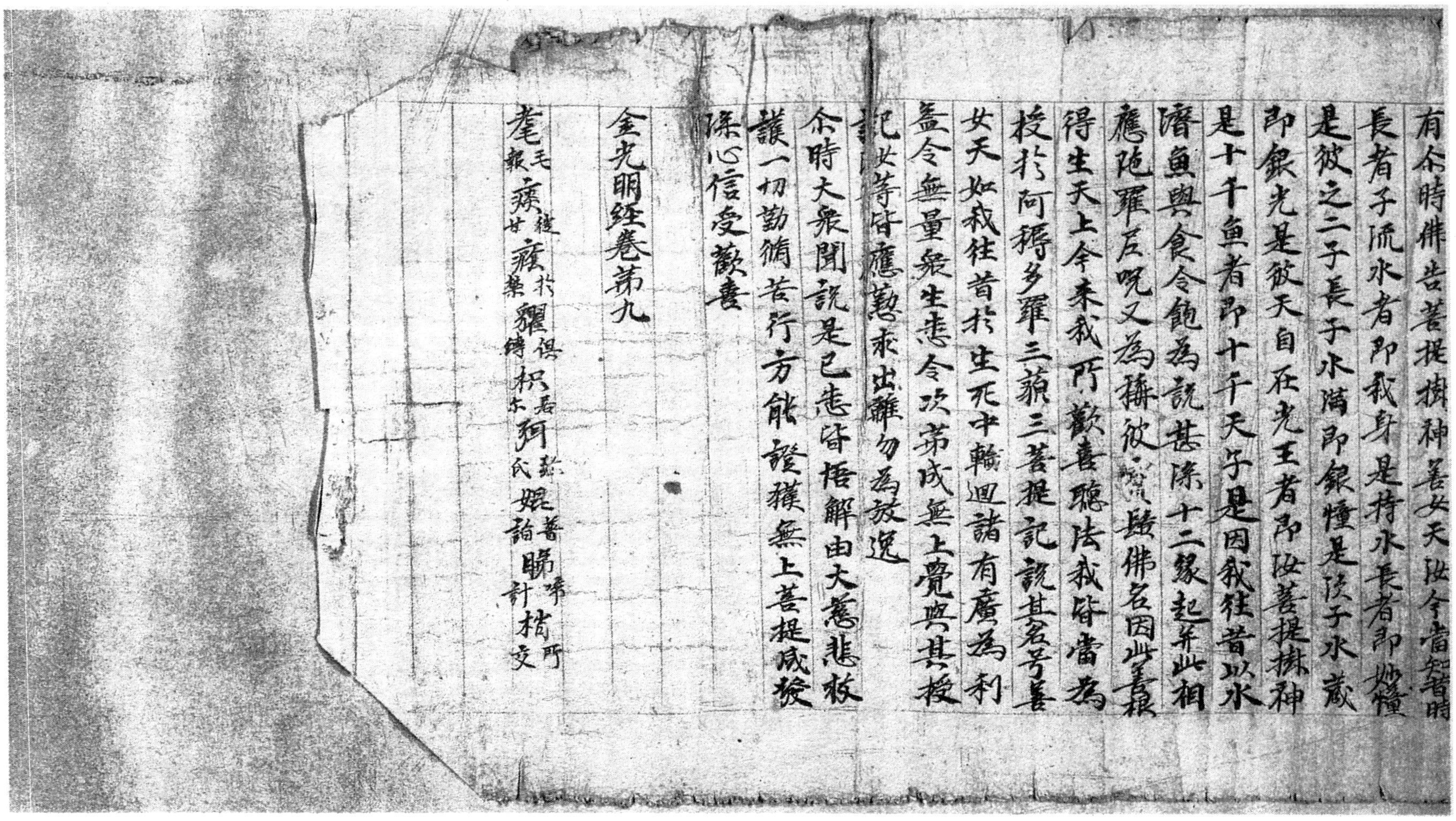

有尒時佛告菩提樹神善女天汝今當知皆時
長者子流水者即我身是持水長者即妙幢
是彼之二子長子水滿即銀幢是次子水藏
即銀光是彼天自在光王者即汝菩提樹神
是十千魚者即十千天子是因我往昔以水
濟魚與食令飽為說甚深十二緣起并此相
應陁羅尼呪又為稱彼寶髻佛名因此善根
得生天上今來我所歡喜聽法我皆當為
授於阿耨多羅三藐三菩提記說其名號善
女天如我往昔於生死中輪迴諸有廣為利
益令無量衆生悉令次第成無上覺與其授
記汝等皆應懃求出離勿為放逸
尒時大衆聞說是已悉皆悟解由大慈悲救
護一切勤脩苦行方能證獲無上菩提咸發
深心信受歡喜

金光明經卷第九

毳毛報 瘵紲甘 癃於禁 矍倶縛 枳居尔 狗兹氏 娓普諂 睇帝計 楷呵交

BD08527 號　金光明最勝王經卷九　（2–2）

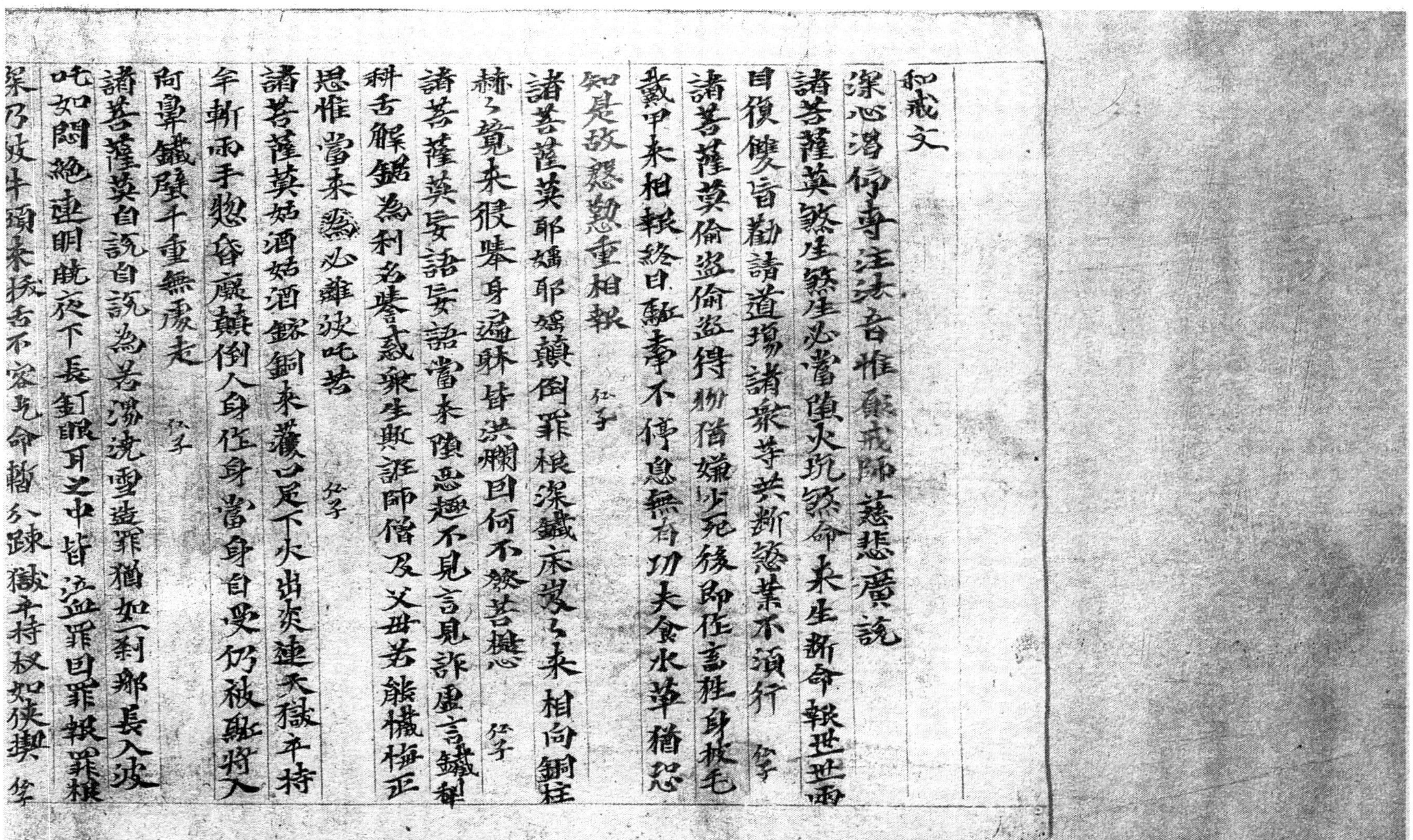

和戒文
深心潛仰尊注法音惟願戒師慈悲廣說
諸菩薩莫煞生煞生必當墮火坑煞命來生斷命報世世爾
目復雙盲勸請道場諸衆等共斷煞業不須行 弟子
諸菩薩莫偷盜偷盜得物猶嫌少死後即作畜生身披毛
戴甲來相報終日馳奔不停息無有功夫食水草猶怨
知是故懇懃重相報 弟子
諸菩薩莫耶婬耶婬顛倒罪根深鐵床炭火來相向銅柱
赫赫競來猥接身遍體皆洪爛因何不發菩提心 弟子
諸菩薩莫妄語妄語當來墮惡趣不見言見詐虛言 弟子 鐵犁
耕舌解鋸為利名譽惑衆生欺誑師僧及父母若能懺悔正
思惟當來爲必離波吒苦 弟子
諸菩薩莫酤酒酤酒鎔銅來灌口足下火出炎連天獄卒持
斧斬兩手總昏癡顛倒人身作身當身自受仍被馳將入
向鼻鐵壁千重無處走 弟子
諸菩薩莫自說自說為苦湯澆雪造罪猶如一刹那長入波
吒如悶絕速明晚夜下長釘眼耳之中皆流血罪因罪報罪根
深乃被牛頭來拔舌不容免命暫分疎獄卒持杖如狹擊 弟子

BD08528 號　和菩薩戒文　（2–1）

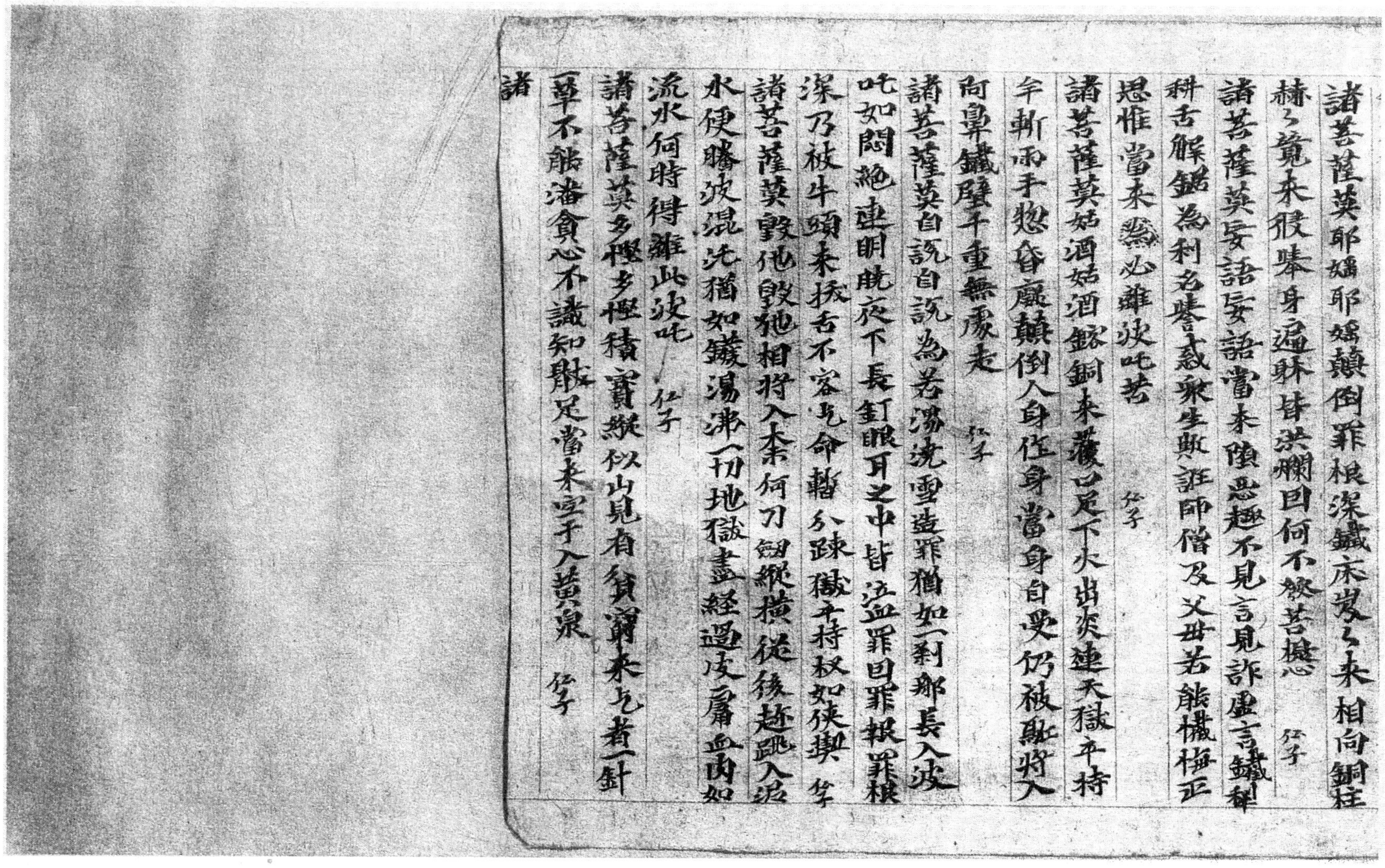

諸菩薩莫耶婬耶婬顛倒罪根深鐵床炭々來相向銅柱
赫々競來假㖃身遍骵皆洪爛因何不發菩提心　仏子
諸菩薩莫妄語妄語當來墮惡趣不見言見詐虛言鐵犁
耕舌解鋸為利名譽惑衆生欺誑師僧及父母若能懺悔正
思惟當來必離彼吒苦　仏子
諸菩薩莫沽酒沽酒鎔銅來灌口足下火出炎連天獄卒持
斧斬兩手惣昏亂顛倒入身任身當身自受仍被驅將入
向鼻鐵壁千重無處走　仏子
諸菩薩莫自說自說為著湯澆雪造罪猶如一剎那長入波
吒如悶絕連明晝夜下長釘眼耳之中皆流血罪因罪報罪根
深乃被牛頭來拔舌不容乞命暫分踈獄卒持杖如狹與　仏子
諸菩薩莫毀他毀他相將入奈何刀劍縱橫從後趂跳入沿
水便騰波混亮猶如鑊湯沸一切地獄盡經過皮膚血肉如
流水何時得離此波吒　仏子
諸菩薩莫多慳多慳積寶缭似山見有貧窮來乞者一針
一草不能捨貪心不識知厭足當來定千入黃泉　仏子
諸

BD08528 號　和菩薩戒文　（2–2）

大佛頂如來密因修證了義諸菩薩萬行首楞嚴經第十
一名中印度那蘭陁大道
場經於灌頂部錄出別行
阿難彼善男子修三摩提想陰盡者是人
平常夢想銷滅寤寐恒一覺明虛靜猶如晴空
无復麁重前塵影事觀諸世間大地河山如
鏡鑒明來无所粘過无蹤跡虛受照應了罔

BD08529 號　大佛頂如來密因修證了義諸菩薩萬行首楞嚴經卷一〇　（3–1）

一名中印度那爛陀大道
場經於灌頂部録出別行
阿難彼善男子脩三摩提想蔭盡者是人
平常夢想銷滅寤寐恒一覺明虛靜猶如晴空
无復麁重前塵影事觀諸世間大地河山如
鏡鑒明来无所粘過无蹤跡虛受照應了罔
陳習唯一精真生滅根元從此披露見諸十
方十二衆生畢殫其類雖未通其各命由緒
見同生基猶如野馬熠熠清擾爲浮根塵究
竟樞穴此則名爲行蔭區宇若此清擾熠熠
元性性入元澄一澄元習如波瀾滅化爲澄水
名行蔭盡是人則能超衆生濁觀其所由
幽隱妄想以爲其本
阿難當知是得正知奢摩他中諸善男子凝
明正心十類天魔不得其便方得精研窮生
類本於本類中生元露者觀彼幽清圓擾動
元於圓元中起計度者是人墜入二无因論一
者是人見本无因何以故是人既得生機全
破乘于眼根八百功德見八万劫所有衆生
業流灣環死此生彼祇見衆生輪迴其處
八万劫外冥无所觀便作是解此等世間十
方衆生八万劫来无因自有由此計度亡正
遍知墮落外道惑菩提性二者是人見末无
因何以故是人於生既見其根知人生人悟鳥
生鳥烏從来黑鵠從来白人天本竪畜生本
橫白非洗成黑非染造從八万劫无復改移

BD08529號　大佛頂如來密因修證了義諸菩薩萬行首楞嚴經卷一〇　（3–2）

竟樞穴此則名爲行蔭區宇若此清擾熠熠
元性性入元澄一澄元習如波瀾滅化爲澄水
名行蔭盡是人則能超衆生濁觀其所由
幽隱妄想以爲其本
阿難當知是得正知奢摩他中諸善男子凝
明正心十類天魔不得其便方得精研窮生
類本於本類中生元露者觀彼幽清圓擾動
元於圓元中起計度者是人墜入二无因論一
者是人見本无因何以故是人既得生機全
破乘于眼根八百功德見八万劫所有衆生
業流灣環死此生彼祇見衆生輪迴其處
八万劫外冥无所觀便作是解此等世間十
方衆生八万劫来无因自有由此計度亡正
遍知墮落外道惑菩提性二者是人見末无
因何以故是人於生既見其根知人生人悟鳥
生鳥烏從来黑鵠從来白人天本竪畜生本
橫白非洗成黑非染造從八万劫无復改移

BD08529號　大佛頂如來密因修證了義諸菩薩萬行首楞嚴經卷一〇　（3–3）

BD08530號　無量壽宗要經　　（5–1）

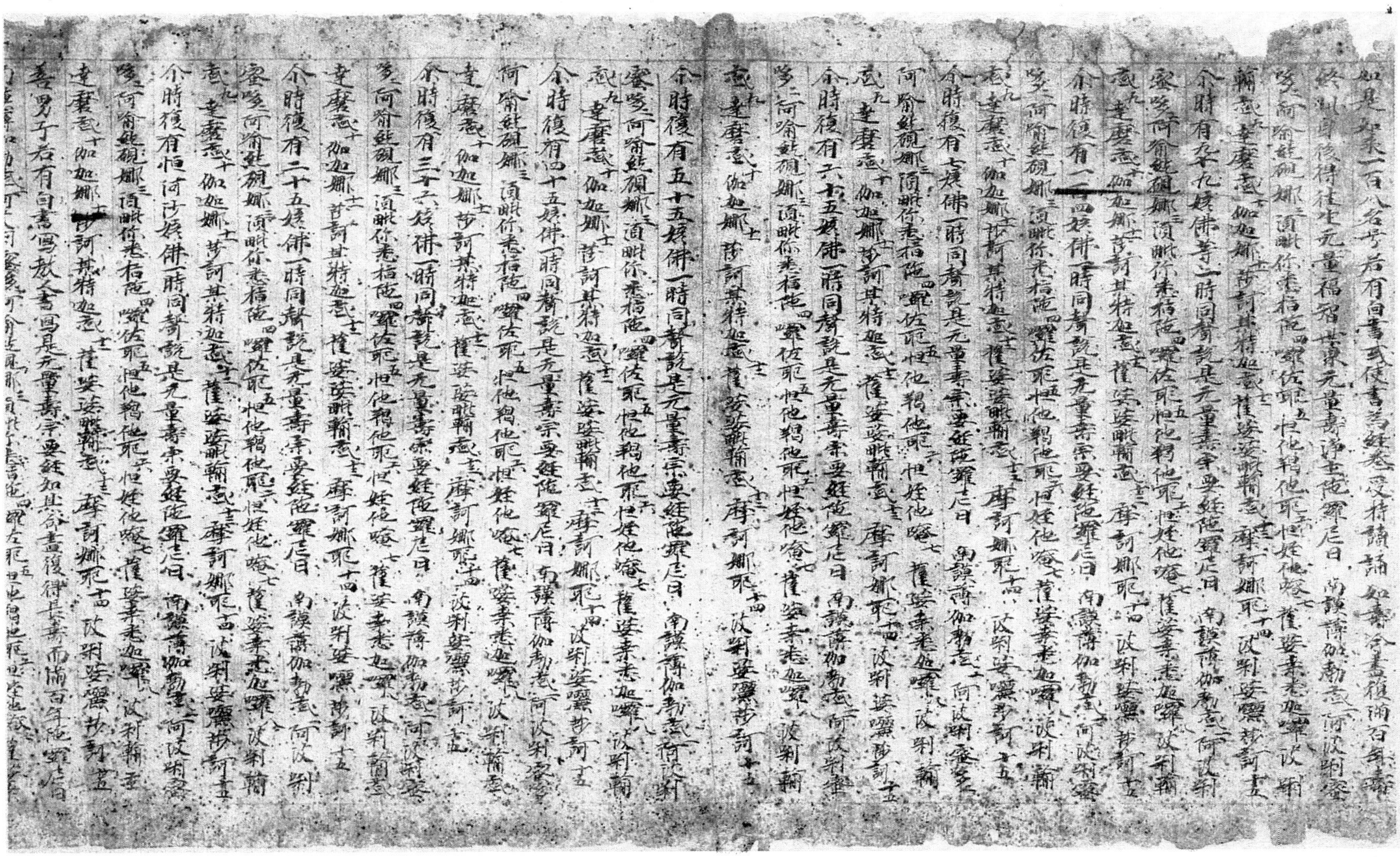

BD08530號　無量壽宗要經　　（5–2）

達磨底十伽伽娜十一莎訶某特伽底十二薩婆婆毗輸底十三摩訶娜耶十四波唎婆唎莎訶十五
介時復有恒河沙殑伽沙數佛一時同聲說是無量壽宗要經陀羅尼曰 南謨薄伽勃底一阿波唎蜜
多二阿喻紇硯娜三須毗你悉指陀四囉佐耶五怛他羯他耶六怛姪他七唵八薩婆桑悉迦囉九波唎輸
達磨底十伽伽娜十一莎訶某特伽底十二薩婆婆毗輸底十三摩訶娜耶十四波唎婆唎莎訶十五
若善男子若有自書寫教人書寫是無量壽宗要經如其壽盡復得長壽而滿百年陀羅尼曰
南謨薄伽勃底一阿波唎蜜多二阿喻紇硯娜三須毗你悉指陀四囉佐耶五怛他羯他耶六怛姪他七唵八薩婆
來迦囉九波唎輸底十達磨底十一伽伽娜十二莎訶某特伽底十三薩婆婆毗輸底十四摩訶娜耶十五波唎婆唎莎訶十五
娑訶十五 若有自書寫教人書寫是無量壽宗要經讀誦受持畢竟不墮地獄在在所
生得宿命智陀羅尼曰 南謨薄伽勃底一阿波唎蜜多二阿喻紇硯娜三須毗你悉指陀四囉佐耶五
怛他羯他耶六怛姪他七唵八薩婆桑悉迦囉九波唎輸底十達磨底十一伽伽娜十二莎訶某特伽底十三薩婆
婆毗輸底十四摩訶娜耶十五波唎婆唎莎訶十五 若有自書寫教人書寫是無量壽宗要經
誦如同書寫八万四千一切經典陀羅尼曰 南謨薄伽勃底一阿波唎蜜多二阿喻紇硯娜三須毗
你悉指陀四囉佐耶五怛他羯他耶六怛姪他七唵八薩婆桑悉迦囉九波唎輸底十達磨底十一伽伽娜十二
莎訶某特伽底十三薩婆婆毗輸底十四摩訶娜耶十五波唎婆唎莎訶十五 若有自書寫教人書寫是無量壽宗要經能消五無間等一切重罪陀羅尼曰
南謨薄伽勃底一阿波唎蜜多二阿喻紇硯娜三須毗你悉指陀四囉佐耶五怛他羯他耶六怛姪他七唵八薩婆
來迦囉九波唎輸底十達磨底十一伽伽娜十二莎訶某特伽底十三薩婆婆毗輸底十四摩訶娜耶十五
波唎婆唎莎訶十五 若有自書寫教人書寫是無量壽宗要經受持讀誦設有重罪如
須彌山悉皆除滅陀羅尼曰 南謨薄伽勃底一阿波唎蜜多二阿喻紇硯娜三須毗你悉指陀
四囉佐耶五怛他羯他耶六怛姪他七唵八薩婆桑悉迦囉九波唎輸底十達磨底十一伽伽娜十二莎訶某特伽底十三
薩婆婆毗輸底十四摩訶娜耶十五波唎婆唎莎訶十五 若有自書寫教人書寫是無量壽宗要經受持
讀誦魔及魔眷屬夜叉羅剎不得其便其天壽陀羅尼曰 南謨薄伽勃底一阿波唎蜜
多二阿喻紇硯娜三須毗你悉指陀四囉佐耶五怛他羯他耶六怛姪他七唵八薩婆桑悉迦囉九波唎輸
達磨底十伽伽娜十一莎訶某特伽底十二薩婆婆毗輸底十三摩訶娜耶十四波唎婆唎莎訶十五
若有自書寫教人書寫是無量壽宗要經受持讀誦當命終時有九十九億佛現其人前千
佛授手能往一切佛刹莫於此經生於疑惑陀羅尼曰 南謨薄伽勃底一阿波唎蜜多二
阿喻紇硯娜三須毗你悉指陀四囉佐耶五怛他羯他耶六怛姪他七唵八薩婆桑悉迦囉九波唎輸
達磨底十伽伽娜十一莎訶某特伽底十二薩婆婆毗輸底十三摩訶娜耶十四波唎婆唎莎訶十五
若有自書寫教人書寫是無量壽宗要經受持讀誦常有四天大王衛護陀羅尼曰
南謨薄伽勃底一阿波唎蜜多二阿喻紇硯娜三須毗你悉指陀四囉佐耶五怛他羯他耶六怛姪他七唵八薩婆

BD08530號　無量壽宗要經　（5-3）

若有自書寫教人書寫是無量壽宗要經受持讀誦當命終時有九十九億佛現其人前千
佛授手能往一切佛刹莫於此經生於疑惑陀羅尼曰 南謨薄伽勃底一阿波唎蜜多二
阿喻紇硯娜三須毗你悉指陀四囉佐耶五怛他羯他耶六怛姪他七唵八薩婆桑悉迦囉九波唎輸
達磨底十伽伽娜十一莎訶某特伽底十二薩婆婆毗輸底十三摩訶娜耶十四波唎婆唎莎訶十五
若有自書寫教人書寫是無量壽宗要經受持讀誦常有四天大王衛護陀羅尼曰
南謨薄伽勃底一阿波唎蜜多二阿喻紇硯娜三須毗你悉指陀四囉佐耶五怛他羯他耶六怛姪他七唵八薩婆
桑悉迦囉九波唎輸底十達磨底十一伽伽娜十二莎訶某特伽底十三薩婆婆毗輸底十四摩訶娜耶十五波唎婆唎莎訶十五
若有自書寫教人書寫是無量壽宗要經受持讀誦當得往生西方極樂世界
阿彌陀佛淨土陀羅尼曰 南謨薄伽勃底一阿波唎蜜多二阿喻紇硯娜三須毗你悉指陀四囉佐耶五
怛他羯他耶六怛姪他七唵八薩婆桑悉迦囉九波唎輸底十達磨底十一伽伽娜十二莎訶某特伽底十三薩婆
婆毗輸底十四摩訶娜耶十五波唎婆唎莎訶十五 若有方所自書寫教人書寫是無量壽宗要經此方處即是
塔皆應恭敬作禮若有畜生禽獸耳聞此經是等類畢竟不得成無上菩提陀羅尼曰
南謨薄伽勃底一阿波唎蜜多二阿喻紇硯娜三須毗你悉指陀四囉佐耶五怛他羯他耶六怛姪他七唵八薩婆
桑悉迦囉九波唎輸底十達磨底十一伽伽娜十二莎訶某特伽底十三薩婆婆毗輸底十四摩訶娜耶十五波唎婆唎
莎訶十五 若有自書寫是無量壽經自寫是經者不受女身陀羅尼曰 南謨薄伽勃底一阿波唎蜜
多二阿喻紇硯娜三須毗你悉指陀四囉佐耶五怛他羯他耶六怛姪他七唵八薩婆桑悉迦囉九波唎輸
若有能於此經少分能惠施者於三千大千世界滿中七寶布施陀羅尼曰 南謨薄伽勃底一阿波唎蜜
多二阿喻紇硯娜三須毗你悉指陀四囉佐耶五怛他羯他耶六怛姪他七唵八薩婆桑悉迦囉九波唎輸
底十達磨底十一伽伽娜十二莎訶某特伽底十三薩婆婆毗輸底十四摩訶娜耶十五波唎婆唎莎訶十五
若有能供養是經者則是供養一切諸經典無有異陀羅尼曰 南謨薄伽勃底一阿波唎蜜
多二阿喻紇硯娜三須毗你悉指陀四囉佐耶五怛他羯他耶六怛姪他七唵八薩婆桑悉迦囉九波唎輸
底十達磨底十一伽伽娜十二莎訶某特伽底十三薩婆婆毗輸底十四摩訶娜耶十五波唎婆唎莎訶十五
如是毗婆尸佛尸棄佛毗舍浮佛拘留孫佛拘那含牟尼佛迦葉佛釋迦牟尼佛若有
人七寶供養如是七佛其福有限書寫受持是無量壽經典所有功德不可限量陀羅尼曰
南謨薄伽勃底一阿波唎蜜多二阿喻紇硯娜三須毗你悉指陀四囉佐耶五怛他羯他耶六怛姪他七唵八薩婆
桑悉迦囉九波唎輸底十達磨底十一伽伽娜十二莎訶某特伽底十三薩婆婆毗輸底十四摩訶娜耶十五波唎婆唎
莎訶十五 若有七寶等於須彌山以用布施其福尚能知其量是無量壽經典其福不可知其限量陀羅
尼曰 南謨薄伽勃底一阿波唎蜜多二阿喻紇硯娜三須毗你悉指陀四囉佐耶五怛他羯他耶六怛姪他七唵八薩婆
婆毗輸底十四摩訶娜耶十五波唎婆唎莎訶十五 如是四大海水可知滴數是無量壽經典所生果報不可數量陀羅尼曰
南謨薄伽勃底一阿波唎蜜多二阿喻紇硯娜三須毗你悉指陀四囉佐耶五怛他羯他耶六怛姪他七唵八薩婆
婆毗輸底十四摩訶娜耶十五波唎婆唎莎訶十五 ... 阿[illegible]

BD08530號　無量壽宗要經　（5-4）

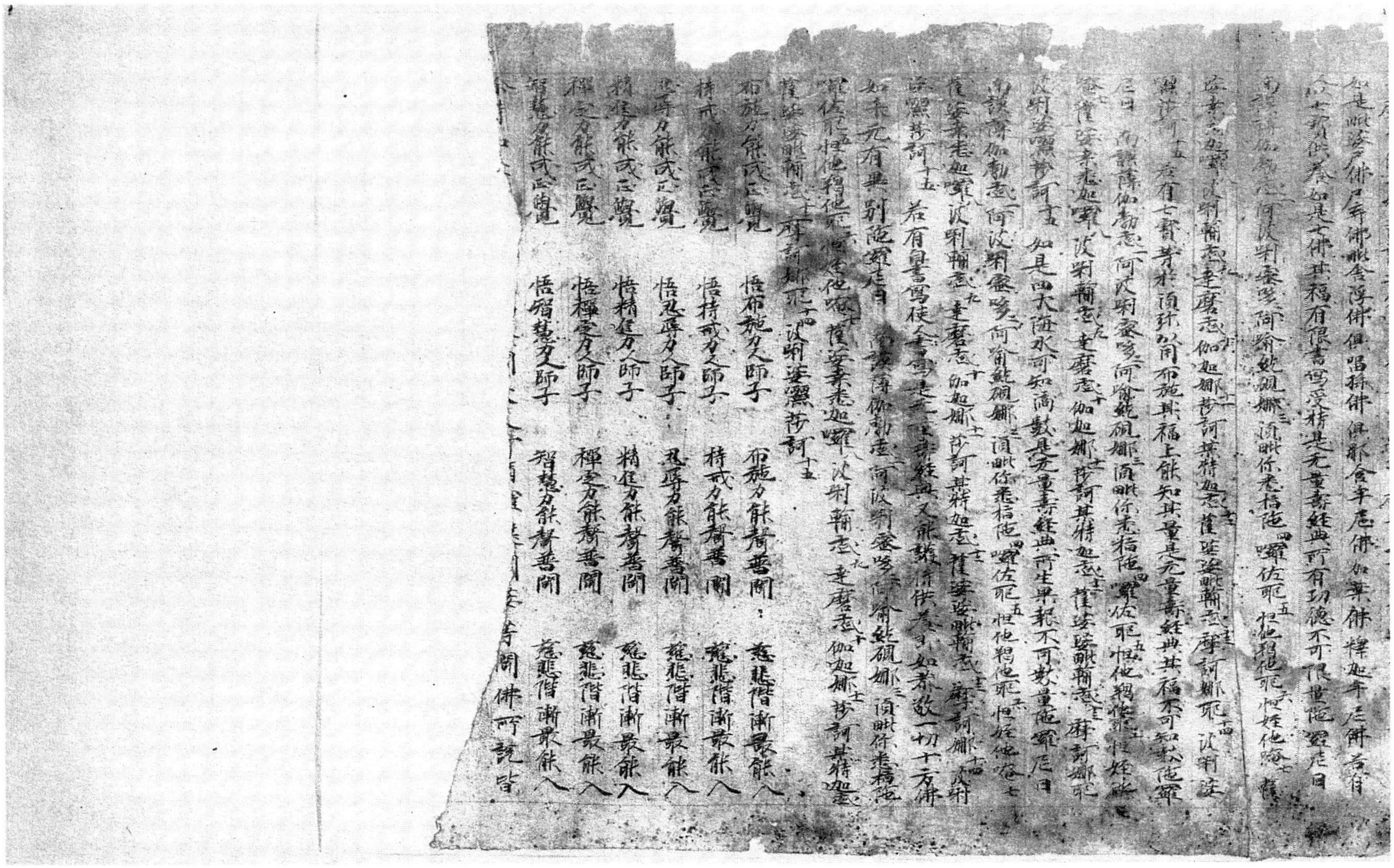

BD08530號　無量壽宗要經　（5–5）

BD08531號　護首　（1–1）

大般若波羅蜜多經卷第五百一十九
第三分巧便品第廿三之三　三藏法師玄奘奉　詔譯
尒時具壽善現白佛言世尊甚深般若波
蜜多用何為相佛告善現甚深般若波羅蜜
多用空為相無著為相無相為相寂靜為
相遠離為相所以者何如是般若波羅蜜多

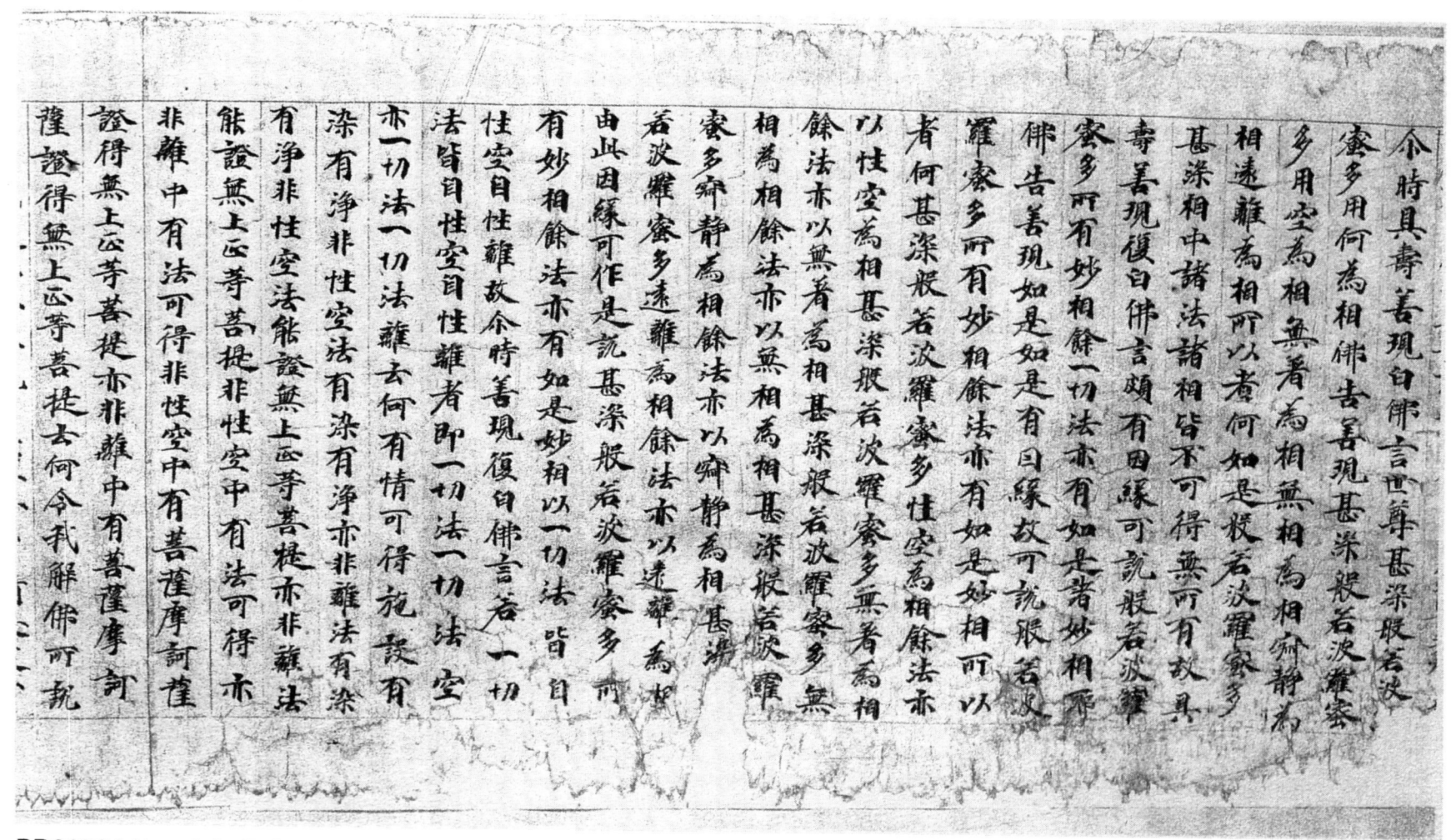

BD08531 號　大般若波羅蜜多經卷五一九

（4–1）

尒時具壽善現白佛言世尊甚深般若波
蜜多用何為相佛告善現甚深般若波羅蜜
多用空為相無著為相無相為相寂靜為
相遠離為相所以者何如是般若波羅蜜多
甚深相中諸法諸相皆不可得無所有故具
壽善現復白佛言頗有因緣可說般若波羅
蜜多所有妙相餘一切法亦有如是者妙相耶
佛告善現如是如是有因緣故可說般若波
羅蜜多所有妙相餘法亦有如是妙相所以
者何甚深般若波羅蜜多性空為相餘法亦
以性空為相甚深般若波羅蜜多無著為相
餘法亦以無著為相甚深般若波羅蜜多無
相為相餘法亦以無相為相甚深般若波羅
蜜多寂靜為相餘法亦以寂靜為相甚深
若波羅蜜多遠離為相餘法亦以遠離為般
由此因緣可作是說甚深般若波羅蜜多所
有妙相餘法亦有如是妙相以一切法皆自
性空自性離故尒時善現復白佛言若一切
法皆自性空自性離者即一切法一切法空
亦一切法一切法離云何有情可得施設有
染有淨非性空法有染有淨亦非離法有染
有淨非性空法能證無上正等菩提亦非離法
能證無上正等菩提非性空中有法可得亦
非離中有法可得非性空中有菩薩摩訶薩
證得無上正等菩提亦非離中有菩薩摩訶
薩證得無上正等菩提云何令我解佛所說

BD08531 號　大般若波羅蜜多經卷五一九

（4–2）

能證無上正等菩提非性空中有法可得亦
非離中有法可得非性空中有菩薩摩訶薩
證得無上正等菩提亦非離中有菩薩摩訶
薩證得無上正等菩提云何令我解佛所說
甚深義趣佛告善現於意云何有情長夜有
我我所心執我我所不善現答言如是世尊
如是善逝有情長夜有我我所心執著我我
所佛告善現於意云何有情所執我及我所
空遠離不善現答言如是世尊如是善逝有
情所執我及我所皆空遠離佛告善現於意
云何豈不有情由我我所執流轉生死善現答
言如是世尊如是善逝諸有情類由我我所
執流轉生死佛告善現如是有情流轉生死
由有雜染是故有情施設有染若諸有情無
心染著我及我所即無雜染若無雜染即不
得有流轉生死流轉生死既不可得當知有
情遠離雜染由無雜染施設有淨是故善現
唯一切法自性皆空自性皆離而諸有情亦
可施設有染有淨具壽善現復白佛言若菩
薩摩訶薩能如是行甚深般若波羅蜜多及
一切法性皆空離是菩薩摩訶薩則不行色
蘊乃至識蘊亦不行眼處乃至意處亦不行
色處乃至法處亦不行眼界乃至意界亦不
行色界乃至法界亦不行眼識界乃至意識
界亦不行眼觸乃至意觸亦不行眼觸為緣所
生諸受乃至意觸為緣所生諸受亦不行
地界乃至識界亦不行因緣乃至增上緣亦

BD08531號　大般若波羅蜜多經卷五一九　（4-3）

言如是世尊如是善逝諸有情類由我我所
執流轉生死佛告善現如是有情流轉生死
由有雜染是故有情施設有染若諸有情無
心染著我及我所即無雜染若無雜染即不
得有流轉生死流轉生死既不可得當知有
情遠離雜染由無雜染施設有淨是故善現
唯一切法自性皆空自性皆離而諸有情亦
可施設有染有淨具壽善現復白佛言若菩
薩摩訶薩能如是行甚深般若波羅蜜多及
一切法性皆空離是菩薩摩訶薩則不行色
蘊乃至識蘊亦不行眼處乃至意處亦不行
色處乃至法處亦不行眼界乃至意界亦不
行色界乃至法界亦不行眼識界乃至意識
界亦不行眼觸乃至意觸亦不行眼觸為緣所
生諸受乃至意觸為緣所生諸受亦不行
地界乃至識界亦不行因緣乃至增上緣亦
不行無明乃至老死亦不行布施波羅蜜多乃
至般若波羅蜜多亦不行內空乃至無性自
性空亦不行真如乃至不思議界亦不行

BD08531號　大般若波羅蜜多經卷五一九　（4-4）

得養者不得士夫不得補特伽羅不得意生
不得儒童不得作者不得受者不得知者不
得見者由於我等無所得故不為自害不為
害他不為俱害
憍尸迦是善男子善女人等學此般若波羅
蜜多大咒王時不得色不得受想行識於色蘊
等無所得故不為自害不為害他不為俱
害憍尸迦是善男子善女人等學此般若波
羅蜜多大咒王時不得眼處不得耳鼻舌身
意處於眼處等無所得故不為自害不為害
他不為俱害憍尸迦是善男子善女人等學
此般若波羅蜜多大咒王時不得色處不得
聲香味觸法處於色處等無所得故不得自
害不為害他不為俱害憍尸迦是善男子
女人等學此般若波羅蜜多大咒王時不得
眼界不得色界眼識界及眼觸眼觸為緣所

BD08532號　大般若波羅蜜多經（兑廢稿）卷一〇二　（2–1）

害憍尸迦是善男子善女人等學此般若波
羅蜜多大咒王時不得眼處不得耳鼻舌身
意處於眼處等無所得故不為自害不為害
他不為俱害憍尸迦是善男子善女人等學
此般若波羅蜜多大咒王時不得色處不得
聲香味觸法處於色處等無所得故不得自
害不為害他不為俱害憍尸迦是善男子
女人等學此般若波羅蜜多大咒王時不得
眼界不得色界眼識界及眼觸眼觸為緣所
生諸受於眼界等無所得故不為自害不為
害他不為俱害憍尸迦是善男子善女人等
學此般若波羅蜜多大咒王時不得耳界不
得聲界耳識界及耳觸耳觸為緣所生諸受
於耳界等無所得故不為自害不為害他不
為俱害憍尸迦是善男子善女人不得香界
鼻識界及鼻觸鼻觸為緣所生諸受於鼻界
等無所得故不為自害不為害他不為俱害憍
尸迦是善男子善女人等學此般若波羅蜜
多大咒王時不得舌界不得味界舌識界及
舌觸舌觸為緣所生諸受於舌界等無所

BD08532號　大般若波羅蜜多經（兑廢稿）卷一〇二　（2–2）

亦无聽者无耶
法因緣和合故生諸
有滅者故不畏不怖不
法空誑无實无定者无急
心猶不動況聞虛聲而有怨
畏事覺已則无怨心知夢法能言
事菩薩亦如是入世間心夢中見有
諸法實相覺時則无所畏知諸法但是虛
无有真實復次譬如幻事智者雖見心无所
惑知是誑法菩薩亦如是知一切法如幻能
誑人心是中无實以是故不怖畏如焰如影
如化亦如是須菩提白佛言世尊菩薩摩訶
薩行般若波羅蜜如是觀諸法是時菩薩摩
訶薩不受色不示色不住色不著色不言是
色受想行識亦不受不示不住不著亦不言
是受想行識眼不受不示不住不著亦不言
是眼耳鼻舌身意亦不受不示不住不著亦
不言是意檀波羅蜜不受不示不住不著亦

BD08533號　大智度論卷五二　（2–1）

薩行般若波羅蜜如是觀諸法是時菩薩摩
訶薩不受色不示色不住色不著色不言是
色受想行識亦不受不示不住不著亦不言
是受想行識眼不受不示不住不著亦不言
是眼耳鼻舌身意亦不受不示不住不著亦
不言是意檀波羅蜜不受不示不住不著亦
不言是檀波羅蜜尸波羅蜜羼提波羅蜜毗
梨耶波羅蜜禪波羅蜜般若波羅蜜不受不
示不住不著亦不言是般若波羅蜜內空不
受不示不住不著亦不言是內空乃至无法
有法空亦如是復次世尊菩薩摩訶薩行般
若波羅蜜時四念處不受不示不住不著亦
不言是四念處乃至十八不共法不受不示
不住不著亦不言是十八不共法一切三昧
門一切陀羅尼門乃至一切種智者不受不
示不住不著亦不言是一切種智復次世尊
菩薩摩訶薩行般若波羅蜜時不見色乃至
不見一切種智何以故色不生是非色受想
識不生是非識眼不生是非眼耳鼻舌身
非意檀波羅蜜不生是非檀波羅
羅蜜不生是非般若波羅蜜
不別乃至般若波羅蜜
空非內空乃至无
何以故內
世尊四念
下二

BD08533號　大智度論卷五二　（2–2）

殊室利法王子承佛威神從座而起
…右膝着地向薄伽梵曲躬合掌白
…唯願演說如是相類諸佛名号及本
大願殊勝功德令諸聞者業鄣銷除為欲利
樂像法轉時諸有情故
尒時世尊讚曼殊室利童子言善哉善哉曼
殊室利汝以大悲勸請我說諸佛名号本願
功德為拔業鄣所纒有情利益安樂像法轉
時諸有情故汝今諦聽極善思惟當為汝說
曼殊室利言唯然願說我等樂聞
佛告曼殊室利東方去此過十殑伽沙等佛
土有世界名淨瑠璃佛号藥師瑠璃光如来
應正等覺明行圓滿善逝世間解无上丈夫
調御士天人師佛薄伽梵曼殊室利彼世尊
藥師瑠璃光如来本行菩薩道時發十二大
願令諸有情所求皆得
第一大願願我来世得阿耨多羅三藐三菩

BD08534號　藥師琉璃光如來本願功德經　（2–1）

尒時世尊讚曼殊室利童子言善哉善哉曼
殊室利汝以大悲勸請我說諸佛名号本願
功德為拔業鄣所纒有情利益安樂像法轉
時諸有情故汝今諦聽極善思惟當為汝說
曼殊室利言唯然願說我等樂聞
佛告曼殊室利東方去此過十殑伽沙等佛
土有世界名淨瑠璃佛号藥師瑠璃光如来
應正等覺明行圓滿善逝世間解无上丈夫
調御士天人師佛薄伽梵曼殊室利彼世尊
藥師瑠璃光如来本行菩薩道時發十二大
願令諸有情所求皆得
第一大願願我来世得阿耨多羅三藐三菩
提時自身光明熾然照曜无量无數无邊世
界以三十二大丈夫相八十隨好莊嚴其身
令一切有情如我无異
第二大願願我来世得菩提時身如瑠璃內

BD08534號　藥師琉璃光如來本願功德經　（2–2）

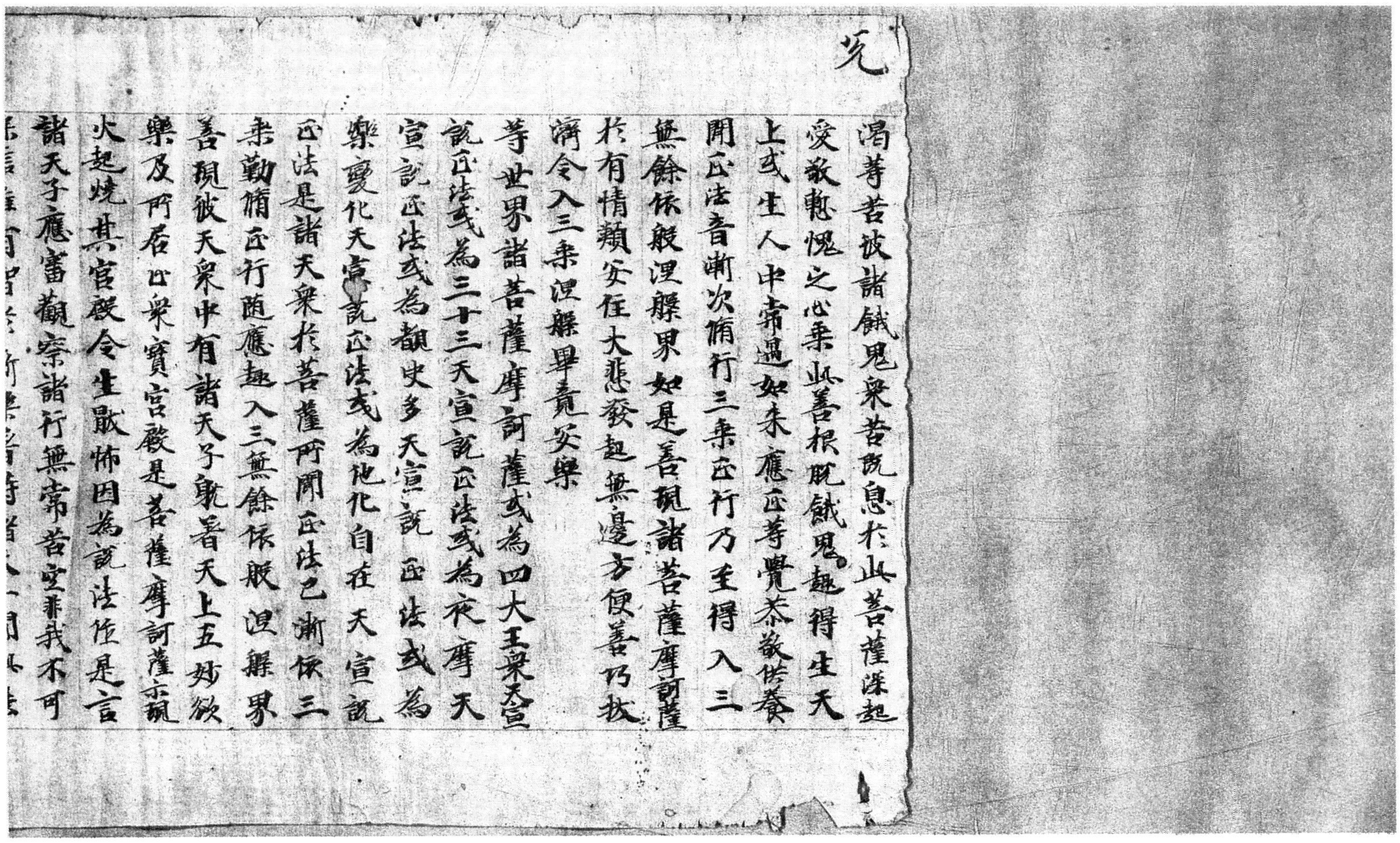
兑
渴等苦彼諸餓鬼衆苦既息於此菩薩深起
愛敬慚愧之心乘此善根脫餓鬼趣得生天
上或生人中常遇如來應正等覺恭敬供養
聞正法音漸次脩行三乘正行乃至得入三
無餘依般涅槃界如是善現諸菩薩摩訶薩
於有情類安住大悲發起無邊方便善巧拔
濟令入三乘涅槃畢竟安樂
等世界諸菩薩摩訶薩或為四大王衆天宮
說正法或為三十三天宮說正法或為夜摩天
宮說正法或為覩史多天宮說正法或為
樂變化天宮說正法或為他化自在天宮說
正法是諸天衆於菩薩所聞正法已漸依三
乘勤脩正行隨應趣入三無餘依般涅槃界
善現彼天衆中有諸天子耽著天上五妙欲
樂及所居衆寶宮殿是菩薩摩訶薩亦現
火起燒其宮殿令生猒怖因為說法作是言
諸天子應審觀察諸行無常苦空非我不可
保信誰有智於斯樂著時諸天子聞此法

BD08535號　大般若波羅蜜多經（兑廢稿）卷三八〇　（2–1）

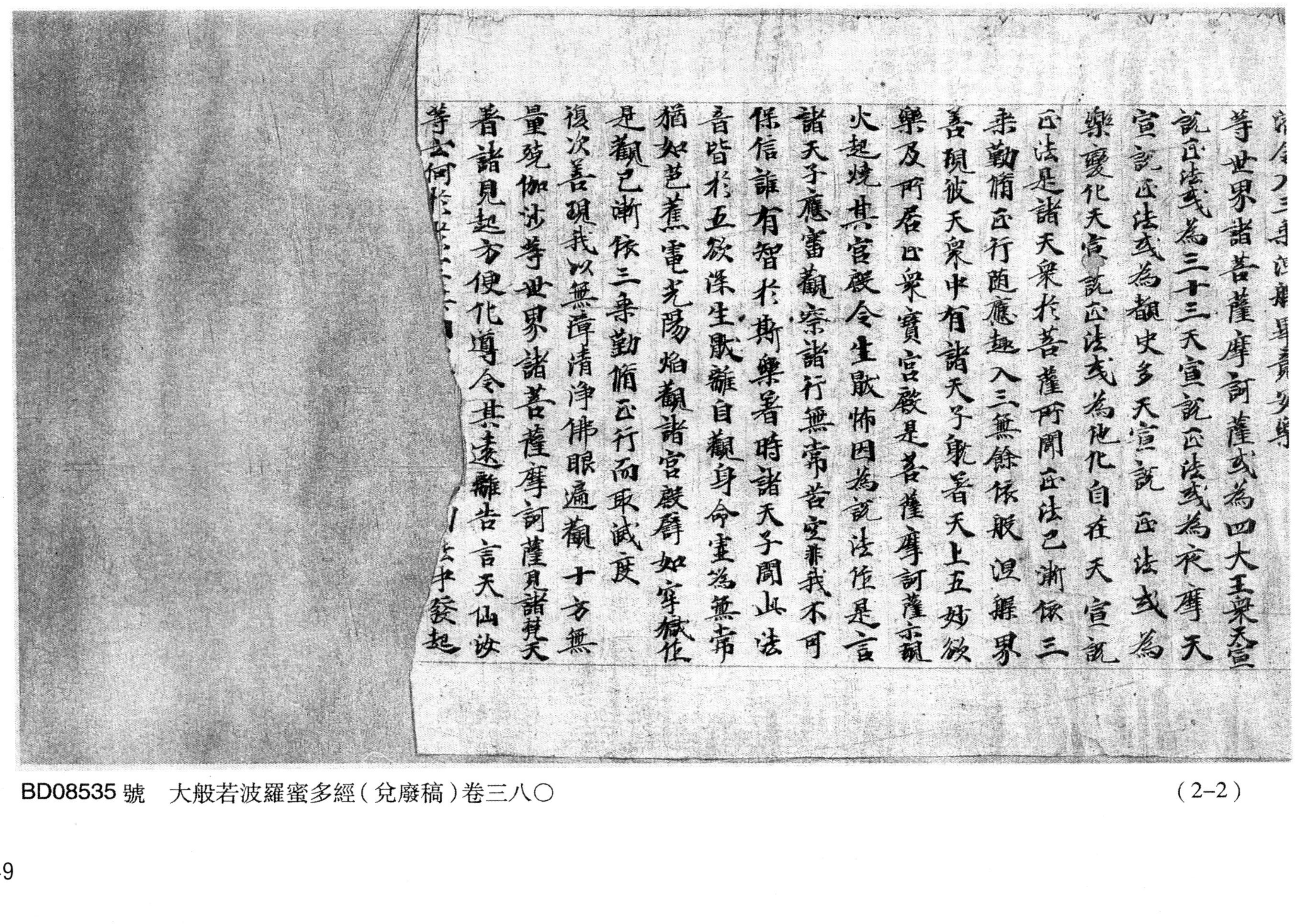
濟令入三乘涅槃畢竟安樂
等世界諸菩薩摩訶薩或為四大王衆天宮
說正法或為三十三天宮說正法或為夜摩天
宮說正法或為覩史多天宮說正法或為
樂變化天宮說正法或為他化自在天宮說
正法是諸天衆於菩薩所聞正法已漸依三
乘勤脩正行隨應趣入三無餘依般涅槃界
善現彼天衆中有諸天子耽著天上五妙欲
樂及所居衆寶宮殿是菩薩摩訶薩亦現
火起燒其宮殿令生猒怖因為說法作是言
諸天子應審觀察諸行無常苦空非我不可
保信誰有智於斯樂著時諸天子聞此法
音皆於五欲深生猒離自觀身命皆為無常
猶如芭蕉電光陽焰觀諸宮殿譬如牢獄作
是觀已漸依三乘勤脩正行而取滅度
復次善現我以無障清淨佛眼遍觀十方無
量殑伽沙等世界諸菩薩摩訶薩見諸梵天
著諸見起方便化導令其遠離告言天仙汝
等云何於……中發起

BD08535號　大般若波羅蜜多經（兑廢稿）卷三八〇　（2–2）

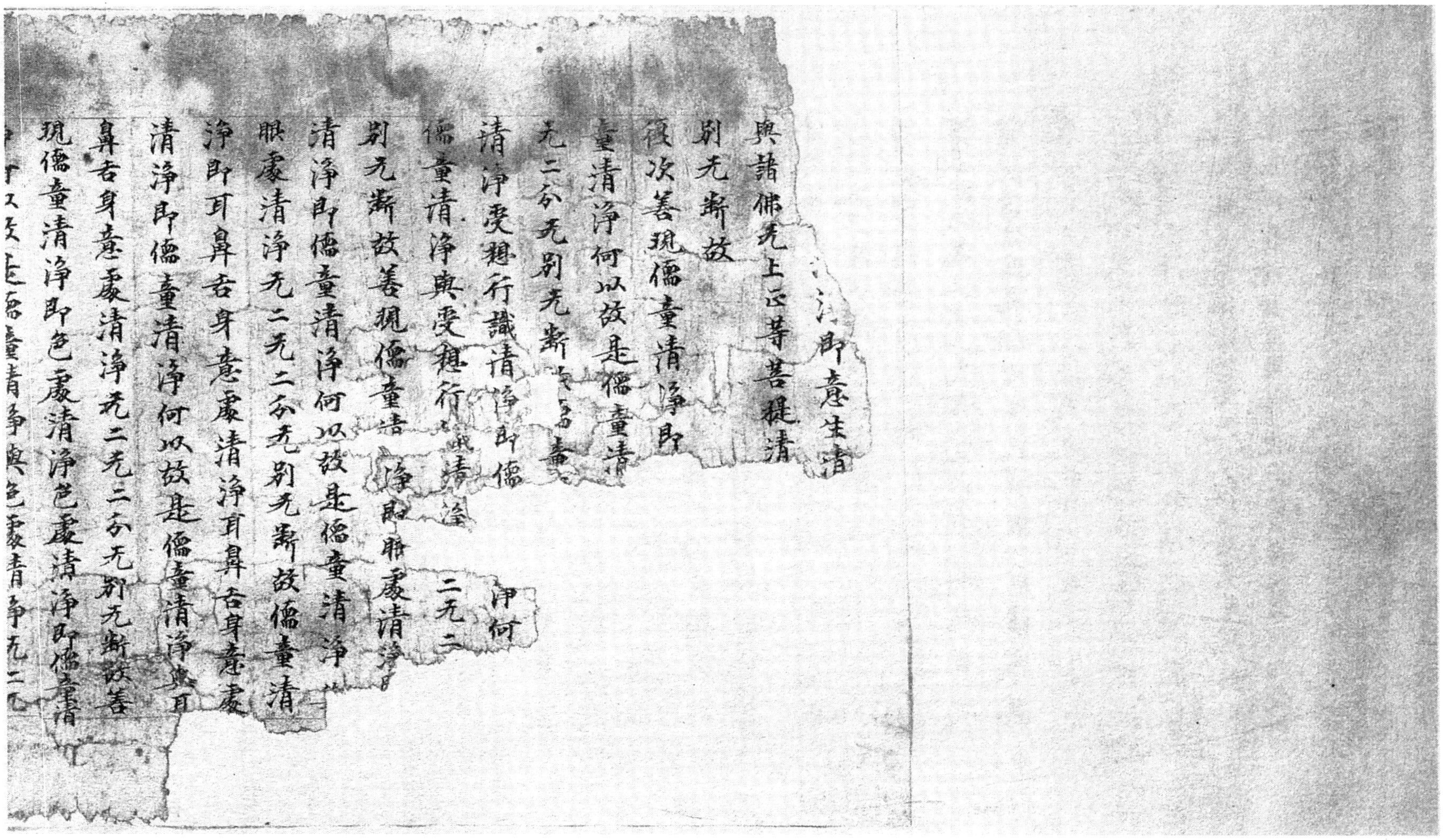

淨即意生清
與諸佛无上正等菩提清
別无斷故
復次善現儒童清淨即
童清淨何以故是儒童清
无二分无別无斷[illegible]
清淨受想行識清淨即儒[illegible]淨何
儒童清淨與受想行[illegible]清淨[illegible]二无二
別无斷故善現儒童清[illegible]淨即眼處清淨
清淨即儒童清淨何以故是儒童清淨
眼處清淨无二无二分无別无斷故儒童清
淨即耳鼻舌身意處清淨耳鼻舌身意處
清淨即儒童清淨何以故是儒童清淨與耳
鼻舌身意處清淨无二无二分无別无斷故善
現儒童清淨即色處清淨色處清淨即儒童清
[illegible]

BD08536 號　大般若波羅蜜多經卷一九三　（6–1）

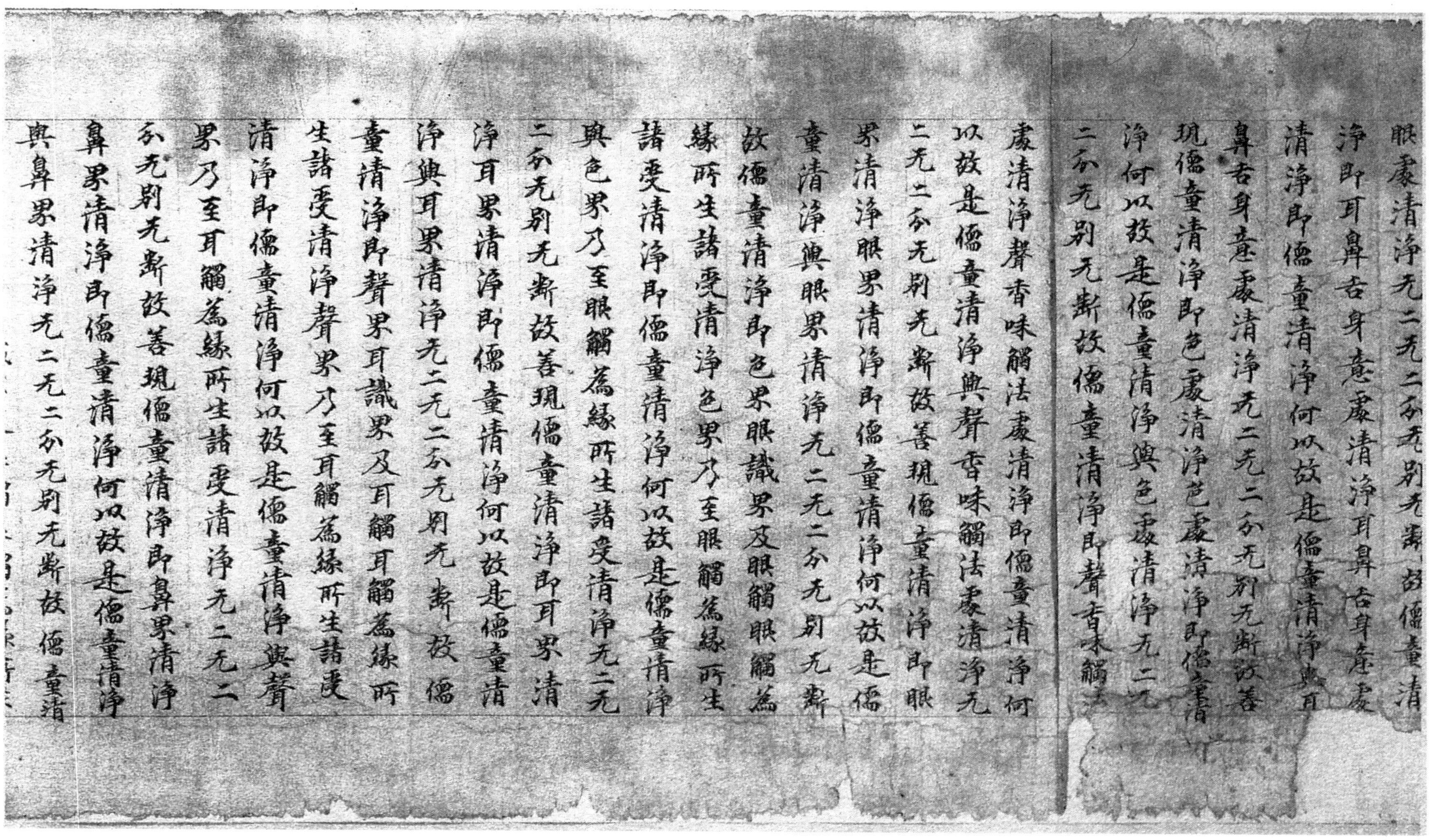

眼處清淨无二无二分无別无斷故儒童清
淨即耳鼻舌身意處清淨耳鼻舌身意處
清淨即儒童清淨何以故是儒童清淨與耳
鼻舌身意處清淨无二无二分无別无斷故善
現儒童清淨即色處清淨色處清淨即儒童清
淨何以故是儒童清淨與色處清淨无二无
二分无別无斷故儒童清淨即聲香味觸法
處清淨聲香味觸法處清淨即儒童清淨何
以故是儒童清淨與聲香味觸法處清淨无
二无二分无別无斷故善現儒童清淨即眼
界清淨眼界清淨即儒童清淨何以故是儒
童清淨與眼界清淨无二无二分无別无斷
故儒童清淨即色界眼識界及眼觸眼觸爲
緣所生諸受清淨色界乃至眼觸爲緣所生
諸受清淨即儒童清淨何以故是儒童清淨
與色界乃至眼觸爲緣所生諸受清淨无二无
二分无別无斷故善現儒童清淨即耳界清
淨耳界清淨即儒童清淨何以故是儒童清
淨與耳界清淨无二无二分无別无斷故儒
童清淨即聲界耳識界及耳觸耳觸爲緣所
生諸受清淨聲界乃至耳觸爲緣所生諸受
清淨即儒童清淨何以故是儒童清淨與聲
界乃至耳觸爲緣所生諸受清淨无二无二
分无別无斷故善現儒童清淨即鼻界清淨
鼻界清淨即儒童清淨何以故是儒童清淨
與鼻界清淨无二无二分无別无斷故儒童清

BD08536 號　大般若波羅蜜多經卷一九三　（6–2）

界乃至耳觸爲緣所生諸受清淨无二无二
分无別无斷故善現儒童清淨即鼻界清淨
鼻界清淨即儒童清淨何以故是儒童清淨
與鼻界清淨无二无二分无別无斷故儒童清
淨即香界鼻識界及鼻觸鼻觸爲緣所生
諸受清淨香界乃至鼻觸爲緣所生諸受清
淨即儒童清淨何以故是儒童清淨與香界
乃至鼻觸爲緣所生諸受清淨无二无二分
无別无斷故善現儒童清淨即舌界清淨舌
界清淨即儒童清淨何以故是儒童清淨與
舌界清淨无二无二分无別无斷故儒童清
淨即味界舌識界及舌觸舌觸爲緣所生諸受
清淨味界乃至觸爲緣所生諸受清淨
即儒童清淨何以故是儒童清淨與味界乃
至舌觸爲緣所生諸受清淨无二无二分无
別无斷故善現儒童清淨即身界清淨身界
清淨即儒童清淨何以故是儒童清淨與
身界清淨无二无二分无別无斷故儒童清淨
即觸界身識界及身觸身觸爲緣所生諸受
清淨觸界乃至身觸爲緣所生諸受清淨即
儒童清淨何以故是儒童清淨與觸界乃至
身觸爲緣所生諸受清淨无二无二分无別
无斷故善現儒童清淨即意界清淨意界清
淨即儒童清淨何以故是儒童清淨與意界
清淨无二无二分无別无斷故儒童清淨即
法界意識界及意觸意觸爲緣所生諸受清

BD08536 號　大般若波羅蜜多經卷一九三　（6–3）

无斷故善現儒童清淨即意界清淨意界清
淨即儒童清淨何以故是儒童清淨與意界
清淨无二无二分无別无斷故儒童清淨即
法界意識界及意觸意觸爲緣所生諸受清
淨法界乃至意觸爲緣所生諸受清淨即儒
童清淨何以故是儒童清淨與法界乃至意
觸爲緣所生諸受清淨无二无二分无別无
斷故善現儒童清淨即地界清淨地界清淨
即儒童清淨何以故是儒童清淨與地界清
淨无二无二分无別无斷故儒童清淨即水
火風空識界清淨水火風空識界清淨即儒
童清淨何以故是儒童清淨與水火風空識
界清淨无二无二分无別无斷故善現儒童
清淨即无明清淨无明清淨即儒童清淨何
以故是儒童清淨與无明清淨无二无二分
无別无斷故儒童清淨即行識名色六處觸
受愛取有生老死愁歎苦憂惱清淨行乃至
老死愁歎苦憂惱清淨即儒童清淨何以故
是儒童清淨與行乃至老死愁歎苦憂惱清
淨无二无二分无別无斷故
善現儒童清淨即布施波羅蜜多清淨布施
波羅蜜多清淨即儒童清淨何以故是儒童
清淨與布施波羅蜜多清淨无二无二分无
別无斷故儒童清淨即淨戒安忍精進靜慮
般若波羅蜜多清淨淨戒乃至般若波羅
蜜多清淨即儒童清淨何以故是儒童清淨

BD08536 號　大般若波羅蜜多經卷一九三　（6–4）

[illegible]
清淨與布施波羅蜜多清淨无二无二分无
別无斷故儒童清淨即淨戒安忍精進靜慮
般若波羅蜜多清淨淨戒乃至般若波羅
蜜多清淨即儒童清淨何以故是儒童清淨
與淨戒乃至般若波羅蜜多清淨无二无二
分无別无斷故善現儒童清淨即內空清淨
內空清淨即儒童清淨何以故是儒童清淨
與內空清淨无二无二分无別无斷故儒童清
淨即外空內外空空空大空勝義空有爲空
无爲空畢竟空无際空散空无變異空本性
空自相空共相空一切法空不可得空无性
空自性空无性自性空清淨外空乃至无性
自性空清淨即儒童清淨何以故是儒童清
淨與外空乃至无性自性空清淨无二无二
分无別无斷故善現儒童清淨即真如清淨
真如清淨即儒童清淨何以故是儒童清淨
與真如清淨无二无二分无別无斷故儒童
清淨即法界法性不虛妄性不變異性平等
性離生性法定法住實際虛空界不思議界
清淨法界乃至不思議界清淨即儒童清淨
何以故是儒童清淨與法界乃至不思議界
清淨无二无二分无別无斷故善現儒童清
淨即苦聖諦清淨苦聖諦清淨即儒童清淨
何以故是儒童清淨與苦聖諦清淨无二无
二分无別无斷故儒童清淨即集滅道聖諦

BD08536號　大般若波羅蜜多經卷一九三　（6–5）

與內空清淨无二无二分无別无斷故儒童清
淨即外空內外空空空大空勝義空有爲空
无爲空畢竟空无際空散空无變異空本性
空自相空共相空一切法空不可得空无性
空自性空无性自性空清淨外空乃至无性
自性空清淨即儒童清淨何以故是儒童清
淨與外空乃至无性自性空清淨无二无二
分无別无斷故善現儒童清淨即真如清淨
真如清淨即儒童清淨何以故是儒童清淨
與真如清淨无二无二分无別无斷故儒童
清淨即法界法性不虛妄性不變異性平等
性離生性法定法住實際虛空界不思議界
清淨法界乃至不思議界清淨即儒童清淨
何以故是儒童清淨與法界乃至不思議界
清淨无二无二分无別无斷故善現儒童清
淨即苦聖諦清淨苦聖諦清淨即儒童清淨
何以故是儒童清淨與苦聖諦清淨无二无
二分无別无斷故儒童清淨即集滅道聖諦

BD08536號　大般若波羅蜜多經卷一九三　（6–6）

金光明最勝王經滅業障品第五 三 三藏法師義淨奉 制譯
尒時世尊住正分別入於甚深微妙靜慮從
身毛孔放大光明无量百千種種諸色諸佛
刹土悉現光中十方恒河沙挍量辟喻所不
能及五濁惡世爲光所照是諸衆生作惡業
業五无間罪誹謗三寶不孝尊親輕慢師長
婆羅門衆應墮地獄餓鬼傍生彼各蒙光至
所住處是諸有情見斯光已因光力故皆得
安樂端正姝妙色相具足福智莊嚴得見諸
佛是時帝釋一切天衆及恒河女神并諸大
衆蒙光希有皆至佛所右繞三迊退坐一面
尒時天帝釋承佛威力即從座起偏袒右肩
右膝著地合掌向佛而白佛言世尊云何善
男子善女人願求阿耨多羅三藐三菩提脩
行大乘攝受一切邪倒有情曾所造作業障
罪者云何懺悔當得除滅

BD08537 號　金光明最勝王經卷三　（2–1）

佛是時帝釋一切天衆及恒河女神并諸大
衆蒙光希有皆至佛所右繞三迊退坐一面
尒時天帝釋承佛威力即從座起偏袒右肩
右膝著地合掌向佛而白佛言世尊云何善
男子善女人願求阿耨多羅三藐三菩提脩
行大乘攝受一切邪倒有情曾所造作業障
罪者云何懺悔當得除滅
佛告天帝釋善哉善哉善男子汝今脩行欲
爲无量无邊衆生令得清淨解脫安樂哀愍
世間福利一切若有衆生由業障故造諸罪
者應當策勵晝夜六時偏袒右肩右膝著地
合掌恭敬一心專念口自說言歸命頂礼現
在十方一切諸佛已得阿耨多羅三藐三菩
提者轉妙法輪持照法輪雨大法雨擊大法
鼓吹大法螺建大法幢秉大法炬爲欲利益
安樂諸衆生故常行法施誘進群迷令得大
果證常樂故如是等諸佛世尊以身語意稽
首歸誠至心礼敬彼諸世尊以真實慧以真

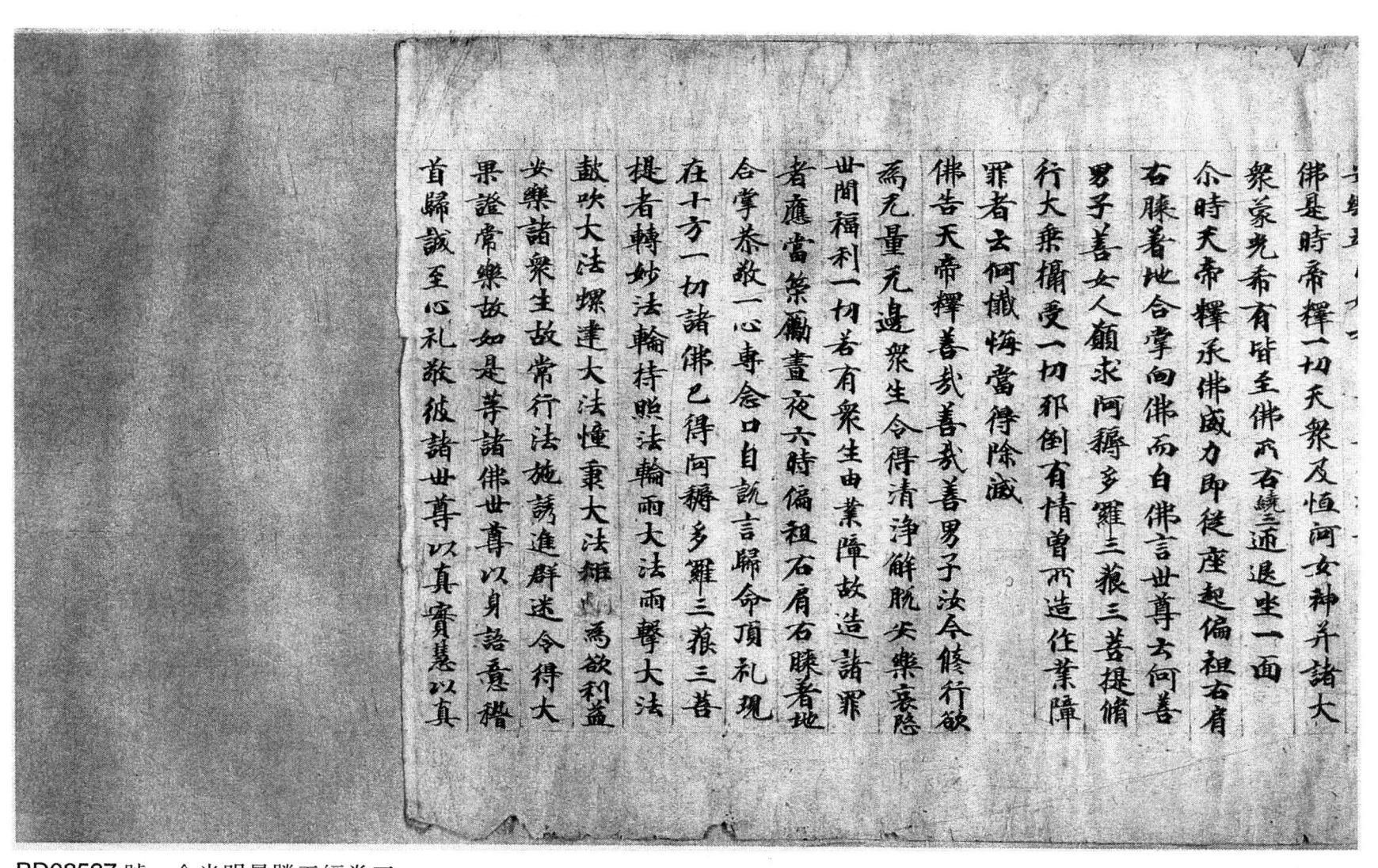

BD08537 號　金光明最勝王經卷三　（2–2）

兌

此諸假名不在內不在外不在兩間不可得
故
復次善現譬如內身所有頭頸肩膊手臂腹
背胷脇腰脊髀膝腨脛足等但是假名如是
名假不生不滅唯有想等想施設言說謂為
內身所有頭頸乃至足等如是一切但有假
名此諸假名不在內不在外不在兩間不可
得故如是善現若菩薩摩訶薩若般若波羅
蜜多若此二名皆是假法如是假法不生不
滅唯有想等想施設言說謂為菩薩摩訶薩謂為般若波羅蜜多及此二名如是三種但
有假名此諸假名不在內不在外不在兩間
可得故
復次善現譬如外事所有草木根莖枝葉華
菓等物但是假名如是名假不生不滅唯有
想等想施設言說謂為外事所有草木根莖
枝葉花菓等物如是一切但有假名此諸假
名不在內不在外不在兩間不可得故如是
善現若菩薩摩訶薩若般若波羅蜜多若此

BD08538號　大般若波羅蜜多經（兌廢稿）卷一一　（2–1）

得故如是善現若菩薩摩訶薩若般若波羅
蜜多若此二名皆是假法如是假法不生不
滅唯有想等想施設言說謂為菩薩摩訶薩謂為般若波羅蜜多及此二名如是三種但
有假名此諸假名不在內不在外不在兩間
可得故
復次善現譬如外事所有草木根莖枝葉華
菓等物但是假名如是名假不生不滅唯有
想等想施設言說謂為外事所有草木根莖
枝葉花菓等物如是一切但有假名此諸假
名不在內不在外不在兩間不可得故如是
善現若菩薩摩訶薩若般若波羅蜜多若此
二名皆是假法如是假法不生不滅唯有想
等想施設言說謂為菩薩摩訶薩謂為般若
波羅蜜多及此二名如是三種但有假名此
諸假名不在內不在外不在兩間不可得故
復次善現譬如過去未來現在一切如來應
正等覺但是假名如是名假不生不滅唯有
想等想施設言說謂為過去未來現在一切
如來應正等覺如是一切但有假名此諸假
名不在內不在外不在兩間不可得故如是
善現若菩薩摩訶薩若般若波羅蜜多若此

BD08538號　大般若波羅蜜多經（兌廢稿）卷一一　（2–2）

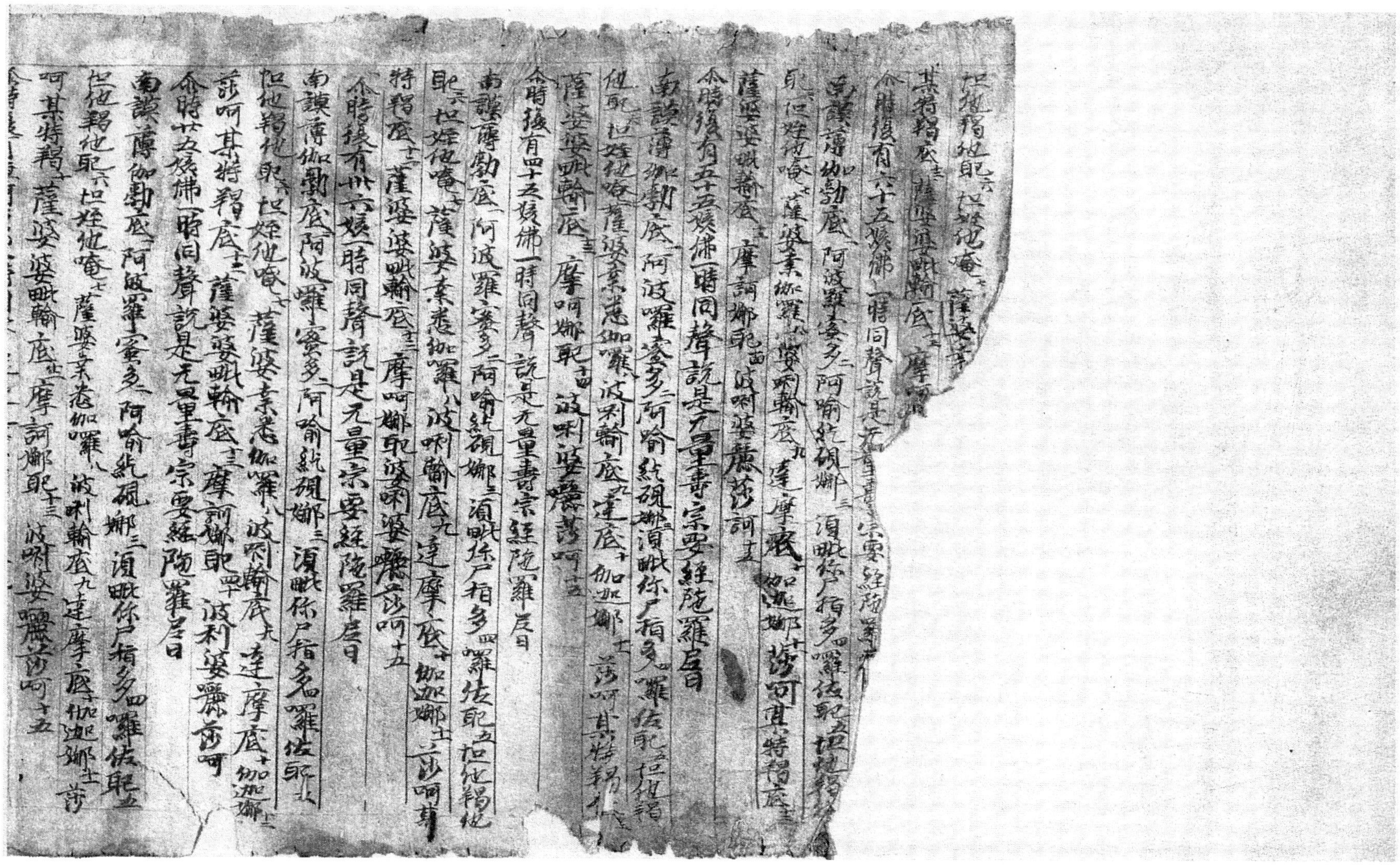

怛他羯他耶六 怛姪他唵七 薩婆……
其特羯底十二 薩婆婆毗輸底十三 摩訶……
尒時復有六十五姟佛一時同聲說是无量壽宗要經陀羅……
南謨薄伽勃底一 阿波羅蜜多二 阿喻紇硯那三 須毗你尸指多四 囉佐耶五 怛他羯他……
耶六 怛姪他唵七 薩婆桑悉迦羅八 波唎輸底九 達摩底十 伽迦娜十一 莎訶 其特羯底十二
薩婆婆毗輸底十三 摩訶娜耶十四 波唎婆縈莎訶十五
尒時復有五十五姟佛一時同聲說是无量壽宗要經陀羅尼曰
南謨薄伽勃底一 阿波囉蜜多二 阿喻紇硯那三 須毗你尸指多四 囉佐耶五 怛他羯
他耶六 怛姪他唵七 薩婆桑悉迦囉八 波唎輸底九 達底十 伽迦娜十一 莎訶 其特羯他十二
薩婆婆毗輸底十三 摩訶娜耶十四 波唎婆縈莎訶十五
尒時復有四十五姟佛一時同聲說是无量壽宗經陀羅尼曰
南謨薄伽勃底一 阿波羅蜜多二 阿喻紇硯那三 須毗你尸指多四 囉佐耶五 怛他羯他
耶六 怛姪他唵七 薩婆桑悉迦囉八 波唎輸底九 達摩底十 伽迦娜十一 莎訶 其
特羯底十二 薩婆婆毗輸底十三 摩訶娜耶十四 波唎婆縈莎訶十五
尒時復有卌六姟佛一時同聲說是无量宗要經陀羅尼曰
南謨薄伽勃底一 阿波囉蜜多二 阿喻紇硯那三 須毗你尸指多四 囉佐耶五
怛他羯他耶六 怛姪他唵七 薩婆桑悉迦囉八 波唎輸底九 達摩底十 伽迦娜十一
莎訶 其特羯底十二 薩婆婆毗輸底十三 摩訶娜耶十四 波唎婆縈莎訶
尒時廿五姟佛一時同聲說是无量壽宗要經陀羅尼曰
南謨薄伽勃底一 阿波羅蜜多二 阿喻紇硯那三 須毗你尸指多四 囉佐耶五
怛他羯他耶六 怛姪他唵七 薩婆桑悉迦囉八 波唎輸底九 達摩底十 伽迦娜十一 莎
訶 其特羯十二 薩婆婆毗輸底十三 摩訶娜耶十四 波唎婆縈莎訶十五
尒時復……

BD08539號　無量壽宗要經　（4–1）

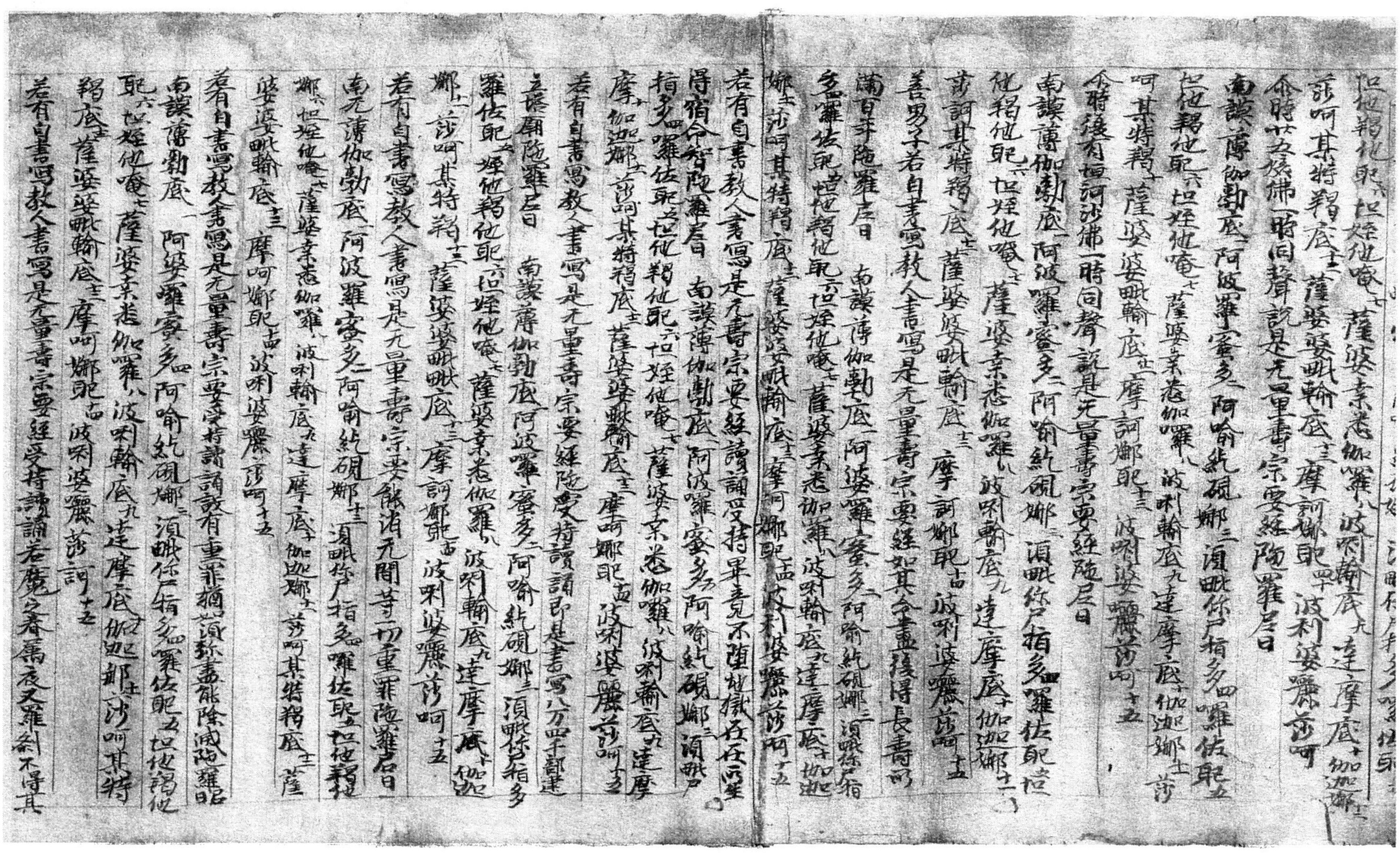

怛他羯他耶六 怛姪他唵七 薩婆桑悉迦囉八 波唎輸底九 達摩底十 伽迦娜十一
莎訶 其特羯底十二 薩婆婆毗輸底十三 摩訶娜耶十四 波利婆縈莎訶
尒時廿五姟佛一時同聲說是无量壽宗要經陀羅尼曰
南謨薄伽勃底一 阿波羅蜜多二 阿喻紇硯那三 須毗你尸指多四 囉佐耶五
怛他羯他耶六 怛姪他唵七 薩婆桑悉迦囉八 波唎輸底九 達摩底十 伽迦娜十一 莎
呵 其特羯十二 薩婆婆毗輸底十三 摩訶娜耶十四 波唎婆縈莎呵十五
尒時復有恒河沙佛一時同聲說是无量壽宗要經陀羅尼曰
南謨薄伽勃底一 阿波囉蜜多二 阿喻紇硯那三 須毗你尸指多四 囉佐耶五 怛
他羯他耶六 怛姪他唵七 薩婆桑悉迦囉八 波唎輸底九 達摩底十 伽迦娜十一
莎訶 其特羯底十二 薩婆婆毗輸底十三 摩訶娜耶十四 波唎婆縈莎訶十五
善男子若自書寫教人書寫是无量壽宗要經如其命盡復得長壽滿
滿百年陀羅尼曰 南謨薄伽勃底一 阿婆囉蜜多二 阿喻紇硯那三 須毗你尸指
多四 囉佐耶五 怛他羯他耶六 怛姪他唵七 薩婆桑悉迦囉八 波唎輸底九 達摩底十 伽迦
娜十一 莎訶 其特羯底十二 薩婆婆毗輸底十三 摩訶娜耶十四 波利婆縈莎訶十五
若有自書教人書寫是无量壽宗要經讀誦受持畢竟不墮地獄在在所生
得宿命智陀羅尼曰 南謨薄伽勃底一 阿波囉蜜多二 阿喻紇硯那三 須毗尸
指多四 囉佐耶五 怛他羯他耶六 怛姪他唵七 薩婆桑悉迦囉八 波唎輸底九 達摩
底十 伽迦娜十一 莎訶 其特羯底十二 薩婆婆毗輸底十三 摩訶娜耶十四 波唎婆縈莎訶十五
若有自書寫教人書寫是无量壽宗要經陀羅尼受持讀誦即是書寫八万四千部建
立塔廟陀羅尼曰 南謨薄伽勃底 阿波囉蜜多二 阿喻紇硯那三 須毗你尸指多
囉佐耶五 怛姪他羯他耶六 怛姪他唵七 薩婆桑悉迦囉八 波唎輸底九 達摩底十 伽迦
娜十一 莎訶 其特羯十二 薩婆婆毗毗底十三 摩訶娜耶十四 波唎婆縈莎訶十五
若有自書寫教人書寫是无量壽宗要經能消无間等一切重罪陀羅尼曰
南无薄伽勃底一 阿波羅蜜多二 阿喻紇硯那三 須毗你尸指多四 囉佐耶五 怛他羯他
娜六 怛姪他唵七 薩婆桑悉迦囉八 波唎輸底九 達摩底十 伽迦娜十一 莎訶 其特羯底十二 薩
婆婆毗輸底十三 摩訶娜耶十四 波唎婆縈莎訶十五
若有自書寫教人書寫是无量壽宗要經受持讀誦設有重罪猶如須弥盡能除滅陀羅尼
南謨薄勃底一 阿婆囉蜜多二 阿喻紇硯那三 須毗你尸指多四 囉佐耶五 怛他羯他
耶六 怛姪他唵七 薩婆桑悉迦囉八 波唎輸底九 達摩底十 伽迦娜十一 莎訶 其特
羯底十二 薩婆婆毗輸底十三 摩訶娜耶十四 波唎婆縈莎訶十五
若有自書寫教人書寫是无量壽宗要經受持讀誦若魔之眷屬夜叉羅剎不得其

BD08539號　無量壽宗要經　（4–2）

…摩訶娜耶 波唎婆嚟莎呵十五
若有自書寫教人書寫是无量壽宗要經受持讀誦設有重罪猶如須弥盡能除滅陀羅尼曰
南謨薄勃底 阿波唎蜜多 阿喻紇硯娜 須毗你尸指多 囉佐耶 怛他羯他
耶 怛姪他唵 薩婆桑悉迦囉 波唎輸底 達摩底 伽伽那 莎呵其特
羯底 薩婆婆毗輸底 摩訶娜耶 波唎婆嚟莎訶
若有自書寫教人書寫是无量壽宗要經受持讀誦若魔之眷屬夜叉羅剎不得其
便終无横死陀羅尼曰 南謨薄勃底 阿波囉蜜多 阿喻紇硯娜 須毗你尸指多
囉佐耶 怛他羯他耶 怛姪他唵 薩婆桑悉迦囉 波唎輸底 達摩底
伽伽娜 莎呵其特羯底 薩婆婆毗輸底 摩訶娜耶 波唎婆嚟莎呵
若有自書寫教人書寫是无量壽宗要經受持讀誦當命終時有九十
九殑伽沙佛同聲千佛授手能遊一切佛剎莫於此經生疑惑陀羅尼曰
南謨薄伽勃底 阿波囉蜜多 阿喻紇硯娜 須毗你尸指多 囉佐耶 怛他羯他
耶 怛姪他唵 薩婆桑悉迦囉 波唎輸底 達摩底 伽伽娜 莎呵其特羯底
薩婆婆毗輸底 摩訶娜耶 波唎婆嚟莎呵
若有自書寫教人書寫是无量壽宗要經受持讀誦當得四天大王隨其衛護陀羅
尼曰 南謨薄伽勃底 阿波囉蜜多 阿喻紇硯娜 須毗你尸指多 囉佐耶 怛他
羯他耶 怛姪他唵 薩婆桑悉迦囉 波唎輸底 達摩底 伽伽娜 莎呵其
特羯底 薩婆婆毗輸底 摩訶娜耶 波唎婆嚟莎呵
若有自書寫教人書寫是无量壽宗要經受持讀誦當得往生西方極樂世界
阿弥陀淨土陀羅尼曰 南无薄伽勃底 阿波囉蜜多 阿喻紇硯娜 須毗你尸
指多 囉佐耶 怛他羯他耶 怛姪他唵 薩婆桑悉迦囉 波唎輸底 達摩底
伽伽娜 莎呵其特羯底 薩婆婆毗輸底 摩訶娜耶 波唎婆嚟莎呵
若有方所自書寫使人書寫是无量壽經典之處則為是塔皆應恭敬作礼右繞若有畜生
或是鳥獸得聞是經如是等類皆當不久得成一切種智陀羅尼曰
南謨薄伽勃底 阿波囉蜜多 阿喻紇硯娜 須毗你尸指多 囉佐耶 怛他羯他
怛姪他唵 薩婆桑悉迦囉 波唎輸底 達摩底 伽伽娜 莎呵其特羯底
薩婆婆毗輸底 摩訶娜耶 波唎婆嚟莎呵
若有於是无量壽經自書寫使人書寫畢竟不受女人之身陀羅尼曰
南謨薄伽勃底 阿波囉蜜多 阿喻紇硯娜 須毗你尸指多 囉佐耶 怛他羯他
耶 怛姪他唵 薩婆桑悉迦囉 波唎輸底 達摩底 伽伽娜 莎呵其特羯底
薩婆婆毗輸底 摩訶娜耶 波唎婆嚟莎呵
若有能於是經少分惠施者等於三千大千世界滿中七寶布施陀羅尼曰

BD08539 號　無量壽宗要經

(4–3)

南謨薄伽勃底 阿波囉蜜多 阿喻紇硯娜 須毗你尸指多 囉佐耶 怛他羯他耶
怛姪他唵 薩婆桑悉迦囉 波唎輸底 達摩底 伽伽娜 莎呵其特羯底
薩婆婆毗輸底 摩訶娜耶 波唎婆嚟莎呵
若有於是无量壽經自書寫使人書寫畢竟不受女人之身陀羅尼曰
南謨薄伽勃底 阿波囉蜜多 阿喻紇硯娜 須毗你尸指多 囉佐耶 怛他羯他
耶 怛姪他唵 薩婆桑悉迦囉 波唎輸底 達摩底 伽伽娜 莎呵其特羯底
薩婆婆毗輸底 摩訶娜耶 波唎婆嚟莎呵
若有能於是經少分惠施者等於三千大千世界滿中七寶布施陀羅尼曰
南謨薄伽勃底 阿波囉蜜多 阿喻紇硯娜 須毗你尸指多 囉佐耶 怛
他羯他耶 怛姪他唵 薩婆桑悉迦囉 波唎輸底 達摩底 伽伽娜 莎
呵其特羯底 薩婆婆毗輸底 摩訶娜耶 波唎婆嚟莎呵
若有能供養是經者則是供養一切諸經等无有異陀羅尼曰
南謨薄伽勃底 阿波囉蜜多 阿喻紇硯娜 須毗你尸指多 囉佐耶 怛他羯他耶
怛姪他唵 薩婆桑悉迦囉 波唎輸底 達摩底 伽伽娜 莎呵其特羯底 薩婆
婆毗輸底 摩訶娜耶 波唎婆嚟莎呵
如是毗婆尸佛 尸棄佛 毗舍浮佛 俱留孫佛 俱那含牟尼佛 迦葉佛 釋迦牟尼佛
若有人以七寶供養如是七佛其福有限書寫受持无量壽經典所生功德不可較
量陀羅尼曰 南謨薄伽勃底 阿波囉蜜多 阿喻紇硯娜 須毗你尸指多 囉佐
耶 怛他羯他耶 怛姪他唵 薩婆桑悉迦囉 波唎輸底 達摩底 伽伽娜 莎呵其
特羯底 薩婆婆毗輸底 摩訶娜耶 波唎婆嚟莎呵
若有七寶等於須弥以用布施其福上能知其限量是无量壽經典其福不可知數陀
羅尼曰 南謨薄伽勃底 阿波唎蜜多 阿喻紇硯娜 須毗你尸指多 囉佐耶 怛他
羯他耶 怛姪他唵 薩婆桑悉迦囉 波唎輸底 達摩底 伽伽娜 莎呵其
特羯底 薩婆婆毗輸底 摩訶娜耶 波唎婆嚟莎訶
如是四大海水可知滴數是无量壽經典所生果報不可數量陀羅尼曰

BD08539 號　無量壽宗要經

(4–4)

身入七寶臺上昇虛空去地七多羅樹諸菩
薩衆恭敬圍遶而來詣此娑婆世界耆闍崛
山到已下七寶臺以價直百千瓔珞持至釋
迦牟尼佛所頭面禮足奉上瓔珞而白佛言
世尊淨華宿王智佛問訊世尊少病少惱
起居輕利安樂行不四大調和不世事可忍不
衆生易度不无多貪欲瞋恚愚癡嫉妬慳
慢不无不孝父母不敬沙門邪見不善心不攝
五情不世尊衆生能降伏諸魔怨不久滅度
多寶如來在七寶塔中來聽法不又問訊多
寶如來安隱少惱堪忍久住不世尊我今欲
見多寶佛身唯願世尊示我令見尒時釋迦
牟尼佛語多寶佛是妙音菩薩欲得相見時
多寶佛告妙音言善哉善哉汝能為供養釋
迦牟尼佛及聽法華經并見文殊師利等故
來至此尒時華德菩薩白佛言世尊是妙音
菩薩種何善根脩何功德有是神力佛告華
德菩薩過去有佛名雲雷音王多陁阿伽度
阿羅呵三藐三佛陁國名現一切世間劫名

BD08540號　妙法蓮華經卷七　（2–1）

多寶如來在七寶塔中來聽法不又問訊多
寶如來安隱少惱堪忍久住不世尊我今欲
見多寶佛身唯願世尊示我令見尒時釋迦
牟尼佛語多寶佛是妙音菩薩欲得相見時
多寶佛告妙音言善哉善哉汝能為供養釋
迦牟尼佛及聽法華經并見文殊師利等故
來至此尒時華德菩薩白佛言世尊是妙音
菩薩種何善根脩何功德有是神力佛告華
德菩薩過去有佛名雲雷音王多陁阿伽度
阿羅呵三藐三佛陁國名現一切世間劫名喜
見妙音菩薩於万二千歲以十万種伎樂供
養雲雷音王佛并奉上八万四千七寶鉢以
是因緣果報今生淨華宿王智佛國有是神
力華德於汝意云何尒時雲雷音王佛所
妙音菩薩伎樂供養奉上寶器者豈異人
乎今此妙音菩薩摩訶薩是華德是妙音
菩薩已曾供養親近无量諸佛久殖德本又
值恒河沙等百千万億那由他佛華德汝但見
妙音菩薩其身在此而是菩薩現種種身處

BD08540號　妙法蓮華經卷七　（2–2）

十二因緣

芊

佛說大乘芊稈經　如是我聞一時薄伽梵住王舍城耆闍崛山與大比丘
衆千二百五十人及諸菩薩摩訶薩俱尒時具壽舍利子往彌
勒菩薩摩訶薩經行之處到已共相慰問俱坐盤陁石上
是時具壽舍利子向彌勒菩薩摩訶薩作如是言彌勒今日
世尊觀見稻芊告諸比丘作如是說汝諸比丘若見因緣彼
即見法若見於法即能見佛作是語已默然無言彌勒善
逝何故作如是說其事云何何者因緣何者是法何者是佛
云何見因緣即能見法云何見法即能見佛作是語已彌勒菩
薩摩訶薩答具壽舍利子言今佛法王正遍知告諸比丘
若見因緣即能見法若見於法即能見佛者此中何者是因緣
言因緣者此有故彼有此生故彼生所謂無明緣行行緣識識
緣名色名色緣六入六入緣觸觸緣受受緣愛愛緣取取緣有

BD08541號　大乘稻芊經

（2–1）

世尊觀見稻芊告諸比丘作如是說汝諸比丘若見因緣彼
即見法若見於法即能見佛作是語已默然無言彌勒善
逝何故作如是說其事云何何者因緣何者是法何者是佛
云何見因緣即能見法云何見法即能見佛作是語已彌勒菩
薩摩訶薩答具壽舍利子言今佛法王正遍知告諸比丘
若見因緣即能見法若見於法即能見佛者此中何者是因緣
言因緣者此有故彼有此生故彼生所謂無明緣行行緣識識
緣名色名色緣六入六入緣觸觸緣受受緣愛愛緣取取緣有
有緣生生緣老死悲嘆苦憂惱而得生起如是唯生純極
大苦之聚此中無明滅故行滅行滅故識滅識滅故名色
滅名色滅故六入滅六入滅故觸滅觸滅故受滅受滅故愛滅愛滅故取滅
取滅故有滅有滅故生滅生滅故老死悲嘆苦憂惱得滅如是唯
滅純極大苦之聚此是世尊所說因緣之法何者是法所謂八聖
道正見正思惟正語正業正命正精進正念正定此是八聖道
支果及涅槃世尊所說名之為法

BD08541號　大乘稻芊經

（2–2）

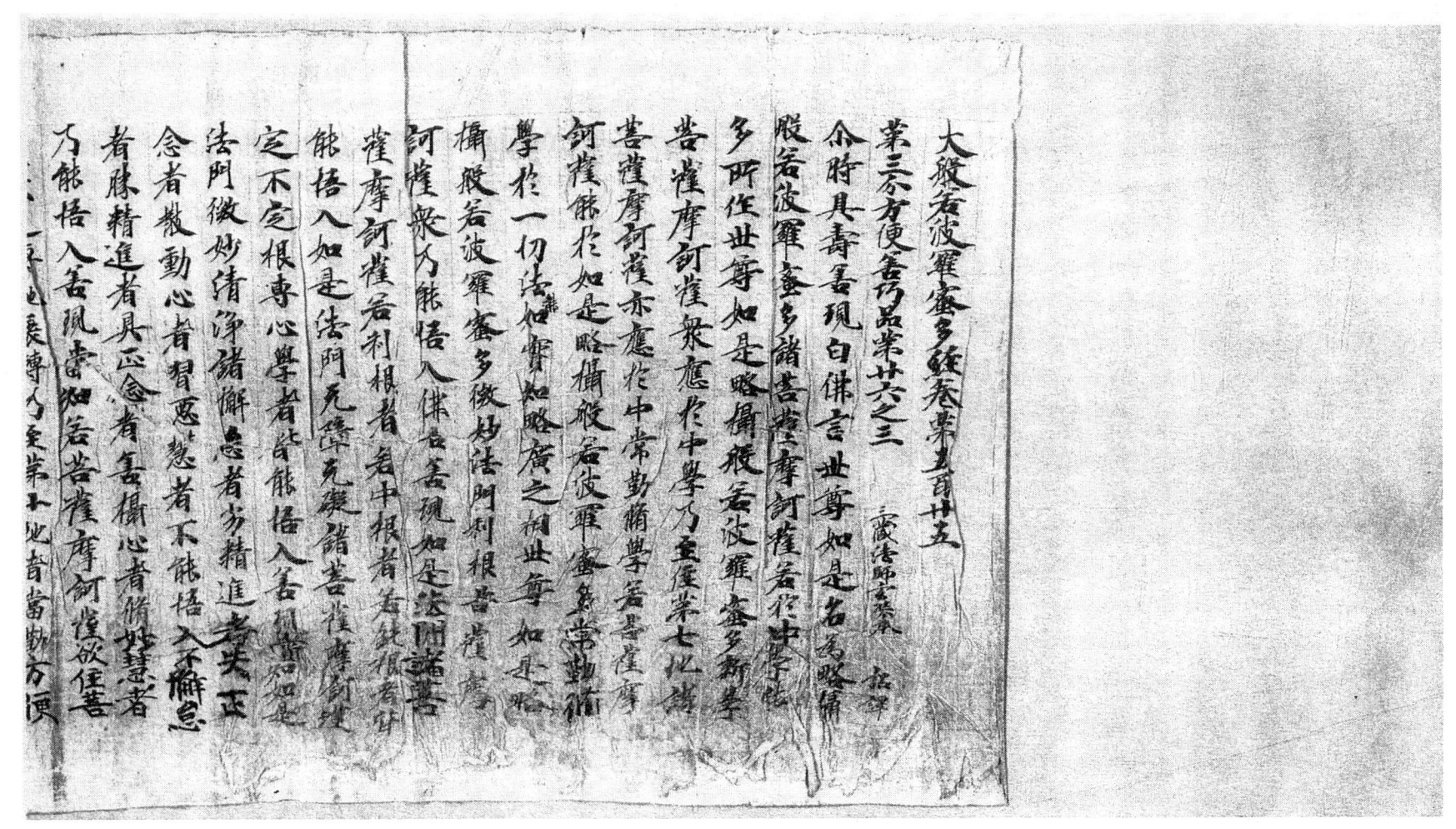

大般若波羅蜜多經卷第五百廿五
第三分方便善巧品第廿六之三　三藏法師玄奘奉　詔譯
尒時具壽善現白佛言世尊如是名為略攝
般若波羅蜜多諸菩薩摩訶薩若於中學能
多所作世尊如是略攝般若波羅蜜多新學
菩薩摩訶薩衆應於中學乃至住第七地諸
菩薩摩訶薩亦應於中常勤脩學若菩薩摩
訶薩能於如是略攝般若波羅蜜多常勤脩
學於一切法如實了知略廣之相世尊如是略
攝般若波羅蜜多微妙法門利根菩薩摩
訶薩衆乃能悟入佛告善現如是法門諸菩
薩摩訶薩若利根者若中根者若鈍根者皆
能悟入如是法門无障无礙諸菩薩摩訶薩
定不定根專心學者皆能悟入善現當知如是
法門微妙清淨諸懈怠者劣精進者失正
念者散動心者智惡慧者不能悟入不懈怠
者勝精進者具正念者善攝心者脩妙慧者
乃能悟入善現當知若菩薩摩訶薩欲住菩
薩不退轉地展轉乃至第十地者當勤方便

BD08542 號　大般若波羅蜜多經卷五二五　（3–1）

法門微妙清淨諸懈怠者劣精進者失正
念者散動心者智惡慧者不能悟入不懈怠
者勝精進者具正念者善攝心者脩妙慧者
乃能悟入善現當知若菩薩摩訶薩欲住菩
薩不退轉地展轉乃至第十地者當勤方便
入此法門若菩薩摩訶薩欲疾證得一切智
智當勤方便入此法門善現當知若菩薩摩
訶薩如此般若波羅蜜多甚深經典所說而
學是菩薩摩訶薩則能隨學布施淨戒安
忍精進靜慮般若波羅蜜多亦能隨學內空乃
至无性自性空亦能隨學真如乃至不思議
界亦能隨學苦聖諦乃至道聖諦亦能隨學
四念住乃至八聖道支亦能隨學四靜慮四
无量四无色定亦能隨學空无相无願解脫
門亦能隨學八解脫乃至十遍處亦能隨學
極喜地乃至法雲地亦能隨學陀羅尼門三
摩地門亦能隨學五眼六神通亦能隨學如
來十力乃至十八佛不共法亦能隨學大慈
大悲大喜大捨亦能隨學无忘失法恒住捨
性亦能隨學一切智道相智一切相智亦能
隨學一切菩薩摩訶薩行亦能隨學諸佛无
上正等菩提亦能隨學一切智智是菩薩摩
訶薩既隨學已能隨證得布施淨戒安忍精
進靜慮般若波羅蜜多廣說乃至一切智智
善現當知若菩薩摩訶薩如此般若波羅蜜
多甚深經典所說而學是菩薩摩訶薩所有
魔事皆能覺知隨起即滅是故善現若菩薩

BD08542 號　大般若波羅蜜多經卷五二五　（3–2）

大悲大喜大[illegible]
性亦能隨學一切智道相智一切相智亦能
隨學一切菩薩摩訶薩行亦能隨學諸佛无
上正等菩提亦能隨學一切智智是菩薩摩
訶薩既隨學已能隨證得布施淨戒安忍精
進靜慮般若波羅蜜多廣說乃至一切智智
善現當知若菩薩摩訶薩如此般若波羅蜜
多甚深經典所說而學是菩薩摩訶薩所有
魔事皆能覺知隨起即滅是故善現若菩薩
摩訶薩欲疾除滅一切業障欲正攝受方便
善巧當學般若波羅蜜多善現當知若時菩
薩摩訶薩勤行脩習如是般若波羅蜜多是
時菩薩摩訶薩便為无量无邊世界一切如
來應正等覺現在住持說正法者常共護念
所以者何過去未來現在諸佛无不皆從甚
深般若波羅蜜多而出生故是故善現若菩
薩摩訶薩能行般若波羅蜜多應作是念
過去未來現在諸佛所證得法我亦當證如
是善現諸菩薩摩訶薩應勤脩學甚深般若波
羅蜜多若勤脩學甚深般若波羅蜜多疾
證无上正等菩提是故善現諸菩薩摩訶薩常
應不離一切智智相應作意行深般若波羅

BD08542號　大般若波羅蜜多經卷五二五　（3–3）

際復次善現若諸菩薩於甚深處或已觀察
或當觀察謂空無相無願等持三解脫門所
行之處是諸菩薩恒作是念有情長夜起有
情想行有所得引生種種邪惡見趣輪迴生
死受苦無窮我為斷彼邪惡見趣應求無上
正等菩提為諸有情說深空法令斷彼執出
生死苦是故雖學空解脫門而於中間不證
實際善現當知是諸菩薩由起此念方便善巧
雖於中間不證實際而不退失四無量定
所以者何是諸菩薩甚深般若波羅蜜多方
便善巧所攝受故倍增白法諸根猛利力覺
道支轉復增益復次善現是諸菩薩恒作是
念有情長夜行諸相中起種種執由斯輪轉
受苦無窮我為斷彼諸相執故應求無上正
等菩提為諸有情說無相法令斷相執出生
死苦由斯數入無相等持善現當知是諸菩
薩由先成就方便善巧及所起念雖數現入
無相等持而於中間不證實際雖於中間不
證實際而不退失慈悲喜捨及諸餘定所以

BD08543號　大般若波羅蜜多經卷五五〇　（2–1）

雖於中間不證實際而不退失四無量之
所以者何是諸菩薩甚深般若波羅蜜多方
便善巧所攝受故倍增白法諸根猛利力覺
道支轉復增益復次善現是諸菩薩恒作是
念有情長夜行諸相中起種種執由斯輪轉
受苦無窮我爲斷彼諸相執故應求無上正
等菩提爲諸有情說無相法令斷相執出生
死苦由斯數入無相等持善現當知是諸菩
薩由先成就方便善巧及所起念雖數現入
無相等持而於中間不證實際雖於中間不
證實際而不退失慈悲喜捨及諸餘定所以
者何是諸菩薩甚深般若波羅蜜多方便善
巧所攝受故倍增白法諸根猛利力覺道支
轉復增益復次善現是諸菩薩恒作是念有
情長夜其心常起常想樂想我想淨想由此
引生顛倒執著輪迴生死受苦無窮我爲斷
彼四顛倒故應求無上正等菩提爲諸有情
說無倒法謂說生死無常無樂無我無淨唯
有涅槃微妙寂靜具足種種真實功德由斯
數入無願等持善現當知是諸菩薩由先成

BD08543 號　大般若波羅蜜多經卷五五〇　（2–2）

當行正行讚四聖種不學凡夫下劣之心當
學佛行不觀他過但自調伏修奢摩他毗婆
舍那離三業惡常修三業清淨之行離於破
戒當學波羅提木叉不依佛法僧而自活
命讚歎如來真實功德不爲求施爲求法器
讚正法修如法行讚歎聖僧依不退僧不依
世間有爲之僧不求一切世間資身之具唯
求正法不求世事求出世法離於諂曲行真
直行不樂一處當如野鹿无所依止離世間
樂求佛功德當離睡眠初夜後夜讀誦經
典捨於憒閙當行遠離於諸功德不生厭想求
諸功德心不暫息當離狗法當行師子所乳
之法爲究竟友不應暫友捨无反復當行報
恩不以財利而作親友當以淨心而作親友
捨虛誑心行真實行捨下劣法當求成就无
上佛身於如來所當行恭敬不起憍慢捨於
兩舌心口相違當行成實无二之言不作菩
薩而行諂曲當以淨心行奢摩他毗婆舍那
捨於我慢當行恭敬離不淨食當淨持戒
食人之施當捨耶念念諸佛法離於人見行

BD08544 號　大寶積經（兑廢稿）卷八八　（1–1）

BD08544 號背　雜寫　（1–1）

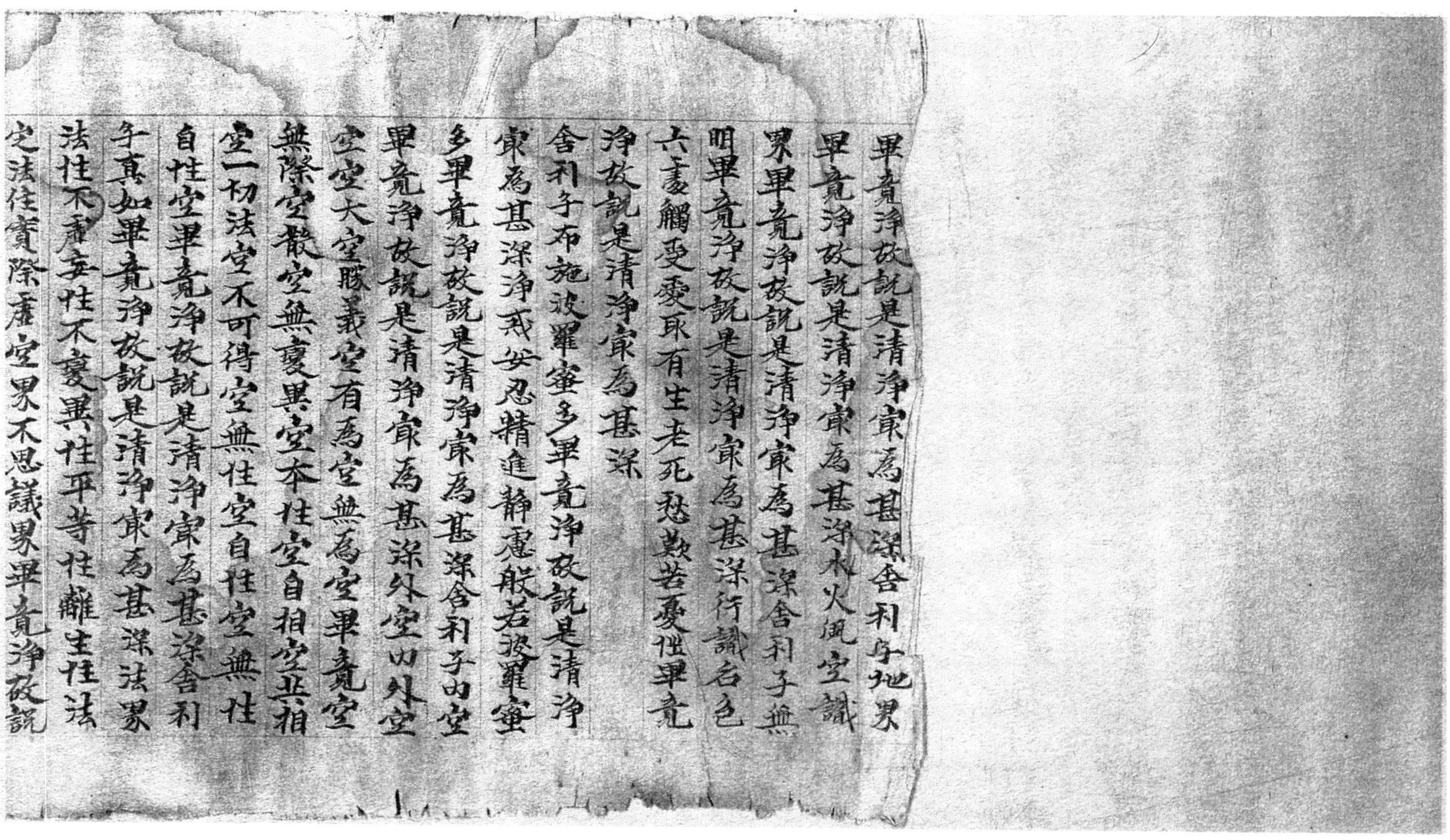

畢竟淨故說是清淨㝡為甚深舍利子地界
畢竟淨故說是清淨㝡為甚深水火風空識
界畢竟淨故說是清淨㝡為甚深舍利子無
明畢竟淨故說是清淨㝡為甚深行識名色
六處觸受愛取有生老死愁歎苦憂惱畢竟
淨故說是清淨㝡為甚深
舍利子布施波羅蜜多畢竟淨故說是清淨
㝡為甚深淨戒安忍精進靜慮般若波羅蜜
多畢竟淨故說是清淨㝡為甚深舍利子內空
畢竟淨故說是清淨㝡為甚深外空內外空
空空大空勝義空有為空無為空畢竟空
無際空散空無變異空本性空自相空共相
空一切法空不可得空無性空自性空無性
自性空畢竟淨故說是清淨㝡為甚深舍利
子真如畢竟淨故說是清淨㝡為甚深法界
法性不虛妄性不變異性平等性離生性法
定法住實際虛空界不思議界畢竟淨故說

BD08545 號　大般若波羅蜜多經卷二八五　（2–1）

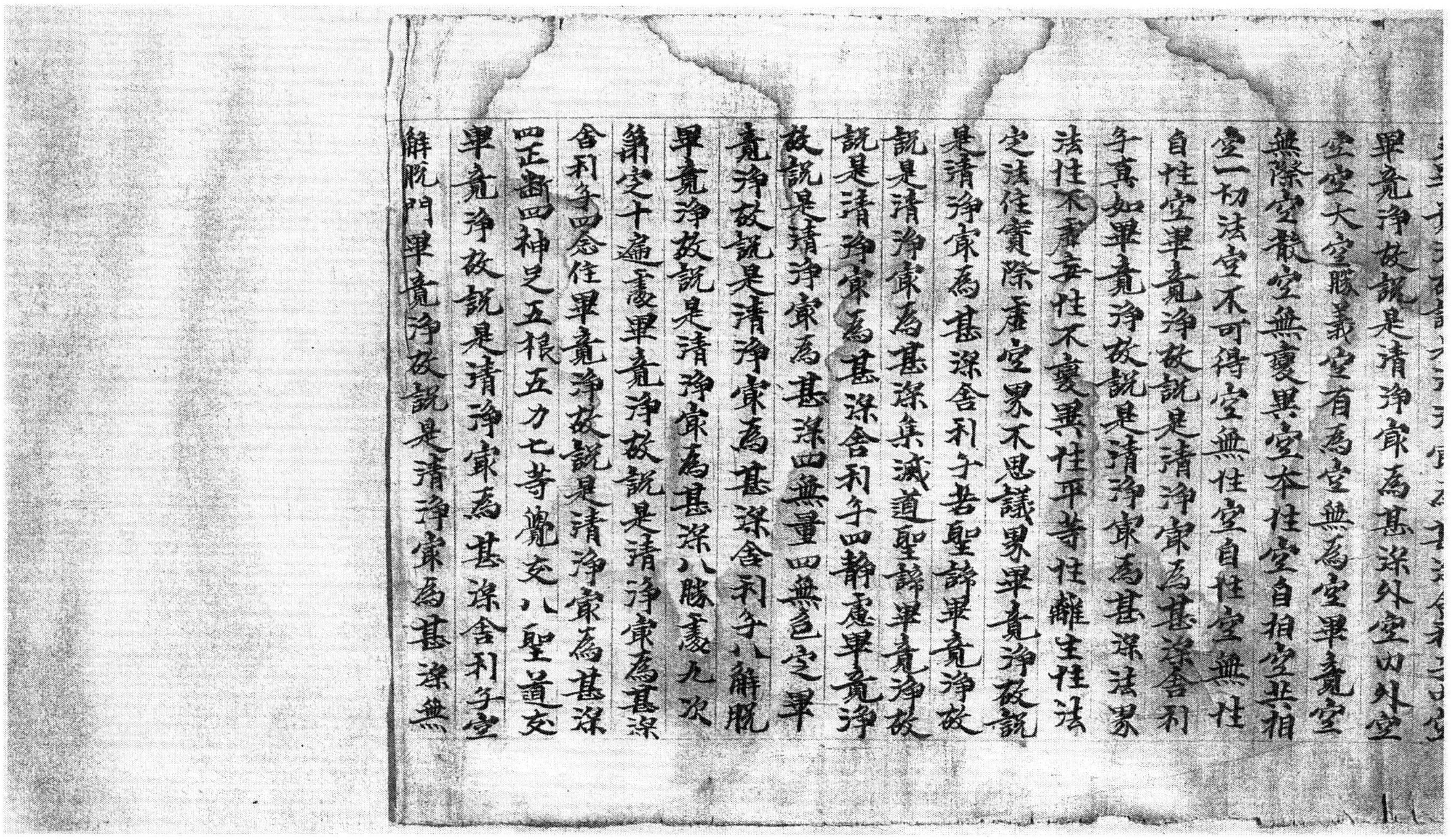
畢竟淨故說是清淨寂為甚深外空內外空
空空大空勝義空有為空無為空畢竟空
無際空散空無變異空本性空自相空共相
空一切法空不可得空無性空自性空無性
自性空畢竟淨故說是清淨寂為甚深舍利
子真如畢竟淨故說是清淨寂為甚深法界
法性不虛妄性不變異性平等性離生性法
定法住實際虛空界不思議界畢竟淨故說
是清淨寂為甚深舍利子苦聖諦畢竟淨故
說是清淨寂為甚深集滅道聖諦畢竟淨故
說是清淨寂為甚深舍利子四靜慮畢竟淨
故說是清淨寂為甚深四無量四無色定畢
竟淨故說是清淨寂為甚深舍利子八解脫
畢竟淨故說是清淨寂為甚深八勝處九次
第定十遍處畢竟淨故說是清淨寂為甚深
舍利子四念住畢竟淨故說是清淨寂為甚深
四正斷四神足五根五力七等覺支八聖道支
畢竟淨故說是清淨寂為甚深舍利子空
解脫門畢竟淨故說是清淨寂為甚深無

BD08545 號　大般若波羅蜜多經卷二八五　(2–2)

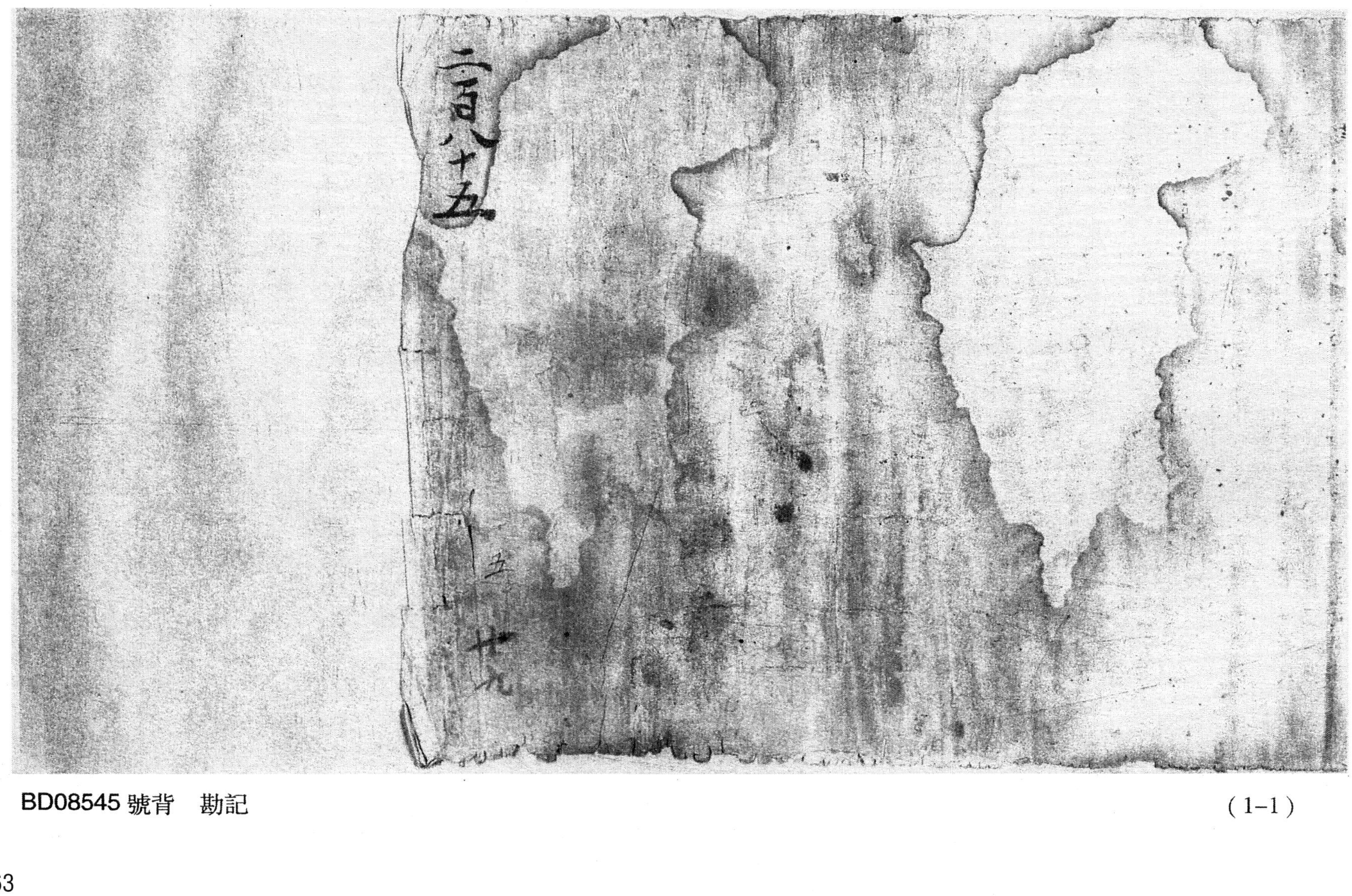


BD08545 號背　勘記　(1–1)

妙法蓮華經妙音菩薩品第二十四　七
尒時釋迦牟尼佛放大人相肉髻光明
間白毫相光遍照東方百八万億那由他恒
河沙等諸佛世界過是數已有世界名淨
光莊嚴其國有佛號淨華宿王智如來應供
正遍知明行足善逝世間解无上士調御丈夫
天人師佛世尊為无量无邊菩薩大衆恭
敬圍繞而為說法釋迦牟尼佛白毫光明遍
照其國尒時一切淨光莊嚴國中有一菩薩
名曰妙音久已殖衆德供養親近量百千
万億諸佛而悉成就甚深智慧得妙幢相三
昧法華三昧淨德三昧宿王戲三昧无緣
三昧智印三昧解一切衆生語言三昧集一
切功德三昧清淨三昧神通遊戲三昧慧炬
三昧莊嚴三昧淨光明三昧淨藏三昧不共
三昧日旋三昧得如是百千万億恒河沙等
諸大三昧釋迦牟尼佛光照其身即白淨
華宿王智佛言世尊我當往詣娑婆世界

BD08546號　妙法蓮華經卷七　（2–1）

敬圍繞而為說法釋迦牟尼佛白毫光明遍
照其國尒時一切淨光莊嚴國中有一菩薩
名曰妙音久已殖衆德供養親近量百千
万億諸佛而悉成就甚深智慧得妙幢相三
昧法華三昧淨德三昧宿王戲三昧无緣
三昧智印三昧解一切衆生語言三昧集一
切功德三昧清淨三昧神通遊戲三昧慧炬
三昧莊嚴三昧淨光明三昧淨藏三昧不共
三昧日旋三昧得如是百千万億恒河沙等
諸大三昧釋迦牟尼佛光照其身即白淨
華宿王智佛言世尊我當往詣娑婆世界
礼拜親近供養釋迦牟尼佛及見文殊師利法王
子菩薩藥王菩薩勇施菩薩宿王華菩薩
上行意菩薩莊嚴王菩薩藥上菩薩尒時淨
華宿王智佛告妙音菩薩汝莫輕彼國生下
劣想善男子彼娑婆世界高下不平土石諸山
穢惡充滿佛身卑小諸菩薩衆其形亦小而
汝身四万二千由旬我身六百八十万由旬汝
身第一端正百千万福光明殊妙是故汝往
莫輕彼國若佛菩薩及國土生下劣想妙

BD08546號　妙法蓮華經卷七　（2–2）

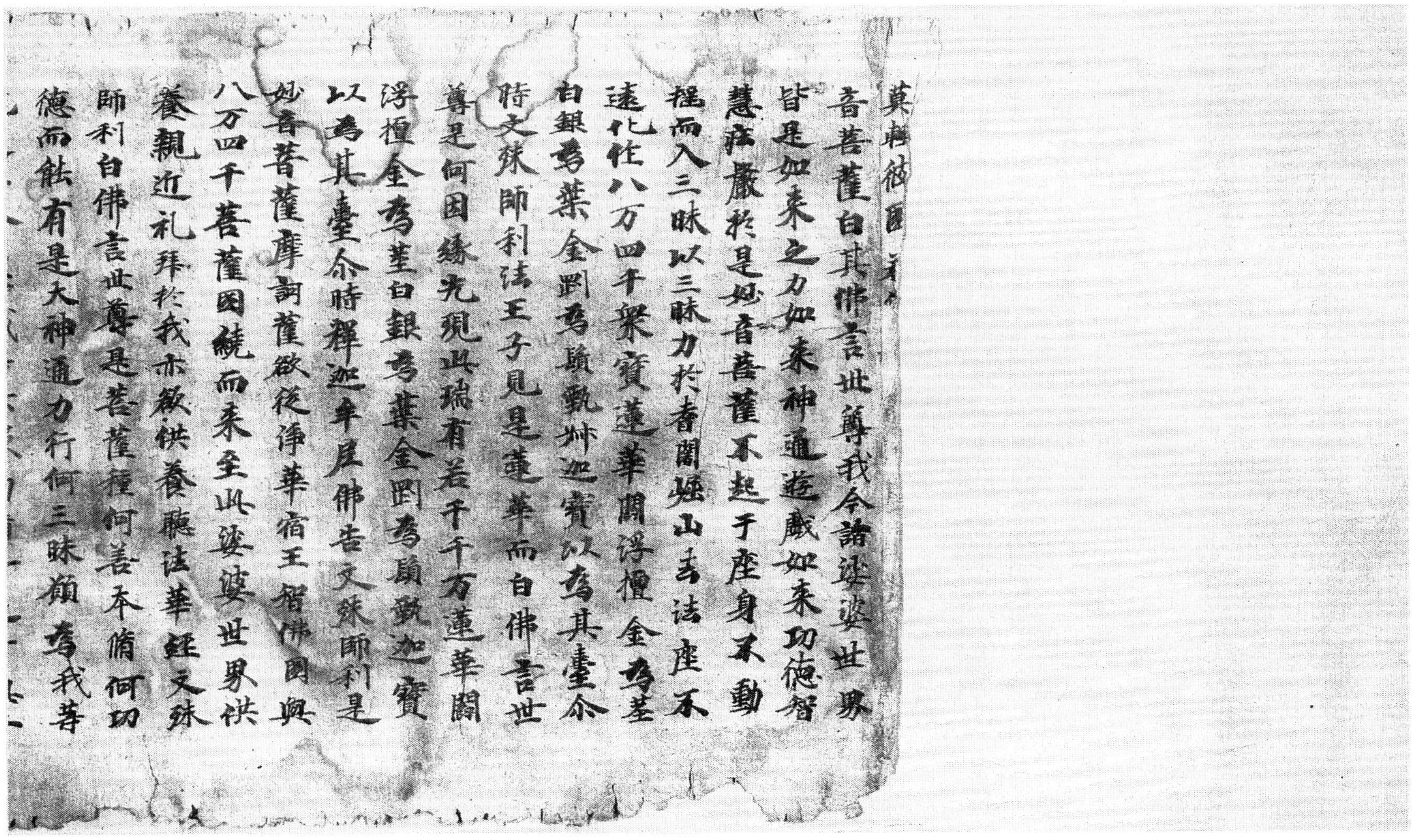

莫輕彼國
音菩薩白其佛言世尊我今詣娑婆世界
皆是如來之力如來神通遊戲如來功德智
慧莊嚴於是妙音菩薩不起于座身不動
搖而入三昧以三昧力於耆闍崛山去法座不
遠化作八万四千衆寶蓮華閻浮檀金為莖
白銀為葉金剛為鬚甄叔迦寶以為其臺尒
時文殊師利法王子見是蓮華而白佛言世
尊是何因緣先現此瑞有若干千万蓮華閻
浮檀金為莖白銀為葉金剛為鬚甄叔迦寶
以為其臺尒時釋迦牟尼佛告文殊師利是
妙音菩薩摩訶薩欲從淨華宿王智佛國與
八万四千菩薩圍繞而來至此娑婆世界供
養親近礼拜於我亦欲供養聽法華經文殊
師利白佛言世尊是菩薩種何善本脩何功
德而能有是大神通力行何三昧願為我等

BD08547 號　妙法蓮華經卷七　（5-1）

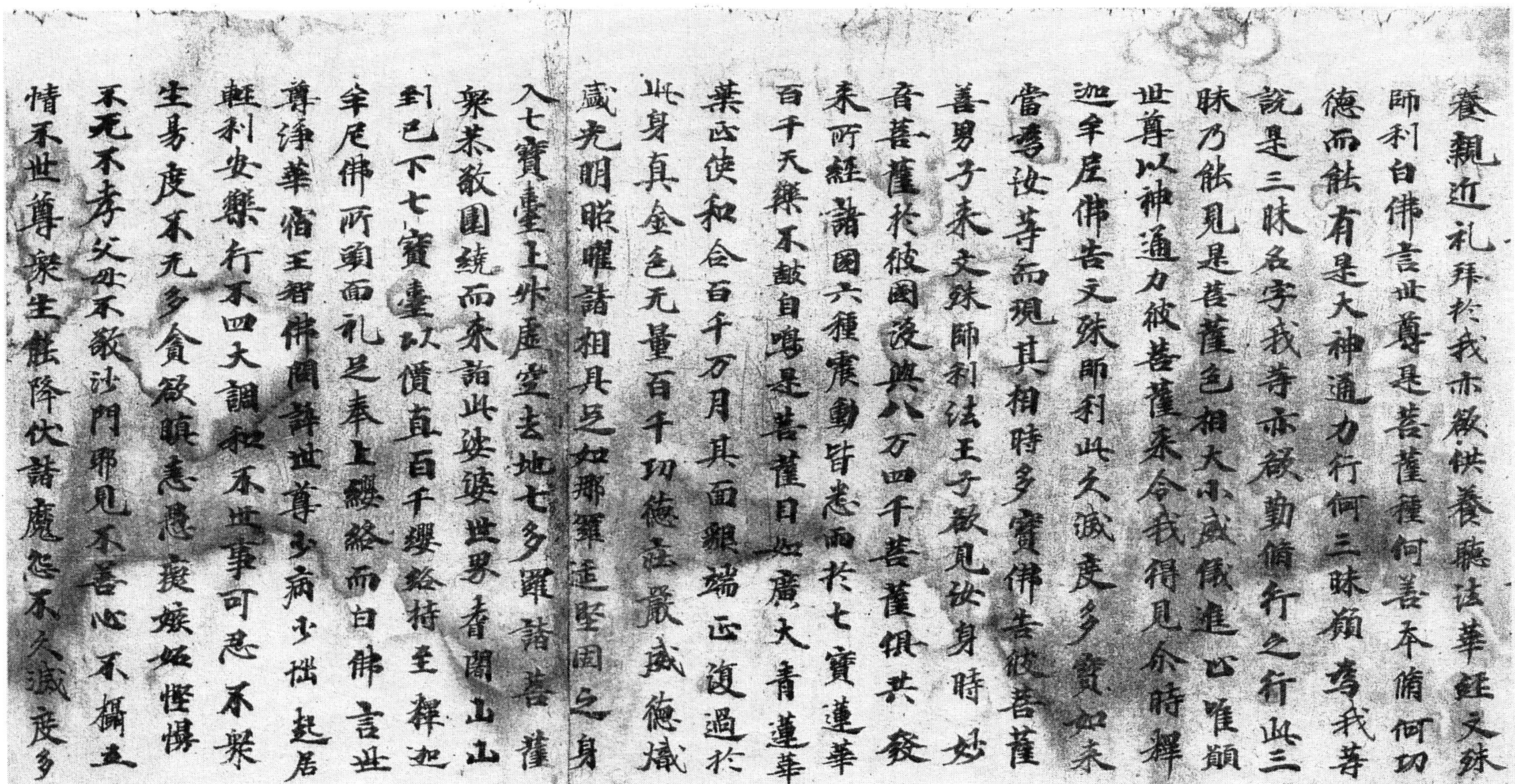

養親近礼拜於我亦欲供養聽法華經文殊
師利白佛言世尊是菩薩種何善本脩何功
德而能有是大神通力行何三昧願為我等
說是三昧名字我等亦欲勤脩行之行此三
昧乃能見是菩薩色相大小威儀進止唯願
世尊以神通力彼菩薩來令我得見尒時釋
迦牟尼佛告文殊師利此久滅度多寶如來
當為汝等而現其相時多寶佛告彼菩薩
善男子來文殊師利法王子欲見汝身時妙
音菩薩於彼國沒與八万四千菩薩俱共發
來所經諸國六種震動皆悉雨於七寶蓮華
百千天樂不鼓自鳴是菩薩目如廣大青蓮華
葉正使和合百千万月其面貌端正復過於
此身真金色无量百千功德莊嚴威德熾
盛光明照曜諸相具足如那羅延堅固之身
入七寶臺上昇虛空去地七多羅樹諸菩薩
衆恭敬圍繞而來詣此娑婆世界耆闍崛山
到已下七寶臺以價直百千瓔珞持至釋迦
牟尼佛所頭面礼足奉上瓔珞而白佛言世
尊淨華宿王智佛問訊世尊少病少惱起居
輕利安樂行不四大調和不世事可忍不衆
生易度不无多貪欲瞋恚愚癡嫉妬慳慢
不无不孝父母不敬沙門邪見不善心不攝五
情不世尊衆生能降伏諸魔怨不久滅度多

BD08547 號　妙法蓮華經卷七　（5-2）

輕利安樂行不四大調和不世事可忍不衆
生易度不无多貪欲瞋恚愚癡嫉妬慳慢
不无不孝父母不敬沙門邪見不善心不攝五
情不世尊衆生能降伏諸魔怨不久滅度多
寶如來在七寶塔中來聽法不又問訊多寶
如來安隱少惱堪忍久住不世尊我今欲見
多寶佛身唯願世尊示我令見尓時釋迦牟
尼佛語多寶佛是妙音菩薩欲得相見時多
寶佛告妙音言善哉善哉汝能爲供養釋迦
牟尼佛及聽法華經并見文殊師利等故來
至此尓時華德菩薩白佛言世尊是妙音菩
薩種何善根脩何功德有是神力佛告華德
菩薩過去有佛名雲雷音王多陁阿伽度阿
羅呵三藐三佛陁國名現一切世間劫名憙見
妙音菩薩於万二千歲以十万種伎樂供
養雲雷音王佛并奉上八万四千七寶鉢以
是因緣果報今生淨華宿王智佛國有是神
力華德於汝意云何尓時雲雷音王佛所妙
音菩薩伎樂供養奉上寶器者豈異人乎今
此妙音菩薩摩訶薩是華德是妙音菩薩已
曾供養親近无量諸佛久殖德本值恒河沙
等百千万億那由他佛華德汝但見妙音菩
薩其身在此而是菩薩現種種身處處爲諸
衆生說是經典或現梵王身或現帝釋身或

BD08547 號　妙法蓮華經卷七　（5–3）

曾供養親近无量諸佛久殖德本值恒河沙
等百千万億那由他佛華德汝但見妙音菩
薩其身在此而是菩薩現種種身處處爲諸
衆生說是經典或現梵王身或現帝釋身或
現自在天身或現大自在天身或現天大將軍身
或現毗沙門天王身或現轉輪聖王身或現
諸小王身或現長者身或現居士身或現宰
官身或現婆羅門身或現比丘比丘尼優婆
塞優婆夷身或現長者居士婦女身或現
宰官婦女身或現婆羅門婦女身或現童
男童女身或現天龍夜叉乾闥婆阿脩羅迦樓
羅緊那羅摩睺羅伽人非人等身而說是經諸
有地獄餓鬼畜生及衆難處皆能救濟乃至
於王後宮變爲女身而說是經華德是妙音
菩薩能救護娑婆世界諸衆生者是妙音菩
薩如是種種變化現身在此娑婆國土爲諸衆
生說是經典於神通變化智慧无所損減是菩
薩以若干智慧明照娑婆世界令一切衆生各
得所知於十方恒河沙世界中亦復如是若應以
聲聞形得度者現聲聞形而爲說法應以辟
支佛形得度者現辟支佛形而爲說法應以
菩薩形得度者現菩薩形而爲說法應以佛
形得度者即現佛形而爲說法如是種種
隨所應度而爲現形乃至應以滅度而得度者
示現滅度華德妙音菩薩摩訶薩成就大

BD08547 號　妙法蓮華經卷七　（5–4）

菩薩形得度者現菩薩形而為說法應以佛
形得度者即現佛形而為說法如是種種
隨所應度而為現形乃至應以滅度而得度者
示現滅度華德妙音菩薩摩訶薩成就大
神通智慧之力其事如是尒時華得菩薩
白佛言世尊是妙音菩薩深種善根世尊
是菩薩住何三昧而能如是在所變現度
脫衆生佛告華德菩薩善男子其三昧名
現一切色身妙音菩薩住是三昧中能如是饒
益无量衆生說是妙音菩薩品時與妙音菩薩
俱來者八万四千人得現一切色身三昧此娑婆
世界无量菩薩亦得是三昧及陀羅尼尒時妙
音菩薩摩訶薩供養釋迦牟尼佛及寶佛
塔已還歸本土所經諸國六種震動雨寶蓮華
作百千万種種伎樂既到本國與八万四千菩
薩圍遶至淨華宿王智佛所白佛言世尊我至
娑婆世界饒益衆生見釋迦牟尼佛及見多寶
佛塔礼拜供養又見文殊師利法王子菩薩及見
藥王菩薩得勤精進力菩薩勇施菩薩等亦令八万
四千菩薩得現一切色身三昧說是妙音菩薩
來往品時四万二千天子得无生法忍華德

BD08547 號　妙法蓮華經卷七　　　　（5–5）

諸惡律儀如是人等或時來者……
增上慢人不親近求聲聞比丘比丘尼
優婆塞亦不問訊若於房中若經行
講堂中不共住止或時來者隨宜說
悕求文殊師利又菩薩摩訶薩不
身取能生欲想相而為說法亦不
他家不與小女處女寡女等共語亦
種不男之人以為親厚不獨入他家
緣須獨入時但一心念佛若為女人
露齒咲不現胷臆乃至為法猶不
餘事不樂畜年少弟子沙弥小兒亦不樂
與同師常好坐禪在於閑處脩攝其心文殊
師利是名初親近處復次菩薩摩訶薩觀一
切法空如實相不顛倒不動不退不轉如虛空
无所有性一切語言道斷不生不出不起无
名无相實无所有无量无邊无㝵无障但以
因緣有從顛倒生故說常樂觀如是法相是
名菩薩摩訶薩第二親近處尒時世尊欲重
宣此義而說偈言
若有菩薩　於後惡世　无怖畏心　欲行是經

BD08548 號　妙法蓮華經卷五　　　　（2–1）

切法空如實相不顛倒不動不退不轉如虛空
无所有性一切語言道斷不生不出不起无
名无相實无所有无量无邊无㝵无障但以
因緣有從顛倒生故說常樂觀如是法相是
名菩薩摩訶薩第二親近處尒時世尊欲重
宣此義而說偈言
若有菩薩　於後惡世　无怖畏心　欲說是經
應入行處　及親近處　常離國王　及國王子
大臣官長　凶險戲者　及旃陀羅　外道梵志
亦不親近　增上慢人　貪着小乘　三藏學者
破戒比丘　名字羅漢　及比丘尼　好戲咲者
深著五欲　求現滅度　諸優婆夷　皆勿親近
若是人等　以好心來　到菩薩所　為聞佛道
菩薩則以　无所畏心　不懷悕望　而為說法
寡女處女　及諸不男　皆勿親近　以為親厚
亦莫親近　屠兒魁膾　畋獵漁捕　為利殺害
販肉自活　衒賣女色　如是之人　皆勿親近
凶險相撲　種種嬉戲　諸婬女等　盡勿親近
莫獨屏處　為女說法　若說法時　无得戲咲
入里乞食　將一比丘　若无比丘　一心念佛
是則名為　行處近處　以此二處
又復不行　上中下法　有為
亦不分別　是男是女

BD08548號　妙法蓮華經卷五　（2–2）

盡意
度者觀世音
辟支佛身得
應以聲聞身得度者
應以梵王身得度者
應以帝釋身得度者
應以自在天身得度
說法應以大自在天
身而為說法應以
天大將軍身得度者即現天大將軍身而為
說法應以毗沙門身得度者即現毗沙門身而
為說法應以小王身得度者即現小王身而
為說法應以長者身得者即現長者身
而為說法應以居士身得度者即現居士身
而為說法應以宰官身得度者即現宰官身
而為說法應以婆羅門身得度者即現婆羅
門身而為說法應以比丘比丘尼優婆塞優
婆夷身得度者即現比丘比丘尼優婆塞優
婆夷身而為說法應以長者居士宰官婆羅
門婦女身得度者即現婦女身而為說法應

BD08549號　觀世音經　（4–1）

而為說法應以宰官身得度者即現宰官身
而為說法應以婆羅門身得度者即現婆羅
門身而為說法應以比丘比丘尼優婆塞優
婆夷身得度者即現比丘比丘尼優婆塞優
婆夷身而為說法應以長者居士宰官婆羅
門婦女身得度者即現婦女身而為說法應
以童男童女身得度者即現童男童女身而
為說法應以天龍夜叉乾闥婆阿修羅迦樓
羅緊那羅摩睺羅伽人非人等身得度者即
皆現之而為說法應以執金剛神得度者即
現執金剛神而為說法无盡意是觀世音菩
薩成就如是功德以種種形遊諸國土度脫衆
生是故汝等應當一心供養觀世音菩薩是
觀世音菩薩摩訶薩於怖畏急難之中能施
无畏是故此娑婆世界皆号之為施无畏者无
盡意菩薩白佛言世尊我今當供養觀世
音菩薩即解頸衆寶珠瓔珞價直百千兩金
而以與之作是言仁者受此法施珎寶瓔珞
時觀世音菩薩不肯受之无盡意復白觀世
音菩薩言仁者愍我等故受此瓔珞尒時佛
告觀世音菩薩當愍此无盡意菩薩及四衆
天龍夜叉乾闥婆阿脩羅迦樓羅緊那羅摩
睺羅伽人非人等故受是瓔珞即時觀世音
菩薩愍諸四衆及於天龍人非人等受其
瓔珞分作二分一分奉釋迦牟尼佛一分奉多
寶佛塔无盡意觀世音菩薩有如是自在神
力遊於娑婆世界尒時无盡意菩薩以偈問曰

BD08549號　觀世音經　（4–2）

菩薩愍諸四衆及於天龍人非人等受其
瓔珞分作二分一分奉釋迦牟尼佛一分奉多
寶佛塔无盡意觀世音菩薩有如是自在神
力遊於娑婆世界尒時无盡意菩薩以偈問曰
世尊妙相具　我今重問彼　佛子何因緣　名為觀世音
具足妙相尊　偈荅无盡意　汝聽觀音行　善應諸方所
弘誓深如海　歷劫不思議　侍多千億佛　發大清淨願
我為汝略說　聞名及見身　心念不空過　能滅諸有苦
假使興害意　推落大火坑　念彼觀音力　火坑變成池
或漂流巨海　龍魚諸鬼難　念彼觀音力　波浪不能沒
或在須彌峯　為人所推墮　念彼觀音力　如日虛空住
或被惡人逐　墮落金剛山　念彼觀音力　不能損一毛
或值怨賊遶　各執刀加害　念彼觀音力　咸即起慈心
或遭王難苦　臨刑欲壽終　念彼觀音力　刀尋段段壞
或囚禁枷鎖　手足被杻械　念彼觀音力　釋然得解脫
呪詛諸毒藥　所欲害身者　念彼觀音力　還著於本人
或遇惡羅剎　毒龍諸鬼等　念彼觀音力　時悉不敢害
若惡獸圍遶　利牙爪可怖　念彼觀音力　疾走无邊方
蚖虵及蝮蝎　氣毒烟火燃　念彼觀音力　尋聲自迴去
雲雷鼓掣電　降雹澍大雨　念彼觀音力　應時得消散
衆生被困厄　无量苦逼身　觀音妙智力　能救世間苦
具足神通力　廣脩智方便　十方諸國土　无剎不現身
種種諸惡趣　地獄鬼畜生　生老病死苦　以漸悉令滅
真觀清淨觀　廣大智慧觀　悲觀及慈觀　常願常瞻仰
无垢清淨光　慧日破諸闇　能伏災風火　普明照世間
悲體戒雷震　慈意妙大雲　澍甘露法雨　滅除煩惱焰

BD08549號　觀世音經　（4–3）

衆生被困厄 无量苦逼身 觀音妙智力 能救世間苦
具足神通力 廣修智方便 十方諸國土 无刹不現身
種種諸惡趣 地獄鬼畜生 生老病死苦 以漸悉令滅
真觀清淨觀 廣大智慧觀 悲觀及慈觀 常願常瞻仰
无垢清淨光 慧日破諸闇 能伏災風火 普明照世間
悲體戒雷震 慈意妙大雲 澍甘露法雨 滅除煩惱焰
諍訟經官處 怖畏軍陣中 念彼觀音力 衆怨悉退散
妙音觀世音 梵音海潮音 勝彼世間音 是故須常念
念念勿生疑 觀世音淨聖 於苦惱死厄 能爲作依怙
具一切功德 慈眼視衆生 福聚海无量 是故應頂禮 尒
尒時持地菩薩即從座起 前白佛言 世尊 若
有衆生聞是觀世音菩薩品自在之業 普
門示現神通力者 當知是人功德不少 佛說是
普門品時 衆中八万四千衆生 皆發无等
等阿耨多羅三藐三菩提心
觀音經一卷

BD08549號　觀世音經

（4–4）

礼
所得果
亦不造作諸
人等皆應受持
所能恭敬供養
尒時阿難問救脫
何恭敬供養彼世
續命幡燈復云何造　言大德
若有病人欲救脫病　其人七日七
夜受持八分齋戒應　食及餘資具
隨力所辦供養苾芻　晝夜六時礼拜
供養彼世尊藥師（讀誦此經四十九遍 然四十九燈造彼如來）　如來形像七軀
一一像前各置七燈　大如車輪乃至
四十九日光明不絕 造五色綵幡長四十九搩
手應放雜類衆生至四十九可得過度危
厄之難不為諸橫惡鬼所持 復次阿難若
刹帝利灌頂王等災難起時 所謂人衆疾
疫難 他國侵逼難 自界叛逆難 星宿變

BD08550號　藥師琉璃光如來本願功德經

（5–1）

二像前各置七燈　大如車輪乃至
四十九日光明不絕造五色綵幡長四十九搩
手應放雜類衆生至四十九可得過度危
厄之難不為諸橫惡鬼所持復次阿難若
刹帝利灌頂王等灾難起時所謂人衆疾
疫難他國侵逼難自界叛逆難星宿變
怪難日月薄蝕難非時風雨難過時不雨
難彼刹帝利灌頂王等尒時應於一切有情
起慈悲心赦諸有過依所說供養之法供
養彼世尊藥師瑠璃光如來由此善根及
彼如來本願力故令其國界即得安隱風
雨順時穀稼成熟一切有情无病歡喜
於其國中无有暴惡藥叉等神惱有情者
一切惡相皆即隱沒而刹帝利灌頂王等壽
命色力无病自在皆得增益阿難若帝后妃
主儲君王子大臣輔相中宮綵女百官黎庶
為病所苦及餘厄難亦應造立五色神幡然燈
續明放諸生命散雜色花燒衆名香病
得除愈衆難解脫
尒時阿難問救脫菩薩言善男子云何已盡
之命而可增益救脫菩薩言大德汝豈不聞
如來說有九橫死耶是故勸造續命幡燈
脩諸福德以脩福故盡其壽命不經苦患阿
難問言九橫云何救脫菩薩言有諸有情得
病雖輕然无醫藥及看病者設復遇醫授
以非藥實不應死而便橫死又信世間邪魔
外道妖孽之師妄說禍福便生恐動心

BD08550 號　藥師琉璃光如來本願功德經

（5–2）

問言九橫云何救脫菩薩言有諸有情得
病雖輕然无醫藥及看病者設復遇醫授
以非藥實不應死而便橫死又信世間邪魔
外道妖孽之師妄說禍福便生恐動心
不自正卜問覓禍殺衆生命解奏神明呼
諸魍魎請福祐欲冀延年終不能得愚癡
迷惑信邪倒見遂令橫死入於地獄无有
出期是名初橫二者橫被王法之所誅戮三
者畋獵嬉戲耽婬嗜酒放逸无度橫為非
人奪其精氣四者橫為火焚五者橫為
水溺六者橫為種種惡獸所噉七者橫墮
山崖八者橫為毒藥厭禱呪咀起屍鬼
等之所中害九者飢渴所困不得飲食而
便橫死是為如來略說橫死有此九種其
餘復有无量諸橫難可具說
復次阿難彼琰魔王主領世間名籍之記
若諸有情不孝五逆破辱三寶壞君臣
法毀於信戒琰魔法王隨罪輕重考而罰
之是故我今勸諸有情然燈造幡放生脩
福令度苦厄不遭衆難
尒時衆中有十二藥叉大將俱在會坐所謂
宮毗羅大將　伐折羅大將　迷企羅大將　安底羅大將
頞你羅大將　珊底羅大將　因達羅大將　波夷羅大將
摩虎羅大將　真達羅大將　招杜羅大將　毗羯羅大將
此十二藥叉大將一一各有七千藥叉以為眷屬
同時舉聲白佛言世尊我等今者蒙佛

BD08550 號　藥師琉璃光如來本願功德經

（5–3）

頞儞羅大將　珊底羅大將　因達羅大將　波夷羅大將
摩虎羅大將　大真達羅大將　招杜羅大將　毗羯羅大將
此十二藥叉大將一一各有七千藥叉以為眷屬
同時舉聲白佛言世尊我等今者蒙佛
威力得聞世尊藥師瑠璃光如來名号不
復更有惡趣之怖我等相率皆同心乃至
盡形歸佛法僧誓當荷負一切有情為作
義利饒益安樂隨於何等村城國邑空閑
林中若有流轉布此經或復受持藥師瑠璃
光如來名号恭敬供養者我等眷屬
衛護是人皆使解脫一切苦難諸有願求
悉令滿足或有疾厄求度脫者亦應讀誦
此經以五色縷結我名字得如願已然後解結
尒時世尊讚諸藥叉言善哉善哉大藥叉
將汝等念報世尊藥師瑠璃光如來恩
德者常應如是利益安樂一切有情
尒時阿難白佛言世尊當何名此法我等云
何奉持佛告阿難此法門名說藥師瑠璃光
如來本願功德亦名說十二神將饒益有情
結願神呪亦名拔除一切業鄣應如是持時
薄伽梵說是語已諸菩薩摩訶薩及本
聲聞國王大臣婆羅門居士天龍藥叉乾
達縛阿素洛揭路荼緊捺洛莫呼洛伽人
非人等一切大眾聞佛所說皆大歡喜信受
奉行

BD08550號　藥師琉璃光如來本願功德經

（5–4）

衛護是人皆使解脫一切苦難諸有願求
悉令滿足或有疾厄求度脫者亦應讀誦
此經以五色縷結我名字得如願已然後解結
尒時世尊讚諸藥叉言善哉善哉大藥叉
將汝等念報世尊藥師瑠璃光如來恩
德者常應如是利益安樂一切有情
尒時阿難白佛言世尊當何名此法我等云
何奉持佛告阿難此法門名說藥師瑠璃光
如來本願功德亦名說十二神將饒益有情
結願神呪亦名拔除一切業鄣應如是持時
薄伽梵說是語已諸菩薩摩訶薩及本
聲聞國王大臣婆羅門居士天龍藥叉乾
達縛阿素洛揭路荼緊捺洛莫呼洛伽人
非人等一切大眾聞佛所說皆大歡喜信受
奉行
藥師瑠璃光如來本願功德經

BD08550號　藥師琉璃光如來本願功德經

（5–5）

BD08550號背　雜筆痕　（1–1）

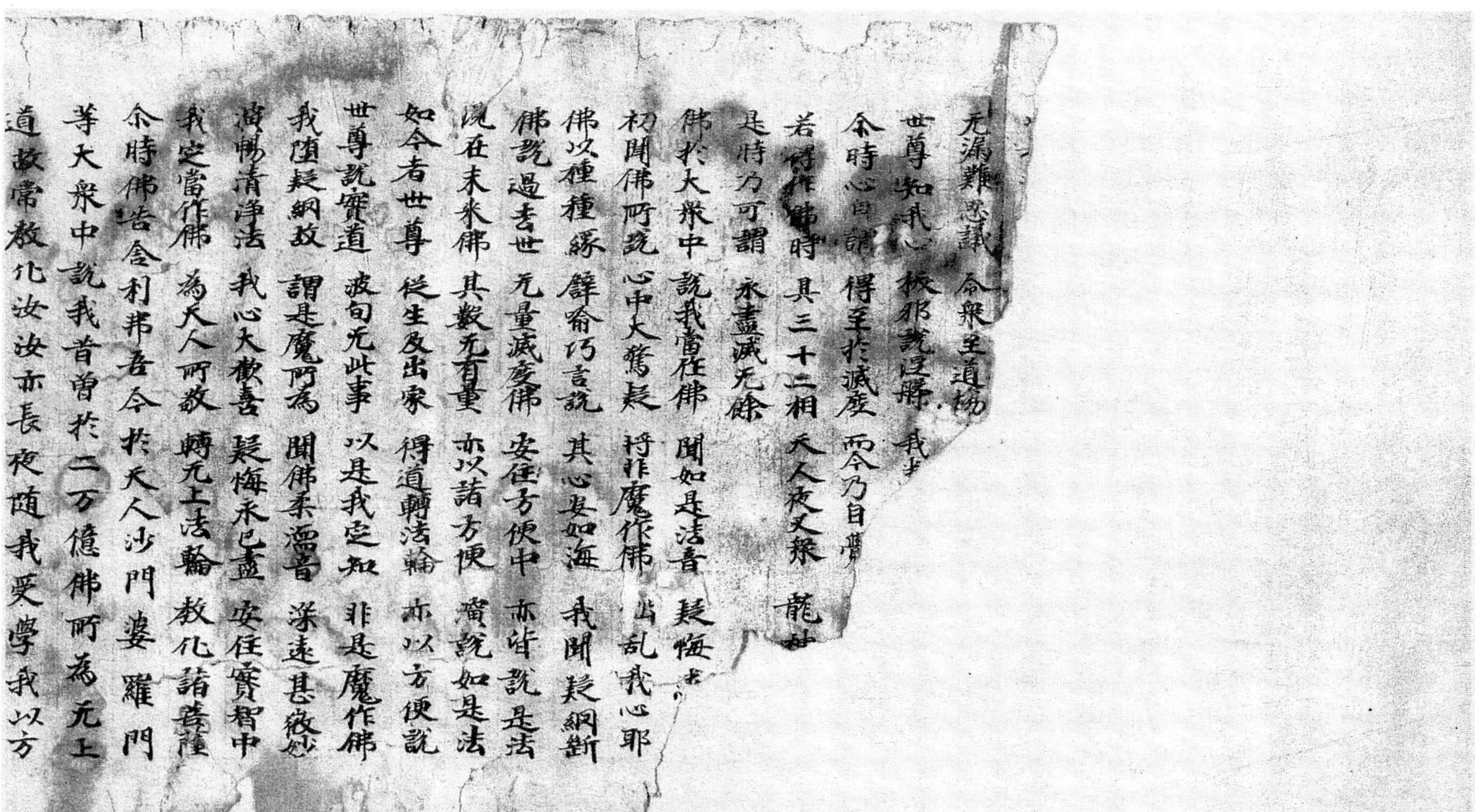

无漏難思議　令衆至道場
世尊知我心　拔邪說涅槃　我
尒時心自謂　得至於滅度　而今乃自覺
若得作佛時　具三十二相　天人夜叉衆　龍
是時乃可謂　永盡滅无餘
佛於大衆中　說我當作佛　聞如是法音　疑悔
初聞佛所說　心中大驚疑　將非魔作佛　惱亂我心耶
佛以種種緣　譬喻巧言說　其心安如海　我聞疑網斷
佛說過去世　无量滅度佛　安住方便中　亦皆說是法
現在未來佛　其數无有量　亦以諸方便　演說如是法
如今者世尊　從生及出家　得道轉法輪　亦以方便說
世尊說實道　波旬无此事　以是我定知　非是魔作佛
我墮疑網故　謂是魔所為　聞佛柔濡音　深遠甚微妙
演暢清淨法　我心大歡喜　疑悔永已盡　安住實智中
我定當作佛　為天人所敬　轉无上法輪　教化諸菩薩
尒時佛告舍利弗　吾今於天人沙門婆羅門
等大衆中說　我昔曾於二万億佛所為无上
道故常教化汝　汝亦長夜隨我受學　我以方

BD08551號　妙法蓮華經卷二　（3–1）

得佛清淨法 我心大歡喜 疑悔永已盡 安住實智中
我定當作佛 為天人所敬 轉无上法輪 教化諸菩薩
尒時佛告舍利弗 吾今於天人沙門婆羅門
等大衆中說 我昔曾於二万億佛所 為无上
道故 常教化汝 汝亦長夜隨我受學 我以方
便引導汝故 生我法中 舍利弗 我昔教汝志
願佛道 汝今悉忘 而便自謂已得滅度 我今
還欲令汝憶念本願所行道故 為諸聲聞說
是大乘經 名妙法蓮華教菩薩法佛所護念
舍利弗 汝於未來世 過无量无邊不可思議
劫 供養若干千万億佛 奉持正法 具足菩薩
所行之道 當得作佛 号曰華光如來應供正
遍知明行足善逝世間解无上士調御丈夫
天人師佛世尊 國名離垢 其土平正 清淨嚴
餝 安隱豊樂 天人熾盛 琉璃為地 有八交道
黃金為繩 以界其側 其傍各有七寶行樹 常
有華菓 華光如來亦以三乘教化衆生 舍利
弗 彼佛出時 雖非惡世 以本願故 說三乘法
其劫名大寶莊嚴 何故名曰大寶莊嚴 其國
中以菩薩為大寶故 彼諸菩薩 无量无邊 不
可思議 筭數譬喻所不能及 非佛智力无能
知者 若欲行時 寶華承足 此諸菩薩 非初發
意 皆久殖德本 於无量百千万億佛所 淨脩
梵行 恒為諸佛之所稱歎 常脩佛慧 具大神
通 善知一切諸法之門 質直无偽 志念堅固
如是菩薩充滿其國舍利弗華光佛壽十二小

BD08551號 妙法蓮華經卷二 （3–2）

知者 若欲行時 寶華承足 此諸菩薩 非初發
意 皆久殖德本 於无量百千万億佛所 淨脩
梵行 恒為諸佛之所稱歎 常脩佛慧 具大神
通 善知一切諸法之門 質直无偽 志念堅固
如是菩薩 充滿其國 舍利弗 華光佛壽十二小
劫 除為王子未作佛時 其國人民壽八小劫 華
光如來過十二小劫 授堅滿菩薩阿耨多羅
三藐三菩提記 告諸比丘 是堅滿菩薩次當
作佛 号曰華足安行多陀阿伽度阿羅訶三
藐三佛陀 其佛國土亦復如是 舍利弗 是華
光佛滅度之後 正法住世三十二小劫 像法
住世亦三十二小劫 尒時世尊欲重宣此義
而說偈言
舍利弗來世 成佛普智尊 号名曰華光 當度无量衆
供養无數佛 具足菩薩行 十力等功德 證於无上道
過无量劫已 劫名大寶嚴 世界名離垢 清淨无瑕穢
以琉璃為地 金繩界其道 七寶雜色樹 常有華菓實
彼國諸菩薩 志念常堅固 神通波羅蜜 皆已悉具足
於无數佛所 善學菩薩道 如是等大士 華光佛所化
佛為王子時 棄國捨世榮 於最末後身 出家成佛道
華光佛住世 壽十二小劫 其國人民衆 壽命八小劫
佛滅度之後 正法住於世 三十二小劫 廣度諸衆生

BD08551號 妙法蓮華經卷二 （3–3）

提言甚多世尊何以故是福德即非
是故如来説福德多若復有人於此
持乃至四句偈等為他人説其福勝
故須菩提一切諸佛及諸佛阿耨多
三菩提法皆從此經出須菩提所諸佛
即非佛法須菩提於意云何須陁洹能作是念我
得須陁洹果不須菩提言不也世尊何以故須陁洹
名為入流而无所入不入色聲香味觸法是名
須陁洹須菩提於意云何斯陁含能作是
念我得斯陁含果不須菩提言不也世尊
何以故斯陁含名一往来而實无往来是名
斯陁含須菩提於意云何阿那含能作是念
我得阿那含果不須菩提言不也世尊何以故
阿那含名為不来而實无来是故名阿那含
須菩提於意云何阿羅漢能作是念我得阿
羅漢道不須菩提言不也世尊何以故實无
有法名阿羅漢世尊若阿羅漢作是念我得
阿羅漢道即為着我人衆生壽者世尊佛説
我得无諍三昧人中冣為第一是第一離欲
阿羅漢我不作是念我是離欲阿羅漢世尊
我若作念我得阿羅漢道世尊則不説須
菩提是樂阿蘭那行者以須菩提實无所

BD08552號　金剛般若波羅蜜經　（12–1）

有法名阿羅漢世尊若阿羅漢作是念我得
阿羅漢道即為着我人衆生壽者世尊佛説
我得无諍三昧人中冣為第一是第一離欲
阿羅漢我不作是念我是離欲阿羅漢世尊
我若作念我得阿羅漢道世尊則不説須
菩提是樂阿蘭那行者以須菩提實无所
行而名須菩提是樂阿蘭那行佛告須菩提於
意云何如来昔在然燈佛所於法有所得不世尊
如来在然燈佛所於法實无所得須菩提於意云何
菩薩莊嚴佛土不不也世尊何以故莊嚴佛土者則非
莊嚴是名莊嚴是故須菩提菩薩摩訶薩應如是生清淨
心不應住色生心不應住聲香味觸法生心
應无所住而生其心須菩提譬如有人身如
須弥山王於意云何是身為大不須菩提言
甚大世尊何以故佛説非身是名大身
須菩提如恒河中所有沙數如是沙等恒河
於意云何是諸恒河沙寧為多不須菩提言
甚多世尊但諸恒河尚多无數何况其沙須
菩提我今實言告汝若有善男子善女人以
七寶滿尒所恒河沙數三千大千世界以用
布施得福多不須菩提言甚多世尊佛告須
菩提若善男子善女人於此經中乃至受持
四句偈等為他人説而此福德勝前福德
復次須菩提隨説是經乃至四句偈等當知
此處一切世間天人阿脩羅皆應供養如佛
塔廟何况有人盡能受持讀誦須菩提當知
是人成就冣上第一希有之法若是經典所
在之處則為有佛若尊重弟子

BD08552號　金剛般若波羅蜜經　（12–2）

此處一切世間天人阿脩羅皆應供養如佛
塔廟何況有人盡能受持讀誦須菩提當知
是人成就最上第一希有之法若是經典所
在之處則為有佛若尊重弟子
尒時須菩提白佛言世尊當何名此經我等
云何奉持佛告須菩提是經名為金剛般若
波羅蜜以是名字汝當奉持所以者何須菩
提佛說般若波羅蜜則非般若波羅蜜須菩
提於意云何如来有所說法不須菩提白佛
言世尊如来无所說須菩提於意云何三千
大千世界所有微塵是為多不須菩提言甚
多世尊須菩提諸微塵如来說非微塵是名
微塵如来說世界非世界是名世界須菩提
於意云何可以三十二相見如来不不也世尊
不可以三十二相得見如来何以故如来
說三十二相即是非相是名三十二相
須菩提若有善男子善女人以恒河沙等身
命布施若復有人於此經中乃至受持四句
偈等為他人說其福甚多
尒時須菩提聞說是經深解義趣涕淚悲泣
而白佛言希有世尊佛說如是甚深經典我
從昔来所得慧眼未曾得聞如是之經世尊
若復有人得聞是經信心清淨則生實相當
知是人成就第一希有功德世尊是實相者
則是非相是故如来說名實相世尊我今得
聞如是經典信解受持不足為難若當来世
後五百歲其有衆生得聞是經信解受持是

BD08552 號　金剛般若波羅蜜經　（12–3）

若復有人得聞是經信心清淨則生實相當
知是人成就第一希有功德世尊是實相者
則是非相是故如来說名實相世尊我今得
聞如是經典信解受持不足為難若當来世
後五百歲其有衆生得聞是經信解受持是
人則為第一希有何以故此人无我相人相
衆生相壽者相所以者何我相即是非相人
相衆生相壽者相即是非相何以故離一切
諸相則名諸佛佛告須菩提如是如是若復有
人得聞是經不驚不怖不畏當知是人甚為希有
何以故須菩提如来說第一波羅蜜非第一波
羅蜜是名第一波羅蜜
須菩提忍辱波羅蜜如来說非忍辱波羅蜜
何以故須菩提如我昔為歌利王割截身體
我於尒時无我相无人相无衆生相无壽者
相何以故我於往昔節節支解時若有我相
人相衆生相壽者相應生瞋恨須菩提又念
過去於五百世作忍辱仙人於尒所世无我
相无人相无衆生相无壽者相是故須菩提
菩薩應離一切相發阿耨多羅三藐三菩提
心不應住色生心不應住聲香味觸法生心
應生无所住心若心有住則為非住是故佛
說菩薩心不應住色布施須菩提菩薩為利
益一切衆生應如是布施如来說一切諸相
即是非相又說一切衆生則非衆生須菩提
如来是真語者實語者如語者不誑語者不
異語者須菩提如来所得法此法无實无虛

BD08552 號　金剛般若波羅蜜經　（12–4）

説菩薩心不應住色布施須菩提菩薩為利
益一切衆生應如是布施如來説一切諸相
即是非相又説一切衆生則非衆生須菩提
如來是真語者實語者如語者不誑語者不
異語者須菩提如來所得法此法无實无虚
須菩提若菩薩心住於法而行布施如人入
闇則无所見若菩薩心不住法而行布施如
人有目日光明照見種種色
須菩提當來之世若有善男子善女人能於此
經受持讀誦則為如來以佛智慧悉知是人
悉見是人皆得成就无量无邊功德
須菩提若有善男子善女人初日分以恒河
沙等身布施中日分復以恒河沙等身布施
後日分亦以恒河沙等身布施如是无量百
千万億劫以身布施若復有人聞此經典信心不
逆其福勝彼何況書寫受持讀誦為人解説
須菩提以要言之是經有不可思議不可稱
量无邊功德如來為發大乘者説為發最上
乘者説若有人能受持讀誦廣為人説如來
悉知是人悉見是人皆得成就不可量不可
稱无有邊不可思議功德如是人等則為荷
擔如來阿耨多羅三藐三菩提何以故須菩
提若樂小法者著我見人見衆生見壽者見
則於此經不能聽受讀誦為人解説須菩提
在在處處若有此經一切世間天人阿脩羅所應
供養當知此處則為是塔皆應恭敬作礼
圍遶以諸華香而散其處

BD08552號　金剛般若波羅蜜經　（12–5）

則於此經不能聽受讀誦為人解説須菩提
在在處處若有此經一切世間天人阿脩羅所應
供養當知此處則為是塔皆應恭敬作礼
圍遶以諸華香而散其處
復次須菩提善男子善女人受持讀誦此經
若為人輕賤是人先世罪業應墮惡道以今
世人輕賤故先世罪業則為消滅當得阿耨
多羅三藐三菩提須菩提我念過去无量阿
僧祇劫於然燈佛前得值八百四千万億那
由他諸佛悉皆供養承事无空過者若復有
人於後末世能受持讀誦此經所得功德於
我所供養諸佛功德百分不及一千万億分
乃至筭數譬喻所不能及須菩提若善男子善
女人於後末世有受持讀誦此經所得功德我
若具説者或有人聞心則狂亂狐疑不信須菩
提當知是經義不可思議果報亦不可思議
尒時須菩提白佛言世尊善男子善女人發
阿耨多羅三藐三菩提心云何應住云何降
伏其心佛告須菩提善男子善女人發阿耨
多羅三藐三菩提者當生如是心我應滅度
一切衆生滅度一切衆生已而无有一衆生
實滅度者何以故若菩薩有我相人相衆生
相壽者相則非菩薩所以者何須菩提實无
有法發阿耨多羅三藐三菩提者
須菩提於意云何如來於然燈佛所有法得
阿耨多羅三藐三菩提不不也世尊如我解
佛所説義佛於然燈佛所无有法得阿耨多

BD08552號　金剛般若波羅蜜經　（12–6）

有法發阿耨多羅三藐三菩提者
須菩提於意云何如來於然燈佛所有法得
阿耨多羅三藐三菩提不不也世尊如我解
佛所說義佛於然燈佛所无有法得阿耨多
羅三藐三菩提佛言如是如是須菩提實无
有法如來得阿耨多羅三藐三菩提須菩提
若有法如來得阿耨多羅三藐三菩提然燈
佛則不與我受記汝於來世當得作佛號釋
迦牟尼以實无有法得阿耨多羅三藐三菩
燈佛與我受記作是言汝於來世當得作佛
号釋迦牟尼何以故如來者即諸法如義若
有人言如來得阿耨多羅三藐三菩提須菩
提實无有法佛得阿耨多羅三藐三菩提須
菩提如來所得阿耨多羅三藐三菩提於是
中无實无虛是故如來說一切法皆是佛法須
菩提所言一切法者即非一切法是故名一
切法須菩提譬如人身長大須菩提言世尊
如來說人身長大則為非大身是名大身須
菩提菩薩亦如是若作是言我當滅度无量
衆生則不名菩薩何以故須菩提无有法名
為菩薩是故佛說一切法无我无人无衆生
无壽者須菩提若菩薩作是言我當莊嚴佛
土是不名菩薩何以故如來說莊嚴佛土者
即非莊嚴是名莊嚴須菩提若菩薩通達无
我法者如來說名真是菩薩須菩提於意云

BD08552 號　金剛般若波羅蜜經　（12–7）

无壽者須菩提若菩薩作是言我當莊嚴佛
土是不名菩薩何以故如來說莊嚴佛土者
即非莊嚴是名莊嚴須菩提若菩薩通達无
我法者如來說名真是菩薩須菩提於意云
何如來有肉眼不如是世尊如來有肉眼須
菩提於意云何如來有天眼不如是世尊如
來有天眼須菩提於意云何如來有慧眼不
如是世尊如來有慧眼須菩提於意云何如
來有法眼不如是世尊如來有法眼須菩提
於意云何如來有佛眼不如是世尊如來有
佛眼須菩提於意云何恒河中所有沙佛說
是沙不如是世尊如來說是沙須菩提於意
云何如一恒河中所有沙有如是等恒河是
諸恒河所有沙數佛世界如是寧為多不甚
多世尊佛告須菩提尒所國土中所有衆生
若干種心如來悉知何以故如來說諸心皆
為非心是名為心所以者何須菩提過去心
不可得現在心不可得未來心不可得須菩
提於意云何若有人滿三千大千世界七寶
以用布施是人以是因緣得福多不如是世
尊此人以是因緣得福甚多須菩提若福德
有實如來不說得福德多以福德无故如來
說得福德多
須菩提於意云何佛可以具足色身見不不
也世尊如來不應以具足色身見何以故如

BD08552 號　金剛般若波羅蜜經　（12–8）

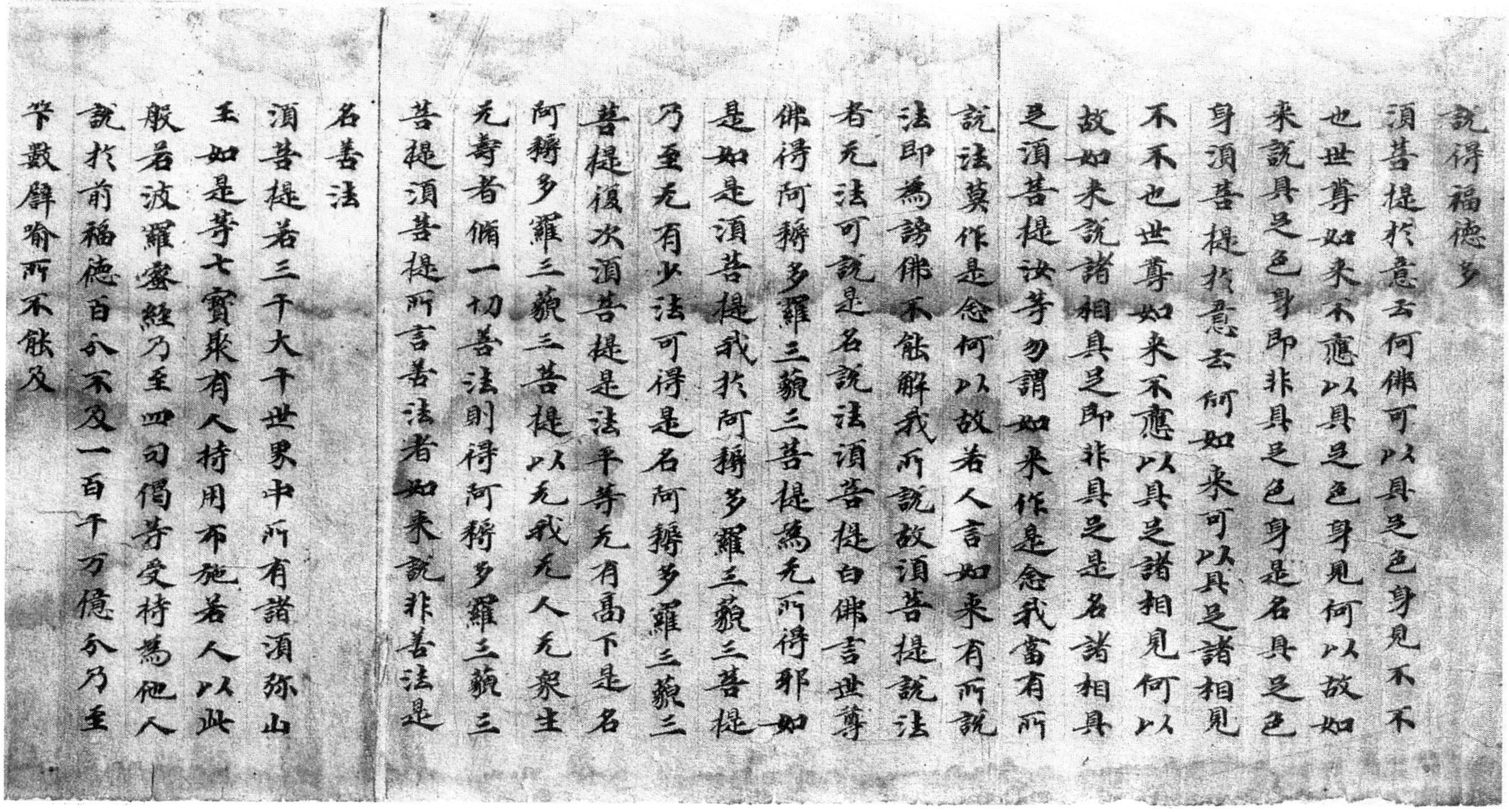
說得福德多
須菩提於意云何佛可以具足色身見不不
也世尊如來不應以具足色身見何以故如
來說具足色身即非具足色身是名具足色
身須菩提於意云何如來可以具足諸相見
不不也世尊如來不應以具足諸相見何以
故如來說諸相具足即非具足是名諸相具
足須菩提汝等勿謂如來作是念我當有所
說法莫作是念何以故若人言如來有所說
法即為謗佛不能解我所說故須菩提說法
者无法可說是名說法須菩提白佛言世尊
佛得阿耨多羅三藐三菩提為无所得耶如
是如是須菩提我於阿耨多羅三藐三菩提
乃至无有少法可得是名阿耨多羅三藐三
菩提復次須菩提是法平等无有高下是名
阿耨多羅三藐三菩提以无我无人无衆生
无壽者脩一切善法則得阿耨多羅三藐三
菩提須菩提所言善法者如來說非善法是
名善法
須菩提若三千大千世界中所有諸須弥山
王如是等七寶聚有人持用布施若人以此
般若波羅蜜經乃至四句偈等受持為他人
說於前福德百分不及一百千万億分乃至
筭數譬喻所不能及

BD08552號　金剛般若波羅蜜經　（12–9）

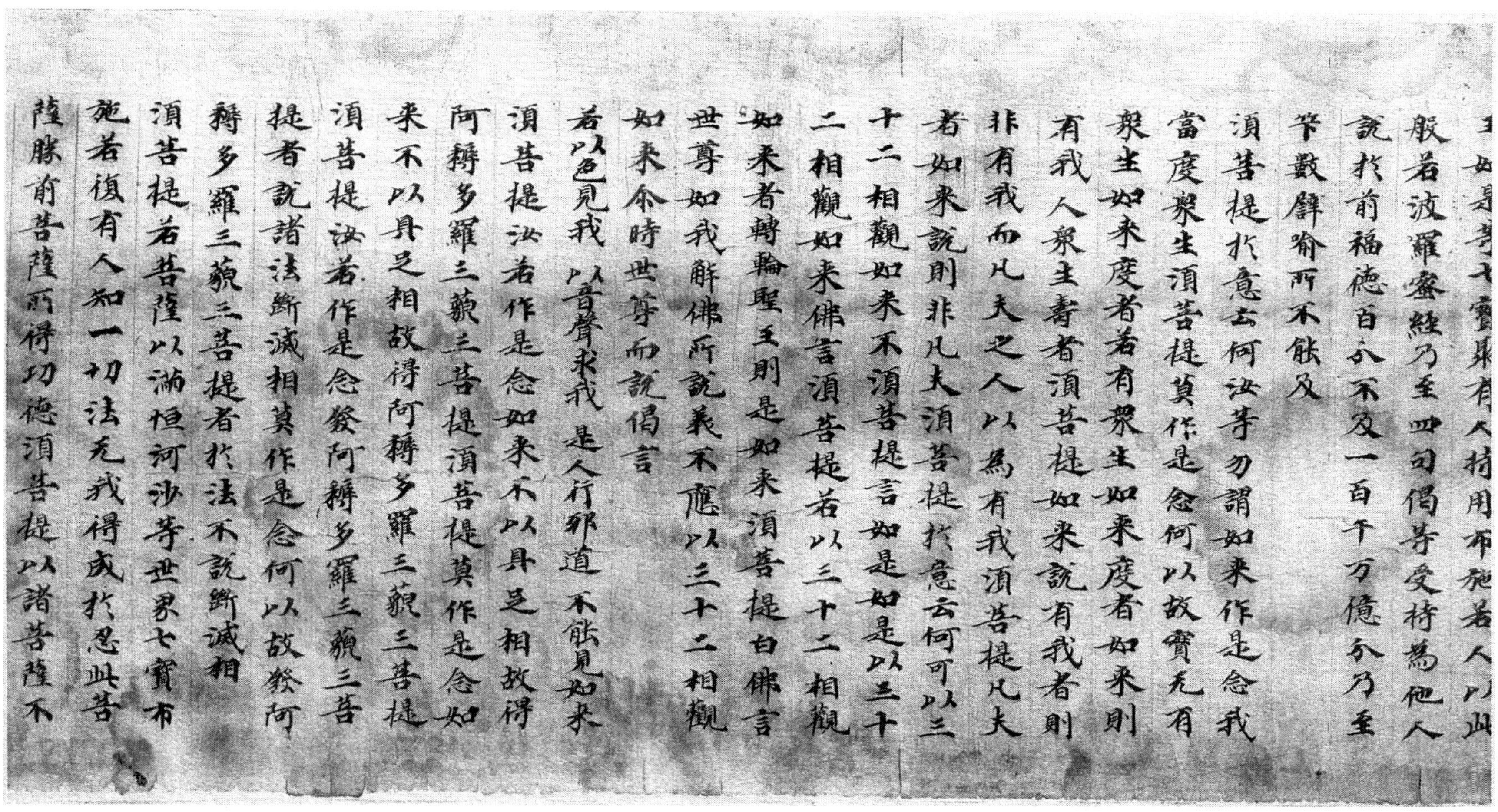
王如是等七寶聚有人持用布施若人以此
般若波羅蜜經乃至四句偈等受持為他人
說於前福德百分不及一百千万億分乃至
筭數譬喻所不能及
須菩提於意云何汝等勿謂如來作是念我
當度衆生須菩提莫作是念何以故實无有
衆生如來度者若有衆生如來度者如來則
有我人衆生壽者須菩提如來說有我者則
非有我而凡夫之人以為有我須菩提凡夫
者如來說則非凡夫須菩提於意云何可以三
十二相觀如來不須菩提言如是如是以三十
二相觀如來佛言須菩提若以三十二相觀
如來者轉輪聖王則是如來須菩提白佛言
世尊如我解佛所說義不應以三十二相觀
如來尒時世尊而說偈言
若以色見我　以音聲求我　是人行邪道　不能見如來
須菩提汝若作是念如來不以具足相故得
阿耨多羅三藐三菩提須菩提莫作是念如
來不以具足相故得阿耨多羅三藐三菩提
須菩提汝若作是念發阿耨多羅三藐三菩
提者說諸法斷滅相莫作是念何以故發阿
耨多羅三藐三菩提者於法不說斷滅相
須菩提若菩薩以滿恒河沙等世界七寶布
施若復有人知一切法无我得成於忍此菩
薩勝前菩薩所得功德須菩提以諸菩薩不

BD08552號　金剛般若波羅蜜經　（12–10）

耨多羅三藐三菩提者於法不說斷滅相
須菩提若菩薩以滿恒河沙等世界七寶布
施若復有人知一切法无我得成於忍此菩
薩勝前菩薩所得功德須菩提以諸菩薩不
受福德故須菩提白佛言世尊云何菩薩不
受福德須菩提菩薩所作福德不應貪著是
故說不受福德須菩提若有人言如來若來
若去若坐若卧是人不解我所說義何以故
如來者无所從來亦无所去故名如來須菩
提若善男子善女人以三千大千世界碎為
微塵於意云何是微塵衆寧為多不甚多世
尊何以故若是微塵衆實有者佛則不說是
微塵衆所以者何佛說微塵衆則非微塵衆
是名微塵衆世尊如來所說三千大千世界
則非世界是名世界何以故若世界實有者則
是一合相如來說一合相則非一合相是名
一合相須菩提一合相者則是不可說但凡
夫之人貪著其事須菩提若人言佛說我見
人見衆生見壽者見須菩提於意云何是人
解我所說義不世尊是人不解如來所說義
何以故世尊說我見人見衆生見壽者見即
非我見人見衆生見壽者見是名我見人見
衆生見壽者見須菩提發阿耨多羅三藐三
菩提心者於一切法應如是知如是見如是
信解不生法相須菩提所言法相如來說即

BD08552號　金剛般若波羅蜜經　（12–11）

微塵於意云何是微塵衆寧為多不甚多世
尊何以故若是微塵衆實有者佛則不說是
微塵衆所以者何佛說微塵衆則非微塵衆
是名微塵衆世尊如來所說三千大千世界
則非世界是名世界何以故若世界實有者則
是一合相如來說一合相則非一合相是名
一合相須菩提一合相者則是不可說但凡
夫之人貪著其事須菩提若人言佛說我見
人見衆生見壽者見須菩提於意云何是人
解我所說義不世尊是人不解如來所說義
何以故世尊說我見人見衆生見壽者見即
非我見人見衆生見壽者見是名我見人見
衆生見壽者見須菩提發阿耨多羅三藐三
菩提心者於一切法應如是知如是見如是
信解不生法相須菩提所言法相如來說即
非法相是名法相
須菩提若有人以滿无量阿僧祇世界七寶
持用布施若有善男子〻　〻〻者

BD08552號　金剛般若波羅蜜經　（12–12）

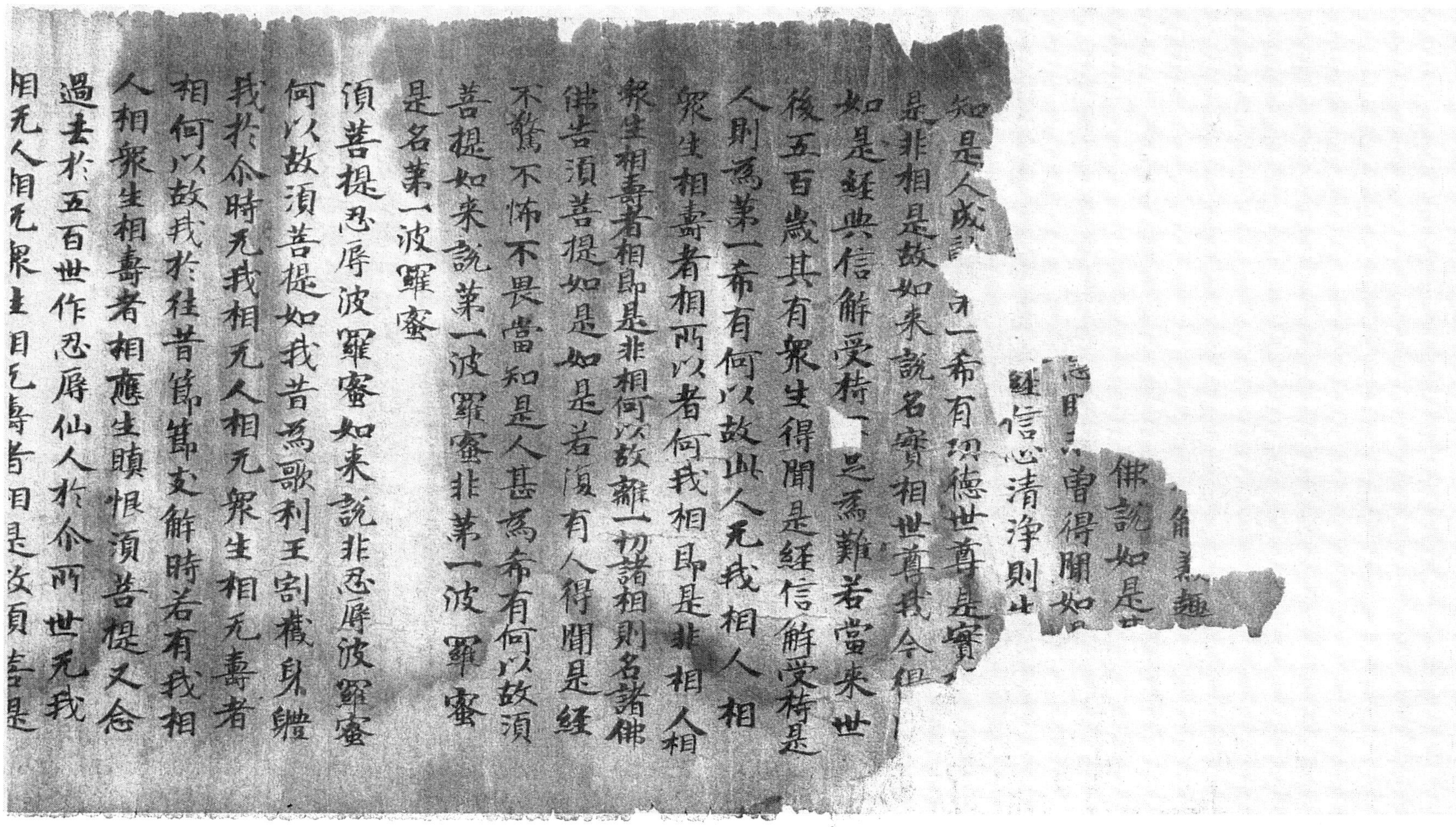

…義趣
佛說如是甚
…曾得聞如…
經信心清淨則…
知是人成就第一希有功德世尊是實…
是非相是故如来說名實相世尊我今得…
如是經典信解受持不足爲難若當来世
後五百歲其有衆生得聞是經信解受持是
人則爲第一希有何以故此人无我相人相
衆生相壽者相所以者何我相即是非相人相
衆生相壽者相即是非相何以故離一切諸相則名諸佛
佛告須菩提如是如是若復有人得聞是經
不驚不怖不畏當知是人甚爲希有何以故須
菩提如来說第一波羅蜜非第一波羅蜜
是名第一波羅蜜
須菩提忍辱波羅蜜如来說非忍辱波羅蜜
何以故須菩提如我昔爲歌利王割截身體
我於尒時无我相无人相无衆生相无壽者
相何以故我於往昔節節支解時若有我相
人相衆生相壽者相應生瞋恨須菩提又念
過去於五百世作忍辱仙人於尒所世无我
相无人相无衆生相无壽者相是…

BD08553 號　金剛般若波羅蜜經　（3–1）

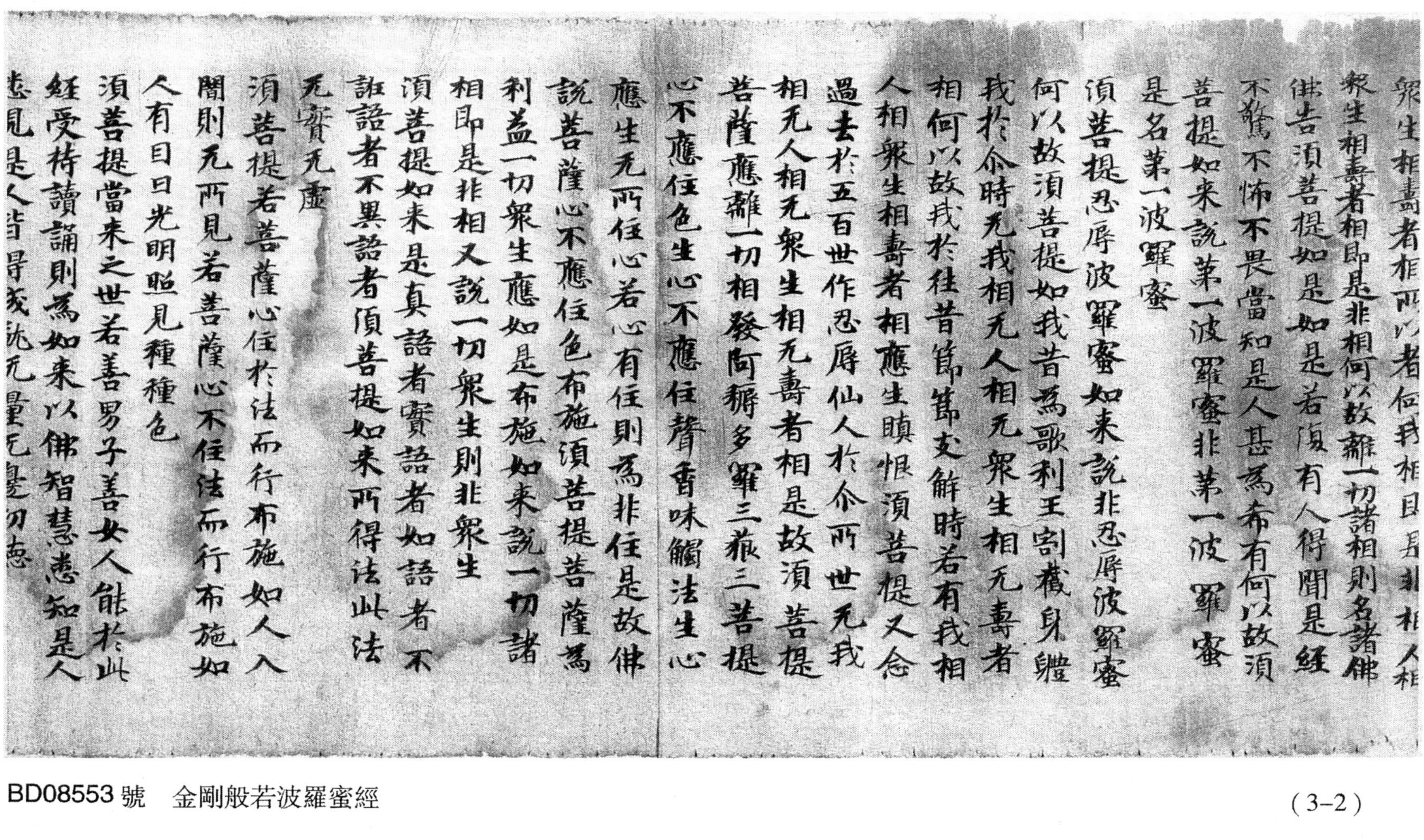

衆生相壽者相所以者何我相即是非相人相
衆生相壽者相即是非相何以故離一切諸相則名諸佛
佛告須菩提如是如是若復有人得聞是經
不驚不怖不畏當知是人甚爲希有何以故須
菩提如来說第一波羅蜜非第一波羅蜜
是名第一波羅蜜
須菩提忍辱波羅蜜如来說非忍辱波羅蜜
何以故須菩提如我昔爲歌利王割截身體
我於尒時无我相无人相无衆生相无壽者
相何以故我於往昔節節支解時若有我相
人相衆生相壽者相應生瞋恨須菩提又念
過去於五百世作忍辱仙人於尒所世无我
相无人相无衆生相无壽者相是故須菩提
菩薩應離一切相發阿耨多羅三藐三菩提
心不應住色生心不應住聲香味觸法生心
應生无所住心若心有住則爲非住是故佛
說菩薩心不應住色布施須菩提菩薩爲
利益一切衆生應如是布施如来說一切諸
相即是非相又說一切衆生則非衆生
須菩提如来是真語者實語者如語者不
誑語者不異語者須菩提如来所得法此法
无實无虛
須菩提若菩薩心住於法而行布施如人入
闇則无所見若菩薩心不住法而行布施如
人有目日光明照見種種色
須菩提當来之世若善男子善女人能於此
經受持讀誦則爲如来以佛智慧悉知是人
悉見是人皆得成就无量无邊功德

BD08553 號　金剛般若波羅蜜經　（3–2）

須菩提若菩薩心住於法而行布施如人入
闇則无所見若菩薩心不住法而行布施如
人有目日光明照見種種色
須菩提當來之世若善男子善女人能於此
經受持讀誦則為如來以佛智慧悉知是人
悉見是人皆得成就无量无邊功德
須菩提若有善男子善女人初日分以恒河
沙等身布施中日分復以恒河沙等身布施
後日分亦以恒河沙等身布施如是无量百
千万億劫以身布施若復有人聞此經典信
心不逆其福勝彼何況書寫受持讀誦為人解說
須菩提以要言之是經有不可思議不可稱
量无邊功德如來為發大乘者說為發最上
乘者說若有人能受持讀誦廣為人說如來
悉知是人悉見是人皆得成就不可量不可
稱无有邊不可思議功德如是人等則為荷
擔如來阿耨多羅三藐三菩提何以故須菩
提若樂小法者著我見人見衆生見壽者見
則於此經不能聽受讀誦為人解說須菩提
在在處處若有此經一切世間天人阿脩羅
所應供養當知此處則為是塔皆應恭敬作

BD08553號　金剛般若波羅蜜經　（3–3）

薩地亦能圓滿一切陀羅尼門三摩地門亦
能圓滿五眼六神通亦能圓滿如來十力乃
至十八佛不共法亦能圓滿無忘失法恒住
捨性亦能圓滿一切智道相智一切相智由
此證得一切智智善現是菩薩摩訶薩以一
切法無性為性方便力故覺一切法皆無自
性其中無有想亦復無無想善現諸菩薩摩
訶薩應如是脩學佛隨念謂一切法無性性
中佛尚不可得况有佛隨念善現云何菩薩
摩訶薩脩學法隨念謂菩薩摩訶薩脩學法
隨念時不應思惟善法非善法不應思惟有
記法無記法不應思惟世間法出世間法不
應思惟有愛味法無愛味法不應思惟有諍
法無諍法不應思惟聖法非聖法不應思惟
有漏法無漏法不應思惟墮三界法不墮三
界法不應思惟有為界法無為界法何以故
如是諸法皆無自性若法無自性則不可念
不可思惟所以者何若無念無思惟是為法

BD08554號　大般若波羅蜜多經卷四六六　（2–1）

摩訶薩脩學法隨念謂菩薩摩訶薩脩學法
隨念時不應思惟善法非善法不應思惟有
記法無記法不應思惟世間法出世間法不
應思惟有愛味法無愛味法不應思惟有諍
法無諍法不應思惟聖法非聖法不應思惟
有漏法無漏法不應思惟墮三界法不墮三
界法不應思惟有為界法無為界法何以故
如是諸法皆無自性若法無自性則不可念
不可思惟所以者何若無念無思惟是為法
隨念善現諸菩薩摩訶薩行深般若波羅蜜
多時應如是脩學法隨念若如是脩學法隨
念是為作漸次業脩漸次學行漸次行若菩
薩摩訶薩能如是作漸次業脩漸次學行漸
次行時則能圓滿四念住廣說乃至一切相
智由此證得一切智智善現是菩薩摩訶薩
以一切法無性為性方便力故覺一切法皆
無自性其中無有想亦復無無想善現諸菩
薩摩訶薩應如是脩學法隨念謂一切法無
性性中法尚不可得況有法隨念善現云何

BD08554號　大般若波羅蜜多經卷四六六　（2–2）

中雖深信解而未證得無生法忍於一切法皆
寂靜性雖深信解而未得入不退轉地是
菩薩摩訶薩已住般若波羅蜜多方便善巧
亦蒙如來應正等覺為衆宣說甚深般若波
羅蜜多時在大衆中自然歡喜稱揚讚歎名
字種姓色相功德善現當知若菩薩摩訶薩
蒙諸如來應正等覺為衆宣說甚深般若波
羅蜜多時在大衆中自然歡喜稱揚讚歎名
字種姓色相功德是菩薩摩訶薩超諸聲聞
及獨覺地定得無上正等菩提不退轉記所
以者何是菩薩摩訶薩脩行般若波羅蜜多
方便善巧必當安住不退轉地疾證無上正
等菩提復次善現若菩薩摩訶薩聞說如是
甚深般若波羅蜜多所有義趣深心信解無
惑無疑不迷不悶但作是念如佛所說甚深
般若波羅蜜多理趣必然定非顛倒是菩薩
摩訶薩應住是念我於般若波羅蜜多甚深
義趣深生信解決定已從[illegible]或復當從不動如

BD08555號　大般若波羅蜜多經卷五五四　（2–1）

字極往色相功德是菩薩摩訶薩超諸聲聞
及獨覺地近得無上正等菩提不退轉記所
以者何是菩薩摩訶薩脩行般若波羅蜜多
方便善巧必當安住不退轉地疾證無上正
等菩提復次善現若菩薩摩訶薩聞說如是
甚深般若波羅蜜多所有義趣深心信解無
惑無疑不迷不悶但作是念如佛所說甚深
般若波羅蜜多理趣必然定非顛倒是菩薩
摩訶薩應作是念我於般若波羅蜜多甚深
義趣深生信解決定已於或復當於不動如
來應正等覺及諸菩薩摩訶薩所廣聞般
若波羅蜜多於深義趣深生信解既信解已勤
脩梵行當得住於不退轉地住是地已疾證
無上正等菩提善現當知若菩薩摩訶薩但
聞如是甚深般若波羅蜜多尚獲無邊功德
勝利況深信解如說脩行繫念思惟甚深義
趣是菩薩摩訶薩安住真如近一切知疾證
無上正等菩提為諸有情宣說法要
尒時善現便白佛言法離真如無別可得為
說何法安住真如復說誰能近一切智疾證

BD08555 號　大般若波羅蜜多經卷五五四　　（2–2）

蜜多疾證無上正等菩提是故慶喜我以六
種波羅蜜多更付囑汝當正受持勿令忘失
所以者何如是六種波羅蜜多是三世佛無
盡法藏慶喜當知十方三世諸佛世尊所說
法要皆是六種波羅蜜多無盡法藏之所流
出十方三世佛及弟子皆依如是無盡法藏
精勤脩學已正當證無上菩提已正當入無
餘涅槃復次慶喜假使汝為聲聞乘人說聲
聞法由此法故三千大千世界有情一切皆
得阿羅漢果猶未為我作弟子事我於汝事
未甚隨喜汝若能為菩薩乘人宣說一句甚
深般若波羅蜜多相應之法即名為我作弟
子事我於此事深生隨喜復次慶喜假使三
千大千世界一切有情俱時證得阿羅漢果
彼所成就施戒脩性諸福業事於意云何寧
為多不慶喜對曰甚多世尊佛告慶喜若有
聲聞能為菩薩宣說般若波羅蜜多相應之
法經一晝夜展轉乃至經彈指頃是聲聞人

BD08556 號　大般若波羅蜜多經卷五六五　　（2–1）

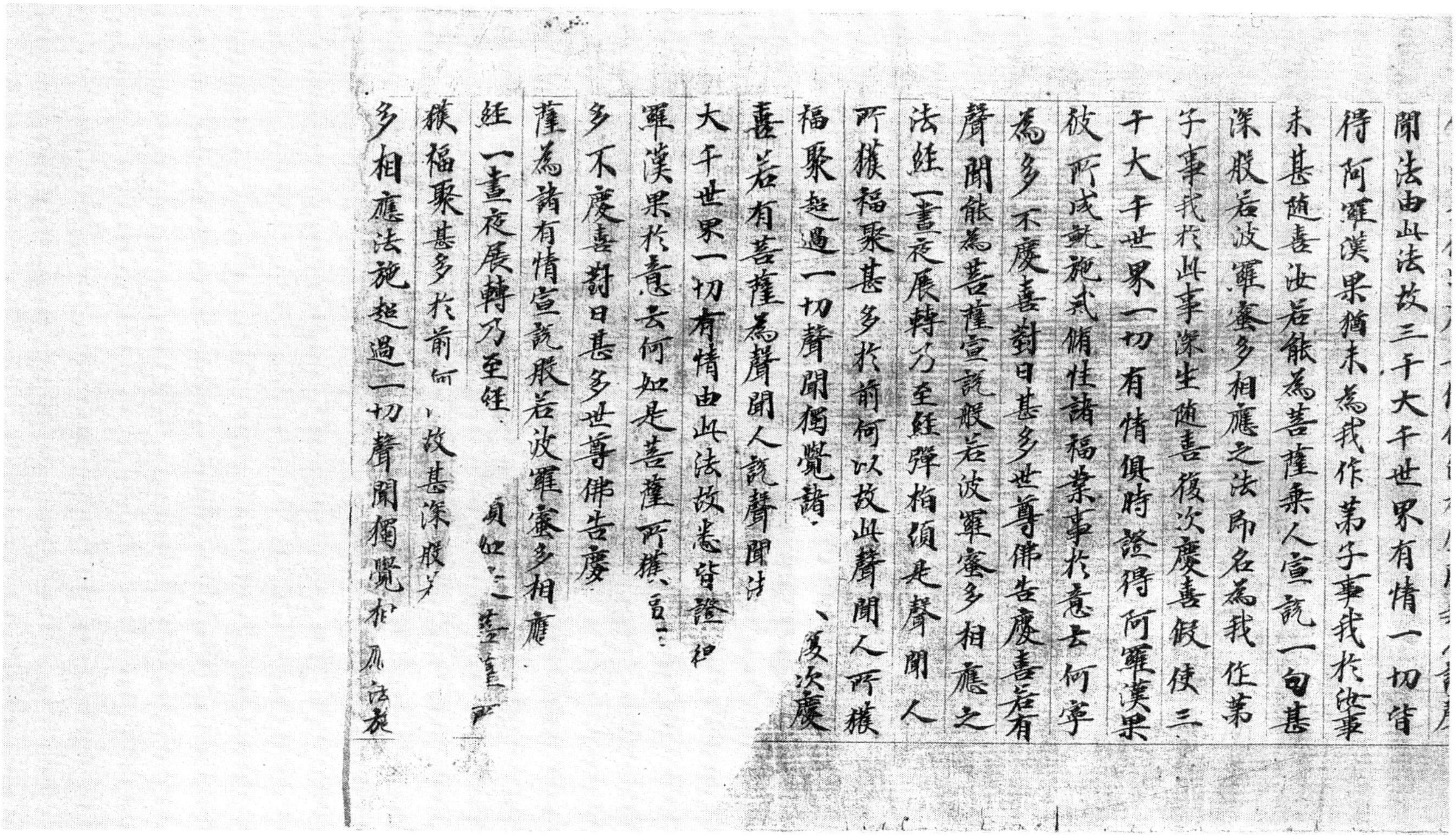
聞法由此法故三千大千世界有情一切皆
得阿羅漢果猶未為我作弟子事我於汝事
未甚隨喜汝若能為菩薩乘人宣說一句甚
深般若波羅蜜多相應之法即名為我作弟
子事我於此事深生隨喜復次慶喜假使三
千大千世界一切有情俱時證得阿羅漢果
彼所成就施戒脩性諸福業事於意云何寧
為多不慶喜對曰甚多世尊佛告慶喜若有
聲聞能為菩薩宣說般若波羅蜜多相應之
法經一晝夜展轉乃至經彈指頃是聲聞人
所獲福聚甚多於前何以故此聲聞人所獲
福聚超過一切聲聞獨覺諸　　、復次慶
喜若有菩薩為聲聞人說聲聞法
大千世界一切有情由此法故悉皆證
羅漢果於意云何如是菩薩所獲、
多不慶喜對曰甚多世尊佛告慶
薩為諸有情宣說般若波羅蜜多相應
經一晝夜展轉乃至經
獲福聚甚多於前何　　故甚深般
多相應法施超過一切聲聞獨覺

BD08556 號　大般若波羅蜜多經卷五六五　（2–2）

惠思社司轉

BD08556 號背　雜寫　（1–1）

陰曰陽水陰火陽男陰女陽天
木生焉日月交運四時八節明焉水火相承一切
万物熟焉男女允諧子孫興焉皆是天之常
道自然之理世諦之法善男子愚人无智信其
耶師卜問望吉而不修善造種種悪業命終之
後復得人身者如指甲上土墮於地獄作餓鬼
畜生者如大地土善男子復得人身正信修善
者如指甲上土信耶造悪業者如大地土善男
子若結婚親莫問水火相剋胎肥相厭一者祿
命書即知福德多少以為眷屬呼迎之日讀
此經三遍即以成礼此乃善善相因明明相屬
門高人貴子孫興盛聰明利智多才多藝孝
敬相承甚大吉利而无中夭福德具足皆成
佛道
時有八菩薩承佛威神得大總持常處人間
和光同塵破耶立正度四生處八解其名曰
跋陁菩薩漏盡和　羅隣那竭菩薩漏盡和
憍曰兜菩薩漏盡和　須弥菩薩漏盡和
那羅達菩薩漏盡和　因坻達菩薩漏盡和

BD08557號　天地八陽神呪經

（2–1）

者如指甲上土信耶造悪業者如大地土善男
子若結婚親莫問水火相剋胎肥相厭一者祿
命書即知福德多少以為眷屬呼迎之日讀
此經三遍即以成礼此乃善善相因明明相屬
門高人貴子孫興盛聰明利智多才多藝孝
敬相承甚大吉利而无中夭福德具足皆成
佛道
時有八菩薩承佛威神得大總持常處人間
和光同塵破耶立正度四生處八解其名曰
跋陁菩薩漏盡和　羅隣那竭菩薩漏盡和
憍曰兜菩薩漏盡和　須弥菩薩漏盡和
那羅達菩薩漏盡和　因坻達菩薩漏盡和
和輪調菩薩漏盡和　无緣觀菩薩漏盡和
是八菩薩俱白佛言世尊我等於諸佛所受
得陁羅尼神呪而今說之擁護受持[illegible]
陽經者永无恐怖使[illegible]
讀經法師即於[illegible]
阿佉尼　佉尼
世尊[illegible]

BD08557號　天地八陽神呪經

（2–2）

信解堅固了達空法深入禪定便集諸菩薩
及聲聞眾為說是經世間无有二乘而得滅
度唯一佛乘得滅度耳比丘當知如來方便
深入眾生之性知其志樂小法深著五欲為
是等故說於涅槃是人若聞則便信受譬如
五百由旬險難惡道曠絕无人怖畏之處若
有多眾欲過此道至珎寶處有一導師聰慧
明達善知險道通塞之相將導眾人欲過此
難所將人眾中路懈退白導師言我等疲極
而復怖畏不能復進前路猶遠今欲退還導
師多諸方便而作是念此等可愍云何捨大
珎寶而欲退還作是念已以方便力於險道
中過三百由旬化作一城告眾人言汝等勿
怖莫得退還今此大城可於中止隨意所作
若入是城快得安隱若能前至寶所亦可得
去是時疲極之眾心大歡喜歎未曾有我等
今者免斯惡道快得安隱於是眾人前入化
城生已度想生安隱想尒時導師知此人眾
既得止息无復疲倦即滅化城語眾人言汝
等去來寶處在近向者大城我所化作為止

BD08558號　妙法蓮華經卷三　（3–1）

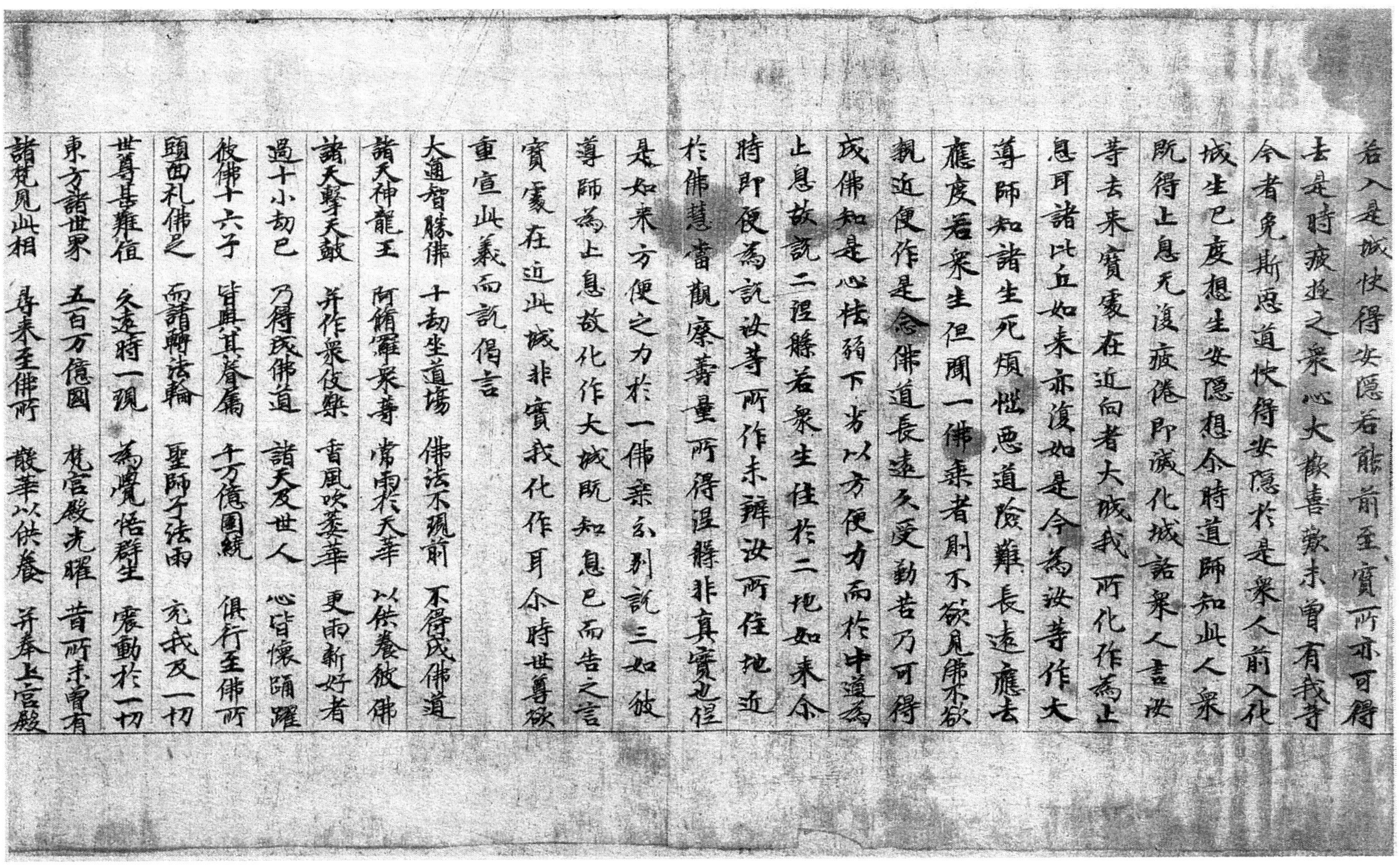

若入是城快得安隱若能前至寶所亦可得
去是時疲極之眾心大歡喜歎未曾有我等
今者免斯惡道快得安隱於是眾人前入化
城生已度想生安隱想尒時導師知此人眾
既得止息无復疲倦即滅化城語眾人言汝
等去來寶處在近向者大城我所化作為止
息耳諸比丘如來亦復如是今為汝等作大
導師知諸生死煩惱惡道險難長遠應去
應度若眾生但聞一佛乘者則不欲見佛不欲
親近便作是念佛道長遠久受勤苦乃可得
成佛知是心怯弱下劣以方便力而於中道為
止息故說二涅槃若眾生住於二地如來尒
時即便為說汝等所作未辦汝所住地近
於佛慧當觀察籌量所得涅槃非真實也但
是如來方便之力於一佛乘分別說三如彼
導師為止息故化作大城既知息已而告之言
寶處在近此城非實我化作耳尒時世尊欲
重宣此義而說偈言
大通智勝佛　十劫坐道場　佛法不現前　不得成佛道
諸天神龍王　阿脩羅眾等　常雨於天華　以供養彼佛
諸天擊天鼓　并作眾伎樂　香風吹萎華　更雨新好者
過十小劫已　乃得成佛道　諸天及世人　心皆懷踊躍
彼佛十六子　皆與其眷屬　千萬億圍繞　俱行至佛所
頭面禮佛足　而請轉法輪　聖師子法雨　充我及一切
世尊甚難值　久遠時一現　為覺悟群生　震動於一切
東方諸世界　五百萬億國　梵宮殿光曜　昔所未曾有
諸梵見此相　尋來至佛所　散華以供養　并奉上宮殿

BD08558號　妙法蓮華經卷三　（3–2）

過十小劫已　乃得成佛道　諸天及世人　心皆懷踊躍
彼佛十六子　皆與其眷屬　千万億圍繞　俱行至佛所
頭面礼佛足　而請轉法輪　聖師子法雨　充我及一切
世尊甚難值　久遠時一現　為覺悟群生　震動於一切
東方諸世界　五百万億國　梵宮殿光曜　昔所未曾有
諸梵見此相　尋來至佛所　散華以供養　并奉上宮殿
請佛轉法輪　以偈而讚歎　佛知時未至　受請嘿然坐
三方及四維　上下亦復尒　散華奉宮殿　請佛轉法輪
世尊甚難值　願以大慈悲　廣開甘露門　轉无上法輪
无量慧世尊　受彼衆人請　為宣種種法　四諦十二緣
无明至老死　皆從生緣有　如是衆過患　汝等應當知
宣暢是法時　六百万億姟　得盡諸苦際　皆成阿羅漢
第二說法時　千万恒沙衆　於諸法不受　亦得阿羅漢
從是後得道　其數无有量　万億劫筭數　不能得其邊
時十六王子　出家作沙弥　皆共請彼佛　演說大乘法
我等及營從　皆當成佛道　願得如世尊　慧眼第一淨
佛知童子心　宿世之所行　以无量因緣　種種諸譬喻
說六波羅蜜　及諸神通事　分別真實法　菩薩所行道
說是法華經　如恒河沙偈　彼佛說經已　靜室入禪定
一心一處坐　八万四千劫　是諸沙弥等　知佛禪未出
為无量億衆　說佛无上慧　各各坐法座　說是大乘經

BD08558 號　妙法蓮華經卷三　（3–3）

我等共出家　俱離光明闇　我等今共往　涅槃安隱城
生死苦惱衆　處於有稠林　云何而獨往　趣於甘露迹
汝等於今者　云何盡涅槃　汝若欲涅槃　我亦共汝去
尒時瞿曇弥與五百比丘尼從坐而起離於
本處即與住處神別我今於家後與屋別
去天神言汝欲何去時比丘尼言我欲詣彼
不老不死无病无苦及愛憎處亦无受別
離我欲往至涅槃處時諸凡夫比丘尼即時發
聲嗚呼怪哉一刹那頃比丘尼僧坊皆悉虛空
譬如空中星流滅於四方瞿曇弥比丘尼與
五百比丘尼俱共往去如恒伽河與五百河
俱入大海尒時優婆夷頂礼瞿曇弥足願
當憐愍莫捨我等諸比丘尼安慰諸優婆
夷汝等今者非是憂時即說偈言
我等已離苦　斷集之繫縛　以循八正道　得證於滅諦
所作事已辦　汝等莫憂惱　是佛衆未闕　手足法藏住
世尊在於世　我當入涅槃　憍陳如比丘　及以阿㝹等

BD08559 號　大莊嚴論經卷一四　（2–1）

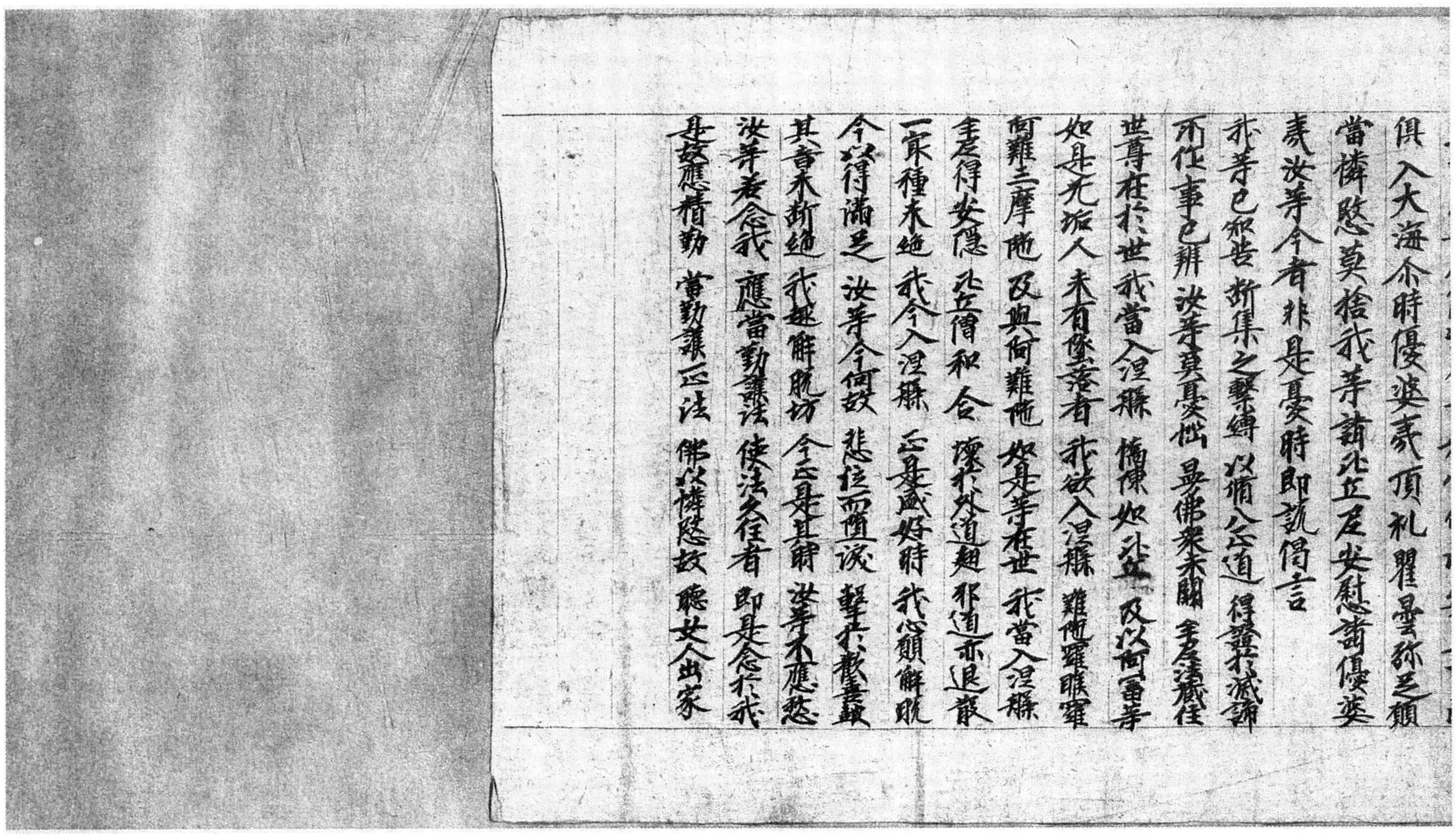
俱入大海尒時優婆夷頂礼瞿曇弥足願
當憐愍莫捨我等諸比丘尼安慰諸優婆
夷汝等今者非是憂時即說偈言
我等已知苦　斷集之繫縛　以脩八正道　得證於滅諦
所作事已辦　汝等莫憂惱　是佛衆末關　手足法藏住
世尊在於世　我當入涅槃　憍陳如比丘　及以阿濕卑
如是無垢人　未有除落者　我欲入涅槃　難陀羅睺羅
阿難三摩陀　及與阿難陀　如是等在世　我當入涅槃
生老得安隱　比丘僧和合　壞於外道趣　邪道亦退散
一衆種未絕　我今入涅槃　正是盛好時　我心願解脫
今得滿足　汝等今何故　悲泣而懊惱　擊於歡喜鼓
其音未斷絕　我越解脫坊　今正是其時　汝等不應愁
汝等當念我　應當勤護法　使法久住者　即是念於我
是故應精勤　當勤護正法　佛以憐愍故　聽女人出家

BD08559 號　大莊嚴論經卷一四　（2–2）

大莊嚴論卷第十五
大大大莊莊莊
大莊嚴論經卷第七
瑜伽師地論卷

BD08559 號背　雜寫　（1–1）

故若一切智智清淨若苦聖諦清淨若勝義
空清淨無二無二分無別無斷故一切智智
清淨故集滅道聖諦清淨集滅道聖諦清
淨故勝義空清淨何以故若一切智智清淨若
集滅道聖諦清淨若勝義空清淨無二無二
分無別無斷故善現一切智智清淨故四靜
慮清淨四靜慮清淨故勝義空清淨何以故
若一切智智清淨若四靜慮清淨若勝義空
清淨無二無二分無別無斷故一切智智清
淨故四無量四無色定清淨四無量四無色
定清淨故勝義空清淨何以故若一切智智
清淨若四無量四無色定清淨若勝義空清
淨無二無二分無別無斷故善現一切智智清
淨故八解脫清淨八解脫清淨故勝義空
清淨何以故若一切智智清淨若八解脫清
淨若勝義空清淨無二無二分無別無斷故
一切智智清淨故八勝處九次第定十遍處
清淨八勝處九次第定十遍處清淨故勝義
空清淨何以故若一切智智清淨若八勝處

BD08560號　大般若波羅蜜多經卷二五〇　（3–1）

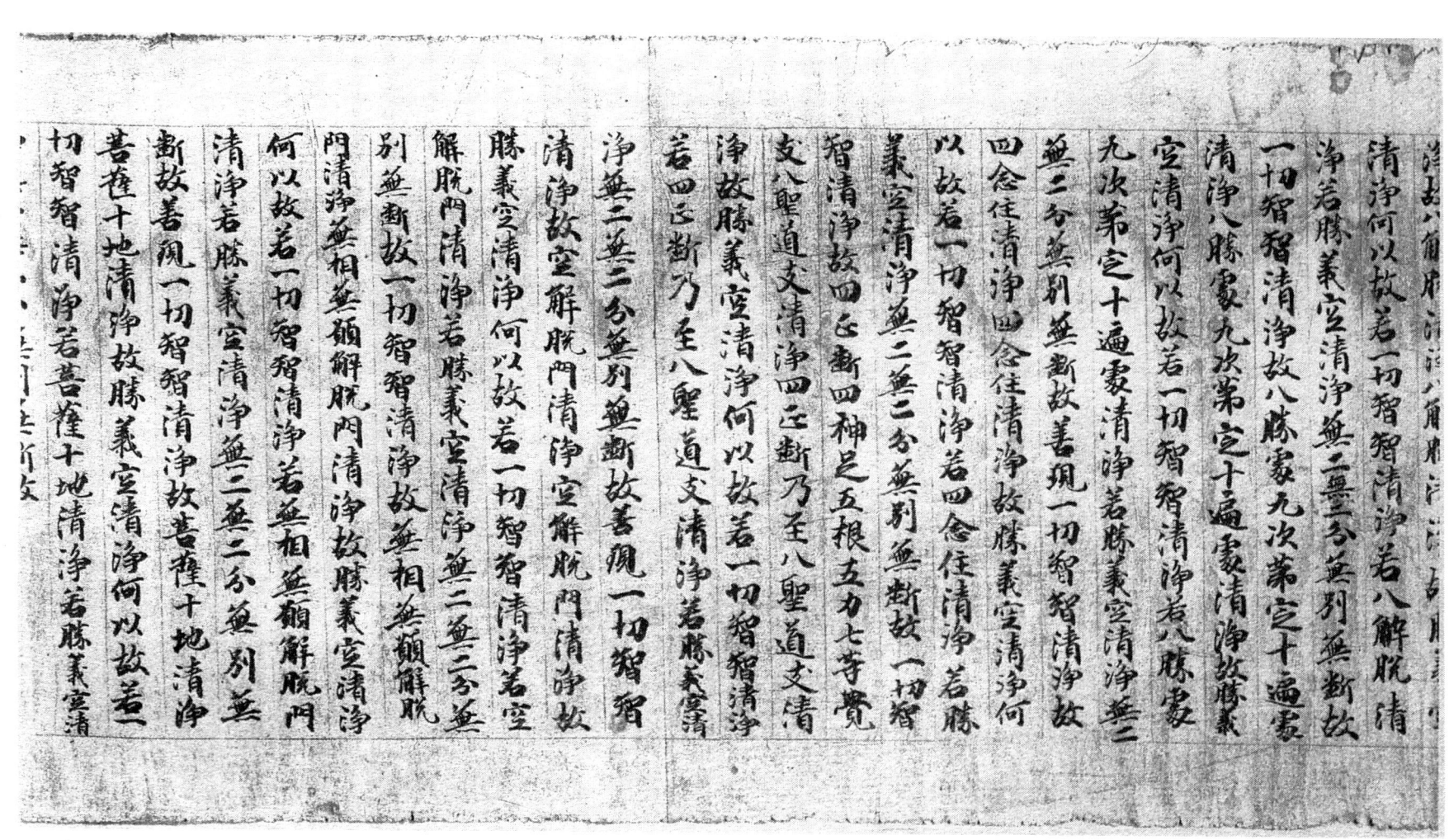

淨故八解脫清淨八解脫清淨故勝義空
清淨何以故若一切智智清淨若八解脫清
淨若勝義空清淨無二無二分無別無斷故
一切智智清淨故八勝處九次第定十遍處
清淨八勝處九次第定十遍處清淨故勝義
空清淨何以故若一切智智清淨若八勝處
九次第定十遍處清淨若勝義空清淨無二
無二分無別無斷故善現一切智智清淨故
四念住清淨四念住清淨故勝義空清淨何
以故若一切智智清淨若四念住清淨若勝
義空清淨無二無二分無別無斷故一切智
智清淨故四正斷四神足五根五力七等覺
支八聖道支清淨四正斷乃至八聖道支清
淨故勝義空清淨何以故若一切智智清淨
若四正斷乃至八聖道支清淨若勝義空清
淨無二無二分無別無斷故善現一切智智
清淨故空解脫門清淨空解脫門清淨故
勝義空清淨何以故若一切智智清淨若空
解脫門清淨若勝義空清淨無二無二分無
別無斷故一切智智清淨故無相無願解脫
門清淨無相無願解脫門清淨故勝義空清淨
何以故若一切智智清淨若無相無願解脫門
清淨若勝義空清淨無二無二分無別無
斷故善現一切智智清淨故菩薩十地清淨
菩薩十地清淨故勝義空清淨何以故若一
切智智清淨若菩薩十地清淨若勝義空清
……無別無斷故

BD08560號　大般若波羅蜜多經卷二五〇　（3–2）

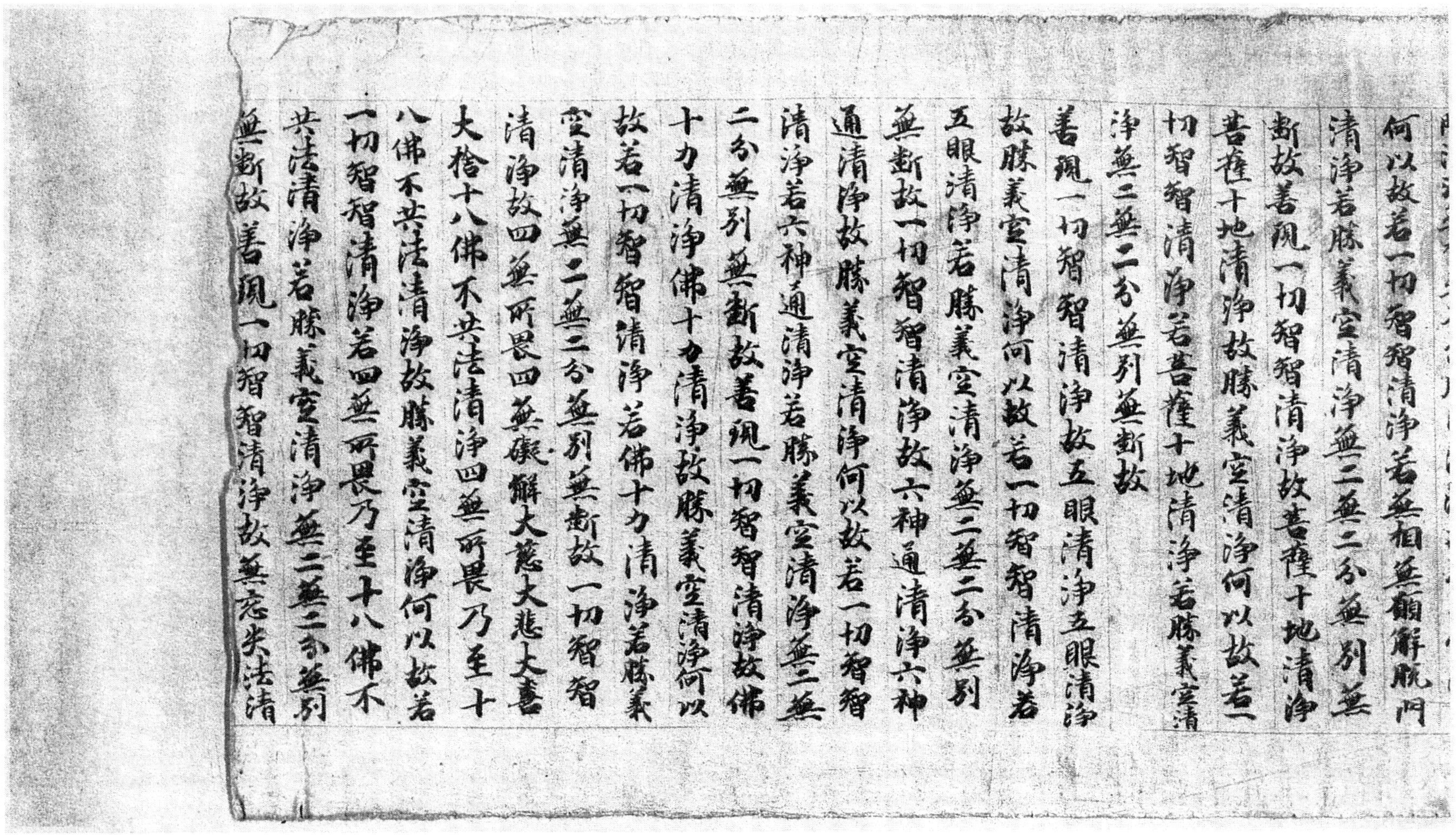

何以故若一切智智清淨若無相無願解脫門
清淨若勝義空清淨無二無二分無別無
斷故善現一切智智清淨故菩薩十地清淨
菩薩十地清淨故勝義空清淨何以故若一
切智智清淨若菩薩十地清淨若勝義空清
淨無二無二分無別無斷故
善現一切智智清淨故五眼清淨五眼清淨
故勝義空清淨何以故若一切智智清淨若
五眼清淨若勝義空清淨無二無二分無別
無斷故一切智智清淨故六神通清淨六神
通清淨故勝義空清淨何以故若一切智智
清淨若六神通清淨若勝義空清淨無二無
二分無別無斷故善現一切智智清淨故佛
十力清淨佛十力清淨故勝義空清淨何以
故若一切智智清淨若佛十力清淨若勝義
空清淨無二無二分無別無斷故一切智智
清淨故四無所畏四無礙解大慈大悲大喜
大捨十八佛不共法清淨四無所畏乃至十
八佛不共法清淨故勝義空清淨何以故若
一切智智清淨若四無所畏乃至十八佛不
共法清淨若勝義空清淨無二無二分無別
無斷故善現一切智智清淨故無忘失法清

BD08560 號　大般若波羅蜜多經卷二五〇　（3–3）

令得涅槃
一心方
故號調御天人師
三四二五理圓明
修者咸到無為岸
能除熱惱蠲眾病
隨機引導非強力
八輩上人能離染
永斷無始相纏縛
隨佛一代弘真教
各稱本緣行化已　灰身滅智寂無生
稽首總敬三寶尊　是謂正因能普濟
生死迷愚鎮沉溺　咸令出離至菩提
生者皆歸死　容顏盡變衰　強力病所侵　無能免斯者
假使妙高山　劫盡皆壞散　大海深無底　亦復皆枯竭
大地及日月　時至皆歸盡　未曾有一事　不被無常吞
上至非想處　下至轉輪王　七寶鎮隨身　千子常圍繞
如其壽命盡　須臾不暫停　還漂死海中　隨緣受眾苦
循環三界內　猶如汲井輪　亦如蠶作繭　吐絲還自纏

BD08561 號　無常經　（4–1）

假使妙高山　劫盡皆壞散　大海深無底　亦復皆枯竭
大地及日月　時至皆歸盡　未曾有一事　不被無常吞
上生非相處　下至轉輪王　七寶鎮隨身　千子常圍繞
如其壽命盡　須臾不暫停　還漂死海中　隨緣受眾苦
循環三界內　猶如汲井輪　亦如蠶作繭　吐絲還自纏
無上諸世尊　獨覺聲聞眾　尚捨無常身　何況諸凡夫
父母及妻子　兄弟并眷屬　目觀生死隔　云何不愁歎
是故勸諸人　諦聽真實法　共捨無常處　當行不死門
佛教如甘露　除熱得清涼　一心應善聽　能滅諸煩惱
如是我聞一時薄伽梵在室羅伐城逝多林
給孤獨園爾時佛告諸苾芻有三種法於諸
世間是不可愛是不光澤是不可念是不稱
意何者為三謂老病死汝諸苾芻此老病死
於諸世間實不可愛實不光澤實不可念實
不稱意若老病死世間無者如來應正等覺
不出現於世為諸眾生說所證法及調伏事
是故應知此老病死於諸世間是不可愛是
不光澤是不可念是不稱意由此三事如來
應正等覺出現於世為諸眾生說所證法
及調伏事爾時世尊重說頌曰
外事莊綵咸歸壞　內身衰變亦同然
唯有勝法不滅亡　諸有智人應善察
此老病死皆共嫌　形儀醜惡極可厭
少年容貌暫時住　不久咸悉見枯羸
假使壽命滿百年　終歸不免無常逼
老病死苦常隨逐　恒與眾生作無利

BD08561號　無常經　（4–2）


外事莊綵咸歸壞　內身衰變亦同然
唯有勝法不滅亡　諸有智人應善察
此老病死皆共嫌　形儀醜惡極可厭
少年容貌暫時住　不久咸悉見枯羸
假使壽命滿百年　終歸不免無常逼
老病死苦常隨逐　恒與眾生作無利

爾時世尊說是經已諸苾芻眾天龍藥叉
揵闥婆阿蘇羅等皆大歡喜信受奉行
常求諸欲境　不行於善事　云何保形命　不見死來侵
命根氣欲盡　支節悉分離　眾苦與死俱　此時徒歎恨
兩目俱翻上　死刀隨業下　意想並慞惶　無能相救濟
長喘連胸急　短氣喉中乾　死王催伺命　親屬徒相守
諸識皆昏昧　行入險城中　親知咸棄捨　任彼繩牽去
將至琰魔王　隨業而受報　勝因生善道　惡業墮泥犁
明眼無過慧　黑闇不過癡　病不越怨家　大怖無過死
有生皆必死　造罪苦切身　當勤策三業　恒修於福智
眷屬皆捨去　財貨任他將　但持自善根　險道充糧食
譬如路傍樹　暫息非久停　車馬及妻兒　不久皆如是
譬如群宿鳥　夜聚旦隨飛　死去別親知　乖離亦如是
唯有佛菩提　是真歸仗處　依經我略說　智者善應思
天阿蘇羅藥叉等　來聽法者應至心
擁護佛法使長存　各各勤行世尊教
諸有聽徒來至此　或在地上或居空
常於人世起慈心　日夜自身依法住
願諸世界常安隱　無邊福智益群生
所有罪業並消除　遠離眾苦歸圓寂
恒用戒香塗瑩體　常持定服以資身

BD08561號　無常經　（4–3）

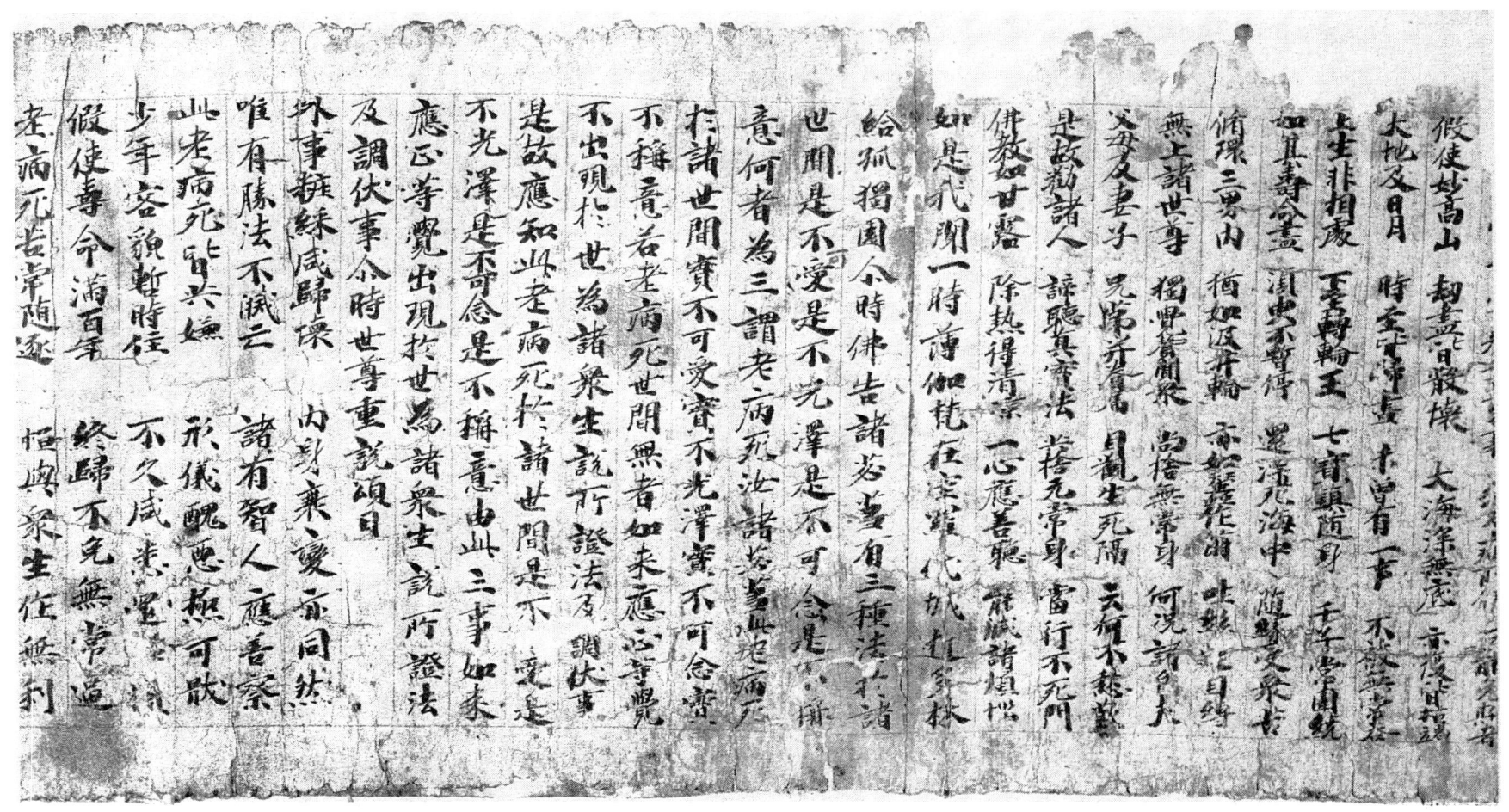

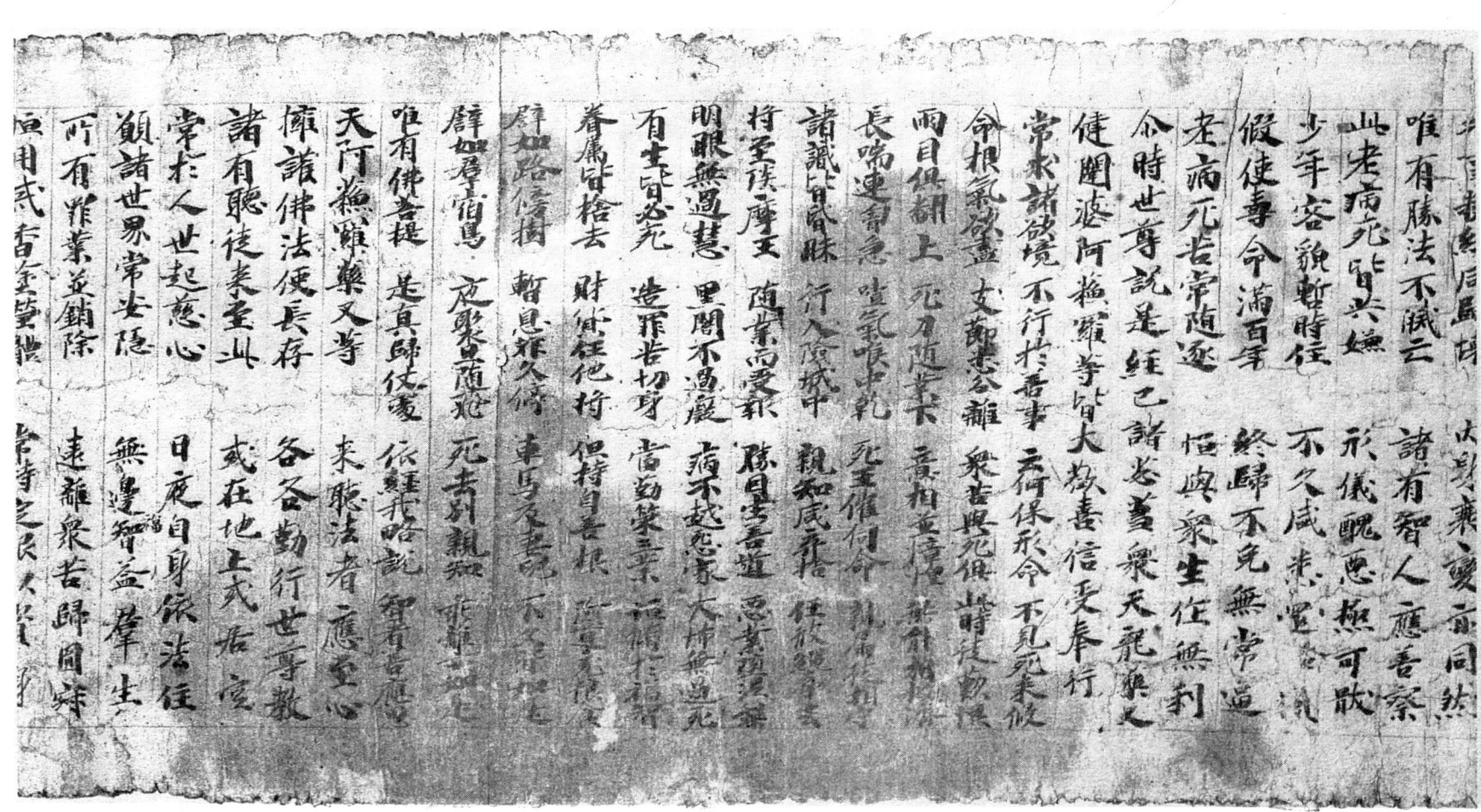

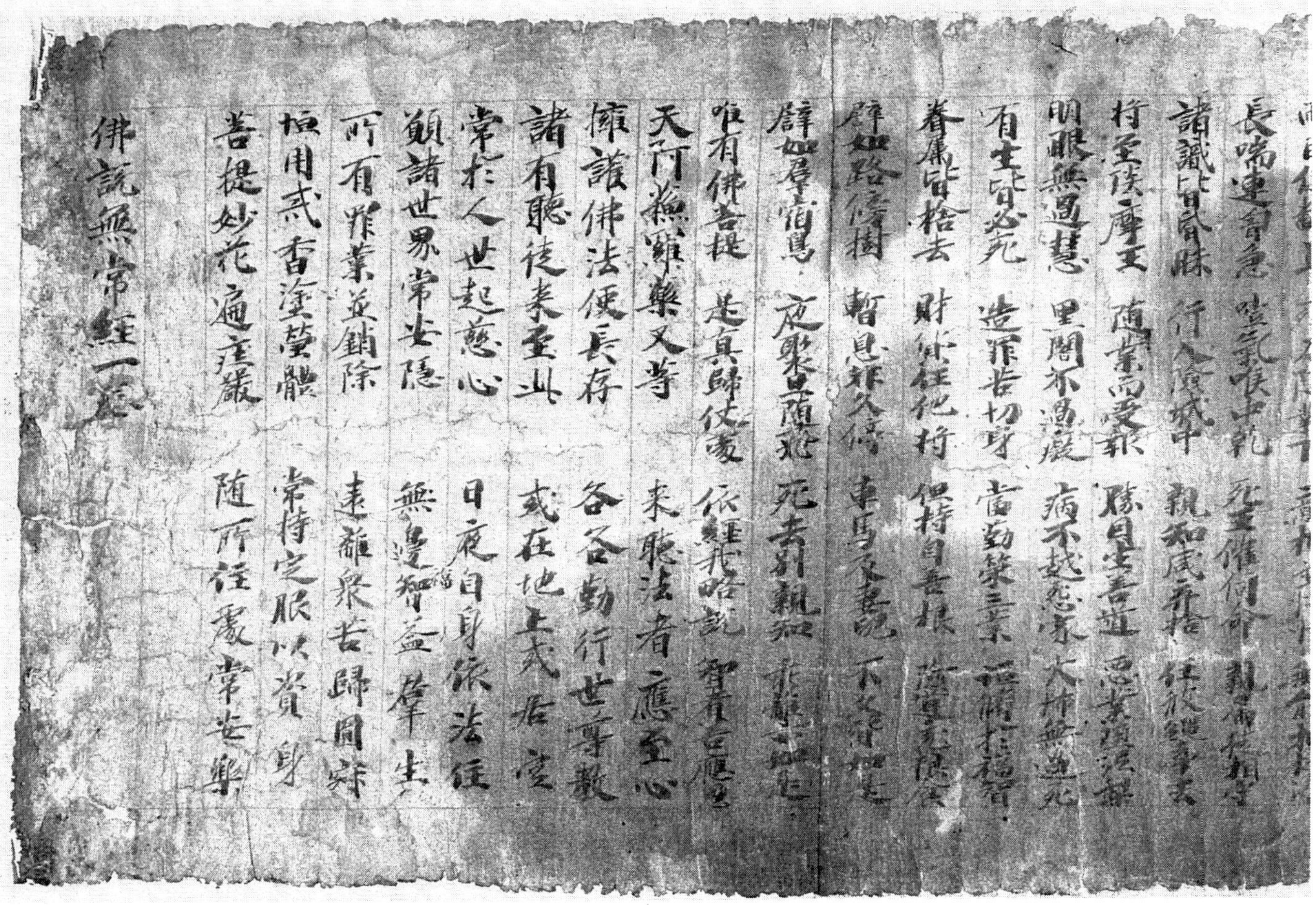

長喘連聲急　喉氣喉中乾　死王催伺命　親屬徒相守
諸識皆昏昧　行入險城中　親知咸棄捨　任彼繩牽去
將至琰魔王　隨業而受報　勝因生善道　惡業墮泥犁
明眼無過慧　黑闇不過癡　病不越怨家　大怖無過死
有生皆必死　造罪苦切身　當勤策三業　恒修於福智
眷屬皆捨去　財貨任他將　但持自善根　險道充糧食
譬如路傍樹　暫息非久停　車馬及妻兒　不久皆如是
譬如群宿鳥　夜聚旦隨飛　死去別親知　乖離亦如是
唯有佛菩提　是真歸仗處　依經我略說　智者善應思
天阿蘇羅藥叉等　來聽法者應至心
擁護佛法使長存　各各勤行世尊教
諸有聽徒來至此　或在地上或居空
常於人世起慈心　日夜自身依法住
願諸世界常安隱　無邊智福益群生
所有罪業並消除　遠離衆苦歸圓寂
恒用戒香塗瑩體　常持定服以資身
菩提妙花遍莊嚴　隨所住處常安樂
佛說無常經一卷

BD08561 號　無常經　（4–4）

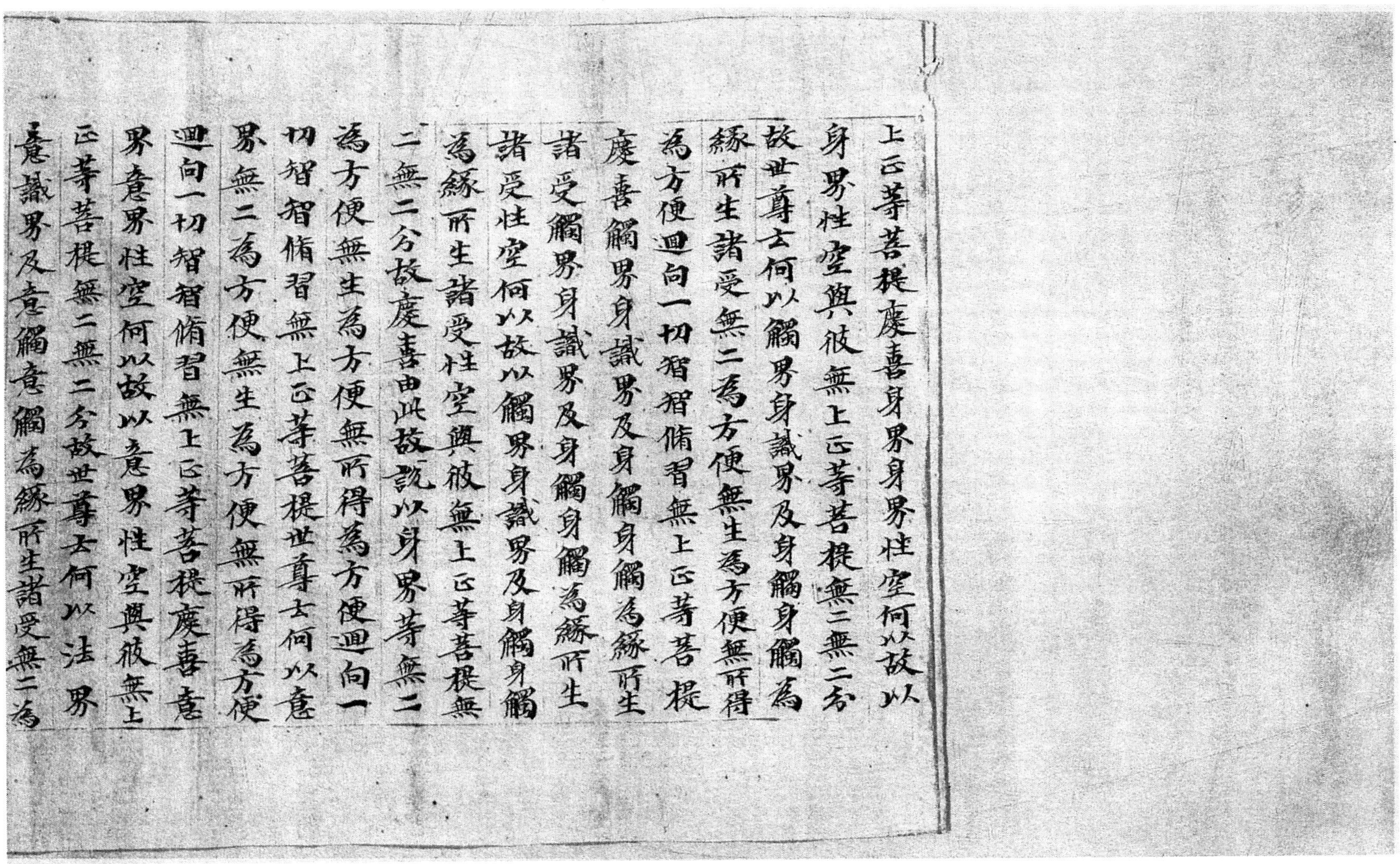

上正等菩提慶喜身界身界性空何以故以
身界性空與彼無上正等菩提無二無二分
故世尊云何以觸界身識界及身觸身觸為
緣所生諸受無二為方便無生為方便無所得
為方便迴向一切智智修習無上正等菩提
慶喜觸界身識界及身觸身觸為緣所生
諸受觸界身識界及身觸身觸為緣所生
諸受性空何以故以觸界身識界及身觸身觸
為緣所生諸受性空與彼無上正等菩提無
二無二分故慶喜由此故說以身界等無二
為方便無生為方便無所得為方便迴向一
切智智修習無上正等菩提世尊云何以意
界無二為方便無生為方便無所得為方便
迴向一切智智修習無上正等菩提慶喜意
界意界性空何以故以意界性空與彼無上
正等菩提無二無二分故世尊云何以法界
意識界及意觸意觸為緣所生諸受無二為

BD08562 號　大般若波羅蜜多經（兑廢稿）卷一一六　（2–1）

兌　自知大好

為方便無生為方便無所得為方便迴向一
切智智脩習無上正等菩提世尊云何以意
界無二為方便無生為方便無所得為方便
迴向一切智智脩習無上正等菩提慶喜意
界意界性空何以故以意界性空與彼無上
正等菩提無二無二分故世尊云何以法界
意識界及意觸意觸為緣所生諸受無二為
方便無生為方便無所得為方便迴向一切智
智脩習無上正等菩提慶喜法界意識界及
意觸意觸為緣所生諸受性空何以故以法
界意識界及意觸意觸為緣所生諸受性
空與彼無上正等菩提無二無二分故慶喜由
此故說以意界等無二為方便無生為方便
無所得為方便迴向一切智智脩習無上正
等菩提
世尊云何以地界無二為方便無生為方便

BD08562 號　大般若波羅蜜多經（兌廢稿）卷一一六　（2–2）

……號有得聞者或自……
……尼曰　南謨薄伽
耶十　怛姪他唵七　薩婆桑悉迦囉
輸底十三　摩訶娜耶十四　波唎婆唎莎訶十五
八名號若有自書或使人書為經卷受持讀誦如壽
後得往生无量福智世界无量壽淨土陀羅尼曰
南謨……阿喻紇硯娜三　須毗你斯指陀四　囉佐耶五　怛他羯他耶六　怛姪他唵七　薩
婆桑悉迦囉八　鉢唎輸底九　達磨底十　伽迦娜十一　莎訶某特迦底十二　莎婆婆毗輸底十三　摩訶娜
耶十四　波唎婆灑莎訶十五　尒時有九十九姟佛等一時同聲說是
无量壽宗要經陀羅尼曰　南謨薄伽勃底一　阿波唎蜜哆二　阿喻紇硯娜三
須毗你悉指陀四　囉佐耶五　怛他羯他耶六　怛姪他唵七　薩婆桑悉迦囉八　波唎輸底九　達磨底十
伽迦娜十一　莎訶某特迦底十二　莎婆婆毗輸底十三　摩訶娜耶十四　波唎婆唎莎訶十五
尒時復有一百四姟佛一時同聲說是无量壽宗要經陀羅尼曰
南謨薄伽勃底一　阿波唎蜜哆二　阿喻紇硯娜三　須毗你悉指陀四　囉佐耶五　怛他羯他耶六　怛姪他唵七
薩婆桑悉迦囉八　波唎輸底九　達磨底十　伽迦娜十一　莎訶某特迦底十二　薩婆婆毗輸底十三　摩
訶娜耶十四　波唎婆灑莎訶十五　尒時復有七姟佛一時同聲說是

BD08563 號　無量壽宗要經　（5–1）

[illegible]
等罪莫問心壞相狀但是三道皆重略明犯之分齊
四分云若爲惡象強捉但使三時無樂不犯覺樂犯　律云死
屍半壞多分壞及骨間行不淨偷蘭　若僧尼可想教作者
能教犯蘭不作吉下三衆作不作俱吉作者滅擯爲異不犯者
若睡眠無使覺知謂惡夫不受樂　謂閑惡家封造他境　一切無有婬意無
染惡心並不犯　具緣成犯　緣闕蘭　第二盜戒　仏在羅閱城檀尼迦造
屋因取王家木諸俗譏嫌因茲制戒　用王制五錢犯境之
中謂六塵六大有主之物他所攝護非理致損斯成犯
法若無主物及已以物謂緣差境棄心想差持華有盜
取之心而前盜境並不結犯　推本心方便何名無主物
見云作惡事父母逐去後時父母死者是物無主用
無罪　二國中間兩邊封相其間空地有物是名無主
犯相中具六緣　一有主物　二有主想　三有盜心　四重物　五興
方便　六離本處便犯　盜仏物者　一往仏邊　二從邪田於物
無我所心　無病善故得偷蘭　以同非人物天神侵衣等亦
偷蘭　謂無守護主　有守護主計直犯重　盜法物者盜經卷
計紙墨書功滿五錢犯重　十誦借經抵而不還令主生疑者偷蘭
盜僧物者有護主者結重　護主自盜亦重　僧有四種　一者上下坐衆
僧廚庫寺舍衆具花菓樹林田園僕畜等體通十方可分
用　望衆僧結　祇云僧物從一切僧集亦不得分一向入重　二者
十方常住如僧家供僧常食體通十方唯局本處若有
護主重同共盜損蘭　祇云若持僧長食還房蘭　見云若
取僧物如已物行用與人得蘭　唯共護僧食也　若盜心取多少是名大
賊　准似有主　薩婆多　善見無主　二種　云不打鍾食僧食犯盜
打鍾還時而食者前僧所食隨有五錢皆夷　三者現
前盜此物望本主結重　若多人共物一人守護亦望護
主結　四者十方現前如亡五衆輕物也　若未羯磨從
方僧得罪輕　計人不滿五錢犯蘭　若已羯磨望現前僧得重　有說
論四分云四方僧物若僧若衆多人若一人不應分不

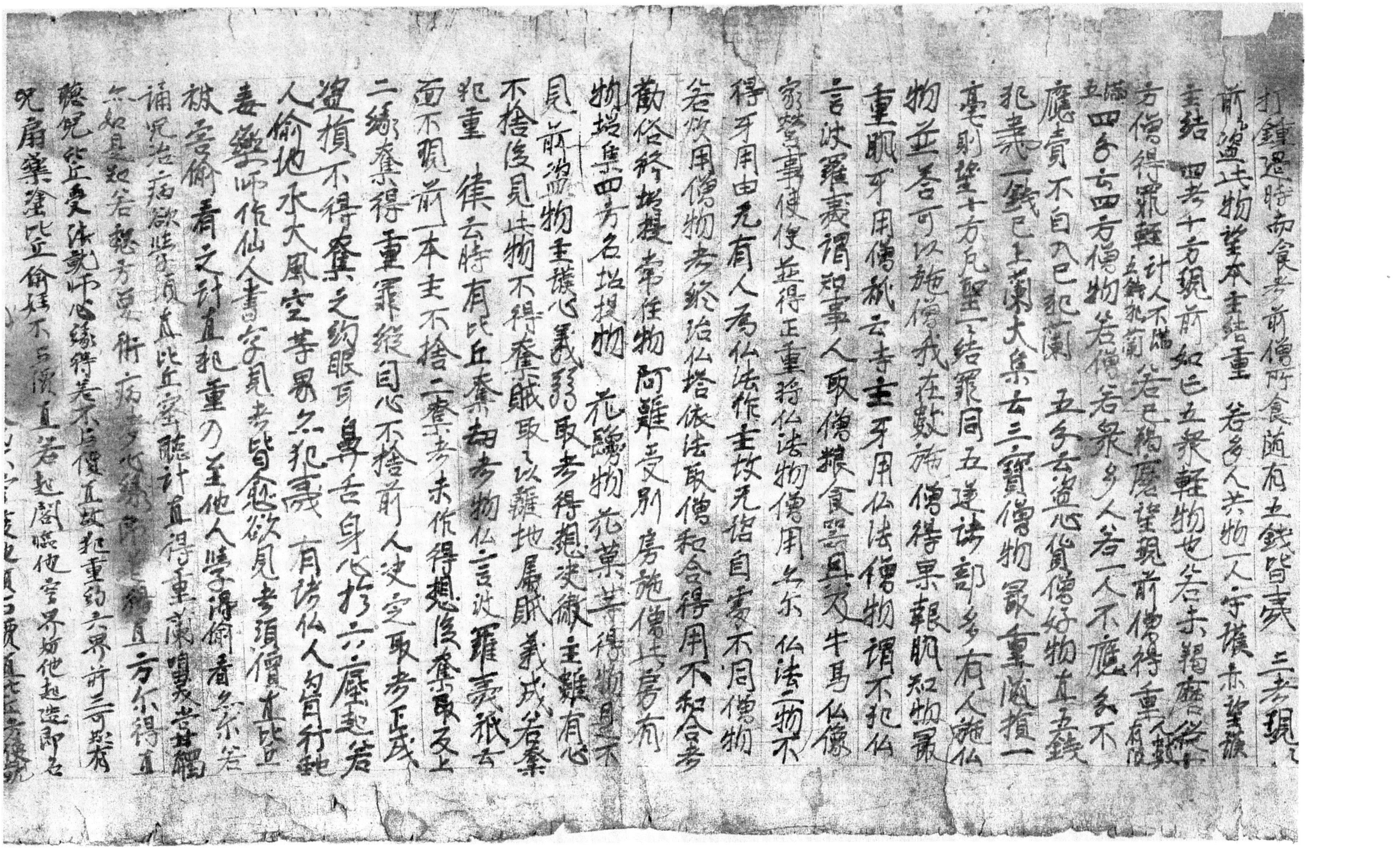

BD08565號　四波羅夷略疏（擬）　（4–3）

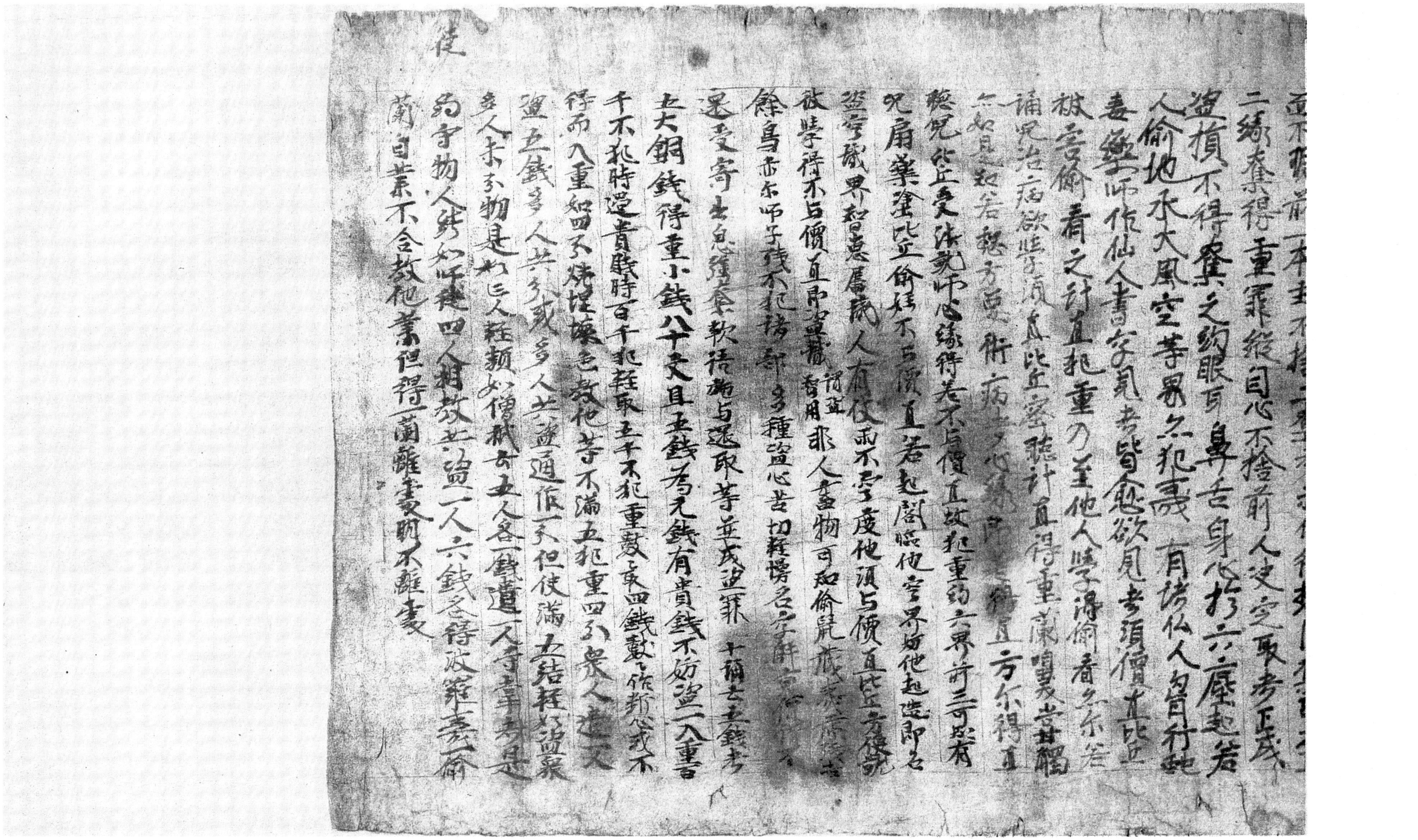

二緣奪得重罪縱自心不捨前人定失定取者正成
盜損不得奪之物眼耳鼻舌身心於六塵起若
人偷地水火風空等界亦犯重 有誘仙人自言符地
毒藥師作仙人書字見者皆愈欲見者須價直比丘
祓吉偷看之計直犯重乃至他人學得偷看亦爾若
誦咒治病欲學咒直比丘密聽計直得重蘭[illegible]
亦如是知若聽方與術病[illegible]得直方亦得直
聽咒比丘受法咒師心緣得若不與價直故犯重約六界前三可然有
咒扇藥塗比丘偷得不與價直若起闇賊他空界妨他起造即名
盜學識界智慧屬識人有伎而不受度他須與價直比丘盜學便犯
被學得不與價直即盜罪 問盜智用非人畜物可知偷鼠藏[illegible]
餘鳥亦亦啄子錢不犯諸部多種盜心並切經增名字[illegible]
遝受寄去息撥奪歛語施與遠取等並成盜罪 十誦云五錢者
五大銅錢得重小錢八十文且五錢為元錢有貴錢不妨盜一入重言
千不犯時還貴賤時百千犯輕取五千不犯重數之東四錢數之作折心或不
得而入重如四不燒埋壞之教他等不滿五犯重四不衆人造又
盜五錢多人共分或多人共盜通作一分但使滿五結輕以盜衆
多人未分物是他已人輕類如僧祇云五人各一錢遣一人守者是
知守物人然如所遣四人相教共盜一人六錢各得波羅夷一偷
蘭自業不合教他業但得一蘭餘者要明不離處
徒

大乘無量壽經
聞一時薄伽梵在舍衛國祇樹給孤獨園與大苾蒭僧千二百五十人大菩薩
摩訶薩眾俱會爾時世尊告曼殊室利童子曼殊上方有世界名無量功德聚
彼土有佛號無量智決定王如來阿耨多羅三藐三菩提現為眾生開示說法曼殊諦
聽閻浮提人壽命大限百年於中夭枉橫死者眾曼殊如是無量壽如來功德稱
讚若有眾生得聞名號若自書或使人書能為經卷受持讀誦若於舍宅所住之處以
種種花鬘瓔珞塗香末香而為供養如其命盡復得延年滿足百歲如是曼殊若有眾生得
聞名號是無量壽智決定王如來一百八名號者益其長壽若有眾生大命將盡憶念是如來名
號更得增壽如是曼殊若有善男子善女人欲求長命於是無量壽如來一百八名號有得聞
者或自書若使人書受持讀誦得如是等果報福得具足陀羅尼曰　南謨薄伽勃底一　阿波唎蜜
多二　阿喻紇硯娜三　須毗你悉指陀四　羅佐耶五　怛他羯他耶六　怛姪他唵七　薩婆桑悉迦羅八　波唎輸底九　達磨底十
伽迦娜十一　苐訶芋持迦底十二　薩婆娑毗輸底十三　摩訶娜耶十四　波唎婆麗莎訶十五　世尊復告曼殊室
利如是如來一百八名號若有自書或使人書能為經卷受持讀誦如壽命盡復滿百年壽終
此身後得往生無量福智世界無量壽淨土陀羅尼曰　南謨薄伽勃底一　阿波唎蜜多二　阿喻紇
硯娜三　須毗你悉指陀四　羅佐耶五　怛他羯他耶六　怛姪他唵七　薩婆桑悉迦羅八　波唎輸底九　達磨底十　伽迦娜十一
苐訶芋持迦底十二　薩婆娑毗輸底十三　摩訶娜耶十四　波唎婆麗莎訶十五　爾時復有九俱胝佛一時同聲說
是無量壽宗要經陀羅尼曰　南謨薄伽勃底一　阿波唎蜜多二　阿喻紇硯娜三　須毗你悉指陀四　羅
佐耶五　怛他羯他耶六　怛姪他唵七　薩婆桑悉迦羅八　波唎輸底九　達磨底十　伽迦娜十一　苐訶芋持迦底十二　薩婆
娑毗輸底十三　摩訶娜耶十四　波唎婆麗莎訶十五　爾時復有一百四俱胝佛一時同聲說是無量壽宗要經

BD08566號　無量壽宗要經　（3–1）

此身後得往生無量福智世界無量壽淨土陀羅尼曰　南謨薄伽勃底一　阿波唎蜜多二　阿喻紇
硯娜三　須毗你悉指陀四　羅佐耶五　怛他羯他耶六　怛姪他唵七　薩婆桑悉迦羅八　波唎輸底九　達磨底十　伽迦娜十一
苐訶芋持迦底十二　薩婆娑毗輸底十三　摩訶娜耶十四　波唎婆麗莎訶十五　爾時復有九俱胝佛一時同聲說
是無量壽宗要經陀羅尼曰　南謨薄伽勃底一　阿波唎蜜多二　阿喻紇硯娜三　須毗你悉指陀四　羅
佐耶五　怛他羯他耶六　怛姪他唵七　薩婆桑悉迦羅八　波唎輸底九　達磨底十　伽迦娜十一　苐訶芋持迦底十二　薩婆
娑毗輸底十三　摩訶娜耶十四　波唎婆麗莎訶十五　爾時復有一百四俱胝佛一時同聲說是無量壽宗要經
陀羅尼曰　南謨薄伽勃底一　阿波唎蜜多二　阿喻紇硯娜三　須毗你悉指陀四　羅佐耶五　怛他羯他耶六　怛姪他唵七
薩婆桑悉迦羅八　波唎輸底九　達磨底十　伽迦娜十一　苐訶芋持迦底十二　薩婆娑毗輸底十三　摩訶娜耶十四　波唎婆麗
莎訶十五　爾時復有六十五俱胝佛一時同聲說是無量壽宗要經陀羅尼曰
南謨薄伽勃底一　阿波唎蜜多二　阿喻紇硯娜三　須毗你悉指陀四　羅佐耶五　怛他羯他耶六　怛姪他唵七　薩婆桑悉迦羅八
波唎輸底九　達磨底十　伽迦娜十一　苐訶芋持迦底十二　薩婆娑毗輸底十三　摩訶娜耶十四　波唎婆麗莎訶十五
爾時復有五十五俱胝佛一時同聲說是無量壽宗要經陀羅尼曰　南謨薄伽勃底一　阿波唎
蜜多二　阿喻紇硯娜三　須毗你悉指陀四　羅佐耶五　怛他羯他耶六　怛姪他唵七　薩婆桑悉迦羅八　波唎輸底九　達磨底十
伽迦娜十一　苐訶芋持迦底十二　薩婆娑毗輸底十三　摩訶娜耶十四　波唎婆麗莎訶十五
爾時復有四十五俱胝佛一時同聲說是無量壽宗要經陀羅尼曰　南謨薄伽勃底一　阿波唎蜜
多二　阿喻紇硯娜三　須毗你悉指陀四　羅佐耶五　怛他羯他耶六　怛姪他唵七　薩婆桑悉迦羅八　波唎輸底九　達磨底十
伽迦娜十一　苐訶芋持迦底十二　薩婆娑毗輸底十三　摩訶娜耶十四　波唎婆麗莎訶十五　爾時復有三十五俱
胝佛一時同聲說是無量壽宗要經陀羅尼曰　南謨薄伽勃底一　阿波唎蜜多二　阿喻紇硯娜三
須毗你悉指陀四　羅佐耶五　怛他羯他耶六　怛姪他唵七　薩婆桑悉迦羅八　波唎輸底九　達磨底十　伽迦娜十一　苐訶芋
持迦底十二　薩婆娑毗輸底十三　摩訶娜耶十四　波唎婆麗莎訶十五　爾時復有二十五俱胝佛一時同聲說是
無量壽宗要經陀羅尼曰　南謨薄伽勃底一　阿波唎蜜多二　阿喻紇硯娜三　須毗你悉指陀四　羅佐
耶五　怛他羯他耶六　怛姪他唵七　薩婆桑悉迦羅八　波唎輸底九　達磨底十　伽迦娜十一　苐訶芋持迦底十二　薩婆娑
毗輸底十三　摩訶娜耶十四　波唎婆麗莎訶十五　爾時復有恒河沙俱胝佛一時同聲說是無量壽宗
要經陀羅尼曰　南謨薄伽勃底一　阿波唎蜜多二　阿喻紇硯娜三　須毗你悉指陀四　羅佐耶五　怛他羯他
耶六　怛姪他唵七　薩婆桑悉迦羅八　波唎輸底九　達磨底十　伽迦娜十一　苐訶芋持迦底十二　薩婆娑毗輸底十三　摩
訶娜耶十四　波唎婆麗莎訶十五　善男子若有自書寫教人書寫是無量壽宗要經如其命盡復得
長壽而滿百歲陀羅尼曰　南謨薄伽勃底一　阿波唎蜜多二　阿喻紇硯娜三　須毗你悉指陀四　羅佐耶五　怛
他羯他耶六　怛姪他唵七　薩婆桑悉迦羅八　波唎輸底九　達磨底十　伽迦娜十一　苐訶芋持迦底十二　薩婆娑毗輸底十三　摩
訶娜耶十四　波唎婆麗莎訶十五　若有自書寫教人書寫是無量壽宗要經受持讀誦畢竟不墮
[illegible]陀羅尼曰　南謨薄伽勃底一　阿波唎蜜多二　阿喻紇硯娜三　須毗你悉指陀四

BD08566號　無量壽宗要經　（3–2）

須毗你悉指陀 [illegible]
伽迦娜十一莎訶某特迦底十二薩婆婆毗輸底十三摩訶娜耶十四波唎婆囉莎訶十五
尒時復有一百四姟佛一時同聲說是无量壽宗要經陁羅尼曰
南謨薄伽勃底一阿波唎蜜多二阿喻紇硯娜三須毗你悉指陀四囉佐耶五怛他羯他耶六怛姪他唵七
薩婆桑悉迦囉八波唎輸底九達磨底十伽迦娜十一莎訶某特迦底十二薩婆婆毗輸底十三摩
訶娜耶十四波唎婆囉莎訶十五　尒時復有七姟佛一時同聲說是
无量宗要經陁羅尼曰　南謨薄伽勃底一阿波唎蜜多二阿喻紇硯娜三
須毗你悉指陀四囉佐耶五怛他羯他耶六怛姪他唵七薩婆桑悉迦囉八波唎輸底九達磨
底十伽迦娜十一莎訶某特迦底十二薩婆婆毗輸底十三摩訶娜耶十四波唎婆囉莎訶十五
尒時復有六十五姟佛一時同聲說是无量壽宗要經陁羅尼曰　南謨薄伽勃底一
阿波唎蜜多二阿喻紇硯娜三須毗你悉指陀四囉佐耶五怛他羯他耶六怛姪他唵七薩婆桑悉迦囉八波
唎輸底九達磨底十伽迦娜十一莎訶某特迦底十二薩婆婆毗輸底十三摩訶娜耶十四波唎婆囉莎訶十五
尒時復有五十五姟佛一時同聲說是无量壽宗要經陁羅尼曰
南謨薄伽勃底一阿波唎蜜多二阿喻紇硯娜三須毗你悉指陀四囉佐耶五怛他羯他耶六怛姪他唵七
薩婆桑悉迦囉八波唎輸底九達磨底十伽迦娜十一莎訶某特迦底十二薩婆婆毗輸底十三摩訶娜
耶十四波唎婆囉莎訶十五　尒時復有四十五姟佛一時同聲說是无量
壽宗要經陁羅尼曰　南謨薄伽勃底一阿波唎蜜多二阿喻紇硯娜三
須毗你悉指陀四囉佐耶五怛他羯他耶六怛姪他唵七薩婆桑悉迦囉八波唎輸底九達磨
底十伽迦娜十一莎訶某特迦底十二薩婆婆毗輸底十三摩訶娜耶十四波唎婆囉莎訶十五
尒時復有三十六姟佛一時同聲說是无量壽宗要經陁羅尼曰
南謨薄伽勃底一阿波唎蜜多二阿喻紇硯娜三須毗你悉指陀四囉佐耶五怛他羯他耶六怛姪他唵七
薩婆桑悉迦囉八波唎輸底九達磨底十伽迦娜十一莎訶某特迦底十二薩婆婆毗輸底十三摩
訶娜耶十四波唎婆囉莎訶十五　尒時復有二十五姟佛一時同聲說是无量壽宗要經陁羅
尼曰　南謨薄伽勃底一阿波唎蜜多二阿喻紇硯娜三須毗你悉指陀四囉佐耶五
怛他羯他耶六怛姪他唵七薩婆桑悉迦囉八波唎輸底九達磨底十伽迦娜十一莎訶某特迦底十二薩婆婆毗輸
底十三摩訶娜耶十四波唎婆囉莎訶十五　尒時復有恒河沙姟佛一時同聲說
是无量壽宗要經陁羅尼曰　南謨薄伽勃底一阿波唎蜜多二阿喻紇硯娜三
須毗你悉指陀四囉佐耶五怛他羯他耶六怛姪他唵七薩婆桑悉迦囉八波唎輸底九達磨
底十伽迦娜十一莎訶某特迦底十二薩婆婆毗輸底十三摩訶娜耶十四波唎婆囉莎訶十五
善男子若有自書寫教人書寫是无量壽宗要經如其命盡復得長壽而滿年陁羅尼曰
南謨薄伽勃底一阿波唎蜜多二阿喻紇硯娜三須毗你悉指陀四囉佐耶五怛他羯他耶六怛姪他唵七



是无量壽宗要經陁羅尼曰
須毗你悉指陀四囉佐耶五怛他羯他耶六怛姪他唵七薩婆桑悉迦囉八波唎輸底九達磨
底十伽迦娜十一莎訶某特迦底十二薩婆婆毗輸底十三摩訶娜耶十四波唎婆囉莎訶十五
善男子若有自書寫教人書寫是无量壽宗要經如其命盡復得長壽而滿年陁羅尼曰
南謨薄伽勃底一阿波唎蜜多二阿喻紇硯娜三須毗你悉指陀四囉佐耶五怛他羯他耶六怛姪他唵七
薩婆桑悉迦囉八波唎輸底九達磨底十伽迦娜十一莎訶某特迦底十二薩婆婆毗輸底十三摩
訶娜耶十四波唎婆囉莎訶十五　若有自書教人書寫是无量壽宗要經讀誦
受持畢竟不墮地獄在在所生得宿命智陁羅尼曰　南謨薄伽勃底一阿波唎蜜多二
阿喻紇硯娜三須毗你悉指陀四囉佐耶五怛他羯他耶六怛姪他唵七薩婆桑悉迦囉八波唎輸底九
達磨底十伽迦娜十一莎訶某特迦底十二薩婆婆毗輸底十三摩訶娜耶十四波唎婆囉莎訶十五
若有自書教人書寫是无量壽宗要經受持讀誦如同書寫八万四千一切經典陁羅尼曰
南謨薄伽勃底一阿波唎蜜多二阿喻紇硯娜三須毗你悉指陀四囉佐耶五怛他羯他耶六怛姪他唵七
薩婆桑悉迦囉八波唎輸底九達磨底十伽迦娜十一莎訶某特迦底十二薩婆婆毗輸底十三摩
訶娜耶十四波唎婆囉莎訶十五　若有自書寫教人書寫是无量壽宗要經即是書寫八万四千部建
立塔廟陁羅尼曰　南謨薄伽勃底一阿波唎蜜多二阿喻紇硯娜三須毗你悉指陀四囉佐耶五怛他羯他耶六怛姪他
唵七薩婆桑悉迦囉八波唎輸底九達磨底十伽迦娜十一莎訶某特迦底十二薩婆婆毗輸底十三
摩訶娜耶十四波唎婆囉莎訶十五　若有自書寫教人書寫是无量壽宗要經能消五无間等一切重罪陁羅
尼曰　南謨薄伽勃底一阿波唎蜜多二阿喻紇硯娜三須毗你悉指陀四囉佐耶五怛他羯他耶六怛姪他唵七
薩婆桑悉迦囉八波唎輸底九達磨底十伽迦娜十一莎訶某特迦底十二薩婆婆毗輸底十三摩訶娜
耶十四波唎婆囉莎訶十五　若有自書寫教人書寫是无量壽宗要經受持讀誦
有重罪猶如須弥盡能除滅陁羅尼曰　南謨薄伽勃底一阿波唎蜜多二阿喻紇硯娜三
須毗你悉指陀四囉佐耶五怛他羯他耶六怛姪他唵七薩婆桑悉迦囉八波唎輸底九達磨底十
伽迦娜十一莎訶某特迦底十二薩婆婆毗輸底十三摩訶娜耶十四波唎婆囉莎訶十五
若有自書寫教人書寫是无量壽宗要經受持讀誦若魔魔之眷屬夜叉羅刹不得
其便終无枉死陁羅尼曰　南謨薄伽勃底一阿波唎蜜多二阿喻紇硯娜三
須毗你悉指陀四囉佐耶五怛他羯他耶六怛姪他唵七薩婆桑悉迦囉八波唎輸底九達磨底十
伽迦娜十一莎訶某特迦底十二薩婆婆毗輸底十三摩訶娜耶十四波唎婆囉莎訶十五
若有自書教人書寫是无量壽宗要經受持讀誦當命終時有九十九姟佛現其人前來千
佛授手能遊一切佛刹莫於此經生於疑惑陁羅尼曰　南謨薄伽勃底一阿波唎蜜多二
阿喻紇硯娜三須毗你悉指陀四囉佐耶五怛他羯他耶六怛姪他唵七薩婆桑悉迦囉八波唎輸底九

須毗你悉指陁四羅佉耶五怛他羯他耶六怛姪他唵七薩婆桑悉迦羅八波唎輸底九達磨底
伽迦娜十一莎訶某特迦底十二薩婆婆毗輸底十三摩訶娜耶十四波唎婆嚟莎訶十五
若有自書教人書寫是无量壽宗要經受持讀誦當命終時有九十九殑佛現其人前來
佛授手能遊一切佛剎莫於此經生於疑惑陁羅尼曰　南謨薄伽勃底一阿波唎蜜哆二
阿喻紇硯娜三須毗你悉指陁四羅佉耶五怛他羯他耶六怛姪他唵七薩婆桑悉迦羅八波唎輸底九
達磨底十伽迦娜十一莎訶某特迦底十二薩婆婆毗輸底十三摩訶娜耶十四波唎婆嚟莎訶十五
若有自書寫教人書寫是无量壽宗要經受持讀誦常得四天大王隨其衛護陁羅尼曰
南謨薄伽勃底一阿波唎蜜哆二阿喻紇硯娜三須毗你悉指陁四羅佉耶五怛他羯他耶六怛姪他唵七
薩婆桑悉迦羅八波唎輸底九達磨底十伽迦娜十一莎訶某特迦底十二薩婆婆毗輸底十三摩
訶娜耶十四波唎婆嚟莎訶十五　若有自書教人書寫是无量壽宗要經受持
讀誦當得往生西方極樂世界阿彌陁淨土陁羅尼曰　南謨薄伽勃底一阿波唎蜜哆二
阿喻紇硯娜三須毗你悉指陁四羅佉耶五怛他羯他耶六怛姪他唵七薩婆桑悉迦羅八波唎輸底九
達磨底十伽迦娜十一莎訶某特迦底十二薩婆婆毗輸底十三摩訶娜耶十四波唎婆嚟莎訶十五
若有方所自書寫使人書寫是无量壽經典之處則為是塔皆應恭敬作禮若是畜生
或為鳥獸得聞是經如是等類皆當不久得成一切種智陁羅尼曰　南謨薄伽勃底一阿波唎
蜜哆二阿喻紇硯娜三須毗你悉指陁四羅佉耶五怛他羯他耶六怛姪他唵七薩婆桑悉迦羅八波唎輸底九
達磨底十伽迦娜十一莎訶某特迦底十二薩婆婆毗輸底十三摩訶娜耶十四波唎婆嚟莎訶十五
若有於是无量壽經自書寫若使人書畢竟不受女人之身陁羅尼曰　南謨薄伽勃底一阿波唎
蜜哆二阿喻紇硯娜三須毗你悉指陁四羅佉耶五怛他羯他耶六怛姪他唵七薩婆桑悉迦羅八波唎輸
底九達磨底十伽迦娜十一莎訶某特迦底十二薩婆婆毗輸底十三摩訶娜耶十四波唎婆嚟莎訶十五
若有能於是經少分能惠施者等於三千大千世界滿中七寶布施陁羅尼曰　南謨薄伽勃底一阿波唎蜜
哆二阿喻紇硯娜三須毗你悉指陁四羅佉耶五怛他羯他耶六怛姪他唵七薩婆桑悉迦羅八波唎輸底九
達磨底十伽迦娜十一莎訶某特迦底十二薩婆婆毗輸底十三摩訶娜耶十四波唎婆唎莎訶十五
若有能供養是經者則是供養一切諸經等无有異陁羅尼曰　南謨薄伽勃底一阿波唎蜜
哆二阿喻紇硯娜三須毗你悉指陁四羅佉耶五怛他羯他耶六怛姪他唵七薩婆桑悉迦羅八波唎輸底九
達磨底十伽迦娜十一莎訶某特迦底十二薩婆婆毗輸底十三摩訶娜耶十四波唎婆嚟莎訶十五
如是毗婆尸佛　尸棄佛　毗舍浮佛　俱留孫佛　俱那含牟尼佛　加葉佛　釋迦牟尼佛
若有人以七寶供養如是七佛其福有限書寫受持是无量壽經典所有功德不可限量陁羅尼曰
南謨薄伽勃底一阿波唎蜜哆二阿喻紇硯娜三須毗你悉指陁四羅佉耶五怛他羯他耶六怛姪他唵七薩
婆桑悉迦羅八波唎輸底九達磨底十伽迦娜十一莎訶某特迦底十二薩婆婆毗輸底十三摩訶那

BD08563號　無量壽宗要經　（5–4）

如是毗婆尸佛　尸棄佛　毗舍浮佛　俱留孫佛　俱那含牟尼佛　加葉佛　釋迦牟尼佛
若有人以七寶供養如是七佛其福有限書寫受持是无量壽經典所有功德不可限量陁羅尼曰
南謨薄伽勃底一阿波唎蜜哆二阿喻紇硯娜三須毗你悉指陁四羅佉耶五怛他羯他耶六怛姪他唵七薩
婆桑悉迦羅八波唎輸底九達磨底十伽迦娜十一莎訶某特迦底十二薩婆婆毗輸底十三摩訶娜
耶十四波唎婆嚟莎訶十五　若有七寶等於須彌以用布施其福上能知其
限量是无量壽經典其福不可知數陁羅尼曰　南謨薄伽勃底一阿波唎蜜哆二阿喻
紇硯娜三須毗你悉指陁四羅佉耶五怛他羯他耶六怛姪他唵七薩婆桑悉迦羅八波唎輸底九
達磨底十伽迦娜十一莎訶某特迦底十二薩婆婆毗輸底十三摩訶娜耶十四波唎婆嚟莎訶十五
如是四大海水可知滴數是无量壽經典所生果報不可數量陁羅尼曰　南謨薄伽勃底一
阿波唎蜜哆二阿喻紇硯娜三須毗你悉指陁四羅佉耶五怛他羯他耶六怛姪他唵七薩婆桑悉迦羅八
波唎輸底九達磨底十伽迦娜十一莎訶某特迦底十二薩婆婆毗輸底十三摩訶娜耶十四波唎婆嚟莎訶十五
若有自書使人書寫是无量壽經典又能護持供養即是恭敬供養一切十方佛土
如來无有別異陁羅尼曰　南无薄伽勃底一阿波唎蜜哆二阿喻紇硯娜三
須毗你悉指陁四羅佉耶五怛他羯他耶六怛姪他唵七薩婆桑悉迦羅八波唎輸底九達
磨底十伽迦娜十一莎訶某特迦底十二薩婆婆毗輸底十三摩訶娜耶十四波唎婆嚟莎訶十五
布施力能成正覺　悟布施力人師子　布施力能聲普聞　慈悲陪漸最能入
持戒力能成正覺　悟持戒力人師子　持戒力能聲普聞　慈悲陪漸最能入
忍辱力能成正覺　悟忍辱力人師子　忍辱力能聲普聞　慈悲陪漸最能入
精進力能成正覺　悟精進力人師子　精進力能聲普聞　慈悲陪漸最能入
禪定力能成正覺　悟禪定力人師子　禪定力能聲普聞　慈悲陪漸最能入
智慧力能成正覺　悟智慧力人師子　智慧力能聲普聞　慈悲陪漸最能入
尒時如來說是經已一切世間天人阿脩羅揵闥婆等聞佛所說皆大歡喜信受奉行
佛說无量壽宗要經

BD08563號　無量壽宗要經　（5–5）

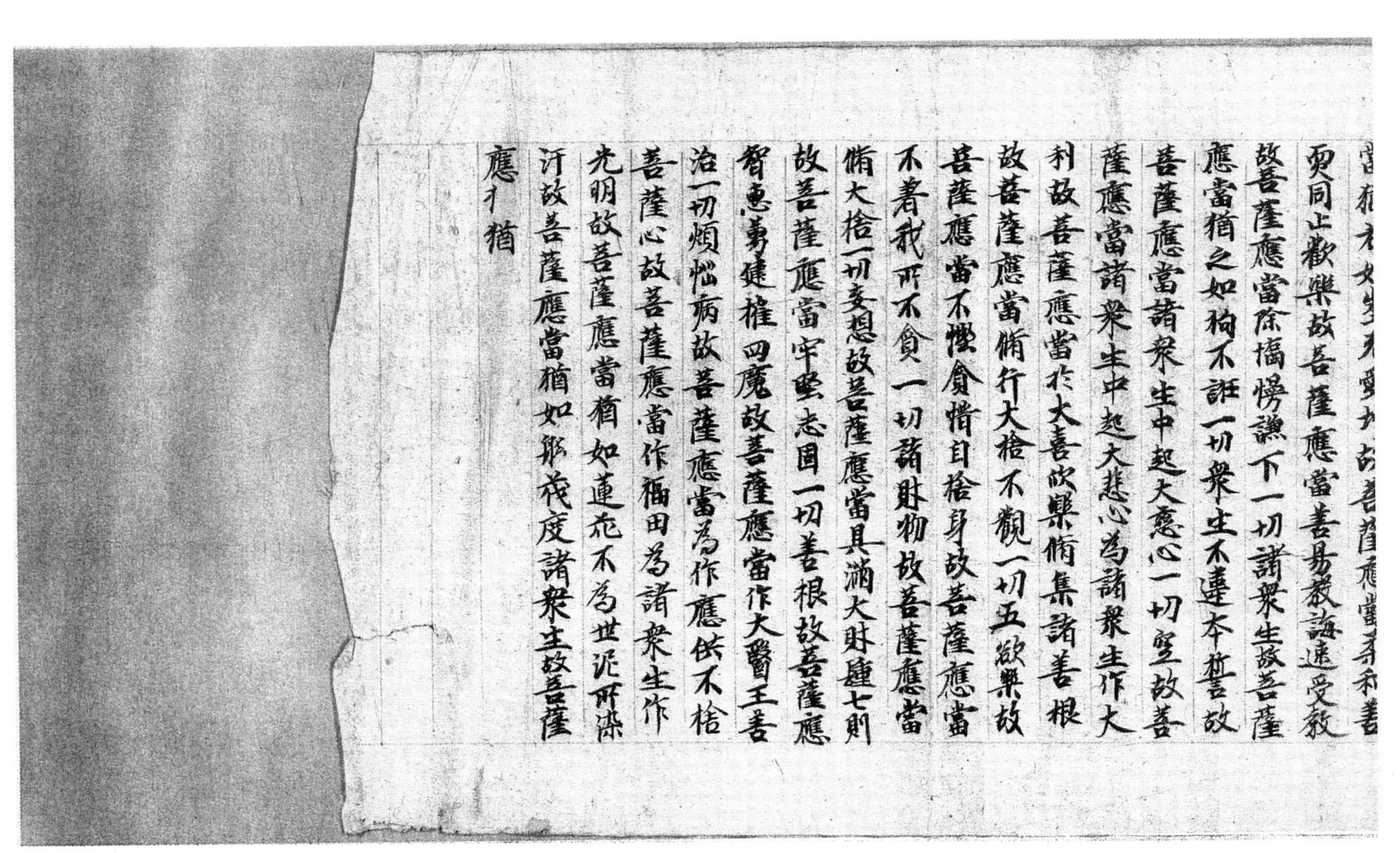

波羅蜜故菩薩應當無所執著勤進式滿
已作善業不捨一切諸衆生故菩薩應當堅
誓莊嚴爲佛法種故菩薩應當離諸諂爲
身口意法善質直故菩薩應淨自志欲
爲救歸依諸衆故菩薩應當無所觀作不著身
命故菩薩應當甘更好語善來問訊故菩薩
應當常无恚語无有瞋憤不言說故菩薩應
當猶若如塞无愛增故菩薩應當柔和善
更同止歡樂故菩薩應當善易教誨進受教
故菩薩應當除慯憍慢謙下一切諸衆生故菩薩
應當猶之如枸不誑一切衆生不違本誓故
菩薩應當諸衆生中起大慈心一切皇故菩
薩應當諸衆生中起大悲心爲諸衆生作大
利故菩薩應當於大善欣樂脩集諸善根
故菩薩應當脩行大捨不觀一切五欲樂故
菩薩應當不慳貪惜自捨身故菩薩應當
不著我所不貪一切諸財物故菩薩應當

BD08564 號　集一切福德三昧經（兑廢稿）卷下　（2–1）

當猶若如塞无愛增故菩薩應當柔和善
更同止歡樂故菩薩應當善易教誨進受教
故菩薩應當除慯憍慢謙下一切諸衆生故菩薩
應當猶之如枸不誑一切衆生不違本誓故
菩薩應當諸衆生中起大慈心一切皇故菩
薩應當諸衆生中起大悲心爲諸衆生作大
利故菩薩應當於大善欣樂脩集諸善根
故菩薩應當脩行大捨不觀一切五欲樂故
菩薩應當不慳貪惜自捨身故菩薩應當
不著我所不貪一切諸財物故菩薩應當
脩大捨一切妄想故菩薩應當具滿大財施七財
故菩薩應當牢堅志固一切善根故菩薩應
智惠勇健摧四魔故菩薩應當作大醫王善
治一切煩惱病故菩薩應當爲作應供不捨
菩薩心故菩薩應當作福田爲諸衆生作
光明故菩薩應當猶如蓮花不爲世泥所染
汙故菩薩應當猶如船栰度諸衆生故菩薩
應才猶

BD08564 號　集一切福德三昧經（兑廢稿）卷下　（2–2）

成道十二年爲諸利根无有過失，當爾之時爲諸弟子
別別解脫戒一切惡莫作等，過十二年後爲諸鈍根廣制
不於毗舍離城，最初因須提那子起過，故結戒，以彼戒故
未起非，二滅得已起疑妄，三損生十利，有茲三意而制於
因緣，問曰不無梵行，即便遠離。答：佛因隨制，復有乞食比丘
申與畜起過，佛因此人廣制，故名滿足戒。此戒具兩種緣
緣，二別緣。通緣者，一是大比丘，二廣制戒後，犯无重
壞心癡狂等。別緣者，一是正境，二興染心，三起方便，四與境
合便犯。境覺睡非人，人天子鬼神等畜生，三趣情報男女十
形黃門女人三道，男子二道，此等境處，若覺睡眠若
死未壞少壞，有染心受樂，但使入毛頭，皆波羅夷。律云千萬
等買莫問，心壞相疑，但是正道皆重，略明犯之分齊
四分云若爲惡家強捉，但使三時無樂，不犯；覺樂犯。律云死
屍半壞多分壞，及骨間行不淨，偷蘭。若僧尼可想教作者
能教犯蘭，不作吉。下三衆作不作俱吉。作者滅擯爲異，不犯者
[illegible]

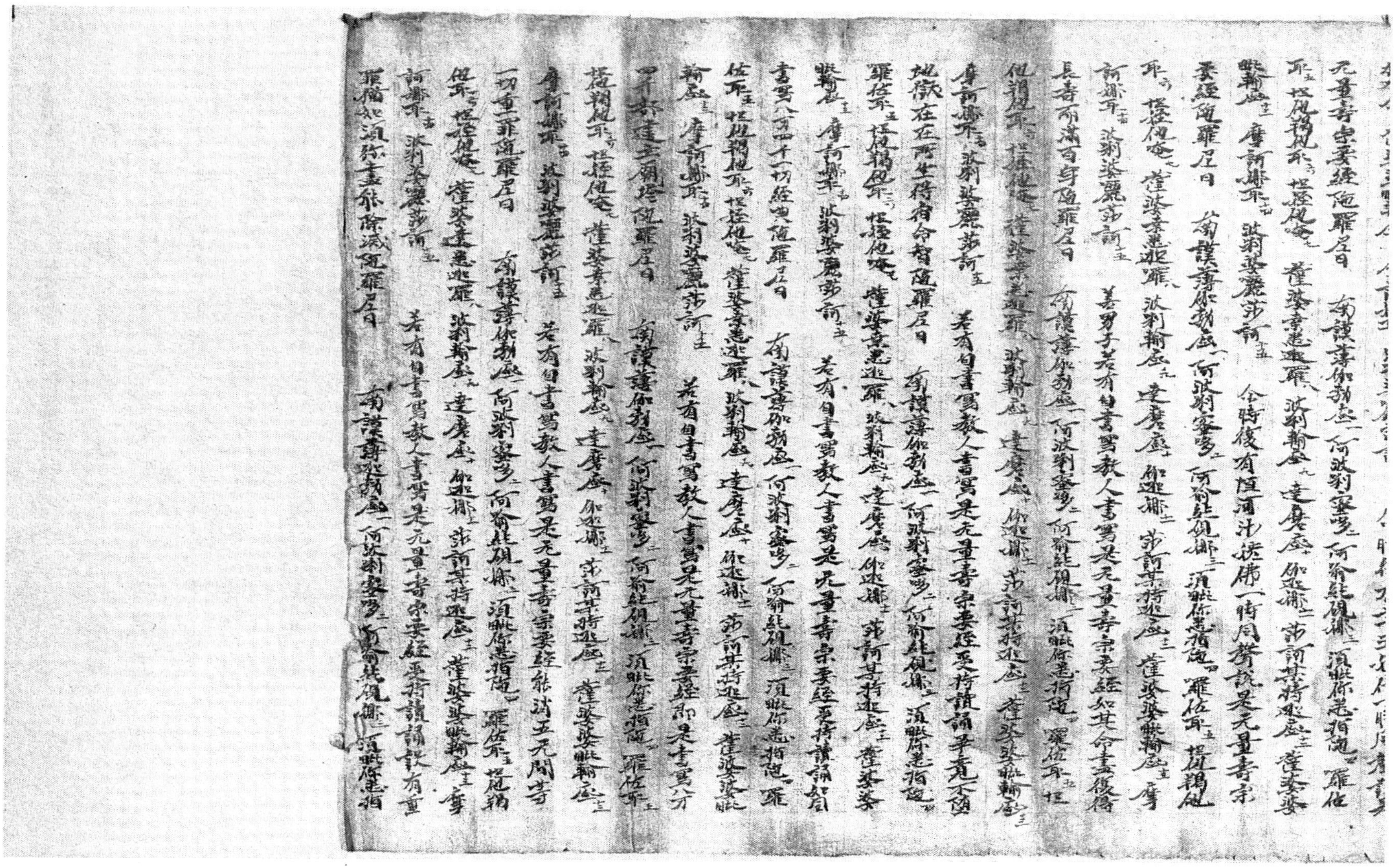

BD08566 號　無量壽宗要經　　（3–3）

大般若波羅蜜多經卷第四百七十八

三藏法師玄奘奉　詔譯

第二分无事品第八十三

尒時具壽善現白佛言世尊若一切法皆以
无性而為自性如是无性非諸佛作非獨覺
作非菩薩作非聲聞作亦非任果行向者作
云何施設諸法有異謂此是地獄此是傍生
此是鬼界此是人此是四大王衆天乃至他
化自在天此是梵衆天乃至色究竟天此是
空无邊處天乃至非想非非想處天此是預
流此是一來此是不還此是阿羅漢此是獨
覺此是菩薩此是如來由此業故施設地獄

BD08567 號　大般若波羅蜜多經卷四七八　　（2–1）

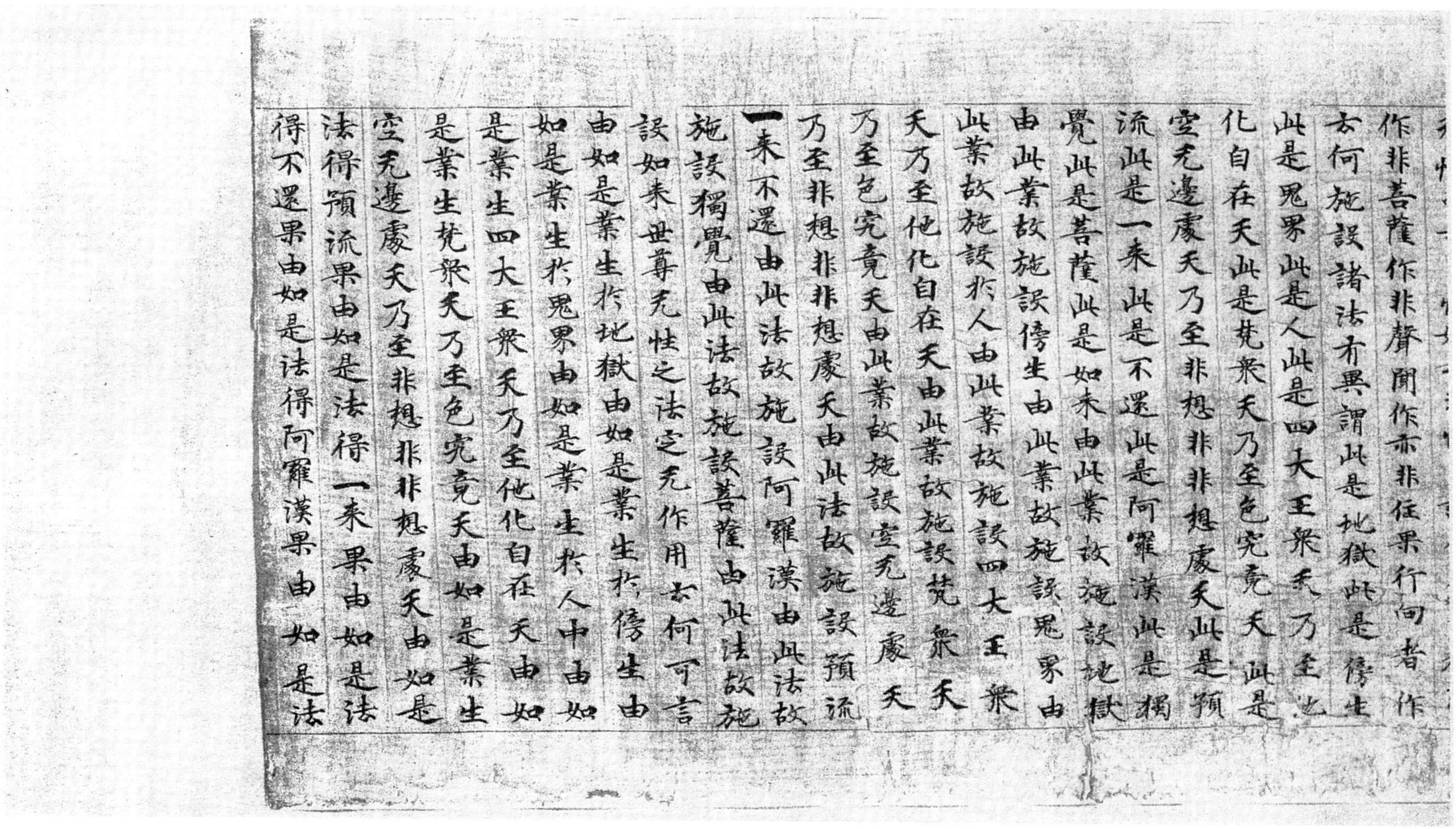
作非菩薩作非聲聞作亦非住果行向者作
云何施設諸法有異謂此是地獄此是傍生
此是鬼界此是人此是四大王衆天乃至他
化自在天此是梵衆天乃至色究竟天此是
空无邊處天乃至非想非非想處天此是預
流此是一來此是不還此是阿羅漢此是獨
覺此是菩薩此是如來由此業故施設地獄
由此業故施設傍生由此業故施設鬼界由
此業故施設於人由此業故施設四大王衆
天乃至他化自在天由此業故施設梵衆天
乃至色究竟天由此業故施設空无邊處天
乃至非想非非想處天由此法故施設預流
一來不還由此法故施設阿羅漢由此法故
施設獨覺由此法故施設菩薩由此法故施
設如來世尊无性之法定无作用云何可言
由如是業生於地獄由如是業生於傍生由
如是業生於鬼界由如是業生於人中由如
是業生四大王衆天乃至他化自在天由如
是業生梵衆天乃至色究竟天由如是業生
空无邊處天乃至非想非非想處天由如是
法得預流果由如是法得一來果由如是法
得不還果由如是法得阿羅漢果由如是法

BD08567 號　大般若波羅蜜多經卷四七八　　（2–2）

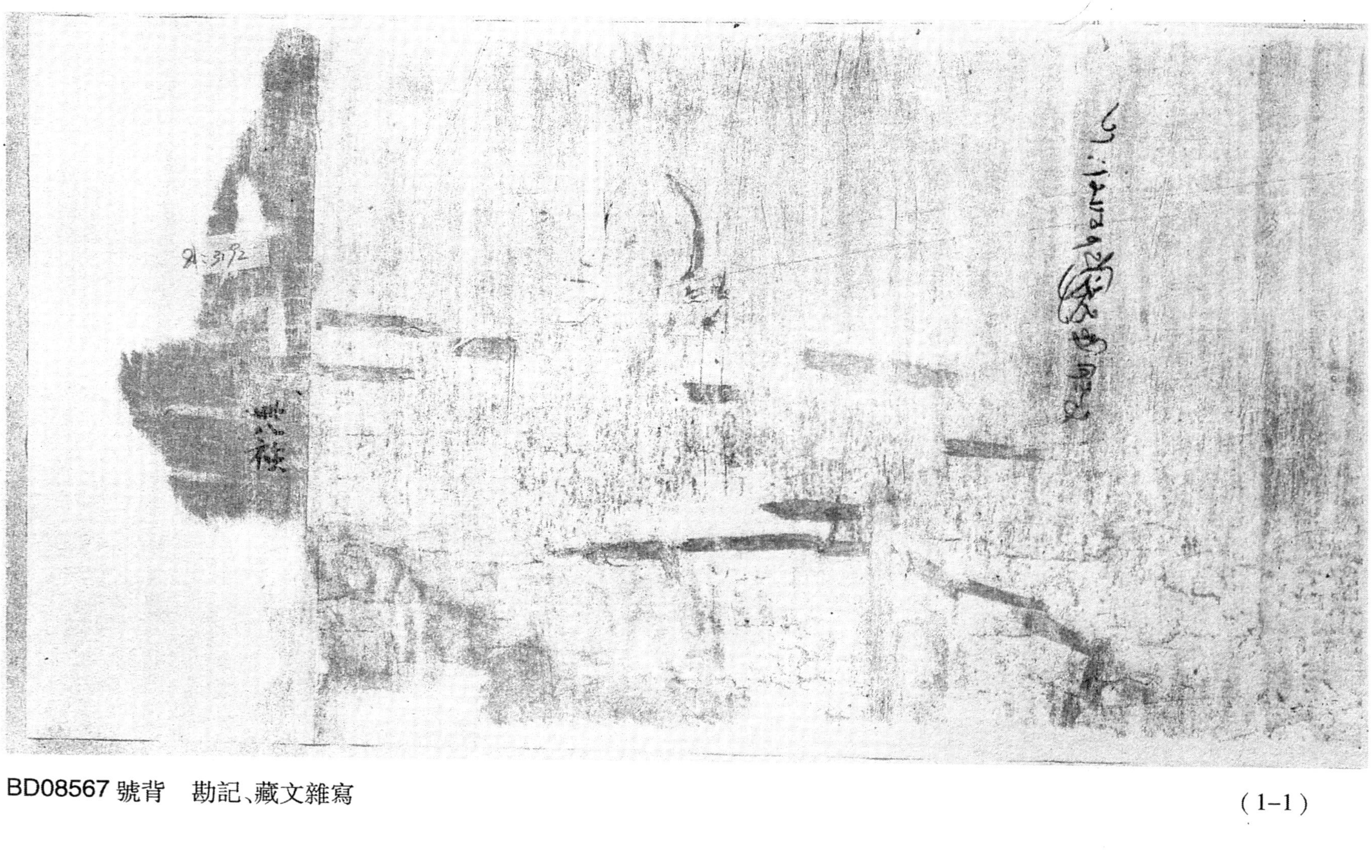

BD08567 號背　勘記、藏文雜寫　　（1–1）

[illegible]

怛姪他唵七 薩婆桑悉伽囉八 波利輸底九 達摩底十 伽伽娜十一 莎訶某持迦底十二 薩婆婆毗

摩訶娜耶十四 波利婆利莎訶 十五

世尊若復有眾生得聞是如來百八名号若有自書或使人書是經卷受持讀誦如壽

命長復滿百年壽終此身後得往生无量福智世界无量壽淨土陀羅尼曰 南謨薄

伽勃底一 阿波利蜜哆二 阿喻紇硯娜三 須毗你悉指陀四 囉佐耶五 怛他羯他耶六 怛姪他唵七

薩婆桑悉伽囉八 波利輸底九 達摩底十 伽伽娜十一 莎訶某持伽底十二 薩婆婆毗輸底十三

BD08568 號　無量壽宗要經　（6–1）

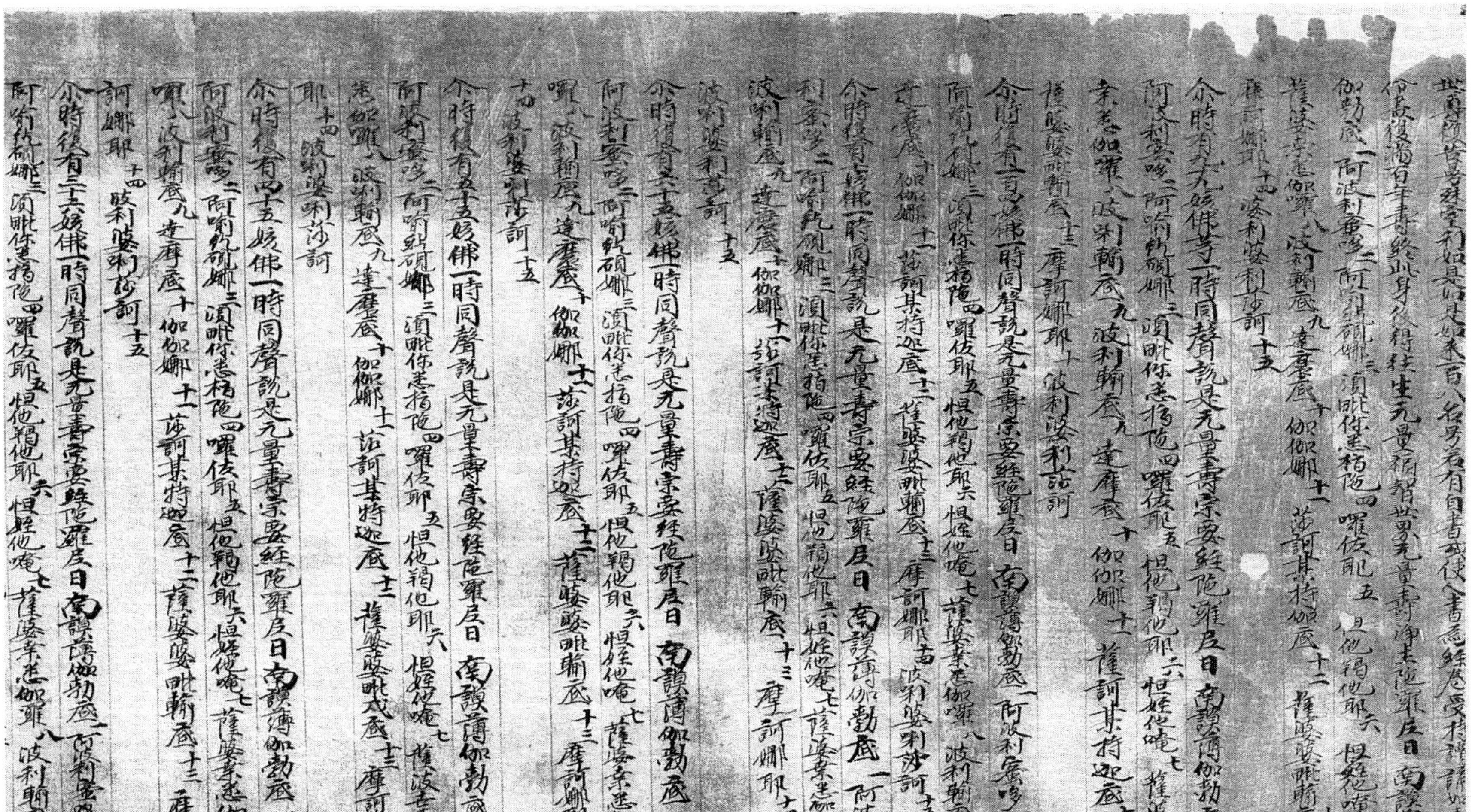

世尊[illegible]利如是如來百八名号若有自書或使人書是經卷受持讀誦如壽

命長復滿百年壽終此身後得往生无量福智世界无量壽淨土陀羅尼曰 南謨薄

伽勃底一 阿波利蜜哆二 阿喻紇硯娜三 須毗你悉指陀四 囉佐耶五 怛他羯他耶六 怛姪他唵七

薩婆桑悉伽囉八 波利輸底九 達摩底十 伽伽娜十一 莎訶某持伽底十二 薩婆婆毗輸底十三

摩訶娜耶十四 婆利婆利莎訶 十五

尒時有九十九姟佛等一時同聲說是无量壽宗要經陀羅尼曰 南謨薄伽勃底一

阿波利蜜哆二 阿喻紇硯娜三 須毗你悉指陀四 囉佐耶五 怛他羯他耶六 怛姪他唵七 薩婆

桑悉伽囉八 波利輸底九 達摩底十 伽伽娜十一 薩訶某持迦底十二

薩婆婆毗輸底十三 摩訶娜耶十四 波利婆利莎訶

尒時復有八十四姟佛一時同聲說是无量壽宗要經陀羅尼曰 南謨薄伽勃底一 阿波利蜜哆二

阿喻紇硯娜三 須毗你悉指陀四 囉佐耶五 怛他羯他耶六 怛姪他唵七 薩婆桑悉伽囉八 波利輸底九

達摩底十 伽伽娜十一 莎訶某持迦底十二 薩婆婆毗輸底十三 摩訶娜耶十四 波利婆利莎訶十五

尒時復有七十七姟佛一時同聲說是无量壽宗要經陀羅尼曰 南謨薄伽勃底一 阿波

利蜜哆二 阿喻紇硯娜三 須毗你悉指陀四 囉佐耶五 怛他羯他耶六 怛姪他唵七 薩婆桑悉伽囉八

波利輸底九 達摩底十 伽伽娜十一 莎訶某持迦底十二 薩婆婆毗輸底十三 摩訶娜耶十四

波利婆利莎訶 十五

尒時復有六十五姟佛一時同聲說是无量壽宗要經陀羅尼曰 南謨薄伽勃底一

阿波利蜜哆二 阿喻紇硯娜三 須毗你悉指陀四 囉佐耶五 怛他羯他耶六 怛姪他唵七 薩婆桑悉伽

囉八 波利輸底九 達摩底十 伽伽娜十一 莎訶某持迦底十二 薩婆婆毗輸底十三 摩訶娜耶

十四 波利婆利莎訶 十五

尒時復有五十五姟佛一時同聲說是无量壽宗要經陀羅尼曰 南謨薄伽勃底一

阿波利蜜哆二 阿喻紇硯娜三 須毗你悉指陀四 囉佐耶五 怛他羯他耶六 怛姪他唵七 薩婆桑

悉伽囉八 波利輸底九 達摩底十 伽伽娜十一 莎訶某持迦底十二 薩婆婆毗輸底十三 摩訶娜

耶十四 波利婆利莎訶

尒時復有四十五姟佛一時同聲說是无量壽宗要經陀羅尼曰 南謨薄伽勃底一

阿波利蜜哆二 阿喻紇硯娜三 須毗你悉指陀四 囉佐耶五 怛他羯他耶六 怛姪他唵七 薩婆桑悉伽

囉八 波利輸底九 達摩底十 伽伽娜十一 莎訶某持迦底十二 薩婆婆毗輸底十三 摩

訶娜耶十四 波利婆利莎訶十五

尒時復有三十六姟佛一時同聲說是无量壽宗要經陀羅尼曰 南謨薄伽勃底一 阿波利蜜哆二

阿喻紇硯娜三 須毗你悉指陀四 囉佐耶五 怛他羯他耶六 怛姪他唵七 薩婆桑悉伽囉八 波利輸底九

BD08568 號　無量壽宗要經　（6–2）

囉八 波利輸底九 達摩底十 伽伽娜十一 莎訶其特迦底十二 薩婆婆毗輸底十三 摩
訶娜耶十四 波利婆唎莎訶十五
爾時復有三十六姟佛一時同聲說是無量壽宗要經陁羅尼曰 南謨薄伽勃底一 阿波利蜜多二
阿喻紇硯娜三 須毗你悉指陁四 囉佐耶五 怛他羯他耶六 怛姪他唵七 薩婆桑悉迦羅八 波利輸底九
達摩底十 伽伽娜十一 莎訶其特迦底十二 薩婆婆毗輸底十三 摩訶娜耶十四 波利婆唎莎訶十五
爾時復有四十五姟佛一時同聲說是無量壽宗要經陁羅尼曰 南謨薄伽勃底一 阿波利蜜多二
阿喻紇硯娜三 須毗你悉指陁四 囉佐耶五 怛他羯他耶六 怛姪他唵七 薩婆桑悉伽囉八 波利
輸底九 達摩底十 伽伽娜十一 莎訶其特迦底十二 薩婆婆毗輸底十三 摩訶娜耶十四
波利婆唎莎訶十五
爾時復有恒河沙姟佛一時同聲說是無量壽宗要經陁羅尼曰 南謨薄伽勃底一 阿波利蜜多
阿喻紇硯娜三 須毗你悉指陁四 囉佐耶五 怛他羯他耶六 怛姪他唵七 薩婆桑悉伽囉八 波唎
輸底九 達摩底十 伽伽娜十一 莎訶其特迦底十二 薩婆婆毗輸底十三 摩訶娜耶十四 波利婆利莎訶
善男子善女人自書寫教人書寫是無量壽宗要經如其命盡復得長壽滿百年陁羅尼曰
南謨薄伽勃底一 阿波唎蜜多二 阿喻紇硯娜三 須毗你悉指他四 囉佐耶五 怛他羯他耶六 怛姪
他唵七 薩婆桑悉迦囉八 波利輸底九 達摩底十 伽伽娜十一 莎訶其特迦底十二 薩婆婆
毗輸底十三 摩訶娜耶十四 波利婆唎莎訶十五
若有自書寫教人書寫是無量壽宗要經誦受持畢竟不墮地獄在在所生得宿命智
陁羅尼曰 南謨薄伽勃底一 阿波利蜜多二 阿喻紇硯娜三 須毗你悉指陁四 囉佐耶五 怛他羯他耶六
怛姪他唵七 薩婆桑悉伽羅八 波利輸底九 達摩底十 伽伽娜十一 莎訶其特迦底十二 薩婆婆毗輸底十三
摩訶娜耶十四 波唎婆唎莎訶
若有自書寫教人書寫是無量壽宗要經受持讀誦如同書寫八萬四千一切經典陁羅尼曰
南謨薄伽勃底一 阿婆利蜜多二 阿喻悉硯娜三 須毗你悉指陁四 囉佐耶五 怛他羯他耶六
怛姪他唵七 薩婆桑悉迦囉八 波唎輸底九 達摩底十 伽伽娜十一 莎訶其特迦底十二 薩婆
婆毗輸底十三 摩訶娜耶十四 波利婆利莎訶十五
若有自書寫教人書寫是無量壽宗要經即是書寫八萬四千部建立塔廟陁羅尼曰
南謨薄伽勃底一 阿波利蜜多二 阿喻紇硯娜三 須毗你悉指他四 囉佐耶五 怛他羯他耶六
怛姪他唵七 薩婆桑悉伽羅八 波利輸底九 達摩底十 伽伽娜十一 莎訶其特迦底十二
薩婆婆毗戍底十三 摩訶娜耶十四 波唎婆利莎訶十五
若有自書寫教人書寫是無量壽宗要經能消五無間等一切重罪陁羅尼曰 南謨薄伽勃底一

BD08568號　無量壽宗要經　（6–3）

南謨薄伽勃底一 阿波利蜜多二 阿喻紇硯娜三 須毗你悉指他四 囉佐耶五 怛他羯他耶六
怛姪他唵七 薩婆桑悉伽羅八 波利輸底九 達摩底十 伽伽娜十一 莎訶其特迦底十二
薩婆婆毗戍底十三 摩訶娜耶十四 波唎婆利莎訶十五
若有自書寫教人書寫是無量壽宗要經能消五無間等一切重罪陁羅尼曰 南謨薄伽勃底一
阿波利蜜多二 阿喻紇硯娜三 須毗你悉指陁四 囉佐耶五 怛他羯他耶六 怛姪他唵七 薩婆桑悉
伽囉八 波唎輸底九 達摩底十 伽伽娜十一 莎訶其特迦底十二 薩婆婆毗輸底十三
摩訶娜耶十四 波利婆唎莎訶十五
若有自書寫教人書寫是無量壽宗要經受持讀誦設有重罪猶如須彌盡能除滅陁羅尼曰
南謨薄伽勃底一 阿波利蜜多二 阿喻悉硯娜三 須毗你悉指陁四 囉佐耶五 怛他羯他耶六 怛姪
他唵七 薩婆桑悉迦囉八 波唎輸底九 達摩底十 伽伽娜十一 莎訶其特迦底十二 薩婆婆
毗戍底十三 摩訶娜耶十四 波唎婆利莎訶十五
若有自書寫教人書寫是無量壽宗要經受持讀誦者魔之眷屬夜叉羅剎不得其
便終無枉死陁羅尼曰 南謨薄伽勃底一 阿波唎蜜多二 阿喻紇硯娜三 須毗你悉指陁四 囉佐耶五
怛他羯他耶六 怛姪他唵七 薩婆桑悉伽囉八 波唎輸底九 達摩底十 伽伽娜十一 莎訶其特迦底十二
薩婆婆毗輸底十三 摩訶娜耶十四 波利婆利莎訶十五
若有自書寫教人書寫是無量壽宗要經受持讀誦當命終時有九十九姟佛現其人前眾
千佛授手能遊一切佛剎莫於此經生於疑惑陁羅尼曰 南謨薄伽勃底一 阿波唎蜜多二
阿喻紇硯娜三 須毗你悉指陁四 囉佐耶五 怛他羯他耶六 怛姪他唵七 薩婆桑悉伽羅八 波利輸底九
達摩底十 伽伽娜十一 莎訶其特迦底十二 薩婆婆毗輸底十三 摩訶娜耶十四 波利婆利莎訶十五
若有自書寫教人書寫是無量壽宗要經受持讀誦常得四天王隨其衛護陁羅尼曰 南謨薄伽
勃底一 阿波利蜜多二 阿喻紇硯娜三 須毗你悉指陁四 囉佐耶五 怛他羯他耶六 怛姪他唵七 薩婆桑悉
伽囉八 波唎輸底九 達摩底十 伽伽娜十一 莎訶其特迦底十二 薩婆婆毗戍底十三
摩訶娜耶十四 波利婆利莎訶十五
若有自書寫教人書寫是無量壽宗要經受持讀誦當得往生西方極樂世界阿彌陁淨土陁
羅尼曰 南謨薄伽勃底一 阿波利蜜多二 阿喻紇硯娜三 須毗你悉指陁四 囉佐耶五 怛他羯他耶六
怛姪他唵七 薩婆桑悉迦囉八 波唎輸底九 達摩底十 伽伽娜十一 莎訶其特伽底十二 薩婆婆毗
戍底十三 摩訶娜耶十四 波利波利莎訶十五
若有力所或自書寫使人書寫是無量壽經典之處則為是塔皆應恭敬作禮表是處生或為集
獸得聞如是經典者類皆當不久得成一切種智陁羅尼曰 南謨薄伽勃底一 阿波利蜜多二

BD08568號　無量壽宗要經　（6–4）

怛姪他唵七 薩婆桒悉迦囉八 波利輸底九 達磨底十 伽伽娜十一 莎訶某持伽底十二 薩婆婆毗
戍底十三 摩訶娜耶十四 波利婆利莎訶十五
若有方所或口書寫使人書寫是无量壽宗要經典之處則爲是塔皆應恭敬作礼若是畜生或爲鳥
獸得聞如是經者如是等類皆當不久得成一切種智陁羅尼曰 南謨薄伽勃底一 阿波利蜜哆二
阿喻𭂽硯娜三 須毗你悉指陁四 囉佐耶五 怛他揭他耶六 怛姪他唵七 薩婆桒悉迦囉八 波唎輸底九
達磨底十 伽伽娜十一 莎訶某持迦底十二 薩婆婆毗戍底十三 摩訶娜耶十四 波利婆利莎訶十五
若有於是无量壽經自書寫使人書寫畢竟不受女人之身陁羅尼曰 南謨薄伽勃底一
阿波利蜜哆二 阿喻𭂽硯娜三 須毗你悉指陁四 囉佐耶五 怛他羯他耶六 怛姪他唵七 薩婆桒
悉迦囉八 波利輸底九 達磨底十 伽伽娜十一 莎訶某持迦底十二 薩婆婆毗輸底十三 摩
訶娜耶十四 波利婆唎莎訶十五
若有能於是經少分布施者等於三千大千世界滿中七寶布施陁羅尼曰 南謨薄伽勃底一
阿波利蜜哆二 阿喻𭂽硯娜三 須弥你悉指陁四 囉佐耶五 怛他揭他耶六 怛姪他唵七 薩婆桒悉
迦囉八 波唎輸底九 達磨底十 伽伽娜十一 莎訶某持迦底十二 薩婆婆毗輸底十三 摩訶
娜耶十四 彼利婆利莎訶十五
若有能供養是經者則是供養一切諸經等无有異陁羅尼曰 南謨薄伽勃底一 阿波利
蜜哆二 阿喻𭂽硯娜三 須毗你悉指陁四 囉佐耶五 怛他羯他耶六 怛姪他唵七 薩婆桒悉迦囉八
波利輸底九 達磨底十 伽伽娜十一 莎訶某持迦底十二 薩婆婆毗輸底十三 摩訶娜耶十四 波利婆唎
莎訶十五
如毗婆尸佛 尸弃佛 毗舍浮佛 俱留孫佛 俱那含牟尼佛 迦葉佛 釋迦牟尼佛
若有人以七寶供養如是七佛其福有限書寫受持是无量壽經典所有功德不可限量陁
羅尼曰 南謨薄伽勃底一 阿波利蜜哆二 阿喻𭂽硯娜三 須毗你悉指陁四 囉佐耶五 怛他羯他
耶六 怛姪他唵七 薩婆桒悉迦囉八 波唎輸底九 達磨底十 伽伽娜十一 莎訶某持迦底十二
薩婆婆毗輸底十三 摩訶娜耶十四 波利波利莎訶十五
若有七寶等於須弥以用布施其福尚能知其限量是无量壽經典其福不可知數陁羅
尼曰 南謨薄伽勃底一 阿波利蜜哆二 阿喻𭂽硯娜三 須毗你悉指陁四 囉佐耶五 怛他羯他耶六
怛姪他唵七 薩婆桒悉迦囉八 波利輸底九 達磨底十 伽伽娜十一 莎訶某持迦底十二 薩婆婆
毗輸底十三 摩訶娜耶十四 波唎婆唎莎訶十五
如是四大海水可知滴數是无量壽經典所生果報不可數量陁羅尼曰 南謨薄伽勃底一
阿波唎蜜哆二 阿喻𭂽硯娜三 須毗你悉指陁四 囉佐耶五 怛他羯他耶六 怛姪他唵七 薩婆
[illegible]九 [illegible]十 伽伽娜十一 莎訶某持迦底十二 薩婆婆毗輸底十三

BD08568號　無量壽宗要經　（6–5）

[illegible]曰 南謨薄伽勃底一 阿波[illegible]
怛姪他唵七 薩婆桒悉迦囉八 波利輸底九 達磨底十 伽伽娜十一 莎訶某持迦底十二 薩婆婆
毗輸底十三 摩訶娜耶十四 波唎婆唎莎訶十五
如是四大海水可知滴數是无量壽經典所生果報不可數量陁羅尼曰 南謨薄伽勃底一
阿波唎蜜哆二 阿喻𭂽硯娜三 須毗你悉指陁四 囉佐耶五 怛他羯他耶六 怛姪他唵七 薩婆
桒悉迦囉八 波利輸底九 達磨底十 伽伽娜十一 莎訶某持迦底十二 薩婆婆毗輸底十三
摩訶娜耶十四 波唎婆唎莎訶十五
若有自書使人書寫是无量壽經典又能護持供養即如恭敬供養一切十方佛土
如來无有異陁羅尼曰 南謨薄伽勃底一 阿波唎蜜哆二 阿喻𭂽硯娜三 須毗你悉指
陁四 囉佐耶五 怛他羯他耶六 怛姪他唵七 薩婆桒悉迦囉八 波唎輸底九 達磨底十 伽伽娜十一
莎訶某持迦底十二 薩婆婆毗輸底十三 摩訶娜耶十四 波利婆唎莎訶十五
布施力能成正覺 悟布施力人師子 布施力能聲普聞 慈悲階漸聲能入
持戒力能成正覺 悟持戒力人師子 持戒力能聲普聞 慈悲階漸聲能入
忍辱力能成正覺 悟忍辱力人師子 忍辱力能聲普聞 慈悲階漸聲能入
精進力能成正覺 悟精進力人師子 精進力能聲普聞 慈悲階漸聲能入
禪定力能成正覺 悟禪定力人師子 禪定力能聲普聞 慈悲階漸聲能入
智慧力能成正覺 悟智慧力人師子 智慧力能聲普聞 慈悲階漸聲能入
尒時如來說是經已一切世間天人阿脩羅揵闥婆等聞佛所說皆大歡
喜信受奉行
佛說无量壽宗要經一卷

王瀚

BD08568號　無量壽宗要經　（6–6）

行乃至老死愁歎苦憂惱性空何以故以行乃
至老死愁歎苦憂惱性空與一切陁羅尼門
一切三摩地門無二無二分故慶喜由此故
說以無明等無二為方便無生為方便無所
尼門一切三摩地門世尊云何以無明無二
為方便無生為方便無所得為方便迴向一
切智智脩習菩薩摩訶薩行慶喜無明無
明性空何以故以無明性空與彼菩薩摩訶
薩行無二無二分故世尊云何以行識名色六
處觸受愛取有生老死愁歎苦憂惱無二為
方便無生為方便無所得為方便迴向一切
智智脩習菩薩摩訶薩行慶喜行識名色六
處觸受愛取有生老死愁歎苦憂惱行乃至
老死愁歎苦憂惱性空何以故以行乃至老
死愁歎苦憂惱性空與彼菩薩摩訶薩行無
二無二分故慶喜由此故說以無明等無二
為方便無生為方便無所得為方便迴向一
切智智脩習菩薩摩訶薩行世尊云何以無

BD08569 號 A　大般若波羅蜜多經（兑廢稿）卷一一七　（2–1）

薩行無二無二分故世尊云何以行識名色六
處觸受愛取有生老死愁歎苦憂惱無二為
方便無生為方便無所得為方便迴向一切
智智脩習菩薩摩訶薩行慶喜行識名色六
處觸受愛取有生老死愁歎苦憂惱行乃至
老死愁歎苦憂惱性空何以故以行乃至老
死愁歎苦憂惱性空與彼菩薩摩訶薩行無
二無二分故慶喜由此故說以無明等無二
為方便無生為方便無所得為方便迴向一
切智智脩習菩薩摩訶薩行世尊云何以無
明無二為方便無生為方便無所得為方便
迴向一切智智脩習無上正等菩提慶喜無
明無性空何以故以無明性空與彼無上
正等菩提無二無二分故世尊云何以行識
名色六處觸受愛取有生老死愁歎苦憂惱
無二為方便無生為方便無所得為方便迴
向一切智智脩習無上正等菩提慶喜行識

BD08569 號 A　大般若波羅蜜多經（兑廢稿）卷一一七　（2–2）

脫

切智智清淨故一切陁羅尼門清淨一切陁
羅尼門清淨故無忘失法清淨何以故若一
切智智清淨若一切陁羅尼門清淨若無忘
失法法淨無二無二分無別無斷故一切智
智清淨故一切三摩地門清淨一切三摩地門
清淨故無忘失法清淨何以故若一切智智
清淨若一切三摩地門清淨若無忘失法清
淨無二無二分無別無斷故善現一切智
智清淨故預流果清淨預流果清淨故無忘
失法清淨何以故若一切智智清淨若預流
果清淨若無忘失法清淨無二無二分無別
無斷故一切智智清淨故一來不還阿羅漢
果清淨一來不還阿羅漢果清淨故無忘失
法清淨何以故若一切智智清淨若一來不
還阿羅漢果清淨若無忘失法清淨無二無
二分無別無斷故善現一切智智清淨故獨

BD08569 號 B　大般若波羅蜜多經（兌廢稿）卷二七八　　（2–1）

智清淨故預流果清淨預流果清淨故無忘
失法清淨何以故若一切智智清淨若預流
果清淨若無忘失法清淨無二無二分無別
無斷故一切智智清淨故一來不還阿羅漢
果清淨一來不還阿羅漢果清淨故無忘失
法清淨何以故若一切智智清淨若一來不
還阿羅漢果清淨若無忘失法清淨無二無
二分無別無斷故善現一切智智清淨故獨
覺菩提清淨獨覺菩提清淨故無忘失法清
淨若無忘失法清淨無二無二分無別無斷
故善現一切智智清淨故一切菩薩摩訶薩
行清淨一切菩薩摩訶薩行清淨故無忘失
法清淨何以故若一切智智清淨若一切菩
薩摩訶薩行清淨若無忘失法清淨無二無
二分無別無斷故善現一切智智清淨故諸
佛無上正等菩提清淨諸佛無上正等菩提

BD08569 號 B　大般若波羅蜜多經（兌廢稿）卷二七八　　（2–2）

現若菩薩摩訶薩脩遠離
般若波羅蜜多脩遠離行
性亦遠離此脩是脩般若波
世尊云何菩薩摩訶薩脩遠離向脊言
亦遠離此脩是脩般若波羅蜜多脩遠離不
亦遠離此脩是脩般若波羅蜜多善現菩薩
訶薩行深般若波羅蜜多時若念有向餘
涅槃訶有遠離此脩非脩般若波羅蜜多
有不淨觀有遠離此脩非脩般若波羅蜜
以故善現非有想者能脩般若波羅蜜
故善現若菩薩摩訶薩脩遠離向餘
亦遠離此脩是脩般若波羅蜜多脩遠離不
然遠離此脩是脩般若波羅蜜多
世尊云何菩薩摩訶薩脩遠離初靜慮
脩是脩般若波羅蜜多脩遠離第二第三第
靜慮然遠離此脩是脩般若波羅蜜多善見
菩薩摩訶薩行深般若波羅蜜多時
初靜慮有遠離此脩非脩般若波羅蜜多若
有第二第三第四靜慮有遠離此脩非脩般若

BD08570號　大般若波羅蜜多經卷三七一　（3–1）

脩是脩般若波羅蜜多脩遠離第二第三第
靜慮然遠離此脩是脩般若波羅蜜多善見
菩薩摩訶薩行深般若波羅蜜多時若
初靜慮有遠離此脩非脩般若波羅蜜多若念
有第二第三第四靜慮有遠離此脩非脩般若
波羅蜜多何以故善現非有想者能脩般若
波羅蜜多是故善現若菩薩摩訶薩脩遠離初
靜慮然遠離此脩是脩般若波羅蜜多脩遠離第
二第三第四靜慮然遠離此脩是脩般若波羅
蜜多
世尊云何菩薩摩訶薩脩遠離慈無量然遠離此
脩是脩般若波羅蜜多脩遠離悲喜捨無量然遠離此
遠離此脩是脩般若波羅蜜多善現菩薩摩訶
薩行深般若波羅蜜多時若念有慈無量有
遠離此脩非脩般若波羅蜜多若念有悲喜捨
無量有遠離此脩非脩般若波羅蜜多何以故
善現非有想者能脩般若波羅蜜多是故善
現若菩薩摩訶薩脩遠離慈無量亦遠離此脩是
脩般若波羅蜜多脩遠離悲喜捨無量然遠離此
脩是脩般若波羅蜜多
世尊云何菩薩摩訶薩脩遠離空無邊處定然
遠離此脩是脩般若波羅蜜多脩遠離識無邊處
無所有處非想非非想處定然遠離此脩是脩
般若波羅蜜多善現菩薩摩訶薩行深般若
波羅蜜多時若念有空無邊處定有遠離此脩
非脩般若波羅蜜多若念有識無邊處無所

BD08570號　大般若波羅蜜多經卷三七一　（3–2）

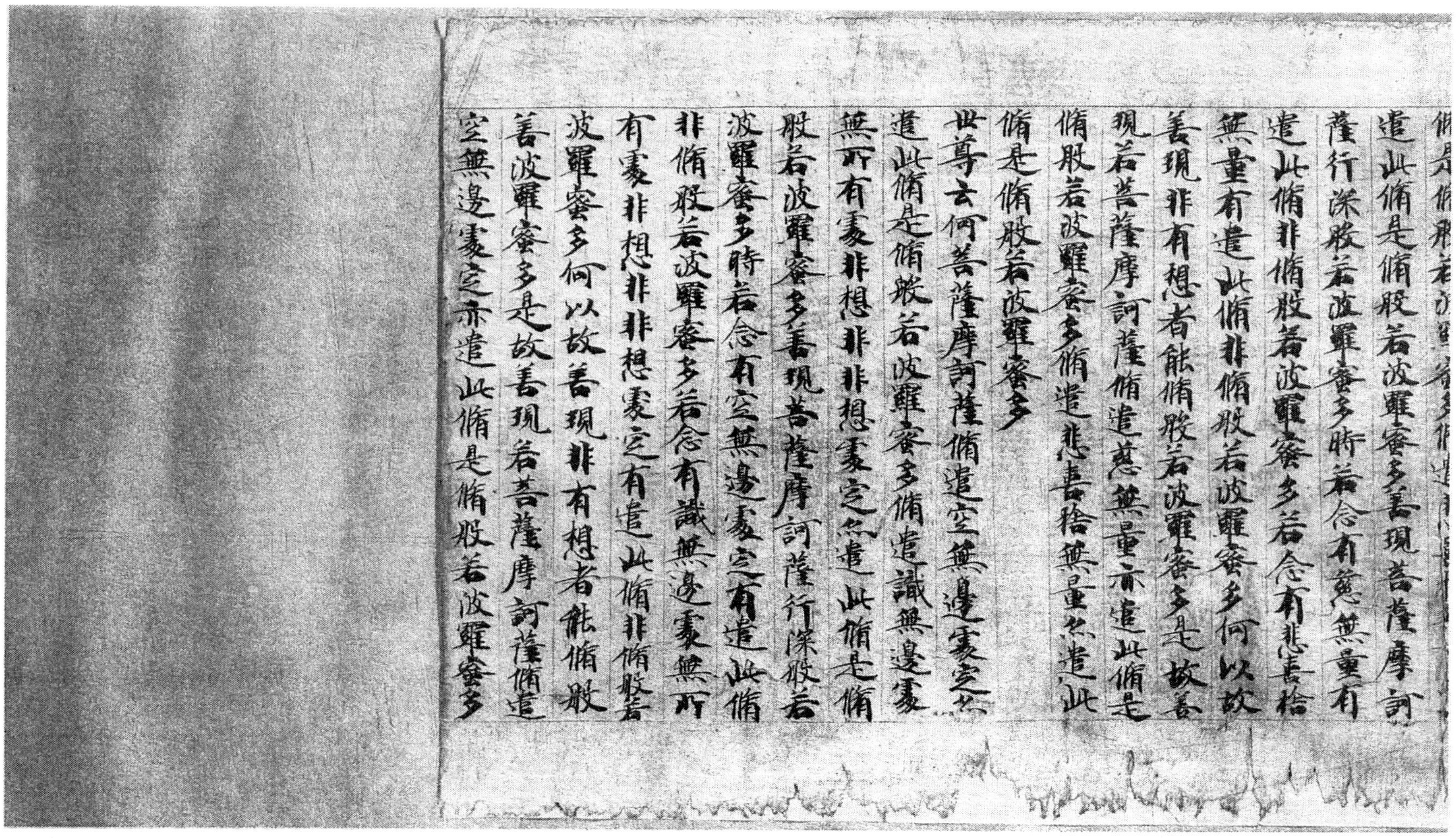

修是修般若波羅蜜多修遣[illegible]
遣此修是修般若波羅蜜多善現菩薩摩訶
薩行深般若波羅蜜多時若念有慈無量有
遣此修非修般若波羅蜜多若念有悲喜捨
無量有遣此修非修般若波羅蜜多何以故
善現非有想者能修般若波羅蜜多是故善
現若菩薩摩訶薩修遣慈無量亦遣此修是
修般若波羅蜜多修遣悲喜捨無量亦遣此
修是修般若波羅蜜多
世尊云何菩薩摩訶薩修遣空無邊處定亦
遣此修是修般若波羅蜜多修遣識無邊處
無所有處非想非非想處定亦遣此修是修
般若波羅蜜多善現菩薩摩訶薩行深般若
波羅蜜多時若念有空無邊處定有遣此修
非修般若波羅蜜多若念有識無邊處無所
有處非想非非想處定有遣此修非修般若
波羅蜜多何以故善現非有想者能修般
善波羅蜜多是故善現若菩薩摩訶薩修遣
空無邊處定亦遣此修是修般若波羅蜜多

**BD08570 號**　大般若波羅蜜多經卷三七一　　（3–3）

[illegible]佛塔中應當學
不得著富[illegible]繞佛塔行應當學
不得手捉富羅入佛塔中應當學
不得塔下坐食留草及食污地應當學
不得擔死屍從塔下過應當學
不得塔下埋死屍應當學
不得在佛塔下燒死屍應當學
不得向塔燒死屍應當學
不得佛塔四邊燒死屍使臭氣來入應當學
不得持死人衣及床從佛塔下過除浣染香熏應當學
不得佛塔下大小便應當學
不得向佛塔大小便應當學
不得遶佛塔四邊大小便使臭氣來入應當學
不得持佛像至大小便處應當學
不得在佛塔下嚼楊枝應當學
不得向佛塔嚼楊枝應當學
不得佛塔四邊嚼楊枝應當學
不得在佛塔下涕唾應當學
不得向佛塔涕唾應當學
不得佛塔四邊涕唾[illegible]

**BD08571 號**　四分比丘尼戒本　　（3–1）

不得向佛塔嚼楊枝應當學
不得佛塔四邊嚼楊枝應當學 卆
不得在佛塔下洟唾應當學
不得向佛塔洟唾應當學
不得塔四邊洟唾應當學
不得與佛塔舒脚坐應當學
不得安佛塔在下房已在上房住應當學
人坐已立不得為說法除病應當學
人卧已坐不得為說法除病應當學
人在坐已在非坐不得為說法除病應當學
人在高坐已在下坐不得為說法除病應當學
人在前行已在後行不得為說法除病應當學 卆
人在高經行處已在下經行處不應為說法除病應當學
人在道已在非道不應為說法除病應當學
不得攜手在道行應當學
不得上樹過人除時因緣應當學
不得絡囊盛鉢貫杖頭著肩上而行應當學
人持杖不恭敬不應為說法除病應當學
人持劍不應為說法除病應當學
人持鉾不應為說法除病應當學
人持刀不應為說法除病應當學
人持蓋不應為說法除病應當學 百
諸大姊我已說衆學戒法今問諸大姊是中清淨不 三說 諸
大姊是中清淨默然故是事如是持
諸大姊是七滅諍法半月半月說戒經中來
若比丘尼有諍事起即應除滅
應與現前毗尼 當與現前毗尼
應與憶念毗尼 當與憶念毗尼

BD08571 號　四分比丘尼戒本　（3–2）

人持劍不應為說法除病應當學
人持鉾不應為說法除病應當學
人持刀不應為說法除病應當學
人持蓋不應為說法除病應當學 百
諸大姊我已說衆學戒法今問諸大姊是中清淨不 三說 諸
大姊是中清淨默然故是事如是持
諸大姊是七滅諍法半月半月說戒經中來
若比丘尼有諍事起即應除滅
應與現前毗尼 當與現前毗尼
應與憶念毗尼 當與憶念毗尼
應與不癡毗尼 當與不癡毗尼
應與自言治 當與自言治
應與不見罪相 當與不見罪相
應與多人語 當與多人語
應與如草覆地 當與如草覆地
諸大姊我已說七滅諍法今
姊是中清淨默然故是事如是持
諸大姊我已說戒經序已說八波羅夷法已
法已說三十尼薩耆波逸提法已說一百
羅提提舍尼法已說衆學戒法已說
戒經半月半月說戒經中來
若更有餘佛法是中皆共和合應
忍辱第一道 佛說無為最 出家

BD08571 號　四分比丘尼戒本　（3–3）

說有所得相似精進波羅蜜多
復次憍尸迦若善男子善女人等為發无上
菩提心者說空解脫門若常若无常說无相
无願解脫門若常若无常說空解脫門若樂
若苦說无相无願解脫門若樂若苦說空解
脫門若我若无我說无相无願解脫門若我
若無我說空解脫門若淨若不淨說无相
无願解脫門若淨若不淨若有能依如是等法
修行精進是行精進波羅蜜多復作是說行
精進者應求空解脫門若常若无常應求无
相无願解脫門若常若无常應求空解脫門
應求空解脫門若我若无我應求无相无願
解脫門若我若无我應求空解脫門若淨若
不淨應求无相无願解脫門若淨若不淨
若有能求如是等法修行精進是行精進波羅
蜜多憍尸迦若善男子善女人等如是求空解
脫門若常若无常求无相无願解脫門若

BD08572 號　大般若波羅蜜多經（兌廢稿）卷一四〇　（2–1）

若無我說空解脫門若淨若不淨說无相
无願解脫門若淨若不淨若有能依如是等法
修行精進是行精進波羅蜜多復作是說行
精進者應求空解脫門若常若无常應求无
相无願解脫門若常若无常應求空解脫門
應求空解脫門若我若无我應求无相无願
解脫門若我若无我應求空解脫門若淨若
不淨應求无相无願解脫門若淨若不淨
若有能求如是等法修行精進是行精進波羅
蜜多憍尸迦若善男子善女人等如是求空解
脫門若常若无常求无相无願解脫門若
常若无常求空解脫門若樂若苦求无相无
願解脫門若樂若苦求空解脫門若我若无
我求无相无願解脫門若我若无我求空解
脫門若淨若不淨求无相无願解脫門若淨
若不淨依此等法行精進者我說名為行有
所得相似精進波羅蜜多憍尸迦如前所說
當知皆是說有所得相似精進波羅蜜多

BD08572 號　大般若波羅蜜多經（兌廢稿）卷一四〇　（2–2）

設欲求女便生端正有相之女宿殖
衆人愛敬无盡意觀世音菩薩有如是
力若有衆生恭敬礼拜觀世音菩薩福不唐
捐是故衆生皆應受持觀世音菩薩名号无
盡意若有人受持六十二億恒河沙菩薩名
字復盡形供養飲食衣服卧具醫藥於汝意
云何是善男子善女人功德多不无盡意言
甚多世尊佛言若復有人受持觀世音菩薩
名号乃至一時礼拜供養是二人福正等无
異於百千万億劫不可窮盡无盡意受持觀
世音菩薩名号得如是无量无邊福德之利
无盡意菩薩白佛言世尊觀世音菩薩云何
遊此娑婆世界云何而爲衆生說法方便之
力其事云何佛告无盡意菩薩善男子若有
國土衆生應以佛身得度者觀世音菩薩即
現佛身而爲說法應以辟支佛身得度者即
現辟支佛身而爲說法應以聲聞身得度者
即現聲聞身而爲說法應以梵王身得度者
即現梵王身而爲說法應以帝釋身得度者
即現帝釋身而爲說法應以自在天身得度
者即現自在天身而爲說法應以大自在天
身得度者即現大自在天身而爲說法應以

BD08573號　妙法蓮華經卷七　（1–1）

波唎婆唎莎訶十五　若有能供養是經者即是供養一切諸經等无有異陁羅尼曰
南謨薄伽勃底一阿波唎蜜多二阿喻紇硯那三須毗你悉指陁四囉佐耶五怛他羯他耶六怛姪他唵七
薩婆桑悉迦囉八波唎輸底九達摩底十伽迦那十一莎訶某持迦底十二薩婆婆毗輸底十三摩訶那耶
波唎婆唎莎訶十五　如是毗婆尸佛　尸弃佛　毗舍浮佛　俱留孫佛　俱那含牟尼　迦葉佛
釋迦牟尼佛若有人以七寶供養如是七佛其福有限書寫受持是无量壽經典所有功德不可限
量陁羅尼曰　南謨薄伽勃底一阿波唎蜜多二阿喻紇硯那三須毗你悉指陁四囉佐耶五怛他羯他耶
怛姪他唵七薩婆桑悉迦囉八波唎輸底九達摩底十伽迦那十一莎訶某持迦底十二薩婆婆毗輸底十三摩訶那
耶十四波唎婆唎莎訶十五　若有七寶等於須弥以用布施其福上能知其限量是无量壽經
典其福不可知數陁羅尼曰　南謨薄伽勃底一阿波唎蜜多二阿喻紇硯那三須毗你悉指陁四囉佐
耶五怛他羯他耶六怛姪他唵七薩婆桑悉迦囉八波唎輸底九達摩底十伽迦那十一莎訶某持迦底十二薩婆
婆毗輸底十三摩訶那耶十四波唎婆唎莎訶十五
如是四大海水上知滴數是无量壽經典所生功德不可數量陁羅尼曰　南謨薄伽勃底
阿波唎蜜多二阿喻紇硯那三須毗你悉指陁四囉佐耶五怛他羯他耶六怛姪他唵七薩婆桑悉迦囉八波唎
輸底九達摩底十伽迦那十一莎訶某持迦底十二薩婆婆毗輸底十三摩訶那耶十四波唎婆唎莎訶十五
若有自書寫使人書寫是无量壽經典又能讀持供養即如恭敬供養一切十方佛土如來无有
別異陁羅尼曰　南謨薄伽勃底一阿波唎蜜多二阿喻紇硯那三須毗你悉指陁四囉佐耶五怛他羯
他耶六怛姪他唵七薩婆毗輸底八波唎輸底九達摩底十伽迦那十一莎訶某持迦底十二薩婆毗輸底
摩訶那耶十四波唎婆唎莎訶十五
布施力能成正覺　悟布施力人師子　布施力能聲普聞　慈悲階衛衆能入
持戒力能成正覺　悟持戒力人師子　持戒力能聲普聞　慈悲階衛衆能入
忍辱力能成正覺　悟忍辱力人師子　忍辱力能聲普聞　慈悲階衛衆能入
精進力能成正覺　悟精進力人師子　精進力能聲普聞　慈悲階衛衆能入

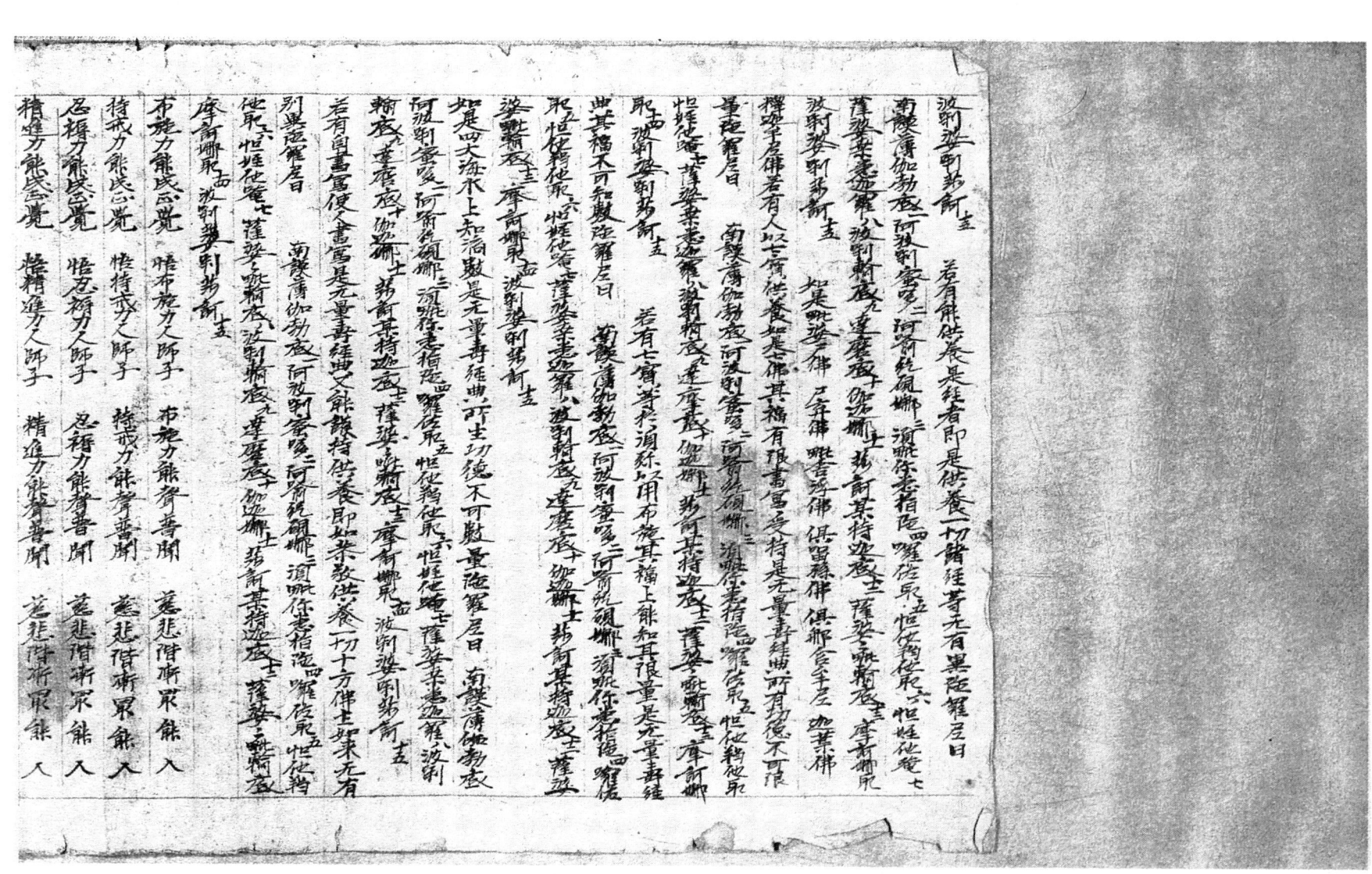

BD08574號　無量壽宗要經　（2–1）

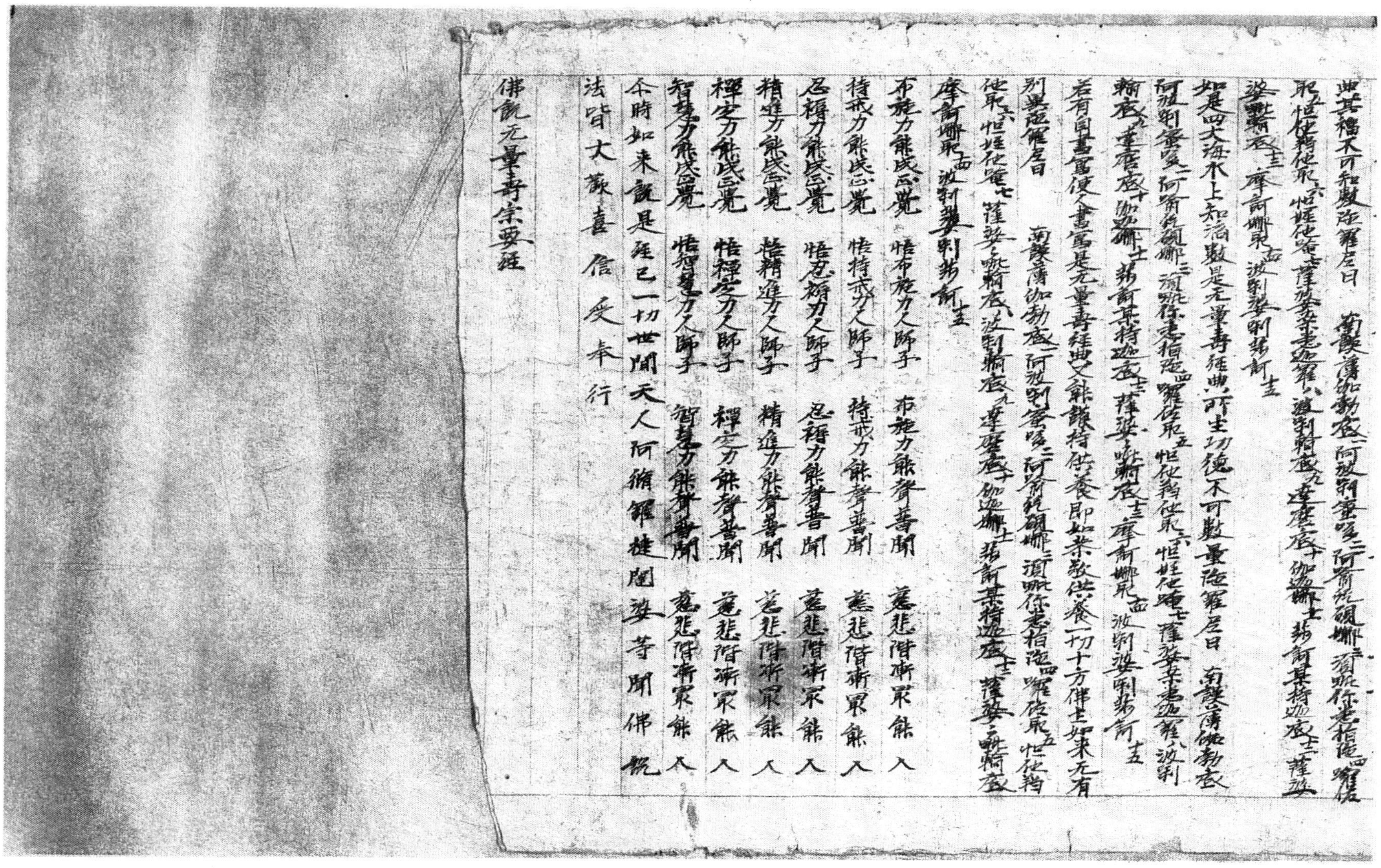
無其福不可知數陁羅尼曰　南謨薄伽勃底一 阿波唎蜜哆二 阿喻紇硯娜三 須毗你悉指陁四 囉佐
耶五 怛他羯他耶六 怛姪他七 薩婆桑悉迦羅八 波唎輸底九 達磨底十 伽伽娜十一 娑訶其持迦底十二 薩婆
婆毗輸底十三 摩訶娜耶十四 波唎婆唎莎訶十五
如是四大海水上知滴數是无量壽經典所生功德不可數量陁羅尼曰　南謨薄伽勃底
阿波唎蜜哆二 阿喻紇硯娜三 須毗你悉指陁四 囉佐耶五 怛他羯他耶六 怛姪他七 薩婆桑悉迦羅八 波唎
輸底九 達磨底十 伽伽娜十一 娑訶其持迦底十二 薩婆婆毗輸底十三 摩訶娜耶十四 波唎婆唎莎訶十五
若有自書寫使人書寫是无量壽經典之能讀誦持供養即如恭敬供養一切十方佛土如來无有
別異陁羅尼曰　南謨薄伽勃底一 阿波唎蜜哆二 阿喻紇硯娜三 須毗你悉指陁四 囉佐耶五 怛他羯
他耶六 怛姪他七 薩婆桑悉迦羅八 波唎輸底九 達磨底十 伽伽娜十一 娑訶其持迦底十二 薩婆婆毗輸底
摩訶娜耶十四 波唎婆唎莎訶十五
布施力能成正覺　悟布施力人師子　布施力能聲善聞　慈悲階漸衆能入
持戒力能成正覺　悟持戒力人師子　持戒力能聲善聞　慈悲階漸衆能入
忍辱力能成正覺　悟忍辱力人師子　忍辱力能聲善聞　慈悲階漸衆能入
精進力能成正覺　悟精進力人師子　精進力能聲善聞　慈悲階漸衆能入
禪定力能成正覺　悟禪定力人師子　禪定力能聲善聞　慈悲階漸衆能入
智慧力能成正覺　悟智慧力人師子　智慧力能聲善聞　慈悲階漸衆能入
尒時如來說是經已一切世間天人阿脩羅揵闥婆等聞佛說
法皆大歡喜信受奉行
佛說无量壽宗要經

BD08574號　無量壽宗要經　（2–2）

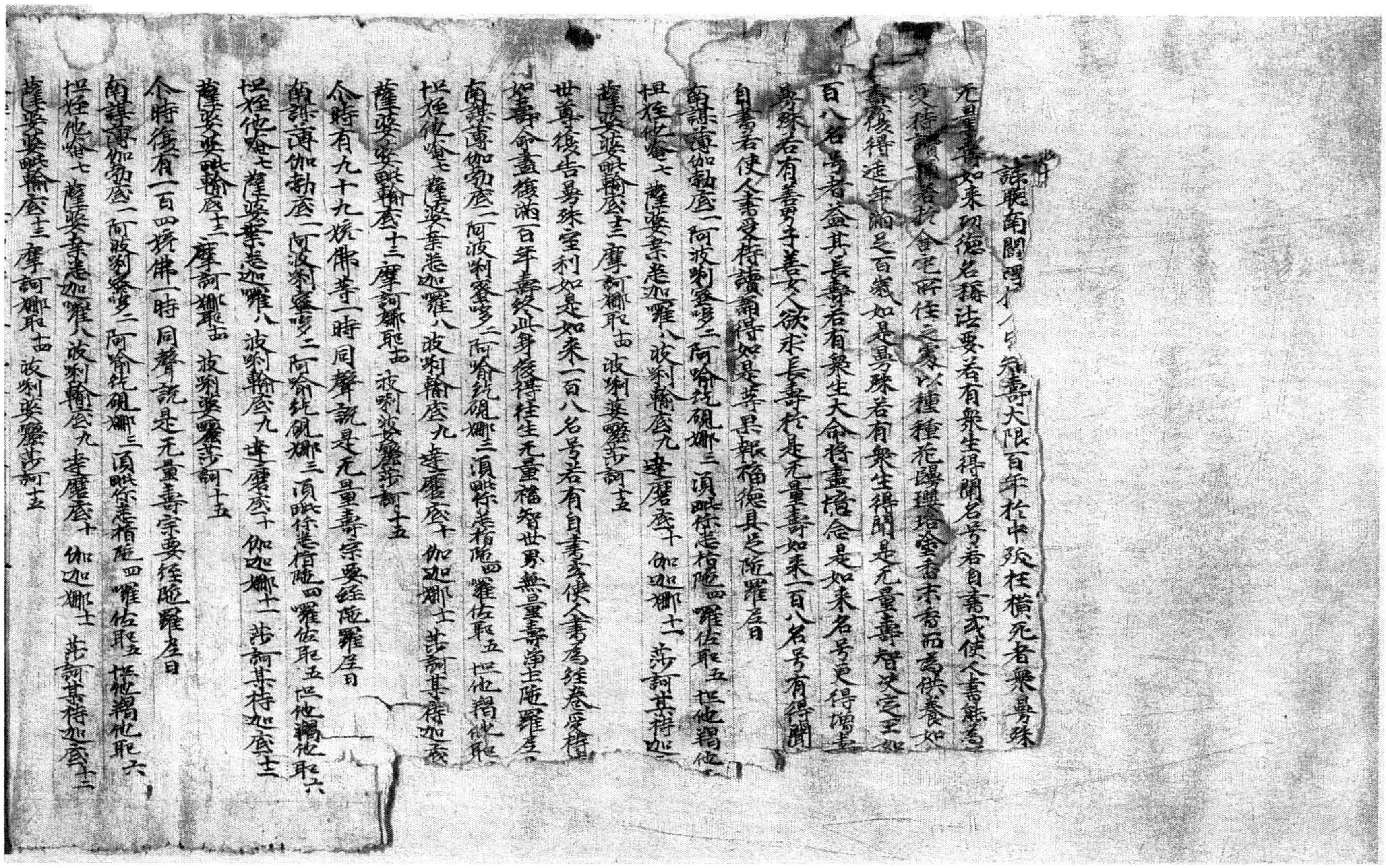
諸衆南閻浮[illegible]壽大限百年於中夭枉橫死者衆多殊
无量壽如來功德名稱法要若有衆生得聞名号若自書或使人書寫爲
受持讀誦者於舍宅所住之處以種種花鬘瓔珞塗香末香而爲供養如
壽終後得延年滿足百歲如是曼殊若有衆生得聞是无量壽智決定王如
百八名号者益其長壽若有衆生大命將盡憶念是如來名号更得增壽
曼殊若有善男子善女人欲求長壽於是无量壽如來一百八名号有得聞
自書若使人書受持讀誦得如是等果報福德具足陁羅尼曰
南謨薄伽勃底一 阿波唎蜜哆二 阿喻紇硯娜三 須毗你悉指陁四 囉佐耶五 怛他羯他
怛姪他七 薩婆桑悉迦囉八 波唎輸底九 達磨底十 伽伽娜十一 莎訶其持迦
薩婆婆毗輸底十三 摩訶娜耶十四 波唎婆唎莎訶十五
世尊復告曼殊室利如是如來一百八名号若有自書或使人書爲經卷受持
如壽命盡復滿百年壽終此身後得往生无量福智世界無量壽淨土陁羅尼曰
南謨薄伽勃底一 阿波唎蜜哆二 阿喻紇硯娜三 須毗你悉指陁四 囉佐耶五 怛他羯他耶六
怛姪他七 薩婆桑悉迦囉八 波唎輸底九 達磨底十 伽伽娜十一 莎訶其持迦底十二
薩婆婆毗輸底十三 摩訶娜耶十四 波唎婆唎莎訶十五
尒時有九十九殑佛等一時同聲說是无量壽宗要經陁羅尼曰
南謨薄伽勃底一 阿波唎蜜哆二 阿喻紇硯娜三 須毗你悉指陁四 囉佐耶五 怛他羯他耶六
怛姪他七 薩婆桑悉迦囉八 波唎輸底九 達磨底十 伽伽娜十一 莎訶其持迦底十二
薩婆婆毗輸底十三 摩訶娜耶十四 波唎婆唎莎訶十五
尒時復有一百四殑佛一時同聲說是无量壽宗要經陁羅尼曰
南謨薄伽勃底一 阿波唎蜜哆二 阿喻紇硯娜三 須毗你悉指陁四 囉佐耶五 怛他羯他耶六
怛姪他七 薩婆桑悉迦囉八 波唎輸底九 達磨底十 伽伽娜十一 莎訶其持迦底十二
薩婆婆毗輸底十三 摩訶娜耶十四 波唎婆唎莎訶十五

BD08575號　無量壽宗要經　（3–1）

薩婆娑婆毗輸底十三 摩訶娜耶十四 波唎婆嚟莎訶十五
尒時復有一百四殑佛一時同聲說是无量壽宗要經陀羅尼曰
南謨薄伽勃底一 阿波唎蜜多二 阿喻紇硯娜三 須毗你悉指陀四 囉佐耶五 怛他羯他耶六
怛姪他唵七 薩婆桑悉迦囉八 波唎輸底九 達磨底十 伽迦娜十一 莎訶其特迦底十二
薩婆娑婆毗輸底十三 摩訶娜耶十四 波唎婆嚟莎訶十五
尒時復有七殑佛一時同聲說是无量壽宗要經陀羅尼曰
南謨薄伽勃底一 阿波唎蜜多二 阿喻紇硯娜三 須毗你悉指陀四 囉佐耶五 怛他羯他耶六
怛姪他唵七 薩婆桑悉迦囉八 波唎輸底九 達磨底十 伽迦娜十一 莎訶其特迦底十二
薩婆娑婆毗輸底十三 摩訶娜耶十四 波唎婆嚟莎訶十五
尒時復有六十五殑佛一時同聲說是无量壽宗要經陀羅尼曰
南謨薄伽勃底一 阿波唎蜜多二 阿喻紇硯娜三 須毗你悉指陀四 囉佐耶五 怛他羯他耶六
怛姪他唵七 薩婆桑悉迦囉八 波唎輸底九 達磨底十 伽迦娜十一 莎訶其特迦底十二
薩婆娑婆毗輸底十三 摩訶娜耶十四 波唎婆嚟莎訶十五
尒時復有五十五殑佛一時同聲說是无量壽宗要經陀羅尼曰
南謨薄伽勃底一 阿波唎蜜多二 阿喻紇硯娜三 須毗你悉指陀四 囉佐耶五 怛他羯他耶六
怛姪他唵七 薩婆桑悉迦囉八 波唎輸底九 達磨底十 伽迦娜十一 莎訶其特迦底十二
薩婆娑婆毗輸底十三 摩訶娜耶十四 波唎婆嚟莎訶十五
尒時復有四十五殑佛一時同聲說是无量壽宗要經陀羅尼曰
南謨薄伽勃底一 阿波唎蜜多二 阿喻紇硯娜三 須毗你悉指陀四 囉佐耶五 怛他羯他耶六
怛姪他唵七 薩婆桑悉迦囉八 波唎輸底九 達磨底十 伽迦娜十一 莎訶其特迦底十二
薩婆娑婆毗輸底十三 摩訶娜耶十四 波唎婆嚟莎訶十五
尒時復有三十六殑佛一時同聲說是无量壽宗要經陀羅尼曰
南謨薄伽勃底一 阿波唎蜜多二 阿喻紇硯娜三 須毗你悉指陀四 囉佐耶五 怛他羯他耶六
怛姪他唵七 薩婆桑悉迦囉八 波唎輸底九 達磨底十 伽迦娜十一 莎訶其特迦底十二
薩婆娑婆毗輸底十三 摩訶娜耶十四 波唎婆嚟莎訶十五
尒時復有二十五殑佛一時同聲說是无量壽宗要經陀羅尼曰
南謨薄伽勃底一 阿波唎蜜多二 阿喻紇硯娜三 須毗你悉指陀四 囉佐耶五 怛他羯他耶六
怛姪他唵七 薩婆桑悉迦囉八 波唎輸底九 達磨底十 伽迦娜十一 莎訶其特迦底十二
薩婆娑婆毗輸底十三 摩訶娜耶十四 波唎婆嚟莎訶十五
尒時復有恒河沙殑佛一時同聲說是无量壽宗要經陀羅尼曰
南謨薄伽勃底一 阿波唎蜜多二 阿喻紇硯娜三 須毗你悉指陀四 囉佐耶五 怛他羯他耶六

BD08575號　無量壽宗要經　(3–2)

尒時復有五十五殑佛一時同聲說是无量壽宗要經陀羅尼曰
南謨薄伽勃底一 阿波唎蜜多二 阿喻紇硯娜三 須毗你悉指陀四 囉佐耶五 怛他羯他耶六
怛姪他唵七 薩婆桑悉迦囉八 波唎輸底九 達磨底十 伽迦娜十一 莎訶其特迦底十二
薩婆娑婆毗輸底十三 摩訶娜耶十四 波唎婆嚟莎訶十五
尒時復有四十五殑佛一時同聲說是无量壽宗要經陀羅尼曰
南謨薄伽勃底一 阿波唎蜜多二 阿喻紇硯娜三 須毗你悉指陀四 囉佐耶五 怛他羯他耶六
怛姪他唵七 薩婆桑悉迦囉八 波唎輸底九 達磨底十 伽迦娜十一 莎訶其特迦底十二
薩婆娑婆毗輸底十三 摩訶娜耶十四 波唎婆嚟莎訶十五
尒時復有三十六殑佛一時同聲說是无量壽宗要經陀羅尼曰
南謨薄伽勃底一 阿波唎蜜多二 阿喻紇硯娜三 須毗你悉指陀四 囉佐耶五 怛他羯他耶六
怛姪他唵七 薩婆桑悉迦囉八 波唎輸底九 達磨底十 伽迦娜十一 莎訶其特迦底十二
薩婆娑婆毗輸底十三 摩訶娜耶十四 波唎婆嚟莎訶十五
尒時復有二十五殑佛一時同聲說是无量壽宗要經陀羅尼曰
南謨薄伽勃底一 阿波唎蜜多二 阿喻紇硯娜三 須毗你悉指陀四 囉佐耶五 怛他羯他耶六
怛姪他唵七 薩婆桑悉迦囉八 波唎輸底九 達磨底十 伽迦娜十一 莎訶其特迦底十二
薩婆娑婆毗輸底十三 摩訶娜耶十四 波唎婆嚟莎訶十五
尒時復有恒河沙殑佛一時同聲說是无量壽宗要經陀羅尼曰
南謨薄伽勃底一 阿波唎蜜多二 阿喻紇硯娜三 須毗你悉指陀四 囉佐耶五 怛他羯他耶六
怛姪他唵七 薩婆桑悉迦囉八 波唎輸底九 達磨底十 伽迦娜十一 莎訶其特迦底十二
薩婆娑婆毗輸底十三 摩訶娜耶十四 波唎婆嚟莎訶十五
善男子若有自書寫教人書寫是无量壽宗要經如其命盡復得長壽而滿年
陀羅尼曰 南謨薄伽勃底一 阿波唎蜜多二 阿喻紇硯娜三 須毗你悉指陀四 囉佐耶五

BD08575號　無量壽宗要經　(3–3)

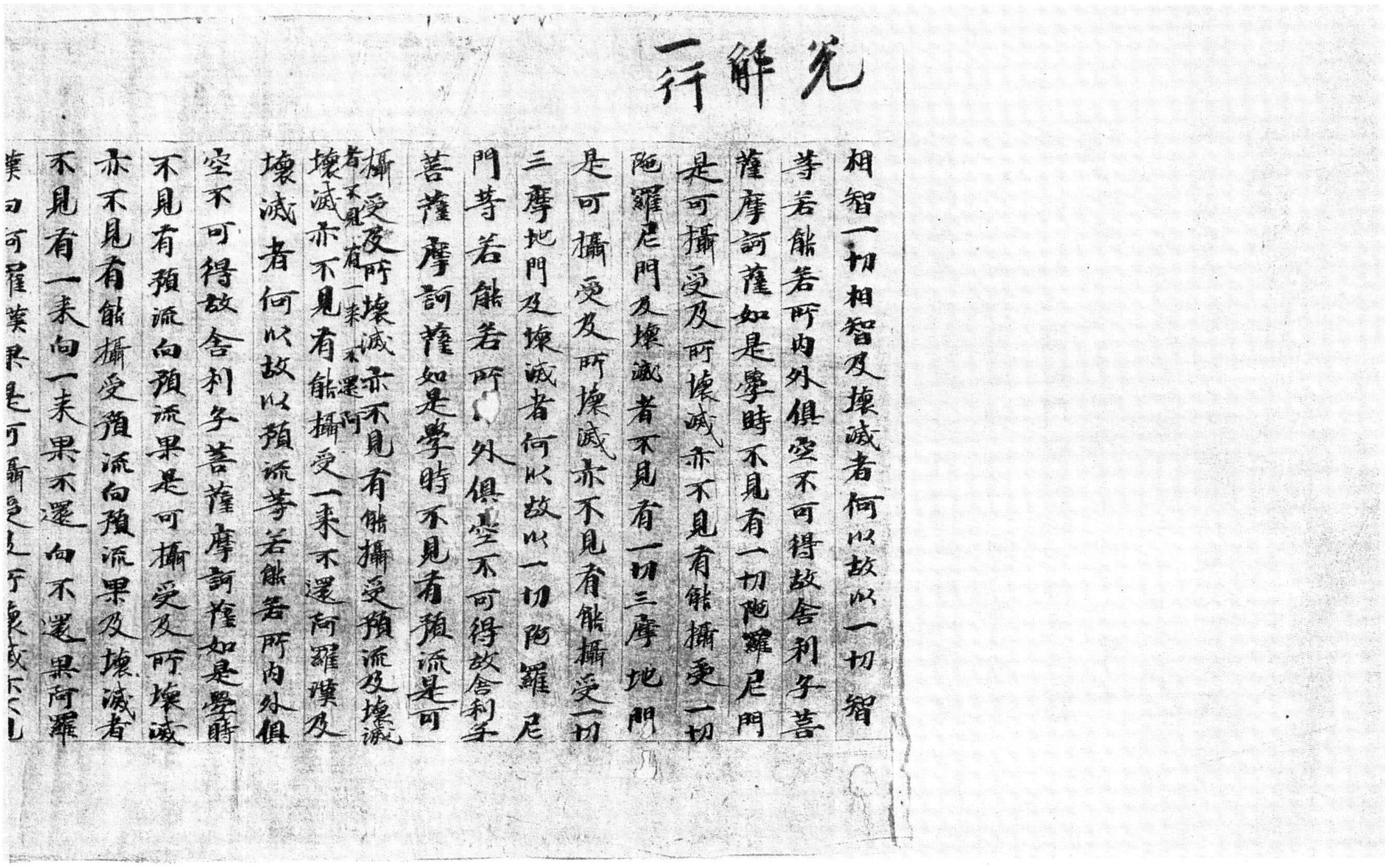
兑觧一行

相智一切相智及壞滅者何以故以一切智
等若能若所内外俱空不可得故舍利子菩
薩摩訶薩如是學時不見有一切陁羅尼門
是可攝受及所壞滅亦不見有能攝受一切
陁羅尼門及壞滅者不見有一切三摩地門
是可攝受及所壞滅亦不見有能攝受一切
三摩地門及壞滅者何以故以一切陁羅尼
門等若能若所内外俱空不可得故舍利子
菩薩摩訶薩如是學時不見有預流是可
攝受及所壞滅亦不見有能攝受預流及壞滅
者不見有一來不還阿
壞滅亦不見有能攝受一來不還阿羅漢及
壞滅者何以故以預流等若能若所内外俱
空不可得故舍利子菩薩摩訶薩如是學時
不見有預流向預流果是可攝受及所壞滅
亦不見有能攝受預流向預流果及壞滅者
不見有一來向一來果不還向不還果阿羅
漢向阿羅漢果是可攝受及所壞滅亦不見

BD08576號　大般若波羅蜜多經（兌廢稿）卷八八　　（2–1）

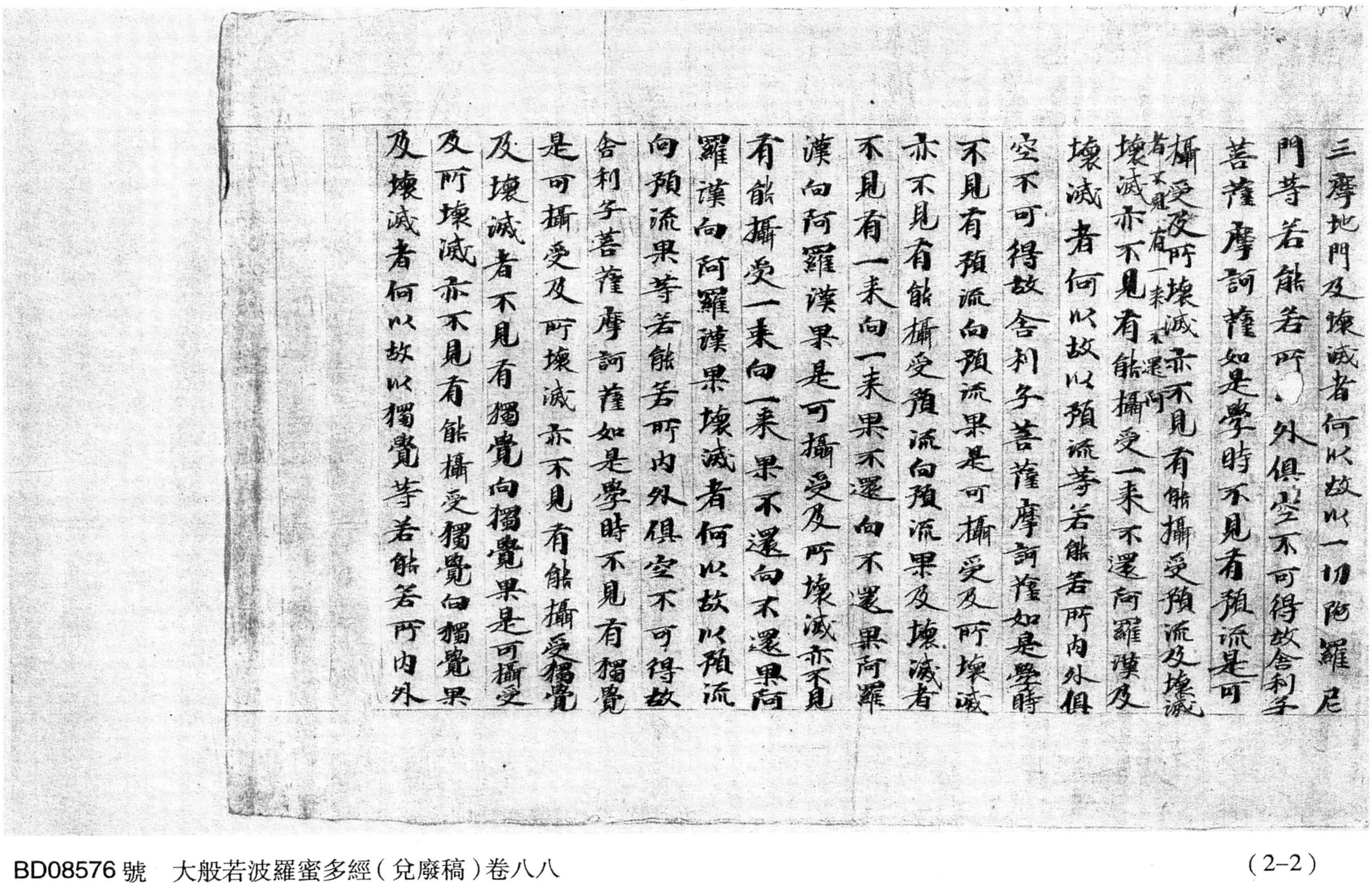
三摩地門及壞滅者何以故以一切陁羅尼
門等若能若所内外俱空不可得故舍利子
菩薩摩訶薩如是學時不見有預流是可
攝受及所壞滅亦不見有能攝受預流及壞滅
者不見有一來不還阿
壞滅亦不見有能攝受一來不還阿羅漢及
壞滅者何以故以預流等若能若所内外俱
空不可得故舍利子菩薩摩訶薩如是學時
不見有預流向預流果是可攝受及所壞滅
亦不見有能攝受預流向預流果及壞滅者
不見有一來向一來果不還向不還果阿羅
漢向阿羅漢果是可攝受及所壞滅亦不見
有能攝受一來向一來果不還向不還果阿
羅漢向阿羅漢果壞滅者何以故以預流
向預流果等若能若所内外俱空不可得故
舍利子菩薩摩訶薩如是學時不見有獨覺
是可攝受及所壞滅亦不見有能攝受獨覺
及壞滅者不見有獨覺向獨覺果是可攝受
及所壞滅亦不見有能攝受獨覺向獨覺果
及壞滅者何以故以獨覺等若能若所内外

BD08576號　大般若波羅蜜多經（兌廢稿）卷八八　　（2–2）

兌此一張

十八佛不共法空學何以故无二分故憍尸迦
若菩薩摩訶薩不於无忘失法空學不於
恒住捨性空學是菩薩摩訶薩為於无忘失
法空學為於恒住捨性空學何以故无二分故
憍尸迦若菩薩摩訶薩不於一切智空學
不於道相智一切相智空學是菩薩摩訶薩
為於一切智空學為於道相智一切相智空
學何以故无二分故憍尸迦若菩薩摩訶薩不於
一切陁羅尼門空學不於一切三摩地門空
空學是菩薩摩訶薩為於一切陁羅尼門空
學為於一切三摩地門空學何以故无二分故
憍尸迦若菩薩摩訶薩不於預流空學不
於預流空學為於一来不還阿羅漢空學何
以故无二分故憍尸迦若菩薩摩訶薩不於
預流向預流果空學不於一来向一来果不
還向不還果阿羅漢向阿羅漢果空學是菩
薩摩訶薩為於預流向預流果空學為於一

BD08577 號　大般若波羅蜜多經（兌廢稿）卷八六　（2–1）

空學是菩薩摩訶薩為於一切陁羅尼門空
學為於一切三摩地門空學何以故无二分故
憍尸迦若菩薩摩訶薩不於預流空學不
於預流空學為於一来不還阿羅漢空學何
以故无二分故憍尸迦若菩薩摩訶薩不於
預流向預流果空學不於一来向一来果不
還向不還果阿羅漢向阿羅漢果空學是菩
薩摩訶薩為於預流向預流果空學為於一
来向一来果不還向不還果阿羅漢向阿羅
漢果空學何以故无二分故憍尸迦若菩薩
摩訶薩不於獨覺空學不於獨覺向獨覺果
空學是菩薩摩訶薩為獨覺空學為於獨
覺向獨覺果空學何以故无二分故憍尸迦
若菩薩摩訶薩不於菩薩摩訶薩空學不於
三藐三佛陁空學是菩薩摩訶薩為於菩薩
摩訶薩空學為於三藐三佛陁空學何以故

BD08577 號　大般若波羅蜜多經（兌廢稿）卷八六　（2–2）

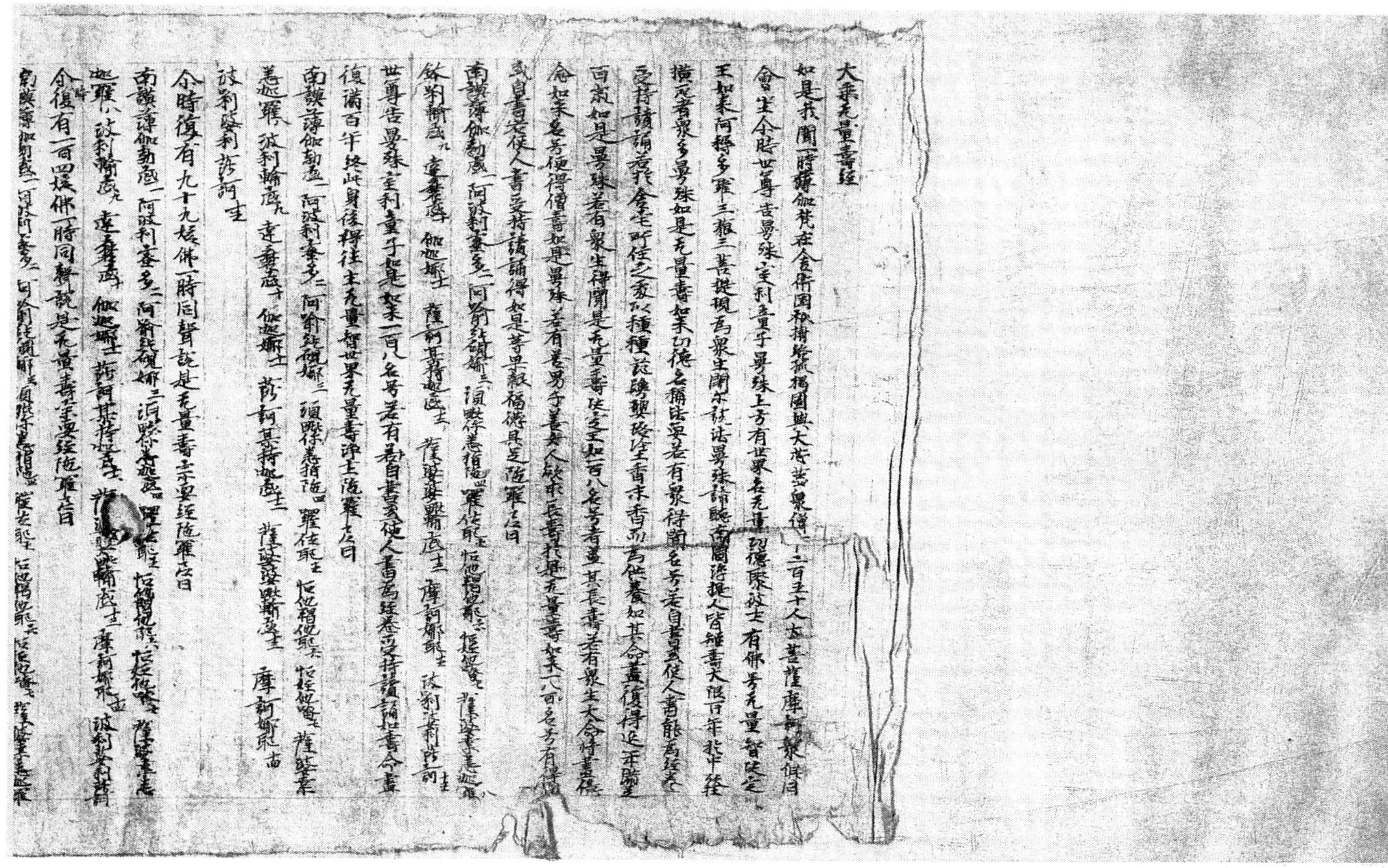

BD08578 號　無量壽宗要經　　（3–1）

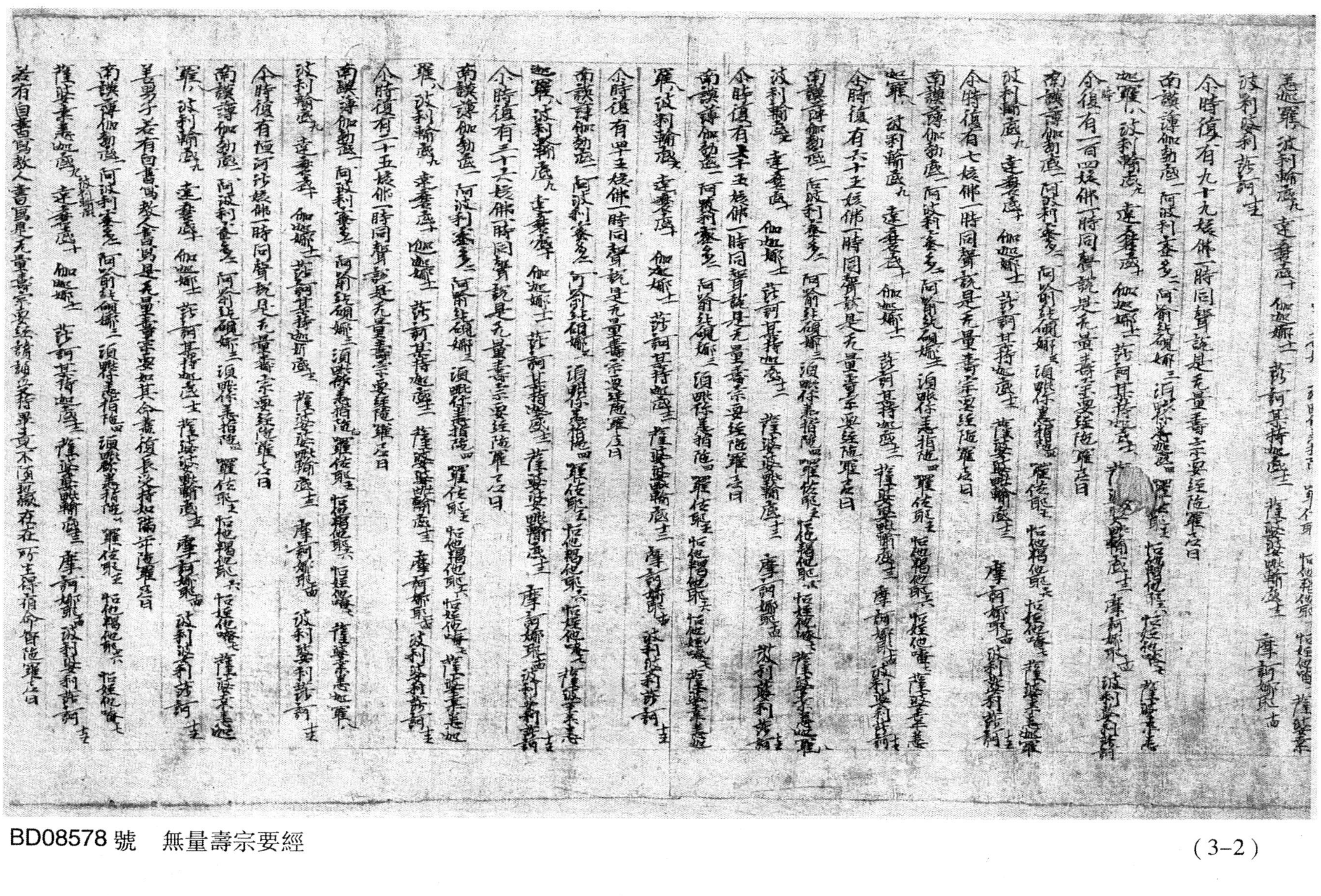

BD08578 號　無量壽宗要經　　（3–2）

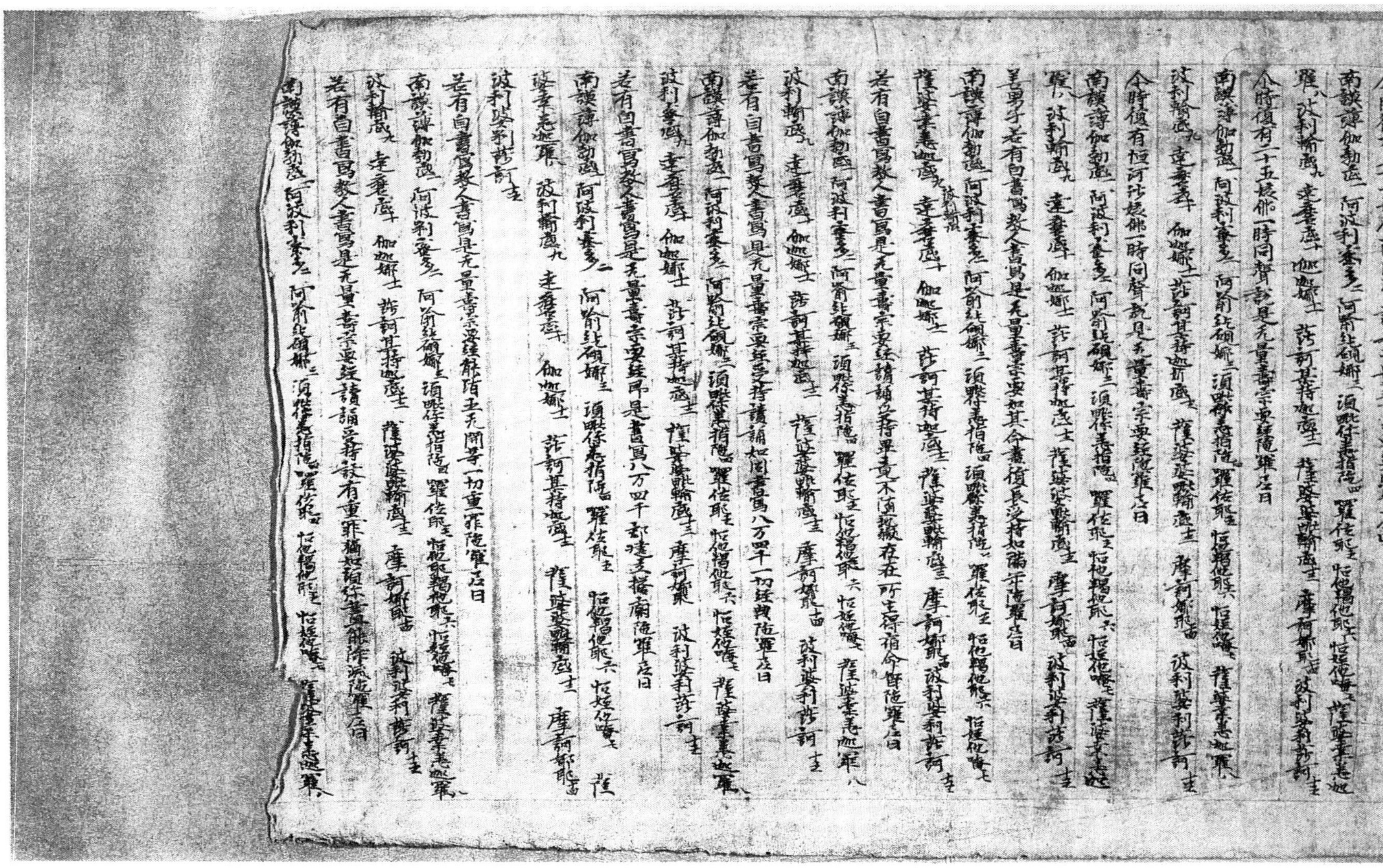

尒時復有三十六俱胝佛一時同聲說是无量壽宗要經陀羅尼曰
南謨薄伽勃底一 阿波唎蜜多二 阿喻紇硯娜三 須毗你悉指陀四 囉佐耶五 怛他揭他耶六 怛姪他七 薩婆桑悉迦
囉八 波唎輸底九 達磨底十 伽伽娜十一 莎訶娑持迦底十二 薩婆婆毗輸底十三 摩訶娜耶十四 波唎婆唎莎訶十五
尒時復有二十五俱胝佛一時同聲說是无量壽宗要經陀羅尼曰
南謨薄伽勃底一 阿波唎蜜多二 阿喻紇硯娜三 須毗你悉指陀四 囉佐耶五 怛他揭他耶六 怛姪他七 薩婆桑悉迦囉八
波唎輸底九 達磨底十 伽伽娜十一 莎訶娑持迦底十二 薩婆婆毗輸底十三 摩訶娜耶十四 波唎婆唎莎訶十五
尒時復有恒河沙俱胝佛一時同聲說是无量壽宗要經陀羅尼曰
南謨薄伽勃底一 阿波唎蜜多二 阿喻紇硯娜三 須毗你悉指陀四 囉佐耶五 怛他揭他耶六 怛姪他七 薩婆桑悉迦
囉八 波唎輸底九 達磨底十 伽伽娜十一 莎訶娑持迦底十二 薩婆婆毗輸底十三 摩訶娜耶十四 波唎婆唎莎訶十五
善男子若有自書寫教人書寫是无量壽宗要經如其命盡復長受持如滿百年陀羅尼曰
南謨薄伽勃底一 阿波唎蜜多二 阿喻紇硯娜三 須毗你悉指陀四 囉佐耶五 怛他揭他耶六 怛姪他七
薩婆桑悉迦囉八 波唎輸底九 達磨底十 伽伽娜十一 莎訶娑持迦底十二 薩婆婆毗輸底十三 摩訶娜耶十四 波唎婆唎莎訶十五
若有自書寫教人書寫是无量壽宗要經請誦受持畢竟不墮地獄在在所生得宿命智陀羅尼曰
南謨薄伽勃底一 阿波唎蜜多二 阿喻紇硯娜三 須毗你悉指陀四 囉佐耶五 怛他揭他耶六 怛姪他七 薩婆桑悉迦囉八
波唎輸底九 達磨底十 伽伽娜十一 莎訶娑持迦底十二 薩婆婆毗輸底十三 摩訶娜耶十四 波唎婆唎莎訶十五
南謨薄伽勃底一 阿波唎蜜多二 阿喻紇硯娜三 須毗你悉指陀四 囉佐耶五 怛他揭他耶六 怛姪他七 薩婆桑悉迦囉八
波唎輸底九 達磨底十 伽伽娜十一 莎訶娑持迦底十二 薩婆婆毗輸底十三 摩訶娜耶十四 波唎婆唎莎訶十五
若有自書寫教人書寫是无量壽宗要經受持讀誦如同書寫八万四千一切經典陀羅尼曰
南謨薄伽勃底一 阿波唎蜜多二 阿喻紇硯娜三 須毗你悉指陀四 囉佐耶五 怛他揭他耶六 怛姪他七 薩婆桑悉迦囉八
波唎輸底九 達磨底十 伽伽娜十一 莎訶娑持迦底十二 薩婆婆毗輸底十三 摩訶娜耶十四 波唎婆唎莎訶十五
若有自書寫教人書寫是无量壽宗要經即是書寫八万四千部建立塔廟陀羅尼曰
南謨薄伽勃底一 阿波唎蜜多二 阿喻紇硯娜三 須毗你悉指陀四 囉佐耶五 怛他揭他耶六 怛姪他七 薩
婆桑悉迦囉八 波唎輸底九 達磨底十 伽伽娜十一 莎訶娑持迦底十二 薩婆婆毗輸底十三 摩訶娜耶十四
波唎婆唎莎訶十五
若有自書寫教人書寫是无量壽宗要經能消五无間等一切重罪陀羅尼曰
南謨薄伽勃底一 阿波唎蜜多二 阿喻紇硯娜三 須毗你悉指陀四 囉佐耶五 怛他揭他耶六 怛姪他七 薩婆桑悉迦囉八
波唎輸底九 達磨底十 伽伽娜十一 莎訶娑持迦底十二 薩婆婆毗輸底十三 摩訶娜耶十四 波唎婆唎莎訶十五
若有自書寫教人書寫是无量壽宗要經讀誦受持設有重罪猶如須弥山悉能除滅陀羅尼曰
南謨薄伽勃底一 阿波唎蜜多二 阿喻紇硯娜三 須毗你悉指陀四 囉佐耶五 怛他揭他耶六 怛姪他七 薩婆桑悉迦囉八

**BD08578**號　無量壽宗要經　　　（3–3）

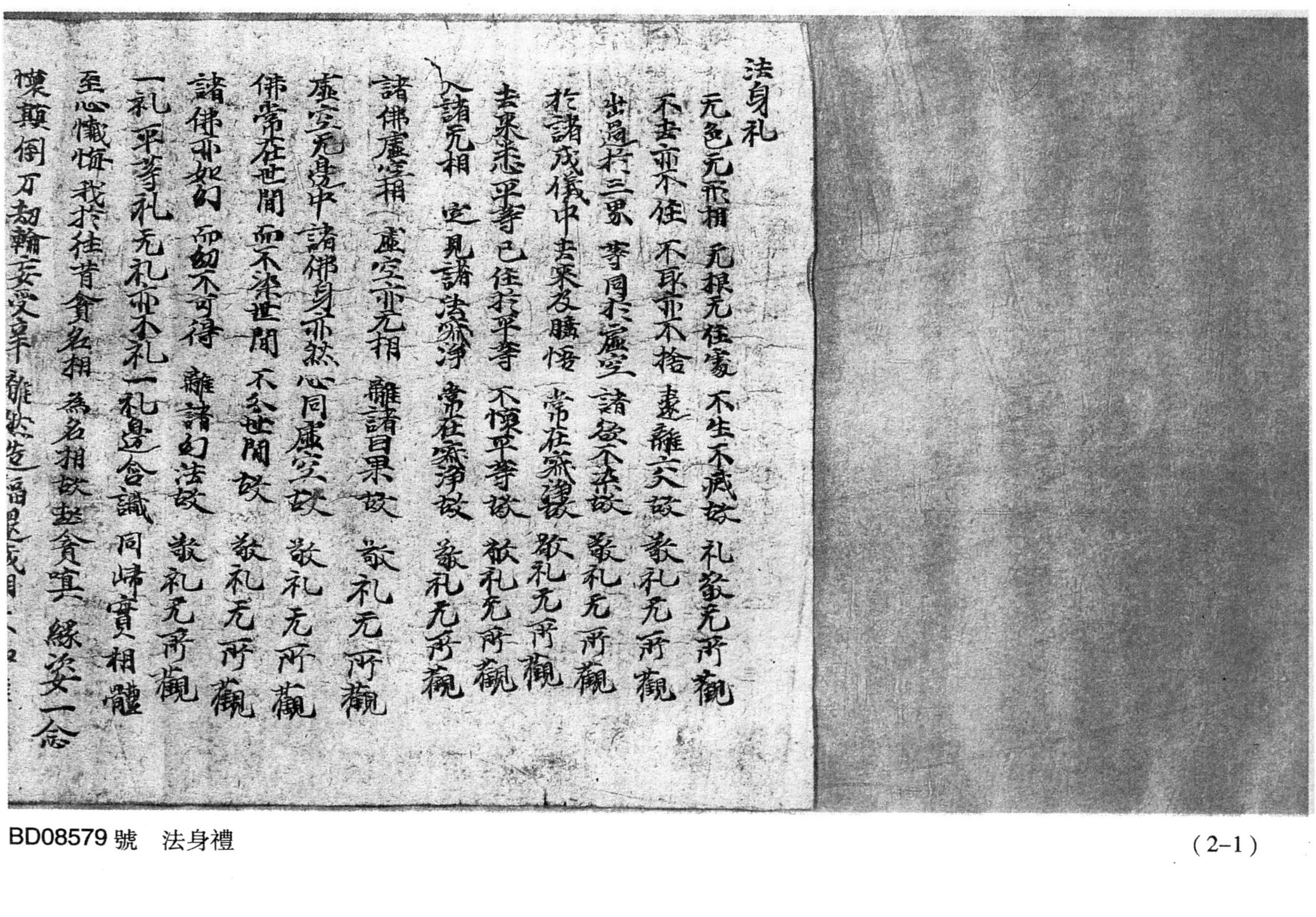

法身礼
无色无形相 无根无住處 不生不滅故 礼敬无所觀
不去亦不住 不取亦不捨 遠離六入故 敬礼无所觀
出過於三界 等同於虛空 諸欲不染故 敬礼无所觀
於諸威儀中 去來及睡寤 常在寂滅故 敬礼无所觀
去來悉平等 已住於平等 不壞平等故 敬礼无所觀
入諸无相定 見諸法寂淨 常在寂淨故 敬礼无所觀
諸佛虛空相 虛空亦无相 離諸因果故 敬礼无所觀
虛空无身中 諸佛身亦然 心同虛空故 敬礼无所觀
佛常在世間 而不染世間 不分世間故 敬礼无所觀
諸佛亦如幻 亦幻不可得 離諸幻法故 敬礼无所觀
一礼平等礼 无礼亦不礼 一礼遍含識 同歸實相體
至心懺悔 我於往昔貪名相 為名相故起貪嗔 緣妄一念
懷顛倒万劫輪迴妄受苦 難然造福

**BD08579**號　法身禮　　　（2–1）

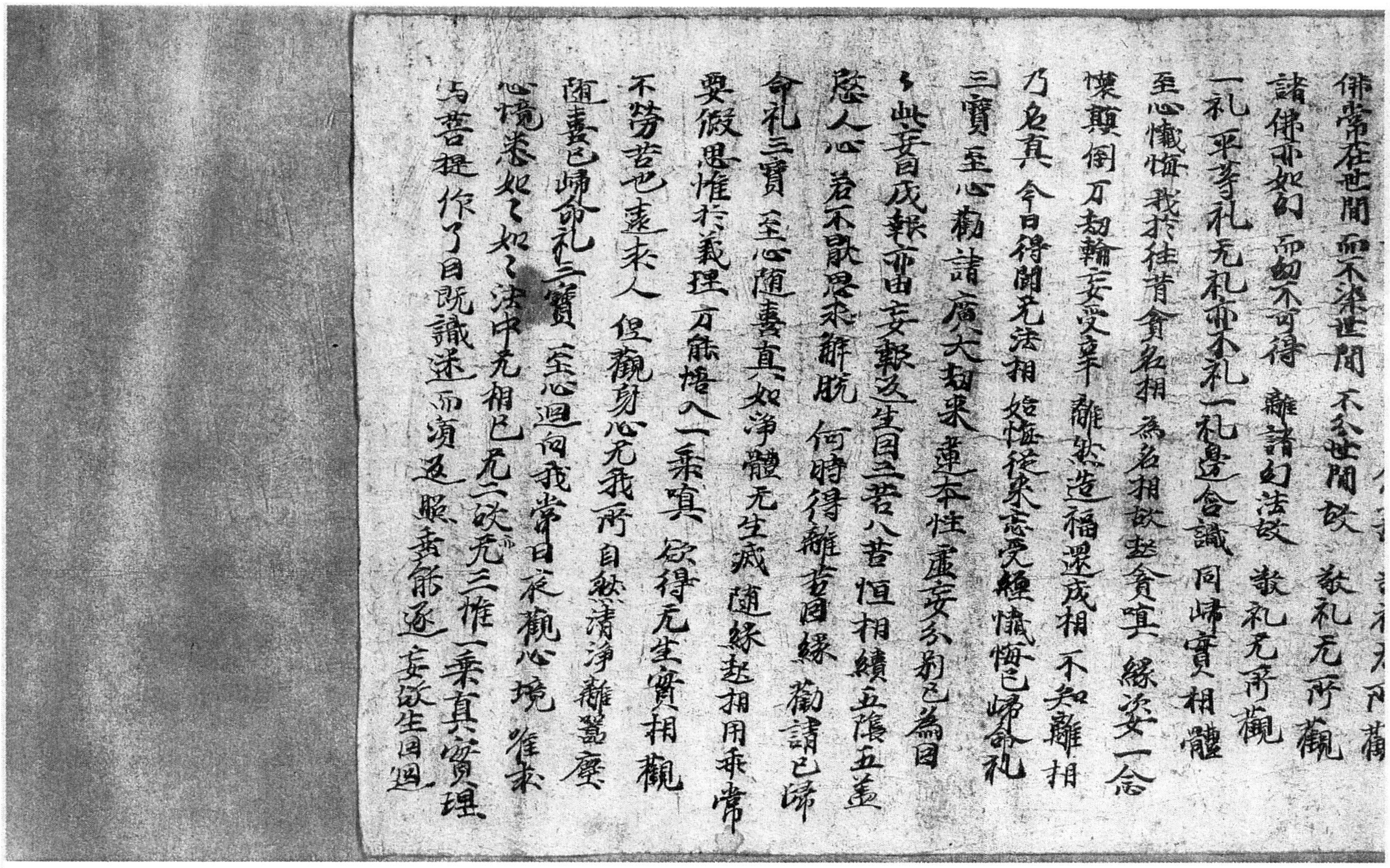

佛常在世間　而不染世間　不分世間故　敬礼无所觀
諸佛亦如幻　而幻不可得　離諸幻法故　敬礼无所觀
一礼平等礼　无礼亦不礼　一礼遍含識　同歸實相體
至心懺悔　我於往昔貪名相　為名相故起貪嗔　緣姿妄一念
懷顛倒　万劫輪妄受辛　離然造福還成相　不知離相
乃名真　今日得聞无法相　始悔從來忘受輪　懺悔已　歸命礼
三寶　至心勸請　廣大劫來違本性　虛妄分別已為因
〻此妄因成報　亦由妄報返生因　三苦八苦恒相續　五陰五蓋
惑人心　若不厭患求解脫　何時得離苦因緣　勸請已　歸
命礼三寶　至心隨喜　真如淨體无生滅　隨緣起相用乘常
要假思惟於義理　方能悟入一乘真　欲得无生實相觀
不勞苦也遠求人　但觀身心无我所　自然清淨離塵
隨喜已　歸命礼三寶　至心迴向　我常日夜觀心境　唯求
心境悉如〻　如〻法中无相已　无二欲无三　唯一乘真實理
與菩提作了因　既識迷而須返　照無能返　妄欲生因迴

BD08579 號　法身禮　（2–2）

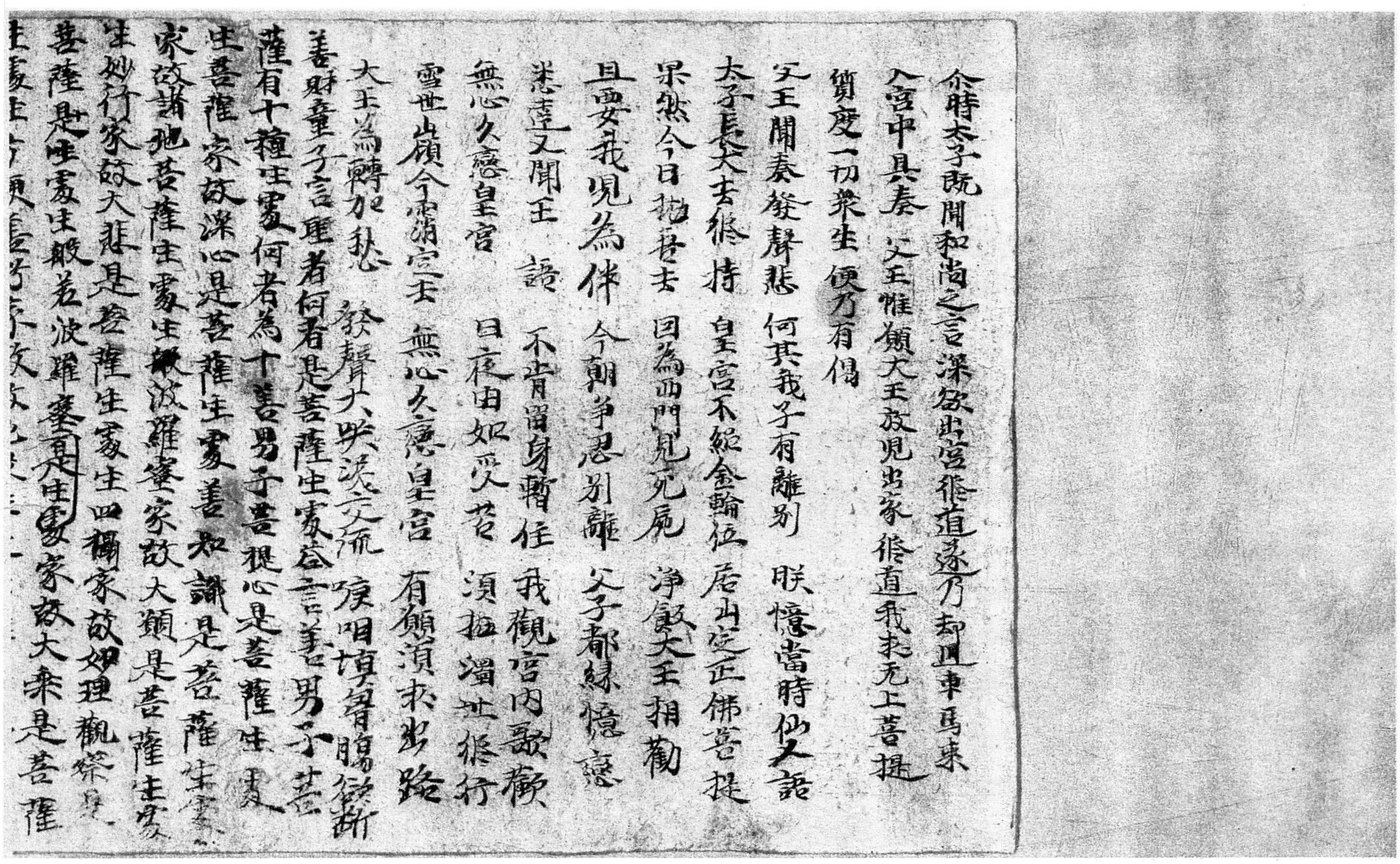

尒時太子既聞和尚之言　深欲出宮修道　遂乃却迴車馬來
入宮中具奏　父王　惟願大王放兒出家修道　我求无上菩提
普度一切衆生　便乃有偈
父王聞奏發聲悲　何其我子有離別　朕憶當時仙人語
太子長大去修持　皇宮不紹金輪位　居山定正佛菩提
果然今日拋吾去　因為四門見死屍　淨飯大王相勸
且要我兒為佛　今朝爭忍別離　父子都緣憶戀
悉達又聞王語　不肯留身轉任　我觀宮內歌歡
無心久戀皇宮　日夜由如火苦　須拋溜址修行
雪世山嶺今須宣去　無心久戀皇宮　有願須求出路
大王為轉加愁　發聲大哭　淚交流　哽咽填胸　腸欲斷
善財童子言　聖者　何者是菩薩生處　答言　善男子　菩
薩有十種生處　何者為十　善男子　菩提心是菩薩生處
生菩薩家故　深心是菩薩生處　善知識是菩薩生處
家故　諸地菩薩生處　生波羅蜜家故　大願是菩薩生處
生妙行家故　大悲是菩薩生處　生四攝家故　如理觀察是
菩薩是生處　生般若波羅蜜是生處家故　大乘是菩薩

BD08579 號背 1　太子成道變文（擬）　（2–1）

BD08579 號背 2　大方廣佛華嚴經（唐譯八十卷本　兌廢稿）卷七九　（2–2）

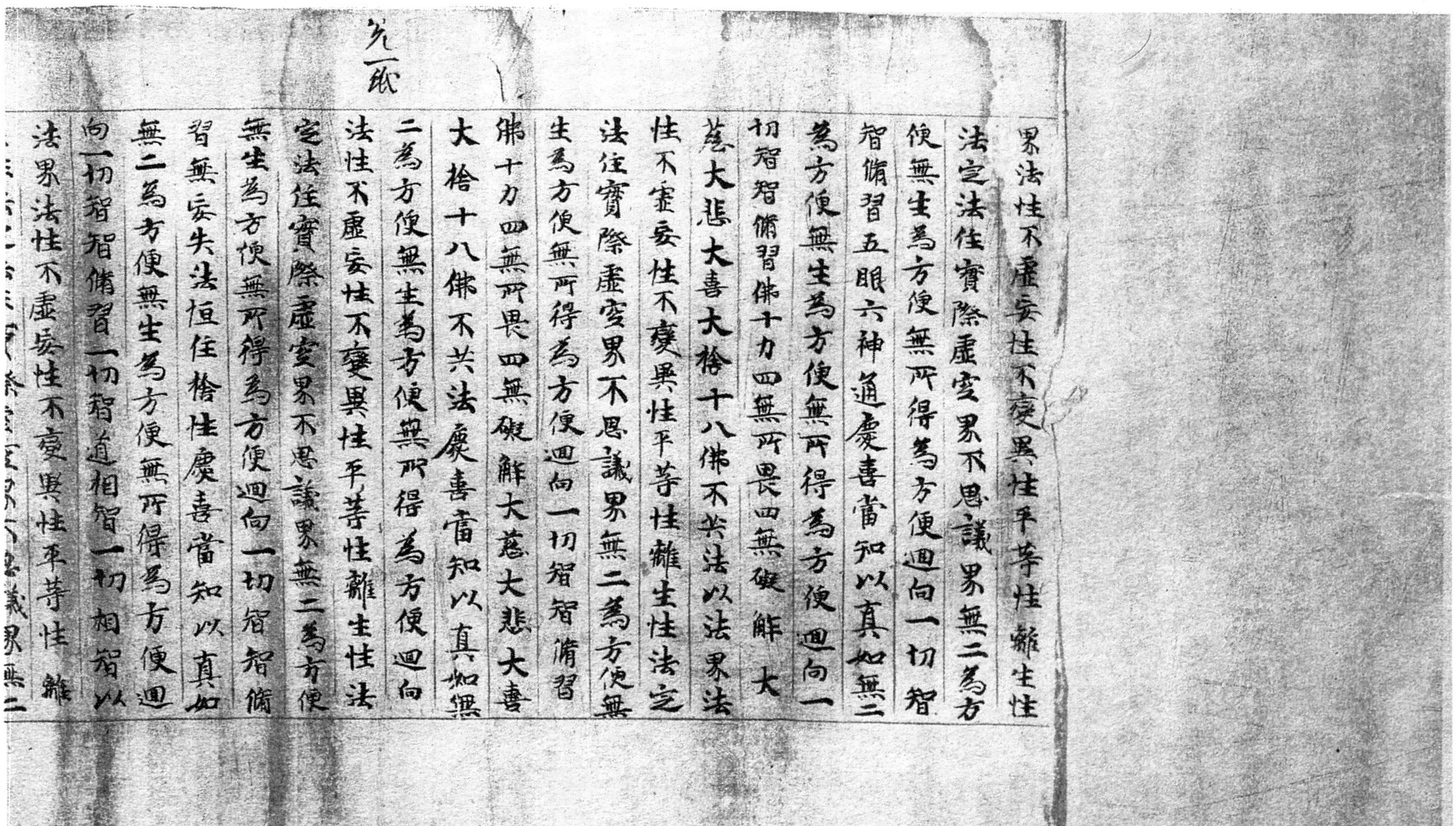


BD08580 號　大般若波羅蜜多經（兌廢稿）卷一〇九　（2–1）

兌一紙

生為方便無所得為方便迴向一切智智脩習
佛十力四無所畏四無礙解大慈大悲大喜
大捨十八佛不共法慶喜當知以真如無
二為方便無生為方便無所得為方便迴向
法性不虛妄性不變異性平等性離生性法
定法住實際虛空界不思議界無二為方便
無生為方便無所得為方便迴向一切智智脩
習無妄失法恒住捨性慶喜當知以真如
無二為方便無生為方便無所得為方便迴
向一切智智脩習一切智道相智一切相智以
法界法性不虛妄性不變異性平等性離
生性法定法住實際虛空界不思議界無二
為方便無生為方便無所得為方便迴向一
切智智脩習一切智道相智一切相智慶喜
當知以真如無二為方便無生為方便無所
得為方便迴向一切智智脩習一切陀羅尼
門一切三摩地門以法界法性不虛妄性不

BD08580 號　大般若波羅蜜多經（兌廢稿）卷一〇九　（2–2）

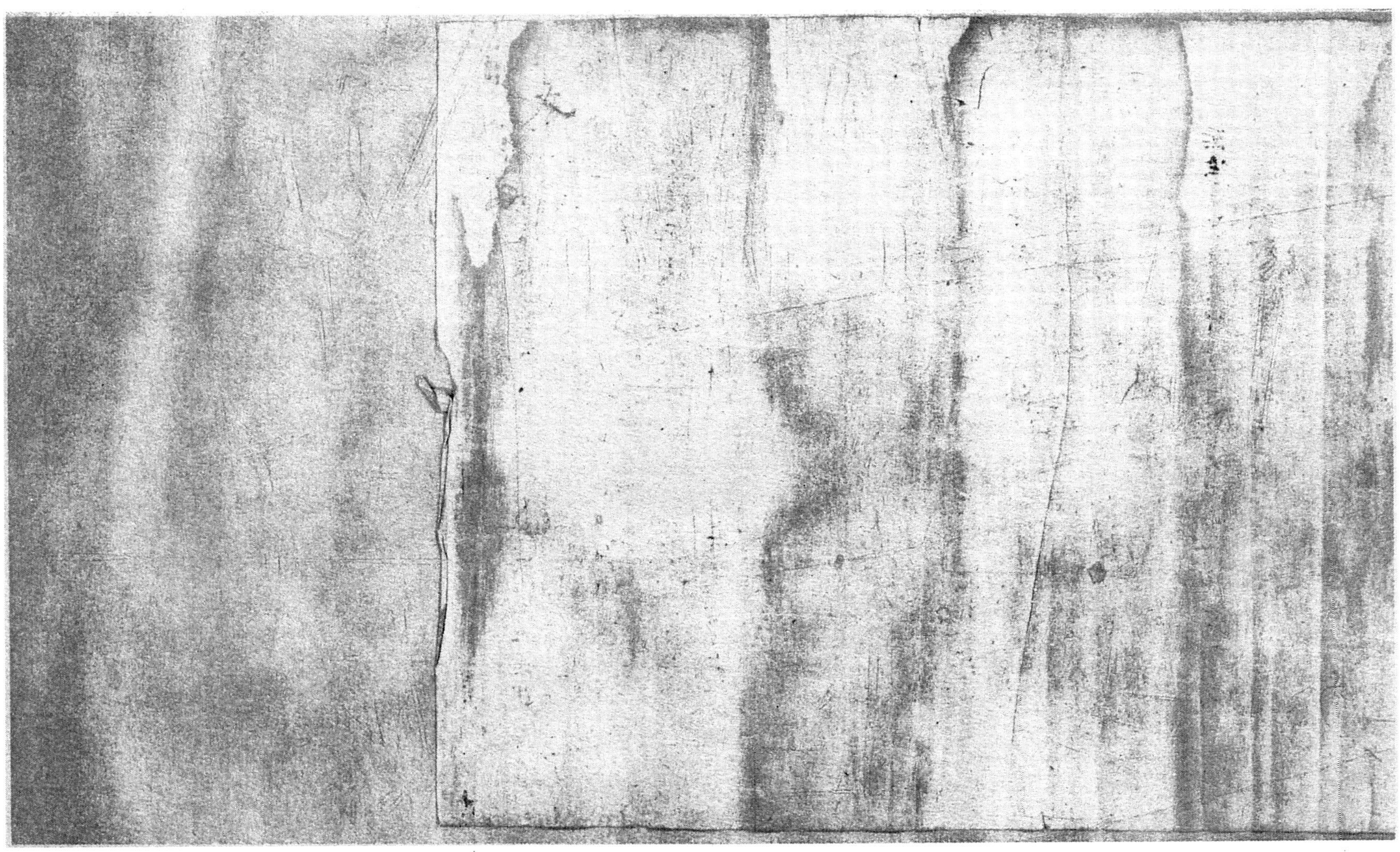

BD08580 號背　雜寫　（1–1）

不着世間如蓮華　常善入於空寂行
達諸法相无罣閡　稽首如空无所依
尒時長者子寶積說此偈已白佛言世尊是
五百長者子皆已發阿耨多羅三藐三菩提
心願聞得佛國土清淨唯願世尊說諸菩薩
淨土之行佛言善哉寶積乃能為諸菩薩問
於如來淨土之行諦聽諦聽善思念之當為
汝說於是寶積及五百長者子受教而聽佛
言寶積衆生之類是菩薩佛土所以者何菩
薩隨所化衆生而取佛土隨所調伏衆生而
取佛土隨諸衆生應以何國入佛智慧而取
佛土隨諸衆生應以何國起菩薩根而取佛
土所以者何菩薩取於淨國皆為饒益諸衆
生故譬如有人欲於空地造立宮室隨意无
导若於虛空終不能成菩薩如是為成就衆
生故願取佛國願取佛國者非於空也寶積
當知直心是菩薩淨土菩薩成佛時不諂衆
生來生其國深心是菩薩淨土菩薩成佛時

BD08581 號　維摩詰所說經卷上　（2–1）

汝說於是寶積及五百長者子受教而聽佛
言寶積衆生之類是菩薩佛土所以者何菩
薩隨所化衆生而取佛土隨所調伏衆生而
取佛土隨諸衆生應以何國入佛智慧而取
佛土隨諸衆生應以何國起菩薩根而取佛
土所以者何菩薩取於淨國皆為饒益諸衆
生故譬如有人欲於空地造立宮室隨意无
导若於虛空終不能成菩薩如是為成就衆
生故願取佛國願取佛國者非於空也寶積
當知直心是菩薩淨土菩薩成佛時不諂衆
生來生其國深心是菩薩淨土菩薩成佛時
具足功德衆生來生其國大乘心是菩薩淨
土菩薩成佛時大乘衆生來生其國布施是
菩薩淨土菩薩成佛時一切能捨衆生來生
其國持戒是菩薩淨土菩薩成佛時行十善
道滿願衆生來生其國忍辱是菩薩淨土菩
薩成佛時三十二相莊嚴衆生來生其國精

BD08581 號　維摩詰所說經卷上　（2–2）

或現自在天身或現大自在天身或現天大
將軍身或現毗沙門天王身或現轉輪聖王身
或現諸小王身或現長者身或現居士身或現
宰官身或現婆羅門身或現比丘比丘尼優
婆塞優婆夷身或現長者居士婦女身或現
宰官婦女身或現婆羅門婦女身或現童男
童女身或現天龍夜叉乾闥婆阿脩羅迦樓
羅緊那羅摩睺羅伽人非人等身而說是經
諸有地獄餓鬼畜生及衆難處皆能救濟乃
至於王後宮變為女身而說是經華德是妙
音菩薩能救護娑婆世界諸衆生者是妙音
菩薩如是種種變化現身在此娑婆國土為
諸衆生說是經典於神通變化智慧无所損
減是菩薩以若干智慧明照娑婆世界令一
切衆生各得所知於十方恒河沙世界中亦
復如是若應以聲聞形得度者現聲聞形而
為說法應以辟支佛形得度者現辟支佛形

BD08582號　妙法蓮華經卷七　（3–1）

諸衆生說是經典於神通變化智慧无所損
減是菩薩以若干智慧明照娑婆世界令一
切衆生各得所知於十方恒河沙世界中亦
復如是若應以聲聞形得度者現聲聞形而
為說法應以辟支佛形得度者現辟支佛形
而為說法應以菩薩形得度者現菩薩形而
為說法應以佛形得度者即現佛形而為說
法如是種種隨所應度而為現形乃至應以
滅度而得度者示現滅度華德妙音菩薩摩
訶薩成就大神通智慧之力其事如是尒時
華德菩薩白佛言世尊是妙音菩薩深種善
根世尊是菩薩住何三昧而能如是在所變
現度脫衆生佛告華德菩薩善男子其三昧
名現一切色身妙音菩薩住是三昧中能如
是饒益无量衆生說是妙音菩薩品時與妙
音菩薩俱来者八万四千人皆得現一切色
身三昧此娑婆世界无量菩薩亦得是三昧
及陁羅尼尒時妙音菩薩摩訶薩供養釋迦
牟尼佛及多寶佛塔已還歸本土所經諸國
六種震動雨寶蓮華作百千万億種種伎樂
既到本國與八万四千菩薩圍繞至淨華宿
王智佛所白佛言世尊我到娑婆世界饒益
衆生見釋迦牟尼佛及見多寶佛塔禮拜供
養又見文殊師利法王子菩薩及見藥王菩
薩得勤精進力菩薩勇施菩薩等亦令八万
四千菩薩得現一切色身三昧說是妙音菩
薩來往品時四万二千天子得无生法忍華
德菩薩得法華三昧

BD08582號　妙法蓮華經卷七　（3–2）

為說法應以佛形得度者即現佛形而為說
法如是種種隨所應度而為現形乃至應以
滅度而得度者示現滅度華德妙音菩薩摩
訶薩成就大神通智慧之力其事如是尒時
華德菩薩白佛言世尊是妙音菩薩深種善
根世尊是菩薩住何三昧而能如是在所變
現度脫衆生佛告華德菩薩善男子其三昧
名現一切色身妙音菩薩住是三昧中能如
是饒益无量衆生說是妙音菩薩品時與妙
音菩薩俱來者八万四千人皆得現一切色
身三昧此娑婆世界无量菩薩亦得是三昧
及陀羅尼尒時妙音菩薩摩訶薩供養釋迦
牟尼佛及多寶佛塔已還歸本土所經諸國
六種震動雨寶蓮華作百千万億種種伎樂
既到本國與八万四千菩薩圍繞至淨華宿
王智佛所白佛言世尊我到娑婆世界饒益
衆生見釋迦牟尼佛及見多寶佛塔礼拜供
養又見文殊師利法王子菩薩及見藥王菩
薩得勤精進力菩薩勇施菩薩等亦令八万
四千菩薩得現一切色身三昧說是妙音菩
薩來往品時四万二千天子得无生法忍華
德菩薩得法華三昧

BD08582 號　妙法蓮華經卷七　（3–3）

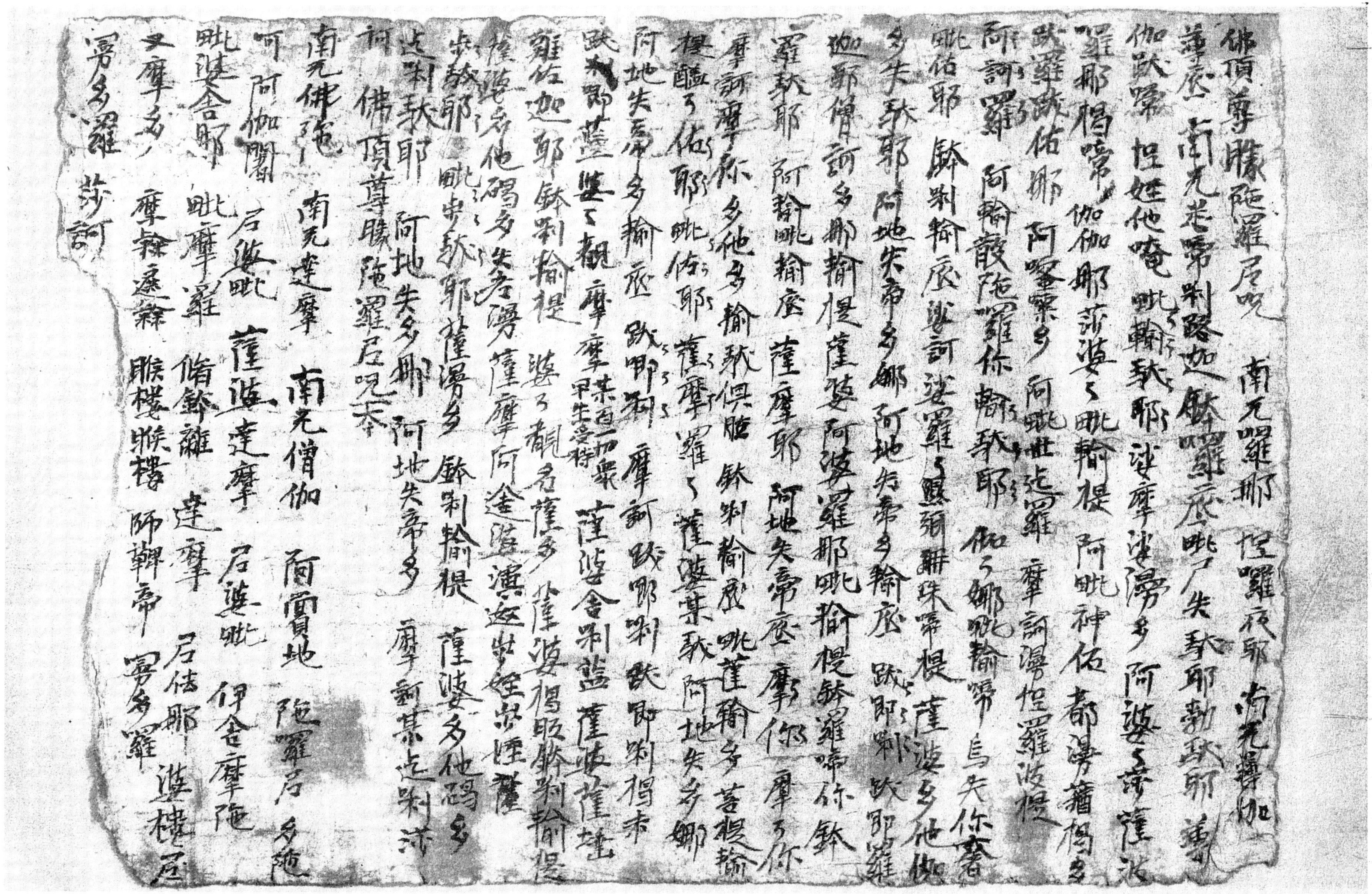

BD08583 號 1　佛頂尊勝陀羅尼咒（異本）

BD08583 號 2　師子吼菩薩咒（擬）

（1-1）

佛頂尊勝陀羅尼咒本

BD08583號背　勘記

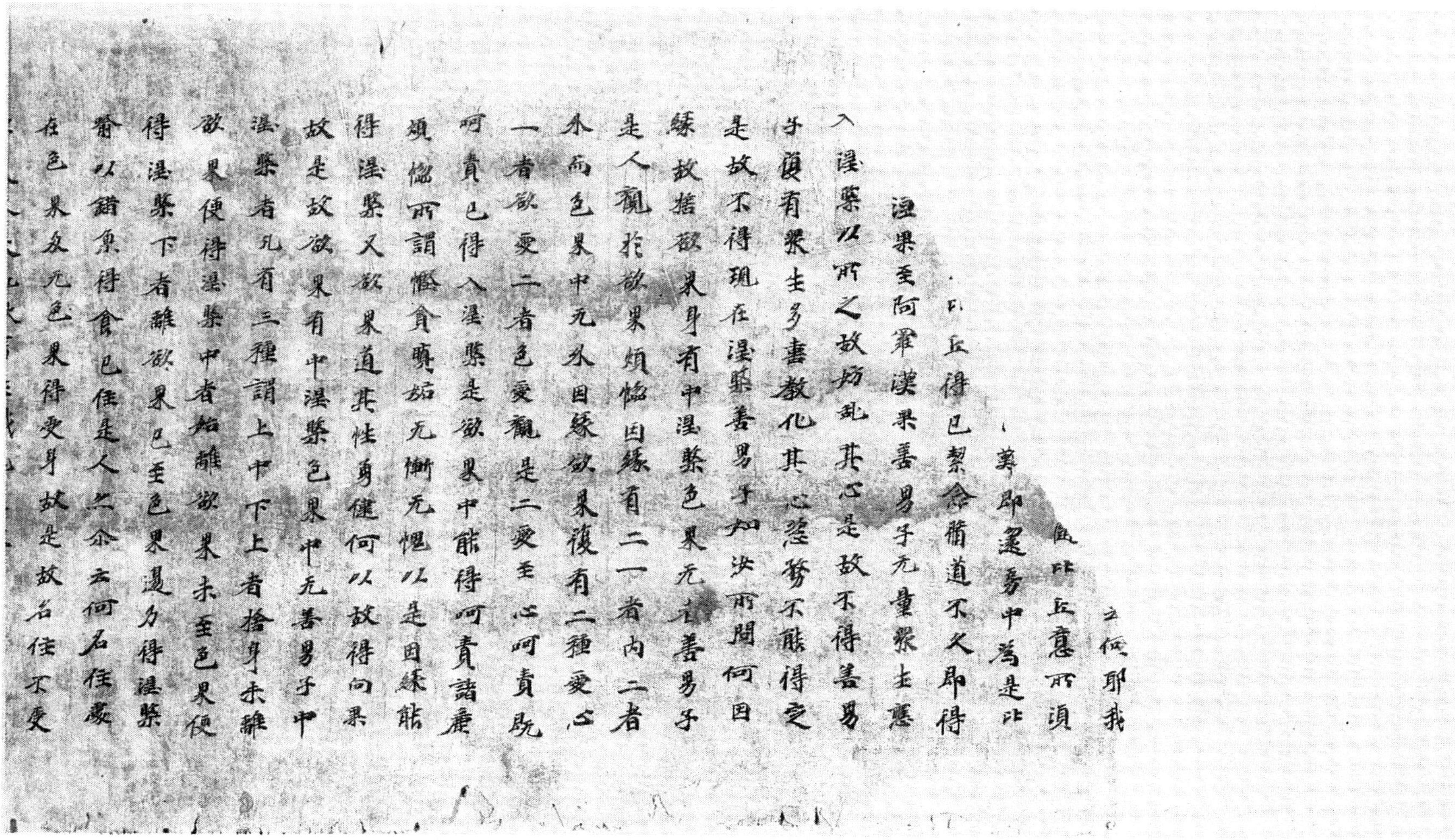

云何耶我
爾比丘意所須
等即還易中爲是比
比丘得已繫念脩道不久即得
洹果至阿羅漢果善男子无量衆生悪
入涅槃以所之故妨亂其心是故不得善男
子復有衆生多事教化其心疲勞不能得定
是故不得現在涅槃善男子如汝所問何因
緣故捨欲界身有中涅槃色界无有善男子
是人觀於欲界煩惱因緣有二一者內二者
外而色界中无外因緣欲界復有二種愛心
一者欲愛二者色愛觀是二愛至心呵責既
呵責已得入涅槃是欲界中能得呵責諸麁
煩惱所謂慳貪瞋妬无慚无愧以是因緣能
得涅槃又欲界道其性勇健何以故得向果
故是故欲界有中涅槃色界中无善男子中
涅槃者凡有三種謂上中下上者捨身未離
欲界便得涅槃中者始離欲界未至色界便
得涅槃下者離欲界已至色界還乃得涅槃
喻以錯魚得食已住是人亦尒云何名住處
在色界及无色界得受身故是故名住不受

BD08584號　大般涅槃經（北本）卷三六　（2–1）

是人觀於欲界煩惱因緣有二一者內二者
外而色界中无外因緣欲界復有二種愛心
一者欲愛二者色愛觀是二愛至心呵責既
呵責已得入涅槃是欲界中能得呵責諸麁
煩惱所謂慳貪瞋妬无慚无愧以是因緣能
得涅槃又欲界道其性勇健何以故得向果
故是故欲界有中涅槃色界中无善男子中
涅槃者凡有三種謂上中下上者捨身未離
欲界便得涅槃中者始離欲界未至色界便
得涅槃下者離欲界已至色界還乃得涅槃
喻以錯魚得食已住是人亦尒云何名住處
在色界及无色界得受身故是故名住不受
欲界人天地獄畜生餓鬼是故名住已斷无
量諸煩惱結餘少在故是故名住復何因緣
名之爲住終不造作共凡夫事是故名住自
无所畏不令他畏是故名住遠離二愛慳貪
是故名住善男子到彼岸者喻阿羅漢
崖佛猶如神龜水陸俱行何因緣
五故是阿羅漢乃至諸佛
喻龜言水陸者水
復如是能觀

BD08584號　大般涅槃經（北本）卷三六　（2–2）

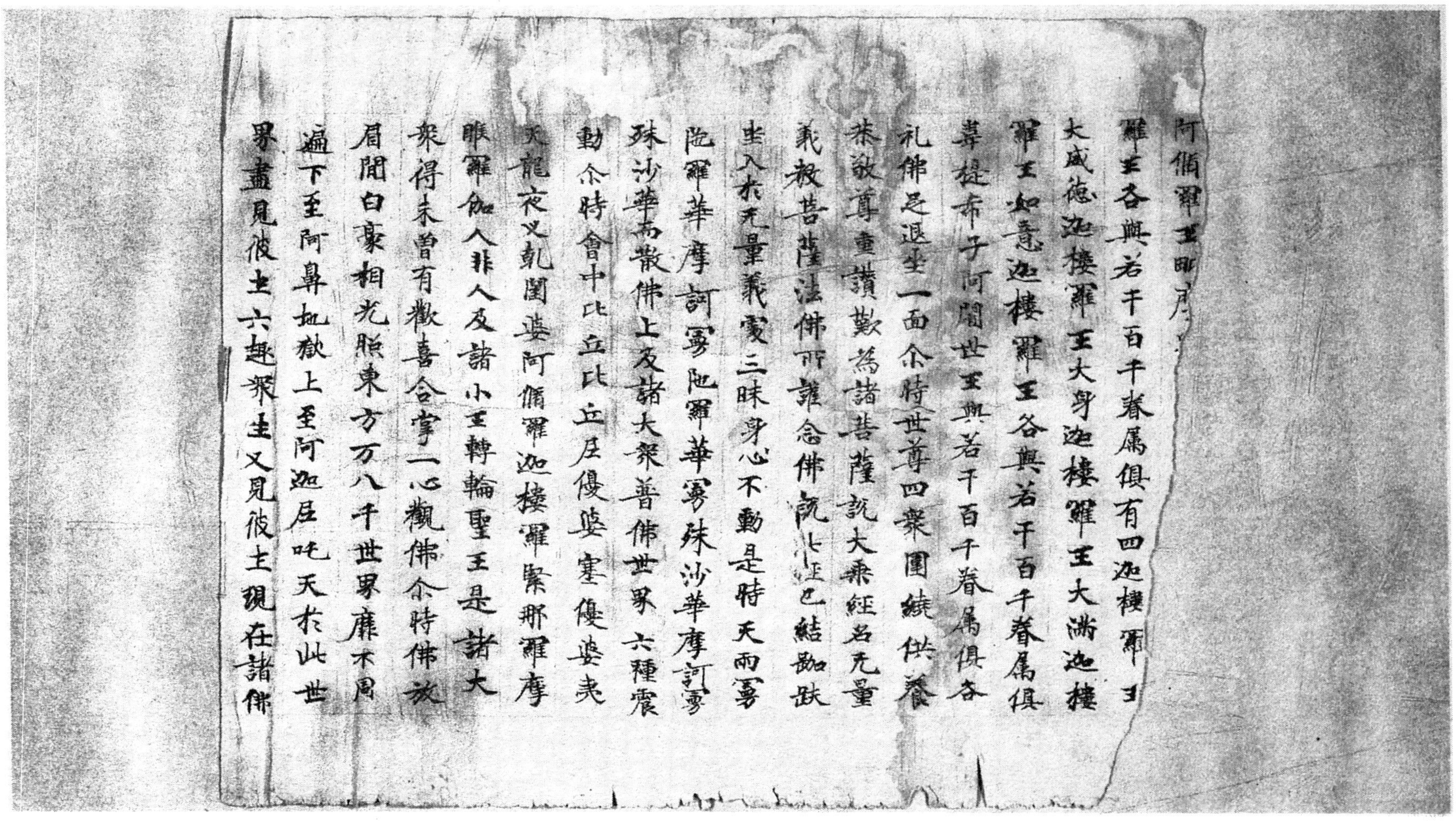

阿脩羅王毗
羅王各與若干百千眷屬俱有四迦樓羅王
大威德迦樓羅王大身迦樓羅王大滿迦樓
羅王如意迦樓羅王各與若干百千眷屬俱
韋提希子阿闍世王與若干百千眷屬俱各
礼佛足退坐一面尒時世尊四衆圍繞供養
恭敬尊重讚歎為諸菩薩說大乘經名无量
義教菩薩法佛所護念佛說此經已結跏趺
坐入於无量義處三昧身心不動是時天雨曼
陁羅華摩訶曼陁羅華曼殊沙華摩訶曼
殊沙華而散佛上及諸大衆普佛世界六種震
動尒時會中比丘比丘尼優婆塞優婆夷
天龍夜叉乾闥婆阿脩羅迦樓羅緊那羅摩
睺羅伽人非人及諸小王轉輪聖王是諸大
衆得未曾有歡喜合掌一心觀佛尒時佛放
眉間白毫相光照東方万八千世界靡不周
遍下至阿鼻地獄上至阿迦尼吒天於此世
界盡見彼土六趣衆生又見彼土現在諸佛

BD08585號　妙法蓮華經卷一　（1–1）

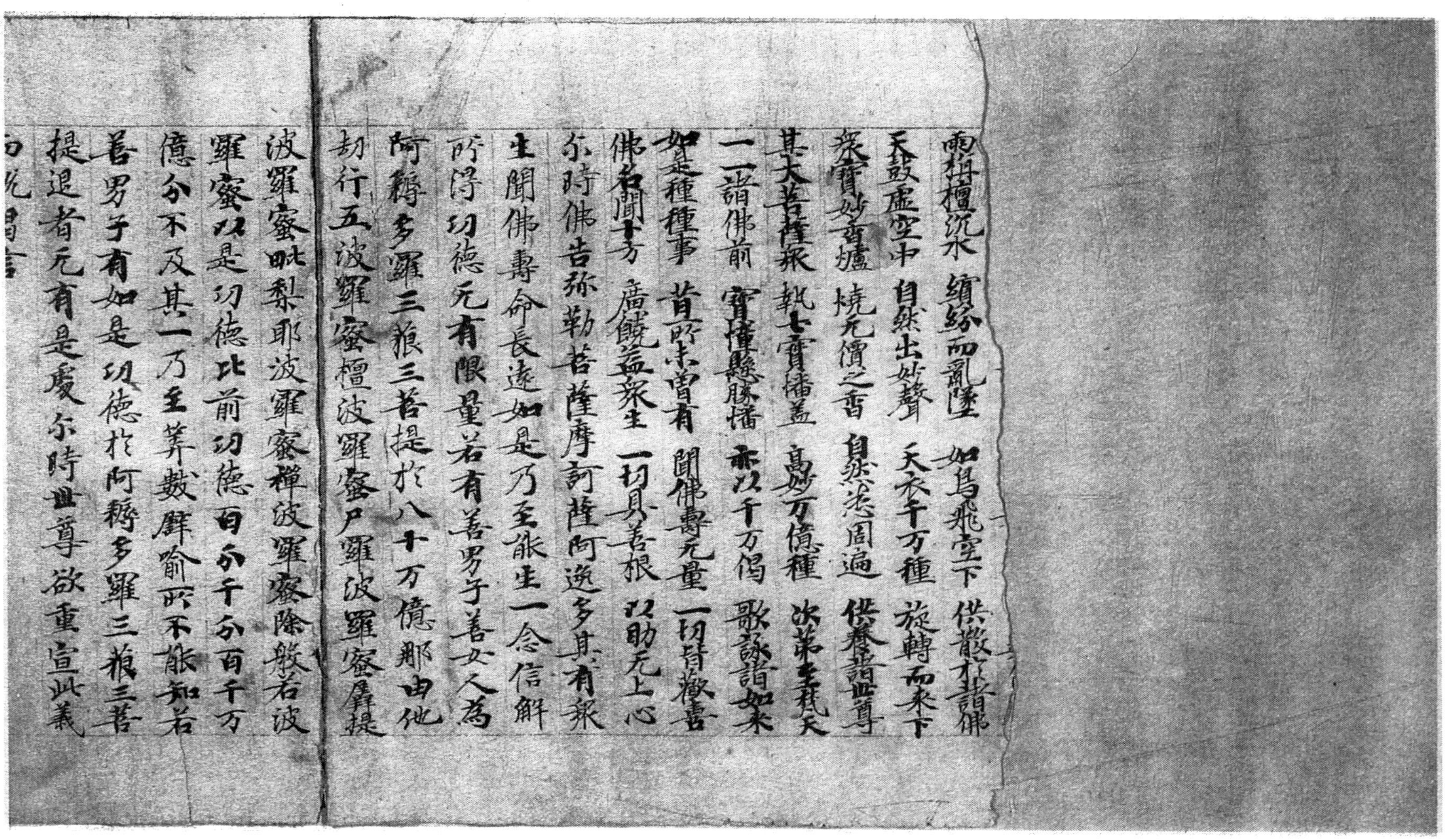

雨栴檀沉水　繽紛而亂墜　如鳥飛空下　供散於諸佛
天鼓虛空中　自然出妙聲　天衣千万種　旋轉而來下
衆寶妙香爐　燒无價之香　自然悉周遍　供養諸世尊
其大菩薩衆　執七寶幡蓋　高妙万億種　次第至梵天
一一諸佛前　寶幢懸勝幡　亦以千万偈　歌詠諸如來
如是種種事　昔所未曾有　聞佛壽无量　一切皆歡喜
佛名聞十方　廣饒益衆生　一切具善根　以助无上心
尒時佛告彌勒菩薩摩訶薩阿逸多其有衆
生聞佛壽命長遠如是乃至能生一念信解
所得功德无有限量若有善男子善女人為
阿耨多羅三藐三菩提於八十万億那由他
劫行五波羅蜜檀波羅蜜尸羅波羅蜜羼提
波羅蜜毗梨耶波羅蜜禪波羅蜜除般若波
羅蜜以是功德比前功德百分千分百千万
億分不及其一乃至筭數譬喻所不能知若
善男子有如是功德於阿耨多羅三藐三菩
提退者无有是處尒時世尊欲重宣此義
而說偈言

BD08586號　妙法蓮華經卷五　（2–1）

生聞佛壽命長遠如是乃至能生一念信解
所得功德无有限量若有善男子善女人為
阿耨多羅三藐三菩提於八十万億那由他
劫行五波羅蜜檀波羅蜜尸羅波羅蜜羼提
波羅蜜毗梨耶波羅蜜禪波羅蜜除般若波
羅蜜以是功德比前功德百分千分百千万
億分不及其一乃至筭數譬喻所不能知若
善男子有如是功德於阿耨多羅三藐三菩
提退者无有是處尒時世尊欲重宣此義
而說偈言
若人求佛慧　於八十万億　那由他劫數　行五波羅蜜
於是諸劫中　布施供養佛　及緣覺弟子　并諸菩薩衆
珍異之飲食　上服與臥具　栴檀立精舍　以園林莊嚴
如是等布施　種種皆微妙　盡此諸劫數　以迴向佛道
若復持禁戒　清淨无缺漏　求於无上道　諸佛之所歎
若復行忍辱　住於調柔地　設衆惡來加　其心不傾動
諸有得法者　懷於增上慢　為此所輕惱　如是亦能忍
若復勤精進　志念常堅固　於无量億劫　一心不懈息
閑處　若坐若經行　除睡常攝心

BD08586 號　妙法蓮華經卷五　（2–2）

切陁羅尼門清淨故八解脫處九次第定十遍
處清淨八解脫處九次第定十遍處清淨故
一切智智清淨何以故若一切陁羅尼門清淨
若八解脫處九次第定十遍處清淨若一切
智智清淨无二无二分无別无斷故善現
一切陁羅尼門清淨故四念住清淨四念住
清淨故一切智智清淨何以故若一切陁羅尼
門清淨若四念住清淨若一切智智清淨
无二无二分无別无斷故一切陁羅尼門清淨
故四正斷四神足五根五力七等覺支八聖
道支清淨四正斷乃至八聖道支清淨故一
切智智清淨何以故若一切陁羅尼門清淨
若四正斷乃至八聖道支清淨若一切智智
清淨无二无二分无別无斷故善現一切陁
羅尼門清淨故空解脫門清淨空解脫
門清淨故一切智智清淨何以故若一切陁羅
尼門清淨若空解脫門清淨若一切智智清

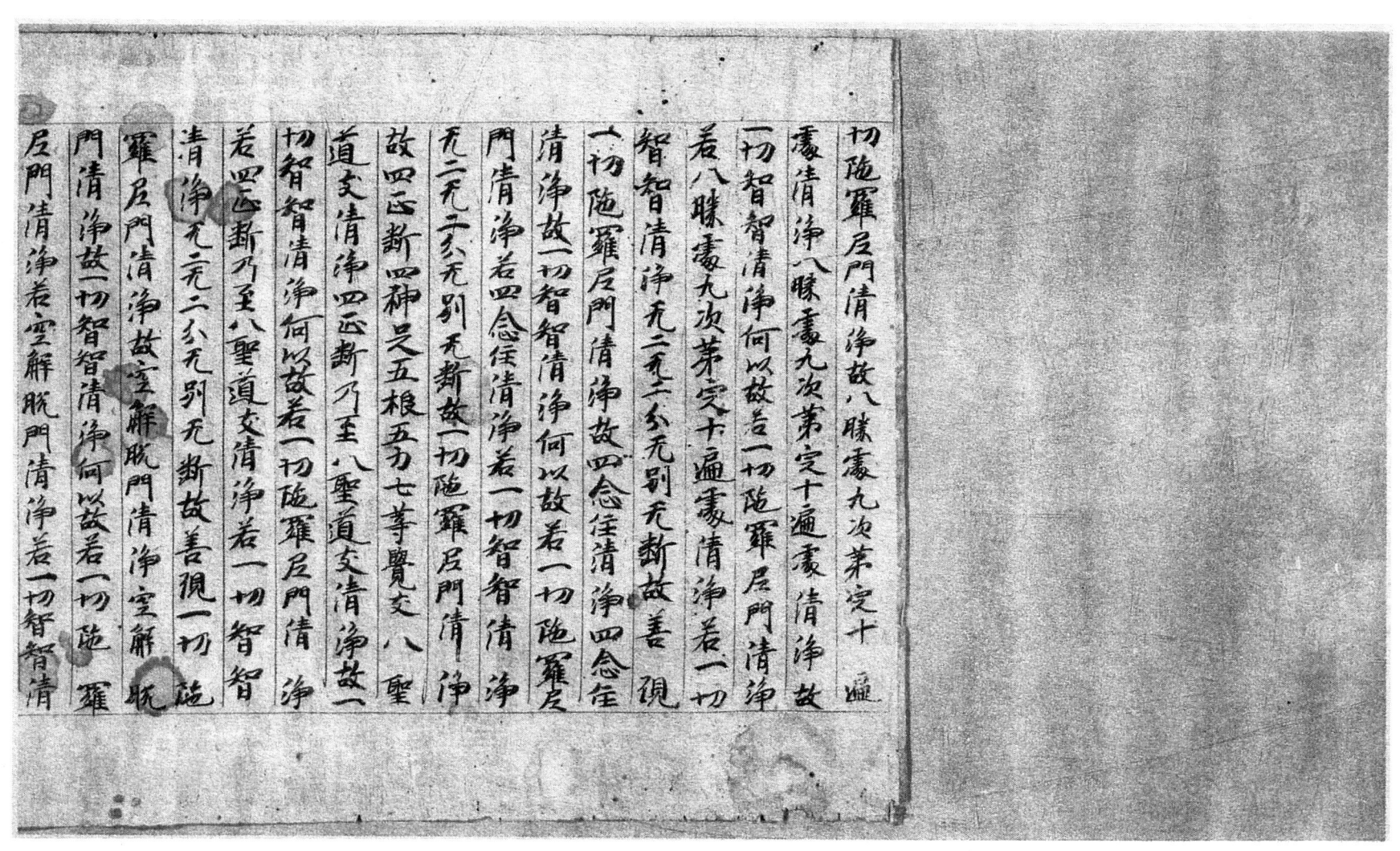

BD08587 號　大般若波羅蜜多經卷二四〇　（2–1）

故四正斷四神足五根五力七等覺支八聖
道支清淨四正斷乃至八聖道支清淨故一
切智智清淨何以故若一切陁羅尼門清淨
若四正斷乃至八聖道支清淨若一切智智
清淨无二无二分无別无斷故善現一切陁
羅尼門清淨故空解脫門清淨空解脫
門清淨故一切智智清淨何以故若一切陁羅
尼門清淨若空解脫門清淨若一切智智清
淨无二无二分无別无斷故一切陁羅尼門清
淨故无相无願解脫門清淨无相无願解脫
門清淨故一切智智清淨何以故若一切陁羅
尼門清淨若无相无願解脫門清淨
一切智智清淨无二无二分无別无斷故善
現一切陁羅尼門清淨故菩薩十地清淨菩
薩十地清淨故一切智智清淨何以故若一切
陁羅尼門清淨若菩薩十地清淨若一切智
智清淨无二无二分无別无斷故
善現一切陁羅尼門清淨故五根清淨五根
清淨故一切智智清淨何以故若一切陁羅尼
門清淨若五根清淨若…
…分无別无斷故

BD08587 號　大般若波羅蜜多經卷二四〇　（2–2）

…大苾芻僧千二百五十人大菩薩摩訶薩
方有世界名无量功德聚彼土有佛号无量
…衆生開示說法曼殊室利諦聽南閻浮提人皆短壽大限
百年於中殀橫死者衆曼殊如是无量壽如來功德名稱法要若有衆生得聞名号若自
書或使人書此爲經卷受持讀誦若於舍宅所住之處以種種花鬘瓔珞塗香末香而爲供
養如其命盡復得延年滿足百歲如是曼殊若有衆生得聞是无量壽智決定王如
來百八号者益其長壽若有衆生大命將盡憶念是如來名号更得增壽如是曼殊若有善
男子善女人欲長壽者是无量壽如來百八名号有得聞者或自書若使人書受持讀誦
誦得如是等果報福德具足陁羅尼曰　南謨薄伽勃底一　阿波唎蜜哆二　阿喻紇硯娜三
須毗你悉指陁四　囉佐耶五　怛他羯他耶六　怛姪他唵七　薩婆桑悉迦羅八　波唎輸底九　達磨底十　伽迦娜十一
莎訶其特迦底十二　薩婆婆毗輸底十三　摩訶娜耶十四　波唎婆利莎訶十五　世尊復告曼殊室
利如是如來一百八名号若有自書或使人書為經卷受持讀誦如壽命盡復滿百年壽終
此身後得往生无量福智世界无量壽淨土陁羅尼曰　南謨薄伽勃底一　阿波唎蜜哆二　阿
喻紇硯娜須毗你悉指陁囉佐耶怛他羯他耶怛姪他唵薩婆桑悉迦羅波唎輸底
達磨底伽迦娜莎訶其特迦底薩婆婆毗輸底摩訶娜耶波唎婆利莎訶尒時復
有百四姟佛時同聲說是无量壽宗要經陁羅尼曰南謨薄伽勃底
阿波唎蜜哆阿喻紇硯娜須毗你悉指陁囉佐耶怛他羯他耶怛姪他唵薩
婆桑悉迦羅波唎輸底達磨底伽迦娜莎訶其特迦底薩婆婆毗輸底摩訶
娜耶波唎婆利莎訶尒時復有七姟佛一時同聲說是无量壽宗要經陁羅尼曰
南謨薄伽勃底阿波唎蜜哆阿喻紇硯娜…

BD08588 號　無量壽宗要經　（6–1）

喻紇硯娜須毗你悉指陀囉佐耶怛他羯他耶怛姪他唵薩婆桑悉迦囉波唎輸底
達磨底一伽伽娜莎訶其持迦底薩婆婆毗輸底摩訶娜耶波唎婆嚟莎訶尒時復
有百四姟佛時同聲說是无量壽宗要經陀羅尼曰南謨薄伽勃底
阿波唎蜜多阿喻紇硯娜須毗你悉指陀囉佐耶怛他羯他耶怛姪他唵薩
婆桑悉迦囉波唎輸底達磨底伽伽娜莎訶其持底薩婆婆毗輸底摩訶
娜耶波唎婆嚟莎訶尒時復有七姟佛一時同聲說是无量壽宗要經陀羅尼曰
南謨薄伽勃底阿波唎蜜多阿喻紇硯娜須毗你悉指陀囉佐耶怛他羯他耶怛姪他唵
薩婆桑悉迦囉波唎輸底達磨底伽伽娜莎訶其持迦底薩婆婆毗輸底摩訶娜耶
波唎婆嚟莎訶十五尒時復有卆五姟佛時同聲說是无量壽宗要經陀羅尼曰
南謨薄伽勃底一阿波唎蜜多二阿喻紇硯娜三須毗你悉指陀四囉佐耶五怛他羯他耶六
怛姪他唵七薩婆桑悉迦囉八波唎輸底九達磨底十伽伽娜十一莎訶其持迦
底薩婆婆毗輸底十三摩訶娜耶十四波唎婆嚟莎訶十五尒時復有卆五姟佛一
時同聲說是无量壽宗要經陀羅尼曰南謨薄伽勃底一阿波唎蜜多二
阿喻紇硯娜三須毗你悉指陀四囉佐耶五怛他羯他耶六怛姪他唵七薩婆桑悉迦囉八波唎
輸底九達磨底十伽伽娜十一莎訶其持迦底十二薩婆婆毗輸底十三摩訶娜耶十四波唎婆嚟莎訶
十五善男子若有自書寫教人書寫是无量壽宗要經如其命盡復得長壽而滿手陀羅尼
曰南无薄伽勃底一阿波唎蜜多二阿喻紇硯娜三須毗你悉指陀四囉佐耶五怛他羯他耶六怛姪
他唵七薩婆桑悉迦囉八波唎輸底九達磨底十伽伽娜十一莎訶其持迦底十二薩婆婆毗輸底十三摩訶娜
耶十四波唎婆嚟莎訶十五若有自書寫教人書寫是无量壽宗要經讀誦卑竟不墮地獄在
在所生得宿命智陀羅尼曰南謨薄伽勃底一阿波唎蜜多二阿喻紇硯娜三須毗你悉指陀四
囉佐耶五怛他羯他耶六怛姪他唵七薩婆桑悉迦囉八波唎輸底九達磨底十伽伽娜十一莎訶
其持迦底十二薩婆婆毗輸底十三摩訶娜耶十四波唎婆嚟莎訶十五若有自書寫教人書寫是
无量壽宗要經受持讀誦如同書寫八万四千部經典陀羅尼曰南謨薄伽勃
底一阿波唎蜜多二阿喻紇硯娜三須毗你悉指陀四囉佐耶五怛他羯他耶六怛姪他唵七薩
婆桑悉迦囉八波唎輸底九達磨底十伽伽娜十一莎訶其持迦底十二薩婆婆毗輸底十三摩訶
娜耶十四波唎婆嚟莎訶十五若有自寫教人書寫是无量壽宗要經受持讀誦當同
書寫八万四千部經典陀羅尼曰南无薄伽勃底一阿波唎蜜多二阿喻紇硯娜三須毗你悉
指陀四囉佐耶五怛他羯他耶六怛姪他唵七薩婆桑悉迦囉八波唎輸底九達磨底十伽伽娜十一
莎訶其持迦底十二薩婆婆毗輸底十三摩訶娜耶十四波唎婆嚟莎訶十五
若有自書寫教人書寫是无量壽宗要經即是書寫八万四千部建立塔廟陀羅尼曰南无
薄伽勃底一阿波唎蜜多二阿喻紇硯娜三須毗你悉指陀四囉佐耶五怛他羯他耶六怛姪他唵七

BD08588號　無量壽宗要經　（6–2）

書寫八万四千部經典陀羅尼曰南无薄伽勃底阿波唎蜜多阿喻紇硯娜須毗你
指陀四囉佐耶五怛他羯他耶六怛姪他唵七薩婆桑悉迦囉八波唎輸底九達磨底十伽伽娜十一
莎訶其持迦底十二薩婆婆毗輸底十三摩訶娜耶十四波唎婆嚟莎訶十五
若有自書寫教人書寫是无量壽宗要經即是書寫八万四千部建立塔廟陀羅尼曰南无
薄伽勃底一阿波唎蜜多二阿喻紇硯娜三須毗你悉指陀四囉佐耶五怛他羯他耶六怛姪他唵七
薩婆桑悉迦囉八波唎輸底九達磨底十伽伽娜十一莎訶其持迦底十二薩婆婆毗輸底十三
摩訶娜耶十四波唎婆嚟莎訶十五若有自書寫教人書寫是无量壽宗要經
能消五无間等一切重罪陀羅尼曰南无薄伽勃底一阿波唎蜜多二阿喻紇硯
娜三須毗你悉指陀四囉佐耶五怛他羯他耶六怛姪他唵七薩婆桑悉迦囉八波唎輸底九
達磨底十伽伽娜十一莎訶其持迦底十二薩婆婆毗輸底十三摩訶娜耶十四波唎
婆嚟莎訶十五若有自書寫教人書寫是无量壽宗要經能消五无間等
一切重罪陀羅尼曰南无薄伽勃底一阿波唎蜜多二阿喻紇硯娜三須毗你悉
指陀四囉佐耶五怛他羯他耶六怛姪他唵七薩婆桑悉迦囉八波唎輸底九達磨底十
伽伽娜十一莎訶其持迦底十二薩婆婆毗輸底十三摩訶娜耶十四波唎婆嚟莎
訶十五若有自書寫教人書寫是无量壽宗要經持讀誦設有重罪猶
如須弥盡能除滅陀羅尼曰南无薄伽勃底阿波唎蜜多二阿喻紇硯娜三
須毗你悉指陀四囉佐耶五怛他羯他耶六怛姪他唵七薩婆桑悉迦囉八波唎輸底九
達磨底十伽伽娜十一莎訶其持迦底十二薩婆婆毗輸底十三摩訶娜耶十四
波唎婆嚟莎訶十五若有自書寫教人書寫是无量壽宗要經受持讀誦
若魔魔之眷屬夜叉羅刹不得其便終无枉死陀羅尼曰南无薄伽勃底一
阿波唎蜜多二阿喻紇硯娜三須毗你悉指陀四囉佐耶五怛他羯他耶六怛姪他唵七
薩婆桑悉迦囉八波唎輸底九達磨底十伽伽娜十一莎訶其持迦底十二薩
婆婆毗輸底十三摩訶娜耶十四波唎婆嚟莎訶十五若有自書教人書寫是无
量壽宗要經受持讀誦當命終時有九十九姟佛現其人前數千佛授手
能遊一切佛刹莫於此經生於疑惑陀羅尼曰南无薄伽勃底一阿波唎蜜多二
阿喻紇硯娜三須毗你悉指陀四囉佐耶五怛他羯他耶六怛姪他唵七薩婆桑悉迦囉八
波唎輸底九達磨底十伽伽娜十一莎訶其持迦底十二薩婆婆毗輸底十三摩訶娜耶十四
波唎婆嚟莎訶十五若有自書寫教人書寫是无量壽宗要經受持讀誦常
得四大天王隨其衛護陀羅尼曰南无薄伽勃底一阿波唎蜜多二阿喻紇硯娜三
須毗你悉指陀四囉佐耶五怛他羯他耶六怛姪他唵七薩婆桑悉迦囉八波唎輸底九
達磨底十伽伽娜十一莎訶其持迦底十二薩婆婆毗輸底十三摩訶娜耶十四波唎婆

BD08588號　無量壽宗要經　（6–3）

阿喻紇硯娜三 須毗你悉指陁四 囉佐耶五 怛他羯他耶六 怛姪他唵七 薩婆桑悉迦羅八
波唎輸底九 達磨底十 伽伽娜十一 莎訶其持迦底十二 薩婆婆毗輸底十三 摩訶娜耶十四
波唎婆囉莎訶十五 若有自書寫教人書寫是无量壽宗要經受持讀誦常
得四天大王隨其衛護隨羅尼曰 南无薄伽勃底一 阿波唎蜜多二 阿喻紇硯娜三
須毗你悉指陁四 囉佐耶五 怛他羯他耶六 怛姪他唵七 薩婆桑悉迦羅八 波唎輸底九
達磨底十 伽伽娜十一 莎訶其持迦底十二 薩婆婆毗輸底十三 摩訶娜耶十四 波唎婆
囉莎訶十五 若有自書寫教人書寫是无量壽宗要經受持讀誦當得往生西
方極樂世界阿彌陁佛土隨羅尼曰 南无薄伽勃底一 阿波唎蜜多二 阿喻紇硯娜三
須毗你悉指陁四 囉佐耶五 怛他羯他耶六 怛姪他唵七 薩婆桑悉迦羅八 波唎輸底
九 達磨底十 伽伽娜十一 莎訶其持迦底十二 薩婆婆毗輸底十三 摩訶娜耶十四 波唎婆
囉莎訶十五 若有方所自書寫使人書寫是无量壽經典之處則為是塔皆應恭敬
作禮 若是畜生或為鳥獸得聞是經如是等類皆當不久得成无上種智隨羅尼曰
南无薄伽勃底一 阿波唎蜜多二 阿喻紇硯娜三 須毗你悉指陁四 囉佐耶五 怛他
羯他耶六 怛姪他唵七 薩婆桑悉迦羅八 波唎輸底九 達磨底十 伽伽娜十一 莎訶
其持迦底十二 薩婆婆毗輸底十三 摩訶娜耶十四 波唎婆囉莎訶十五
若有於是无量壽經自書寫若使人書畢竟不受女人之身隨羅尼曰
南无薄伽勃底一 阿波唎蜜多二 阿喻紇硯娜三 須毗你悉指陁四 囉佐耶五
怛他羯他耶六 怛姪他唵七 薩婆桑悉迦羅八 波唎輸底九 達磨底十 伽伽
娜十一 莎訶其持迦底十二 薩婆婆毗輸底十三 摩訶娜耶十四 波唎婆囉莎訶十五
若有能於是經少分能惠施者等於三千大千世界滿中七寶布施隨羅
尼曰 南无薄伽勃底一 阿波唎蜜多二 阿喻紇硯娜三 須毗你悉指陁四 囉佐
耶五 怛他羯他耶六 怛姪他唵七 薩婆桑悉迦羅八 波唎輸底九 達磨底十 伽伽
娜十一 莎訶其持迦底十二 薩婆婆毗輸底十三 摩訶娜耶十四 波唎婆囉莎
訶十五 若有能供養是經者則是供養一切諸經等无有異隨羅尼曰
南无薄伽勃底一 阿波唎蜜多二 阿喻紇硯娜三 須毗你悉指陁四 囉佐
耶五 怛他羯他耶六 怛姪他唵七 薩婆桑悉迦羅八 波唎輸底九 達磨底十
伽伽娜十一 莎訶其持迦底十二 薩婆婆毗輸底十三 摩訶娜耶十四 波唎婆囉
莎訶十五 如是毗婆尸佛尸棄佛毗舍浮佛俱留孫佛拘那含牟尼迦葉佛釋迦牟
尼佛 若有人以七寶供養如是七佛其福有限書寫受持是无量壽經典所有功
德不可限量隨羅尼曰 南无薄伽勃底一 阿波唎蜜多二 阿喻紇硯娜三 須毗你悉指
陁四 囉佐耶五 怛他羯他耶六 怛姪他唵七 薩婆桑悉迦羅八 波唎輸底九 達磨底十 伽伽娜

BD08588 號　無量壽宗要經

（6–4）

耶五 怛他羯他耶六 怛姪他唵七 薩婆桑悉迦羅八 波唎輸底九 達磨底十
伽伽娜十一 莎訶其持迦底十二 薩婆婆毗輸底十三 摩訶娜耶十四 波唎婆囉
莎訶十五 如是毗婆尸佛尸棄佛毗舍浮佛俱留孫佛拘那含牟尼迦葉佛釋迦牟
尼佛 若有人以七寶供養如是七佛其福有限書寫受持是无量壽經典所有功
德不可限量隨羅尼曰 南无薄伽勃底一 阿波唎蜜多二 阿喻紇硯娜三 須毗你悉指
陁四 囉佐耶五 怛他羯他耶六 怛姪他唵七 薩婆桑悉迦羅八 波唎輸底九 達磨底十 伽伽娜
十一 莎訶其持迦底十二 薩婆婆毗輸底十三 摩訶娜耶十四 波唎婆囉莎訶十五
若有七寶等於須彌山用布施其福上能知其限量是无量壽經典其福不可知
數隨羅尼曰 南无薄伽勃底一 阿波唎蜜多二 阿喻紇硯娜三 須毗你悉指陁四 囉佐耶五
怛他羯他耶六 怛姪他唵七 薩婆桑悉迦羅八 波唎輸底九 達磨底十 伽伽娜十一 莎訶
其持迦底十二 薩婆婆毗輸底十三 摩訶娜耶十四 波唎婆囉莎訶十五
如是四大海水可知滴數是无量壽經典所生果報不可數量隨羅尼曰
南无薄伽勃底一 阿波唎蜜多二 阿喻紇硯娜三 須毗你悉指陁四 囉佐耶五 怛他羯他耶六
怛姪他唵七 薩婆桑悉迦羅八 波唎輸底九 達磨底十 伽伽娜十一 莎訶其持迦底十二 薩婆
婆毗輸底十三 摩訶娜耶十四 波唎婆囉莎訶十五 若有自書使人書寫是无量壽
經典又能護持供養即如恭敬供養一切十方佛土如來无有別異隨羅尼曰
南无薄伽勃底一 阿波唎蜜多二 阿喻紇硯娜三 須毗你悉指陁四 囉佐耶五 怛他羯他
耶六 怛姪他唵七 薩婆桑悉迦羅八 波唎輸底九 達磨底十 伽伽娜十一 莎訶其持迦底
十二 薩婆婆毗輸底十三 摩訶娜耶十四 波唎婆囉莎訶十五
若有自書使人書寫是无量壽經典又能護持供養即如恭敬供養一切十方佛土
如來无有別異隨羅尼曰 南无薄伽勃底一 阿波唎蜜多二 阿喻紇硯娜三
須毗你悉指陁四 囉佐耶五 怛他羯他耶六 怛姪他唵七 薩婆桑悉迦羅八 波唎輸底九
達磨底十 伽伽娜十一 莎訶其持迦底十二 薩婆婆毗輸底十三 摩訶娜耶十四 波唎
婆囉莎訶十五
布施力能成正覺 悟布施力人師子 布施力能聲普聞 慈悲階漸最能入
持戒力能成正覺 悟持戒力人師子 持戒力能聲普聞 慈悲階漸最能入
忍辱力能成正覺 悟忍辱力人師子 忍辱力能聲普聞 慈悲階漸最能入
精進力能成正覺 悟精進力人師子 精進力能聲普聞 慈悲階漸最能入
禪定力能成正覺 悟禪定力人師子 禪定力能聲普聞 慈悲階漸最能入
智慧力能成正覺 悟智慧力人師子 智慧力能聲普聞 慈悲階漸最能入
尒時如來說是經已一切世間天人阿脩羅揵闥婆等聞佛所說皆大歡喜信受奉行

BD08588 號　無量壽宗要經

（6–5）

南无薄伽勃底一 阿波唎蜜哆二 阿喻紇硯娜三 須毗你悉指陁四 囉佐耶五 怛他羯他耶六
怛姪他唵七 薩婆桑塞迦囉八 波唎輸底九 達磨底十 伽迦娜十一 莎訶某持迦底十二 薩婆
婆毗輸底十三 摩訶娜耶十四 波唎婆囉莎訶十五 若有自書使人書寫是无量壽
經典又能護持供養即如禮敬供養一切十方佛土如來无有別異陁羅尼日
南无薄伽勃底一 阿波唎蜜哆二 阿喻紇硯娜三 須毗你悉指陁四 囉佐耶五 怛他羯他
耶六 怛姪他唵七 薩婆桑塞悉迦囉八 波唎輸底九 達磨底十 伽迦娜十一 莎訶某持迦底
十二 薩婆婆毗輸底十三 摩訶娜耶十四 波唎婆囉莎訶十五
若有自書使人書寫是无量壽經典又能護持供養即如禮敬供養一切十方佛土
如來无有別異陁羅尼日 南无薄伽勃底一 阿波唎蜜哆二 阿喻紇硯娜三
須毗你悉指陁四 囉佐耶五 怛他羯他耶六 怛姪他唵七 薩婆桑塞悉迦囉八 波唎輸底九
達磨底十 伽迦娜十一 莎訶某持迦底十二 薩婆婆毗輸底十三 摩訶娜耶十四 波唎
婆囉莎訶十五
布施力能成正覺 悟布施力入師子 布施力能聲普聞 慈悲階漸最能入
持戒力能成正覺 悟持戒力入師子 持戒力能聲普聞 慈悲階漸最能入
忍辱力能成正覺 悟忍辱力入師子 忍辱力能聲普聞 慈悲階漸最能入
精進力能成正覺 悟精進力入師子 精進力能聲普聞 慈悲階漸最能入
禪定力能成正覺 悟禪定力入師子 禪定力能聲普聞 慈悲階漸最能入
智慧力能成正覺 悟智慧力入師子 智慧力能聲普聞 慈悲階漸最能入
尒時如來說是經已一切世間天人阿脩羅揵闥婆等聞佛所說皆大歡喜信受奉行
佛說无量壽宗要經
李丹

BD08588號　無量壽宗要經　（6–6）

世音菩薩言仁者愍　此瓔珞
尒時佛告觀世音菩　无盡意菩薩
及四衆天龍夜叉乾　脩羅迦樓羅緊
那羅摩睺羅伽人非人等故受是瓔珞即時
觀世音菩薩愍諸四衆及於天龍人非人等
受其瓔珞分作二分一分奉釋迦牟尼佛一
分奉多寶佛塔无盡意觀世音菩薩有如
是自在神力遊於娑婆世界尒時无盡意菩
薩以偈問曰
世尊妙相具 我今重問彼 佛子何因緣 名為觀世音
具足妙相尊 偈荅无盡意 汝聽觀音行 善應諸方所
弘誓深如海 歷劫不思議 侍多千億佛 發大清淨願
我為汝略說 聞名及見身 心念不空過 能滅諸有苦
假使興害意 推落大火坑 念彼觀音力 火坑變成池
或漂流巨海 龍魚諸鬼難 念彼觀音力 波浪不能沒
或在須弥峯 為人所推墮 念彼觀音力 如日虛空住
或被惡人逐 墮落金剛山 念彼觀音力 不能損一毛
或值怨賊繞 各執刀加害 念彼觀音力 咸即起慈心
或遭王難苦 臨刑欲壽終 念彼觀音力 刀尋段段壞

BD08589號　妙法蓮華經卷七　（2–1）

世尊妙相具　我今重問彼　佛子何因緣　名為觀世音
具足妙相尊　偈答无盡意　汝聽觀音行　善應諸方所
弘誓深如海　歷劫不思議　侍多千億佛　發大清淨願
我為汝略說　聞名及見身　心念不空過　能滅諸有苦
假使興害意　推落大火坑　念彼觀音力　火坑變成池
或漂流巨海　龍魚諸鬼難　念彼觀音力　波浪不能沒
或在須弥峯　為人所推墮　念彼觀音力　如日虛空住
或被惡人逐　墮落金剛山　念彼觀音力　不能損一毛
或值怨賊繞　各執刀加害　念彼觀音力　咸即起慈心
或遭王難苦　臨刑欲壽終　念彼觀音力　刀尋段段壞
或囚禁枷鎖　手足被杻械　念彼觀音力　釋然得解脫
呪咀諸毒藥　所欲害身者　念彼觀音力　還著於本人
或遇惡羅剎　毒龍諸鬼等　念彼觀音力　時悉不敢害
若惡獸圍遶　利牙爪可怖　念彼觀音力　疾走无邊方
蚖蛇及蝮蠍　氣毒煙火然　念彼觀音力　尋聲自迴去
雲雷鼓掣電　降雹澍大雨　念彼觀音力　應時得消散
衆生被困厄　无量苦逼身　觀音妙智力　能救世間苦
具足神通力　廣脩智方便　十方諸國土　无剎不現身
種種諸惡趣　地獄鬼畜生　生老病死苦　以漸悉令滅

BD08589號　妙法蓮華經卷七　（2–2）

別无斷故善現般若波羅蜜多清淨故一切
智清淨一切智清淨故一切智智清淨何以故
若般若波羅蜜多清淨若一切智清淨若
一切智智清淨无二无二分无別无斷故善現般若
波羅蜜多清淨故道相智一切相智清淨
道相智一切相智清淨故一切智智清淨何
以故若般若波羅蜜多清淨若道相智一切
相智清淨若一切智智清淨无二无二分无
別无斷故善現般若波羅蜜多清淨故一切
陁羅尼門清淨一切陁羅尼門清淨故一切
智智清淨何以故若般若

佛說解百怨家陁羅尼經
唵呵呵[illegible][illegible]
聞如是一時佛在毗耶離城音樂樹下有八
千比丘衆俱
時有一菩薩名曰普光菩薩摩訶薩衆所

BD08590號1　大般若波羅蜜多經（兌廢稿）卷二〇五　（2–1）

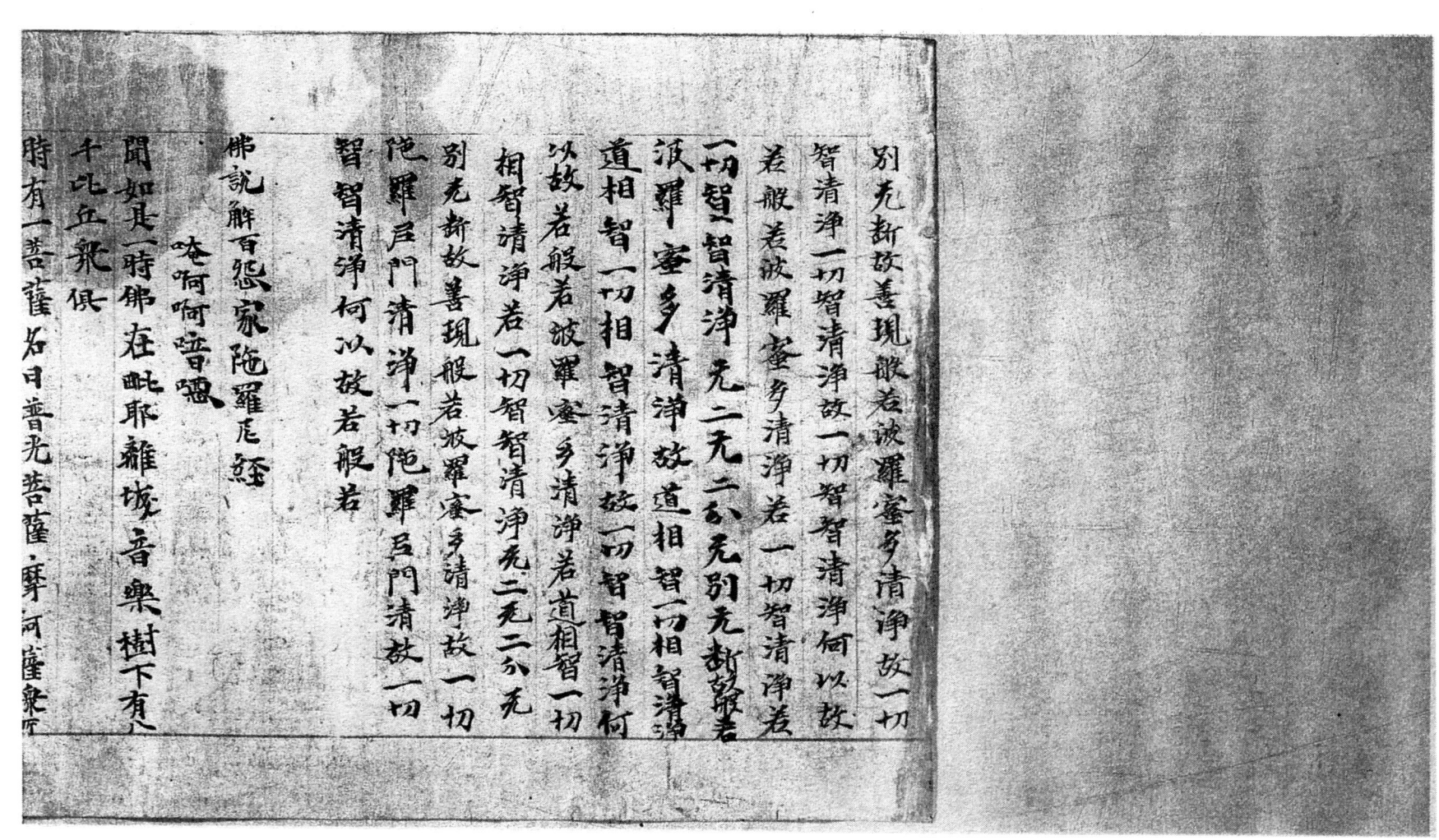

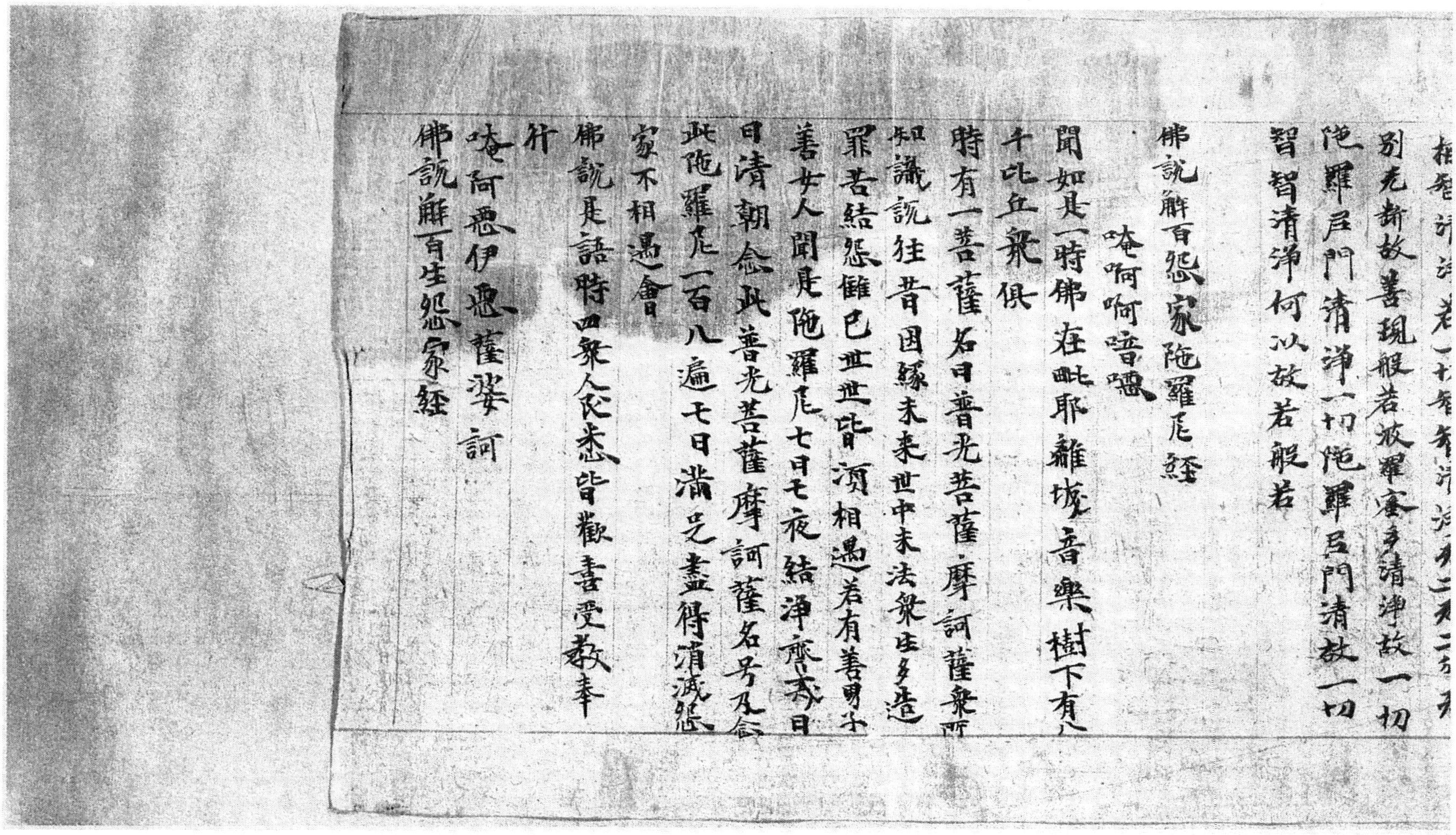
別无新故善現般若波羅蜜多清淨故一切
陀羅尼門清淨一切陀羅尼門清故一切
智智清淨何以故若般若
佛說解百怨家陀羅尼經
唵啊啊嗜嚧
聞如是一時佛在毗耶離城音樂樹下有八
千比丘衆俱
時有一菩薩名曰普光菩薩摩訶薩衆所
知識說往昔因緣未來世中末法衆生多造
罪苦結怨雖已世世皆須相遇若有善男子
善女人聞是陀羅尼七日七夜結淨齋戒日
日清朝念此善光菩薩摩訶薩名号及念
此陀羅尼一百八遍七日滿足盡得消滅怨
家不相遇會
佛說是語時四衆人民悉皆歡喜受教奉
行
唵阿悪伊悪薩婆訶
佛說解百生怨家經

BD08590 號 2　解百生怨家陀羅尼經　　（2–2）

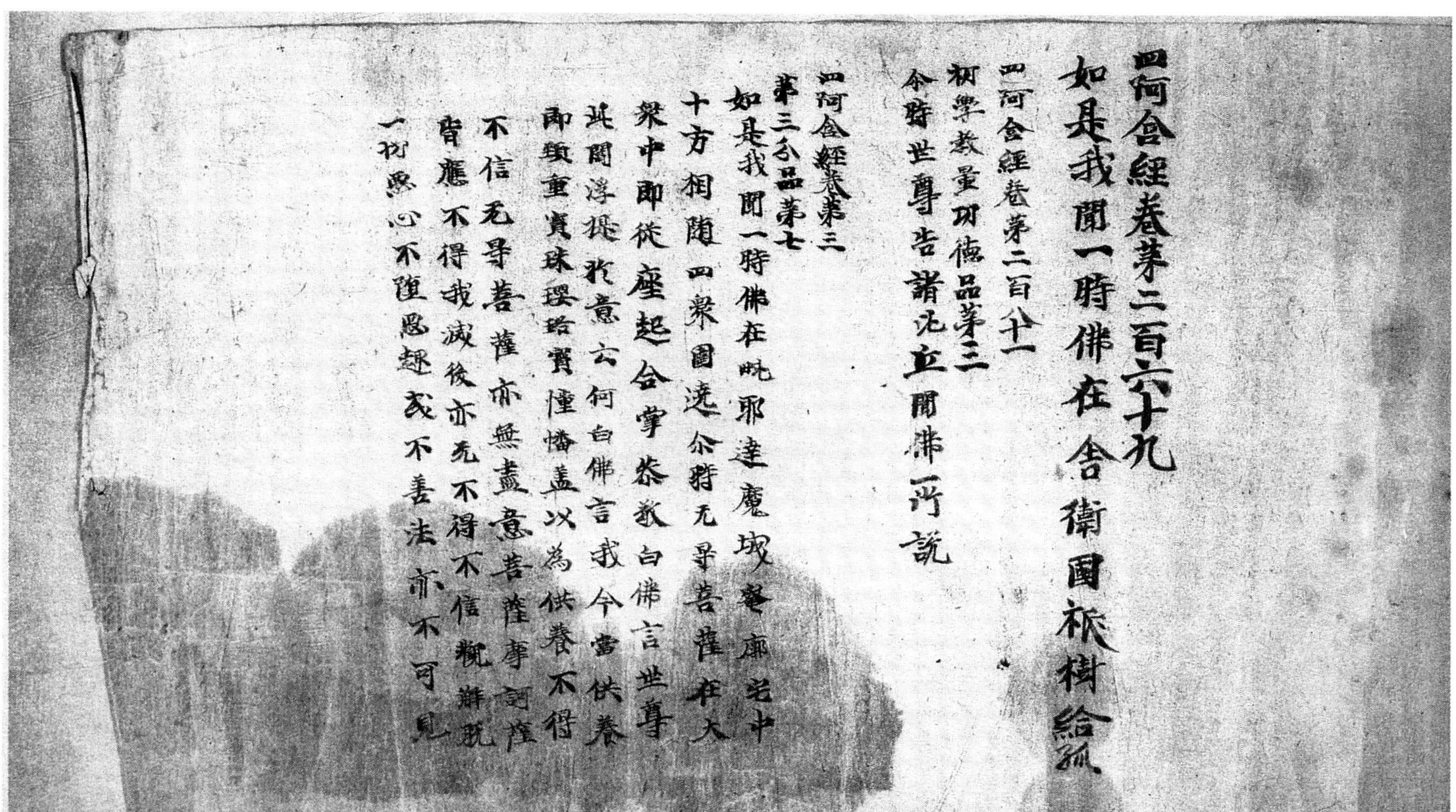
四阿含經卷苐二百六十九
如是我聞一時佛在舍衛國祇樹給孤
四阿含經卷苐二百卅一
初學教量功德品苐三
今時世尊告諸比立聞佛所說
四阿含經卷苐三
苐三分品苐七
如是我聞一時佛在毗耶達魔城毫廓宅中
十方相隨四衆圍遶尒時无量菩薩在大
衆中即從座起合掌恭敬白佛言世尊
此閻浮提於意云何白佛言我今當供養
而須重寶珠瓔珞寶幢幡蓋以為供養不得
不信无量善薩亦無盡意菩薩摩訶薩
皆應不得我滅後亦无不得不信觀難既
一切衆心不隨愚趣或不善法亦不可見

BD08590 號背　雜寫　　（1–1）

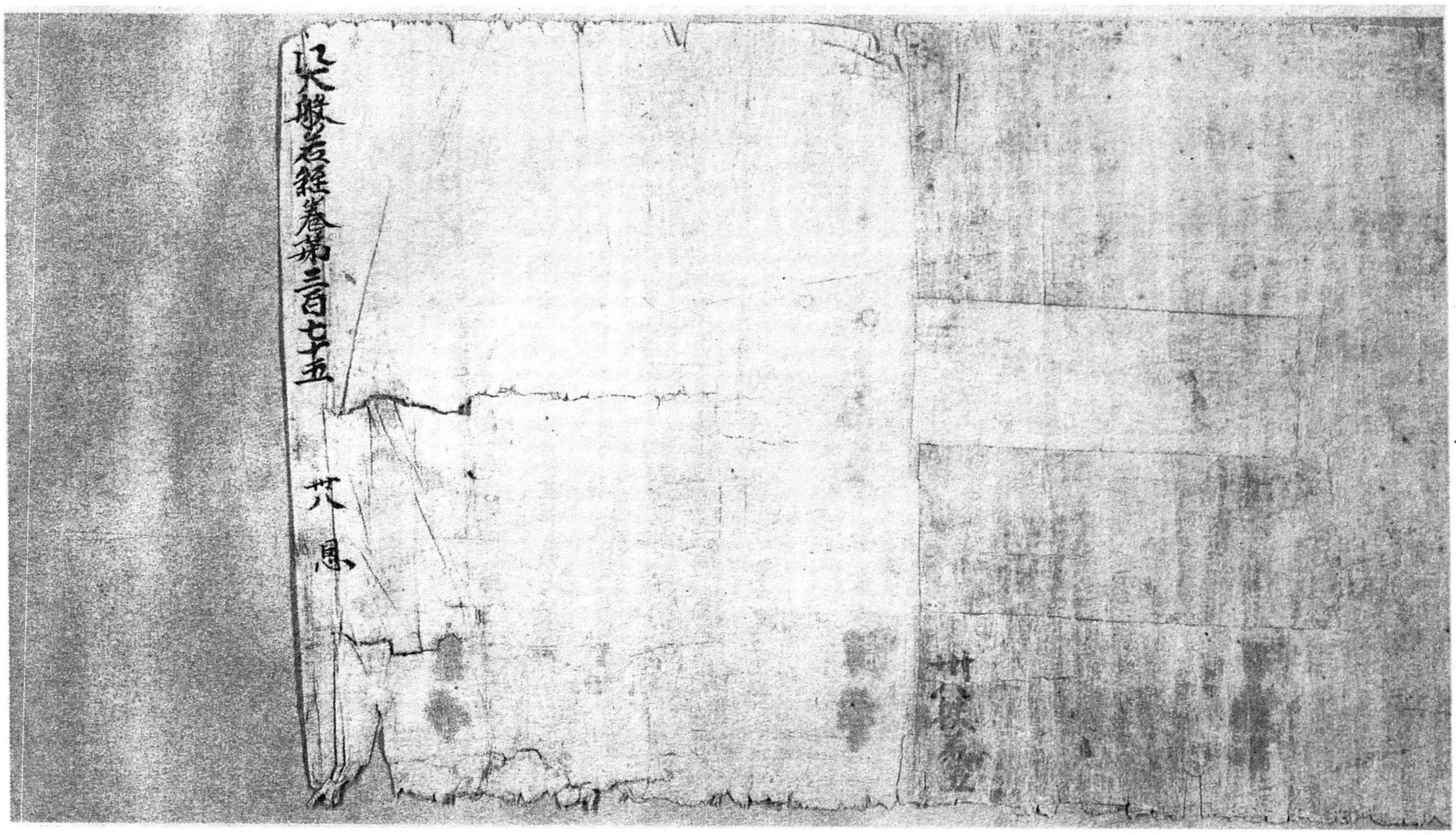

大般若經卷第三百七十五

BD08591 號　護首、勘記　（1–1）

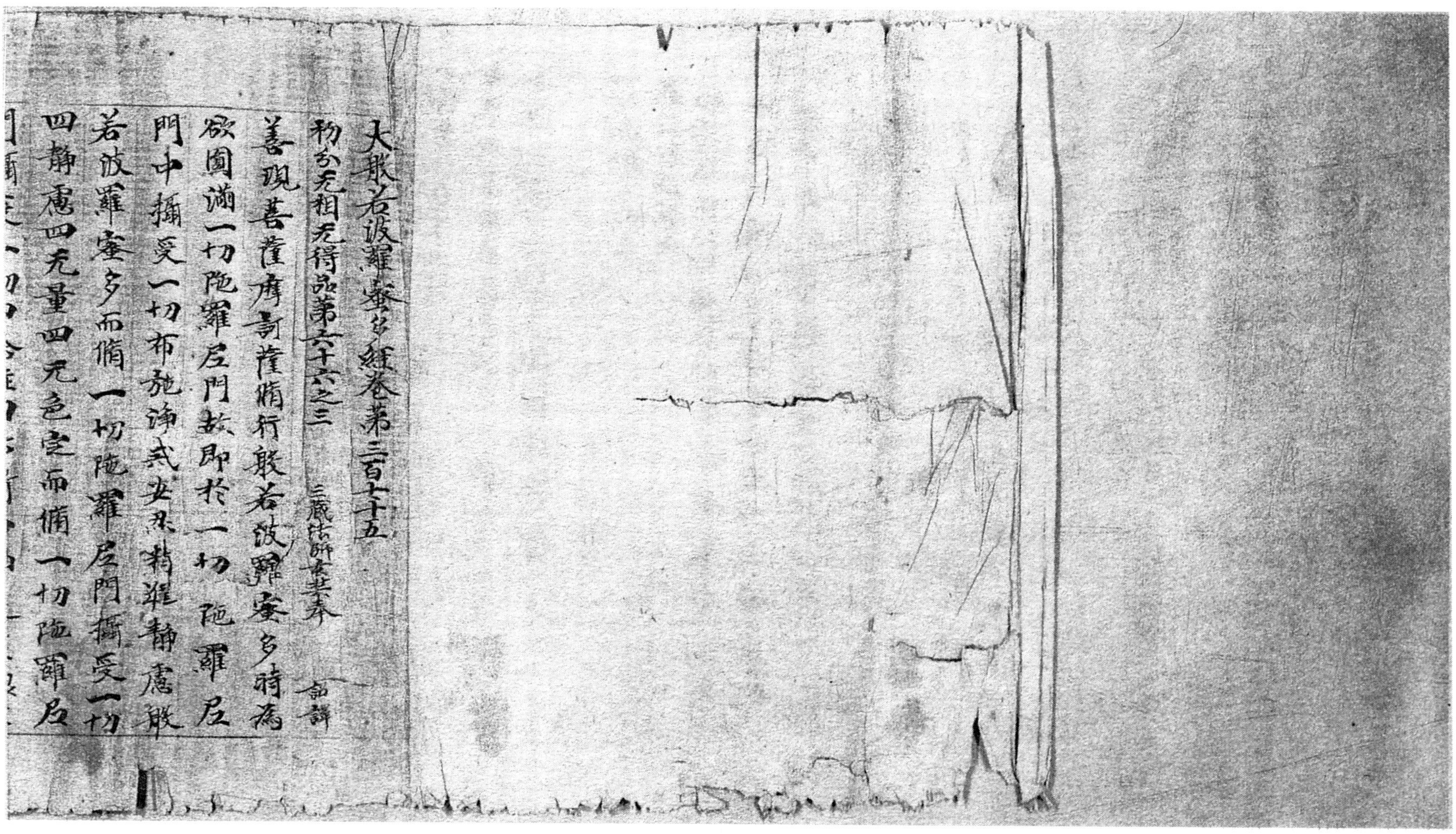

大般若波羅蜜多經卷第三百七十五
初分无相无得品第六十六之三　三藏法師玄奘奉　詔譯
善現菩薩摩訶薩脩行般若波羅蜜多時為
欲圓滿一切陀羅尼門故即於一切陀羅尼
門中攝受一切布施淨戒安忍精進靜慮般
若波羅蜜多而脩一切陀羅尼門攝受一切
四靜慮四无量四无色定而脩一切陀羅尼

BD08591 號　大般若波羅蜜多經卷三七五　（2–1）

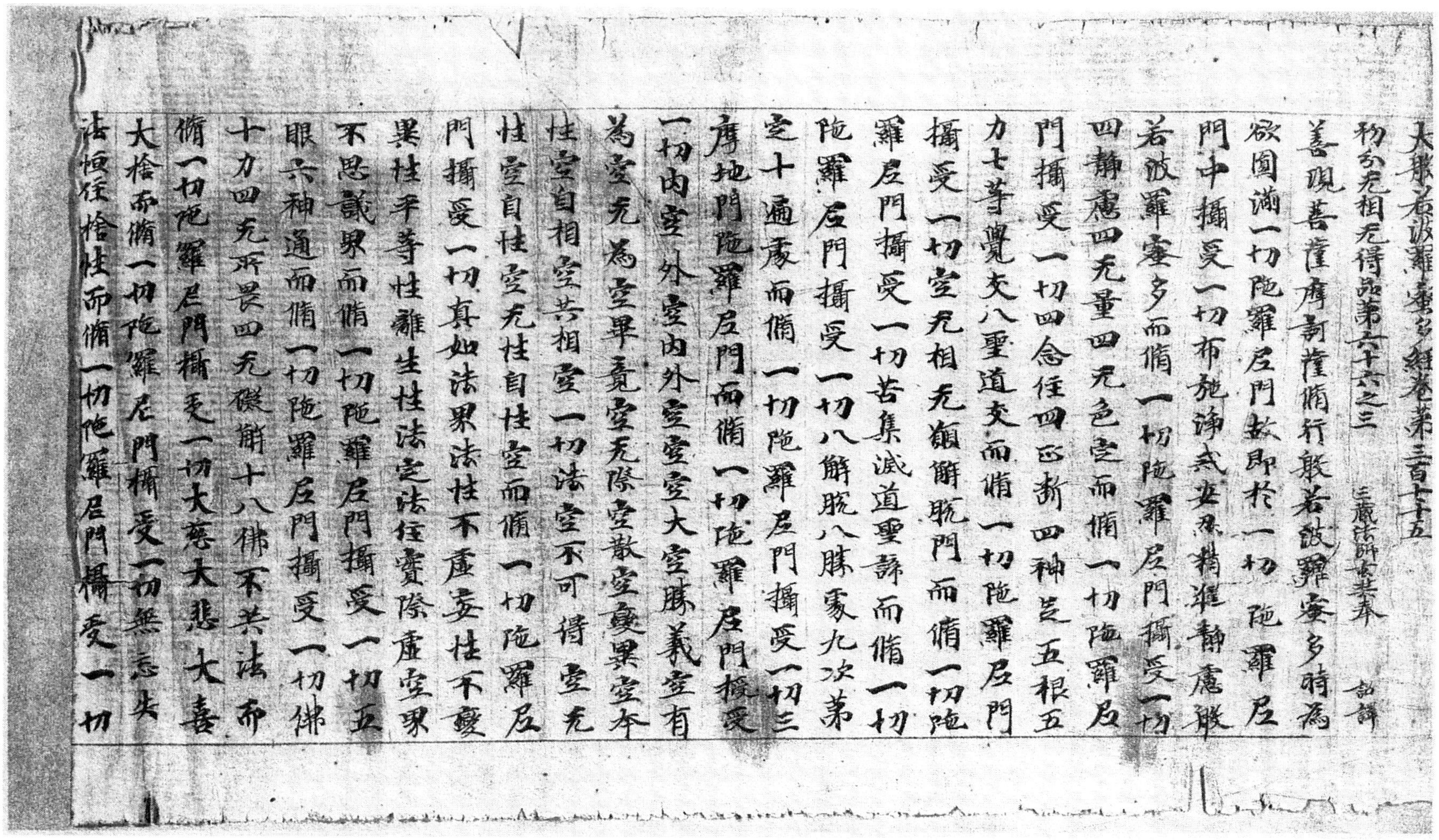

大般若波羅蜜多經卷第三百七十五
初分無相無得品第六十六之三　三藏法師玄奘奉　詔譯
善現菩薩摩訶薩脩行般若波羅蜜多時為
欲圓滿一切陁羅尼門故即於一切陁羅尼
門中攝受一切布施淨戒安忍精進靜慮般
若波羅蜜多而脩一切陁羅尼門攝受一切
四靜慮四无量四无色定而脩一切陁羅尼
門攝受一切四念住四正斷四神足五根五
力七等覺支八聖道支而脩一切陁羅尼門
攝受一切空无相无願解脫門而脩一切陁
羅尼門攝受一切苦集滅道聖諦而脩一切
陁羅尼門攝受一切八解脫八勝處九次第
定十遍處而脩一切陁羅尼門攝受一切三
摩地門陁羅尼門而脩一切陁羅尼門攝受
一切內空外空內外空空空大空勝義空有
為空无為空畢竟空无際空散空無變異空本
性空自相空共相空一切法空不可得空无
性空自性空无性自性空而脩一切陁羅尼
門攝受一切真如法界法性不虛妄性不變
異性平等性離生性法定法住實際虛空界
不思議界而脩一切陁羅尼門攝受一切五
眼六神通而脩一切陁羅尼門攝受一切佛
十力四无所畏四无礙解十八佛不共法而
脩一切陁羅尼門攝受一切大慈大悲大喜
大捨而脩一切陁羅尼門攝受一切無忘失
法恒住捨性而脩一切陁羅尼門攝受一切

**BD08591 號　大般若波羅蜜多經卷三七五**　（2–2）

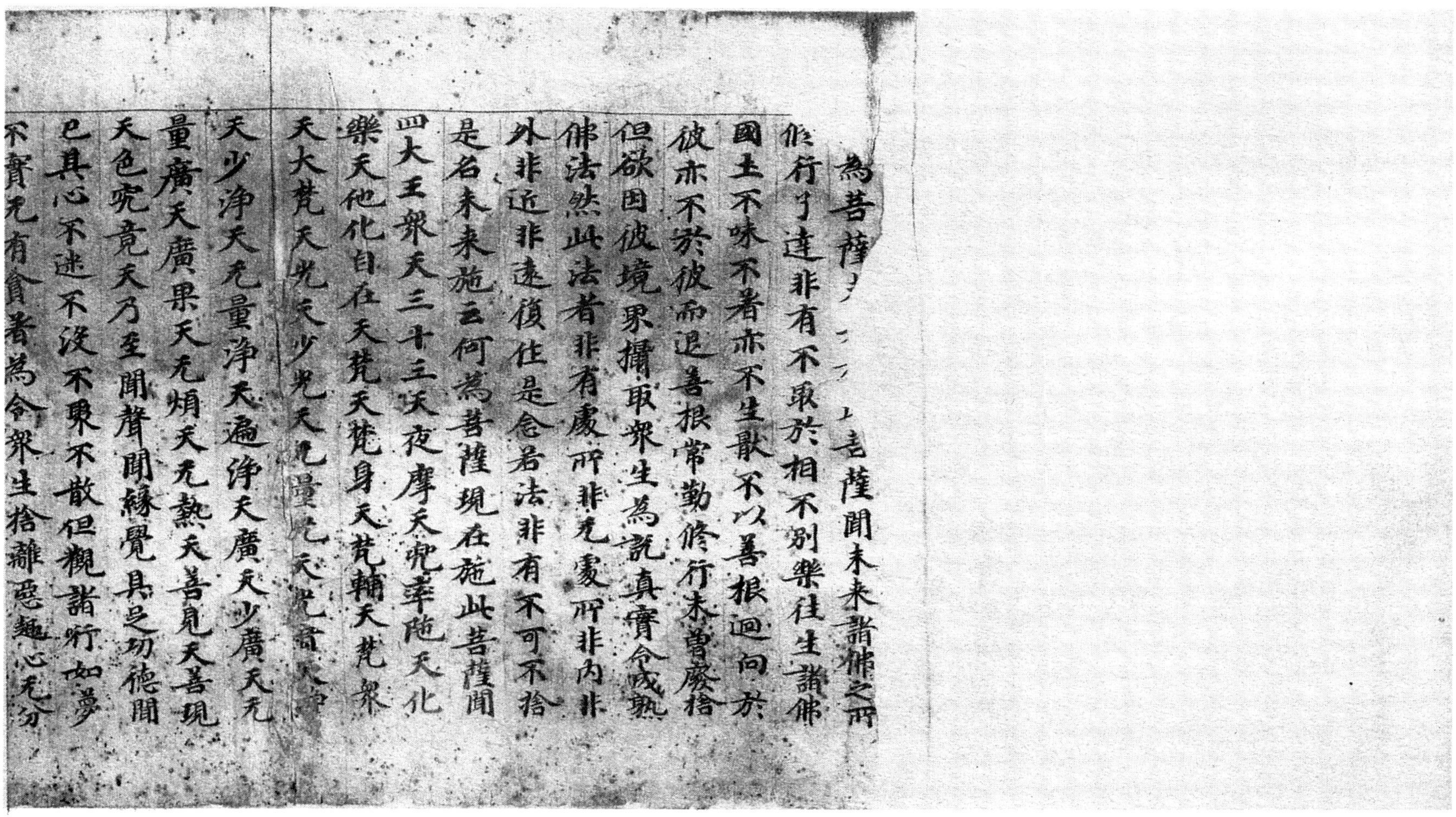

為菩薩[illegible]菩薩聞未來諸佛之所
修行了達非有不取於相不別樂往生諸佛
國土不味不著亦不生猒不以善根迴向於
彼亦不於彼而退善根常勤修行未曾廢捨
但欲因彼境界攝取衆生為說真實令成熟
佛法然此法者非有處所非无處所非內非
外非近非遠復住是念若法非有不可不捨
是名未來施云何為菩薩現在施此菩薩聞
四大王衆天三十三天夜摩天兜率陁天化
樂天他化自在天梵天梵身天梵輔天梵衆
天大梵天光天少光天无量光天光音天淨
天少淨天无量淨天遍淨天廣天少廣天无
量廣天廣果天无煩天无熱天善見天善現
天色究竟天乃至聞聲聞緣覺具足功德聞
已其心不迷不沒不聚不散但觀諸行如夢
不實无有貪著為令衆生捨離惡趣心无分

**BD08592 號　大方廣佛華嚴經（唐譯八十卷本）卷二一**　（3–1）

四大王衆天三十三天夜摩天兜率陀天化
樂天他化自在天梵天梵身天梵輔天梵衆
天大梵天光天少光天无量光天光音天
天少淨天无量淨天遍淨天廣天少廣天无
量廣天廣果天无煩天无熱天善見天善現
天色究竟天乃至聲聞緣覺具足功德聞
已其心不迷不沒不聚不散但觀諸行如夢
不實无有貪著為令衆生捨離惡趣心无分
別修菩薩道成就佛法而為開演是名現在
施云何為菩薩究竟施佛子此菩薩假使有
无量衆生或有无眼或有无耳或无鼻舌及
以手足來至其所告菩薩言我身薄祐諸根
殘缺唯願仁慈以善方便捨已所有令我具
足菩薩聞之即便施與假使由此經阿僧祇
劫諸根不具亦不心生一念悔惜但自觀身
從初入胎不淨微形胞段諸根生老病死又
觀此身无有真實无有慚愧非賢聖物臭穢
不潔骨節相持血肉所塗九孔常流人所惡
賤作是觀已不生一念愛著之心復作是念
此身危脆无有堅固我今云何而生戀著應
以施彼充滿其願如我所作以此開導一切
衆生令於身心不生貪愛悉得成就清淨智
身是名究竟施是為菩薩摩訶薩第六施藏
佛子何等為菩薩摩訶薩慧藏此菩薩於色
如實知色集如實知色滅如實知色滅道如
實知於受想行識如實知受想行識集如實
知受想行識滅如實知受想行識滅道如實

BD08592號　大方廣佛華嚴經（唐譯八十卷本）卷二一　（3–2）

足菩薩聞之即便施與假使由此經阿僧祇
劫諸根不具亦不心生一念悔惜但自觀身
從初入胎不淨微形胞段諸根生老病死又
觀此身无有真實无有慚愧非賢聖物臭穢
不潔骨節相持血肉所塗九孔常流人所惡
賤作是觀已不生一念愛著之心復作是念
此身危脆无有堅固我今云何而生戀著應
以施彼充滿其願如我所作以此開導一切
衆生令於身心不生貪愛悉得成就清淨智
身是名究竟施是為菩薩摩訶薩第六施藏
佛子何等為菩薩摩訶薩慧藏此菩薩於色
如實知色集如實知色滅如實知色滅道如
實知於受想行識如實知受想行識集如實
想行識滅如實知受想行識滅道如實
明如實知无明集如實知无明滅如實
道如實知於愛如實知愛集如實
道如實知於聲聞如
實知聲聞涅

BD08592號　大方廣佛華嚴經（唐譯八十卷本）卷二一　（3–3）

菩薩戒序
諸大德優婆塞優婆夷菩薩諦聽佛滅度後
於像法中應當尊重珍敬波羅提木叉波羅
提木叉者即是此戒持此戒時如闇遇明如
貧人得寶如病者得差如因繫出獄如遠行
得歸當知此則是衆等大師若佛在世无異
此也怖心難生善心難發故云莫輕小罪以為
无殃水渧雖微漸盈大器剎那造罪殃墮无
間一失人身万劫不復壯色不停猶如奔馬人
命无常過於山水今日雖存明亦難保今正
是時衆等應當各各一心懃脩精進慎勿懈
怠懶惰睡眠縱意夜則攝心在念三寶莫以
空過徒失疲勞後大深悔終无所得衆等一
一謹依此戒如法脩行
諸大德春分四月日一月日已過少一夜餘有
一夜三月日在老死至近佛法欲滅諸大德
優婆塞優婆夷為得道故一心懃求精進
所以者何諸佛一心懃精進故得阿耨多羅三

BD08593 號 1　菩薩戒序（異本）

（3–1）

空過徒失疲勞後大深悔終无所得衆等一
一謹依此戒如法脩行
諸大德春分四月日一月日已過少一夜餘有
一夜三月日在老死至近佛法欲滅諸大德
優婆塞優婆夷為得道故一心懃求精進
所以者何諸佛一心懃精進故得阿耨多羅三
藐三菩提何況餘善道法各拔强健時努力
懃脩善如何不求道安可須待欲何樂乎是
日已過命亦隨滅如小水魚斯有何樂此中
未受菩薩戒不清淨者已出衆令和合欲作
何事如是三說不來囑授菩薩有幾人說欲及清淨
衆當一心聽
合十指爪掌　供養釋師子　我今欲說戒　衆當一心聽
乃至小罪中　心應大怖畏　有罪心悔　後更莫復犯
心馬馳惡道　放逸難禁制　佛說切戒行　亦如利轡勒
佛口說數戒　善者能信受　是人馬調順　能破煩惱軍
若不受教勅　亦不愛樂戒　是人馬不調　沒在煩惱軍
若守護戒　如猫牛愛尾　繫心不放逸　亦如猴著鏁
日夜常精進　求實智慧故　是人佛法中　能得清淨命
諸大德今十五日作布薩說優婆塞優婆夷
菩薩戒衆當一心善聽有罪者發露无罪
者嘿然故當知諸大德清淨勸說優婆塞
優婆夷菩薩戒已說菩薩戒序竟今問諸
大德是中清淨不如是三問諸大德是中清淨嘿
然故是事如是持
梵網經盧舍那佛說菩薩十重卌八輕戒
我今盧舍那　方坐蓮花臺　周帀千花上　復現千釋迦
一華百億國　一國一釋迦　各坐菩提樹　一時成佛道
[illegible]

BD08593 號 1　菩薩戒序（異本）

（3–2）

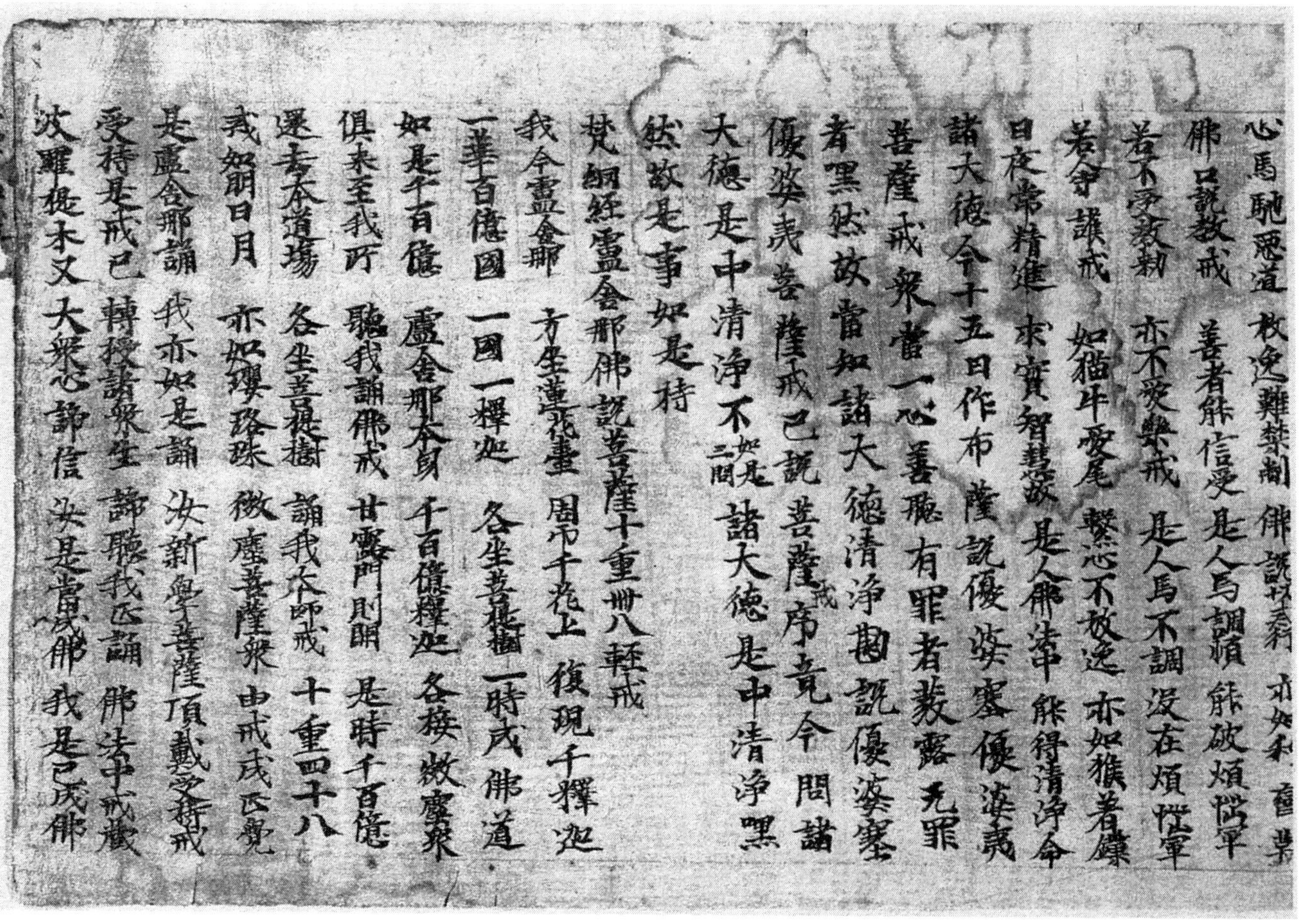

心馬馳惡道　放逸難禁制　佛說於戒　亦如和醫
佛口說教戒　善者能信受　是人爲調順　能破煩惱軍
若不受教勅　亦不愛樂戒　是人爲不調　没在煩惱軍
若守護戒　如猫牛愛尾　繫心不放逸　亦如猴着鏁
日夜常精進　求實智慧故　是人佛法中　能得清淨命
諸大德今十五日作布薩　說優婆塞優婆夷
菩薩戒　衆當一心善聽　有罪者發露　無罪
者黑然　故當知諸大德清淨　我已說優婆塞
優婆夷菩薩戒已　說菩薩戒序竟　今問諸
大德　是中清淨不　如是三問　諸大德是中清淨　黑
然故　是事如是持
梵網經盧舍那佛說菩薩十重卌八輕戒
我今盧舍那　方坐蓮花臺　周帀千花上　復現千釋迦
一花百億國　一國一釋迦　各坐菩提樹　一時成佛道
如是千百億　盧舍那本身　千百億釋迦　各接微塵衆
俱來至我所　聽我誦佛戒　甘露門則開　是時千百億
還至本道場　各坐菩提樹　誦我本師戒　十重四十八
戒如明日月　亦如瓔珞珠　微塵菩薩衆　由是成正覺
是盧舍那誦　我亦如是誦　汝新學菩薩　頂戴受持戒
受持是戒已　轉授諸衆生　諦聽我正誦　佛法中戒藏
波羅提木叉　大衆心諦信　汝是當成佛　我是已成佛

BD08593 號 2　梵網經盧舍那佛說菩薩心地戒品第十卷下　（3–3）

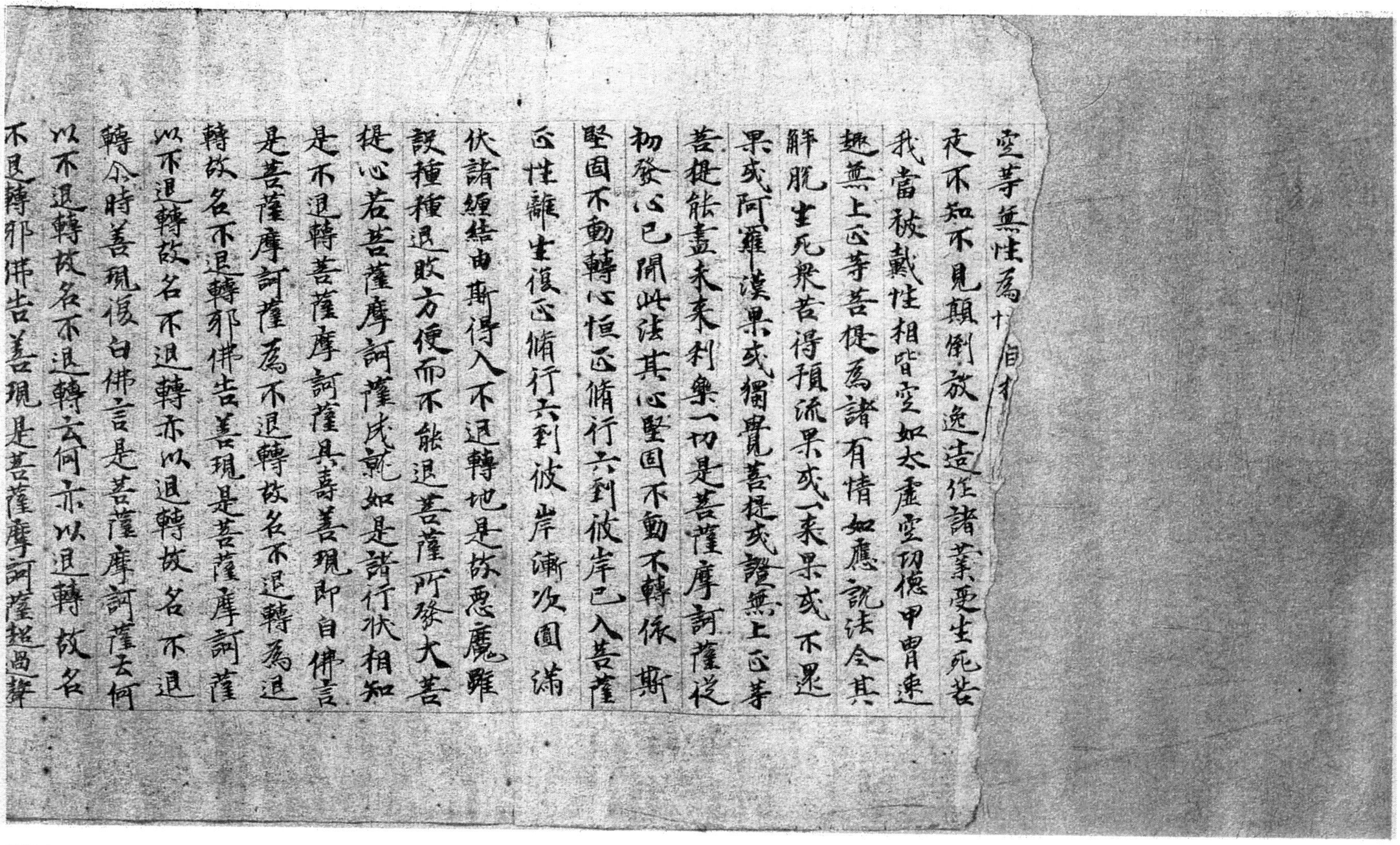

空等無性爲自
夜不知不見顛倒放逸造作諸業受生死苦
我當被戴性相皆空如太虛空功德甲冑速
趣無上正等菩提爲諸有情如應說法令其
解脫生死衆苦得預流果或一來果或不還
果或阿羅漢果或獨覺菩提或證無上正等
菩提能盡未來利樂一切是菩薩摩訶薩從
初發心已聞此法其心堅固不動不轉依斯
堅固不動轉心恒正脩行六到彼岸已入菩薩
正性離生復正脩行六到彼岸漸次圓滿
伏諸纏結由斯得入不退轉地是故惡魔雖
設種種退敗方便而不能退菩薩所發大菩
提心若菩薩摩訶薩成就如是諸行狀相知
是不退轉菩薩摩訶薩具壽善現即白佛言
是菩薩摩訶薩爲不退轉故名不退轉爲退
轉故名不退轉耶佛告善現是菩薩摩訶薩
以不退轉故名不退轉亦以退轉故名不退
轉尒時善現復白佛言是菩薩摩訶薩云何
以不退轉故名不退轉云何亦以退轉故名
不退轉耶佛告善現是菩薩摩訶薩超過聲

BD08594 號　大般若波羅蜜多經卷五一五　（5–1）

是菩薩摩訶薩為不退轉故名不退轉為退
轉故名不退轉耶佛告善現是菩薩摩訶薩
以不退轉故名不退轉亦以退轉故名不退
轉爾時善現復白佛言是菩薩摩訶薩云何
以不退轉故名不退轉云何亦以退轉故名
不退轉耶佛告善現是菩薩摩訶薩超過聲
聞及獨覺地不復退墮彼二地中由斯故說
不退轉故名不退轉是菩薩摩訶薩遠離聲
聞及獨覺地於彼二地定退捨由斯故說
以退轉故名不退轉故此菩薩得二種名非
如餘位唯名退轉若菩薩摩訶薩成就如是
諸行狀相定得無上正等菩提諸惡魔軍不
能退敗復次善現一切不退轉菩薩摩訶薩
欲入初靜慮乃至第四靜慮即隨意能入欲
入慈無量乃至捨無量即隨意能入欲入空
無邊處定乃至非想非非想處定即隨意能
入欲入四念住乃至八聖道支即隨意能入
欲入初解脫乃至滅想受解脫即隨意能入
欲入初勝處乃至第八勝處即隨意能入欲
入初靜慮定乃至滅想受定即隨意能入欲
入初遍處乃至第十遍處即隨意能入欲入
空無相無願解脫門即隨意能入欲引發五
神通即隨意能引發善現當知是菩薩摩訶
薩雖入四靜慮乃至引發五神通而不受彼
果由此因緣不隨靜慮無量等至乃至滅定
及餘功德勢力而生亦不取預流果或一來果
或不還果或阿羅漢果或獨覺菩提為欲

BD08594號　大般若波羅蜜多經卷五一五　（5–2）

薩雖入四靜慮乃至引發五神通而不受彼
果由此因緣不隨靜慮無量等至乃至滅定
及餘功德勢力而生亦不取預流果或一來果
或不還果或阿羅漢果或獨覺菩提為欲
利樂諸有情故隨欲攝受所應受身即隨所
願皆能攝受住所住已即便捨之若菩薩摩
訶薩成就如是諸行狀相知是不退轉菩薩
摩訶薩復次善現一切不退轉菩薩摩訶薩
成就無上菩提作意恒不遠離大菩提心不
貴色蘊乃至識蘊不貴眼處乃至意處不
貴色處乃至法處不貴眼界乃至意界不貴
色界乃至法界不貴眼識界乃至意識界不貴
眼觸乃至意觸不貴眼觸為緣所生諸受乃
至意觸為緣所生諸受不貴地界乃至識界
不貴因緣乃至增上緣不貴一切緣性緣起不
貴諸相不貴隨好不貴所依不貴有色無
色法不貴有見無見法不貴有對無對法不
貴有漏無漏法不貴有為無為法不貴世間
出世間法不貴我不貴有情乃至不貴知者
見者不貴徒眾不貴眷屬不貴祿位不貴財
寶不貴布施波羅蜜多乃至般若波羅蜜
多不貴內空乃至無性自性空不貴真如乃至
不思議界不貴苦集滅道聖諦不貴十善業
道不貴四靜慮四無量四無色定不貴五神
通不貴四念住乃至八聖道支不貴空無相
無願解脫門不貴八解脫乃至十遍處不貴
淨觀地乃至如來地不貴極喜地乃至法雲

BD08594號　大般若波羅蜜多經卷五一五　（5–3）

道不貴四靜慮四無量四無色定不貴五神
通不貴四念住乃至八聖道支不貴空無相
無願解脫門不貴八解脫乃至十遍處不貴
淨觀地乃至如來地不貴極喜地乃至法雲
地不貴陁羅尼門三摩地門不貴五眼六神
通不貴如來十力乃至十八佛不共法不貴
大慈大悲大喜大捨不貴無忘失法恒住捨
性不貴一切智道相智一切相智不貴預流
果乃至獨覺菩提不貴一切菩薩摩訶薩行
不貴諸佛無上正等菩提不貴嚴淨佛土不
貴成熟有情不貴多見諸佛不貴種植善根
所以者何是菩薩摩訶薩達一切法與虛空
等無性為性自相皆空不見有法可生貴重
能生所生生時生處由此而生皆不可得所
以者何是一切法與虛空等性相皆空無生
義故是菩薩摩訶薩成就無上菩提作意恒
不遠離大菩提心身四威儀往來入出舉足
下足心無散亂行住坐卧進止威儀所作事業
皆住正念若菩薩摩訶薩成就如是諸行
狀相知是不退轉菩薩摩訶薩復次善現一
切不退轉菩薩摩訶薩為欲利樂諸有情故
現處居家方便善巧雖現攝受五欲樂具而
於其中不生染著皆為濟給諸有情故謂諸
有情須食與食須飲與飲須衣與衣須乘與
乘乃至一切所須之物皆濟給之令其意滿是
菩薩摩訶薩自行布施乃至般若波羅蜜
多亦勸他行布施乃至般若波羅蜜多恒正

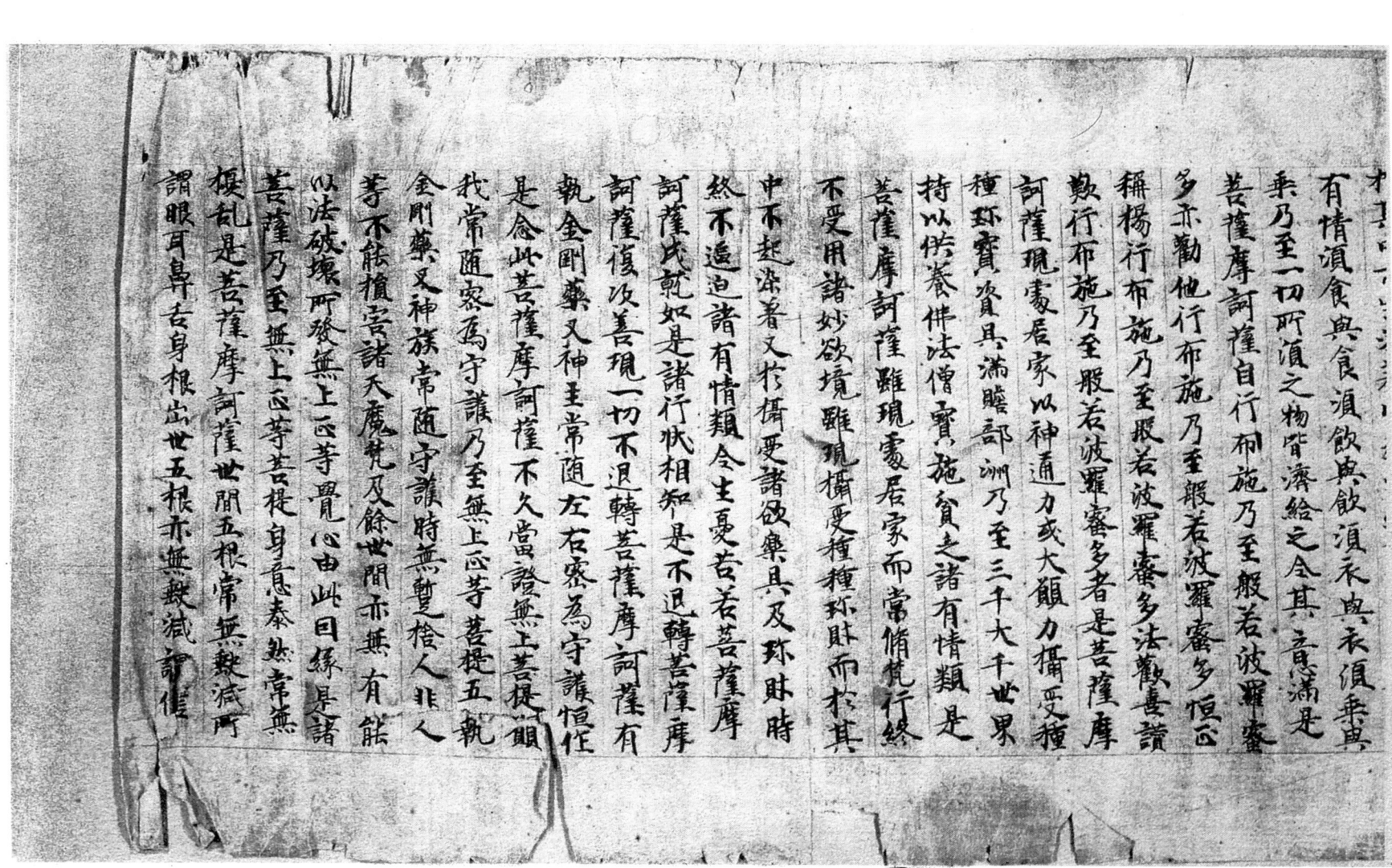

BD08594號　大般若波羅蜜多經卷五一五　（5-4）

於其中[illegible]
有情須食與食須飲與飲須衣與衣須乘與
乘乃至一切所須之物皆濟給之令其意滿是
菩薩摩訶薩自行布施乃至般若波羅蜜
多亦勸他行布施乃至般若波羅蜜多恒正
稱揚行布施乃至般若波羅蜜多法歡喜讚
歎行布施乃至般若波羅蜜多者是菩薩摩
訶薩現處居家以神通力或大願力攝受種
種珎寶資具滿贍部洲乃至三千大千世界
持以供養佛法僧寶施貧乏諸有情類是
菩薩摩訶薩雖現處居家而常脩梵行終
不受用諸妙欲境雖現攝受種種珎財而於其
中不起染著又於攝受諸欲樂具及珎財時
終不逼迫諸有情類令生憂苦若菩薩摩
訶薩成就如是諸行狀相知是不退轉菩薩摩
訶薩復次善現一切不退轉菩薩摩訶薩有
執金剛藥叉神王常隨左右密為守護恒作
是念此菩薩摩訶薩不久當證無上菩提
我常隨密為守護乃至無上正等菩提五執
金剛藥叉神族常隨守護時無暫捨人非人
等不能損害諸天魔梵及餘世間亦無有能
以法破壞所發無上正等覺心由此因緣是諸
菩薩乃至無上正等菩提身意泰然常無
擾亂是菩薩摩訶薩世間五根常無缺減所
謂眼耳鼻舌身根出世五根亦無缺減謂信

BD08594號　大般若波羅蜜多經卷五一五　（5-5）

一者如來
又果不正分別
為[illegible]善知戒及戒果
此戒及果不正分別永除滅故名
者如來善知忍及忍果无我我[illegible]
果不正分別永除滅故名為涅
善知勤及勤果無我我所此
別永除滅故名為涅槃五者如來[illegible]
定果无我我所此定及果不正分
故名為涅槃六者如來善知慧
我所此慧及果不正分別永除滅故名為[illegible]
槃七者謂佛如來善能了知一切有情非有
情一切諸法皆无性不正分別永除滅故名
為涅槃八者若自愛著便起追求由追求故
受衆苦惱諸佛如來除自愛故永絕追求无
追求故名為涅槃九者有為之法皆有數量
無為法者數量皆除佛離有為證无為法

BD08595號　金光明最勝王經卷一　（3–1）

情一切諸法皆无性不正分別永除滅故名
為涅槃八者若自愛著便起追求由追求故
受衆苦惱諸佛如來除自愛故永絕追求无
追求故名為涅槃九者有為之法皆有數量
無為法者數量皆除佛離有為證无為法
无數量故名為涅槃十者如來了知有情及法
體性皆空離空非有空性即是真法身故名
為涅槃善男子是謂十法說有涅槃
復次善男子豈唯如來不般涅槃是為希有
復有十種希有之法是如來行云何為十一
者生死過失涅槃寂靜由於生死及以涅槃
證平等故不處流轉不住涅槃於諸有情不
生厭背是如來行二者佛於衆生不作是念
此諸愚夫行顛倒見為諸煩惱之所纏迫我
今開悟令其解脫然由往昔慈善根力於彼
有情隨其根性意樂勝解不起分別任運
濟度示教利喜盡未來際無有窮盡是如來
行三者佛无是念我今演說十二分教利益有
情然由往昔慈善根力於彼有情廣說乃
至盡未來際无有窮盡是如來行四者佛无
是念我今往彼城邑聚落王及大臣婆羅門剎
帝利薛舍戍達羅等舍從其乞食然由往
昔身語意行串習力故任運詣彼為利益事
而行乞食是如來行五者如來之身无有飢
渴亦无便利羸憊之相雖行乞取而無所食
亦无分別然為任運利益有情是有食相是如
來行六者佛无是念此諸衆生有上中下隨

BD08595號　金光明最勝王經卷一　（3–2）

濟度亦教利喜盡未際無有窮盡是如來
行三者佛无是念我今演說十二分教利益有
情然由往昔慈善根力於彼有情廣說乃
至盡未來際无有窮盡是如來行四者佛无
是念我今往彼城邑聚落王及大臣婆羅門剎
帝利薜舍戍達羅等舍從其乞食然由往
昔身語意行串習力故任運詣彼為利益事
而行乞食是如來行五者如來之身无有飢
渴亦无便利羸憊之相雖行乞取而無所食
亦无分別然為任運利益有情是有食相是如
來行六者佛无是念此諸衆生有上中下隨
彼機性而為說法然佛世尊无有分別隨其
器量善應機緣為彼說法是如來行七者佛
无是念此類有情不恭敬我常於我所出呵
罵言不能與彼共為言論彼類有情恭敬於
我常於我所共相讚歎我當與彼共為言說
然而如來起慈悲心平等无二是如來行八
者謂佛如來无有愛憎憍慢貪惜及諸煩
惱然而如來常樂寂靜讚歎少欲離諸諠鬧

BD08595號　金光明最勝王經卷一　（3–3）

淨若聲界乃至耳觸為緣所生諸受清淨若
一切智智清淨无二无二分无別无斷故善
現六神通清淨故鼻界清淨鼻界清淨故
一切智智清淨何以故若六神通清淨若鼻
界清淨若一切智智清淨无二无二分无別
无斷故六神通清淨故香界鼻識界及鼻觸
鼻觸為緣所生諸受清淨香界乃至鼻觸為
緣所生諸受清淨故一切智智清淨何以故
若六神通清淨若香界乃至鼻觸為緣所生
諸受清淨若一切智智清淨无二无二分无
別无斷故善現六神通清淨故舌界清淨舌
界清淨故一切智智清淨何以故若六神通
清淨若舌界清淨若一切智智清淨无二无
二分无別无斷故六神通清淨故味界舌識
界及舌觸舌觸為緣所生諸受清淨味界乃
至舌觸為緣所生諸受清淨故一切智智清
淨何以故若六神通清淨若味界乃至舌觸

BD08596號　大般若波羅蜜多經卷二三三　（2–1）

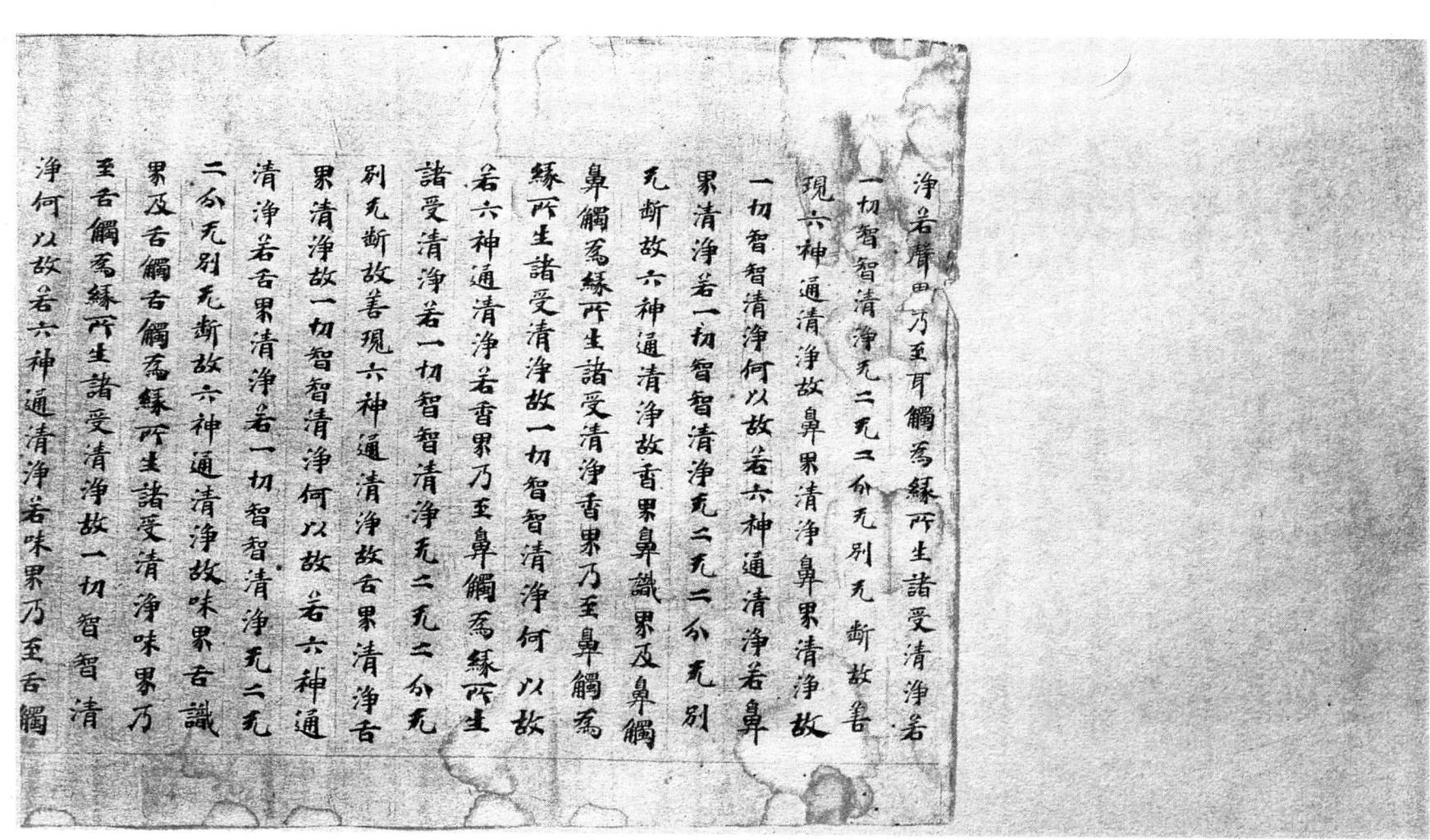

若六神通清淨若香界乃至鼻觸爲緣所生
諸受清淨若一切智智清淨无二无二分无
別无斷故善現六神通清淨故舌界清淨舌
界清淨故一切智智清淨何以故若六神通
清淨若舌界清淨若一切智智清淨无二无
二分无別无斷故六神通清淨故味界舌識
界及舌觸舌觸爲緣所生諸受清淨味界乃
至舌觸爲緣所生諸受清淨故一切智智清
淨何以故若六神通清淨若味界乃至舌觸
爲緣所生諸受清淨若一切智智清淨无二
无二分无別无斷故善現六神通清淨故身
界清淨身界清淨故一切智智清淨何以故
若六神通清淨若身[illegible]若一切智智清
淨无二无二分无[illegible]神通清淨故
觸界身識界及身觸身觸爲緣所生諸受清
淨觸界乃至身觸爲緣所生諸受清淨故一
切智智清淨何以故若六神通清淨若觸界
乃至身觸爲緣所生諸受清淨若一切智智
清淨无二无二分无別无斷故善現六神通
淨淨故意界清淨意界清淨故一切智智清

BD08596號　大般若波羅蜜多經卷二三三　（2–2）

佛說佛名經卷第十一
南无不空佛　南无日愛佛
南无成就智義佛　南无普賢佛
南无无垢无明難都王佛　南无寶炎佛
南无日月佛　南无海勝佛
南无法幢佛　南无无邊功德王佛
南无寶藏佛　南无无垢面佛
南无无量壽華佛　南无寶聚佛
南无智起佛　南无普讃佛
尒時憂波摩那比丘從坐而起偏袒右
肩右膝著地白佛世尊其佛過去佛昔憂
波摩那比丘比丘譬如恒河沙世界下至水際
上至有頂㴑中微塵比丘有人於中取尒所微
塵過恒河沙世界下一微塵如是過恒河沙
世界復下一塵如是盡尒所微塵比丘於
意云何若著微塵若不著微塵是微塵
數可知數不比丘言不也世尊

BD08597號　佛名經（二十卷本）卷一一　（2–1）

南无寶藏佛　南无无垢面佛
南无无量壽華佛　南无寶聚佛
南无智起佛　南无普讃佛
尒時憂波摩那比丘從坐而起偏袒右
肩右膝著地白佛世尊此佛過去佛皆憂
波摩那比丘比丘譬如恒河沙世界下至水際
上至有頂滿中微塵比丘有人於中取尒所微
塵過恒河沙世界下一微塵如是過恒河沙
世界復下一塵如是盡尒所微塵比丘於
意云何若着微塵若不着微塵是微塵
數可知數不比丘言不也世尊
佛告比丘比丘彼微塵可知其數而彼過去
同名釋迦牟尼佛已入涅槃者不可數知
比丘我知彼過去諸佛如現前見彼諸佛
母同名摩耶父同名輸頭檀王城同名迦毗
羅彼諸佛第一聲聞第子同名舍利弗目
揵連侍者第子同名阿難何况種種異名母異
名父異名城異名第子異名侍者比丘彼若干
世界彼人於何等世界著微塵何等世界不
著微塵彼諸世界若著微塵不著微塵下

BD08597號　佛名經（二十卷本）卷一一　　（2–2）

兑一紙

來真如中聲界乃至耳觸為緣所生諸受可
得非耳界中如來法性可得非如來法性中
耳界可得非聲界乃至耳觸為緣所生諸受
中如來法性可得非如來法性中聲界乃至
耳觸為緣所生諸受可得非耳界真如中如來
真如可得非如來真如中耳界真如可得非
聲界乃至耳觸為緣所生諸受真如中如來
真如可得非如來真如中聲界乃至耳觸為
緣所生諸受真如可得非耳界法性中如來
法性可得非如來法性中耳界法性可得非
聲界乃至耳觸為緣所生諸受法性中如來
法性可得非如來法性中聲界乃至耳觸為
緣所生諸受法性可得
憍尸迦非離鼻界如來可得非離香界鼻
識界及鼻觸鼻觸為緣所生諸受如來可得非
離鼻界真如如來可得非離香界乃至鼻觸

BD08598號　大般若波羅蜜多經（兌廢稿）卷九〇　　（2–1）

真如可得非如來真如中聲界乃至耳觸為
緣所生諸受真如可得非耳界法性中如來
法性可得非如來法性中耳界法性可得非
聲界乃至耳觸為緣所生諸受法性中如來
法性可得非如來法性中聲界乃至耳觸為
緣所生諸受法性可得
憍尸迦非離鼻界如來可得非離香界鼻
識界及鼻觸鼻觸為緣所生諸受如來可得非
離鼻界真如如來可得非離香界乃至鼻觸
為緣所生諸受真如如來可得非離鼻界法
性如來可得非離香界乃至鼻觸為緣所生
諸受法性如來可得非離鼻界如來真如可
得非離香界乃至鼻觸為緣所生諸受如來
真如可得非離鼻界如來法性可得非離香
界乃至鼻觸為緣所生諸受如來法性可得
非離鼻界真如如來真如可得非離香界乃
至鼻觸為緣所生諸受真如如來真如可得

BD08598號　大般若波羅蜜多經（兌廢稿）卷九〇　（2–2）

兌 根廢

以者何此中尚无苦聖諦等可得何况有彼
樂之與苦汝若能脩如是般若是脩般若波
羅蜜多復作是言汝善男子應脩般若波
羅蜜多不應觀苦聖諦若我若无我不應觀
集滅道聖諦若我若无我何以故苦聖諦苦聖
諦自性空集滅道聖諦集滅道聖諦自性空
是苦聖諦自性即非自性是集滅道聖諦自
性亦非自性若非自性即是般若波羅蜜多
於此般若波羅蜜多苦聖諦不可得彼我无
我亦不可得集滅道聖諦亦不可得彼我无我
亦不可得所以者何此中尚无苦聖諦等可
得何况有彼我與无我汝若能脩如是般
若是脩般若波羅蜜多復作是言汝善男子
應脩般若波羅蜜多不應觀苦聖諦若淨若
不淨不應觀集滅道聖諦若淨若不淨何以
故苦聖諦苦聖諦自性空集滅道聖諦集滅
道聖諦自性空是苦聖諦自性即非自性是
集滅道聖自性亦非自性若非自性即是
般若滅羅蜜多於此般若波羅蜜多苦聖諦
不可得彼淨不淨亦不可得集滅道聖諦亦

BD08599號　大般若波羅蜜多經（兌廢稿）卷一四七　（2–1）

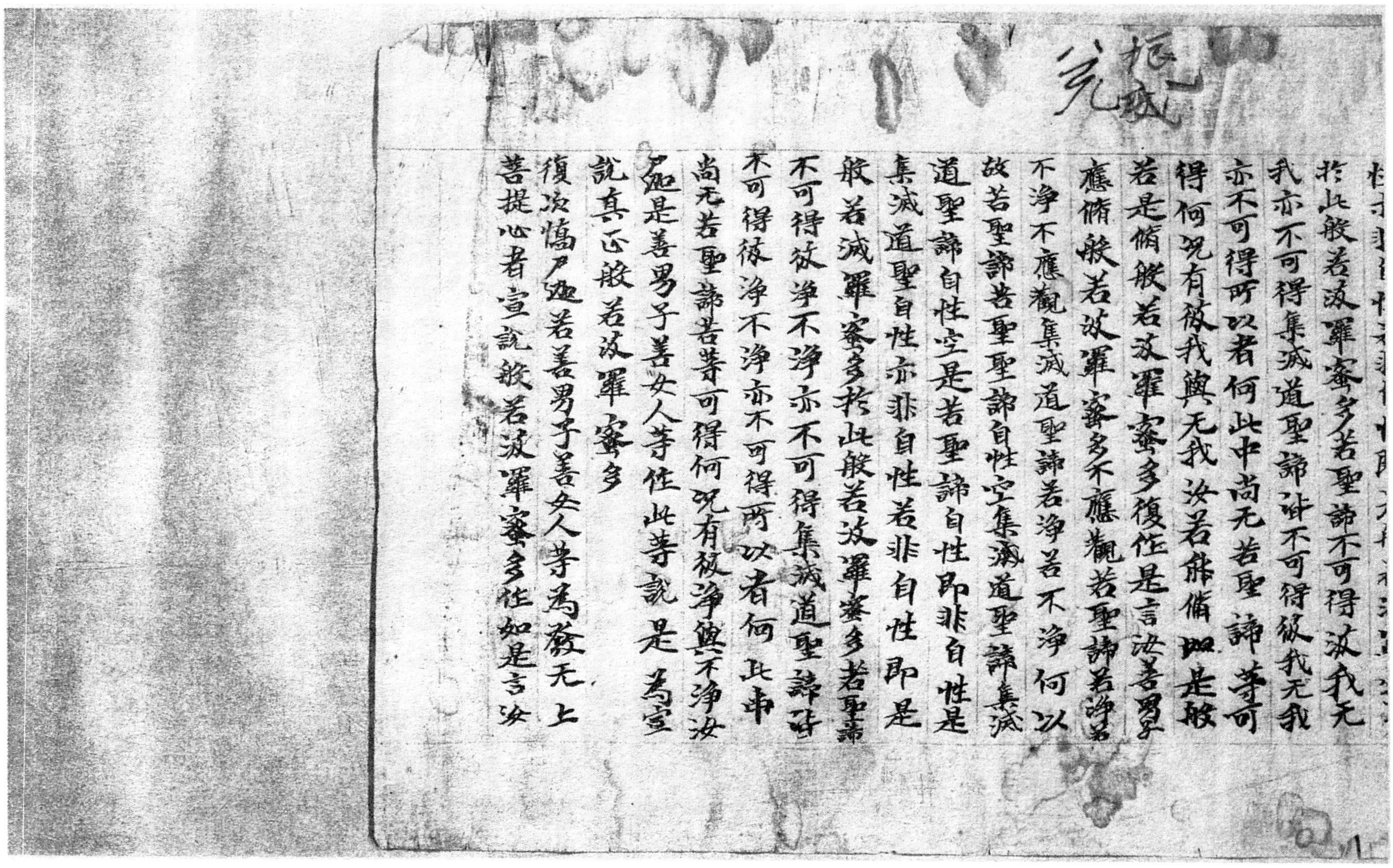

於此般若波羅蜜多若聖諦不可得汝我无
我亦不可得集滅道聖諦性不可得彼我无我
亦不可得所以者何此中尚无苦聖諦等可
得何況有彼我與无我汝若能脩如是般
若是脩般若波羅蜜多復作是言汝善男子
應脩般若波羅蜜多不應觀苦聖諦若淨若
不淨不應觀集滅道聖諦若淨若不淨何以
故苦聖諦苦聖諦自性空集滅道聖諦集滅
道聖諦自性空是苦聖諦自性即非自性是
集滅道聖諦自性亦非自性若非自性即是
般若波羅蜜多於此般若波羅蜜多苦聖諦
不可得彼淨不淨亦不可得集滅道聖諦等
不可得彼淨不淨亦不可得所以者何此中
尚无苦聖諦等可得何況有彼淨與不淨汝
尸迦是善男子善女人等作此等說是為宣
說真正般若波羅蜜多
復次憍尸迦若善男子善女人等為發无上
菩提心者宣說般若波羅蜜多作如是言汝

BD08599 號　大般若波羅蜜多經（兌廢稿）卷一四七　（2–2）

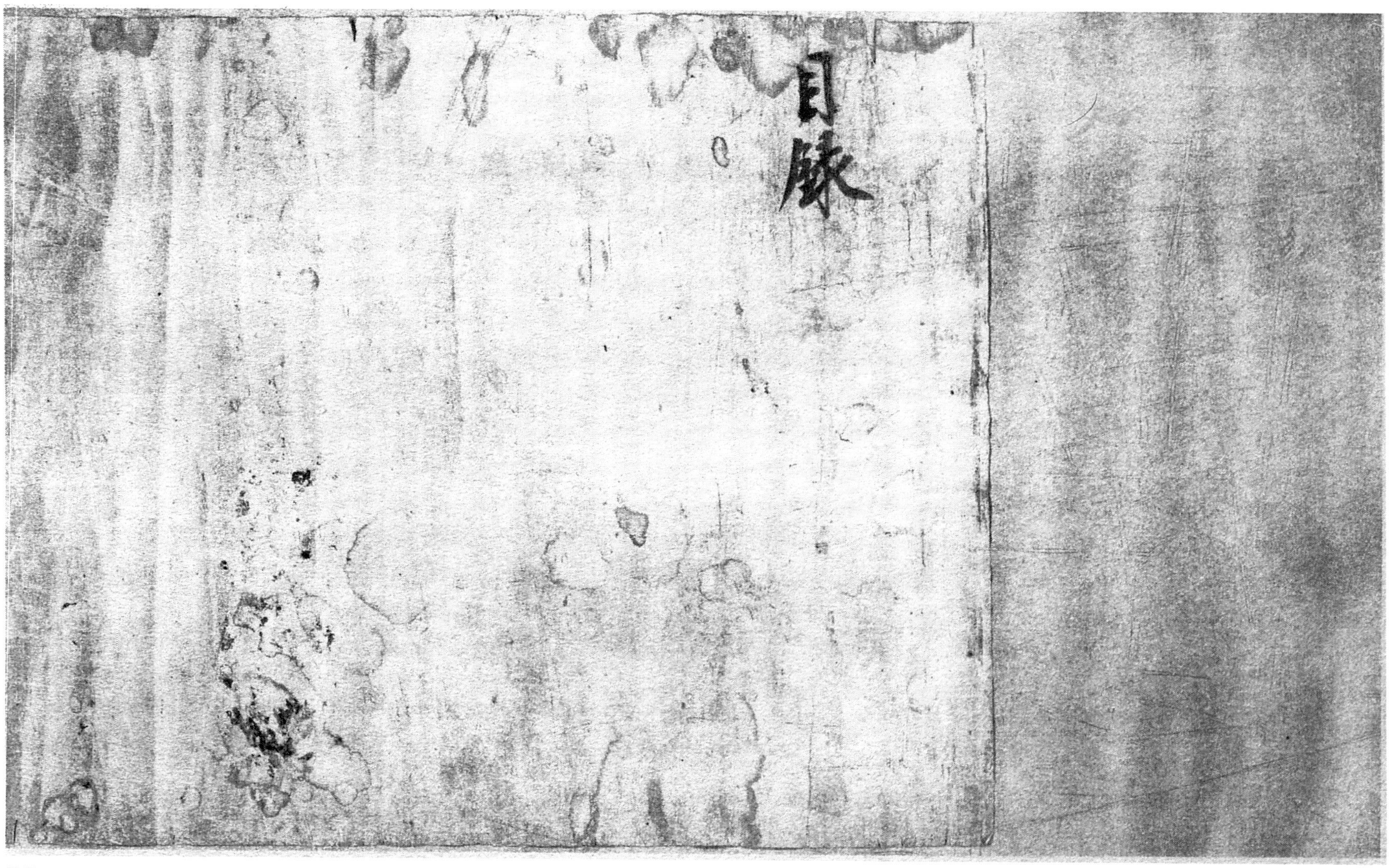

目錄

BD08599 號背　經袟（擬）　（1–1）

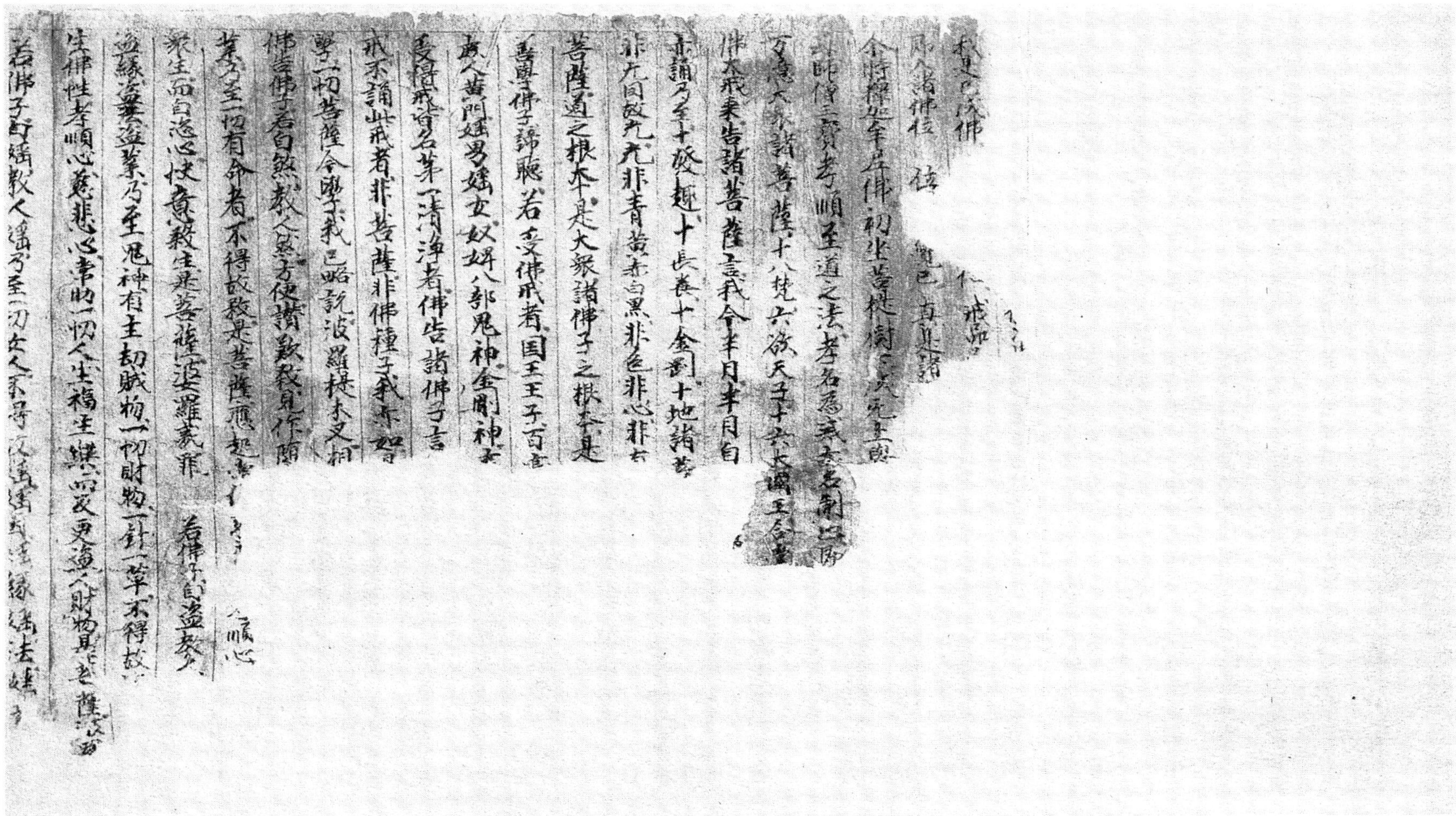

BD08600 號　梵網經盧舍那佛說菩薩心地戒品第十卷下　（6–1）

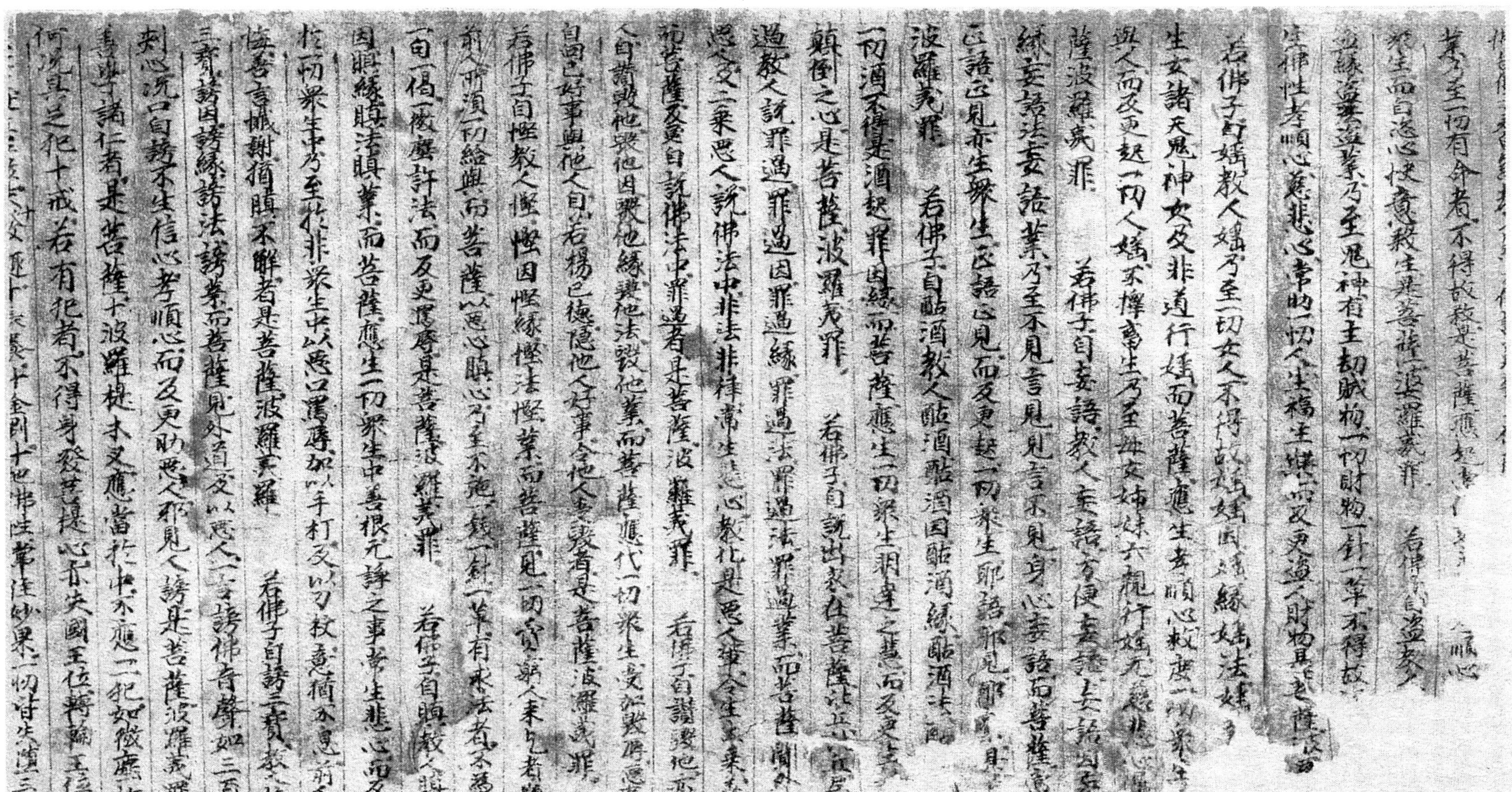

BD08600 號　梵網經盧舍那佛說菩薩心地戒品第十卷下　（6–2）

三寶誹因謗緣謗法謗業而菩薩見外道及以惡人一言謗佛音聲如三百矛
刺心况口自謗不生信心孝順心而反更助惡人邪見人謗者是菩薩波羅夷罪
善學諸仁者是菩薩十波羅提木叉應當學於中不應一一犯如微塵許
何况具足犯十戒若有犯者不得現身發菩提心亦失國王位轉輪王位亦
失比丘比丘尼位失發趣十長養十金剛十地佛性常住妙果一切皆失墮三
惡道中二劫三劫不聞父母三寶名字以是不應一一犯汝等一切諸菩薩今學
當學已學 如是十戒應當學敬心奉持八萬威儀品當廣明
佛告諸菩薩言已說十波羅提木叉竟四十八輕今當說 若佛子欲受國王
位時受轉輪王位時百官受位時應先受菩薩戒一切鬼神救護王身百官
之身諸佛歡喜既得戒已生孝順心恭敬心見上座和上阿闍梨大同學同見
同行者應起承迎禮拜問信而菩薩反生憍心癡心慢心不起承迎禮拜一一不
如法供養以自賣身國城女七寶百物而供給之若不介者犯輕垢罪
若佛子故飲酒而生酒過失無量若自身手過酒器與人飲酒者五百世無手
何况自飲不得教一切人飲及一切眾生飲酒况自飲酒若故自飲教人飲者犯輕
垢罪 若佛子故食肉一切肉不得食斷大慈悲佛性種子一切眾生見而捨去
是故一切菩薩不得食一切眾生肉食肉得無量罪若故食者犯輕垢罪
若佛子不得食五辛大蒜革葱慈葱蘭葱興渠是五種一切食中不得食若故
食者犯輕垢罪 若佛子見一切眾生犯八戒五戒十戒毀禁七逆八難一切犯戒罪應教懺
悔共住同僧利養而共布薩一眾住說戒而不舉其罪不教悔過者犯輕垢罪
若佛子見大乘法師大乘同學同見同行來入僧坊舍宅城邑若百里千里來者
即起迎來送去禮拜供養日日三時供養日食三兩金百味飲食牀座醫藥
供事法師一切所須盡給與之常請法師三時說法日日三時禮拜不生患惱之心
聽心為法滅身請法若不介者犯輕垢罪 若佛子一切處有講法毗尼經律
大宅舍中講法處是新學菩薩應持經律卷至法師所聽受諮問若山林樹下
僧地房中一切說法處悉至聽受若不至彼聽受者犯輕垢罪 若佛子心背大
乘常住經律言非佛說而受持二乘外道惡見一切禁戒邪見經律者犯輕垢罪
若佛子見一切疾病人常應供養如佛無異八福田中看病福田第一福田若父母師僧
弟子病諸根不具百種病苦皆養令差而菩薩以瞋恨心不至僧房中城邑曠

BD08600號　梵網經盧舍那佛說菩薩心地戒品第十卷下　（6–3）

大宅舍中講法處是新學菩薩應持經律卷至法師所聽受諮問若山林樹下
僧地房中一切說法處悉至聽受若不至彼聽受者犯輕垢罪 若佛子心背大
乘常住經律言非佛說而受持二乘外道惡見一切禁戒邪見經律者犯輕垢罪
若佛子見一切疾病人常應供養如佛無異八福田中看病福田第一福田若父母師僧
弟子病諸根不具百種病苦皆養令差而菩薩以瞋恨心不至僧房中城邑曠
野山林道路中見病不救濟者犯輕垢罪 若佛子不得畜一切刀杖弓箭鉾斧鬪戰
之具及惡網羅殺生之器一切不得畜而菩薩乃至殺父母尚不加報况殺一切眾生不得畜殺
眾刀杖者犯輕垢罪 如是十戒應當學敬心奉持下六品中當廣明
佛言佛子為利養惡心故通國使命軍陣合會興師相伐殺無量眾生而菩薩不得入
軍中往來况故作國賊若故作者犯輕垢罪 若佛子故販賣良人奴婢六畜市易
棺材板木盛死之具若故作教人作者犯輕垢罪 若佛子以惡心故無事謗他良人
善人法師僧國王貴人言犯七逆十重於父母兄弟六親中應生孝順心慈悲心而反
更加於逆害墮不如意處者犯輕垢罪 若佛子以惡心故放大火燒山林曠野四月
乃至九月放火若燒他人家屋宅城邑僧房田木及鬼神官物一切有主物不得
故燒若故燒者犯輕垢罪 若佛子自佛弟子及外道惡人六親一切善知識應一一
教受持大乘經律應教解義理使發菩提心十發趣十長養心十金剛心一一解其
次第法用而菩薩以惡心瞋心橫教二乘聲聞經律外道邪見論等者犯輕垢罪
若佛子應以好心先學大乘威儀經律廣開解義味見後新學菩薩有百里千
里來求大乘經律應如法為說一切苦行若燒身燒臂燒指若不燒身臂指供養諸
佛非出家菩薩乃至餓虎狼師子一切餓鬼悉應捨身肉手足而供養之
然後一一次第為說正法使心開意解而菩薩為利養故應答不答倒說經
律文字無前無後謗三寶說者犯輕垢罪 若佛子自為飲食錢物利養
名譽故親近國王王子大臣百官恃作形勢乞索打拍牽挽橫取錢物一切求
利名為惡求多求教他人求都無慈心無孝順心犯輕垢罪 若佛子學誦戒
者日夜六時持菩薩戒解其義理佛性之性而菩薩不解一句一偈戒律因緣詐
言能解者即為自欺誑亦欺誑他人一一不解一切法而為他人作師授戒者犯輕
垢罪 若佛子以惡心故見持戒比丘手捉香鑪行菩薩行而鬪遘兩頭謗欺賢
人無惡不造者犯輕垢罪 若佛子以慈心故行放生業一切男子是我父一切女人
是我母我生生無不從之受生故六道眾生皆是我父母而殺而食者即殺我

BD08600號　梵網經盧舍那佛說菩薩心地戒品第十卷下　（6–4）

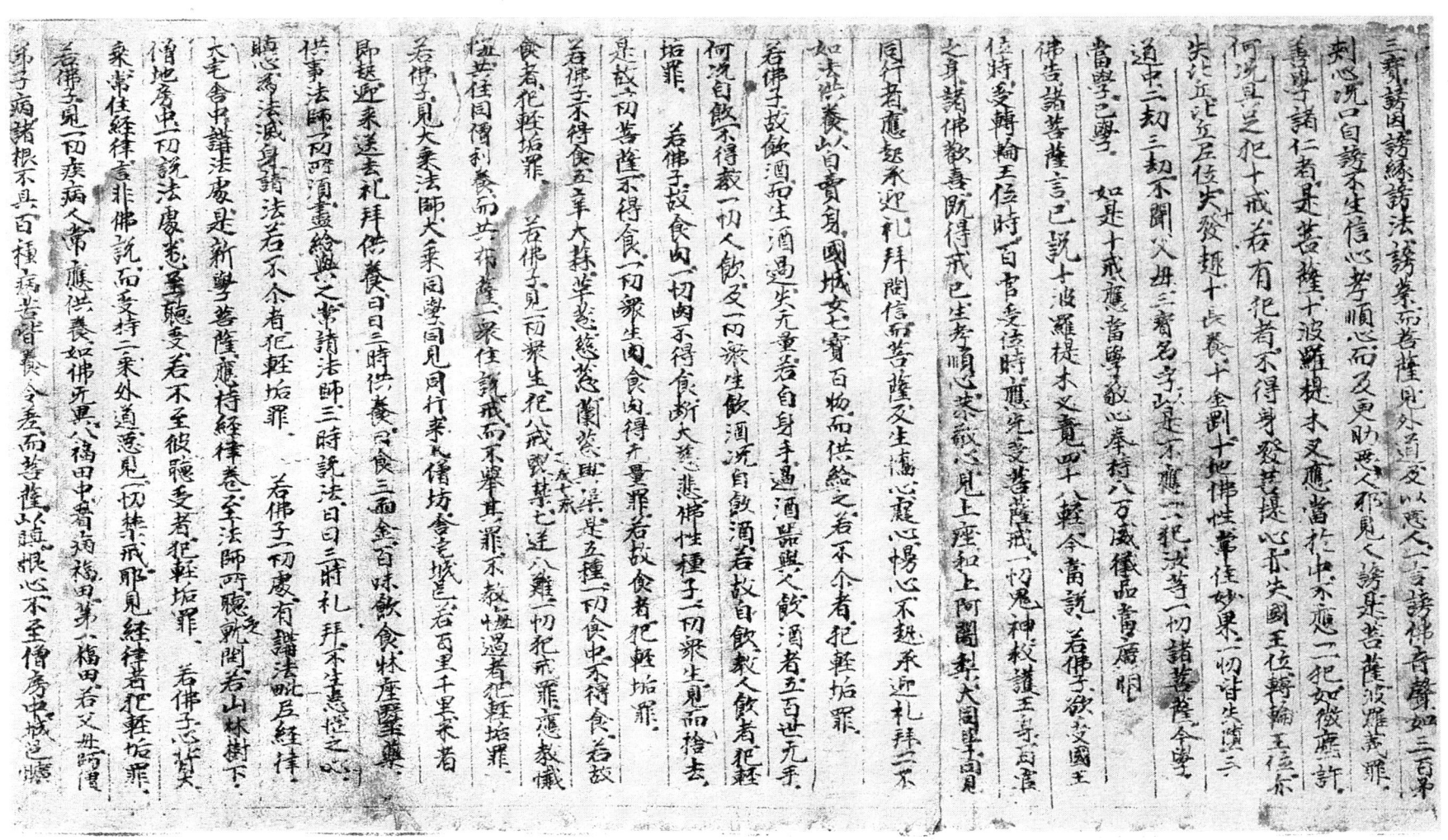

者日夜六時持菩薩戒解其義理佛性之性而菩薩不解一句一偈戒律因緣詐
言能解者即為自欺詐亦欺詐他人一一不解一切法而為他人作師授戒者犯輕
垢罪　若佛子以惡心故見持戒比丘手捉香鑪行菩薩行而鬪搆兩頭謗欺賢
人无惡不造者犯輕垢罪　若佛子以慈心故行放生業一切男子是我父一切女人
是我母我生生无不從之受生故六道衆生皆是我父母而殺而食者即殺我
父母亦殺我故身一切地水是我先身一切火風是我本體故常
行放生生生受生若見世人殺畜生時應方便救護解其苦難常
教化講說菩薩戒救度衆生若父母兄弟死亡之日應請法師講菩
薩戒經福資亡者得見諸佛生人天上若不尒者犯輕垢罪
如是十戒應當學敬心奉持如滅罪品中廣明一一戒相　若佛子以
瞋報瞋以打報打若父母兄弟六親不得加報殺生報生不順孝道尚不畜
奴婢打拍罵辱日日起三業口罪无量況故作七逆之罪而出家菩薩无慈心報讎
乃至六親中故報者犯輕垢罪　若佛子初始出家未有所解而自恃聰
明有智或恃高貴年宿或恃大姓高門大解大福饒財七寶以此憍慢而不
諮受學法師經律其法師者或小姓年少卑門貧窮諸根不具而實有
德一切經律盡解而新學菩薩不得觀法師種性而不來諮受法師第一義
諦者犯輕垢罪　若佛子佛滅度後欲以好心受菩薩戒時於諸佛菩薩
形像前自誓受戒當七日佛前懺悔得見好相便得戒若不得好相應二七
三七乃至一年要得好相得好相已便得佛菩薩形像前受戒若不得好相
雖佛像前受戒不名得戒若先受菩薩戒法師前受戒時不須要見好相
是法師師師相受故不須好相是以法師前受戒即得戒以生重心故便得
戒若千里內无能授戒師得佛菩薩形像前受得戒而要見好相
師自倚解經律大乘學戒與國王太子百官以為善友而新學菩薩來問若
經義律義輕心惡心慢心一一不好答問者犯輕垢罪　若佛子有佛經律
大乘法正見正性正法身而不能勤學修習而捨七寶反學邪見二乘外
道俗典阿毗曇雜論書記是斷佛性鄣道因緣非行菩薩道若故作者犯輕垢罪
若佛子佛滅度後為說法主為僧房主教化主坐禪主行來主應生慈心善
和鬪訟善守護三寶物莫无度用如自用而反亂衆鬪諍恣心用三寶



大乘法正見正性正法身而不能勤學修習而捨七寶反學邪見二乘外
道俗典阿毗曇雜論書記是斷佛性鄣道因緣非行菩薩道若故作者犯輕垢罪
若佛子佛滅度後為說法主為僧房主教化主坐禪主行來主應生慈心善
和鬪訟善守護三寶物莫无度用如自用而反亂衆鬪諍恣心用三寶
物犯輕垢罪　若佛子先在僧房中住後見客菩薩比丘來入僧房舍宅城邑
國王宅舍中乃至夏坐安居處及大會中先住僧應迎來送去飲食供養房
舍臥具繩林事事給與若无物應自賣身及男女供給所須悉以與之若有
檀越來請衆僧有利養分僧房主應次第差客僧受請而
先住僧獨受請而不差客僧房主得无量罪畜生无異非沙門非釋種姓犯輕
垢罪　若佛子一切不得受別請利養入己而此利養屬十方僧而別受請即取十
方僧物入己八福田中諸佛聖人一一師僧父母病人物自己用者犯輕垢罪
若佛子有出家菩薩在家菩薩及一切檀越請僧福田求願之時應入僧坊
問知事人今欲次第請者即得十方賢聖僧而世人別請五百羅漢菩薩僧不
如僧次一凡夫僧若別請僧者是外道法七佛无別請法不順孝道若故別請
僧者犯輕垢罪　若佛子以惡心故為利養販賣男女色自手作食自磨
自舂占相男女解夢吉凶是男是女呪術工巧
種毒藥蛇毒生金銀毒蠱毒都無无
自身謗三寶詐現親附口便說空行在有
縛著於六齋日年三長齋月
如是十戒應當學敬心奉持
世中若見外道一切惡

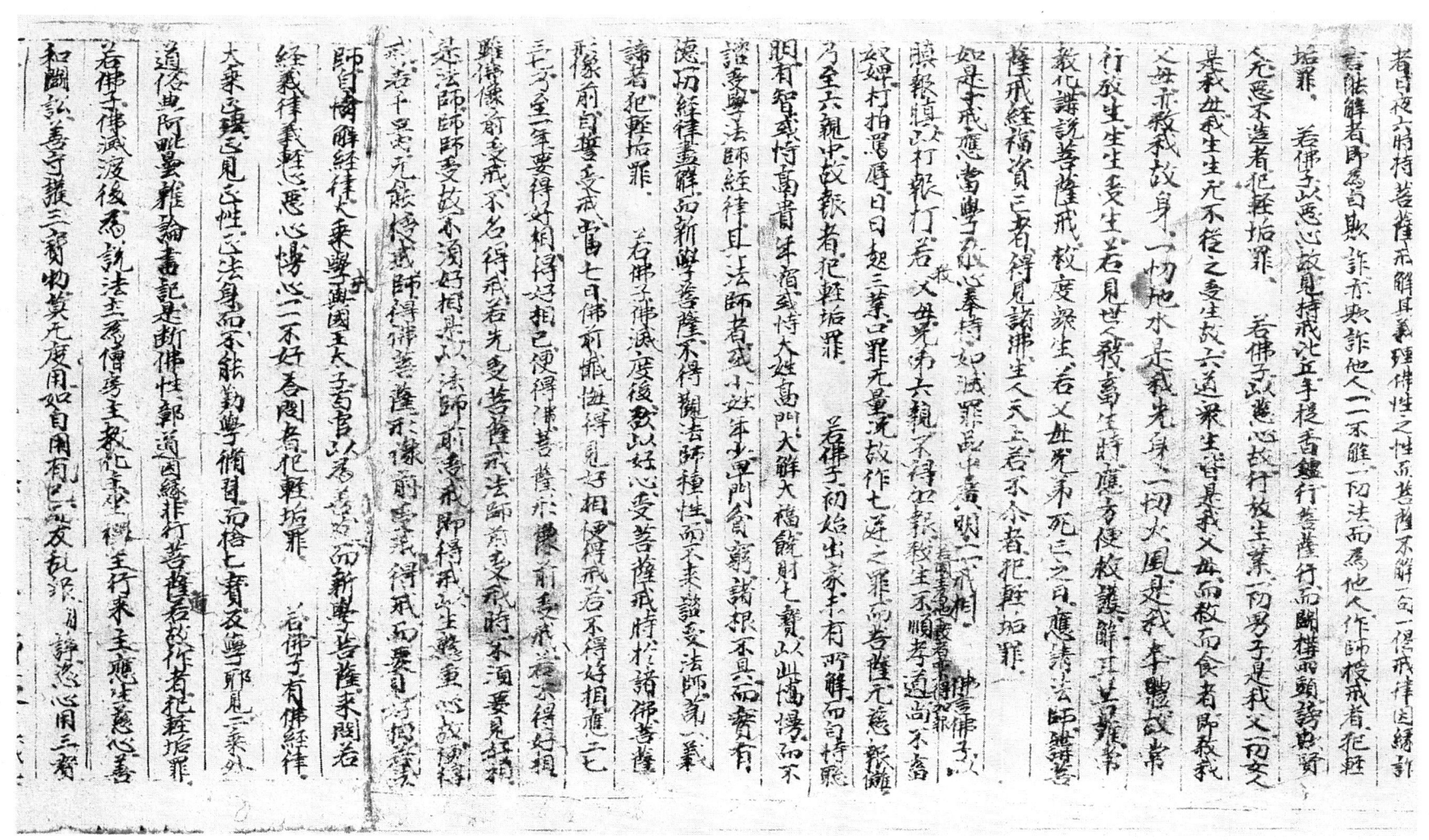

見五蘊皆空度一切苦厄舍利子色不
異空空不異色色即是色受想行識
亦復如是舍利子是諸法空相不生
不滅不垢不淨不增不減是故空中无色
无受想行識无眼耳鼻舌身意无
色聲香味觸法无眼界乃至意
識界無无明亦無無明盡乃至無老死
亦無老死盡无苦集滅道无智亦无得亦
无所得故菩提薩埵依般若波羅蜜多
多故心无罣礙无罣礙故无有恐怖遠離顛倒
夢想究竟涅槃三世諸佛依般若波
羅蜜多故知般若波羅蜜多是大
神呪是大明呪是上呪是无等等呪能
除一切苦真實不虛故說般若波羅
蜜多呪即說呪曰
揭諦揭諦波羅揭諦波羅僧揭
諦菩提薩訶
般若波羅蜜多心經
妙法蓮華經觀世音菩薩普門品第二十五
尒時無盡意菩薩即從座起偏袒右肩合掌

BD08601號 1　般若波羅蜜多心經　（2–1）

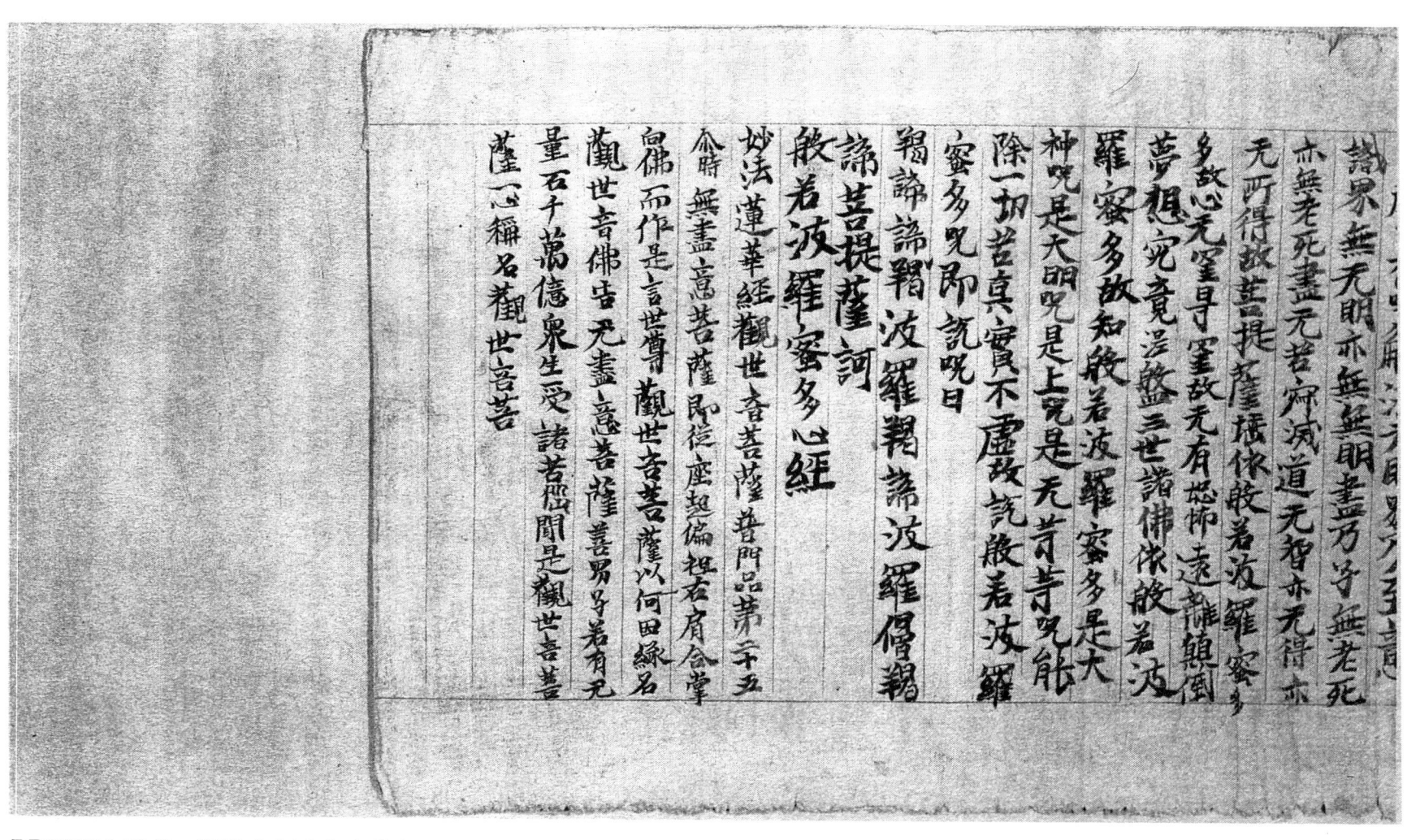

識界無无明亦無無明盡乃至無老死
亦無老死盡无苦集滅道无智亦无得亦
无所得故菩提薩埵依般若波羅蜜多
多故心无罣礙无罣礙故无有恐怖遠離顛倒
夢想究竟涅槃三世諸佛依般若波
羅蜜多故知般若波羅蜜多是大
神呪是大明呪是上呪是无等等呪能
除一切苦真實不虛故說般若波羅
蜜多呪即說呪曰
揭諦揭諦波羅揭諦波羅僧揭
諦菩提薩訶
般若波羅蜜多心經
妙法蓮華經觀世音菩薩普門品第二十五
尒時無盡意菩薩即從座起偏袒右肩合掌
向佛而作是言世尊觀世音菩薩以何因緣名
觀世音佛告无盡意菩薩善男子若有无
量百千萬億衆生受諸苦惱聞是觀世音菩
薩一心稱名觀世音菩

BD08601號 2　觀世音經（兌廢稿）　（2–2）

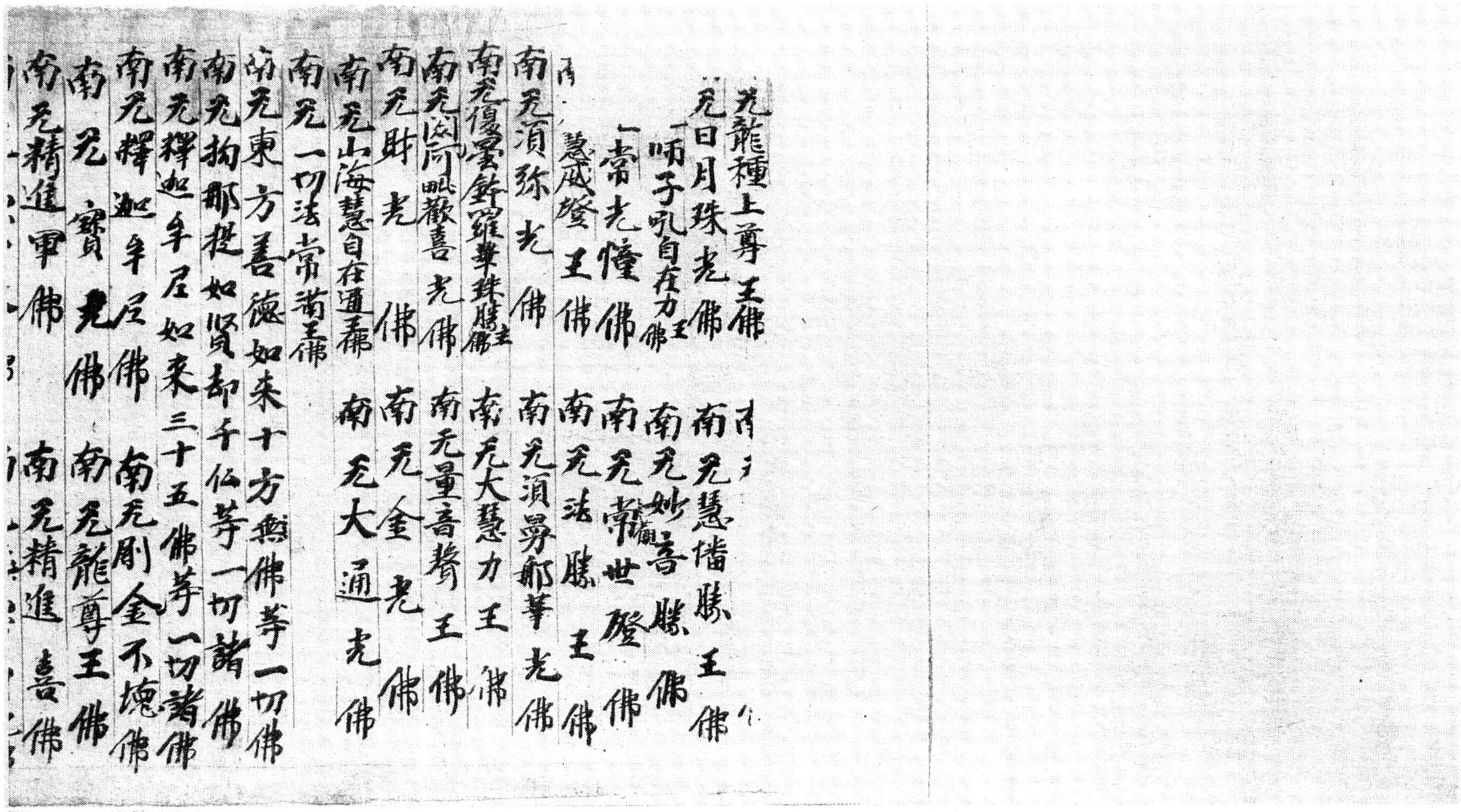

BD08602 號　七階佛名經　　（2–1）

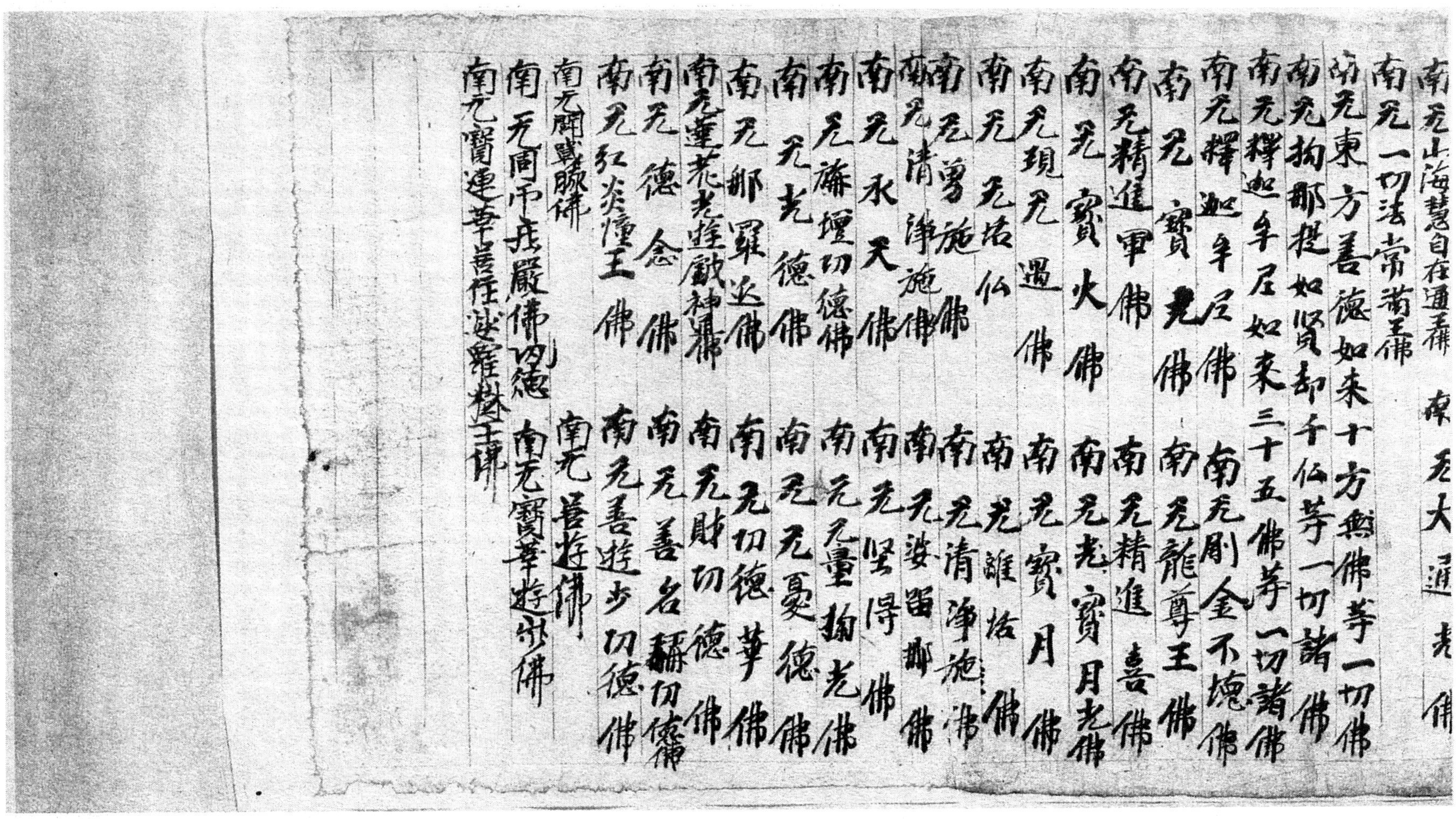

BD08602 號　七階佛名經　　（2–2）

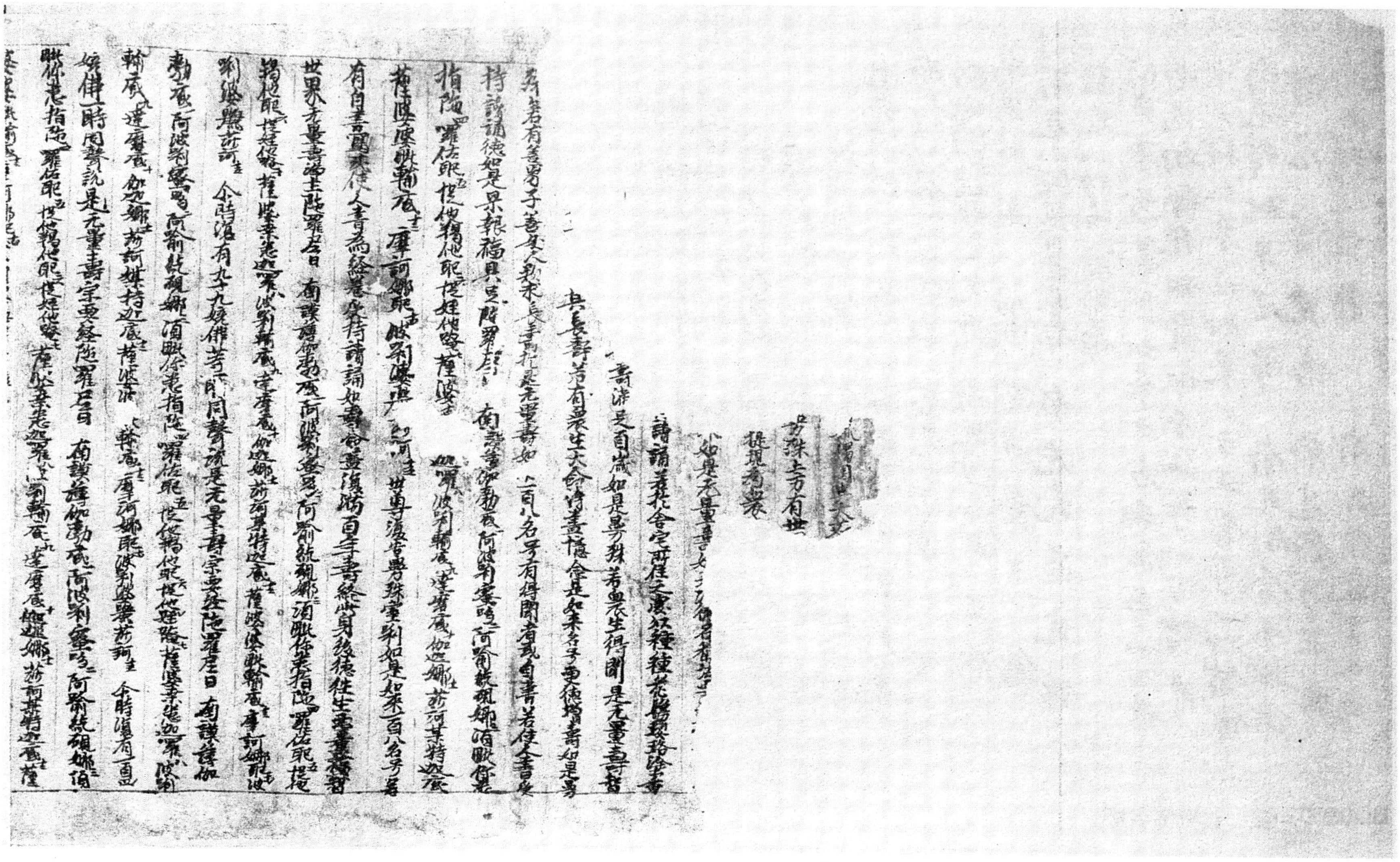

BD08603 號　無量壽宗要經　（5–1）

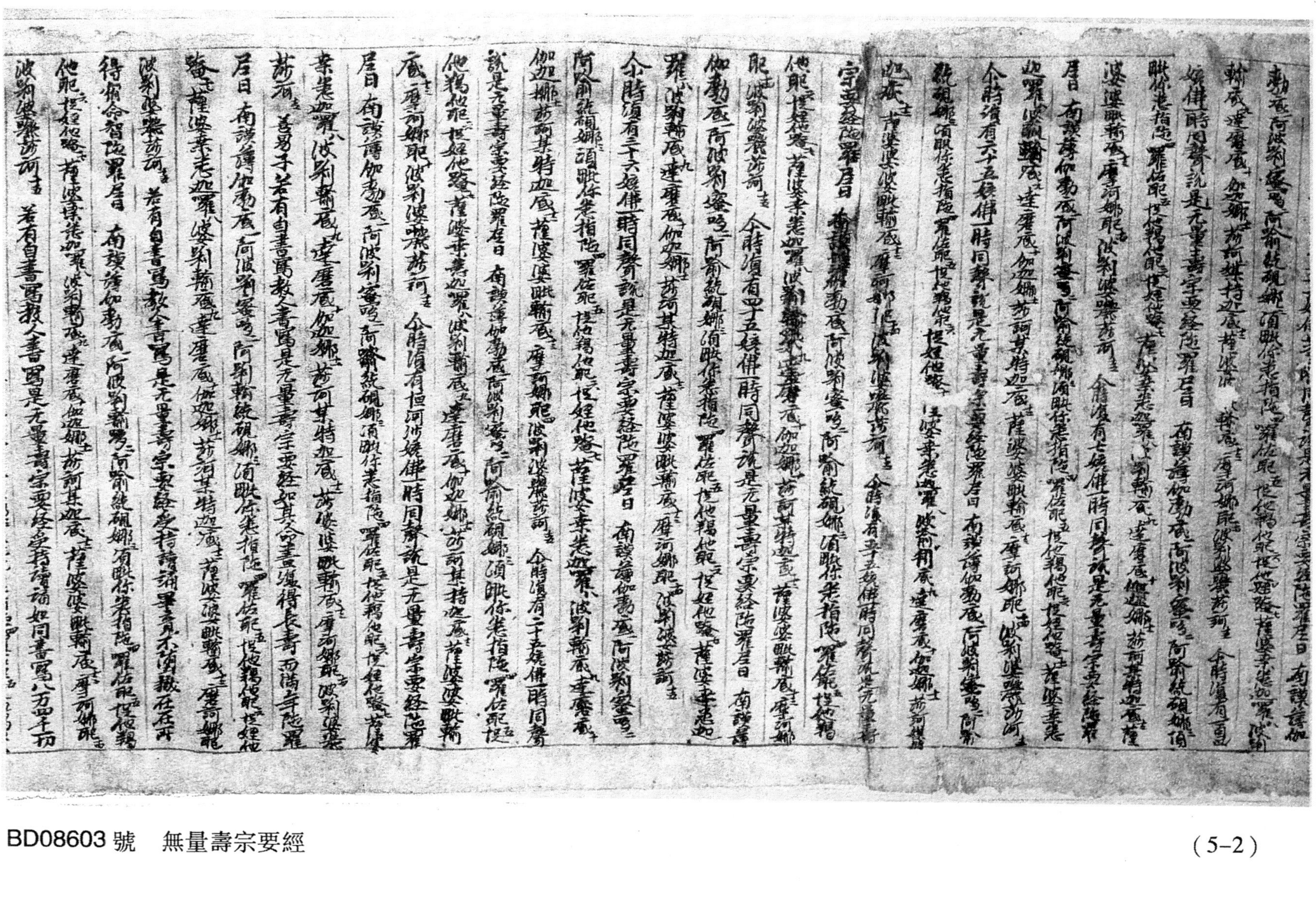

BD08603 號　無量壽宗要經　（5–2）

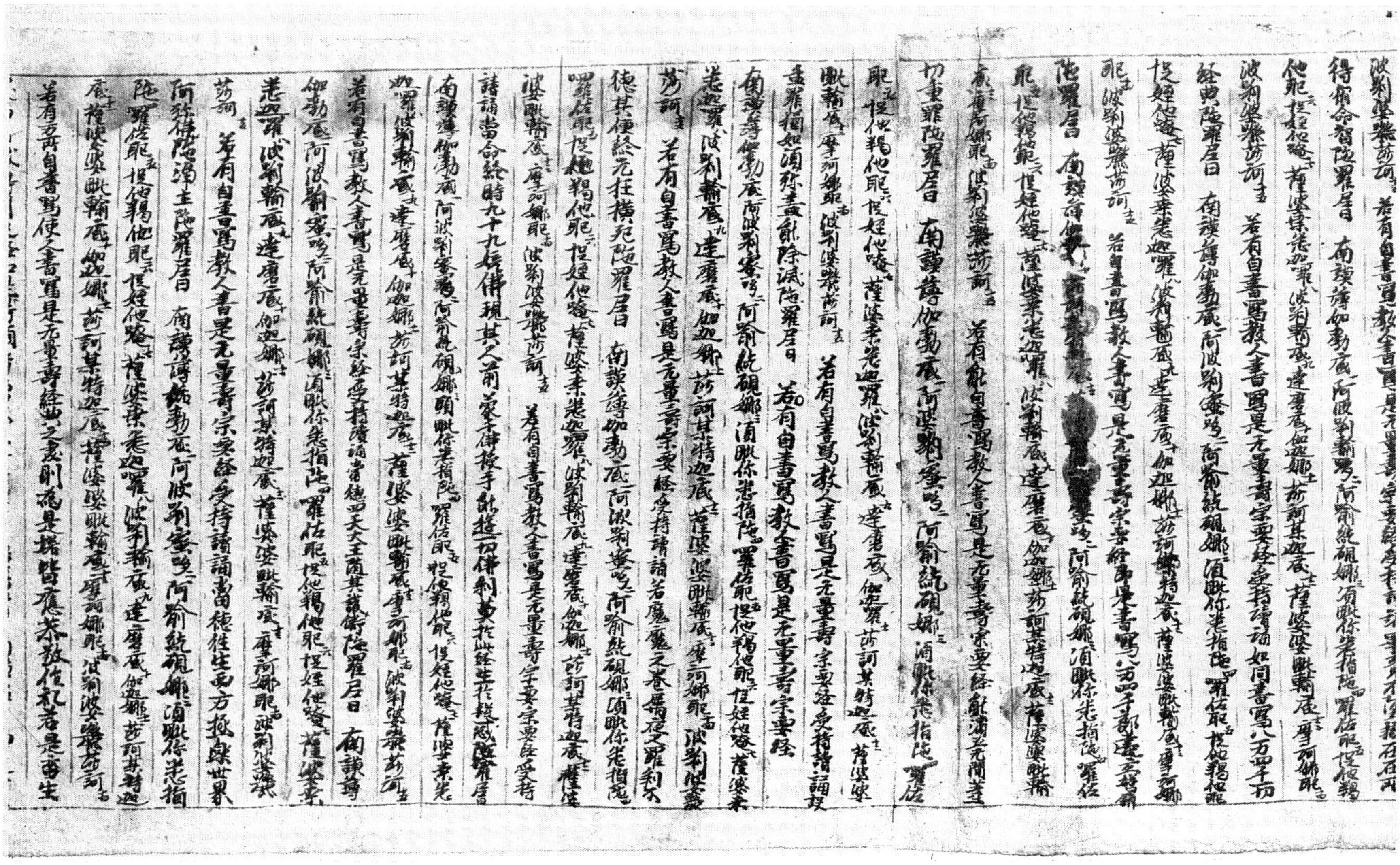

BD08603號　無量壽宗要經　（5–3）

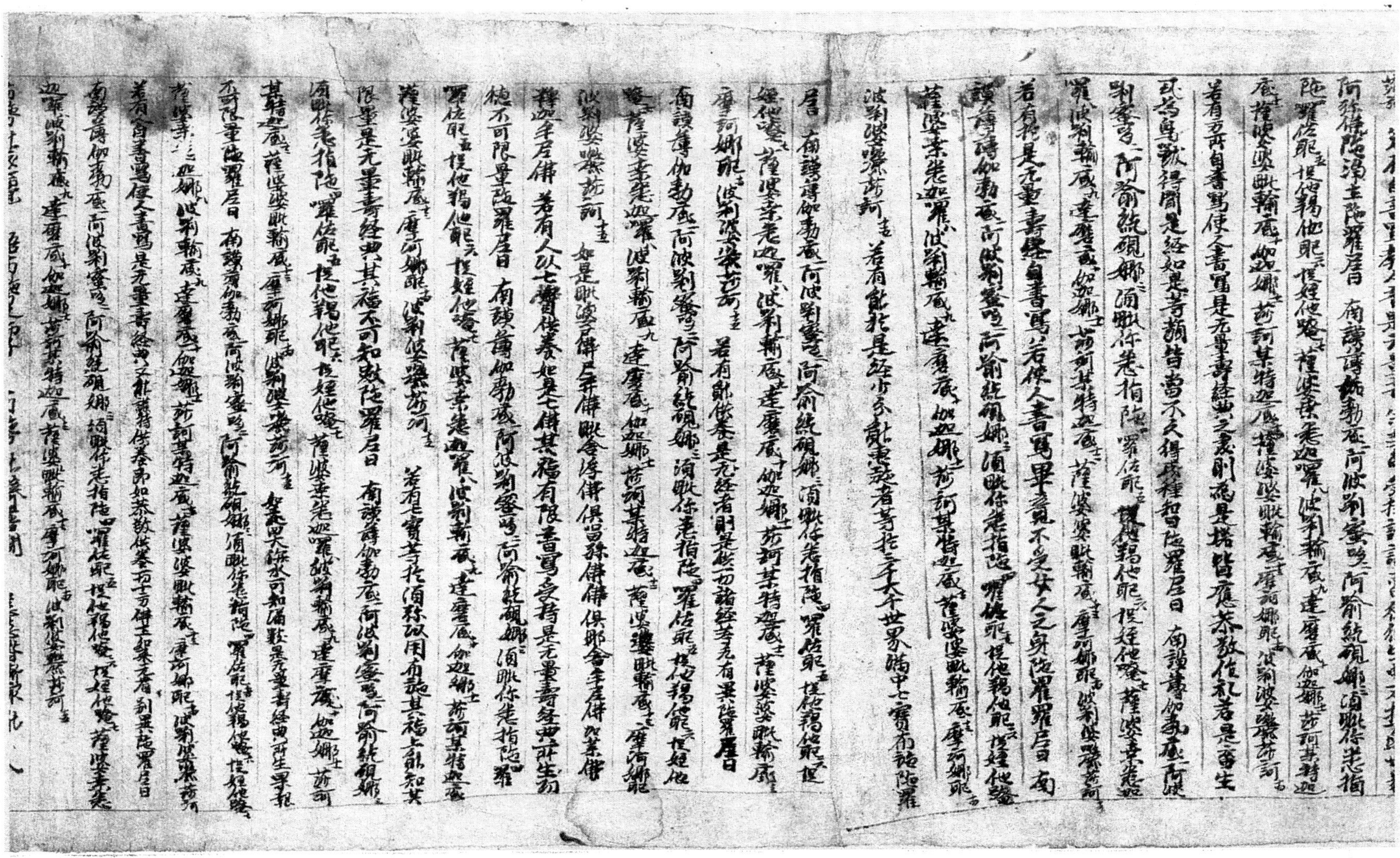

BD08603號　無量壽宗要經　（5–4）

薩婆婆毗輸底十七　摩訶娜耶十八　波唎婆𠼝莎訶十九　若有七寶等於須彌以用布施其福上能知其
限量是无量壽經典其福不可知數陀羅尼曰　南謨薄伽勃底一　阿波唎蜜多二　阿喻紇硯娜三
須毗你悉指陀　囉佐耶五　怛他羯他耶六　怛姪他七　薩婆桑悉迦囉　波唎輸底八　達摩底九　伽伽娜十　莎訶
其精底十一　薩婆婆毗輸底十二　摩訶娜耶十三　波唎婆𠼝莎訶十四　譬如四大海水可知滴數是无量壽經典所生果報
不可限量陀羅尼曰　南謨薄伽勃底一　阿波唎蜜多二　阿喻紇硯娜三　須毗你悉指陀　囉佐耶四　怛他羯他耶五　怛姪他六
薩婆桑悉迦囉　波唎輸底八　達摩底九　伽伽娜十　莎訶娑摩勃底十一　薩婆婆毗輸底十二　摩訶娜耶十三　波唎婆𠼝莎訶十四
若有自書寫使人書寫是无量壽經典恭敬供養即如恭敬供養十方佛土如來者則異陀羅尼曰
南謨薄伽勃底一　阿波唎蜜多二　阿喻紇硯娜三　須毗你悉指陀　囉佐耶四　怛他羯他耶五　怛姪他六　薩婆桑悉
迦囉　波唎輸底八　達摩底九　伽伽娜十　莎訶娑摩勃底十一　薩婆婆毗輸底十二　摩訶娜耶十三　波唎婆𠼝莎訶十四
布施力能成正覺　悟布施力人師子　布施力能聲香聞　慈悲階漸家能入
持戒力能成正覺　悟持戒力人師子　持戒力能聲香聞　慈悲階漸家能入
忍辱力能成正覺　悟忍辱力人師子　忍辱力能聲香聞　慈悲階漸家能入
精進力能成正覺　悟精進力人師子　精進力能聲香聞　慈悲階漸家能入
禪定力能成正覺　悟禪定力人師子　禪定力能聲香聞　慈悲階漸家能入
智慧力能成正覺　悟智慧力人師子　智慧力能聲香聞　慈悲階漸家能入
尒時如來說是无量壽經已一切世間天人阿修羅揵闥婆等聞佛所說皆大
歡喜信受奉行
佛說无量壽宗要經

BD08603號　無量壽宗要經　（5–5）

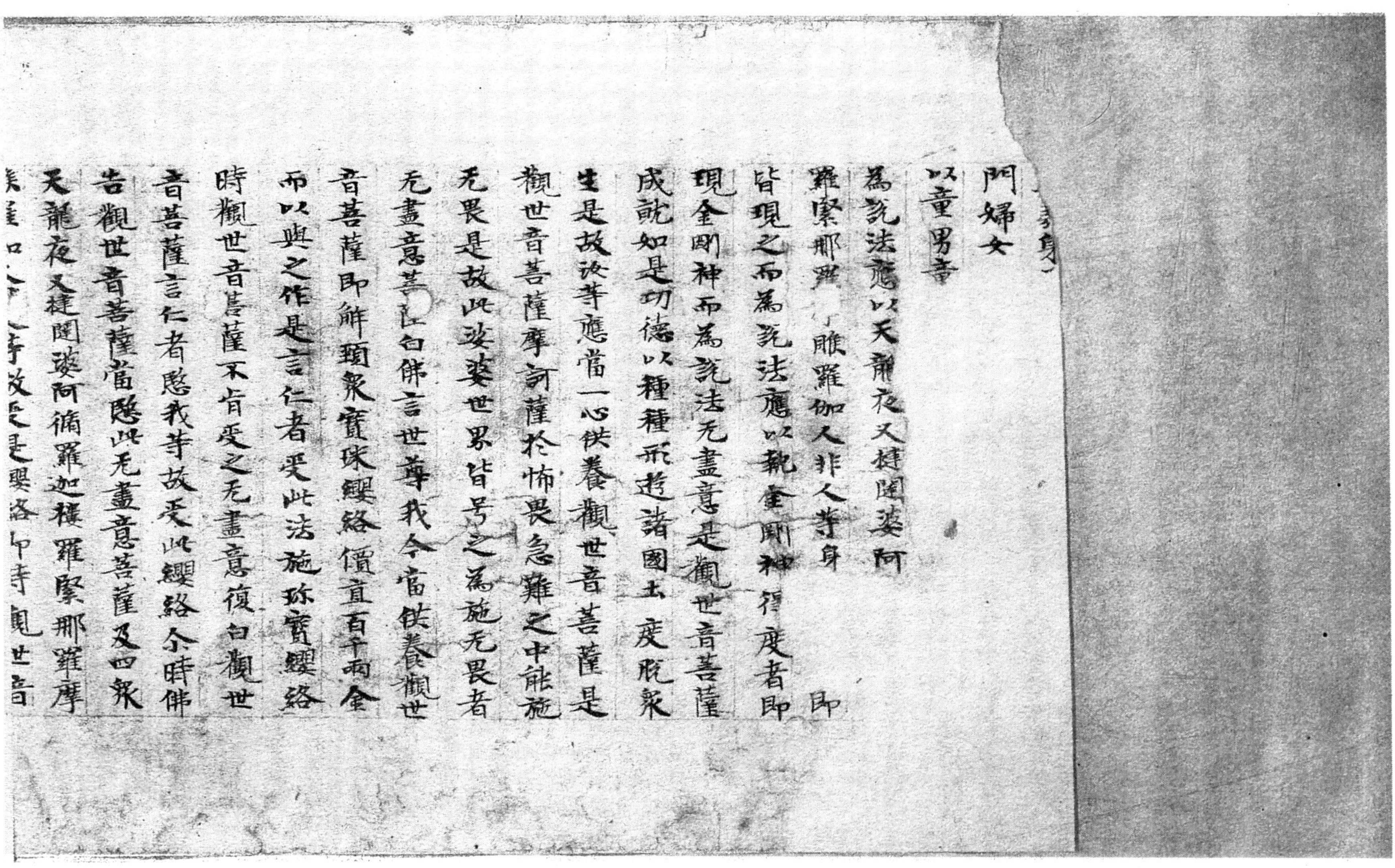

門婦女
以童男童女身
爲說法應以天龍夜叉揵闥婆阿
羅緊那羅摩睺羅伽人非人等身得度者即
皆現之而爲說法應以執金剛神得度者即
現金剛神而爲說法无盡意是觀世音菩薩
成就如是功德以種種形遊諸國土度脫衆
生是故汝等應當一心供養觀世音菩薩是
觀世音菩薩摩訶薩於怖畏急難之中能施
无畏是故此娑婆世界皆号之爲施无畏者
无盡意菩薩白佛言世尊我今當供養觀世
音菩薩即解頸衆寶珠瓔珞價直百千兩金
而以與之作是言仁者受此法施珎寶瓔珞
時觀世音菩薩不肯受之无盡意復白觀世
音菩薩言仁者愍我等故受此瓔珞尒時佛
告觀世音菩薩當愍此无盡意菩薩及四衆
天龍夜叉揵闥婆阿脩羅迦樓羅緊那羅摩
睺羅伽人非人等故受是瓔珞即時觀世音

BD08604號　妙法蓮華經（古本）卷七　（7–1）

音菩薩言仁者愍我等故受此瓔珞尒時佛
告觀世音菩薩當愍此无盡意菩薩及四衆
天龍夜叉揵闥婆阿脩羅迦樓羅緊那羅摩
睺羅伽人非人等故受是瓔珞即時觀世音
菩薩愍諸四衆及於天龍人非人等受其瓔
珞分作二分一分奉釋迦牟尼佛一分奉多
寶佛塔无盡意觀世音菩薩有如是自在神
力遊於娑婆世界
尒時持地菩薩即從座起前白佛言世尊若
有衆生聞是觀世音菩薩品自在之業普門
示現神通力者當知是人功德不少佛說是
普門品時衆中八万四千衆生皆發无等等
阿耨多羅三藐三菩提心

妙法蓮華經陁羅尼品第二十六

尒時藥王菩薩即從座起偏袒右肩合掌向
佛而白佛言世尊若善男子善女人有能受
持法華經者若讀誦通利若書寫經卷得幾
所福佛告藥王若有善男子善女人供養八
百万億那由他恒河沙等諸佛於汝意云何
其所得福寧為多不甚多世尊佛言若善男
子善女人能於是經乃至受持一四句偈讀
誦解義如說脩行功德甚多
尒時藥王菩薩白佛言世尊我今當與說法
者陁羅尼呪以守護之即說呪曰

BD08604 號　妙法蓮華經（古本）卷七　（7–2）

子善女人能於是經乃至受持一四句偈讀
誦解義如說脩行功德甚多
尒時藥王菩薩白佛言世尊我今當與說法
者陁羅尼呪以守護之即說呪曰
安尒 一 曼尒 二 摩祢 三 摩摩祢 四
旨隸 五 遮梨苐 六 賒咩 羊鳴音 七 賒履 罔雉反 多瑋 八
羶帝 輸千反 九 目帝 十 目多履 十一 娑履 十二
阿瑋娑履 十三 桑履 十四 娑履 十五 叉裔 十六
阿叉裔 十七 阿耆膩 十八 羶帝 十九 賒履 二十
陁羅尼 二十一 阿盧伽婆娑 蘇奈反 簸蔗毗叉膩 二十二 祢毗剃 二十三
阿便哆 都餓反 邏祢履剃 二十四 阿亶哆波隸輸地 途賣反 二十五
漚究隸 二十六 牟究隸 二十七 阿羅隸 二十八 波羅隸 二十九
首迦差 初几反 三十 阿三磨三履 三十一 佛䭾毗吉利袠帝 三十二
達磨波利差 猜離反 帝 三十三 僧伽涅瞿沙祢 三十四
婆舍婆舍輸地 三十五 曼哆邏 三十六 曼哆邏叉夜多
郵樓哆 三十八 郵樓哆憍舍略 來加反 三十九 惡叉邏 四十
惡叉冶多冶 四十一 阿婆盧 四十二 阿摩若 荏蔗反 那多夜 四十三
世尊是陁羅尼神呪六十二億恒河沙等諸
佛所說若有侵毀此法師者則為侵毀是諸
佛已時釋迦牟尼佛讚藥王菩薩言善哉善
哉藥王汝愍念擁護此法師故說是陁羅尼
於諸衆生多所饒益
尒時勇施菩薩白佛言世尊我亦為擁護讀
誦受持法華經者說陁羅尼若此法師得是

BD08604 號　妙法蓮華經（古本）卷七　（7–3）

武藥王汝愍念擁護此法師故說是陁羅尼
於諸衆生多所饒益
尒時勇施菩薩白佛言世尊我亦爲擁護讀
誦受持法華經者說陁羅尼若此法師得是
陁羅尼若夜叉若羅刹若富單那若吉蔗若
鳩槃茶若餓鬼等伺求其短无能得便即於
佛前而說呪曰
痤（菩鞞反）隸一　摩訶痤隸二　郁枳三　目枳四
阿隸五　阿羅婆第六　涅隸第七　涅隸多婆第八
伊緻抳九　韋緻抳十　旨緻抳十一　涅隸墀抳十二
涅犁墀婆底十三
世尊是陁羅尼神呪恒河沙等諸佛所說亦
皆隨喜若有侵毀此法師者則爲侵毀是諸
佛已
尒時毗沙門天王護世者白佛言世尊我亦
爲愍念衆生擁護此法師故說是陁羅尼即
說呪曰
阿梨一　那梨二　㝹那梨三　阿那盧四
那履五　拘那履六
世尊以是神呪擁護法師我亦自當擁護持
是經者令百由旬内无諸衰患
尒時持國天王在此會中與千万億那由他乹
闥婆衆恭敬圍繞前詣佛所合掌白佛言
世尊我亦以陁羅尼神呪擁護持法華經者



是經者令百由旬内无諸衰患
尒時持國天王在此會中與千万億那由他乹
闥婆衆恭敬圍繞前詣佛所合掌白佛言
世尊我亦以陁羅尼神呪擁護持法華經者
即說呪曰
陁伽祢一　伽祢二　瞿利三　乹陁利四
栴陁利五　摩蹬耆六　常求利七　浮樓莎抳八
頞底九
世尊是陁羅尼神呪四十二億諸佛所說若
有侵毀此法師者則爲侵毀是諸佛已
尒時有羅刹女等一名藍婆二名毗藍婆三
名曲齒四名華齒五名黑齒六名多髮七名
无猒足八名持瓔珞九名睪帝十名奪一切
衆生精氣是十羅刹女與鬼子母并其子及
眷屬俱詣佛所同聲白佛言世尊我等亦欲
擁護讀誦受持法華經者除其衰患若有伺
求法師短者令不得便即於佛前而說呪曰
伊提履一　伊提泯二　伊提履三　阿提履四
伊提履五　泥履六　泥履七　泥履八
泥履九　泥履十　樓醯十一　樓醯十二
樓醯十三　樓醯十四　多醯十五　多醯十六
多醯十七　兜醯十八　㝹醯十九
寧上我頭上莫惱於法師若夜叉若羅刹若

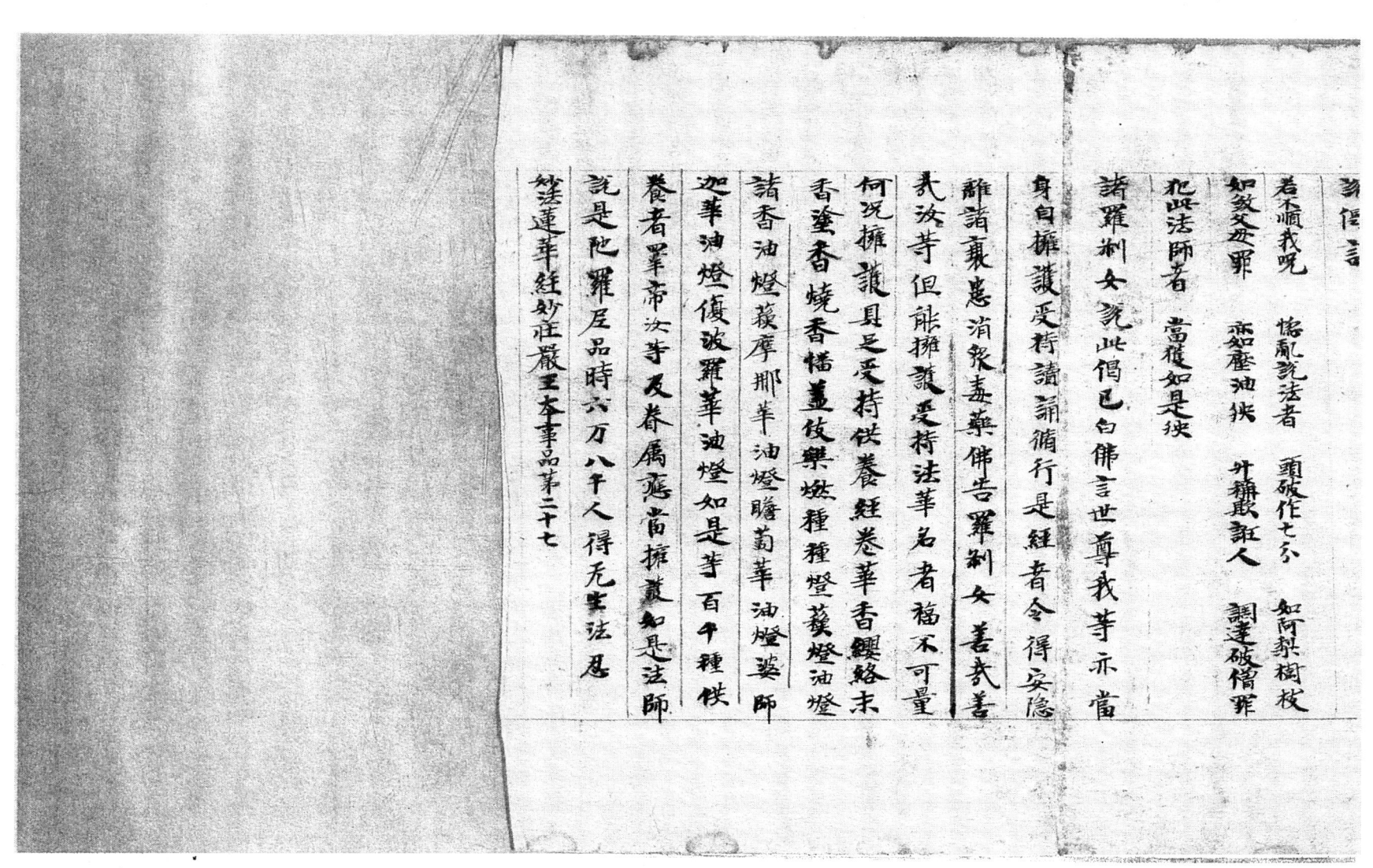

泥履　九　泥履　樓醯　樓醯
樓醯　十三　樓醯　十四　多醯　十五　多醯　十六
多醯　十七　兜醯　十八　㝹醯　十九
寧上我頭上莫惱於法師若夜叉若羅刹若
餓鬼若富單那若吉蔗若毗陁羅若揵馱若
烏摩勒伽若阿跋摩羅若夜叉吉蔗若人吉
蔗若熱病若一日若二日若三日若四日若至
七日若常熱病若男形若女形若童男形
若童女形乃至夢中亦復莫惱即於佛前而
說偈言
若不順我呪　惱亂說法者　頭破作七分　如阿梨樹枝
如殺父母罪　亦如壓油殃　斗秤欺誑人　調達破僧罪
犯此法師者　當獲如是殃
諸羅刹女說此偈已白佛言世尊我等亦當
身自擁護受持讀誦脩行是經者令得安隱
離諸衰患消衆毒藥佛告羅刹女善哉善
哉汝等但能擁護受持法華名者福不可量
何況擁護具足受持供養經卷華香瓔珞末
香塗香燒香幡蓋伎樂燃種種燈蘇燈油燈
諸香油燈蘇摩那華油燈瞻蔔華油燈婆師
迦華油燈優波羅華油燈如是等百千種供
養者睪帝汝等及眷屬應當擁護如是法師
說是陁羅尼品時六万八千人得无生法忍
妙法蓮華經妙莊嚴王本事品第二十七

BD08604 號　妙法蓮華經（古本）卷七　（7–6）

說偈言
若不順我呪　惱亂說法者　頭破作七分　如阿梨樹枝
如殺父母罪　亦如壓油殃　斗秤欺誑人　調達破僧罪
犯此法師者　當獲如是殃
諸羅刹女說此偈已白佛言世尊我等亦當
身自擁護受持讀誦脩行是經者令得安隱
離諸衰患消衆毒藥佛告羅刹女善哉善
哉汝等但能擁護受持法華名者福不可量
何況擁護具足受持供養經卷華香瓔珞末
香塗香燒香幡蓋伎樂燃種種燈蘇燈油燈
諸香油燈蘇摩那華油燈瞻蔔華油燈婆師
迦華油燈優波羅華油燈如是等百千種供
養者睪帝汝等及眷屬應當擁護如是法師
說是陁羅尼品時六万八千人得无生法忍
妙法蓮華經妙莊嚴王本事品第二十七

BD08604 號　妙法蓮華經（古本）卷七　（7–7）

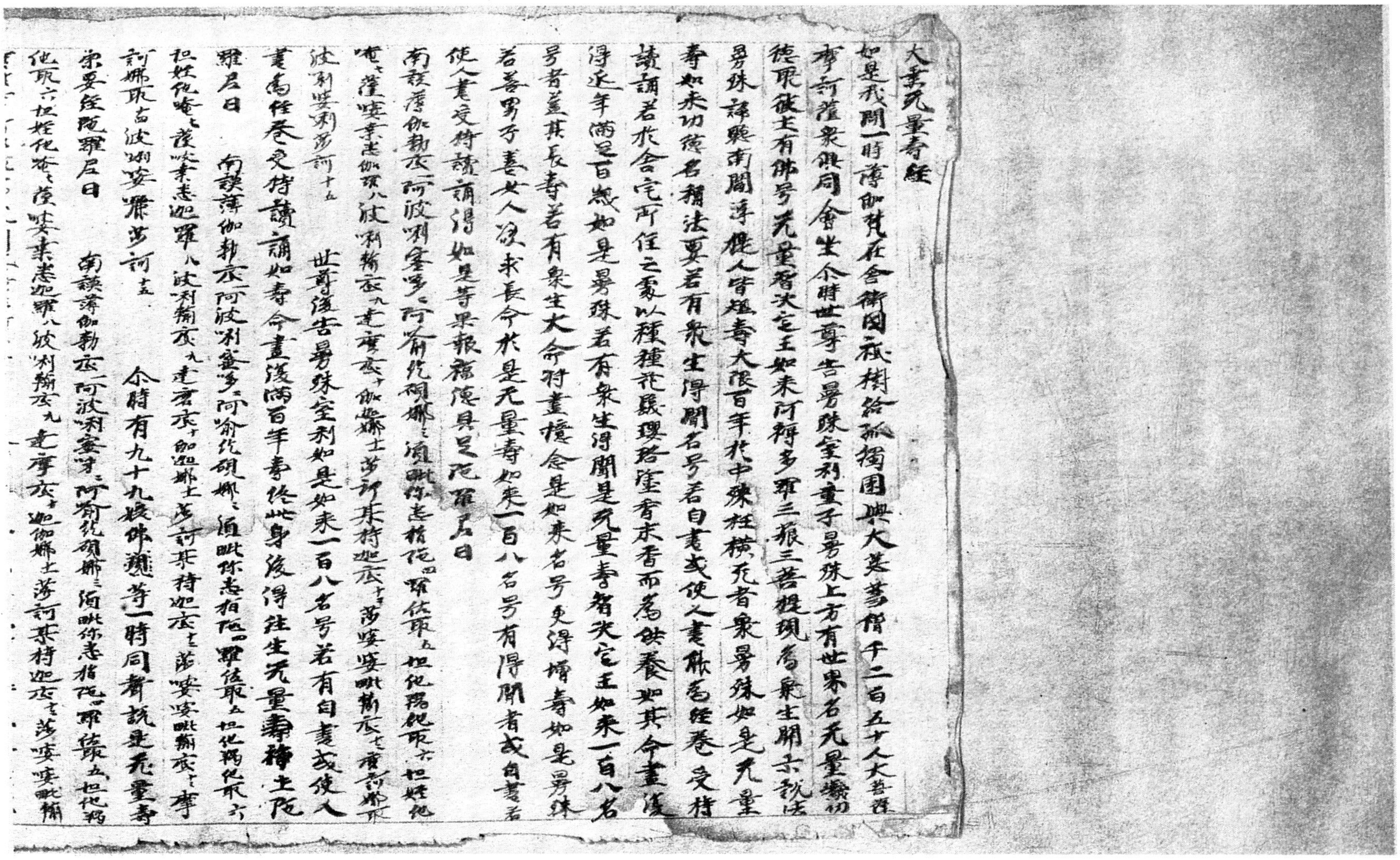

大乘无量壽經
如是我聞一時薄伽梵在舍衛國祇樹給孤獨園與大苾蒭僧千二百五十人大菩薩
摩訶薩衆俱同會坐尒時世尊告曼殊室利童子曼殊上方有世界名无量功
德聚彼土有佛号无量智決定王如來阿羅訶三藐三菩提現爲衆生開示說法
曼殊諦聽南閻浮提人皆短壽大限百年於中殀枉橫死者衆曼殊如是无量
壽如來功德名稱法要若有衆生得聞名号若自書或使人書能爲經卷受持
讀誦若於舍宅所住之處以種種花鬘瓔珞塗香末香而爲供養如其命盡復
得延年滿足百歲如是曼殊若有衆生得聞是无量壽智決定王如來一百八名
号者益其長壽若有衆生大命將盡憶念是如來名号更得增壽如是曼殊
若善男子善女人欲求長命於是无量壽如來一百八名号有得聞者或自書若
使人書受持讀誦得如是等果報福德具足陀羅尼曰
南謨薄伽勃底一阿波唎蜜多二阿喻紇硯娜三須毗你志指陀四囉佐耶五怛他羯他耶六怛姪他
唵七薩婆桑悉伽囉八波唎輸底九達摩底十伽伽娜十一莎謨訶持伽底十二莎婆婆毗輸底十三摩訶娜耶十四
波唎婆唎莎訶十五　世尊復告曼殊室利如是如來一百八名号若有自書或使人
書爲經卷受持讀誦如壽命盡復滿百年壽終此身後得往生无量壽佛土陀
羅尼曰　南謨薄伽勃底一阿波唎蜜多二阿喻紇硯娜三須毗你志指陀四囉佐耶五怛他羯他耶六
怛姪他唵七薩婆桑悉迦羅八波唎輸底九達摩底十伽伽娜十一莎訶莫持迦底十二莎婆婆毗輸底十三摩
訶娜耶十四波唎婆羅莎訶十五　尒時有九十九殑伽沙佛一時同聲說是无量壽
宗要經陀羅尼曰　南謨薄伽勃底一阿波唎蜜多二阿喻紇硯娜三須毗你志指陀四囉佐耶五怛他羯
他耶六怛姪他唵七薩婆桑悉迦羅八波唎輸底九達摩底十伽伽娜十一莎訶莫持迦底十二莎婆婆毗輸

BD08605 號　無量壽宗要經　　（5–1）

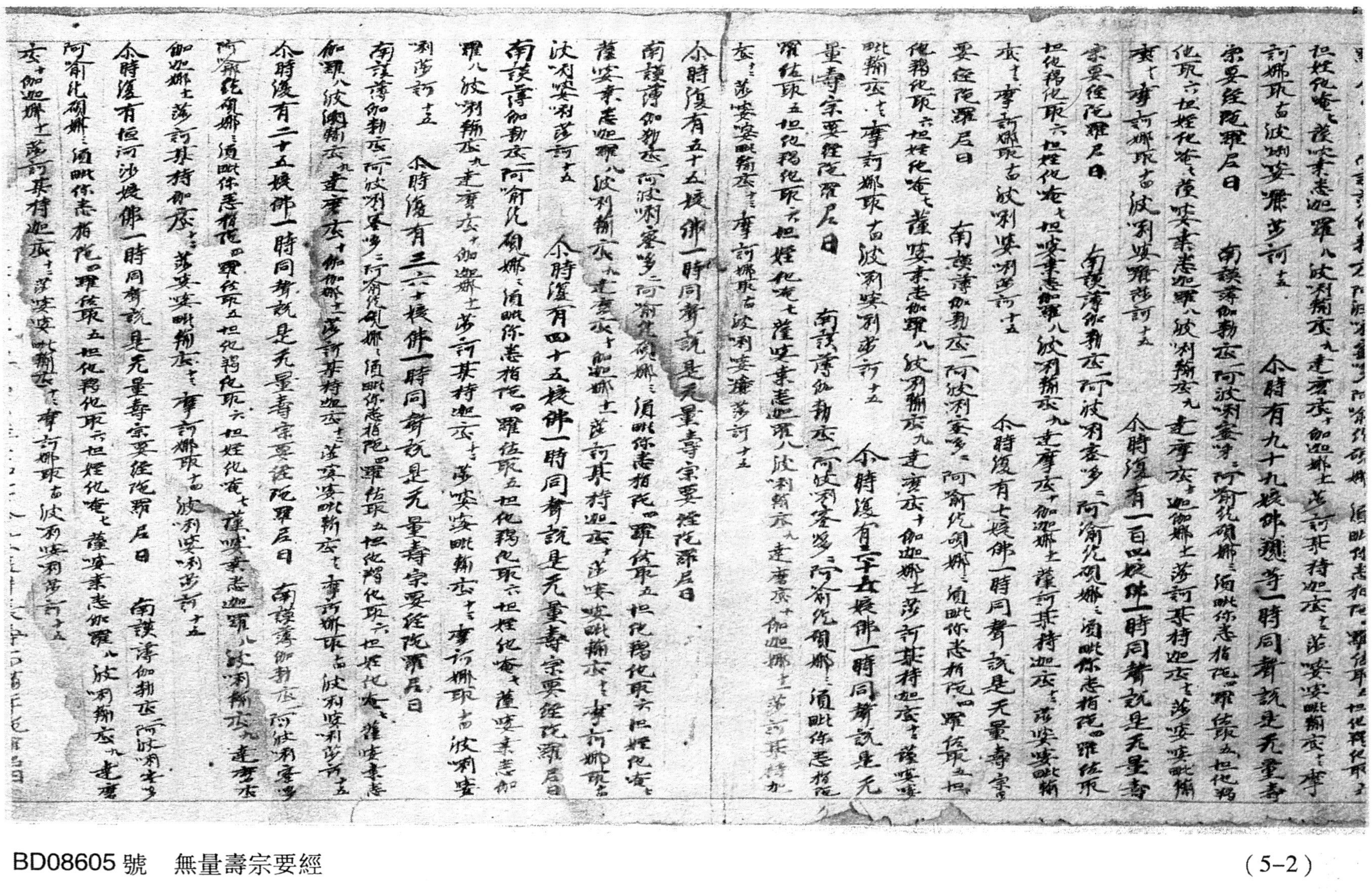

怛姪他唵七薩婆桑悉迦羅八波唎輸底九達摩底十伽伽娜十一莎訶莫持迦底十二莎婆婆毗輸底十三摩
訶娜耶十四波唎婆羅莎訶十五　尒時有九十九殑伽沙佛一時同聲說是无量壽
宗要經陀羅尼曰　南謨薄伽勃底一阿波唎蜜多二阿喻紇硯娜三須毗你志指陀四羅佐耶五怛他羯
他耶六怛姪他唵七薩婆桑悉迦羅八波唎輸底九達摩底十伽伽娜十一莎訶莫持迦底十二莎婆婆毗輸
底十三摩訶娜耶十四波唎婆羅莎訶十五　尒時復有一百四殑伽沙佛一時同聲說是无量壽
宗要經陀羅尼曰　南謨薄伽勃底一阿波唎蜜多二阿喻紇硯娜三須毗你志指陀四羅佐耶
怛他羯他耶六怛姪他唵七薩婆桑悉迦羅八波唎輸底九達摩底十伽伽娜十一薩訶莫持迦底十二莎婆婆毗輸
底十三摩訶娜耶十四波唎婆唎莎訶十五　尒時復有七殑伽沙佛一時同聲說是无量壽宗
要經陀羅尼曰　南謨薄伽勃底一阿波唎蜜多二阿喻紇硯娜三須毗你志指陀四羅佐耶五怛
他羯他耶六怛姪他唵七薩婆桑悉伽羅八波唎輸底九達摩底十伽伽娜十一莎訶莫持迦底十二薩婆婆
毗輸底十三摩訶娜耶十四波唎婆唎莎訶十五　尒時復有六十五殑伽沙佛一時同聲說是无
量壽宗要經陀羅尼曰　南謨薄伽勃底一阿波唎蜜多二阿喻紇硯娜三須毗你志指陀四
羅佐耶五怛他羯他耶六怛姪他唵七薩婆桑悉迦羅八波唎輸底九達摩底十伽伽娜十一薩訶莫持迦
底十二莎婆婆毗輸底十三摩訶娜耶十四波唎婆淪莎訶十五
尒時復有五十五殑伽沙佛一時同聲說是无量壽宗要經陀羅尼曰
南謨薄伽勃底一阿波唎蜜多二阿喻紇硯娜三須毗你志指陀四羅佐耶五怛他羯他耶六怛姪他唵七
薩婆桑悉迦羅八波唎輸底九達摩底十伽伽娜十一薩訶莫持迦底十二莎婆婆毗輸底十三摩訶娜耶十四
波唎婆唎莎訶十五　尒時復有四十五殑伽沙佛一時同聲說是无量壽宗要經陀羅尼曰
南謨薄伽勃底一阿喻紇硯娜三須毗你志指陀四羅佐耶五怛他羯他耶六怛姪他唵七薩婆桑悉伽
羅八波唎輸底九達摩底十伽伽娜十一莎訶莫持迦底十二莎婆婆毗輸底十三摩訶娜耶十四波唎婆
唎莎訶十五　尒時復有三十五殑伽沙佛一時同聲說是无量壽宗要經陀羅尼曰
南謨薄伽勃底一阿波唎蜜多二阿喻紇硯娜三須毗你志指陀四羅佐耶五怛他羯他耶六怛姪他唵七薩婆桑悉
伽羅八波唎輸底九達摩底十伽伽娜十一莎訶莫持迦底十二薩婆婆毗輸底十三摩訶娜耶十四波唎婆唎莎訶十五
尒時復有二十五殑伽沙佛一時同聲說是无量壽宗要經陀羅尼曰　南謨薄伽勃底一阿波唎蜜多二
阿喻紇硯娜三須毗你志指陀四囉佐耶五怛他羯他耶六怛姪他唵七薩婆桑悉迦羅八波唎輸底九達摩底十
伽伽娜十一莎訶莫持迦底十二莎婆婆毗輸底十三摩訶娜耶十四波唎婆唎莎訶十五
尒時復有恒河沙殑佛一時同聲說是无量壽宗要經陀羅尼曰　南謨薄伽勃底一阿波唎蜜多二
阿喻紇硯娜三須毗你志指陀四囉佐耶五怛他羯他耶六怛姪他唵七薩婆桑悉伽羅八波唎輸底九達摩
底十伽伽娜十一莎訶莫持迦底十二莎婆婆毗輸底十三摩訶娜耶十四波唎婆唎莎訶十五

BD08605 號　無量壽宗要經　　（5–2）

阿喻紇硯娜三須毗你悉指陀四囉佐耶五怛他羯他耶六怛姪他唵七薩婆桑悉迦囉八波唎輸底九達磨底十
伽伽那十一莎訶某持伽底十二莎婆婆毗輸底十三摩訶娜耶十四波唎婆唎莎訶十五　南謨薄伽勃底一阿波唎蜜多
尒時復有恒河沙俱胝佛一時同聲說是無量壽宗要經陀羅尼曰
二阿喻紇硯娜三須毗你悉指陀四囉佐耶五怛他羯他耶六怛姪他唵七薩婆桑悉迦囉八波唎輸底九達磨
底十伽伽那十一莎訶某持伽底十二莎婆婆毗輸底十三摩訶娜耶十四波唎婆唎莎訶十五
善男子若有自書寫使人書寫是無量壽宗要經如其命盡復得長壽而滿年陀羅尼曰
南謨薄伽勃底一阿波唎蜜多二阿喻紇硯娜三須毗你悉指陀四囉佐耶五怛他羯他耶六怛姪他唵七
薩婆桑悉迦囉八波唎輸底九達磨底十伽伽那十一莎訶某持伽底十二莎婆婆毗輸底十三摩訶娜耶十四
波唎婆唎莎訶十五　若有自書寫使人書寫是無量壽宗要經讀誦受持畢竟不墮
地獄在在所生得宿命智陀羅尼曰　南謨薄伽勃底一阿波唎蜜多二阿喻紇硯娜三須毗
你悉指陀四囉佐耶五怛他羯他耶六怛姪他唵七薩婆桑悉迦囉八波唎輸底九達磨底十伽伽那十一莎訶某持伽
底十二莎婆婆毗輸底十三摩訶娜耶十四波唎婆唎莎訶十五　若有自書教人書寫是無量壽
宗要經[illegible]讀誦如同書寫八万四千一切經典陀羅尼曰　南謨薄伽勃底一阿波唎蜜多二
阿喻紇硯娜三須毗你悉指陀四囉佐耶五怛他羯他耶六怛姪他唵七薩婆桑悉迦囉八波唎輸底九達磨底十
伽伽那十一莎訶某持伽底十二莎婆婆毗輸底十三摩訶娜耶十四波唎婆唎莎訶十五
若有自書教人書寫是無量壽宗要經即是書寫八万四千部建立塔廟陀羅尼曰
南謨薄伽勃底一阿波唎蜜多二阿喻紇硯娜三須毗你悉指陀四囉佐耶五怛他羯他耶六怛姪他唵七薩
婆桑悉迦囉八波唎輸底九達磨底十伽伽那十一莎訶某持伽底十二莎婆婆毗輸底十三摩訶娜耶十四波唎婆唎
莎訶十五　若有自書寫教人書寫是無量壽宗要經能消五無間等一切重罪陀羅尼曰
南謨薄伽勃底一阿波唎蜜多二阿喻紇硯娜三須毗你悉指陀四囉佐耶五怛他羯他耶六怛姪他唵七薩婆桑
悉迦囉八波唎輸底九達磨底十伽伽那十一莎訶某持伽底十二莎婆婆毗輸底十三摩訶娜耶十四波唎婆唎
莎訶十五　若有自書寫教人書寫是無量壽宗要經受持讀誦設有重罪猶如須弥
盡能除滅陀羅尼曰　南謨薄伽勃底一阿波唎蜜多二須毗你悉指陀四囉佐耶五怛他羯他耶六怛
姪他唵七薩婆桑悉迦囉八波唎輸底九達磨底十摩訶娜耶十四波唎婆唎莎訶十五
若有自書寫教人書寫是無量壽宗要經受持讀誦若魔魔之眷屬夜叉羅剎不得其
便終無枉死陀羅尼曰　南謨薄伽勃底一阿波唎蜜多二阿喻紇硯娜三須毗你悉指陀四囉佐
耶五怛他羯他耶六怛姪他唵七薩婆桑悉迦囉八波唎輸底九達磨底十伽伽那十一莎訶某持伽底十二莎婆婆毗
輸底十三摩訶娜耶十四波唎婆唎莎訶十五　若有自書教人書寫是無量壽宗要經受
持讀誦當命終時有九十九俱胝佛現其人前來千佛授手願遊一切佛剎莫於此經生於疑惑
陀羅尼曰　南謨薄伽勃底一阿波唎蜜多二阿喻紇硯娜三須毗你悉指陀四囉佐耶五怛他羯他耶六怛



便終無枉死陀羅尼曰　南謨薄伽勃底一阿波唎蜜多二阿喻紇硯娜三須毗你悉指陀四囉佐
耶五怛他羯他耶六怛姪他唵七薩婆桑悉迦囉八波唎輸底九達磨底十伽伽那十一莎訶某持伽底十二莎婆婆毗
輸底十三摩訶娜耶十四波唎婆唎莎訶十五　若有自書教人書寫是無量壽宗要經受
持讀誦當命終時有九十九俱胝佛現其人前來千佛授手願遊一切佛剎莫於此經生於疑惑
陀羅尼曰　南謨薄伽勃底一阿波唎蜜多二阿喻紇硯娜三須毗你悉指陀四囉佐耶五怛他羯他耶六怛
姪他唵七薩婆桑悉迦囉八波唎輸底九達磨底十伽伽那十一莎訶某持伽底十二莎婆婆毗輸底十三摩訶娜耶十四波唎
婆唎莎訶十五　若有自書教人書寫是無量壽宗要經受持讀誦常得四天大王隨
其衛護陀羅尼曰　南謨薄伽勃底一阿波唎蜜多二阿喻紇硯娜三須毗你悉指陀四囉佐耶五怛他
羯他耶六怛姪他唵七薩婆桑悉迦囉八波唎輸底九達磨底十伽伽那十一莎訶某持伽底十二莎婆婆毗輸底十三
摩訶娜耶十四波唎婆唎莎訶十五　若有自書寫教人書寫是無量壽宗要經受持
讀誦當得往生西方極樂世界阿彌陀淨土陀羅尼曰
南謨薄伽勃底一阿波唎蜜多二阿喻紇硯娜三囉佐耶五怛他羯他耶六怛姪他唵七薩婆桑悉迦囉八波
唎輸底九達磨底十伽伽那十一莎訶某持伽底十二莎婆婆毗輸底十三摩訶娜耶十四波唎婆唎莎訶十五
若有方所自書寫使人書寫是無量壽宗要經典之處則為是塔皆應恭敬作禮若是
畜生或為鳥獸得聞是經如是等類皆當不久得成一切種智陀羅尼曰
南謨薄伽勃底一阿波唎蜜多二阿喻紇硯娜三須毗你悉指陀四囉佐耶五怛他羯他耶六怛姪他唵七薩
婆桑悉迦囉八波唎輸底九達磨底十伽伽那十一莎訶某持伽底十二莎婆婆毗輸底十三摩訶娜耶十四
波唎婆唎莎訶十五　若有自書寫是無量壽經典自書寫使人書畢竟不受女人
之身陀羅尼曰　南謨薄伽勃底一阿波唎蜜多二阿喻紇硯娜三須毗你悉指陀四囉佐耶五
怛他羯他耶六怛姪他唵七薩婆桑悉迦囉八波唎輸底九達磨底十伽伽那十一莎訶某持伽底十二莎婆婆
毗輸底十三摩訶娜耶十四波唎婆唎莎訶十五　若有能於是經少分能施者等於
三千大千世界滿中七寶布施陀羅尼曰　南謨薄伽勃底一阿波唎蜜多二阿喻
紇硯娜三須毗你悉指陀四囉佐耶五怛他羯他耶六怛姪他唵七薩婆桑悉迦囉八波唎輸底九達磨底十伽伽
娜十一莎訶某持伽底十二莎婆婆毗輸底十三摩訶娜耶十四波唎婆唎莎訶十五
若有供養是經者則是供養一切諸經等無有異陀羅尼曰
南謨薄伽勃底一阿波唎蜜多二阿喻紇硯娜三須毗你悉指陀四囉佐耶五怛他羯他耶六怛姪他唵七薩婆桑悉迦
囉八波唎輸底九達磨底十伽伽那十一莎訶某持伽底十二莎婆婆毗輸底十三摩訶娜耶十四波唎婆唎莎訶十五
如是毗婆尸佛毗舍浮佛具留孫佛俱那含牟尼佛迦葉佛釋迦牟尼佛
若有人以七寶供養如是七佛其福有限書寫受持是無量壽經典所有功德不可
限量陀羅尼曰　南謨薄伽勃底一阿波唎蜜多二阿喻紇硯娜三須毗你悉指陀四囉佐耶五
怛他羯他耶六怛姪他唵七薩婆桑悉迦囉八[illegible]

如是毗婆尸佛、毗舍浮佛、具留孫佛、俱那含牟尼佛、迦葉佛、釋迦牟尼佛，若有人以七寶供養如是七佛，其福有限；書寫受持是无量壽經典，所有功德不可限量。陀羅尼曰：

南謨薄伽勃底一阿波唎蜜多二阿喻紇硯娜三須毗你悉指陀四囉佐耶五怛他羯他耶六怛姪他唵七薩婆桑悉迦羅八波唎輸底九達摩底十伽伽娜十一莎訶某持迦底十二娑婆毗輸底十三摩訶娜耶十四波唎婆唎莎訶十五

若有七寶等須彌，以用布施，其福上能知其限量；是无量壽經典，其福不可知數。陀羅尼曰：

南謨薄伽勃底一阿波唎蜜多二阿喻紇硯娜三須毗你悉指陀四囉佐耶五怛他羯他耶六怛姪他唵七薩婆桑悉迦羅八波唎輸底九達摩底十伽伽娜十一莎訶某持迦底十二娑婆毗輸底十三摩訶娜耶十四波唎婆唎莎訶十五

如是四大海水可知滴數，是无量壽經典所生果報不可數量。陀羅尼曰：

南謨薄伽勃底一阿波唎蜜多二阿喻紇硯娜三須毗你悉指陀四囉佐耶五怛他羯他耶六怛姪他唵七薩婆桑悉迦羅八波唎輸底九達摩底十伽伽娜十一莎訶某持迦底十二娑婆毗輸底十三摩訶娜耶十四波唎婆唎莎訶十五

若有自書、使人書寫是无量壽宗要經典，又能讀持供養，即如來教能養一切十方佛土，如來无有別異。陀羅尼曰：

南謨薄伽勃底一阿波唎蜜多二阿喻紇硯娜三須毗你悉指陀四囉佐耶五怛他羯他耶六怛姪他唵七薩婆桑悉迦羅八波唎輸底九達摩底十伽伽娜十一莎訶某持迦底十二娑婆毗輸底十三摩訶娜耶十四波唎婆唎莎訶十五

布施力能成正覺　悟布施力人師子　布施力能聲聞　慈悲階漸最能入

持戒力能成正覺　悟持戒力人師子　持戒力能聲聞　慈悲階漸最能入

忍辱力能成正覺　悟忍辱力人師子　忍辱力能聲聞　慈悲階漸最能入

精進力能成正覺　悟精進力人師子　精進力能聲聞　慈悲階漸最能入

禪定力能成正覺　悟禪定力人師子　禪定力能聲聞　慈悲階漸最能入

智慧力能成正覺　悟智慧力人師子　智慧力能聲聞　慈悲階漸最能入

尒時如來說是經已，一切世間天人阿脩羅揵闥婆等聞佛所說，皆大歡喜，信受奉行。

佛說无量壽宗要經

裴文達

BD08605 號　無量壽宗要經　（5–5）

若佛子口自說出家在家菩薩比丘比丘尼罪過，教人說罪過，罪過因、罪過業、罪過法、罪過緣，而菩薩聞外道惡人及二乘惡人說佛法中非法非律，常生悲心，教化是惡人輩，令生大乘善信，而菩薩反更自說佛法中罪過者，是菩薩波羅夷罪。

若佛子口自讚毀他，亦教人自讚毀他，毀他因、毀他業、毀他法、毀他緣，而菩薩代一切眾生受加毀辱，惡事自向己，好事與他人。若自揚己德，隱他人好事，令他人受毀者，是菩薩波羅夷罪。

若佛子自慳，教人慳，慳因、慳業、慳法、慳緣，而菩薩見一切貧窮人來乞者，隨前人所須一切給與，而菩薩以惡心瞋心，乃至不施一錢一針一草，有人求法者，不為說一句一偈微塵[illegible]菩薩波羅夷罪

BD08606 號　梵網經盧舍那佛說菩薩心地戒品第十卷下鈔　（2–1）

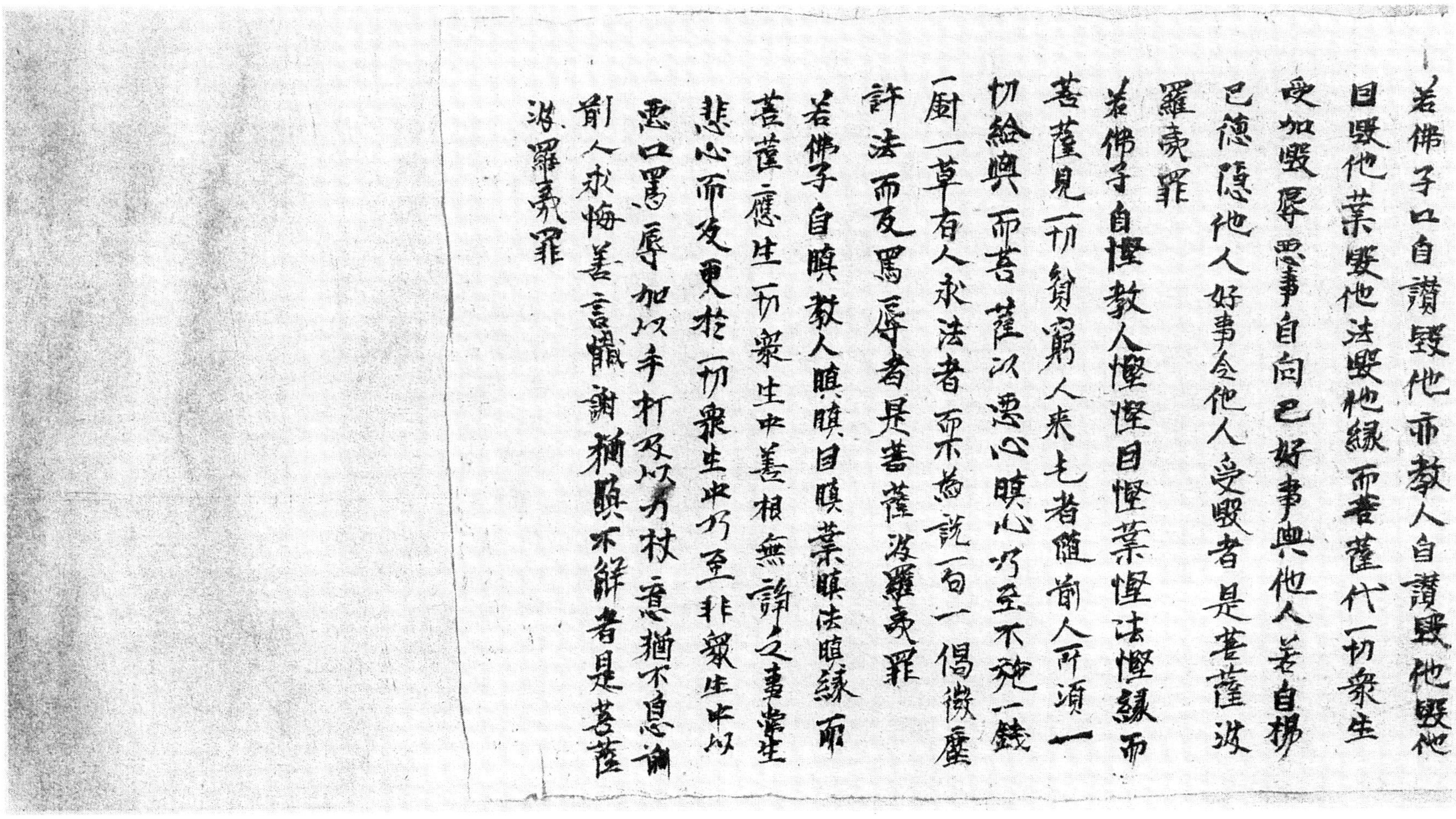

若佛子口自讚毀他亦教人自讚毀他毀他
因毀他業毀他法毀他緣而菩薩代一切眾生
受加毀辱惡事自向己好事與他人若自揚
己德隱他人好事令他人受毀者是菩薩波
羅夷罪
若佛子自慳教人慳慳因慳業慳法慳緣而
菩薩見一切貧窮人來乞者隨前人所須一
切給與而菩薩以惡心瞋心乃至不施一錢
一針一草有人求法者而不為說一句一偈微塵
許法而反罵辱者是菩薩波羅夷罪
若佛子自瞋教人瞋瞋因瞋業瞋法瞋緣而
菩薩應生一切眾生中善根無諍之事常生
悲心而反更於一切眾生中乃至非眾生中以
惡口罵辱加以手打及以刀杖意猶不息前
人求悔善言懺謝猶瞋不解者是菩薩
波羅夷罪

BD08606 號　梵網經盧舍那佛說菩薩心地戒品第十卷下鈔　（2–2）

法華經第二在第三在第四在
第六在

BD08606 號背　點勘錄（擬）　（1–1）

謂
文世界十　滅而
皆受無量快樂乃
衆生和顔悦色形根
鼓吹如是無量最上音聲施
量衆生是為十二微妙上願
佛告文殊師利此藥師瑠璃光佛本願功德
如是我今為汝略説其國莊嚴之事此藥師
瑠璃光如來國土清淨無五濁無愛欲無意
以白銀瑠璃為地宮殿樓閣悉用七寶
西方無量壽國無有異也
有二菩薩一名日曜二名月淨是
諸佛處諸善男子及善女人亦當
土也文殊師利白佛言唯願演説
如來無量功德饒益衆生令得佛道佛言若
有善男子善女人新破衆魔來入正道得聞
我説藥師瑠璃光如來名字者魔家眷屬退散

BD08607 號 A　灌頂章句拔除過罪生死得度經　（5–1）
BD08607 號 B　素紙（擬）
BD08607 號 C　大佛頂如來密因修證了義諸菩薩萬行首楞嚴經卷八
BD08607 號 D　殘片（擬）

土也文殊師利白佛言唯願演説
如來無量功德饒益衆生令得佛道佛言若
有善男子善女人新破衆魔來入正道得聞
我説藥師瑠璃光如來名字者魔家眷屬退散
馳走如是無量校衆生皆我今説之佛告文
殊師利世間有人不解罪福慳貪不知布施
今世後世當得其福世人愚癡但知貪惜寶
自割身肉而噉食之不肯持錢財布施求後
世之福又復有人身不衣食此大慳貪命終以
後當墮餓鬼及在畜生中聞我説是藥師瑠
璃光如來名字之時無不解脱憂苦者也皆
作信心貪福畏罪人從索頭與頭索眼與眼
乞妻與妻乞子與子求金銀珎寶皆大布施
一時歡喜即發無上正真道意
佛言若復有人受佛淨戒遵奉明法不解罪
福雖知明經不及中義不能分別曉了中事
以自貢高恒當瞻憒乃與世間衆魔從事更
作縛着不解行之戀着婦女恩愛之情口為
説空行在有中不能發覺復不自知但能論
説他人是非如是人輩皆當墮三惡道中聞
我説是藥師瑠璃光本願功德無不歡喜念
欲捨家行作沙門者也
佛言世間有人好自稱譽皆自貢高當墮三
惡道中後還為人牛馬奴婢生下賤中人當
乘其力負重而行困苦疲極云去人身聞我
説是藥師瑠璃光如來本願功德者皆當一

BD08607 號 A　灌頂章句拔除過罪生死得度經　（5–2）

佛言世間有人好自稱譽皆自貢高當墮三
惡道中後還為人牛馬奴婢生下賤中人當
乘其力負重而行困苦疲極乏去人身聞我
說是藥師瑠璃光如來本願功德者皆當一
心歡喜踊躍更作謙敬即得解脫衆苦之患
長得歡喜聰明智慧遠離惡道得生善處與
善知識共相值遇無復憂惱離諸魔縛佛言
世間愚癡人輩兩舌鬪諍惡口罵詈更相嫌
恨或就山神樹下鬼神日月之神南斗北辰
諸鬼神所作諸呪檮或作名字或作人形像
或作符書以相厭禱呪詛言說聞我說是藥
師瑠璃光本願功德無不兩作和解俱生慈
心惡意悉滅各各歡喜無復惡念
佛言若四輩弟子比丘比丘尼清信士清信
女常脩月六齋年三長齋或晝夜精勤一心
苦行願欲往生西方阿彌陀佛國者憶念晝
夜若一日二日三日四日五日六日七日或
復中悔聞我說是瑠璃光本願功德盡其壽
命欲終之日有八菩薩文殊師利菩薩觀世
音菩薩大勢至菩薩無盡意菩薩寶檀華
菩薩藥王菩薩藥上菩薩彌勒菩薩皆當飛
往迎其精神不逕八難生蓮華中自然音樂
而相娛樂
佛言假使壽命自欲盡時臨終之日得聞我
說是瑠璃光佛本願功德者命終皆得上生

BD08607 號 A　灌頂章句拔除過罪生死得度經　（5–3）

菩薩藥王菩薩藥上菩薩彌勒菩薩皆當飛
往迎其精神不逕八難生蓮華中自然音樂
而相娛樂
佛言假使壽命自欲盡時臨終之日得聞我
說是瑠璃光佛本願功德者命終皆得上生
天上不復歷三惡道中天上福盡若下生人
間當為帝王家作子或生豪姓長者居士富
貴家生皆當端正聰明智慧高才勇猛若是
女人化成男子無復憂苦患難者也
佛語文殊我稱譽顯說瑠璃光佛至真等正
覺本所脩集無量行願功德如是文殊師利
從坐而起長跪叉手白佛言世尊佛去世後
當以此法開化十方一切衆生使其受持是
經典也若有男子女人愛樂是經受持讀誦
宣通之者復能專念若一日二日三日四日
五日乃至七日憶念不忘能以好素帛書取
是經五色雜綵作囊盛之者是時當有天
諸善神四天大王龍神八部常來營衛愛敬
此經日日作礼持是經者不墮橫死所在安
隱惡氣消滅諸魔鬼神亦不中害佛言如是
如是如汝所說文殊師利言天尊所說言無
不善佛言文殊師利若有善男子善女人等
發心造立藥師瑠璃光如來形像供養礼拜
懸雜色幡蓋燒香散華歌詠讚歎圍繞百帀
還坐本處端坐思惟念藥師瑠璃光佛無量
功德若有男子女人七日七夜菜食長齋供
養礼拜藥師瑠璃光佛求心中所願者無不

BD08607 號 A　灌頂章句拔除過罪生死得度經　（5–4）

當以此法開化十方一切衆生使其受持是
經典也若有男子女人愛樂是經受持讀誦
宣通之者復能專念若一日二日三日四日
五日乃至七日憶念不忘能以好素帛書取
是經五色雜綵作囊盛之者是時當有天
諸善神四天大王龍神八部常来營衛愛敬
此經日日作礼持是經者不墮横死所在安
隱悪氣消滅諸魔鬼神亦不中害佛言如是
如是如汝所説文殊師利言天尊所説言無
不善佛言文殊師利若有善男子善女人等
發心造立藥師瑠璃光如来形像供養礼拜
懸雜色幡蓋燒香散華歌詠讚歎圍繞百帀
還坐本處端坐思惟念藥師瑠璃光佛無量
功德若有男子女人七日七夜菜食長齋供
養礼拜藥師瑠璃光佛求心中所願者無不

BD08607 號 A　灌頂章句拔除過罪生死得度經　（5–5）

BD08608 號背　護首　（1–1）

大般若波羅蜜多經卷弟四百九十八
弟三分善現品弟三之十七　三藏法師玄奘奉　詔譯
尒時具壽善現白佛言世尊若時菩薩摩訶
薩行深般若波羅蜜多如實觀察一切法相

BD08608 號　大般若波羅蜜多經卷四九八　（2–1）

弟三分善現品弟三之十七　三藏法師玄奘奉　詔譯
尒時具壽善現白佛言世尊若時菩薩摩訶
薩行深般若波羅蜜多如實觀察一切法相
是時菩薩摩訶薩見我乃至見者无生畢竟
淨故見色乃至識无生畢竟淨故見眼處乃
至意處无生畢竟淨故見色處乃至法處无
生畢竟淨故見眼界乃至意界无生畢竟淨
故見色界乃至法界无生畢竟淨故見眼識
界乃至意識界无生畢竟淨故見眼觸乃至
意觸无生畢竟淨故見眼觸為緣所生諸受
乃至意觸為緣所生諸受无生畢竟淨故見
地界乃至識界无生畢竟淨故見因緣乃至
增上緣无生畢竟淨故見无明乃至老死无
生畢竟淨故見布施波羅蜜多乃至般若波
羅蜜多无生畢竟淨故見內空乃至无性自
性空无生畢竟淨故見真如乃至不思議界
无生畢竟淨故見斷界乃至无為界无生畢
竟淨故見苦集滅道聖諦无生畢竟淨故見
四念住乃至八聖道支无生畢竟淨故見四
靜慮四无量四无色定无生畢竟淨故見八
解脫九次弟定无生畢竟淨故見空无相无
願解脫門无生畢竟淨故見淨觀地乃至如
來地无生畢竟淨故見極喜地乃至法雲地
无生畢竟淨故見五眼六神通无生畢竟淨
故見如來十力乃至十八佛不共法无生畢

BD08608 號　大般若波羅蜜多經卷四九八　（2–2）

……何若人滿三千大千世界
寶以用布施是人所得福德寧為多不須菩
提言甚多世尊何以故是福德即非福德性
是故如来說福德多若復有人於此經中受
持乃至四句偈等為他人說其福勝彼何以
故須菩提一切諸佛及諸佛阿耨多羅三藐
三菩提法皆從此經出須菩提所謂佛法者
即非佛法
須菩提於意云何須陁洹能作是念我得須
陁洹果不須菩提言不也世尊何以故須陁
洹名為入流而无所入不入色聲香味觸法
是名須陁洹須菩提於意云何斯陁含能作
是念我得斯陁含果不須菩提言不也世尊
何以故斯陁含名一往来而實无往来是名
斯陁含須菩提於意云何阿那含能作是念
我得阿那含果不須菩提言不也世尊何以
故阿那含名為不来而實无来是名阿那含

BD08609號　金剛般若波羅蜜經　（2–1）

是名須陁洹須菩提於意云何斯陁含能作
是念我得斯陁含果不須菩提言不也世尊
何以故斯陁含名一往来而實无往来是名
斯陁含須菩提於意云何阿那含能作是念
我得阿那含果不須菩提言不也世尊何以
故阿那含名為不来而實无来是名阿那含
須菩提於意云何阿羅漢能作是念我得阿
羅漢道不須菩提言不也世尊何以故實无
有法名阿羅漢世尊若阿羅漢作是念我得
阿羅漢道即為著我人衆生壽者世尊佛說
我得无諍三昧人中最為第一是第一離欲
阿羅漢我不作是念我是離欲阿羅漢世尊
我若作是念我得阿羅漢道世尊則不說須
菩提是樂阿蘭那行者以須菩提實无所行
而名須菩提是樂阿蘭那行
佛告須菩提於意云何如来昔在然燈佛所
於法有所得不世尊如来在然燈佛所於法
實无所得須菩提於意云何菩薩莊嚴佛土
不不也世尊何以故莊嚴佛土者則非莊嚴

BD08609號　金剛般若波羅蜜經　（2–2）

讀誦八
一切不善之物不得侵損
佛前而說呪曰
尼　阿比羅　曼隸　曼多隸
若有不善者欲來惱法師聞我說此
呪頭破作七分如阿梨樹枝
是時无邊身菩薩白佛言世尊云何名為
八陽經唯願世尊為諸聽衆解說其義令得
醒悟速達心本入佛知見永斷疑悔
佛言善哉善哉善男子汝等諦聽　吾今為
汝解說八陽之經八者分別也陽者明解也
明解大乘无為之理了能分別識因緣空无所
得又云八識為經陽明為緯經緯相投以成經教
故名八陽經八識者眼是色識耳是聲識鼻是
香識舌是味識身是觸識意分別識含藏識
阿賴耶識是名八識明了分別八識相漁空无所有

BD08610號　天地八陽神咒經　（2-1）

若有不善者欲來惱法師聞我說此
呪頭破作七分如阿梨樹枝
是時无邊身菩薩白佛言世尊云何名為
八陽經唯願世尊為諸聽衆解說其義令得
醒悟速達心本入佛知見永斷疑悔
佛言善哉善哉善男子汝等諦聽　吾今為
汝解說八陽之經八者分別也陽者明解也
明解大乘无為之理了能分別識因緣空无所
得又云八識為經陽明為緯經緯相投以成經教
故名八陽經八識者眼是色識耳是聲識鼻是
香識舌是味識身是觸識意分別識含藏識
阿賴耶識是名八識明了分別八識相漁空无所有
即知兩眼光明天光明天中即現日月光明世尊
兩耳聲聞天聲聞天中即見无量聲如來
兩鼻佛香天佛香天中即現香積如來口舌
是法味天法味天中即現法喜如來身是
是盧舍那天盧舍那天中既成就盧舍那
佛盧舍那鏡像佛盧舍那光明佛意是无分

BD08610號　天地八陽神咒經　（2-2）

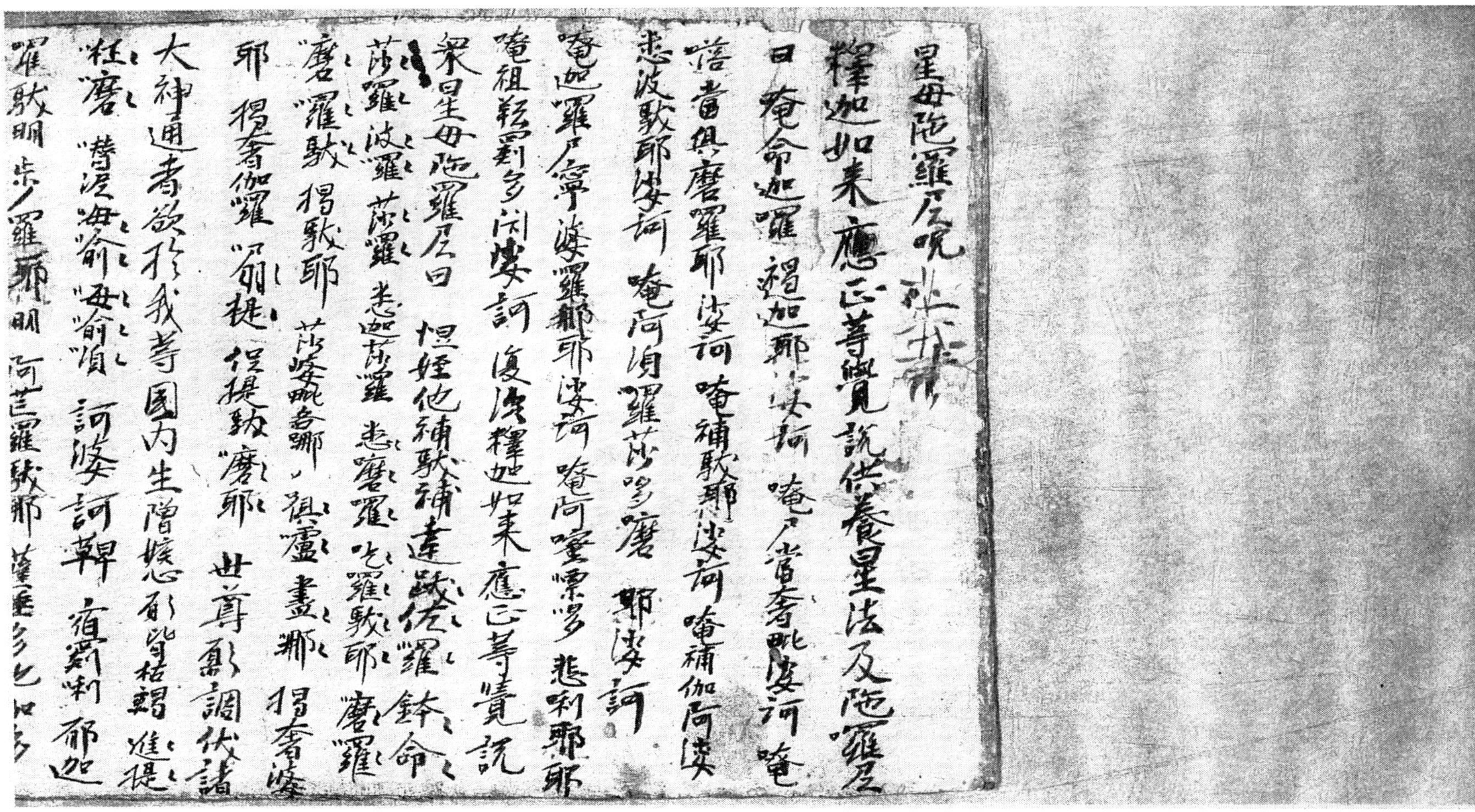

星母陀羅尼呪
釋迦如來應正等覺說供養星法及陀羅尼
日 唵命迦囉 揭迦耶娑訶 唵尸耆奢毗娑訶 唵
嗜畜俱磨羅耶娑訶 唵補馱耶娑訶 唵補伽阿娑
悉波馱耶娑訶 唵阿須羅薩嚕磨 耶娑訶
唵迦羅尸寧婆羅都耶娑訶 唵阿嚧嘌多 悲刹那耶
唵祖粒羯剌多闍婆訶 復說釋迦如來應正等覺說
眾星母陀羅尼曰 怛姪他補馱補畫達跋佐羅鉢命
薩羅波羅 薩羅 悉迦薩羅 悉磨羅 吃羅馱耶 磨羅
磨羅馱 揭馱耶 薩婆毗呑娜 祺盧 畫娜 揭奢婆
耶 揭奢伽囉 罰提 怛提跋磨耶 世尊彰調伏諸
大神通者欲於我等國內生嗜嫉恚形皆枯竭 進提
枉磨 瞽泥海俞 毋俞須 訶婆訶鞞 宿蠲刹 耶迦
羅馱明 步羅耶明 阿芑羅馱耶 薩埵多他伽多

BD08611號　星母陀羅尼呪　（2–1）

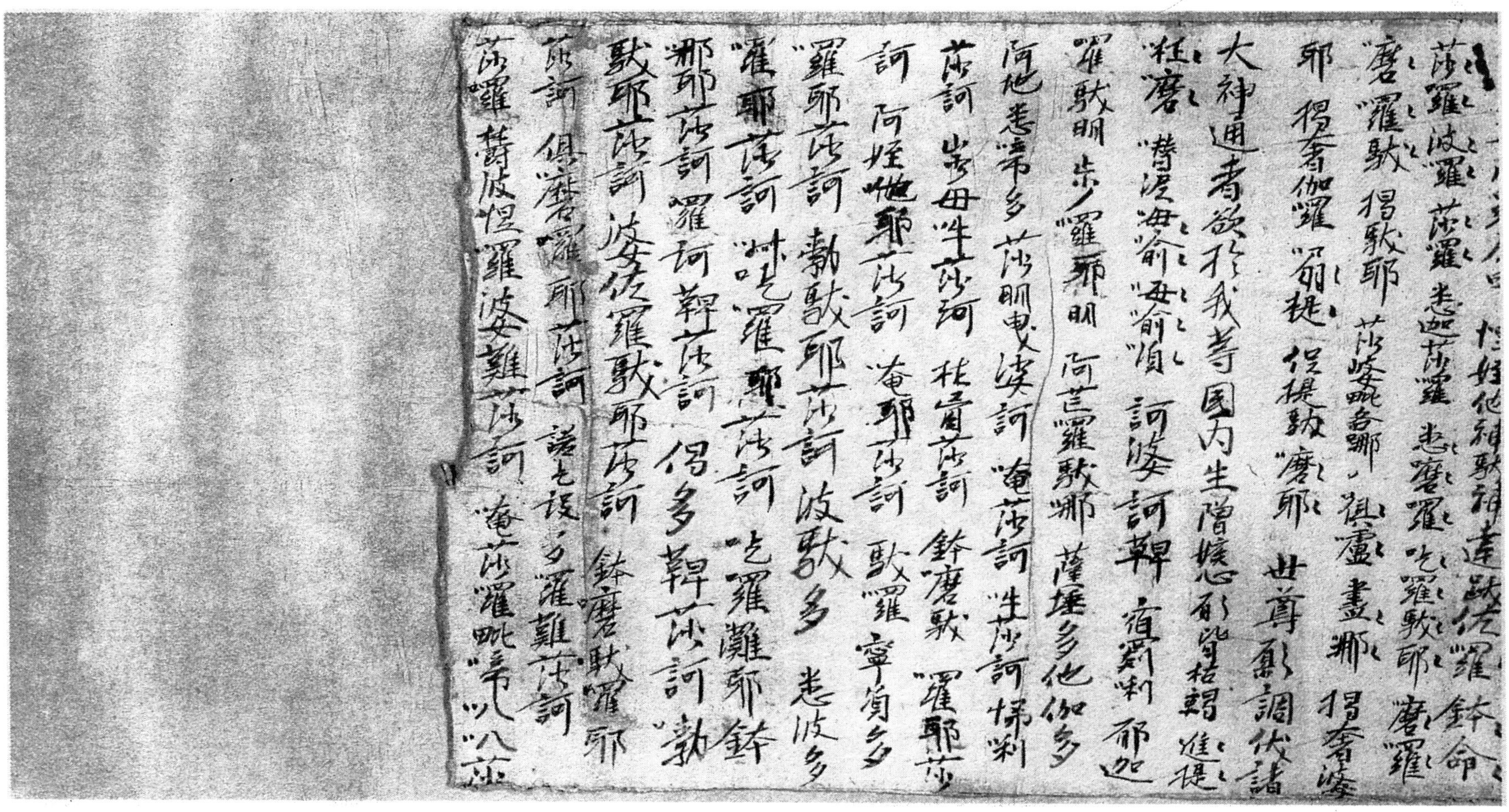

怛姪他補馱補畫達跋佐羅鉢命
薩羅波羅 薩羅 悉迦薩羅 悉磨羅 吃羅馱耶 磨羅
磨羅馱 揭馱耶 薩婆毗呑娜 祺盧 畫娜 揭奢婆
耶 揭奢伽囉 罰提 怛提跋磨耶 世尊彰調伏諸
大神通者欲於我等國內生嗜嫉恚形皆枯竭 進提
枉磨 瞽泥海俞 毋俞須 訶婆訶鞞 宿蠲刹 耶迦
羅馱明 步羅耶明 阿芑羅馱耶 薩埵多他伽多
阿他悉帝多 薩明曳娑訶 唵薩訶 生薩訶 悕刹
薩訶 嵩毋生薩訶 杜骨薩訶 鉢磨馱 羅耶薩
訶 阿姪他耶薩訶 唵耶薩訶 馱羅 寧須多
羅耶薩訶 勃馱耶薩訶 波馱多 悉波多
羅耶薩訶 咻吃羅耶薩訶 吃羅灘耶鉢
娜耶薩訶 羅訶鞞薩訶 偈多鞞薩訶 勃
馱耶薩訶 婆佐羅馱耶薩訶 鉢磨馱囉耶
薩訶 俱磨囉耶薩訶 諸乞設多羅難薩訶
薩囉 壽波怛羅婆娑難薩訶 唵薩羅毗帝 以八菩

BD08611號　星母陀羅尼呪　（2–2）

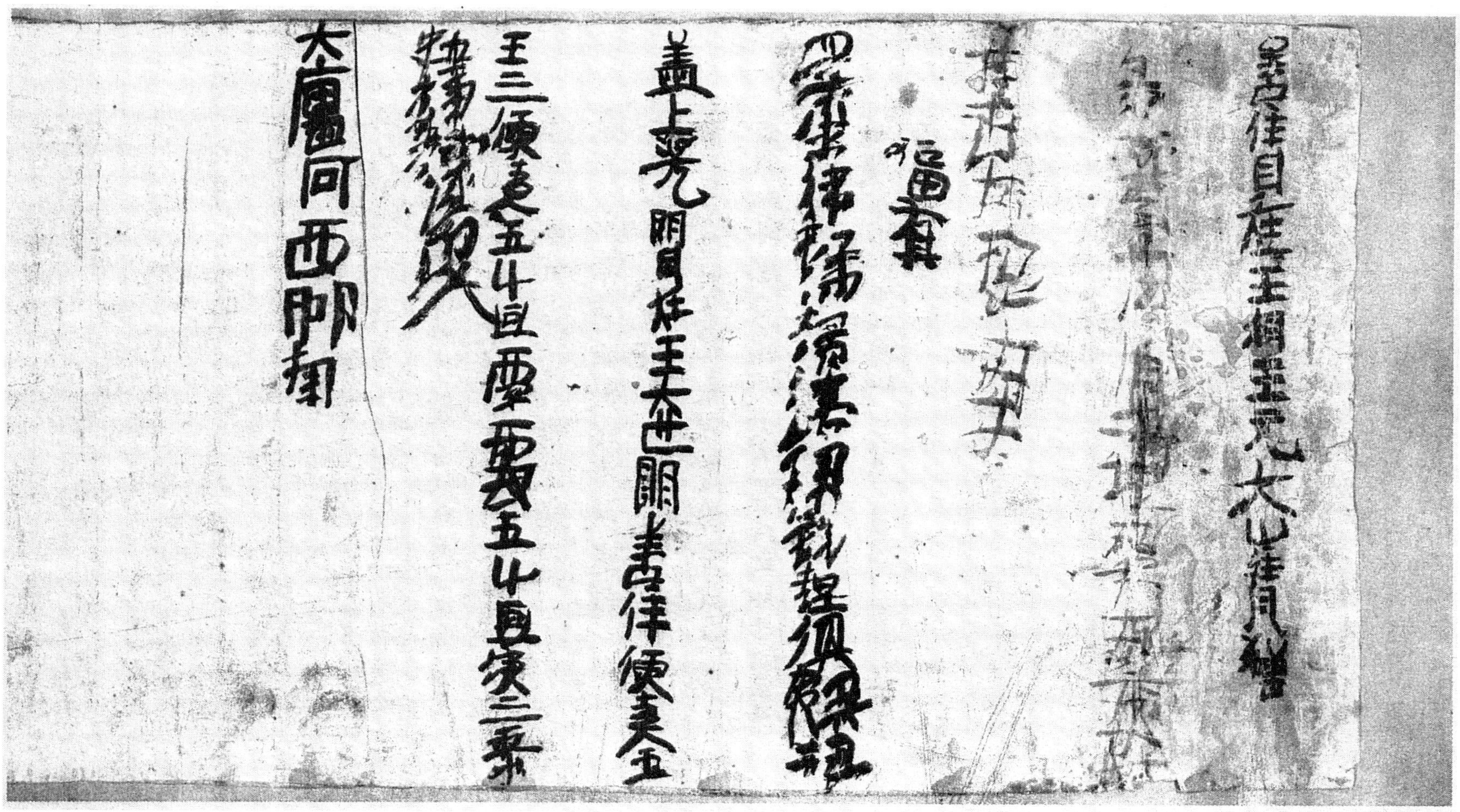

BD08611 號背　雜寫　　　　（1–1）

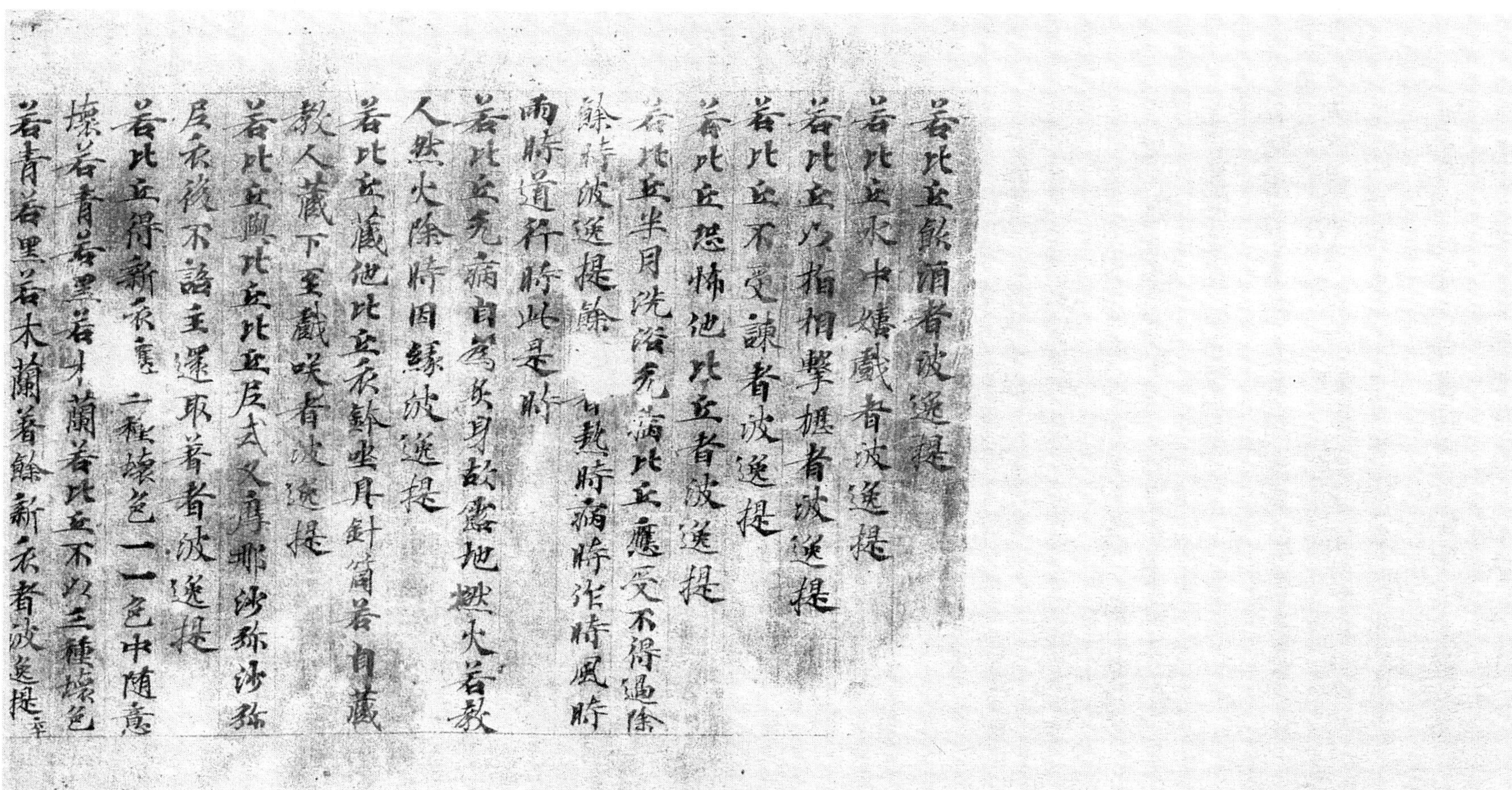

若比丘飲酒者波逸提
若比丘水中嬉戲者波逸提
若比丘以指相擊攊者波逸提
若比丘不受諫者波逸提
若比丘恐怖他比丘者波逸提
若比丘半月洗浴无病比丘應受不得過除
餘時波逸提餘時者熱時病時作時風時
雨時道行時此是時
若比丘无病自為炙身故露地燃火若教
人然火除時因緣波逸提
若比丘藏他比丘衣鉢坐具針筒若自藏
教人藏下至戲咲者波逸提
若比丘與比丘比丘尼式叉摩那沙弥沙弥
尼衣後不語主還取著者波逸提
若比丘得新衣當三種壞色一一色中隨意
壞若青若黑若木蘭若比丘不以三種壞色
若青若黑若木蘭著餘新衣者波逸提

BD08612 號　四分律比丘戒本　　　　（2–1）

若比丘无病自為炙身故露地燃火若教
人然火除時因緣波逸提
若比丘藏他比丘衣鉢坐具針筒若自藏
教人藏下至戲咲者波逸提
若比丘與比丘比丘尼式叉摩那沙弥沙弥
尼衣後不語主還取著者波逸提
若比丘得新衣當二種壞色一一色中隨意
壞若青若黑若木蘭若比丘不以三種壞色
若青若黑若木蘭著餘新衣者波逸提 卒
若比丘故煞畜生命者波逸提
若比丘知水有虫飲用者波逸提
若比丘故惱他比丘令須臾間不樂者波逸提
若比丘知他比丘犯麁罪覆藏者波逸提
若比丘年滿廿應受大戒若比丘知年不滿廿
與受大戒此人不得戒彼比丘比丘
逸提
令比

BD08612 號　四分律比丘戒本　（2–2）

如是展[illegible]
若有勸一人　將引聽法華　言此[illegible]
即受教往聽　乃至須臾聞　斯人之福[illegible]
世世无口患　齒不踈黃黑　脣不厚褰缺　无[illegible]
舌不乾黑短　鼻高脩且直　額廣而平正　面[illegible]
為人所喜見　口氣无臭穢　優鉢華之香　常[illegible]
若故詣僧坊　欲聽法華經　須臾聞歡喜　今當說其福
後生天人中　得妙象馬車　珎寶之輦輿　及乘天宮殿
若於講法處　勸人坐聽法　是福因緣得　釋梵轉輪座
何況一心聽　解說其義趣　如說而脩行　其福不可限
妙法蓮華經法師功德品第十九
尒時佛告常精進菩薩摩訶薩若善男子善
女人受持是法華經若讀若誦若解說若書
寫是人當得八百眼功德千二百耳功德八
百鼻功德千二百舌功德八百身功德千二
百意功德以是功德莊嚴六根皆令清

BD08613 號　妙法蓮華經卷六　（3–1）

[illegible]
女人受持是法華經若讀若誦若解說若書
寫是人當得八百眼功德千二百耳功德八
百鼻功德千二百舌功德八百身功德千二
百意功德以是功德莊嚴六根皆令清淨
善男子善女人父母所生清淨肉眼見於三
千大千世界內外所有山林河海下至阿鼻
地獄上至有頂亦見其中一切衆生及業因
緣果報生處悉見悉知尒時世尊欲重宣
此義而說偈言
若於大衆中　以无所畏心　說是法華經　汝聽其功德
是人得八百　功德殊勝眼　以是莊嚴故　其目甚清淨
父母所生眼　悉見三千界　內外弥樓山　須弥及鐵圍
并諸餘山林　大海江河水　下至阿鼻獄　上至有頂處
其中諸衆生　一切皆悉見　雖未得天眼　肉眼力如是
復次常精進若善男子善女人受持此經若
讀若誦若解說若書寫得千二百耳功德以
是清淨耳聞三千大千世界下至阿鼻地獄
上至有頂其中內外種種語言音聲為聲馬
聲牛聲車聲啼哭聲愁嘆聲螺聲鼓聲鍾
聲鈴聲咲聲語聲男聲女聲童子聲童女聲
法聲非法聲苦聲樂聲凡夫聲聖人聲喜聲
不喜聲天聲龍聲夜叉聲乾闥婆聲阿脩羅聲
迦樓羅聲緊那羅聲摩睺羅伽聲火聲水聲
風聲地獄聲畜生聲餓鬼聲比丘聲比丘尼
聲聲聞聲辟支佛聲菩薩聲佛聲以要言之
三千大千世界中一切內外所有諸聲雖未



是人得八百　功德殊勝眼　以是莊嚴故　其目甚清淨
父母所生眼　悉見三千界　內外弥樓山　須弥及鐵圍
并諸餘山林　大海江河水　下至阿鼻獄　上至有頂處
其中諸衆生　一切皆悉見　雖未得天眼　肉眼力如是
復次常精進若善男子善女人受持此經若
讀若誦若解說若書寫得千二百耳功德以
是清淨耳聞三千大千世界下至阿鼻地獄
上至有頂其中內外種種語言音聲為聲馬
聲牛聲車聲啼哭聲愁嘆聲螺聲鼓聲鍾
聲鈴聲咲聲語聲男聲女聲童子聲童女聲
法聲非法聲苦聲樂聲凡夫聲聖人聲喜聲
不喜聲天聲龍聲夜叉聲乾闥婆聲阿脩羅聲
迦樓羅聲緊那羅聲摩睺羅伽聲火聲水聲
風聲地獄聲畜生聲餓鬼聲比丘聲比丘尼
聲聲聞聲辟支佛聲菩薩聲佛聲以要言之
三千大千世界中一切內外所有諸聲雖未
得天耳以父母所生清淨常耳皆悉聞知如
是分別種種音聲而不壞耳根尒時世尊欲
重宣此義而說偈言

大乘无量壽宗要經
如是我聞一時薄伽梵在舍衛國祇樹給孤獨園與大苾芻僧千二百五十人大菩薩摩訶薩衆俱爾
時世尊告曼殊室利童子上方有世界名无量功德聚彼土有佛号无量智決定王如來阿耨多羅三
現為衆生開示說法曼殊帝聽南閻浮提人皆短壽大限百年於中夭枉橫死者衆曼殊如是无量壽宗
要經若有衆生得聞名号若自書若使人書寫能為經卷受持讀誦若於舍宅所住之處以種種花鬘瓔珞
香末香如為供養如其命盡命復得延年滿足百歲如是曼殊若有衆生得聞无量壽智
八名号者益其長壽若有衆生大命將盡憶命是如來名号更得增壽如是曼殊若有善男
欲求長壽於是曼殊无量壽如來一百八名号有得聞者若自書若使人書受持
尼曰
南謨薄伽勃底　阿波唎蜜多　阿喻紇硯娜　須毗你悉指陀　囉佐耶　怛他羯他耶　怛姪他　薩婆桑悉迦唎　波唎
輸底　達磨底　伽伽娜　莎訶其揭伽底　薩婆婆毗輸底　摩訶娜耶　波唎婆唎莎訶
世尊復告曼殊室利如是如來一百八名号若自書或使人書為經卷受持讀誦其壽命盡滿百年壽終
已後得往生无量福智世界无量淨土陁羅尼曰
南謨薄伽勃底　阿波唎蜜多　阿喻紇硯娜　須毗你悉指陀　囉佐耶　怛他羯他耶　怛姪他　薩婆桑悉迦唎
波唎輸底　達磨底　伽伽娜　莎訶其揭伽底　薩婆婆毗輸底　摩訶娜耶　波唎婆唎莎訶
爾時復有九十九姟佛一時同聲說是无量壽宗要經陁羅尼曰
南謨薄伽勃底　阿波唎蜜多　阿喻紇硯娜　須毗你悉指陀　囉佐耶　怛他羯他耶　怛姪他　薩婆桑悉迦唎
波唎輸底　達磨底　伽伽娜　莎訶其揭伽底　薩婆婆毗輸底　摩訶娜耶　波唎婆唎莎訶
爾時復有一百四姟佛一時同聲說是无量壽宗要經陁羅尼曰
南謨薄伽勃底　阿波唎蜜多　阿喻紇硯娜　須毗你悉指陀　囉佐耶　怛他羯他耶　怛姪他　薩婆桑悉迦唎

BD08614號　無量壽宗要經　（5－1）

爾時復有九十九姟佛一時同聲說是无量壽宗要經陁羅尼曰
南謨薄伽勃底　阿波唎蜜多　阿喻紇硯娜　須毗你悉指陀　囉佐耶　怛他羯他耶　怛姪他　薩婆桑悉迦唎
波唎輸底　達磨底　伽伽娜　莎訶其揭伽底　薩婆婆毗輸底　摩訶娜耶　波唎婆唎莎訶
爾時復有一百四姟佛一時同聲說是无量壽宗要經陁羅尼曰
南謨薄伽勃底　阿波唎蜜多　阿喻紇硯娜　須毗你悉指陀　囉佐耶　怛他羯他耶　怛姪他　薩婆桑悉迦唎
波唎輸底　達磨底　伽伽娜　莎訶其揭伽底　薩婆婆毗輸底　摩訶娜耶　波唎婆唎莎訶
爾時復有七姟佛一時同聲說是无量壽宗要經陁羅尼曰
南謨薄伽勃底　阿波唎蜜多　阿喻紇硯娜　須毗你悉指陀　囉佐耶　怛他羯他耶　怛姪他　薩婆桑悉迦唎
波唎輸底　達磨底　伽伽娜　莎訶其揭伽底　薩婆婆毗輸底　摩訶娜耶　波唎婆唎莎訶
爾時復有七十五姟佛一時同聲說是无量壽宗要經陁羅尼曰
南謨薄伽勃底　阿波唎蜜多　阿喻紇硯娜　須毗你悉指陀　囉佐耶　怛他羯他耶　怛姪他　薩婆桑悉迦唎
波唎輸底　達磨底　伽伽娜　莎訶其揭伽底　薩婆婆毗輸底　摩訶娜耶　波唎婆唎莎訶
爾時復有六十五姟佛一時同聲說是无量壽宗要經陁羅尼曰
南謨薄伽勃底　阿波唎蜜多　阿喻紇硯娜　須毗你悉指陀　囉佐耶　怛他羯他耶　怛姪他　薩婆桑悉迦唎
波唎輸底　達磨底　伽伽娜　莎訶其揭伽底　薩婆婆毗輸底　摩訶娜耶　波唎婆唎莎訶
爾時復有五十五姟佛一時同聲說是无量壽宗要經陁羅尼曰
南謨薄伽勃底　阿波唎蜜多　阿喻紇硯娜　須毗你悉指陀　囉佐耶　怛他羯他耶　怛姪他　薩婆桑悉迦唎
波唎輸底　達磨底　伽伽娜　莎訶其揭伽底　薩婆婆毗輸底　摩訶娜耶　波唎婆唎莎訶
爾時復有四十五姟佛一時同聲說是无量壽宗要經陁羅尼曰
南謨薄伽勃底　阿波唎蜜多　阿喻紇硯娜　須毗你悉指陀　囉佐耶　怛他羯他耶　怛姪他　薩婆桑悉迦唎
波唎輸底　達磨底　伽伽娜　莎訶其揭伽底　薩婆婆毗輸底　摩訶娜耶　波唎婆唎莎訶
爾時復有三十六姟佛一時同聲說是无量壽宗要經陁羅尼曰
南謨薄伽勃底　阿波唎蜜多　阿喻紇硯娜　須毗你悉指陀　囉佐耶　怛他羯他耶　怛姪他　薩婆桑悉迦唎
波唎輸底　達磨底　伽伽娜　莎訶其揭伽底　薩婆婆毗輸底　摩訶娜耶　波唎婆唎莎訶
爾時復有二十五姟佛一時同聲說是无量壽宗要經陁羅尼曰
南謨薄伽勃底　阿波唎蜜多　阿喻紇硯娜　須毗你悉指陀　囉佐耶　怛他羯他耶　怛姪他　薩婆桑悉迦唎
波唎輸底　達磨底　伽伽娜　莎訶其揭伽底　薩婆婆毗輸底　摩訶娜耶　波唎婆唎莎訶
爾時復有恒河沙姟佛一時同聲說是无量壽宗要經陁羅尼曰
南謨薄伽勃底　阿波唎蜜多　阿喻紇硯娜　須毗你悉指陀　囉佐耶　怛他羯他耶　怛姪他　薩婆桑悉迦唎
波唎輸底　達磨底　伽伽娜　莎訶其揭伽底　薩婆婆毗輸底　摩訶娜耶　波唎婆唎莎訶

BD08614號　無量壽宗要經　（5－2）

南謨薄伽勃底 阿波唎蜜多 阿喻紇硯那 須毗你悉指陀 囉佐耶 怛他羯他耶 怛姪他唵 薩婆桑悉迦囉
波唎輸底 達磨底 伽伽那 莎訶其特伽底 薩婆婆毗輸底 摩訶娜耶 波唎婆唎 莎訶
尒時復有恒河沙數佛一時同聲說是无量壽宗要經陀羅尼曰
南謨薄伽勃底 阿波唎蜜多 阿喻紇硯那 須毗你悉指陀 囉佐耶 怛他羯他耶 怛姪他唵 薩婆桑悉迦囉
波唎輸底 達磨底 伽伽那 莎訶其特伽底 薩婆婆毗輸底 摩訶娜耶 波唎婆唎 莎訶
善男子若有自書寫是无量壽宗要經受持讀誦如其命盡復滿年陀羅尼曰
南謨薄伽勃底 阿波唎蜜多 阿喻紇硯那 須毗你悉指陀 囉佐耶 怛他羯他耶 怛姪他唵 薩婆桑悉迦囉
波唎輸底 達磨底 伽伽那 莎訶其特伽底 薩婆婆毗輸底 摩訶娜耶 波唎婆唎 莎訶
若有自書寫教人書寫是无量壽宗要經讀誦受持畢竟不墮地獄在在所生得宿命智陀羅尼曰
南謨薄伽勃底 阿波唎蜜多 阿喻紇硯那 須毗你悉指陀 囉佐耶 怛他羯他耶 怛姪他唵 薩婆桑悉迦囉
波唎輸底 達磨底 伽伽那 莎訶其特伽底 薩婆婆毗輸底 摩訶娜耶 波唎婆唎 莎訶
若有自書寫教人書寫是无量壽宗要經讀誦如同八万四千一切經典陀羅尼曰
南謨薄伽勃底 阿波唎蜜多 阿喻紇硯那 須毗你悉指陀 囉佐耶 怛他羯他耶 怛姪他唵 薩婆桑悉迦囉
波唎輸底 達磨底 伽伽那 莎訶其特伽底 薩婆婆毗輸底 摩訶娜耶 波唎婆唎 莎訶
若有自書寫教人書寫是无量壽宗要經即如書寫八万四千部建立塔廟陀羅尼曰
南謨薄伽勃底 阿波唎蜜多 阿喻紇硯那 須毗你悉指陀 囉佐耶 怛他羯他耶 怛姪他唵 薩婆桑悉迦囉
波唎輸底 達磨底 伽伽那 莎訶其特伽底 薩婆婆毗輸底 摩訶娜耶 波唎婆唎 莎訶
若有自書寫教人書寫是无量壽宗要經能消五无間等一切重罪陀羅尼曰
南謨薄伽勃底 阿波唎蜜多 阿喻紇硯那 須毗你悉指陀 囉佐耶 怛他羯他耶 怛姪他唵 薩婆桑悉迦囉
波唎輸底 達磨底 伽伽那 莎訶其特伽底 薩婆婆毗輸底 摩訶娜耶 波唎婆唎 莎訶
若有自書寫教人書寫是无量壽宗要經受持讀誦者重罪猶如須弥盡能消除滅陀羅尼曰
南謨薄伽勃底 阿波唎蜜多 阿喻紇硯那 須毗你悉指陀 囉佐耶 怛他羯他耶 怛姪他唵 薩婆桑悉迦囉
波唎輸底 達磨底 伽伽那 莎訶其特伽底 薩婆婆毗輸底 摩訶娜耶 波唎婆唎 莎訶
若有自書寫教人書寫是无量壽宗要經受持讀誦若魔魔之眷屬夜叉羅剎不得其便終无橫死陀羅尼曰
南謨薄伽勃底 阿波唎蜜多 阿喻紇硯那 須毗你悉指陀 囉佐耶 怛他羯他耶 怛姪他唵 薩婆桑悉迦囉
波唎輸底 達磨底 伽伽那 莎訶其特伽底 薩婆婆毗輸底 摩訶娜耶 波唎婆唎 莎訶
若有自書寫教人書寫是无量壽宗要經受持讀誦當命終時有九十九姟佛現其人前蒙千佛授手能
遊一切佛剎莫於此經生於擬惑陀羅尼曰
南謨薄伽勃底 阿波唎蜜多 阿喻紇硯那 須毗你悉指陀 囉佐耶 怛他羯他耶 怛姪他唵 薩婆桑悉迦囉
波唎輸底 達磨底 伽伽那 莎訶其特伽底 薩婆婆毗輸底 摩訶娜耶 波唎婆唎 莎訶

BD08614號　無量壽宗要經　（5–3）

波唎輸底 達磨底 伽伽那 莎訶其特伽底 薩婆婆毗輸底 摩訶娜耶 波唎婆唎 莎訶
若有自書寫教人書寫是无量壽宗要經受持讀誦當命終時有九十九姟佛現其人前蒙千佛授手能
遊一切佛剎莫於此經生於擬惑陀羅尼曰
南謨薄伽勃底 阿波唎蜜多 阿喻紇硯那 須毗你悉指陀 囉佐耶 怛他羯他耶 怛姪他唵 薩婆桑悉迦囉
波唎輸底 達磨底 伽伽那 莎訶其特伽底 薩婆婆毗輸底 摩訶娜耶 波唎婆唎 莎訶
若有自書寫教人書寫是无量壽宗要經受持讀誦常得四天大王隨其衛護陀羅尼曰
南謨薄伽勃底 阿波唎蜜多 阿喻紇硯那 須毗你悉指陀 囉佐耶 怛他羯他耶 怛姪他唵 薩婆桑悉迦囉
波唎輸底 達磨底 伽伽那 莎訶其特伽底 薩婆婆毗輸底 摩訶娜耶 波唎婆唎 莎訶
若有自書寫教人教書寫是无量壽宗要經受持讀誦當得往生西方極樂世界阿弥陀淨土陀羅尼曰
南謨薄伽勃底 阿波唎蜜多 阿喻紇硯那 須毗你悉指陀 囉佐耶 怛他羯他耶 怛姪他唵 薩婆桑悉迦囉
波唎輸底 達磨底 伽伽那 莎訶其特伽底 薩婆婆毗輸底 摩訶娜耶 波唎婆唎 莎訶
若有自書寫教人書寫是无量壽經典之處即為是塔皆應恭敬作礼若是畜生或為鳥獸得聞
是經如是等類皆當不久得成一切陀羅尼曰
南謨薄伽勃底 阿波唎蜜多 阿喻紇硯那 須毗你悉指陀 囉佐耶 怛他羯他耶 怛姪他唵 薩婆桑悉迦囉
波唎輸底 達磨底 伽伽那 莎訶其特伽底 薩婆婆毗輸底 摩訶娜耶 波唎婆唎 莎訶
若有能於是无量壽經自書若使人書畢竟不受女人之身陀羅尼曰
南謨薄伽勃底 阿波唎蜜多 阿喻紇硯那 須毗你悉指陀 囉佐耶 怛他羯他耶 怛姪他唵 薩婆桑悉迦囉
波唎輸底 達磨底 伽伽那 莎訶其特伽底 薩婆婆毗輸底 摩訶娜耶 波唎婆唎 莎訶
若有能於是經少分能惠施者等於三千大千世界滿中七寶布施陀羅尼曰
南謨薄伽勃底 阿波唎蜜多 阿喻紇硯那 須毗你悉指陀 囉佐耶 怛他羯他耶 怛姪他唵 薩婆桑悉迦囉
波唎輸底 達磨底 伽伽那 莎訶其特伽底 薩婆婆毗輸底 摩訶娜耶 波唎婆唎 莎訶
若有能於供養是經者則是供養一切諸經等无有異陀羅尼曰
南謨薄伽勃底 阿波唎蜜多 阿喻紇硯那 須毗你悉指陀 囉佐耶 怛他羯他耶 怛姪他唵 薩婆桑悉迦囉
波唎輸底 達磨底 伽伽那 莎訶其特伽底 薩婆婆毗輸底 摩訶娜耶 波唎婆唎 莎訶
如是毗婆尸佛 尸棄佛 毗舍浮佛 俱留孫佛 俱那含牟尼佛 迦葉佛 釋迦牟尼佛
若有人七寶供養如是七佛其福不可限量書寫受持是无量壽經所有功德不可限量陀羅尼曰
南謨薄伽勃底 阿波唎蜜多 阿喻紇硯那 須毗你悉指陀 囉佐耶 怛他羯他耶 怛姪他唵 薩婆桑悉迦囉
波唎輸底 達磨底 伽伽那 莎訶其特伽底 薩婆婆毗輸底 摩訶娜耶 波唎婆唎 莎訶
若有七寶於須弥山王布施其福上能知其限量是无量壽經其福不可知其限量陀羅尼曰
南謨薄伽勃底 阿波唎蜜多 阿喻紇硯那 須毗你悉指陀 囉佐耶 怛他羯他耶 怛姪他唵 薩婆桑悉迦囉
波唎輸底 達磨底 伽伽那 莎訶其特伽底 薩婆婆毗輸底 摩訶娜耶 波唎婆唎 莎訶

BD08614號　無量壽宗要經　（5–4）

南謨薄伽勃底 阿波唎蜜多 阿喻紇硯孃 須毗你悉指陀 囉佐耶 怛他羯他耶 怛姪他唵 薩婆桑悉迦囉
波唎輸底 達磨底 伽伽娜 莎訶莎謨訶伽底 薩婆婆毗輸底 摩訶娜耶 波唎婆唎 莎訶
若有七寶於須弥已用布施其福上能知其限量是无量壽經其福不知其限量陁羅尼曰
南謨薄伽勃底 阿波唎蜜多 阿喻紇硯孃 須毗你悉指陀 囉佐耶 怛他羯他耶 怛姪他唵 薩婆桑悉迦囉
波唎輸底 達磨底 伽伽娜 莎訶莎謨訶伽底 薩婆婆毗輸底 摩訶娜耶 波唎婆唎 莎訶
如是四大海水可知滴數是无量壽經典所生果報不可知數陁羅尼曰
南謨薄伽勃底 阿波唎蜜多 阿喻紇硯孃 須毗你悉指陀 囉佐耶 怛他羯他耶 怛姪他唵 薩婆桑悉迦囉
波唎輸底 達磨底 伽伽娜 莎訶莎謨訶伽底 薩婆婆毗輸底 摩訶娜耶 波唎婆唎 莎訶
若有自書寫教人書寫是无量壽經典又能護持恭敬禮拜即如供養一切十方佛土一切諸經等无
有別異陁羅尼曰
南謨薄伽勃底 阿波唎蜜多 阿喻紇硯孃 須毗你悉指陀 囉佐耶 怛他羯他耶 怛姪他唵 薩婆桑悉迦囉
波唎輸底 達磨底 伽伽娜 莎訶莎謨訶伽底 薩婆婆毗輸底 摩訶娜耶 波唎婆唎 莎訶
布施力能成正覺 悟布施力人師子 布施力能聲聞 慈悲階漸冣能入
持戒力能成正覺 悟持戒力人師子 持戒力能聲聞 慈悲階漸冣能入
忍辱力能成正覺 悟忍辱力人師子 忍辱力能聲聞 慈悲階漸冣能入
精進力能成正覺 悟精進力人師子 精進力能聲聞 慈悲階漸冣能入
禪定力能成正覺 悟禪定力人師子 禪定力能聲聞 慈悲階漸冣能入
智慧力能成正覺 悟智慧力人師子 智慧力能聲聞 慈悲階漸冣能入
尒時如來說是經已一切世間天人阿脩羅揵闥婆等聞佛所說皆大歡喜
信受奉行
佛說无量壽經

BD08614 號　無量壽宗要經

（5–5）

天衆所設供具悉賣梵釋護世四王人天八部
及非人等所有供具梵釋所設猶如聚墨在
軻貝邊悉不復現寶蓋小者能覆三千大千
世界持如是等供養之具來詣佛所稽首佛
足遶无數匝白佛言世尊我等所獻微末
供具喻如蚉子供養於我亦如有人以一掬
水投於大海然一小燈助百千日春夏之月
衆華茂盛有持一華益於衆華以葶藶子益
須弥山豈當有益大海日明衆華須弥世尊
我今所奉微末供具亦復如是若以三千大
千世界滿中香華伎樂幢蓋供養如來尚不
足言何以故如來為諸衆生常於地獄餓鬼
畜生諸惡趣中受諸苦惱是故世尊應見哀
愍受我等供
尒時東方去此无量无數阿僧祇恒河沙微
塵等世界彼有佛土名意樂美音佛号虛空
等如來應供正遍知明行足善逝世間解无
上士調御丈夫天人師佛世尊尒時彼佛即

BD08615 號　大般涅槃經（北本）卷一

（2–1）

供具皆如童子供養於我亦如長人以一[illegible]
水投於大海然一小燈助百千日春夏之月
衆華茂盛有持一華益於衆華以葶藶子益
須弥山豈當有益大海日明衆華須弥世尊
我今所奉微末供具亦復如是若以三千大
千世界滿中香華伎樂幢蓋供養如來尚不
足言何以故如來為諸衆生常於地獄餓鬼
畜生諸惡趣中受諸苦惱是故世尊應見哀
愍受我等供
尒時東方去此无量无數阿僧祇恒河沙微
塵等世界彼有佛土名意樂美音佛号虛空
等如來應供正遍知明行足善逝世間解无
上士調御丈夫天人師佛世尊尒時彼佛即
告第一大弟子言善男子汝今宜往西方娑婆
世界彼土有佛号釋迦牟尼如來應正遍知明
行足善逝世間解无上士調御丈夫天人師佛
世尊彼佛不久當般涅槃善男子汝可持此
世界香飯其食香美食之安隱可以奉獻
彼佛世尊世尊食已入般涅槃善男子并可

BD08615號　大般涅槃經（北本）卷一　（2–2）

力時滿百千歲然後還攝舌相一時謦欬俱
共彈指是二音聲遍至十方諸佛世界地皆
六種震動其中衆生天龍夜叉乾闥婆阿脩
羅迦樓羅緊那羅摩睺羅伽人非人等以佛
神力故皆見此娑婆世界无量无邊百千万
億衆寶樹下師子座上諸佛及見釋迦牟尼
佛共多寶如來在寶塔中坐師子座又見无
量无邊百千万億菩薩摩訶薩及諸四衆恭
敬圍繞釋迦牟尼佛既見是已皆大歡喜得
未曾有即時諸天於虛空中高聲唱言過此
无量无邊百千万億阿僧祇世界有國名娑
婆是中有佛名釋迦牟尼今為諸菩薩摩訶
薩說大乘經名妙法蓮華教菩薩法佛所護
念汝等當深心隨喜亦當礼拜供養釋迦牟

BD08616號　妙法蓮華經卷六　（4–1）

歎圍繞釋迦牟尼佛既見是已皆大歡喜得
未曾有即時諸天於虛空中高聲唱言過此
无量无邊百千万億阿僧祇世界有國名娑
婆是中有佛名釋迦牟尼今為諸菩薩摩訶
薩說大乘經名妙法蓮華教菩薩法佛所護
念汝等當深心隨喜亦當礼拜供養釋迦牟
尼佛彼諸衆生聞虛空中聲已合掌向娑婆
世界作如是言南无釋迦牟尼佛南无釋迦
牟尼佛以種種華香瓔珞幡蓋及諸嚴身之
具珎寶妙物皆共遙散娑婆世界所散諸物
從十方來譬如雲集變成寶帳遍覆此間諸
佛之上于時十方世界通達无礙如一佛土
尒時佛告上行等菩薩大衆諸佛神力如是
无量无邊不可思議若我以是神力於无量
无邊百千万億阿僧祇劫為囑累故說此經
功德猶不能盡以要言之如來一切所有之
法如來一切自在神力如來一切祕要之藏
如來一切甚深之事皆於此經宣示顯說是
故汝等於如來滅後應一心受持讀誦解說
書寫如說脩行所在國土若有受持讀誦解
說書寫如說脩行若經卷所住之處若於園
中若於林中若於樹下若於僧坊若白衣舍
若在殿堂若山谷曠野是中皆應起塔供養
所以者何當知是處即是道場諸佛於此得
阿耨多羅三藐三菩提諸佛於此轉于法輪
諸佛於此而般涅槃尒時世尊欲重宣此義
而說偈言

BD08616號　妙法蓮華經卷六　（4–2）

中若於林中若於樹下若於僧坊若白衣舍
若在殿堂若山谷曠野是中皆應起塔供養
所以者何當知是處即是道場諸佛於此得
阿耨多羅三藐三菩提諸佛於此轉于法輪
諸佛於此而般涅槃尒時世尊欲重宣此義
而說偈言

諸佛救世者　住於大神通　為悅衆生故　現无量神力
舌相至梵天　身放无數光　為求佛道者　現此希有事
諸佛謦欬聲　及彈指之聲　周聞十方國　地皆六種動
以佛滅度後　能持是經故　諸佛皆歡喜　現无量神力
囑累是經故　讚美受持者　於无量劫中　猶故不能盡
是人之功德　无邊无有窮　如十方虛空　不可得邊際
能持是經者　則為已見我　亦見多寶佛　及諸分身者
又見我今日　教化諸菩薩　能持是經者　令我及分身
滅度多寶佛　一切皆歡喜　十方現在佛　并過去未來
亦見亦供養　亦令得歡喜　諸佛坐道場　所得祕要法
能持是經者　不久亦當得　能持是經者　於諸法之義
名字及言辭　樂說无窮盡　如風於空中　一切无障礙
於如來滅後　知佛所說經　因緣及次第　隨義如實說
如日月光明　能除諸幽冥　斯人行世間　能滅衆生闇
教无量菩薩　畢竟住一乘　是故有智者　聞此功德利
於我滅度後　應受持斯經　是人於佛道　決定无有疑

妙法蓮華經囑累品第二十二

尒時釋迦牟尼佛從法座起現大神力以右
薩摩訶薩頂而作是言我於无
劫脩習是難得阿耨多

BD08616號　妙法蓮華經卷六　（4–3）

是人之功德　无邊无有窮　如十方虛空　不可得邊際
能持是經者　則為已見我　亦見多寶佛　及諸分身者
又見我今日　教化諸菩薩　能持是經者　令我及分身
滅度多寶佛　一切皆歡喜　十方現在佛　并過去未來
亦見亦供養　亦令得歡喜　諸佛坐道場　所得秘要法
能持是經者　不久亦當得　能持是經者　於諸法之義
名字及言辭　樂說无窮盡　如風於空中　一切无障礙
於如來滅後　知佛所說經　因緣及次第　隨義如實說
如日月光明　能除諸幽冥　斯人行世間　能滅衆生闇
教无量菩薩　畢竟住一乘　是故有智者　聞此功德利
於我滅度後　應受持斯經　是人於佛道　決定无有疑
妙法蓮華經囑累品第二十二
尒時釋迦牟尼佛從法座起現大神力以右
薩摩訶薩頂而作是言我於无
切脩習是難得阿耨多

BD08616號　妙法蓮華經卷六　（4–4）

惡少少惡在多善中則无勢力如一兩鹽投
之洹河不能壞味又此聖人富信等財如貧
窮人為一錢受罪富貴者雖為百千亦不得
罪又入聖道故得為尊貴如貴人雖罪不入
牢獄又如席狗犬羊及尊卑共諍大者得勝
又此聖人心宿聖道諸惡道罪不能復惚如
王宿空舍餘人无能入者又此聖人行自行
處惡道罪業不能得便如鷹鷂喻又聖人繫
心念處故諸惡道業不能得便如圓瓶入
制又具二種結故墮惡道隨業受報聖人斷
一種故不墮惡道又此人常受善業報故諸
惡道業不能得便又如先六業品中說地獄
業相聖人无因緣不墮惡道
十善道品第一百一十七
十善業道所謂離煞乃至正見是十事或律
儀所攝一時得禪无色律儀所攝亦一時得
離名善業道即是无作問曰餘祀敬布施等
福是善業道何故但說離名業道耶答曰以
雖業攻上重業三道等爲業不必皆可以

BD08617號　成實論（宮本）卷九　（3–1）

十善道品第一百二十七

十善業道所謂離煞乃至正見是十事戒律儀所攝一時淨禪无色律儀所攝亦一時淨離名善業道即是无作問曰餘禮敬布施等福是善業道何故但說離名業道耶答曰以離勝故是十種業於施等爲勝所以者何以布施等所得福報不及持戒如十歲人以離煞因緣增益壽命又十不善業是實罪故離名實福又復三善業是衆善之本是故施等諸善皆業道所攝又是業道有離鞭杖等先後合說故一切諸善皆在中攝

過患品第一百二十八

問曰不善業有何過患答曰以不善業故受地獄等苦如經中說煞生因緣故墮地獄若生人中則受短命如是乃至邪見又以不善業因緣故久受苦惱如阿鼻地獄過无量歲壽命不盡又衆生所有一切諸惡敗壞衰惱皆由不善又未曾見不善業有大利益如屠獵師等終不以此業而得尊貴汝意或謂以壞賊因緣而得富貴是事先三業品中已答又行不善者受呵憤等諸苦惱分又令他人得所惡事名爲凶暴是故應離此不善業又經中說煞有五失人所不信得惡名聞遠善近惡死時生悔後墮惡道又煞生因緣樂少苦多又行不善業染汙人心世世積集又則



又行不善者受呵憤等諸苦惱分又令他人得所惡事名爲凶暴是故應離此不善業又經中說煞有五失人所不信得惡名聞遠善近惡死時生悔後墮惡道又煞生因緣樂少苦多又行不善業染汙人心世世積集又則難治又行不善者從冥入冥流三轉塗永不得出又行不善者空受人身如採藥雪山而收毒草是爲極愚如是以十善道乃得人身但不行善尚爲大失況起惡業又行不善者雖自愛身而實不自愛雖自護身實不自護以起自惱業因緣故又是人遇身猶如惡賊自令苦故又若行不善則自敗身況他人耶又行不善業今雖不現果報則著是故雖少亦不可信如毒雖少亦能害人如責雖少漸漸滋息又爲惡於人人常不忘是故雖爲久遠亦不可信又行不善者名爲失樂以行不善故失人天樂不貪樂者愚之甚也又行不善者苦劇可愍現受心悔等苦後則受惡道

大般若波羅蜜多經卷第二百五十
初分難信解品第卅四之六十九　三藏法師玄奘奉　詔譯
善現一切智智清淨故舌界清淨舌界清淨故
故大空清淨何以故若一切智智清淨若舌
界清淨若大空清淨無二無二分無別無斷
故一切智智清淨故味界舌識界及舌觸舌
觸為緣所生諸受清淨味界乃至舌觸為緣
所生諸受清淨故大空清淨何以故若一切
智智清淨若味界乃至舌觸為緣所生諸受
清淨若大空清淨無二無二分無別無斷故
善現一切智智清淨故身界清淨身界清淨
故大空清淨何以故若一切智智清淨若身
界清淨若大空清淨無二無二分無別無斷
故一切智智清淨故觸界身識界及身觸身
觸為緣所生諸受清淨觸界乃至身觸為緣
所生諸受清淨故大空清淨何以故若一切

BD08618號　大般若波羅蜜多經卷二五〇　（2–1）

故一切智智清淨故味界舌識界及舌觸舌
觸為緣所生諸受清淨味界乃至舌觸為緣
所生諸受清淨故大空清淨何以故若一切
智智清淨若味界乃至舌觸為緣所生諸受
清淨若大空清淨無二無二分無別無斷故
善現一切智智清淨故身界清淨身界清淨
故大空清淨何以故若一切智智清淨若身
界清淨若大空清淨無二無二分無別無斷
故一切智智清淨故觸界身識界及身觸身
觸為緣所生諸受清淨觸界乃至身觸為緣
所生諸受清淨故大空清淨何以故若一切
智智清淨若觸界乃至身觸為緣所生諸受
清淨若大空清淨無二無二分無別無斷故
善現一切智智清淨故意界清淨意界清淨
故大空清淨何以故若一切智智清淨若意
界清淨若大空清淨無二無二分無別無斷
故一切智智清淨故法界意識界及意觸意
觸為緣所生諸受清淨法界乃至意觸為緣
所生諸受清淨故大空清淨何以故若一切智
智清淨若法界乃至意觸為緣所生諸受
清淨若大空清淨無二無二分無別無斷故

BD08618號　大般若波羅蜜多經卷二五〇　（2–2）

小品般若經
一帙

BD08618號背　經袟（擬）　　　　（1–1）

當知是經義
亦不可思議
尒時須菩提白佛言世尊善
阿耨多羅三藐三菩提心云
伏其心佛告須菩提善男子
多羅三藐三菩提者當生如
一切衆生滅度一切衆生已
實滅度者何以故若菩薩有
相壽者相則非菩薩所以者
有法發阿耨多羅三藐三菩
須菩提於意云何如來於然
阿耨多羅三藐三菩提不不
佛所說義佛於然燈佛所
羅三藐三菩提佛言如是
有法如來得阿耨多羅三　菩提須菩提
若有法如來得阿耨多羅三藐三　提然燈
佛則不與我受記汝於來世當得作佛号釋
迦牟尼以實无有法得阿耨多羅三藐三菩

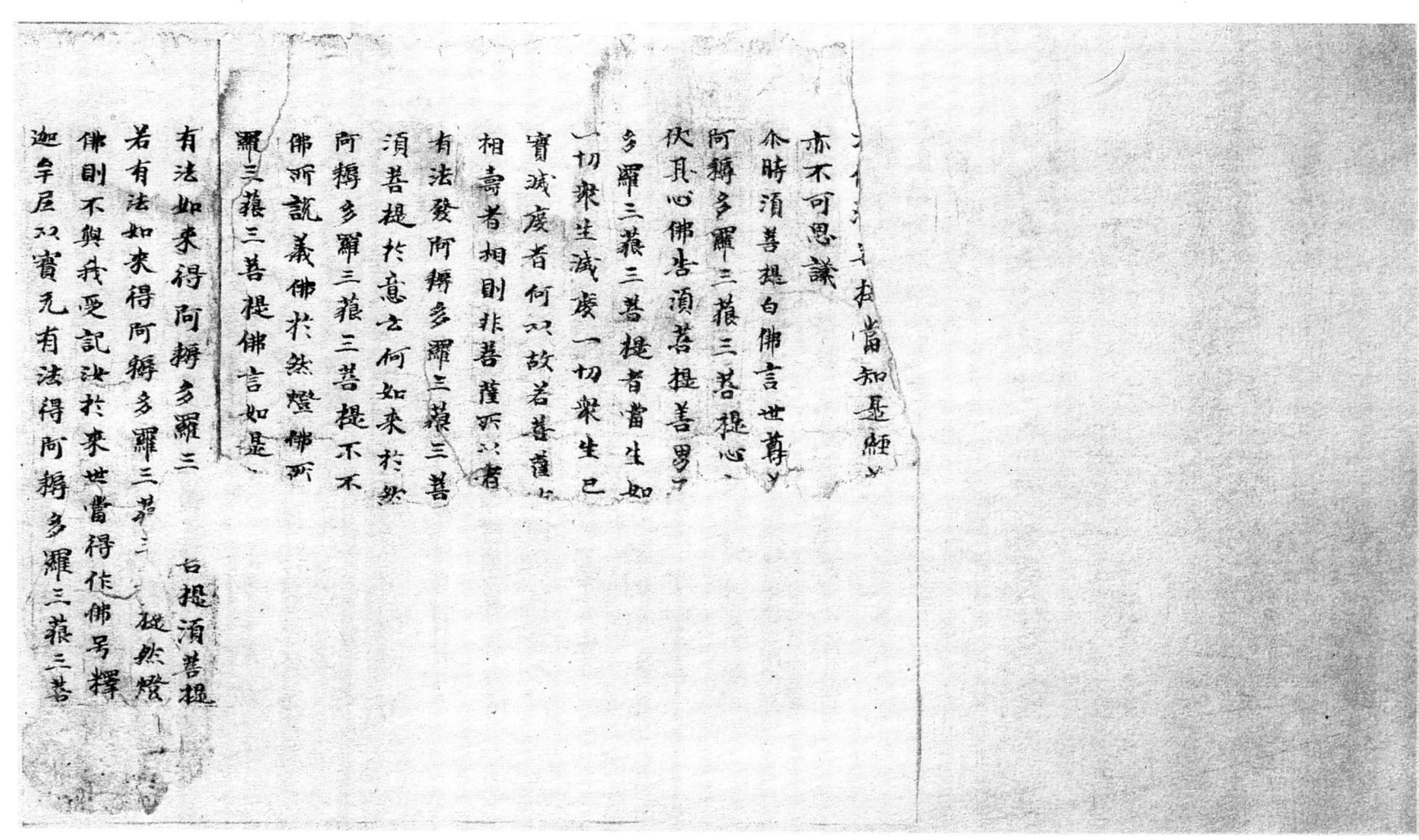

BD08619號　金剛般若波羅蜜經　　　　（3–1）

羅三藐三菩提佛言如是
有法如來得阿耨多羅三……提須菩提
若有法如來得阿耨多羅三藐三……提然燈
佛則不與我受記汝於來世當得作佛号釋
迦牟尼以實无有法得阿耨多羅三藐三菩
提是故然燈佛與我受記作是言汝
當得作佛号釋迦牟尼何以故如來
法如義若有人言如來得阿耨多羅三
菩提須菩提實无有法佛得阿耨
三菩提須菩提如來所得阿耨多羅三
菩提於是中无實无虛是故如來說一切法
皆是佛法須菩提所言一切法者即非
法是故名一切法
須菩提譬如人身長大須菩提言世尊如
說人身長大則為非大身是名大身
須菩提菩薩亦如是若作是言我當滅度无
量衆生則不名菩薩何以故須菩提實无有
法名為菩薩是故佛說一切法无我无人无
衆生无壽者須菩提若菩薩作是言我當莊嚴
佛土是不名菩薩何以故如來說莊嚴佛土
者即非莊嚴是名莊嚴須菩提若菩薩通
達无我法者如來說名真是菩薩
須菩提於意云何如來有肉眼不如是世尊如
來有肉眼須菩提於意云何如來有天眼不
如是世尊如來有天眼須菩提於意云何
如來有慧眼不如是世尊如來有慧眼須
提於意云何如來有法眼不如是世尊如來
有法眼須菩提於意云何如來有佛眼不如

BD08619號　金剛般若波羅蜜經　（3-2）

法名為菩薩是故佛說一切法无我无人无
衆生无壽者須菩提若菩薩作是言我當莊嚴
佛土是不名菩薩何以故如來說莊嚴佛土
者即非莊嚴是名莊嚴須菩提若菩薩通
達无我法者如來說名真是菩薩
須菩提於意云何如來有肉眼不如是世尊如
來有肉眼須菩提於意云何如來有天眼不
如是世尊如來有天眼須菩提於意云何
如來有慧眼不如是世尊如來有慧眼須
提於意云何如來有法眼不如是世尊如來
有法眼須菩提於意云何如來有佛眼不如
是世尊如來有佛眼須菩提於意云何恒河
中所有沙佛說是沙不如是世尊如來說是
沙須菩提於意云何如一恒河中所有沙有
如是等恒河是諸恒河所有沙數佛世界如
是寧為多不甚多世尊佛告須菩提尒所國
有衆生若干種心如來悉知何以故
諸心皆為非心是名為心所以者何
……不可得……不可得……

BD08619號　金剛般若波羅蜜經　（3-3）

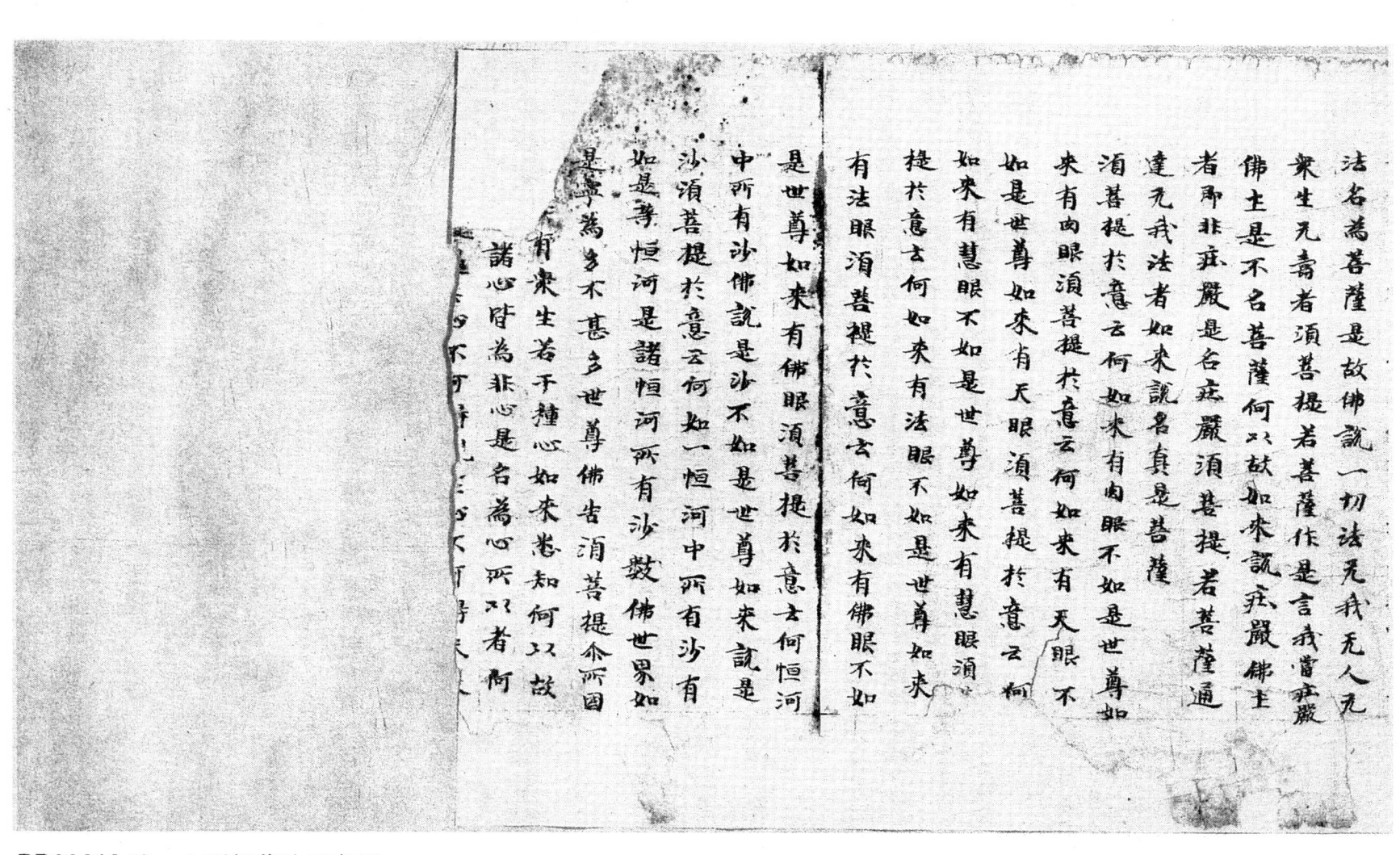

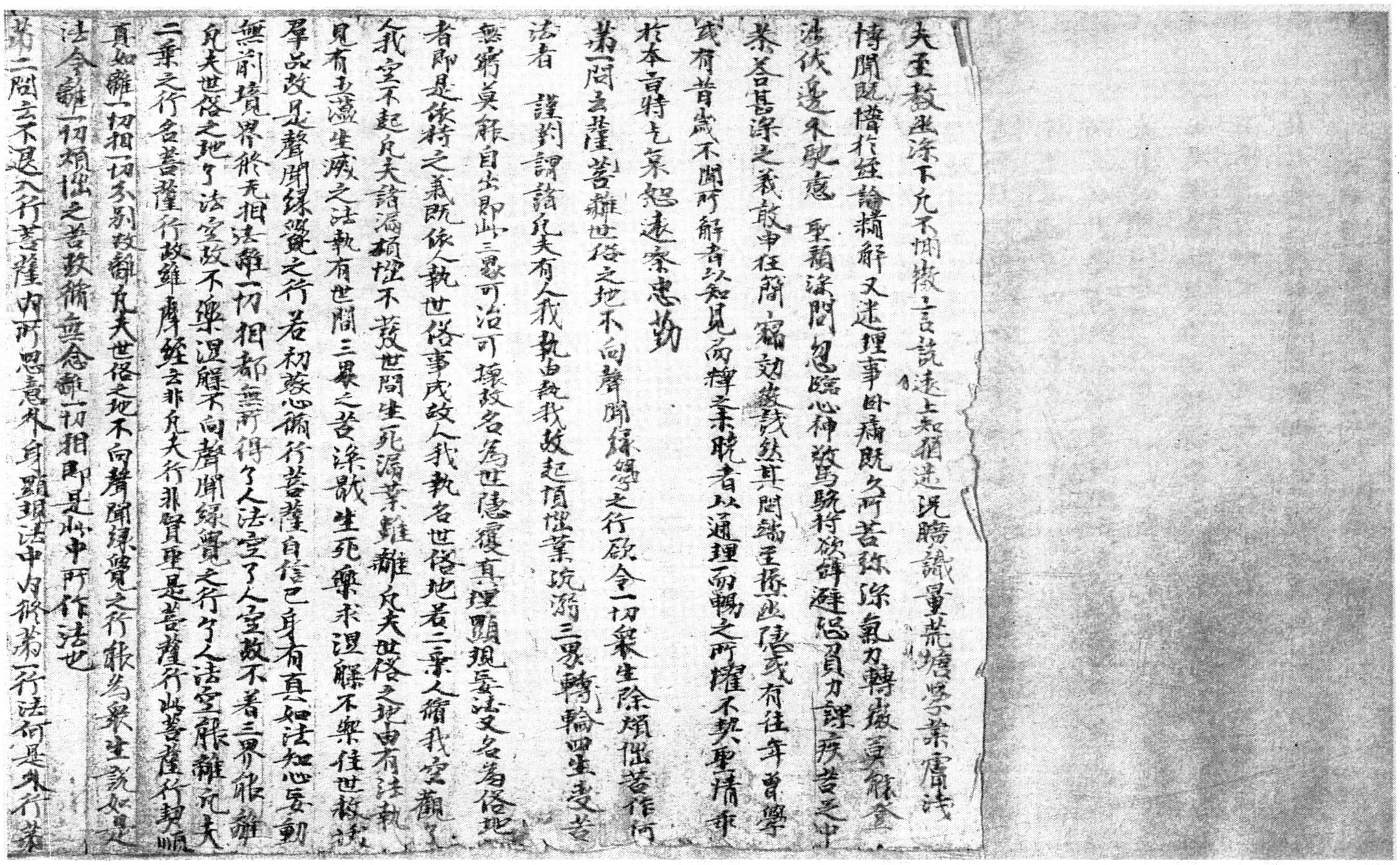

夫至教幽深下凡不惻微言詭遠上知猶迷況賸識量荒塘學業膚淺
博聞既懵於經論精解又迷理事出痛既久所苦弥深氣力轉微豈能盡
陟伏邊未䏻意　聖顏深問忽臨心神驚焉驍將欲辭避恐負力課疾苦之中
粗答甚深之義敢申狂簡竊効發箴然其問端至極幽隱或有往年曾學
或有昔歲不聞所解者以知見而釋之未暁者以通理而暢之所懼不契聖情乖
於本意特乞慈恩遠察忠勤
第一問云菩薩離世俗之地不向聲聞緣覺之行啟令一切衆生除煩惱苦作何
法者　謹對謂諸凡夫有人我執由執我故起煩惱業流溺三界轉輪四生受苦
無窮莫能自出即此三界可治可壞故名為世隱覆真理顯現妄法又名為俗地
者即是依持之義既依人執世俗事成故人我執名世俗地若二乘人備我空觀了
人我空不起凡夫諸漏煩惱不發世間生死漏業雖離凡夫世俗之地由有法執
見有五蘊生滅之法執有世間三界之苦深猒生死樂求涅槃不樂住世救
羣品故是聲聞緣覺之行若初發心修行菩薩自信己身有真如法知心妄動
無前境界於無相法離一切相都無所得了人法空了人空故不著三界能離
凡夫世俗之地了法空故不樂涅槃不向聲聞緣覺之行了人法空能離凡夫
二乘之行名菩薩行故維摩經云非凡夫行非賢聖行是菩薩行此菩薩行契順
真如離一切相一切分別故離凡夫世俗之地不向聲聞緣覺之行能為衆生說如是
法令離一切煩惱之苦故修無念離一切相即是此中所作法也
第二問云不退入行菩薩內所思意外身顯現法中何修第一行法何是不行菩

BD08620號　大乘二十二問

（2–1）

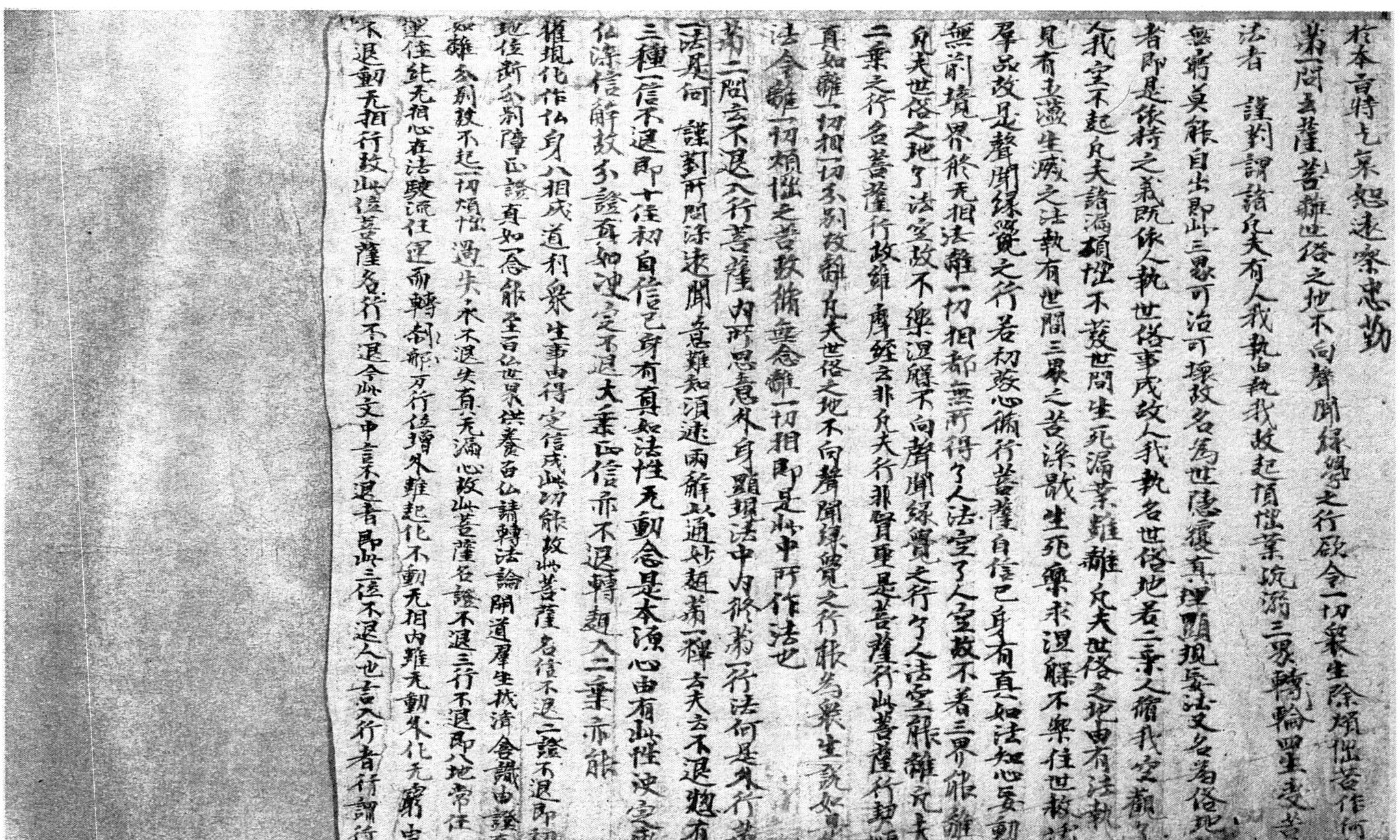

於本意特乞慈恩遠察忠勤
第一問云菩薩離世俗之地不向聲聞緣覺之行啟令一切衆生除煩惱苦作何
法者　謹對謂諸凡夫有人我執由執我故起煩惱業流溺三界轉輪四生受苦
無窮莫能自出即此三界可治可壞故名為世隱覆真理顯現妄法又名為俗地
者即是依持之義既依人執世俗事成故人我執名世俗地若二乘人備我空觀了
人我空不起凡夫諸漏煩惱不發世間生死漏業雖離凡夫世俗之地由有法執
見有五蘊生滅之法執有世間三界之苦深猒生死樂求涅槃不樂住世救
羣品故是聲聞緣覺之行若初發心修行菩薩自信己身有真如法知心妄動
無前境界於無相法離一切相都無所得了人法空了人空故不著三界能離
凡夫世俗之地了法空故不樂涅槃不向聲聞緣覺之行了人法空能離凡夫
二乘之行名菩薩行故維摩經云非凡夫行非賢聖行是菩薩行此菩薩行契順
真如離一切相一切分別故離凡夫世俗之地不向聲聞緣覺之行能為衆生說如是
法令離一切煩惱之苦故修無念離一切相即是此中所作法也
第二問云不退入行菩薩內所思意外身顯現法中何修第一行法何是不行菩
法是何　謹對所問深遠聞意難知須述兩解以通妙趣第一釋云夫云不退總有
三種一信不退即十住初自信己身有真如法性无動念是本源心由有此性決定成
佛深信解故不證真如決定不退大乘正信亦不退轉趣入二乘亦能
權現化作佛身八相成道利衆生事由得定信成此功能故此菩薩名信不退二證不退即初
地住斷分別障正證真如一念能至百佛世界供養百佛請轉法論開道群生拔濟含識由證真
如離分別故不起一切煩惱過失永不退失真无漏心故此菩薩名證不退三行不退即八地常住
望住純无相心在法駛流任運而轉剎那剎那万行任增外雖起化不動无相內雖无動外化无窮由
不退動无相行故此位菩薩名行不退今此文中言不退者即此三位不退人也言入行者行謂行

BD08620號　大乘二十二問

（2–2）

大乘无量壽經
如是我聞一時薄伽梵在舍衛國祇樹給孤獨園與大苾芻僧千二百五十人大菩薩
摩訶薩眾俱同會坐爾時世尊告曼殊室利童子曼殊上方有世界名无量功
德聚彼土有佛号无量智決定王如來阿耨多羅三藐三菩提現為眾生開示說法
曼殊師聽南閻浮提人皆短壽大限百年於中於枉橫死者眾曼殊如是无量壽
如來功德名稱法要若有眾生得聞名号若自書或使人書能為經卷受持讀誦若於
舍宅所住之處以種種花鬘瓔珞塗香末香而為供養如其命盡復得延年滿足
百歲如是曼殊若有眾生得聞是无量壽智決定王如來一百八名号者益其長壽若
有眾生大命將盡憶念是如來名号更得增壽如是曼殊若有善男子善女人欲求
長命於是无量壽如來一百八名号有得聞者或自書若使人書受持讀誦得如是善
果報福德具足陀羅尼曰　南謨薄伽勃底一 阿波唎蜜多二 阿喻紇硬娘三 須毗你悉指陀四 囉佐耶五
怛他羯他耶六 怛姪他七 薩婆桑塞迦囉八 波唎輸底九 達磨底十 伽伽那十一 莎訶某持迦底十二 薩婆婆毗
輸底十三 摩訶那耶十四 波唎婆囇莎訶十五　世尊復告曼殊室利如是如來一百八名号若有
書或使人書能為經卷受持讀誦如壽命盡復滿百年壽終此身後得往生无量福智
世界无量壽淨土陀羅尼曰　南謨薄伽勃底一 阿波唎蜜多二 阿喻紇硬娘三 須毗你悉指陀四 囉
佐耶五 怛他羯他耶六 怛姪他七 薩婆桑塞迦囉八 波唎輸底九 達磨底十 伽伽那十一 莎訶某持迦底十二 薩婆
婆毗輸底十三 摩訶那耶十四 波唎婆囇莎訶十五　爾時復有九十九俱胝佛一時同聲說是无量
壽宗要經陀羅尼曰　南謨薄伽勃底一 阿波唎蜜多二 阿喻紇硬娘三 須毗你悉指陀四 囉佐耶五
怛他羯他耶六 怛姪他七 薩婆桑塞迦囉八 波唎輸底九 達磨底十 伽伽那十一 莎訶某持迦底十二 薩婆婆毗輸底十三
摩訶那耶十四 波唎婆囇莎訶十五　爾時復有一百四俱胝佛一時同聲說是无量壽宗要經陀羅尼曰
南謨薄伽勃底一 [illegible]

BD08621 號　無量壽宗要經　（5–1）

輸底十三 摩訶那耶十四 波唎婆囇莎訶十五　世尊復告曼殊室利如是如來一百八名号若有
書或使人書能為經卷受持讀誦如壽命盡復滿百年壽終此身後得往生无量福智
世界无量壽淨土陀羅尼曰　南謨薄伽勃底一 阿波唎蜜多二 阿喻紇硬娘三 須毗你悉指陀四 囉
佐耶五 怛他羯他耶六 怛姪他七 薩婆桑塞迦囉八 波唎輸底九 達磨底十 伽伽那十一 莎訶某持迦底十二 薩婆
婆毗輸底十三 摩訶那耶十四 波唎婆囇莎訶十五　爾時復有九十九俱胝佛一時同聲說是无量
壽宗要經陀羅尼曰　南謨薄伽勃底一 阿波唎蜜多二 阿喻紇硬娘三 須毗你悉指陀四 囉佐耶五
怛他羯他耶六 怛姪他七 薩婆桑塞迦囉八 波唎輸底九 達磨底十 伽伽那十一 莎訶某持迦底十二 薩婆婆毗輸底十三
摩訶那耶十四 波唎婆囇莎訶十五　爾時復有一百四俱胝佛一時同聲說是无量壽宗要經陀羅尼曰
南謨薄伽勃底一 阿波唎蜜多二 阿喻紇硬娘三 須毗你悉指陀四 囉佐耶五 怛他羯他耶六 怛姪他七 薩婆桑
塞迦囉八 波唎輸底九 達磨底十 伽伽那十一 莎訶某持迦底十二 薩婆婆毗輸底十三 摩訶那耶十四 波唎
婆囇莎訶十五　爾時復有七俱胝佛一時同聲說是无量壽宗要經陀羅尼曰
南謨薄伽勃底一 阿波唎蜜多二 阿喻紇硬娘三 須毗你悉指陀四 囉佐耶五 怛他羯他耶六 怛姪他七 薩婆
桑塞迦囉八 波唎輸底九 達磨底十 伽伽那十一 莎訶某持迦底十二 薩婆婆毗輸底十三 摩訶那耶十四 波唎婆囇
莎訶十五　爾時復有六十五俱胝佛一時同聲說是无量壽宗要經陀羅尼曰
南謨薄伽勃底一 阿波唎蜜多二 阿喻紇硬娘三 須毗你悉指陀四 囉佐耶五 怛他羯他耶六 怛姪他七 薩婆
桑塞迦囉八 波唎輸底九 達磨底十 伽伽那十一 莎訶某持迦底十二 薩婆婆毗輸底十三 摩訶那耶十四 波唎
婆囇莎訶十五　爾時復有五十五俱胝佛一時同聲說是无量壽宗要經陀羅尼曰
南謨薄伽勃底一 阿波唎蜜多二 阿喻紇硬娘三 須毗你悉指陀四 囉佐耶五 怛他羯他耶六 怛姪他七 薩
婆桑塞迦囉八 波唎輸底九 達磨底十 伽伽那十一 莎訶某持迦底十二 薩婆婆毗輸底十三 摩訶那耶十四 波唎
婆囇莎訶十五　爾時復有四十五俱胝佛一時同聲說是无量壽宗要經陀羅尼曰
南謨薄伽勃底一 阿波唎蜜多二 阿喻紇硬娘三 須毗你悉指陀四 囉佐耶五 怛他羯他耶六 怛姪他七 薩婆桑
塞迦囉八 波唎輸底九 達磨底十 伽伽那十一 莎訶某持迦底十二 薩婆婆毗輸底十三 摩訶那耶十四 波唎婆囇莎訶十五
爾時復有三十五俱胝佛一時同聲說是无量壽宗要經陀羅尼曰　南謨薄伽勃底一 阿波唎蜜多二 阿喻紇硬娘三
須毗你悉指陀四 囉佐耶五 怛他羯他耶六 怛姪他七 薩婆桑塞迦囉八 波唎輸底九 達磨底十 伽伽那十一 莎訶某
持迦底十二 薩婆婆毗輸底十三 摩訶那耶十四 波唎婆囇莎訶十五　爾時復有二十五俱胝佛一時同聲說是
无量壽宗要經陀羅尼曰　南謨薄伽勃底一 阿波唎蜜多二 阿喻紇硬娘三 須毗你悉指陀四 囉佐耶五
怛他羯他耶六 怛姪他七 薩婆婆毗輸底八 波唎輸底九 達磨底十 伽伽那十一 莎訶某持迦底十二 薩婆婆毗輸
底十三 摩訶那耶十四 波唎婆囇莎訶十五　爾時復有恒河沙俱胝佛一時同聲說是无量壽

BD08621 號　無量壽宗要經　（5–2）

持迦底十二　薩婆婆毗輸底十三　摩訶娜耶十四　波唎婆囉莎訶十五　爾時復有二十五俱胝佛一時聲說是無量壽宗要經陀羅尼曰　南謨薄伽勃底一　阿波唎蜜多二　阿喻紇硬娘三　須毗你悉指陀四　囉佐耶五　怛他羯他耶六　怛姪他唵七　薩婆桑悉迦囉八　波唎輸底九　達磨底十　伽伽那十一　莎訶某持迦底十二　薩婆婆毗輸底十三　摩訶娜耶十四　波唎婆囉莎訶十五

爾時復有恒河沙俱胝佛一時同聲說是無量壽宗要經陀羅尼曰　南謨薄伽勃底一　阿波唎蜜多二　阿喻紇硬娘三　須毗你悉指陀四　囉佐耶五　怛他羯他耶六　怛姪他唵七　薩婆桑悉迦囉八　波唎輸底九　達磨底十　伽伽那十一　莎訶某持迦底十二　薩婆婆毗輸底十三　摩訶娜耶十四　波唎婆囉莎訶十五

善男子若有自書寫教人書寫是無量壽宗要經如其命盡復得長壽而滿百年陀羅尼曰　南謨薄伽勃底一　阿波唎蜜多二　阿喻紇硬娘三　須毗你悉指陀四　囉佐耶五　怛他羯他耶六　怛姪他唵七　薩婆桑悉迦囉八　波唎輸底九　達磨底十　伽伽那十一　莎訶某持迦底十二　薩婆婆毗輸底十三　摩訶娜耶十四　波唎婆囉莎訶十五

若有復書寫教人書寫是無量壽宗要經受持讀誦畢竟不墮地獄在在所生得宿命陀羅尼曰　南謨薄伽勃底一　阿波唎蜜多二　阿喻紇硬娘三　須毗你悉指陀四　囉佐耶五　怛他羯他耶六　怛姪他唵七　薩婆桑悉迦囉八　波唎輸底九　達磨底十　伽伽那十一　莎訶某持迦底十三　摩訶娜耶十四　波唎婆囉莎訶十五

若有自書寫教人書寫是無量壽宗要經受持讀誦如同書寫八萬四千一切經典陀羅尼曰　南謨薄伽勃底一　阿波唎蜜多二　阿喻紇硬娘三　須毗你悉指陀四　囉佐耶五　怛他羯他耶六　怛姪他唵七　薩婆桑悉迦囉八　波唎輸底九　達磨底十　伽伽那十一　莎訶某持迦底十二　薩婆婆毗輸底十三　摩訶娜耶十四　波唎婆囉莎訶十五

若有自書寫教人書寫是無量壽宗要經即是書寫八萬四部建立塔廟陀羅尼曰　南謨薄伽勃底一　阿波唎蜜多二　阿喻紇硬娘三　須毗你悉指陀四　囉佐耶五　怛他羯他耶六　怛姪他唵七　薩婆桑悉迦囉八　波唎輸底九　達磨底十　伽伽那十一　莎訶某持迦底十二　薩婆婆毗輸底十三　摩訶娜耶十四　波唎婆囉莎訶十五

若有自書寫教人書寫是無量壽宗要經能滅五無間等一切重罪陀羅尼曰　南謨薄伽勃底一　阿波唎蜜多二　阿喻紇硬娘三　須毗你悉指陀四　囉佐耶五　怛他羯他耶六　怛姪他唵七　薩婆桑悉迦囉八　波唎輸底九　達磨底十　伽伽那十一　莎訶某持迦底十二　薩婆婆毗輸底十三　摩訶娜耶十四　波唎婆囉莎訶十五

若有自書寫教人書寫是無量壽宗要經受持讀誦縱有重罪積如須彌盡能除滅陀羅尼曰　南謨薄伽勃底一　阿波唎蜜多二　阿喻紇硬娘三　須毗你悉指陀四　囉佐耶五　怛他羯他耶六　怛姪他唵七　薩婆桑悉迦囉八　波唎輸底九　達磨底十　伽伽那十一　莎訶某持迦底十二　薩婆婆毗輸底十三　摩訶娜耶十四　波唎婆囉莎訶十五

若有自書寫教人書寫是無量壽宗要經受持讀誦若魔子之眷屬夜叉羅剎不其便終無枉死陀羅尼曰　南謨薄伽勃底一　阿波唎蜜多二　阿喻紇硬娘三　須毗你悉指陀四　囉佐耶五　怛他羯他耶六　怛姪他唵七　薩婆桑悉迦囉八　波唎輸底九　達磨底十　伽伽那十一　莎訶某持迦底十二　薩婆婆毗輸底十三　摩訶娜耶十四　波唎婆囉莎訶十五

若有自書寫教人書寫是無量壽宗要經受持讀

BD08621號　無量壽宗要經　（5-3）

他耶六　怛姪他唵七　薩婆桑悉迦囉八　波唎輸底九　達磨底十　伽伽那十一　莎訶某持迦底十二　薩婆婆毗輸底十三　摩訶娜耶十四　波唎婆囉莎訶十五

若有自書寫教人書寫是無量壽宗要經受持讀誦若魔子之眷屬夜叉羅剎不其便終無枉死陀羅尼曰　南謨薄伽勃底一　阿波唎蜜多二　阿喻紇硬娘三　須毗你悉指陀四　囉佐耶五　怛他羯他耶六　怛姪他唵七　薩婆桑悉迦囉八　波唎輸底九　達磨底十　伽伽那十一　莎訶某持迦底十二　薩婆婆毗輸底十三　摩訶娜耶十四　波唎婆囉莎訶十五

若有自書寫教人書寫是無量壽宗要經受持讀誦當得命終時有九十九俱胝佛一時同聲說現其人前來千佛授手能往一切佛剎莫於此經生疑惑陀羅尼曰　南謨薄伽勃底一　阿波唎蜜多二　阿喻紇硬娘三　須毗你悉指陀四　囉佐耶五　怛他羯他耶六　怛姪他唵七　薩婆桑悉迦囉八　波唎輸底九　達磨底十　伽伽那十一　莎訶某持迦底十二　薩婆婆毗輸底十三　摩訶娜耶十四　波唎婆囉莎訶十五

若有自書寫教人書寫是無量壽宗要經受持讀誦常得四天大王隨其衛護陀羅尼曰　南謨薄伽勃底一　阿波唎蜜多二　阿喻紇硬娘三　須毗你悉指陀四　囉佐耶五　怛他羯他耶六　怛姪他唵七　薩婆桑悉迦囉八　波唎輸底九　達磨底十　伽伽那十一　莎訶某持迦底十二　薩婆婆毗輸底十三　摩訶娜耶十四　波唎婆囉莎訶十五

若有自書教人書寫是無量壽宗要經受持讀誦當得往生西方極樂世界阿彌陀淨土陀羅尼曰　南謨薄伽勃底一　阿波唎蜜多二　阿喻紇硬娘三　須毗你悉指陀四　囉佐耶五　怛他羯他耶六　怛姪他唵七　薩婆桑悉迦囉八　波唎輸底九　達磨底十　伽伽那十一　莎訶某持迦底十二　薩婆婆毗輸底十三　摩訶娜耶十四　波唎婆囉莎訶十五

若有方所自書寫使人書寫是無量壽經典之處則為是塔皆應恭敬作禮若是畜生或為鳥獸得聞是經如是等類皆當不久得成一切重智陀羅尼曰　南謨薄伽勃底一　阿波唎蜜多二　阿喻紇硬娘三　須毗你悉指陀四　囉佐耶五　怛他羯他耶六　怛姪他唵七　薩婆桑悉迦囉八　波唎輸底九　達磨底十　伽伽那十一　莎訶某持迦底十二　薩婆婆毗輸底十三　摩訶娜耶十四　波唎婆囉莎訶十五

若有於是無量壽經自書寫若使人書畢竟不受女人之身陀羅尼曰　南謨薄伽勃底一　阿波唎蜜多二　阿喻紇硬娘三　須毗你悉指陀四　囉佐耶五　怛他羯他耶六　怛姪他唵七　薩婆桑悉迦囉八　波唎輸底九　達磨底十　伽伽那十一　莎訶某持迦底十二　薩婆婆毗輸底十三　摩訶娜耶十四　波唎婆囉莎訶十五

若有能於是經少分能惠施者等於三千大千世界滿中七寶布施陀羅尼曰　南謨薄伽勃底一　阿波唎蜜多二　阿喻紇硬娘三　須毗你悉指陀四　囉佐耶五　怛他羯他耶六　怛姪他唵七　薩婆桑悉迦囉八　波唎輸底九　達磨底十　伽伽那十一　莎訶某持迦底十二　薩婆婆毗輸底十三　摩訶娜耶十四　波唎婆囉莎訶十五

若有能供養是經者則是供養一切諸經等無有異陀羅尼曰　南謨薄伽勃底一　阿波唎蜜多二　阿喻紇硬娘三　須毗你悉指陀四　囉佐耶五　怛他羯他耶六　怛姪他唵七　薩婆桑悉迦囉八　波唎輸底九　達磨底十　伽伽那十一　莎訶某持迦底十二　薩婆婆毗輸底十三　摩訶娜耶十四　波唎婆囉莎訶十五

如是毗婆尸佛式棄佛毗舍浮佛俱留孫佛俱那含牟尼佛迦葉佛釋迦牟尼佛若有人以七寶供養如是七佛其福有限書寫受持是無量壽經典所有功德不可限量陀羅尼曰

南謨薄伽勃底一　阿波唎蜜多二　阿喻紇硬娘三　須毗你悉指陀四　囉佐耶五 [illegible]

BD08621號　無量壽宗要經　（5-4）

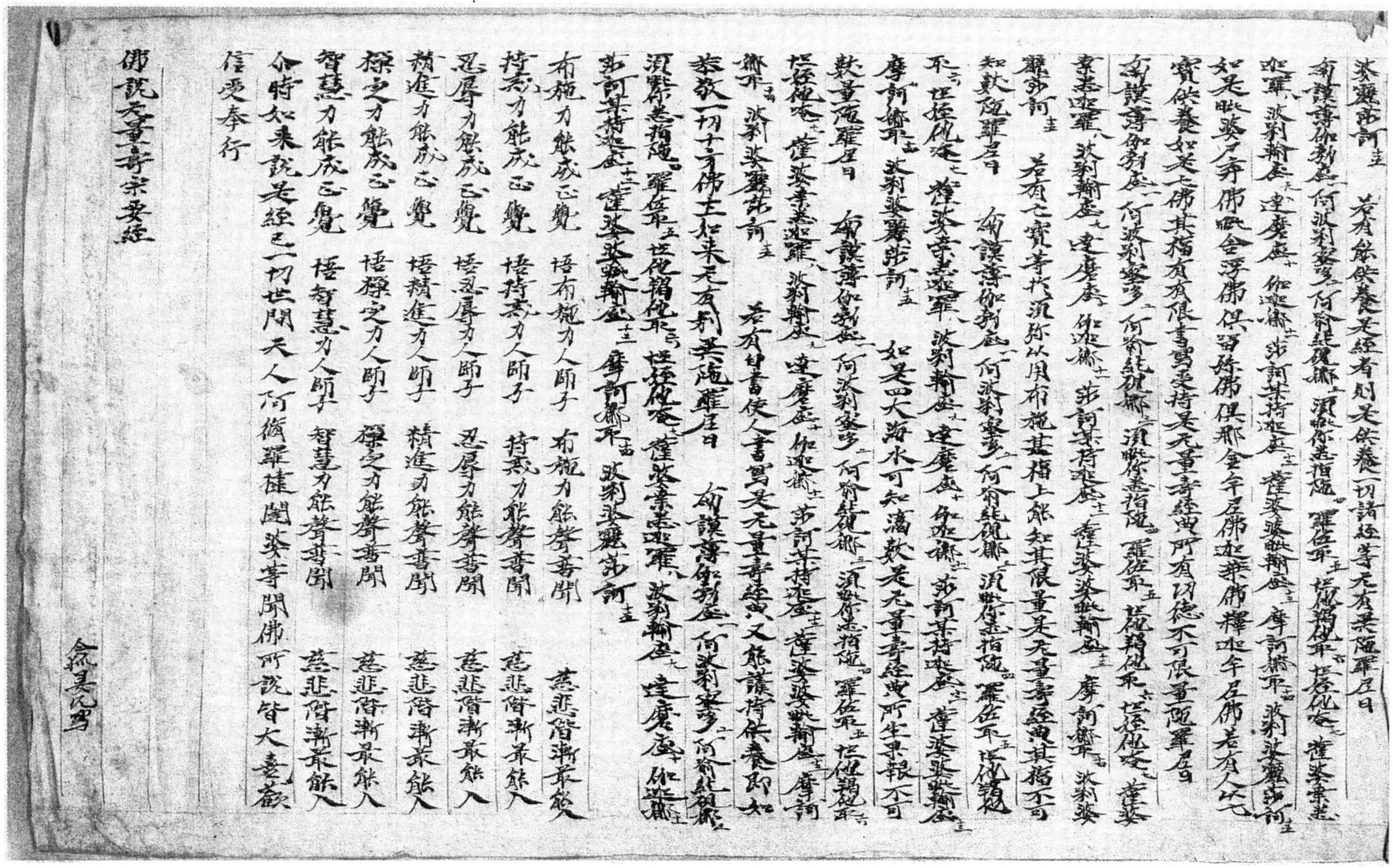
娑羅莎訶十五　若有能供養是經者，則是供養一切諸經等无有異。陁羅尼曰
南謨薄伽勃底一　阿波唎蜜多二　阿喻紇硯娜三　須毗你悉指陁四　囉佐耶五　怛他羯他耶六　怛姪他七　薩婆桑悉
迦囉八　波唎輸底九　達磨底十　伽伽娜十一　莎訶娑莫持迦底十二　薩婆婆毗輸底十三　摩訶娜耶十四　波唎娑羅莎訶十五
如是毗婆尸佛、尸棄佛、毗舍浮佛、俱留孫佛、俱那含牟尼佛、迦葉佛、釋迦牟尼佛，若有人以七
寶供養如是七佛，其福有限；書寫受持是无量壽經典，所有功德不可限量。陁羅尼曰
南謨薄伽勃底一　阿波唎蜜多二　阿喻紇硯娜三　須毗你悉指陁四　囉佐耶五　怛他羯他耶六　怛姪他七　薩婆
桑悉迦囉八　波唎輸底九　達磨底十　伽伽娜十一　莎訶娑莫持迦底十二　薩婆婆毗輸底十三　摩訶娜耶十四　波唎娑
羅莎訶十五　若有七寶等於須弥山，用布施，其福上能知其限量；是无量壽經典，其福不可
知數。陁羅尼曰　南謨薄伽勃底一　阿波唎蜜多二　阿喻紇硯娜三　須毗你悉指陁四　囉佐耶五　怛他羯他
耶六　怛姪他七　薩婆桑悉迦囉八　波唎輸底九　達磨底十　伽伽娜十一　莎訶娑莫持迦底十二　薩婆婆毗輸底十三
摩訶娜耶十四　波唎娑羅莎訶十五　如是四大海水可知滴數，是无量壽經典所生果報不可
數量。陁羅尼曰　南謨薄伽勃底一　阿波唎蜜多二　阿喻紇硯娜三　須毗你悉指陁四　囉佐耶五　怛他羯他耶六
怛姪他七　薩婆桑悉迦囉八　波唎輸底九　達磨底十　伽伽娜十一　莎訶娑莫持迦底十二　薩婆婆毗輸底十三　摩訶
娜耶十四　波唎娑羅莎訶十五　若有自書使人書寫是无量壽經典，又能讚持供養，即如
恭敬一切十方佛土如來无有異。陁羅尼曰　南謨薄伽勃底一　阿波唎蜜多二　阿喻紇硯娜三
須毗你悉指陁四　囉佐耶五　怛他羯他耶六　怛姪他七　薩婆桑悉迦囉八　波唎輸底九　達磨底十　伽伽娜十一
莎訶娑莫持迦底十二　薩婆婆毗輸底十三　摩訶娜耶十四　波唎娑羅莎訶十五
布施力能成正覺　悟布施力人師子　布施力能聲響聞　慈悲階漸最能入
持戒力能成正覺　悟持戒力人師子　持戒力能聲響聞　慈悲階漸最能入
忍辱力能成正覺　悟忍辱力人師子　忍辱力能聲響聞　慈悲階漸最能入
精進力能成正覺　悟精進力人師子　精進力能聲響聞　慈悲階漸最能入
禪定力能成正覺　悟禪定力人師子　禪定力能聲響聞　慈悲階漸最能入
智慧力能成正覺　悟智慧力人師子　智慧力能聲響聞　慈悲階漸最能入
爾時如來說是經已，一切世間天人阿修羅揵闥婆等聞佛所說，皆大歡喜，
信受奉行
佛說无量壽宗要經
令狐晏兒寫

BD08621 號　無量壽宗要經　（5–5）

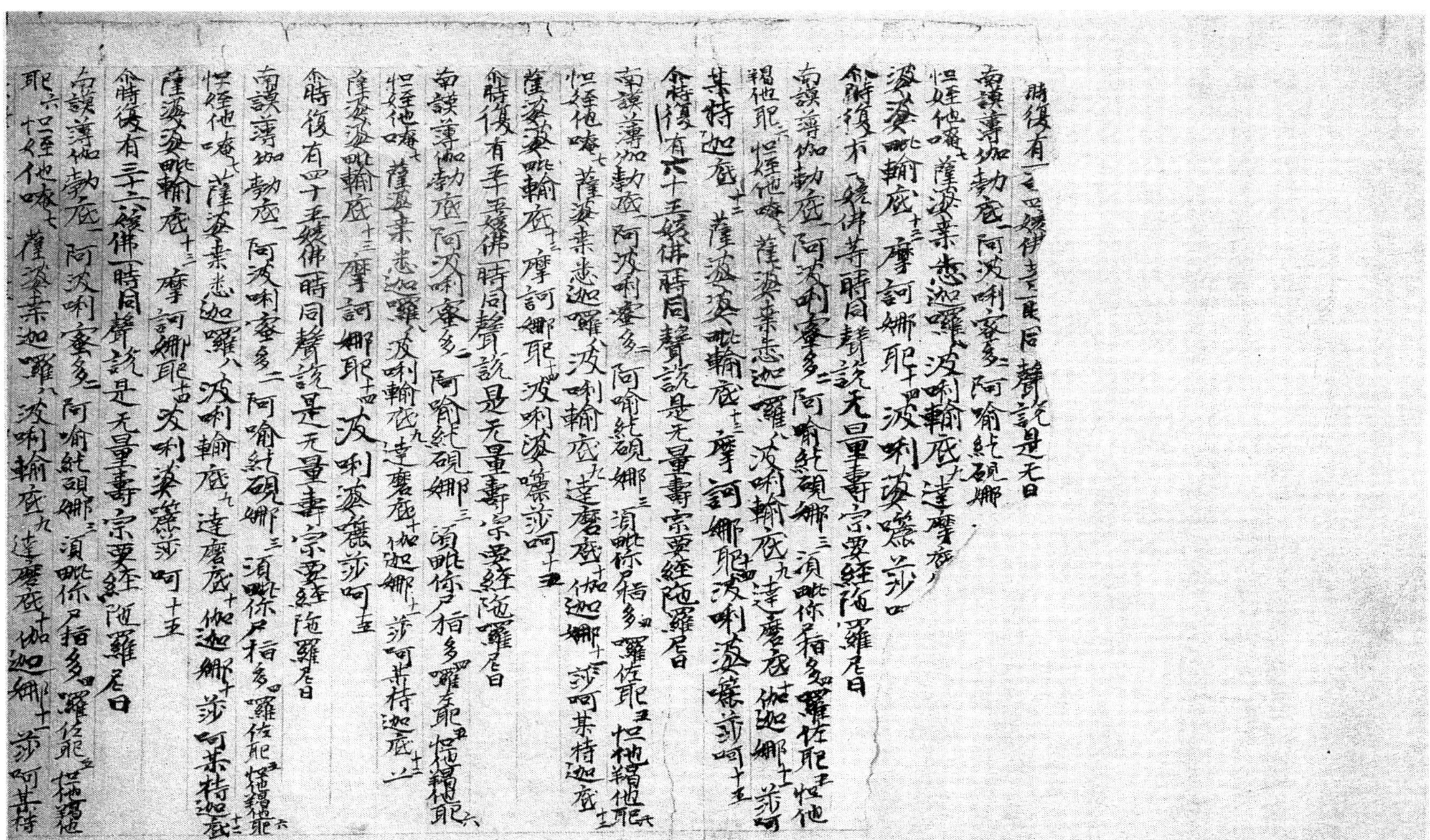
時復有八十四俱胝佛一時同聲讚說是无
南謨薄伽勃底一　阿波唎蜜多二　阿喻紇硯娜
怛姪他唵七　薩婆桑悉迦囉八　波唎輸底九　達磨底
娑婆毗輸底十三　摩訶娜耶十四　波唎婆嚩莎訶
爾時復有七十七俱胝佛一時同聲讚說无量壽宗要經陁羅尼曰
南謨薄伽勃底一　阿波唎蜜多二　阿喻紇硯娜三　須毗你悉指多四　囉佐耶五　怛他
羯他耶六　怛姪他唵七　薩婆桑悉迦囉八　波唎輸底九　達磨底十　伽伽娜十一　莎訶
娑莫持迦底十二　薩婆婆毗輸底十三　摩訶娜耶十四　波唎婆嚩莎訶十五
爾時復有六十五俱胝佛一時同聲讚說是无量壽宗要經陁羅尼曰
南謨薄伽勃底一　阿波唎蜜多二　阿喻紇硯娜三　須毗你悉指多四　囉佐耶五　怛他羯他耶六
怛姪他唵七　薩婆桑悉迦囉八　波唎輸底九　達磨底十　伽伽娜十一　莎訶娑莫持迦底十二
薩婆婆毗輸底十三　摩訶娜耶十四　波唎婆嚩莎訶十五
爾時復有五十五俱胝佛一時同聲讚說是无量壽宗要經陁羅尼曰
南謨薄伽勃底一　阿波唎蜜多二　阿喻紇硯娜三　須毗你悉指多四　囉佐耶五　怛他羯他耶六
怛姪他唵七　薩婆桑悉迦囉八　波唎輸底九　達磨底十　伽伽娜十一　莎訶娑莫持迦底十二
薩婆婆毗輸底十三　摩訶娜耶十四　波唎婆嚩莎訶十五
爾時復有四十五俱胝佛一時同聲讚說是无量壽宗要經陁羅尼曰
南謨薄伽勃底一　阿波唎蜜多二　阿喻紇硯娜三　須毗你悉指多四　囉佐耶五　怛他羯他耶六
怛姪他唵七　薩婆桑悉迦囉八　波唎輸底九　達磨底十　伽伽娜十一　莎訶娑莫持迦底十二
薩婆婆毗輸底十三　摩訶娜耶十四　波唎婆嚩莎訶十五
爾時復有三十六俱胝佛一時同聲讚說是无量壽宗要經陁羅尼曰
南謨薄伽勃底一　阿波唎蜜多二　阿喻紇硯娜三　須毗你悉指多四　囉佐耶五　怛他羯他
耶六　怛姪他唵七　薩婆桑悉迦囉八　波唎輸底九　達磨底十　伽伽娜十一　莎訶娑莫持

BD08622 號　無量壽宗要經　（6–1）

南謨薄伽勃底一阿波唎蜜多二阿喻紇硯那三須毗你尸指多四囉佐耶五怛他羯他耶六
怛姪他唵七薩婆桑悉迦囉八波唎輸底九達磨底十伽迦那十一莎呵某特迦底十二
薩婆婆毗輸底十三摩訶娜耶十四波唎婆嚟莎呵十五
尒時復有三十六姟佛一時同聲說是无量壽宗要經陁羅尼曰
南謨薄伽勃底一阿波唎蜜多二阿喻紇硯那三須毗你尸指多四囉佐耶五怛他羯他
耶六怛姪他唵七薩婆桑悉迦囉八波唎輸底九達磨底十伽迦那十一莎呵某特
迦底十二薩婆婆毗輸底十三摩訶娜耶十四波唎婆嚟莎呵十五
尒時復有二十五姟佛一時同聲說是无量壽宗要經陁羅尼曰
南謨薄伽勃底一阿波唎蜜多二阿喻紇硯那三須毗你尸指陁四囉佐耶五怛他羯他
耶六怛姪他唵七薩婆桑悉迦囉八波唎輸底九達磨底十伽迦那十一莎訶某特迦底十二
薩婆婆毗輸底十三摩訶娜耶十四波唎婆唎莎訶十五
尒時復有恒河沙姟佛一時同聲說是无量宗要經陁羅尼曰
南謨薄伽勃底一阿波唎蜜多二阿喻紇硯那三須毗你尸指他四囉佐耶五怛他羯他
耶六怛姪他唵七薩婆桑悉迦囉八波唎輸底九達磨底伽迦那十一莎呵
某特迦底薩婆婆毗輸底十三摩訶娜耶十四波唎婆唎莎呵十五
善男子若有自書寫教人書寫是无量宗要經如其命盡復得長壽滿
百年陁羅尼曰　南謨薄伽勃底一阿波唎蜜多二阿喻紇硯那三須毗你指
他四囉佐耶五怛他羯他耶六怛姪他唵七薩婆桑悉迦囉八波唎輸底九達磨底伽迦
那十一莎訶某特迦底十二薩婆婆毗輸底十三摩訶娜耶十四波唎婆唎莎呵十五
若有自書寫教人書寫是无量壽宗要經讀誦受持畢竟不墮地獄在
在所生得宿命智陁羅尼曰　南謨薄伽勃底一阿波唎蜜多二阿喻紇硯那三須毗你尸稽四
囉佐耶五怛他羯他耶六怛姪他唵七薩婆桑悉迦囉八波唎輸底九達磨底十伽迦那十一莎呵
某特迦底十二薩婆婆毗輸底十三摩訶娜耶十四波唎婆嚟莎呵十五
若有自書寫教人書寫是无量壽宗要經受持讀誦即得書寫八万四千部經
典陁羅尼曰　南謨薄伽勃底一阿波唎蜜多二阿喻紇硯那三須毗你尸指多四
囉佐耶五怛他羯他耶六怛姪他唵七薩婆桑悉迦囉八波唎輸底九達磨底伽迦那十一
莎呵某特迦底十二薩婆婆毗輸底十三摩訶娜耶十四波唎婆嚟莎訶十五
若有自書寫教人書寫是无量壽宗要經受持讀誦即是書寫八万四千部經建立塔廟陁羅尼曰
南謨薄伽勃底一阿波唎蜜多二阿喻紇硯那三須毗你尸指多四囉佐耶五怛他羯他耶六怛姪
他唵七薩婆桑悉迦囉八波唎輸底九達磨底十伽迦那十一莎訶某特迦底十二薩婆婆毗輸底十三
摩訶娜耶十四波唎婆唎莎訶十五
若有自書寫教人書寫是无量壽宗要經者即得消除五無間等一切重罪陁羅尼曰

BD08622號　無量壽宗要經　（6–2）

若有自書寫教人書寫是无量壽宗要經受持讀誦即是書寫八万四千部經建立塔廟陁羅尼曰
南謨薄伽勃底一阿波唎蜜多二阿喻紇硯那三須毗你尸指多四囉佐耶五怛他羯他耶六怛姪
他唵七薩婆桑悉迦囉八波唎輸底九達磨底十伽迦那十一莎訶某特迦底十二薩婆婆毗輸底十三
摩訶娜耶十四波唎婆唎莎訶十五
若有自書寫教人書寫是无量壽宗要經能消五無間等一切重罪陁羅尼曰
南謨薄伽勃底一阿波唎蜜多二阿喻紇硯那三須毗你尸指多四囉佐耶五怛他羯他耶六怛
姪他唵七薩婆桑悉迦囉八波唎輸底九達磨底十伽迦那十一莎訶某特迦底十二薩婆
婆毗輸底十三摩訶娜耶十四波唎婆嚟莎呵十五
若有書寫教人書是无量壽宗要經受持讀誦設有重罪猶如須弥盡能
除滅陁羅尼曰　南謨薄伽勃底一阿波唎蜜多二阿喻紇硯那三須毗你尸指多四囉佐耶五
怛他羯他耶六怛姪他唵七薩婆桑悉迦囉八波唎輸底九達磨底十伽迦那十一莎訶某
特迦底十二薩婆婆毗輸底十三摩訶娜耶十四波唎婆唎莎訶十五
若有自書寫教人書寫是无量壽宗要經受持讀誦若魔魔之眷屬夜叉羅
剎不得其便終无枉死陁羅尼曰
南謨薄伽勃底一阿波唎蜜多二阿喻紇硯那三須毗你尸指多四囉佐耶五怛他
羯他耶六怛姪他唵七薩婆桑悉迦囉八波唎輸底九達磨底十伽迦那十一莎訶某
特迦底十二薩婆婆毗輸底十三摩訶娜耶十四波唎婆唎莎訶十五
若有自書寫教人書寫是无量壽宗要經受持讀誦者命終時有九十九俱胝佛現其前
衆千佛授手能遊一切佛剎莫於此經生於疑惑陁羅尼曰
南謨薄伽勃底一阿波唎蜜多二阿喻紇硯那三須毗你尸指多四囉佐耶五怛他羯他耶六
怛姪他唵七薩婆桑悉迦囉八波唎輸底九達磨底十伽迦那十一莎訶某特迦底十二
薩婆婆毗輸底十三摩訶娜耶十四波唎婆唎莎訶十五
若有自書寫教人書寫是无量宗要經受持讀誦常得四天大王隨其衛護陁羅尼曰
南謨薄伽勃底一阿波唎蜜多二阿喻紇硯那三須毗你尸指多四囉佐耶五怛他羯他耶六
怛姪他唵七薩婆桑悉迦囉八波唎輸底九達磨底十伽迦那十一莎訶某特迦底十二
薩婆婆毗輸底十三摩訶娜耶十四波唎婆唎莎訶十五
若有自書寫教書寫是无量壽宗要經受持讀誦當得往生西方極樂世
界阿弥陁淨土陁羅尼曰
南謨薄伽勃底一阿波唎蜜多二阿喻紇硯那三須毗你尸指多四囉佐耶五怛他羯他耶六
怛姪他唵七薩婆桑悉迦囉八波唎輸底九達磨底十伽迦那十一莎訶某特迦底十二薩婆
若有方所自書寫使人書寫是无量壽經典之處則為是塔皆應恭敬作礼若是處
[illegible]

BD08622號　無量壽宗要經　（6–3）

若有自書寫教書寫是无量壽宗要經受持讀誦當得往生西方極樂世
界阿彌陀淨土陀羅尼曰
南謨薄伽勃底一阿波唎蜜多二阿喻紇硯娜三須毗你尸指多四囉佐耶五怛他羯他耶六
怛姪他唵七薩婆桑悉迦囉八波唎輸底九達磨底十伽迦娜十一莎訶某持迦底十二薩婆
若有方所自書寫使人書寫是无量壽經典之處則為是塔皆應恭敬作禮若是畜
生或為鳥獸得聞是經如是等類皆當不久得成一切種智陀羅尼曰
南謨薄伽勃底一阿波唎蜜多二阿喻紇硯娜三須毗你尸指多四囉佐耶五怛他羯他耶六怛
姪他唵七薩婆桑悉迦囉八波唎輸底九達磨底十伽迦娜十一莎訶某持迦底十二
薩婆婆毗輸底十三摩訶娜耶十四波唎婆唎莎訶十五
若有於是无量壽經自書寫使人書寫畢竟不受女人之身陀羅尼曰
南謨薄伽勃底一阿波唎蜜多二阿喻紇硯娜三須毗你尸指多四囉佐耶五怛他羯他耶六
怛姪他唵七薩婆桑悉迦囉八波唎輸底九達磨底十伽迦娜十一莎訶某持迦底十二
薩婆婆毗輸底十三摩訶娜耶十四波唎婆唎莎訶十五
若有能於是經少分能惠施者等於三千大千世界滿中七寶布施陀羅尼曰
南謨薄伽勃底一阿波唎蜜多二阿喻紇硯娜三須毗你尸指多四囉佐耶五怛他羯他耶六
怛姪他唵七薩婆桑悉迦囉八波唎輸底九達磨底十伽迦娜十一莎訶某持迦底十二
薩婆婆毗輸底十三摩訶娜耶十四波唎婆唎莎訶十五
若有能供養是經者則供養一切諸經等无有異陀羅尼曰
南謨薄伽勃底一阿波唎蜜多二阿喻紇硯娜三須毗你尸指多四囉佐耶五怛他
羯他耶六怛姪他唵七薩婆桑悉迦囉八波唎輸底九達磨底十伽迦娜十一莎訶某持
迦底十二薩婆婆毗輸底十三摩訶娜耶十四波唎婆唎莎訶十五
如是毗婆尸佛尸棄佛毗舍浮佛俱流孫佛俱那含牟尼佛迦葉佛釋迦牟尼佛若有人以七
寶供養如是七佛其福有限書寫受持是无量壽經典所有功德不可數量陀羅尼曰
南謨薄伽勃底一阿波唎蜜多二阿喻紇硯娜三須毗你尸指多四囉佐耶五怛他羯他耶六怛
姪他唵七薩婆桑悉迦囉八波唎輸底九達磨底十伽迦娜十一莎訶某持迦底十二薩婆
婆毗輸底十三摩訶娜耶十四波唎婆唎莎訶十五
若有七寶等於須彌山用布施其福上能知其限量是无量壽經典其福不可知數陀羅尼曰
南謨薄伽勃底一阿波唎蜜多二阿喻紇硯娜三須毗你尸指多四囉佐耶五怛他羯他
耶六怛姪他唵七薩婆桑悉迦囉八波唎輸底九達磨底十伽迦娜十一莎訶某持迦底十二
薩婆婆毗輸底十三摩訶娜耶十四波唎婆唎莎訶十五
如是四大海水可知滴數是无量壽經典所生果報不可數量陀羅尼曰

BD08622 號　無量壽宗要經　（6–4）

若有七寶等於須彌山用布施其福上能知其限量是无量壽經典其福不可知數陀羅尼曰
南謨薄伽勃底一阿波唎蜜多二阿喻紇硯娜三須毗你尸指多四囉佐耶五怛他羯他
耶六怛姪他唵七薩婆桑悉迦囉八波唎輸底九達磨底十伽迦娜十一莎訶某持迦底十二
薩婆婆毗輸底十三摩訶娜耶十四波唎婆唎莎訶十五
如是四大海水可知滴數是无量壽經典所生果報不可數量陀羅尼曰
南謨薄伽勃底一阿波唎蜜多二阿喻紇硯娜三須毗你尸指多四囉佐耶五怛他羯他耶六
怛姪他唵七薩婆桑悉迦囉八波唎輸底九達磨底十伽迦娜十一莎訶某持迦底十二
薩婆婆毗輸底十三摩訶娜耶十四波唎婆唎莎訶十五
如是眾水可知滴數是无量壽經典所生果報數量陀羅尼曰
南謨薄伽勃底一阿波唎蜜多二阿喻紇硯娜三須毗你尸指多四囉佐耶五怛他羯
他耶六怛姪他唵七薩婆桑悉迦囉八波唎輸底九達磨底十伽迦娜十一莎訶某
持迦底十二薩婆婆毗輸底十三摩訶娜耶十四波唎婆唎莎訶十五
若有自書寫使人書寫是无量壽經典又能護持供養即是供養一切十方
佛如來等无有果別陀羅尼曰
南謨薄伽勃底一阿波唎蜜多二阿喻紇硯娜三須毗你尸指多四囉佐耶五
怛他羯他耶六怛姪他唵七薩婆桑悉迦囉八波唎輸底九達磨底十伽迦娜十一
莎訶某持迦底十二薩婆婆毗輸底十三摩訶娜耶十四波唎婆唎莎訶十五
布施力能成正覺　悟布施力人師子　布施力能聲普聞　慈悲階漸最能入
持戒力能成正覺　悟持戒力能師子　持戒力能聲普聞　慈悲階漸最能入
精進力能成正覺　悟精進力人師子　精進力能聲普聞　慈悲階漸最能入
禪定力能成正覺　悟禪定力人師子　禪定力能聲普聞　慈悲階漸最能入
智慧力能成正覺　悟智慧力人師子　智慧力能聲普聞　慈悲階漸最能入
爾時如來說是經已一切世間天人阿脩羅揵闥婆等聞佛所說皆大歡
喜信受奉行
佛說无量壽宗要經

BD08622 號　無量壽宗要經　（6–5）

布施力能成正覺　悟布施力入師子　布施力能聲普聞　慈悲階漸最能入
持戒力能成正覺　悟持戒力能師子　持戒力能聲普聞　慈悲階漸最能入
精進力能成正覺　悟精進力入師子　精進力能聲普聞　慈悲階漸最能入
禪定力能成正覺　悟禪定力入師子　禪定力能聲普聞　慈悲階漸最能入
智惠力能成正覺　悟智惠力入師子　智惠力能聲普聞　慈悲階漸最能入
爾時如來說是經已一切世間天人阿脩羅揵闥婆等聞佛所說皆大歡
喜信受奉行
佛說無量壽宗要經

BD08622 號　無量壽宗要經　（6–6）

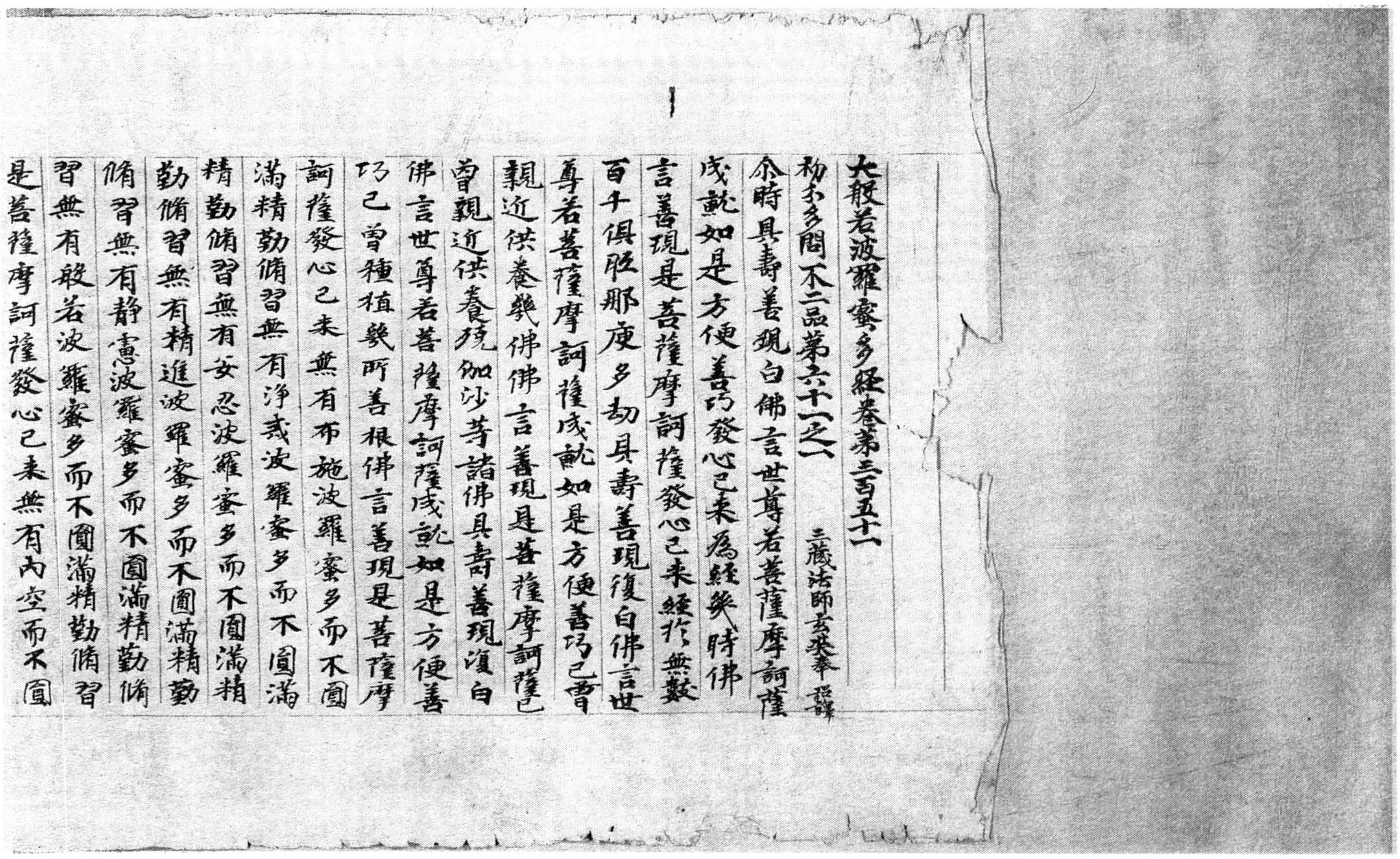

大般若波羅蜜多經卷第三百五十一
初分多問不二品第六十一之一　三藏法師玄奘奉　詔譯
爾時具壽善現白佛言世尊若菩薩摩訶薩
成就如是方便善巧發心已來為經幾時佛
言善現是菩薩摩訶薩發心已來經於無數
百千俱胝那庾多劫具壽善現復白佛言世
尊若菩薩摩訶薩成就如是方便善巧已曾
親近供養幾佛佛言善現是菩薩摩訶薩已
曾親近供養殑伽沙等諸佛具壽善現復白
佛言世尊若菩薩摩訶薩成就如是方便善
巧已曾種植幾所善根佛言善現是菩薩摩
訶薩發心已來無有布施波羅蜜多而不圓
滿精勤脩習無有淨戒波羅蜜多而不圓滿
精勤脩習無有安忍波羅蜜多而不圓滿精
勤脩習無有精進波羅蜜多而不圓滿精勤
脩習無有靜慮波羅蜜多而不圓滿精勤脩
習無有般若波羅蜜多而不圓滿精勤脩習
是菩薩摩訶薩發心已來無有內空而不圓

BD08623 號　大般若波羅蜜多經卷三五一　（6–1）

精勤脩習無有安忍波羅蜜多而不圓滿精
勤脩習無有精進波羅蜜多而不圓滿精勤
脩習無有靜慮波羅蜜多而不圓滿精勤脩
習無有般若波羅蜜多而不圓滿精勤脩習
是菩薩摩訶薩發心已来無有內空而不圓
滿精勤安住無有外空內外空空空大空勝
義空有為空無為空畢竟空無際空散空無
變異空性空自相空共相空一切法空不
可得空無性空自性空無性自性空而不圓
滿精勤安住是菩薩摩訶薩發心已来無有
真如而不圓滿精勤安住無有法界法性不
虛妄性不變異性平等性離生性法定法住
實際虛空界不思議界而不圓滿精勤安住
是菩薩摩訶薩發心已来無有苦聖諦而不
圓滿精勤安住無有集滅道聖諦而不圓滿
精勤安住是菩薩摩訶薩發心已来無有四
靜慮而不圓滿精勤脩習無有四無量四無
色定而不圓滿精勤脩習是菩薩摩訶薩發
心已来無有八解脫而不圓滿精勤脩習無
有八勝處九次第定十遍處而不圓滿精勤
脩習是菩薩摩訶薩發心已来無有四念住
而不圓滿精勤脩習無有四正斷四神足五
根五力七等覺支八聖道支而不圓滿精勤
脩習是菩薩摩訶薩發心已来無有空解脫
門而不圓滿精勤脩習無有無相無願解脫
門而不圓滿精勤脩習是菩薩摩訶薩發心
已来無有五眼而不圓滿精勤脩習無有六

BD08623 號　大般若波羅蜜多經卷三五一　（6–2）

脩習是菩薩摩訶薩發心已来無有空解脫
門而不圓滿精勤脩習無有無相無願解脫
門而不圓滿精勤脩習是菩薩摩訶薩發心
已来無有五眼而不圓滿精勤脩習無有六
神通而不圓滿精勤脩習是菩薩摩訶薩發
心已来無有佛十力而不圓滿精勤脩習無
有四無所畏四無礙解大慈大悲大喜大捨
十八佛不共法而不圓滿精勤脩習是菩薩
摩訶薩發心已来無有無忘失法而不圓滿
精勤脩習無有恒住捨性而不圓滿精勤脩
習是菩薩摩訶薩發心已来無有一切智而
不圓滿精勤脩習無有道相智一切相智而
不圓滿精勤脩習是菩薩摩訶薩發心已来
無有陀羅尼門而不圓滿精勤脩習無有三
摩地門而不圓滿精勤脩習是菩薩摩訶
薩發心已来無有菩薩摩訶薩行而不圓滿精
勤脩習無有無上正等菩提而不圓滿精勤
脩習善現是菩薩摩訶薩發心已来種植
如上圓滿善根由此因緣成就如是方便善巧
具壽善現復白佛言世尊若菩薩摩訶薩
成就如是方便善巧甚為希有佛言善現
如是如是汝所說是菩薩摩訶薩成就如是
方便善巧甚為希有善現當知如日月輪周
行照觸四大洲界作大事業其中所有若情非
情隨彼光明勢力而轉各成己事如是般若
波羅蜜多照觸餘五波羅蜜多作大事業布
施等五波羅蜜多隨順般若波羅蜜多勢力
而轉各成己事

BD08623 號　大般若波羅蜜多經卷三五一　（6–3）

方便善巧甚爲希有善現當知如日輪
行照觸四大洲果作大事業其中所有若情非
情隨彼光明勢力而轉各成己事如是般若
波羅蜜多照觸餘五波羅蜜多作大事業布
施等五波羅蜜多隨順般若波羅蜜多勢力
而轉各成己事
善現當知布施等五波羅蜜多皆由般若波
羅蜜多所攝受故乃得名爲波羅蜜多若離
般若波羅蜜多布施等五不得名爲波羅蜜
多善現當知如轉輪王若无七寶不得名爲
轉輪聖王要具七寶乃得名爲轉輪聖王布
施等五波羅蜜多亦復如是若非般若波羅
蜜多之所攝受不得名爲波羅蜜多要爲般
若波羅蜜多之所攝受乃得名爲波羅蜜多
善現當知如有女人端正巨富若无強夫所
守護者易爲惡人之所侵凌布施等五波羅
蜜多亦復如是若无般若波羅蜜多力所攝
護易爲天魔及彼眷屬之所沮壞善現當知
如有女人端正巨富若有強夫所守護者不
爲惡人之所侵凌布施等五波羅蜜多亦復
如是若有般若波羅蜜多力所攝護一切天
魔及彼眷屬不能沮壞善現當知如有軍將
臨戰陣時善備種種鎧押刀仗隣國怨敵
所不能害布施等五波羅蜜多亦復如是若不
遠離甚深般若波羅蜜多天魔眷屬增上慢
人乃至菩薩旃荼羅等皆不能壞善現當知
如贍部洲諸小王等隨時朝侍轉輪聖王因
轉輪王得遊勝處布施等五波羅蜜多亦復

BD08623 號　大般若波羅蜜多經卷三五一　（6–4）

所不能害布施等五波羅蜜多亦復如是若不
遠離甚深般若波羅蜜多天魔眷屬增上慢
人乃至菩薩旃荼羅等皆不能壞善現當知
如贍部洲諸小王等隨時朝侍轉輪聖王因
轉輪王得遊勝處布施等五波羅蜜多亦復
如是隨順般若波羅蜜多由彼勢力所引導
故速趣無上正等菩提善現當知如贍部洲
東方諸水無不皆趣殑伽大河與殑伽河俱
入大海布施等五波羅蜜多亦復如是無不
皆爲甚深般若波羅蜜多所攝引故能到無
上正等菩提善現當知如人右手能作衆事
甚深般若波羅蜜多亦復如是能引一切殊
勝善法善現當知如人左手所作不便布施
等五波羅蜜多亦復如是不能引生殊勝善
法善現當知譬如衆流若大若小皆入大海
同一醎味布施等五波羅蜜多亦復如是皆
爲般若波羅蜜多所攝引故同至無上正等
菩提由此皆名能到彼岸善現當知如轉輪
王欲有所趣四軍道從輪寶居先王及四軍
念欲飲食輪則爲住既飲食已王念欲行輪
則前去其輪去住隨王意欲至所趣方不復
前去布施等五波羅蜜多亦復如是與諸善
法欲趣無上正等菩提要因般若波羅蜜多
以爲前導進必俱隨不相捨離若至佛果更
不前進善現當知如轉輪王七寶具足所謂
輪寶象寶馬寶主藏臣寶女寶將寶如意珠
寶其轉輪王欲有所至四軍七寶前後導從
尒時輪寶雖處居先而王不別前後之相布

BD08623 號　大般若波羅蜜多經卷三五一　（6–5）

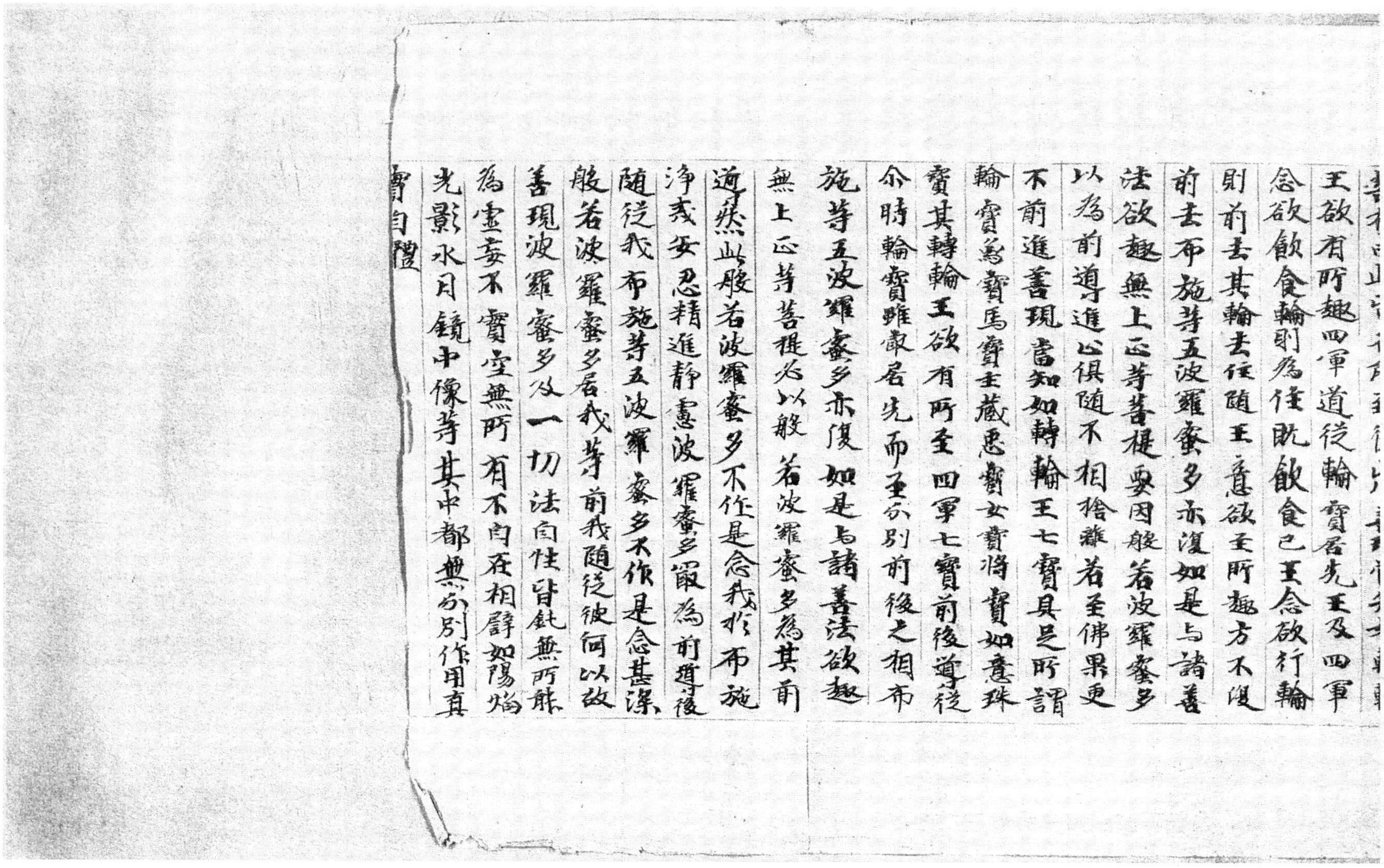

王欲有所趣四軍道從輪寶居先王及四軍
念欲飲食輪則為住既飲食已王念欲行輪
則前去其輪去往隨王意欲至所趣方不復
前去布施等五波羅蜜多亦復如是與諸善
法欲趣無上正等菩提要因般若波羅蜜多
以為前導進必俱隨不相捨離若至佛果更
不前進善現當知如轉輪王七寶具足所謂
輪寶象寶馬寶主藏臣寶女寶將寶如意珠
寶其轉輪王欲有所至四軍七寶前後導從
尒時輪寶雖最居先而無分別前後之相布
施等五波羅蜜多亦復如是與諸善法欲趣
無上正等菩提必以般若波羅蜜多為其前
導然此般若波羅蜜多不作是念我於布施
淨戒安忍精進靜慮波羅蜜多最為前導彼
隨從我布施等五波羅蜜多不作是念甚深
般若波羅蜜多居我等前我隨從彼何以故
善現波羅蜜多及一切法自性皆鈍無所能
為虛妄不實空無所有不自在相譬如陽焰
光影水月鏡中像等其中都無分別作用真
實自體

BD08623 號　大般若波羅蜜多經卷三五一　（6–6）

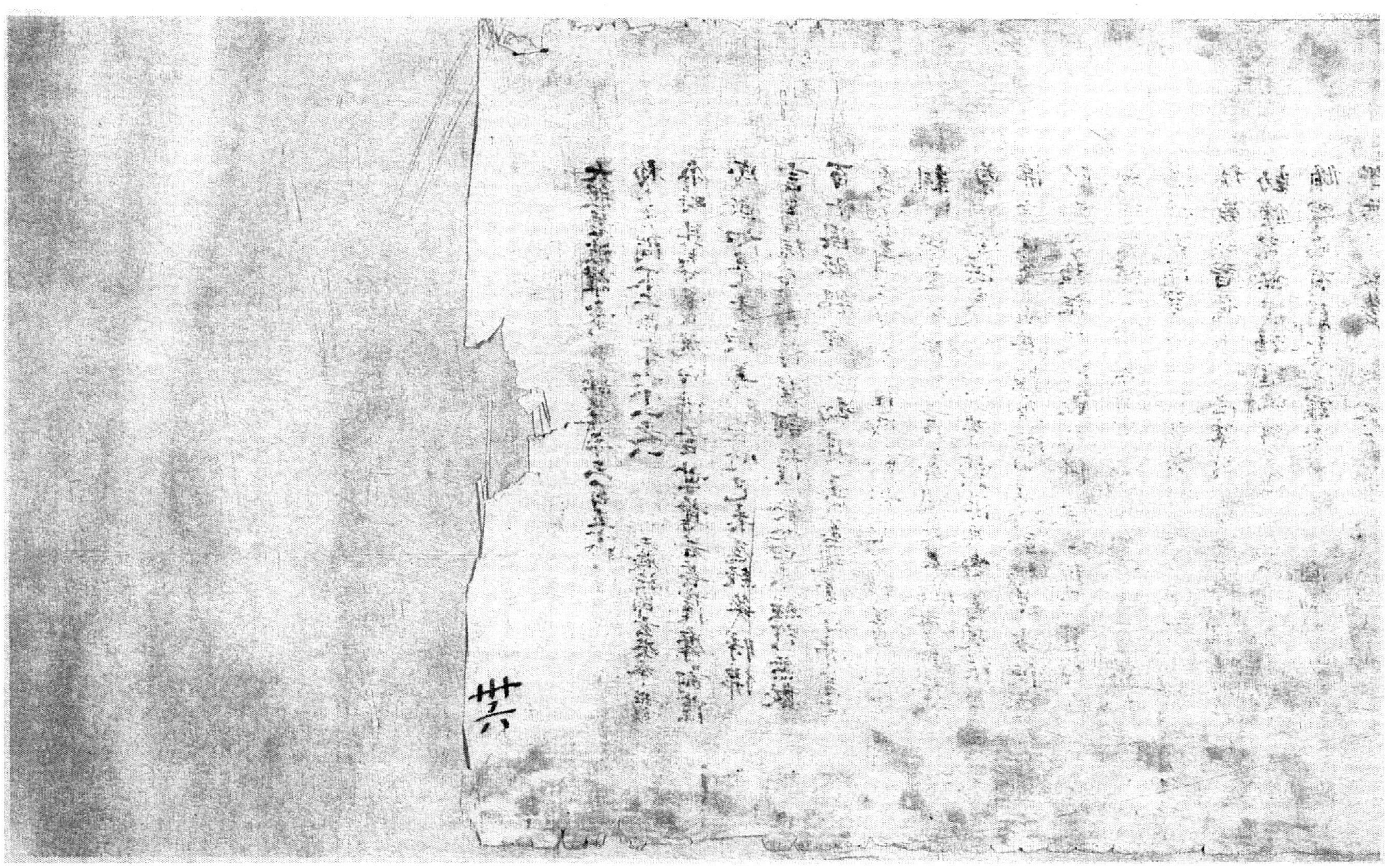

BD08623 號背　勘記　（1–1）

佛十力尚不
中四无所畏四无
十八佛不共法不可得四无所畏乃至十八
佛不共法真如亦不可得何以故此中四无
所畏乃至十八佛不共法尚不可得况有四
无所畏乃至十八佛不共法真如可得舍利
子此中預流果不可得預流果真如不可
得何以故此中預流果尚不可得况有預流
果真如可得此中一来不還阿羅漢果不可
得一来不還阿羅漢果真如亦不可得何以
故此中一来不還阿羅漢果尚不可况有
一来不還阿羅漢果真如可得舍利子此中
獨覺菩提不可得獨覺菩提真如亦不可得
何以故此中獨覺菩提尚不可得况有獨覺菩
提真如可得舍利子此中一切智不可得一切
智真如亦不可得何以故此中一切智尚
不可得况有一切智真如可得此中道相智
一切相智不可得道相智一切相智真如亦
不可得何以故此中道相智一切相智尚不
可得况有道相智一切相智真如可得
說此真如相時衆中萬二千苾芻

BD08624號　大般若波羅蜜多經卷三二二　（3–1）

提真如可得舍利子此中一切智不可得一切
智真如亦不可得何以故此中一切智尚
不可得况有一切智真如可得此中道相智
一切相智不可得道相智一切相智真如亦
不可得何以故此中道相智一切相智尚不
可得况有道相智一切相智真如可得
說此真如相時衆中萬二千苾芻諸漏永盡
心得解脫成阿羅漢五百苾芻尼遠塵離垢
於諸法中生淨法眼五千菩薩摩訶薩得无
生法忍六萬菩薩諸漏永盡心得解脫成阿
羅漢
尒時佛告舍利子言此六萬菩薩已於過去
親近供養五百諸佛 二佛所發弘誓願正
信出家雖脩布施淨戒安忍精進靜慮而不
攝受般若波羅蜜多亦不攝受方便善巧力
故起別異想行別異行脩布施時作如是念
此是布施此是施物此是受者我能行施脩
淨戒時作如是念此是淨戒此是罪業此所
護境我能持戒脩安忍時作如是念此是安
忍此是忍障此所忍境我能安忍脩精進時
作如是念此是精進此是懈怠此是所為我
能精進脩靜慮時作如是念此是靜慮此是
散動此是所為我能脩定彼離般若波羅蜜
多及離方便善巧力故依別異想而行布施
淨戒安忍精進靜慮別異之行由別異想別
異行故不得入菩薩正性離生位由不得入
菩薩正性離生位故得預流果漸次乃至阿
羅漢果舍利子此諸菩薩雖有菩薩道空无
相无願解脫門而遠離般若波羅蜜多及方

BD08624號　大般若波羅蜜多經卷三二二　（3–2）

此是布施此是施物此是受者我能行施脩
淨戒時作如是念此是淨戒此是罪業此所
護境我能持戒脩安忍時作如是念此是安
忍此是忍障此所忍境我能安忍脩精進時
作如是念此是精進此是懈怠此是所為我
能精進脩靜慮時作如是念此是靜慮此是
散動此是所為我能脩定彼離般若波羅蜜
多及離方便善巧力故依別異想而行布施
淨戒安忍精進靜慮別異之行由別異想別
異行故不得入菩薩正性離生由不得入
菩薩正性離生故得預流果漸次乃至阿
羅漢果舍利子此諸菩薩雖有菩薩道空无
相无願解脫門而遠離般若波羅蜜多及方
便善巧力故於實際作證取聲聞果

大般若波羅蜜多經卷第三百廿二

BD08624號　大般若波羅蜜多經卷三二二　（3–3）

得滅度耳比丘當知如來方便深
之性知其志樂小法深著五欲為是
等故說於涅槃是人聞則便信受譬如五百
由旬險難惡道曠絕无人怖畏之處若有多
衆欲過此道至珍寶處有一導師聰慧明
達善知險道通塞之相將導衆人欲過此難
所將人衆中路懈退白道師言我等疲極而
復怖畏不能復進前路猶遠今欲退還道師
多諸方便而作是念此等可愍云何捨大珍
寶而欲退還作是念已以方便力於險道中
過三百由旬化作一城告衆人言汝等勿怖
莫得退還今是大城可於中止隨意所作若
入是城快得安隱若能前至寶所亦可得去
是時疲極之衆心大歡喜歎未曾有我等今
者免斯惡道快得安隱於是衆人前入化城
生已度想生安隱想尒時導師知此人衆既
得止息无復疲惓即滅化城語衆人言汝等
去來寶處在近向者大城我所化作為止息
耳諸比丘如來亦復如是今為汝等作大導

BD08625號　妙法蓮華經卷三　（5–1）

者无斷惡道快得安隱於是衆人前入化城
生已度想生安隱想尒時導師知此人衆既
得止息无復疲惓即滅化城語衆人言汝等
去來寶處在近向者大城我所化作爲止息
耳諸比丘如來亦復如是今爲汝等作大導
師知諸生死煩惱惡道險難長遠應去應度
若衆生但聞一佛乘者則不欲見佛不欲親
近便作是念佛道長遠久受懃苦乃可得成
佛知是心怯弱下劣以方便力而於中道爲
止息故說二涅槃若衆生住於二地如來尒
時即便爲說汝等所作未辦汝所住地近於
佛惠當觀察籌量所得涅槃非真實也
但是如來方便之力於一佛乘分別說三如彼導
師爲止息故化作大城既知息已而告之言寶
處在近此城非實我化作耳尒時世尊欲重宣
此義而說偈言
大通智勝佛　十劫坐道場　佛法不現前　不得成佛道
諸天神龍王　阿脩羅衆等　常雨於天華　以供養彼佛
諸天擊天鼓　并作衆伎樂　香風吹萎華　更雨新好者
過十小劫已　乃得成佛道　諸天及世人　心皆懷踊躍
彼佛十六子　皆與其眷屬　千万億圍遶　俱行至佛所
頭面礼佛足　而請轉法輪　聖師子法雨　充我及一切
世尊甚難值　久遠時一現　爲覺悟群生　震動於一切
東方諸世界　五百万億國　梵宮殿光曜　昔所未曾有
諸梵見此相　尋來至佛所　散華以供養　并奉上宮殿
請佛轉法輪　以偈而讚嘆　佛知時未至　受請默然坐
三方及四維　上下亦復尒　散華奉宮殿　請佛轉法輪
世尊甚難值　願以大慈悲　廣開甘露門　轉无上法輪
[illegible]

BD08625號　妙法蓮華經卷三　（5–2）

諸梵見此相　尋來至佛所　散華以供養　并奉上宮殿
請佛轉法輪　以偈而讚嘆　佛知時未至　受請默然坐
三方及四維　上下亦復尒　散華奉宮殿　請佛轉法輪
世尊甚難值　願以大慈悲　廣開甘露門　轉无上法輪
无量慧世尊　受彼衆人請　爲宣種種法　四諦十二緣
无明至老死　皆從生緣有　如是衆過患　汝等應當知
宣暢是法時　六百万億姟　得盡諸苦際　皆成阿羅漢
第二說法時　千万恒沙衆　於諸法不受　亦得阿羅漢
從是後得道　其數无有量　万億劫筭數　不能得其邊
時十六王子　出家作沙弥　皆共請彼佛　演說大乘經
我等及營從　皆當成佛道　願得如世尊　慧眼第一淨
佛知童子心　宿世之所行　以无量因緣　種種諸譬喻
說六波羅蜜　及諸神通事　分別真實法　菩薩所行道
說是法華經　如恒河沙偈　彼佛說經已　靜室入禪定
一心一處坐　八万四千劫　是諸沙弥等　知佛禪未出
爲无量億衆　說佛无上慧　各各坐法座　說是大乘經
於佛宴寂後　宣揚助法化　一一沙弥等　所度諸衆生
有六百万億　恒河沙等衆　彼佛滅度後　是諸聞法者
在在諸佛土　常與師俱生　是十六沙弥　具足行佛道
今現在十方　各得成正覺　尒時聞法者　各在諸佛所
其有住聲聞　漸教以佛道　我在十六數　曾亦爲汝說
是故以方便　引汝趣佛道　以是本因緣　今說法華經
令汝入佛道　慎勿懷驚懼　譬如險惡道　迴絕多毒獸
又復无水草　人所怖畏處　无數千万衆　欲過此險道
其路甚曠遠　經五百由旬　時有一導師　強識有智慧
明了心決定　在險濟衆難　衆人皆疲惓　而白導師言
我等今頓乏　於此欲退還　導師作是念　此輩甚可愍
[illegible]

BD08625號　妙法蓮華經卷三　（5–3）

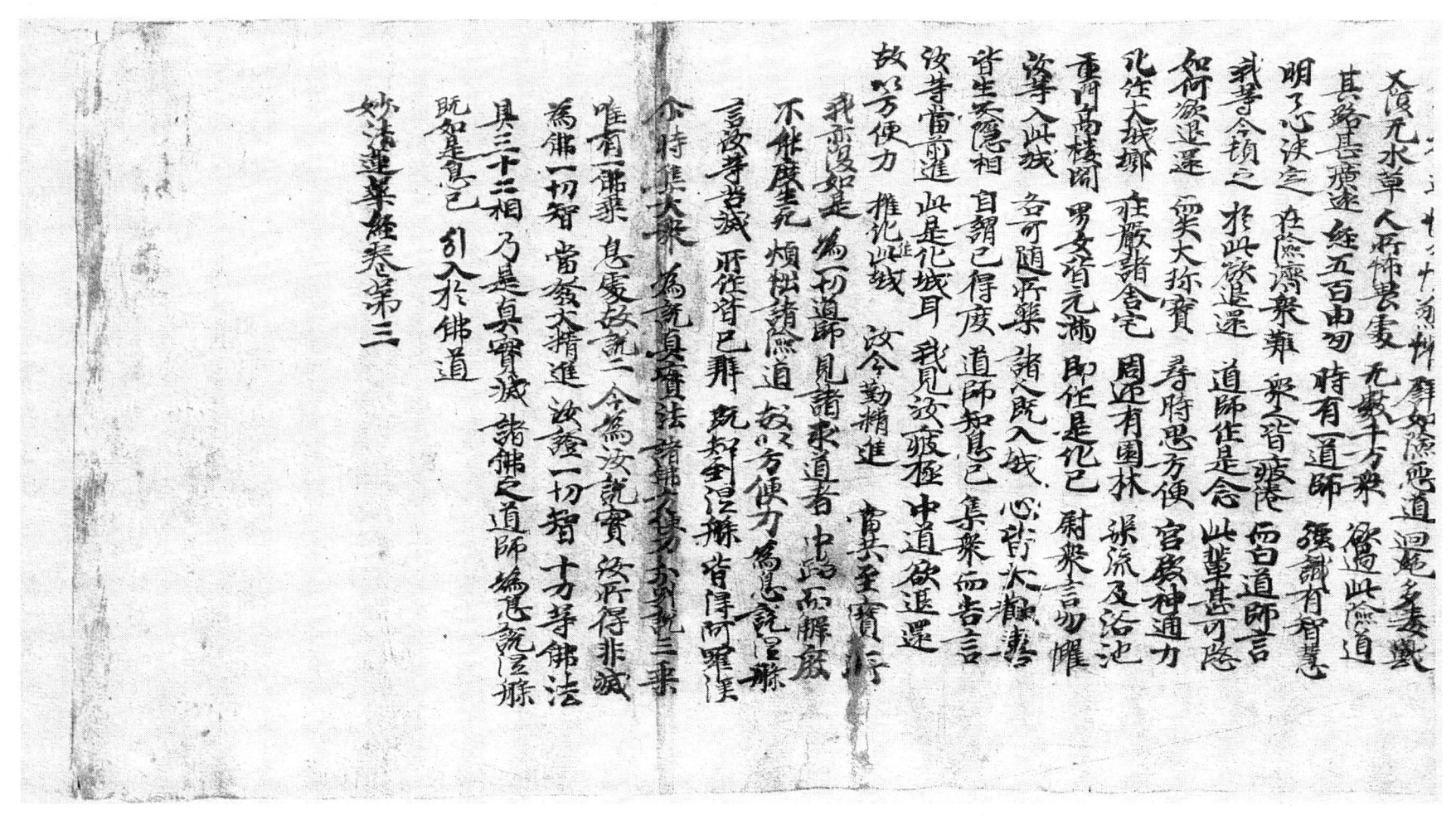

……怖　譬如險惡道　迴絕多毒獸
又復无水草　人所怖畏處　无數千万衆　欲過此險道
其路甚曠遠　經五百由旬　時有一導師　強識有智慧
明了心決定　在險濟衆難　衆人皆疲惓　而白導師言
我等今頓乏　於此欲退還　導師作是念　此輩甚可愍
如何欲退還　而失大珍寶　尋時思方便　當設神通力
化作大城郭　莊嚴諸舍宅　周匝有園林　渠流及浴池
重門高樓閣　男女皆充滿　即作是化已　慰衆言勿懼
汝等入此城　各可隨所樂　諸人既入城　心皆大歡喜
皆生安隱想　自謂已得度　導師知息已　集衆而告言
汝等當前進　此是化城耳　我見汝疲極　中道欲退還
故以方便力　權化作此城　汝今勤精進　當共至寶所
我亦復如是　為一切導師　見諸求道者　中路而懈廢
不能度生死　煩惱諸險道　故以方便力　為息說涅槃
言汝等苦滅　所作皆已辦　既知到涅槃　皆得阿羅漢
爾時集大衆　為說真實法　諸佛方便力　分別說三乘
唯有一佛乘　息處故說二　今為汝說實　汝所得非滅
為佛一切智　當發大精進　汝證一切智　十力等佛法
具三十二相　乃是真實滅　諸佛之導師　為息說涅槃
既知是息已　引入於佛道

妙法蓮華經卷第三

BD08625號　妙法蓮華經卷三　（5–4）

我亦復如是　為一切導師　見諸求道者　中路而懈廢
不能度生死　煩惱諸險道　故以方便力　為息說涅槃
言汝等苦滅　所作皆已辦　既知到涅槃　皆得阿羅漢
爾時集大衆　為說真實法　諸佛方便力　分別說三乘
唯有一佛乘　息處故說二　今為汝說實　汝所得非滅
為佛一切智　當發大精進　汝證一切智　十力等佛法
具三十二相　乃是真實滅　諸佛之導師　為息說涅槃
既知是息已　引入於佛道

妙法蓮華經卷第三

BD08625號　妙法蓮華經卷三　（5–5）

受得聞如是甚深般若波羅蜜多由得聞故
便能解了甚深般若波羅蜜多由解了故則
能脩習甚[illegible]波羅蜜多由脩習故便能
請問甚深般若波羅蜜多由請問故能如說
行甚深般若波羅蜜多如說行故便能證得
甚深般若波羅蜜多是菩薩摩訶薩行深般
若波羅蜜多時不為惡魔之所惱亂復次慶
喜若菩薩摩訶薩遠離般若波羅蜜多攝受
讚歎非真妙法是菩薩摩訶薩行深般若波
羅蜜多時為諸惡魔之所惱亂若菩薩摩訶
薩親近般若波羅蜜多不攝不讚非真妙法
是菩薩摩訶薩行深般若波羅蜜多時不為
惡魔之所惱亂復次慶喜若菩薩摩訶薩遠
離般若波羅蜜多於真妙法毀呰誹謗尒時
惡魔便作是念今此菩薩與我為伴由彼毀
謗真妙法故便有無量住菩薩乘補特伽羅
於真妙法亦生毀謗由此因緣我願圓滿是

BD08626號　大般若波羅蜜多經（兑廢稿）卷四五五　（2–1）

羅蜜多時為諸惡魔之所惱亂若菩薩摩訶
薩親近般若波羅蜜多不攝不讚非真妙法
是菩薩摩訶薩行深般若波羅蜜多時不為
惡魔之所惱亂復次慶喜若菩薩摩訶薩遠
離般若波羅蜜多於真妙法毀呰誹謗尒時
惡魔便作是念今此菩薩與我為伴由彼毀
謗真妙法故便有無量住菩薩乘補特伽羅
於真妙法亦生毀謗由此因緣我願圓滿是
菩薩乘補特伽羅設勤精進脩諸善法而墮
聲聞或獨覺地亦令他墮是菩薩摩訶薩行
深般若波羅蜜多時為諸惡魔之所惱亂若
讚歎信受亦令無量住菩薩乘補特伽羅於
真妙法讚歎信受由此惡魔愁憂驚怖是菩
薩乘補特伽羅設不精進脩諸善法而亦決
定不令自他退墮聲聞或獨覺地必證無上
正等菩提是菩薩摩訶薩行深般若波羅蜜
多時不為惡魔之所惱亂復次慶喜若菩薩
摩訶薩聞說般若波羅蜜多

兑了

BD08626號　大般若波羅蜜多經（兑廢稿）卷四五五　（2–2）

千大千世界内外所有山林河海下至阿鼻
地獄上至有頂亦見其中一切衆生及業因緣
果報生處悉見悉知尒時世尊欲重宣此
義而說偈言
若於大衆中　以无所畏心　說是法華經　汝聽其功德
是人得八百　功德殊勝眼　以是莊嚴故　其目甚清淨
父母所生眼　悉見三千界　内外弥樓山　須弥及鐵圍
并諸餘山林　大海江河水　下至阿鼻獄　上至有頂處
其中諸衆生　一切皆悉見　雖未得天眼　肉眼力如是
復次常精進若善男子善女人受持此經若
讀若誦若解說若書寫得千二百耳功德以
是清淨耳聞三千大千世界下至阿鼻地獄
上至有頂其中内外種種語言聲象聲馬聲
牛聲車聲啼哭聲愁歎聲螺聲鼓聲鍾
聲鈴聲笑聲語聲男聲女聲童子聲童
女聲法聲非法聲苦聲樂聲凡夫聲聖人聲喜

BD08627號　妙法蓮華經卷六　（2–1）

復次常精進若善男子善女人受持此經若
讀若誦若解說若書寫得千二百耳功德以
是清淨耳聞三千大千世界下至阿鼻地獄
上至有頂其中内外種種語言聲象聲馬聲
牛聲車聲啼哭聲愁歎聲螺聲鼓聲鍾
聲鈴聲笑聲語聲男聲女聲童子聲童
女聲法聲非法聲苦聲樂聲凡夫聲聖人聲喜
聲不喜聲天聲龍聲夜叉聲乾闥婆聲阿
脩羅聲迦樓羅聲緊那羅聲摩睺羅伽聲火
聲水聲風聲地獄聲畜生聲餓鬼聲比丘聲比
丘尼聲聲聞聲辟支佛聲菩薩聲佛聲以要
言之三千大千世界中一切内外所有諸聲雖未
得天耳以父母所生清淨常耳皆悉聞知如
是分別種種音聲而不壞耳根尒時世尊欲
重宣此義而說偈言
父母所生耳　清淨无濁穢　以此常耳聞　三千世界聲
象馬車牛聲　鍾鈴螺鼓聲　琴瑟箜篌聲　簫笛之音聲
清淨好歌聲　聽之而不著　无數種人聲　聞悉能解了
又聞諸天聲　微妙之歌音　及聞男女聲　童男童女聲

BD08627號　妙法蓮華經卷六　（2–2）

山川險谷中　迦陵頻伽聲　命命等諸鳥　悉聞其音聲
地獄衆苦痛　種種楚毒聲　餓鬼飢渴逼　求索飲食聲
諸阿脩羅等　居在大海邊　自共語言時　出于大音聲
如是說法者　安住於此間　遙聞是衆聲　而不壞耳根
十方世界中　禽獸鳴相呼　其說法之人　於此悉聞之
其諸梵天上　光音及遍淨　乃至有頂天　言語之音聲
法師住於此　悉皆得聞之　一切比丘衆　及諸比丘尼
若讀誦經典　若為他人說　法師住於此　悉皆得聞之
復有諸菩薩　讀誦於經法　若為他人說　撰集解其義
如是諸音聲　悉皆得聞之　諸佛大聖尊　教化衆生者
於諸大衆中　演說微妙法　持此法華者　悉皆得聞之
三千大千界　內外諸音聲　下至阿鼻獄　上至有頂天
皆聞其音聲　而不壞耳根　其耳聰利故　悉能分別知
持是法華者　雖未得天耳　但用所生耳　功德已如是
復次常精進若善男子善女人受持是經若
讀若誦若解說若書寫成就八百鼻功德以

BD08628 號　妙法蓮華經卷六　(3-1)

皆聞其音聲　而不壞耳根　其耳聰利故　悉能分別知
持是法華者　雖未得天耳　但用所生耳　功德已如是
復次常精進若善男子善女人受持是經若
讀若誦若解說若書寫成就八百鼻功德以
是清淨鼻根聞於三千大千世界上下內外
種種諸香須曼那華香闍提華香末利華香
瞻蔔華香波羅羅華香赤蓮華香青蓮華
香白蓮華香華樹香果樹香栴檀香沈水香
多摩羅跋香多伽羅香及千萬種和香若末
若丸若塗香持是經者於此間住悉能分別又
復別知衆生之香象香馬香牛羊等香男香
女香童子香童女香及草木叢林香若近若
遠所有諸香悉皆得聞分別不錯持是經者
雖住於此亦聞天上諸天之香波利質多羅
拘鞞陀羅樹香及曼陀羅華香摩訶曼陀
羅華香曼殊沙華香摩訶曼殊沙華香栴
檀沈水種種末香諸雜華香如是等天香和合
所出之香无不聞知又聞諸天身香釋提桓因
在勝殿上五欲娛樂嬉戲時香若在妙法堂
上為忉利諸天說法時香若於諸園遊戲
時香及餘天等男女身香皆悉遙聞如是展
轉乃至梵世上至有頂諸天身香亦皆聞之并
聞諸天所燒之香及聲聞香辟支佛香菩薩
香諸佛身香亦皆遙聞知其所在雖聞此香
然於鼻根不壞不錯若欲分別為他人說憶
念不謬尒時世尊欲重宣此義而說偈言

BD08628 號　妙法蓮華經卷六　(3-2)

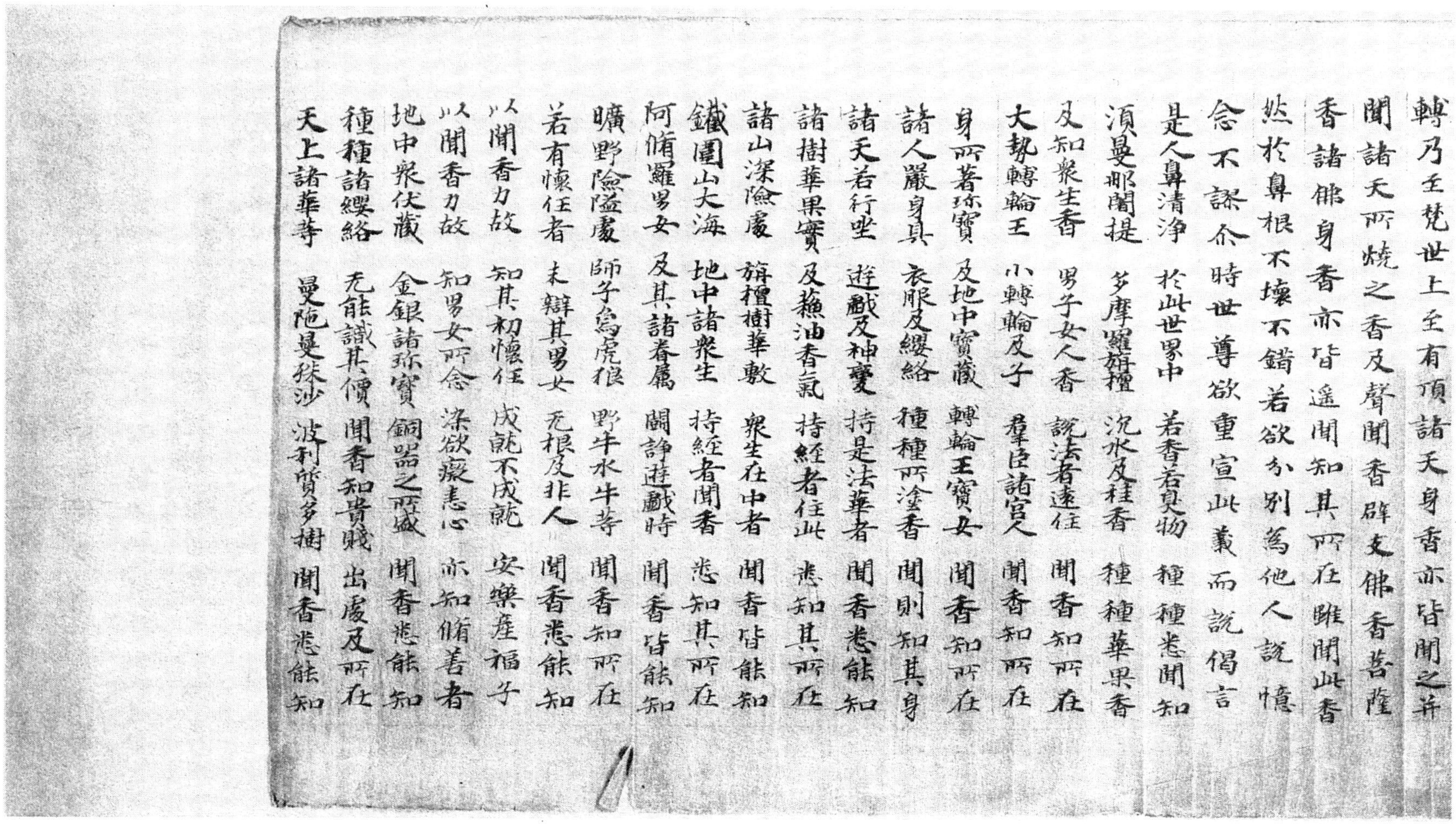

轉乃至梵世上至有頂諸天身香亦皆聞之并
聞諸天所燒之香及聲聞香辟支佛香菩薩
香諸佛身香亦皆遙聞知其所在雖聞此香
然於鼻根不壞不錯若欲分別為他人說憶
念不謬尒時世尊欲重宣此義而說偈言
是人鼻清淨　於此世界中　若香若臭物　種種悉聞知
須曼那闍提　多摩羅旃檀　沉水及桂香　種種華果香
及知衆生香　男子女人香　說法者遠住　聞香知所在
大勢轉輪王　小轉輪及子　羣臣諸宮人　聞香知所在
身所著珎寶　及地中寶藏　轉輪王寶女　聞香知所在
諸人嚴身具　衣服及纓絡　種種所塗香　聞則知其身
諸天若行坐　遊戲及神變　持是法華者　聞香悉能知
諸樹華果實　及蘇油香氣　持經者住此　悉知其所在
諸山深險處　旃檀樹華敷　衆生在中者　聞香皆能知
鐵圍山大海　地中諸衆生　持經者聞香　悉知其所在
阿脩羅男女　及其諸眷屬　闘諍遊戲時　聞香皆能知
曠野險隘處　師子象虎狼　野牛水牛等　聞香知所在
若有懷任者　未辯其男女　无根及非人　聞香悉能知
以聞香力故　知其初懷任　成就不成就　安樂產福子
以聞香力故　知男女所念　染欲癡恚心　亦知脩善者
地中衆伏藏　金銀諸珎寶　銅器之所盛　聞香悉能知
種種諸纓絡　无能識其價　聞香知貴賤　出處及所在
天上諸華等　曼陁曼殊沙　波利質多樹　聞香悉能知

BD08628 號　妙法蓮華經卷六　　（3–3）

復次舍利子如來宿住隨念作證智力不可
思議无有等者无等等者无量无數不可宣
說又不可說有邊盡際舍利子如來以佛神
力加諸有情令念宿住而吉之日汝今應念
於過去世已種如是諸善法根或於佛所或
聲聞所或獨覺所或於正法種諸善根如是
善根悉當憶念彼諸有情以如來力隨念皆
知舍利子如是如來以佛神力加彼有情令知宿住无
量善根所緣境已知其所應知
說法舍利子若諸有情於阿耨多羅三藐三
菩提得不退轉隨其欲解而來出離或依聲
聞乘或依獨覺乘或發阿耨多羅三藐三菩
提心者如是如來隨念智力如實了知如是舍
利子如來宿住隨念作證智力不可思議无
量无數无有邊際與虛空等諸有欲求如
來宿住隨念邊際者不異有人求空邊際舍
利子諸菩薩摩訶薩聞是宿住智力不可思
議如虛空已言[illegible]

BD08629 號　大寶積經卷三八　　（2–1）

菩提得不退轉隨其欲解而求出離或依聲
聞乘或依獨覺乘或發阿耨多羅三藐三菩
提心者如是如來隨念智力如實了知如是舍
利子如來宿住隨念作證智力不可思議无
量无數无有邊際與虛空等諸有欲求如
來宿住隨念邊際者不異有人求空邊際舍
利子諸菩薩摩訶薩聞是宿住智力不可思
議如虛空已信受歸奉无惑无疑乃至踊躍
歡喜發希奇想尒時世尊欲重宣此義而說
頌曰
不思那庚拘胝劫　照世明燈悲隨念
亦念過往自他生　如觀掌內五菴果
隨念名姓色分別　住壽命盡諸生趣
含靈具足如是因　知時如應為說法
諸過去世无邊際　衆生所有心心法
是心无間是心生　最勝大智皆能了
善逝了知一有情　過往无間心相續
如殑伽沙拘胝劫　不能說盡其邊際
乃至後際拘胝劫　演諸含靈往所行

BD08629 號　大寶積經卷三八　（2–2）

妙法蓮華經安樂行品第十四　五
尒時文殊師利法王子菩薩摩訶薩白佛
言世尊是諸菩薩甚為難有敬順佛故發
大誓願於後惡世護持讀誦法華經世
尊菩薩摩訶薩於後惡世云何能說是
經佛告文殊師利若菩薩摩訶薩於後惡
世欲說是經當安住四法一者安住菩薩
行處親近處能為衆生演說是經文殊
師利云何名菩薩摩訶薩行處若菩薩摩
訶薩住忍辱地柔和善順而不卒暴心亦不
驚又復於法无所行而觀諸法如實相亦
不行不分別是名菩薩摩訶薩行處云何
菩薩摩訶薩親近處菩薩摩訶薩不親
近國王王子大臣官長不親近外道梵志
尼揵子等及造世俗文筆讚詠外書及路
伽耶陁逆路伽耶陁者亦不親近諸有兇
戲相扠相撲及那羅等種種變現之戲
又不親近旃陁羅及畜猪羊雞狗田獵漁捕諸
惡律儀如是之等或時來者則為說法无所

BD08630 號　妙法蓮華經卷五　（2–1）

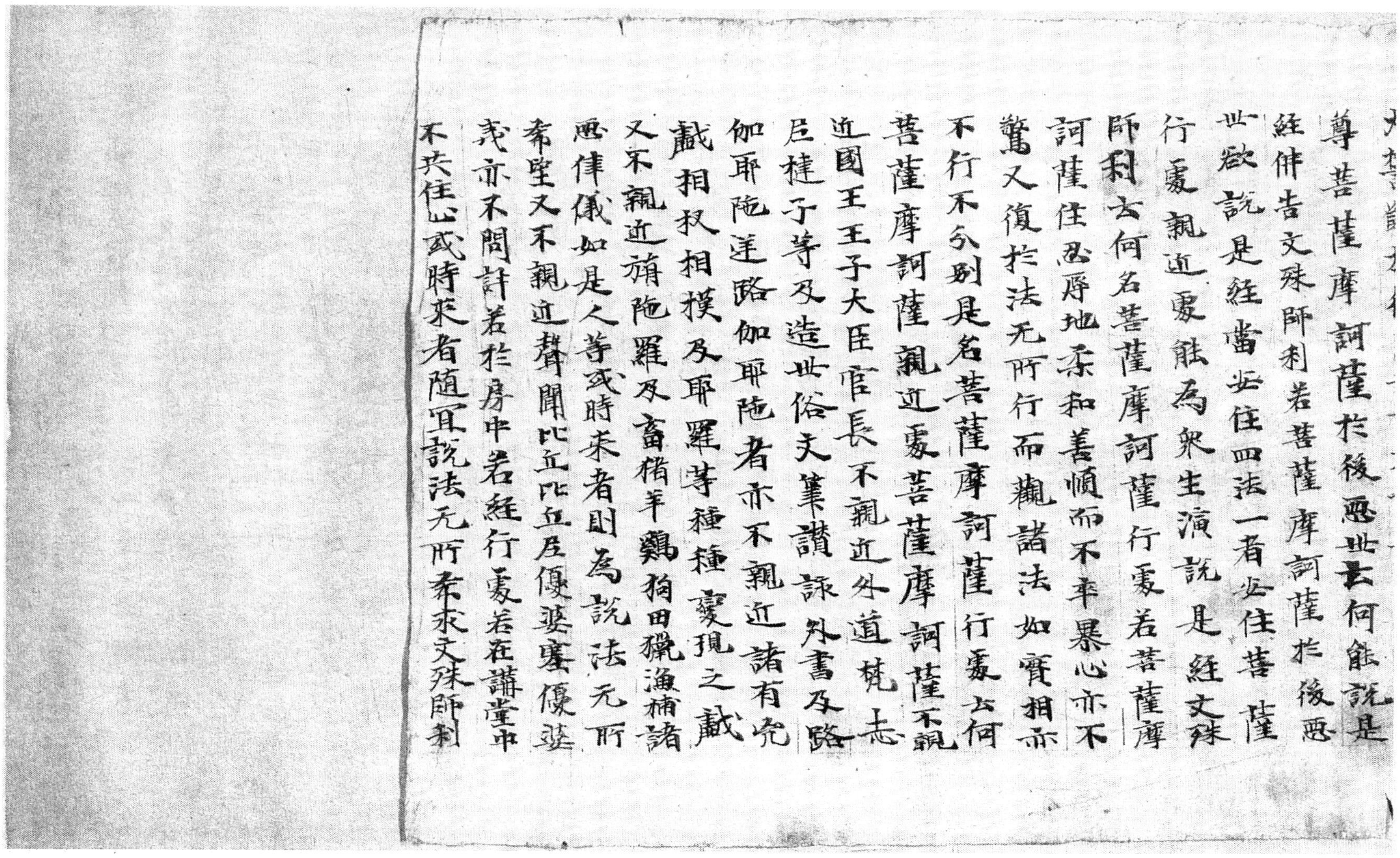

[illegible]
尊菩薩摩訶薩於後惡世云何能說是
經佛告文殊師利若菩薩摩訶薩於後惡
世欲說是經當安住四法一者安住菩薩
行處親近處能為眾生演說是經文殊
師利云何名菩薩摩訶薩行處若菩薩摩
訶薩住忍辱地柔和善順而不卒暴心亦不
驚又復於法无所行而觀諸法如實相亦
不行不分別是名菩薩摩訶薩行處云何
名菩薩摩訶薩親近處菩薩摩訶薩不親
近國王王子大臣官長不親近外道梵志
尼揵子等及造世俗文筆讚詠外書及路
伽耶陀逆路伽耶陀者亦不親近諸有兇
戲相扠相撲及那羅等種種變現之戲
又不親近旃陀羅及畜猪羊雞狗畋獵漁捕諸
惡律儀如是人等或時來者則為說法无所
悕望又不親近求聲聞比丘比丘尼優婆塞優婆
夷亦不問訊若於房中若經行處若在講堂中
不共住止或時來者隨宜說法无所悕求文殊師利

BD08630號　妙法蓮華經卷五　（2–2）

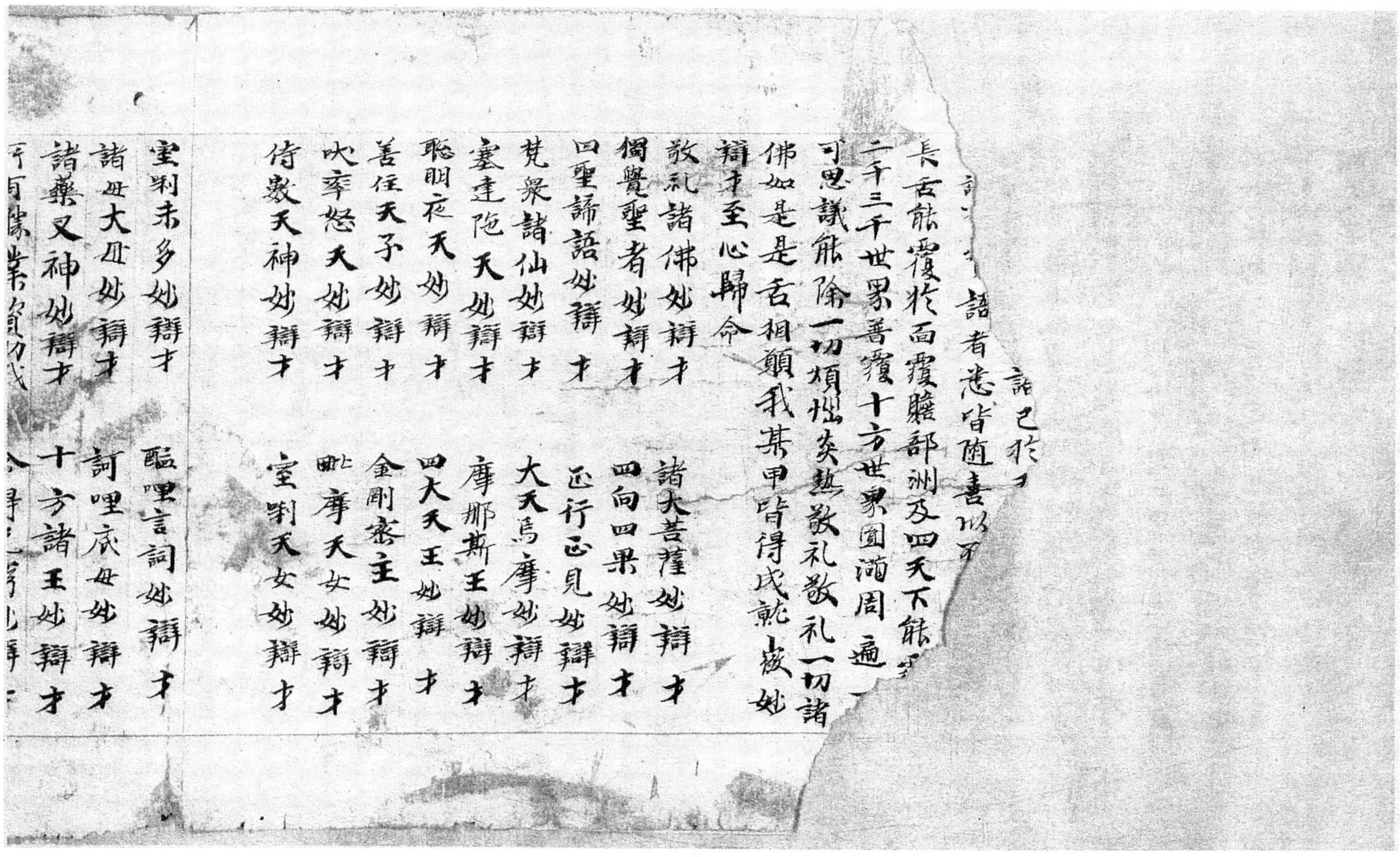

說已於[illegible]
[illegible]語者悉皆隨喜以[illegible]
長舌能覆於面覆贍部洲及四天下能[illegible]
二千三千世界普覆十方世界圓滿周遍[illegible]
可思議能除一切煩惱炎熱敬禮敬禮一切諸
佛如是是舌相願我某甲皆得成就微妙
辯才至心歸命
敬禮諸佛妙辯才　諸大菩薩妙辯才
獨覺聖者妙辯才　四向四果妙辯才
四聖諦語妙辯才　正行正見妙辯才
梵眾諸仙妙辯才　大天烏摩妙辯才
塞建陀天妙辯才　摩那斯王妙辯才
聰明夜天妙辯才　四大天王妙辯才
善住天子妙辯才　金剛密主妙辯才
吠率怒天妙辯才　毗摩天女妙辯才
侍數天神妙辯才　室利天女妙辯才
室唎末多妙辯才　臨哩言詞妙辯才
諸母大母妙辯才　訶哩底母妙辯才
諸藥叉神妙辯才　十方諸王妙辯才
[illegible]

BD08631號　金光明最勝王經卷八　（4–1）

室唎未多妙辯才　臨哩言詞妙辯才
諸母大母妙辯才　訶哩底母妙辯才
諸藥叉神妙辯才　十方諸王妙辯才
所有勝業資助我　令得无窮妙辯才
敬礼无欺誑　敬礼解脫者　敬礼離欲人　敬礼捨纏蓋
敬礼心清淨　敬礼光明者　敬礼真實語　敬礼无塵習
敬礼住勝義　敬礼大衆主　敬礼辯才天　令我詞无礙
願我所求事　皆悉速成就　无病常安隱　壽命得延長
善解諸明呪　勤脩菩提道　廣饒益群生　求心願早遂
我說真實語　我說无誑語　天女妙辯才　令我得成就
唯願天女來　令我語无滯　速入身口內　聰明足辯才
願令我舌根　當得如來辯　由彼語威力　調伏諸衆生
我所出語時　隨事皆成就　聞者生恭敬　所作不唐捐
若我求辯才　事不成就者　天女之實語　皆悉成虛妄
有作无間罪　佛語令調伏　及以阿羅漢　所有報恩語
舍利子目連　世尊衆第一　斯等真實語　願我皆成就
我今皆召請　佛之聲聞衆　皆願速來至　成就我求心
所求真實語　皆願无虛誑　上從色究竟　及以淨君天
大梵及梵輔　一切梵王衆　乃至遍三千　索訶世界主
并及諸眷屬　我今皆請召　唯願降慈悲　哀憐同攝受
他化自在天　及以樂變化　覩史多天衆　慈氏當成佛
夜摩諸天衆　及三十三天　四大王衆天　一切諸天衆
地水火風神　依妙高山住　七海山神衆　所有諸眷屬
滿財及五頂　日月諸星辰　如是諸天衆　令世間安隱
斯等諸天神　不樂作罪業　敬佛鬼子母　及最小愛兒
天龍藥叉衆　乾闥阿蘇羅　及以緊那羅　莫呼洛伽等
我以世尊力　悉皆申請召　願降慈悲心　與我无礙辯

BD08631號　金光明最勝王經卷八　（4–2）

滿財及五頂　日月諸星辰　如是諸天衆　令世間安隱
斯等諸天神　不樂作罪業　敬佛鬼子母　及最小愛兒
天龍藥叉衆　乾闥阿蘇羅　及以緊那羅　莫呼洛伽等
我以世尊力　悉皆申請召　願降慈悲心　與我无礙辯
一切人天衆　能了他心者　皆願加神力　與我妙辯才
乃至盡虛空　周遍於法界　所有含生類　與我妙辯才
尒時辯才天女聞是請已告婆羅門言善哉
大士若有男子女人能依如是呪及呪讚如前
所說受持法式歸敬三寶虔心正念於所
求事皆不唐捐兼復受持讀誦此金光明微
妙經典所願求者无不果遂速得成就除不
至心時婆羅門深心歡喜合掌頂受
尒時佛告辯才天女善哉善哉善女天汝能
流布是妙經王擁護所有受持經者及能利
益一切衆生令得安樂說如是法施與辯才
不可思議得福无量諸發心者速趣菩提
金光明最勝王經大吉祥天女品第十六
尒時大吉祥天女即從座起前礼佛足合掌
恭敬白佛言世尊我若見有苾芻苾芻尼鄔
波索迦鄔波斯迦受持讀誦為人解說是金
光明最勝王經者我當專心恭敬供養此等
法師所謂飲食衣服臥具醫藥及餘一切所
須資具皆令圓滿无有乏少若晝若夜於此
經王所有句義觀察思量安樂而住令此經
典於贍部洲廣行流布為彼有情已於无量
百千佛所種善根者常使得聞不速隱沒及
於无量百千億劫當

BD08631號　金光明最勝王經卷八　（4–3）

…女善哉善哉善女天汝能
流布是妙經王擁護所有受持經者及能利
益一切衆生令得安樂說如是法施與壽寸
不可思議得福无量諸發心者速趣菩提
金光明最勝王經大吉祥天女品第十六
尒時大吉祥天女即從座起前礼佛足合掌
恭敬白佛言世尊我若見有苾芻苾芻尼鄔
波索迦鄔波斯迦受持讀誦為人解說是金
光明最勝王經者我當專心恭敬供養此等
法師所謂飲食衣服卧具醫藥及餘一切所
須資具皆令圓滿无有乏少若晝若夜於此
經王所有句義觀察思量安樂而住令此經
典於贍部洲廣行流布為彼有情已於无量
百千佛所種善根者常使得聞不速隱沒復
於无量百千億劫當…
豐稔永除飢…
遇諸佛世…
永絕…

BD08631 號　金光明最勝王經卷八　　（4–4）

訓導
一時皆得須陀洹道斯陀含道阿那含道阿
羅漢道盡諸有漏於深禪定皆得自在具八
解脫於意云何是大施主所得功德寧為多不
佛言世尊是人功德甚多无量无
施主但施衆生一切樂具功德无量
令得阿羅漢果佛告彌勒我今分明語
汝是人以一切樂具施於四百萬億阿僧祇
世界六趣衆生又令得阿羅漢果所得功德
不如是第五十人聞法華經一偈隨喜功德
百分千分百千萬億分不及其一乃至算數
譬喻所不能知阿逸多如是第五十人展轉
聞法華經隨喜功德尚无量无邊阿僧祇何
…會中聞而隨喜者其福復…

BD08632 號　妙法蓮華經卷六　　（4–1）

不如是第五十人聞法華經一偈隨喜功德
百分千分百千萬億分不及其一乃至筭數
譬喻所不能知阿逸多如是第五十人展轉
華經隨喜功德尚无量无邊阿僧祇何
於會中聞而隨喜者其福復勝无
邊阿僧祇不可得比又阿逸多若人爲
是經故往詣僧坊若坐若立須臾聽受緣是
功德轉身所生得好上妙象馬車乘珎寶輦
輿及乘天宮若復有人於講法處坐更有人
來勸令坐聽若分座令坐是人功德轉身得
帝釋坐處若梵王坐處若轉輪聖王所坐之
逸多若復有人語餘人言有經名法華
聽即受其教乃至須臾間聞是人功德
得與陁羅尼菩薩共生一處利根智慧
百千萬世終不瘖瘂口氣不臭舌常无病
口亦无病齒不垢黑不黃不踈亦不缺落不差
不曲脣不下垂亦不褰縮不麁澀不瘡緊亦
不缺壞亦不喎斜不厚不大亦不黧黑无諸可
惡鼻不匾㔸亦不曲戾面色不黑亦不狹長
窊曲无有一切不可憙相脣舌牙齒悉
好鼻脩高直面貌圓滿眉高而長額
平正人相具足世世所生見佛聞法信受
教誨阿逸多汝且觀是勸於一人令往聽法
功德如此何況一心聽說讀誦而於大衆爲
人分別如說脩行尒時世尊欲重宣此義而

BD08632號　妙法蓮華經卷六　（4-2）

平正人相具足世世所生見佛聞法信受
教誨阿逸多汝且觀是勸於一人令往聽法
功德如此何況一心聽說讀誦而於大衆爲
人分別如說脩行尒時世尊欲重宣此義而
說偈言
法會　得聞是經典　乃至於一偈　隨喜爲他說
轉教　至于第五十　最後人獲福　今當分別之
大施主　供給无量衆　具滿八十歲　隨意之所欲
見彼衰老相　髮白而面皺　齒踈形枯竭　念其死不久
我今應當教　令得於道果　即爲方便說　涅槃真實法
世皆不牢固　如水沫泡焰　汝等咸應當　疾生猒離心
諸人聞是法　皆得阿羅漢　具足六神通　三明八解脫
最後第五十　聞一偈隨喜　是人福勝彼　不可爲譬喻
如是展轉聞　其福尚无量　何況於法會　初聞隨喜者
若有勸一人　將引聽法華　言此經深妙　千万劫難遇
即受教往聽　乃至須臾聞　斯人之福報　今當分別說
世世无口患　齒不踈黃黑　脣不厚褰缺　无有可惡相
舌不乾黑短　鼻高脩且直　額廣而平正　面目悉端嚴
爲人所憙見　口氣无臭穢　優鉢華之香　常從其口出
若故詣僧坊　欲聽法華經　須臾聞歡喜　今當說其福
後生天人中　得妙象馬車　珎寶之輦輿　及乘天宮殿
若於講法處　勸人坐聽經　是福因緣得　釋梵轉輪座
何況一心聽　解說其義趣　如說而脩行　其福不可限
妙法蓮華經法師功德品第十九
尒時佛告常精進菩薩摩訶薩若善男子善

BD08632號　妙法蓮華經卷六　（4-3）

如是展轉聞 其福尚无量 何况於法會 初聞隨喜者
若有勸一人 將引聽法華 言此經深妙 千万劫難遇
即受教往聽 乃至須臾聞 斯人之福報 今當分別說
世世无口患 齒不踈黃黑 脣不厚褰缺 无有可惡相
舌不乾黑短 鼻高脩且直 額廣而平正 面目悉端嚴
為人所憙見 口氣无臭穢 優鉢華之香 常從其口出
若故詣僧坊 欲聽法華經 須臾聞歡喜 今當說其福
後生天人中 得妙象馬車 珎寶之輦輿 及乘天宮殿
若於講法處 勸人坐聽經 是福因緣得 釋梵轉輪座
何况一心聽 解說其義趣 如說而脩行 其福不可限

妙法蓮華經法師功德品第十九

尒時佛告常精進菩薩摩訶薩 若善男子善女人受持是法華經 若讀若誦若解說若書寫是人當得八百眼功德 千二百耳功德 八百鼻功德 千二百舌功德 八百身功德 千二百意功德 以是功德莊嚴六根皆令清淨 是善男子善女人父母所生清淨肉眼見於三

BD08632號　妙法蓮華經卷六　（4–4）

常無灾厄亦令獲得如意寶珠及以伏藏神通自在所願皆成若求官榮無不稱意亦解一切禽獸之語

世尊若持呪時欲得見我自身現者可於月八日或十五日於白疊上畫佛形像當用木膠雜彩莊飾其畫像人為受八戒於佛左邊作吉祥天女像於佛右邊作我多聞天像并畫男女眷屬之類安置坐處咸令如法布列花彩燒衆名香然燈續明晝夜無歇上妙飲食種種珎奇發慇重心隨時供養受持神呪不得輕心請召我時應誦此呪

南謨室唎健那也 勃陁引也
南謨薜室囉末拏也 藥叉囉闍引也
莫訶 囉 闍 阿地囉闍也
南麼室唎耶囊 莫訶提鞞引囊
怛 姪 他 怛囉怛囉咄嚕咄嚕
末 囉 末 囉 窣卒吐窣卒吐
漢 娜 漢 娜 末尼羯諾迦

BD08633號　金光明最勝王經卷六　（2–1）

花彩燒衆名香然燈續明晝夜無歇上妙飲
食種種珍奇發慇重心隨時供養受持神
呪不得輕心請召我時應誦此呪
南謨室唎揵那也　勃陁引也
南謨薜室囉末拏也　藥叉囉闍引也
莫訶囉闍　阿地囉闍也
南麼室唎耶囊　莫訶提鞞引囊
怛姪他　怛囉怛囉咄嚕咄嚕
末囉末囉　窣率吐窣率吐
漢娜漢娜　末尼羯諾迦
跋折囉薜瑠璃也　目底迦楞訖㗚哆
設唎囉囊　蒱引薩婆薩埵
呬哆迦引摩　薜室囉末拏
室唎夜提鼻　跋𭅄婆引也
醫呬醫呬麼叱藍婆　瞿㗚拏瞿㗚拏
祙麻八喇婆祙喇婆　達䭾呬麼麼
阿目迦耶末寫自稱己名　達哩設耶迦末寫
達哩設南　麼麼末　耶
缽喇昌羅大也　莎訶

BD08633 號　金光明最勝王經卷六　（2–2）

重　光

切智智脩習空解脫門無相解脫門無願解
脫門世尊云何以菩薩摩訶薩行無二為方
便無生為方便無所得為方便迴向一切智
智脩習五眼六神通慶喜菩薩摩訶薩行菩
薩摩訶薩行性空何以故以菩薩摩訶薩行
薩摩訶薩行性空何以故以菩薩摩訶薩行
性空與五眼六神通無二無二分故慶喜由
此故說以菩薩摩訶薩行無二為方便無生
為方便無所得為方便迴向一切智智脩習
五眼六神通世尊云何以菩薩摩訶薩行無
二為方便無生為方便無所得為方便迴向
一切智智脩習佛十力四無所畏四無礙解
大慈大悲大喜大捨十八佛不共法慶喜菩
薩摩訶薩行菩薩摩訶薩行性空何以故以
菩薩摩訶薩行性空與佛十力四無所畏四
無礙解大慈大悲大喜大捨十八佛不共法

BD08634 號　大般若波羅蜜多經（兌廢稿）卷一二五　（2–1）

五眼六神通世尊云何以菩薩摩訶薩行無
二為方便無生為方便無所得為方便迴向
一切智智脩習佛十力四無所畏四無礙解
大慈大悲大喜大捨十八佛不共法慶喜菩
薩摩訶薩行菩薩摩訶薩行性空何以故以
菩薩摩訶薩行性空與佛十力四無所畏四
無礙解大慈大悲大喜大捨十八佛不共法
無二無二分故慶喜由此故說以菩薩摩訶
薩行無二為方便無生為方便無所得為方
便迴向一切智智脩習佛十力四無所畏四
無礙解大慈大悲大喜大捨十八佛不共法
世尊云何以菩薩摩訶薩行無二為方便無
生為方便無所得為方便迴向一切智智脩
習無忘失法恒住捨性慶喜菩薩摩訶薩行
菩薩摩訶薩行性空何以故以菩薩摩訶薩
行性空與無忘失法恒住捨性無二無二分
故慶喜由此故說以菩薩摩訶薩行無二為
方便無生為方便無所得為方便迴向一切

BD08634 號　大般若波羅蜜多經（兌廢稿）卷一二五　（2–2）

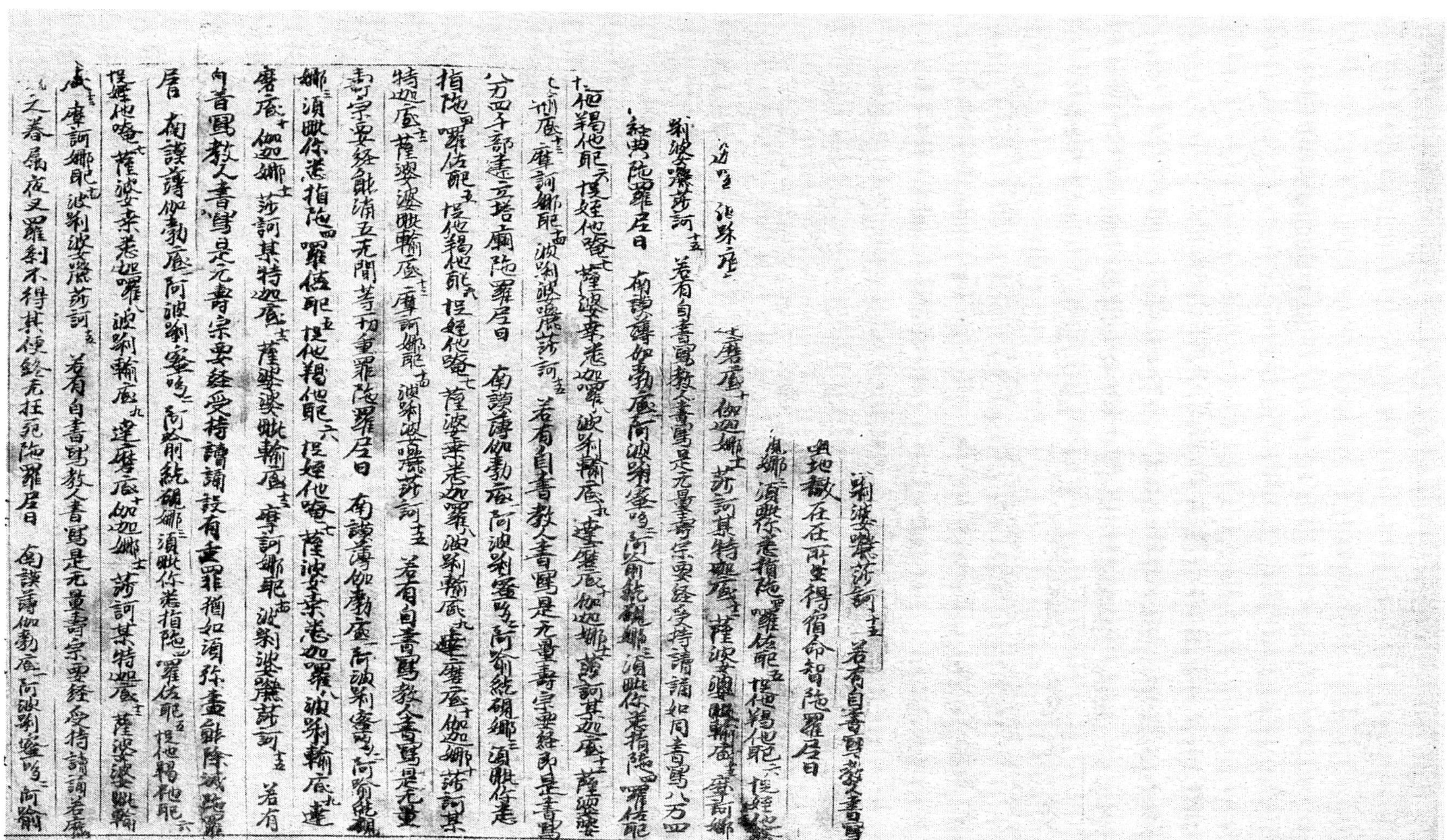

BD08635 號　無量壽宗要經　（4–1）

向書寫教人書寫是无量壽宗要經受持讀誦設有重罪猶如須弥盡能除滅陁羅
尼曰 南謨薄伽勃底一阿波唎蜜多二阿喻紇硯娜三須毗你悉指陀四囉佐耶五怛他羯他耶六
怛姪他唵七薩婆桑悉迦囉八波唎輸底九達磨底十伽伽娜十一莎訶娑特伽底十二薩婆婆毗輸
底十三摩訶娜耶十四波唎婆嚟莎訶十五 若有自書寫教人書寫是无量壽宗要經受持讀誦若施
之眷屬夜叉羅剎不得其便終无枉死陁羅尼曰 南謨薄伽勃底一阿波唎蜜多二阿喻紇硯
娜三須毗你悉指陀四囉佐耶五怛他羯他耶六怛姪他唵七薩婆桑悉迦囉八波唎輸底九達磨底
十伽伽娜十一莎訶娑特伽底十二薩婆婆毗輸底十三摩訶娜耶十四波唎婆嚟莎訶十五 若有自書寫教
當命終時有九十九殑伽佛現其人前蒙千佛授手能
十佛剎莫於此經生於疑惑陁羅尼曰 南謨薄伽勃底一阿波唎蜜多二阿喻紇硯娜三須
毗你悉指陀四囉佐耶五怛他羯他耶六怛姪他唵七薩婆桑悉迦囉八波唎輸底九達磨底十伽伽娜十一莎
訶娑特伽底十二薩婆婆毗輸底十三摩訶娜耶十四波唎婆嚟莎訶十五 若有自書寫教人書寫是无量
壽宗要經受持讀誦當得四天大王隨其衛護陁羅尼曰 南謨薄伽勃底一阿波唎蜜多二
阿喻紇硯娜三須毗你悉指陀四囉佐耶五怛他羯他耶六怛姪他唵七薩婆桑悉迦囉八波唎輸底九
達磨底十伽伽娜十一莎訶娑特伽底十二薩婆婆毗輸底十三摩訶娜耶十四波唎婆嚟莎訶十五 若有自
書寫教人書寫是无量壽宗要經受持讀誦當往生西方極樂世界阿弥陁淨土陁
羅尼曰 南謨薄伽勃底一阿波唎蜜多二阿喻紇硯娜三須毗你悉指陀四囉佐耶五怛他
羯他耶六怛姪他唵七薩婆桑悉迦囉八波唎輸底九達磨底十伽伽娜十一莎訶娑特伽底十二薩婆婆毗輸
底十三摩訶娜耶十四波唎婆嚟莎訶十五 若有人自書寫使人書寫是无量壽經典之處則
為是塔皆應恭敬作礼若是畜生或為鳥獸得聞是經如是等類皆當不久得成
一切種智陁羅尼曰 南謨薄伽勃底一阿波唎蜜多二阿喻紇硯娜三須毗你悉指陀四囉佐耶五怛
他羯他耶六怛姪他唵七薩婆桑悉迦囉八波唎輸底九達磨底十伽伽娜十一莎訶娑特伽底十二薩婆
婆毗輸底十三摩訶娜耶十四波唎婆嚟莎訶十五 若有於是无量壽經自書寫若使人書寫畢竟
不受女人之身陁羅尼曰 南謨薄伽勃底一阿波唎蜜多二阿喻紇硯娜三須毗你悉指陀四
囉佐耶五怛他羯他耶六怛姪他唵七薩婆桑悉迦囉八波唎輸底九達磨底十伽伽娜十一莎訶娑特伽底十二薩婆
婆毗輸底十三摩訶娜耶十四波唎婆嚟莎訶十五 若有能於是經少分能惠施者等於三千大千世界滿中七
寶布施陁羅尼曰 南謨薄伽勃底一阿波唎蜜多二阿喻紇硯娜三須毗你悉指陀四囉佐耶五怛他羯
他耶六怛姪他唵七薩婆桑悉迦囉八波唎輸底九達磨底十伽伽娜十一莎訶娑特伽底十二薩婆婆毗輸底
十三摩訶娜耶十四波唎婆嚟莎訶十五 若有能供養是經者則是供養一切諸經等无有別異陁羅
尼曰 南謨薄伽勃底一阿波唎蜜多二阿喻紇硯娜三須毗你悉指陀四囉佐耶五怛他羯他耶六怛姪他
唵七薩婆桑悉迦囉八波唎輸底九達磨底十伽伽娜十一莎訶娑特伽底十二薩婆婆毗輸底十三摩訶娜

BD08635號　無量壽宗要經　（4–2）

耶六怛姪他唵七薩婆桑悉迦囉八波唎輸底九達磨底十伽伽娜十一莎訶娑特伽底十二薩婆婆毗輸底
十三摩訶娜耶十四波唎婆嚟莎訶十五 若有能供養是經者則是供養一切諸經等无有別異陁羅
尼曰 南謨薄伽勃底一阿波唎蜜多二阿喻紇硯娜三須毗你悉指陀四囉佐耶五怛他羯他耶六怛姪他
唵七薩婆桑悉迦囉八波唎輸底九達磨底十伽伽娜十一莎訶娑特伽底十二薩婆婆毗輸底十三摩訶娜
耶十四波唎婆嚟莎訶十五
如是毗婆尸佛　尸棄佛　毗舍浮佛　俱留孫佛　俱那含牟尼佛　迦葉佛　釋迦牟尼佛　若有
人以七寶供養如是七佛其福有限書寫受持是无量壽經典所有功德不可限量陁羅尼曰
南謨薄伽勃底一阿波唎蜜多二阿喻紇硯娜三須毗你悉指陀四囉佐耶五怛他羯他耶六怛姪他唵七薩
婆桑悉迦囉八波唎輸底九達磨底十伽伽娜十一莎訶娑特伽底十二薩婆婆毗輸底十三摩訶娜耶十四波唎婆
嚟莎訶十五 若有七寶等於須弥山用布施其福上能知其限量是无量壽經功德其
福不可知數陁羅尼曰 南謨薄伽勃底一阿波唎蜜多二阿喻紇硯娜三須毗你悉指陀四囉佐耶五怛
他羯他耶六怛姪他唵七薩婆桑悉迦囉八波唎輸底九達磨底十伽伽娜十一莎訶娑特伽底十二薩婆婆毗
輸底十三摩訶娜耶十四波唎婆嚟莎訶十五 如是四大海水可知滴數是无量壽經典所生果報不可
數量陁羅尼曰 南謨薄伽勃底一阿波唎蜜多二阿喻紇硯娜三須毗你悉指陀四囉佐耶五
怛他羯他耶六怛姪他唵七薩婆桑悉迦囉八波唎輸底九達磨底十伽伽娜十一莎訶娑特伽底十二薩婆婆毗
輸底十三摩訶娜耶十四波唎婆嚟莎訶十五 若有人自書寫使人書寫是无量壽經典又能
讚嘆恭養即如恭敬供養一切十方佛土如來无有別異陁羅尼曰 南謨薄伽勃底一阿波唎
蜜多二阿喻紇硯娜三須毗你悉指陀四囉佐耶五怛他羯他耶六怛姪他唵七薩婆桑悉迦囉八波唎輸底九
達磨底十伽伽娜十一莎訶娑特伽底十二薩婆婆毗輸底十三摩訶娜耶十四波唎婆嚟莎訶十五
布施力能成正覺　悟布施力人師子　布施力能聲普聞　慈悲階漸宗能入
持戒力能成正覺　悟持戒力人師子　持戒力能聲普聞　慈悲階漸宗能入
忍辱力能成正覺　悟忍辱力人師子　忍辱力能聲普聞　慈悲階漸宗能入
精進力能成正覺　悟精進力人師子　精進力能聲普聞　慈悲階漸宗能入
禪定力能成正覺　悟禪定力人師子　禪定力能聲普聞　慈悲階漸宗能入
智慧力能成正覺　悟智慧力人師子　智慧力能聲普聞　慈悲階漸宗能入
尒時如來說是經已一切世間天人阿脩羅揵闥婆等聞佛所說皆大歡喜
信受奉行
佛說无量壽宗要經一卷

BD08635號　無量壽宗要經　（4–3）

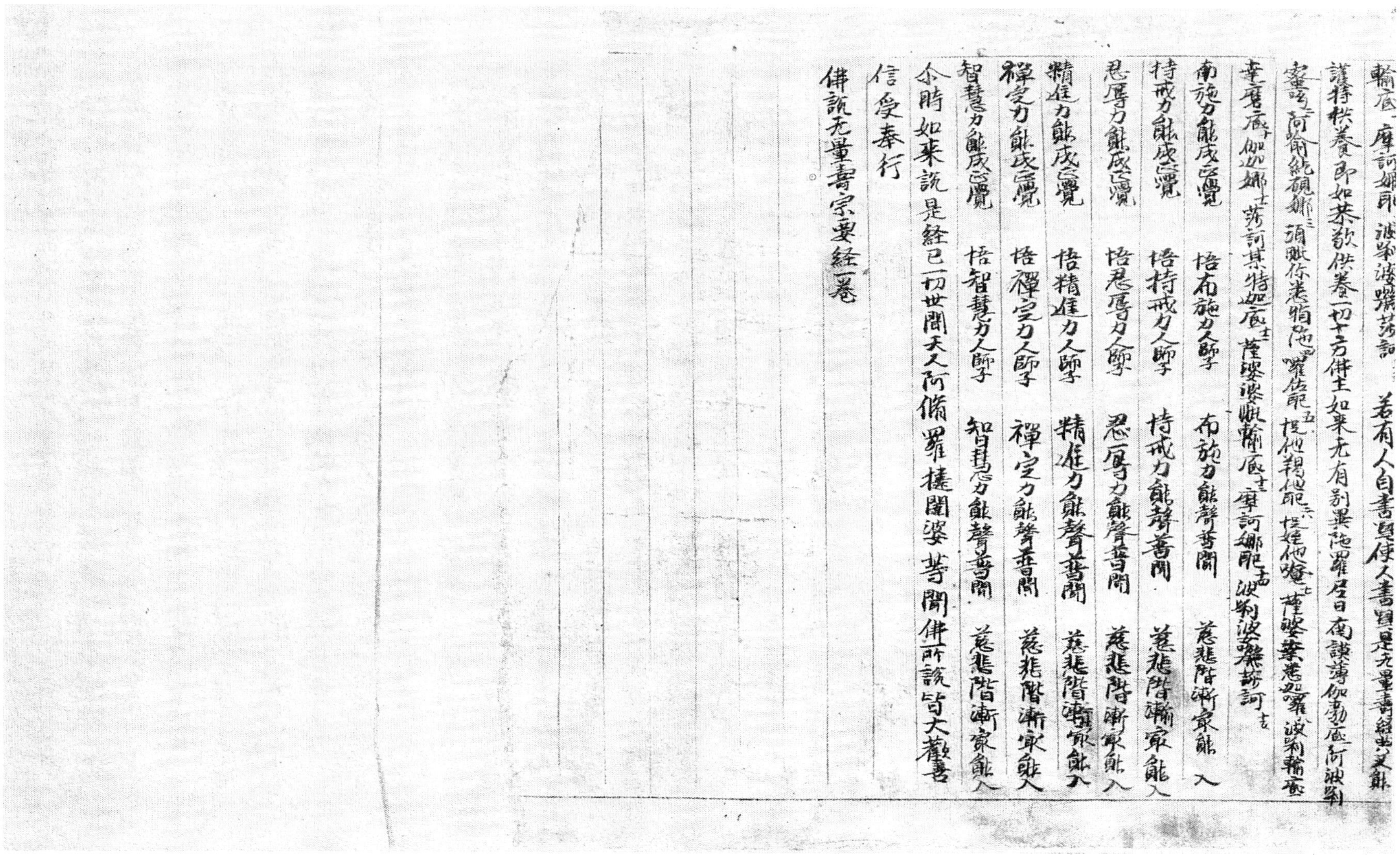
輸底十一摩訶娜耶 波唎婆囉莎訶十 若有人自書寫使人書寫是无量壽經典又能
護持供養即如恭敬供養一切十方佛土如來无有別異陁羅尼曰 南謨薄伽勃底 阿波唎
蜜多二 阿喻紇硯娜三 須毗你悉指陁四 囉佐耶五 怛他羯他耶六 怛姪他唵七 薩婆桑悉迦囉八 波唎輸底
達磨底十 伽迦娜十一 莎訶某持迦底十二 薩婆婆毗輸底十三 摩訶娜耶十四 波唎婆囉莎訶十五
布施力能成正覺 悟布施力人師子 布施力能聲普聞 慈悲階漸宗能入
持戒力能成正覺 悟持戒力人師子 持戒力能聲普聞 慈悲階漸宗能入
忍辱力能成正覺 悟忍辱力人師子 忍辱力能聲普聞 慈悲階漸宗能入
精進力能成正覺 悟精進力人師子 精進力能聲普聞 慈悲階漸宗能入
禪定力能成正覺 悟禪定力人師子 禪定力能聲普聞 慈悲階漸宗能入
智慧力能成正覺 悟智慧力人師子 智慧力能聲普聞 慈悲階漸宗能入
尒時如來說是經已一切世間天人阿脩羅揵闥婆等聞佛所說皆大歡喜
信受奉行
佛說无量壽宗要經一卷

BD08635 號　無量壽宗要經　　（4–4）

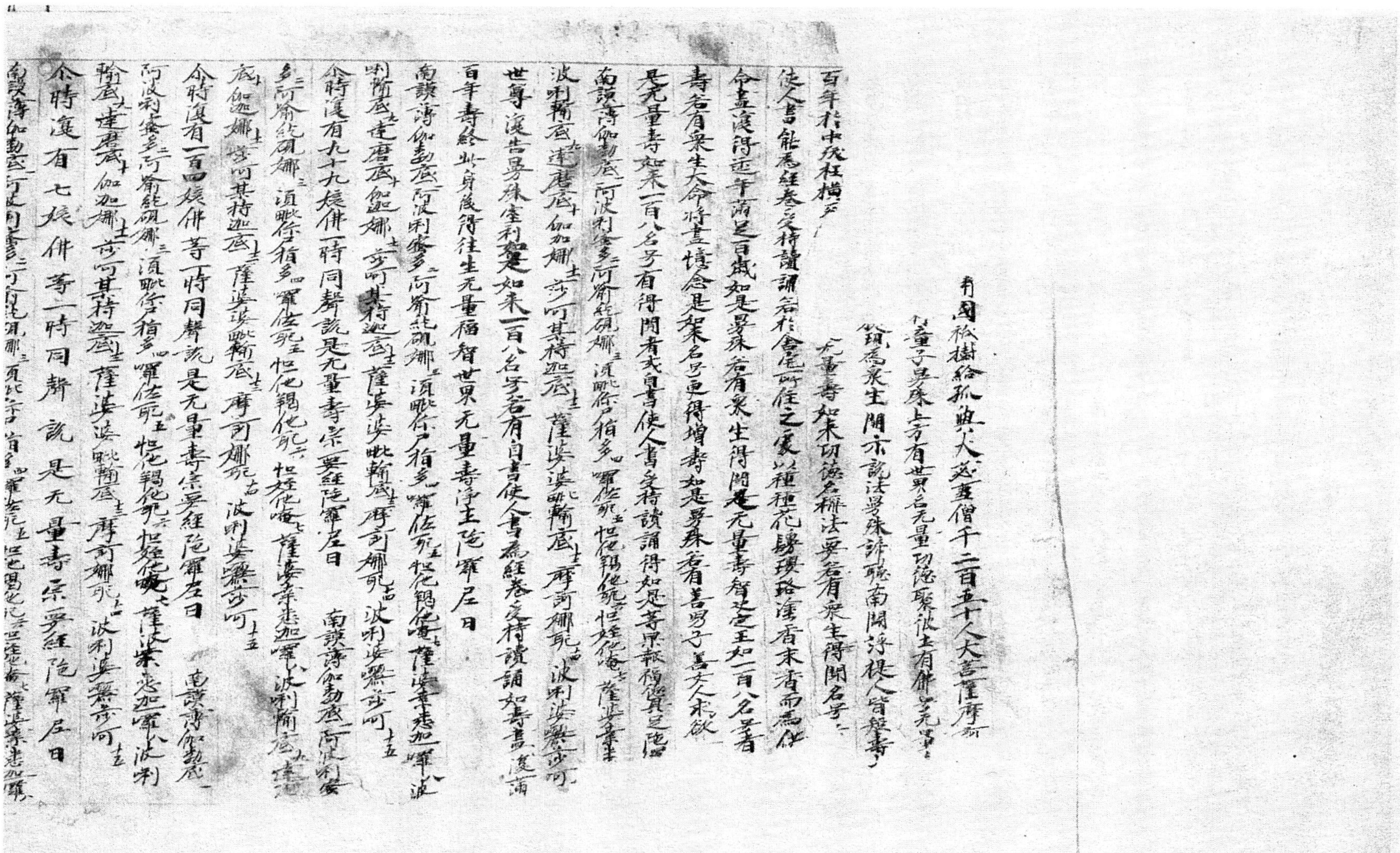
有國祇樹給孤獨園與大苾芻僧千二百五十人大菩薩摩訶
曼殊室利童子曼殊室利上方有世界名无量功德聚彼土有佛名无量
為衆生開示說法曼殊室利聽南閻浮提人皆短壽
无量壽智決定王如來功德名稱法要若有衆生得聞名号
百年於中夭枉横死
使人書能為經卷受持讀誦於舍宅所住之處以種種花鬘瓔珞塗香末香而為供
命盡復得延年滿足百歲如是曼殊若有衆生得聞是无量壽智決定王如來一百八名号者
壽若有衆生大命將盡憶念是如來名号更得增壽如是曼殊若有善男子善女人欲求
是无量壽如來一百八名号有得聞者或自書使人書受持讀誦得如是等果報福德具足陁羅尼
南謨薄伽勃底一阿波唎蜜多二阿喻紇硯娜三須毗你尸栺多四囉佐耶五怛他羯他耶六怛姪他唵七薩婆桑悉迦
波唎輸底九達磨底十伽伽娜十一莎訶某持迦底十二薩婆婆毗輸底十三摩訶娜耶十四波唎婆囉莎訶十五
世尊復告曼殊室利是如來一百八名号若有自書使人書為經卷受持讀誦如壽盡復滿
百年壽終此身後得往生无量福智世界无量壽淨土陁羅尼曰
南謨薄伽勃底一阿波唎蜜多二阿喻紇硯娜三須毗你尸栺多四囉佐耶五怛他羯他耶六怛姪他唵七薩婆桑悉迦囉八波
唎輸底九達磨底十伽伽娜十一莎訶某持迦底十二薩婆婆毗輸底十三摩訶娜耶十四波唎婆囉莎訶十五
尒時復有九十九姟佛一時同聲說是无量壽宗要經陁羅尼曰 南謨薄伽勃底一阿波唎蜜
多二阿喻紇硯娜三須毗你尸栺多四囉佐耶五怛他羯他耶六怛姪他唵七薩婆桑悉迦囉八波唎輸底九達
底十伽伽娜十一莎訶某持迦底十二薩婆婆毗輸底十三摩訶娜耶十四波唎婆囉莎訶十五
尒時復有一百四姟佛一時同聲說是无量壽宗要經陁羅尼曰 南謨薄伽勃底
阿波唎蜜多二阿喻紇硯娜三須毗你尸栺多四囉佐耶五怛他羯他耶六怛姪他唵七薩婆桑悉迦囉八波唎
輸底九達磨底十伽伽娜十一莎訶某持迦底十二薩婆婆毗輸底十三摩訶娜耶十四波唎婆囉莎訶十五
尒時復有七姟佛一時同聲說是无量壽宗要經陁羅尼曰
南謨薄伽勃底一阿波唎蜜多二阿喻紇硯娜三須毗你尸栺多四囉佐耶五怛他羯他耶六怛姪他唵七薩婆桑悉迦囉

BD08636 號　無量壽宗要經　　（5–1）

尒時復有一百四姟佛等一時同聲說是无量壽宗要經陀羅尼曰

南謨薄伽勃底一阿波唎蜜多二阿喻紇硯娜三須毗你尸栺多四囉佐耶五怛他羯他耶六怛姪他唵七薩婆桒悉迦囉八波唎

輸底九達磨底十伽迦娜十一莎訶其持迦底十二薩婆婆毗輸底十三摩訶娜耶十四波唎婆嚟莎訶十五

尒時復有七姟佛等一時同聲說是无量壽宗要經陀羅尼曰

南謨薄伽勃底一阿波唎蜜多二阿喻紇硯娜三須毗你尸栺多四囉佐耶五怛他羯他耶六怛姪他唵七薩婆桒悉迦囉八波唎

輸底九達磨底十伽迦娜十一莎訶其持迦底十二薩婆婆毗輸底十三摩訶娜耶十四波唎婆嚟莎訶十五

尒時復有六十五姟佛等一時同聲說是无量壽宗要經陀羅尼曰

南謨薄伽勃底一阿波唎蜜多二阿喻紇硯娜三須毗你尸栺多四囉佐耶五怛他羯他耶六怛姪他唵七薩婆桒悉迦

囉八波唎輸底九達磨底十伽迦娜十一莎訶其持迦底十二薩婆婆毗輸底十三摩訶娜耶十四波唎婆嚟莎訶十五

尒時復有五十五姟佛一時同聲說是无量壽宗要經陀羅尼曰　南謨薄伽勃底

阿波唎蜜多二阿喻紇硯娜三須毗你尸栺多四囉佐耶五怛他羯他耶六怛姪他唵七薩婆桒悉迦囉八波唎

輸底九達磨底十伽迦娜十一莎訶其持迦底十二薩婆婆毗輸底十三摩訶娜耶十四波唎婆嚟莎訶十五

尒時復有四十五姟佛一時同聲說是无量壽宗要經陀羅尼曰

南謨薄伽勃底一阿波唎蜜多二阿喻紇硯娜三須毗你尸栺多四囉佐耶五怛他羯他耶六怛姪他唵七薩

婆桒悉迦囉八波唎輸底九達磨底十伽迦娜十一莎訶其持迦底十二薩婆婆毗輸底十三摩訶娜耶十四波唎婆嚟莎

訶十五　尒時復有三十五姟佛一時同聲說是无量壽宗要經陀羅尼曰

南謨薄伽勃底一阿波唎蜜多二阿喻紇硯娜三須毗你尸栺多四囉佐耶五怛他羯他耶六怛姪他唵七薩婆桒悉迦

囉八波唎輸底九達磨底十伽迦娜十一莎訶其持迦底十二薩婆婆毗輸底十三摩訶娜耶十四波唎婆嚟莎訶十五

尒時復有二十五姟佛一時同聲說是无量壽宗要經陀羅尼曰

南謨薄伽勃底一阿波唎蜜多二阿喻紇硯娜三須毗你肩多四囉佐耶五怛他羯他耶六怛姪他唵七薩婆桒悉迦

囉八波唎輸底九達磨底十伽迦娜十一莎訶其持迦底十二薩婆婆毗輸底十三摩訶娜耶十四波唎婆嚟莎訶十五

尒時復有恒河沙姟佛一時同聲說是无量壽宗要經陀羅尼曰

南謨薄伽勃底一阿波唎蜜多二阿喻紇硯娜三須毗你尸栺多四囉佐耶五怛他羯他耶六怛姪他唵七薩婆桒悉迦囉八

善男子若有自書寫教人書寫是无量壽宗要經如其命盡復得長壽滿年陀羅尼曰

波唎輸底九達磨底十伽迦娜十一莎訶其持迦底十二薩婆婆毗輸底十三摩訶娜耶十四波唎婆嚟莎訶十五

若有自書寫教人書寫是无量壽宗要經讀誦受持畢竟不復於地獄所生得宿命智陀羅尼曰

南謨薄伽勃底一阿波唎蜜多二阿喻紇硯娜三須毗你尸栺多四囉佐耶五怛他羯他耶六怛姪他唵七薩婆桒悉迦



善男子若有自書寫教人書寫是无量壽宗要經如其命盡復得長壽滿年陀羅尼曰

南謨薄伽勃底一阿波唎蜜多二阿喻紇硯娜三須毗你尸栺多四囉佐耶五怛他羯他耶六怛姪他唵七薩婆桒悉迦囉八

波唎輸底九達磨底十伽迦娜十一莎訶其持迦底十二薩婆婆毗輸底十三摩訶娜耶十四波唎婆嚟莎訶十五

若有自書寫教人書寫是无量壽宗要經讀誦受持畢竟不復於地獄所生得宿命智陀羅尼曰

南謨薄伽勃底一阿波唎蜜多二阿喻紇硯娜三須毗你尸栺多四囉佐耶五怛他羯他耶六怛姪他唵七薩婆桒悉迦

囉八波唎輸底九達磨底十伽迦娜十一莎訶其持迦底十二薩婆婆毗輸底十三摩訶娜耶十四波唎婆嚟莎訶十五

若有自書寫教人書寫是无量壽宗要經受持讀誦如同書寫八万四千一切經典陀羅尼曰

南謨薄伽勃底一阿波唎蜜多二阿喻紇硯娜三須毗你尸栺多四囉佐耶五怛他羯他耶六怛姪他唵七薩婆桒悉迦囉八

波唎輸底九達磨底十伽迦娜十一莎訶其持迦底十二薩婆婆毗輸底十三摩訶娜耶十四波唎婆嚟莎訶十五

若有自書寫教人書寫是无量壽宗要經受持讀誦即是書寫八万四千部建立塔廟陀羅尼曰

南謨薄伽勃底一阿波唎蜜多二阿喻紇硯娜三須毗你尸栺多四囉佐耶五怛他羯他耶六怛姪他唵七薩婆桒

悉迦囉八波唎輸底九達磨底十伽迦娜十一莎訶其持迦娜十二薩婆婆毗輸底十三摩訶娜耶十四波唎婆嚟莎訶十五

若有自書寫教人書寫是无量壽宗要經能消五无間等一切重罪陀羅尼曰

南謨薄伽勃底一阿波唎蜜多二阿喻紇硯娜三須毗你尸栺多四囉佐耶五怛他羯他耶六怛姪他唵七薩婆桒悉迦囉八

波唎輸底九達磨底十伽迦娜十一莎訶其持迦底十二薩婆婆毗輸底十三摩訶娜耶十四波唎婆嚟莎訶十五

若有自書寫教人書寫是无量壽宗要經受持讀誦設有重罪猶如須弥盡能除滅陀羅尼曰

南謨薄伽勃底一阿波唎蜜多二阿喻紇硯娜三須毗你尸栺多四囉佐耶五怛他羯他耶六怛姪他唵七薩婆桒悉迦囉八

波唎輸底九達磨底十伽迦娜十一莎訶其持迦底十二薩婆婆毗輸底十三摩訶娜耶十四波唎婆嚟莎訶十五

若有自書寫教人書寫是无量壽宗要經受持讀誦若魔眷屬夜叉羅剎不得其便終无枉死陀羅尼曰

南謨薄伽勃底一阿波唎蜜多二阿喻紇硯娜三須毗你尸栺多四囉佐耶五怛他羯他耶六怛姪他唵七薩婆桒悉迦囉八

波唎輸底九達磨底十伽迦娜十一莎訶其持迦底十二薩婆婆毗輸底十三摩訶娜耶十四波唎婆嚟莎訶十五

若有自書寫教人書寫是无量壽宗要經受持讀誦當命終時有九十九姟佛現其人前來千佛授

手能遊一切佛剎莫於此經生疑惑陀羅尼曰　南謨薄伽勃底一阿波唎蜜多二阿喻紇硯

娜三須毗你尸栺多四囉佐耶五怛他羯他耶六怛姪他唵七薩婆桒悉迦囉八波唎輸底九達磨底十伽迦娜十一莎訶其持迦底十二

薩婆婆毗輸底十三摩訶娜耶十四波唎婆嚟莎訶十五　若有自書寫教人書寫是无量壽宗要經受持讀

誦常得四大天王隨其衛護陀羅尼曰　南謨薄伽勃底一阿波唎蜜多二阿喻紇硯娜三須毗你肩多四

囉佐耶五怛他羯他耶六怛姪他唵七薩婆桒悉迦囉八波唎輸底九達磨底十伽迦娜十一莎訶其持迦底十二薩婆婆毗輸

底九達磨底十伽迦娜十一莎訶其持迦底十二薩婆婆毗輸底十三摩訶娜耶十四波唎婆嚟莎訶十五

若有自書寫教人書寫是无量壽宗要經受持讀誦當得往生西方極樂世界阿弥陀淨土陀羅尼曰

南謨薄伽勃底一阿波唎蜜多二阿喻紇硯娜三須毗你尸栺多四囉佐耶五怛他羯他耶六怛姪他唵七薩婆桒悉迦囉八波

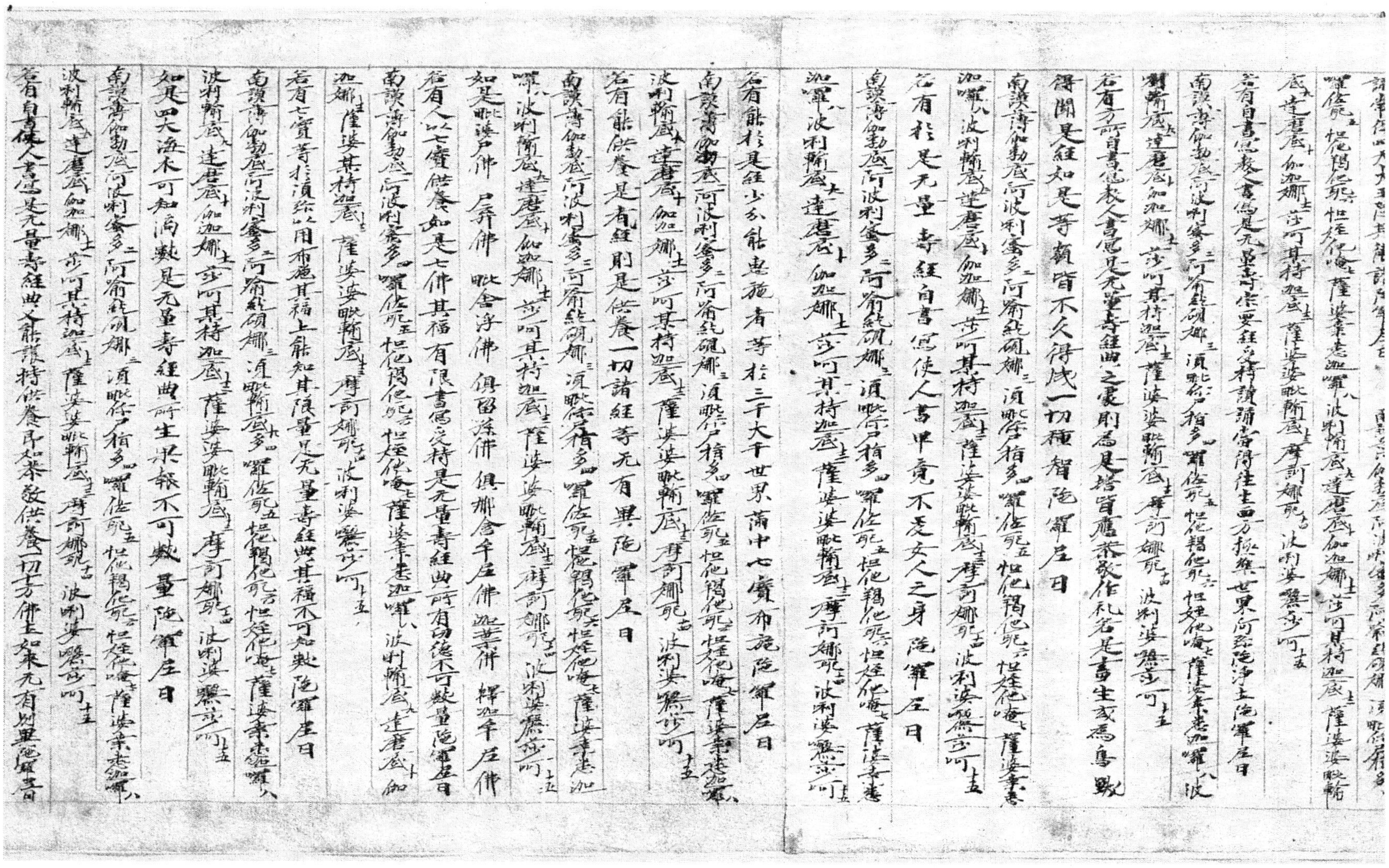
囉佐耶五 怛他羯他耶六 怛姪他唵七 薩婆桑悉迦囉八 波唎輸底九 達磨底十 伽伽娜十一 莎訶其持迦底十二 薩婆婆毗輸
底九 達磨底十 伽伽娜十一 莎訶其持迦底十二 薩婆婆毗輸底十三 摩訶娜耶十四 波唎婆羅莎訶十五
若有自書寫教人書寫是无量壽宗要經受持讀誦當得往生西方極樂世界阿彌陁淨土陁羅尼曰
南謨薄伽勃底一 阿波唎蜜多二 阿喻紇硯娜三 須毗你悉指多四 囉佐耶五 怛他羯他耶六 怛姪他唵七 薩婆桑悉迦囉八 波
唎輸底九 達磨底十 伽伽娜十一 莎訶其持迦底十二 薩婆婆毗輸底十三 摩訶娜耶十四 波唎婆羅莎訶十五
若有自書寫教人書寫是无量壽經典之處則為是塔皆應恭敬作禮若是畜生或為鳥獸
得聞是經如是等類皆不久得成一切種智陁羅尼曰
南謨薄伽勃底一 阿波唎蜜多二 阿喻紇硯娜三 須毗你悉指多四 囉佐耶五 怛他羯他耶六 怛姪他唵七 薩婆桑悉
迦囉八 波唎輸底九 達磨底十 伽伽娜十一 莎訶其持迦底十二 薩婆婆毗輸底十三 摩訶娜耶十四 波唎婆羅莎訶十五
若有於是无量壽經自書寫使人書畢竟不受女人之身陁羅尼曰
南謨薄伽勃底一 阿波唎蜜多二 阿喻紇硯娜三 須毗你悉指多四 囉佐耶五 怛他羯他耶六 怛姪他唵七 薩婆桑悉
迦囉八 波唎輸底九 達磨底十 伽伽娜十一 莎訶其持迦底十二 薩婆婆毗輸底十三 摩訶娜耶十四 波唎婆羅莎訶十五
若有能於是經少分能惠施者等於三千大千世界滿中七寶布施陁羅尼曰
南謨薄伽勃底一 阿波唎蜜多二 阿喻紇硯娜三 須毗你悉指多四 囉佐耶五 怛他羯他耶六 怛姪他唵七 薩婆桑悉迦囉八
波唎輸底九 達磨底十 伽伽娜十一 莎訶其持迦底十二 薩婆婆毗輸底十三 摩訶娜耶十四 波唎婆羅莎訶十五
若有能供養是有經則是供養一切諸經等无有異陁羅尼曰
南謨薄伽勃底一 阿波唎蜜多二 阿喻紇硯娜三 須毗你悉指多四 囉佐耶五 怛他羯他耶六 怛姪他唵七 薩婆桑悉迦
囉八 波唎輸底九 達磨底十 伽伽娜十一 莎訶其持迦底十二 薩婆婆毗輸底十三 摩訶娜耶十四 波唎婆羅莎訶十五
如是毗婆尸佛 尸棄佛 毗舍浮佛 俱留孫佛 俱那含牟尼佛 迦葉佛 釋迦牟尼佛
若有人以七寶供養如是七佛其福有限書寫受持是无量壽經典所有功德不可數量陁羅尼曰
南謨薄伽勃底一 阿波唎蜜多四 囉佐耶五 怛他羯他耶六 怛姪他唵七 薩婆桑悉迦囉八 波唎輸底九 達磨底十 伽
伽娜十一 薩婆其持迦底十二 薩婆婆毗輸底十三 摩訶娜耶十四 波唎婆羅莎訶十五
若有七寶等於須彌山用布施其福上能知其限量是无量壽經典其福不可知數陁羅尼曰
南謨薄伽勃底一 阿波唎蜜多二 阿喻紇硯娜三 須毗你悉指多四 囉佐耶五 怛他羯他耶六 怛姪他唵七 薩婆桑悉迦囉八
波唎輸底九 達磨底十 伽伽娜十一 莎訶其持迦底十二 薩婆婆毗輸底十三 摩訶娜耶十四 波唎婆羅莎訶十五
如是四大海水可知渧數是无量壽經典所生果報不可數量陁羅尼曰
南謨薄伽勃底一 阿波唎蜜多二 阿喻紇硯娜三 須毗你悉指多四 囉佐耶五 怛他羯他耶六 怛姪他唵七 薩婆桑悉迦囉八
波唎輸底九 達磨底十 伽伽娜十一 莎訶其持迦底十二 薩婆婆毗輸底十三 摩訶娜耶十四 波唎婆羅莎訶十五
若有自書寫人書寫是无量壽經典又能護持供養即如恭敬供養一切十方佛土如來无有別異陁羅尼曰

BD08636 號　無量壽宗要經　（5–4）

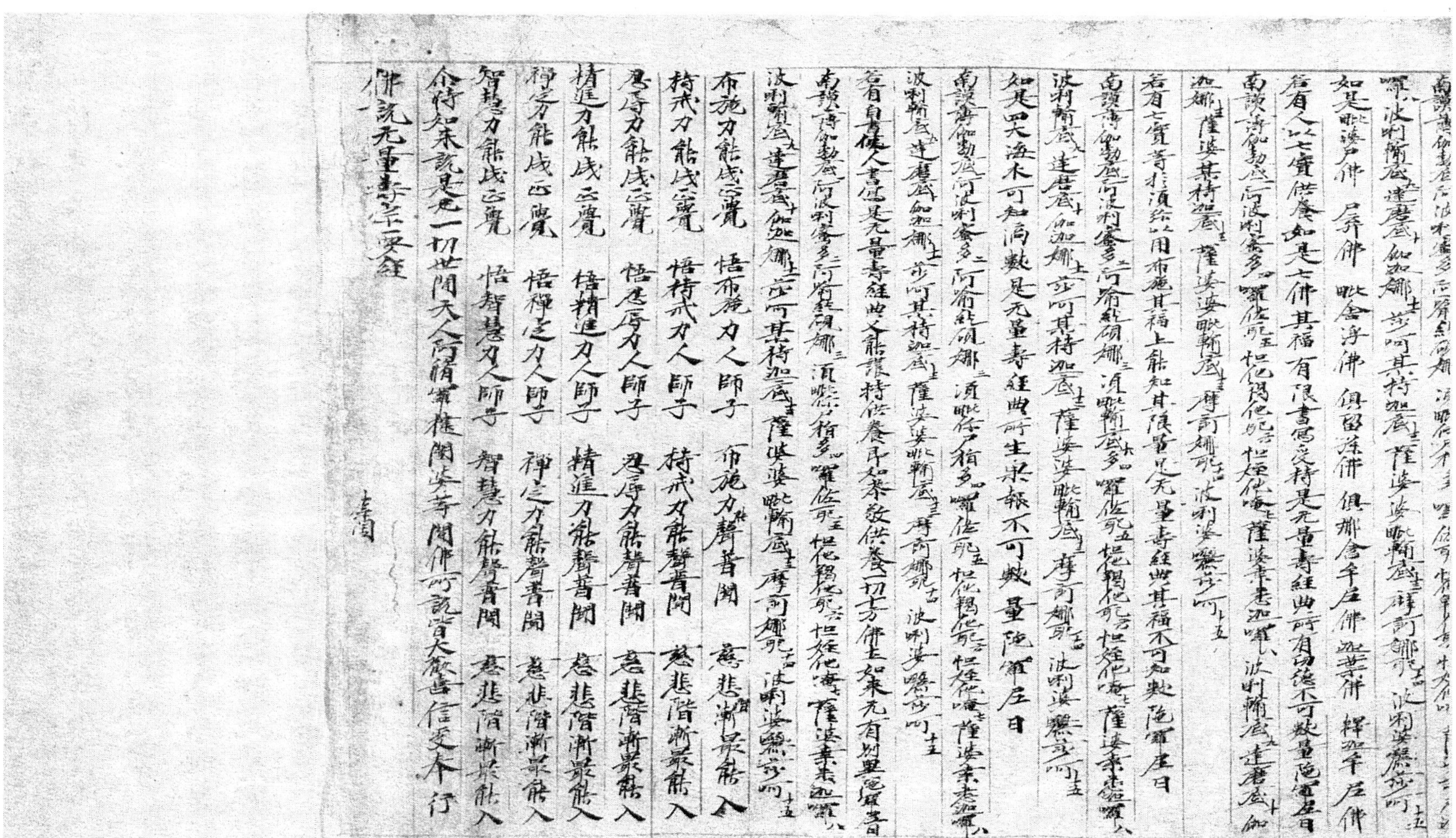
囉八 波唎輸底九 達磨底十 伽伽娜十一 莎訶其持迦底十二 薩婆婆毗輸底十三 摩訶娜耶十四 波唎婆羅莎訶十五
如是毗婆尸佛 尸棄佛 毗舍浮佛 俱留孫佛 俱那含牟尼佛 迦葉佛 釋迦牟尼佛
若有人以七寶供養如是七佛其福有限書寫受持是无量壽經典所有功德不可數量陁羅尼曰
南謨薄伽勃底一 阿波唎蜜多四 囉佐耶五 怛他羯他耶六 怛姪他唵七 薩婆桑悉迦囉八 波唎輸底九 達磨底十 伽
伽娜十一 薩婆其持迦底十二 薩婆婆毗輸底十三 摩訶娜耶十四 波唎婆羅莎訶十五
若有七寶等於須彌山用布施其福上能知其限量是无量壽經典其福不可知數陁羅尼曰
南謨薄伽勃底一 阿波唎蜜多二 阿喻紇硯娜三 須毗你悉指多四 囉佐耶五 怛他羯他耶六 怛姪他唵七 薩婆桑悉迦囉八
波唎輸底九 達磨底十 伽伽娜十一 莎訶其持迦底十二 薩婆婆毗輸底十三 摩訶娜耶十四 波唎婆羅莎訶十五
如是四大海水可知渧數是无量壽經典所生果報不可數量陁羅尼曰
南謨薄伽勃底一 阿波唎蜜多二 阿喻紇硯娜三 須毗你悉指多四 囉佐耶五 怛他羯他耶六 怛姪他唵七 薩婆桑悉迦囉八
波唎輸底九 達磨底十 伽伽娜十一 莎訶其持迦底十二 薩婆婆毗輸底十三 摩訶娜耶十四 波唎婆羅莎訶十五
若有自書寫人書寫是无量壽經典又能護持供養即如恭敬供養一切十方佛土如來无有別異陁羅尼曰
南謨薄伽勃底一 阿波唎蜜多二 阿喻紇硯娜三 須毗你悉指多四 囉佐耶五 怛他羯他耶六 怛姪他唵七 薩婆桑悉迦囉八
波唎輸底九 達磨底十 伽伽娜十一 莎訶其持迦底十二 薩婆婆毗輸底十三 摩訶娜耶十四 波唎婆羅莎訶十五
布施力能成正覺 悟布施力人師子 布施力能聲普聞 慈悲階漸最能入
持戒力能成正覺 悟持戒力人師子 持戒力能聲普聞 慈悲階漸最能入
忍辱力能成正覺 悟忍辱力人師子 忍辱力能聲普聞 慈悲階漸最能入
精進力能成正覺 悟精進力人師子 精進力能聲普聞 慈悲階漸最能入
禪定力能成正覺 悟禪定力人師子 禪定力能聲普聞 慈悲階漸最能入
智慧力能成正覺 悟智慧力人師子 智慧力能聲普聞 慈悲階漸最能入
爾時如來說是經已一切世間天人阿脩羅乾闥婆等聞佛所說皆大歡喜信受奉行
佛說无量壽宗要經

BD08636 號　無量壽宗要經　（5–5）

五天精練脩行於塵刧若説因時塵練竟刧難
窮略叙勝常以聞時衆後以因圓果滿補處曰臨
正值然燈如来出現於世尒時我仏号曰善惠仙
人将五百文金錢買五花而獻於仏佛觀善
惠根熟堪紹於法王變地以作遲試驗於真
偽善惠求仏心固不辞汙遲遂鋪身髮於泥
中仏過善惠於躰上仏繞過已嘆言善哉汝
於未来世中必作釋迦文仏當時仙衆化於法
眼菩提一證於早圓從斯梵行以精試正念上
生而知足直至迦葉尊仏親補處於天宮後捨
命緣必生於覩史梵云兜率此稱知足是欲
界之天當其第四也况説欲界之内惣有六
天第一四大王衆天第二忉利天第三須夜摩
天第四兜率天第五樂變化天第六他化自
在天如是六天之内便有動静之ふ上二玄
樜而太虚下三關乱而喧雜唯此兜率不穿
不喧堪聖居中天人緣合所以前仏後仏補

BD08637 號　釋迦牟尼成佛變文（擬）　（2-1）

中仏過善惠於躰上仏繞過已嘆言善哉汝
於未来世中必作釋迦文仏當時仙衆化於法
眼菩提一證於早圓從斯梵行以精試正念上
生而知足直至迦葉尊仏親補處於天宮後捨
命緣必生於覩史梵云兜率此稱知足是欲
界之天當其第四也况説欲界之内惣有六
天第一四大王衆天第二忉利天第三須夜摩
天第四兜率天第五樂變化天第六他化自
在天如是六天之内便有動静之ふ上二玄
樜而太虚下三關乱而喧雜唯此兜率不穿
不喧堪聖居中天人緣合所以前仏後仏補
在斯宫我師釋迦當生彼處　懇懃苦行鍊
三祇果滿将成證十如　授記稱名釋氏号
然燈親補甚希奇　欲来救度娑婆界　何處留形待緣機
餘國且無施化會　擁生兜率作天師

BD08637 號　釋迦牟尼成佛變文（擬）　（2-2）

者失利二者惡名三者毀辱四者苦惱是為
四梵天菩薩有四法成就自法何等為四一者
教人令信罪福二者布施不求果報三者守
護正法四者以智慧教諸菩薩是為四梵天
菩薩有四法善知從一地至一地何等為四一者
久殖善根二者離諸過咎三者善知方便
迴向四者懃行精進是為四梵天菩薩有四
法善知方便何等為四一者順衆生意二者於
他功德起隨喜心三者悔過除罪四者勸請
諸佛是為四梵天菩薩有四法善化衆生何
等為四一者常求利安衆生二者自捨己樂三
者心和忍辱四者除捨憍慢是為四梵天菩
薩有四法世世不失菩提之心何等為四一者
常憶念佛二者所作功德常為菩提三者親
近善知識四者稱揚大乘是為四梵天菩薩

BD08638 號　思益梵天所問經卷一　（3–1）

等為四一者常求利安衆生二者自捨己樂三
者心和忍辱四者除捨憍慢是為四梵天菩
薩有四法世世不失菩提之心何等為四一者
常憶念佛二者所作功德常為菩提三者親
近善知識四者稱揚大乘是為四梵天菩薩
有四法能一其心而无雜行何等為四一者離
聲聞心二者離辟支佛心三者求法无猒四
者如所聞法廣為人說是為四梵天菩薩有
四法善求法寶何等為四一者於法中生寶想
以難得故二者於法中生藥想療衆病故三
者於法中生財利想以不失故四者於法中
生滅一切苦想至涅槃故是為四梵天菩薩
有四法善出毀禁之罪何等為四一者得无生
法忍以諸法无來故二者得无滅忍以諸法
无去故三者得因緣忍知諸法因緣生故四
者得无住忍无異心相續故是為四梵天菩
薩有四法善除煩惱何等為四一者正憶念二
者鄣諸根三者得善法力四者獨處遠離是
為四梵天菩薩有四法善入諸大衆何等為四
一者求法不求勝二者恭敬心无憍慢三者
唯求法利不自顯現四者教人善法不求名
利是為四梵天菩薩有四法善開法施何等為
四一者守護於法二者自益智慧亦益他人
三者行善人法四者示人垢淨是為四梵天
菩薩有四法得先因力不失善根何等為四一

BD08638 號　思益梵天所問經卷一　（3–2）

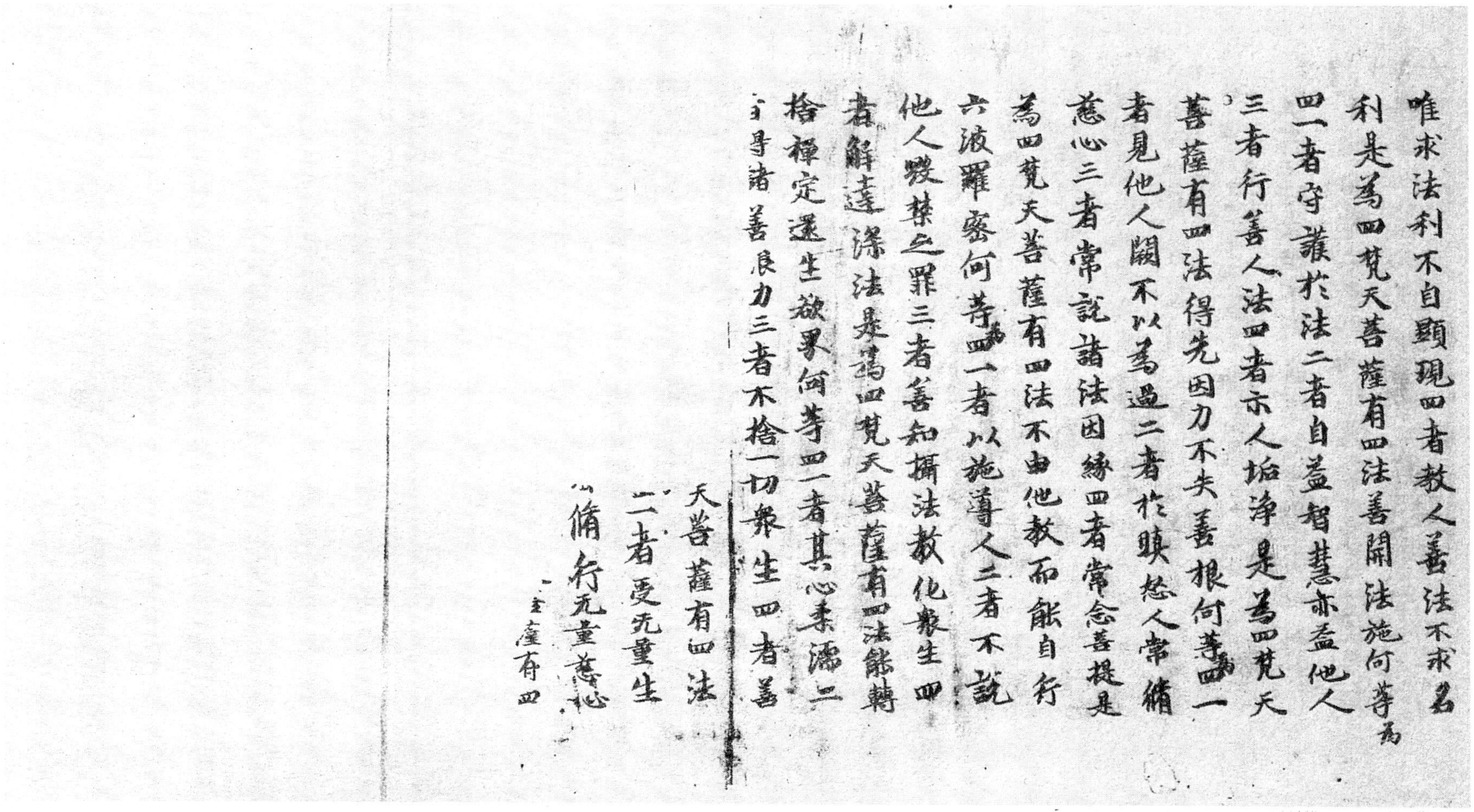
唯求法利不自顯現四者教人善法不求名
利是為四梵天菩薩有四法善開法施何等為
四一者守護於法二者自益智慧亦益他人
三者行善人法四者示人坮淨是為四梵天
菩薩有四法得先因力不失善根何等四一
者見他人闕不以為過二者於瞋恚人常脩
慈心三者常說諸法因緣四者常念菩提是
為四梵天菩薩有四法不由他教而能自行
六波羅蜜何等四一者以施導人二者不說
他人毀禁之罪三者善知攝法教化衆生四
者解達深法是為四梵天菩薩有四法能轉
捨禪定還生欲界何等四一者其心柔濡二
者得諸善根力三者不捨一切衆生四者善
天菩薩有四法
二者受无量生
脩行无量慈心
菩薩有四

BD08638號　思益梵天所問經卷一　（3–3）

思益梵天經
重

BD08638號背　經袟（擬）、勘記　（1–1）

法智慧明了是名心善行所謂身善行者一不
煞害二不盜竊三不耶淫仁惠慱施慈念群生
不煞不害濟生度死謙卑退讓非義不取捨
身命財无所恡惜貞正清潔遠離耶淫不色
不慾心无放蕩是名身善行所謂口善行者
一不矯妄二不華綺三不兩舌四不惡罵發言
信實常无虛誑所說真正能不華飾雖音中
平清真不二能不彼此背向兩端聲氣恬和
柔孀清潤巧說法相吟詠洞章是名口善行
三業既淨則六根淨六根淨已則六塵淨六塵
淨已則諸法淨諸法淨已則國土淨國土既
淨則无所染无所染故則无煩惱既无煩惱則
為安樂天尊又曰若復讀誦此經依經脩行
晝夜不解是人所在之處自然安樂隨所往
生得居淨土所以尒者此經尊貴衆經中王
何以故此經能為衆生消淨内魔鬼賊宿結煩
惱開發真道自然正性若人復行四迷業鄣諸

BD08639號　太玄真一本際經卷一　（4–1）

為安樂天尊又曰若復讀誦此經依經脩行
晝夜不解是人所在之處自然安樂隨所往
生得居淨土所以尒者此經尊貴衆經中王
何以故此經能為衆生消淨内魔鬼賊宿結煩
惱開發真道自然正性若人復行四迷業鄣諸
漏根本自然差愈若復有人於此經中受持
一句意樂諷誦一念之中即能滅除无量无邊
宿根罪惱譬如積夜暗室一念燈明諸暗皆
盡若入大海遭值惡風波浪揚激迷路失道
又无導師誦念是經風浪恬靜神龍負舟即
值同伴還至本處若入山林崄嶮之地毒虫猛
獸來欲害己誦念是經虫獸却退不見中傷
若值寇賊惡對相逢誦念是經惡伏歡適及
或至親若在怖畏暗冥之中誦念是經鬼媚
消却朗覩光明若在囹圄牢獄之中誦念是經
即得解脫枉曲得申若有縣云三日七日乃
至七七家人同學為其燒香誦念是經即得
開度魂昇南宮不入三塗還生善道是知此經
進行法中最為第一斷伏法中最為第一定慧
法中最為第一攘災法中最為第一嚴淨法中
最為第一降伏法中最為第一此經功德不可思
議猶如虛空无有邊際神仙丘馬侍直騎吏
仙童玉女五帝直符金光童子悉屬此經何
以故此經大乘敷包衆經一切官屬悉從其
教譬如大海无所不包悉納衆流此經如是若

BD08639號　太玄真一本際經卷一　（4–2）

宷為弟一降伏法中宷為弟一此經功德不可思
議猶如虛空无有邊際神仙立馬侍直騎吏
仙童玉女五帝直符金光童子悉屬此經何
以故此經大乘兼包衆經一切官屬悉從其
教辟如大海无所不包吞納衆流此經如是若
復有人捨家貲財或賣妻子市諸香油種種
法具及以齋食供養資給持此經人所得功
德宷為无量何以故是人能成就十方天尊
出生衆聖若復有人无有貲財自捨身力給
侍駈使不憚苦辛此人得其善力功德難思
衆聖共說不能令盡若復有人紙墨繕素刻
玉鏤金抄寫書治裝潢紛軸流通讚誦宣布
未聞當知其人已入道分名書金格刋字玉
篇若復有人一心正念聽讀此經歡喜踊躍
得其義味忘於寢食不覺為久當知此人過
去世中已曾聞值慶生下世奇慧人間不久仙
度終歸得道天尊復告普得妙行日今以十方
盡虛空際滿於空內所有微塵此之塵數得
為多不普得妙行日甚多甚多天尊曰將此
塵數一一復數十方盡虛空際虛空之數如
彼微塵滿此空內所有微塵而此塵數得為
多不普得妙行日甚多天尊曰取此塵數辟
於此經所生功德還以此之塵數數之不得其
一所以尒者此經說真道根本能生法身慧命
十方得道過去未來現在三世諸天尊等莫

BD08639號　太玄真一本際經卷一　（4–3）

得其義味忘於寢食不覺為久當知此人過
去世中已曾聞值慶生下世奇慧人間不久仙
度終歸得道天尊復告普得妙行日今以十方
盡虛空際滿於空內所有微塵此之塵數得
為多不普得妙行日甚多甚多天尊曰將此
塵數一一復數十方盡虛空際虛空之數如
彼微塵滿此空內所有微塵而此塵數得為
多不普得妙行日甚多天尊曰取此塵數辟
於此經所生功德還以此之塵數數之不得其
一所以尒者此經說真道根本能生法身慧命
十方得道過去未來現在三世諸天尊等莫
不履行而得至真具一切智成无上道到解脫處
為大法王天尊又曰若復有人誹謗此經生不
信想輕慢法寶毀聖文當知是人无劫量來
流淪下鬼受諸苦報備歷異形始得受生還於人
道愚癡觸辟无所解知習惡種因不能信受所
行非法動為非因皆正入耶違真信俗三官
九府記其功過書名黑簿死錄之中或在現
世亘叟者皆或犯王法執繫鞭笞或得惡亂

BD08639號　太玄真一本際經卷一　（4–4）

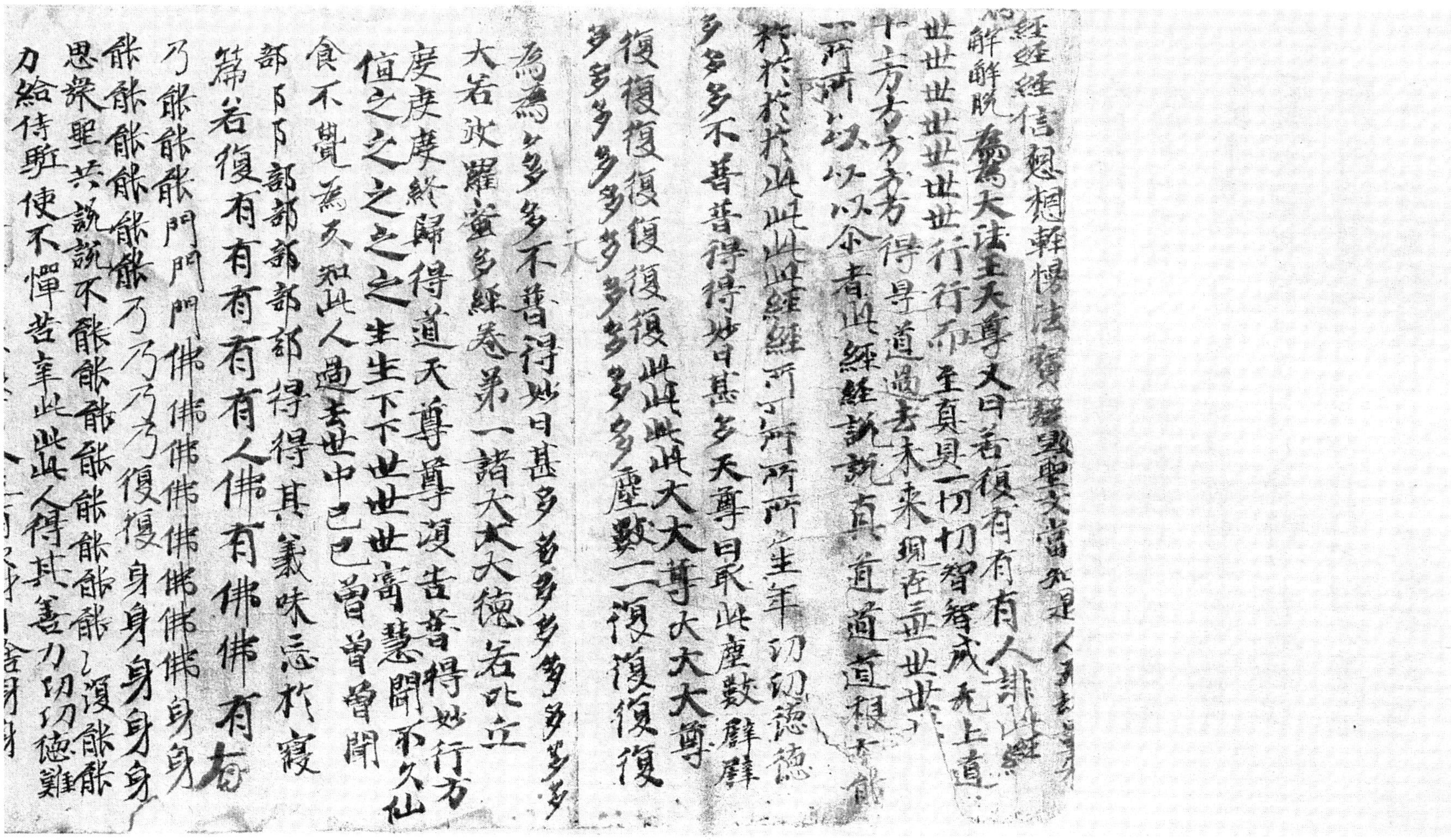
經經經信怨想輕慢法寶聖聖當知是人
解解脫爲爲大法王天尊又曰若復有有有人誹此經
世世世世世世世行行布至真具一切切智智成无上道
十方方方方方得导道過去未來現在無世世
一所所以以以今者此經經說真道道道根本能
於於於於此此此此經經所所所所生年功功德德
多多多不普普得得妙日甚多天尊曰承此座數辟辟
復復復復復復復此此此此大大尊大大大尊
多多多多多多多多多多塵數一復復復復
爲爲多多多不普得妙日甚多多多多多多多多
大若波羅蜜多經卷第一諸大大大德若比丘
度度度經歸得道天尊尊須吉菩得妙行方
值之之之之之生生下下世世世世寄慧聞不久仙
食不覺爲久知此人過去世中已已曾曾曾聞
部下下部部部部部得得其義味忘於寢
篛若復有有有有人佛有佛佛有有
乃能能能門門門佛佛佛佛佛佛佛身身
能能能能能能乃乃乃復復身身身身身身
能能能能能能能能能能能能能復能能
思衆聖共說說不能能能能能能能能能
力給侍驅使不憚苦辛此此人得其善力功功德難

BD08639 號背　習字雜寫（擬）　（4–1）

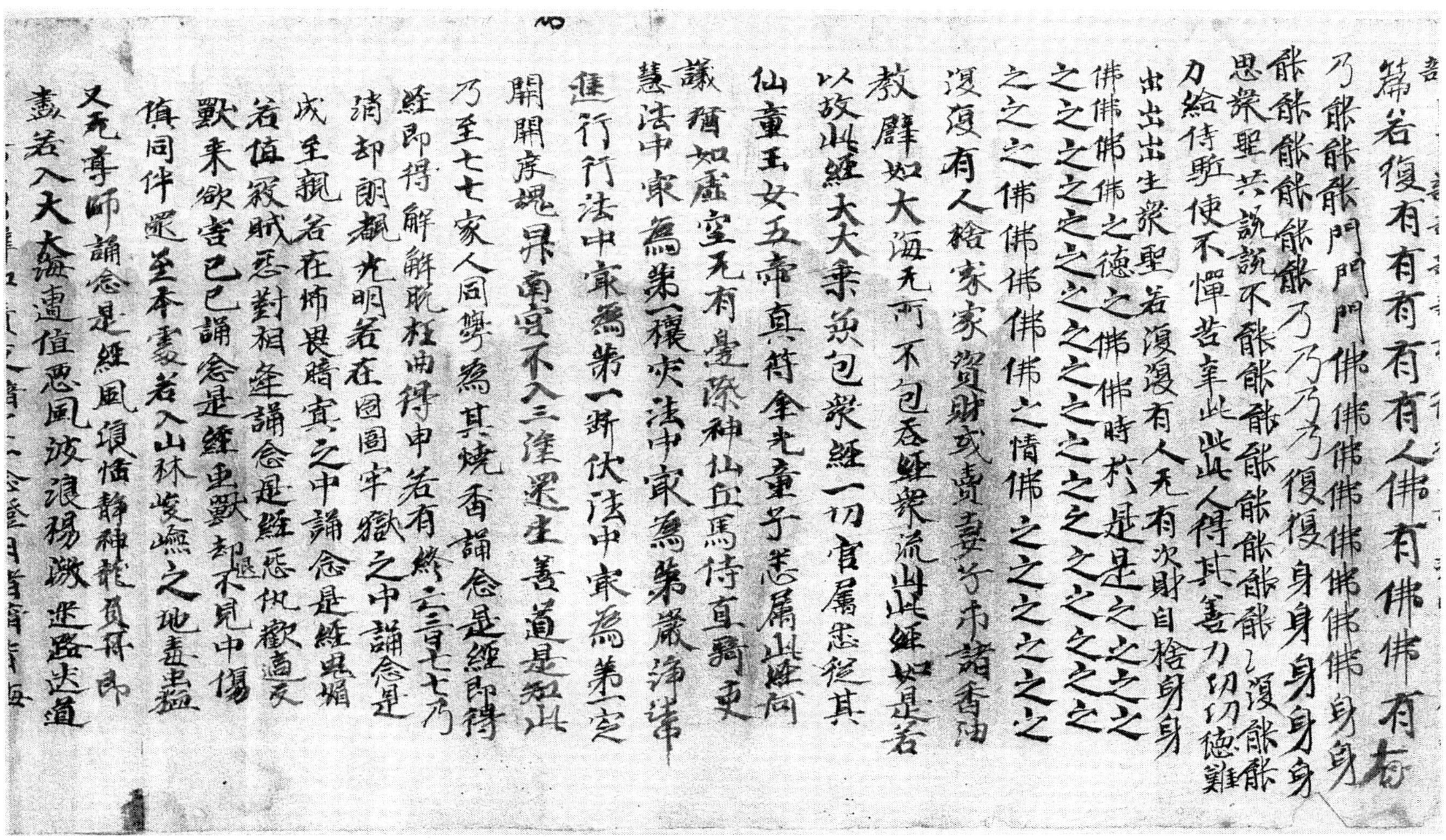
篛若復有有有有人佛有佛佛有有
乃能能能門門門佛佛佛佛佛佛佛身身身
能能能能能乃乃乃復復身身身身身身
能能能能能能能能能能能復能能
思衆聖共說說不能能能能能能能能能
力給侍驅使不憚苦辛此此人得其善力功功德難
出出出生衆聖若復復有人无有次財自捨身身
佛佛佛佛之德之佛佛時於於是是之之之之
之之之之之之之之之之之之之之之之之之
之之之之佛佛佛佛佛佛之情佛之之之之之之
復復有人捨家家資財或貴妻子亦諸香油
教辟如大海无所不包含經衆流此此經如是若
以故此經大大乘無包衆經一切眷屬悉從其
仙童玉女五帝真符金光童子悉屬此經所
議猶如虛空无有邊際神仙丘馬侍直驅吏
慧法中衆爲第一樣次法中衆爲第一嚴淨第
進行行法中衆爲第一衆伏法中衆爲第一定
開開度魂昇南宮不入三塗還生善道是知此
乃至七七家人同學爲其燒香誦念是經即得
經即得解解脫枉曲得申若有終亡三七乃
誦却朗觀光明若在囹圄牢獄之中誦念是
成至觀若在怖畏暗冥之中誦念是經魍魎
若值惡賊惡對相逢誦念是經惡仇歡適友
獸來欲害已已誦念是經虫獸却退不見中傷
值同伴還至本處若入山林嶮巇之地毒蟲
又无尊師誦念是經風浪恬靜神龍負拜即
盡若入大大海遭值惡風波浪揚激迷路迷道

BD08639 號背　習字雜寫（擬）　（4–2）

獸來欲害已已誦念是經虫獸却不見中傷
傎同伴罷至本處若入山林嶮巇之地毒虫猛
又无尊師誦念是經風須恬靜神龍負耳即
盡若入大大海遭值惡風波浪颺激迷路失道
宿根罪惱譬如積夜暗室一念燈明諸暗皆海
一句意樂諷誦一念之中即能滅除无量无邊
郭諸漏根本然為命若復有人於此經中受持
惱開發真道自然正性若人復復行四四迷業
何以故此經能能為衆生消淨內魔鬼賊宿煩
生得居淨土所所所以尒者此經尊貴衆經中王
晝夜不解解是人所在之處自然安樂隨所往
為尖安樂天尊尊又曰若復讀誦此經依經脩行
為 為安樂天尊 又曰若復讀誦此經依經脩行
淨則无所染无所染故則无煩惱无煩惱則
淨已則諸法淨諸法淨已則國土淨國土淨既則
柔𣾰清潤巧說法相吟詠洞章是名口善行三業既則六根淨已則六塵
平清真不二能不彼此皆同兩端聲氣恬和和行善
信寶常无虛誑所說說真正能不華華華行是人中要
命財財无怯怯惜頁正清潔遠離耶諂不色色煞法向妙質
命財无所怯惜頁正清潔遠离離耶諂不色不煞
命財无所怯惜頁正清潔遠離耶諂不色不
不煞不害濟生度死護早良讓非義不取捨身
一不煞害二不盜竊三不耶淫仁惠博施慈念群生
能於諸法智慧明了是名心善行所謂身善行者
嗔恚常无忿怒觀妙守靜達有有通无

BD08639 號背　習字雜寫（擬）

（4-3）

為尖安樂天尊
為 為安樂天尊 又曰若復讀誦此經依經脩行
淨則无所染无所染故則无煩惱无煩惱則
淨已則諸法淨諸法淨已則國土淨國土淨既則
柔𣾰清潤巧說法相吟詠洞章是名口善行三業既則六根淨已則六塵
平清真不二能不彼此皆同兩端聲氣恬和和行善
信寶常无虛誑所說說真正能不華華華行是人中要
命財財无怯怯惜頁正清潔遠離耶諂不色色煞法向妙質
命財无所怯惜頁正清潔遠离離耶諂不色不煞
命財无所怯惜頁正清潔遠離耶諂不色不
不煞不害濟生度死護早良讓非義不取捨身
一不煞害二不盜竊三不耶淫仁惠博施慈念群生
能於諸法智慧明了是名心善行所謂身善行者
嗔恚常无忿怒觀妙守靜達有有通无
貪取求利之心慈忍恬業寬容庶桂解
不嗔怒三不愚癡清廉剋己少欲知足韜伏
善行三者口善行何謂心善行一不貪愛二
日先當脩習三善行法一者心善行二者身
凡毛毛身自且下号月生盡度前命天尊

BD08639 號背　習字雜寫（擬）

（4-4）

人功德甚多無量無邊
若施主但施衆生一切樂具功德無量何
況令得阿羅漢果佛告弥勒我今分明語汝
是人以一切樂具施於四百万億阿僧祇世界
六趣衆生又令得阿羅漢果所得功德不如是
第五十人聞法華經一偈隨喜功德百分千分
百千万億分不及其一乃至筭數譬喻所不
能知阿逸多如是第五十人展轉聞法華經隨
喜功德尚無量無邊阿僧祇何況最初於會
中聞而隨喜者其福勝彼無量無邊阿僧祇
不可得比又阿逸多若人為是經故往詣僧坊
若坐若立須臾聽受緣是功德轉身所生得
好上妙象馬車乘珎寶輦轝及乘天宮殿
若復有人於講法處坐更有人來勸令坐聽
若分坐令坐是人功德轉身得帝釋坐處若梵
王坐處若轉輪聖王所坐之處阿逸多若復

BD08640號　妙法蓮華經卷六　（3–1）

若坐若立須臾聽受緣是功德轉身所生得
好上妙象馬車乘珎寶輦轝及乘天宮殿
若復有人於講法處坐更有人來勸令坐聽
若分坐令坐是人功德轉身得帝釋坐處若梵
王坐處若轉輪聖王所坐之處阿逸多若復
有人語餘人言有經名法華可共往聽即
受其教乃至須臾間聞是人功德轉身得與
陁羅尼菩薩共生一處利根智慧百千万世
終不瘖瘂口氣不臭舌常無病口亦無病齒
不垢黑不黄不踈亦不缺落不差不曲脣不
下垂亦不褰縮不麁澀不瘡胗亦不缺壞亦
不喎斜不厚不大亦不黧黑無諸可惡鼻不匾
䏴亦不曲戾面色不黑亦不狹長亦不窊曲無
有一切不可喜相脣舌牙齒悉皆嚴好鼻脩
高直面貌圓滿眉高而長額廣平正人相具
足世世所生見佛聞法信受教誨阿逸多汝
且觀是勸於一人令往聽法功德如此何況一
心聽說讀誦而於大衆為人分別如說修行
尒時世尊欲重宣此義而說偈言
若人於法會　得聞是經典　乃至於一偈　隨喜為他說
如是展轉教　至于第五十　最後人獲福　今當分別之
如有大施主　供給無量衆　具滿八十歲　隨意之所欲
見彼衰老相　髮白而面皺　齒踈形枯竭　念其死不久
我今應當教　令得於道果　即為方便說　涅槃真實法
世皆不牢固　如水沫泡焰　汝等咸應當　疾生厭離心
[illegible]

BD08640號　妙法蓮華經卷六　（3–2）

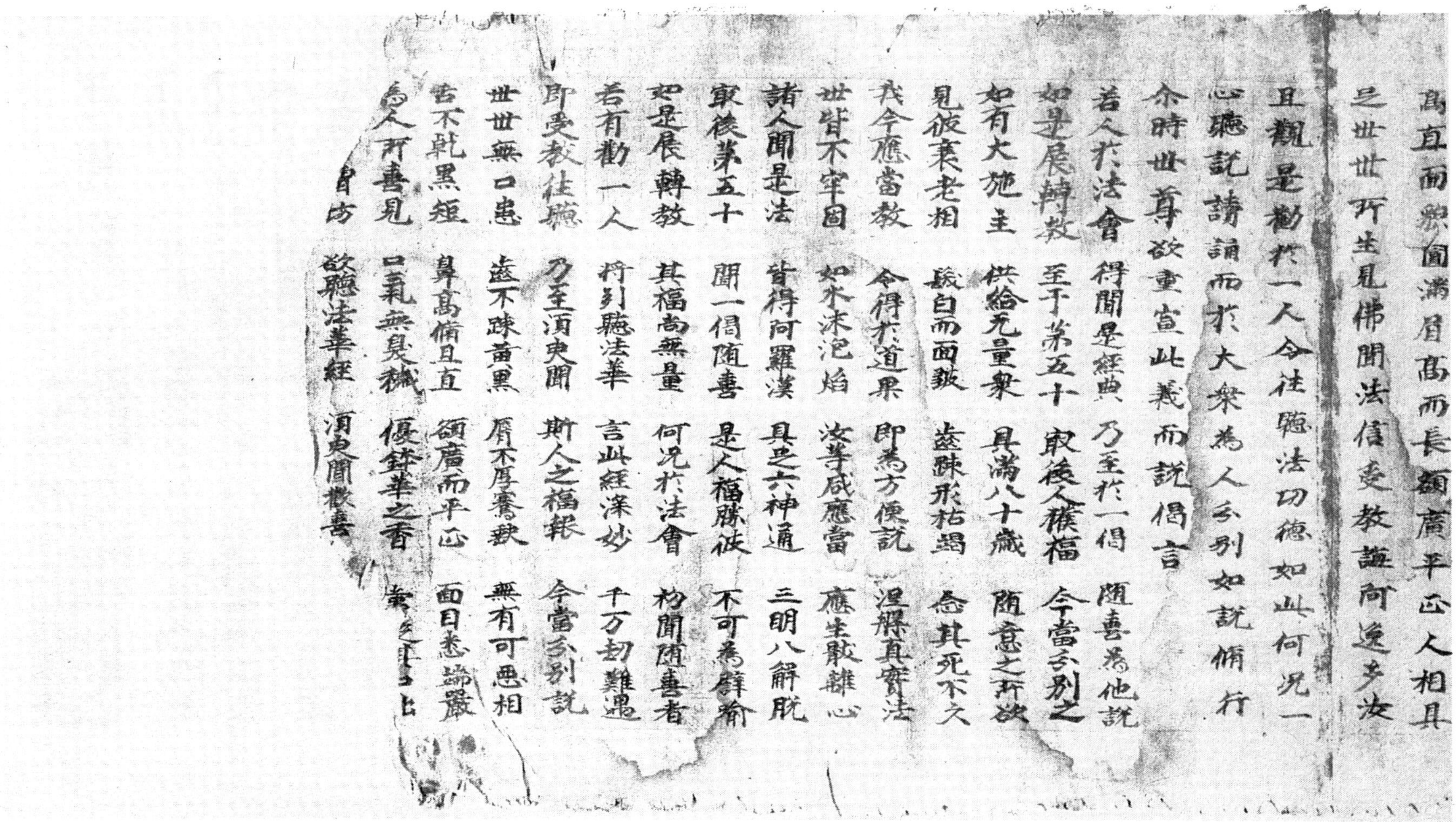

鼻直而高 面貌圓滿 眉高而長 額廣平正 人相具
足 世世所生 見佛聞法 信受教誨 阿逸多 汝
且觀是 勸於一人 令往聽法 功德如此 何況一
心聽說 讀誦 而於大衆 為人分別 如說修行
爾時世尊 欲重宣此義 而說偈言
若人於法會 得聞是經典 乃至於一偈 隨喜為他說
如是展轉教 至于第五十 最後人獲福 今當分別之
如有大施主 供給無量衆 具滿八十歲 隨意之所欲
見彼衰老相 髮白而面皺 齒疏形枯竭 念其死不久
我今應當教 令得於道果 即為方便說 涅槃真實法
世皆不牢固 如水沫泡焰 汝等咸應當 疾生厭離心
諸人聞是法 皆得阿羅漢 具足六神通 三明八解脫
最後第五十 聞一偈隨喜 是人福勝彼 不可為譬喻
如是展轉聞 其福尚無量 何況於法會 初聞隨喜者
若有勸一人 將引聽法華 言此經深妙 千万劫難遇
即受教往聽 乃至須臾聞 斯人之福報 今當分別說
世世無口患 齒不疏黃黑 脣不厚褰缺 無有可惡相
舌不乾黑短 鼻高修且直 額廣而平正 面目悉端嚴
為人所喜見 口氣無臭穢 優鉢華之香 常從其口出
僧坊 欲聽法華經 須臾聞歡喜

BD08640號　妙法蓮華經卷六　（3–3）

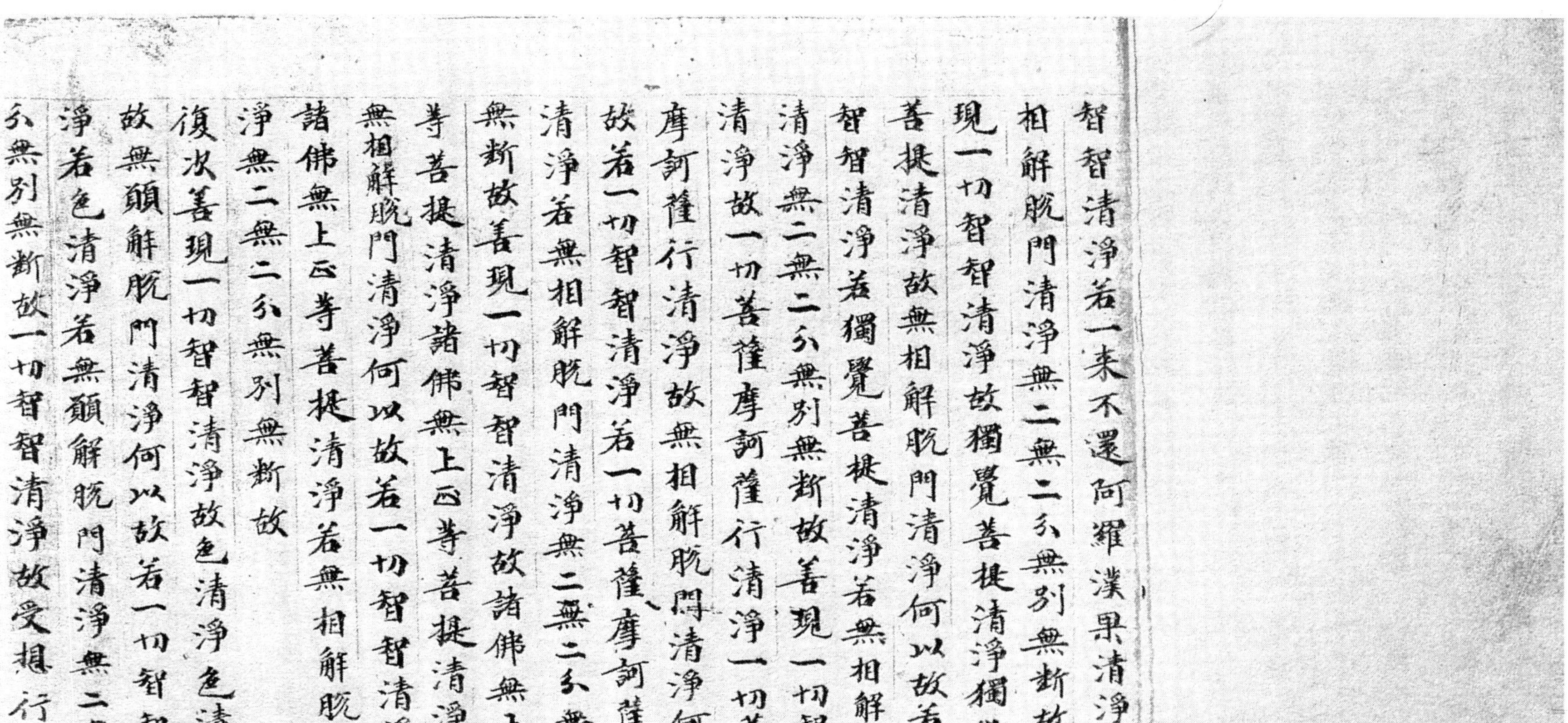

智智清淨若一來不還阿羅漢果清淨若無
相解脫門清淨無二無二分無別無斷故善
現一切智智清淨故獨覺菩提清淨獨覺
菩提清淨故無相解脫門清淨何以故若一切
智智清淨若獨覺菩提清淨若無相解脫門
清淨無二無二分無別無斷故善現一切智智
清淨故一切菩薩摩訶薩行清淨一切菩薩
摩訶薩行清淨故無相解脫門清淨何以
故若一切智智清淨若一切菩薩摩訶薩行
清淨若無相解脫門清淨無二無二分無別
無斷故善現一切智智清淨故諸佛無上正
等菩提清淨諸佛無上正等菩提清淨故
無相解脫門清淨何以故若一切智智清淨若
諸佛無上正等菩提清淨若無相解脫門清
淨無二無二分無別無斷故
復次善現一切智智清淨故色清淨色清淨
故無願解脫門清淨何以故若一切智智清
淨若色清淨若無願解脫門清淨無二無二
分無別無斷故一切智智清淨故受想行識

BD08641號　大般若波羅蜜多經卷二七二　（2–1）

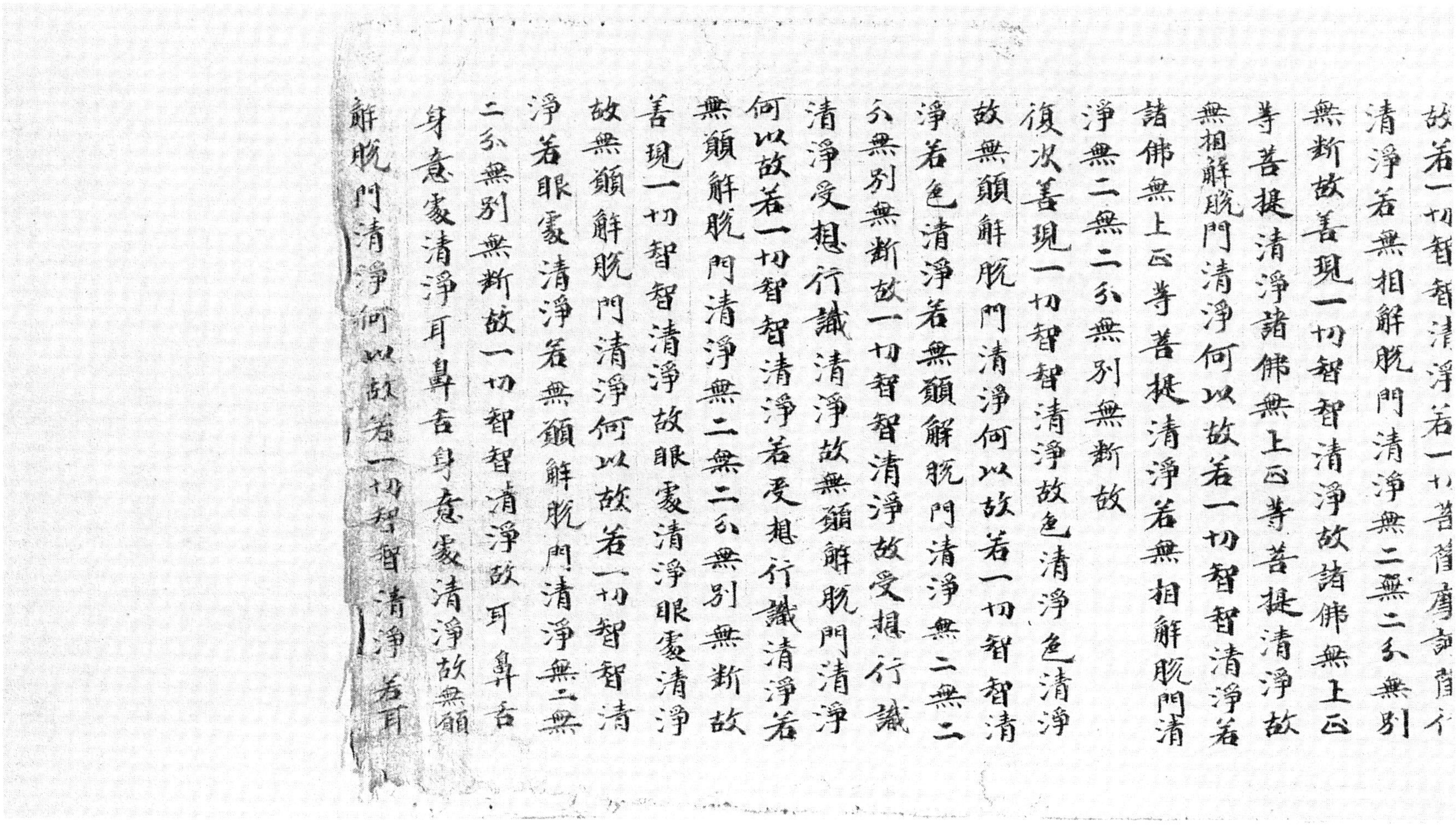
故若一切智智清淨若一切菩薩摩訶薩行
清淨若無相解脫門清淨無二無二分無別
無斷故善現一切智智清淨故諸佛無上正
等菩提清淨諸佛無上正等菩提清淨故
無相解脫門清淨何以故若一切智智清淨若
諸佛無上正等菩提清淨若無相解脫門清
淨無二無二分無別無斷故
復次善現一切智智清淨故色清淨色清淨
故無願解脫門清淨何以故若一切智智清
淨若色清淨若無願解脫門清淨無二無二
分無別無斷故一切智智清淨故受想行識
清淨受想行識清淨故無願解脫門清淨
何以故若一切智智清淨若受想行識清淨若
無願解脫門清淨無二無二分無別無斷故
善現一切智智清淨故眼處清淨眼處清淨
故無願解脫門清淨何以故若一切智智清
淨若眼處清淨若無願解脫門清淨無二無
二分無別無斷故一切智智清淨故耳鼻舌
身意處清淨耳鼻舌身意處清淨故無願
解脫門清淨何以故若一切智智清淨若耳

BD08641 號　大般若波羅蜜多經卷二七二　（2–2）

BD08641 號背　勘記　（1–1）

大般若波羅蜜多經卷苐[illegible]

BD08642 號背　護首　　（1–1）

大般若波羅蜜多經卷第二百六十二
初分難信解品第卅四之八十一　三藏法師玄奘奉　詔譯
善現一切智智清淨故四靜慮清淨四靜慮
清淨故實際清淨何以故若一切智智清淨
若四靜慮清淨若實際清淨無二無二分無
別無斷故一切智智清淨故四無量四無色
定清淨四無量四無色定清淨故實際清淨
何以故若一切智智清淨若四無量四無色
定清淨若實際清淨無二無二分無別

BD08642 號　大般若波羅蜜多經卷二六二　　（4–1）

若四靜慮清淨若實際清淨無二無二分無
別無斷故一切智智清淨故四無量四無色
定清淨四無量四無色定清淨故實際清淨
何以故若一切智智清淨若四無量四無色
定清淨若實際清淨無二無二分無別
無斷故善現一切智智清淨故八解脫清淨八
解脫清淨故實際清淨何以故若一切智智清
淨若八解脫清淨若實際清淨無二無二分
無別無斷故一切智智清淨故八勝處九次
第定十遍處清淨八勝處九次第定十遍處清
淨故實際清淨何以故若一切智智清淨
若八勝處九次第定十遍處清淨若實際
清淨無二無二分無別無斷故善現一切智智
清淨故四念住清淨四念住清淨故實際清
淨何以故若一切智智清淨若四念住清淨
若實際清淨無二無二分無別無斷故一切
智智清淨故四正斷四神足五根五力七等
覺支八聖道支清淨四正斷乃至八聖道支
清淨故實際清淨何以故若一切智智清淨
若四正斷乃至八聖道支清淨若實際清淨
無二無二分無別無斷故善現一切智智清
淨故空解脫門清淨空解脫門清淨故實際
清淨何以故若一切智智清淨若空解脫門
清淨若實際清淨無二無二分無別無斷故
一切智智清淨故無相無願解脫門清淨無
相無願解脫門清淨故實際清淨何以故若
一切智智清淨若無相無願解脫門清淨若

BD08642號　大般若波羅蜜多經卷二六二　（4–2）

清淨何以故若一切智智清淨若空解脫門
清淨若實際清淨無二無二分無別無斷故
一切智智清淨故無相無願解脫門清淨無
相無願解脫門清淨故實際清淨何以故若
一切智智清淨若無相無願解脫門清淨若
實際清淨無二無二分無別無斷故善現一
切智智清淨故菩薩十地清淨菩薩十地清
淨故實際清淨何以故若一切智智清淨若
菩薩十地清淨若實際清淨無二無二分無
別無斷故
善現一切智智清淨故五眼清淨五眼清淨
故實際清淨何以故若一切智智清淨若五
眼清淨若實際清淨無二無二分無別無斷
故一切智智清淨故六神通清淨六神通清
淨故實際清淨何以故若一切智智清淨若
六神通清淨若實際清淨無二無二分無別
無斷故善現一切智智清淨故佛十力清淨
佛十力清淨故實際清淨何以故若一切智智
清淨若佛十力清淨若實際清淨無二無二
分無別無斷故一切智智清淨故四無所畏
四無礙解大慈大悲大喜大捨十八佛不共
法清淨四無所畏乃至十八佛不共法清淨
故實際清淨何以故若一切智智清淨若四
無所畏乃至十八佛不共法清淨若實際清
淨無二無二分無別無斷故善現一切智智
清淨故無忘失法清淨無忘失法清淨故
實際清淨何以故若一切智智清淨若無忘失

BD08642號　大般若波羅蜜多經卷二六二　（4–3）

別無斷故
善現一切智智清淨故五眼清淨五眼清淨
故實際清淨何以故若一切智智清淨若五
眼清淨若實際清淨無二無二分無別無斷
故一切智智清淨故六神通清淨六神通清
淨故實際清淨何以故若一切智智清淨若
六神通清淨若實際清淨無二無二分無別
無斷故善現一切智智清淨故佛十力清淨
佛十力清淨故實際清淨何以故若一切智智
清淨若佛十力清淨若實際清淨無二無二
分無別無斷故一切智智清淨故四無所畏
四無礙解大慈大悲大喜大捨十八佛不共
法清淨四無所畏乃至十八佛不共法清淨
故實際清淨何以故若一切智智清淨若四
無所畏乃至十八佛不共法清淨若實際清
淨無二無二分無別無斷故善現一切智智
清淨故無忘失法清淨無忘失法清淨故
實際清淨何以故若一切智智清淨若無忘失
法清淨若實際清淨無二無二分無別無斷

BD08642號　大般若波羅蜜多經卷二六二　（4–4）

有爲他演說　至心生隨喜　或設於供養　如是諸人等　當於无量劫
常爲諸天人　龍神所恭敬　此福聚无量　數過於恒沙　讀誦是經者
當獲斯功德　亦爲十方尊　深行諸菩薩　擁護持經者　令離諸苦難
〻養是經者　如前澡浴身　飲食及香華　恒起慈悲意　若欲聽是經
淨无垢　常生歡喜念　能長諸功德　若以尊重心　聽聞是經者
善生於人趣　遠離諸苦難　彼人善根熟　諸佛之所讚　方得聞是經
及以懺悔法
金光明最勝王經如來壽量品第二
爾時王舍大城有一菩薩摩訶薩名曰妙幢已於過去无量俱胝那庾多百千佛
所承事供養殖諸善根是時妙幢菩薩獨於靜處作是思惟以何因緣
釋迦牟尼如來壽命短促唯八十年復作是念如佛所說有二因緣得壽命
長云何爲二一者不害生命二者施他飲食然釋迦牟尼如來曾於无量百千
万億无數大劫不害生命行十善道常以飲食惠施一切飢餓衆生乃
至己身血肉骨髓亦持施與令得飽滿況餘飲食時彼菩薩於世
尊所作是念時以佛威力其室忽然廣博嚴淨帝青琉璃種種衆寶
雜彩間飾如佛淨土有妙香氣過諸天香芬馥充滿於其四面各有
上妙師子之座四寶所成以天寶衣而敷其上復於此座有妙蓮華種
種珍寶以爲嚴飾量等如來自然顯現於蓮華上有四如來東方不
動南方寶相西方无量壽北方天鼓音是四如來各於其座跏趺而坐放大光
明周遍照耀王舍大城及此三千大千世界乃至十方恒河沙等諸佛國土
雨諸天華奏諸天樂爾時於此贍部洲中及三千大千世界所有衆生以佛
威力受勝妙樂无有乏少若身不具皆蒙具足盲者能視聾者得聞
瘂者能言愚者得智　心亂者得本心若衣无者得衣服被惡賤

BD08643號　金光明最勝王經卷一　（2–1）

釋迦牟尼如來壽命短促唯八十年復作是念如佛所言有二因緣得壽命
長云何為二一者不害生命二者施他飲食然釋迦牟尼如來曾於无量百千
万億无數大劫不害生命行十善道常以飲食惠施一切飢餓衆生乃
至己身血肉骨髓亦持施與令得飽滿况餘飲食時彼菩薩於世
尊所作是念時以佛威力其室忽然廣博嚴淨帝青琉璃種種衆寶
雜彩間飾如佛淨土有妙香氣過諸天香芬馥充滿於其四面各有
上妙師子之座四寶所成以天寶衣而敷其上復於此座有妙蓮華種
種珍寶以為嚴飾量等如來自然顯現於蓮華上有四如來東方不
動南方寶相西方无量壽北方天鼓音是四如來各於其座跏趺而坐放大光
明周遍照耀王舍大城及此三千大千世界乃至十方恒河沙等諸佛國土
雨諸天華奏諸天樂尒時於此贍部洲中及三千大千世界所有衆生以佛
威力受勝妙樂无有乏少若身不具皆蒙具足盲者能視聾者得聞
瘂者能言愚者得智　亂者得本心若衣无者得衣服被惡賤
者人所敬有垢穢者身得清潔於此世間所有利益未曾有事悉皆顯現
尒時妙幢菩薩見四如來及希有事歡喜踊躍合掌一心瞻仰諸佛殊勝之
相亦復思惟釋迦牟尼如來无量功德唯於壽命生疑惑心云何如來功
德无量壽命短促唯八十年　尒時四佛告妙幢菩薩言善男子
汝今不應思忖如來壽命長短何以故善男子我等不見諸天世間梵
魔沙門婆羅門等人及非人有能算知佛之壽量知其齊限唯除
无上正遍知者時四如來欲說釋迦牟尼佛所有壽量以佛威力欲色界
……如及无量百千億

BD08643 號　金光明最勝王經卷一　（2–2）

佛說大乘　　經
如是我聞一時薄伽梵住王舍城耆闍崛山與
大比丘衆千二百五十人及諸菩薩摩訶薩俱
尒時具壽舍利子往弥勒菩薩摩訶薩經
行之處到已共相慰問俱坐盤陁石上
是時具壽舍利子向弥勒菩薩摩訶薩作如
是言弥勒今日世尊覩見稻芉告諸比丘作
如是說諸比丘若見因緣彼即見法若見於
法即能見佛作是語已默然无言弥勒善
逝何故作如是說其事云何何者因緣何者
是法何者是佛云何見因緣即能見法云何
見法即能見佛作是語已弥勒菩薩摩
訶薩答具壽舍利子言今佛法王正遍知告
諸比丘若見因緣即能見法若見於法即
能見佛者此中何者是因緣言因緣者此有

BD08644 號　大乘稻芉經　（2–1）

如是諸說比丘若見因緣彼即見法若見於
法即能見佛作是語已默然无言弥勒善
逝何故作如是說其事云何何者因緣何者
是法何者是佛云何見因緣即能見法云何
見法即能見佛作是語已弥勒菩薩摩
訶薩答具壽舍利子言今佛法王正遍知告
諸比丘若見因緣即能見法若見於法即
能見佛者此中何者是因緣言因緣者此有
故彼有此生故彼生所謂无明緣行行緣識
識緣名色名色緣六入六入緣觸觸緣受受
緣愛愛緣取取緣有有緣生生緣老死愁
歎苦憂惱而得生起如是唯生純極大苦之
聚此中无明滅故行滅行滅故識滅識滅故名
色滅名色滅故六入滅六入滅故觸滅觸滅故受
滅受滅故愛滅愛滅故取滅取滅故有滅有滅
故生滅生滅故老死愁歎苦憂惱得滅如是
滅純極大苦之聚此是世尊所說因緣之法
何者是法所謂八聖道正見正思惟正語正業
正命正精進正念正定此是八聖道之果及
涅槃世尊所說名之爲法

BD08644 號　大乘稻芊經　　(2–2)

[illegible]

BD08644 號背　題名　　(1–1)

……年他耶六 怛姪他唵七
……十 薩婆婆毗輸底十三 摩訶娜耶十四 波唎婆唎莎訶
……量壽宗要經陀羅尼曰 南謨薄伽勃底一 阿波唎
……怛他羯他耶六 怛姪他唵七 薩婆桑悉迦羅八 波唎輸底九
……薩婆婆毗輸底十三 摩訶娜耶十四 波唎婆唎莎訶十五
爾時復有七殑伽佛一時同聲說是无量壽宗要經陀羅尼曰 南謨薄伽勃底一 阿波唎
阿喻紇硯娜三 須毗你悉指陀四 囉佐耶五 怛他羯他耶六 怛姪他唵七 薩婆桑悉迦羅八 波唎
輸底九 達磨底十 伽迦娜十一 莎訶其持迦底十二 薩婆婆毗輸底十三 摩訶娜耶十四 波唎婆唎莎訶十五
爾時復有六十五殑伽佛一時同聲說是无量壽宗要經陀羅尼曰 南謨薄伽勃底 阿
波唎蜜多二 阿喻紇硯娜三 須毗你悉指陀四 囉佐耶五 怛他羯他耶六 怛姪他唵七 薩婆桑悉迦羅
波唎輸底九 達磨底十 伽迦娜十一 莎訶其持迦底十二 薩婆婆毗輸底十三 摩訶娜耶十四 波唎婆唎莎訶十五
爾時復有五十五殑伽佛一時同聲說是无量壽宗要經陀羅尼曰 南謨薄伽勃底 阿
波唎蜜多二 阿喻紇硯娜三 須毗你悉指陀四 囉佐耶五 怛他羯他耶六 怛姪他唵七 薩婆桑悉迦羅八
波唎輸底九 達磨底十 伽迦娜十一 莎訶其持迦底十二 薩婆婆毗輸底十三 摩訶娜耶十四 波唎婆唎莎訶十五
爾時復有四十五殑伽佛一時同聲說是无量壽宗要經陀羅尼曰 南謨薄伽勃底 阿
波唎蜜多二 阿喻紇硯娜三 須毗你悉指陀四 囉佐耶五 怛他羯他耶六 怛姪他唵七 薩婆桑悉迦羅八
波唎輸底九 達磨底十 伽迦娜十一 莎訶其持迦底十二 薩婆婆毗輸底十三 摩訶娜耶十四 波唎婆唎莎訶十五
爾時復有三十六殑伽佛一時同聲說是无量壽宗要經陀羅尼曰 南謨薄伽勃底 阿
波唎蜜多二 阿喻紇硯娜三 須毗你悉指陀四 囉佐耶五 怛他羯他耶六 怛姪他唵七 薩婆桑悉
迦羅八 波唎輸底九 達磨底十 伽迦娜十一 莎訶其持迦底十二 薩婆婆毗輸底十三 摩訶娜耶十四 波唎婆
唎莎訶十五 爾時復有二十五殑伽佛一時同聲說是无量壽宗要經陀羅尼曰
南謨薄伽勃底一 阿波唎蜜多二 阿喻紇硯娜三 須毗你悉指陀四 囉佐耶五 怛他羯他耶六 怛姪他
唵七 薩婆桑悉迦羅八 波唎輸底九 達磨底十 伽迦娜十一 莎訶其持迦底十二 薩婆婆毗輸底十三
摩訶娜耶十四 波唎婆唎莎訶 爾時復有恒河沙殑伽佛一時同聲說是无量壽

BD08645 號　無量壽宗要經　（3–1）

迦羅八 波唎輸底九 達磨底十 伽迦娜十一 莎訶其持迦底十二 薩婆婆毗輸底十三 摩訶娜耶十四 波唎婆
唎莎訶十五 爾時復有二十五殑伽佛一時同聲說是无量壽宗要經陀羅尼曰
南謨薄伽勃底一 阿波唎蜜多二 阿喻紇硯娜三 須毗你悉指陀四 囉佐耶五 怛他羯他耶六 怛姪他
唵七 薩婆桑悉迦羅八 波唎輸底九 達磨底十 伽迦娜十一 莎訶其持迦底十二 薩婆婆毗輸底十三
摩訶娜耶十四 波唎婆唎莎訶 爾時復有恒河沙殑伽佛一時同聲說是无量壽
宗要經陀羅尼曰 南謨薄伽勃底一 阿波唎蜜多二 阿喻紇硯娜三 須毗你悉指陀四 囉佐
耶五 怛他羯他耶六 怛姪他唵七 薩婆桑悉迦羅八 波唎輸底九 達磨底十 伽迦娜十一 莎訶其持迦底
十二 薩婆婆毗輸底十三 摩訶娜耶十四 波唎婆唎莎訶十五 善男子若有自書寫
教人書寫是无量壽宗要經如其命盡復得長壽而滿百年陀羅尼曰 南謨薄
伽勃底一 阿波唎蜜多二 阿喻紇硯娜三 須毗你悉指陀四 囉佐耶五 怛他羯他耶六 怛姪他唵七 薩婆
桑悉迦羅八 波唎輸底九 達磨底十 伽迦娜十一 莎訶其持迦底十二 薩婆婆毗輸底十三 摩訶娜耶十四 波唎婆唎莎訶十五
若有自書寫教人書寫是无量壽宗要經讀誦受持畢竟不墮地獄在在所生得
宿命智陀羅尼曰 南謨薄伽勃底一 阿波唎蜜多二 阿喻紇硯娜三 須毗你悉指陀四 囉佐
耶五 怛他羯他耶六 怛姪他唵七 薩婆桑悉迦羅八 波唎輸底九 達磨底十 伽迦娜十一 莎訶其持迦底十二
薩婆婆毗輸底十三 摩訶娜耶十四 波唎婆唎莎訶十五 若有自書教人書寫是无量壽宗
要經受持讀誦如同書寫八万四千一切經典陀羅尼曰 南謨薄伽勃底一 阿波唎蜜
多二 阿喻紇硯娜三 須毗你悉指陀四 囉佐耶五 怛他羯他耶六 怛姪他唵七 薩婆桑悉迦羅八 波唎輸底九
達磨底十 伽迦娜十一 莎訶其持迦底十二 薩婆婆毗輸底十三 摩訶娜耶十四 波唎婆唎莎訶十五
若有自書寫教人書寫是无量壽宗要經即是書寫八万四千部建立塔廟陀羅尼曰
南謨薄伽勃底一 阿波唎蜜多二 阿喻紇硯娜三 須毗你悉指陀四 囉佐耶五 怛他羯他耶六 怛姪他唵七 薩
婆桑悉迦羅八 波唎輸底九 達磨底十 伽迦娜十一 莎訶其持迦底十二 薩婆婆毗輸底十三 摩
訶娜耶十四 波唎婆唎莎訶十五 若有自書寫教人書寫是无量壽宗要經能消五无間等
一切重罪陀羅尼曰 南謨薄伽勃底一 阿波唎蜜多二 阿喻紇硯娜三 須毗你悉指陀四 囉佐耶五
怛他羯他耶六 怛姪他唵七 薩婆桑悉迦羅八 波唎輸底九 達磨底十 伽迦娜十一 莎訶其持迦底十二 薩婆婆
毗輸底十三 摩訶娜耶十四 波唎婆唎莎訶十五 若有自書寫教人書寫是无量壽宗要經受
持讀誦設有重罪猶如須弥盡能除滅陀羅尼曰 南謨薄伽勃底一 阿波唎蜜多二 阿喻
紇硯娜三 須毗你悉指陀四 囉佐耶五 怛他羯他耶六 怛姪他唵七 薩婆桑悉迦羅八 波唎輸底九 達磨底十 伽迦娜十一
莎訶其持迦底十二 薩婆婆毗輸底十三 摩訶娜耶十四 波唎婆唎莎訶十五 若有自書寫教人
書寫是无量壽宗要經受持讀誦若魔魔之眷屬夜叉羅剎不得其便終无枉死
陀羅尼曰 南謨薄伽勃底一 阿波唎蜜多二 阿喻紇硯娜三 須毗你悉指陀四 囉佐耶五 怛他羯他耶六

BD08645 號　無量壽宗要經　（3–2）

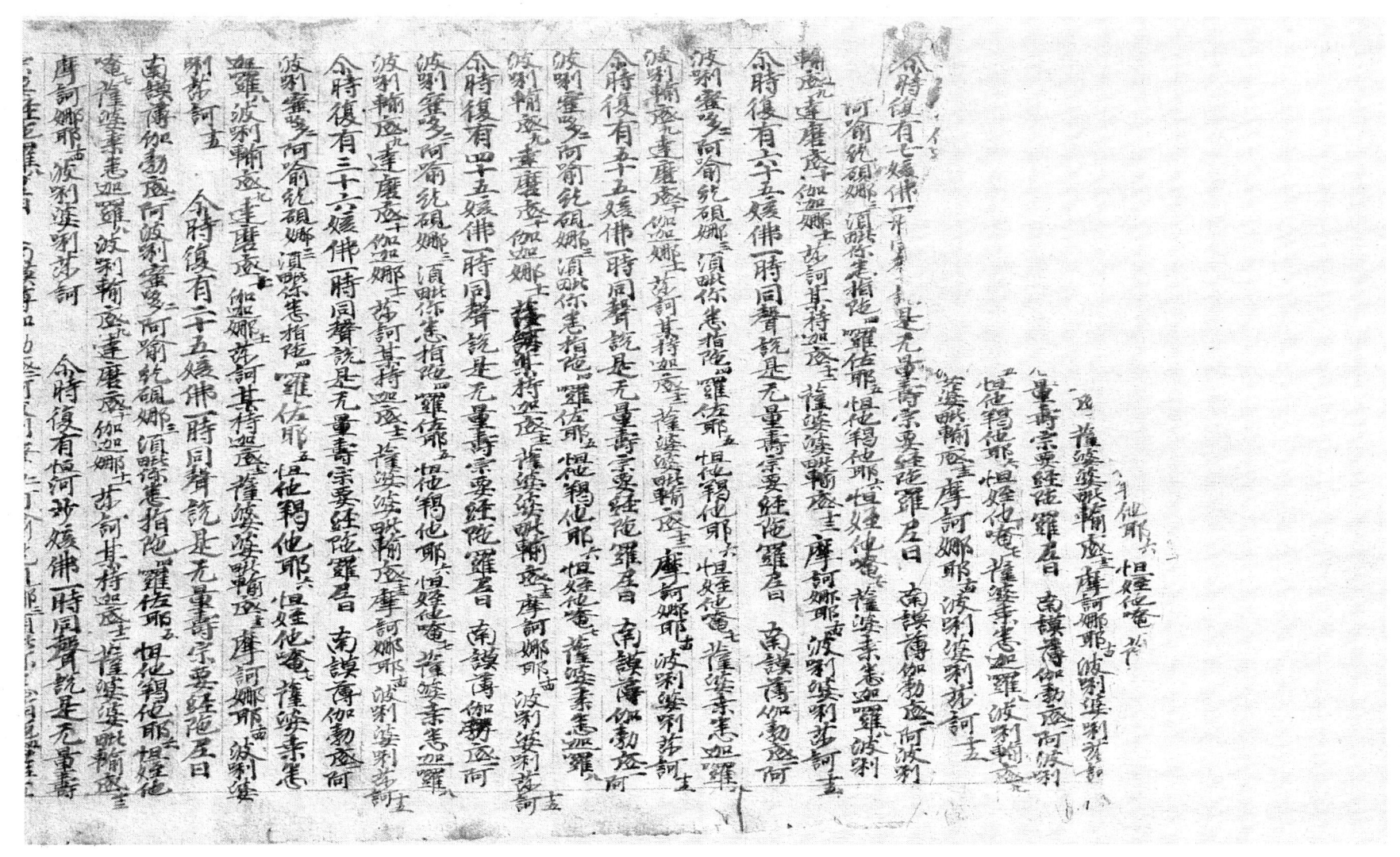

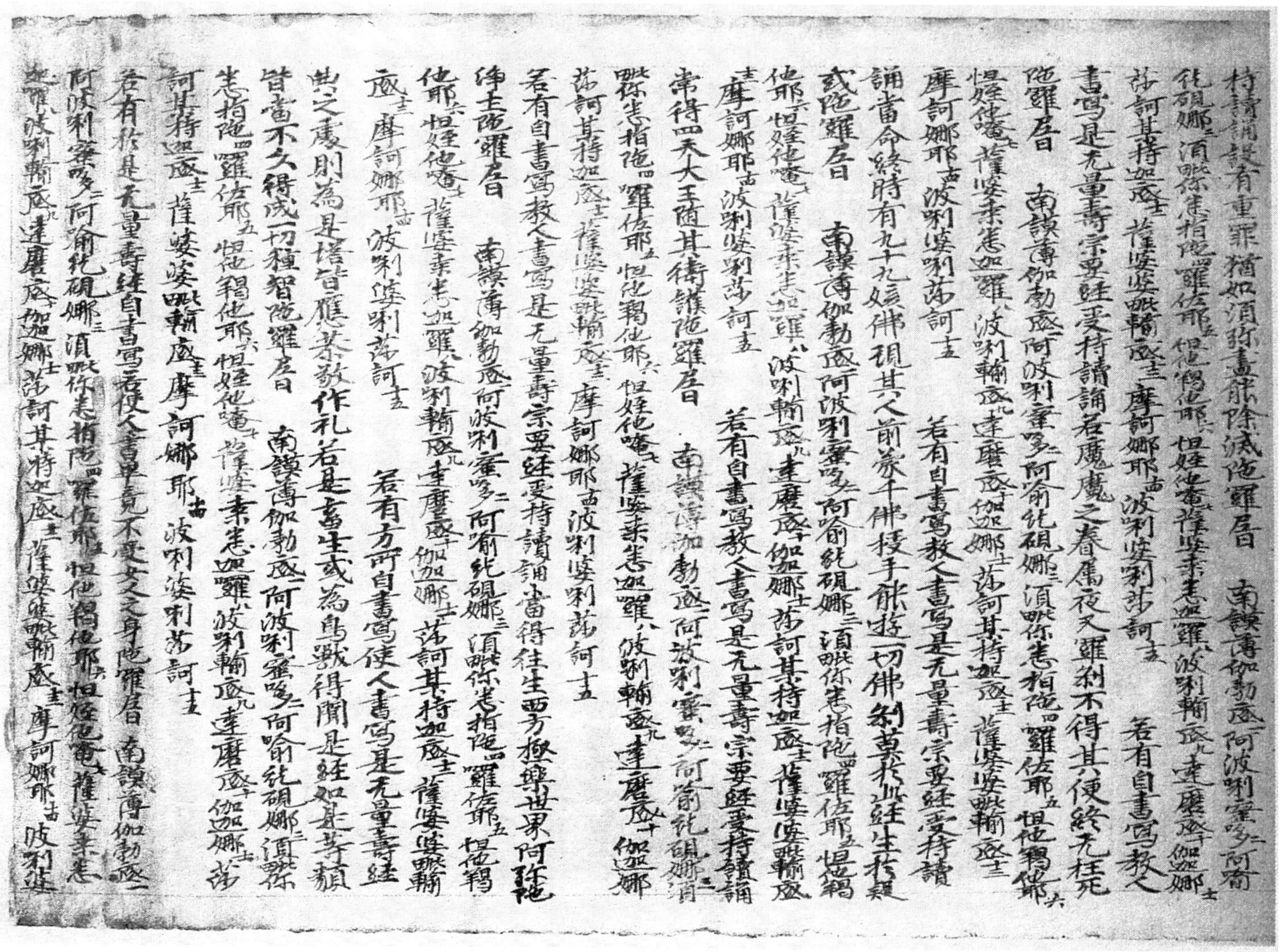
持讀誦設有重罪猶如須弥盡能除滅陀羅尼　南謨薄伽勃底阿波唎蜜哆二阿喻
紇硯娜三須毗你悉指陀四羅佐耶五怛他羯他耶六怛姪他唵七薩婆桒悉迦羅八波唎輸底九達摩底十伽迦娜十一
莎訶其持迦底十二薩婆婆毗輸底十三摩訶娜耶十四波唎婆唎莎訶十五　若有自書寫教人
書寫是无量壽宗要經受持讀誦若魔魔之眷屬夜叉羅刹不得其便終无枉死
陀羅尼　南謨薄伽勃底阿波唎蜜哆二阿喻紇硯娜三須毗你悉指陀四羅佐耶五怛他羯他耶六
怛姪他唵七薩婆桒悉迦羅八波唎輸底九達摩底十伽迦娜十一莎訶其持迦底十二薩婆婆毗輸底十三
摩訶娜耶十四波唎婆唎莎訶十五　若有自書寫教人書寫是无量壽宗要經受持讀
誦當命終時有九十九殑佛現其人前萬千佛授手能遊一切佛刹莫於此經生於疑
或陀羅尼　南謨薄伽勃底阿波唎蜜哆二阿喻紇硯娜三須毗你悉指陀四羅佐耶五怛他羯
他耶六怛姪他唵七薩婆桒悉迦羅八波唎輸底九達摩底十伽迦娜十一莎訶其持迦底十二薩婆婆毗輸底
十三摩訶娜耶十四波唎婆唎莎訶十五　若有自書寫教人書寫是无量壽宗要經受持讀誦
常得四天大王隨其衛護陀羅尼　南謨薄伽勃底阿波唎蜜哆二阿喻紇硯娜三須
毗你悉指陀四羅佐耶五怛他羯他耶六怛姪他唵七薩婆桒悉迦羅八波唎輸底九達摩底十伽迦娜
十一莎訶其持迦底十二薩婆婆毗輸底十三摩訶娜耶十四波唎婆唎莎訶十五
若有自書寫教人書寫是无量壽宗要經受持讀誦當得往生西方極樂世界阿彌陀
淨土陀羅尼　南謨薄伽勃底阿波唎蜜哆二阿喻紇硯娜三須毗你悉指陀四羅佐耶五怛他羯
他耶六怛姪他唵七薩婆桒悉迦羅八波唎輸底九達摩底十伽迦娜十一莎訶其持迦底十二薩婆婆毗輸
底十三摩訶娜耶十四波唎婆唎莎訶十五　若有方所自書寫使人書寫是无量壽經
典之處則為是塔皆應恭敬作礼若是畜生或為鳥獸得聞是經如是等類
皆當不久得成一切種智陀羅尼　南謨薄伽勃底阿波唎蜜哆二阿喻紇硯娜三須毗
悉指陀四羅佐耶五怛他羯他耶六怛姪他唵七薩婆桒悉迦羅八波唎輸底九達摩底十伽迦娜十一莎
訶其持迦底十二薩婆婆毗輸底十三摩訶娜耶十四波唎婆唎莎訶十五
若有於是无量壽經自書寫若使人書畢竟不受女人之身陀羅尼　南謨薄伽勃底
阿波唎蜜哆二阿喻紇硯娜三須毗你悉指陀四羅佐耶五怛他羯他耶六怛姪他唵七薩婆桒悉
迦羅八波唎輸底九達摩底十伽迦娜十一莎訶其持迦底十二薩婆婆毗輸底十三摩訶娜耶十四波唎娑

BD08645 號　無量壽宗要經　（3–3）

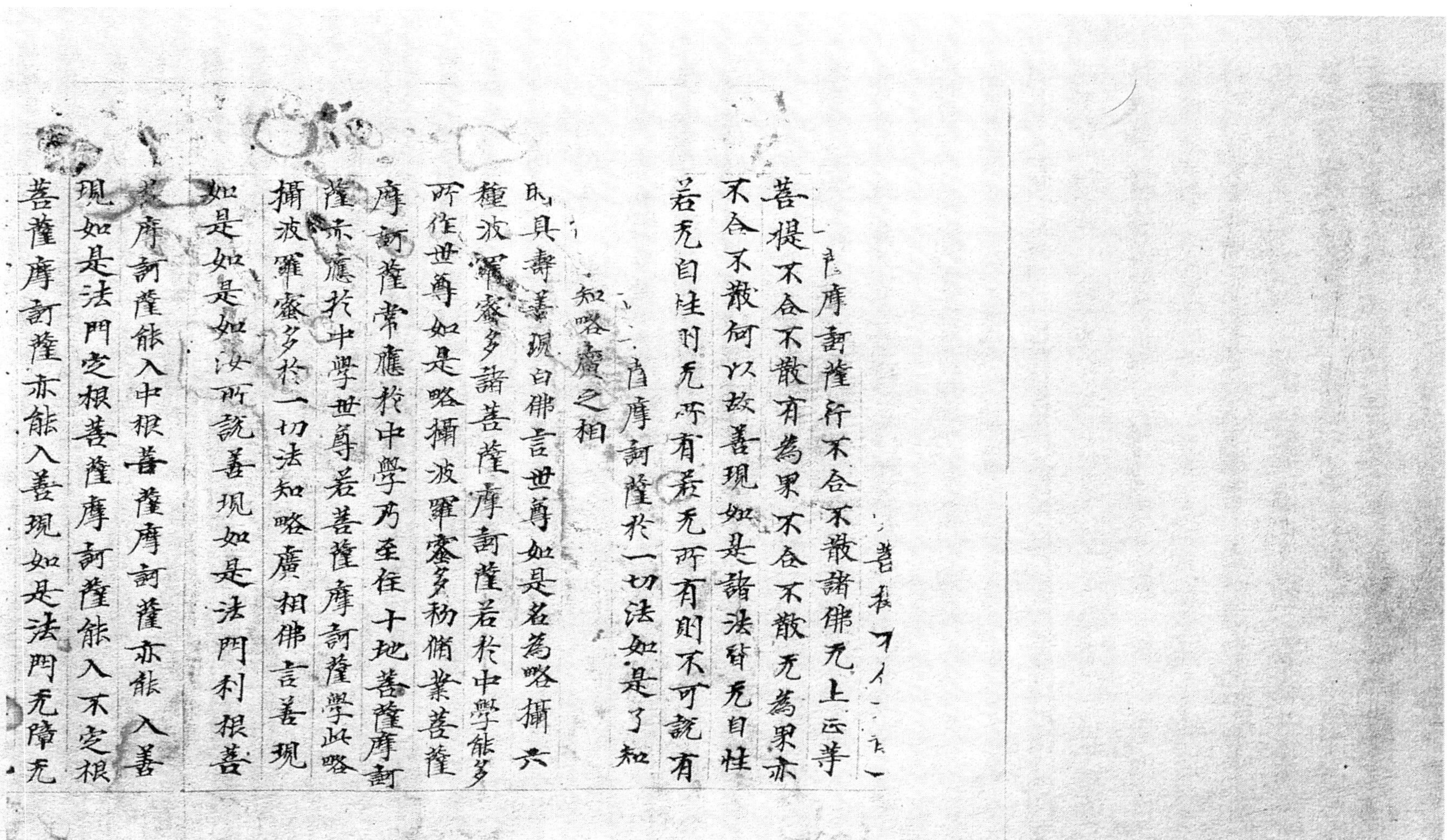
善[illegible]
[illegible]摩訶薩行不合不散諸佛无上正等
菩提不合不散有為果不合不散无為果亦
不合不散何以故善現如是諸法皆无自性
若无自性則无所有若无所有則不可說有
[illegible]薩摩訶薩於一切法如是了知
知略廣之相
具壽善現白佛言世尊如是名為略攝六
種波羅蜜多諸菩薩摩訶薩若於中學能多
所作世尊如是略攝波羅蜜多初備業菩薩
摩訶薩常應於中學乃至住十地菩薩摩訶
薩亦應於中學世尊若菩薩摩訶薩學此略
攝波羅蜜多於一切法知略廣相佛言善現
如是如是如汝所說善現如是法門利根菩
薩摩訶薩能入中根菩薩摩訶薩亦能入善
現如是法門定根菩薩摩訶薩能入不定根
菩薩摩訶薩亦能入善現如是法門无障无

BD08646 號　大般若波羅蜜多經卷三五九　（2–1）

攝波羅蜜多於一切法知略廣相佛言善現
如是如是如汝所說善現如是法門利根菩
薩摩訶薩能入中根菩薩摩訶薩亦能入善
現如是法門定根菩薩摩訶薩能入不定根
菩薩摩訶薩亦能入善現如是法門无障无
礙若菩薩摩訶薩專於中學无不能入善現
如是法門非懈怠者少精進者失正念者散
亂心者習惡慧者之所能入善現如是法門
不懈怠者勝精進者住正念者善攝心者備
妙慧者方能趣入善現若菩薩摩訶薩欲住
不退轉地欲住第十地欲住一切智智地當
勤方便入此法門善現若菩薩摩訶薩如此
般若波羅蜜多所說而學是菩薩摩訶薩能
隨證得布施淨戒安忍精進靜慮般若波羅
蜜多亦隨證得內空外空內外空空空大空
勝義空有為空无為空畢竟空无際空散空
無變異空本性空自相空共相空一切法空
不可得空無性空自性空無性自性空亦隨
證得真如法界法性不虛妄性不變異性平
等性離生性法定法住實際虛空、不思議
、亦隨證得苦集滅、

BD08646 號　大般若波羅蜜多經卷三五九　（2–2）

無二無
清淨故身
分智清淨何以故
淨若身界清淨若一切智智清淨無二
無二分無別無斷故自性空清淨故觸界身
識界及身觸身觸為緣所生諸受清淨觸
界乃至身觸為緣所生諸受清淨故一切智
智清淨何以故若自性空清淨若觸界乃至
身觸為緣所生諸受清淨若一切智智清淨
無二無二分無別無斷故善現自性空清淨
故意界清淨意界清淨故一切智智清淨何
以故若自性空清淨若意界清淨若一切智
智清淨無二無二分無別無斷故自性空清
淨故法界意識界及意觸意觸為緣所生諸
受清淨法界乃至意觸為緣所生諸受清淨
故一切智智清淨何以故若自性空清淨若
法界乃至意觸為緣所生諸受清淨若一切
智智清淨無二無二分無別無斷故善現自
性空清淨故地界清淨地界清淨故一切智
智清淨何以故若自性空清淨若地界清淨

BD08647 號　大般若波羅蜜多經卷二一六　（2–1）

故一切智智清淨何以故若自性空清淨若
法界乃至意觸為緣所生諸受清淨若一切
智智清淨無二無二分無別無斷故善現自
性空清淨故地界清淨地界清淨故一切智
智清淨何以故若自性空清淨若地界清淨
若一切智智清淨無二無二分無別無斷故
自性空清淨故水火風空識界清淨水火風
空識界清淨故一切智智清淨何以故若自
性空清淨若水火風空識界清淨若一切智
智清淨無二無二分無別無斷故善現自性
空清淨故無明清淨無明清淨故一切智智
清淨何以故若自性空清淨若無明清淨若
一切智智清淨無二無二分無別無斷故自
性空清淨故行識名色六處觸受愛取有生
老死愁歎苦憂惱清淨行乃至老死愁歎苦
憂惱清淨故一切智智清淨何以故若自性
空清淨若行乃至老死愁歎苦憂惱清淨若
一切智智清淨無二無二分無別無斷故善
現自性空清淨故布施波羅蜜多清淨布施
波羅蜜多清淨故一切智智清淨何以故若
自性空清淨若布施波羅蜜多清淨若一切
智智清淨無二無二分無別無斷故自性空
清淨故淨戒安忍精進靜慮般
清淨淨戒乃至般若波羅
智智清淨何以故若自性

BD08647號　大般若波羅蜜多經卷二一六　（2-2）

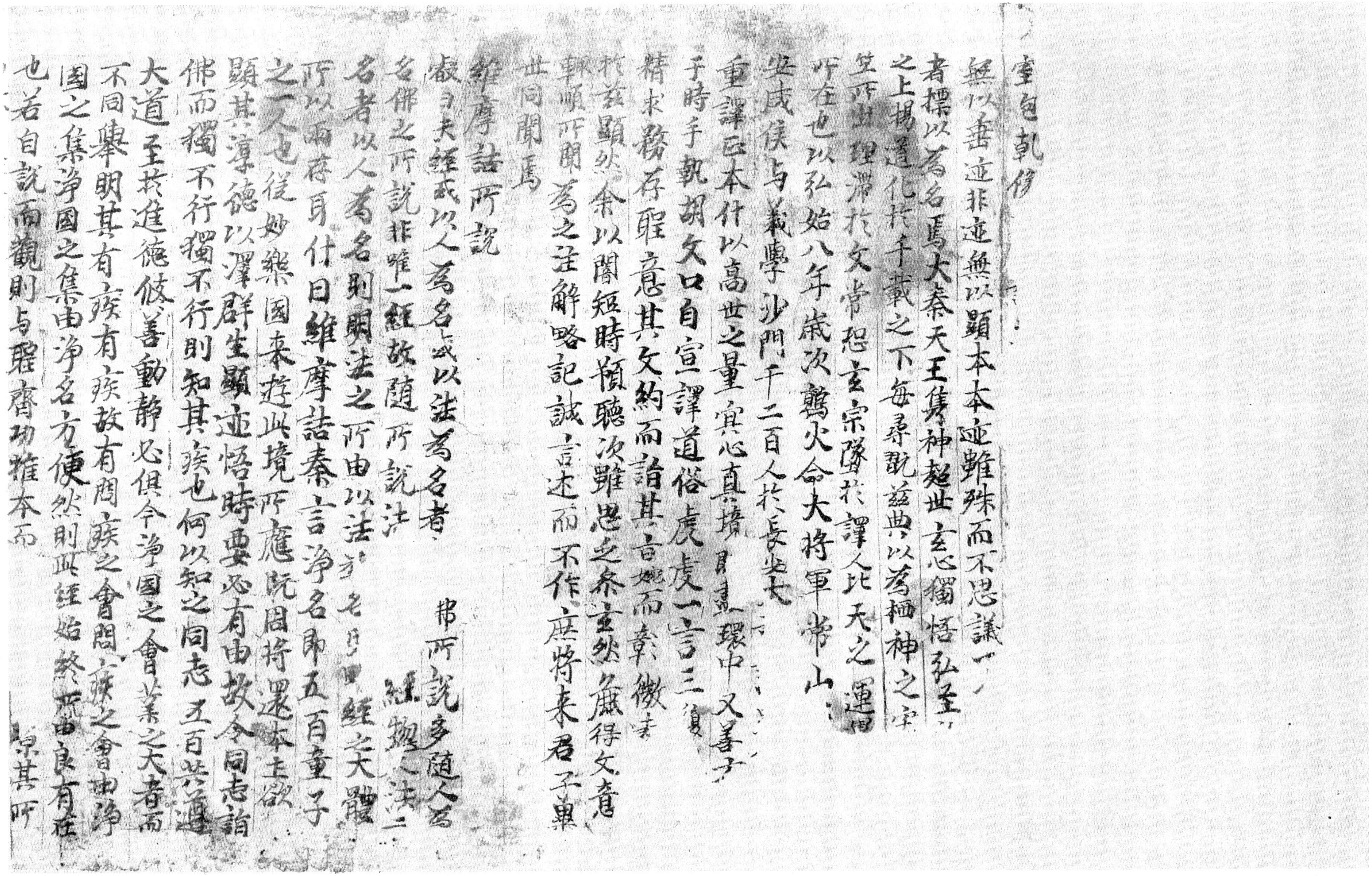

室包乾像
無以垂迹非迹無以顯本本迹雖殊而不思議一
者標以為名焉大秦天王俊神超世玄心獨悟弘至
之上揚道化於千載之下每尋翫茲典以為栖神之宅
竺所出理滯於文常懼玄宗墜於譯人北天之運
所在也以弘始八年歲次鶉火命大將軍常山
安成侯与義學沙門千二百人於長安大
重譯正本什以高世之量冥心真境既盡環中又善方
于時手執胡文口自宣譯道俗虔虔一言三復
精求務存聖意其文約而詣其旨婉而彰微遠
於茲顯然余以闇短時預聽次雖思乏參玄然麤得文意
輒順所聞為之注解略記誠言述而不作庶將來君子異
世同聞焉

維摩詰所說
叙曰夫經或以人為名或以法為名者　佛所說多隨人名
名佛之所說非唯一經故隨所說
名者以人為名則明法之所由以法為名　經之大體
所以兩存耳什曰維摩詰秦言淨名即五百童子
之一人也從妙樂國來遊此境所應既周將還本土欲
顯其淳德以澤群生顯迹悟時要必有由故今同志詣
佛而獨不行獨不行則知其疾也何以知之同志五百共遵
大道至於進德修善動靜必俱今淨國之會業之大者而
不同舉明其有疾有疾故有問疾之會問疾之會由淨
國之集淨國之集由淨名方便然則此經始終所由良有在
也若自說而觀則与聖齊功推本而尋其所

BD08648 號 1　注維摩詰經序
BD08648 號 2　淨名經集解關中疏卷上

（4–1）

□□人也住妙樂國來遊此境所應既周將還本土欲
顯其淳德以澤群生顯迹悟時要必有由故令同志諸
佛而獨不行獨不行則知其疾也何以知之同志五百共遵
大道至於進德修善動靜必俱今淨國之會業之大者而
不同舉明其有疾有疾故有問疾之會由淨
國之集淨國之集由淨名方便然則此經始終所由良有在
也若自說而觀則與聖齊功推本而□其所
由故曰維摩詰所說也
肇曰維摩詰秦言淨名法身大士也其權道無方隱顯
殊迹釋彼妙喜現此忍土所以和光塵俗因通道教常與寶
積俱遊為法城之侶其教緣既畢將返妙喜故欲顯其神
德以弘如來不思議解脫之道至令寶積獨詣釋迦因留
疾生問疾之端建微言之始妙唱自彼故稱其說也　生曰維
摩詰者梵音無垢稱也其晦迹五欲超然無染清名遐布
故致斯號貴名求實者必重其說表實重之則終得
所求因斯近據有過聖言矣　經　梵之修多羅此譯
云契謂契理之言當根之教返迷證實乃聖同規亦
曰為常故肇師經常也古今雖殊覺道不改群邪
不能沮眾聖不能異也　一名不可思議解脫
此約法受名也下文云佛為增上慢人說離婬怒癡為
解脫若無增上慢者婬怒性即是解脫此談體也
成就菩薩處染不染非道通道此約用名之以菩薩權
引三乘言曰解脫令將返權歸實故特號不思議也
即大經百句解脫華嚴諸善知識解脫皆同此也
什曰亦名三昧亦名神足或令脩短改度或巨細相容變化隨
意於法自在解脫於閡故名解脫能者能然物不知所以故曰
不思議亦云身大士念則隨應不入禪定然後能也心得自
在不為不能所縛故曰解脫也若有明法空則乖於常習
無以取信故現物隨心變明物無定性物無定性則其
性虛矣菩薩得其無定故令物隨心轉則不思議乃空之
明證將顯理宗故以為經之標也
肇曰微遠幽深二乘不測能不思議也縱任無礙塵累不能
拘解脫也此經自于始淨土終于法養其中所明雖然其不思

疑不爲不能所縛故曰解脫也若直明法空則乖於常習
無以示信故現物隨心變明物無定性物無定性則其
性虛矣菩薩得其無定故令物隨心轉則不思議乃空之
別證將顯理宗故以爲經之標也
肇曰微遠幽深二乘不測能不思議也縱任無礙塵累不能
拘解脫也此經自于始淨土終于法養其中所明雖然其不思
議解脫一也故總以名焉上以人名經此以法名經以法名經
所以標旁指歸以人名經所以因人弘道者也
生曰無垢之稱或以形跡心不安然故復言其解脫更爲一名
不可思議者凡有二種一曰空非惑情所圖二曰神奇非淺識
所量若體夫空理則脫思議之惑惑既脫矣則所爲難測
維摩詰今動靜皆神奇必脫諸惑脫惑在乎體空說空
是其所體是以无垢之名信而有徵名苟有徵其求愈到到
於求者何患不悟乎

叡曰菩薩無心應物有說衆生但覩其教莫測所由故名所
說爲不思議雖說而無心故不閡於有雖無心而能說故不閡
於無空有所不能累故名之爲解脫

佛國品第一　什曰經始終由於淨國故以佛國冠於衆篇
也真應二土會以平等廣如下文然十四品大分三別初此
品半爲未信令信故名序分次十一品半信已令悟故名
正宗分三後二品盡經悟已應傳名流通分初序分中復
有三別初列時方處等是集經者列事證信次合蓋現
土是說經者驗物令信後稱嘆讚揚是問經者使仰德生
信也初文又六一信經辭二傳經旨三聞經時四說經者五聞
經衆如是初此信經辭也肇曰如是信順辭也夫信則所言之
理順順則師資之道成經無豐約非信不傳故建言
如是我聞　此二傳經旨也肇曰出經者明已親承聖旨無傳
聞之謬也　一時　此三聞經時也衆生信重爲感如來悲
愍爲應感應道交故曰一時肇曰法王啓運嘉集之時也
此說經者梵音云具言佛馱此翻爲知者大品云知
長故大論云菩提名智佛名智者是即解圓德
信也　在毗耶離　此下五列聽經處有道
[illegible]

經[illegible]說[illegible]重[illegible]言[illegible]說意[illegible]在乎離空說空
是其所體是以无垢之名信而有徵名苟有徵其求愈到
於求者何患不悟乎
肇曰菩薩無心應物有說衆生但覩其教莫測所由故名所
說爲不思議雖說而無心故不關於有雖無心而能說故不關
於無空有所不能累故名之爲解脫
佛國品苐一　什曰經始終由於淨國故以佛國冠於衆篇
也真應二土會以平等廣如下文然十四品大分三別初此
品半爲未信令信故名序分次十一品半信已令悟故名
正宗分三後二品盡經悟已應傳名流通分初序分中復
有三別初列時方處等是集經者引事證信次合蓋現
土是說經者騐物令信後稱嘆讚揚是問經者使仰德生
信也初文又六一信經辭二傳經言三聞經時四說經者五聞
經衆如是初與信經辭也肇曰如是信順辭也夫信則所言之
理順順則師資之道成經無豊約非信不傳故建言
如是我聞　此二傳經言也肇曰出經者明己親承聖旨無傳
聞之謬也　一時　此三聞經時也衆生信重爲感如來悲
逗爲應感應道交故曰一時肇曰法王啓運嘉集之時也
此說經者梵音云具言佛馱此翻爲知者大品云知
義故大論云菩提名智佛名智者是即解圓德
信也　在毗耶離　此下五列聽經處有道
一者知別爲近不謬此初通處肇曰毗耶離
其土平廣嚴事因以名爲又云好稻
門處肇曰菴羅樹名也其菓似

BD08648號背　勘記

（1–1）

是等罪无量无邊不可說盡今日至到
十方佛尊法衆聖皆悉證知
願弟子等承是懺悔劫盜等罪了
生世世得如意寶常雨七珎上妙衣服百味甘
露種種湯藥隨意所須應念即至令一切衆
生无偷奪想一切皆能少欲知足不躭不染
常樂惠行急濟貧道頭目髓腦捨身如弃
涕唾迴向滿足檀波羅蜜　礼一拜

南无增長眼佛　南无師子聲奮迅佛
南无法華通佛　南无敬法清淨佛
南无天力師子奮迅佛　南无觀法佛
南无堅精進奮迅佛　南无自精進佛
南无弥留光佛　南无功德阿足羅佛
南无淨根佛　南无嘆智佛
南无智慧住佛　南无不破賣去佛
南无力惠佛　南无憂頭
南无法堅固歡喜佛　南无堅固意自在佛
南无平等須弥當佛　南无發捨成就佛
南无青淨藏佛　南无一切衆生自在佛

BD08649號　佛名經（十六卷本）卷一〇　（2-1）

南无法華通佛　南无敬法清淨佛
南无天力師子奮迅佛　南无觀法佛
南无堅精進奮迅佛　南无自精進佛
南无弥留光佛　南无功德阿足羅佛
南无淨根佛　南无嘆智佛
南无智慧住佛　南无不破賣去佛
南无力惠佛　南无憂頭
南无法堅固歡喜佛　南无堅固意自在佛
南无平等須弥當佛　南无發捨成就佛
南无清淨藏佛　南无一切衆生自在佛
南无勝業清淨見佛　南无智自在佛
南无善決奮迅佛　南无无障无著精進佛
南无世間自在佛　南无廣法行佛
南无功德成就佛　南无不怯弱成就佛
南无城如意通佛　南无如觀法佛
南无稱擅積佛　南无敬重戒王佛
南无寶名佛　南无龍王自在聲佛
南无大智莊嚴佛　南无无孤獨功德佛
南无阿羅摩佛　南无不滅莊嚴佛

BD08649號　佛名經（十六卷本）卷一〇　（2-2）

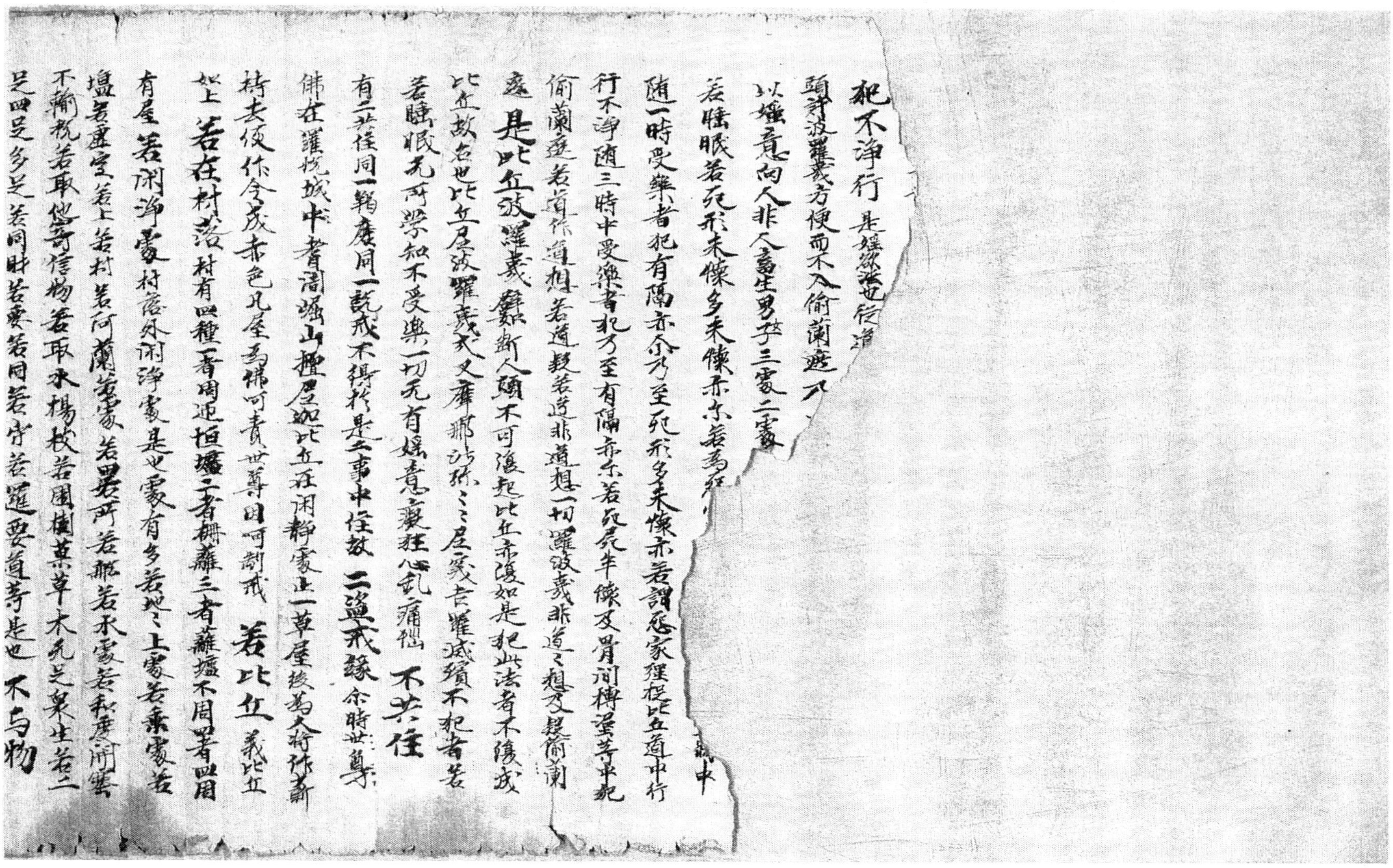

犯不淨行 是婬欲法也……
頭等波羅夷方便而不入偷蘭遮……
以壞意向人非人畜生男子三處二處
若睡眠若死形未壞多未壞亦尒若為狂……藏中
隨一時受樂者犯有隔亦尒乃至死形多未壞亦若謂惡家狸捉比丘道中行
行不淨隨三時中受樂者犯乃至有隔亦尒若死死半壞及骨間榑塗等中犯
偷蘭遮若道作道想若道疑若道非道想一切波羅夷非道道想及疑偷蘭
遮 是比丘波羅夷 鐵斷人頭不可復起比丘亦復如是犯此法者不復成
比丘故名也比丘尼波羅夷叉叉摩那沙彌沙彌尼突吉羅滅擯不犯者若
若睡眠无所覺知不受樂一切无有婬意癡狂心亂痛惱 不共住
有二共住同一羯磨同一說戒不得於是二事中住故 二盜戒緣 尒時世尊
佛在羅閱城中耆闍崛山檀尼迦比丘在閑靜處止一草屋後為大將作薪
持去復作令成赤色瓦屋為佛可責世尊因呵制戒 若比丘 義比丘
如上 若在村落 村有四種一者周匝垣墻二者柵籬三者籬墻不周四者四周
有屋 若閑靜處 村落外閑靜處是也處有多若地地上處若乘處若
擔若虛空若上若村若阿蘭若處 若異處 若船若水處若私度關塞
不輸稅若取他寄信物若取水楊枝若園樹葉草木无足衆生若二
足四足多足 若同財若要若同若守若邏要道等是也 不与物

BD08650 號　四分律比丘含注戒本　（2–1）

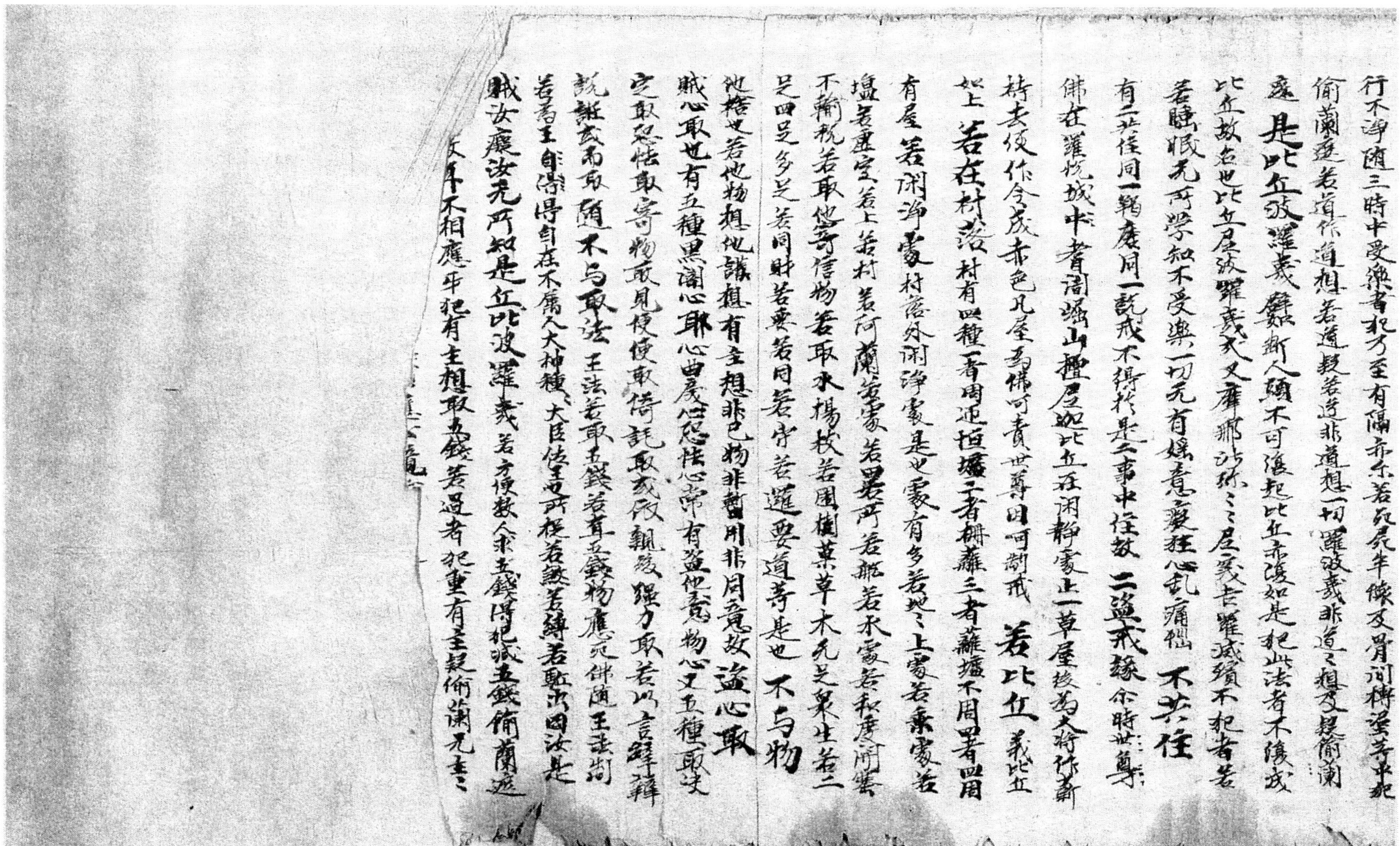

行不淨隨三時中受樂者犯乃至有隔亦尒若死死半壞及骨間榑塗等中犯
偷蘭遮若道作道想若道疑若道非道想一切波羅夷非道道想及疑偷蘭
遮 是比丘波羅夷 鐵斷人頭不可復起比丘亦復如是犯此法者不復成
比丘故名也比丘尼波羅夷叉叉摩那沙彌沙彌尼突吉羅滅擯不犯者若
若睡眠无所覺知不受樂一切无有婬意癡狂心亂痛惱 不共住
有二共住同一羯磨同一說戒不得於是二事中住故 二盜戒緣 尒時世尊
佛在羅閱城中耆闍崛山檀尼迦比丘在閑靜處止一草屋後為大將作薪
持去復作令成赤色瓦屋為佛可責世尊因呵制戒 若比丘 義比丘
如上 若在村落 村有四種一者周匝垣墻二者柵籬三者籬墻不周四者四周
有屋 若閑靜處 村落外閑靜處是也處有多若地地上處若乘處若
擔若虛空若上若村若阿蘭若處 若異處 若船若水處若私度關塞
不輸稅若取他寄信物若取水楊枝若園樹葉草木无足衆生若二
足四足多足 若同財若要若同若守若邏要道等是也 不与物
他捨也若他物想他護想有主想非己物非暫用非同意故 盜心取
賊心取也有五種黑闇心邪心曲戾心恐怯心常有盜他意物心又五種取決
定取恐怯取寄物取見便便取倚託取或徵親發 强力取若以言辭辯
說誑惑而取 隨不与取法 王法若取五錢若直五錢物應死佛隨王法制
若為王能得自在不屬人大神種大臣佐王所使若繫若縛若驅出國汝是
賊汝癡汝无所知是 比丘波羅夷 若方便教人求五錢得犯波羅五錢偷蘭遮
……文乎不相應乎犯有主想取五錢若過者 犯重 有主疑偷蘭无主……

BD08650 號　四分律比丘含注戒本　（2–2）

南謨薄伽勃底一阿波唎蜜哆二阿喻紇硯娜三須毗你悉指陁四囉佐耶五怛他羯他耶六
怛姪他唵七薩婆桒悉迦羅八波唎輸底九達磨底十伽迦娜十一莎訶其持迦底十二
薩婆婆毗輸底十三摩訶娜耶十四波唎婆羅莎訶十五
尒時復有六十五殑佛一時同聲說是无量壽宗要經陁羅尼曰
南謨薄伽勃底一阿波唎蜜哆二阿喻紇硯娜三須毗你悉指陁四囉佐耶五怛他羯他耶六
怛姪他唵七薩婆桒悉迦羅八波唎輸底九達磨底十伽迦娜十一莎訶其持迦底十二
薩婆婆毗輸底十三摩訶娜耶十四波唎婆羅莎訶十五
尒時復有五十五殑佛一時同聲說是无量壽宗要經陁羅尼曰
南謨薄伽勃底一阿波唎蜜哆二阿喻紇硯娜三須毗你悉指陁四囉佐耶五怛他羯他耶六
怛姪他唵七薩婆桒悉迦羅八波唎輸底九達磨底十伽迦娜十一莎訶其持迦底十二
薩婆婆毗輸底十三摩訶娜耶十四波唎婆羅莎訶十五
尒時復有四十五殑佛一時同聲說是无量壽宗要經陁羅尼曰
南謨薄伽勃底一阿波唎蜜哆二阿喻紇硯娜三須毗你悉指陁四囉佐耶五怛他羯他耶六
怛姪他唵七薩婆桒悉迦羅八波唎輸底九達磨底十伽迦娜十一莎訶其持迦底十二
薩婆婆毗輸底十三摩訶娜耶十四波唎婆羅莎訶十五
尒時復有三十六殑佛一時同聲說是无量壽宗要經陁羅尼曰
南謨薄伽勃底一阿波唎蜜哆二阿喻紇硯娜三須毗你悉指陁四囉佐耶五怛他羯他耶六
怛姪他唵七薩婆桒悉迦羅八波唎輸底九達磨底十伽迦娜十一莎訶其持迦底十二
薩婆婆毗輸底十三摩訶娜耶十四波唎婆羅莎訶十五
尒時復有二十五殑佛一時同聲說是无量壽宗要經陁羅尼曰
南謨薄伽勃底一阿波唎蜜哆二阿喻紇硯娜三須毗你悉指陁四囉佐耶五怛他羯他耶六

BD08651號　無量壽宗要經

（3–1）

尒時復有三十六殑佛一時同聲說是无量壽宗要經陁羅尼曰
南謨薄伽勃底一阿波唎蜜哆二阿喻紇硯娜三須毗你悉指陁四囉佐耶五怛他羯他耶六
怛姪他唵七薩婆桒悉迦羅八波唎輸底九達磨底十伽迦娜十一莎訶其持迦底十二
薩婆婆毗輸底十三摩訶娜耶十四波唎婆羅莎訶十五
尒時復有二十五殑佛一時同聲說是无量壽宗要經陁羅尼曰
南謨薄伽勃底一阿波唎蜜哆二阿喻紇硯娜三須毗你悉指陁四囉佐耶五怛他羯他耶六
怛姪他唵七薩婆桒悉迦羅八波唎輸底九達磨底十伽迦娜十一莎訶其持迦底十二
薩婆婆毗輸底十三摩訶娜耶十四波唎婆羅莎訶十五
尒時復有恒河沙殑佛一時同聲說是无量壽宗要經陁羅尼曰
南謨薄伽勃底一阿波唎蜜哆二阿喻紇硯娜三須毗你悉指陁四囉佐耶五怛他羯他耶六
怛姪他唵七薩婆桒悉迦羅八波唎輸底九達磨底十伽迦娜十一莎訶其持迦底十二
薩婆婆毗輸底十三摩訶娜耶十四波唎婆羅莎訶十五
善男子善女人若有自書寫教人書寫是无量壽宗要經如其命盡復得長壽而滿百年陁羅尼曰
南謨薄伽勃底一阿波唎蜜哆二阿喻紇硯娜三須毗你悉指陁四囉佐耶五怛他羯他耶六
怛姪他唵七薩婆桒悉迦羅八波唎輸底九達磨底十伽迦娜十一莎訶其持迦底十二
薩婆婆毗輸底十三摩訶娜耶十四波唎婆羅莎訶十五
若有自書寫教人書寫是无量壽宗要經讀誦受持畢竟不墮地獄在在所生得宿命智陁羅尼曰
南謨薄伽勃底一阿波唎蜜哆二阿喻紇硯娜三須毗你悉指陁四囉佐耶五怛他羯他耶六
怛姪他唵七薩婆桒悉迦羅八波唎輸底九達磨底十伽迦娜十一莎訶其持迦底十二
薩婆婆毗輸底十三摩訶娜耶十四波唎婆羅莎訶十五
若有自書寫教人書寫是无量壽宗要經受持讀誦如同書寫八万四千一切經典陁羅尼曰
南謨薄伽勃底一阿波唎蜜哆二阿喻紇硯娜三須毗你悉指陁四囉佐耶五怛他羯他耶六
怛姪他唵七薩婆桒悉迦羅八波唎輸底九達磨底十伽迦娜十一莎訶其持迦底十二
薩婆婆毗輸底十三摩訶娜耶十四波唎婆羅莎訶十五
若有自書寫教人書寫是无量壽宗要經受持讀誦即是書寫八万四千部建立塔廟陁羅尼曰
南謨薄伽勃底一阿波唎蜜哆二阿喻紇硯娜三須毗你悉指陁四囉佐耶五怛他羯他耶六
怛姪他唵七薩婆桒悉迦羅八波唎輸底九達磨底十伽迦娜十一莎訶其持迦底十二
薩婆婆毗輸底十三摩訶娜耶十四波唎婆羅莎訶十五
若有自書寫教人書寫是无量壽宗要經能消五无間等一切重罪陁羅尼曰
南謨薄伽勃底一阿波唎蜜哆二阿喻紇硯娜三須毗你悉指陁四囉佐耶五怛他羯他耶六

BD08651號　無量壽宗要經

（3–2）

尼曰　南謨薄伽勃底一阿波唎蜜哆二阿瑜紇硯娜三須毗你悉指陀四羅佐耶五怛他羯他耶六
怛姪他唵七薩婆桑悉迦羅八波唎輸底九達磨底十伽迦娜十一莎訶其持迦底十二
薩婆婆毗輸底十三摩訶娜耶十四波唎婆縛莎訶十五
若有自書寫教人書寫是无量壽宗要經受持讀誦如同書寫八万四千一切經典陀羅尼曰
南謨薄伽勃底一阿波唎蜜哆二阿瑜紇硯娜三須毗你悉指陀四羅佐耶五怛他羯他耶六
怛姪他唵七薩婆桑悉迦羅八波唎輸底九達磨底十伽迦娜十一莎訶其持迦底十二
薩婆婆毗輸底十三摩訶娜耶十四波唎婆縛莎訶十五
若有自書寫教人書寫是无量壽宗要經受持讀誦即是書寫八万四千部建立塔廟陀羅尼曰
南謨薄伽勃底一阿波唎蜜哆二阿瑜紇硯娜三須毗你悉指陀四羅佐耶五怛他羯他耶六
怛姪他唵七薩婆桑悉迦羅八波唎輸底九達磨底十伽迦娜十一莎訶其持迦底十二
薩婆婆毗輸底十三摩訶娜耶十四波唎婆縛莎訶十五
若有自書寫教人書寫是无量壽宗要經能消五无間等一切重罪陀羅尼曰
南謨薄伽勃底一阿波唎蜜哆二阿瑜紇硯娜三須毗你悉指陀四羅佐耶五怛他羯他耶六
怛姪他唵七薩婆桑悉迦羅八波唎輸底九達磨底十伽迦娜十一莎訶其持迦底十二
薩婆婆毗輸底十三摩訶娜耶十四波唎婆縛莎訶十五
若有自書寫教人書寫是无量壽宗要經受持讀誦設有重罪猶如須弥盡能除滅陀羅尼曰
南謨薄伽勃底一阿波唎蜜哆二阿瑜紇硯娜三須毗你悉指陀四羅佐耶五怛他羯他耶六
怛姪他唵七薩婆桑悉迦羅八波唎輸底九達磨底十伽迦娜十一莎訶其持迦底十二
薩婆婆毗輸底十三摩訶娜耶十四波唎婆縛莎訶十五
若有自書寫教人書寫是无量壽宗要經受持讀誦若魔魔之眷屬夜叉羅刹不得其便
終无枉死陀羅尼曰　南謨薄伽勃底一阿波唎蜜哆二阿瑜紇硯娜三須毗你悉指陀四羅佐耶五
怛他羯他耶六怛姪他唵七薩婆桑悉迦羅八波唎輸底九達磨底十伽迦娜十一莎訶其持
迦底十二薩婆婆毗輸底十三摩訶娜耶十四波唎婆縛莎訶十五
若有自書寫教人書寫是无量壽宗要經受持讀誦當命終時有九十九姟佛現其人前

BD08651 號　無量壽宗要經　　（3–3）

須毗你悉指陀四羅佐耶五怛他羯他耶六怛姪他唵七
薩婆桑悉迦羅八波唎輸底九達磨底十伽迦娜十一
莎訶某特迦底十二莎婆婆毗輸底十三摩訶娜耶十四
波唎婆唎莎訶十五
若有自書寫教人書寫是无量壽宗要經受
持讀誦設有重罪猶如須弥盡能除滅陀羅
尼曰
南謨薄伽勃底一阿波唎蜜哆二阿喻紇硯娜三
須毗你悉指陀四羅佐耶五怛他羯他耶六怛姪他唵七
薩婆桑悉迦羅八波唎輸底九達磨底十伽迦娜十一
莎訶某特迦底十二莎婆婆毗輸底十三摩訶娜耶十四
波唎婆唎莎訶十五
若有自書寫教人書寫是无量壽宗要經受
持讀誦若魔魔之眷屬夜叉羅刹不得其
便終无枉死陀羅尼曰
南謨薄伽勃底一阿波唎蜜哆二阿喻紇硯娜三
須毗你悉指陀四羅佐耶五怛他羯他耶六怛姪他唵七
薩婆桑悉迦羅八波唎輸底九達磨底十伽迦娜十一
莎訶某特迦底十二莎婆婆毗輸底十三摩訶娜耶十四

BD08652 號　無量壽宗要經　　（2–1）

㡳日

南謨薄伽勃底一 阿波唎蜜哆二 阿喻紇硯那三

須毗你悉指陁四 囉佐耶五 怛他羯他耶六 怛姪他唵七

薩婆桑悉迦囉八 波唎輸底九 達磨底十 伽迦那十一

莎訶某特迦底十二 莎婆婆毗輸底十三 摩訶娜耶十四

波唎婆唎莎訶十五

若有自書寫教人書寫是无量壽宗要經受

持讀誦若魔魔之眷属夜叉羅剎不得其

便終无在死陁羅㡳日

南謨薄伽勃底一 阿波唎蜜哆二 阿喻紇硯那三

須毗你悉指陁四 囉佐耶五 怛他羯他耶六 怛姪他唵七

薩婆桑悉迦囉八 波唎輸底九 達磨底十 伽迦那十一

莎訶某特迦底十二 莎婆婆毗輸底十三 摩訶娜耶十四

波唎婆唎莎訶十五

若有自書寫教人書寫是无量壽宗要經受

持讀誦當命終時有九十九姟佛現其人前

象千佛授手能遊一切佛剎莫於此經生於疑

惑陁羅㡳日

南謨薄伽勃底一 阿波唎蜜哆二 阿喻紇硯那三

須毗你悉指陁四 囉佐耶五 怛他羯他耶六 怛姪他唵七

BD08652號　無量壽宗要經　（2–2）

得謂為得　我慢心充滿

若　納衣在空閑　自謂行真道　輕賤人間者

貪著利養故　與白衣說法　為世所恭敬　如六通羅漢

是人懷惡心　常念世俗事　假名阿練若　好出我等過

而作如是言　此諸比丘等　為貪利養故　說外道論議

自作此經典　誑惑世間人　為求名聞故　分別於是經

常在大衆中　欲毀我等故　向國王大臣　婆羅門居士

及餘比丘衆　誹謗說我惡　謂是邪見人　說外道論議

我等敬佛故　悉忍是諸惡　為斯所輕言　汝等皆是佛

如此輕慢言　皆當忍受之　濁劫惡世中　多有諸恐怖

惡鬼入其身　罵詈毀辱我　我等敬信佛　當著忍辱鎧

為說是經故　忍此諸難事　我不愛身命　但惜无上道

我等於來世　護持佛所囑　世尊自當知　濁世惡比丘

不知佛方便　隨宜所說法　惡口而顰蹙　數數見擯出

遠離於塔寺　如是等衆惡　念佛告勑故　皆當忍是事

諸聚落城邑　其有求法者　我皆到其所　說佛所囑法

我是世尊使　處衆无所畏　我當善說法　願佛安隱住

我於世尊前　諸來十方佛　發如是誓言　佛自知我心

BD08653號　妙法蓮華經（八卷本）卷五　（3–1）

我等於來世 [illegible] 濁世惡比丘
不知佛方便 隨宜所說法 惡口而顰蹙 數數見擯出
遠離於塔寺 如是等衆惡 念佛告勑故 皆當忍是事
諸聚落城邑 其有求法者 我皆到其所 說佛所囑法
我是世尊使 處衆无所畏 我當善說法 願佛安隱住
我於世尊前 諸來十方佛 發如是誓言 佛自知我心
妙法蓮華經安樂行品第十四
尒時文殊師利法王子菩薩摩訶薩白佛言
世尊是諸菩薩甚為難有敬順佛故發大誓
願於後惡世護持讀誦說是法華經世尊菩薩
摩訶薩於後惡世云何能說是經佛告文殊
師利若菩薩摩訶薩於後惡世欲說是經當
安住四法一者安住菩薩行處及親近處能為
衆生演說是經文殊師利云何名菩薩摩訶
薩行處若菩薩摩訶薩住忍辱地柔和善順
而不卒暴心亦不驚又復於法无所行而觀
諸法如實相亦不行不分別是名菩薩摩訶
薩行處云何名菩薩摩訶薩親近處菩薩摩
訶薩不親近國王王子大臣官長不親近諸
外道梵志尼揵子等及造世俗文筆讚詠外
書及路伽耶陁逆路伽耶陁者亦不親近諸
有凶戲相扠相撲及那羅等種種變現之戲
又不親近旃陁羅及畜猪羊雞狗田獵魚捕
諸惡律儀如是人等或時來者則為說法无
所悕望又不親近求聲聞比丘比丘尼優婆
塞優婆夷亦不問訊若於房中若經行處若
[illegible]

BD08653 號　妙法蓮華經（八卷本）卷五　（3–2）

[illegible]
薩行處云何名菩薩摩訶薩親近處菩薩摩
訶薩不親近國王王子大臣官長不親近諸
外道梵志尼揵子等及造世俗文筆讚詠外
書及路伽耶陁逆路伽耶陁者亦不親近諸
有凶戲相扠相撲及那羅等種種變現之戲
又不親近旃陁羅及畜猪羊雞狗田獵魚捕
諸惡律儀如是人等或時來者則為說法无
所悕望又不親近求聲聞比丘比丘尼優婆
塞優婆夷亦不問訊若於房中若經行處若
在講堂中不共住止或時來者隨宜說法无
所悕求文殊師利又菩薩摩訶薩不應於女
人身取能生欲想相而為說法亦不樂見若
入他家不與小女處女寡女等共語亦復不
近五種不男之人以為親厚不獨入他家若
[illegible]緣須獨入時但一心念佛若為女人說
[illegible]笑不現胷臆乃至為法猶不親厚
[illegible]畜年少弟子沙彌小兒亦不
[illegible]閑處修攝其心文
[illegible]摩訶薩觀
[illegible]轉如

BD08653 號　妙法蓮華經（八卷本）卷五　（3–3）

正稱揚修八解脫八勝處九次第定十遍處
法歡喜讚歎修八解脫八勝處九次第定十
遍處者應自圓滿菩薩十地亦勸他圓滿菩
薩十地恒正稱揚圓滿菩薩十地法歡喜讚
歎圓滿菩薩十地者應自圓滿五眼六神通
亦勸他圓滿五眼六神通恒正稱揚圓滿五
眼六神通法歡喜讚歎圓滿五眼六神通者
應自圓滿陁羅尼門三摩地門亦勸他圓滿
陁羅尼門三摩地門恒正稱揚圓滿陁羅尼
門三摩地門法歡喜讚歎圓滿陁羅尼門三
摩地門者應自圓滿如來十力乃至十八佛
不共法亦勸他圓滿如來十力乃至十八佛
不共法恒正稱揚圓滿如來十力乃至十八
佛不共法法歡喜讚歎圓滿如來十力乃至十
八佛不共法者應自圓滿三十二大士相
八十隨好亦勸他圓滿三十二大士相八十隨
好恒正稱揚圓滿三十二大士相八十隨好法
歡喜讚歎圓滿三十二大士相八十隨好
者應自圓滿無忘失法恒住捨性亦勸他圓

BD08654號　大般若波羅蜜多經卷四四八　（2–1）

應自圓滿陁羅尼門三摩地門亦勸他圓滿
陁羅尼門三摩地門恒正稱揚圓滿陁羅尼
門三摩地門法歡喜讚歎圓滿陁羅尼門三
摩地門者應自圓滿如來十力乃至十八佛
不共法亦勸他圓滿如來十力乃至十八佛
不共法恒正稱揚圓滿如來十力乃至十八
佛不共法法歡喜讚歎圓滿如來十力乃至十
八佛不共法者應自圓滿三十二大士相
八十隨好亦勸他圓滿三十二大士相八十隨
好恒正稱揚圓滿三十二大士相八十隨好法
歡喜讚歎圓滿三十二大士相八十隨好
者應自圓滿無忘失法恒住捨性亦勸他圓
滿無忘失法恒住捨性恒正稱揚圓滿無忘
失法恒住捨性法歡喜讚歎圓滿無忘失法
恒住捨性者應自順逆觀十二支緣起亦勸
他順逆觀十二支緣起恒正稱揚順逆觀十
二支緣起法歡喜讚歎順逆觀十二支緣起
者應自知苦斷集證滅修道亦勸他知苦斷
集證滅修道恒正稱揚知苦斷集證滅修道
法歡喜讚歎知苦斷集證滅修道者應自起
證預流果智而不證實際得預流果亦勸他

BD08654號　大般若波羅蜜多經卷四四八　（2–2）

不住空
故以空解彤
不住五眼不住
得故善現如
不住佛十力不住四无所畏四无㝵解
大悲大喜大捨十八佛不共法何以故以
十力等不可得故善現如来之心不住无
失法不住恒住捨性何以故以无忘失法等
不可得故善現如来之心不住一切陁羅尼
門不住一切三摩地門何以故以一切陁羅
尼門等不可得故善現如来之心不住一切
智不住道相智一切相智何以故一切智
等不可得故善現如来之心不住聲聞乘
住獨覺乘无上乘何以故以聲聞乘等不
得故善現如来之心不住預流及預流向果
不住一来不還阿羅漢及一来不還阿羅漢
向果何以故以預流等不可得故善現如来
之心不住獨覺及獨覺菩提不住菩薩如来
及菩薩如来法何以故以獨覺等不可得故
善現如来之心不住極喜地及法不住離垢
地發光地焰慧地極難勝地現前地遠行地
不動地善慧地法雲地及法何以故以極喜
地等不可得故善現如来之心不住異生地
及法不住種姓地第八地具見地薄地離欲

BD08655號　大般若波羅蜜多經卷八一　（3–1）

智不住道相智一切相智何以故一切智
等不可得故善現如来之心不住聲聞乘
住獨覺乘无上乘何以故以聲聞乘等不
得故善現如来之心不住預流及預流向果
不住一来不還阿羅漢及一来不還阿羅漢
向果何以故以預流等不可得故善現如来
之心不住獨覺及獨覺菩提不住菩薩如来
及菩薩如来法何以故以獨覺等不可得故
善現如来之心不住極喜地及法不住離垢
地發光地焰慧地極難勝地現前地遠行地
不動地善慧地法雲地及法何以故以極喜
地等不可得故善現如来之心不住異生地
及法不住種姓地第八地具見地薄地離欲
地已辦地獨覺地菩薩地如来地及法何以
故以異生地等不可得故如是善現如来之
心於一切法都无所住亦非不住
時具壽善現謂舍利子言如是菩薩摩訶薩
雖住般若波羅蜜多而同如来於一切法都
无所住亦非不住所以者何舍利子菩薩摩
訶薩雖住般若波羅蜜多而於色非住非不
住於受想行識亦非住非不住何以故以色
蘊等无二相故舍利子菩薩摩訶薩雖住般
若波羅蜜多而於眼處非住非不住於耳鼻
舌身意處亦非住非不住何以故以眼處等
无二相故舍利子菩薩摩訶薩雖住般若波
羅蜜多而於色處非住非不住於聲香味觸
法處亦非住非不住何以故以色處等无二

BD08655號　大般若波羅蜜多經卷八一　（3–2）

及法不住種姓地第八地具見地薄地離欲
地已辦地獨覺地菩薩地如來地及法何以
故以異生地等不可得故如是善現如來之
心於一切法都无所住亦非不住
時具壽善現謂舍利子言如是菩薩摩訶薩
雖住般若波羅蜜多而同如來於一切法都
无所住亦非不住所以者何舍利子菩薩摩
訶薩雖住般若波羅蜜多而於色非住非不
住於受想行識亦非住非不住何以故以色
蘊等无二相故舍利子菩薩摩訶薩雖住般
若波羅蜜多而於眼處非住非不住於耳鼻
舌身意處亦非住非不住何以故以眼處等
无二相故舍利子菩薩摩訶薩雖住般若波
羅蜜多而於色處非住非不住於聲香味觸
法處亦非住非不住何以故以色處等无二
相故舍利子菩薩摩訶薩雖住般若波羅蜜
多而於眼界非住非不住於色界眼識界及
眼觸眼觸為緣所生諸受亦非住非不住何
以故以眼界等无二相故舍利子菩薩摩訶
薩雖住般若波羅蜜多而於耳界非住非不

BD08655號　大般若波羅蜜多經卷八一　（3–3）

所有信解
之意佛說是經於八千
經已即入靜室住於禪定八
十六菩薩沙彌知佛入室寂然
法座亦於八万四千劫為四部眾
別妙法華經一一皆度六百万億那
恒河沙等眾生示教利喜令發阿耨多
羅三藐三菩提心大通智勝佛過八万四千
劫已從三昧起往詣法座安詳而坐普告
大眾是十六菩薩沙彌甚為希有諸根通利
智慧明了已曾供養无量千万億數諸佛於
諸佛所常脩梵行受持佛智開示眾生令
入其中汝等皆當數數親近而供養之所以者
何若聲聞辟支佛及諸菩薩能信解十六菩
薩所說經法受持不毀者是人皆當得阿
耨多羅三藐三菩提如來之慧佛告諸比丘
是十六菩薩常樂說是妙法華經一一菩薩
所化六百万億那由他恒河沙等眾生世世所生
與菩薩俱從其聞法悉皆信解以此因緣得值
四万億諸佛世尊于今不盡諸比丘我今語
汝彼佛弟子十六沙彌今皆得阿耨多羅
三藐三菩提於十方國土現在說法有无

BD08656號　妙法蓮華經卷三　（3–1）

四万億諸佛世尊于今不盡諸比丘我今語
汝彼佛弟子十六沙弥今皆得阿耨多羅
三藐三菩提於十方國土現在說法有无
量百千万億菩薩聲聞以為眷屬其二沙
弥東方作佛一名阿閦在歡喜國二名須
弥頂東南方二佛一名師子音二名師子相
南方二佛一名虛空住二名常滅西南方二佛
一名帝相二名梵相西方二佛一名阿弥陁二
名度一切世間苦惱西北方二佛一名多摩羅
跋栴檀香神通二名須弥相北方二佛一名
雲自在二名雲自在王東北方佛名壞一切
世間怖畏第十六我釋迦牟尼佛於娑婆
國土成阿耨多羅三藐三菩提諸比丘我等
為沙弥時各各教化无量百千万億恒河沙
等衆生從我聞法為阿耨多羅三藐三菩
提此諸衆生于今有住聲聞地者我常教化
阿耨多羅三藐三菩提是諸人等應以是
法漸入佛道所以者何如來智慧難信難解
尒時所化无量恒河沙等衆生者汝等諸比丘
及我滅度後未來世中聲聞弟子是也我滅
度後復有弟子不聞是經不知不覺菩薩
所行自於所得功德生滅度想當入涅槃我
於餘國作佛更有異名是人雖生滅度之想入
於涅槃而於彼土求佛智慧得聞是經唯以佛
乘而得滅度更无餘乘除諸如來方便說法
諸比丘若如來自知涅槃時到衆又清淨信
解堅固了達空法深入禪定便集諸菩薩及
聲聞衆為說是經世間无有二乘而得滅度

BD08656號　妙法蓮華經卷三　（3–2）

雲自在二名雲自在王東北方佛名壞一切
世間怖畏第十六我釋迦牟尼佛於娑婆
國土成阿耨多羅三藐三菩提諸比丘我等
為沙弥時各各教化无量百千万億恒河沙
等衆生從我聞法為阿耨多羅三藐三菩
提此諸衆生于今有住聲聞地者我常教化
阿耨多羅三藐三菩提是諸人等應以是
法漸入佛道所以者何如來智慧難信難解
尒時所化无量恒河沙等衆生者汝等諸比丘
及我滅度後未來世中聲聞弟子是也我滅
度後復有弟子不聞是經不知不覺菩薩
所行自於所得功德生滅度想當入涅槃我
於餘國作佛更有異名是人雖生滅度之想入
於涅槃而於彼土求佛智慧得聞是經唯以佛
乘而得滅度更无餘乘除諸如來方便說法
諸比丘若如來自知涅槃時到衆又清淨信
解堅固了達空法深入禪定便集諸菩薩及
聲聞衆為說是經世間无有二乘而得滅度
唯一佛乘
入衆生

BD08656號　妙法蓮華經卷三　（3–3）

而爲說法應以小王身得度
而爲說法應以長者身得
而爲說法應以居士身得
而爲說法應以宰官身得
而爲說法應以婆羅門身
門身而爲說法應以比丘比丘尼優
婆夷身得度者即現比丘比丘尼優
婆夷身而爲說法應以長者居士
門婦女身得度者即現婦女身
以童男童女身得度者即現童男
爲說法應以天龍夜叉乾闥婆阿脩
羅緊那羅摩睺羅伽人非人等身得度
皆現之而爲說法應以執金剛神得度
現執金剛神而爲說法无盡意是觀世
薩成就如是功德以種種形遊諸國土度
生是故汝等應當一心供養觀世音菩

BD08657號　觀世音經　（4–1）

羅緊那羅摩睺羅伽人非人等身得度
皆現之而爲說法應以執金剛神得度
現執金剛神而爲說法无盡意是觀世
薩成就如是功德以種種形遊諸國土度
生是故汝等應當一心供養觀世音菩
觀世音菩薩摩訶薩於怖畏急難之中
无畏是故此娑婆世界皆号之爲施无
无盡意菩薩白佛言世尊我今當供養觀
音菩薩即解頸衆寶珠瓔珞價直百千兩金
而以與之作是言仁者受此法施珎寶瓔珞
時觀世音菩薩不肯受之无盡意復白觀世
音菩薩言仁者愍我等故受此瓔絡尒時佛
告觀世音菩薩當愍此无盡意菩薩及諸四
衆天龍夜叉乾闥婆阿脩羅迦樓羅緊那羅
摩睺羅伽人非人等故是瓔珞即時觀世音
菩薩愍諸四衆及於天龍人非人等受其瓔
絡分作二分一分奉釋迦牟尼佛一分奉多
寶佛塔无盡意觀世音菩薩有如是自在神
力遊於娑婆世界尒時无盡意菩以偈問曰
世尊妙相具　我今重問彼　佛子何因緣　名爲觀世音
具足妙相尊　偈荅无盡意　汝聽觀音行　善應諸方所
弘誓深如海　歷劫不思議　侍多千億佛　發大清淨願
我爲汝略說　聞名及見身　心念不空過　能滅諸有苦
假使興害意　推落大火坑　念彼觀音力　火坑變成池
或漂流巨海　龍魚諸鬼難　念彼觀音力　波浪不能沒
或在須弥峯　爲人所推墮　念彼觀音力　如日虛空住
或被惡人逐　墮落金剛山　念彼觀音力　不能損一毛

BD08657號　觀世音經　（4–2）

我為汝略說 聞名及見身 心念不空過 能滅諸有苦
假使興害意 推落大火坑 念彼觀音力 火坑變成池
或漂流巨海 龍魚諸鬼難 念彼觀音力 波浪不能沒
或在須弥峯 為人所推墮 念彼觀音力 如日虛空住
或被惡人逐 墮落金剛山 念彼觀音力 不能損一毛
或值怨賊遶 各執刀加害 念彼觀音力 咸即起慈心
或遭王難苦 臨刑欲壽終 念彼觀音力 刀尋段段壞
或囚禁枷鎖 手足被杻械 念彼觀音力 釋然得解脫
呪詛諸毒藥 所欲害身者 念彼觀音力 還著於本人
或遇惡羅剎 毒龍諸鬼等 念彼觀音力 時悉不敢害
若惡獸圍繞 利牙爪可怖 念彼觀音力 疾走无邊方
蚖虵及蝮蠍 氣毒烟火然 念彼觀音力 尋聲自迴去
雲雷鼓掣電 降雹澍大雨 念彼觀音力 應時得消散
衆生被困厄 无量苦逼身 觀音妙智力 能救世間苦
具足神通力 廣脩智方便 十方諸國土 无剎不現身
種種諸惡趣 地獄鬼畜生 生老病死苦 以漸悉令滅
真觀清淨觀 廣大智慧觀 悲觀及慈觀 常願常瞻仰
无垢清淨光 慧日破諸暗 能伏灾風火 普明照世間
悲體戒雷震 慈意妙大雲 澍甘露法雨 滅除煩惱炎
諍訟經官處 怖畏軍陣中 念彼觀音力 衆怨悉退散
妙音觀世音 梵音海潮音 勝彼世間音 是故須常念
念念勿生疑 觀世音淨聖 於苦惱死厄 能為作依怙
具一切功德 慈眼視衆生 福聚海无量 是故應頂礼
尒時持地菩薩即從座起 前白佛言 世尊 若
有衆生聞是觀世音菩薩品自在之業普門
示現神通力者 當知是人功德不少 佛說是

BD08657號　觀世音經

（4–3）

蚖虵及蝮蠍 氣毒烟火然 念彼觀音力 尋聲自迴去
雲雷鼓掣電 降雹澍大雨 念彼觀音力 應時得消散
衆生被困厄 无量苦逼身 觀音妙智力 能救世間苦
具足神通力 廣脩智方便 十方諸國土 无剎不現身
種種諸惡趣 地獄鬼畜生 生老病死苦 以漸悉令滅
真觀清淨觀 廣大智慧觀 悲觀及慈觀 常願常瞻仰
无垢清淨光 慧日破諸暗 能伏灾風火 普明照世間
悲體戒雷震 慈意妙大雲 澍甘露法雨 滅除煩惱炎
諍訟經官處 怖畏軍陣中 念彼觀音力 衆怨悉退散
妙音觀世音 梵音海潮音 勝彼世間音 是故須常念
念念勿生疑 觀世音淨聖 於苦惱死厄 能為作依怙
具一切功德 慈眼視衆生 福聚海无量 是故應頂礼
尒時持地菩薩即從座起 前白佛言 世尊 若
有衆生聞是觀世音菩薩品自在之業普門
示現神通力者 當知是人功德不少 佛說是
普門品時 衆中八万四千衆生 皆發无等等
阿耨多羅三藐三菩提心

觀世音經

BD08657號　觀世音經

（4–4）

提
来說一切諸 日
非衆生須菩提如来是真語者實語者
如語者不誑語者不異語者須菩提如
所得法此法无實无虛
須菩提若菩薩心住於法而行布施如人入
闇則无所見若菩薩心不住法而行布施如
人有目日光明照見種種色須菩提當来之
世若有善男子善女人能於此經受持讀誦
則為如来以佛智慧 人悉見是人
得成就无量无邊功德
須菩提若有善男子善女人初日分以恒河
沙等身布施中日分復以恒河沙等身布施
後日分亦以恒河沙等身布施如是无量百千
万億劫以身布施若復有人聞此經典信心
不逆其福勝彼何況書寫受持讀誦為人

BD08658 號　金剛般若波羅蜜經　（2–1）

須菩提若菩薩心住於法而行布施如人入
闇則无所見若菩薩心不住法而行布施如
人有目日光明照見種種色須菩提當来之
世若有善男子善女人能於此經受持讀誦
則為如来以佛智慧 人悉見是人
得成就无量无邊功德
須菩提若有善男子善女人初日分以恒河
沙等身布施中日分復以恒河沙等身布施
後日分亦以恒河沙等身布施如是无量百千
万億劫以身布施若復有人聞此經典信心
不逆其福勝彼何況書寫受持讀誦為人
解說須菩提以要言之是經有不可思議不可
稱量无邊功德如来為發大乘者說為發
最上乘者說若有人能受持讀誦廣為人說
如来悉知是人悉見是人皆得成就不可量
不可稱无有邊不可思議功德如是人等則為
荷擔如来阿耨多羅三藐三菩提何以故須
菩提若樂小法者著我見人見衆生見壽者
見則於此經不能聽受讀誦為人解說須
菩提在在處處若有此經一切世間天人阿

BD08658 號　金剛般若波羅蜜經　（2–2）

損無染無淨如是般若波羅蜜多不與諸佛
法不捨異生法不與菩薩法不捨異生法不
與獨覺法不捨異生法不與聲聞法不捨異
生法不與無為界不捨有為界如是般若波
羅蜜多不與布施波羅蜜多不與淨戒安忍
精進靜慮般若波羅蜜多如是般若波羅蜜
多不與內空不與外空內外空空空大空勝
義空有為空無為空畢竟空無際空散空無
變異空本性空自相空共相空一切法空不
可得空無性空自性空無性自性空如是般
若波羅蜜多不與真如不與法界法性不虛
妄性不變異性平等性離生性法定法住實
際虛空界不思議界如是般若波羅蜜多不
與苦聖諦不與集滅道聖諦如是般若波羅
蜜多不與四靜慮不與四無量四無色定如
是般若波羅蜜多不與八解脫不與八勝處
九次第定十遍處如是般若波羅蜜多不與
四念住不與四正斷四神足五根五力七等
覺支八聖道支如是般若波羅蜜多不與空
解脫門不與無相無願解脫門如是般若波

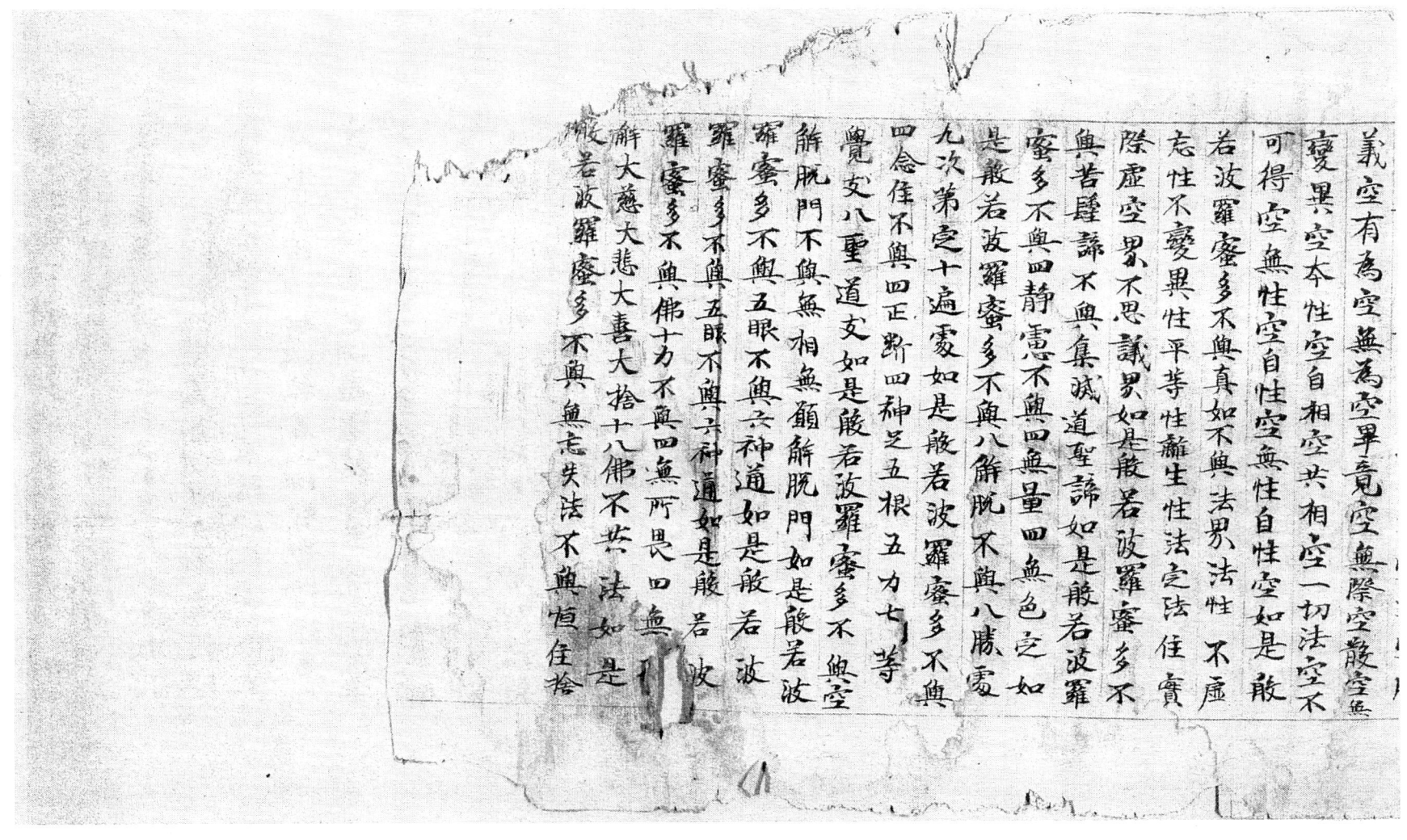

BD08659號　大般若波羅蜜多經（兌廢稿）卷一二七　（2–1）

義空有為空無為空畢竟空無際空散空無
變異空本性空自相空共相空一切法空不
可得空無性空自性空無性自性空如是般
若波羅蜜多不與真如不與法界法性不虛
妄性不變異性平等性離生性法定法住實
際虛空界不思議界如是般若波羅蜜多不
與苦聖諦不與集滅道聖諦如是般若波羅
蜜多不與四靜慮不與四無量四無色定如
是般若波羅蜜多不與八解脫不與八勝處
九次第定十遍處如是般若波羅蜜多不與
四念住不與四正斷四神足五根五力七等
覺支八聖道支如是般若波羅蜜多不與空
解脫門不與無相無願解脫門如是般若波
羅蜜多不與五眼不與六神通如是般若波
羅蜜多不與佛十力不與四無所畏四無
解大慈大悲大喜大捨十八佛不共法如是
般若波羅蜜多不與無忘失法不與恒住捨

BD08659號　大般若波羅蜜多經（兌廢稿）卷一二七　（2–2）

…諦
故淨戒波羅蜜多清
清淨若集滅道聖諦
清淨若淨戒波羅蜜多清淨無二無二分無
別無斷故善現一切智智清淨故四靜慮清
淨四靜慮清淨故淨戒波羅蜜多清淨何以
故若一切智智清淨若四靜慮清淨若淨戒
波羅蜜多清淨無二無二分無別無斷故一
切智智清淨故四無量四無色定清淨四無
量四無色定清淨故淨戒波羅蜜多清淨何
以故若一切智智清淨若四無量四無色定
清淨若淨戒波羅蜜多清淨無二無二分無
別無斷故善現一切智智清淨故八解脫清
淨八解脫清淨故淨戒波羅蜜多清淨何以
故若一切智智清淨若八解脫清淨若淨戒
波羅蜜多清淨無二無二分無別無斷故一切
智智清淨故八勝處九次第定十遍處清淨
八勝處九次第定十遍處清淨故淨戒 波
羅蜜多清淨何以故若一切智智清淨若…

BD08660 號　大般若波羅蜜多經卷二四七　（4–1）

淨八解脫清淨故淨戒波羅蜜多清淨何以
故若一切智智清淨若八解脫清淨若淨戒
波羅蜜多清淨無二無二分無別無斷故一切
智智清淨故八勝處九次第定十遍處清淨
八勝處九次第定十遍處清淨故淨戒波
羅蜜多清淨何以故若一切智智清淨若八
勝處九次第定十遍處清淨若淨戒波羅蜜
多清淨無二無二分無別無斷故善現一切
智智清淨故四念住清淨四念住清淨故淨
戒波羅蜜多清淨何以故若一切智智清淨
若四念住清淨若淨戒波羅蜜多清淨無二
無二分無別無斷故一切智智清淨故四正
斷四神足五根五力七等覺支八聖道支清
淨四正斷乃至八聖道支清淨故淨戒波羅
蜜多清淨何以故若一切智智清淨若四正
斷乃至八聖道支清淨若淨戒波羅蜜多清
淨無二無二分無別無斷故
善現一切智智清淨故空解脫門清淨空解
脫門清淨故淨戒波羅蜜多清淨何以故若
一切智智清淨若空解脫門清淨若淨戒波
羅蜜多清淨無二無二分無別無斷故一切
智智清淨故無相無願解脫門清淨無相無
願解脫門清淨故淨戒波羅蜜多清淨何以
故若一切智智清淨若無相無願解脫門清
淨若淨戒波羅蜜多清淨無二無二分無別
無斷故善現一切智智清淨故菩薩十地清
淨菩薩十地清淨故淨戒波羅蜜多清淨何

BD08660 號　大般若波羅蜜多經卷二四七　（4–2）

智智清淨故無相無願解脫門清淨無相無
願解脫門清淨故淨戒波羅蜜多清淨何以
故若一切智智清淨若無相無願解脫門清
淨若淨戒波羅蜜多清淨無二無二分無別
無斷故善現一切智智清淨故菩薩十地清
淨菩薩十地清淨故淨戒波羅蜜多清淨何
以故若一切智智清淨若菩薩十地清淨若
淨戒波羅蜜多清淨無二無二分無別無斷
故
善現一切智智清淨故五眼清淨五眼清淨
故淨戒波羅蜜多清淨何以故若一切智智
清淨若五眼清淨若淨戒波羅蜜多清淨無
二無二分無別無斷故一切智智清淨故六
神通清淨六神通清淨故淨戒波羅蜜多清
淨何以故若一切智智清淨若六神通清淨
若淨戒波羅蜜多清淨無二無二分無別無
斷故善現一切智智清淨故佛十力清淨佛
十力清淨故淨戒波羅蜜多清淨何以故若
一切智智清淨若佛十力清淨若淨戒波羅
蜜多清淨無二無二分無別無斷故一切智
智清淨故四無所畏四無礙解大慈大悲大
喜大捨十八佛不共法清淨四無所畏乃至
十八佛不共法清淨故淨戒波羅蜜多清淨
何以故若一切智智清淨若四無所畏乃至十
八佛不共法清淨若淨戒波羅蜜多清淨
無二無二分無別無斷故善現一切智智清

BD08660號　大般若波羅蜜多經卷二四七　（4–3）

淨何以故若一切智智清淨若六神通清淨
若淨戒波羅蜜多清淨無二無二分無別無
斷故善現一切智智清淨故佛十力清淨佛
十力清淨故淨戒波羅蜜多清淨何以故若
一切智智清淨若佛十力清淨若淨戒波羅
蜜多清淨無二無二分無別無斷故一切智
智清淨故四無所畏四無礙解大慈大悲大
喜大捨十八佛不共法清淨四無所畏乃至
十八佛不共法清淨故淨戒波羅蜜多清淨
何以故若一切智智清淨若四無所畏乃至十
八佛不共法清淨若淨戒波羅蜜多清淨
無二無二分無別無斷故善現一切智智清
淨故無忘失法清淨無忘失法清淨故淨戒
波羅蜜多清淨何以故若一切智智清淨若
無忘失法清淨若淨戒波羅蜜多清淨無二
無二分無別無斷故一切智智清淨故恒住
捨性清淨恒住捨性清淨故淨戒波羅蜜多
清淨何以故若一切……淨若恒住捨性
清淨若白……二分無

BD08660號　大般若波羅蜜多經卷二四七　（4–4）

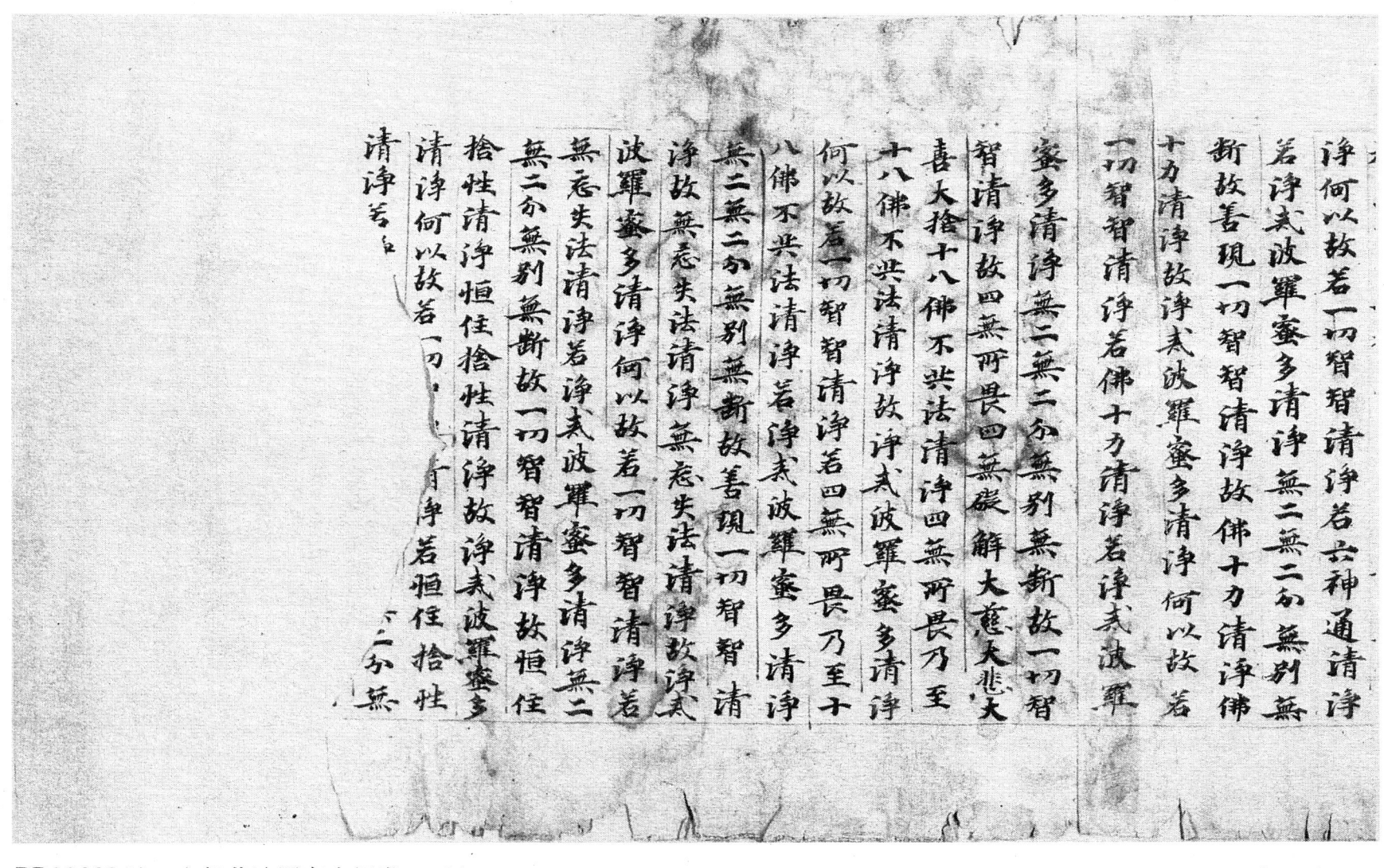

BD08660 號背　經袟（擬）　　（1–1）

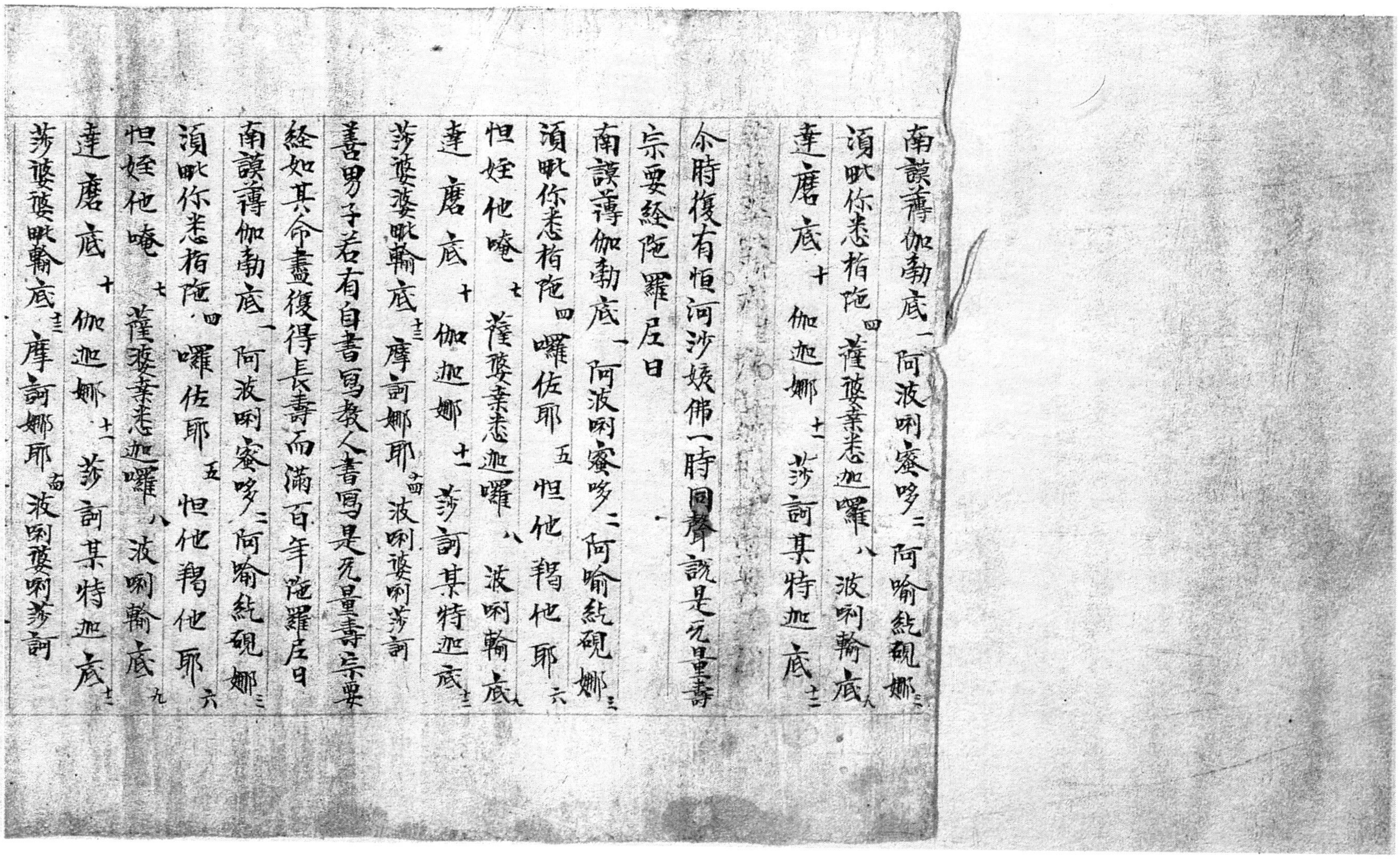

南謨薄伽勅底一阿波唎蜜哆二阿喻紇硯娜三
須毗你悉栺陁四薩婆桒悉迦囉八波唎輸底九
達磨底十伽迦娜十一莎訶其特迦底十二

尒時復有恒河沙殑佛一時同聲說是无量壽
宗要経陁羅尼日
南謨薄伽勅底一阿波唎蜜哆二阿喻紇硯娜三
須毗你悉栺陁四囉佐耶五怛他羯他耶六
怛姪他唵七薩婆桒悉迦囉八波唎輸底九
達磨底十伽迦娜十一莎訶其特迦底十二
莎婆婆毗輸底十三摩訶娜耶十四波唎婆唎莎訶
善男子若有自書寫教人書寫是无量壽宗要
経如其命盡復得長壽而滿百年陁羅尼日
南謨薄伽勅底一阿波唎蜜哆二阿喻紇硯娜三
須毗你悉栺陁四囉佐耶五怛他羯他耶六
怛姪他唵七薩婆桒悉迦囉八波唎輸底九
達磨底十伽迦娜十一莎訶其特迦底十二
莎婆薩毗輸底十三摩訶娜耶十四波唎婆唎莎訶

BD08661 號　無量壽宗要經　　（2–1）

怛姪他唵 薩婆桒悉迦囉 波唎輸底
達磨底 十 伽迦娜 十一 莎訶某特迦底 十二
莎婆娑毗輸底 十三 摩訶娜耶 十四 波唎婆唎莎訶
善男子若有自書寫教人書寫是无量壽宗要
經如其命盡復得長壽而滿百年陁羅尼曰
南謨薄伽勃底 一 阿波唎蜜哆 二 阿喻紇硯娜 三
須毗你悉栺陁 四 囉佐耶 五 怛他羯他耶 六
怛姪他唵 七 薩婆桒悉迦囉 八 波唎輸底 九
達磨底 十 伽迦娜 十一 莎訶某特迦底 十二
莎婆娑毗輸底 十三 摩訶娜耶 十四 波唎婆唎莎訶
若有自書寫教人書寫是无量壽宗要經讀誦
特畢竟不墮地獄在在所生得宿命智陁
羅尼曰
南謨薄伽勃底 一 阿波唎蜜哆 二 阿喻紇硯娜 三
須毗你悉栺陁 四 囉佐耶 五 怛他羯他耶 六 怛
姪他唵 七 薩婆桒悉迦囉 八 波唎輸底 九 達
磨底 十 伽迦娜 十一 莎訶某特迦底 十二
莎婆娑毗輸底 十三 摩訶娜耶 十四 波唎婆唎莎訶
若有自書寫教人書寫是无量壽宗要經受持
讀誦如同書寫八万四千一切經典陁羅尼曰

BD08661號　無量壽宗要經

(2–2)

由異熟生布施淨戒安忍精進靜慮般若波
羅蜜多及異熟生諸妙神通并異熟生菩提
道故行道相智由道相智得成熟故復能證
得一切相智由得此智於一切法无所攝受
謂不攝受若善法非善法若世間法出世間
法若有漏法无漏法若有法為无為法亦不
攝受所證无上正等菩提亦不攝受一切佛
土所受用物其中有情於一切法亦无攝受
所以者何是菩薩摩訶薩先不攝受一切法
故於一切法无所得故為諸有情宣說
一切法性无攝受故如是善現諸菩薩摩訶
薩行深般若波羅蜜多由離諸相无漏心力
能於一切无相无得无作法中圓滿般若波
羅蜜多亦能圓滿諸餘善法
尒時善現復白佛言諸菩薩摩訶薩云何能
於无雜无相自相空法圓滿布施乃至般若
波羅蜜多云何能於一切无漏无差別法施
設差別云何了知如是諸法差別之相云何於
般若波羅蜜多中攝受六種波羅蜜多及

BD08662號　大般若波羅蜜多經(兌廢稿)卷五二九

(2–1)

兊

法若有漏法无漏法若有法為无為法亦不
攝受所證无上正等菩提亦不攝受一切佛
土所受用物其中有情於一切法亦无攝受
所以者何是菩薩摩訶薩先不攝受一切法
故於一切法无所得故為諸有情无倒宣說
一切法性无攝受故如是善現諸菩薩摩訶
薩行深般若波羅蜜多由離諸相无漏心力
能於一切无相无得无作法中圓滿般若波
羅蜜多亦能圓滿諸餘善法
尒時善現復白佛言諸菩薩摩訶薩云何能
於无雜无相自相空法圓滿布施乃至般若
波羅蜜多云何能於一切无漏无差別法施
設差別云何了知如是諸法差別之相云何於
般若波羅蜜多中攝受六種波羅蜜多及
餘一切世出世法云何能於異相諸法施設
一相所謂无相及於一相无相法中施設種種
差別法相佛告善現諸菩薩摩訶薩行深
般若波羅蜜多時安住如夢如響如像如光
影如陽焰如幻如化如尋香城五取蘊中為

BD08662 號　大般若波羅蜜多經（兊廢稿）卷五二九　（2–2）

德莊嚴
又舍利弗彼佛國土常作天樂黃金為地晝
夜六時而雨曼陁羅華其國衆生常以清旦
各以衣祴盛衆妙華供養他方十万億佛即
以食時還到本國飯食經行舍利弗極樂國
土成就如是功德莊嚴
復次舍利弗彼國常有種種奇妙雜色之鳥
白鵠孔雀鸚鵡舍利迦陵頻伽共命之鳥是
諸衆鳥晝夜六時出和雅音其音演暢五根
五力七菩提分八聖道分如是等法其土衆
生聞是音已皆悉念佛念法念僧舍利弗汝
勿謂此鳥實是罪報所生所以者何彼佛國
土无三惡趣舍利弗其佛國土尚无三惡道
之名何況有實是諸衆鳥皆是阿弥陁佛欲
令法音宣流變化所作舍利弗彼佛國土微
風吹動諸寶行樹及寶羅網出微妙音譬如

BD08663 號　阿彌陀經　（2–1）

復次舍利弗彼國常有種種竒妙雜色之鳥
白鵠孔雀鸚鵡舍利迦陵頻伽共命之鳥是
諸衆鳥晝夜六時出和雅音其音演暢五根
五力七菩提分八聖道分如是等法其土衆
生聞是音已皆悉念佛念法念僧舍利弗汝
勿謂此鳥實是罪報所生所以者何彼佛國
土无三惡趣舍利弗其佛國土尚无三惡道
之名何況有實是諸衆鳥皆是阿弥陁佛欲
令法音宣流變化所作舍利弗彼佛國土微
風吹動諸寶行樹及寶羅網出微妙音譬如
百千種樂同時俱作聞是音者皆自然生念
佛念法念僧之心舍利弗其佛國土成就如
是功德莊嚴舍利弗於汝意云何彼佛何故
号阿弥陁舍利弗彼佛光明无量照十方國
无所鄣㝵是故号為阿弥陁又舍利弗彼佛
壽命及其人民无量无邊阿僧祇劫故名阿
弥陁舍利弗阿弥陁佛成佛已來於今十劫
又舍利弗彼佛有无量无邊聲聞弟子皆阿

BD08663號　阿彌陀經　（2–2）

訶
三藐三菩
次復有佛亦名
月燈明如是二万佛皆
又同一姓姓頗羅墮弥
同一字名日月燈明十　是
中後善其冣後佛未出家時有八子一名有
意二名善意三名无量意四名寶意五名增
意六名除疑意七名嚮意八名法意是八王
子威德自在各領四天下是諸王子聞父出
家得阿耨多羅三藐三菩提悉捨王位亦隨
出家發大乘意常修梵行皆為法師已於千
万億佛所殖衆德本是時日月燈明佛說大
乘經名无量義教菩薩法佛所護念說是經
已即於大衆中結加趺坐入於无量義處三
昧身心不動是時天雨曼陁羅華摩訶曼陁
羅華曼殊沙華摩訶曼殊沙華而散佛上及

BD08664號　妙法蓮華經卷一　（5–1）

出家發大乘意常修梵行皆為法師已於千
万億佛所殖衆德本是時日月燈明佛說大
乘經名无量義教菩薩法佛所護念說是經
已即於大衆中結跏趺坐入於无量義處三
昧身心不動是時天雨曼陁羅華摩訶曼陁
羅華曼殊沙華摩訶曼殊沙華而散佛上及
諸大衆普佛世界六種震動尒時會中比丘
比丘尼優婆塞優婆夷天龍夜叉乾闥婆阿
脩羅迦樓羅緊那羅摩睺羅伽人非人及諸
小王轉輪聖王等是諸大衆得未曾有歡喜
合掌一心觀佛
尒時如來放眉間白毫相光照東方万八千
佛土靡不周遍如今所見是諸佛土彌勒當
知尒時會中有二十億菩薩樂欲聽法是諸
菩薩見此光明普照佛土得未曾有欲知此
光所為因緣時有菩薩名曰妙光有八百弟
子是時日月燈明佛從三昧起因妙光菩薩
說大乘經名妙法蓮華教菩薩法佛所護念
六十小劫不起于坐時會聽者亦坐一處六
十小劫身心不動聽佛所說謂如食頃是時
衆中无有一人若身若心而生懈惓日月燈明
佛於六十小劫說是經已即於梵魔沙門婆
羅門及天人阿脩羅衆中而宣此言如來於
今日中夜當入无餘涅槃時有菩薩名曰德
藏日月燈明佛即授其記告諸比丘是德藏
菩薩次當作佛号曰淨身多陁阿伽度阿羅
訶三藐三佛陁佛授記已便於中夜入无餘涅
槃佛滅度後妙光菩薩持妙法蓮華經滿八十

BD08664號　妙法蓮華經卷一

（5–2）

藏日月燈明佛即授其記告諸比丘是德藏
菩薩次當作佛号曰淨身多陁阿伽度阿羅
訶三藐三佛陁佛授記已便於中夜入无餘涅
槃佛滅度後妙光菩薩持妙法蓮華經滿八十
小劫為人演說日月燈明佛八子皆師妙光妙
光教化令其堅固阿耨多羅三藐三菩提是
是諸王子供養无量百千万億佛已皆成佛
道其最後成佛者名曰燃燈八百弟子中有
一人号曰求名貪著利養雖復讀誦衆經而
不通利多所忘失故号求名是人亦以種諸善
根因緣故得值无量百千万億諸佛供養恭
敬尊重讚歎彌勒當知尒時妙光菩薩豈異
人乎我身是也求名菩薩汝身是也今見此
瑞與本无異是故惟忖今日如來當說大乘
經名妙法蓮華教菩薩法佛所護念尒時文
殊師利於大衆中欲重宣此義而說偈言
我念過去世　无量无數劫　有佛人中尊　号日月燈明
世尊演說法　度无量衆生　无數億菩薩　令入佛智慧
佛未出家時　所生八王子　見大聖出家　亦隨脩梵行
時佛說大乘　經名无量義　於諸大衆中　而為廣分別
佛說此經已　即於法座上　跏趺坐三昧　名无量義處
天雨曼陁華　天鼓自然鳴　諸天龍鬼神　供養人中尊
一切諸佛土　即時大震動　佛放眉間光　現諸希有事
此光照東方　万八千佛土　示一切衆生　生死業報處
有見諸佛土　以衆寶莊嚴　琉璃頗梨色　斯由佛光照
及見諸天人　龍神夜叉衆　乾闥緊那羅　各供養其佛
又見諸如來　自然成佛道　身色如金山　端嚴甚微妙

BD08664號　妙法蓮華經卷一

（5–3）

一切諸佛土　即時大震動　佛放眉間光　現諸希有事
此光照東方　万八千佛土　示一切衆生　生死業報處
有見諸佛土　以衆寶莊嚴　琉璃頗梨色　斯由佛光照
及見諸天人　龍神夜叉衆　乾闥緊那羅　各供養其佛
又見諸如來　自然成佛道　身色如金山　端嚴甚微妙
如淨琉璃中　内現真金像　世尊在大衆　敷演深法義
一一諸佛土　聲聞衆无數　因佛光所照　悉見彼大衆
或有諸比丘　在於山林中　精進持淨戒　猶如護明珠
又見諸菩薩　行施忍辱等　其數如恒沙　斯由佛光照
又見諸菩薩　深入諸禪定　身心寂不動　以求无上道
又見諸菩薩　知法寂滅相　各於其國土　說法求佛道
尒時四部衆　見日月燈明　現大神通力　其心皆歡喜
各各自相問　是事何因緣
天人所奉尊　適從三昧起　讚妙光菩薩　汝為世間眼
一切所歸信　能奉持法藏　如我所說法　唯汝能證知
世尊既讚歎　令妙光歡喜　說是法華經　滿六十小劫
不起於此座　所說上妙法　是妙光法師　悉皆能受持
佛說是法華　令衆歡喜已　尋即於是日　告於天人衆
諸法實相義　已為汝等說　我今於中夜　當入於涅槃
汝一心精進　當離於放逸　諸佛甚難值　億劫時一遇
世尊諸子等　聞佛入涅槃　各各懷悲惱　佛滅一何速
聖主法之王　安慰无量衆　我若滅度時　汝等勿憂怖
是德藏菩薩　於无漏實相　心已得通達　其次當作佛
号日為淨身　亦度无量衆
佛此夜滅度　如新盡火滅　分布諸舍利　而起无量塔
比丘比丘尼　其數如恒沙　倍復加精進　以求无上道
是妙光法師　奉持佛法藏　八十小劫中　廣宣法華經
是諸八王子　妙光所開化　堅固无上道　當見无數佛

BD08664號　妙法蓮華經卷一　（5-4）

汝一心精進　當離於放逸　諸佛甚難值　億劫時一遇
世尊諸子等　聞佛入涅槃　各各懷悲惱　佛滅一何速
聖主法之王　安慰无量衆　我若滅度時　汝等勿憂怖
是德藏菩薩　於无漏實相　心已得通達　其次當作佛
号日為淨身　亦度无量衆
佛此夜滅度　如新盡火滅　分布諸舍利　而起无量塔
比丘比丘尼　其數如恒沙　倍復加精進　以求无上道
是妙光法師　奉持佛法藏　八十小劫中　廣宣法華經
是諸八王子　妙光所開化　堅固无上道　當見无數佛
供養諸佛已　隨順行大道　相繼得成佛　轉次而授記
最後天中天　号日燃燈佛　諸仙之導師　度脫无量衆
是妙光法師　時有一弟子　心常懷懈怠　貪著於名利
求名利无猒　多遊族姓家　棄捨所習誦　廢忘不通利
以是因緣故　号之為求名　亦行衆善業　得見无數佛
供養於諸佛　隨順行大道　具六波羅蜜　今見釋師子
其後當作佛　号名曰弥勒　廣度諸衆生　其數无有量
彼佛滅度後　懈怠者汝是　妙光法師者　今則我身是
我見燈明佛　本光瑞如此　以是知今佛　欲說法華經
今相如本瑞　是諸佛方便　今佛放光明　助發實相義
諸人今當知　合掌一心待　佛當雨法雨　充足求道者

BD08664號　妙法蓮華經卷一　（5-5）

寫流通受持讀誦 如是者一切
惡道皆得清淨一切地獄苦惱皆消滅
佛告天帝若人能寫此陁羅尼安高幢上
或安高山或安高樓上乃至安置窣堵波中
天帝若有苾芻苾芻尼優婆塞優婆夷族姓
男族姓女於幢等上或見或與相近其影映
身或風吹陁羅尼上幢等上塵落在身上天
帝彼諸衆生所有罪業應墮惡道地獄畜生
閻羅王界餓鬼界阿脩羅身惡道之苦皆悉
不受亦不為罪垢染汙天帝此等衆生為一
切諸佛之所受授記皆得不退轉於阿耨多羅
三藐三菩提心
天帝何況更以多諸供具華鬘塗香末香幢
幡蓋等衣服瓔珞作諸莊嚴於四衢道造窣
堵波安置陁羅尼合掌恭敬旋繞行道歸命
礼拜天帝彼人能如是供養者名摩訶薩埵

BD08665號　佛頂尊勝陀羅尼經（佛陀波利本）　（2–1）

閻羅王界餓鬼界阿脩羅身惡道之苦皆悉
不受亦不為罪垢染汙天帝此等衆生為一
切諸佛之所受授記皆得不退轉於阿耨多羅
三藐三菩提心
天帝何況更以多諸供具華鬘塗香末香幢
幡蓋等衣服瓔珞作諸莊嚴於四衢道造窣
堵波安置陁羅尼合掌恭敬旋繞行道歸命
礼拜天帝彼人能如是供養者名摩訶薩埵
真是佛子持法棟梁又是如來全身舍利窣
堵波塔
尒時閻摩羅法王於時夜台來詣佛所到
已以種種天衣妙華塗香莊嚴供養佛已繞
佛七匝頂礼佛足而作是言我聞如來演說讚
持大力陁羅尼故來脩學若有受持讀誦是
陁羅尼者我常隨逐守護不令持者墮於地
獄以彼隨順如來言教而護念之
尒時護世四天大王繞佛三匝白佛言世尊
唯願如來為我廣說持陁羅尼法

BD08665號　佛頂尊勝陀羅尼經（佛陀波利本）　（2–2）

尒時受持讀誦法華經者得見我身甚大歡
喜轉復精進以見我故即得三昧及陁羅尼
名為旋陁羅尼百千万億旋陁羅尼法音方
便陁羅尼得如是等陁羅尼世尊若後世後
五百歲濁惡世中比丘比丘尼優婆塞優婆
夷求索者受持者讀誦者書寫者欲脩習
是法華經於三七日中應一心精進滿三七日
已我當乘六牙白象與无量菩薩而自圍繞
以一切眾生所憙見身現其人前而為說法
示教利憙亦復與其陁羅尼呪得是陁羅尼
故无有非人能破壞者亦不為女人之所惑
乱我身亦自常護是人唯願世尊聽我說
此陁羅尼呪即於佛前而說呪曰
阿檀地途賣反一 檀陁婆地二 檀陁婆帝三 檀陁
鳩舍隸四 檀陁脩陁隸五 脩陁隸六 脩陁羅
婆底七 佛馱波羶祢八 薩婆陁羅尼阿婆多
尼九 薩婆婆沙阿婆多尼十 脩阿婆多尼一十

BD08666號　妙法蓮華經卷七　（2–1）

示教利憙亦復與其陁羅尼呪得是陁羅尼
故无有非人能破壞者亦不為女人之所惑
乱我身亦自常護是人唯願世尊聽我說
此陁羅尼呪即於佛前而說呪曰
阿檀地途賣反一 檀陁婆地二 檀陁婆帝三 檀陁
鳩舍隸四 檀陁脩陁隸五 脩陁隸六 脩陁羅
婆底七 佛馱波羶祢八 薩婆陁羅尼阿婆多
尼九 薩婆婆沙阿婆多尼十 脩阿婆多尼一十
僧伽婆履叉尼二十 僧伽涅伽陁尼三十 阿僧祇
四十 僧伽波伽地五十 帝隸阿惰僧伽兜略盧遮反
阿羅帝波羅帝六十 薩婆僧伽三摩地伽蘭地
七十 薩婆達磨脩波利剎帝八十 薩婆薩埵樓馱
憍舍略阿㝹伽地九十 辛阿毗吉利地帝廿
世尊若有菩薩得聞是陁羅尼者當知普賢
神通之力若法華經行閻浮提有受持者應
作此念皆是普賢威神之力若有受持讀誦
正憶念解其義趣如說脩行當知是人行普
賢行於无量无邊諸佛所深種善根為諸如
來手摩其頭若但書寫是人命終當生忉利

BD08666號　妙法蓮華經卷七　（2–2）

光明花莊嚴以一切寶王為
為際依衆色金剛尸羅幢海住其狀猶如摩
尼蓮花以金剛摩尼寶光雲而覆其上四佛
剎微塵數世界周迊圍繞純一清淨佛号金
剛光明无量精進力善出現此上過佛剎微
塵數世界有世界名普放妙花光以一切寶
鈴莊嚴網為際依一切樹林莊嚴寶輪網海
住其形普方而多有隅角梵音摩尼王雲以
覆其上五佛剎微塵數世界周迊圍繞佛号
香光善力海此上過佛剎微塵數世界有世
界名淨妙光明以寶王莊嚴幢為際依金剛宮
殿海住其形四方摩尼輪髻帳雲而覆其上
六佛剎微塵數世界周迊圍繞佛号普光
自在幢此上過佛剎微塵數世界有世界名
衆花焰莊嚴以種種花莊嚴為際依一切寶

BD08667 號　大方廣佛華嚴經（唐譯八十卷本）卷八　（2–1）

覆其上五佛剎微塵數世界周迊圍繞佛号
香光善力海此上過佛剎微塵數世界有世
界名淨妙光明以寶王莊嚴幢為際依金剛宮
殿海住其形四方摩尼輪髻帳雲而覆其上
六佛剎微塵數世界周迊圍繞佛号普光
自在幢此上過佛剎微塵數世界有世界名
衆花焰莊嚴以種種花莊嚴為際依一切寶
色焰海住其狀猶如樓閣之形一切寶色衣
真珠欄楯雲而覆其上七佛剎微塵數世界
周迊圍繞純一清淨佛号歡喜海功德名
稱自在光此上過佛剎微塵數世界有世界
名出生威力地以出一切聲摩尼王莊嚴為
際依種種寶色蓮花座虛空海住其狀猶如
因陀羅網以无邊色花網雲而覆其上八佛
剎微塵數世界周迊圍繞佛号廣大名稱
智海幢此上過佛剎微塵數世界有世界名
出妙音聲以心王摩尼莊嚴輪為際依恒出
一切妙音聲莊嚴雲摩尼王海住其狀猶如

BD08667 號　大方廣佛華嚴經（唐譯八十卷本）卷八　（2–2）

避家國之諱，直須愼之。小者見老，速如避之。輕
値重便須讓路，賤者見貴，驅驟而去。能存此行，
終身何患。毀行章第六十九 立身道毀，則聞之
勝於已者，以託爲友。至於察獄之罪，毀從斷
爲難。出獄二途，論情不易，是以疑毀爲重罰從
輕。哀行章第七十 臉喪助位，戚進育養之情，
殯穴觀墻，以加悲思，匆蒙之念，懷時十月，因辱
三年，代喘傾心，迴乾乳味，如此之恩，誅之難報。
父者天也，母者地也，欲報之恩，昊天罔極。若不努
擢而了，何以觀之。諫行章第七十一 財財爲禍，精物
戍懇求之，不与文生患。容若諫議，患孝閭里，心平怪
財，慳惜親舊相刑。識行章第七十二
察言觀色，審其惡，擇朋而交，非人莫徒賢。
等負非知無以戍，直驤怒齊刑，不加篤，寧知其駿。
若相戍者，數陳逆耳之言；相敗者，偏事浮花之語也。
知行章第七十三 溫故知新，可以師。若不廣存，安能之也。
不遊邊遠，寧知四海之寬；不涉近門，豈之者爲重哞。赴行章
第七十四 已終身事之，又用行恩，布德天下歸焉。差居首法，
不可虧頤，章卿閭，惟知整肅。誠行章第七十五 執□當

BD08668號1 百行章

（3–1）

寺白非知無……

晨相成者數陳退耳之言相貶者備事浮花之語也

知行章第七十三　温故新知可以師若不廣學安能之也

不遊邊遠寧知四海之寬不涉聖門豈之者為重哉尅行章

第七十四　已於身事之用行恩布德天下歸焉差居首法

不可虧頤章鄉閭惟知整肅　誠行章第七十五執當

怨伎人以理浮花之計不及拙朴而巧妙之端而不如誠切

踴効是朝花之草夕則零落松柏之茂經冬不衰果然

下人自益於己無益於人人皆賤之若輕相持不能凌上

豈不恥乎　棄行章第七十六　夫婦之義人倫所先好則同

榮惡則同恥不得觀其花萼便主愛重之心一旦衰老

方便弃背之意若犯七出之狀者不用此章　護行章

第七十七　山澤不可非時焚燒樹木不可無理斫伐若非時放火煞害蒼生

伐樹理乖絶其產業有非即能改人誰無過過而不改斯成矣故云

顏回有改孔子加其二也首從是以來何言不是何行不周夜則

尋思書時循改故云吾三省自謂思察己之所行雖居家理

治禁約為先婦女卅兒勿聽多語鄉閭隣里淡以交遊用

交往還無勞親暱比隣借取有期自之迴前作後讓無矩

闕此能相濟彼亦歎有而不與致招怨患

速行章第七十八　若就進退府佛敬從應接隨機無容餘

緩至於使往東西不及人馬依相期而赴勿使父母致憂

疾行章第七十九　借取時還代物早償此謂小事無恥之本

若值天災危厄百姓無端又蒙賑給者不拘此限

存行章第八十　若居高位須存慈舊之心寧願鄉閭莫欺

尊卑之禮猶聽府縣不由此條蘇摩稱情先人後己

德行章第八十一　貧不改操侵讓如常退職失寵猶恭肅

士常也不以榮辱而易其心仁之禮也不以盛衰而虧其志

留行章第八十二　陳救勇急典記留名者就改修措榮千載

……

BD08668 號 1　百行章

（3–2）

闕此能相濟彼亦慙有而不与致招惡患
速行章第七十八　去就進退府仰敬從應接隨機無容躭
緩至於俠往東西不及人馬依相期而赴勿使父母致憂
疾行章第七十九　借取將還代物早償此誰小事無恥之本
若值天災危厄百姓無端又蒙賑給者不拘此限
存行章第八十　若居高位須存慈舊之心華顧鄉閭莫欺
尊卑之禮觭廳府縣不由此條驕席移情先人後己
德行章第八十一　身不改操便讓如常退職失寵猶恭謙
士常也不以榮辱而易其心仁之禮也不以盛衰而虧其志
留行章第八十二　陳救勇急典記留名去就改修楷榮千載
仁慈愍念善事稱傳讚揚守志可為君子
守行章第八十三　守者須剛守慎勿失濫人同榮一窮須
不虧守志莫与弊交交遊貴不改其容便則不虧其操堪然
自守可謂至矣　勸行章第八十四　教人為善莫聽長惡勸
念慚身勿行非法但以心居奸盜羅網及之凶橫相陵刑獄
交羞非立身加著痛數許損族虧名
百行章一卷
庚辰年正月廿四日淨土寺李使郎王海闍書寫弊保任薩仁保　札
庚辰年正月十六日淨土寺李使郎弊保任寫記述也薛安俊札用
李郎身姓長大要求推
寫書不饒涵恒日業竝軌量依隨宜過郎与後人
百部[illegible]李[illegible]人作都頭

西漢金山之國
西漢[illegible]山之國

BD08668號背　雜寫　（1-1）

大般若波羅蜜多經卷第三百十八
初分趣智品第卌六之三　三藏　奘奉　詔譯
時具壽善現白佛言世尊如佛所說若菩薩
摩訶薩相續隨順趣向臨入空无相无願虛
空无所有无生无滅无染无淨真如法界法
性不虛妄性不變異性平等性離生性法定
法住實際虛空界不思議界无造作幻夢響
像光影陽焰變化事尋香城行深般若波羅
蜜多是為菩薩摩訶薩相續隨順趣向臨入
一切智智行深般若波羅蜜多者世尊是菩
薩摩訶薩為行色不為行受想行識不世尊是
菩薩摩訶薩為行眼處不為行耳鼻舌身意
處不世尊是菩薩摩訶薩為行色處不為行
聲香味觸法處不世尊是菩薩摩訶薩為行
眼界不為行耳鼻舌身意界不世尊是菩薩
摩訶薩為行色界不為行聲香味觸法界不

BD08669號　大般若波羅蜜多經卷三一八　（2–1）

像光影陽焰變化事尋香城行深般若波羅
蜜多是為菩薩摩訶薩相續隨順趣向臨入
一切智智行深般若波羅蜜多者世尊是菩
薩摩訶薩為行色不為行受想行識不世尊是
菩薩摩訶薩為行眼處不為行耳鼻舌身意
處不世尊是菩薩摩訶薩為行色處不為行
聲香味觸法處不世尊是菩薩摩訶薩為行
眼界不為行耳鼻舌身意界不世尊是菩薩
摩訶薩為行色界不為行聲香味觸法界不
世尊是菩薩摩訶薩為行眼識界不為行耳
鼻舌身意識界不世尊是菩薩摩訶薩為行
眼觸不為行耳鼻舌身意觸不世尊是菩薩
摩訶薩為行眼觸為緣所生諸受不為行耳
鼻舌身意觸為緣所生諸受不世尊是菩薩
摩訶薩為行地界不為行水火風空識界不
世尊是菩薩摩訶薩為行无明不為行行識
名色六處觸受愛取有生老死不世尊是菩
薩摩訶薩為行布施波羅蜜多不為行淨戒
安忍精進靜慮般若波羅蜜多不世尊是菩

BD08669號　大般若波羅蜜多經卷三一八　（2–2）

BD08669號背　勘記

(1–1)

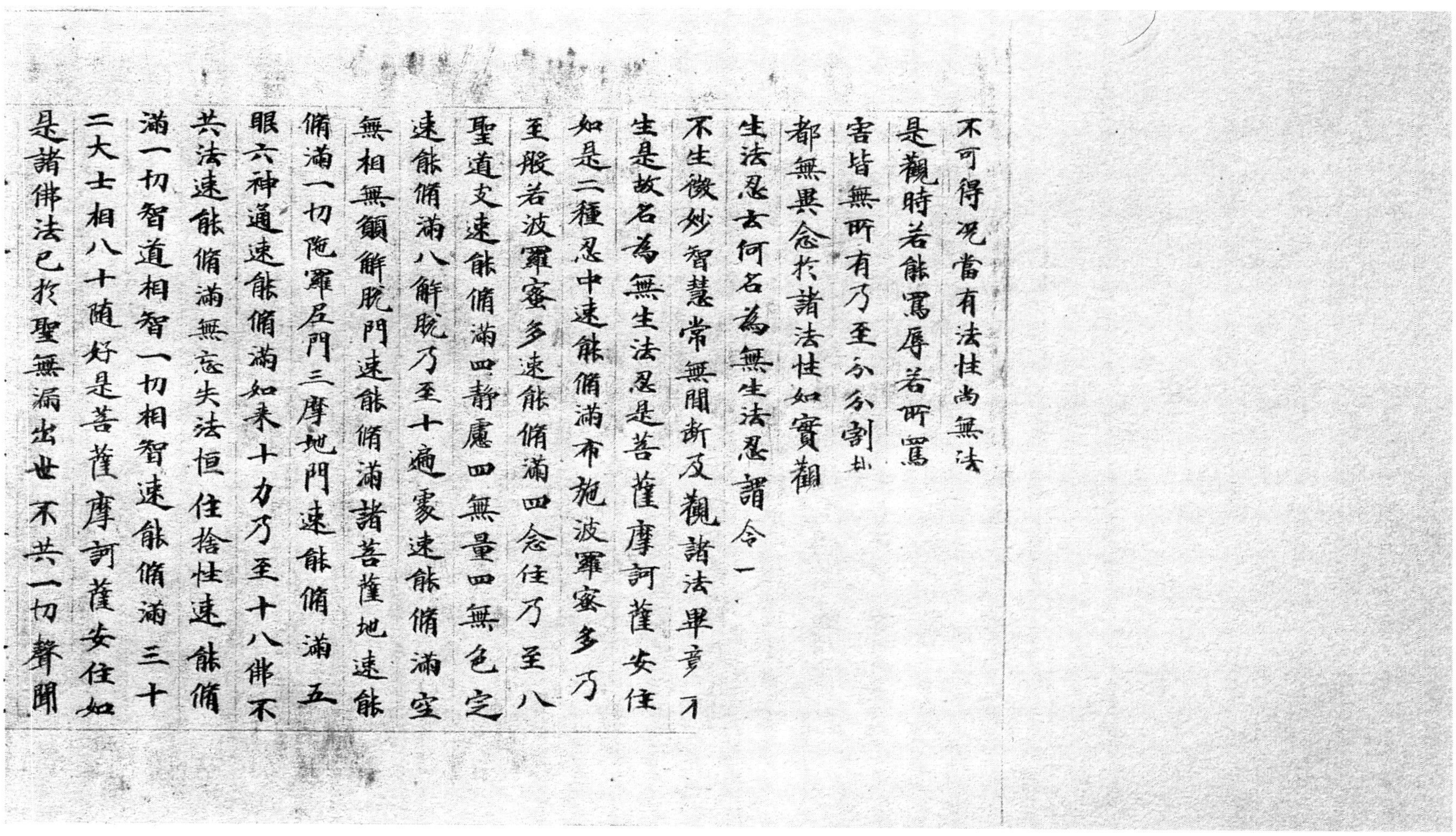

不可得況當有法性尚無法
是觀時若能罵辱若所罵
害皆無所有乃至分分割截
都無異念於諸法性如實觀
生法忍云何名為無生法忍謂令一
不生微妙智慧常無間斷及觀諸法畢竟不
生是故名為無生法忍是菩薩摩訶薩安住
如是二種忍中速能脩滿布施波羅蜜多乃
至般若波羅蜜多速能脩滿四念住乃至八
聖道支速能脩滿四靜慮四無量四無色定
速能脩滿八解脫乃至十遍處速能脩滿空
無相無願解脫門速能脩滿諸菩薩地速能
脩滿一切陀羅尼門三摩地門速能脩滿五
眼六神通速能脩滿如來十力乃至十八佛不
共法速能脩滿無忘失法恒住捨性速能脩
滿一切智道相智一切相智速能脩滿三十
二大士相八十隨好是菩薩摩訶薩安住如
是諸佛法已於聖無漏出世不共一切聲聞

BD08670號　大般若波羅蜜多經卷四六七

(2–1)

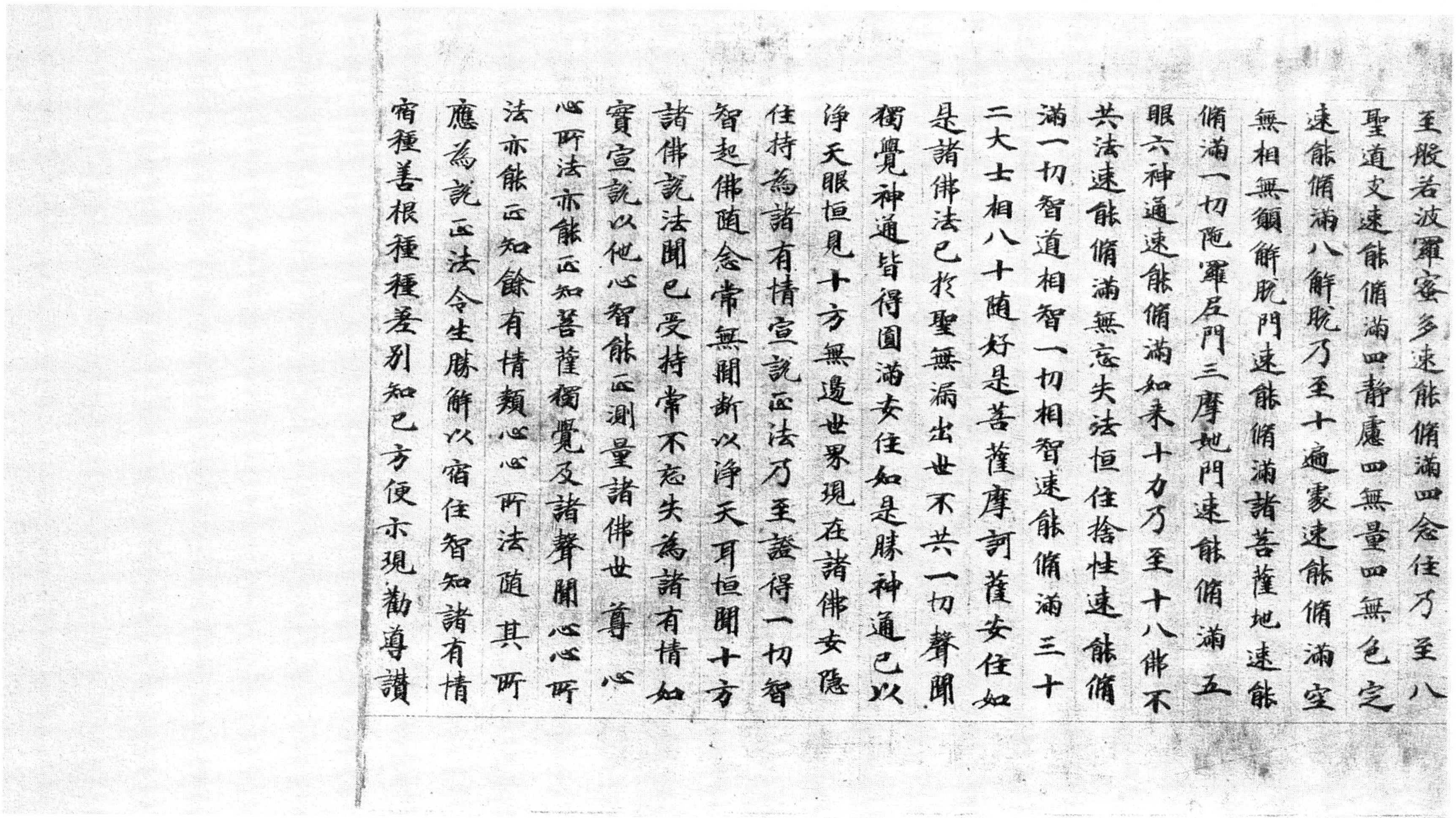
至般若波羅蜜多速能脩滿四念住乃至八
聖道支速能脩滿四靜慮四無量四無色定
速能脩滿八解脫乃至十遍處速能脩滿空
無相無願解脫門速能脩滿諸菩薩地速能
脩滿一切陁羅尼門三摩地門速能脩滿五
眼六神通速能脩滿如來十力乃至十八佛不
共法速能脩滿無忘失法恒住捨性速能脩
滿一切智道相智一切相智速能脩滿三十
二大士相八十隨好是菩薩摩訶薩安住如
是諸佛法已於聖無漏出世不共一切聲聞
獨覺神通皆得圓滿安住如是勝神通已以
淨天眼恒見十方無邊世界現在諸佛安隱
住持為諸有情宣說正法乃至證得一切智
智起佛隨念常無間斷以淨天耳恒聞十方
諸佛說法聞已受持常不忘失為諸有情如
實宣說以他心智能正測量諸佛世尊心
心所法亦能正知菩薩獨覺及諸聲聞心心所
法亦能正知餘有情類心心所法隨其所
應為說正法令生勝解以宿住智知諸有情
宿種善根種種差別知已方便示現勸導讚

BD08670號　大般若波羅蜜多經卷四六七　（2–2）

BD08670號背　勘記　（1–1）

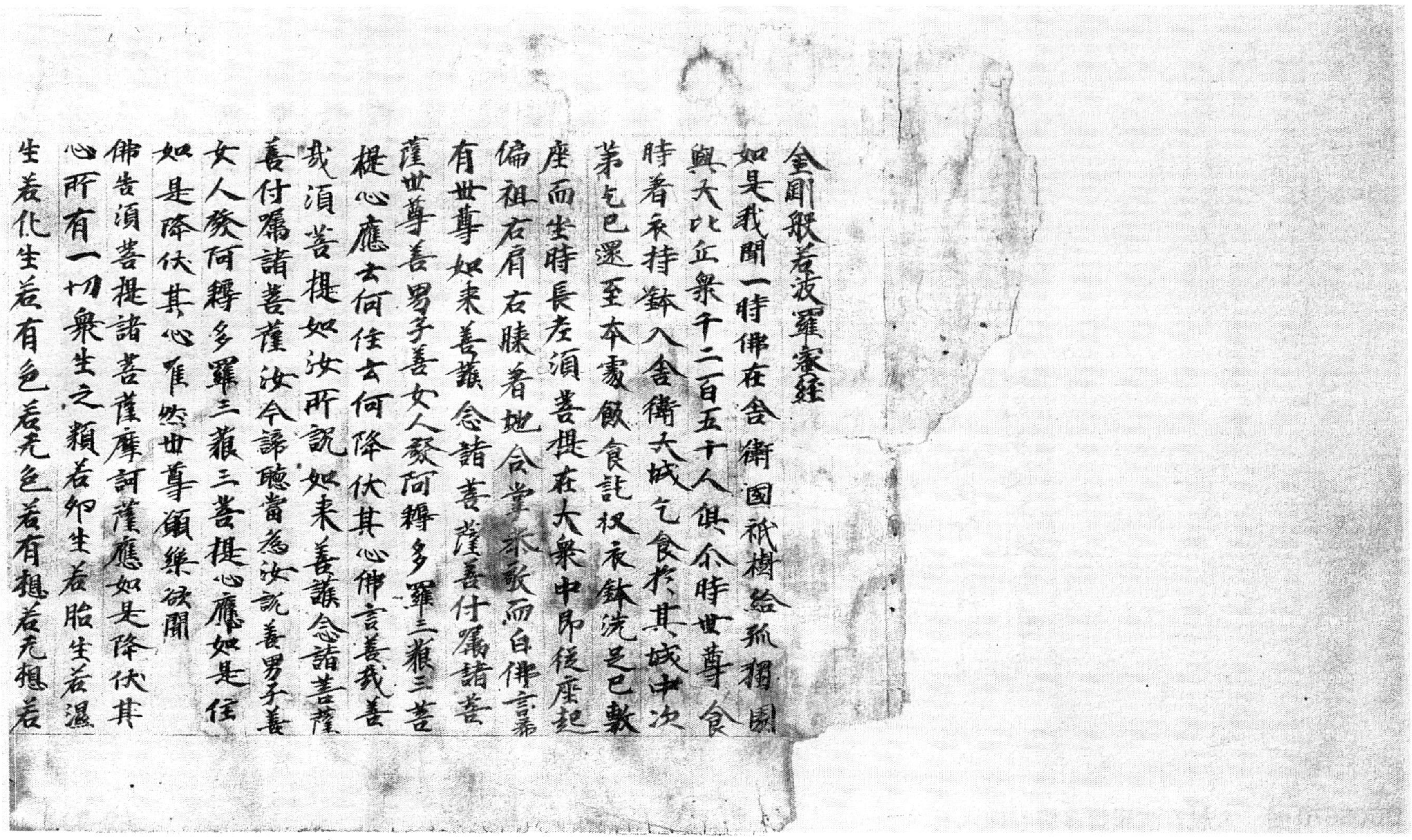

金剛般若波羅蜜經
如是我聞一時佛在舍衛國祇樹給孤獨園
與大比丘衆千二百五十人俱尒時世尊食
時著衣持鉢入舍衛大城乞食於其城中次
第乞已還至本處飯食訖収衣鉢洗足已敷
座而坐時長老須菩提在大衆中即從座起
偏袒右肩右膝著地合掌恭敬而白佛言希
有世尊如來善護念諸菩薩善付囑諸菩
薩世尊善男子善女人發阿耨多羅三藐三菩
提心應云何住云何降伏其心佛言善哉善
哉須菩提如汝所說如來善護念諸菩薩
善付囑諸菩薩汝今諦聽當為汝說善男子善
女人發阿耨多羅三藐三菩提心應如是住
如是降伏其心唯然世尊願樂欲聞
佛告須菩提諸菩薩摩訶薩應如是降伏其
心所有一切衆生之類若卵生若胎生若濕
生若化生若有色若无色若有想若无想若

BD08671 號　金剛般若波羅蜜經　（3–1）

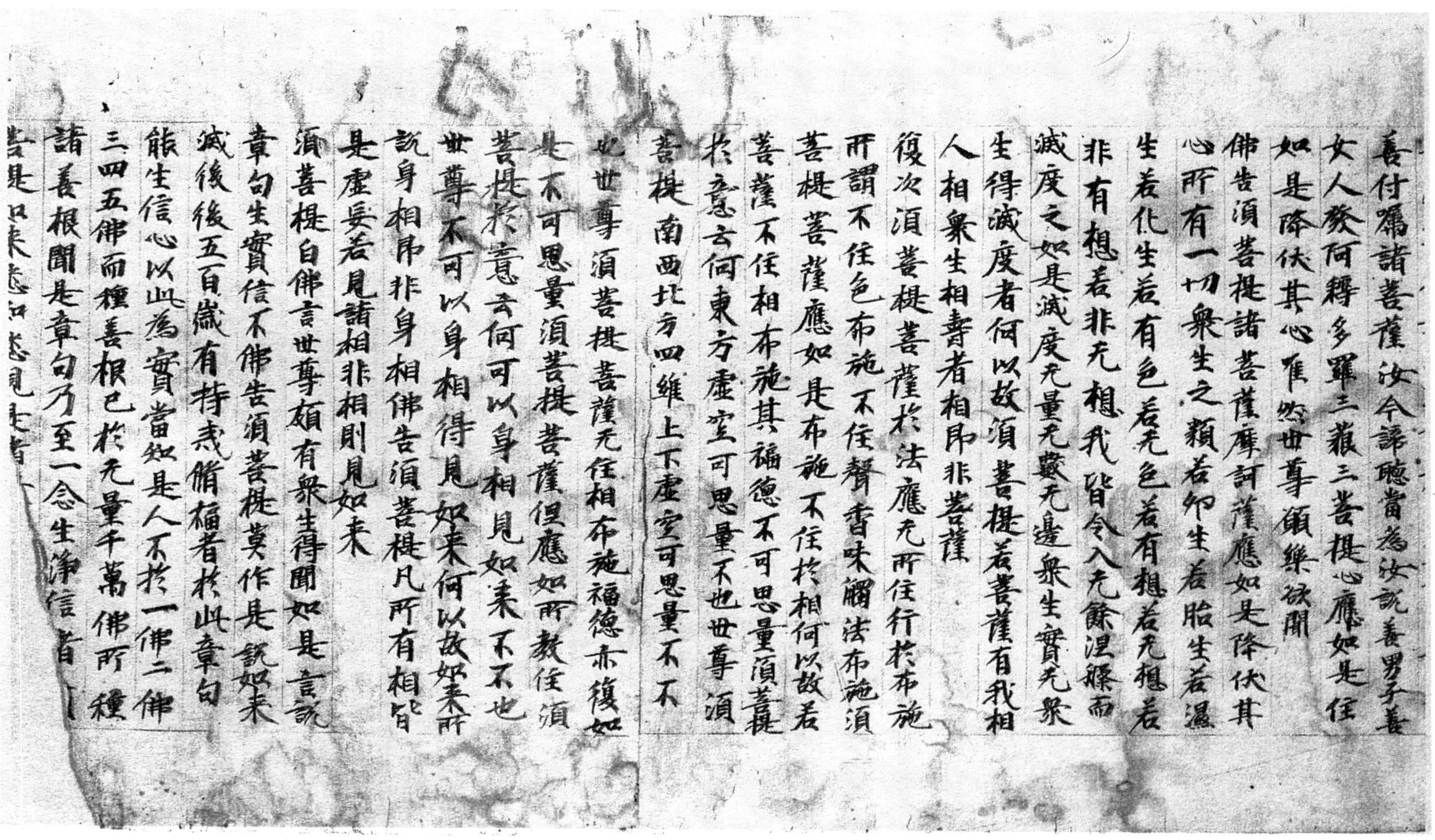

善付囑諸菩薩汝今諦聽當為汝說善男子善
女人發阿耨多羅三藐三菩提心應如是住
如是降伏其心唯然世尊願樂欲聞
佛告須菩提諸菩薩摩訶薩應如是降伏其
心所有一切衆生之類若卵生若胎生若濕
生若化生若有色若无色若有想若无想若
非有想若非无想我皆令入无餘涅槃而
滅度之如是滅度无量无數无邊衆生實无衆
生得滅度者何以故須菩提若菩薩有我相
人相衆生相壽者相即非菩薩
復次須菩提菩薩於法應无所住行於布施
所謂不住色布施不住聲香味觸法布施須
菩提菩薩應如是布施不住於相何以故若
菩薩不住相布施其福德不可思量須菩提
於意云何東方虛空可思量不也世尊須
菩提南西北方四維上下虛空可思量不不
也世尊須菩提菩薩无住相布施福德亦復如
是不可思量須菩提菩薩但應如所教住須
菩提於意云何可以身相見如來不不也
世尊不可以身相得見如來何以故如來所
說身相即非身相佛告須菩提凡所有相皆
是虛妄若見諸相非相則見如來
須菩提白佛言世尊頗有衆生得聞如是言說
章句生實信不佛告須菩提莫作是說如來
滅後後五百歲有持戒脩福者於此章句
能生信心以此為實當知是人不於一佛二佛
三四五佛而種善根已於无量千萬佛所種
諸善根聞是章句乃至一念生淨信者
皆是如來悉知悉見是

BD08671 號　金剛般若波羅蜜經　（3–2）

所謂不住色布施不住聲香味觸法布施須
菩提菩薩應如是布施不住於相何以故若
菩薩不住相布施其福德不可思量須菩提
於意云何東方虛空可思量不不也世尊須
菩提南西北方四維上下虛空可思量不不
也世尊須菩提菩薩无住相布施福德亦復如
是不可思量須菩提菩薩但應如所教住須
菩提於意云何可以身相見如來不不也
世尊不可以身相得見如來何以故如來所
說身相即非身相佛告須菩提凡所有相皆
是虛妄若見諸相非相則見如來
須菩提白佛言世尊頗有衆生得聞如是言說
章句生實信不佛告須菩提莫作是說如來
滅後後五百歲有持戒脩福者於此章句
能生信心以此為實當知是人不於一佛二佛
三四五佛而種善根已於无量千萬佛所種
諸善根聞是章句乃至一念生淨信者
菩提如來悉知悉見是
德何以故是諸衆生
壽者相无法
衆生若

BD08671號　金剛般若波羅蜜經　（3–3）

法蓮華經妙音菩薩品第廿
尒時釋迦牟尼佛放大人相
眉間白毫相光遍照東方百
恒河沙等諸佛世界過是數已有世界名淨
光莊嚴其國有佛号淨華宿王智如來應供
正遍知明行足善逝世間解無上士調御丈
夫天人師佛世尊為無量無邊菩薩大衆恭
敬圍繞而為說〻　釋迦牟尼佛白毫光明遍
照其國尒時一切淨光莊嚴國中有一菩薩
名曰妙音久已殖衆德本供養親近無量百
千萬億諸佛而悉成就甚深智慧得妙幢相
三昧法華三昧淨德三昧宿王戲三昧無緣
三昧智印三昧解一切衆生語言三昧集一

BD08672號　妙法蓮華經卷七　（2–1）

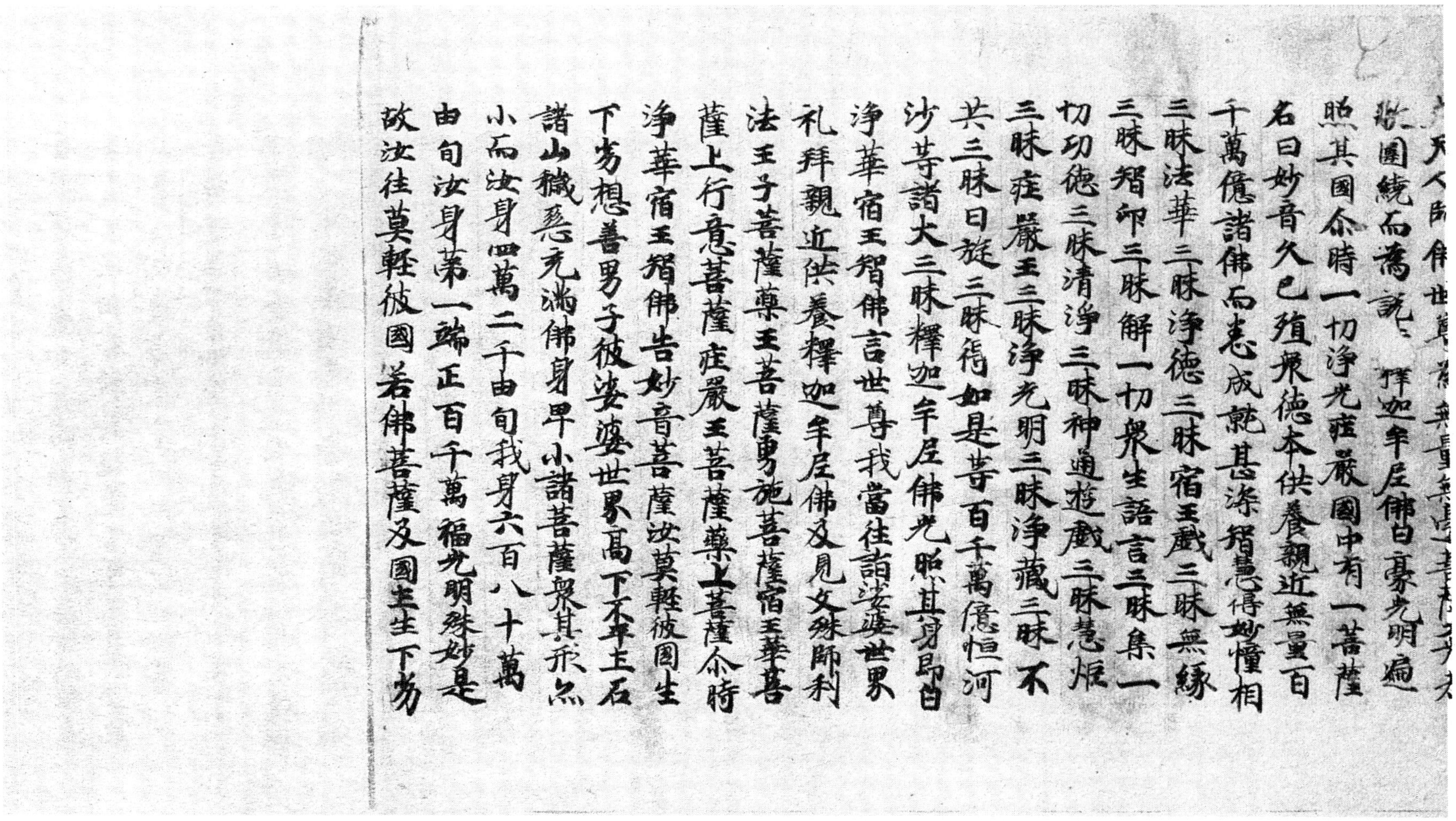
[illegible]大人相佛世尊為無量無邊菩薩大[illegible]
敬圍繞而為說〻 釋迦牟尼佛白毫光明遍
照其國尒時一切淨光莊嚴國中有一菩薩
名曰妙音久已殖眾德本供養親近無量百
千萬億諸佛而悉成就甚深智慧得妙幢相
三昧法華三昧淨德三昧宿王戲三昧無緣
三昧智印三昧解一切眾生語言三昧集一
切功德三昧清淨三昧神通遊戲三昧慧炬
三昧莊嚴王三昧淨光明三昧淨藏三昧不
共三昧日旋三昧得如是等百千萬億恒河
沙等諸大三昧釋迦牟尼佛光照其身即白
淨華宿王智佛言世尊我當往詣娑婆世界
礼拜親近供養釋迦牟尼佛及見文殊師利
法王子菩薩藥王菩薩勇施菩薩宿王華菩
薩上行意菩薩莊嚴王菩薩藥上菩薩尒時
淨華宿王智佛告妙音菩薩汝莫輕彼國生
下劣想善男子彼娑婆世界高下不平土石
諸山穢惡充滿佛身卑小諸菩薩眾其形亦
小而汝身四萬二千由旬我身六百八十萬
由旬汝身第一端正百千萬福光明殊妙是
故汝往莫輕彼國若佛菩薩及國土生下劣

BD08672號　妙法蓮華經卷七　（2–2）

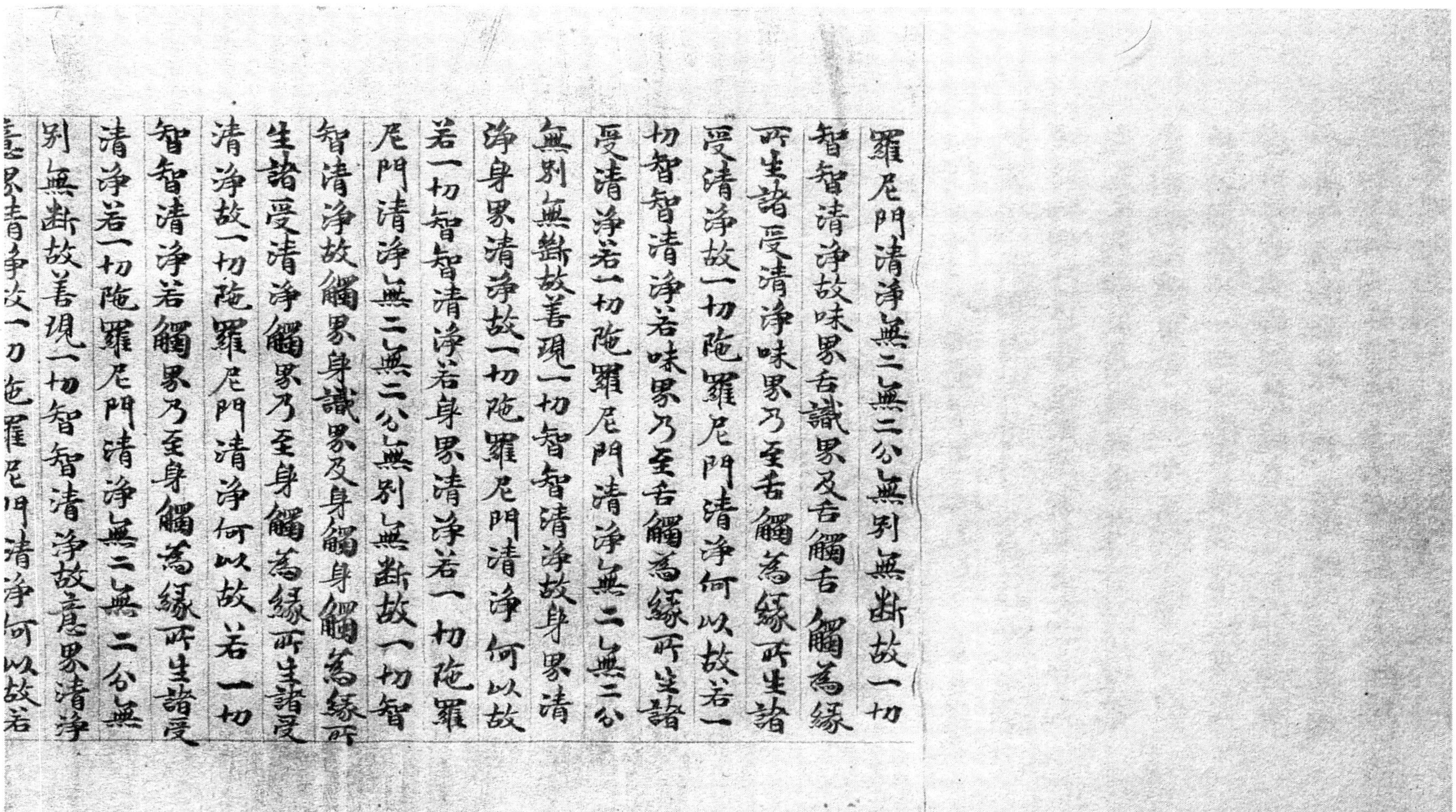
羅尼門清淨無二無二分無別無斷故一切
智智清淨故味界舌識界及舌觸舌觸為緣
所生諸受清淨味界乃至舌觸為緣所生諸
受清淨故一切陁羅尼門清淨何以故若一
切智智清淨若味界乃至舌觸為緣所生諸
受清淨若一切陁羅尼門清淨無二無二分
無別無斷故善現一切智智清淨故身界清
淨身界清淨故一切陁羅尼門清淨何以故
若一切智智清淨若身界清淨若一切陁羅
尼門清淨無二無二分無別無斷故一切智
智清淨故觸界身識界及身觸身觸為緣所
生諸受清淨觸界乃至身觸為緣所生諸受
清淨故一切陁羅尼門清淨何以故若一切
智智清淨若觸界乃至身觸為緣所生諸受
清淨若一切陁羅尼門清淨無二無二分無
別無斷故善現一切智智清淨故意界清淨
意界清淨故一切陁羅尼門清淨何以故若

BD08673號　大般若波羅蜜多經卷二八一　（2–1）

無別無斷故善現一切智智清淨故身界清
淨身界清淨故一切陁羅尼門清淨何以故
若一切智智清淨若身界清淨若一切陁羅
尼門清淨無二無二分無別無斷故一切智
智清淨故觸界身識界及身觸身觸為緣所
生諸受清淨觸界乃至身觸為緣所生諸受
清淨故一切陁羅尼門清淨何以故若一切
智智清淨若觸界乃至身觸為緣所生諸受
清淨若一切陁羅尼門清淨無二無二分無
別無斷故善現一切智智清淨故意界清淨
意界清淨故一切陁羅尼門清淨何以故若
一切智智清淨若意界清淨若一切陁羅尼
門清淨無二無二分無別無斷故一切智智
清淨故法界意識界及意觸意觸為緣所生
諸受清淨法界乃至意觸為緣所生諸受清
淨故一切陁羅尼門清淨何以故若一切智
智清淨若法界乃至意觸為緣所生諸受清
淨若一切陁羅尼門清淨無二無二分無別
無斷故善現一切智智清淨故地界清淨地
界清淨故一切陁羅尼門清淨何以故若一
切智智清淨若地界清淨若一切陁羅尼門
清淨無二無二分無別無斷故一切智智清

BD08673號　大般若波羅蜜多經卷二八一　（2–2）

思議界有為无為增語此增語既非有如何
可言即真如若有為若无為增語是菩薩摩
訶薩即法界乃至不思議界若有為若无為
增語是菩薩摩訶薩善現汝復觀何義言即
真如若有漏若无漏增語非菩薩摩訶薩即
法界乃至不思議界若有漏若无漏增語非
菩薩摩訶薩耶世尊若真如有漏无漏若法
界乃至不思議界有漏无漏尚畢竟不可得
性非有故況有真如有漏无漏增語及法界
乃至不思議界有漏无漏增語此增語既非
有如何可言即真如若有漏若无漏增語是
菩薩摩訶薩即法界乃至不思議若有漏
若无漏增語是菩薩摩訶薩善現汝復觀何
義言即真如若生若滅增語非菩薩摩訶薩
即法界乃至不思議界若生若滅增語非菩
薩摩訶薩耶世尊若真如生滅若法界乃至
不思議界生滅尚畢竟不可得性非有故況
有真如生滅增語及法界乃至不思議界生
滅增語此增語既非有如何可言即真如若
生若滅增語是菩薩摩訶薩即法界乃至不

BD08674號　大般若波羅蜜多經卷二九　（3–1）

薩摩訶薩耶世尊若真如生滅若法界乃至
不思議界生滅尚畢竟不可得性非有故況
有真如生滅增語及法界乃至不思議界生
滅增語此增語既非有如何可言即真如若
生若滅增語是菩薩摩訶薩即法界乃至不
思議界若生若滅增語是菩薩摩訶薩善現
汝復觀何義言即真如若善若非善增語非
菩薩摩訶薩即法界乃至不思議界若善若
非善增語非菩薩摩訶薩耶世尊若真如善
非善若法界乃至不思議界善非善尚畢竟
不可得性非有故況有真如善非善增語及
法界乃至不思議界善非善增語此增語既
非有如何可言即真如若善若非善增語是
菩薩摩訶薩即法界乃至不思議界若善若
非善增語是菩薩摩訶薩善現汝復觀何義
言即真如若有罪若无罪增語非菩薩摩訶
薩即法界乃至不思議界若有罪若无罪增
語非菩薩摩訶薩耶世尊若真如有罪无罪
若法界乃至不思議界有罪无罪尚畢竟不
可得性非有故況有真如有罪无罪增語乃
法界乃至不思議界有罪无罪增語此增語
既非有如何可言即真如若有罪若无罪增
語是菩薩摩訶薩即法界乃至不思議界若
有罪若无罪增語是菩薩摩訶薩善現汝復
觀何義言即真如若有煩惱若无煩惱增語
非菩薩摩訶薩即法界乃至不思議界若有
煩惱若无煩惱增語非菩薩摩訶薩耶世尊
若真如有煩惱无煩惱若法界乃至不思議
界有煩惱无煩惱尚畢竟不可得性非有故

BD08674 號　大般若波羅蜜多經卷二九　（3–2）

非善若法界乃至不思議界善非善尚畢竟
不可得性非有故況有真如善非善增語及
法界乃至不思議界善非善增語此增語既
非有如何可言即真如若善若非善增語是
菩薩摩訶薩即法界乃至不思議界若善若
非善增語是菩薩摩訶薩善現汝復觀何義
言即真如若有罪若无罪增語非菩薩摩訶
薩即法界乃至不思議界若有罪若无罪增
語非菩薩摩訶薩耶世尊若真如有罪无罪
若法界乃至不思議界有罪无罪尚畢竟不
可得性非有故況有真如有罪无罪增語乃
法界乃至不思議界有罪无罪增語此增語
既非有如何可言即真如若有罪若无罪增
語是菩薩摩訶薩即法界乃至不思議界若
有罪若无罪增語是菩薩摩訶薩善現汝復
觀何義言即真如若有煩惱若无煩惱增語
非菩薩摩訶薩即法界乃至不思議界若有
煩惱若无煩惱增語非菩薩摩訶薩耶世尊
若真如有煩惱无煩惱若法界乃至不思議
界有煩惱无煩惱尚畢竟不可得性非有故
況有真如有煩惱无煩惱增語及法界乃至

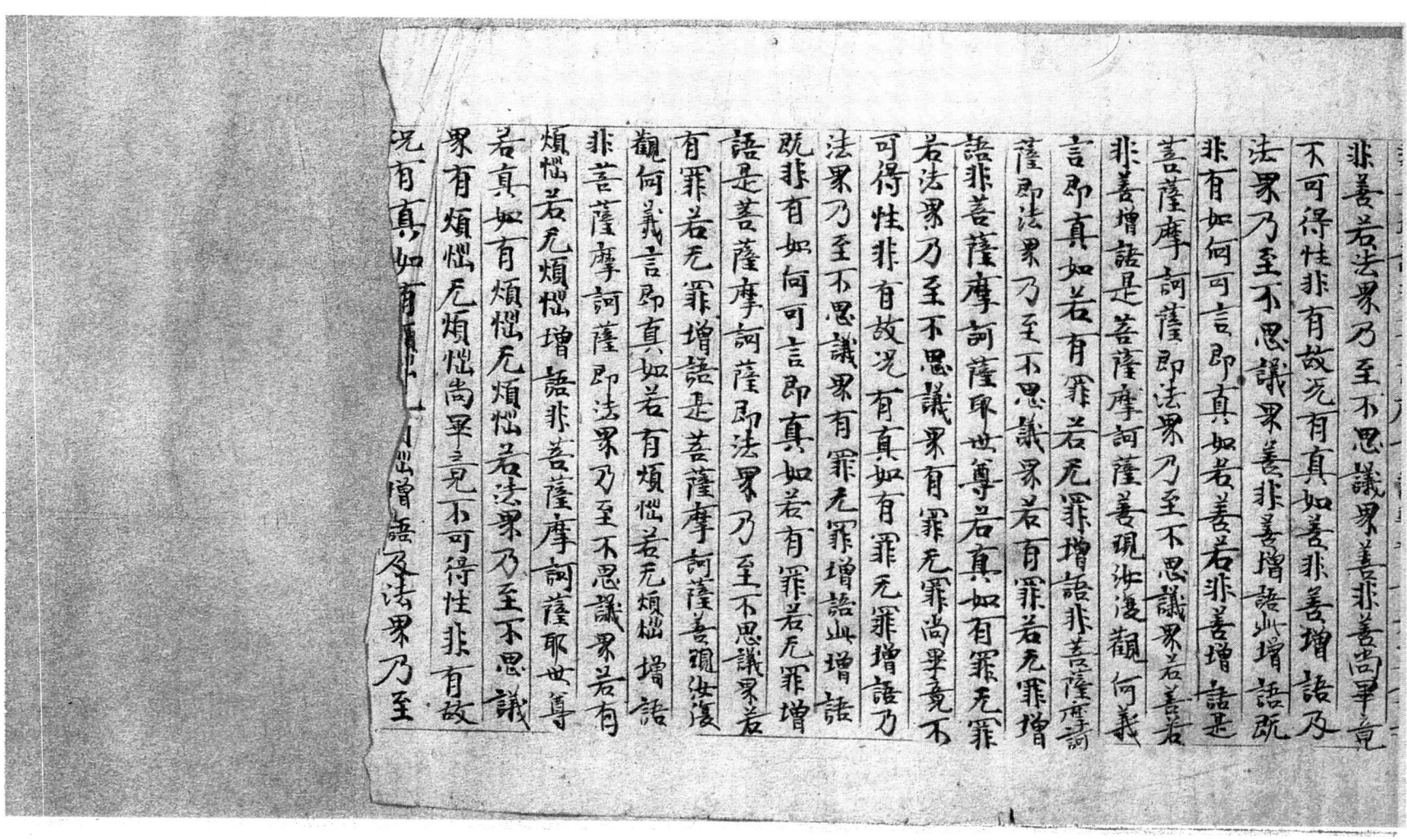

BD08674 號　大般若波羅蜜多經卷二九　（3–3）

BD08674 號背　勘記　　　　　　　　　　　　　　　　　（1–1）

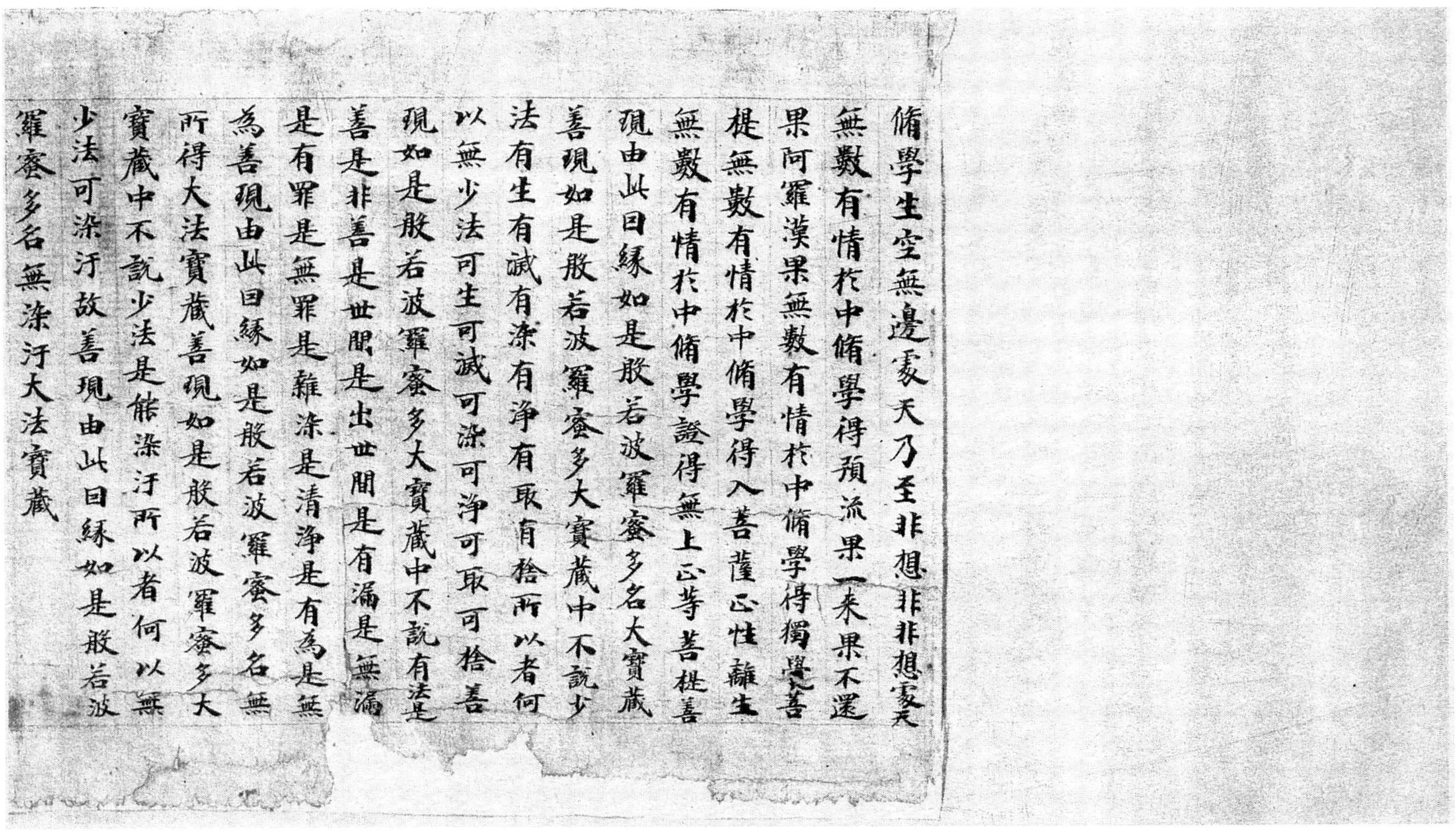

脩學生空無邊處天乃至非想非非想處天
無數有情於中脩學得預流果一來果不還
果阿羅漢果無數有情於中脩學得獨覺菩
提無數有情於中脩學得入菩薩正性離生
無數有情於中脩學證得無上正等菩提善
現由此因緣如是般若波羅蜜多名大寶藏
善現如是般若波羅蜜多大寶藏中不說少
法有生有滅有染有淨有取有捨所以者何
以無少法可生可滅可染可淨可取可捨善
現如是般若波羅蜜多大寶藏中不說有法是
善是非善是世間是出世間是有漏是無漏
是有罪是無罪是雜染是清淨是有為是無
為善現由此因緣如是般若波羅蜜多名無
所得大法寶藏善現如是般若波羅蜜多大
寶藏中不說少法是能染汙所以者何以無
少法可染汙故善現由此因緣如是般若波
羅蜜多名無染汙大法寶藏

BD08675 號　大般若波羅蜜多經卷二九六　　　　　　　　　　　　　（3–1）

為善現由此因緣如是般若波羅蜜多名無
所得大法寶藏善現如是般若波羅蜜多大
寶藏中不說少法是能染汙所以者何以無
少法可染汙故善現由此因緣如是般若波
羅蜜多名無染汙大法寶藏
善現若善薩摩訶薩脩行般若波羅蜜多時
無如是想無如是分別無如是得無如是戲
論我行般若波羅蜜多我脩般若波羅蜜多
是善薩摩訶薩能如實脩行般若波羅蜜多
亦能親近礼事諸佛從一佛國至一佛國供
養恭敬尊重讚歎諸佛世尊遊諸佛國成熟
有情嚴淨佛土脩諸善薩摩訶薩行速證無
上正等菩提善現如是般若波羅蜜多於一
切法不向不背不引不賓不取不捨不生不
滅不染不淨不常不斷不一不異不来不去
不入不出不增不減善現如是般若波羅蜜
多非過去非未来非現在善現如是般若波
羅蜜多不超欲界不住欲界不超色界不住
色界不超無色界不住無色界善現如是般
若波羅蜜多於布施波羅蜜多不與不捨於
淨戒安忍精進靜慮般若巧願力智波羅蜜
多不與不捨善現如是般若波羅蜜多於內
空不與不捨於外空內外空空空大空勝義
空有為空無為空畢竟空無際空散空無變
異空本性空自相空共相空一切法空不可
得空無性空自性空無性自性空不與不捨
善現如是般若波羅蜜多於真如不與不捨

BD08675號　大般若波羅蜜多經卷二九六　（3–2）

多不與不捨善現如是般若波羅蜜多於內
空不與不捨於外空內外空空空大空勝義
空有為空無為空畢竟空無際空散空無變
異空本性空自相空共相空一切法空不可
得空無性空自性空無性自性空不與不捨
善現如是般若波羅蜜多於真如不與不捨
於法界法性不虛妄性不變異性平等性離
生性法定法住實際虛空界不思議界不與
不捨善現如是般若波羅蜜多於苦聖諦不
與不捨於集滅道聖諦不與不捨善現如是
般若波羅蜜多於四靜慮不與不捨於四無
量四無色定不與不捨善現如是般若波羅
蜜多於八解脫不與不捨於八勝處九次第
定十遍處不與不捨善現如是般若波羅蜜
多於四念住不與不捨於四正斷四神足五
根五力七等覺支八聖道支不與不捨善現
如是般若波羅蜜多於空解脫門不與不捨
於無相無願解脫門不與不捨善現如是般
若波羅蜜多於菩薩十地不與不捨善現如
是般若波羅蜜多於五眼不與不捨於六神通
不與不捨善現如是般若波羅蜜多於佛
十力不與不捨於四無所畏四無礙解大慈
[illegible]捨十八佛不共法不與不捨善

BD08675號　大般若波羅蜜多經卷二九六　（3–3）

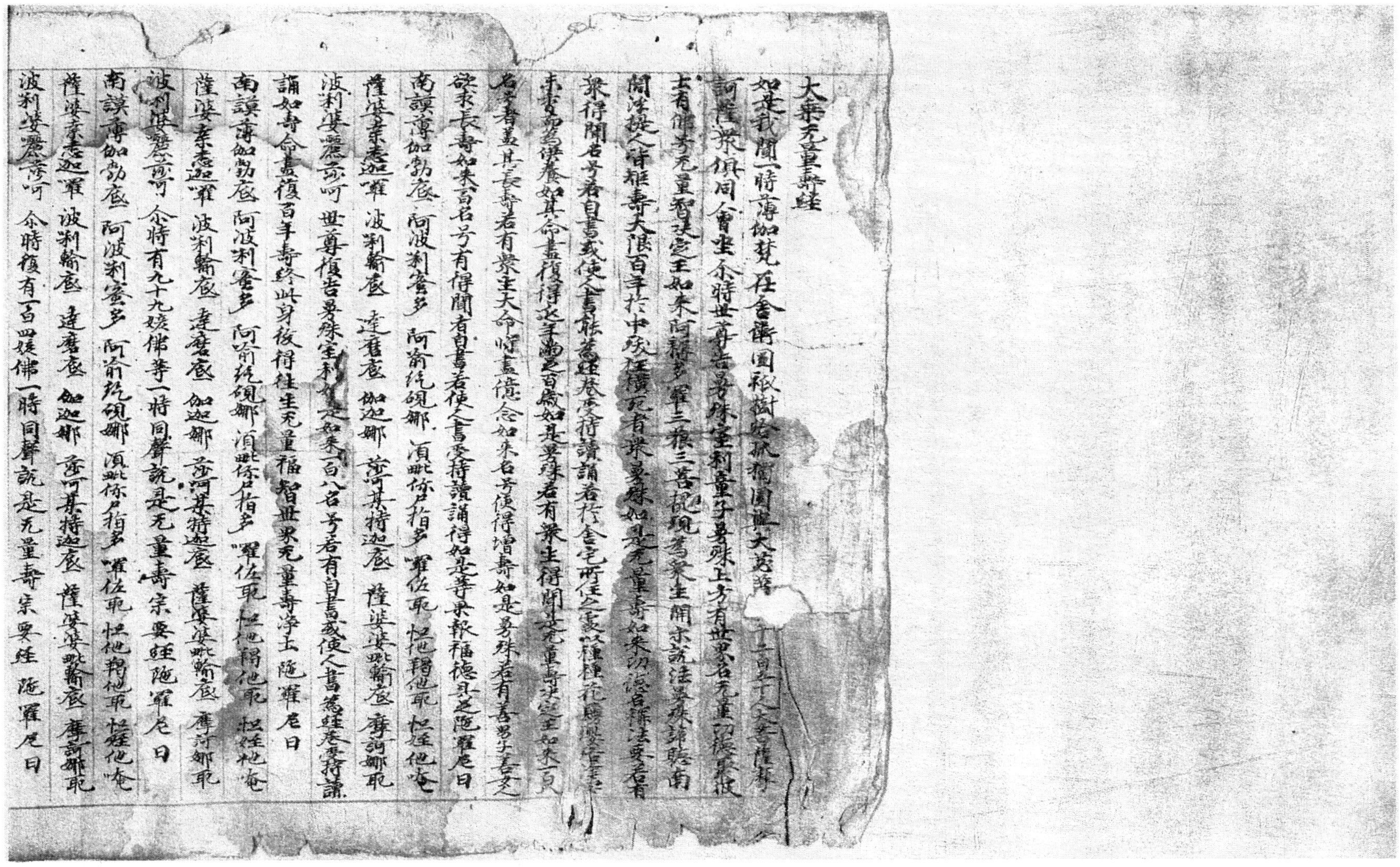

大乘无量壽經
如是我聞一時薄伽梵在舍衛國祇樹給孤獨園與大苾芻衆千二百五十人俱大菩薩摩
訶薩衆俱同會坐尒時世尊告曼殊室利童子曼殊上方有世界名无量功德聚彼
土有佛号无量智決定王如來阿羅訶三藐三菩提現為衆生開示說法曼殊諦聽南
閻浮提人皆短壽大限百年於中殀枉橫死者衆曼殊如是无量壽如來功德名號法要若有
衆得聞名号者自書或使人書成經卷受持讀誦者於舍宅所住之處以種種花鬘瓔珞塗香末
香而為供養如其命盡復得延年滿足百歲如是曼殊若有衆生得聞是无量壽決定王如來一百
八名号者益其長壽若有衆生大命將盡憶念如來名号便得增壽如是曼殊若有善男子善女人
欲求長壽如來百八名号有得聞者自書若使人書受持讀誦得如是善果報福德具足陁羅尼曰
南謨薄伽勃底 阿波唎蜜多 阿喻紇硯那 須毗你尸指多 囉佐耶 怛他羯他耶 怛姪他唵
薩婆桑悉迦囉 波唎輸底 達磨底 伽迦那 莎訶某持迦底 薩婆婆毗輸底 摩訶娜耶
波唎婆囇莎訶 世尊復告曼殊室利如是如來一百八名号若有自書或使人書為經卷受持讀
誦如壽命盡復百年壽終此身後得往生无量福智世界无量壽淨土陁羅尼曰
南謨薄伽勃底 阿波唎蜜多 阿喻紇硯那 須毗你尸指多 囉佐耶 怛他羯他耶 怛姪他唵
薩婆桑悉迦囉 波唎輸底 達磨底 伽迦那 莎訶某持迦底 薩婆婆毗輸底 摩訶娜耶
波唎婆囇莎訶 尒時有九十九殑佛等一時同聲說是无量壽宗要經陁羅尼曰
南謨薄伽勃底 阿波唎蜜多 阿喻紇硯那 須毗你尸指多 囉佐耶 怛他羯他耶 怛姪他唵
薩婆桑悉迦囉 波唎輸底 達磨底 伽迦那 莎訶某持迦底 薩婆婆毗輸底 摩訶娜耶
波唎婆囇莎訶 尒時復有一百四殑佛一時同聲說是无量壽宗要經 陁羅尼曰

BD08676 號　無量壽宗要經　　(5–1)

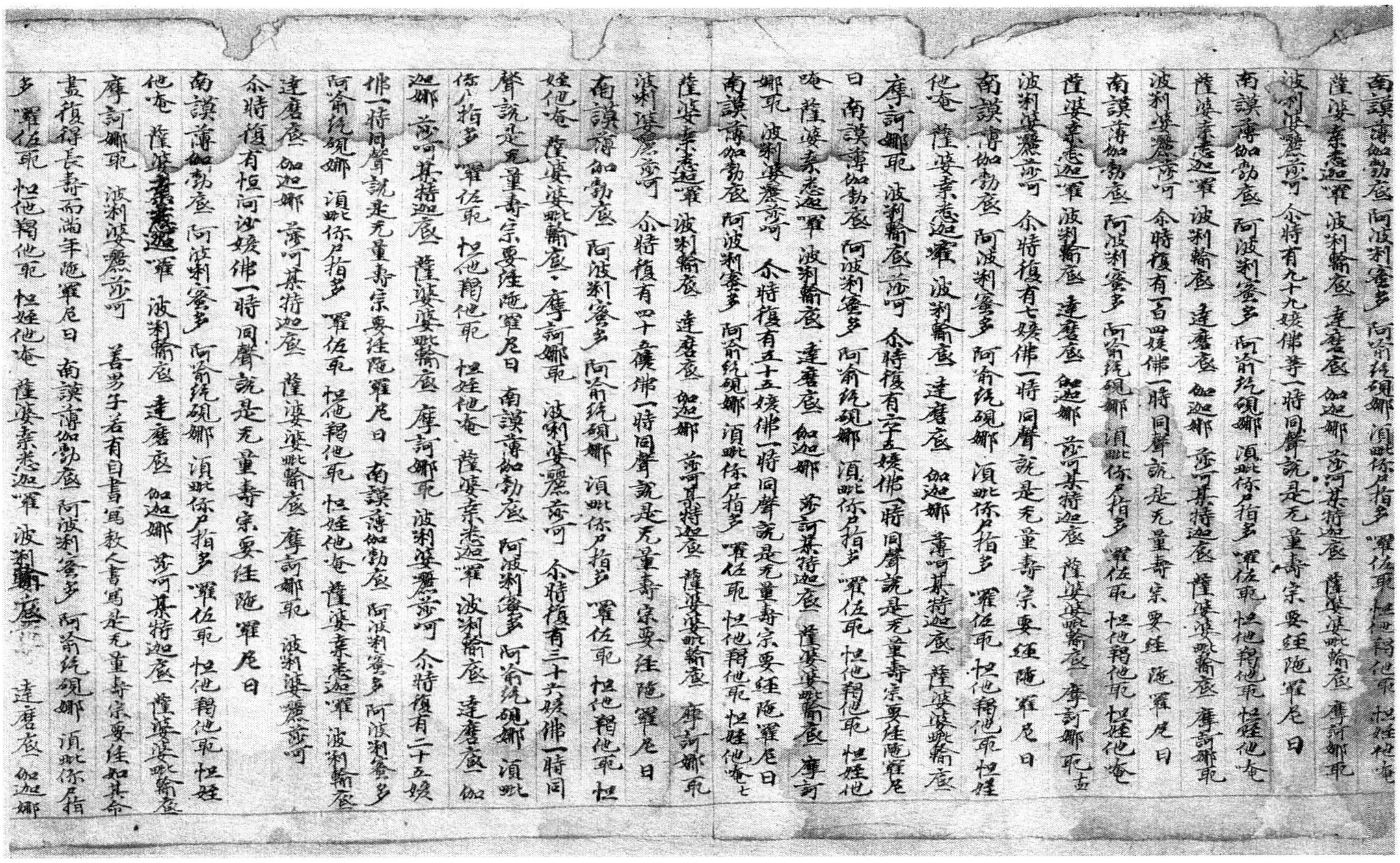

南謨薄伽勃底 阿波唎蜜多 阿喻紇硯那 須毗你尸指多 囉佐耶 怛他羯他耶 怛姪他唵
薩婆桑悉迦囉 波唎輸底 達磨底 伽迦那 莎訶某持迦底 薩婆婆毗輸底 摩訶娜耶
波唎婆囇莎訶 尒時有九十九殑佛等一時同聲說是无量壽宗要經陁羅尼曰
南謨薄伽勃底 阿波唎蜜多 阿喻紇硯那 須毗你尸指多 囉佐耶 怛他羯他耶 怛姪他唵
薩婆桑悉迦囉 波唎輸底 達磨底 伽迦那 莎訶某持迦底 薩婆婆毗輸底 摩訶娜耶
波唎婆囇莎訶 尒時復有一百四殑佛一時同聲說是无量壽宗要經 陁羅尼曰
南謨薄伽勃底 阿波唎蜜多 阿喻紇硯那 須毗你尸指多 囉佐耶 怛他羯他耶 怛姪他唵
薩婆桑悉迦囉 波唎輸底 達磨底 伽迦那 莎訶某持迦底 薩婆婆毗輸底 摩訶娜耶
波唎婆囇莎訶 尒時復有七殑佛一時同聲說是无量壽宗要經陁羅尼曰
南謨薄伽勃底 阿波唎蜜多 阿喻紇硯那 須毗你尸指多 囉佐耶 怛他羯他耶 怛姪
他唵 薩婆桑悉迦囉 波唎輸底 達磨底 伽迦那 莎訶某持迦底 薩婆婆毗輸底
摩訶娜耶 波唎輸底莎訶 尒時復有六十五殑佛一時同聲說是无量壽宗要經陁羅尼
曰 南謨薄伽勃底 阿波唎蜜多 阿喻紇硯那 須毗你尸指多 囉佐耶 怛他羯他耶 怛姪他
唵 薩婆桑悉迦囉 波唎輸底 達磨底 伽迦那 莎訶某持迦底 薩婆婆毗輸底 摩訶
娜耶 波唎婆囇莎訶 尒時復有五十五殑佛一時同聲說是无量壽宗要經陁羅尼曰
南謨薄伽勃底 阿波唎蜜多 阿喻紇硯那 須毗你尸指多 囉佐耶 怛他羯他耶 怛姪他唵
薩婆桑悉迦囉 波唎輸底 達磨底 伽迦那 莎訶某持迦底 薩婆婆毗輸底 摩訶娜耶
波唎婆囇莎訶 尒時復有四十五殑佛一時同聲說是无量壽宗要經陁羅尼曰
南謨薄伽勃底 阿波唎蜜多 阿喻紇硯那 須毗你尸指多 囉佐耶 怛他羯他耶 怛
姪他唵 薩婆婆毗輸底 摩訶娜耶 波唎婆囇莎訶 尒時復有三十六殑佛一時同
聲說是无量壽宗要經陁羅尼曰 南謨薄伽勃底 阿波唎蜜多 阿喻紇硯那 須毗
你尸指多 囉佐耶 怛他羯他耶 怛姪他唵 薩婆桑悉迦囉 波唎輸底 達磨底 伽
迦那 莎訶某持迦底 薩婆婆毗輸底 摩訶娜耶 波唎婆囇莎訶 尒時復有二十五殑
佛一時同聲說是无量壽宗要經陁羅尼曰 南謨薄伽勃底 阿波唎蜜多
阿喻紇硯那 須毗你尸指多 囉佐耶 怛他羯他耶 怛姪他唵 薩婆桑悉迦囉 波唎輸底
達磨底 伽迦那 莎訶某持迦底 薩婆婆毗輸底 摩訶娜耶 波唎婆囇莎訶
尒時復有恒河沙殑佛一時同聲說是无量壽宗要經陁羅尼曰
南謨薄伽勃底 阿波唎蜜多 阿喻紇硯那 須毗你尸指多 囉佐耶 怛他羯他耶 怛姪
他唵 薩婆桑悉迦囉 波唎輸底 達磨底 伽迦那 莎訶某持迦底 薩婆婆毗輸底
摩訶娜耶 波唎婆囇莎訶 善男子若有自書寫教人書寫是无量壽宗要經如其命
盡復得長壽而滿年陁羅尼曰 南謨薄伽勃底 阿波唎蜜多 阿喻紇硯那 須毗你尸指
多 囉佐耶 怛他羯他耶 怛姪他唵 薩婆桑悉迦囉 波唎輸底 達磨底 伽迦那

BD08676 號　無量壽宗要經　　(5–2)

南謨薄伽勃底 阿波唎蜜多 阿喻紇硯娜 須毗你尸指多 囉佐耶 怛他羯他耶 怛姪
他唵 薩婆桑悉迦囉 波唎輸底 達磨底 伽迦娜 莎呵某特迦底 薩婆婆毗輸底
摩訶娜耶 波唎婆囇莎呵 善男子若有自書寫教人書寫是无量壽宗要經如其命
盡復得長壽而滿年陁羅尼曰 南謨薄伽勃底 阿波唎蜜多 阿喻紇硯娜 須毗你尸指
多 囉佐耶 怛他羯他耶 怛姪他唵 薩婆桑悉迦囉 波唎輸底 達磨底 伽迦娜
莎呵某特迦底 薩婆婆毗輸底 摩訶娜耶 波唎婆囇莎呵
若有自書寫教人書寫是无量壽宗要經讀誦受持畢竟不隨地獄在在所生得宿命智
陁羅尼曰 南謨薄伽勃底 阿波唎蜜多 阿喻紇硯娜 須毗你尸指多 囉佐耶 怛他羯他耶
怛姪他唵 薩婆桑悉迦囉 波唎輸底 達磨底 伽迦娜 莎呵某特迦底 薩婆婆
毗輸底 摩訶娜耶 波唎輸嚫莎呵 若有自書寫教人書寫是无量壽宗要經受持讀
誦如同書寫八万四千一切經典 陁羅尼曰 南謨薄伽勃底 阿波唎蜜多 阿喻紇硯娜 須毗你尸指多
囉佐耶 怛他羯他耶 怛姪他唵 薩婆桑悉迦囉 波唎輸底 達磨底 伽迦娜 莎呵某特迦底 薩
婆婆毗輸底 摩訶娜耶 波唎婆囇莎呵 若有自書寫教人書寫是无量壽宗要經即
是書寫八万四千部建立塔廟 陁羅尼曰 南謨薄伽勃底 阿波唎蜜多 阿喻紇硯娜 須毗你尸指
多 囉佐耶 怛他羯他耶 怛姪他唵 薩婆桑悉迦囉 波唎輸底 達磨底 伽迦娜 莎呵某特迦底 薩
婆婆毗輸底 摩訶娜耶 波唎婆囇莎呵 若有自書寫教人書寫是无量壽宗要經能消五无
間等一切重罪 陁羅尼曰 南謨薄伽勃底 阿波唎蜜多 阿喻紇硯娜 須毗你尸指多 囉佐耶 怛他羯
他耶 怛姪他唵 薩婆桑悉迦囉 波唎輸底 達磨底 伽迦娜 莎呵某特迦底 薩婆婆毗輸底
摩訶娜耶 波唎婆囇莎呵 若有自書寫教人書寫是无量壽宗要經受持讀誦設有重罪
猶如須弥書能除滅 陁羅尼曰 南謨薄伽勃底 阿波唎蜜多 阿喻紇硯娜 須毗你尸指多 囉佐耶 怛
他羯他耶 怛姪他唵 薩婆桑悉迦囉 波唎輸底 達磨底 伽迦娜 莎呵某特迦底 薩婆婆毗輸
底 摩訶娜耶 波唎婆囇莎呵 若有自書寫教人書寫是无量壽宗要經受持讀誦若魔魔之
眷屬夜叉羅剎不得其便終无狂死 陁羅尼曰 南謨薄伽勃底 阿波唎蜜多 阿喻紇硯娜
須毗你尸指多 囉佐耶 怛他羯他耶 怛姪他唵 薩婆桑悉迦囉 波唎輸底 達磨底 伽迦娜 莎呵某
特迦底 薩婆婆毗輸底 摩訶娜耶 波唎婆囇莎呵 若有自書寫教人書寫是无量壽宗要經
受持讀誦當命時有九十九姟佛現其人前來千佛授手餘遊一切佛剎莫於此經生於疑惑 陁
羅尼曰 南謨薄伽勃底 阿波唎蜜多 阿喻紇硯娜 須毗你尸指多 囉佐耶 怛他羯他耶 怛姪他唵 薩婆桑
悉迦囉 波唎輸底 達磨底 伽迦娜 莎呵某特迦底 薩婆婆毗輸底 摩訶娜耶 波唎婆
囇莎呵 若有自書寫教人書寫是无量壽宗要經受持讀誦常得四天大王隨其衛護 陁羅尼曰
南謨薄伽勃底 阿波唎蜜多 阿喻紇硯娜 須毗你尸指多 囉佐耶 怛他羯他耶 怛姪他唵 薩婆桑
悉迦囉 波唎輸底 達磨底 伽迦娜 莎呵某特迦底 薩婆婆毗輸底 摩訶娜耶 波唎婆囇莎
呵 若有自書寫教人書寫是无量壽宗要經受持讀誦當得往生西方極樂世界阿弥陁淨土 陁羅尼曰

BD08676 號　無量壽宗要經　（5–3）

悉迦囉 波唎輸底 達磨底 伽迦娜 莎呵某特迦底 薩婆婆毗輸底 摩訶娜耶 波唎婆
囇莎呵 若有自書寫教人書寫是无量壽宗要經受持讀誦常得四天大王隨其衛護 陁羅尼曰
南謨薄伽勃底 阿波唎蜜多 阿喻紇硯娜 須毗你尸指多 囉佐耶 怛他羯他耶 怛姪他唵 薩婆桑
悉迦囉 波唎輸底 達磨底 伽迦娜 莎呵某特迦底 薩婆婆毗輸底 摩訶娜耶 波唎婆囇莎
呵 若有自書寫教人書寫是无量壽宗要經受持讀誦當得往生西方極樂世界阿弥陁淨土 陁羅尼曰
南謨薄伽勃底 阿波唎蜜多 阿喻紇硯娜 須毗你尸指多 囉佐耶 怛他羯他耶 怛姪他唵 薩婆桑悉迦囉
波唎輸底 達磨底 伽迦娜 莎呵某特迦底 薩婆婆毗輸底 摩訶娜耶 波唎婆囇莎呵
若有方所自書寫使人書寫是无量壽經典之處則為是塔皆應恭敬作礼若是畜生禽
獸得聞是經如是等類皆當不久得成一切種智 陁羅尼曰
南謨薄伽勃底 阿波唎蜜多 阿喻紇硯娜 須毗你尸指多 囉佐耶 怛他羯他耶 怛姪他唵 薩婆
桑悉迦囉 波唎輸底 達磨底 伽迦娜 莎呵某特迦底 薩婆婆毗輸底 摩訶娜耶
波唎婆囇莎呵 若有於是无量壽經自書寫若使人寫畢竟不受女人之身 陁羅尼曰
南謨薄伽勃底 阿波唎蜜多 阿喻紇硯娜 須毗你尸指多 囉佐耶 怛他羯他耶 怛姪他
唵 薩婆桑悉迦囉 波唎輸底 達磨底 伽迦娜 莎呵某特迦底 薩婆婆毗輸底 十三
摩訶娜耶 波唎婆囇莎呵 若有能於經少分能惠施者若於三千大千世界滿中七寶布施
陁羅尼曰 南謨薄伽勃底 阿波唎蜜多 阿喻紇硯娜 須毗你尸指多 囉佐耶 怛他羯他耶
怛姪他唵 薩婆桑悉迦囉 波唎輸底 達磨底 伽迦娜 莎呵某特迦底 薩婆婆毗輸
底 摩訶娜耶 波唎婆囇莎呵 若有供養是經者則是供養一切諸經等无有別異 陁羅尼曰
南謨薄伽勃底 阿波唎蜜多 阿喻紇硯娜 須毗你尸指多 囉佐耶 怛他羯他耶 怛姪他唵
薩婆桑悉迦囉 波唎輸底 達磨底 伽迦娜 莎呵某特迦底 薩婆婆毗輸底 摩訶娜耶
波唎婆囇莎呵 若有人以七寶供養如是七佛其福有限書寫受持是无量壽經所有功德不可限量
如是毗婆尸佛 尸棄佛 毗舍浮佛 俱留孫佛 俱那含牟尼佛 迦葉佛 釋迦牟尼佛
波唎婆囇莎呵 如是毗婆尸佛 尸棄佛 毗舍浮佛 俱留孫佛 俱那含牟尼佛 迦葉佛
牟尼佛 若有人以七寶供養如是七佛其福有限書寫受持是无量壽經所有
德不可限量 陁羅尼曰 南謨薄伽勃底 阿波唎蜜多 阿喻紇硯娜 須毗你尸指多
囉佐耶 怛他羯他耶 怛姪他唵 薩婆桑悉迦囉 波唎輸底 達磨底 伽迦娜 莎呵
某特迦底 薩婆婆毗輸底 摩訶娜耶 波唎婆囇莎呵
若有七寶等於須弥以用布施其福上能知其限量是无量壽經典其福不可數 陁羅尼曰
南謨薄伽勃底 阿婆唎蜜多 阿喻紇硯娜 須毗你尸指多 囉佐耶 怛他羯他耶 怛
姪他唵 薩婆桑悉迦囉 波唎輸底 達磨底 伽迦娜 莎呵某特迦底 薩婆婆毗輸底
摩訶娜耶 波唎婆囇莎呵 如是四大海水可知滴數是无量壽經典可生果報不可

BD08676 號　無量壽宗要經　（5–4）

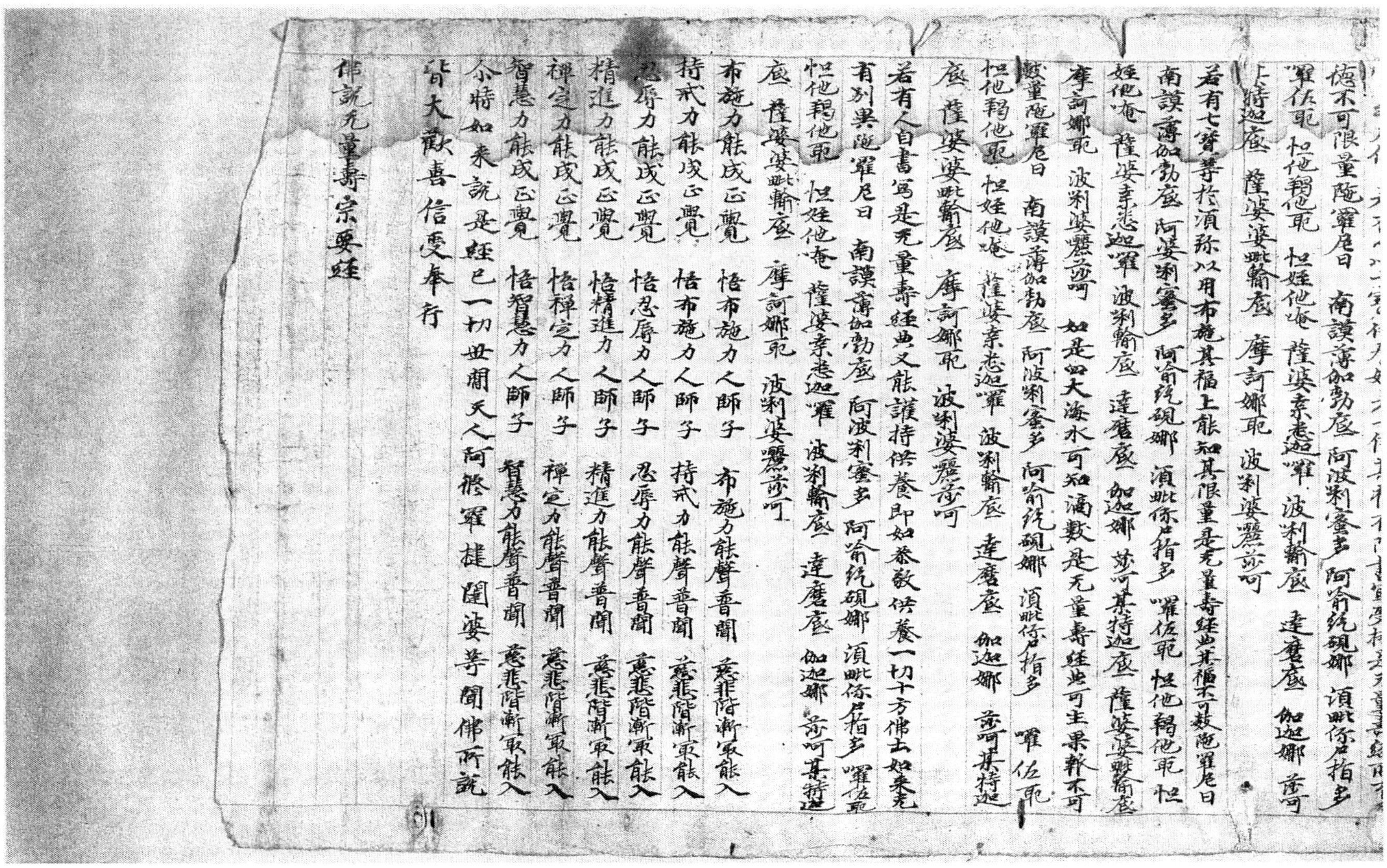

德不可限量陁羅尼曰　南謨薄伽勃底　阿波唎蜜多　阿喻紇硯娜　須毗儞指多
囉佐耶　怛他羯他耶　怛姪他唵　薩婆桒悉迦囉　波唎輸底　達磨底　伽迦娜　莎訶
上持迦底　薩婆婆毗輸底　摩訶娜耶　波唎婆瓥莎訶
若有七寶等於須弥以用布施其福上能知其限量是无量壽經典其福不可數陁羅尼曰
南謨薄伽勃底　阿波唎蜜多　阿喻紇硯娜　須毗儞指多　囉佐耶　怛他羯他耶　怛
姪他唵　薩婆桒悉迦囉　波唎輸底　達磨底　伽迦娜　莎訶某持迦底　薩婆婆毗輸底
摩訶娜耶　波唎婆瓥莎訶　如是四大海水可知滴數是无量壽經典可生果報不可
數量陁羅尼曰　南謨薄伽勃底　阿波唎蜜多　阿喻紇硯娜　須毗儞指多　囉佐耶
怛他羯他耶　怛姪他唵　薩婆桒悉迦囉　波唎輸底　達磨底　伽迦娜　莎訶某持迦
底　薩婆婆毗輸底　摩訶娜耶　波唎婆瓥莎訶
若有人自書寫是无量壽經典又能讙持供養即如恭敬供養一切十方佛土如來无
有別異陁羅尼曰　南謨薄伽勃底　阿波唎蜜多　阿喻紇硯娜　須毗儞指多　囉佐耶
怛他羯他耶　怛姪他唵　薩婆桒悉迦囉　波唎輸底　達磨底　伽迦娜　莎訶某持迦
底　薩婆婆毗輸底　摩訶娜耶　波唎婆瓥莎訶
布施力能成正覺　悟布施力人師子　布施力能聲香聞　慈悲階漸眾能入
持戒力能成正覺　悟布施力人師子　持戒力能聲香聞　慈悲階漸眾能入
忍辱力能成正覺　悟忍辱力人師子　忍辱力能聲香聞　慈悲階漸眾能入
精進力能成正覺　悟精進力人師子　精進力能聲香聞　慈悲階漸眾能入
禪定力能成正覺　悟禪定力人師子　禪定力能聲香聞　慈悲階漸眾能入
智慧力能成正覺　悟智慧力人師子　智慧力能聲香聞　慈悲階漸眾能入
尒時如來說是經已一切世間天人阿脩羅揵闥婆等聞佛所說
皆大歡喜信受奉行
佛說无量壽宗要經

BD08676 號　無量壽宗要經　（5–5）

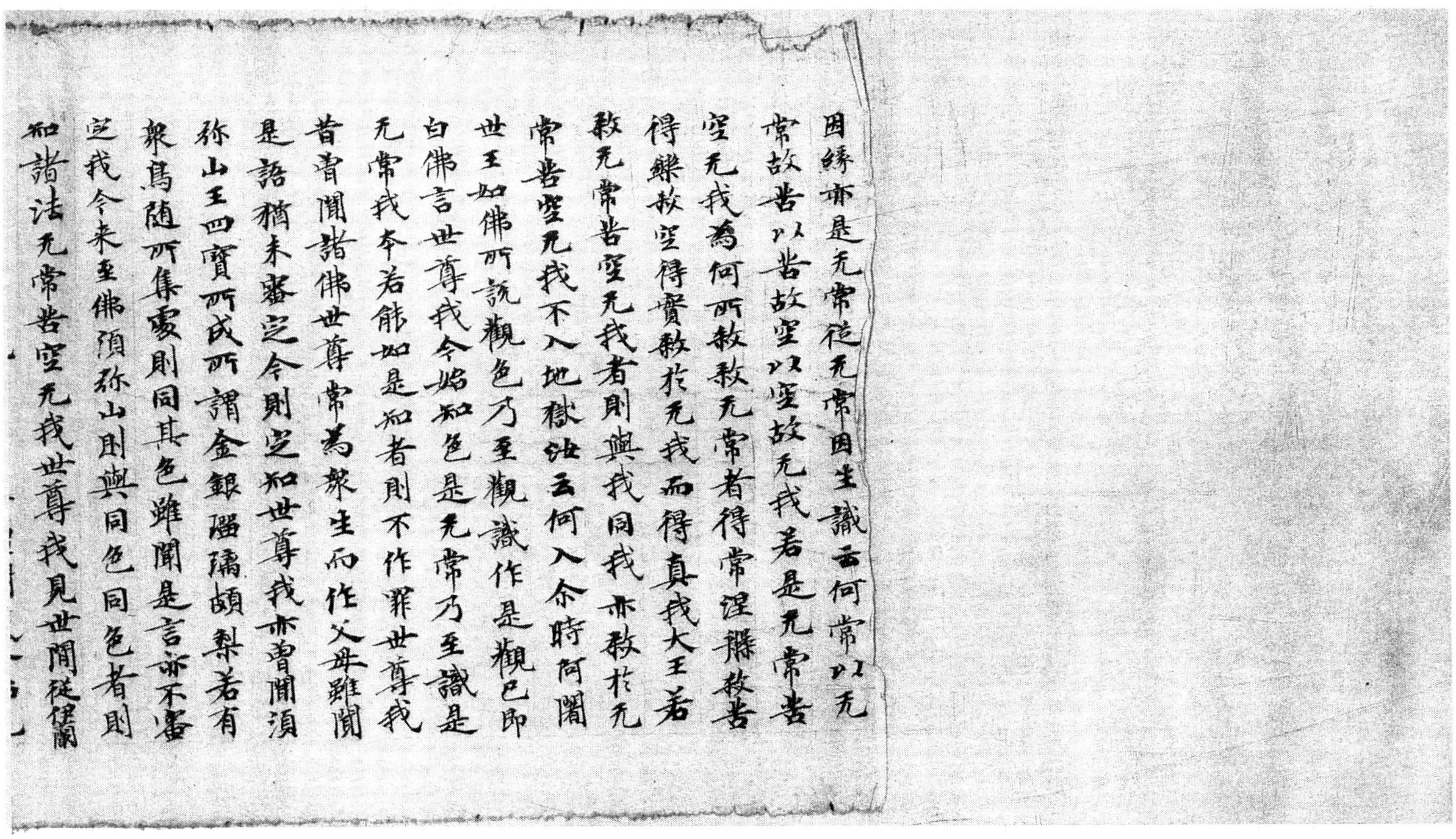

因緣亦是无常從无常因生識云何常以无
常故苦以苦故空以空故无我若是无常苦
空无我為何所繫繫无常者得常涅槃繫苦
得樂繫空得實繫於无我而得真我大王若
繫无常苦空无我者則與我同我亦繫於无
常苦空无我不入地獄汝云何入尒時阿闍
世王如佛所說觀色乃至觀識作是觀已即
白佛言世尊我今始知色是无常乃至識是
无常我本若能如是知者則不作罪世尊我
昔曾聞諸佛世尊常為眾生而作父母雖聞
是語猶未審定今則定知世尊我亦曾聞須
弥山王四寶所成所謂金銀瑠璃頗梨若有
眾鳥隨所集處則同其色雖聞是言亦不審
定我今來至佛須弥山則與同色同色者則
知諸法无常苦空无我世尊我見世間從伊蘭

BD08677 號　大般涅槃經（北本）卷二〇　（2–1）

昔曾聞諸佛世尊常為衆生而作父母雖聞
是語猶未審定今則定知世尊我亦曾聞須
弥山王四寶所成所謂金銀瑠璃頗梨若有
衆鳥隨所集處則同其色雖聞是言亦不審
定我今來至佛須弥山則與同色者則
知諸法无常苦空无我世尊我見世間從伊蘭
子生伊蘭樹不見伊蘭生旃檀樹我今始見
從伊蘭子生旃檀樹伊蘭子者我身是也旃
檀樹者即是我心无根信也无根者我初不
知恭敬如來不信法僧是名无根世尊我若
不遇如來世尊當於无量阿僧祇劫在大地
獄受无量苦我今見佛以是見佛所得功德
破壞衆生所有一切煩惱惡心佛言大王善
哉善哉我今知汝必能破壞衆生惡心世尊
若我審能破壞衆生諸惡心者使我常在阿
鼻地獄无量劫中為諸衆生受大苦惱不以
為苦尒時摩伽陁國无量人民悉發阿耨多
羅三藐三菩提心以如是等无量人民發大
心故阿闍世王所有重罪即得微薄王及夫

BD08677號　大般涅槃經（北本）卷二〇　（2–2）

[illegible]壽宗要經[illegible]
[illegible]
尒時[illegible]輸底[illegible]伽伽娜十一[illegible]
[illegible]十四波唎[illegible]莎訶十五
尒時復有一百四殑伽佛一時同聲說是无量壽宗要經陁羅尼曰
南謨薄伽勃底一阿波唎蜜哆二阿喻紇硯娜三須毗你悉指[illegible]
[illegible]薩婆桑悉迦羅八波唎輸底九達磨底十伽伽[illegible]
[illegible]底十三摩訶娜耶十四波唎婆[illegible]莎訶十五
尒時復有七十七殑伽佛一時同聲說是无量壽宗要經陁羅尼曰
南謨薄伽勃底一阿波唎蜜哆二阿喻紇硯娜三須毗你悉指陁[illegible]
怛姪他唵七薩婆桑悉迦羅八波唎輸底九達磨底十伽伽娜十一莎[illegible]
婆毗輸底十三摩訶娜耶十四波唎婆唎莎訶十五
尒時復有六十五殑伽佛一時同聲說是无量壽宗要經陁羅尼曰
南謨薄伽勃底一阿波唎蜜哆二阿喻紇硯娜三須毗你悉指陁四羅佐耶五怛他[illegible]
怛姪他唵七薩婆桑悉迦羅八波唎輸底九達磨底十伽伽娜十一[illegible]
婆毗輸底十三摩訶娜耶十四波唎婆羅莎訶十五　尒時復有五十五殑伽佛

BD08678號　無量壽宗要經　（5–1）

BD08678 號　無量壽宗要經　　（5–2）

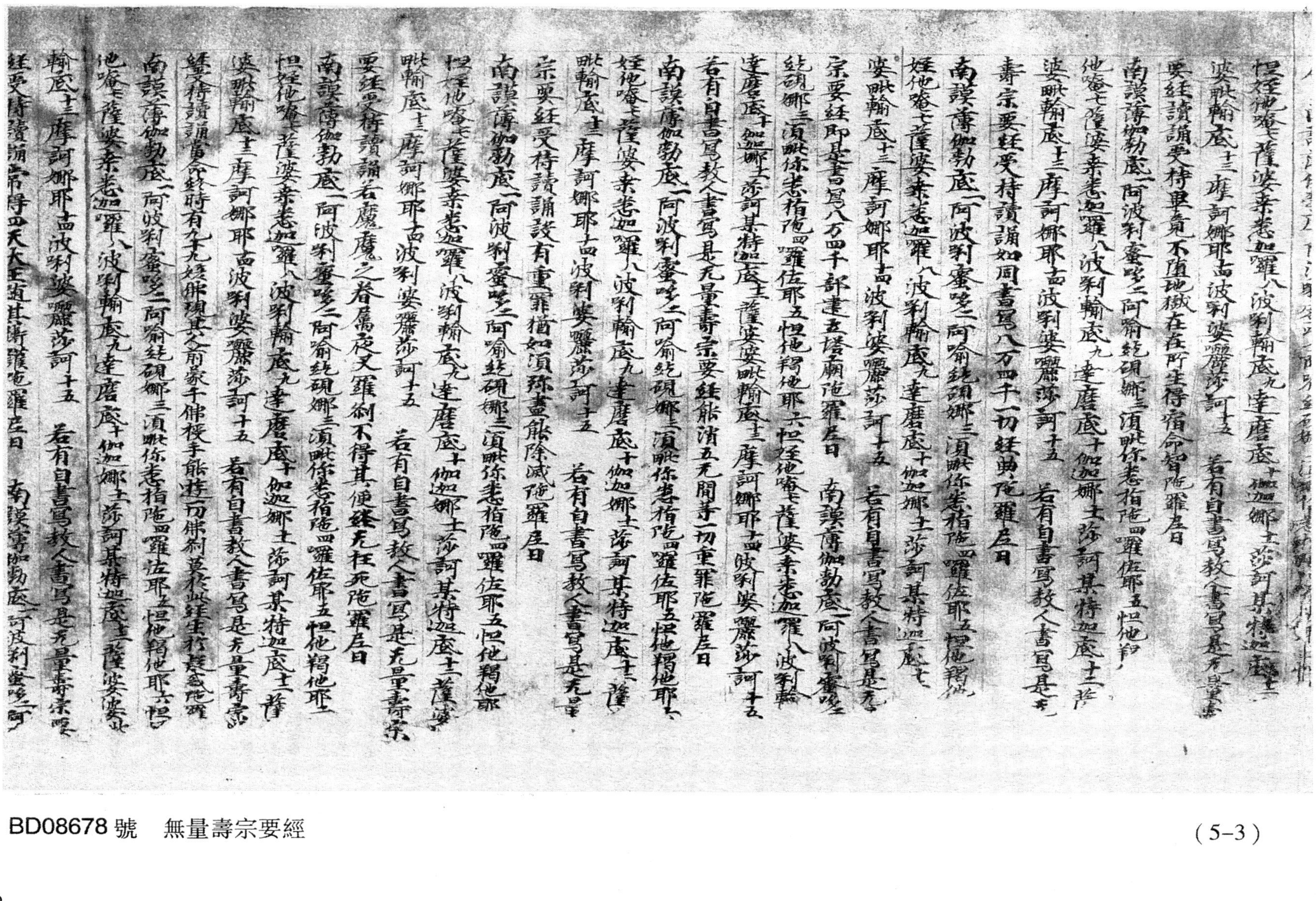

BD08678 號　無量壽宗要經　　（5–3）

[illegible]
南謨薄伽勃底一阿波唎蜜哆二阿喩紇硯娜三須毗你悉指陁四囉佐耶五怛他羯他耶六怛
姪他唵七薩婆桑悉迦囉八波唎輸底九達磨底十伽迦娜十一莎訶某特迦底十二薩婆婆毗
輸底十三摩訶娜耶十四波唎婆羅莎訶十五　若有自書寫是无量壽宗要
經受持讀誦常得四天大王隨其衛護陁羅尼曰　南謨薄伽勃底一阿波唎蜜哆二阿
喩紇硯娜三須毗你悉指陁四囉佐耶五怛他羯他耶六怛姪他唵七薩婆桑悉迦囉八波唎輸底九達
磨底十伽迦娜十一莎訶某特迦底十二薩婆婆毗輸底十三摩訶娜耶十四波唎婆羅莎訶十五
若有自書寫教人書寫是无量壽宗要經受持讀誦當得往生西方極樂世界阿弥陁
淨土陁羅尼曰　南謨薄伽勃底一阿波唎蜜哆二阿喩紇硯娜三須毗你悉指陁四囉佐耶
五怛他羯他耶六怛姪他唵七薩婆桑悉迦囉八波唎輸底九達磨底十伽迦娜十一莎訶某特
迦底十二薩婆婆毗輸底十三摩訶娜耶十四波唎婆羅莎訶十五
若有方所自書寫使人書寫是无量壽經典之處則為是塔皆應恭敬作礼若是畜
生或為鳥獸得聞是經如是等類皆當不久得成一切種智陁羅尼曰
南謨薄伽勃底一阿波唎蜜哆二阿喩紇硯娜三須毗你悉指陁四囉佐耶五怛他羯他耶六怛
姪他唵七薩婆桑悉迦囉八波唎輸底九達磨底十伽迦娜十一莎訶某特迦底十二薩婆婆
毗輸底十三摩訶娜耶十四波唎婆羅莎訶十五　若有於是无量壽經自書寫若
使人書畢竟不受女人之身陁羅尼曰　南謨薄伽勃底一阿波唎蜜哆二阿喩紇硯娜三
須毗你悉指陁四囉佐耶五怛他羯他耶六怛姪他唵七薩婆桑悉迦囉八波唎輸底九達磨底十
伽迦娜十一莎訶某特迦底十二薩婆婆毗輸底十三摩訶娜耶十四波唎婆羅莎訶十五
若有能於是經少分能惠施者等於三千大千世界滿中七寶布施陁羅尼曰
南謨薄伽勃底一阿波唎蜜哆二阿喩紇硯娜三須毗你悉指陁四囉佐耶五怛他羯他耶六怛
姪他唵七薩婆桑悉迦囉八波唎輸底九達磨底十伽迦娜十一莎訶某特迦底十二薩婆婆
毗輸底十三摩訶娜耶十四波唎婆羅莎訶十五　若有能供養是經者則是供養一切諸
經等无有異陁羅尼曰　南謨薄伽勃底一阿波唎蜜哆二阿喩紇硯娜三須毗你悉指陁四囉
佐耶五怛他羯他耶六怛姪他唵七薩婆桑悉迦囉八波唎輸底九達磨底十伽迦娜十一莎訶某
特迦底十二薩婆婆毗輸底十三摩訶娜耶十四波唎婆羅莎訶十五
如是毗婆尸佛　尸弃佛　毗舍浮佛　俱留孫佛　俱那含牟尼佛　加葉佛　釋迦牟尼佛
若有人以七寶供養如是七佛其福有限書寫受持是无量壽經典所有功德不可限量陁羅尼
南謨薄伽勃底一阿波唎蜜哆二阿喩紇硯娜三須毗你悉指陁四囉佐耶五怛他羯他耶六怛姪
他唵七薩婆桑悉迦囉八波唎輸底九達磨底十伽迦娜十一莎訶某特迦底十二薩婆
婆毗輸底十三摩訶娜耶十四波唎婆羅莎訶十五　若有七寶等於須弥以用布施其

BD08678號　無量壽宗要經　（5–4）

特迦底十二薩婆婆毗輸底十三摩訶娜耶十四波唎婆羅莎訶十五
如是毗婆尸佛　尸弃佛　毗舍浮佛　俱留孫佛　俱那含牟尼佛　加葉佛　釋迦牟尼佛
若有人以七寶供養如是七佛其福有限書寫受持是无量壽經典所有功德不可限量陁羅尼
南謨薄伽勃底一阿波唎蜜哆二阿喩紇硯娜三須毗你悉指陁四囉佐耶五怛他羯他耶六怛姪
他唵七薩婆桑悉迦囉八波唎輸底九達磨底十伽迦娜十一莎訶某特迦底十二薩婆
婆毗輸底十三摩訶娜耶十四波唎婆羅莎訶十五　若有七寶等於須弥以用布施其
福上能知其限量是无量壽經典其福不可知數陁羅尼曰　南謨薄伽勃底一阿波唎蜜哆
二阿喩紇硯娜三須毗你悉指陁四囉佐耶五怛他羯他耶六怛姪他唵七薩婆桑悉迦囉八波唎輸底九
達磨底十伽迦娜十一莎訶某特迦底十二薩婆婆毗輸底十三摩訶娜耶十四波唎婆羅莎訶十五
如是四大海水可知滴數是无量壽經典所生果報不可數量陁羅尼曰
南謨薄伽勃底一阿波唎蜜哆二阿喩紇硯娜三須毗你悉指陁四囉佐耶五怛他羯他耶六
怛姪他唵七薩婆桑悉迦囉八波唎輸底九達磨底十伽迦娜十一莎訶某特迦底十二薩
婆婆毗輸底十三摩訶娜耶十四波唎婆羅莎訶十五　若有自書使人書寫是无
量壽經典又能護持供養即如恭敬供養一切十方佛土如來无有別異陁羅尼曰
南謨薄伽勃底一阿波唎蜜哆二阿喩紇硯娜三須毗你悉指陁四囉佐耶五怛他羯他耶六怛
姪他唵七薩婆桑悉迦囉八波唎輸底九達磨底十伽迦娜十一莎訶某特迦底十二薩婆婆
毗輸底十三摩訶娜耶十四波唎婆羅莎訶十五
布施力能成正覺　悟布施力人師子　布施力能聲普聞　慈悲階漸最能入
持戒力能成正覺　悟持戒力人師子　持戒力能聲普聞　慈悲階漸最能入
忍辱力能成正覺　悟忍辱力人師子　忍辱力能聲普聞　慈悲階漸最能入
精進力能成正覺　悟精進力人師子　精進力能聲普聞　慈悲階漸最能入
禪定力能成正覺　悟禪定力人師子　禪定力能聲普聞　慈悲階漸最能入
智慧力能成正覺　悟智慧力人師子　智慧力能聲普聞　慈悲階漸最能入
尒時如來說是經已一切世間天人阿脩羅揵闥婆等聞佛所說皆大歡喜信受奉行
佛說无量壽宗要經
尒　尒時

BD08678號　無量壽宗要經　（5–5）

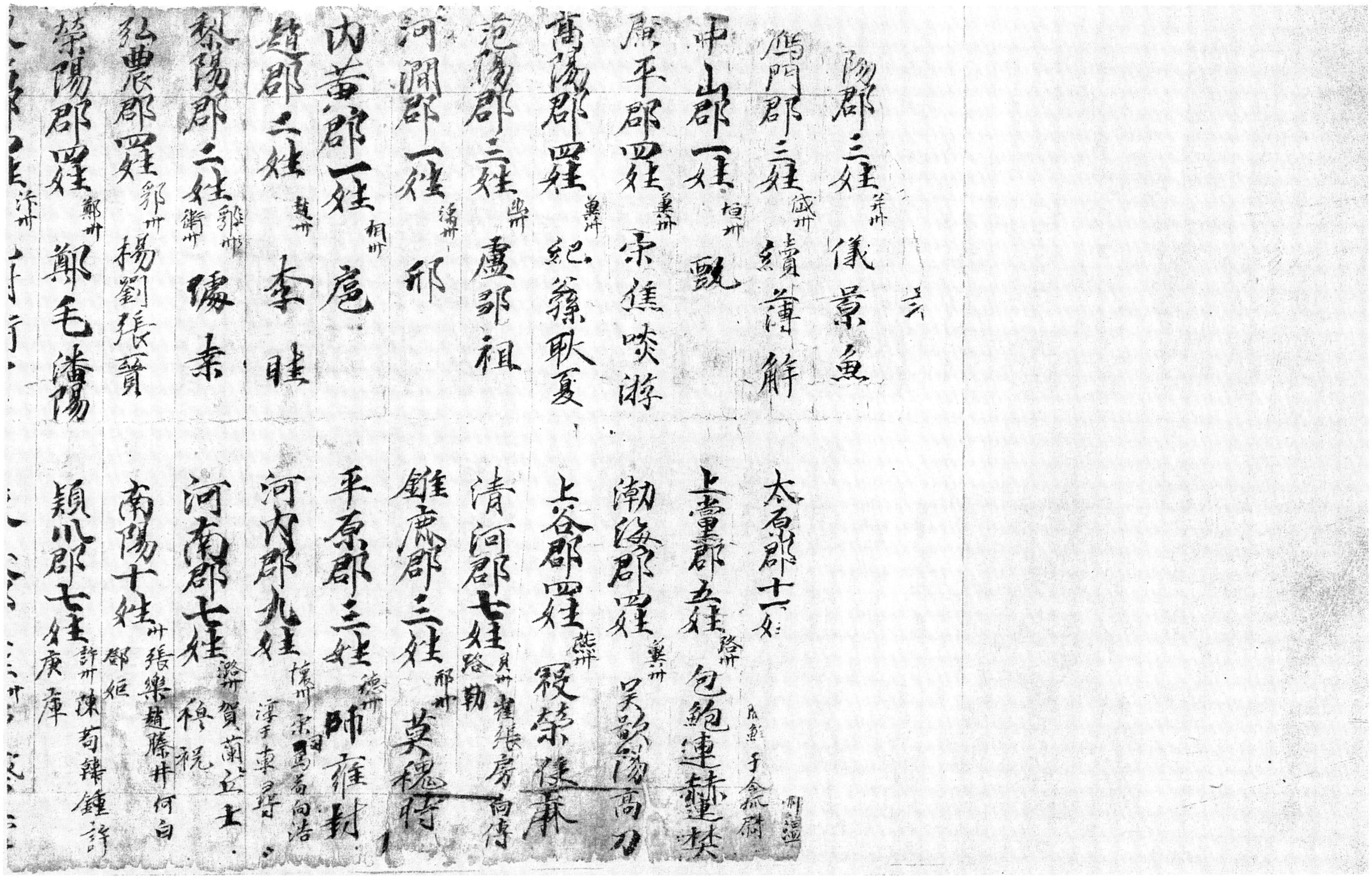
陽郡三姓 儀 景 魚　太原郡十一姓
鴈門郡三姓 續 薄 解　上黨郡五姓 包 鮑 連 赫連 樊
中山郡一姓 甄　渤海郡四姓 吴 歐陽 高 刁
廣平郡四姓 宋 焦 游　上谷郡四姓 寇 榮 侯 麻
高陽郡四姓 紀 孫 耿 夏　清河郡七姓 崔 張 房 向 傅
范陽郡三姓 盧 鄒 祖　鉅鹿郡三姓 莫 魏 侍
河間郡一姓 邢　平原郡三姓 師 雍 封
內黃郡一姓 扈　河內郡九姓 司馬 荀 向 浩 淳于
趙郡三姓 李 眭　河南郡七姓 賀蘭 丘 穆 祝
黎陽郡三姓 桑　南陽十姓 張 樂 趙 滕 井 何 白
弘農郡四姓 楊 劉 張　潁川郡七姓 陳 荀 韓 鍾 許
滎陽郡四姓 鄭 毛 潘 陽

BD08679號　唐貞觀八年五月十日高士廉等條舉氏族奏（擬）　　（4–1）

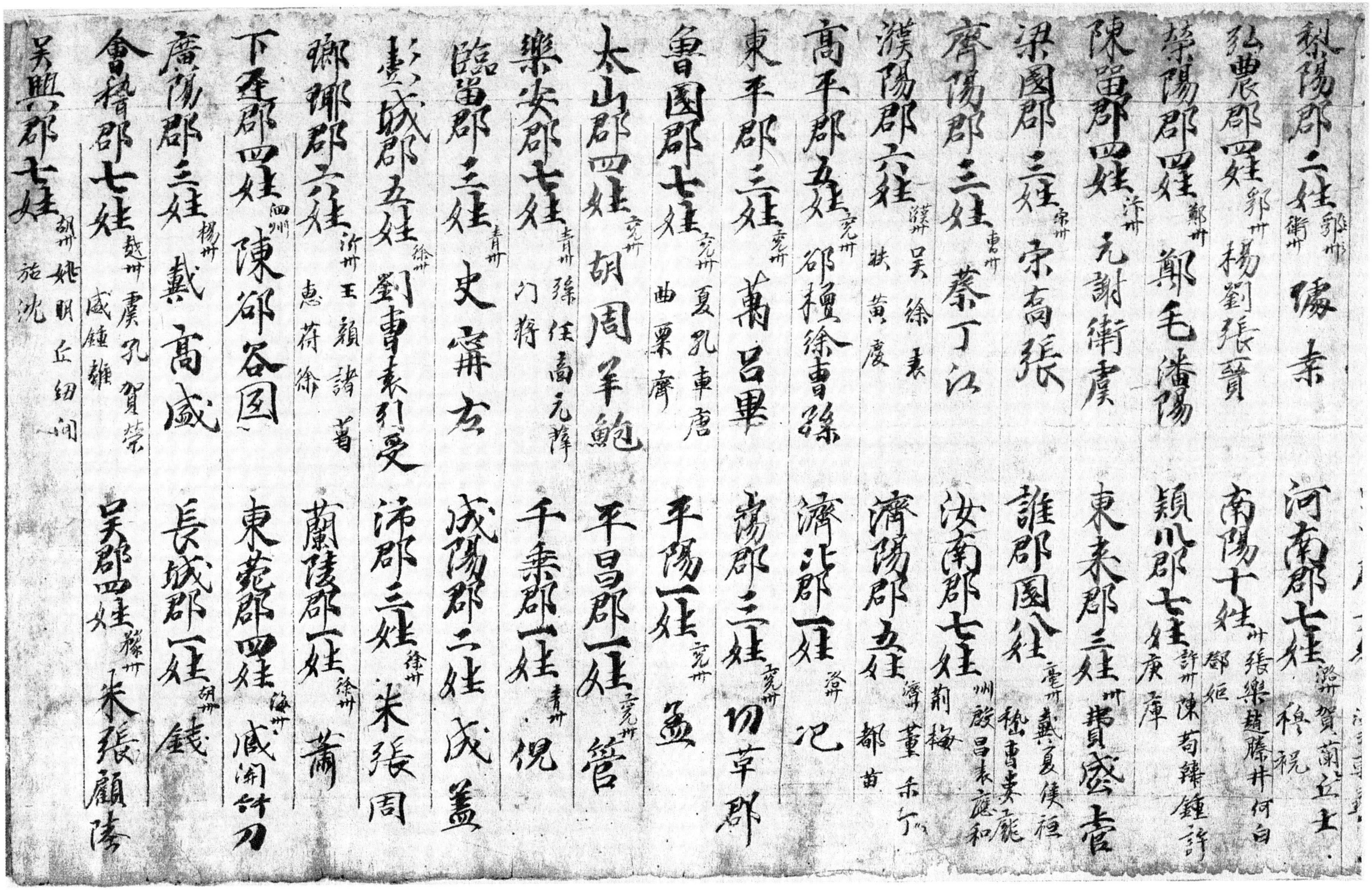

黎陽郡二姓 衛州 鄴州 儀 桑　河南郡七姓 洛州 賀蘭 丘 士 穆 祝
弘農郡羅姓 郟州 楊劉張賈　南陽十姓 鄧州 張樂趙滕井何白 鄧 姬
滎陽郡羅姓 鄭州 鄭毛潘陽　潁川郡七姓 許州 陳荀韓鍾許 庾 庫
陳留郡四姓 汴州 元謝衛虞　東來郡三姓 萊州 費盛 
梁國郡三姓 宋州 宋高張　譙郡國八姓 亳州 戴夏侯桓 嵇曹 
濟陽郡三姓 曹州 蔡丁江　汝南郡七姓 豫州 殷昌袁應和 周 梅
濮陽郡六姓 濮州 吳徐表 秩黃慶　濟陽郡五姓 濟州 董 都苗
高平郡五姓 兗州 郤檀徐曹孫　濟北郡一姓 濟州 氾
東平郡三姓 兗州 萬呂畢　高陽郡三姓 兗州 句草郡
魯國郡七姓 兗州 夏孔東唐 曲栗齊　平陽一姓 兗州 孟
太山郡四姓 兗州 胡周羊鮑　平昌郡一姓 兗州 管
樂安郡七姓 青州 孫任高元蔣 門將　千乘郡一姓 青州 倪
臨淄郡三姓 青州 史寧左　成陽郡二姓 成 蓋
彭城郡五姓 徐州 劉曹袁到受　沛郡三姓 徐州 朱張周
瑯琊郡六姓 沂州 王顏諸葛 惠荷徐　蘭陵郡一姓 徐州 蕭
下邳郡四姓 泗州 陳郤谷國　東莞郡四姓 海州 臧徐刁
廣陵郡三姓 揚州 戴高盛　長城郡一姓 湖州 錢
會稽郡七姓 越州 虞孔賀 盛鍾雜
吳興郡七姓 湖州 姚明丘紐閭 施沈　吳郡四姓 蘇州 朱張顧陸

BD08679號　唐貞觀八年五月十日高士廉等條舉氏族奏（擬）　（4–2）

下邳郡四姓 陳 荀 容 匡　東莞郡四姓 臧 闞 許 刁
廣陵郡三姓 揚州 戴 高 盛　長城郡一姓 湖州 錢
會稽郡七姓 越州 虞 孔 賀 榮 盛 鍾 離　吳郡四姓 蘇州 朱 張 顧 陸
吳興郡七姓 湖州 姚 明 丘 鈕 閒 施 沈
餘杭郡三姓 杭州 金 褚 花　鹽官郡三姓 杭州 岑 鄔 戚
丹陽郡四姓 潤州 紀 甘 許 左　東陽郡五姓 婺州 莉 姚 留 難 習 黃
臨海郡四姓 台州 屈 譚 靖 弋　松陽郡四姓 括州 黃 瀨 曲 豆
鄱陽郡三姓 江州 陶 翟　豫章郡五姓 洪州 熊 羅 章 雷 湛
武陵郡二姓 朗州 伍 仵　長沙郡四姓 譚州 劉 茹 曾 秦
武都郡一姓 鼎州 冉　南安郡五姓 泉州 黃 林 單 仇 盛
以前太史因堯置九州今為八千五郡合三百
九十八姓今貞觀八年五月十日壬辰自今已
後明加禁約前件郡姓出處許其通婚媾結
婚之始非舊委怠必須精加研究知譜囊相承
不虛始可為定其三百九十八姓之外又二千一百雜
姓非史籍所載雖預三百九十八姓之限而或媾
官混雜或從賤入良營門雜戶慕容商賈之類
雖於譜亦不通如有犯者剔除籍光祿大夫兼
吏部尚書許國公士廉等奏
勅令臣等定天下氏族若不別條舉恐無所
憑準令詳事件錄如前　勅旨依奏
大蕃歲次丙辰後三月庚午朔十六日乙酉魯國唐氏苾蒭悟真記

BD08679號　唐貞觀八年五月十日高士廉等條舉氏族奏（擬）　（4–3）

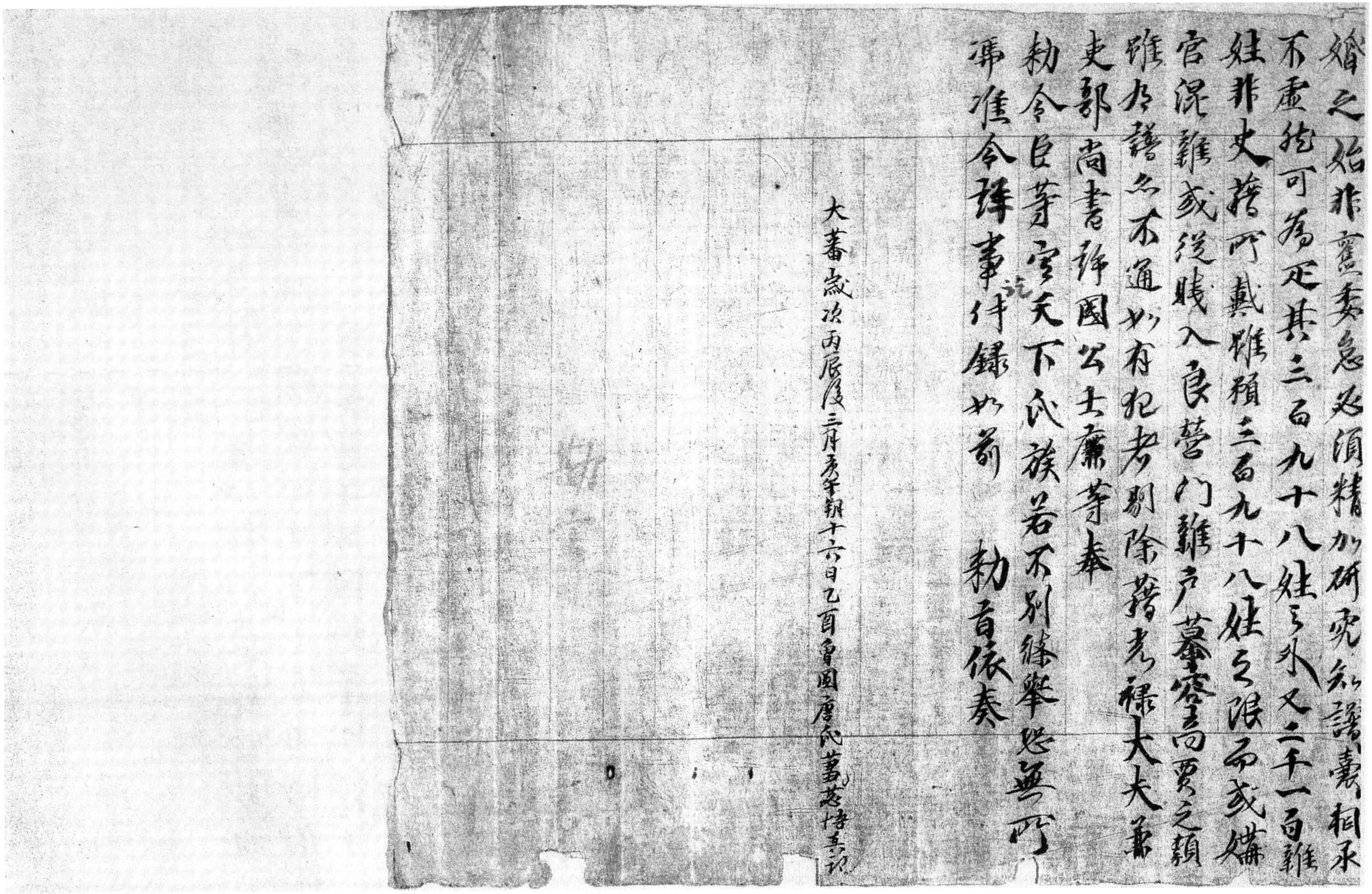
婚之始非盧奏急須精加研究知譜囊相承
不虛說可為定其三百九十八姓之外又二千一百雜
姓非史籍所載雖預三百九十八姓之限而或媾
官混雜或從賤入良營門雜戶慕容商賈之類
雖於譜上不通如有犯者別除籍光祿大夫兼
吏部尚書許國公士廉等奏
勅令臣等定天下氏族若不別條舉恐無所
憑準令詳事件錄如前　勅旨依奏
大蕃歲次丙辰後三月庚午朔十六日乙酉魯國唐氏苾蒭悟真記

BD08679號　唐貞觀八年五月十日高士廉等條舉氏族奏（擬）　（4–4）

# 著 録 凡 例

本目録採用條目式著録法。諸條目意義如下：

1.1 著録編號。用漢語拼音首字“BD”表示，意為“北京圖書館藏敦煌遺書”，簡稱“北敦號”。文獻寫在背面者，標註為“背”。一件遺書上抄有多個文獻者，用數字1、2、3等標示小號。一號中包括幾件遺書，且遺書形態各自獨立者，用字母A、B、C等區別。

1.2 著録分類號。本條記目録暫不分類，該項空缺。

1.3 著録文獻的名稱、卷本、卷次。

1.4 著録千字文編號。

1.5 著録縮微膠卷號。

2.1 著録遺書的總體數據。包括長度、寬度、紙數、正面抄寫總行數與每行字數、背面抄寫總行數與每行字數。如該遺書首尾有殘破，則對殘破部分單獨度量，用加號加在總長度上。凡屬這種情況，長度用括弧標註。

2.2 著録每紙數據。包括每紙長度及抄寫行數或界欄數。

2.3 著録遺書的外觀。包括：(1) 裝幀形式。(2) 首尾存況。(3) 護首、軸、軸頭、天竿、縹帶，經名是書寫還是貼簽，有無經名號，扉頁、扉畫。(4) 卷面殘破情況及其位置。(5) 尾部情況。(6) 有無附加物（蟲繭、油污、線繩及其他）。(7) 有無裱補及其年代。(8) 界欄。(9) 修整。(10) 其他需要交待的問題。

2.4 著録一件遺書抄寫多個文獻的情況。

3.1 著録文獻首部文字與對照本核對的結果。

3.2 著録文獻尾部文字與對照本核對的結果。

3.3 著録録文。

3.4 著録對文獻的説明。

4.1 著録文獻首題。

4.2 著録文獻尾題。

5 著録本文獻與對照本的不同之處。

6.1 著録本遺書首部可與另一遺書綴接的編號。

6.2 著録本遺書尾部可與另一遺書綴接的編號。

7.1 著録題記、題名、勘記等。

7.2 著録印章。

7.3 著録雜寫。

7.4 著録護首及扉頁的內容。

8 著録年代。

9.1 著録字體。如有武周新字、合體字、避諱字等，予以説明。

9.2 著録卷面二次加工的情況。包括句讀、點標、科分、間隔號、行間加行、行間加字、硃筆、墨塗、倒乙、刪除、兑廢等。

10 著録敦煌遺書發現後，近現代人所加內容，裝裱、題記、印章等。

11 備註。著録揭裱互見、圖版本出處及其他需要説明的問題。

上述諸條，有則著録，無則空缺。

為避文繁，上述著録中出現的各種參考、對照文獻，暫且不列版本説明。全目結束時，將統一編制本條記目録出現的各種參考書目。

本條記目録為農曆年份標註其公曆紀年時，未進行歲頭年末之換算，請讀者使用時注意自行換算。

# 條　記　目　錄

## BD08449—BD08679

1.1　BD08449 號
1.3　妙法蓮華經度量天地品第二九（兑廢稿）
1.4　裳 049
1.5　105:6187
2.1　(6＋114.5)×26.5 厘米；3 紙；64 行，行 17～19 字。
2.2　01：6＋30，20；　02：42.5，23；　03：42.0，21。
2.3　卷軸裝。首殘尾脱。首紙有竪破裂。有烏絲欄。尾有餘空。
3.1　首 3 行上下殘→大正 2872，85/1355C15～17。
3.2　尾殘→85/1356A11。
3.4　説明：
《大正藏》為殘本，首尾俱缺。本遺書第 25 行後《大正藏》本無，故可補《大正藏》之缺漏。
8　9～10 世紀。歸義軍時期寫本。
9.1　楷書。
9.2　有刮改。
11　圖版：《敦煌寶藏》，97/209A～210B。

1.1　BD08450 號
1.3　善惡因果經
1.4　裳 050
1.5　453:8660
2.1　151.5×26 厘米；3 紙；84 行，行 17 字。
2.2　01：50.5，28；　02：50.0，28；　03：51.0，28。
2.3　卷軸裝。首尾均脱。卷面水浸皺蹙，第 1、2 紙有等距離殘洞，首紙上邊有等距離殘缺，第 3 紙下邊殘缺，通卷上下邊殘破。背有古代裱補。有烏絲欄。
3.1　首殘→大正 2881，85/1381A13。
3.2　尾殘→85/1382A08。
8　7～8 世紀。唐寫本。
9.1　楷書。
9.2　有校改。
11　圖版：《敦煌寶藏》，111/110A～112A。

1.1　BD08451 號
1.3　大智度論（異卷）卷三八
1.4　裳 051
1.5　218:7284
2.1　(20＋64)×25.7 厘米；2 紙；48 行，行 17 字。
2.2　01：20＋14，19；　02：50.0，29。
2.3　卷軸裝。首殘尾脱。通卷下部有破裂和殘缺。有烏絲欄。已修整。
3.1　首 11 行中下殘→大正 1509，25/336A16～B10。
3.2　尾殘→25/336C20。
5　與《大正藏》本對照，分卷不同。相當於卷三七尾及卷三八首。與歷代大藏經分卷均不相同，應為異卷，暫定為卷三八。
8　5～6 世紀。南北朝寫本。
9.1　楷書。
11　圖版：《敦煌寶藏》，105/320A～321A。

1.1　BD08452 號
1.3　金剛般若波羅蜜經
1.4　裳 052
1.5　094:4397
2.1　51.3×26 厘米；2 紙；27 行，行 17 字。
2.2　01：47.3，27；　02：04.0，拖尾。
2.3　卷軸裝。首脱尾殘。經黄紙。卷面有水漬及蟲繭。有烏絲欄。已修整。
3.1　首殘→大正 0235，08/0752B03。
3.2　尾全→08/0752C02。
8　7～8 世紀。唐寫本。
9.1　楷書。
11　圖版：《敦煌寶藏》，83/101A～B。

1.1　BD08453 號
1.3　妙法蓮華經卷三
1.4　裳 053

1.5　105:5070
2.1　(12.9＋48.1＋8.7)×24.3 厘米；2 紙；43 行，行 17 字。
2.2　01：12.9＋32.2，28；　02：15.9＋8.7，15。
2.3　卷軸裝。首脱尾殘。經黄紙。卷面多水漬。卷尾有蟲繭。有烏絲欄。已修整。
3.1　首 8 行下殘→大正 0262，09/0019B17～25。
3.2　尾 5 行上殘→09/0020A03～10。
8　7～8 世紀。唐寫本。
9.1　楷書。
11　圖版：《敦煌寶藏》，88/425A～426A。

1.1　BD08454 號
1.3　妙法蓮華經卷三
1.4　裳 054
1.5　105:5174
2.1　101.1×25.3 厘米；3 紙；61 行，行 17 字。
2.2　01：46.3，28；　02：46.0，28；　03：08.8，05。
2.3　卷軸裝。首脱尾殘。麻紙；未入潢。卷面有水漬，污穢變色。有烏絲欄。已修整。
3.1　首殘→大正 0262，09/0024B05。
3.2　尾殘→09/0025A27。
8　7～8 世紀。唐寫本。
9.1　楷書。
11　圖版：《敦煌寶藏》，89/319B～320A。

1.1　BD08455 號
1.3　四分比丘尼戒本
1.4　裳 055
1.5　157:6965
2.1　(1.5＋63.5＋11.5)×26.2 厘米；3 紙；47 行，行 19 字。
2.2　01：1.5＋18，12；　02：45.5，28；　03：11.5，07。
2.3　卷軸裝。首尾均殘。卷面污穢變色，有殘破，下邊多殘缺。脱落 1 塊殘片，已綴接。有烏絲欄。已修整。
3.1　首 1 行中下殘→大正 1431，22/1031C02。
3.2　尾 7 行下殘→22/1032B02。
8　9～10 世紀。歸義軍時期寫本。
9.1　楷書。
11　圖版：《敦煌寶藏》，103/162B～163B。

1.1　BD08456 號
1.3　大般若波羅蜜多經（兑廢稿）卷二七〇
1.4　裳 056
1.5　084:2725
2.1　49.2×28 厘米；1 紙；25 行，行 17 字。
2.3　卷軸裝。首全尾脱。卷面油污，有殘洞。有烏絲欄。尾有餘空。
3.1　首全→大正 0220，06/0366B01。
3.2　尾缺→06/0366B20。
4.1　大般若波羅蜜多經卷第二百七十，/初分難信解品第卅四之八十九，三藏法師玄奘奉詔譯/（首）。
5　與《大正藏》本對照，尾 4 行經文重複。
8　9～10 世紀。歸義軍時期寫本。
9.1　楷書。
11　圖版：《敦煌寶藏》，74/543B～544A。

1.1　BD08457 號
1.3　金剛般若波羅蜜經
1.4　裳 057
1.5　094:3611
2.1　(3.5＋152)×25.5 厘米；5 紙；86 行，行 17 字。
2.2　01：3.5＋17.6，12；　02：51.0，28；　03：43.3，24；　04：07.3，04；　05：32.8，18。
2.3　卷軸裝。首殘尾脱。經黄打紙。卷面有水漬及破裂。有烏絲欄。已修整。
3.1　首 2 行上下殘→大正 0235，08/0749A06～08。
3.2　尾殘→08/0750A10。
8　7～8 世紀。唐寫本。
9.1　楷書。
11　圖版：《敦煌寶藏》，79/133A～135A。

1.1　BD08458 號
1.3　妙法蓮華經卷六
1.4　裳 058
1.5　105:5841
2.1　(9.5＋141.3)×26 厘米；3 紙；81 行，行 17 字。
2.2　01：9.5＋41，27；　02：50.3，27；　03：50.0，27。
2.3　卷軸裝。首殘尾脱。經黄打紙。卷面有水漬及油污，尾紙有破裂。有烏絲欄。
3.1　首 5 行下殘→大正 0262，09/0052C07～12。
3.2　尾脱→09/0053C07。
8　7～8 世紀。唐寫本。
9.1　楷書。
11　圖版：《敦煌寶藏》，95/336A～338A。

1.1　BD08459 號
1.3　妙法蓮華經卷七
1.4　裳 059
1.5　105:6108
2.1　(98.5＋2)×26.5 厘米；2 紙；56 行，行 17 字。
2.2　01：50.5，28；　02：48＋2，28。
2.3　卷軸裝。首脱尾殘。經黄打紙。首紙下邊有破裂。卷背多鳥糞。有烏絲欄。
3.1　首殘→大正 0262，09/0058B16。
3.2　尾行下殘→09/0059B01。

8　7～8 世紀。唐寫本。
9.1　楷書。
11　圖版：《敦煌寶藏》，97/25B～26B。

1.1　BD08460 號
1.3　金有陀羅尼經
1.4　裳 060
1.5　254:7607
2.1　65.3×26.4 厘米；2 紙；40 行，行 15～16 字。
2.2　01：21.0，13；　02：44.3，27。
2.3　卷軸裝。首殘尾全。有烏絲欄。
3.1　首殘→大正 2910，85/1456B02。
3.2　尾全→85/1456C10。
4.2　金有陀羅尼經一卷（尾）。
7.1　卷尾有藏文題記“bang－thag－bris（王塔寫）”。卷背面寫藏文 Sevi。
8　9～10 世紀。歸義軍時期寫本。
9.1　楷書。
11　圖版：《敦煌寶藏》，107/84B～85A。

1.1　BD08461 號
1.3　大般若波羅蜜多經（兌廢稿）卷五四三
1.4　裳 061
1.5　084:3320
2.1　47.5×25.6 厘米；1 紙；26 行，行 17 字。
2.3　卷軸裝。首尾均脫。打紙。有烏絲欄。尾有餘空。
3.1　首殘→大正 0220，07/0795B26。
3.2　尾缺→07/0795C23。
7.1　卷首上邊有 1 個“兌”字，卷尾有“兌一紙”。
8　8～9 世紀。吐蕃統治時期寫本。
9.1　楷書。有武周新字“正”。
11　圖版：《敦煌寶藏》，77/240B。

1.1　BD08462 號
1.3　大般若波羅蜜多經卷四六二
1.4　裳 062
1.5　084:3167
2.1　（17.2＋22）×25.5 厘米；1 紙；24 行，行 17 字。
2.3　卷軸裝。首殘尾脫。打紙。卷前部殘破。背有古代裱補。有烏絲欄。
3.1　首 11 行上下殘→大正 0220，07/0333A28～B09。
3.2　尾殘→07/0333B22。
7.1　卷首背面有勘記“卌百六十二（本文獻卷次），卌七（本文獻所屬袟次）”。
8　8～9 世紀。吐蕃統治時期寫本。
9.1　楷書。
11　圖版：《敦煌寶藏》，76/539B。

1.1　BD08463 號
1.3　記事大地土之本
1.4　裳 063
1.5　358:8433
2.1　42×29.5 厘米；1 紙；20 行，行 20 餘字。
2.3　卷軸裝。首尾均全。
3.4　説明：

本文獻首尾均全。可以分爲兩個部分。

前一部分 13 行，基本句式為先問：“某某應甚德（得）大緣?”然後予以回答。雖然行文多錯字、俗字，甚難理解卒讀，但論述對象為山、水、火、天、佛、人、牛、馬、驢、羊等等，綫索宛然。應為某一文獻，而非雜寫。詳情待考。首有“記事大地土之本”，或為首題。

後一部分 7 行，前為七言偈頌，後為長行。與前一部分雖為同一人所寫，但筆跡較粗，顯非同時抄寫。文字風格與前相同。詳情待考。

4.1　記事大地土之本（首）。
7.1　背面有題記：“己巳（?）年五月十九日乾明寺僧吳（?）法（?）律（?）/自手論（?）記◇◇。/”墨跡甚淡，難以辨認。
7.3　行間有雜寫“引路菩薩”。
8　9～10 世紀。歸義軍時期寫本。
9.1　行楷。
9.2　有行間校加字。
11　圖版：《敦煌寶藏》，110/307B。

1.1　BD08464 號
1.3　大般若波羅蜜多經卷二九六
1.4　裳 064
1.5　084:2821
2.1　（2＋50.3＋1.5）×26.1 厘米；2 紙；32 行，行 17 字。
2.2　01：2＋5.1，04；　02：45.2＋1.5，28。
2.3　卷軸裝。首尾均殘。打紙；砑光上蠟。有烏絲欄。
3.1　首行下殘→大正 0220，06/0507A20～21。
3.2　尾行上殘→06/0507B23～24。
6.1　首→BD00298 號 A。
6.2　尾→BD00165 號。
8　8～9 世紀。吐蕃統治時期寫本。
9.1　楷書。
11　圖版：《敦煌寶藏》，75/176。

1.1　BD08465 號
1.3　金光明最勝王經卷二
1.4　裳 065
1.5　083:1533
2.1　（4＋44.2）×25.5 厘米；2 紙；26 行，行 17 字。
2.2　01：4＋21.2，12；　02：23.0，14。

2.3 卷軸裝。首殘尾脫。背有古代裱補。有烏絲欄。
3.1 首行上殘→大正 0665，16/0408B05。
3.2 尾殘→16/0408C03。
8 8～9 世紀。吐蕃統治時期寫本。
9.1 楷書。
11 圖版：《敦煌寶藏》，68/345B～346A。

1.1 BD08466 號
1.3 小乘三科
1.4 裳 066
1.5 342:8399
2.1 （2+41）×30.5 厘米；1 紙；20 行，行 20 餘字。
2.3 卷軸裝。首殘尾全。通卷上邊殘破。有折疊欄。
3.4 說明：
本文獻首行中上殘，尾全。為敦煌僧人學習佛教的基礎教材。未為歷代大藏經所收。
4.2 三科竟（尾）。
8 9～10 世紀。歸義軍時期寫本。
9.1 行楷。
11 圖版：《敦煌寶藏》，110/191B。

1.1 BD08467 號
1.3 了性句並序
1.4 裳 067
1.5 332:8385
2.1 （2.7+39）×27.2 厘米；1 紙；29 行，行字不等。
2.3 卷軸裝。首全尾脫。卷面多水漬，有油污，有橫向破裂，上下邊殘破。有烏絲欄。已修整。
3.1 首全→《敦煌雜錄》，第 239 頁第 01 行。
3.2 尾殘→《敦煌雜錄》，第 241 頁第 08 行。
4.1 了性句並序（首）。
8 9～10 世紀。歸義軍時期寫本。
9.1 楷書。
9.2 有重文號。
11 圖版：《敦煌寶藏》，110/146A。

1.1 BD08468 號
1.3 觀世音經
1.4 裳 068
1.5 111:6274
2.1 （6.2+51.5）×26 厘米；3 紙；34 行，行 17 字。
2.2 01：6.2+6.5，07； 02：21.0，13； 03：24.0，14。
2.3 卷軸裝。首殘尾全。前 2 紙有破裂。有烏絲欄。已修整。
3.1 首 3 行上下殘→大正 0262，09/0057C06～10。
3.2 尾全→09/0058B07。
4.2 觀世經一卷（尾）。
8 9～10 世紀。歸義軍時期寫本。
9.1 楷書。
9.2 有校改。
11 圖版：《敦煌寶藏》，97/513A～B。

1.1 BD08469 號
1.3 大般若波羅蜜多經卷一五二
1.4 裳 069
1.5 084:2398
2.1 （51.5+1.7）×26 厘米；2 紙；31 行，行 17 字。
2.2 01：08.5，05； 02：43+1.7，26。
2.3 卷軸裝。首尾均殘。卷面油污，首紙有破裂，接縫處有開裂，尾紙有殘洞。有烏絲欄。已修整。
3.1 首殘→大正 0220，05/0820B08。
3.2 尾行上下殘→05/0820C09。
8 8～9 世紀。吐蕃統治時期寫本。
9.1 楷書。
11 圖版：《敦煌寶藏》，73/165。

1.1 BD08470 號
1.3 大般若波羅蜜多經卷四八三
1.4 裳 070
1.5 084:3202
2.1 （5.3+42）×26.8 厘米；1 紙；29 行，行 17 字。
2.3 卷軸裝。首殘尾脫。卷面多水漬，前部有數處殘洞。有烏絲欄。
3.1 首 4 行上殘→大正 0220，07/0453B25～28。
3.2 尾殘→07/0453C23。
8 8～9 世紀。吐蕃統治時期寫本。
9.1 楷書。
9.2 有行間加行。
11 圖版：《敦煌寶藏》，76/621A。

1.1 BD08471 號
1.3 大般若波羅蜜多經卷三一二
1.4 裳 071
1.5 084:2849
2.1 （5.3+88.4+1.7）×25.6 厘米；2 紙；56 行，行 17 字。
2.2 01：5.3+42.5，28； 02：45.9+1.7，28。
2.3 卷軸裝。首尾均殘。通卷有等距離火燒殘洞，首紙上邊殘缺。有烏絲欄。
3.1 首 3 行中殘→大正 0220，06/0589B05～08。
3.2 尾行上殘→06/0590A01～02。
7.1 首紙背有勘記“三百一十二”。
8 8～9 世紀。吐蕃統治時期寫本。
9.1 楷書。
11 圖版：《敦煌寶藏》，75/232B～233B。

1.1　BD08472 號
1.3　瑜伽師地論鈔（擬）
1.4　裳 072
1.5　428:8616
2.1　42.5×29.8 厘米；1 紙；28 行，行 31~36 字。
2.3　卷軸裝。首尾均脱。卷面有殘洞。尾有餘空。
3.4　説明：

本遺書為《瑜伽師地論鈔》（擬），存文二段，詳情如下：

一、第 1 行~第 14 行上，《瑜伽師地論》卷七五，參見：大正 1579，30/0711A03~B02。

二、第 14 行下~第 28 行，《瑜伽師地論》卷七七，參見：大正 1579，30/0727B01~29。

8　9~10 世紀。歸義軍時期寫本。
9.1　楷書。
9.2　有行間校加字。有倒乙。
11　圖版：《敦煌寶藏》，111/18A。

1.1　BD08473 號
1.3　淨名經集解關中疏卷上
1.4　裳 073
1.5　078:1349
2.1　56.6×27.9 厘米；3 紙；正面 30 行，背面 23 行，行 26~27 字。
2.2　01：13.4，09；　02：30.2，21；　03：13.0，素紙。
2.3　卷軸裝。首尾均脱。有上下烏絲邊欄。
2.4　本遺書包括 2 個文獻：（一）《淨名經集解關中疏》卷上，30 行，今編為 BD08473 號。（二）《維摩詰所説經同會菩薩解義綱要》（擬），抄寫在背面，23 行，今編為 BD08473 號背。
3.1　首殘→《藏外佛教文獻》，02/249 頁第 05 行。
3.2　尾殘→《藏外佛教文獻》，02/250 頁第 23 行。
8　8~9 世紀。吐蕃統治時期寫本。
9.1　楷書。
9.2　有行間校加字。有硃筆點標。
11　圖版：《敦煌寶藏》，67/69A~70B。

1.1　BD08473 號背
1.3　維摩詰所説經同會菩薩解義綱要（擬）
1.4　裳 073
1.5　078:1349
2.4　本遺書由 2 個文獻組成，本號為第 2 個，抄寫在背面，23 行。餘參見 BD08473 號之第 2 項、第 11 項。
3.3　錄文：

言“山相擊音菩薩”，此菩薩見衆生無明被底臥，毒蛇匧中/

坐，興悲愍念，如兩山相擊，廣施法音，警覺有情，令增勝業。名曰“山相/

擊”，又疏文中，若兩山相搏。言“搏”者，手擊也。音“博”同，入聲。/

卅八韻，鐸明。

“帝網菩薩”者，世間法網，能賞善罰惡；出世法網，能除衆生熱渴/

煩惱。猶如何等？如魚網滂（撈）衆生出生死海，到涅槃山。疏言：神變如幻化者，/

引真帝（諦）三藏變人作驢，飯鐺空中。如羅什變長安城，合著空中。/

所有是非，遣帝王見知。小聖上（尚）自，豈況大士也。/

言“喜根菩薩”，四無量中，多説喜無量。亦五受中，取喜受也。/

言“無緣觀菩薩”，“觀”者，遊貫行，行空中也。亦云觀一切上、中、下/

根，隨機設教也。“無緣”者，無緣大乘也。疏：不取相。色不取眼相，/

聲不取耳相。意等當知亦然。/

言“妙生菩薩”，引世國王家生；又引夢中金蛇入懷，便生/

貴子之事。上自如是，豈大士也。/

“觀音菩薩”，引《般若經》疏，引世六國之時大戰，人死填河，水/

即逆上，水變成血，如河如［□］。疏：聖作千手眼。入陣之事，即/

獨煞神是也。又引僧犯罪云云：七曰中間，唯念於王，王即菩薩。/

言“珠髻菩薩”，引《達摩和尚碑文》驢（?）龍珠。引戒賢大師段（斷）達/

摩舌，避入菩提樹薗之事。又，如意珠義在《雜寶藏/

經》第六明。/

“華嚴菩薩”，引世蓮花。/

“文殊”，本是龍種上尊王佛。北方常喜世界，益物補處。/

亦在京清涼五臺山，引法照和尚見事。/

（錄文完）。

3.4　説明：

所解釋諸菩薩，皆出於《維摩詰所説經》序分，唯次序有錯亂。本文獻對所需解釋的菩薩，僅羅列有關資料的綱要，故應為某僧講經前自擬的準備材料。故擬此名。

8　9~10 世紀。歸義軍時期寫本。
9.1　行楷。有合體字“菩薩”、“菩提”。
9.2　有塗抹。

1.1　BD08474 號
1.3　生兜率内院禮讚法（擬）
1.4　裳 074
1.5　270:7678
2.1　42.6×30.2 厘米；1 紙；17 行，行字不等。
2.3　卷軸裝。首尾均全。

3.4 說明：
本文獻首尾均全。普勸受持“本師釋迦牟尼佛真言”等五道真言、“觀音菩薩偈”等四首偈頌，認爲可以盡此報身，定生兜率内院。
8 9～10世紀。歸義軍時期寫本。
9.1 楷書。
9.2 有行間校加字。有倒乙及重文號。
11 圖版：《敦煌寶藏》，107/299A。

1.1 BD08475號1
1.3 澄心論
1.4 裳075
1.5 337:8390
2.1 43×30.5厘米；1紙；25行，行30餘字。
2.3 卷軸裝。首尾均全。卷面油污，上下邊有殘缺。
2.4 本遺書包括2個文獻：（一）《澄心論》，20行，今編為BD08475號1。（二）《澄心論後儀》（擬），5行，今編為BD08475號2。
3.4 說明：
本文獻首尾均全。為禪宗著作，未為歷代大藏經所收。
4.1 證（澄）心論一卷（首）。
4.2 證（澄）心論一卷（尾）。
8 9～10世紀。歸義軍時期寫本。
9.1 行楷。
11 圖版：《敦煌寶藏》，110/162B。

1.1 BD08475號2
1.3 澄心論後儀（擬）
1.4 裳075
1.5 337:8390
2.4 本遺書由2個文獻組成，本號為第2個，5行。餘參見BD08475號1之第2項、第11項。
3.4 說明：
敦煌遺書中所抄寫的《澄心論》尾題後，均有“除睡眠真言”、“入定真言”等兩道真言，以及從《涅槃經》中摘取的一段經文，作爲附錄。故擬此名。
7.3 尾有：“蘄州忍大師是祖，超凡趣聖悟解脱宗/修心要論一卷。/”在敦煌遺書中，《澄心論》之後，往往接抄該《修心要論》。但本遺書僅抄寫題目，未抄本文，即放棄。今將此題目作爲雜寫著錄。
8 9～10世紀。歸義軍時期寫本。
9.1 行楷。

1.1 BD08476號
1.3 金光明最勝王經卷四
1.4 裳076
1.5 083:1673
2.1 （3.5+82.9+6.5）×25.5厘米；3紙；60行，行17字。
2.2 01：3.5+17，13； 02：38.4，25；
03：27.5+6.5，22。
2.3 卷軸裝。首尾均殘。通卷破碎嚴重。背多有古代裱補。有烏絲欄。
3.1 首2行下殘→大正0665，16/0418B02～04。
3.2 尾4行上中殘→16/0419A03～07。
8 7～8世紀。唐寫本。
9.1 楷書。
9.2 有行間校加字。
11 圖版：《敦煌寶藏》，69/224A～225A。
從本遺書背面揭下古代裱補紙2塊，今編爲BD16525號。

1.1 BD08477號
1.3 無常經
1.4 裳077
1.5 139:6673
2.1 （34+6.3）×25厘米；2紙；14行，行17字。
2.2 01：12.5，護首； 02：21.5+6.3，14。
2.3 卷軸裝。首全尾殘。有護首，係另一遺書的拖尾。通卷污損嚴重，下部有4個殘洞。已修整。
3.1 首全→大正0801，17/0745B07。
3.2 尾2行上下殘→17/0745B21～22。
4.1 佛說無常經，亦名三啓經，三藏法師義淨奉制譯（首）。
8 7～8世紀。唐寫本。
9.1 楷書。
11 圖版：《敦煌寶藏》，101/125B。
從本遺書背面揭下古代裱補紙1塊，今編爲BD16180號。

1.1 BD08478號
1.3 佛頂尊勝陀羅尼咒
1.4 裳078
1.5 229:7368
2.1 45.5×29.3厘米；1紙；17行，行字不等。
2.3 卷軸裝。首尾均全。卷面有紅色污痕，有殘破及殘洞，上邊有殘缺。有折疊欄。
3.1 首全→大正0967，19/0352A28。
3.2 尾全→19/0352B23。
4.1 佛頂尊勝陀羅尼咒（首）。
5 與《大正藏》本對照，略相當於所附的宋本。
8 7～8世紀。唐寫本。
9.1 楷書。
11 圖版：《敦煌寶藏》，105/611A。

1.1 BD08479號1
1.3 瑜伽師地論（兑廢稿）卷三〇
1.4 裳079

1.5　084:2056
2.1　(1.4+75.2)×26.5 厘米；2 紙；49 行，行 17 字。
2.2　01：1.4+31.4，21；　　02：43.8，28。
2.3　卷軸裝。首殘尾脱。卷面有墨污及油污。有烏絲欄。
2.4　本遺書包括 3 個文獻：（一）《瑜伽師地論》（兑廢稿）卷三〇，23 行，今編為 BD08479 號 1。（二）《大般若波羅蜜多經》（兑廢稿）卷一九，26 行，今編為 BD08479 號 2。（三）《七階佛名經》，抄寫在背面，33 行，今編為 BD08479 號背。

本遺書乃利用《瑜伽師地論》卷三〇之兑廢稿，雜寫《大般若波羅蜜多經》卷一九經文。又利用其背面，抄寫《七階佛名經》，但仍未抄完，仍屬經文雜寫之類。

3.1　首殘→大正 1579，30/0450C29。
3.2　尾殘→30/0451A22。
8　9～10 世紀。歸義軍時期寫本。
9.1　楷書。
11　圖版：《敦煌寶藏》，71/508B～510B。

1.1　BD08479 號 2
1.3　大般若波羅蜜多經（兑廢稿）卷一九
1.4　裳 079
1.5　084:2056
2.4　本遺書由 3 個文獻組成，本號為第 2 個，26 行。餘參見 BD08479 號 1 之第 2 項、第 11 項。
3.1　首全→大正 0220，05/0102A23。
3.2　尾殘→05/0102B20。
4.1　大般若波羅蜜多經卷第十九，/初分教誡授品第之九，三藏法師玄奘奉詔譯/（首）。
7.3　尾第 2 行“世尊”二字下爲經文雜寫。
8　9～10 世紀。歸義軍時期寫本。
9.1　楷書。

1.1　BD08479 號背
1.3　七階佛名經
1.4　裳 079
1.5　084:2056
2.4　本遺書由 3 個文獻組成，本號為第 3 個，抄寫在背面，33 行。餘參見 BD08479 號 1 之第 2 項、第 11 項。
3.4　説明：

本文獻首全尾缺。為中國人編纂的佛教禮懺文，在敦煌地區甚爲流行，形態歧雜。需要進一步研究。

4.1　觀藥王藥上菩薩經等略出七階佛名懺悔（首）。
8　9～10 世紀。歸義軍時期寫本。
9.1　楷書。

1.1　BD08480 號
1.3　四分比丘尼戒本
1.4　裳 080
1.5　157:6975
2.1　(3+194.5)×27 厘米；5 紙；134 行，行 25 字。
2.2　01：3+29，24；　　02：41.5，28；　　03：41.5，28；
04：41.5，28；　　05：41.0，26。
2.3　卷軸裝。首殘尾全。卷面殘破，多水漬。有折疊欄。尾有餘空。
3.1　首 2 行上中殘→大正 1431，22/1034B10～11。
3.2　尾缺→22/1036C26。
8　9～10 世紀。歸義軍時期寫本。
9.1　楷書。
9.2　有行間校加字。
11　圖版：《敦煌寶藏》，103/220A～222B。

1.1　BD08481 號
1.3　大般若波羅蜜多經（兑廢稿）卷一六一
1.4　裳 081
1.5　084:2416
2.1　46.6×27.1 厘米；1 紙；26 行，行 17 字。
2.3　卷軸裝。首尾均脱。卷面有破裂，上下邊有殘缺。脱落 2 塊殘片，已綴接。有烏絲欄。尾有餘空。已修整。
3.1　首殘→大正 0220，05/0866B28。
3.2　尾殘→05/0866C25。
7.1　尾有題記“寅年三月二十九日已後欠經十八卷”。背有題名“李曙”（倒寫）。
7.3　背有“宰相寫經在龍興，三五後生相往/淩（?），喚大乘，供大棒，廳子向前脱/◇書。/大番國都經生吳部落使/”4 行，已被墨筆勾塗，難以辨認。有行間小字“薩”。
8　8～9 世紀。吐蕃統治時期寫本。
9.1　楷書。
11　圖版：《敦煌寶藏》，73/222B。

1.1　BD08482 號
1.3　觀無量壽佛經
1.4　裳 082
1.5　016:0203
2.1　(36+53+5)×25.6 厘米；2 紙；56 行，行約 17 字。
2.2　01：36+11，28；　　02：42+5，28。
2.3　卷軸裝。首殘尾脱。通卷下邊有等距離殘缺，尾紙上方有破裂。已修整。
3.1　首 7 行上殘→大正 0365，12/0341B27～C03。
3.2　尾 2 行下殘→12/0342A27～28。
8　8～9 世紀。吐蕃統治時期寫本。
9.1　楷書。
11　圖版：《敦煌寶藏》，57/144B～145B。

1.1　BD08483 號
1.3　四分比丘尼戒本（異本）

1.4　裳 083
1.5　157:6963
2.1　45.2×28 厘米；2 紙；20 行，行 20 字。
2.2　01：43.0，08；　　02：22.2，12。
2.3　卷軸裝。首全尾殘。卷前部有横向破裂。有折疊欄。首紙係後補，有 16.8 厘米交互粘貼在第 2 紙後面，並劃出烏絲欄，補寫卷首 8 行。
3.4　説明：
本文獻首全，尾 4 行中下殘。與《大正藏》本《四分比丘尼戒本》對照，行文有差異，為敦煌教團自行修訂所致，已形成異本。可參見大正 1431，22/1031A02～B07。
4.1　四分尼戒本（首）。
8　9～10 世紀。歸義軍時期寫本。
9.1　楷書。
9.2　有硃筆校改、塗抹及行間加行。
11　圖版：《敦煌寶藏》，103/154B。

1.1　BD08484 號
1.3　維摩詰所説經卷上
1.4　裳 084
1.5　070:1032
2.1　（7＋111.5）×27.5 厘米；3 紙；62 行，行 17 字。
2.2　01：7＋31，19；　　02：40.5，22；　　03：40.0，21。
2.3　卷軸裝。首殘尾脱。首紙有破裂，接縫處中部有開裂。有烏絲欄。
3.1　首 3 行中上殘→大正 0475，14/0539C29～0540A02。
3.2　尾殘→14/0540C08。
8　6 世紀。南北朝寫本。
9.1　楷書。
9.2　有行間校加字及刪除號。
11　圖版：《敦煌寶藏》，64/422B～424A。

1.1　BD08485 號
1.3　四分律刪繁補闕行事鈔卷中
1.4　裳 085
1.5　172:7078
2.1　（1.5＋38.5）×27.5 厘米；1 紙；25 行，行 27 字。
2.3　卷軸裝。首殘尾脱。卷首中部有殘缺。有折疊欄。
3.1　首 1 行中殘→大正 1804，40/0071B19。
3.2　尾殘→40/0072A05。
7.3　卷背有雜寫“墨”。
8　9～10 世紀。歸義軍時期寫本。
9.1　楷書。
9.2　有硃筆校改及行間加行。
11　圖版：《敦煌寶藏》，104/94B。

1.1　BD08486 號
1.3　寶雲經卷四
1.4　裳 086
1.5　461:8675
2.1　（15.2＋71.2＋1.3）×26.4 厘米；3 紙；50 行，行 17 字。
2.2　01：15.2＋22.6，21；　　02：48.6，28；　　03：01.3，01。
2.3　卷軸裝。首尾均殘。有烏絲欄。
3.1　首 8 行上殘→大正 0658，16/0229A10～18。
3.2　尾行上殘→16/0229C01～02。
8　8 世紀。唐寫本。
9.1　楷書。
11　圖版：《敦煌寶藏》，111/155A～156A。

1.1　BD08487 號
1.3　梵網經盧舍那佛説菩薩心地戒品第十卷下
1.4　裳 087
1.5　143:6722
2.1　（6＋42.7）×25.5 厘米；1 紙；28 行，行 17 字。
2.3　卷軸裝。首殘尾脱。經黄紙。卷面多水漬。有烏絲欄。已修整。
3.1　首 5 行上殘→大正 1484，24/1005A20～23。
3.2　尾殘→24/1005B21。
8　7～8 世紀。唐寫本。
9.1　楷書。
11　圖版：《敦煌寶藏》，101/344A～B。

1.1　BD08488 號
1.3　大般若波羅蜜多經卷二〇五
1.4　裳 088
1.5　084:2515
2.1　91.6×27.2 厘米；2 紙；54 行，行 17 字。
2.2　01：45.0，26；　　02：46.6，28。
2.3　卷軸裝。首全尾脱。尾紙上邊殘缺。有烏絲欄。
3.1　首全→大正 0220，06/0021A25。
3.2　尾殘→06/0021C23。
4.1　大般若波羅蜜多經卷第二百五，/初分難信解品第卅四之廿四，三藏法師玄奘奉詔譯/（首）。
8　8～9 世紀。吐蕃統治時期寫本。
9.1　楷書。
11　圖版：《敦煌寶藏》，73/598A～599A。

1.1　BD08489 號
1.3　般若波羅蜜多心經
1.4　裳 089
1.5　102:4459
2.1　45.4×28.1 厘米；1 紙；19 行，行 17 字。
2.3　卷軸裝。首尾均全。下邊有 2 處殘缺。有烏絲欄。
3.1　首全→大正 0251，08/0848C04。

3.2　尾全→08/0848C24。
4.1　般若波羅蜜多經（首）。
4.2　多心經一卷（尾）。
7.1　卷尾有題名“孟壞睐”。
8　8～9世紀。吐蕃統治時期寫本。
9.1　楷書。
11　圖版：《敦煌寶藏》，83/295B。

1.1　BD08490號
1.3　大般若波羅蜜多經（兑廢稿）卷二四七
1.4　裳090
1.5　084:2648
2.1　（38.9+1.8）×26.8厘米；1紙；24行，行17字。
2.3　卷軸裝。首脱尾殘。卷面油污。有烏絲欄。
3.1　首殘→大正0220，06/0247A27。
3.2　尾行下殘→06/0247B22。
7.1　上邊有1個“兑”字。
7.3　上邊有雜寫“清”。背面有雜寫“一切智智清”及“般”字。
8　8～9世紀。吐蕃統治時期寫本。
9.1　楷書。
11　圖版：《敦煌寶藏》，74/339A。

1.1　BD08491號1
1.3　沙彌十戒文
1.4　裳091
1.5　188:7136
2.1　（16+80）×31厘米；3紙；52行，行21字。
2.2　01：16+27，23；　02：43.0，25；　03：10.0，04。
2.3　卷軸裝。首殘尾全。首紙有破裂。
2.4　本遺書包括2個文獻：（一）《沙彌十戒文》，37行，今編為BD08491號1。（二）《五德十數文》，15行，今編為BD08491號2。
3.4　説明：
　本文獻首8行上下殘，尾全。未為歷代大藏經所收。
4.1　沙彌十戒文（首）。
8　8～9世紀。吐蕃統治時期寫本。
9.1　楷書。
9.2　有行間校加字。
11　圖版：《敦煌寶藏》，104/276A～277A。

1.1　BD08491號2
1.3　五德十數文
1.4　裳091
1.5　188:7136
2.4　本遺書由2個文獻組成，本號為第2個，15行。餘參見BD08491號1之第2項、第11項。
3.4　説明：
　本文獻首尾均全。未為歷代大藏經所收。
4.1　五德十數文（首）。
8　8～9世紀。吐蕃統治時期寫本。
9.1　楷書。

1.1　BD08492號
1.3　無量壽宗要經
1.4　裳092
1.5　275:7953
2.1　（123+9.5）×30.5厘米；4紙；88行，行30餘字。
2.2　01：42.0，27；　02：41.5，28；　03：39.5+2，28；　04：07.5，05。
2.3　卷軸裝。首全尾殘。卷面多油污，首紙殘破，後3紙上下邊破損。卷背多鳥糞。有烏絲欄。
3.1　首全→大正0936，19/0082A03。
3.2　尾6行中下殘→19/0084A23～B03。
4.1　大乘無量壽經（首）。
8　8～9世紀。吐蕃統治時期寫本。
9.1　楷書。
11　圖版：《敦煌寶藏》，108/353A～354B。

1.1　BD08493號
1.3　無量壽宗要經
1.4　裳093
1.5　275:8193
2.1　83.5×30.5厘米；2紙；57行，行30餘字。
2.2　01：42.0，29；　02：41.5，28。
2.3　卷軸裝。首殘尾脱。接縫上部開裂。有烏絲欄。
3.1　首殘→大正0936，19/0083A13。
3.2　尾殘→19/0084B04。
8　8～9世紀。吐蕃統治時期寫本。
9.1　行楷。
11　圖版：《敦煌寶藏》，109/211A～212A。

1.1　BD08494號
1.3　諸經集鈔（擬）
1.4　裳094
1.5　358:8434
2.1　46×30厘米；1紙；正面27行，背面24行，行20餘字。
2.3　卷軸裝。首尾均全。兩面文字相連。
3.4　説明：
　本文獻首尾均全。摘抄諸經經文而成。存文在《法苑珠林》中均可找到出處，但本文獻經文次序與《法苑珠林》不同。正面第21行上有“十九”兩字，提示本文獻的底本應為另一諸經集鈔，而本文獻所抄為其第十八、第十九卷。故擬此名。以下以《法苑珠林》為對照本，著錄其内容：

第01～11行：大正2122，53/0637B23～C10（卷四六）；
第12～18行：53/1018B23～C02（卷九九）；
第18～20行：53/1018C12～14（卷九九）；
第21～27行～背01行：53/0986B03～14（卷九五）；
背01～05行：53/0549B26～C03（卷三四）；
背06～09行：53/0593C01～05（卷三九）；
背09～13行：53/0593A29～B07（卷三九）；
背14～17行：53/0828C16～21（卷七一）；
背18～24行：53/0612B19～28（卷四二）。
8　9～10世紀。歸義軍時期寫本。
9.1　行楷。
9.2　有塗抹及行間校加字。
11　圖版：《敦煌寶藏》，110/308A～B。

1.1　BD08495號
1.3　大般若波羅蜜多經卷四一
1.4　裳095
1.5　084:2105
2.1　61.5×25厘米；2紙；26行，行17字。
2.2　01：19.0，護首；　02：42.5，26。
2.3　卷軸裝。首全尾脫。有護首，已殘缺。右下殘缺。第2紙破損嚴重。有烏絲欄。
3.1　首全→大正0220，05/0227C02。
3.2　尾殘→05/0227C29。
4.1　大般若波羅蜜多經卷第册一，/初分般若行相品第十之四，三藏法師玄奘奉詔譯/（首）。
7.3　背面的古代裱補紙上有殘字痕。
8　8～9世紀。吐蕃統治時期寫本。
9.1　楷書。
9.2　後人將首題中"册一"改爲"册七"。
11　圖版：《敦煌寶藏》，71/659。

1.1　BD08496號
1.3　妙法蓮華經卷一
1.4　裳096
1.5　105:4697
2.1　（6.4＋66.5）×25.2厘米；3紙；41行，行16字（偈）。
2.2　01：6.4＋5.5，07；　02：50.1，28；　03：10.9，06。
2.3　卷軸裝。首殘尾斷。經黄打紙。卷面有污痕，第2紙下邊有殘損。有烏絲欄。
3.1　首4行上下殘→大正0262，09/0009B26～C04。
3.2　尾殘→09/0010B20。
8　7～8世紀。唐寫本。
9.1　楷書。
11　圖版：《敦煌寶藏》，85/299B～300B。

1.1　BD08497號
1.3　大般若波羅蜜多經卷五二
1.4　裳097
1.5　084:2149
2.1　（1.6＋106.1）×25.6厘米；3紙；69行，行17字。
2.2　01：1.6＋22，14；　02：45.9，28；
03：38.2＋5.9，27。
2.3　卷軸裝。首尾均殘。卷面有紅色污痕。有烏絲欄。
3.1　首行上下殘→大正0220，05/0296C01～02。
3.2　尾3行上殘→05/0297B09～12。
8　8世紀。唐寫本。
9.1　楷書。
11　圖版：《敦煌寶藏》，72/114A～115B。

1.1　BD08498號
1.3　大般若波羅蜜多經（兑廢稿）卷一〇四
1.4　裳098
1.5　084:2277
2.1　42.3×28厘米；1紙；25行，行17字。
2.3　卷軸裝。首脫尾殘。有烏絲欄。
3.1　首殘→大正0220，05/0578A05。
3.2　尾殘→05/0578B01。
7.1　上邊有"兑"字。
8　8～9世紀。吐蕃統治時期寫本。
9.1　楷書。
11　圖版：《敦煌寶藏》，72/507A。

1.1　BD08499號
1.3　佛垂般涅槃略說教誡經
1.4　裳099
1.5　132:6648
2.1　（8.5＋52）×28.5厘米；3紙；31行，行22字。
2.2　01：07.0，04；　02：1.5＋38.5，20；　03：13.5，07。
2.3　卷軸裝。首殘尾脫。第2紙有破裂。有折疊欄。已修整。
3.1　首4行上殘→大正0389，12/1111B21～25。
3.2　尾殘→12/1112A04。
8　9～10世紀。歸義軍時期寫本。
9.1　楷書。
11　圖版：《敦煌寶藏》，101/75B～76A。

1.1　BD08500號
1.3　金光明最勝王經卷五
1.4　裳100
1.5　083:1756
2.1　（26＋102＋5.5）×27.4厘米；4紙；86行，行17字。
2.2　01：26＋2，17；　02：42.0，27；　03：41.0，27；
04：17＋5.5，15。
2.3　卷軸裝。首尾均殘。通卷油污、變色，破裂嚴重。有烏絲

欄。已修整。
3.1 首16行下殘→大正0665，16/0424C21～0425A08。
3.2 尾3行上殘→16/0425C24～28。
8 7～8世紀。唐寫本。
9.1 楷書。
11 圖版：《敦煌寶藏》，69/608A～609B。

1.1 BD08501號
1.3 瑜伽師地論（兑廢稿）卷四〇
1.4 推001
1.5 428:8614
2.1 39.5×27厘米；1紙；21行，行17字。
2.3 卷軸裝。首脫尾殘。卷面有紅色污痕。有烏絲欄。尾有餘空。
3.1 首殘→大正1579，30/0512B07。
3.2 尾缺→30/0512C01。
8 9～10世紀。歸義軍時期寫本。
9.1 楷書。
11 圖版：《敦煌寶藏》，111/16A。

1.1 BD08502號
1.3 金光明最勝王經卷二
1.4 推002
1.5 083:1575
2.1 （11.5+98）×24.5厘米；4紙；54行，行17字。
2.2 01：09.0，06； 02：2.5+40.5，27； 03：43.0，21；
04：14.5，拖尾。
2.3 卷軸裝。首殘尾全。卷下邊有油污。卷尾有蟲繭。有燕尾。有烏絲欄。
3.1 首8行上中殘→大正0665，16/0413A12～19。
3.2 尾全→16/0413C06。
4.2 金光明最勝王經卷第二（尾）
5 尾附音義。
8 9～10世紀。歸義軍時期寫本。
9.1 楷書。
9.2 有行間校加字。
11 圖版：《敦煌寶藏》，68/413A～414A。

1.1 BD08503號
1.3 妙法蓮華經卷四
1.4 推003
1.5 105:5340
2.1 136.5×25.7厘米；3紙；84行，行17字。
2.2 01：45.8，28； 02：45.7，28； 03：45.0，28。
2.3 卷軸裝。首尾均脫。經黄打紙。卷面有水漬。有烏絲欄。
3.1 首殘→大正0262，09/0031C05。
3.2 尾殘→09/0032C24。
8 7～8世紀。唐寫本。
9.1 楷書。
11 圖版：《敦煌寶藏》，91/91B～93B。

1.1 BD08504號
1.3 大方廣佛華嚴經（唐譯八十卷本）卷四五
1.4 推004
1.5 002:0059
2.1 48×26.1厘米；1紙；26行，行14字。
2.3 卷軸裝。首尾均脫。有烏絲欄。卷中空2行未抄。已修整。
3.1 首殘→大正0279，10/0240B21。
3.2 尾殘→10/0240C17。
8 8世紀。唐寫本。
9.1 楷書。
11 圖版：《敦煌寶藏》，56/258B～259A。

1.1 BD08505號
1.3 金剛般若波羅蜜經
1.4 推005
1.5 094:3671
2.1 （2+51.5）×24.5厘米；3紙；31行，行17字。
2.2 01：02.0，01； 02：47.5，28； 03：04.0，02。
2.3 卷軸裝。首尾均殘。卷面有殘破。有烏絲欄。已修整。
3.1 首行上下殘→大正0235，08/0749A17～18。
3.2 尾殘→08/0749B22。
8 8～9世紀。吐蕃統治時期寫本。
9.1 楷書。
11 圖版：《敦煌寶藏》，79/442A～B。

1.1 BD08506號
1.3 大般若波羅蜜多經卷四六九
1.4 推006
1.5 084:3183
2.1 （36.7+56）×25.4厘米；2紙；54行，行17字。
2.2 01：36.7+8.6，26； 02：47.4，28。
2.3 卷軸裝。首全尾脫。卷首下部殘缺，接縫處下開裂。有烏絲欄。已修整。
3.1 首21行下殘→大正0220，07/0371B21～C16。
3.2 尾殘→07/0372A20。
4.1 大般若波羅蜜多□…□，/第二分衆德相品第七十□…□/（首）
8 8世紀。唐寫本。
9.1 楷書。
11 圖版：《敦煌寶藏》，76/572A～573A。

1.1 BD08507號
1.3 維摩詰所説經卷中

1.4 推007
1.5 070:1135
2.1 (17.5+95)×25厘米；3紙；66行，行17字。
2.2 01：17.5，10； 02：47.5，28； 03：47.5，28。
2.3 卷軸裝。首殘尾脱。經黄打紙。通卷上部油污、殘破。有烏絲欄。已修整。
3.1 首10行上下殘→大正0475，14/0544C15～26。
3.2 尾殘→14/0545B27。
8 7～8世紀。唐寫本。
9.1 楷書。
11 圖版：《敦煌寶藏》，65/402B～403B。

1.1 BD08508號
1.3 無量壽宗要經
1.4 推008
1.5 275:7911
2.1 (6+166)×31厘米；4紙；116行，行30餘字。
2.2 01：6.5+38，29； 02：43.0，29； 03：42.5，29；
04：42.5，29。
2.3 卷軸裝。首尾均全。卷面多水漬，首紙上下邊有破裂，中間有破裂及殘洞。有烏絲欄。
3.1 首3行上殘→大正0936，19/0082A03～05。
3.2 尾全→19/0084C29。
4.1 □乘無量壽經（首）。
4.2 □…□宗要經（尾）。
7.1 尾紙末有藏文題記“Cang-sl-ka-bris（張思鋼寫）”。
8 8～9世紀。吐蕃統治時期寫本。
9.1 楷書。
11 圖版：《敦煌寶藏》，108/284B～286B。

1.1 BD08509號
1.3 金剛般若波羅蜜經
1.4 推009
1.5 094:3784
2.1 41.7×26.5厘米；1紙；24行，行17字。
2.3 卷軸裝。首尾均脱。有烏絲欄。
3.1 首殘→大正0235，08/0749B12。
3.2 尾殘→08/0749C07。
8 7～8世紀。唐寫本。
9.1 楷書。
9.2 有行間校加字。有硃筆點標及删除號。
11 圖版：《敦煌寶藏》，80/329A。

1.1 BD08510號
1.3 要行捨身經
1.4 推010
1.5 456:8663
2.1 (10+84.2+1.5)×27.1厘米；3紙；56行，行19字。
2.2 01：10+13.2，13； 02：50.0，30； 03：21+1.5，13。
2.3 卷軸裝。首尾均殘。有烏絲欄。已修整。
3.1 首5行殘→大正2895，85/1415A08～12。
3.2 尾行上殘→85/1415C05～06。
8 9～10世紀。歸義軍時期寫本。
9.1 楷書。
11 圖版：《敦煌寶藏》，111/123B～124B。
本遺書中原夾裹殘片1塊，今編爲BD16303號。

1.1 BD08511號
1.3 無量壽宗要經
1.4 推011
1.5 275:8194
2.1 (1.5+38)×31厘米；1紙；29行，行30餘字。
2.3 卷軸裝。首尾均殘。下邊有油污、破裂、殘缺及殘洞。卷背多鳥糞。有烏絲欄。
3.1 首行中上殘→大正0936，19/0083B28。
3.2 尾殘→19/0084B09。
8 8～9世紀。吐蕃統治時期寫本。
9.1 行楷。
11 圖版：《敦煌寶藏》，109/212B。

1.1 BD08512號
1.3 金有陀羅尼經
1.4 推012
1.5 254:7589
2.1 (12+77.3)×26.5厘米；2紙；54行，行17字。
2.2 01：12+32.5，26； 02：44.8，28；
2.3 卷軸裝。首全尾脱。卷首右下殘缺。有烏絲欄。
3.1 首11行下殘→大正2910，85/1455C16～27。
3.2 尾殘→85/1456B14。
4.1 金有陀羅尼經（首）。
8 9～10世紀。歸義軍時期寫本。
9.1 楷書。
11 圖版：《敦煌寶藏》，107/60A～61A。

1.1 BD08513號
1.3 無量壽宗要經
1.4 推013
1.5 275:8133
2.1 (16+138.5)×31.5厘米；4紙；102行，行30餘字。
2.2 01：16+7，15； 02：43.5，29； 03：43.5，29；
04：44.5，29。
2.3 卷軸裝。首殘尾全。卷面油污，前2紙有破裂，下邊有殘缺。卷中有1行烏絲欄中抄寫2行文字。有烏絲欄。已修整。
3.1 首18行上下殘→大正0936，19/0082A29～B22。

3.2 尾全→19/0084C29。
4.2 佛說無量壽宗要經（尾）。
8 8~9世紀。吐蕃統治時期寫本。
9.1 行楷。
11 圖版：《敦煌寶藏》，109/113B~115A。

1.1 BD08514號
1.3 大般若波羅蜜多經卷二三〇
1.4 推014
1.5 084:2595
2.1 45.5×27.5厘米；1紙；28行，行17字。
2.3 卷軸裝。首尾均脫。卷面有水漬。有烏絲欄。
3.1 首殘→大正0220，06/0157C01。
3.2 尾殘→06/0158A01。
8 8~9世紀。吐蕃統治時期寫本。
9.1 楷書。
11 圖版：《敦煌寶藏》，74/164B。

1.1 BD08515號
1.3 無量壽宗要經（略咒本）
1.4 推015
1.5 275:8134
2.1 （8.5+47.5）×32厘米；2紙；43行，行30餘字。
2.2 01：8.5+24.5，24； 02：23.0，19。
2.3 卷軸裝。首殘尾全。卷面多油污。有烏絲欄。已修整。
3.1 首6行上下殘→大正0936，19/0082A20。
3.2 尾全→19/0084C29。
4.2 佛說無量壽宗要經（尾）。
5 與《大正藏》本對照，本卷經文各段均未抄寫陀羅尼，而將該陀羅尼抄寫在卷末。並說明如下：“此經每前‘陀羅尼曰’下咒一道略寫。兩張不寫咒，故令曉示。”亦即本遺書祇有兩張紙；如全文抄寫，紙張不夠。《無量壽宗要經》中咒語雖多，文字全同。故抄寫者採用文中略寫咒語，僅在卷末抄寫的辦法。
7.1 尾題後有題名“裴文達”。
8 8~9世紀。吐蕃統治時期寫本。
9.1 行楷。
11 圖版：《敦煌寶藏》，109/115B~116A。

1.1 BD08516號
1.3 金光明最勝王經卷五
1.4 推016
1.5 404:8548
2.1 （7.5+51.6）×25.7厘米；2紙；35行，行17字。
2.2 01：7.5+7.1，07； 02：44.5，28。
2.3 卷軸裝。首尾均殘。卷面油污，上下邊殘破。背有古代裱補。有烏絲欄。已修整。
3.1 首3行上殘→大正0665，16/0425B19~21。
3.2 尾殘→16/0425C27。
8 8~9世紀。吐蕃統治時期寫本。
9.1 楷書。
11 圖版：《敦煌寶藏》，110/561B~562A。

1.1 BD08517號
1.3 大般若波羅蜜多經（兌廢稿）卷三七八
1.4 推017
1.5 084:3031
2.1 49.6×27.8厘米；1紙；24行，行17字。
2.3 卷軸裝。首尾均脫。有烏絲欄。尾有餘空。
3.1 首殘→大正0220，06/0952A28。
3.2 尾殘→06/0952B24。
7.1 上邊有1個“兌”字。
8 8世紀。唐寫本。
9.1 楷書。
11 圖版：《敦煌寶藏》，76/146B。

1.1 BD08518號
1.3 大般若波羅蜜多經卷一二七
1.4 推018
1.5 084:2348
2.1 （7+58.5）×26厘米；2紙；40行，行17字。
2.2 01：7+13.5，12； 02：45.0，28。
2.3 卷軸裝。首殘尾脫。卷面有泥土污痕，有殘洞及破裂，下邊有黴爛。有烏絲欄。已修整。
3.1 首4行下殘→大正0220，05/0697C03~07。
3.2 尾殘→05/0698A12。
8 8~9世紀。吐蕃統治時期寫本。
9.1 楷書。
11 圖版：《敦煌寶藏》，73/45B~46A。

1.1 BD08519號
1.3 大般若波羅蜜多經（兌廢稿）卷一五〇
1.4 推019
1.5 084:2396
2.1 （51.6+1.4）×27.6厘米；2紙；31行，行17字。
2.2 01：48.0，28； 02：3.6+1.4，03。
2.3 卷軸裝。首脫尾殘。有烏絲欄。
3.1 首殘→大正0220，05/0813B02。
3.2 尾行上下殘→05/0813C03。
7.3 背面有“大般若波羅蜜多經卷第一百十五”、“南無清淨法身毗盧遮那佛”等6行雜寫。
8 8~9世紀。吐蕃統治時期寫本。
9.1 楷書。
9.2 有塗抹及行間加行。
11 圖版：《敦煌寶藏》，73/153A~154A。

1.1　BD08520 號
1.3　大般若波羅蜜多經卷一四一
1.4　推 020
1.5　084:2372
2.1　(10 +34 +2) ×24.8 厘米；1 紙；26 行，行 17 字。
2.3　卷軸裝。首全尾脫。卷面有殘洞及破裂，卷首尾下部殘缺。卷面有鳥糞。有烏絲欄。已修整。
3.1　首 5 行下殘→大正 0220，05/0763A14 ~ 20。
3.2　尾行下殘→05/0763B12。
4.1　大般若波羅蜜多經卷第一百□…□，/初分校量功德品第卅之卅九，□…□/（首）。
7.1　背有勘記“一百卅一”。
8　8 ~ 9 世紀。吐蕃統治時期寫本。
9.1　楷書。
11　圖版：《敦煌寶藏》，73/95B。

1.1　BD08521 號
1.3　金剛般若波羅蜜經
1.4　推 021
1.5　094:4417
2.1　87.4 ×19 厘米；2 紙；54 行，行 14 ~ 15 字。
2.2　01：44.4，28；　　02：43.0，26。
2.3　卷軸裝。首尾均殘。經黄打紙。通卷上下邊殘缺，碎損嚴重。背有古代裱補。有烏絲欄。已修整。
3.1　首 22 行下殘→大正 0235，08/0751B22 ~ C21。
3.2　尾行上殘→08/0752B01 ~ 03。
5　與《大正藏》本對照，本卷經文無冥司偈，參見《大正藏》，8/751C16 ~ 19。
8　7 ~ 8 世紀。唐寫本。
9.1　楷書。
11　圖版：《敦煌寶藏》，83/142B ~ 143B。

1.1　BD08522 號
1.3　無量壽宗要經
1.4　推 022
1.5　275:8135
2.1　(14.5 +103) ×30.5 厘米；3 紙；80 行，行 30 餘字。
2.2　01：14.5 +30，31；　02：45.0，31；　03：28.0，18。
2.3　卷軸裝。首殘尾全。卷面有油污及殘洞，上下邊有破裂殘缺。首紙脫落 2 塊殘片，已綴接。有烏絲欄。已修整。
3.1　首 9 行上下殘→大正 0936，19/0082C14 ~ 0083A04。
3.2　尾全→19/0084C29。
4.2　佛說無量壽宗要經（尾）。
7.3　卷背有墨筆痕。
8　8 ~ 9 世紀。吐蕃統治時期寫本。
9.1　楷書。
11　圖版：《敦煌寶藏》，109/116B ~ 117B。

1.1　BD08523 號
1.3　三乘五性與五乘三性義（異本擬）
1.4　推 023
1.5　329:8382
2.1　(9.5 +83.5) ×27.7 厘米；2 紙；64 行，行字不等。
2.2　01：9.5 +43.5，36；　　02：40.0，28。
2.3　卷軸裝。首尾均全。通卷上下殘破。有烏絲豎欄。已修整。
3.4　說明：

本文獻首 4 行上殘，尾全。論述三乘五性、五乘三性及其相互關係。屬於唯識系統的論著。未為歷代大藏經所收。與 BD08431 號相比，結尾部分多出對“六波羅蜜”的解釋，故暫定為異本。

8　9 ~ 10 世紀。歸義軍時期寫本。
9.1　楷書。有合體字“菩薩”、“涅槃”。
9.2　有行間校加字。有刮改、倒乙及重文號。
11　圖版：《敦煌寶藏》，110/139B ~ 140B。

1.1　BD08524 號
1.3　大般若波羅蜜多經（兌廢稿）卷二四五
1.4　推 024
1.5　084:2643
2.1　44 ×27.6 厘米；1 紙；23 行，行 17 字。
2.3　卷軸裝。首全尾脫。卷面有水漬、破裂及殘洞，上下邊殘破。有烏絲欄。尾有餘空。
3.1　首全→大正 0220，06/0235C12。
3.2　尾殘→06/0236A07。
4.1　大般若波羅蜜多經卷第二百卅五，/初分難信解品第卅四之六十四，三藏法師玄奘奉詔譯/（首）。
7.1　上邊有 1 個“兌”字。
8　8 ~ 9 世紀。吐蕃統治時期寫本。
9.1　楷書。
11　圖版：《敦煌寶藏》，74/327A。

1.1　BD08525 號
1.3　妙法蓮華經卷三
1.4　推 025
1.5　105:6185
2.1　(8.5 +129) ×25 厘米；4 紙；76 行，行 16 ~ 17 字。
2.2　01：8.5 +17，15；　　02：48.5，29；　　03：48.5，29；04：15.0，03。
2.3　卷軸裝。首尾均殘。卷面多水漬，通卷下邊殘缺。尾有原軸，兩端塗黑漆，頂端點硃漆。有烏絲欄。已修整。
3.1　首殘→大正 0262，09/0025C27。
3.2　尾全→09/0027B09。
4.2　妙法蓮華經卷第三（尾）。
8　7 ~ 8 世紀。唐寫本。
9.1　楷書。

11　圖版：《敦煌寶藏》，97/206B～208A。

1.1　BD08526 號
1.3　妙法蓮華經卷四
1.4　推 026
1.5　105:5390
2.1　（88＋1.5）×25.2 厘米；2 紙；56 行，行 17 字。
2.2　01：44.8，28；　02：43.2＋1.5，28。
2.3　卷軸裝。首尾均脫。經黄紙。卷面黴爛變色，有殘洞，接縫處下開裂。有烏絲欄。已修整。
3.1　首殘→大正 0262，09/0033B15。
3.2　尾殘→09/0034A24。
8　7～8 世紀。唐寫本。
9.1　楷書。
11　圖版：《敦煌寶藏》，91/268B～269B。

1.1　BD08527 號
1.3　金光明最勝王經卷九
1.4　推 027
1.5　083:1957
2.1　（1＋57.5）×25.3 厘米；2 紙；31 行，行 17 字。
2.2　01：1＋13.5，09；　02：44.0，22。
2.3　卷軸裝。首殘尾全。卷面有殘洞。有燕尾。背有古代裱補。有烏絲欄。
3.1　首行上殘→大正 0665，16/0450B13。
3.2　尾全→16/0450C15。
4.2　金光明經卷第九（尾）。
5　尾附音義。
6　首→BD04996 號。
8　8～9 世紀。吐蕃統治時期寫本。
9.1　楷書。
9.2　有刮改。
11　圖版：《敦煌寶藏》，71/89。

1.1　BD08528 號
1.3　和菩薩戒文
1.4　推 028
1.5　316:8367
2.1　43×29.5 厘米；1 紙；21 行，行 20 字左右。
2.3　卷軸裝。首全尾斷。有烏絲欄。
3.1　首全→大正 2851，85/1300B05。
3.2　尾全→85/1300C03。
4.1　和戒文（首）。
8　9～10 世紀。歸義軍時期寫本。
9.1　楷書。
9.2　有圈刪。
11　圖版：《敦煌寶藏》，110/85A。

1.1　BD08529 號
1.3　大佛頂如來密因修證了義諸菩薩萬行首楞嚴經卷一〇
1.4　推 029
1.5　237:7425
2.1　（16＋48.7）×24.3 厘米；2 紙；27 行，行 17 字。
2.2　01：16.0，護首；　02：48.7，27。
2.3　卷軸裝。首殘尾脫。有護首，已殘缺。卷面污穢變色，殘破嚴重，多有殘洞。有烏絲欄。已修整。
3.1　首全→大正 0945，19/0151B19。
3.2　尾殘→19/0151C23。
4.1　大佛頂如來密因修證了義諸菩薩萬行首楞嚴經第十，/一名中印度那蘭陀大道/場經於灌頂部錄出別行/（首）。
8　9～10 世紀。歸義軍時期寫本。
9.1　楷書。
11　圖版：《敦煌寶藏》，106/219A～B。
從本遺書背面揭下古代裱補紙 1 塊，今編爲 BD16421 號。

1.1　BD08530 號
1.3　無量壽宗要經
1.4　推 030
1.5　275:8195
2.1　（155.5＋2.5）×31 厘米；4 紙；113 行，行 30 餘字。
2.2　01：45.0，31；　02：44.0，32；　03：44.0，32；
04：22.5＋2.5，18。
2.3　卷軸裝。首全尾殘。卷面多水漬及斑點，首紙上下邊破裂殘缺，接縫處多有開裂，第 3 紙有殘洞。尾紙脫落 1 塊殘片，已綴接。有烏絲欄。已修整。
3.1　首 2 行上下殘→大正 0936，19/0082A03～06。
3.2　尾行中上殘→19/0084C27～28。
4.1　□乘無量壽經（首）。
8　8～9 世紀。吐蕃統治時期寫本。
9.1　行楷。
11　圖版：《敦煌寶藏》，109/213A～215A。

1.1　BD08531 號
1.3　大般若波羅蜜多經卷五一九
1.4　推 031
1.5　084:3281
2.1　（18.9＋92.9）×25.3 厘米；3 紙；54 行，行 17 字。
2.2　01：18.9，護首；　02：45.8，26；　03：47.1，28。
2.3　卷軸裝。首全尾脫。有護首，已殘缺，有竹製天竿。第 2 紙下有殘裂。有烏絲欄。已修整。
3.1　首全→大正 0220，07/0653B16。
3.2　尾殘→07/0654A15。
4.1　大般若波羅蜜多經卷第五百一十九，/第三分巧便品第廿三之三，三藏法師玄奘奉□□/（首）。
7.4　護首上有勘記，已殘，存“一十”2 字。

8　8～9世紀。吐蕃統治時期寫本。
9.1　楷書。
11　圖版：《敦煌寶藏》，77/105B～106B。
從該遺書背面揭下古代裱補紙2塊，今編爲BD16095號。

1.1　BD08532號
1.3　大般若波羅蜜多經（兑廢稿）卷一〇二
1.4　推032
1.5　084:2272
2.1　46.2×27.1厘米；1紙；27行，行17字。
2.3　卷軸裝。首尾均脱。卷面有横向破裂。有烏絲欄。
3.1　首殘→大正0220，05/0568B29。
3.2　尾殘→05/0568C28。
7.1　卷上邊有勘記"兑紙"。
8　8～9世紀。吐蕃統治時期寫本。
9.1　楷書。
11　圖版：《敦煌寶藏》，72/502A。

1.1　BD08533號
1.3　大智度論卷五二
1.4　推033
1.5　218:7289
2.1　（13+36.5+12）×36.2厘米；3紙；38行，行17字。
2.2　01：13+1.5，09；　02：35+1，22；　03：11.0，07。
2.3　卷軸裝。首尾均殘。背有古代裱補。有烏絲欄。有劃界欄針孔。
3.1　首8行中下殘→大正1509，25/0434C09～18。
3.2　尾8行上中殘→25/0435A12～20。
8　5～6世紀。南北朝寫本。
9.1　隸楷。
11　圖版：《敦煌寶藏》，105/332B～333A。

1.1　BD08534號
1.3　藥師琉璃光如來本願功德經
1.4　推034
1.5　030:0256
2.1　（7+31）×26.6厘米；1紙；21行，行17字。
2.3　卷軸裝。首殘尾脱。麻紙；未入潢，打紙。卷面多水漬，前部有1殘洞。有烏絲欄。
3.1　首3行上殘→大正0450，14/0404C20～22。
3.2　尾殘→14/0405A12。
8　7～8世紀。唐寫本。
9.1　楷書。
11　圖版：《敦煌寶藏》，57/470B～471A。

1.1　BD08535號
1.3　大般若波羅蜜多經（兑廢稿）卷三八〇
1.4　推035
1.5　084:3034
2.1　（40.2+1.8）×26.7厘米；1紙；25行，行17字。
2.3　卷軸裝。首脱尾殘。卷下邊殘破，有殘洞。有烏絲欄。
3.1　首殘→大正0220，06/0963A26。
3.2　尾行中殘→06/0963B21～22。
7.1　上邊有1個"兑"字。
8　8～9世紀。吐蕃統治時期寫本。
9.1　楷書。
11　圖版：《敦煌寶藏》，76/149B。

1.1　BD08536號
1.3　大般若波羅蜜多經卷一九三
1.4　推036
1.5　084:2483
2.1　（17+156.6）×26.4厘米；4紙；101行，行17字。
2.2　01：17+12，17；　02：48.3，28；　03：48.3，28；　04：48.0，28。
2.3　卷軸裝。首殘尾脱。卷面油污，有殘洞及破裂，上下邊有殘缺。有烏絲欄。已修整。
3.1　首10行中下殘→大正0220，05/1035B17～27。
3.2　尾殘→05/1036C02。
8　8～9世紀。吐蕃統治時期寫本。
9.1　楷書。
11　圖版：《敦煌寶藏》，73/448B～450B。

1.1　BD08537號
1.3　金光明最勝王經卷三
1.4　推037
1.5　083:1581
2.1　49.3×27.5厘米；1紙；27行，行17字。
2.3　卷軸裝。首全尾脱。卷面有殘洞。有烏絲欄。
3.1　首全→大正0665，16/0413C09。
3.2　尾殘→16/9414A11。
4.1　金光明最勝王經滅業障品第五，三，三藏法師義淨奉制譯（首）。
8　8～9世紀。吐蕃統治時期寫本。
9.1　楷書。
9.2　有刮改。
11　圖版：《敦煌寶藏》，68/440B～441A。

1.1　BD08538號
1.3　大般若波羅蜜多經（兑廢稿）卷一一
1.4　推038
1.5　084:3074
2.1　49.1×27.8厘米；1紙；28行，行17字。
2.3　卷軸裝。首尾均脱。卷上方有破損，有等距離殘洞。有烏

絲欄。已修整。
3.1 首殘→大正 0220，05/0057C22。
3.2 尾殘→05/0058A21。
7.1 卷首上方有 1 個“兑”字。
8 8～9 世紀。吐蕃統治時期寫本。
9.1 楷書。
9.2 有行間加行。
11 圖版：《敦煌寶藏》，76/311B。

1.1 BD08539 號
1.3 無量壽宗要經
1.4 推 039
1.5 275:8196
2.1 （6.5+124）×30.5 厘米；3 紙；90 行，行 30 餘字。
2.2 01：6.5+37，30； 02：43.0，30； 03：44.0，30。
2.3 卷軸裝。首尾均脱。卷面油污，首紙上下邊有殘缺，下邊有殘洞，第 1、2 紙接縫處上部開裂。有烏絲欄。
3.1 首 4 行中下殘→大正 0936，19/0082B27～C05。
3.2 尾殘→19/0084C01。
8 8～9 世紀。吐蕃統治時期寫本。
9.1 行楷。
11 圖版：《敦煌寶藏》，109/215B～217A。

1.1 BD08540 號
1.3 妙法蓮華經卷七
1.4 推 040
1.5 105:5926
2.1 48×25.5 厘米；1 紙；28 行，行 17 字。
2.3 卷軸裝。首尾均脱。卷面有水漬，首尾有破裂，中間有殘洞。有烏絲欄。
3.1 首殘→大正 0262，09/0055C14。
3.2 尾殘→09/0056A15。
8 9～10 世紀。歸義軍時期寫本。
9.1 楷書。
11 圖版：《敦煌寶藏》，96/53B～54A。

1.1 BD08541 號
1.3 大乘稻芉經
1.4 推 041
1.5 058:0486
2.1 43×26.5 厘米；1 紙；19 行，行 22～23 字。
2.3 卷軸裝。首全尾脱。卷背有鳥糞。原紙劃有爲抄藏文用的欄格。尾有餘空。
3.1 首全→大正 0712，16/0823B20。
3.2 尾殘→16/0823C18。
4.1 佛説大乘稻芉經（首）。
7.3 卷首有“十二因緣”、“芉經”等雜寫。
8 8～9 世紀。吐蕃統治時期寫本。
9.1 行楷。
9.2 有倒乙。有行間校加字。
11 圖版：《敦煌寶藏》，59/322B。

1.1 BD08542 號
1.3 大般若波羅蜜多經卷五二五
1.4 推 042
1.5 084:3288
2.1 91.5×25 厘米；2 紙；54 行，行 17 字。
2.2 01：43.9，26； 02：47.6，28。
2.3 卷軸裝。首全尾脱。尾紙有横裂。背有古代裱補，正面補出原卷殘字。有烏絲欄。
3.1 首全→大正 0220，07/0689C12。
3.2 尾殘→07/0690B11。
4.1 大般若波羅蜜多經卷第五百廿五，/第三分方便善巧品第廿六之三，三藏法師玄奘奉詔譯/（首）。
8 8～9 世紀。吐蕃統治時期寫本。
9.1 楷書。
11 圖版：《敦煌寶藏》，77/120A～121A。

1.1 BD08543 號
1.3 大般若波羅蜜多經卷五五〇
1.4 推 043
1.5 084:3328
2.1 46.9×26.4 厘米；1 紙；28 行，行 17 字。
2.3 卷軸裝。首尾均脱。打紙。有烏絲欄。
3.1 首殘→大正 0220，07/0835A26。
3.2 尾殘→07/0835B24。
8 8～9 世紀。吐蕃統治時期寫本。
9.1 楷書。
11 圖版：《敦煌寶藏》，77/275A。

1.1 BD08544 號
1.3 大寶積經（兑廢稿）卷八八
1.4 推 044
1.5 461:8711
2.1 37.6×27.4 厘米；1 紙；20 行，行 17 字。
2.3 卷軸裝。首脱尾殘。有烏絲欄。尾有餘空。
3.1 首殘→大正 0310，11/0506C09。
3.2 尾缺→11/0507A01。
7.3 首紙背有雜寫“大師”。
8 8 世紀。唐寫本。
9.1 楷書。
11 圖版：《敦煌寶藏》，111/248B。

1.1 BD08545 號

1.3　大般若波羅蜜多經卷二八五
1.4　推 045
1.5　084:2781
2.1　47.5×26 厘米；1 紙；28 行，行 17 字。
2.3　卷軸裝。首尾均脱。卷面有水漬，下邊殘破。有烏絲欄。
3.1　首殘→大正 0220，06/0448B14。
3.2　尾殘→06/0448C14。
6.1　首→BD07644 號。
7.1　卷背有勘記“二百八十五，五（袟内卷次），廿九（所屬袟次）”。
8　8～9 世紀。吐蕃統治時期寫本。
9.1　楷書。
11　圖版：《敦煌寶藏》，75/71B～72A。

1.1　BD08546 號
1.3　妙法蓮華經卷七
1.4　推 046
1.5　105:5902
2.1　（8.5+41）×26 厘米；1 紙；27 行，行 17 字。
2.3　卷軸裝。首全尾殘。有護首，已殘。卷面多水漬，上下邊多殘破，中間有 2 處殘洞。卷面有鳥糞。第六行末“夫”字與第七行末“恭”字之間有一蟲屍。
3.1　首 3 行下殘→大正 0262，09/0055A12～14。
3.2　尾行上殘→09/0055B13～14。
4.1　妙法蓮華經妙音菩薩品第二十四，七（首）。
6.2　尾→BD08547 號。
8　9～10 世紀。歸義軍時期寫本。
9.1　楷書。
11　圖版：《敦煌寶藏》，96/4A～B。

1.1　BD08547 號
1.3　妙法蓮華經卷七
1.4　推 047
1.5　105:5919
2.1　（1.5+172.7）×27 厘米；5 紙；95 行，行 17 字。
2.2　01：01.5，01；　02：49.5，27；　03：49.0，26；
04：49.0，27；　05：25.2，14。
2.3　卷軸裝。首尾均殘。通卷多水漬及鳥糞，上下邊多有破裂。背有現代裱補。
3.1　首行下殘→大正 0262，09/0055B13～14。
3.2　尾殘→09/0056B29。
6.1　首→BD08546 號。
8　9～10 世紀。歸義軍時期寫本。
9.1　楷書。
11　圖版：《敦煌寶藏》，96/42B～44B。

1.1　BD08548 號
1.3　妙法蓮華經卷五
1.4　推 048
1.5　105:5533
2.1　（17.8+34.8+4）×26 厘米；2 紙；36 行，行 17 字。
2.2　01：16.0，10；　02：1.8+34.8+4，26。
2.3　卷軸裝。首尾均殘。打紙。卷面多水漬，尾紙有破裂。背有古代裱補。有烏絲欄。已修整。
3.1　首 11 行下殘→大正 0262，09/0037A26～B09。
3.2　尾 2 行下殘→09/0037C10～11。
8　7～8 世紀。唐寫本。
9.1　楷書。
11　圖版：《敦煌寶藏》，92/641B～642A。

1.1　BD08549 號
1.3　觀世音經
1.4　推 049
1.5　111:6266
2.1　134.6×26 厘米；4 紙；73 行，行 16～17 字。
2.2　01：16.0，09；　02：47.6，28；　03：47.7，28；
04：23.3，08。
2.3　卷軸裝。首殘尾全。卷首右上殘損，卷面有等距離殘洞，有蟲繭。背有古代裱補。有烏絲欄。
3.1　首 9 行上殘→大正 0262，09/0057A22～B02。
3.2　尾全→09/0058B07。
4.2　觀音經一卷（尾）。
8　9～10 世紀。歸義軍時期寫本。
9.1　楷書。
11　圖版：《敦煌寶藏》，97/499A～500B。

1.1　BD08550 號
1.3　藥師琉璃光如來本願功德經
1.4　推 050
1.5　030:0311
2.1　（24+122.5）×25.4 厘米；4 紙；82 行，行約 17 字。
2.2　01：24+9，18；　02：37.5，22；　03：38.0，22；
04：38.0，20。
2.3　卷軸裝。首殘尾全。卷面多油污。背有古代裱補。有烏絲欄。已修整。
3.1　首 13 行下中殘→大正 0450，14/0407B25～C10。
3.2　尾全→14/0408B25。
4.2　藥師琉璃光如來本願功德經（尾）。
7.3　卷背裱補紙上有殘字痕。
8　8～9 世紀。吐蕃統治時期寫本。
9.1　楷書。
9.2　有行間加行及校加字。有删除號。
11　圖版：《敦煌寶藏》，58/19B～21B。
從本遺書背面揭下古代裱補紙 5 塊，今編爲 BD16467 號。

1.1　BD08551 號
1.3　妙法蓮華經卷二
1.4　推 051
1.5　105:4839
2.1　(12.2 +84.9) ×25.9 厘米；2 紙；56 行，行 17 字。
2.2　01：12.2 +36.6，28；　02：48.3，28。
2.3　卷軸裝。首殘尾脫。首紙上多有破損。卷背多鳥糞。有烏絲欄。已修整。
3.1　首 7 行下殘→大正 0262，09/0011A09 ~21。
3.2　尾殘→09/0012A01。
8　8 ~9 世紀。吐蕃統治時期寫本。
9.1　楷書。
11　圖版：《敦煌寶藏》，87/60A ~61A。

1.1　BD08552 號
1.3　金剛般若波羅蜜經
1.4　推 052
1.5　094:3848
2.1　(7.5 +398.9 +5.5) ×24.5 厘米；9 紙；242 行，行 17 字。
2.2　01：7.5 +32.4，27；　02：45.5，28；　03：45.5，28；
04：46.0，28；　05：46.5，28；　06：43.5，24；
07：52.0，28；　08：51.5，28；　09：36 +5.5，23。
2.3　卷軸裝。首殘尾脫。經黄打紙。通卷多水漬及殘破。第 6 紙從中斷開。背有古代裱補。有烏絲欄。已修整。
3.1　首 5 行上下殘→大正 0235，08/0749B20 ~25。
3.2　尾 2 行中下殘→08/0752B24 ~25。
5　與《大正藏》本對照，第 5、6 紙間缺漏經文 4 字。本卷經文無冥司偈，參見《大正藏》，8/751C16 ~19。
8　7 ~8 世紀。唐寫本。
9.1　楷書。
11　圖版：《敦煌寶藏》，80/573A ~579A。
從本遺書背面揭下古代裱補紙 1 塊，今編爲 BD16146 號。

1.1　BD08553 號
1.3　金剛般若波羅蜜經
1.4　推 053
1.5　094:4052
2.1　(13.5 +74) ×24.5 厘米；2 紙；52 行，行 17 字。
2.2　01：13.5 +27.5，24；　02：46.5，28。
2.3　卷軸裝。首殘尾脫。經黄打紙。卷面多水漬，首紙破損嚴重。有烏絲欄。已修整。
3.1　首 7 行上下殘→大正 0235，08/0750A27 ~B05。
3.2　尾殘→08/0750C22。
8　7 ~8 世紀。唐寫本。
9.1　楷書。
11　圖版：《敦煌寶藏》，81/626B ~627B。

1.1　BD08554 號
1.3　大般若波羅蜜多經卷四六六
1.4　推 054
1.5　084:3177
2.1　47.8 ×25.8 厘米；1 紙；28 行，行 17 字。
2.3　卷軸裝。首尾均脫。有烏絲欄。
3.1　首殘→大正 0220，07/0356C09。
3.2　尾殘→07/0357A08。
8　8 ~9 世紀。吐蕃統治時期寫本。
9.1　楷書。
11　圖版：《敦煌寶藏》，76/562A。

1.1　BD08555 號
1.3　大般若波羅蜜多經卷五五四
1.4　推 055
1.5　084:3334
2.1　47.3 ×25.4 厘米；1 紙；28 行，行 17 字。
2.3　卷軸裝。首尾均脫。打紙。卷面有橫裂。有烏絲欄。
3.1　首殘→大正 0220，07/0853B29。
3.2　尾殘→07/0853C28。
8　8 ~9 世紀。吐蕃統治時期寫本。
9.1　楷書。
11　圖版：《敦煌寶藏》，77/301A。

1.1　BD08556 號
1.3　大般若波羅蜜多經卷五六五
1.4　推 056
1.5　084:3356
2.1　47.4 ×26 厘米；1 紙；28 行，行 17 字。
2.3　卷軸裝。首尾均脫。打紙。卷尾有殘缺。有烏絲欄。
3.1　首殘→大正 0220，07/0918B20。
3.2　尾 9 行下殘→07/0918C11 ~19。
7.3　卷背面有 1 行雜寫“惠思社司轉”。
8　8 ~9 世紀。吐蕃統治時期寫本。
9.1　楷書。
11　圖版：《敦煌寶藏》，77/354A ~B。

1.1　BD08557 號
1.3　天地八陽神咒經
1.4　推 057
1.5　256:7650
2.1　(2.5 +33.3 +11.5) ×25.6 厘米；1 紙；26 行，行 17 ~19 字。
2.3　卷軸裝。首尾均殘。經黄打紙。卷面有水漬及殘洞。有烏絲欄。
3.1　首行下殘→大正 2897，85/1424A12 ~13。
3.2　尾 6 行下殘→85/1424B06 ~12。

8　7~8 世紀。唐寫本。
9.1　楷書。
11　圖版：《敦煌寶藏》，107/219A~B。

1.1　BD08558 號
1.3　妙法蓮華經卷三
1.4　推 058
1.5　105:5198
2.1　94.5×27.6 厘米；2 紙；56 行，行 17 字。
2.2　01：47.3，28；　02：47.2，28。
2.3　卷軸裝。首尾均脫。卷面油污，首紙有破損及殘洞。有烏絲欄。
3.1　首行殘→大正 0262，09/0025C21。
3.2　尾殘→09/0026C15。
8　8~9 世紀。吐蕃統治時期寫本。
9.1　楷書。
11　圖版：《敦煌寶藏》，89/400A~401A。

1.1　BD08559 號
1.3　大莊嚴論經卷一四
1.4　推 059
1.5　433:8624
2.1　47.5×25.5 厘米；1 紙；25 行，行 16~17 字。
2.3　卷軸裝。首尾均脫。有烏絲欄。
3.1　首殘→大正 0201，04/0333B08。
3.2　尾殘→04/0333C18。
7.3　背有雜寫經名 3 行："大莊嚴論卷第十五"、"大莊嚴論經卷第七"，上有經名號。另有"瑜伽師地論卷"等其他雜寫及經名號。
8　8 世紀。唐寫本。
9.1　楷書。
9.2　有刮改。
11　圖版：《敦煌寶藏》，111/46A~47A。

1.1　BD08560 號
1.3　大般若波羅蜜多經卷二五〇
1.4　推 060
1.5　084:2658
2.1　96.8×25.9 厘米；2 紙；56 行，行 17 字。
2.2　01：48.3，28；　02：48.5，28。
2.3　卷軸裝。首尾均脫。卷面有水漬及污穢，首紙有殘洞。有烏絲欄。
3.1　首殘→大正 0220，06/0264B27。
3.2　尾殘→06/0265A24。
8　8~9 世紀。吐蕃統治時期寫本。
9.1　楷書。
11　圖版：《敦煌寶藏》，74/370A~371A。

1.1　BD08561 號
1.3　無常經
1.4　推 061
1.5　139:6674
2.1　(22.5+85.5)×24.5 厘米；3 紙；63 行，行 17 字。
2.2　01：22.5+16.5，24；　02：47.5，28；　03：21.5，11。
2.3　卷軸裝。首殘尾全。第 2 紙上下有破裂。背有古代裱補。有烏絲欄。已修整。
3.1　首 14 行上下殘→大正 0801，17/0745B11~24。
3.2　尾全→17/0746B08。
4.2　佛說無常經一卷（尾）。
8　9~10 世紀。歸義軍時期寫本。
9.1　楷書。
9.2　有行間校加字。
11　圖版：《敦煌寶藏》，101/126A~127A。

1.1　BD08562 號
1.3　大般若波羅蜜多經（兌廢稿）卷一一六
1.4　推 062
1.5　084:2318
2.1　48.8×27 厘米；1 紙；26 行，行 17 字。
2.3　卷軸裝。首尾均脫。有烏絲欄。尾有餘空。
3.1　首殘→大正 0220，05/0640A20。
3.2　尾殘→05/0640B17。
7.1　上邊有"兌"字。
7.3　上邊有雜寫"自知大好"。
8　8~9 世紀。吐蕃統治時期寫本。
9.1　楷書。
11　圖版：《敦煌寶藏》，72/637。

1.1　BD08563 號
1.3　無量壽宗要經
1.4　推 063
1.5　275:8136
2.1　(10+146)×31 厘米；4 紙；110 行，行 30 餘字。
2.2　01：10+11.5，21；　02：45.0，30；　03：45.5，30；　04：44.0，29。
2.3　卷軸裝。首殘尾全。卷面多水漬，首紙上下邊及中間有破裂。有烏絲欄。已修整。
3.1　首 7 行上下殘→大正 0936，19/0082A20~B04。
3.2　尾全→19/0084C29。
4.2　佛說無量壽宗要經（尾）。
7.1　卷尾有題名"張沒略藏"，已殘。
8　8~9 世紀。吐蕃統治時期寫本。
9.1　楷書。
11　圖版：《敦煌寶藏》，109/118A~119B。

1.1　BD08564 號
1.3　集一切福德三昧經（兑廢稿）卷下
1.4　推 064
1.5　084:3415
2.1　47.5×26.5 厘米；1 紙；24 行，行 16～18 字。
2.3　卷軸裝。首尾均脱。紙尾有横破裂。有烏絲欄。尾有餘空。
3.1　首殘→大正 0382，12/1001B25。
3.2　尾缺→12/1001C22。
8　8 世紀。唐寫本。
9.1　楷書。
11　圖版：《敦煌寶藏》，77/532A。

1.1　BD08565 號
1.3　四波羅夷略疏（擬）
1.4　推 065
1.5　198:7179
2.1　（15+104.5）×28 厘米；3 紙；75 行，行 21 字。
2.2　01：15+25，24；　02：40.0，26；　03：39.5，25。
2.3　卷軸裝。首殘尾脱。卷面多油污，紙張變色，上下多破裂，有殘洞，第 1、2 紙接縫中下部開裂。有烏絲欄。已修整。
3.4　説明：
文獻首 8 行上殘，尾殘。論述四波羅夷戒。從行文看，顯然受到《釋僧戒初篇四波羅夷義決》的影響，但行文簡略，且有修訂補充。
8　9～10 世紀。歸義軍時期寫本。
9.1　楷書。
9.2　有校改。
11　圖版：《敦煌寶藏》，104/383A～384B。

1.1　BD08566 號
1.3　無量壽宗要經
1.4　推 066
1.5　275:7954
2.1　（3+81）×31.5 厘米；2 紙；55 行，行 30 餘字。
2.2　01：3+38.5，27；　02：42.5，28。
2.3　卷軸裝。首全尾脱。卷面有等距離水漬，卷首有殘缺。有烏絲欄。
3.1　首 2 行上下殘→大正 0936，19/0082A03～05。
3.2　尾殘→19/0083B29。
4.1　大乘無量壽經（首）。
8　8～9 世紀。吐蕃統治時期寫本。
9.1　行楷。
11　圖版：《敦煌寶藏》，108/355A～356A。

1.1　BD08567 號
1.3　大般若波羅蜜多經卷四七八
1.4　推 067
1.5　084:3192
2.1　（7.1+44）×24.8 厘米；2 紙；26 行，行 17 字。
2.2　01：07.1，護首；　02：44.0，26。
2.3　卷軸裝。首全尾脱。有護首，殘破不全。尾紙下部有破損，脱落 1 小塊殘片，已綴接。有烏絲欄。已修整。
3.1　首全→大正 0220，07/0420A16。
3.2　尾殘→07/0420B16。
4.1　大般若波羅蜜多經卷第四百七十八，/第二分無事品第八十三，三藏法師玄奘奉詔譯/（首）。
7.1　護首有勘記“卌八袟（本文獻所屬袟次）”。
7.3　背有 1 行藏文雜寫“mkhan－po－cucu－zhas－na（親教師吉□）”。
8　8～9 世紀。吐蕃統治時期寫本。
9.1　楷書。
11　圖版：《敦煌寶藏》，76/602A。

1.1　BD08568 號
1.3　無量壽宗要經
1.4　推 068
1.5　275:8137
2.1　（18+194）×30.5 厘米；5 紙；134 行，行 30 餘字。
2.2　01：18+24，27；　02：42.5，28；　03：42.5，28；　04：42.5，28；　05：42.5，23。
2.3　卷軸裝。首尾均全。卷面油污、變色，有紅色污痕，首紙有破裂殘缺，接縫處下有開裂。首紙脱落 1 塊殘片，已綴接。有烏絲欄。已修整。
3.1　首 11 行上下殘→大正 0936，19/0082A03～24。
3.2　尾全→19/0084C29。
4.1　□…□壽經（首）。
4.2　佛説無量壽宗要經一卷（尾）。
7.1　尾紙末有題名“王瀚”。
8　8～9 世紀。吐蕃統治時期寫本。
9.1　楷書。
9.2　有硃筆校改及行間校加字。
11　圖版：《敦煌寶藏》，109/120A～122B。

1.1　BD08569 號 A
1.3　大般若波羅蜜多經（兑廢稿）卷一一七
1.4　推 069
1.5　084:2320
2.1　（2.2+45.8）×27.1 厘米；1 紙；25 行，行 17 字。
2.3　卷軸裝。首尾均脱。卷面多水漬，卷尾殘破。有烏絲欄。尾有餘空。
3.1　首行中殘→大正 0220，05/0645A16。
3.2　尾殘→05/0645B14。
8　8～9 世紀。吐蕃統治時期寫本。
9.1　楷書。

11　圖版：《敦煌寶藏》，72/639B～640A。

1.1　BD08569 號 B
1.3　大般若波羅蜜多經（兑廢稿）卷二七八
1.4　推 069
1.5　084:2755
2.1　49×27.6 厘米；1 紙；24 行，行 17 字。
2.3　卷軸裝。首尾均脱。卷面多水漬，有黴斑。有烏絲欄。尾有餘空。
3.1　首殘→大正 0220，06/0413C20。
3.2　尾殘→06/0414A17。
7.1　上邊有勘記"脱"。
8　8～9 世紀。吐蕃統治時期寫本。
9.1　楷書。
11　圖版：《敦煌寶藏》，74/660A。

1.1　BD08570 號
1.3　大般若波羅蜜多經卷三七一
1.4　推 070
1.5　084:3020
2.1　(32+42)×25.5 厘米；2 紙；44 行，行 17 字。
2.2　01：27.0，16；　02：5+42，28。
2.3　卷軸裝。首殘尾脱。打紙。上下邊有殘破，首紙有殘洞。有烏絲欄。
3.1　首 19 行下殘→大正 0220，06/0911B16～C04。
3.2　尾殘→06/0912A01。
8　8～9 世紀。吐蕃統治時期寫本。
9.1　楷書。
11　圖版：《敦煌寶藏》，76/102B～103A。

1.1　BD08571 號
1.3　四分比丘尼戒本
1.4　推 071
1.5　157:6897
2.1　(11+54.5+11)×29 厘米；3 紙；49 行，行字不等。
2.2　01：11+8，12；　02：41.0，26；　03：5.5+11，11。
2.3　卷軸裝。首尾均殘。卷面有污漬，卷首油污，變色變脆，首尾紙下部殘缺。首紙脱落 2 塊殘片，已綴接。有烏絲欄。已修整。
3.1　首 7 行下殘→大正 1431，22/1039C12。
3.2　尾 8 行下殘→22/1040B19。
8　8～9 世紀。吐蕃統治時期寫本。
9.1　楷書。
11　圖版：《敦煌寶藏》，102/404B～405B。

1.1　BD08572 號
1.3　大般若波羅蜜多經（兑廢稿）卷一四〇
1.4　推 072
1.5　084:2371
2.1　48.7×27.5 厘米；1 紙；24 行，行 17 字。
2.3　卷軸裝。首尾均脱。有烏絲欄。尾有餘空。
3.1　首殘→大正 0220，05/0760B12。
3.2　尾缺→05/0760C07。
7.1　上邊有 1 個"兑"字。
8　8～9 世紀。吐蕃統治時期寫本。
9.1　楷書。
11　圖版：《敦煌寶藏》，73/94B～95A。

1.1　BD08573 號
1.3　妙法蓮華經卷七
1.4　推 073
1.5　105:6015
2.1　(5+33)×25 厘米；1 紙；22 行，行 17 字。
2.3　卷軸裝。首殘尾脱。卷面有破裂。已修整。
3.1　首 3 行上殘→大正 0262，09/0057A08～11。
3.2　尾殘→09/0057B02。
8　9～10 世紀。歸義軍時期寫本。
9.1　楷書。
11　圖版：《敦煌寶藏》，96/324B～。

1.1　BD08574 號
1.3　無量壽宗要經
1.4　推 074
1.5　275:8138
2.1　42×31 厘米；1 紙；27 行，行 30 餘字。
2.3　卷軸裝。首脱尾全。有烏絲欄。
3.1　首殘→大正 0936，19/0084B02。
3.2　尾全→19/0084C29。
4.2　佛説無量壽宗要經（尾）。
8　8～9 世紀。吐蕃統治時期寫本。
9.1　行楷。
11　圖版：《敦煌寶藏》，109/123A。

1.1　BD08575 號
1.3　無量壽宗要經
1.4　推 075
1.5　275:8197
2.1　(23.5+55.5)×31 厘米；2 紙；53 行，行 30 餘字。
2.2　01：23.5+13，24；　02：42.5，29。
2.3　卷軸裝。首殘尾脱。尾紙上下邊有破裂。卷背有鳥糞及墨污。有烏絲欄。
3.1　首 15 行上下殘→大正 0936，19/0082A10～B07。
3.2　尾殘→19/0083A19 行。
8　8～9 世紀。吐蕃統治時期寫本。

9.1 行楷。
9.2 有刮改。
11 圖版：《敦煌寶藏》，109/217B～219A。

1.1 BD08576 號
1.3 大般若波羅蜜多經（兌廢稿）卷八八
1.4 推 076
1.5 084:2248
2.1 48.8×28 厘米；1 紙；25 行，行 17 字。
2.3 卷軸裝。首尾均脱。卷面有殘洞。有烏絲欄。尾有餘空。
3.1 首殘→大正 0220，05/0492B19。
3.2 尾殘→05/0492C16。
7.1 上邊有“兌、解、一行”。
8 8～9 世紀。吐蕃統治時期寫本。
9.1 楷書。
9.2 有行間校加字及行間加行。
11 圖版：《敦煌寶藏》，72/426B。

1.1 BD08577 號
1.3 大般若波羅蜜多經（兌廢稿）卷八六
1.4 推 077
1.5 084:2240
2.1 48.5×27.5 厘米；1 紙；25 行，行 17 字。
2.3 卷軸裝。首尾均脱。有烏絲欄。尾有餘空。
3.1 首殘→大正 0220，05/0482A08。
3.2 尾殘→05/0482B05。
7.1 上邊有勘記“兌此一張”。
8 8～9 世紀。吐蕃統治時期寫本。
9.1 楷書。
11 圖版：《敦煌寶藏》，72/411B。

1.1 BD08578 號
1.3 無量壽宗要經
1.4 推 078
1.5 275:7955
2.1 86×31 厘米；2 紙；61 行，行 30 餘字。
2.2 01：43.0，30；　02：43.0，31。
2.3 卷軸裝。首全尾脱。首紙下邊殘損，中間有破裂及殘洞。有烏絲欄。
3.1 首全→大正 0936，19/0082A03。
3.2 尾殘→19/0083C01。
4.1 大乘無量壽經（首）。
8 8～9 世紀。吐蕃統治時期寫本。
9.1 楷書。
9.2 有行間校加字。
11 圖版：《敦煌寶藏》，108/356B～357B。

1.1 BD08579 號
1.3 法身禮
1.4 推 079
1.5 319:8370
2.1 51×29.5 厘米；1 紙；正面 24 行，行 20 字；背面 25 行。
2.3 卷軸裝。首尾全。
2.4 本遺書包括 3 個文獻：（一）《法身禮》，24 行，今編為 BD08579 號。（二）《太子成道變文》（擬），抄寫在背面，11 行，今編為 BD08579 號背 1。（三）《大方廣佛華嚴經》（唐譯八十卷本　兌廢稿）卷七九，抄寫在背面，14 行，今編為 BD08579 號背 2。
3.3 錄文：

法身禮

無色無形相，無根無住處，不生不滅故，禮敬無所觀。

不去亦不住，不取亦不捨，遠離六入故，敬禮無所觀。

出過於三界，等同於虛空，諸欲不染故，敬禮無所觀。

於諸成（威）儀中，去來及睡悟，常在寂淨故，敬禮無所觀。

去來悉平等，已住於平等，不懷（壞）平等故，敬禮無所觀。

入諸無相定，見諸法寂淨，常在寂淨故，敬禮無所觀。

諸佛虛空相，虛空亦無相，離諸因果故，敬禮無所觀。

虛空無邊中，諸佛身亦然，心同虛空故，敬禮無所觀。

佛常在世間，而不染世間，不分世間故，敬禮無所觀。

諸佛亦如幻，而幻不可得，離諸幻法故，敬禮無所觀。

一禮平等禮，無禮亦不禮，一禮邊（遍）含識，同歸實相體。

至心懺悔：

我於往昔貪名相，為名相故起貪瞋，緣姿（玆）一念懷顛倒，萬劫輪［迴］妄（枉）受辛。

離然造福還成相，不知離相乃名真，今日得聞無法相，始悔從來忘（妄）受纏。

懺悔已，歸命禮三寶。

至心勸請：

廣大劫來蓮本性，虛妄分別已（以）為因，因此妄因成［妄］報，亦由妄報返生因。

三苦八苦恒相續，五蘊五蓋悶人心，若不厭思求解脱，何時得離苦因緣。

勸請已，歸命禮三寶。

至心隨喜：

真如淨體無生滅，隨緣起相用乖常，要假思維於義理，方能悟入一乘瞋（真）。

欲得無生實相觀，不勞苦也遠求人，但觀身心無我所，自然清淨離囂塵。

隨喜已，歸命禮三寶。

至心迴向：

我常日夜觀心境，唯求心境悉如如，如如之法中無相，已

無二故而［亦］無三。
唯［有］一乘真實理，［相］與菩提作了因，既識迷而須返照，垂（遂）能遂（逐）妄故生因。
迴［向已，歸命禮三寶］。
（錄文完）
3.4　說明：
五言偈頌部分，可參見大正0357，12/0247C16～0248A06。
4.1　法身禮（首）。
8　9～10世紀。歸義軍時期寫本。
9.1　楷書。
9.2　有行間校加字及重文號。
11　圖版：《敦煌寶藏》，110/88B～90A。

1.1　BD08579號背1
1.3　太子成道變文（擬）
1.4　推079
1.5　319:8370
2.4　本遺書由3個文獻組成，本號為第2個，抄寫在背面，11行。餘參見BD08579號之第2項、第11項。
3.1　首殘→《敦煌變文集》，第317頁第2行。
3.2　尾殘→《敦煌變文集》，第318頁第1行。
8　9～10世紀。歸義軍時期寫本。
9.1　楷書。

1.1　BD08579號背2
1.3　大方廣佛華嚴經（唐譯八十卷本　兌廢稿）卷七九
1.4　推079
1.5　319:8370
2.4　本遺書由3個文獻組成，本號為第3個，抄寫在背面，14行。餘參見BD08579號之第2·項、第11項。
3.1　首殘→大正0279，10/0438B04。
3.2　尾殘→10/0438B21。
8　9～10世紀。歸義軍時期寫本。
9.1　楷書。
9.2　有刪除號。

1.1　BD08580號
1.3　大般若波羅蜜多經（兌廢稿）卷一〇九
1.4　推080
1.5　084:2293
2.1　45.3×27厘米；1紙；26行，行17字。
2.3　卷軸裝。首尾均脫。有烏絲欄。尾有餘空。
3.1　首殘→大正0220，05/0602C26。
3.2　尾殘→05/0603A24。
7.1　上邊有勘記“兌一紙”。
7.3　背面有雜寫1字。
8　8～9世紀。吐蕃統治時期寫本。
9.1　楷書。
11　圖版：《敦煌寶藏》，72/566B。

1.1　BD08581號
1.3　維摩詰所說經卷上
1.4　推081
1.5　070:0946
2.1　41.5×27厘米；1紙；24行，行17字。
2.3　卷軸裝。首尾均脫。卷面多水漬，上下邊有破損。有烏絲欄。
3.1　首殘→大正0475，14/0538A13。
3.2　尾殘→14/0538B08。
8　7～8世紀。唐寫本。
9.1　楷書。
11　圖版：《敦煌寶藏》，64/73A。

1.1　BD08582號
1.3　妙法蓮華經卷七
1.4　推082
1.5　105:5935
2.1　66.7×25.5厘米；2紙；40行，行17字。
2.2　01：47.5，28；　02：19.2，12。
2.3　卷軸裝。首脫尾斷。經黄打紙。2紙均有破裂及殘洞。有烏絲欄。已修整。
3.1　首殘→大正0262，09/0056A16。
3.2　尾殘→09/0056C01。
8　7～8世紀。唐寫本。
9.1　楷書。
11　圖版：《敦煌寶藏》，96/64B～65A。
該遺書中夾裹殘片1塊，今編爲BD16526號。

1.1　BD08583號1
1.3　佛頂尊勝陀羅尼咒（異本）
1.4　推083
1.5　229:7367
2.1　（36.5+2）×30.2厘米；1紙；24行，行字不等。
2.3　卷軸裝。首尾均全。卷面有殘洞。
2.4　本遺書包括2個文獻：（一）《佛頂尊勝陀羅尼咒》（異本），19行，今編為BD08583號1。（二）《師子吼菩薩咒》（擬），5行，今編為BD08583號2。
3.4　說明：
本文獻首尾均全。與《大正藏》本《佛頂尊勝陀羅尼經》中咒語及經末所附《思溪藏》本《佛頂尊勝陀羅尼咒》均有較大差異，應為異本。
4.1　佛頂尊勝陀羅尼咒（首）。
4.2　佛頂尊勝陀羅尼咒一本（尾）。
7.1　背端有經名“佛頂尊勝陀羅尼咒一本”。

8　9～10 世紀。歸義軍時期寫本。
9.1　楷書。
9.2　有重文號。有塗改。
11　圖版：《敦煌寶藏》，105/610B。

1.1　BD08583 號 2
1.3　師子吼菩薩咒（擬）
1.4　推 083
1.5　229:7367
2.4　本遺書由 2 個文獻組成，本號為第 2 個，5 行。餘參見 BD08583 號 1 之第 2 項、第 11 項。
3.4　説明：
本文獻首尾均全。乃從《東方最勝燈王陀羅尼經》卷一之“乞夢即知吉凶陀羅尼”化出的《師子吼菩薩咒》，可參見《大通方廣懺悔滅罪莊嚴成佛經》卷三（大正 2871，85/1349C22～28）。
8　9～10 世紀。歸義軍時期寫本。
9.1　楷書。

1.1　BD08584 號
1.3　大般涅槃經（北本）卷三六
1.4　推 084
1.5　115:6508
2.1　50.2×26 厘米；2 紙；30 行，行 17 字。
2.2　01：45.5，28；　　02：04.7，02。
2.3　卷軸裝。首尾均殘。上下多殘破。有烏絲欄。
3.1　首 5 行上殘→大正 0374，12/0579A13～16。
3.2　尾殘→12/0579B08～13。
8　5～6 世紀。南北朝寫本。
9.1　楷書。
11　圖版：《敦煌寶藏》，100/20B～21A。

1.1　BD08585 號
1.3　妙法蓮華經卷一
1.4　推 085
1.5　105:4623
2.1　（3.2＋8.2）×25.4 厘米；1 紙；18 行，行 17 字。
2.3　卷軸裝。首殘尾脱。經黄打紙。卷面多水漬，有殘洞。有烏絲欄。
3.1　首 2 行中下殘→大正 0262，09/0002A29～B02。
3.2　尾殘→09/0002B19。
8　7～8 世紀。唐寫本。
9.1　楷書。
11　圖版：《敦煌寶藏》，85/122B。

1.1　BD08586 號
1.3　妙法蓮華經卷五
1.4　推 086
1.5　105:5648
2.1　（44.7＋2）×25.8 厘米；2 紙；27 行，行 17 字。
2.2　01：21.0，12；　　02：23.7＋2，15。
2.3　卷軸裝。首尾均殘。背有古代裱補。有烏絲欄。
3.1　首殘→大正 0262，09/0044C05。
3.2　尾行上下殘→09/0045A17～18。
8　8 世紀。唐寫本。
9.1　楷書。
11　圖版：《敦煌寶藏》，93/497A～B。

1.1　BD08587 號
1.3　大般若波羅蜜多經卷二四〇
1.4　推 087
1.5　084:2628
2.1　（47.7＋3.2）×26.6 厘米；2 紙；30 行，行 17 字。
2.2　01：47.7，28；　　02：03.2，02。
2.3　卷軸裝。首脱尾殘。首紙有殘洞。卷背有鳥糞。有烏絲欄。
3.1　首殘→大正 0220，06/0213A26。
3.2　尾 2 行上下殘→06/0213B26～27。
5　與《大正藏》本對照，卷尾四行“五根清淨”處應爲“五眼清淨”。
8　8～9 世紀。吐蕃統治時期寫本。
9.1　楷書。
11　圖版：《敦煌寶藏》，74/285。

1.1　BD08588 號
1.3　無量壽宗要經
1.4　推 088
1.5　275:8139
2.1　（5.5＋174.5）×31.5 厘米；5 紙；122 行，行 30 餘字。
2.2　01：5.5＋36，28；　　02：41.5，28；　　03：41.5，28；
04：41.0，28；　　05：14.5，10。
2.3　卷軸裝。首尾均全。卷面有水漬及墨污，卷首上部殘缺，第 1、2 紙接縫處下部開裂。尾紙脱落 1 塊殘片，已綴接。有烏絲欄。已修整。
3.1　首 3 行中上殘→0936，19/0082A06～10。
3.2　尾全→19/0084C29。
4.2　佛說無量壽宗要經（尾）。
7.1　尾有題名“李弁”。
8　8～9 世紀。吐蕃統治時期寫本。
9.1　行楷。
9.2　有刮改。
11　圖版：《敦煌寶藏》，109/123B～125B。

1.1　BD08589 號
1.3　妙法蓮華經卷七

1.4　推 089
1.5　105:6051
2.1　47×27 厘米；1 紙；28 行，行 17 字。
2.3　卷軸裝。首尾均殘。卷面污穢、變色，有破裂及殘缺。卷面有 3 道硬物刻劃痕。有烏絲欄。
3.1　首 3 行中殘→大正 0262，09/0057B28～C02。
3.2　尾行中下殘→09/0058A16～17。
8　8～9 世紀。吐蕃統治時期寫本。
9.1　楷書。
11　圖版：《敦煌寶藏》，96/385B～386A。

1.1　BD08590 號 1
1.3　大般若波羅蜜多經（兌廢稿）卷二〇五
1.4　推 090
1.5　255:7610
2.1　47.7×25.7 厘米；1 紙；26 行，行 17 字。
2.3　卷軸裝。首尾均脫。卷面油污。有烏絲欄。
2.4　本遺書包括 2 個文獻：（一）《大般若波羅蜜多經》（兌廢稿）卷二〇五，11 行，今編為 BD08590 號 1。（二）《解百生怨家陀羅尼經》，15 行，今編為 BD08590 號 2。
3.1　首殘→大正 0220，06/0023B19。
3.2　尾殘→06/0023B29。
7.3　背面有經名及經文雜寫 15 行，不錄文。
8　8～9 世紀。吐蕃統治時期寫本。
9.1　楷書。
11　圖版：《敦煌寶藏》，107/89B～90B。

1.1　BD08590 號 2
1.3　解百生怨家陀羅尼經
1.4　推 090
1.5　255:7610
2.4　本遺書由 2 個文獻組成，本號為第 2 個，15 行。餘參見 BD08590 號 1 之第 2 項、第 11 項。
3.4　說明：

本文獻首尾均全。本經篇幅甚短，但三分具足。形態與密教經典相同。經文謂持誦普光菩薩名號及念此陀羅尼可不為怨家相害。歷代經錄未見著錄，歷代大藏經不收。敦煌遺書中存有多號。參見《敦煌學大辭典》第 704 頁。

4.1　佛說解百怨家陀羅尼經（首）。
4.2　佛說解百生怨家經（尾）。
8　8～9 世紀。吐蕃統治時期寫本。
9.1　楷書。

1.1　BD08591 號
1.3　大般若波羅蜜多經卷三七五
1.4　推 091
1.5　084:3025
2.1　63.7×25.2 厘米；1 紙；26 行，行 17 字。
2.2　01：20.2，護首；　02：43.5，26。
2.3　卷軸裝。首全尾脫。有護首，有竹製天竿，上下有破裂，下邊殘缺。尾紙上下邊殘破。背有古代裱補。有烏絲欄。
3.1　首全→大正 0220，06/0933B18。
3.2　尾殘→06/0933C17。
4.1　大般若波羅蜜多經卷第三百七十五，/初分無相無得品第六十六之三，三藏法師玄奘奉詔譯/（首）。
7.1　第 2 紙背有勘記“卅八袟（本文獻所屬袟次），第五（袟内卷次）”。
7.4　護首有經名“大般若經卷第三百七十五，卅八（本文獻所屬袟次），恩（所屬寺院簡稱）”。上有經名號。
8　8～9 世紀。吐蕃統治時期寫本。
9.1　楷書。
11　圖版：《敦煌寶藏》，76/123B～124A。

1.1　BD08592 號
1.3　大方廣佛華嚴經（唐譯八十卷本）卷二一
1.4　推 092
1.5　002:0043
2.1　（5.5+52.5+9）×25.5 厘米；2 紙；39 行，行 17 字。
2.2　01：5.5+13.5，11；　02：39+9，28。
2.3　卷軸裝。首尾均殘。經黃打紙。上邊多水漬，卷面多斑點，有破損。有烏絲欄。已修整。
3.1　首 2 行上中殘→大正 0279，10/0113B12～13。
3.2　尾 5 行上殘→10/0113C19～24。
8　7～8 世紀。唐寫本。
9.1　楷書。
11　圖版：《敦煌寶藏》，56/215B～216A。

1.1　BD08593 號 1
1.3　菩薩戒序（異本）
1.4　推 093
1.5　143:6697
2.1　（3.2+73.5）×24 厘米；1 紙；46 行，行 17 字。
2.3　卷軸裝。首殘尾脫。卷面多水漬。有烏絲欄。
2.4　本遺書包括 2 個文獻：（一）《菩薩戒序》（異本），36 行，今編為 BD08593 號 1。（二）《梵網經盧舍那佛說菩薩心地戒品第十》卷下，10 行，今編為 BD08593 號 2。
3.4　說明：

本文獻首行上殘，尾殘。題名為《菩薩戒序》，分別由兩個部分組成。

第一部分爲《梵網經盧舍那佛說菩薩心地戒品第十》卷下之《梵網經菩薩戒序》之後部分，參見大正 1484，24/1003A19～B03。

第二部分乃依據《十誦比丘尼波羅提木叉戒本》的前部分改寫，參見大正 1437，23/0497A15～B26。

這種形態的《菩薩戒序》，形成《梵網經》系統的異本。需要進一步研究。
4.1 ［菩薩戒序］（首）。
8 9～10 世紀。歸義軍時期寫本。
9.1 楷書。
11 圖版：《敦煌寶藏》，101/233B～234B。

1.1 BD08593 號 2
1.3 梵網經盧舍那佛說菩薩心地戒品第十卷下
1.4 推 093
1.5 143:6697
2.4 本遺書由 2 個文獻組成，本號為第 2 個，10 行。餘參見 BD08593 號 1 之第 2 項、第 11 項。
3.1 首全→大正 1484，24/1003C29。
3.2 尾殘→24/1004A17
4.1 梵網經盧舍那佛說菩薩十重卌八輕戒（首）。
5 與《大正藏》本相比，首題不同。
8 9～10 世紀。歸義軍時期寫本。
9.1 楷書。

1.1 BD08594 號
1.3 大般若波羅蜜多經卷五一五
1.4 推 094
1.5 084:3273
2.1 （2.3＋170.1）×27 厘米；5 紙；107 行，行 17 字。
2.2 01：2.3＋5.5，10； 02：47.3，28； 03：47.0，28； 04：47.1，28； 05：23.2，13。
2.3 卷軸裝。首尾均殘。卷面油污，多有破損，尾部有 1 殘洞。有烏絲欄。尾有餘空。
3.1 首行下殘→大正 0220，07/0630B29～C01。
3.2 尾缺→07/0631C20。
8 8～9 世紀。吐蕃統治時期寫本。
9.1 楷書。
11 圖版：《敦煌寶藏》，77/98B～100B。

1.1 BD08595 號
1.3 金光明最勝王經卷一
1.4 推 095
1.5 083:1491
2.1 （8＋59.8）×25.8 厘米；2 紙；47 行，行 17 字。
2.2 01：8＋13.5，19； 02：46.3，28；
2.3 卷軸裝。首殘尾脫。卷面破碎嚴重。有烏絲欄。已修整。
3.1 首 11 行上下殘→大正 0665，16/0407B12～23。
3.2 尾殘→16/0408A04。
8 8 世紀。唐寫本。
9.1 楷書。
9.2 有行間校加字。
11 圖版：《敦煌寶藏》，68/99A～100A。

1.1 BD08596 號
1.3 大般若波羅蜜多經卷二三三
1.4 推 096
1.5 084:2605
2.1 49×26 厘米；1 紙；28 行，行 17 字。
2.3 卷軸裝。首尾均脫。卷面有火燒殘洞。卷背多鳥糞。有烏絲欄。
3.1 首殘→大正 0220，06/0177A14。
3.2 尾殘→06/0177B13。
8 8～9 世紀。吐蕃統治時期寫本。
9.1 楷書。
11 圖版：《敦煌寶藏》，74/204。

1.1 BD08597 號
1.3 佛名經（二十卷本）卷一一
1.4 推 097
1.5 062:0587
2.1 47.3×26.6 厘米；1 紙；26 行，行 17 字。
2.3 卷軸裝。首全尾脫。有烏絲欄。
3.4 説明：
本文獻首全尾殘。是中國人抄輯衆經編纂的經典。未為歷代大藏經所收。
4.1 佛說佛名經卷第十一（首）。
5 與同卷之斯 02549 號相比，首題後少 2 行佛名。
8 7～8 世紀。唐寫本。
9.1 楷書。
11 圖版：《敦煌寶藏》，60/177A～177B。

1.1 BD08598 號
1.3 大般若波羅蜜多經（兌廢稿）卷九〇
1.4 推 098
1.5 084:2252
2.1 48×27.5 厘米；1 紙；24 行，行 17 字。
2.3 卷軸裝。首尾均脫 。有烏絲欄。尾有餘空。
3.1 首殘→大正 0220，05/0499C13。
3.2 尾殘→05/0450A08。
7.1 上邊有“兌一紙”。
8 8～9 世紀。吐蕃統治時期寫本。
9.1 楷書。
9.2 有刮改。
11 圖版：《敦煌寶藏》，72/431B～432A。

1.1 BD08599 號
1.3 大般若波羅蜜多經（兌廢稿）卷一四七
1.4 推 099

1.5　084:2389
2.1　45×27.7 厘米；1 紙；正面 26 行，行 17 字；背面 1 行。
2.3　卷軸裝。首尾均脱。卷背有鳥糞。有烏絲欄。尾有餘空。
2.4　本遺書包括 2 個文獻：（一）《大般若波羅蜜多經》（兑廢稿）卷一四七，26 行，今編為 BD08599 號。（二）《經袟》（擬），抄寫在背面，1 行，今編為 BD08599 號背。
3.1　首殘→大正 0220，05/0797C10。
3.2　尾缺→05/0798A07。
7.1　上邊有“振威兑”3 字。
8　8～9 世紀。吐蕃統治時期寫本。
9.1　楷書。
9.2　有倒乙。
11　圖版：《敦煌寶藏》，73/137B。

1.1　BD08599 號背
1.3　經袟（擬）
1.4　推 099
1.5　084:2389
2.4　本遺書由 2 個文獻組成，本號為第 2 個，抄寫在背面，1 行。餘參見 BD08599 號之第 2 項、第 11 項。
3.3　録文：
目録/
（録文完）。
3.4　説明：
本遺書乃利用《大般若波羅蜜多經》（兑廢稿）作爲經袟，包裹各種目録。
8　9～10 世紀。歸義軍時期寫本。
9.1　楷書。

1.1　BD08600 號
1.3　梵網經盧舍那佛説菩薩心地戒品第十卷下
1.4　推 100
1.5　143:6712
2.1　（33.5＋163＋11.5）×26.3 厘米；5 紙；131 行，行 29～30 字。
2.2　01：29.3，19；　02：4.2＋40.5，30；　03：46.0，29；
04：46.0，30；　05：30.5＋11.5，23；
2.3　卷軸裝。首尾均殘。卷面多水漬，破碎嚴重。有烏絲欄。
3.1　首 22 行下殘→大正 1484，24/1004A17～C02。
3.2　尾 6 行下殘→24/1007A24～B04。
8　9～10 世紀。歸義軍時期寫本。
9.1　楷書。
9.2　有硃筆斷句。有行間校加字。
11　圖版：《敦煌寶藏》，101/299A～301A。

1.1　BD08601 號 1
1.3　般若波羅蜜多心經
1.4　位 001
1.5　102:4469
2.1　42×26.1 厘米；1 紙；24 行，行字不等。
2.3　卷軸裝。首殘尾全。卷首有破損。有烏絲欄。
2.4　本遺書包括 2 個文獻：（一）《般若波羅蜜多心經》，18 行，今編為 BD08601 號 1。（二）《觀世音經》，6 行，今編為 BD08601 號 2。
3.1　首殘→大正 0251，08/0848C07。
3.2　尾全→08/0848C24。
4.2　般若波羅蜜多心經（尾）。
8　9～10 世紀。歸義軍時期寫本。
9.1　楷書。
11　圖版：《敦煌寶藏》，83/304B。

1.1　BD08601 號 2
1.3　觀世音經（兑廢稿）
1.4　位 001
1.5　102:4469
2.4　本遺書由 2 個文獻組成，本號為第 2 個，6 行。餘參見 BD08601 號 1 之第 2 項、第 11 項。
3.1　首全→大正 0262，09/0056C02。
3.2　尾缺→09/0056C07。
4.1　妙法蓮華經觀世音菩薩普門品第二十五（首）。
8　9～10 世紀。歸義軍時期寫本。
9.1　楷書。

1.1　BD08602 號
1.3　七階佛名經
1.4　位 002
1.5　305:8341
2.1　（6.5＋41.5）×24.8 厘米；2 紙；32 行，行 17 字。
2.2　01：6.5＋21.5，21；　02：20.0，11。
2.3　卷軸裝。首殘尾全。卷面有油污。有烏絲欄。尾有餘空。已修整。
3.4　説明：
本文獻首 5 行上下殘，尾闕。為敦煌地區甚爲流行的禮懺典籍。形態複雜，尚需進一步研究。
8　8～9 世紀。吐蕃統治時期寫本。
9.1　楷書。
9.2　有倒乙。有行間校加字。有刪除號。
11　圖版：《敦煌寶藏》，110/27A～B。

1.1　BD08603 號
1.3　無量壽宗要經
1.4　位 003
1.5　275:8140
2.1　（16＋144）×31 厘米；4 紙；106 行，行 30 餘字。

2.2　01：16.5＋21，25；　02：39.0，27；　03：39.0，27；
04：45.0，27。
2.3　卷軸裝。首殘尾全。卷面有水漬及污漬，首尾紙有殘洞。第1、2紙接縫處上部開裂，第3、4紙接縫處斷開。有烏絲欄。已修整。
3.1　首11行上下殘→大正0936，19/0082A06～27。
3.2　尾全→19/0084C29。
4.2　佛說無量壽宗要經（尾）。
8　8～9世紀。吐蕃統治時期寫本。
9.1　行楷。
11　圖版：《敦煌寶藏》，109/126A～127B。

1.1　BD08604號
1.3　妙法蓮華經（古本）卷七
1.4　位004
1.5　105:5961
2.1　（10.5＋213.7）×28.5厘米；6紙；117行，行17字。
2.2　01：10.5＋27，19；　02：41.7，22；　03：42.0，22；
04：42.0，22；　05：42.0，22；　06：19.0，10。
2.3　卷軸裝。首殘尾斷。前2紙上中部有等距離殘洞。有烏絲欄。已修整。
3.1　首5行下殘→大正0262，09/0057B13～18。
3.2　尾殘→09/0059B28。
5　與《大正藏》本相比，"普門品"中無偈頌。但品次與《大正藏》本相同。
8　5～6世紀。南北朝寫本。
9.1　楷書。
11　圖版：《敦煌寶藏》，96/216A～218B。
《劫餘錄》著錄此卷有"正光三年翟安德寫"，但原卷並無此題記。查《敦煌石室經卷總目》，亦無此記載。從長度及起止字查核，確為此卷無誤。

1.1　BD08605號
1.3　無量壽宗要經
1.4　位005
1.5　275:7912
2.1　180×31厘米；4紙；116行，行30餘字。
2.2　01：45.0，30；　02：45.0，29；　03：45.0，30；
04：45.0，27。
2.3　卷軸裝。首尾均全。卷面多水漬，第1、2紙接縫處上部開裂。有烏絲欄。
3.1　首全→大正0936，19/0082A03。
3.2　尾全→19/0084C29。
4.1　大乘無量壽經（首）。
4.2　佛說無量壽宗要經（尾）。
7.1　尾紙末有題名"裴文達"。
8　8～9世紀。吐蕃統治時期寫本。
9.1　楷書。
11　圖版：《敦煌寶藏》，108/287A～289B。

1.1　BD08606號
1.3　梵網經盧舍那佛說菩薩心地戒品第十卷下鈔
1.4　位006
1.5　143:6716
2.1　42.5×25厘米；1紙；正面22行，行17～19字；背面2行。
2.3　卷軸裝。首尾均全。有折疊欄。
2.4　本遺書包括2個文獻：（一）《梵網經盧舍那佛說菩薩心地戒品第十》卷下鈔，22行，今編為BD08606號。（二）《點勘錄》（擬），抄寫在背面，2行，今編為BD08606號背。
3.1　首殘→大正1484，24/1004C13。
3.2　尾缺→24/1005A10。
8　9～10世紀。歸義軍時期寫本。
9.1　楷書。
11　圖版：《敦煌寶藏》，101/317A～B。

1.1　BD08606號背
1.3　點勘錄（擬）
1.4　位006
1.5　143:6716
2.4　本遺書由2個文獻組成，本號為第2個，抄寫在背面，2行。餘參見BD08606號之第2項、第11項。
3.3　錄文：
法華經第二在，第三在，第四在，/
第六在。/
（錄文完）。
8　9～10世紀。歸義軍時期寫本。
9.1　楷書。

1.1　BD08607號A
1.3　灌頂章句拔除過罪生死得度經
1.4　位007
1.5　250:7495
2.1　（19.9＋118.7）×25.4厘米；3紙；80行，行17字。
2.2　01：19.9＋20.9，24；　02：48.1，28；　03：49.7，28。
2.3　卷軸裝。首尾均殘。經黃打紙。卷面油污、變色，首紙前部殘破。有烏絲欄。已修整。
2.4　原卷夾裹3塊殘片，均與本遺書無關。修整時粘貼在卷首，今分別編號。故本遺書包括4個文獻：（一）《灌頂章句拔除過罪生死得度經》，80行，今編為BD08607號A。（二）《素紙》（擬），殘片，現粘貼在卷首，今編為BD08607號B。（三）《大佛頂如來密因修證了義諸菩薩萬行首楞嚴經》卷八，殘片，現粘貼在卷首，2行，今編為BD08607號C。（四）《殘片》（擬），殘片，現粘貼在卷首，1行，今編為BD08607號D。

3.1　首12行上下殘→大正1331，21/0533A10～21。
3.2　尾殘→21/0534A05。
8　7～8世紀。唐寫本。
9.1　楷書。
11　圖版：《敦煌寶藏》，106/479A～480B。

1.1　BD08607號B
1.3　素紙（擬）
1.4　位007
1.5　250:7495
2.1　5.7×3.6厘米；1紙。
2.3　殘片。
2.4　本遺書由4個文獻組成，本號為第2個，為粘貼在卷首的殘片。餘參見BD08607號A之第2項、第11項。
3.4　説明：
原夾裹在卷中。略有殘筆痕。

1.1　BD08607號C
1.3　大佛頂如來密因修證了義諸菩薩萬行首楞嚴經卷八
1.4　位007
1.5　250:7495
2.1　3×6厘米；1紙；2行。
2.3　殘片。
2.4　本遺書由4個文獻組成，本號為第3個，為粘貼在卷首的殘片，2行。餘參見BD08607號A之第2項、第11項。
3.1　首殘→大正945，19/0141C01。
3.2　尾殘→19/0141C02
8　7～8世紀。唐寫本。
9.1　楷書。

1.1　BD08607號D
1.3　殘片（擬）
1.4　位007
1.5　250:7495
2.1　2.3×2.4厘米；1紙；1行。
2.3　殘片。
2.4　本遺書由4個文獻組成，本號為第4個，為粘貼在卷首的殘片，1行。餘參見BD08607號A之第2項、第11項。
3.4　説明：
本殘片僅“滅而”兩字，暫難判定歸屬。
8　9～10世紀。歸義軍時期寫本。
9.1　楷書。

1.1　BD08608號
1.3　大般若波羅蜜多經卷四九八
1.4　位008
1.5　084:3244
2.1　66.9×25.9厘米；2紙；26行，行17字。
2.2　01：21.8，護首；　02：45.1，26。
2.3　卷軸裝。首全尾脱。有護首，下部殘破，有竹製天竿。有烏絲欄。
3.1　首全→大正0220，07/0532A17。
3.2　尾殘→07/0532B17。
4.1　大般若波羅蜜多經卷第四百九十八，/第三分善現品第三之十七，三藏法師玄奘奉詔譯/（首）。
7.4　護首有經名“大般若波羅蜜多經卷四百九十八，五十（本文獻所屬袟次）”。有經名號。
8　8世紀。唐寫本。
9.1　楷書。
11　圖版：《敦煌寶藏》，77/37B～38A。

1.1　BD08609號
1.3　金剛般若波羅蜜經
1.4　位009
1.5　094:3808
2.1　（3+51）×25厘米；2紙；31行，行17字。
2.2　01：3+2，03；　02：49.0，28。
2.3　卷軸裝。首殘尾脱。經黄打紙。卷面有水漬、污痕及殘破，接縫處有開裂。下邊有蟲繭。有烏絲欄。
3.1　首2行上下殘→大正0235，08/0749B18～19。
3.2　尾殘→08/0749C20。
8　7～8世紀。唐寫本。
9.1　楷書。
11　圖版：《敦煌寶藏》，80/419A～B。

1.1　BD08610號
1.3　天地八陽神咒經
1.4　位010
1.5　256:7656
2.1　（10.6+30.7）×26.7厘米；2紙；22行，行17字。
2.2　01：07.1，03；　02：3.5+30.7，19。
2.3　卷軸裝。首尾均殘。經黄打紙。卷面有水漬。有烏絲欄。
3.1　首5行下殘→大正2897，85/1424B07～12。
3.2　尾殘→85/1424C04。
8　7～8世紀。唐寫本。
9.1　楷書。
11　圖版：《敦煌寶藏》，107/229A。

1.1　BD08611號
1.3　星母陀羅尼咒
1.4　位011
1.5　253:7556
2.1　48.5×24.1厘米；1紙；23行，行15～20字不等。
2.3　卷軸裝。首全尾斷。

3.4 說明：
本文獻首全尾殘。與《諸星母陀羅尼經》中咒語有不同。未為歷代大藏經所收。
4.1 星母陀羅尼咒（首）。
7.3 本卷首題下有雜寫，不可辨識。卷背有雜寫9行。
8 9~10世紀。歸義軍時期寫本。
9.1 行楷。
9.2 有刮改及重文號。
11 圖版：《敦煌寶藏》，106/653B~654B。

1.1 BD08612號
1.3 四分律比丘戒本
1.4 位012
1.5 156:6875
2.1 （4+37.5）×25.5厘米；1紙；24行，行16字。
2.3 卷軸裝。首脫尾殘。卷首下端殘缺，中部有殘洞。有烏絲欄。已修整。
3.1 首殘→大正1429，12/1019B14。
3.2 尾2行下殘→22/1019C09。
8 8世紀。唐寫本。
9.1 楷書。
11 圖版：《敦煌寶藏》，102/354B。

1.1 BD08613號
1.3 妙法蓮華經卷六
1.4 位013
1.5 105:5710
2.1 （12+55.2）×25.5厘米；2紙；40行，行17字。
2.2 01：12+15.5，16； 02：39.7，24。
2.3 卷軸裝。首殘尾斷。首紙下邊有殘損，卷下邊有蟲繭。有烏絲欄。已修整。
3.1 首7行下殘→大正0262，09/0047B13~26。
3.2 尾殘→09/0048A08。
8 7~8世紀。唐寫本。
9.1 楷書。
11 圖版：《敦煌寶藏》，94/369B~370B。

1.1 BD08614號
1.3 無量壽宗要經
1.4 位014
1.5 275:7913
2.1 （13+162.5）×31.5厘米；4紙；112行，行30餘字。
2.2 01：13+31，29； 02：44.0，30； 03：44.0，30；
04：43.5，23。
2.3 卷軸裝。首尾均全。首紙上邊有破裂，下邊殘缺，卷面多水漬，有殘洞，第1、2紙接縫處下部開裂。有烏絲欄。
3.1 首8行下殘→大正0936，19/0082A03~22。
3.2 尾全→19/0084C29。
4.1 大乘無量壽宗要經（首）。
4.2 佛說無量壽經（尾）。
8 8~9世紀。吐蕃統治時期寫本。
9.1 行楷。
11 圖版：《敦煌寶藏》，108/290A~292A。

1.1 BD08615號
1.3 大般涅槃經（北本）卷一
1.4 位015
1.5 115:6291
2.1 42.5×26.2厘米；1紙；24行，行17字。
2.3 卷軸裝。首尾均脫。有烏絲欄。
3.1 首殘→大正0374，12/0370B08。
3.2 尾殘→12/0370C04。
8 8世紀。唐寫本。
9.1 楷書。
11 圖版：《敦煌寶藏》，97/592A~B。

1.1 BD08616號
1.3 妙法蓮華經卷六
1.4 位016
1.5 105:5831
2.1 （91.5+4）×27厘米；3紙；55行，行17字。
2.2 01：36.5，21； 02：50.0，29； 03：5+4，05。
2.3 卷軸裝。首尾均殘。經黄打紙。卷上邊黴爛，下邊有破裂。有烏絲欄。已修整。
3.1 首殘→大正0262，09/0051C22。
3.2 尾2行上殘→09/0052C05~07。
8 7~8世紀。唐寫本。
9.1 楷書。
11 圖版：《敦煌寶藏》，95/312B~313B。

1.1 BD08617號
1.3 成實論（宮本）卷九
1.4 位017
1.5 439:8635
2.1 （1.8+92.1+1.8）×26厘米；3紙；52行，行17字。
2.2 01：1.8+14.6，09； 02：51.5，28；
03：26+1.8，15。
2.3 卷軸裝。首尾均殘。卷面殘破有殘洞。有烏絲欄。有劃界欄針孔。
3.1 首1行中殘→大正1646，32/0306A20~21。
3.2 尾1行上下殘→32/0306C25~26。
5 與《大正藏》本對照，分卷不同。相當於卷八“懷善道品第一一六”後部至卷九“懷善道品第一一八”前部。與日本宮内寮本、《思溪藏》本、《普寧藏》本、《嘉興藏》本分卷相同。

8　5～6 世紀。南北朝寫本。
9.1　楷書。
11　圖版：《敦煌寶藏》，111/64A～65A。

1.1　BD08618 號
1.3　大般若波羅蜜多經卷二五〇
1.4　位 018
1.5　084:2654
2.1　45×26.2 厘米；1 紙；正面 26 行，行 17 字；背面 1 行。
2.3　卷軸裝。首全尾脫。有烏絲欄。
2.4　本遺書包括 2 個文獻：（一）《大般若波羅蜜多經》卷二五〇，26 行，今編為 BD08618 號。（二）《經袟》（擬），抄寫在背面，1 行，今編為 BD08618 號背。
3.1　首全→大正 0220，06/0261B07。
3.2　尾殘→06/0261C06。
4.1　大般若波羅蜜多經卷第二百五十，/初分難信解品第卌四之六十九，三藏法師玄奘奉詔譯/（首）。
8　8～9 世紀。吐蕃統治時期寫本。
9.1　楷書。
11　圖版：《敦煌寶藏》，74/356B～357A。

1.1　BD08618 號背
1.3　經袟（擬）
1.4　位 018
1.5　084:2654
2.4　本遺書由 2 個文獻組成，本號為第 2 個，抄寫在背面，1 行。餘參見 BD08618 號之第 2 項、第 11 項。
3.3　錄文：
小品般若經，一袟。/
（錄文完）
3.4　說明：
本遺書乃利用《大般若波羅蜜多經》廢棄稿作爲經袟。經袟中所收經典即為《小品般若經》。
8　9～10 世紀。歸義軍時期寫本。
9.1　楷書。

1.1　BD08619 號
1.3　金剛般若波羅蜜經
1.4　位 019
1.5　094:4416
2.1　55.9×25 厘米；3 紙；48 行，行 14～16 字。
2.2　01：21.3，14；　02：22.6，27；　03：12.0，07。
2.3　卷軸裝。首尾均殘。麻紙；未入潢。下邊殘缺嚴重。有烏絲欄。已修整。
3.1　首 16 行中下殘→大正 0235，08/0751A06～22。
3.2　尾 2 行上殘→08/0751B25～27。
8　9～10 世紀。歸義軍時期寫本。
9.1　楷書。
11　圖版：《敦煌寶藏》，83/141B～142A。

1.1　BD08620 號
1.3　大乘二十二問
1.4　位 020
1.5　356:8423
2.1　24.5×30.5 厘米；1 紙；27 行，行 30 字左右。
2.3　卷軸裝。首全尾脫。下邊有破裂。有折疊欄。
3.4　說明：
本文獻首全尾殘。爲敦煌高僧曇曠就佛教教義、歷史對吐蕃贊普的答問。《大正藏》依據敦煌本收入，惜底本首殘。本遺書首部基本完整，可補《大正藏》之缺漏。本遺書存文尾部，相當於大正 2818，85/1184B23。
8　8～9 世紀。吐蕃統治時期寫本。
9.1　行楷。
11　圖版：《敦煌寶藏》，110/280A。

1.1　BD08621 號
1.3　無量壽宗要經
1.4　位 021
1.5　275:7914
2.1　177×31 厘米；4 紙；111 行，行 30 餘字。
2.2　01：45.0，28；　02：44.0，28；　03：44.0，28；
04：44.0，27。
2.3　卷軸裝。首尾均全。第 1、2 紙接縫處脫開，第 2、3 紙和 3、4 紙接縫處下部開裂。有烏絲欄。
3.1　首全→大正 0936，19/0082A03。
3.2　尾殘→19/0084C29。
4.1　大乘無量壽經（首）。
4.2　佛說無量壽宗要經（尾）。
7.1　尾紙末有題記“令狐晏兒寫”。
8　8～9 世紀。吐蕃統治時期寫本。
9.1　行楷。
9.2　有刮改。
11　圖版：《敦煌寶藏》，108/292B～294B。

1.1　BD08622 號
1.3　無量壽宗要經
1.4　位 022
1.5　275:8141
2.1　（7+184）×32 厘米；5 紙；121 行，行 30 餘字。
2.2　01：7+4，08；　02：47.0，33；　03：47.0，33；
04：47.0，33；　05：39.0，14。
2.3　卷軸裝。首殘尾全。卷面有等距離油污及水漬，前 2 紙上下邊有破裂。有烏絲欄。
3.1　首 5 行上下殘→大正 0936，19/0082B17～23。

3.2　尾全→19/0084C29。
4.2　佛［說］無量壽宗要經（尾）。
8　8～9世紀。吐蕃統治時期寫本。
9.1　行楷。
11　圖版：《敦煌寶藏》，109/128A～130A。

1.1　BD08623號
1.3　大般若波羅蜜多經卷三五一
1.4　位023
1.5　084:2951
2.1　（2+191.3）×29.1厘米；5紙；119行，行17字。
2.2　01：2+43.4，26；　02：45.0，28；　03：45.1，28；
　04：45.1，28；　05：12.7+1，09。
2.3　卷軸裝。首全尾脫。前2紙上下邊殘破。有烏絲欄。
3.1　首全→大正0220，06/0803A02。
3.2　尾殘→06/0804B07。
4.1　大般若波羅蜜多經卷第三百五十一，/初分多問不二品第六十一之一，三藏法師玄奘奉詔譯/（首）。
6.2　尾→BD01995號。
7.1　首紙背有本文獻所屬袟次勘記“卅六”。
8　8～9世紀。吐蕃統治時期寫本。
9.1　楷書。
9.2　有行間校加字。
11　圖版：《敦煌寶藏》，75/595B～597B。

1.1　BD08624號
1.3　大般若波羅蜜多經卷三二二
1.4　位024
1.5　084:2877
2.1　（3.6+77.8）×25.5厘米；2紙；45行，行17字。
2.2　01：3.6+37.3，26；　02：40.5，19。
2.3　卷軸裝。首殘尾全。卷面多水漬，有黴斑。有燕尾。有烏絲欄。
3.1　首2行下殘→大正0220，06/0647C21～22。
3.2　尾全→06/0648B06。
4.2　大般若波羅蜜多經卷第三百廿二（尾）。
6.1　首→BD02264號。
8　8～9世紀。吐蕃統治時期寫本。
9.1　楷書。
11　圖版：《敦煌寶藏》，75/325B～326B。

1.1　BD08625號
1.3　妙法蓮華經卷三
1.4　位025
1.5　105:5200
2.1　（4.6+147.3）×25.7厘米；5紙；81行，行17～19字。
2.2　01：4.6+41.2，28；　02：33.3，21；　03：43.6，27；
　04：18.5，05；　05：10.7，拖尾。
2.3　卷軸裝。首殘尾全。前3紙上下有破損。拖尾紙與前各紙不同。
3.1　首2行上殘→大正0262，09/0025C23～24。
3.2　尾全→09/0027B09。
4.2　妙法蓮華經卷第三（尾）。
8　9～10世紀。歸義軍時期寫本。
9.1　楷書。
9.2　有倒乙及行間校加字。
11　圖版：《敦煌寶藏》，89/404A～406A。

1.1　BD08626號
1.3　大般若波羅蜜多經（兌廢稿）卷四五五
1.4　位026
1.5　084:3156
2.1　49.5×26.2厘米；1紙；27行，行17字。
2.3　卷軸裝。首尾均脫。卷前方有2個殘洞，下邊有殘損。卷背有鳥糞。有烏絲欄。尾有餘空。
3.1　首殘→大正0220，07/0295C15。
3.2　尾缺→07/0296A13。
7.1　卷尾上邊有“兌了”2字。
8　9～10世紀。歸義軍時期寫本。
9.1　楷書。
11　圖版：《敦煌寶藏》，76/509A～B。

1.1　BD08627號
1.3　妙法蓮華經卷六
1.4　位027
1.5　105:5758
2.1　50.3×25.5厘米；1紙；28行，行17字。
2.3　卷軸裝。首尾均脫。經黄打紙。卷面有殘洞。有烏絲欄。
3.1　首殘→大正0262，09/0047C09。
3.2　尾殘→09/0048A16。
6.2　尾→BD08628號。
8　7～8世紀。唐寫本。
9.1　楷書。
11　圖版：《敦煌寶藏》，94/631A～B。

1.1　BD08628號
1.3　妙法蓮華經卷六
1.4　位028
1.5　105:5764
2.1　95×25.5厘米；2紙；56行，行17字。
2.2　01：50.5，28；　02：44.5，28。
2.3　卷軸裝。首尾均脫。經黄打紙。卷面有油污，尾紙下邊有破裂。有烏絲欄。
3.1　首殘→大正0262，09/0048A17。

3.2　尾殘→09/0049A19。
6.1　首→BD08627 號。
8　7～8 世紀。唐寫本。
9.1　楷書。
11　圖版：《敦煌寶藏》，94/643A～644A。

1.1　BD08629 號
1.3　大寶積經卷三八
1.4　位 029
1.5　006:0083
2.1　48×26.1 厘米；1 紙；28 行，行 17 字。
2.3　卷軸裝。首尾均脱。有烏絲欄。已修整。
3.1　首殘→大正 0310，11/0221C19。
3.2　尾殘→11/0222A18。
8　8 世紀。唐寫本。
9.1　楷書。
9.2　有行間加行。
11　圖版：《敦煌寶藏》，56/346B～347A。

1.1　BD08630 號
1.3　妙法蓮華經卷五
1.4　位 030
1.5　105:5515
2.1　（2.5+36.5）×26.9 厘米；1 紙；22 行，行 16～18 字。
2.3　卷軸裝。首全尾脱。卷首右上殘缺，卷面有 1 個殘洞。有烏絲欄。
3.1　首全→大正 0262，09/0037A05。
3.2　尾殘→09/0037B02。
4.1　妙法蓮華經安樂行品第十四，五（首）。
8　8～9 世紀。吐蕃統治時期寫本。
9.1　楷書。
11　圖版：《敦煌寶藏》，92/608A。

1.1　BD08631 號
1.3　金光明最勝王經卷八
1.4　位 031
1.5　083:1873
2.1　（6+99.1+10）×27.5 厘米；3 紙；69 行，行 17 字。
2.2　01：6+21.2，16；　02：45.6，28；　03：32.3+10，25。
2.3　卷軸裝。首尾均殘。卷面污穢，有殘洞。有烏絲欄。
3.1　首 4 行上下殘→大正 0665，16/0437C29～0438A04。
3.2　尾 5 行下殘→16/0439A06～09。
8　8～9 世紀。吐蕃統治時期寫本。
9.1　楷書。
11　圖版：《敦煌寶藏》，70/458B～459B。

1.1　BD08632 號
1.3　妙法蓮華經卷六
1.4　位 032
1.5　105:5696
2.1　（5.3+102.3）×25.5 厘米；3 紙；60 行，行 17 字。
2.2　01：5.3+2.5，04；　02：50.0，28；　03：49.8，28。
2.3　卷軸裝。首殘尾脱。經黄打紙。第 2、3 紙上邊有等距離火燒殘缺。有烏絲欄。
3.1　首 2 行下殘→大正 0262，09/0046C16～18。
3.2　尾殘→09/0047C09。
8　7～8 世紀。唐寫本。
9.1　楷書。
11　圖版：《敦煌寶藏》，94/327A～328B。

1.1　BD08633 號
1.3　金光明最勝王經卷六
1.4　位 033
1.5　083:1807
2.1　46.8×26 厘米；1 紙；27 行，行 17 字。
2.2　01：26.0，15；　02：20.8，12。
2.3　卷軸裝。首殘尾斷。卷面多水漬，卷首脱落 1 塊殘片，已綴接。有烏絲欄。
3.1　首殘→大正 0665，16/0431B09。
3.2　尾殘→16/0431C04。
8　8～9 世紀。吐蕃統治時期寫本。
9.1　楷書。
11　圖版：《敦煌寶藏》，70/146A。

1.1　BD08634 號
1.3　大般若波羅蜜多經（兑廢稿）卷一二五
1.4　位 034
1.5　084:2339
2.1　49×27.1 厘米；1 紙；27 行，行 17 字。
2.3　卷軸裝。首尾均脱。有烏絲欄。尾有餘空。
3.1　首殘→大正 0220，05/0685A14。
3.2　尾缺→05/0685B11。
7.1　卷首上方有“重”、“兑”2 字。
8　7～8 世紀。唐寫本。
9.1　楷書。
11　圖版：《敦煌寶藏》，73/27B～28A。

1.1　BD08635 號
1.3　無量壽宗要經
1.4　位 035
1.5　275:8142
2.1　（17.5+95+2）×31 厘米；3 紙；68 行，行 30 餘字。
2.2　01：17.5+10.5，15；　02：43.5，30；　03：41+2，23。
2.3　卷軸裝。首殘尾全。前 2 紙上下邊有破裂殘缺。有烏絲欄。

已修整。
3.1　首 8 行上下殘→大正 0936，19/0083A22 ~ B09。
3.2　尾全→19/0084C29。
4.2　佛說無量壽宗要經一卷（尾）。
8　8 ~ 9 世紀。吐蕃統治時期寫本。
9.1　行楷。
11　圖版：《敦煌寶藏》，109/130B ~ 131B。

1.1　BD08636 號
1.3　無量壽宗要經
1.4　位 036
1.5　275:8143
2.1　（15.5 + 148）×31.5 厘米；4 紙；107 行，行 30 餘字。
2.2　01：15.5 + 25，25；　02：41.0，27；　03：41.0，27；
04：41.0，28。
2.3　卷軸裝。首尾均全。卷首上下有破裂殘缺。有烏絲欄。已修整。
3.1　首 9 行上下殘→大正 0936，19/0082A05 ~ 25。
3.2　尾全→19/0084C29。
4.2　佛說無量壽宗要經（尾）。
7.1　第 3 紙末有題名"索周"。
8　8 ~ 9 世紀。吐蕃統治時期寫本。
9.1　行楷。
11　圖版：《敦煌寶藏》，109/132A ~ 134A。

1.1　BD08637 號
1.3　釋迦牟尼成佛變文（擬）
1.4　位 037
1.5　313:8351
2.1　41.8 ×30 厘米；1 紙；21 行，行 17 字。
2.3　卷軸裝。首脱尾斷。有烏絲欄。尾有餘空。
3.4　説明：
本文獻首殘尾缺。敍述釋迦牟尼前生之燃燈授記故事。包括長行與偈頌，實為變文。
8　8 世紀。唐寫本。
9.1　楷書。
11　圖版：《敦煌寶藏》，110/59B。

1.1　BD08638 號
1.3　思益梵天所問經卷一
1.4　位 038
1.5　387:8514
2.1　81.5 ×25.6 厘米；3 紙；正面 46 行，行 17 字；背面 4 行，行字不等。
2.2　01：26.0，15；　02：49.0，28；　03：06.5，03。
2.3　卷軸裝。首尾均殘。前 2 紙下邊破裂，尾紙上中部殘損。已修整。
2.4　本遺書包括 2 個文獻：（一）《思益梵天所問經》卷一，46 行，今編為 BD08638 號。（二）《經袟》（擬），抄寫在背面，4 行，今編為 BD08638 號背。
3.1　首殘→大正 0586，15/0035B28。
3.2　尾 4 行上殘→15/0036A15 ~ 19。
7.1　背有勘記"思益梵天經"。
8　8 世紀。唐寫本。
9.1　楷書。
9.2　有硃、墨筆行間校加字。
11　圖版：《敦煌寶藏》，110/491B ~ 493A。

1.1　BD08638 號背
1.3　經袟（擬）
1.4　位 038
1.5　387:8514
2.4　本遺書由 2 個文獻組成，本號為第 2 個，抄寫在背面，2 行。餘參見 BD08638 號之第 2 項、第 11 項。
3.3　錄文：
此是《中阿鋡》第四袟。云藏內欠《雜阿/鋡》第三袟。/
重。/
（錄文完）。
3.4　説明：
本遺書乃利用《思益梵天所問經》殘卷作經袟，該經袟所收為《中阿鋡》第四袟。"重"字，或表示該《中阿鋡》第四袟乃重複多餘者，而藏中尚欠少《雜阿鋡》第三袟，故作記錄，以爲備忘。
由此説明，此類用殘破、廢棄經卷作經袟時，所包均為雜經。
8　9 ~ 10 世紀。歸義軍時期寫本。
9.1　楷書。

1.1　BD08639 號
1.3　太玄真一本際經卷一
1.4　位 039
1.5　372:8467
2.1　115.1 ×26.2 厘米；3 紙；正面 64 行，行 17 字；背面 66 行。
2.2　01：50.0，28；　02：50.1，28；　03：15.0，08。
2.3　卷軸裝。首脱尾殘。經黄打紙。卷面多水漬，尾紙有横向破裂，下邊有殘缺。卷上邊有字符。有烏絲欄。
2.4　本遺書包括 2 個文獻：（一）《太玄真一本際經》卷一，64 行，今編為 BD08639 號。（二）《習字雜寫》（擬），抄寫在背面，66 行，今編為 BD08639 號背。
3.1　首脱→伯 3371 號，第 89 行。
3.2　尾殘→伯 3371 號，第 156 行。
6.1　首→BD08246 號。
7.3　上邊有雜寫數字，不錄文。

8　7～8 世紀。唐寫本。
9.1　楷書。
11　圖版：《敦煌寶藏》，111/409A～412B。

1.1　BD08639 號背
1.3　習字雜寫（擬）
1.4　位 039
1.5　372:8467
2.4　本遺書由 2 個文獻組成，本號為第 2 個，抄寫在背面，66 行。餘參見 BD08639 號之第 2 項、第 11 項。
3.4　説明：
本文獻首尾均殘。為雜寫習字，所寫內容主要為正面《太玄真一本際經》卷一經文，亦有佛教及其他各種習字雜寫。不錄文。
8　7～8 世紀。唐寫本。
9.1　楷書。

1.1　BD08640 號
1.3　妙法蓮華經卷六
1.4　位 040
1.5　105:5723
2.1　(4＋81＋3.5)×26 厘米；2 紙；45 行，行 17 字。
2.2　01：4＋43，27；　02：38＋3.5，18。
2.3　卷軸裝。首尾均殘。卷面多水漬。有烏絲欄。
3.1　首 2 行上殘→大正 0262，09/0046C21～22。
3.2　尾 2 行上下殘→09/0047B21～24。
8　9～10 世紀。歸義軍時期寫本。
9.1　楷書。
11　圖版：《敦煌寶藏》，94/387B～388B。

1.1　BD08641 號
1.3　大般若波羅蜜多經卷二七二
1.4　位 041
1.5　084:2736
2.1　48.5×25.1 厘米；1 紙；28 行，行 17 字。
2.3　卷軸裝。首尾均脱。背有古代裱補。有烏絲欄。
3.1　首殘→大正 0220，06/0380B26。
3.2　尾殘→06/0380C24。
7.1　背面有勘記“二百七十三”。
8　8～9 世紀。吐蕃統治時期寫本。
9.1　楷書。
9.2　有刮改。
11　圖版：《敦煌寶藏》，74/584。

1.1　BD08642 號
1.3　大般若波羅蜜多經卷二六二
1.4　位 042
1.5　084:2699
2.1　(20.5＋90.2)×25.2 厘米；3 紙；54 行，行 17 字。
2.2　01：20.5，護首；　02：43.5，26；　03：46.7，28。
2.3　卷軸裝。首全尾脱。有護首，下邊有殘缺。第 2 紙有横向破裂，通卷下邊殘破。第 2、3 紙紙質字迹不同。有烏絲欄。已修整。
3.1　首全→大正 0220，06/0324C16。
3.2　尾殘→06/0325B14。
4.1　大般若波羅蜜多經卷第二百六十二，/初分難信解品第卌四之八十一，三藏法師玄奘奉詔譯/（首）。
7.3　首題旁有雜寫“六十二”。
7.4　護首有經名“大般若波羅蜜多經卷第二□…□”。上有經名號。
8　8～9 世紀。吐蕃統治時期寫本。
9.1　楷書。
11　圖版：《敦煌寶藏》，74/443B～444B。

1.1　BD08643 號
1.3　金光明最勝王經卷一
1.4　位 043
1.5　083:1460
2.1　(43.7＋1.2)×31 厘米；2 紙；31 行，行 27～29 字。
2.2　01：43.7，30；　02：01.2，01。
2.3　卷軸裝。首脱尾殘。卷面有污漬，卷中有殘洞。有烏絲欄。已修整。
3.1　首殘→大正 0665，16/0404B11。
3.2　尾行上殘→16/0405A07～09。
8　8～9 世紀。吐蕃統治時期寫本。
9.1　楷書。
11　圖版：《敦煌寶藏》，67/677B。

1.1　BD08644 號
1.3　大乘稻芉經
1.4　位 044
1.5　058:0487
2.1　49.6×27.4 厘米；2 紙；27 行，行 17 字。
2.2　01：46.3，26；　02：03.3，01。
2.3　卷軸裝。首全尾殘。卷前部有破損。有烏絲欄。尾有餘空。
3.1　首全→大正 0712，16/0823B20。
3.2　尾缺→16/0823C18。
4.1　佛説大乘□□經（首）。
5　與《大正藏》本經對照，大正本不分段，而本件分段。
7.1　卷首背有題名“蘇乾奴”、“宋良友”。
8　8～9 世紀。吐蕃統治時期寫本。
9.1　楷書。
11　圖版：《敦煌寶藏》，59/323A～323B。

1.1　BD08645 號
1.3　無量壽宗要經
1.4　位 045
1.5　275:8198
2.1　(11+94)×31 厘米；3 紙；69 行，行 30 餘字。
2.2　01：11+3.5，09；　02：44.0，29；　03：46.5，31。
2.3　卷軸裝。首殘尾脫。卷面有油污、水漬，紙張變色，第 2 紙下邊有破裂。有烏絲欄。
3.1　首 6 行上下殘→大正 0936，19/0082B13~24。
3.2　尾殘→19/0084A24。
8　8~9 世紀。吐蕃統治時期寫本。
9.1　行楷。
9.2　有校改。
11　圖版：《敦煌寶藏》，109/219B~220A
本遺書中夾裹一件殘片，今編為 BD16429 號。

1.1　BD08646 號
1.3　大般若波羅蜜多經卷三五九
1.4　位 046
1.5　084:2985
2.1　(2.6+45.9+3.2)×25.3 厘米；2 紙；33 行，行 17 字。
2.2　01：2.6+19.2，14；　02：26.7+3.2，19。
2.3　卷軸裝。首尾均殘。首紙上下邊殘破，第 2 紙有殘洞，下邊殘缺。首紙脫落 1 塊殘片，已綴接。有烏絲欄。已修整。
3.1　首 2 行上下殘→大正 0220，06/0848A21~22。
3.2　尾 2 行上下殘→06/0848B24。
6.2　尾→BD03660 號。
8　8~9 世紀。吐蕃統治時期寫本。
9.1　楷書。
11　圖版：《敦煌寶藏》，76/31B~32A。

1.1　BD08647 號
1.3　大般若波羅蜜多經卷二一六
1.4　位 047
1.5　084:2554
2.1　(11+48.7+6.8)×25.5 厘米；2 紙；40 行，行 17 字。
2.2　01：11+10.2，13；　02：38.5+6.8，27。
2.3　卷軸裝。首尾均殘。通卷破損嚴重。有烏絲欄。已修整。
3.1　首 7 行上下殘→大正 0220，06/0082C25~0083A02。
3.2　尾 4 行下殘→06/0083B04~06。
8　8~9 世紀。吐蕃統治時期寫本。
9.1　楷書。
11　圖版：《敦煌寶藏》，74/60B~61A。

1.1　BD08648 號 1
1.3　注維摩詰經序
1.4　位 048
1.5　078:1333
2.1　(13.7+86.1+10)×27.8 厘米；4 紙；80 行，行 22 字。
2.2　01：01.3，01；　02：12.4+27.5，29；　03：39.8，29；
04：18.8+10，21。
2.3　卷軸裝。首尾均殘。卷面油污，多殘洞。有烏絲欄。已修整。
2.4　本遺書包括 2 個文獻：(一)《注維摩詰經序》，13 行，今編為 BD08648 號 1。(二)《淨名經集解關中疏》卷上，67 行，今編為 BD08648 號 2。
3.1　首 10 行下殘→大正 1775，38/0327B02~03。
3.2　尾全→38/0327B18。
8　9~10 世紀。歸義軍時期寫本。
9.1　楷書。
11　圖版：《敦煌寶藏》，67/32B~34A。

1.1　BD08648 號 2
1.3　淨名經集解關中疏卷上
1.4　位 048
1.5　078:1333
2.4　本遺書由 2 個文獻組成，本號為第 2 個，67 行。餘參見 BD08648 號 1 之第 2 項、第 11 項。
3.1　首全→《藏外佛教文獻》，2/178 頁第 12 行。
3.2　尾 7 行上殘→《藏外佛教文獻》，2/181 頁第 17 行~182 頁第 07 行。
7.1　第 2 紙背面有勘記“淨名經關中疏卷上”。
8　9~10 世紀。歸義軍時期寫本。
9.1　楷書。
9.2　有硃筆斷句、間隔號。有硃、墨筆行間校加字。

1.1　BD08649 號
1.3　佛名經（十六卷本）卷一〇
1.4　位 049
1.5　063:0707
2.1　(43.5+3.5)×30.4 厘米；1 紙；28 行，行 17 字。
2.3　卷軸裝。首尾均脫。卷上下有破損，下邊有殘缺。有烏絲欄。
3.1　首 2 行下殘→《七寺古逸經典研究叢書》，3/507 頁第 331 行。
3.2　尾殘→《七寺古逸經典研究叢書》，3/510 頁第 364 行。
8　9~10 世紀。歸義軍時期寫本。
9.1　楷書。
9.2　有行間加行。
11　圖版：《敦煌寶藏》，61/434B~435A。

1.1　BD08650 號
1.3　四分律比丘含注戒本
1.4　位 050

1.5　165:7006
2.1　（7+32+2.5）×29.6 厘米；2 紙；25 行，行 29 字。
2.2　01：17+23，18；　　02：9+2.5，07。
2.3　卷軸裝。首尾均殘。卷首中下部殘缺。有折疊欄。
3.1　首 4 行中下殘→《敦煌寫本〈比丘含注戒本〉釋文》，第 90 頁第 091 行。
3.2　尾 1 行上殘→《敦煌寫本〈比丘含注戒本〉釋文》，第 90 頁第 109 行～110 行。
5　與整理本相比，註釋的行文比較自由，有差異。
8　9～10 世紀。歸義軍時期寫本。
9.1　楷書。
9.2　有刪除號及校改。
11　圖版：《敦煌寶藏》，103/361B。

1.1　BD08651 號
1.3　無量壽宗要經
1.4　位 051
1.5　275:8199
2.1　84.5×30.5 厘米；2 紙；56 行，行 30 餘字。
2.2　01：42.5，28；　　02：42.0，28。
2.3　卷軸裝。首尾均脱。首紙上邊有破裂，卷面有殘洞。卷尾有蟲繭。有烏絲欄。
3.1　首殘→大正 0936，19/0082B26。
3.2　尾殘→19/0083C14。
8　8～9 世紀。吐蕃統治時期寫本。
9.1　行楷。
11　圖版：《敦煌寶藏》，109/220B～222A。

1.1　BD08652 號
1.3　無量壽宗要經
1.4　位 052
1.5　275:8200
2.1　43×27.5 厘米；1 紙；26 行，行 17 字。
2.3　卷軸裝。首尾均脱。卷面有等距離水漬，尾有横向破裂。有烏絲欄。
3.1　首殘→大正 0936，19/0083B21。
3.2　尾殘→19/0083C19。
8　8～9 世紀。吐蕃統治時期寫本。
9.1　楷書。
11　圖版：《敦煌寶藏》，109/222B。

1.1　BD08653 號
1.3　妙法蓮華經（八卷本）卷五
1.4　位 053
1.5　105:5438
2.1　（4.8+74.2+10）×24.8 厘米；3 紙；49 行，行 17 字。
2.2　01：4.8+16.2，11；　02：42.0，24；　03：16+10，14。
2.3　卷軸裝。首尾均殘。卷面污穢變色，第 2 紙有殘洞及破裂。有烏絲欄。
3.1　首 2 行上殘→大正 0262，09/0036B26～27。
3.2　尾 6 行上殘→09/0037B06～13。
5　與《大正藏》本對照，分卷不同，相當於卷四“勸持品第十三”中部開始至卷五“安樂行品第十四”前部分。應為八卷本之卷五，或十卷本之卷六。暫按八卷本處理。
8　9～10 世紀。歸義軍時期寫本。
9.1　楷書。
11　圖版：《敦煌寶藏》，91/478B～479B。

1.1　BD08654 號
1.3　大般若波羅蜜多經卷四四八
1.4　位 054
1.5　084:3144
2.1　49.2×25.9 厘米；1 紙；28 行，行 17 字。
2.3　卷軸裝。首尾均脱。卷面有横豎破裂。有烏絲欄。已修整。
3.1　首殘→大正 0220，07/0259B29。
3.2　尾殘→07/0259C27。
8　8 世紀。唐寫本。
9.1　楷書。
11　圖版：《敦煌寶藏》，76/479A～B。

1.1　BD08655 號
1.3　大般若波羅蜜多經卷八一
1.4　位 055
1.5　084:2232
2.1　（10+60.8）×25.5 厘米；2 紙；43 行，行 17 字。
2.2　01：10+14.3，15；　　02：46.5，28。
2.3　卷軸裝。首殘尾脱。打紙；研光上蠟。卷面有水漬，首紙有破裂，下邊有殘缺。有烏絲欄。已修整。
3.1　首 7 行上下殘→大正 0220，05/0452C17～23。
3.2　尾殘→05/0453B02。
8　8～9 世紀。吐蕃統治時期寫本。
9.1　楷書。
11　圖版：《敦煌寶藏》，72/369B～370B。

1.1　BD08656 號
1.3　妙法蓮華經卷三
1.4　位 056
1.5　105:5193
2.1　（12.3+64.8+4.4）×26 厘米；3 紙；49 行，行 16～19 字。
2.2　01：12.3+20，19；　02：44.8，28；　03：04.4，02。
2.3　卷軸裝。首尾均殘。首紙有殘洞，下邊有殘損。背有近代裱補。有烏絲欄。
3.1　首 7 行上殘→大正 0262，09/0025B03～09。

3.2 尾2行下殘→09/0025C23~24。
8 8世紀。唐寫本。
9.1 楷書。
11 圖版：《敦煌寶藏》，89/385B~386B。

1.1 BD08657號
1.3 觀世音經
1.4 位057
1.5 111:6269
2.1 （31.6+75.4）×25.2厘米；3紙；62行，行17字。
2.2 01：31.6+6，23； 02：47.4，28； 03：22.0，11。
2.3 卷軸裝。首殘尾全。卷首右下殘缺，卷面多水漬。有烏絲欄。
3.1 首殘→大正0262，09/0057B05。
3.2 尾全→09/0058B07。
4.2 觀世音經（尾）。
8 9~10世紀。歸義軍時期寫本。
9.1 楷書。
9.2 有行間校加字。
11 圖版：《敦煌寶藏》，97/504A~505B。

1.1 BD08658號
1.3 金剛般若波羅蜜經
1.4 位058
1.5 094:4130
2.1 （7+35.3）×25厘米；2紙；25行，行17字。
2.2 01：7+11，10； 02：24.3，15。
2.3 卷軸裝。首殘尾脫。卷面有水漬、油污及殘洞，首紙下部殘損，接縫處開裂。有烏絲欄。已修整。
3.1 首4行下殘→大正0235，08/0750B25~28。
3.2 尾殘→08/0750C21。
8 7~8世紀。唐寫本。
9.1 楷書。
11 圖版：《敦煌寶藏》，82/190B。

1.1 BD08659號
1.3 大般若波羅蜜多經（兌廢稿）卷一二七
1.4 位059
1.5 084:2346
2.1 （38.4+5.1）×27厘米；1紙；25行，行17字。
2.3 卷軸裝。首尾均脫。卷面有水漬及殘洞，上邊有殘缺，卷尾左上水浸皺襞。有烏絲欄。尾有餘空。
3.1 首殘→大正0220，05/0695C23。
3.2 尾缺→05/0696A17。
8 8~9世紀。吐蕃統治時期寫本。
9.1 楷書。
11 圖版：《敦煌寶藏》，73/44A。

1.1 BD08660號
1.3 大般若波羅蜜多經卷二四七
1.4 位060
1.5 084:2649
2.1 （6.5+104.9+3.5）×27.8厘米；3紙；正面67行，行17字；背面1行。
2.2 01：6.5+36.8，25； 02：47.6，28；
03：20.5+3.5，14。
2.3 卷軸裝。首尾均殘。下邊殘破。卷背多鳥糞。有烏絲欄。
2.4 本遺書包括2個文獻：（一）《大般若波羅蜜多經》卷二四七，67行，今編為BD08660號。（二）《經袟》（擬），抄寫在背面，1行，今編為BD08660號背。
3.1 首4行上殘→大正0220，06/0247B02~04。
3.2 尾2行中殘→06/0248A08~09。
8 8~9世紀。吐蕃統治時期寫本。
9.1 楷書。
11 圖版：《敦煌寶藏》，74/339B~340B。

1.1 BD08660號背
1.3 經袟（擬）
1.4 位060
1.5 084:2649
2.4 本遺書由2個文獻組成，本號為第2個，抄寫在背面，1行。餘參見BD08660號之第2項、第11項。
3.4 說明：
第3紙背面有“廿四袟”。
8 8~9世紀。吐蕃統治時期寫本。
9.1 楷書。

1.1 BD08661號
1.3 無量壽宗要經
1.4 位061
1.5 275:8201
2.1 47×28厘米；1紙；27行，行18字。
2.3 卷軸裝。首尾均脫。有烏絲欄。
3.1 首殘→大正0936，19/0083A04。
3.2 尾殘→19/0083B04。
8 8~9世紀。吐蕃統治時期寫本。
9.1 楷書。
9.2 有刮改。
11 圖版：《敦煌寶藏》，109/223A~B。

1.1 BD08662號
1.3 大般若波羅蜜多經（兌廢稿）卷五二九
1.4 位062
1.5 084:3293
2.1 44×27.1厘米；1紙；24行，行17字。

2.3 卷軸裝。首尾均脫。卷面油污。有烏絲欄。尾有餘空。
3.1 首殘→大正 0220，07/0716B29。
3.2 尾缺→07/0716C25。
7.1 卷上邊有 1 個“兌”字。
8 8 ~ 9 世紀。吐蕃統治時期寫本。
9.1 楷書。
9.2 有倒乙。
11 圖版：《敦煌寶藏》，77/142B。

1.1 BD08663 號
1.3 阿彌陀經
1.4 位 063
1.5 014:0156
2.1 42.5 × 26 厘米；1 紙；24 行，行 17 字。
2.3 卷軸裝。首尾均脫。有烏絲欄。已修整。
3.1 首殘→大正 0366，12/0347A06。
3.2 尾殘→12/0347B01。
8 7 ~ 8 世紀。唐寫本。
9.1 楷書。
11 圖版：《敦煌寶藏》，57/15B。

1.1 BD08664 號
1.3 妙法蓮華經卷一
1.4 位 064
1.5 105:4647
2.1 （10.8 + 144.6）× 25.9 厘米；4 紙；95 行，行 17 字。
2.2 01：10.8 + 22.1，20； 02：40.9，25； 03：40.9，25； 04：40.7，25。
2.3 卷軸裝。首殘尾脫。卷面多油污、水漬及殘損，有殘洞。有烏絲欄。已修整。
3.1 首 6 行中下殘→大正 0262，09/0003C25 ~ 0004A02。
3.2 尾殘→09/0005B21。
8 8 世紀。唐寫本。
9.1 楷書。
11 圖版：《敦煌寶藏》，85/155A ~ 157A。

1.1 BD08665 號
1.3 佛頂尊勝陀羅尼經（佛陀波利本）
1.4 位 065
1.5 441:8640
2.1 （33 + 37）× 26 厘米；1 紙；26 行，行 17 字。
2.3 卷軸裝。首尾均脫。有烏絲欄。
3.1 首 2 行上中殘→大正 0967，19/0351B06。
3.2 尾殘→19/0351C03。
8 7 ~ 8 世紀。唐寫本。
9.1 楷書。
11 圖版：《敦煌寶藏》，111/73B。

1.1 BD08666 號
1.3 妙法蓮華經卷七
1.4 位 066
1.5 105:6149
2.1 50.5 × 26 厘米；1 紙；28 行，行 17 字。
2.3 卷軸裝。首尾均脫。經黃打紙；砑光上蠟。卷面有紅色污痕，尾有破裂。有烏絲欄。
3.1 首行上下殘→大正 0262，09/0061B05。
3.2 尾殘→09/0061C05。
8 7 ~ 8 世紀。唐寫本。
9.1 楷書。
11 圖版：《敦煌寶藏》，97/133A ~ B。

1.1 BD08667 號
1.3 大方廣佛華嚴經（唐譯八十卷本）卷八
1.4 位 067
1.5 002:0039
2.1 （5.5 + 36 + 4.5）× 29 厘米；2 紙；26 行，行 17 字。
2.2 01：5.5 + 25.5，17； 02：10.5 + 4.5，09。
2.3 卷軸裝。首尾均殘。卷面多水漬。卷背有鳥糞。有烏絲欄。已修整。
3.1 首 1 行上殘→大正 0279，10/0042C15。
3.2 尾 1 行上殘→10/43A11 ~ 12。
8 7 ~ 8 世紀。唐寫本。
9.1 楷書。
11 圖版：《敦煌寶藏》，56/204B。

1.1 BD08668 號 1
1.3 百行章
1.4 位 068
1.5 363:8442
2.1 84 × 28 厘米；2 紙；52 行，行 20 餘字。
2.2 01：42.0，25； 02：42.0，26。
2.3 卷軸裝。首殘尾全。卷面有破裂，下邊殘損，接縫處斷開，卷尾有殘洞。已修整。
2.4 本遺書包括 2 個文獻：（一）《百行章》，50 行，今編為 BD08668 號 1。（二）《學士郎詩二首》（擬），2 行，今編為 BD08668 號 2。
3.1 首殘→《敦煌雜錄》，第 395 頁第 02 行。
3.2 尾全→《敦煌雜錄》，第 397 行第 06 行。
4.2 百行章一卷（尾）。
7.1 卷尾有題記“庚辰年正月廿一日，淨土寺學使（士）郎王海潤書寫。鄧保住、薛安俊札”。又有“庚辰年正月十六日淨土寺學使（士）郎鄧保住寫記述也，薛安俊札用”。
7.3 背有雜寫“西漢金山之國”兩處。
8 9 ~ 10 世紀。歸義軍時期寫本。
9.1 行楷。

9.2　有校改、塗改、倒乙及重文號。有行間校加字。
11　許國霖本已錄文。許 395 頁、許 420 頁（此卷已錄）。
圖版：《敦煌寶藏》，110/330B ~332A。

1.1　BD08668 號 2
1.3　學士郎詩二首（擬）
1.4　位 068
1.5　363:8442
2.4　本遺書由 2 個文獻組成，本號為第 2 個，1 行。餘參見 BD08668 號 1 之第 2 項、第 11 項。
3.3　錄文：
寫書不飲酒，恒日筆頭乾。且作隨宜過，即與後人看。
學郎身姓□，長大要人求，堆虧急學問，成人作都頭。/
（錄文完）。
8　9 ~10 世紀。歸義軍時期寫本。
9.1　行楷。

1.1　BD08669 號
1.3　大般若波羅蜜多經卷三一八
1.4　位 069
1.5　084:2864
2.1　（4.4 +41）×25.8 厘米；1 紙；26 行，行 17 字。
2.3　卷軸裝。首全尾脫。卷首右下殘缺，上下有破損。有烏絲欄。已修整。
3.1　首全→大正 0220，06/0620C21。
3.2　尾殘→06/0621A20。
4.1　大般若波羅蜜多經卷第三百一十八，/初分趣智品第卌六之三，三藏［法師玄］奘奉詔譯/（首）。
7.1　背有勘記“三百一十八（卷次），卌二（所屬袟次）”。
8　8 ~9 世紀。吐蕃統治時期寫本。
9.1　楷書。
11　圖版：《敦煌寶藏》，75/288B。

1.1　BD08670 號
1.3　大般若波羅蜜多經卷四六七
1.4　位 070
1.5　084:3180
2.1　（10.4 +37.2）×25.6 厘米；1 紙；28 行，行 17 字。
2.3　卷軸裝。首尾均脫。卷首右下殘缺。有烏絲欄。
3.1　首 6 行下殘→大正 0220，07/0361A17 ~23。
3.2　尾殘→07/0361B16。
7.1　卷首背有勘記“卌七（所屬袟次），界（所屬寺院簡稱）”。
8　8 世紀。唐寫本。
9.1　楷書。
11　圖版：《敦煌寶藏》，76/564B。

1.1　BD08671 號
1.3　金剛般若波羅蜜經
1.4　位 071
1.5　094:3545
2.1　（4.8 +62 +8）×27 厘米；3 紙；43 行，行 17 字。
2.2　01：04.8，護首；　02：44.5，27；　03：17.5 +8，16。
2.3　卷軸裝。首全尾殘。有護首，已殘破。首紙與第 2 紙殘開。卷背多鳥糞。有烏絲欄。已修整。
3.1　首全→大正 0235，08/0748C17。
3.2　尾 5 行下殘→08/0749B03 ~06。
4.1　金剛般若波羅蜜經（首）。
8　9 ~10 世紀。歸義軍時期寫本。
9.1　楷書。
11　圖版：《敦煌寶藏》，78/471A ~B。

1.1　BD08672 號
1.3　妙法蓮華經卷七
1.4　位 072
1.5　105:5908
2.1　（8 +37.5）×24.5 厘米；1 紙；27 行，行 17 字。
2.3　卷軸裝。首全尾脫。經黄打紙。卷首殘碎，有殘缺及殘洞。有烏絲欄。
3.1　首 4 行中下殘→大正 0262，09/0055A12 ~19。
3.2　尾殘→09/0055B14。
4.1　妙法蓮華經妙音菩薩品第二□…□（首）。
8　7 ~8 世紀。唐寫本。
9.1　楷書。
11　圖版：《敦煌寶藏》，96/18B ~19A。

1.1　BD08673 號
1.3　大般若波羅蜜多經卷二八一
1.4　位 073
1.5　084:2765
2.1　46.7 ×26.3 厘米；1 紙；28 行，行 17 字。
2.3　卷軸裝。首尾均脫。有烏絲欄。
3.1　首殘→大正 0220，06/0425A06。
3.2　尾殘→06/0425B05。
8　8 ~9 世紀。吐蕃統治時期寫本。
9.1　楷書。
11　圖版：《敦煌寶藏》，75/42B。

1.1　BD08674 號
1.3　大般若波羅蜜多經卷二九
1.4　位 074
1.5　084:2081
2.1　（2 +76.3 +2）×26.4 厘米；2 紙；45 行，行 17 字。
2.2　01：2 +35.1，17；　02：41.2 +2，28。
2.3　卷軸裝。首尾均殘。有烏絲欄。

3.1　首行中殘→大正 0220，05/0162A05。
3.2　尾行上殘→05/0162B21。
6.1　首→BD07587 號。
7.1　首紙背有勘記“第二”。
8　8～9 世紀。吐蕃統治時期寫本。
9.1　楷書。
11　圖版：《敦煌寶藏》，71/587。
勘記與本文獻所屬卷次、袟次均不相符。也許用作經袟，詳情待考。

1.1　BD08675 號
1.3　大般若波羅蜜多經卷二九六
1.4　位 075
1.5　084:2814
2.1　92×25.5 厘米；2 紙；56 行，行 17 字。
2.2　01：46.6，28；　02：45.4+2.1，28。
2.3　卷軸裝。首尾均脱。卷面多有破裂，接縫處下開裂，上下邊有殘缺。背有古代裱補。有烏絲欄。
3.1　首殘→大正 0220，06/0505A27。
3.2　尾行上殘→06/0505C24～25。
6.2　尾→BD05437 號。
8　8 世紀。唐寫本。
9.1　楷書。
11　圖版：《敦煌寶藏》，75/168B～169B。

1.1　BD08676 號
1.3　無量壽宗要經
1.4　位 076
1.5　275:7915
2.1　168.5×31 厘米；4 紙；114 行，行 30 餘字。
2.2　01：42.5，29；　02：42.5，30；　03：42.5，29；
04：41.0，26。
2.3　卷軸裝。首尾均全。卷面有紅色污痕，上下多水漬，有破裂和殘洞。上下及卷尾有蟲繭。有烏絲欄。
3.1　首全→大正 0936，19/0082A03。
3.2　尾全→19/0084C29。
4.1　大乘無量壽經（首）。
4.2　佛説無量壽宗要經（尾）。
8　8～9 世紀。吐蕃統治時期寫本。
9.1　楷書。
9.2　有刮改及校改。
11　圖版：《敦煌寶藏》，108/295A～297A。

1.1　BD08677 號
1.3　大般涅槃經（北本）卷二〇
1.4　位 077
1.5　117:6582
2.1　49×25.2 厘米；1 紙；28 行，行 17 字。
2.3　卷軸裝。首尾均脱。經黄打紙。有烏絲欄。
3.1　首殘→大正 0374，12/0484B21。
3.2　尾殘→12/0484C22。
8　7～8 世紀。唐寫本。
9.1　楷書。
11　圖版：《敦煌寶藏》，100/412A～B。

1.1　BD08678 號
1.3　無量壽宗要經
1.4　位 078
1.5　275:8144
2.1　（106+58.5+6）×30.5 厘米；5 紙；113 行，行 30 餘字。
2.2　01：15.0，09；　02：41.0，28；　03：41.0，28；
04：41.5，28；　05：32.0，20。
2.3　卷軸裝。首殘尾全。卷面多油污，通卷下殘，多殘破，卷尾左下殘缺。有烏絲欄。已修整。有後配舊木軸。
3.1　首 71 行下殘→大正 0936，19/0082B09。
3.2　尾全→19/0084C29。
4.2　佛説無量壽宗要經（尾）。
7.3　尾題後有雜寫“爾爾時”。
8　8～9 世紀。吐蕃統治時期寫本。
9.1　行楷。
11　圖版：《敦煌寶藏》，109/134B～136A。
從該遺書背面揭下古代裱補紙 25 塊，今編爲 BD16268 號。

1.1　BD08679 號
1.3　唐貞觀八年五月十日高士廉等條舉氏族奏（擬）
1.4　位 079
1.5　354:8418
2.1　（8+106）×28 厘米；3 紙；46 行，行 18 字。
2.2　01：8+14，09；　02：44.0，19；　03：48.0，18。
2.3　卷軸裝。首殘尾全。卷面有水漬，前 2 紙上下邊殘破。有烏絲欄。已修整。
3.1　首 3 行上下殘→《敦煌雜錄》，第 369 頁第 02 行。
3.2　尾全→《敦煌雜錄》，第 372 頁第 03 行。
7.1　尾有題記“大蕃歲次丙辰（836）後三月庚午朔十六日乙酉魯國唐氏苾蒭悟真記”1 行。末有硃筆寫“勘定”2 字。
8　836 年。吐蕃統治時期寫本。
9.1　行楷。
9.2　有行間校加字、倒乙及硃筆點標。
11　圖版：《敦煌寶藏》，110/258B～260A。

# 新舊編號對照表

## 一、千字文號與北敦號、縮微膠卷號對照表

| 千字文號 | 北敦號 | 縮微膠卷號 |
| --- | --- | --- |
| 裳 049 | BD08449 號 | 105：6187 |
| 裳 050 | BD08450 號 | 453：8660 |
| 裳 051 | BD08451 號 | 218：7284 |
| 裳 052 | BD08452 號 | 094：4397 |
| 裳 053 | BD08453 號 | 105：5174 |
| 裳 054 | BD08454 號 | 105：5070 |
| 裳 055 | BD08455 號 | 157：6965 |
| 裳 056 | BD08456 號 | 084：2725 |
| 裳 057 | BD08457 號 | 094：3611 |
| 裳 058 | BD08458 號 | 105：5841 |
| 裳 059 | BD08459 號 | 105：6108 |
| 裳 060 | BD08460 號 | 254：7607 |
| 裳 061 | BD08461 號 | 084：3320 |
| 裳 062 | BD08462 號 | 084：3167 |
| 裳 063 | BD08463 號 | 358：8433 |
| 裳 064 | BD08464 號 | 084：2821 |
| 裳 065 | BD08465 號 | 083：1533 |
| 裳 066 | BD08466 號 | 342：8399 |
| 裳 067 | BD08467 號 | 332：8385 |
| 裳 068 | BD08468 號 | 111：6274 |
| 裳 069 | BD08469 號 | 084：2398 |
| 裳 070 | BD08470 號 | 084：3202 |
| 裳 071 | BD08471 號 | 084：2849 |
| 裳 072 | BD08472 號 | 428：8616 |
| 裳 073 | BD08473 號 | 078：1349 |
| 裳 073 | BD08473 號背 | 078：1349 |
| 裳 074 | BD08474 號 | 270：7678 |
| 裳 075 | BD08475 號 1 | 337：8390 |
| 裳 075 | BD08475 號 2 | 337：8390 |
| 裳 076 | BD08476 號 | 083：1673 |
| 裳 077 | BD08477 號 | 139：6673 |
| 裳 078 | BD08478 號 | 229：7368 |
| 裳 079 | BD08479 號 1 | 084：2056 |
| 裳 079 | BD08479 號 2 | 084：2056 |
| 裳 079 | BD08479 號背 | 084：2056 |
| 裳 080 | BD08480 號 | 157：6975 |
| 裳 081 | BD08481 號 | 084：2416 |
| 裳 082 | BD08482 號 | 016：0203 |
| 裳 083 | BD08483 號 | 157：6963 |
| 裳 084 | BD08484 號 | 070：1032 |
| 裳 085 | BD08485 號 | 172：7078 |
| 裳 086 | BD08486 號 | 461：8675 |
| 裳 087 | BD08487 號 | 143：6722 |
| 裳 088 | BD08488 號 | 084：2515 |
| 裳 089 | BD08489 號 | 102：4459 |
| 裳 090 | BD08490 號 | 084：2648 |
| 裳 091 | BD08491 號 1 | 188：7136 |
| 裳 091 | BD08491 號 2 | 188：7136 |
| 裳 092 | BD08492 號 | 275：7953 |
| 裳 093 | BD08493 號 | 275：8193 |
| 裳 094 | BD08494 號 | 358：8434 |
| 裳 095 | BD08495 號 | 084：2105 |
| 裳 096 | BD08496 號 | 105：4697 |
| 裳 097 | BD08497 號 | 084：2149 |
| 裳 098 | BD08498 號 | 084：2277 |
| 裳 099 | BD08499 號 | 132：6648 |
| 裳 100 | BD08500 號 | 083：1756 |
| 推 001 | BD08501 號 | 428：8614 |
| 推 002 | BD08502 號 | 083：1575 |
| 推 003 | BD08503 號 | 105：5340 |
| 推 004 | BD08504 號 | 002：0059 |
| 推 005 | BD08505 號 | 094：3671 |
| 推 006 | BD08506 號 | 084：3183 |
| 推 007 | BD08507 號 | 070：1135 |
| 推 008 | BD08508 號 | 275：7911 |
| 推 009 | BD08509 號 | 094：3784 |
| 推 010 | BD08510 號 | 456：8663 |
| 推 011 | BD08511 號 | 275：8194 |

| | | |
|---|---|---|
| 推 012 | BD08512 號 | 254：7589 |
| 推 013 | BD08513 號 | 275：8133 |
| 推 014 | BD08514 號 | 084：2595 |
| 推 015 | BD08515 號 | 275：8134 |
| 推 016 | BD08516 號 | 404：8548 |
| 推 017 | BD08517 號 | 084：3031 |
| 推 018 | BD08518 號 | 084：2348 |
| 推 019 | BD08519 號 | 084：2396 |
| 推 020 | BD08520 號 | 084：2372 |
| 推 021 | BD08521 號 | 094：4417 |
| 推 022 | BD08522 號 | 275：8135 |
| 推 023 | BD08523 號 | 329：8382 |
| 推 024 | BD08524 號 | 084：2643 |
| 推 025 | BD08525 號 | 105：6185 |
| 推 026 | BD08526 號 | 105：5390 |
| 推 027 | BD08527 號 | 083：1957 |
| 推 028 | BD08528 號 | 316：8367 |
| 推 029 | BD08529 號 | 237：7425 |
| 推 030 | BD08530 號 | 275：8195 |
| 推 031 | BD08531 號 | 084：3281 |
| 推 032 | BD08532 號 | 084：2272 |
| 推 033 | BD08533 號 | 218：7289 |
| 推 034 | BD08534 號 | 030：0256 |
| 推 035 | BD08535 號 | 084：3034 |
| 推 036 | BD08536 號 | 084：2483 |
| 推 037 | BD08537 號 | 083：1581 |
| 推 038 | BD08538 號 | 084：3074 |
| 推 039 | BD08539 號 | 275：8196 |
| 推 040 | BD08540 號 | 105：5926 |
| 推 041 | BD08541 號 | 058：0486 |
| 推 042 | BD08542 號 | 084：3288 |
| 推 043 | BD08543 號 | 084：3328 |
| 推 044 | BD08544 號 | 461：8711 |
| 推 045 | BD08545 號 | 084：2781 |
| 推 046 | BD08546 號 | 105：5902 |
| 推 047 | BD08547 號 | 105：5919 |
| 推 048 | BD08548 號 | 105：5533 |
| 推 049 | BD08549 號 | 111：6266 |
| 推 050 | BD08550 號 | 030：0311 |
| 推 051 | BD08551 號 | 105：4839 |
| 推 052 | BD08552 號 | 094：3848 |
| 推 053 | BD08553 號 | 094：4052 |
| 推 054 | BD08554 號 | 084：3177 |
| 推 055 | BD08555 號 | 084：3334 |
| 推 056 | BD08556 號 | 084：3356 |
| 推 057 | BD08557 號 | 256：7650 |
| 推 058 | BD08558 號 | 105：5198 |
| 推 059 | BD08559 號 | 433：8624 |
| 推 060 | BD08560 號 | 084：2658 |
| 推 061 | BD08561 號 | 139：6674 |
| 推 062 | BD08562 號 | 084：2318 |
| 推 063 | BD08563 號 | 275：8136 |
| 推 064 | BD08564 號 | 084：3415 |
| 推 065 | BD08565 號 | 198：7179 |
| 推 066 | BD08566 號 | 275：7954 |
| 推 067 | BD08567 號 | 084：3192 |
| 推 068 | BD08568 號 | 275：8137 |
| 推 069 | BD08569 號 A | 084：2320 |
| 推 069 | BD08569 號 B | 084：2755 |
| 推 070 | BD08570 號 | 084：3020 |
| 推 071 | BD08571 號 | 157：6897 |
| 推 072 | BD08572 號 | 084：2371 |
| 推 073 | BD08573 號 | 105：6015 |
| 推 074 | BD08574 號 | 275：8138 |
| 推 075 | BD08575 號 | 275：8197 |
| 推 076 | BD08576 號 | 084：2248 |
| 推 077 | BD08577 號 | 084：2240 |
| 推 078 | BD08578 號 | 275：7955 |
| 推 079 | BD08579 號 | 319：8370 |
| 推 079 | BD08579 號背 1 | 319：8370 |
| 推 079 | BD08579 號背 2 | 319：8370 |
| 推 080 | BD08580 號 | 084：2293 |
| 推 081 | BD08581 號 | 070：0946 |
| 推 082 | BD08582 號 | 105：5935 |
| 推 083 | BD08583 號 1 | 229：7367 |
| 推 083 | BD08583 號 2 | 229：7367 |
| 推 084 | BD08584 號 | 115：6508 |
| 推 085 | BD08585 號 | 105：4623 |
| 推 086 | BD08586 號 | 105：5648 |
| 推 087 | BD08587 號 | 084：2628 |
| 推 088 | BD08588 號 | 275：8139 |
| 推 089 | BD08589 號 | 105：6051 |
| 推 090 | BD08590 號 1 | 255：7610 |
| 推 090 | BD08590 號 2 | 255：7610 |
| 推 091 | BD08591 號 | 084：3025 |
| 推 092 | BD08592 號 | 002：0043 |
| 推 093 | BD08593 號 1 | 143：6697 |
| 推 093 | BD08593 號 2 | 143：6697 |
| 推 094 | BD08594 號 | 084：3273 |
| 推 095 | BD08595 號 | 083：1491 |
| 推 096 | BD08596 號 | 084：2605 |
| 推 097 | BD08597 號 | 062：0587 |
| 推 098 | BD08598 號 | 084：2252 |
| 推 099 | BD08599 號 | 084：2389 |

| | | | | | |
|---|---|---|---|---|---|
| 推 099 | BD08599 號背 | 084：2389 | 位 038 | BD08638 號背 | 387：8514 |
| 推 100 | BD08600 號 | 143：6712 | 位 039 | BD08639 號 | 372：8467 |
| 位 001 | BD08601 號 1 | 102：4469 | 位 039 | BD08639 號背 | 372：8467 |
| 位 001 | BD08601 號 2 | 102：4469 | 位 040 | BD08640 號 | 105：5723 |
| 位 002 | BD08602 號 | 305：8341 | 位 041 | BD08641 號 | 084：2736 |
| 位 003 | BD08603 號 | 275：8140 | 位 042 | BD08642 號 | 084：2699 |
| 位 004 | BD08604 號 | 105：5961 | 位 043 | BD08643 號 | 083：1460 |
| 位 005 | BD08605 號 | 275：7912 | 位 044 | BD08644 號 | 058：0487 |
| 位 006 | BD08606 號 | 143：6716 | 位 045 | BD08645 號 | 275：8198 |
| 位 006 | BD08606 號背 | 143：6716 | 位 046 | BD08646 號 | 084：2985 |
| 位 007 | BD08607 號 A | 250：7495 | 位 047 | BD08647 號 | 084：2554 |
| 位 007 | BD08607 號 B | 250：7495 | 位 048 | BD08648 號 1 | 078：1333 |
| 位 007 | BD08607 號 C | 250：7495 | 位 048 | BD08648 號 2 | 078：1333 |
| 位 007 | BD08607 號 D | 250：7495 | 位 049 | BD08649 號 | 063：0707 |
| 位 008 | BD08608 號 | 084：3244 | 位 050 | BD08650 號 | 165：7006 |
| 位 009 | BD08609 號 | 094：3808 | 位 051 | BD08651 號 | 275：8199 |
| 位 010 | BD08610 號 | 256：7656 | 位 052 | BD08652 號 | 275：8200 |
| 位 011 | BD08611 號 | 253：7556 | 位 053 | BD08653 號 | 105：5438 |
| 位 012 | BD08612 號 | 156：6875 | 位 054 | BD08654 號 | 084：3144 |
| 位 013 | BD08613 號 | 105：5710 | 位 055 | BD08655 號 | 084：2232 |
| 位 014 | BD08614 號 | 275：7913 | 位 056 | BD08656 號 | 105：5193 |
| 位 015 | BD08615 號 | 115：6291 | 位 057 | BD08657 號 | 111：6269 |
| 位 016 | BD08616 號 | 105：5831 | 位 058 | BD08658 號 | 094：4130 |
| 位 017 | BD08617 號 | 439：8635 | 位 059 | BD08659 號 | 084：2346 |
| 位 018 | BD08618 號 | 084：2654 | 位 060 | BD08660 號 | 084：2649 |
| 位 018 | BD08618 號背 | 084：2654 | 位 060 | BD08660 號背 | 084：2649 |
| 位 019 | BD08619 號 | 094：4416 | 位 061 | BD08661 號 | 275：8201 |
| 位 020 | BD08620 號 | 356：8423 | 位 062 | BD08662 號 | 084：3293 |
| 位 021 | BD08621 號 | 275：7914 | 位 063 | BD08663 號 | 014：0156 |
| 位 022 | BD08622 號 | 275：8141 | 位 064 | BD08664 號 | 105：4647 |
| 位 023 | BD08623 號 | 084：2951 | 位 065 | BD08665 號 | 441：8640 |
| 位 024 | BD08624 號 | 084：2877 | 位 066 | BD08666 號 | 105：6149 |
| 位 025 | BD08625 號 | 105：5200 | 位 067 | BD08667 號 | 002：0039 |
| 位 026 | BD08626 號 | 084：3156 | 位 068 | BD08668 號 1 | 363：8442 |
| 位 027 | BD08627 號 | 105：5758 | 位 068 | BD08668 號 2 | 363：8442 |
| 位 028 | BD08628 號 | 105：5764 | 位 069 | BD08669 號 | 084：2864 |
| 位 029 | BD08629 號 | 006：0083 | 位 070 | BD08670 號 | 084：3180 |
| 位 030 | BD08630 號 | 105：5515 | 位 071 | BD08671 號 | 094：3545 |
| 位 031 | BD08631 號 | 083：1873 | 位 072 | BD08672 號 | 105：5908 |
| 位 032 | BD08632 號 | 105：5696 | 位 073 | BD08673 號 | 084：2765 |
| 位 033 | BD08633 號 | 083：1807 | 位 074 | BD08674 號 | 084：2081 |
| 位 034 | BD08634 號 | 084：2339 | 位 075 | BD08675 號 | 084：2814 |
| 位 035 | BD08635 號 | 275：8142 | 位 076 | BD08676 號 | 275：7915 |
| 位 036 | BD08636 號 | 275：8143 | 位 077 | BD08677 號 | 117：6582 |
| 位 037 | BD08637 號 | 313：8351 | 位 078 | BD08678 號 | 275：8144 |
| 位 038 | BD08638 號 | 387：8514 | 位 079 | BD08679 號 | 354：8418 |

# 二、縮微膠卷號與北敦號、千字文號對照表

| 縮微膠卷號 | 北敦號 | 千字文號 |
|---|---|---|
| 002：0039 | BD08667 號 | 位 067 |
| 002：0043 | BD08592 號 | 推 092 |
| 002：0059 | BD08504 號 | 推 004 |
| 006：0083 | BD08629 號 | 位 029 |
| 014：0156 | BD08663 號 | 位 063 |
| 016：0203 | BD08482 號 | 裳 082 |
| 030：0256 | BD08534 號 | 推 034 |
| 030：0311 | BD08550 號 | 推 050 |
| 058：0486 | BD08541 號 | 推 041 |
| 058：0487 | BD08644 號 | 位 044 |
| 062：0587 | BD08597 號 | 推 097 |
| 063：0707 | BD08649 號 | 位 049 |
| 070：0946 | BD08581 號 | 推 081 |
| 070：1032 | BD08484 號 | 裳 084 |
| 070：1135 | BD08507 號 | 推 007 |
| 078：1333 | BD08648 號 1 | 位 048 |
| 078：1333 | BD08648 號 2 | 位 048 |
| 078：1349 | BD08473 號 | 裳 073 |
| 078：1349 | BD08473 號背 | 裳 073 |
| 083：1460 | BD08643 號 | 位 043 |
| 083：1491 | BD08595 號 | 推 095 |
| 083：1533 | BD08465 號 | 裳 065 |
| 083：1575 | BD08502 號 | 推 002 |
| 083：1581 | BD08537 號 | 推 037 |
| 083：1673 | BD08476 號 | 裳 076 |
| 083：1756 | BD08500 號 | 裳 100 |
| 083：1807 | BD08633 號 | 位 033 |
| 083：1873 | BD08631 號 | 位 031 |
| 083：1957 | BD08527 號 | 推 027 |
| 084：2056 | BD08479 號 1 | 裳 079 |
| 084：2056 | BD08479 號 2 | 裳 079 |
| 084：2056 | BD08479 號背 | 裳 079 |
| 084：2081 | BD08674 號 | 位 074 |
| 084：2105 | BD08495 號 | 裳 095 |
| 084：2149 | BD08497 號 | 裳 097 |
| 084：2232 | BD08655 號 | 位 055 |
| 084：2240 | BD08577 號 | 推 077 |
| 084：2248 | BD08576 號 | 推 076 |
| 084：2252 | BD08598 號 | 推 098 |
| 084：2272 | BD08532 號 | 推 032 |
| 084：2277 | BD08498 號 | 裳 098 |
| 084：2293 | BD08580 號 | 推 080 |
| 084：2318 | BD08562 號 | 推 062 |
| 084：2320 | BD08569 號 A | 推 069 |
| 084：2339 | BD08634 號 | 位 034 |
| 084：2346 | BD08659 號 | 位 059 |
| 084：2348 | BD08518 號 | 推 018 |
| 084：2371 | BD08572 號 | 推 072 |
| 084：2372 | BD08520 號 | 推 020 |
| 084：2389 | BD08599 號 | 推 099 |
| 084：2389 | BD08599 號背 | 推 099 |
| 084：2396 | BD08519 號 | 推 019 |
| 084：2398 | BD08469 號 | 裳 069 |
| 084：2416 | BD08481 號 | 裳 081 |
| 084：2483 | BD08536 號 | 推 036 |
| 084：2515 | BD08488 號 | 裳 088 |
| 084：2554 | BD08647 號 | 位 047 |
| 084：2595 | BD08514 號 | 推 014 |
| 084：2605 | BD08596 號 | 推 096 |
| 084：2628 | BD08587 號 | 推 087 |
| 084：2643 | BD08524 號 | 推 024 |
| 084：2648 | BD08490 號 | 裳 090 |
| 084：2649 | BD08660 號 | 位 060 |
| 084：2649 | BD08660 號背 | 位 060 |
| 084：2654 | BD08618 號 | 位 018 |
| 084：2654 | BD08618 號背 | 位 018 |
| 084：2658 | BD08560 號 | 推 060 |
| 084：2699 | BD08642 號 | 位 042 |
| 084：2725 | BD08456 號 | 裳 056 |
| 084：2736 | BD08641 號 | 位 041 |
| 084：2755 | BD08569 號 B | 推 069 |
| 084：2765 | BD08673 號 | 位 073 |
| 084：2781 | BD08545 號 | 推 045 |
| 084：2814 | BD08675 號 | 位 075 |
| 084：2821 | BD08464 號 | 裳 064 |
| 084：2849 | BD08471 號 | 裳 071 |
| 084：2864 | BD08669 號 | 位 069 |
| 084：2877 | BD08624 號 | 位 024 |
| 084：2951 | BD08623 號 | 位 023 |
| 084：2985 | BD08646 號 | 位 046 |
| 084：3020 | BD08570 號 | 推 070 |
| 084：3025 | BD08591 號 | 推 091 |
| 084：3031 | BD08517 號 | 推 017 |
| 084：3034 | BD08535 號 | 推 035 |

| | | |
|---|---|---|
| 084：3074 | BD08538 號 | 推 038 |
| 084：3144 | BD08654 號 | 位 054 |
| 084：3156 | BD08626 號 | 位 026 |
| 084：3167 | BD08462 號 | 裳 062 |
| 084：3177 | BD08554 號 | 推 054 |
| 084：3180 | BD08670 號 | 位 070 |
| 084：3183 | BD08506 號 | 推 006 |
| 084：3192 | BD08567 號 | 推 067 |
| 084：3202 | BD08470 號 | 裳 070 |
| 084：3244 | BD08608 號 | 位 008 |
| 084：3273 | BD08594 號 | 推 094 |
| 084：3281 | BD08531 號 | 推 031 |
| 084：3288 | BD08542 號 | 推 042 |
| 084：3293 | BD08662 號 | 位 062 |
| 084：3320 | BD08461 號 | 裳 061 |
| 084：3328 | BD08543 號 | 推 043 |
| 084：3334 | BD08555 號 | 推 055 |
| 084：3356 | BD08556 號 | 推 056 |
| 084：3415 | BD08564 號 | 推 064 |
| 094：3545 | BD08671 號 | 位 071 |
| 094：3611 | BD08457 號 | 裳 057 |
| 094：3671 | BD08505 號 | 推 005 |
| 094：3784 | BD08509 號 | 推 009 |
| 094：3808 | BD08609 號 | 位 009 |
| 094：3848 | BD08552 號 | 推 052 |
| 094：4052 | BD08553 號 | 推 053 |
| 094：4130 | BD08658 號 | 位 058 |
| 094：4397 | BD08452 號 | 裳 052 |
| 094：4416 | BD08619 號 | 位 019 |
| 094：4417 | BD08521 號 | 推 021 |
| 102：4459 | BD08489 號 | 裳 089 |
| 102：4469 | BD08601 號 1 | 位 001 |
| 102：4469 | BD08601 號 2 | 位 001 |
| 105：4623 | BD08585 號 | 推 085 |
| 105：4647 | BD08664 號 | 位 064 |
| 105：4697 | BD08496 號 | 裳 096 |
| 105：4839 | BD08551 號 | 推 051 |
| 105：5070 | BD08454 號 | 裳 054 |
| 105：5174 | BD08453 號 | 裳 053 |
| 105：5193 | BD08656 號 | 位 056 |
| 105：5198 | BD08558 號 | 推 058 |
| 105：5200 | BD08625 號 | 位 025 |
| 105：5340 | BD08503 號 | 推 003 |
| 105：5390 | BD08526 號 | 推 026 |
| 105：5438 | BD08653 號 | 位 053 |
| 105：5515 | BD08630 號 | 位 030 |
| 105：5533 | BD08548 號 | 推 048 |
| 105：5643 | BD08586 號 | 推 086 |
| 105：5696 | BD08632 號 | 位 032 |
| 105：5710 | BD08613 號 | 位 013 |
| 105：5723 | BD08640 號 | 位 040 |
| 105：5758 | BD08627 號 | 位 027 |
| 105：5764 | BD08628 號 | 位 028 |
| 105：5831 | BD08616 號 | 位 016 |
| 105：5841 | BD08458 號 | 裳 058 |
| 105：5902 | BD08546 號 | 推 046 |
| 105：5908 | BD08672 號 | 位 072 |
| 105：5919 | BD08547 號 | 推 047 |
| 105：5926 | BD08540 號 | 推 040 |
| 105：5935 | BD08582 號 | 推 082 |
| 105：5961 | BD08604 號 | 位 004 |
| 105：6015 | BD08573 號 | 推 073 |
| 105：6051 | BD08589 號 | 推 089 |
| 105：6108 | BD08459 號 | 裳 059 |
| 105：6149 | BD08666 號 | 位 066 |
| 105：6185 | BD08525 號 | 推 025 |
| 105：6187 | BD08449 號 | 裳 049 |
| 111：6266 | BD08549 號 | 推 049 |
| 111：6269 | BD08657 號 | 位 057 |
| 111：6274 | BD08468 號 | 裳 068 |
| 115：6291 | BD08615 號 | 位 015 |
| 115：6508 | BD08584 號 | 推 084 |
| 117：6582 | BD08677 號 | 位 077 |
| 132：6648 | BD08499 號 | 裳 099 |
| 139：6673 | BD08477 號 | 裳 077 |
| 139：6674 | BD08561 號 | 推 061 |
| 143：6697 | BD08593 號 1 | 推 093 |
| 143：6697 | BD08593 號 2 | 推 093 |
| 143：6712 | BD08600 號 | 推 100 |
| 143：6716 | BD08606 號 | 位 006 |
| 143：6716 | BD08606 號背 | 位 006 |
| 143：6722 | BD08487 號 | 裳 087 |
| 156：6875 | BD08612 號 | 位 012 |
| 157：6897 | BD08571 號 | 推 071 |
| 157：6963 | BD08483 號 | 裳 083 |
| 157：6965 | BD08455 號 | 裳 055 |
| 157：6975 | BD08480 號 | 裳 080 |
| 165：7006 | BD08650 號 | 位 050 |
| 172：7078 | BD08485 號 | 裳 085 |
| 188：7136 | BD08491 號 1 | 裳 091 |
| 188：7136 | BD08491 號 2 | 裳 091 |
| 198：7179 | BD08565 號 | 推 065 |
| 218：7284 | BD08451 號 | 裳 051 |
| 218：7289 | BD08533 號 | 推 033 |

| | | |
|---|---|---|
| 229：7367 | BD08583 號 1 | 推 083 |
| 229：7367 | BD08583 號 2 | 推 083 |
| 229：7368 | BD08478 號 | 裳 078 |
| 237：7425 | BD08529 號 | 推 029 |
| 250：7495 | BD08607 號 A | 位 007 |
| 250：7495 | BD08607 號 B | 位 007 |
| 250：7495 | BD08607 號 C | 位 007 |
| 250：7495 | BD08607 號 D | 位 007 |
| 253：7556 | BD08611 號 | 位 011 |
| 254：7589 | BD08512 號 | 推 012 |
| 254：7607 | BD08460 號 | 裳 060 |
| 255：7610 | BD08590 號 1 | 推 090 |
| 255：7610 | BD08590 號 2 | 推 090 |
| 256：7650 | BD08557 號 | 推 057 |
| 256：7656 | BD08610 號 | 位 010 |
| 270：7678 | BD08474 號 | 裳 074 |
| 275：7911 | BD08508 號 | 推 008 |
| 275：7912 | BD08605 號 | 位 005 |
| 275：7913 | BD08614 號 | 位 014 |
| 275：7914 | BD08621 號 | 位 021 |
| 275：7915 | BD08676 號 | 位 076 |
| 275：7953 | BD08492 號 | 裳 092 |
| 275：7954 | BD08566 號 | 推 066 |
| 275：7955 | BD08578 號 | 推 078 |
| 275：8133 | BD08513 號 | 推 013 |
| 275：8134 | BD08515 號 | 推 015 |
| 275：8135 | BD08522 號 | 推 022 |
| 275：8136 | BD08563 號 | 推 063 |
| 275：8137 | BD08568 號 | 推 068 |
| 275：8138 | BD08574 號 | 推 074 |
| 275：8139 | BD08588 號 | 推 088 |
| 275：8140 | BD08603 號 | 位 003 |
| 275：8141 | BD08622 號 | 位 022 |
| 275：8142 | BD08635 號 | 位 035 |
| 275：8143 | BD08636 號 | 位 036 |
| 275：8144 | BD08678 號 | 位 078 |
| 275：8193 | BD08493 號 | 裳 093 |
| 275：8194 | BD08511 號 | 推 011 |
| 275：8195 | BD08530 號 | 推 030 |
| 275：8196 | BD08539 號 | 推 039 |
| 275：8197 | BD08575 號 | 推 075 |
| 275：8198 | BD08645 號 | 位 045 |
| 275：8199 | BD08651 號 | 位 051 |
| 275：8200 | BD08652 號 | 位 052 |
| 275：8201 | BD08661 號 | 位 061 |
| 305：8341 | BD08602 號 | 位 002 |
| 313：8351 | BD08637 號 | 位 037 |
| 316：8367 | BD08528 號 | 推 028 |
| 319：8370 | BD08579 號 | 推 079 |
| 319：8370 | BD08579 號背 1 | 推 079 |
| 319：8370 | BD08579 號背 2 | 推 079 |
| 329：8382 | BD08523 號 | 推 023 |
| 332：8385 | BD08467 號 | 裳 067 |
| 337：8390 | BD08475 號 1 | 裳 075 |
| 337：8390 | BD08475 號 2 | 裳 075 |
| 342：8399 | BD08466 號 | 裳 066 |
| 354：8418 | BD08679 號 | 位 079 |
| 356：8423 | BD08620 號 | 位 020 |
| 358：8433 | BD08463 號 | 裳 063 |
| 358：8434 | BD08494 號 | 裳 094 |
| 363：8442 | BD08668 號 1 | 位 068 |
| 363：8442 | BD08668 號 2 | 位 068 |
| 372：8467 | BD08639 號 | 位 039 |
| 372：8467 | BD08639 號背 | 位 039 |
| 387：8514 | BD08638 號 | 位 038 |
| 387：8514 | BD08638 號背 | 位 038 |
| 404：8548 | BD08516 號 | 推 016 |
| 428：8614 | BD08501 號 | 推 001 |
| 428：8616 | BD08472 號 | 裳 072 |
| 433：8624 | BD08559 號 | 推 059 |
| 439：8635 | BD08617 號 | 位 017 |
| 441：8640 | BD08665 號 | 位 065 |
| 453：8660 | BD08450 號 | 裳 050 |
| 456：8663 | BD08510 號 | 推 010 |
| 461：8675 | BD08486 號 | 裳 086 |
| 461：8711 | BD08544 號 | 推 044 |